文獻研究叢書・出土文獻譯注研析叢刊

西周出土銅器銘文之組成類型研究

李珮瑜　著

目次

下篇

徐序

　　《西周出土銅器銘文之組成類型研究》是李珮瑜的博士論文，珮瑜的專長在商周金文，她曾在2002年時完成《商代出土銅器銘文研究》一書，本書是她的延續性之成果。商、周青銅器與銘文之研究，自從郭沫若以標準器法進行系統性地整理與排比之後，蔚為新路，研究者日眾。然商、周傳世之銅器銘文，多涉偽器問題，所見又多為銘文拓片，器物之實際收藏與下落，多不可知。為了研究之可信度及統計之精準度，二書皆以科學發掘或出土之商周有銘銅器為主要對象。

　　珮瑜的前作《商代出土銅器銘文研究》一書，以1121件商代出土之「有銘」銅器，探討商代出土銘文之類型與組成格式，並簡要歸納商代銘文之字體特點與書寫習慣，及其斷代和分域情形。商代銘文字數不多，在1121件有銘銅器中，一字至三字銘文，約占商代出土有銘銅器之90％；四字以上銘文，僅占10％。可知商代出土之銅器銘文，以三字以下者為多。基本上，該書以「銘文類型」的研究為主。就內容來看，商代銘文多數呈現為器物所有者或作器者之氏族，或註明因受賞而作器祭祀先祖之性質及其他目的。由於字數的局限，商代銘文的史料價值並不凸顯。

　　本書（《西周出土銅器銘文之組成類型研究》）則共收西周出土「有銘」銅器1679件，銘文字數由一字至三百七十餘字皆有。全書亦以銘文字數進行分類，排比出西周出土銘文可能之類型與組成格式，並與商代出土銘文所出現的字數分布、銘文內容、基本句型等方面相互比對，以期了解商周銘文的承繼、轉向、改變及文化制度之異同。大體說來，本書有以下特點：

　　一、蒐羅豐富：本書以西周出土銅器之研究為主，故凡西周墓葬、窖藏、遺址
　　　　所發掘或出土之青銅器，皆為整理與觀察之對象。如一些正式考古發掘報
　　　　告：《上村嶺虢國墓地》、《濬縣辛村》、《曲阜魯國故城》、《寶雞玶國墓
　　　　地》、《高家堡戈國墓》、《琉璃河西周燕國墓地》、《張家坡西周墓地》、《洛
　　　　陽北窯西周墓》、《三門峽虢國墓》、《鹿邑太清宮長子口墓》……等，或散
　　　　見於《文物》、《考古》、《考古學報》、《考古與文物》、《中原文物》、《華夏

考古》、《文博》、《江漢考古》、《文物資料叢刊》、《考古學集刊》、《中國考古學會年會論文集》、《考古學研究》、《三代考古》、《古代文明》……等期刊和論文集上有關的發掘報告、簡報與論文。此外，中原地區以外的其他地區之文化遺存，如夏家店上層文化、雙房文化早期、白金寶文化晚期、辛店文化、寺洼文化、巴蜀文化、長江中游楚文化、越文化……等，所發掘或出土之青銅器，亦盡可能納入收錄的範圍。因其材料蒐羅豐富，對西周時期銅器之出土概況及青銅文化之發展進程，頗能掌握，故其正確性頗高。

二、分類細緻：銘文類型將一字至三百七十二字的銘文材料，分為二十三類析論。商代銘文是以一字、二字、三字、四字為多，共占95%；五字以上者僅占5%。西周出土銘文字數頗有不同，字數漸增。不過，一字至六字者均各出土超過百件以上，共計862件，占西周出土銘文之52%。餘則為七字到三百七十二字者皆低於百件之下，約占48%。字數不同，銘文的組成與類型亦多不同。本文皆詳加分類與討論。如一字銘文者，依其作用與目的，可分四個部分，六種類型，即1、作器者：（1）族徽或諸侯國名，（2）官職或爵稱，（3）親屬稱謂；2、地名；3、器物名稱；4、其他。又如五十一到六十字銘文有30件，先分成三大類─作器原因＋用鑄或用肇作＋器物名稱、時間＋作器者＋作＋作器目的＋器物名稱＋套語、……、賞賜或其他動詞……，再依據時間、作器目的、受賞原因等細分類型。又如字數最多的〈逨盤銘〉，亦細析其銘文格式為─作器者＋曰＋作器原因＋王若曰＋冊命內容＋賜＋賞賜品物＋對揚之詞＋用作＋為祭祀作器目的＋器物名稱＋用＋為祭祀作器目的＋套語。細緻的分類，為吾人理解西周出土銘文的組成、格式及發展脈絡，頗有助益。

三、方法嚴謹：本書經過全面性、系統性的爬梳後，自所有西周出土銅器中揀選出有銘銅器的部分，製作成表格，並予以編號。並於表中彙集有銘銅器的基本資料，如出土地、出土時間、字數、隸定的銘文內容、銘文出現的銅器部位、斷代分期意見等。再將所有可見之西周出土銘文掃描，依照本論文之編號，製作成附圖。此外，對於西周時期中國各地經由發掘或出土的銅器概況之架構，珮瑜亦是先劃分青銅文化區域（如分：中原青銅文化區、北方青銅文化區、東北青銅文化區、甘青青銅文化區、新疆青銅文化

區、巴蜀青銅文化區、長江中游青銅文化區、長江下游青銅文化區、東南與華南青銅文化區），然後於各青銅文化區下，以行政省分統轄各省分所出土之西周銅器，同一地點之出土物按照出土時間先後臚列，每一地點下簡略敘述出土時間、地點、銅器種類、數量、是否具有銘文和時代判斷。凡此，皆說明本書在歸納與分析上，是嚴謹而周密的。

四、析論有據：本書徹查與比對散見於各種考古期刊、雜誌或論文集中之西周出土銅器，對於部份銘文集成所漏收之器銘，亦有所彌補。因蒐羅較齊，故在析論時，對各種先遣研究，皆能細加酌參。同時，在銘文「組成與類型」的歸納與分析上，亦透過相同字數或同一間距的研究材料，排比、歸納出銘文之類型、組成格式和句型，以統整性之研究方式引導出客觀的統計數字和結論，架構出西周出土銘文短篇至長篇的類型與特色。而「附錄篇」之附錄和附圖，亦皆嚴加檢核、比對與統計，然後製成表格。既有利於讀者之參閱，更是本書析論之依據。

過去，對西周青銅器與銘文之研究，多偏向於青銅禮器部分，此固與禮器銘文內容篇幅逐漸增長有關。然吾人既可藉其所涉及之人名、地名與史事等內在聯繫，判斷青銅器所屬之絕對年代。又可經其形制、花紋、器組與書體等風格特點及銘文所透顯之相關作器者、地名、事件等材料，推論其他傳世青銅器和器銘之年代，進而建立完整的西周青銅器之分期與斷代系統。再者，銅器銘文除了本身所具之古文字研究價值外，亦可與傳世文獻相互印證，或修正、彌補傳世文獻之不足，深具史料價值。我想，這應是珮瑜此二書值得重視之處。就本書而言，除上述蒐羅豐富、分類細緻、方法嚴謹、析論有據等特點外，珮瑜更能運用相關理論，注視科學方法，提出創新觀點及重要論述。既重實證，又重思考；既能縱通，亦能橫通。整體而言，深值嘉許。不過，珮瑜在處理本書時，仍難免有些局限。首先，在收集發掘或出土的西周青銅器時，或因部分發掘簡報及正式報告並未能附上全部有銘銅器銘文之拓片、摹本、照片及件數，致本書亦無法掌握出土全貌，間接影響統計之精準，疏漏在所難免。其次，有些器物之時、空分界，或因其斷代分期未獲共識，而青銅區域之間又往往存在交錯或模糊的地帶。致對器物出土之區域、地望及分期等，難免有所誤判，或有不盡理想的情況。再次，有些銘文，或因不能辨識，或因內容無法通讀，在區分類型與格式組成時，亦或有缺失。復次，或因人名之複雜及內容太過簡要，致使判斷「作器目的」時，陷入

兩難之境。凡此,皆期待珮瑜未來能在材料更豐富時,再予檢視,以完善本書。

　　珮瑜的專長雖在商周金文,其實她的學術視野頗為寬廣,舉凡甲骨文、戰國文字、秦漢篆隸等古文字材料及古代漢語、漢語語言學、訓詁學等方面,都能多所涉獵,可說是我的得意門生。珮瑜向來用功,勤於研究,就學期間,曾發表〈皇甫謐《帝王世紀》一書之神話與傳說的痕跡〉、〈商周青銅器的斷代與分期〉、〈《四庫全書薈要》擇錄圖書之評介〉、〈西周文化分期與年代之研究回顧〉、〈漢代畫像石中有關神仙世界的題材研究〉等文,並曾擔任《1999年淡水地區人物誌》、《康軒字典進階本》、《三民大辭典》之編輯委員。此外,更曾擔任淡江大學中國文學系「新每日一字編纂小組」之編纂委員暨執行祕書,與華視教育文化頻道合作「新每日一字」共91集之節目,及執行淡江大學中國文學系與時報文化的產學合作計畫,出版《每日二字—這樣用就對了》、《每日二字—這樣念就對了》、《每日二字—這樣寫就對了》三書。可見其在學術研究之外,對「文創」領域亦有實質經驗和成果。在教學方面,珮瑜曾在高中、大學擔任教師,更曾在淡江大學中國文學系教授過「文法與修辭學」、「語言學概論」、「高級華文閱讀及寫作」、「文字學」、「訓詁學」等課程,教學經驗頗為豐富。今《西周出土銅器銘文之組成類型研究》一書,即將出版,賀何如之。相信珮瑜未來能在此一基礎下,運用日新月益的大數據,以續探西周長篇「傳世銘文」之書寫形式及有關方國、禮制、文化現象等主題的研究,甚或跨越至春秋出土銘文之研究。這不僅是我的期望,更是學術界的期待。

徐富昌

季序

中國文化悠久博大，世所共知。近世以來，地不愛寶，二三千年前之地下文物屢屢出土，以時代而言，甲骨、金文、戰國文字是其大宗，研究此三者之一，窮畢生之力不能竟其功，然學問以此精進，創獲因而日增。就中以銅器出土最早，許慎《說文解·敘》謂「郡國亦往往于山川得鼎彝，其銘即前代之古文，皆自相似」，此漢代山川出土鼎彝之證也，許慎《說文解字》所收錄之異體，當有一部即出自鼎彝。其有功於文字之學，自不待言。甲骨文有「中」字（《乙》6693反）、金文作「賣」（頌鼎），舊釋「貯」，楊樹達於《積微居金文說·格伯簋跋》中謂「疑讀為賈」，然人多莫之信。1974 年山西聞喜上郭村出土《賈子簋》，李學勤先生指出此銘文有「賈子」，與荀國器同時出土，即文獻荀、賈之賈。（參見《重新估價中國古代文明》）。此說一出，學者忻然同意，遂成定論。

《顏氏家訓·書證篇》據秦時鐵權銘文校正《史記·秦始皇本紀》中丞相「隗林」為「隗狀」之誤。此銅器銘文有功於歷史之證；《詩經·召南·甘棠》有「蔽芾甘棠，勿翦勿伐，召伯所茇」句，舊說皆以召伯為召公奭。清牟庭《詩切》以為當為周晚之「召伯虎」，而非周初之召公奭。其後說《詩》者靡然從之。清末同時出土的梁山七器中，《大保方鼎》、《憲鼎》、《大保簋》、《大保鴞卣》四器上有大保之稱，《大史友甗》上有召公之稱，《白憲盉》、《憲鼎》上有召白父辛之稱，凡此諸器之花紋形制皆屬周早，然則「召伯」不可能為召伯虎可知，陳夢家《西周銅器斷代》以為器銘之「召伯」即「召公奭」，殆無可疑。此銅器有功於經學之證。此外，銅器銘文有功於學術之證尚多，難以一一列舉。

李珮瑜老師，碩士論文寫〈商代出土銅器銘文研究〉，許進雄先生指導，收集彙整商代銅器 1121 件，析其類型，明其特點，不避辛苦，潛心鼎彝。博士論文為〈西周出土銅器銘文之組成類型研究〉，徐富昌先生指導，踵事增華，變本加厲。殷周青銅器之內容盡在其囊中，再接再厲，盡情揮灑，當可以發揚殷質周文，亦可為學術提供一大助益。徐教授命序於余，是為序。

季旭昇
戊戌季秋國慶序於吉林大學

上篇

第一章
緒論

第一節　研究動機與目的

商周青銅器與銘文的研究，自從郭沫若以標準器法對兩百五十件西周青銅器進行系統性地整理與排比之後，[1]開創了嶄新的里程碑。

對於西周青銅器與銘文的研究，多偏向於青銅禮器的部分，[2]這固然是因為西周青銅禮器逐漸出現篇幅增長的銘文內容，透過銘文內容所涉及的人名、地名、史事等內在聯繫，可以幫助判斷青銅器所屬的絕對年代。接著，用已確定絕對年代的青銅禮器為基準，經由這些青銅器在形制、花紋、器組、銘文書體上的特點與風格，以及銘文所透露的相關作器者、地名、事件等，又可用來推論其他傳世青銅器和器銘的年代，進而建立西周青銅器的分期與斷代系統。

商周銘文除了本身所具有之古文字的研究價值外，更是可以與傳世文獻典籍相互印證的珍貴史料，甚至還可能修正、彌補文獻典籍所記錄之失真與不足的地方。透過商周銘文可以探索、整合商周時期的歷史事件、文化制度、社會結構、經濟現象……等。王暉談到考古與文獻資料的關係時，認為商代仍是以考古資料（包括大量出土的甲骨文）為主，古文獻資料為輔；西周時期兩者重要性平分秋色；春秋時期逐漸變為以古文獻材料為主的趨勢。因此整體來看，二重證據法對於商周史的研究至今仍未過時。也就是說，利用新出土的古文字資料，可以幫助解決文獻典籍中語焉不詳、衝突矛盾的紀錄或觀點；而新出土古文字資料中的許多疑難，也仰賴文獻典籍來澄清。而現有商周考古資料中最重要的當屬甲骨文和金文了。[3]

1　郭沫若：《兩周金文辭大系圖錄考釋》，上海書店，上海，1999。

2　馬承源：《中國青銅器》，頁21-24，上海古籍出版社，上海，1997。所謂禮器，主要是指青銅容器，也就是排除了青銅樂器、武器、車馬器、雜器和工具。其中青銅容器包括了食器、酒器、水器等。

3　王暉：《古文字與商周史新證・序》，頁6-14，中華書局，北京，2003。

　　就內容來看，晚商銘文多數是呈現刻鑄器物所有者或作器者的氏族，或又註明因受賞賜而鑄造祭祀先父祖的祭器性質或其他目的。以出現字數來看，商代出土一字銘文約佔總數 42%，二字銘文約佔 30%，三字銘文約佔 18%，四字銘文約5%，五字以上銘文約 5%。[4]由於字數的侷限，使得晚商銘文的史料價值同甲骨文比較起來，並不凸顯。

　　學者指出雖然有部分的西周初期青銅禮器，仍保留著晚商青銅禮器上字數較少的族徽文字，或和先父祖稱謂、日名組合的銘文形式，但以銘文實際發展的脈絡來看，除了銘文字數逐漸增多，在內容上也有了新的拓展。例如增加了有關當時冊命、封賜、征伐、法律……等方面的紀錄，[5]使我們能夠透過銘文，了解西周的官制、[6]宗法組織、[7]冊命禮儀、[8]周王朝與其他方國的關係[9]……等種種面向。

　　由於筆者碩士論文著重在全面探討商代出土銘文的類型與組成，以及商代出土銘文所出現的銅器種類。因此期盼在此基礎之上，就時間縱向發展，更進一步探究西周出土銘文的類型與組成格式。企圖通過對西周出土銅器的收集和掌握，給予統計數字的支持。一來可以深化對於古文字的認識，再者延伸原先所吸收商代歷史文化的知識，將觸角涵括至西周時期，尤有進者，能夠經由商周出土銘文的對比，辨析商周文化制度之異同。

　　在上述動機的促使下，本文撰寫的目的首先是彙整所有經科學發掘或出土的西周有銘銅器，以科學發掘或出土的銅器銘文作為討論、分析的素材，是因為經

4　李珮瑜：《商代出土銅器銘文研究》，頁315，淡江大學中國文學研究所碩士論文，1993。

5　杜迺松：《中國青銅器發展史》，頁41-54，紫禁城出版社，北京，1995。朱鳳瀚：《中國青銅器綜論》上，頁627-634，上海古籍出版社，上海，2009。

6　張亞初、劉雨：《西周金文官制研究》，中華書局，北京，1986。汪中文：《西周冊命金文所見官制研究》，國立台灣師範大學國文所博士論文，1988。李峰著、吳敏娜等譯：《西周的政體：中國早期的官僚制度和國家》，生活‧讀書‧新知三聯書店，北京，2010。

7　楊寬：《西周史》，頁313-480，上海人民出版社，上海，2004。朱鳳瀚：《商周家族形態研究》，頁227-427，天津古籍出版社，天津，2004。

8　陳漢平：《西周冊命制度研究》，學林出版社，上海，1986。黃然偉：《殷周史料論集》，三聯書店有限公司，香港，1995。

9　李學勤：〈西周時期的諸侯國青銅器〉，《新出青銅器研究》，頁30-37，文物出版社，北京，1990。張劍：〈西周諸國侯的青銅禮器〉，《西周文明論集》，頁140-146，朝華出版社，北京，2004。王世民：〈西周時代諸侯方國青銅器概述〉，《商周銅器與考古學史論集》，頁60-91，藝文印書館，台北，2008。王健：《西周政治地理結構研究》，中州古籍出版社，鄭州，2004。任偉：《西周封國考疑》，社會科學文獻出版社，北京，2004。

科學發掘或出土的銅器有明確的出土地、出土層位和共出器物，可以幫助我們更確實地判斷銅器時代，以便清楚地掌握西周銘文的發展與演變。在彙整所有西周出土銘文之後，接著按照字數的多寡，進行分類，以便排比出西周出土銘文可能的類型與組成格式，並與商代出土銘文所出現的字數分布、銘文內容、基本句型──作器者＋「作」字＋作器的目的＋器物名、延伸句型──干支＋賞賜者＋賞或賜字＋受賞賜者＋貝（和數量）＋在（地點或地名）＋用作＋作器的目的＋器物名[10]……等方面相互比對，以期了解商周銘文的承繼、轉向和改變。

　　總而言之，本文焦點將放在盡可能蒐羅所有經科學發掘或出土之西周銅器，並按照目前中國青銅文化的分區概念，予以系統性且重點性的呈現，如此，既可明白中原與其他青銅文化區域間銅器出土之情形及文化面貌，另一方面又可藉以探討西周政治疆域的拓展或政治勢力的消長。並且萃取所有西周出土銘文，掌握西周出土銘文在字數增長上、銘辭類型、句型組成格式、銘文所載內容的發展與特色。

第二節　研究材料與範圍

　　商周傳世銘文，由於牽涉偽器的問題，現今部分僅存銘文拓片，而不知銅器的實際收藏與下落，為了增加研究的可信度以及統計的精準度，本文是以科學發掘或出土所得的西周有銘銅器作為主要研究、分析的對象。因此相關發掘或出土西周青銅器的考古報告或簡報都是所要蒐集的材料，例如一些正式考古發掘報告《上村嶺虢國墓地》[11]、《濬縣辛村》[12]、《曲阜魯國故城》[13]、《寶雞強國墓地》[14]、《高家堡戈國墓》[15]、《琉璃河西周燕國墓地 1973─1977》[16]、《張家坡西周墓地》[17]、

---

10 李珮瑜：《商代出土銅器銘文研究》，頁277，淡江大學中國文學研究所碩士論文，1993。

11 中國科學院考古研究所：《上村嶺虢國墓地》，科學出版社，北京，1959。

12 郭寶鈞：《濬縣辛村》，科學出版社，北京，1964。

13 山東省文物考古研究所、山東省博物館、濟寧地區文物組、曲阜縣文管會：《曲阜魯國故城》，齊魯書社，濟南，1982。

14 盧連成、胡智生：《寶雞強國墓地》，文物出版社，北京，1988。

15 戴應新：《高家堡戈國墓》，三秦出版社，西安，1994。

16 北京市文物研究所：《琉璃河西周燕國墓地1973─1977》，文物出版社，北京，1995。

17 中國社會科學院考古研究所：《張家坡西周墓地》，中國大百科全書出版社，北京，1999。

《洛陽北窰西周墓》[18]、《三門峽虢國墓（第一卷）》[19]、《鹿邑太清宮長子口墓》[20]、《天馬──曲村 1980−1989》[21]、《滕州前掌大墓地》[22]、《棗陽郭家廟曾國墓地》[23]、《梁帶村芮國墓地──2007 年度發掘報告》[24]……等，或散見於《文物》、《考古》、《考古學報》、《考古與文物》、《中原文物》、《華夏考古》、《文博》、《江漢考古》、《文物資料叢刊》、《考古學集刊》、《中國考古學會年會論文集》、《考古學研究》、《三代考古》、《古代文明》……等期刊和論文集上有關的發掘報告、簡報與論文，時間截至 2008 年為止，少數資料收集至 2010 年為止。

　　雖然本文重點是放在歸納、分析西周出土銘文的類型與組成格式，但銘文的研究和青銅器息息相關，包括有銘銅器的器物種類、銘文出現的位置以及時代分期，尤其是銅器年代，將幫助我們釐清西周出土銘文的時代特點與分期演變。因此除了上述的研究素材之外，中國各省行政區域所彙編或學者針對某一青銅文化地域所進行相關青銅器、金文著錄與探論也列入研究材料之內，例如《陝西出土商周青銅器》[25]、《周原出土青銅器》[26]、《商周金文編──寶雞出土青銅器銘文集》[27]、《洛陽出土青銅器》[28]、《山東金文集成》[29]、《湖北考古發現與研究》[30]、《湖南出土殷商西周青銅器》[31]、《皖南商周青銅器》[32]、《吳越和百越地區周代青

18 洛陽市文物工作隊：《洛陽北窰西周墓》，文物出版社，北京，1999。

19 河南省文物考古研究所、三門峽市文物工作隊：《三門峽虢國墓（第一卷）》，文物出版社，北京，1999。

20 河南省文物考古研究所、周口市文化局：《鹿邑太清宮長子口墓》，中州古籍出版社，鄭州，2000。

21 北京大學考古學系商周組、山西省考古研究所：《天馬──曲村1980─1989》，科學出版社，北京，2000。

22 中國社會科學院考古研究所：《滕州前掌大墓地》，文物出版社，北京，2005。

23 襄樊市考古隊、湖北省文物考古研究所、湖北孝襄高速公路考古隊：《棗陽郭家廟曾國墓地》，科學出版社，北京，2005。

24 陝西省考古研究院、渭南市文物保護考古研究所、韓城市景區管理委員會：《梁帶村芮國墓地──2007年度發掘報告》，文物出版社，北京，2010。

25 陝西省考古研究所、陝西省文物管理委員會、陝西省博物館：《陝西出土商周青銅器》（一）～（四），文物出版社，北京，1979-1984。

26 曹瑋：《周原出土青銅器》第一～十卷，巴蜀書社，成都，2005。

27 霍彥儒、辛怡華：《商周金文編──寶雞出土青銅器銘文集》，三秦出版社，西安，2009。

28 洛陽師範學院、洛陽市文物局：《洛陽出土青銅器》，紫禁城出版社，北京，2006。

29 山東省博物館：《山東金文集成》，齊魯書社，濟南，2007。

30 楊寶成、黃錫全：《湖北考古發現與研究》，武漢大學出版社，武漢，2000。

31 湖南省博物館：《湖南出土殷商西周青銅器》，岳麓書社，長沙，2007。

32 安徽大學、安徽省文物考古研究所：《皖南商周青銅器》，文物出版社，北京，2006。

銅器研究》[33]……等。幾部研究商周金文所需的金文集成，像是《殷周金文集成》[34]、《近出殷周金文集錄》[35]等，也是提供斷代的重要參考資料。

　　在收集材料前，首先要考慮到兩個問題：第一是西周上、下限的問題，第二是相當於中原地區西周時期，其他地區不同的考古文化遺存所發掘或出土的青銅器，是否也在收集的範圍之內。

　　針對第一個問題，中國歷史上的西周，是指西元前 11 世紀周武王克商，至西元前 771 年周幽王被殺的這段期間。[36]上下限的確定，主要是牽涉銅器斷代的問題，尤其是出自時代橫跨殷末周初或時代為兩周之際之墓葬所出土的青銅器，或者某些出土的青銅器，因不具有銘文，又缺乏出土層位的證據或其他可供比對的共出陶器或青銅禮器，因此只能大致斷定其所屬相對年代。面對上述的問題，本文採取的方式是時代範疇只能粗淺確定為西周，以及被斷定為殷末周初或兩周之際的銅器都予以收錄。至於西周銅器分期的問題，我們在第二章會有專門的討論。

　　研究主題既然鎖定在西周出土銅器上，發掘或出土於西周墓葬、窖藏、遺址等青銅器，都是所要整理與觀察的研究對象。因此針對第二個問題，相當於中原地區西周時期其他地區不同考古文化遺存，如夏家店上層文化、雙房文化早期、白金寶文化晚期、辛店文化、寺洼文化、卡約文化、焉不拉克文化、巴蜀文化、長江中游楚文化、越文化……等所發掘或出土的青銅器，本文亦盡可能納入收錄的範圍之內。一來可全盤掌握中國各地西周時期的銅器出土概況，又可了解各地青銅文化發展的情形與進程。

第三節　研究方法與步驟

一　研究方法

　　首先要進行西周有銘銅器的整理與統計工作，從西周時期（包括殷末周初、

---

33 鄭小爐：《吳越和百越地區周代青銅器研究》，科學出版社，北京，2007。

34 中國社會科學院考古研究所：《殷周金文集成》修訂增補本一～八冊，中華書局，北京，2007。

35 劉雨、盧岩：《近出殷周金文集錄》一～四冊，中華書局，北京，2002。

36 張之恆、周裕興：《夏商周考古》，頁186，南京大學出版社，南京，1995。夏商周斷代工程專家組：〈夏商周斷代工程1996～2000年階段成果概要〉，《文物》2000：12，頁53。

兩周之際）各青銅文化區域經由發掘或出土的青銅器中，擇選、彙整出有銘銅器的材料。並根據出土報告、簡報或相關研究論著，隸定銘文。再按照字數由少到多的層次，將相同字數或同一間距的銘文加以排比，逐條考釋內容，並分析其組成，再予以分類，歸納出不同的類型。在相同字數或同一間距下，觀察、探討其類型以及各類型時間早晚的關係，並與商代出土銘文作對照，既著重共時的描述與探論，也掌握歷時的發展與演變。最終依西周出土銘文由短至長的組成結構，綜論西周出土銘文的字數分布、主要類型、句型呈現、內容發展等問題。

二 研究步驟

（一）材料的整理與條列

首先要全面性架構西周時期中國各地經由發掘或出土的銅器概況，實際的作法是先劃分青銅文化區域——中原青銅文化區、北方青銅文化區、東北青銅文化區、甘青青銅文化區、新疆青銅文化區、巴蜀青銅文化區、長江中游青銅文化區、長江下游青銅文化區、東南與華南青銅文化區，[37]然後於各青銅文化區下，以行政省分統轄各省分所出土之西周銅器，同一地點之出土物按照出土時間先後臚列，每一地點下簡略敘述出土時間、地點、銅器種類、數量、是否具有銘文和時代判斷。

（二）主要研究材料的統計

經過全面性、系統性且簡要性的爬梳後，自所有西周出土銅器中揀選出有銘銅器的部分，製作成表格，並予以編號，於表格中彙集有銘銅器的基本資料，如出土地、出土時間、字數、隸定的銘文內容、銘文出現的銅器部位、本文所採用之分期斷代的意見等。再將所有可見之西周出土銘文掃描，依照本論文之編號，製作成附圖。

---

37 李伯謙：〈中國青銅文化的發展階段與分區系統〉，《中國青銅文化結構體系研究》，頁6-11，科學出版社，北京，1998。孫華：〈中國青銅文化體系的幾個問題〉，《考古學研究》（五），頁938-948，科學出版社，北京，2003。

（三）進行歸納、分析與詮釋

第一步先依循銘文字數由少到多的原則，於相同銘文字數下條列銘文樣本，以期了解西周出土銘文字數分布的情況。接著在相同銘文字數或同一間距的原則下，逐條考釋內容，分析各條銘文組成，然後再具體歸納出可能的類別，於各類別之下分別探究、論述有關銘文性質、隸定難題、組成格式、所屬分期……等問題。在相同銘文字數或同一間距的文末，總論各類型的統計結果以及各類型和時代先後的關係，或與商代出土銘文進行比對，或歸納出西周出土銘文可能出現的種種句型。

第四節　前人研究成果

前輩學者對於西周出土青銅器與銘文的研究成果，可以歸納為以下幾個方面：第一，西周出土青銅器與銘文材料的整理。第二，西周青銅器的斷代及分期分域研究。第三，西周銘文的考釋與相關各子題的討論。

關於第一點，基本上，透過科學發掘或出土的西周青銅器與銘文資料，若為發掘簡報多刊載於期刊或論文集中，正式的發掘報告多發行成單冊或套書。正式發掘報告前文研究材料已有論及部分，而《文物》、《考古》、《考古學報》、《考古學集刊》所收錄的發掘簡報和相關論著，可見於《文物五〇〇期總目索引》[38]和《考古研究所編輯出版書刊目錄索引及概要》[39]。目前全國性收錄的青銅器集成或銘文集成或相關資料集成有《中國青銅器全集》[40]、《殷周金文集成》[41]、《近出殷周金文集錄》[42]、《新收青銅器銘文暨器影彙編》[43]、《金文文獻集成》[44]……等。由於上述幾部集成的集結成冊，使得相關資料與素材的取得更為便利。

38　文物編輯部：《文物五〇〇期總目索引》，文物出版社，北京，1998。

39　考古雜誌社：《考古研究所編輯出版書刊目錄索引及概要》，四川大學出版社，成都，2001。

40　中國青銅器全集編輯委員會：《中國青銅器全集》第五、六、十三、十五卷，文物出版社，北京，1994-1997。

41　中國社會科學院考古研究所：《殷周金文集成》修訂增補本一～八冊，中華書局，北京，2007。

42　劉雨、盧岩：《近出殷周金文集錄》一～四冊，中華書局，北京，2002。

43　鍾柏生、陳昭容、黃銘崇、袁國華：《新收青銅器銘文暨器影彙編》，藝文印書館，台北，2006。

44　劉慶柱、段志洪、馮時：《金文文獻集成》第一～四十六冊，香港明石文化國際出版有限公司，香港，2004。

　　有關第二點西周青銅器的斷代及分期分域研究，當中西周青銅禮器的斷代與分期，是許多學者關注的課題。如陳夢家《西周銅器斷代》[45]、唐蘭《西周青銅器銘文分代史徵》[46]、王世民等《西周青銅器分期斷代研究》[47]、劉啟益《西周紀年》[48]、彭裕商《西周青銅器年代綜合研究》[49]、朱鳳瀚〈西周青銅器〉[50]……等，這是因為斷定青銅器的時代，是進行其他青銅器與銘文相關研究的基礎。馬承源提到青銅器的準確斷代是青銅器被作為實物史料運用的先決條件。因為青銅器斷代的正確與否，直接影響史料運用的準確性，否則史實顛倒，只是徒然增加混亂。[51]

　　至於西周青銅器的分域研究，隨著考古學文化的深入探索與建構，對於西周時期中國各地青銅文化的發展也有新的認識與開拓。如李伯謙〈中國青銅文化的發展階段與分區系統〉[52]、孫華〈中國青銅文化體系的幾個問題〉和《四川盆地的青銅時代》[53]、劉彬徽〈長江中游地區西周時期考古研究〉[54]、唐寧《安徽江淮地區西周考古學文化研究》[55]、鄭小爐《吳越和百越地區周代青銅器研究》[56]、韓翀飛〈隴山兩側青銅文化研究——青銅時代西北古代民族考古遺存〉[57]、郭大順〈東北文化區的提出及意義〉[58]、蔣剛《太行山兩翼北方青銅文化的演進及其與夏商西周文化的互動》[59]、趙賓福《中國東北地區夏至戰國時期的考古學文化研

45 陳夢家：《西周銅器斷代》，中華書局，北京，2004。

46 唐蘭：《西周青銅器銘文分代史徵》，中華書局，北京，1986。

47 王世民、陳公柔、張長壽：《西周青銅器分期斷代研究》，文物出版社，北京，1999。

48 劉啟益：《西周紀年》，廣東教育出版社，廣州，2002。

49 彭裕商：《西周青銅器年代綜合研究》，巴蜀書社，成都，2003。

50 朱鳳瀚：《中國青銅器綜論》中，頁1211-1531，上海古籍出版社，上海，2009。

51 馬承源：《中國青銅器》，頁407、408，上海古籍出版社，上海，1997。

52 李伯謙：〈中國青銅文化的發展階段與分區系統〉，《中國青銅文化結構體系研究》，頁6-11，科學出版社，北京，1998。

53 孫華：〈中國青銅文化體系的幾個問題〉，《考古學研究》（五），頁938-948，科學出版社，北京，2003。孫華：《四川盆地的青銅時代》，頁25-44，科學出版社，北京，2000。

54 劉彬徽：〈長江中游地區西周時期考古研究〉，《考古學研究》（五），頁623-624。

55 唐寧：《安徽江淮地區西周考古學文化研究》，山東大學考古學及博物館學碩士論文，2011。

56 鄭小爐：《吳越和百越地區周代青銅器研究》，科學出版社，北京，2007。

57 韓翀飛：〈隴山兩側青銅文化研究——青銅時代西北古代民族考古遺存〉，《西北民族研究》2008：3，頁116-123。

58 郭大順：〈東北文化區的提出及意義〉，《邊疆考古研究》第1輯，頁170-180，科學出版社，北京，2002。

59 蔣剛：《太行山兩翼北方青銅文化的演進及其與夏商西周文化的互動》，吉林大學考古學及博物館學博士論文，2006。

究》[60]……等。上述文章與研究幫助我們釐清並建立西周時期中國各青銅文化區實際分布的範圍與涵蓋的地區。

　　有關第三點西周銘文的考釋與相關各子題更是學者專家著墨甚多、討論蓬勃的部分。銘文內容的考釋，包括常見詞語、通篇銘辭、同一出土地的銘文彙釋、出現同一人物或國族的銘文彙釋……等，此類著作、討論不勝枚舉，從科學發掘或出土青銅器的簡報、報告到各家著作論集、學術討論會論文集皆有。如唐蘭《唐蘭先生金文論集》[61]、李學勤《新出青銅器研究》和《文物中的古文明》一書「第三輯青銅器研究」[62]、馬承源《商周青銅器銘文選》[63]、尹盛平主編《西周微氏家族青銅器群研究》[64]、朱鳳瀚主編《新出金文與西周歷史》[65]、周寶宏《近出西周金文集釋》[66]、蔡運章〈洛陽北窯西周墓青銅器銘文簡論〉[67]、馮時〈前掌大墓地出土銅器銘文匯釋〉[68]、《古文字研究》[69]……等。

　　各家對於銘文內容的探論和考訂，不但深化古文字的研究，更結合文獻典籍、出土實物，進一步帶動探討西周王朝、王年、曆法、封國、文化禮制、政治經濟、軍事活動……等面向之相關議題。

　　如中國大陸自 1996 年推動「夏商周斷代工程」，當中西周年代學是以文獻研究為基礎，通過考古學文化的分期與測年，建立年代學框架，同時構建金文（青銅器銘文）曆譜，並對有關天文材料進行計算，排出列王之年代。[70]相關研究可

60　趙賓福：《中國東北地區夏至戰國時期的考古學文化研究》，吉林大學考古學及博物館學博士論文，2005。

61　唐蘭：《唐蘭先生金文論集》，紫禁城出版社，北京，1995。

62　李學勤：《新出青銅器研究》，文物出版社，北京，1990。李學勤：《文物中的古文明》，頁195-317，商務印書館，北京，2013一版二刷。

63　馬承源：《商周青銅器銘文選》（一）～（四），文物出版社，北京，1986-1990。

64　尹盛平：《西周微氏家族青銅器群研究》，文物出版社，北京，1992。

65　朱鳳瀚：《新出金文與西周歷史》，上海古籍出版社，上海，2011。

66　周寶宏：《近出西周金文集釋》，天津古籍出版社，天津，2005。

67　蔡運章：〈洛陽北窯西周墓青銅器銘文簡論〉，《文物》1996：7，頁54-69。

68　馮時：〈前掌大墓地出土銅器銘文匯釋〉，《滕州前掌大墓地》下冊，頁591-594，文物出版社，北京，2005。

69　中國古文字研究會、中華書局編輯部等：《古文字研究》第1～28輯，中華書局，北京，1979-2010。

70　夏商周斷代工程專家組：《夏商周斷代工程1996—2000年階段成果報告·簡本》，頁12，世界圖書出版公司北京公司，北京，2000。

見於朱鳳瀚、張榮明主編《西周諸王年代研究》[71]。又像是尹盛平《周原文化與西周文明》透過西周銅器銘文探討武王克商、分封諸侯、穆王中興、王室衰亡……等西周歷史記載，並藉由西周銅器銘文談論西周時期的各種典章制度、禮樂和曆法現象。[72]

另外，還有一些針對西周銘文字形解析、使用文例、語法和詞彙等研究，如全廣鎮《兩周金文通假字研究》[73]、羅仕宏《西周金文假借字研究》[74]、宋鵬飛《殷周金文形聲字研究》[75]、陳美琪《西周金文字體常用詞語及文例研究》[76]、管燮初《西周金文語法研究》[77]、潘玉坤《西周金文語序研究》[78]、鄧章應《西周金文句法研究》[79]、梁華榮《西周金文虛詞研究》[80]、寇占民《西周金文動詞研究》[81]、陳美蘭《西周金文複詞研究》[82]、吳豔娜《金文常見雙音詞釋義》[83]、楊懷源《西周金文詞彙研究》[84]、金河鐘《殷周金文詞匯研究》[85]……等。

以上簡略敘述前輩學者專家在西周出土青銅器與銘文方面的研究成果。

第五節　章節安排與預期成果

本論文試圖以五個章節來開展研究主題：第一章緒論，第二章西周文化的分期與年代，第三章西周青銅器的出土概況，第四章西周出土銅器銘文的組成與類型，第五章結論。

---

71 朱鳳瀚、張榮明：《西周諸王年代研究》，貴州人民出版社，貴陽，1998。
72 尹盛平：《周原文化與西周文明》，頁183-649，江蘇教育出版社，南京，2005。
73 全廣鎮：《兩周金文通假字研究》，國立台灣師範大學中國文學研究所碩士論文，1987。
74 羅仕宏：《西周金文假借字研究》，國立中正大學中國文學所碩士論文，2007。
75 宋鵬飛：《殷周金文形聲字研究》，國立成功大學中國文學所碩士論文，2001。
76 陳美琪：《西周金文字體常用詞語及文例研究》，中國文化大學中國文學研究所博士論文，2001。
77 管燮初：《西周金文語法研究》，商務印書館，北京，1981。
78 潘玉坤：《西周金文語序研究》，華東師範大學漢語言文字學博士論文，2003。
79 鄧章應：《西周金文句法研究》，西南師範大學漢語言文字學碩士論文，2004。
80 梁華榮：《西周金文虛詞研究》，四川大學歷史文獻學博士論文，2005。
81 寇占民：《西周金文動詞研究》，首都師範大學漢語言文字學博士論文，2009。
82 陳美蘭：《西周金文複詞研究》，國立台灣師範大學國文研究所博士論文，2003。
83 吳豔娜：《金文常見雙音詞釋義》，華南師範大學漢語言文字學碩士論文，2007。
84 楊懷源：《西周金文詞彙研究》，巴蜀書社，成都，2007。
85 金河鐘：《殷周金文詞匯研究》，山東大學漢語言文字學博士論文，2008。

第一章「緒論」，主要交代本文寫作緣起、研究材料、研究方法、前人研究成果以及本文架構等。

第二章「西周文化的分期與年代」以及第三章「西周青銅器的出土概況」，對於西周出土銘文牽涉時空框架的問題，提出本文因應處理的原則與構想。目前研究商周銘文所需的銘文集成，以《殷周金文集成》來說，中華書局於 2007 年重新出版修訂增補本，將收錄資料截止於 1985 年後的部分，又增補了近 20 年 56 種有關金文彙編、博物館藏品圖錄、考古發掘報告等相關圖籍中的銘文資料，而《新收青銅器銘文暨器影彙編》所收錄的銘文材料截止於 2005 年。

本文徹查、比對散見於各種考古期刊、雜誌或論文集中的西周出土銅器，收羅截至 2008 年為止的西周出土銅器資料，少數截至 2010 年為止，對於上述銘文集成漏收的器銘，期望有所彌補，並提供學界參考。

由於前三章都是針對本論文所涉及的基本問題，如研究材料、研究方法、西周出土銅器之分期斷代、青銅文化地域等進行探論，與第四、第五章將焦點置於西周出土銅器銘文的歸納與分析，兩者性質不同，也不具有問題的延展性，考量本論文前三章與後兩章所呈現的區隔性，將前三章歸於「上篇」。

本文研究著重在第四章「西周出土銅器銘文的組成與類型」，透過相同字數或同一間距的研究材料，排比、歸納出西周出土銘文可能的類型、組成格式和句型，希冀能以統整性的研究歷程，引導出客觀的統計數字和研究成果，並與商代出土銘文作比對，最終架構出西周出土銘文短篇至長篇的類型與特色，以了解西周出土銘文的整體發展及演變。

第五章「結論」，總述本文觀察、探討的重心和具體研究結果，亦檢討本文未賅備之缺失、疏漏與限制，並提出未來可能再開拓、延伸之相關討論及子題，以作為本文的結尾。

結論之後附上參考書目、附錄和附圖。附錄的部分，附錄一至七為陝西省扶風縣黃堆村[86]、北呂村[87]、長安張家坡[88]、長安東楊萬村的少陵原[89]、河南省洛陽

---

86 羅紅霞：〈扶風黃堆老堡三座西周殘墓清理簡報〉，《考古與文物》1994：3，頁16-26。羅紅霞：〈扶風黃堆老堡西周殘墓清理簡報〉，《文博》1994：5，頁78-86。周原博物館：〈1995年扶風黃堆老堡子西周墓清理簡報〉，《文物》2005：4，頁4-25。周原博物館：〈1996年扶風黃堆老堡子西周墓清理簡報〉，《文物》2005：4，頁26-42。曹瑋：《周原出土青銅器》第九卷，頁1926-2001，巴蜀書社，成都，2005。

87 羅西章：《北呂周人墓地》，頁28-96，西北大學出版社，西安，1995。

市北窰村[90]、三門峽市上村嶺[91]、濬縣辛村（今鶴壁市淇濱區龐村鎮）[92]等地之西周墓葬隨葬銅器的一覽表，附錄八為西周出土有銘銅器之銘文統計表，當中的銘文編號，是依照第三章西周出土銅器之出土地的出現順序，加以排列。附圖的部分，主要是所收集到的、又已公布之西周出土銘文的拓片、照片或摹本之掃描圖檔。若是原發掘報告、出土簡報或相關介紹本來就沒有附上拓片、照片或摹本，本論文一概從缺。

　　本論文的核心討論第四、第五章和參考書目歸於「下篇」。

　　而附錄一到七是筆者將扶風縣黃堆村等地所發掘之西周墓葬，針對當中出土銅器的部分，加以檢核、比對、統計後所製成的表格。至於附錄八和附圖，則提供讀者參閱，一併歸於「附錄篇」。

88　中國社會科學院考古研究所：〈1983年～1986年張家坡西周墓地墓葬登記表〉，《張家坡西周墓地》，中國大百科全書出版社，北京，1999。

89　陝西省考古研究所：《少陵原西周墓地》，科學出版社，北京，2009。

90　洛陽市文物工作隊：《洛陽北窰西周墓》，文物出版社，北京，1999。

91　中國科學院考古研究所：《上村嶺虢國墓地》，科學出版社，北京，1959。

92　郭寶鈞：《濬縣辛村》，科學出版社，北京，1964。

第二章
西周文化的分期與年代

第一節　西周文化的分期

中國歷史上的「西周」，是指公元前 11 世紀周武王滅殷至公元前 771 年周幽王被殺，周王朝遷都於今洛陽，這將近三百餘年的一段時間。[1]就發展序列而言，「西周」是處於殷商之後、春秋之前的一個歷史階段。

有學者列舉現有傳世可供研究西周歷史的文獻，包括：《尚書》中的〈周書〉、《詩經》中的〈周頌〉、〈大雅〉、〈小雅〉和〈豳風〉、《逸周書》、《國語》、《周易》、《古本竹書紀年》、《世本》、《穆天子傳》、《史記》、《漢書》和《後漢書》、西周金文以及儒家所傳禮書等，[2]但即使有這些文獻史料可資探究，在具體進行西周年代學的相關議題或深入探論西周歷史的種種面向時，仍不免令人感到相關文獻史料的侷限與貧乏。

研究西周歷史的材料當中，西周銅器銘文也是可資參酌的一種。早在現代考古學開展之前，中國自宋代以來，傳統的金石學即已為西周銅器與銘文研究揭開序幕。清代由於考據之學興盛，加上陝西等地陸續有西周重器的出土，如道光年間岐山禮村出土了著名的大盂鼎和小盂鼎、光緒年間扶風任家村發現了大克鼎等一百二十多件銅器等，[3]使得西周銅器與銘文的研究，在著錄、器物定名、銘文考釋等方面有所斬獲。[4]爾後，王國維提倡「二重證據法」，將傳世典籍和新出土的文物兩相結合，一來考釋、研究古文字資料，並藉以推論、驗證傳世典籍所記之歷史。「對中國古史與古代文物研究擺脫傳統經學與金石學範疇走向學術的近現代化起了積極的推動作用」。[5]民國以後，由於西方科學技術、學術理論的傳入，從而在傳統金石學、古器物學、歷史學之外，產生了中國現代考古學。

1　朱鳳瀚：《古代中國青銅器》，頁748，南開大學出版社，天津，1995。
2　楊寬：《西周史》，頁7-11，上海人民出版社，上海，2004。
3　曹瑋：〈商周銅器窖藏〉，《周原遺址與西周銅器研究》，頁184，科學出版社，北京，2004。
4　朱鳳瀚：《古代中國青銅器》，頁32，南開大學出版社，天津，1995。
5　同上，頁33。

　　中國首次經由正式考古發掘出土的西周青銅器群，為民國 21 年到 22 年，由
郭寶鈞負責主持發掘工作的河南濬縣辛村衛國墓地。[6]可惜的是，當時私人盜掘之
風仍熾，如洛陽廟溝所出竞簋、竞卣等器；馬坡所出令方尊、令方彝、令簋以及
臣辰卣、臣辰盉等器均遭盜竊。[7]考古發掘出土的青銅器，具有明確的出土地點、
詳細的地層關係以及共出的其他器物，可綜合性地進行青銅器的斷代分期。而私
人盜掘出土的青銅器，由於當時的社會環境，往往一經出土，便遭散失的命運，
對於進一步的研究形成障礙。

　　民國 22 年到 24 年，北平研究院史學研究會考古組在寶雞市東斗雞台墓地進
行考古發掘工作，蘇秉琦針對 56 座的周秦墓葬進行整理和分期研究，將當中的 45
座墓葬歸類為瓦鬲墓時期，並分成初中晚三期。根據出土的陶鬲形制，具體將瓦
鬲墓時期又劃分為「錐形腳袋足鬲」時期、「折足鬲」早中晚三期以及「矮腳鬲」
時期。[8]這是考古學者「首次運用器物形態學方法分析了先周到西周的墓葬，並結
合葬式、工藝技術等方面，將周秦墓葬進行區分，提出探索周文化淵源的線索」。[9]

　　首位對西周青銅器進行斷代分期的是郭沫若。郭沫若《兩周金文辭大系圖錄
考釋》[10]在〈彝器形象學試探〉一文，將中國青銅器的發展分為以下四個時期：

第一，濫觴期──大率當於殷商前期
第二，勃古期──殷商後期及周初成、康、昭、穆之世
第三，開放期──恭、懿以後至春秋中葉
第四，新式期──春秋中葉至戰國末年

在各期之下，又簡要地歸納了各期主要的青銅器器類、形制特徵、紋飾特點、銘
文文辭、字體風格等。並自述其分期方法是：「先讓銘辭史實自述其年代，年代

6　郭寶鈞：《濬縣辛村》，頁1-4，科學出版社，北京，1964。

7　李學勤：《洛陽出土青銅器·序》，紫禁城出版社，北京，2006。

8　蘇秉琦：《斗雞台溝東區墓葬》，《蘇秉琦考古學論述選集》，頁28-31、38-41，文物出版社，北
　　京，1984。

9　趙叢蒼、郭妍利：《兩周考古》，頁7，文物出版社，北京，2004。

10 1932年東京文求堂出版《兩周金文辭大系》初版本，1934至1936年增訂為《兩周金文辭大系圖
　　錄》和《兩周金文辭大系考釋》二書，1957年科學出版社出版增訂合印本，題為《兩周金文辭大
　　系圖錄考釋》。

既明，形制與紋繢，隨即自呈其條貫也。形制與紋繢如是，即銘辭之文章與字體亦莫不如是。」

郭沫若選定了「器物年代每有於銘文透露者」，也就是選定銘文自身能表露其年代，或史料能證明其年代者「為中心以推證它器」。如此，以銘文內容論定器物時代，再將這些時代確定的器物，全盤歸納當中的人名、史事，以及器物的形制、花紋、銘文特色，來作為推論其他器物所屬之王年。「這種結合器物形制、花紋特徵、銘文書法等幾個方面綜合比較、分類排比的分期方法，就是標準器分期法」。[11]

郭沫若按照上述的標準器斷代原則，將 162 件[12]的西周銅器，具體分析、推論所屬年代，分列於西周十二王[13]，並將西周銅器以穆王之世分割成勃古、開放兩期。

繼郭沫若之後，1941 年容庚《商周彝器通考》一書出版，在第四章「時代」，容庚將中國銅器分為以下四期：[14]

第一，商時期
第二，西周前期——武王、成王、康王、昭王、穆王
第三，西周後期——共王、懿王、孝王、夷王、厲王、共和、宣王、幽王
第四，春秋戰國期

並列舉武王時器 14 件、成王時器 91 件、康王時器 13 件、昭王時器 6 件、穆王時器 4 件、共王時器 14 件、懿王時器 15 件、厲王時器 53 件、共和時器 1 件、宣王 44 件、幽王 3 件，共計西周銅器 258 件，其中孝王、夷王時器闕如。

大體上，容庚對於銅器分期的意見同於郭沫若，都是以穆王之世，將西周銅器分成前後兩期。但具體上，對於器物所屬王世，看法相異者十之二三。[15]

---

11 高明：《中國古文字學通論》，頁497，五南圖書出版公司，台北，1993。
12 162件為郭沫若於《兩周金文辭大系圖錄考釋・序》所自述，如果加上附見之器，則西周銅器一共250件。
13 西周十二王為：武、成、康、昭、穆、恭、懿、孝、夷、厲、宣、幽王。
14 容庚：《商周彝器通考》，頁64-66，文史哲出版社，台北，1985。
15 容庚：《商周彝器通考》，頁41，文史哲出版社，台北，1985。

　　1955 到 1956 年，陳夢家於《考古學報》發表一系列有關西周有銘銅器的斷代研究。[16]1978 年起中國社會科學院考古研究所重新著手將陳夢家已發表和未發表的論文，經搜羅彙整，付梓出版，當中包含一些未完稿、以及僅有提綱和片斷札記的論述，並重新架構全書，分為上編「西周器銘考釋」和下編「西周銅器通論」，書名仍題為《西周銅器斷代》。[17]

　　就《西周銅器斷代》一書來看，若捨棄當中僅有存目或未完成的文稿不論，陳夢家分別探討了自武王到宣王的有銘銅器，共 218 件。並指出「銅器內部的聯繫（即銘文的和形制、花紋的）在斷代上是最要緊的」，至於銘文內部的聯繫則提出：同作器者、同時人、同父祖關係、同族名、同官名、同事、同地名、同時等原則，另一方面也注意到其他像是出土地、同出土物以及銅器組合之關係對於斷定銅器年代所可能提供的線索。根據銅器特點，將西周銅器分成以下三期：[18]

第一，西周初期——武王、成王、康王、昭王
第二，西周中期——穆王、共王、懿王、孝王、夷王
第三，西周晚期——厲王、共和、宣王、幽王

如此，將西周銅器的發展分成三個階段，不同於郭沫若和容庚的分期。

　　這一時期，學者「試圖通過分期斷代的研究，把大量傳世銅器置於特定的時空框架之內。……從銘文所記的史實、涉及的人物及其他相關內容中，認識到相關銅器之間存在內在聯繫，……同時，在正確釋讀銘文的基礎上，借銘文的內容進行分期斷代的研究，確實取得了很有價值的成果。……使銘文的釋讀與兩周歷史的研究更加緊密地結合起來。雖然，對兩周文化遺存的分期斷代工作，最終是在田野考古中解決的……」。[19]

　　隨著時間的推移，考古發現與發掘工作持續進行，學術理論與研究成果日積月累，科學技術與研究方法與日俱進，對於西周文化的分期，因為豐鎬遺址、周

---

16 陳夢家〈西周銅器斷代〉六篇原刊載於1955年《考古學報》第九、十冊，以及《考古學報》1956：1～4期。

17 陳夢家：《西周銅器斷代》，中華書局，北京，2004。

18 同上，頁354-355。

19 中國社會科學院考古研究所：《中國考古學·兩周卷》，頁1-2，中國社會科學出版社，北京，2004。

原遺址的發掘，而有了全新的開展。

　　古代文獻記載西周都城豐、鎬位於灃河兩岸，[20]1951 到 1954 年考古人員幾經調查與試掘，1955 到 1957 年在陝西長安縣灃河西岸的客省莊和張家坡進行發掘，根據所得的地層關係，以及基於陶器類型學上的演變，研究人員將居住遺址分成早晚兩期，將墓葬分為五期。早晚兩期居址和各期墓葬的年代順序為：

　　　　早期居址 → 第一期墓葬 → 第二期墓葬 → 第三期墓葬 →
　　　　晚期居址和第四期墓葬 → 第五期墓葬

當中，早期居住址的年代約在成、康以前，上限也許在文王作邑於豐之時。第一期墓葬大約是成、康時代。第二期墓葬是穆王時代或稍晚於穆王。第三期墓葬所占的時期較短。晚期居住址和第四期墓葬同時，年代約在西周晚期，晚期居住址延續的時間較長，下限可能到西周末年。第五期墓葬的年代是西周末年，個別的墓可能更晚一些。[21]

　　1961 到 1962 年考古工作者為查明鎬京位置是否如文獻所載，以滈池為據，位於昆明池北部，於是考察了昆明池附近的西周遺址，並在灃東白家莊北、洛水村西和村北一帶進行試掘，根據地層關係和出土陶器，研究人員提出西周文化層可分為早中晚三期。[22]如此，則豐鎬遺址的周文化，居住址可分成四期。

　　1967 年考古人員又一次在長安縣張家坡進行發掘，共清理西周墓葬 124 座，基於隨葬陶器高領袋足鬲和罐的組合形式，研究人員在五期墓葬之前增加一期，原先的五期往後順延，成為六期。[23]

　　此後隨著考古工作的累積，盧連成〈1984—85 年灃西西周遺址、墓葬發掘報

20 如許慎《說文解字》：「酆，周文王所都。在京兆杜陵西南。」鄭玄箋《詩經・大雅・文王有聲》：「豐邑在豐水之西，鎬京在豐水之東。」孔穎達正義《詩經・周南、召南譜》引皇甫謐云：「豐在京兆鄠縣東，豐水之西」。裴駰集解《史記・周本紀》引徐廣曰：「豐在京兆鄠縣東，有靈臺。鎬在上林昆明北，有鎬池，去豐二十五里。」酈道元《水經注・渭水注》：「渭水又東北與鄗水合，水上承鄗池于昆明池北，周武王之所都也。」

21 中國科學院考古研究所：《灃西發掘報告》，頁74-75，文物出版社，北京，1962。

22 中國科學院考古研究所：〈1961—62年陝西長安灃東試掘簡報〉，《考古》1963：8，頁408-409。

23 中國社會科學院考古研究所灃西發掘隊：〈1967年長安張家坡西周墓葬的發掘〉，《考古學報》1980：4，頁482-485。

告〉[24]、蔣祖棣〈論豐鎬周文化遺址陶器分期〉[25]和徐良高〈1992 年灃西發掘簡報〉[26]，對於豐鎬周文化的分期也進行了相關的探論與推測。透過陶器類型的排比，得出的初步結論，將西周墓葬分成五期，[27]對於各期橫跨的具體年代，大致上，第二期到第五期的年代，學者的意見較為統一。至於第一期的上限，由於缺乏直接地層疊壓關係的證據等因素，所以訂定得比較寬泛。[28]所推定之第二期的年代約在穆王、共王之時，第三期約在懿王、孝王之際，第四期約在夷王、厲王時期，第五期約在宣王、幽王之世。

1997 年考古工作者在長安縣馬王村發現了一組典型地層關係，進而確定了早期居住址的年代上限，也就是西周早期地層疊壓在先周文化的灰坑 H18 之上。並根據多年的考古工作與研究，重新對灃西周文化遺存予以分期斷代，提出：[29]

第一期，為文王遷豐至武王伐紂之間的先周文化晚期階段

第二期，為西周初年武王至成王前期

第三期，約相當於成王後期至康、昭王時期

第四期，約相當於穆、恭王時期

第五期，約相當於西周中期偏晚，值懿、孝、夷王時期

第六期，約相當於西周晚期，厲、宣、幽王時期

鑒於上述各家看法分歧，梁星彭重新透過層位和器物的比對，將豐鎬周文化

---

24 中國社會科學院考古研究所豐鎬工作隊：〈1984—85年灃西西周遺址、墓葬發掘報告〉，《考古》1987：1，頁15-32。

25 蔣祖棣：〈論豐鎬周文化遺址陶器分期〉，《考古學研究》（一），頁275-276，文物出版社，北京，1992。

26 中國社會科學院考古研究所灃鎬隊：〈1992年灃西發掘簡報〉，《考古》1994：11，頁974-985、964。

27 盧連成、徐良高分為五期，蔣祖棣分為七期，但七期中的第一期為先周時期，若不論先周，則西周可分為以下六期：第一期，西周初年或成康之時，上限可能超出西周；第二期西周早期偏晚，下限到西周早、中期之交；第三期為西周中期或中期偏早；第四期為西周中期偏晚；第五期為西周晚期；第六期在宣、幽之時。

28 盧連成、蔣祖棣、徐良高根據研究材料，對於第一期橫跨年代的上下限各自提出不同的看法，蔣祖棣在第一期的分期基礎上，又再分出第二期。

29 中國社會科學院考古研究所豐鎬工作隊：〈1997年灃西發掘報告〉，《考古學報》2000：2，頁240-241。

遺跡、墓葬分為先周和西周兩大時期，再將西周時期細分為以下五個階段：[30]

　　第一期，年代約在成、康時期

　　第二期，年代約在昭、穆時期

　　第三期，年代約在共、懿、孝時期

　　第四期，年代約在夷、厲時期

　　第五期，年代約在宣、幽時期

以上是學者關於豐鎬地區西周文化分期斷代的簡述。

　　至於周原遺址，是指「古公亶父遷岐後在周原所建立的都邑周邑的遺址」，「史稱岐邑、岐周」，「位於陝西省岐山縣與扶風縣北部的交界處」，而「遺址的中心區在岐山縣京當鄉的鳳雛村、賀家村、禮村，扶風縣法門鎮的莊白村、黃堆鄉的齊家村、召陳村、雲塘村一帶」。[31]

　　1957 年 8 月陝西省文物管理委員會組成岐山、扶風兩縣周墓調查、發掘小組，先後在扶風縣任家村、召陳村、齊家村、莊白村、劉家村以及岐山縣賀家村、呼劉村等地，進行西周墓葬的調查，並在扶風縣上康村清理了 5 座墓葬，岐山縣禮村清理了 2 座墓葬、王家嘴子村 1 座。[32]1960 年 7 月更開始深入的考古調查和發掘，初步弄清楚了周原遺址的分布範圍，並清理了 29 座西周墓葬。[33]

　　1963 年陝西省考古研究所在岐山賀家村西北發掘了 54 座墓葬，根據出土物，研究人員將 54 座墓葬分成兩期：第一期年代定為先周晚期，共計 29 座墓；第二期年代為西周早期，共計有 9 座墓。[34]

　　1976 年陝西周原考古隊成立，開始對周原遺址進行有計劃的考古工作，如岐山鳳雛村西周建築遺址[35]、扶風召陳村西周中晚期建築群遺址[36]、扶風雲塘村制骨

---

30 梁星彭：〈岐周、豐鎬周文化遺跡、墓葬分期研究〉，《考古學報》2002：4，頁384。

31 尹盛平：《周原文化與西周文明》，頁247-248，江蘇教育出版社，南京，2005。

32 陝西省文物管理委員會：〈陝西岐山、扶風周墓清理記〉，《考古》1960：8，頁8。

33 陝西省文物管理委員會：〈陝西扶風、岐山周代遺址和墓葬調查發掘報告〉，《考古》1963：12，頁654-658、682。

34 徐錫台：〈岐山賀家村周墓發掘簡報〉，《考古與文物》1980：1，頁7-12。

35 陝西周原考古隊：〈陝西岐山鳳雛村西周建築基址發掘簡報〉，《文物》1979：10，頁27-37。

36 陝西周原考古隊：〈扶風召陳西周建築群基址發掘簡報〉，《文物》1981：3，頁10-22。

作坊遺址[37]以及賀家村周墓群[38]等發掘。研究人員根據在雲塘村試掘時發現的 19
座西周墓，依照地層關係和出土器物，將墓葬分為早晚兩期，早期年代的下限不
會晚於穆王時期，晚期的時代應在西周末年。[39]而在賀家村發現的 57 座墓葬群，
研究人員將其年代分為四期，第一期屬於早周；第二期為西周早期，相當於文
王、武王、成王、康王、昭王時期；第三期為西周中期，相當於穆王或稍晚於穆
王；第四期為西周晚期。[40]

　　而梁星彭透過層位和器物的比對，將岐周地區周文化遺跡、墓葬分為先周和
西周兩大時期，先周和西周時期又可再細分為兩小期和五小期，其中先周第一期
年代約當古公亶父至王季之時，而先周第二期年代約當文王時期，至於西周的五
小期年代，同於上述豐鎬西周五期的架構。[41]

　　曹瑋依照周原歷來發掘清理的 26 座銅器墓葬以及 19 個銅器窖藏的青銅器一
共 373 件為研究材料，進行考古學的分析、排比、歸納，建立了周原西周銅器的
分期。根據各類器物形制變化的規律性和器物間組合關係，周原出土的西周銅器
可分為前後兩期，而兩期年代的推論，如下：[42]

　　　　西周前期，上限當在西周初年的武、成時期，下限當在穆、共之際
　　　　西周後期，上限大致在懿、孝時期，下限當在西周末年的宣、幽時期

曹瑋依照考古類型學進行的周原西周銅器分期斷代，所得到前後兩期的推論，並
不同於郭沫若、容庚的兩期說，主要差異是將前期的「座標點選在共王前後」。[43]

　　關於西周青銅器的分期，除了上述郭沫若、容庚、曹瑋分為兩期，陳夢家分
作三期外，郭寶鈞、李豐、盧連成、朱鳳瀚以及王世民等學者的研究，也值得
注意。

　　郭寶鈞選用經科學發掘或採集，但成群未散的青銅器為研究對象，並就搜集

37　陝西周原考古隊：〈扶風雲塘西周骨器製造作坊遺址試掘簡報〉，《文物》1980：4，頁27-28。
38　陝西周原考古隊：〈陝西岐山賀家村西周墓發掘報告〉，《文物資料叢刊》8，頁77-94。
39　陝西周原考古隊：〈扶風雲塘西周墓〉，《文物》1980：4，頁47、53。
40　陝西周原考古隊：〈陝西岐山賀家村西周墓發掘報告〉，《文物資料叢刊》8，頁88、92。
41　梁星彭：〈岐周、豐鎬周文化遺跡、墓葬分期研究〉，《考古學報》2002：4，頁406。
42　曹瑋：〈周原西周銅器的分期〉，《周原遺址與西周銅器研究》，頁9-38，科學出版社，北京，2004。
43　曹瑋：〈周原西周銅器的分期〉，《周原遺址與西周銅器研究》，頁53，科學出版社，北京，2004。

到的兩千多件青銅器，先選出地點可靠、時代明確的分群，定為劃分時代的界標，以作為進一步比較其他器群器物類型的尺度。如此，以長安普渡村長囟墓為界標，從器物的鑄造、形制、花紋與銘文等方面，將西周銅器群以穆王為界，分為前後兩期。[44]郭寶鈞的分期完全取材於考古發掘或經採集的青銅器群，一來可避免孤立地研究，二來為研究成群銅器樹立了可供比較的標準器組，的確是比較科學的方法。但否認了傳世器的重要性，所得出的結論不一定符合實情。[45]

　　承繼郭寶鈞的研究方法，李豐進一步擴大利用大量出土於黃河流域之墓葬的青銅禮器，來探論西周銅器發展演變的規律。李豐搜集了 137 座西周墓葬隨葬完好的青銅器群，將當中 96 座的墓葬分為六期，其餘 41 座墓葬由於資料太少，暫不列入分期討論之中。基於銅器群的分期與共出陶器的比對，並參照一些年代較為可靠的有銘銅器，李豐對於六期的年代推斷如下：[46]

　　第一期，大約相當於周初武王和成王早年
　　第二期，大約相當於西周早期成王、康王時期
　　第三期，大約相當於西周早期昭王前後
　　第四期，大約相當於西周中期穆王前後
　　第五期，大約在恭、懿以後到夷、厲之間
　　第六期，大約相當於西周晚期宣王、幽王時期

　　盧連成、胡智生在《寶雞強國墓地》一書之附錄一〈陝西地區西周墓葬和窖藏出土的青銅禮器〉，彙集了陝西地區經科學發掘的西周銅器墓葬和窖藏，旁列了河南、甘肅、北京、山西地區部分的西周銅器墓葬資料，自中選用了 136 座西周銅器墓葬所出之 749 件青銅禮器，以作為研究分期斷代的對象。根據青銅禮器的演變序列和共出陶器的發展情形，136 座墓葬被分作以下五期七段：[47]

---

44 郭寶鈞：《商周銅器群綜合研究》，頁62-69，文物出版社，北京，1981。

45 鄒衡、徐自強：〈整理後記〉，《商周銅器群綜合研究》，頁196-198，文物出版社，北京，1981。

46 李豐：〈黃河流域西周墓葬出土青銅禮器的分期與年代〉，《考古學報》1988：4，頁396-397。

47 盧連成、胡智生：〈陝西地區西周墓葬和窖藏出土的青銅禮器〉，《寶雞強國墓地》，頁493-528，文物出版社，北京，1988。

第一期，約在王季、文王之時，為先周時期

第二期，年代自周初武、成時期延至昭王晚期，又可分為早中晚三段

　　二期早段的時代約在武王、成王之時

　　二期中段的時代約在成王、康王之時，下限或可至昭王初年

　　二期晚段的時代約在昭王之時

第三期，年代在穆王、共王之際

第四期，年代從懿王迄於夷王

第五期，年代從厲王迄於幽王

　　朱鳳瀚依據時代較明確之墓葬所出銅器，並參照共出的陶器資料，排比出銅器年代的發展序列，綜合銅器器形、紋飾、器物組合、銘文、字體等演變情形，將關中與洛陽地區的西周銅器分成以下五期，並判定所跨之具體年代：[48]

第一期年代範圍約在武王至康王時期

第二期年代大致在康王晚期至昭王時期

第三期年代大約在昭王晚期至共王

第四期年代約在懿王至孝王期間，下限也有可能已進入夷王時期

第五期年代約在夷、厲（共和）、宣、幽王階段

　　至於王世民、陳公柔、張長壽為「夏商周斷代工程」所進行的西周年代學專題研究，選用西周高級貴族大墓發掘出土的銅器、保存較好的西周青銅器窖藏、傳世品中的成組銅器、零星出土和傳世品中的標準器，以及具有重要銘文之銅器為主要研究材料，共計 352 件。透過各類器物形制和紋飾的比對，與銘文內容多方面的聯繫，將西周銅器分為早中晚三期，各期的王世如下：[49]

西周早期，相當於武、成、康、昭四個王世

西周中期，相當於穆、恭、懿、孝、夷五個王世

西周晚期，為厲（包括共和）、宣、幽時期

48 朱鳳瀚：《古代中國青銅器》，頁762-778，南開大學出版社，天津，1995。

49 王世民、陳公柔、張長壽：《西周青銅器分期斷代研究》，頁251-255，文物出版社，北京，1999。

　　經由前面的敘述，目前西周考古學文化的分期，由於豐鎬遺址和周原遺址的發掘工作持續多年，累積資料最為可觀，再加上豐鎬遺址和周原遺址是西周時期周王統治的中心區域，對於深入探討周文化是極為重要的關鍵，因此兩處的文化分期「具有典型意義，可以作為其他地區西周文化分期斷代的參考標準。但是，不同地區的西周考古學文化都會具有自身的某些特點，相互之間也必然會有某些差異」。[50]

　　因此，在文化分期上，具體作法應該依照各地區所具有之文化遺存的特點，而進行實際地分析與歸納。尤其考古工作與研究逐年由豐鎬遺址、周原遺址、洛邑成周遺址等周王直接統治之中心區域，又擴大至對於西周時期周王所分封之諸侯國的發掘與探論，如北京房山琉璃河燕國都城遺址和墓地[51]、山西臨汾地區天馬——曲村晉侯墓地[52]……等，朝向建立起各地區自身的考古學文化分期。

　　至於西周青銅器的分期研究，有兩期、三期、五期、六期等主張，而青銅器的分期研究「是田野考古發掘的成果和青銅器銘辭學研究的成果。……科學的發掘首先能夠確定出土物的層位和共存關係，其次能夠利用器物形態學的研究，提供器物形式的類別或某種演變的序列」。而擁有銘辭的青銅器，由於銘辭內容可說是歷史事件的紀錄，或是牽涉了當時人物所進行的種種活動，對於判別青銅器的鑄造年代或所屬王世，扮演了極為關鍵的因素，所以「銘辭研究對分期工作的重要性，尤其顯得突出」。[53]由上可知，現今考定青銅器年代、進行分期研究的方法主要有兩方面，一是考古學方面，即地層學和類型學，一是銘文方面。[54]

　　早期自郭沫若開始使用的標準器斷代法，到後來現代考古類型學的引入，杜勇、沈長雲認為「依靠銅器類型斷代與根據銅器銘文內容斷代二者的關係一定要處理好，它們各有其不可替代的功能，應相互為用，不能有所偏廢。」而所謂的「類型學又稱標型學」，「其方法是將同一門類的遺跡遺物，按其形態差異區分為各種類型，或同一類型下更小的『式』別，然後據其差異程度，將同一門類下面的不同型、式的遺跡遺物排列成一個可以體現其發展演變之跡的序列，設定這個

50　中國社會科學院考古研究所：《中國考古學・兩周卷》，頁52，中國社會科學出版社，北京，2004。
51　北京市文物研究所：《琉璃河西周燕國墓地1973─1977》，文物出版社，北京，1995。
52　北京大學考古學系商周組、山西省考古研究所：《天馬──曲村1980─1989》，科學出版社，北京，2000。
53　馬承源：《中國青銅器》，頁413-414，上海古籍出版社，上海，1997。
54　彭裕商：《西周青銅器年代綜合研究》，頁22，巴蜀書社，成都，2003。

序列的大致時間跨度，借以作為判斷某一單個不明時代的遺跡遺物的年代的參照」。[55]

採用考古類型學的方法，只能求出器物的相對年代，在相對年代的框架內，再透過銘文的分析，推斷器物所屬的絕對年代，這是針對有銘銅器的部分。但明確擁有王世紀年的銅器很少，大多數要通過間接比對的方法，才能獲得可以判斷所屬王世的證據。至於大批缺乏銘文內容的無銘銅器，還是得通過綜合考察器物形制、紋飾、其他共出器物、地層疊壓關係等相關資料，詳加考量，得出判斷。

青銅器的分期，「乃是在相對的意義上分出大致可以區別的階段。在一定的時間範圍內，青銅器的發展具有容易識別的某幾個方面的要素或特徵，而這些能與其他的時期比較明顯地區別開來。……對一定時期內的器物形制、紋飾、銘文和組合使用的情形等等問題，找出相對穩定的共同特點」。[56]然而學者之間，若是選擇不同範圍的研究材料，採取不同的切入點，主觀偏重不同的類型因素，往往導致通過類比推理而得出的歸納結果，呈現相異的情形。

這一節中，我們主要是將民國以來學者，就青銅器本身演變或綜合參考諸多因素所得出的西周銅器分期，與以考古發掘工作為基礎，從考古學文化面向所建立的西周文化分期，作了一番簡要的敘述，而不加批評與論斷。目的在便利後續章節，就時間縱向發展，鋪敘、論述相關議題時，能夠直接援用目前累積的研究成果。

第二節　先周文化的提出

「先周文化」是指「從始祖棄到武王滅商這一段歷史時期周人的文化」，換言之，「先周文化」探討的是「周武王建立周王朝之前周族在其發祥地創造的物質文化遺存」。[57]也有學者稱之為「早周文化」。[58]但由於「早周」的名稱會讓人誤以為是「西周早期」，所以目前學術界的識見趨於一致，大多稱為「先周」。

---

55 杜勇、沈長雲：《金文斷代方法探微》，頁139、125，人民出版社，北京，2002。

56 馬承源：《中國青銅器》，頁415，上海古籍出版社，上海，1997。

57 中國社會科學院考古研究所：《中國考古學‧兩周卷》，頁28、14，中國社會科學出版社，北京，2004。

58 徐錫台：〈早周文化的特點及其淵源的探索〉，《文物》1979：10，頁50-59。

　　上文提及，民國 22 年到 24 年，北平研究院史學研究會考古組曾在寶雞市東斗雞台墓地發掘了 56 座的周秦墓葬，蘇秉琦根據出土的陶鬲，將當中的 45 座墓葬歸類為瓦鬲墓時期，並提出瓦鬲墓中期的「折足瓦鬲，經逐漸改進的結果，至此期末葉已發展成為頗近周式銅鬲的形態」。[59]鄒衡認為蘇秉琦的這項結論，「不言而喻，瓦鬲墓初、中期自然屬於先周文化的範疇了」。雖然蘇秉琦在考古報告沒有如此明說，僅留下這樣的註腳。但「這個暗示是很重要的，它為我們繼續探索先周文化開闢了一條可尋的途徑」。[60]

　　50 年代之後，由於陝西豐鎬、周原、河南洛陽以及其他地區西周遺存的大量發現，雖然先周文化的部分僅有零星的出土，但也逐漸受到考古研究者的注意。

　　首先徐錫台在〈早周文化的特點及其淵源的探索〉，簡要敘述了長安縣馬王村、岐山縣賀家村和長武縣下孟村的出土材料，並總結五項早於西周的陶器特徵，認為「早周文化可能是在客省莊第二期文化的基礎上接受了齊家文化的一些因素發展起來的」。[61]

　　鄒衡在〈論先周文化〉，首次提出「先周文化」的名稱，並對相關材料進行分期斷代的工作，確認高領袋足鬲和聯襠鬲可早至先周時期，前者來自西方的甘肅地區，後者來自東方的山西地區。透過將考古資料與古代文獻兩相結合，認為先周文化主要是由三種文化融合而成：一是來自以殷墟為代表的商文化，二是從光社文化分化出來的姬周文化，三是來自辛店、寺洼文化的姜炎文化。[62]

　　80 年代之後，考古工作和相關研究隨著陝西武功縣鄭家坡[63]、扶風縣劉家村[64]、長武縣碾子坡[65]的發掘，使得先周文化的內容更加豐富，這三處遺址也因

59 蘇秉琦：《斗雞台溝東區墓葬》，《蘇秉琦考古學論述選集》，頁40，文物出版社，北京，1984。

60 鄒衡：〈論先周文化〉，《夏商周考古學論文集》，頁298，文物出版社，北京，1980。

61 徐錫台：〈早周文化的特點及其淵源的探索〉，《文物》1979：10，頁59。

62 鄒衡：〈論先周文化〉，《夏商周考古學論文集》，頁353，文物出版社，北京，1980。

63 寶雞市考古工作隊：〈陝西武功鄭家坡先周遺址發掘簡報〉，《文物》1984：7，頁1-15、66。
　　鄭家坡位於武功縣武功鎮東漆水河東岸。研究人員將鄭家坡先周遺址分為早中晚三期：早期年代相當於二里頭文化晚期至二里崗下層；中期約在太王遷岐前後，相當於殷墟文化四期，但早中期遺存之間尚有缺環存在；晚期約在文王作豐時，相當於張家坡遺址早期。最後提出鄭家坡遺址是先周文化，不同於將高領乳狀袋足分檔鬲視為是先周文化典型器物的觀點。

64 陝西周原考古隊：〈扶風劉家姜戎墓葬發掘簡報〉，《文物》1984：7，頁16-29。劉家村位於扶風縣法門鎮劉家溝東岸。考古人員將18座先周墓葬，依據陶器形制分為六期：第一期墓葬年代相當於二里頭晚期，但與第二期之間尚有缺環；第二期相當於二里崗下層；第三、四、五期時代為商代前期至周人遷岐；第六期的年代當為西周文武之際，但與第五期之間尚有缺環。並提出劉家文化的命名，認為高領袋足鬲屬於劉家文化，族屬當是姜戎。

具有鮮明的文化特徵、特殊的地理所在，而引起研究者的重視，並多加討論。此
階段重要的先周墓葬和遺址，還包括：鳳翔南指揮西村墓地[66]、扶風縣北呂墓
地[67]、扶風縣壹家堡[68]、武功縣黃家河墓地[69]、長安灃西[70]、寶雞紙坊頭遺址[71]、

65 中國社會科學院考古研究所涇渭工作隊：〈陝西長武碾子坡先周文化遺址發掘記略〉，《考古學集
　　刊》第6集，頁123-142，中國社會科學出版社，北京，1989。中國社會科學院考古研究所：《南邠
　　州‧碾子坡》，世界圖書出版公司，北京，2007。
　　碾子坡村位於涇河上游支流之一黑河下游北岸岸旁的台地上，其西北距離長武縣城約17.5公里。
　　碾子坡的先周文化遺存有居址和墓葬。研究人員根據遺存層位關係及陶器形制，將之分為早晚兩
　　期，早期包含墓葬和居住遺存，晚期只有墓葬。早期的年代略早於古公亶父時期，大致相當於殷
　　墟二期；晚期墓葬可能是周人遷岐前夕或稍晚的遺留，年代大致相當於殷墟三期。
66 韓偉、吳鎮烽：〈鳳翔南指揮西村周墓的發掘〉，《考古與文物》1982：4，頁15-38。
　　該墓地在鳳翔縣南指揮西村村西300公尺處。考古人員將這批墓葬分成四期：第一期的時代相當
　　於先周中期，第二期當為先周晚期，第三期當為西周初期，第四期當為西周中期。屬於第一期的
　　墓葬有30座，第二期的墓葬有65座。
67 扶風縣博物館：〈扶風北呂周人墓地發掘簡報〉，《文物》1984：7，頁30-41。寶雞市周原博物館：
　　《北呂周人墓地》，西北大學出版社，西安，1995。
　　北呂村位於扶風縣上宋鄉西北3公里處的高原之下。研究人員將墓葬分成七期：第一期相當於武
　　乙文丁時，大約為先周的王季之時；第二期相當於帝乙帝辛前期，大約為文王作邑於豐之前；第
　　三期相當於文王作邑於豐到成王時；第四期相當於康昭時期；第五期相當於穆王前後；第六期相
　　當於懿孝時期；第七期相當於幽王前後。
68 北京大學考古系：〈陝西扶風縣壹家堡遺址發掘簡報〉，《考古》1993：1，頁5-13、41。北京大學
　　考古系商周組：〈陝西扶風縣壹家堡遺址1986年度發掘報告〉，《考古學研究》（二），頁343-381，
　　北京大學出版社，北京，1994。
　　壹家堡位於扶風縣城西南3.5公里處的渭河左岸。考古人員將壹家堡遺址分為四期：第一期年代介
　　於殷墟一、二期間，上限不早於商王盤庚，下限不晚於商王武丁；第二期年代相當於殷墟第二
　　期，上限不早於商王武丁，下限不晚於商王祖甲；第三期年代相當於殷墟第三期，即廩辛至武乙
　　時期；第四期年代在殷墟第三期末至第四期，即文丁至帝辛時期。
　　孫華：〈關中商代諸遺址的新認識──壹家堡遺址發掘的意義〉，《考古》1993：5，頁426-443。孫
　　華：〈陝西扶風縣壹家堡遺址分析──兼論晚商時期關中地區諸考古學文化的關係〉，《考古學研
　　究》（二），頁101-130。孫華的上述兩篇文章，將壹家堡第一期歸屬於商文化範疇；第二期為鄭家
　　坡遺存；第三期屬於劉家遺存；第四期為先周期的周文化遺存，也就是新出現的周文化因素，與
　　先前的鄭家坡遺存相融匯，構成了一個新的考古學文化──周文化。
69 中國社會科學院考古研究所武功發掘隊：〈1982—1983年陝西武功黃家河遺址發掘簡報〉，《考
　　古》1988：7，頁601-615、649。
　　黃家河村又名黃南窯村，位於武功縣游鳳鄉漆水河西岸的第二台地上。研究人員將黃家河墓地分
　　為兩期：第一期基本上屬於西周初年，個別墓或可早到先周末年；第二期為西周中期。
70 中國社會科學院考古研究所豐鎬發掘隊：〈長安灃西早周墓葬發掘記略〉，《考古》1984：9，頁
　　779-783。
　　1983年在長安灃西張家坡村東南發掘了4座墓葬，編號為83灃毛M1～M4，同年在客省莊西南又清
　　理了一座殘墓，編號為83SCKM1。考古人員將當中的83灃毛M1以及83SCKM1兩墓的年代認為當
　　屬於張家坡第一期，即滅殷以前，而83SCKM1的年代或許較83灃毛M1略早。

甘肅崇信縣于家灣墓地[72]等。

　　由上述可知，80 年代以後至 90 年代初，先周文化因豐富的出土資料，進入一個蓬勃發展、各家爭鳴的時期，但相關的學術意見極為分歧。曾有學者根據1933 到 1993 年的發表著作，經過分析、統計的結果，關於先周文化的面貌，也就是以何為代表的文化遺存才是先周文化此一觀點上，學者所提出的意見共計有16 種。而有關先周文化的分期與年代，不同的看法亦多達 16 種。[73]

　　針對這樣的情況，雷興山指出：「焦點問題有二：『其一是各遺存的分期年代；其二是各遺存的文化屬性，尤其是什麼是先周文化的問題。』」雖然「諸研究者在長期的探討中逐步取得了一些共識，如一些先周文化晚期的典型遺存已得公認，大多數研究者主張將鄭家坡類遺存和劉家類遺存區分開來。但相比而言，分歧意見、甚至絕然對立的觀點遠遠多於共識」。[74]

　　80 年代至 90 年代初此一階段，關於先周文化的具體探論，如：先周文化的涵義與定名、面貌與辨識、考古類型、分期斷代、文化來源以及先周文化此一考古學文化與族屬的關係……等，學者具代表性的看法與推論，詳見〈先周文化研究六十年（1933—1993 年）〉[75]以及《先周文化探索》[76]，在此就不一一贅述了。

　　90 年代以後，有關先周文化的重要考古發掘有：寶雞市高家村[77]、麟游縣蔡

71　寶雞市考古隊：〈寶雞市紙坊頭遺址試掘簡報〉，《文物》1989：5，頁47-55。
　　紙坊頭村位於寶雞市西關外渭河北岸的二級台地上。研究人員經比對，將此處居址的第4層年代視為是先周時代，其中4B層應稍早於4A層，或相當於先周較早的階段。
72　甘肅省文物考古研究所：《崇信于家灣周墓》，文物出版社，北京，2009。
　　于家灣位於甘肅崇信縣九功鄉，南與陝西隴縣相連。考古人員將138座周墓分為三期：先周、西周早、西周中期，當中屬於先周時期的墓葬有13座，西周早、中期的墓葬各43座、8座。
73　宗禮、劉棟：〈先周文化研究六十年（1933—1993年）〉，《周秦文化研究》，頁275-276，陝西人民出版社，西安，1998。
74　雷興山：《先周文化探索》，頁7、10，科學出版社，北京，2010。
75　宗禮、劉棟：〈先周文化研究六十年（1933—1993年）〉，《周秦文化研究》，頁271-275，陝西人民出版社，西安，1998。
76　雷興山：《先周文化探索》，頁7-10，科學出版社，北京，2010。
77　寶雞市考古工作隊：〈陝西寶雞市高家村遺址發掘簡報〉，《考古》1998：4，頁1-6。高次若、劉明科、李新泰：〈寶雞高家村發現劉家文化陶器〉，《考古與文物》1988：4，頁12-16。寶雞市考古工作隊：〈陝西寶雞高家村劉家文化墓地發掘報告〉，《古代文明（第7卷）》，頁286-322，文物出版社，北京，2008。
　　高家村位於寶雞市區的西南郊，在渭河南岸的二階台地上。研究人員將高家村劉家文化的19座墓葬分成東西兩區，東區12座、西區7座，而東區墓葬屬於早期，時代相當於殷墟文化第三期，西區墓葬為晚期，時代相當於殷墟第四期。

家河[78]、史家塬[79]、園子坪[80]、禮泉縣朱馬嘴[81]、武功縣岸底[82]、彬縣斷涇[83]、長安

---

[78] 北京大學考古文博院、寶雞市考古工作隊:〈陝西麟游縣蔡家河遺址商代遺存發掘報告〉,《華夏考古》2000:1,頁3-23。

蔡家河遺址位於麟游縣城西約4公里漆水河和蔡家河交匯處的黃土山坡上。考古人員將蔡家河遺址分為三期四段:第一期相當於殷墟三期偏早階段,或許能再早一些;第二期相當於殷墟三期偏晚階段;第三期相當於殷墟四期至商周之際。三期遺存一脈相承,與碾子坡同屬一類。

[79] 北京大學考古文博院、寶雞市考古工作隊:〈陝西麟游縣史家塬遺址發掘報告〉,《華夏考古》2004:4,頁48-62。

史家塬遺址位於麟游縣城西,南臨漆水河、東環賈家河。考古人員將史家塬的年代定在相當於殷墟二期偏早階段,歸屬於鄭家坡文化。

[80] 雷興山:〈陝西麟游縣園子坪遺址商代遺存分析〉,《考古與文物》2006:4,頁38-46。

園子坪遺址位於麟游縣園子坪村西端,屬涇水河水系的天堂河東岸的黃土台地上。研究人員將園子坪的年代定在相當於殷墟二期偏早階段,上限或可至殷墟一期,即相當於商王武丁時期或稍早。

[81] 北京大學考古系商周組、陝西省考古研究所:〈陝西禮泉朱馬嘴商代遺址試掘簡報〉,《考古與文物》2000:5,頁3-12。

朱馬嘴遺址位於禮泉縣北牌鄉馬家嘴村北,涇河南岸的黃土台塬。正式考古報告尚未完成,試掘簡報分析遺址的癟襠鬲、折肩罐等,並非商文化的文化因素,卻是以武功縣鄭家坡遺址為代表的先周文化中最基本的文化因素。另外,出土的蛇紋鬲是北方地區、長城沿線朱開溝文化的代表因素之一。而高領袋足鬲則是劉家文化和碾子坡文化所共有的典型器物。還有孫家類型的因素,均在朱馬嘴遺址有所發現。

[82] 陝西省考古研究所:〈陝西武功岸底先周遺址發掘簡報〉,《考古與文物》1993:3,頁1-28。

岸底村位於武功縣游鳳鄉的北部。考古人員將岸底遺址分為早中晚三期:早期年代大致相當於殷墟文化一期,上限或許還要早一些;中期相當於殷墟二、三期,上限可能還要早一些;晚期相當於殷墟文化四期,下限或可到商周之際——西周初期。

而後發掘工作者之一的牛世山在〈陝西武功縣岸底商代遺存分析〉一文(該論文刊載於《考古求知集》,頁308-333,由中國社會科學出版社於1997年出版),將岸底遺址分成四期七段:一期一段相當於殷墟二期偏早(武丁時期),上限或可早到殷墟一期偏晚;二期二段相當於殷墟二期偏晚(祖庚、祖甲時期);二期三段和三期相當於殷墟三期(廩辛至文丁時期);四期六、七段分別相當於殷墟四期偏早(帝乙至帝辛早期)、偏晚(帝辛晚期),七段下限或可晚到西周初年。綜合來看,岸底時代上限早於文王作豐,下限不晚於西周初年。

而岸底發掘報告的執筆者劉軍社,而後又撰文〈試論岸底遺址的分期及相關問題〉(該論文收錄在《周秦文化研究》,頁174-187,由陝西人民出版社於1998年出版), 將岸底遺址的中期又分為三個期別,早、晚期維持照舊,一共五期:第一期大致相當於二里岡上層,下限或可至二里岡上層與殷墟一期之交;第二期相當於殷墟文化一期,下限或可至殷墟一、二期之交;第三期相當於殷墟文化二期,上限可能還要再早些;第四期相當於殷墟文化三期,上限或可再早些;第五期相當於殷墟文化四期,上限或可再早些,下限或可晚至西周初期。

[83] 中國社會科學院考古研究所涇渭工作隊:〈陝西彬縣斷涇遺址發掘報告〉,《考古學報》1999:1,頁73-96。

斷涇村位於涇河右岸,在彬縣縣城東南方9公里處。研究人員依照層位關係及陶器形態將之分為一二期:一期遺存的年代略早於碾子坡先周文化早期,大約相當於殷墟一期;二期遺存約與遷岐以後的先周文化相當。

灃西[84]、周原遺址王家嘴[85]等，使得先周文化的探究得以加深。

綜合來看，90 年代以後至 20 世紀初，相關研究雖有些許重要進展，像是一些典型遺址的文化序列——如鄭家坡、岸底等得以建立，但雷興山指出：「本階段裡，以往對立觀點依然相持存在，先周文化的研究局面無太大改觀……分歧焦點有二：『其一，各遺址的分期年代及考古學文化性質的歸類。有關認識可謂諸家各異，不僅幾乎沒有完全相同者，甚至有時差異甚大。其二，先周文化包含哪些考古學文化遺存。由於對各遺址相關遺存的分期年代及考古學文化譜系歸屬的認識有異，故研究者判定的先周文化的內涵亦各不相同。』」[86]

雷興山進一步提出，導致先周文化研究陷入僵局的原因有二：「其一，是相關考古學資料依然匱乏所致。如周原地區是探索晚期先周文化以及追尋更早期先周文化的關鍵之地，但在 20 世紀，有關周原地區商時期考古學文化遺存的資料卻發現甚少。……其二，是探索先周文化的理論方法還不夠完善所致。……意見分歧最大的理論方法，……是如何判定先周文化的方法。……無論是『都邑法』和『追溯法』，還是其他判斷考古學文化族屬的方法，雖在一般情況下皆有其有效性與合理性，但或因使用條件尚不完全具備，或因僅立足於『陶器本位』或『文化本位』而致使這些方法尚存不夠周密之處」。[87]

21 世紀之後，有關先周文化的出土資料仍不斷累積，最重要的發掘是周原遺址，1999 年到 2004 年，周原考古隊透過大規模的考古調查與發掘，試圖了解周原遺址商周時期文化遺存的分布狀況，以便釐清並建立周原遺址乃至整個周原地區考古學文化的編年體系與文化譜系。[88]重要的考古發現有：王家嘴的居址遺存和少量墓葬[89]、齊家村制石作坊的灰坑和一批墓葬[90]、周公廟遺址的先周遺

84 中國社會科學院考古研究所豐鎬工作隊：〈1997年灃西發掘報告〉，《考古學報》2000：2，頁199-256。

　　研究人員將H18等單位認為是先周文化晚期遺存，時代應與周人始居豐相當。

85 1996—1997年陝西省考古研究所等單位對王家嘴遺址進行了發掘，但資料尚未發表。

86 雷興山：《先周文化探索》，頁13-14，科學出版社，北京，2010。

87 雷興山：《先周文化探索》，頁14-15、24，科學出版社，北京，2010。

88 周原考古隊：〈2001年度周原遺址（王家嘴、賀家地點）發掘簡報〉，《古代文明（第2卷）》，頁432，文物出版社，北京，2003。

89 周原考古隊：〈2001年度周原遺址（王家嘴、賀家地點）發掘簡報〉，《古代文明（第2卷）》，頁448-481，文物出版社，北京，2003。

90 周原考古隊：〈2002年周原遺址（齊家村）發掘簡報〉，《考古與文物》2003：4，頁3-9。

存[91]、孔頭溝遺址的先周遺存[92]……等。其他周原遺址以及周原地區其他遺址的先周文化調查與發掘，亦有所收穫，只是多數相關資料尚未發表。[93]

在這一節中，我們將先周文化的發現與重要出土，大致依照時間先後簡要地加以爬梳。先周文化的研究課題，自 80 年代以後迄今，隨著地下考古資料的出土與翻新，相關論述與意見也不斷地展開與修正。雖然各家的看法目前仍存在極大的歧異，但卻也帶動了對於考古學研究方法的省思。而造成先周文化之所以產生歧異的關鍵因素，各家開始針對問題點，尋求解套之道，如先周文化究竟是考古學文化還是歷史學文化？先周文化的族屬是否包括非姬姓周人的族群？期待在凝結更多的共識下，對於先周文化的分期斷代、文化歸屬有比較頻率一致的研究對話，其他層面的探究與分析也才能更深入、更細膩。

第三節　西周考古學的年代

根據《史記‧十二諸侯年表》的記載，中國古史紀年的確切年代，始於西周晚期的共和元年（公元前 841 年）。而西周自武王克商之後，歷經成、康、昭、穆、恭、懿、孝、夷、厲、宣、幽等共十一世十二位王。[94]關於武王克商之年、西周諸王在位年代的討論，自司馬遷以降至今，眾說紛紜。由於傳世攸關西周文獻史料的侷限，使得古今的史學家在探論上述西周年代的問題時，基於援用的文

91　周原考古隊：〈2003年陝西岐山周公廟遺址調查報告〉，《古代文明（第5卷）》，頁151-186，文物出版社，北京，2006。徐天進：〈周公廟遺址的考古所獲及所思〉，《文物》2006：8，頁55-62。

92　种建榮、張敏、雷興山：〈岐山孔頭溝遺址商周時期聚落性質初探〉，《文博》2007：5，頁38-43。

93　周原考古隊：〈2001年度周原遺址調查報告〉，《古代文明（第2卷）》，頁395-431，文物出版社，北京，2003。周原考古隊：〈陝西周原七星河流域2002年考古調查報告〉，《考古學報》2005：4，頁449-483。鳳凰山考古隊：〈2004年夏鳳凰山（周公廟）遺址調查報告〉，《古代文明（第7卷）》，頁273-324，文物出版社，北京，2007。其他尚未發表的出土遺址與考古收穫，可詳見雷興山的簡介（見於《先周文化探索》，頁24-27，科學出版社，北京，2010。）

94　西周自武王克商到幽王，共十一世十二位王，見於夏商周斷代工程專家組：《夏商周斷代工程1996—2000年階段成果報告‧簡本》，頁12，世界圖書出版公司北京公司，北京，2000。西周自武王克商之後，是否歷經上述十一位王，中間還牽涉周公是否稱王、共和所指是否為共伯和等問題。像楊寬、晁福林就認為西周共有十四個王在位，即武王、周公、成王、康王、昭王、穆王、共王、懿王、孝王、夷王、厲王、共和（共伯和）、宣王、幽王等。（見於《西周史》，頁12，上海人民出版社，上海，2004。《夏商西周社會史》，頁105，北京師範大學出版社，北京，2010。）

獻不同，計算的基準相異，所得出的推論也呈現出令人眼花撩亂的情形。[95]

　　西周諸王的在位年數，《史記》僅載有——武王三年、周公執政七年、穆王五十五年、厲王三十七年、共和執政十四年、宣王四十六年以及幽王十一年。即使如此，《史記》之說，諸位學者經考證的結果，也僅是對於厲王、共和、宣王和幽王在位之年有趨於一致性的共識。[96]

　　西周諸王在位年數的推論，自《史記》之後，主要是《漢書‧律曆志》引用劉歆《世經》的推定，劉歆依據當時可見之文獻，對西周年代進行推敲，以三統曆排出武王伐紂之年相當於公元前 1122 年，而西周積年為 352 年。爾後，大多數史學家主要實行的方法，是分別依照不同的文獻來源，以採用某一曆法體系為基礎，將所推論的西周積年數，分配、安置於西周諸王。但這樣的研究方法，因文獻材料之不足與西周曆法的不確定性，而有其限制。

　　在中國現代考古學尚未興起、發展之前，除了上述的方法，學者還利用金文上具有王年、月份、月相和干支之器銘，並配合秦後之曆術，以推定器銘所屬的西周王年，這樣的研究方法可上溯至北宋呂大臨於《考古圖》卷三〈散季敦〉的考釋。[97]而清末以來的羅士琳、劉師培、吳其昌等諸位也採用相似的方法。羅士琳所作的《周无專鼎銘攷》[98]，「運用四分周術編排文王即位四十二年、受命九年、宣王四十六年之長曆，……從而把无專鼎確定在宣王十六年」。[99]劉師培的〈周代吉金年月考〉[100]，「選擇備書年月日的銘文三十餘篇，其中絕大部分具有月相要素，然後以三統曆、周曆為主，以殷曆、魯曆為輔，推其曆日所屬王年」。[101]而吳其昌的《金文曆朔疏證》[102]，是根據三統曆制定曆譜，並藉以斷定

95　各家有關於武王克商之年與西周諸王在位年代的推論，可見朱鳳瀚、張榮明所編《西周諸王年代研究》一書的〈西周諸王年代諸說一覽表〉，該表詳列了自古本《竹書紀年》至張聞玉、倪德衛等諸家41種說法。朱鳳瀚、張榮明：《西周諸王年代研究》，頁432，貴州人民出版社，貴陽，1998。

96　同上，頁432。

97　陳夢家：《西周年代考‧六國紀年》，頁7，中華書局，北京，2005。

98　羅士琳：《周无專鼎銘攷》一卷，可見於《百部叢書集成》四十四《文選樓叢書》，藝文印書館，台北，1967。

99　杜勇、沈長雲：《金文斷代方法探微》，頁173，人民出版社，北京，2002。

100　劉師培：〈周代吉金年月考〉，收錄於《劉申叔先生遺書》（三），頁1867-1870，華世出版社，台北，1975。

101　杜勇、沈長雲：《金文斷代方法探微》，頁174，人民出版社，北京，2002。

102　吳其昌：《金文曆朔疏證》，北京圖書館出版社，北京，2004。

西周銅器的年代，他採用劉歆以公元前 1122 年為武王克商元年的推論，在武王克商元年至共和元年這個範圍內安排諸王的在位年數。吳其昌的研究價值是較早自覺性、系統性利用西周青銅器銘文中的曆法資料來編訂西周王年曆譜，對於後世研究者具有重要的啟發作用。[103]

隨著中國現代考古學的興起、發展，學者開始利用考古發現的文化遺存，以及甲骨文、金文裡的年代資料來進行研究。[104]尤其是 20 世紀 20 年代以後，有關西周紀年之青銅器日漸豐富，於是進一步利用金文曆日研究西周諸王年代，成為探究該課題的重要途徑。一方面，或利用金文曆日，參考有關文獻史料，以求復原西周曆譜，或依據制定的合天曆譜，排列紀年銅器，使得西周諸王的年數更加精確。[105]如此，將歷史學、考古學、古文字學、天文學……等學科相結合，經過長期的研究，於今也積累了相當可觀的成績。

朱鳳瀚、張榮明曾論述當代學者利用銅器銘文研究西周諸王年代的得失，就研究角度，將學者專家的具體研究成果分成以下七類：[106]一、不依靠曆表而靠紀年銘文與文獻的綜合研究，安排王年；[107]二、主要以青銅器銘文曆日資料為據，自編西周諸王年曆譜；[108]三、根據傳統的三統曆曆譜，利用青銅器器銘曆日作研究；[109]四、在據後世某種曆法原則所自編曆譜基礎上，利用青銅器器銘曆日作研究；[110]五、在改造古曆法所編制的曆譜基礎上，利用器銘與文獻曆日資料作綜合研究；[111]六、根據用現代天文方法所編制之合天曆譜，利用青銅器銘文與文獻曆日資料作綜合研究；[112]七、倪德衛有關西周諸王年代的新說。[113]

---

103 朱鳳瀚、張榮明：〈西周諸王年代研究述評〉，《西周諸王年代研究》，頁415，貴州人民出版社，貴陽，1998。

104 江林昌：〈來自夏商周斷代工程的報告〉，《中原文物》2001：1，頁5。

105 朱鳳瀚、張榮明：〈西周諸王年代研究述評〉，《西周王年代研究》，頁389，貴州人民出版社，貴陽，1998。

106 同上，頁412-425。

107 所列代表學者與著作，如陳夢家《西周年代考》、劉雨〈金文饗祭的斷代意義〉。

108 所列代表學者與著作，如張汝舟〈西周考年〉、張聞玉《西周王年論稿》、李仲操《西周年代》。

109 所列代表學者與著作，如吳其昌《金文曆朔疏證》。

110 所列代表學者與著作，何幼琦〈西周的年代問題〉。

111 所列代表學者與著作，如董作賓〈西周年曆譜〉、周法高〈西周金文斷代的一些問題〉、〈西周年代新考——論金文月相與西周王年〉、丁驌〈西周王年與殷世新說〉、夏含夷〈此鼎銘文與西周晚期年代考〉、〈西周諸王年代〉、謝元震〈西周年代論〉。

112 所列代表學者與著作，如新城新藏〈周初之年代〉、章鴻釗《中國古史析疑》、榮孟源〈試談西

　　然而，利用金文曆日研究西周諸王年代的研究途徑，關鍵在於「如何理解曆日要素中的月相詞語」。[114]因為對於曆日月相詞語的解釋不同，既影響所排定的西周曆譜，也使得判斷銅器的年代產生差異，所得出的西周諸王年代體系自然也就失之毫釐，差之千里。再加上金文曆日存在著一定幅度的波動性，所以需要合理的年代框架，或建立幾個可靠的年代支點，以及透過銅器器形與紋飾、字形與書風、或器銘中的歷史人事記載來建立相對年代，在相對年代的範圍內，約束、確立絕對年代的落點。[115]總而言之，「通過金文曆日編組的辦法來重構西周列王年代，一方面需要對銅器斷代有較好的把握，在金文曆日編組時不致發生出此入彼的誤差；另一方面還需要確定具有可操作性的年代框架和控制曆日波動的年代支點，把金文曆日的定位有效地落實在可能的時間範圍內。這樣，方能保證西周金文曆日考年的科學性」。[116]

　　就在上述的學術發展下，中國大陸自 1996 年透過「夏商周斷代工程」的推行，企圖將考古學、歷史學、文獻學、古文字學、古地理學、天文學和測年技術等學科相連結，以建立夏商周年代學的標尺，也就是制定出有科學依據的夏商周時期的年代學年表。[117]

　　「夏商周斷代工程」當中的西周年代學研究，是「以文獻研究為基礎，通過考古學文化的分期與測年，建立年代學框架，同時構建金文（青銅器銘文）曆譜，並對有關天文材料進行計算，排出列王年代」。[118]所以首先針對相關文獻資料，進行全面梳理和綜合研究，再對關鍵文獻以及文獻中有關年代天象資料的可信性問題，進行深入研究與鑑別。而有關夏商周年代學的典籍文獻，學者專家對近 400 種古籍進行普查與資料庫的建立，包括夏商周三代總積年和各王年、可供推年之天文天象與帝王都城等文獻資料。[119]

周紀年〉、張培瑜〈西周年代曆法與金文月相紀日〉、馬承源〈西周金文和周曆的研究〉、趙光賢〈武王克商與西周諸王年代考〉、劉啟益〈西周紀年銅器與武王至厲王的在位年數〉、李學勤〈靜方鼎與周昭王曆日〉、〈靜方鼎補釋〉。

113 見其著作〈西周之年曆〉。

114 杜勇、沈長雲：《金文斷代方法探微》，頁167，人民出版社，北京，2002。

115 同上，頁192-193、234、244。

116 同上，頁245。

117 夏商周斷代工程專家組：《夏商周斷代工程1996—2000年階段成果報告‧簡本》，頁1-2，世界圖書出版公司北京公司，北京，2000。

118 同上，頁12。

119 李學勤、江林昌：〈夏商周斷代工程的文獻學研究及其意義〉，《中原文物》2001：2，頁21-23。

　　而西周考古學文化序列的研究與測年，主要鎖定北京房山琉璃河燕國遺址和山西曲沃天馬──曲村晉國遺址。通過這兩處遺址的考古分期，以及碳十四測年研究（常規法、加速器質譜計法 AMS），可建立西周燕文化和晉文化的編年序列，並作為確定西周始年的佐證。考古研究者將琉璃河燕國墓地分為早中晚三期，每期各兩段，共三期六段，並從典型墓葬的人骨取樣，進行常規碳十四測年。琉璃河居址也分成早中晚三期，並進行 AMS 測年。

　　而天馬──曲村遺址的西周遺存也可分為早中晚三期，每期各兩段，共三期六段，採用獸骨、人骨為樣本，進行 AMS 測年。至於天馬──曲村遺址的墓葬有兩區，一為貴族與平民墓地，一為大型晉侯墓地，考古研究者將天馬──曲村遺址的墓葬分為四期，前三期又各兩段，共四期七段。針對發掘的 8 組 17 座大型晉侯墓葬，通過墓葬排列、出土器物形制和組合特徵的研究，結合文獻史料，考釋銘文所見晉侯的名諱，推定 8 組墓葬的墓主，得出晉侯世系與周王世系的對應關係，並對部分墓葬進行 AMS 測年。[120]

　　至於金文曆譜的構建，一是對西周曆法的基本規則進行研究，如關於朔、朏月首的問題、關於歲首建子、建丑的情形、有關逾年改元、當年改元的問題，以及置閏的情況等。二是對有關青銅器──即王年、月序、紀時詞語、日名干支四要素俱全者約 60 件[121]，採當中有器形圖像者共 51 件，以考古類型學的方法，就其形制、花紋分析排比，再根據其銘文、同坑、同組等關係，考察其演變軌跡，聯繫各方面進行分期斷代，得出西周時期四要素俱全的青銅器分期斷代表。然後，在分期斷代的基礎上，推求出七個構建金文曆譜的重要支點。最後，結合文獻之記載和銘文中的人物關係，排定西周金文曆譜，再以之與琉璃河燕國墓地、天馬──曲村晉國墓地有關碳十四的數據相互參照。[122]「夏商周斷代工程」所擬定的西周金文曆譜，如表一：

---

120 夏商周斷代工程專家組：《夏商周斷代工程1996—2000年階段成果報告・簡本》，頁12-18，世界圖書出版公司北京公司，北京，2000。江林昌：〈來自夏商周斷代工程的報告〉，《中原文物》2001：1，頁7-8。

121 朱鳳瀚、張榮明：《西周諸王年代研究》，頁436-512，收錄了四要素俱全的62件銅器及銘文圖錄，貴州人民出版社，貴陽，1998。

122 夏商周斷代工程專家組：《夏商周斷代工程1996—2000年階段成果報告・簡本》，頁18-35，世界圖書出版公司北京公司，北京，2000。江林昌：〈來自夏商周斷代工程的報告〉，《中原文物》2001：1，頁8-9。

表一　西周金文曆譜

時代	金文曆譜王年（公元前）	在位年數（年）
西周早期	武王 1046—1043	4
	成王 1042—1021	22
	康王 1020—996	25
	昭王 995—977	19
西周中期	穆王 976—922	55（共王當年改元）
	共王 922—900	23
	懿王 孝王 899—878 夷王	22
西周晚期	厲王 877—841	37（共和當年改元）
	共和 841—828	14
	宣王 827—782	46
	幽王 781—771	11

　　另外，有關武王克商之年的部分，「夏商周斷代工程」推求的主要途徑，是通過灃西、殷墟、琉璃河、天馬——曲村等關鍵性考古遺址的碳十四測年，以及透過多學科合作，對賓組卜辭中五次月食的絕對年代進行推算，將古代文獻有關武王伐紂的 44 種說法，所橫跨的年代範圍縮小，將範圍鎖定在公元前 1050 年到1020 年。然後在上述的時間範圍內，通過現代天文方法回推克商天象，得出公元前 1046 年、1044 年和 1027 年三個方案。最後根據符合文獻記載條件、與金文曆譜對應關係，將公元前 1046 年作為武王克商之年的首選。[123]

　　杜勇、沈長雲認為西周金文曆譜的推求與構建，前期主要是根據文獻記載，中後期主要是依據王年、月序、紀時詞語、日名干支四要素俱全的銘文資料。「但無論是文獻或金文資料，都存在一個如何界說西周紀時詞語以編排曆譜的問題。」在這方面，「夏商周斷代工程」將「初吉」定義是出現在初一至初十，其

---

123 夏商周斷代工程專家組：《夏商周斷代工程1996—2000年階段成果報告·簡本》，頁38-49，世界圖書出版公司北京公司，北京，2000。江林昌：〈來自夏商周斷代工程的報告〉，《中原文物》2001：1，頁9-11。

他「既生霸」、「既望」、「既死霸」順序明確，均為月相。[124]此說法顯然不同於傳統的月相定點說和月相四分說。所以杜勇、沈長雲提出「夏商周斷代工程」對紀時詞語的理解，「在邏輯上牴牾甚多，……不僅在理論上講不順暢，在金文曆日排譜的實踐中也是首尾不相兼顧，難於自圓其說」。此外，「有些銅器的斷代也難成定論，如以克鐘為宣世器就是最為突出的一例。……除克鐘外，……還有一些銅器的斷代也並非盡如人意。例如晉侯蘇鐘的斷代即是顯例」。因此，就月相詞語、西周曆法、銅器斷代三個方面，西周金文曆譜的擬構與修正，在現階段「夏商周斷代工程」所取得的研究成果上，可以再深入探索，求得更精準、更符合實際的結論。[125]

　　第二章從第一節「西周文化的分期」到第三節「西周考古學的年代」，探論了各家對於西周文化的分期，以及西周諸王可能的在位年數。至於本論文所採用的西周銅器分期，主要是依循王世民、陳公柔、張長壽的看法，將西周銅器分為早中晚三期，早中晚三期的王世為：一、西周早期，相當於武、成、康、昭四個王世；二、西周中期，相當於穆、恭、懿、孝、夷五個王世；三、西周晚期，為厲（包括共和）、宣、幽時期。[126]三期之外，還包括時代定於晚商至西周早期（商末周初）、西周晚期至春秋早期（兩周之際）兩者。另外，有些銅器形制或銘文內容在昭穆之際，時代則定為西周早中期。[127]

---

124 夏商周斷代工程專家組：《夏商周斷代工程1996—2000年階段成果報告・簡本》，頁35-36，世界圖書出版公司北京公司，北京，2000。

125 杜勇、沈長雲：《金文斷代方法探微》，頁255、258、261、263、284-290，人民出版社，北京，2002。

126 王世民、陳公柔、張長壽：《西周青銅器分期斷代研究》，頁251-255，文物出版社，北京，1999。

127 中國社會科學院考古研究所澧西發掘隊：〈長安張家坡M183西周洞室墓發掘簡報〉，《考古》1989：6，頁528。北京大學考古文博院、山西省考古研究所：〈天馬——曲村遺址北趙晉侯墓地第六次發掘〉，《文物》2001：8，頁21。孫慶偉：〈從新出戠簋看昭王南征與晉侯變父〉，《文物》2007：1，頁64。

第三章
西周青銅器的出土概況

第一節　西周青銅文化的分區

　　這一章主要是針對中國境內西周青銅器的出土情形,依照目前青銅文化界域的區隔,進行簡要且系統性的呈現與介紹。李伯謙認為:「由於起源和歷史文化傳統的不同,以及所處自然地理環境的差異,不同地區逐步形成了獨具特徵的自成系統的青銅文化」。[1]

　　此中牽涉到「時間」和「空間」兩項元素。也就是綜合考量「年代與位置是時空一體關係中兩個最基本的東西,它除了提供一個明確的時間概念外,更重要的是建立了不同地區、地點同類事物發展進程上的可比性。……概括地說:歷史無空間的說明不能概全,空間的描述無歷史的貫穿也難以深入」。[2]如此,透過關於事物發生源頭、產生移動或實際分布的空間軌跡的探究,可進一步了解同類型文化在同一歷史階段不同地區的反映,或是文化面貌與時漸進、此消彼長的過程。所以在這一章中,我們主要是提綱挈領式地述說西周時期中國青銅器之出土概況,以便掌握青銅器在發展演變中所體現的時空意義。

　　本論文所依據的區域界說,是參考李伯謙對於中國青銅文化的分區系統,他先將中國青銅文化分成「二里頭文化時期」、「商代前期」、「商代後期至西周前期」、「西周後期至春秋末年」四個階段。

　　在商代後期至西周前期的階段,李伯謙認為:「西周早期的分封促進了中原地區內部區域文化中心的形成,原已存在的中原周圍各區青銅文化繼續發展,一些邊遠地區開始跨入青銅時代。……新建立的西周王朝,在新占領的土地上分封了齊、魯、燕、晉、衛等同姓和異姓諸侯國。從總體上看,在周王朝控制的地域

1　李伯謙:〈中國青銅文化的發展階段與分區系統〉,《中國青銅文化結構體系研究》,頁2,科學出版社,北京,1998。
2　楊純淵:〈考古學與歷史地理學之關係〉,《山西省考古學會論文集(二)》,頁38,山西人民出版社,太原,1994。

內，周文化居於主導地位，基本文化面貌相同，可以看作是廣義的周文化。然而具體分析，各諸侯國文化又是周文化與原先的商文化或土著文化融合的產物，它們與宗周文化以及它們相互之間又有一定的區別」。[3]而具體所劃分的區域包括：一、中原文化區，二、北方文化區，三、甘、青文化區，四、巴蜀文化區，五、長江中游文化區，六、長江下游文化區，七、東南與華南文化區，八、東北文化區，九、新疆文化區，十、西南文化區。

　　而在西周後期至春秋末年的階段，由於「中原文化對外影響進一步擴大，促使原來中原周圍地區的一些青銅文化逐步融入了以中原文化為主體的統一青銅文化體系，而在這一文化體系內部，由於政治上分化趨勢的加強，導致東周時期出現了周鄭晉衛、齊魯、燕、秦、楚與吳越六個文化亞區」。[4]在此概念之下所具體劃分的區域包括了：一、中原文化區，二、長江上游巴蜀文化區，三、華南與東南沿海諸省百越文化區，四、西南夷文化區（雲南和貴州以滇文化為中心），五、北方文化區（包括鄂爾多斯青銅文化之後的匈奴系統、夏家店上層文化基礎上形成的東胡系統和東北夷系統在內），六、甘青地區的羌戎文化區，七、新疆文化區。

　　過去有關商周時期中國青銅器的出土，學者或是以現今人為劃分的省分、縣市做區隔，如中國社會科學院考古研究所所編輯的《新出金文分域簡目》[5]，按河南省、陝西省、甘肅省……之省分，省分之下又以各縣市統籌新出土的商周金文資料。又如寶雞周秦文化研究會編輯的《商周金文編——寶雞出土青銅器銘文集成》[6]，將寶雞按行政區域分為周原地區（扶風、岐山）、寶雞市區（金台、渭濱、陳倉）、其他縣區（鳳翔、眉縣、隴縣、千陽、麟游）三大部分，以收錄商周金文資料。

　　另外，或是採取文化中心區域與文化中心以外其他區域這樣的二分法，例如朱鳳瀚在《古代中國青銅器》[7]一書討論商代前期二里岡上層時期的青銅器時，主

3　李伯謙：〈中國青銅文化的發展階段與分區系統〉，《中國青銅文化結構體系研究》，頁6，科學出版社，北京，1998。

4　李伯謙：〈中國青銅文化的發展階段與分區系統〉，《中國青銅文化結構體系研究》，頁9，科學出版社，北京，1998。

5　中國社會科學院考古研究所：《新出金文分域簡目》，中華書局，北京，1983。

6　霍彥儒、辛怡華：《商周金文編——寶雞出土青銅器銘文集成》，三秦出版社，西安，2009。

7　朱鳳瀚：《古代中國青銅器》，南開大學出版社，天津，1995。

要分成鄭州和鄭州以外地區[8]出土的青銅器兩大類；在探討商代後期的青銅器時，分為殷墟和殷墟以外地區[9]發現的青銅器兩大類；但在論述西周青銅器時，則是分為關中與洛陽地區[10]和西周時期諸侯國及其他地區性[11]的青銅器兩大類。

上述的幾種分類原則，以現今人為劃分的省分、縣市做區隔，以統籌新出的金文資料，在相關資料的檢索、查閱上，自有其方便性，卻無助於探討青銅器在西周此一特定的時空背景下所具有的文化意義。而考量西周實行統治的政治本質、建立威權的封建方式，析分周王朝直接控制之王畿區域與地方封國或非屬周人之方國兩者，則可透過西周青銅文化中心銅器演變序列的排比、制定，提供研究周邊地區青銅器的相關參照與指標。[12]如此，文化中心區域的銅器型態（包括器類、器形、器物組合、紋飾……等）與周邊地區各方國青銅文化的特點，即可經由對比而有所呈現。一方面透過青銅器的研究角度，可了解西周時期考古學文化的樣貌。另一方面，盡可能連繫西周政治歷史的發展，也就是藉由新出土物與文獻史料的比對，而得出西周政治疆域的輪廓。

然而西周時期有關諸侯國的史料，古代文獻雖有記載，但總過於簡略粗疏，甚至有相互矛盾之處，進而阻礙了現代對於西周早期實行分封制度之下，各諸侯國的歷史研究。正由於傳世史料的匱乏與闕疑，影響了我們對於西周時期諸侯國歷史的了解，所以現代考古工作的成績，一些重要出土的發現，進一步提供新的素材，幫助學界探索相關課題。如任偉《西周封國考疑》[13]一書就是在利用相關

---

8 鄭州以外地區包括：鄭州以外的河南省其他地區、河北薰城台西、山東長清、陝西涇渭流域、湖北黃陂盤龍城。

9 殷墟以外地區包括：河南境內殷墟以外地區、山東、河北、山西及陝東北、陝西關中與漢中、四川、湖南、江西、安徽。

10 陝西關中與河南洛陽地區是當時周王朝直接控制的區域，實則包含甘肅、寧夏鄰近地區在內。

11 所謂諸侯國青銅器是指通過器物銘文可確知其所屬國別，或出土地點與文獻所載諸侯國地望相合者。所謂其他地區性青銅器，則是指關中與洛陽以外地區所出土帶明顯地域特徵的器物，其中有的可能屬於某些非屬周人封國的所謂方國。包括：河南、山東、京津遼、河北、山西、江蘇安徽、陝西。河南之下有：濬縣辛村衛國銅器、平頂山應國銅器、南陽申國銅器；山東之下有：曲阜魯國銅器、濟陽劉台子西周墓葬之出土銅器、萊陽等地紀國銅器、黃縣出土銅器、滕縣滕國銅器；京津遼有：房山琉璃河等地燕國銅器、薊縣張家圍出土銅器、遼寧喀左的銅器窖藏；河北京津地區以外出土銅器；山西有：洪洞永凝東堡與坊堆出土銅器、翼城鳳家坡出土銅器、天馬——曲村晉國銅器、芮城柴村出土銅器；江蘇安徽有：鎮江地區出土銅器、安徽屯溪出土銅器；陝西寶雞強國銅器。

12 朱鳳瀚：《古代中國青銅器》，頁754，南開大學出版社，天津，1995。

13 任偉：《西周封國考疑》，社會科學文獻出版社，北京，2004。

考古發掘材料和比勘文獻資料的方法下，對於西周魯、齊、晉、燕、虢、應……等九國的始封時間、始封君的族屬、國君世系、都城地望……諸項問題進行釐清。但無可諱言的，「雖然近年來出土文獻的材料十分豐富，極大地彌補了文獻之不足，但由於史料的闕誤、歧義，各家對文獻的解讀眾說紛紜，結論往往大相逕庭。因此，早期國家研究中的許多問題目前還難以考證清楚」。[14]

　　基於上述的學術研究情形，西周時期重要諸侯國與相關方國的探論，還不夠充分，無法形成完整的政治疆域系統。再加上我們所收集的材料當中，部分出土遺跡、遺物，在缺乏充足證據的支持下，無法直接歸入或對應到古代文獻記載的方國。所以在架構上，本論文汲取李伯謙所提出的青銅文化分區系統的概念，先分成中原青銅文化區與中原以外其他青銅文化區，在中原青銅文化區的範疇內，以各行政區域為標目，排列出各出土地與大致出土情形；而在中原以外其他青銅文化區的範圍內，又再區分不同特徵、自成體系的青銅文化區域，再以各行政區域收攝所屬相關的西周銅器出土地。

　　上文探討了有關出土地分類的問題，進一步要加以釐清的焦點是，「中原青銅文化區」所涵蓋的實際疆域界限是如何的呢？這牽涉到兩方面的概念，其一是「中原地區」概念的形成，其二是就構成「考古學文化」內涵的物質所進行的文化因素分析。

　　所謂「中原地區」，從中華文明的發展歷程來看，是在史前文化高度發達的基礎上形成、發展起來的。如嚴文明提出中國新石器文化的發展具有統一性和多樣性，中國在新石器時代已經有了民族文化區的萌芽。依照考古學文化的特點，中國可劃分為中原、山東、燕遼、甘青、江浙、湘鄂和四川等七個文化區，爾後，分別形成了華夏、東夷、古燕、戎姜、吳越、荊楚和巴蜀等族屬。各文化區是既有區別，又有聯繫，在這些文化區的外圍，又有諸多文化區，分別跟鄰近的文化區交互影響。[15]

　　王健進一步延伸，認為作為文明載體的早期國家夏商周三代，由於較早出現中央王朝和統治威權，因此逐步形成統一且穩定的政治疆域，使中國文明始終環繞著黃河流域，延續發展，並以此為中心，向外擴張。既發生中央向四周區域開

---

14 王健：《西周政治地理結構研究》，頁26，中州古籍出版社，鄭州，2004。

15 嚴文明：〈中國史前研究的現狀與課題〉，《走向21世紀的考古學》，頁166，三秦出版社，西安，1997。

拓的現象,也出現四周區域向中央凝聚的情況,因而逐漸形成以中原地區為天下政治中心的局面。與夏平行並進發展的先商、先周文化,都是在與中心區域緊密結合或直接進入中心區域之後,才蓬勃發展起來的。如此,「中原」應是一個隨時代而不斷變化(主要是擴大)的地理概念,自新石器文化時期即已孕育的「中原文化區」,以渭河流域和晉、陝、豫三省鄰接地區為中心,再擴及陝西、山西、河南、河北和山東等地區。[16]

　　至於考古學文化因素分析,李伯謙提出就是指對考古學文化構成因素的分析,而考古學文化是由在同一時間、同一地域內具有共同特徵的一群遺跡、遺物所構成的。既對先行文化有所變革與繼承,又為同時期周圍其他文化所借鑑與吸收,同時還受到自然地理環境的影響與制約。[17]

　　徐良高曾就文化因素分析法,探討商代中原和周邊文化區之間的文化異同。透過分析陶器、青銅兵器和工具、青銅禮器這三組文化因素在中原和周邊文化區的異同,提出各文化之間的陶器、青銅兵器和工具存在著根本的差異,而青銅禮器則有著基本的相似性,深入思考這些差別與共性所反映的深層意義,認為陶器、青銅兵器和工具的差異是由於各文化的淵源、習慣、環境、生產及生活方式的不同所造成,而青銅禮器的相似正是因為中原和周邊文化區在青銅禮器所象徵的思想觀念、宗教信仰、政治制度等上層建築方面趨同物化形式的展現。將東北至遼河流域、北至長城、西北到甘肅東部、西南包括四川盆地、南到南嶺一帶、東南到長江流域、向東包括山東大部分,都涵蓋在「青銅禮器文化圈」內。[18]

　　綜合以上所述,在這一章中,我們主要是簡要且條理式地爬梳中國境內出土或經科學發掘的西周青銅器,包含實際的出土地與大致的出土情形。而最終的目的是企圖就青銅器此一文化因素的辨析,來比較中原與其他青銅文化區域之間的文化樣貌,另一方面則藉以探論西周政治疆域的發展,以及政治勢力的消長。

16　王健:《西周政治地理結構研究》,頁263-273,中州古籍出版社,鄭州,2004。

17　李伯謙:〈論文化因素分析方法〉,《中國青銅文化結構體系研究》,頁297,科學出版社,北京,1998。

18　徐良高:〈文化因素定性分析與商代『青銅禮器文化圈』研究〉,《中國商文化國際學術討論會論文集》,頁227-236,中國大百科全書出版社,北京,1998。

第二節　中原青銅文化區的出土概況

陝西位於黃河中游，是周文化的發祥地，也是西周王朝統治的中心區域。根據考古學者的統計，陝西一省發現的西周遺存超過 1100 多處，其中關中地區的西周遺存占全數的 77%，陝北和陝南各占 17%和 6%，而關中西部寶雞地區的西周遺存是東部渭南地區的 10 倍以上。所以 30 年代以後，西周考古工作主要集中在關中。[19]由於關中為西周考古的重點區域，故以下首先簡述陝西境內關中地區所出土或經科學發掘的西周銅器出土概況，再介紹關中以外其他零星的出土地。

向來談到中原地區，有所謂廣義與狹義兩者之分。狹義的中原地區在文化上指的是中原文化區的核心地帶，即今河南省大部分地區和晉南地區。廣義的中原地區除了上述之外，還包括河北中南部、山東西部及陝西關中地區。[20]因此，在陝西之後，首先羅列中原青銅文化區河南境內與山西境內的西周銅器出土概況，再延伸至河北境內與山東境內。

一　陝西省

陝西省關中地區東起潼關，西至寶雞地區，北至銅川、韓城一線，南以秦嶺與秦巴山地相隔。[21]

（一）扶風縣齊家村（原屬黃堆鄉）

1936 年冬扶風縣齊家村東南的土壕出土了銅罍 2 件。[22]

---

19 《中國文物地圖集・陝西分冊》編輯組：〈西周遺存〉，《文博》1997：3，頁25。

20 高江濤：《中原地區文明化進程的考古學研究》，頁14，社會科學文獻出版社，北京，2009。

21 李海榮：〈關中地區出土商時期青銅器文化因素分析〉，《考古與文物》2000：2，頁35。

22 北京大學考古文博學院、北京大學古代文明研究中心：《吉金鑄國史——周原出土西周青銅器精粹》，文物出版社，北京，2002。陝西省考古研究所、陝西省文物管理委員會、陝西省博物館：《陝西出土商周青銅器》（三），文物出版社，北京，1982。《吉金鑄國史——周原出土西周青銅器精粹》附錄中有〈周原出土青銅器一覽表（窖藏）〉，提到1936年冬齊家村東南土壕出土銅罍2件，收錄在《陝西出土商周青銅器》（三），但遍尋《陝西出土商周青銅器》（三），只發現編號12渦紋罍1件，且內容是記錄1974年夏扶風縣齊家村出土。在出土時間、銅罍件數上兩書紀錄並不相符。

1958 年 1 月扶風縣齊家村東南的土壤出土了銅器 4 件，[23]包括銅鬲 2 件*（2）[24]、銅盂 2 件。

1960 年考古人員在扶風縣齊家村清理了二十餘座西周墓葬。其中編號為齊家 M8 的西周早期墓葬出土了銅器 3 件——銅爵 1 件*（1）、銅觶 1 件*（1）、銅戈 1 件。[25]

1960 年 10 月考古人員在扶風縣齊家村東南發掘了一批埋藏在窖穴的銅器，共計 39 件——銅鼎 2 件*（1）、銅鬲 1 件*（1）、銅甗 2 件*（2）、銅簋 8 件*（4）、銅簠 1 件*（1）、銅罍 2 件、銅壺 4 件*（2）、銅盂 1 件、銅盤 1 件*（1）、銅匜 1 件*（1）、銅鐘 16 件*（15）。[26]

1961 年扶風縣齊家村東南的灰坑出土了銅簋 3 件*（3）。[27]

1963 年扶風縣齊家村村東的土壤出土了銅器 6 件——方彝 1 件*（1）、方尊 1 件*（1）、銅觥 1 件*（1）、銅匜 1 件、銅盤 1 件*（1）、銅盂 1 件*（1）。[28]

1966 年秋扶風縣齊家村北的一處建築遺址的灰窖出土了銅鐘 2 件。[29]

1977 年 12 月考古人員在扶風縣齊家村東的土壤內發現一座西周早期墓葬，

23 程學華：〈寶雞扶風發現西周銅器〉，《文物》1959：11，頁72-73。陝西省考古研究所、陝西省文物管理委員會、陝西省博物館：《陝西出土商周青銅器》（二），頁17-18，編號126-129，文物出版社，北京，1979。

24 *（）星號括弧內的數字表示該類具有銘文的件數，如*（2）表示該器類具有銘文的有兩件。若是文中沒有出現*（）則表示該器類並不具有銘文。以下出現*（）表示相同的情況，不再加註說明。

25 陝西省文物管理委員會：〈陝西扶風、岐山周代遺址和墓葬調查發掘報告〉，《考古》1963：12，頁656-657。北京大學考古文博學院、北京大學古代文明研究中心：〈周原出土青銅器一覽表（墓葬）〉，《吉金鑄國史——周原出土西周青銅器精粹》，頁318，文物出版社，北京，2002。曹瑋：《周原出土青銅器》第六卷，頁1072-1079，巴蜀書社，成都，2005。

26 陝西省文物管理委員會：〈陝西興平、鳳翔發現銅器〉，《文物》1961：7，頁59-60。陳公柔：〈記幾父壺、柞鐘及其同出的銅器〉，《考古》1962：2，頁88-91。陝西省博物館、陝西省文物管理委員會：《扶風齊家村青銅器群》，文物出版社，北京，1963。陝西省考古研究所、陝西省文物管理委員會、陝西省博物館：《陝西出土商周青銅器》（二），頁18-22，編號130-168，文物出版社，北京，1979。

27 趙學謙：〈陝西寶雞、扶風出土的幾件青銅器〉，《考古》1963：10，頁574-576。陝西省考古研究所、陝西省文物管理委員會、陝西省博物館：《陝西出土商周青銅器》（二），頁22，編號169。

28 梁星彭、馮孝堂：〈陝西長安、扶風出土西周銅器〉，《考古》1963：8，頁413-415。陝西省考古研究所、陝西省文物管理委員會、陝西省博物館：《陝西出土商周青銅器》（二），頁16-17，編號120-125。

29 羅西章：〈扶風出土的商周青銅器〉，《考古與文物》1980：4，頁16。

編號為 77FQM1，該墓葬出土銅器 3 件——銅鼎 1 件*（1）、銅簋 1 件、銅戈 1 件，以及穿孔蛋形器、貝、蚌殼等隨葬品。[30]

1978 年考古人員在扶風縣齊家村東的土壕內發掘了一座西周中期的墓葬，編號為 78FQM5，出土了銅鼎 1 件，及陶器、玉器、木匕等隨葬物。[31]

1978 年在扶風縣齊家村東發現了三十餘座有大有小的西周墓葬，多數墓葬遭盜掘，不是僅存一兩件陶器，就是空無一物。經報導的墓葬為 M19（編號為 78FQM19），出土銅器 12 件——銅鼎 2 件*（2）、銅簋 2 件*（2）、銅甗 1 件*（1）、銅尊 1 件*（1）、銅卣 1 件*（1）、銅爵 2 件、銅觶 1 件、銅盉 1 件、銅盤 1 件，另有陶器 42 件以及玉器 24 件。[32]

1982 年 3 月扶風縣齊家村村西的土壕出土了銅器 2 件——銅鼎 1 件*（1）[33]、銅盨 1 件，以及陶器 3 件——陶甕 2 件、繭形壺 1 件。[34]

1984 年 3 月扶風縣齊家村村東的土壕出土了銅器 7 件[35]——銅簋 4 件[36]、簋蓋 3 件*（3）。

1991 年扶風縣齊家村東發現了一處西周墓地，大多數資料尚未公開，其中經發表的墓葬為編號 91FQM5 和 91FQM8 兩座。91FQM5 出土了銅器 12 件——銅鬲 2 件*（1）、銅簋 2 件*（2）、銅觚 2 件*（2）、銅爵 2 件*（2）、銅尊 1 件*（1）、

30 陝西省考古研究所、陝西省文物管理委員會、陝西省博物館：《陝西出土商周青銅器》（二），頁 16，編號118-119，文物出版社，北京，1979。僅收錄銅鼎、銅簋。曹瑋：《周原出土青銅器》第七卷，頁1514-1521，巴蜀書社，成都，2005。

31 北京大學考古文博學院、北京大學古代文明研究中心：〈周原出土青銅器一覽表（墓葬）〉，《吉金鑄國史——周原出土西周青銅器精粹》，頁318，文物出版社，北京，2002。曹瑋：《周原出土青銅器》第八卷，頁1538-1545。

32 陝西周原考古隊：〈陝西扶風齊家十九號西周墓〉，《文物》1979：11，頁1-11。陝西省考古研究所、陝西省文物管理委員會、陝西省博物館：《陝西出土商周青銅器》（三），頁3-5，編號15-26，文物出版社，北京，1982。北京大學考古文博學院、北京大學古代文明研究中心：〈周原出土青銅器一覽表（墓葬）〉，《吉金鑄國史——周原出土西周青銅器精粹》，頁318。曹瑋：《周原出土青銅器》第八卷，頁1552-1617。原始發掘簡報記錄出土陶器41件和玉器21件，而最新出版的《周原出土青銅器》登錄為陶器42件和玉器24件。

33 該銅鼎考古人員發現，在鼎內壁有刮銘痕跡，銘文雖被刮去，但從殘留痕跡判斷，原來應有銘文兩行六個字。

34 周原扶風文管所：〈扶風齊家村七、八號西周銅器窖藏清理簡報〉，《考古與文物》1985：1，頁12-18。

35 同上。

36 這四件方座簋形制、紋飾均同，但有兩件失蓋。

銅卣 1 件*（1）、銅觶 1 件、鶴頭銅飾 1 件，以及陶器 24 件、玉器 2 件。[37]而 91FQM8 則出土了銅鼎 1 件和銅盆 1 件，以及陶器（包括鼎、爵、豆、簋、鬲 等，但陶質較差，無法復原）。[38]

　　1991 年在扶風縣齊家村東壕偏東北處發現遭民眾盜掘的殘墓一座，編號為齊 家 91M1，出土了銅鼎 1 件*（1）、銅盆 1 件。[39]

　　1966 年、1975 年、1982 年、1995 年、1997 年在扶風縣齊家村各採集到銅鐘 1 件、銅罍 2 件、銅爵 1 件、銅鼎 1 件*（1）、銅罍 2 件。[40]

　　1978—1979 年在扶風縣齊家村東壕採集到車䡇 1 件、車轄 2 件、鑾鈴 1 件。[41]

　　1979 年考古人員在扶風縣齊家村東採集到殘銅尊口沿 1 件，編號 79DQ 採： 51。[42]同年，在齊家村還徵集到殘鼎足 2 件，編號分別為 79FQ 採：81、99。[43]

　　1993 年 1 月、1995 年 9 月[44]、1997 年 3 月[45]在扶風縣齊家村東北的土壕各發 現有銅鼎 1 件、銅鼎 1 件*（1）、銅罍 2 件。[46]

　　1999 年 9 月起周原考古隊以扶風縣齊家村齊萬生宅牆的東北角為原點，將周

---

37 北京大學考古文博學院、北京大學古代文明研究中心：〈周原出土青銅器一覽表（墓葬）〉，《吉金鑄 國史——周原出土西周青銅器精粹》，頁318。曹瑋：《周原出土青銅器》第九卷，頁1876-1919。

38 羅西章：〈陝西周原新出土的青銅器〉，《考古》1999：4，頁18-21。曹瑋：《周原出土青銅器》第 九卷，頁1920-1925，巴蜀書社，成都，2005。

39 羅西章：〈陝西周原新出土的青銅器〉，《考古》1999：4，頁18-21。曹瑋：《周原出土青銅器》第 十卷，頁2075-2077，巴蜀書社，成都，2005。

40 曹瑋：《周原出土青銅器》第十卷，頁2021-2023、2202-2207、2183-2184、2063-2064、2208-2212。

41 陝西周原扶風文管所：〈周原西周遺址扶風地區出土幾批青銅器〉，《考古與文物》1982：2，頁11- 12。

42 陝西周原扶風文管所：〈周原西周遺址扶風地區出土幾批青銅器〉，《考古與文物》1982：2，頁 13。北京大學考古文博學院、北京大學古代文明研究中心：〈周原出土青銅器一覽表（窖藏）〉， 《吉金鑄國史——周原出土西周青銅器精粹》，頁312，文物出版社，北京，2002。曹瑋：《周原 出土青銅器》第十卷，頁2174-2175，巴蜀書社，成都，2005。

43 曹瑋：《周原出土青銅器》第十卷，頁2101-2102。

44 此1995年出土之銅鼎懷疑是上述1995年採集之銅鼎。除了時間、出土地相同，還因為都具有銘文 戈父已三字。但〈周原出土青銅器一覽表（窖藏）〉註明此銅鼎是出自齊家十號窖藏，而曹瑋： 《周原出土青銅器》第十卷，頁2063-2064，則將該鼎編號為「總3013」。

45 此1997年出土之銅罍2件懷疑是上述1997年採集之銅罍2件。因為時間、出土地相同。但〈周原出 土青銅器一覽表（窖藏）〉註明此銅罍2件是出自齊家十一號窖藏，而曹瑋：《周原出土青銅器》 第十卷，頁2208-2212，則將該銅罍2件編號為「97FQ採：1、2」或「總2919、2920」。

46 北京大學考古文博學院、北京大學古代文明研究中心：〈周原出土青銅器一覽表（窖藏）〉，《吉金 鑄國史——周原出土西周青銅器精粹》，頁312。其中1993年出自齊家九號窖藏的銅鼎也收錄在曹 瑋：《周原出土青銅器》第十卷，頁2093-2094（編號為93FQJ9：1）。

原遺址規劃成四個象限進行發掘，於齊家村東分ⅠA1 和ⅣA1 區，發現了西周居址和墓葬九十六座。在西周早期的ⅠA1H127 發現陶鬲、陶甗……等和銅鏃 1件；在西周中期的ⅠA1H123 發現陶鬲、陶甗……等，銅錐、銅鏃、銅環以及骨笄、石璜、石刀……；在西周晚期的ⅠA1H59，發現陶鬲、陶甗……等和銅削、骨器、石刀、蚌泡……；在西周晚期的ⅠA1H89，除陶鬲、陶甗……外，還有銅鋸、骨笄、骨鏃。至於墓葬部分，屬於西周中期的ⅣA1M19出土銅器 5 件——銅爵*（1）、銅觶、銅尊各 1 件、銅削 2 件，和陶器 10 件，泥質鼎、鬲、爵、罐各 1 件……等。[47]

2002 年 9 月起周原考古隊在扶風縣齊家村北進行調查，發掘了墓葬四十一座，編號為 02ZQⅡA3M1—41，[48]其中發現有銅器的墓葬如下：02ZQⅡA3M4 出土銅器 8 件——銅鼎 1 件、銅鬲 1 件、銅簋 1 件*（1）、銅尊 1 件、銅卣 1 件*（1）、銅爵 2 件、銅觶 1 件，M11 出土銅片 1 件，M12 出土銅鼎 1 件，M14 銅戈 1 件，M16 銅鬲 1 件，M39 銅片 1 件。[49]另外，在年代屬於西周時期的居址也發現一些銅鏃、銅錐、銅刀、銅片和銅削。[50]

（二）扶風縣齊鎮村（原屬黃堆鄉，今隸屬法門鎮雲塘村）

1948 年在扶風縣齊鎮村東的土壕發現出自墓葬的銅器 10 多件，但至 1975 年 12 月由民眾送交扶風縣圖書博物館時，僅存銅卣 1 件*（1）和銅爵 1 件，其餘銅器下落不明。[51]

1955 年陝西省博物館徵集到出自齊鎮村的銅鐘 1 件*（1）。[52]

---

47 周原考古隊：〈1999年度周原遺址ⅠA1區及ⅣA1區發掘簡報〉，《古代文明（第2卷）》，頁491-538，文物出版社，北京，2003。

48 周原考古隊：〈2002年周原遺址（齊家村）發掘簡報〉，《考古與文物》2003：4，頁3-9。

49 陝西省考古研究院、北京大學考古文博學院、中國社會科學院考古研究所周原考古隊：《周原——2002年度齊家制玦作坊和禮村遺址考古發掘報告》，頁465-538，科學出版社，北京，2010。

50 同上，頁42、124、145、160、317、335、379。
西周早期的房址F1出土銅鏃1件、灰坑H17出土銅錐1件，西周中期的灰坑H65出土銅鏃1件，西周晚期的灰坑H21出土銅片1件、H22出土銅刀1件、H71出土銅削和銅片各1件。

51 陝西省考古研究所、陝西省文物管理委員會、陝西省博物館：《陝西出土商周青銅器》（三），頁9，編號53，文物出版社，北京，1982。羅西章：〈扶風出土的商周青銅器〉，《考古與文物》1980：4，頁14。

52 陝西省博物館、陝西省文物管理委員會：《陝西省博物館陝西省文物管理委員會藏青銅器圖釋》，頁30，文物出版社，北京，1960。霍彥儒、辛怡華：《商周金文編——寶雞出土青銅器銘文集成》，編號42，頁39，三秦出版社，西安，2009。

1966 年冬在扶風縣齊鎮村東發現出自窖藏的銅豆 1 件、銅鐘 2 件*（2）。[53]

1966 年在扶風縣齊鎮村徵集了銅鐘 1 件。[54]

1971 年 9 月在扶風縣齊鎮村東北的土壕發現了三座西周墓葬，[55]M1 出土銅鼎 1 件*（1）、銅鬲 1 件；[56]M2 也出土銅鼎 1 件、銅鬲 1 件；[57]M3 則出土銅鼎 2 件*（2）、銅戈 2 件、銅劍 1 件。[58]

1981 年 5 月在扶風縣齊鎮村北的一處灰坑中發現了銅簋 1 件*（1）。[59]

（三）扶風縣強家村（原屬黃堆鄉）

1974 年 12 月在扶風縣強家村西的窖穴，出土了銅器 7 件——銅鼎 1 件*（1）、銅簋 2 件*（1）、簋蓋 2 件*（2）、銅豆 1 件、銅鐘 1 件*（1）。[60]

1981 年在扶風縣強家村發現一座西周墓葬，編號為 81FQM1，出土了銅鼎 4 件、銅鬲 4 件、銅瓾 1 件、銅簋 5 件*（4）、銅壺 2 件、銅盉 1 件、銅盤 1 件、車馬器等 25 件，以及陶鬲 2 件、陶豆 2 件、陶罐 1 件、玉器 550 餘件。[61]

---

53 周文：〈新出土的幾件西周銅器〉，《文物》1972：7，頁10-12。羅西章：〈扶風出土的商周青銅器〉，《考古與文物》1980：4，頁16。北京大學考古文博學院、北京大學古代文明研究中心：〈周原出土青銅器一覽表（窖藏）〉，《吉金鑄國史——周原出土西周青銅器精粹》，頁313，文物出版社，北京，2002。曹瑋：《周原出土青銅器》第二卷，頁266-279，巴蜀書社，成都，2005。

54 曹瑋：《周原出土青銅器》第十卷，頁2024-2026，巴蜀書社，成都，2005。

55 周文：〈新出土的幾件西周銅器〉，《文物》1972：7，頁9、11-12。羅西章：〈扶風出土的商周青銅器〉，《考古與文物》1980：4，頁8。

56 陝西省考古研究所、陝西省文物管理委員會、陝西省博物館：《陝西出土商周青銅器》（三），頁9，編號54-55。曹瑋：《周原出土青銅器》第六卷，頁1118-1125。

57 陝西省考古研究所、陝西省文物管理委員會、陝西省博物館：《陝西出土商周青銅器》（三），頁9，編號56-57。曹瑋：《周原出土青銅器》第六卷，頁1126-1131。

58 陝西省考古研究所、陝西省文物管理委員會、陝西省博物館：《陝西出土商周青銅器》（三），頁10，編號58-59。曹瑋：《周原出土青銅器》第六卷，頁1132-1145。

59 陝西周原扶風文管所：〈周原西周遺址扶風地區出土幾批青銅器〉，《考古與文物》1982：2，頁10。北京大學考古文博學院、北京大學古代文明研究中心：〈周原出土青銅器一覽表（窖藏）〉，《吉金鑄國史——周原出土西周青銅器精粹》，頁314。曹瑋：《周原出土青銅器》第十卷，頁2165-2167。

60 吳鎮烽、雒忠如：〈陝西省扶風縣強家村出土的西周銅器〉，《文物》1975：8，頁57-60。陝西省考古研究所、陝西省文物管理委員會、陝西省博物館：《陝西出土商周青銅器》（三），頁17-18，編號105-111，文物出版社，北京，1982。

61 周原扶風文管所：〈陝西扶風強家一號西周墓〉，《文博》1987：4，頁5-20。曹瑋：《周原出土青銅器》第八卷、第九卷，頁1730-1777、1790-1875，巴蜀書社，成都，2005。

（四）扶風縣雲塘村（原屬黃堆鄉，今隸屬法門鎮）

1950 年在扶風縣雲塘村出土了銅鼎 1 件*（1）、銅尊 1 件*（1）。[62]

1958 年在扶風縣雲塘村出土了銅盉 1 件*（1）。[63]

1976 年 1 月在扶風縣雲塘村發現了一處窖藏，出土銅器 9 件——銅盨 5 件*（4）、盨蓋 1 件*（1）、壺蓋 1 件*（1）、銅勺 2 件*（2）。[64]

1976 年考古人員在扶風縣雲塘村進行試掘，發現了二十座西周墓葬，清理了十九座，這批墓葬依疊壓關係可分早晚兩期，出土銅器的墓葬為早期的 M10、M13、M20，當中 M10 出土銅鼎 1 件*（1）、銅尊 1 件*（1）、銅爵 1 件*（1）、銅觶 1 件、銅柄形飾 1 件；M13 出土銅鼎 1 件、銅鬲 1 件*（1）、銅卣 1 件*（1）、銅尊 1 件*（1）、銅爵 2 件*（1）、銅觶 1 件；M20 出土銅鼎 1 件、銅鬲 1 件、銅簋 2 件*（2）、銅卣 1 件*（1）、銅尊 1 件*（1）、銅爵 2 件*（1）、銅戈 1 件。[65]

另外，該村也發掘了一處骨器製造作坊，清理了十九座灰坑，遺址按照疊壓關係可分成 I、II 兩期，出土遺物除了兩萬多斤的廢骨料外，還有石器、陶器、骨器、玉器、銅器、蚌飾等，銅器為銅刀 3 件、銅鋸 6 件、銅鑽 4 件、銅鏃 2 件、銅犧首飾 1 件等。[66]

1977 年 8 月在扶風縣雲塘村南發現了一處窖藏，出土銅簋 1 件*（1）。[67]

1978 年在扶風縣雲塘村採集了銅斧 1 件。[68]

1981 年 1 月在扶風縣雲塘村東發現了一處窖藏，出土殘鼎足 2 件。[69]

1999 年 9 月周原考古隊在雲塘村西南、齊鎮村西北進行調查，發現了西周建

---

62 陝西省考古研究所、陝西省文物管理委員會、陝西省博物館：《陝西出土商周青銅器》（三），頁11，編號65-66，文物出版社，北京，1982。

63 同上，頁14，編號85。

64 陝西周原考古隊：〈陝西扶風縣雲塘、莊白二號西周銅器窖藏〉，《文物》1978：11，頁6-10。陝西省考古研究所、陝西省文物管理委員會、陝西省博物館：《陝西出土商周青銅器》（三），頁14-15，編號86-93。

65 陝西周原考古隊：〈扶風雲塘西周墓〉，《文物》1980：4，頁39-55。陝西省考古研究所、陝西省文物管理委員會、陝西省博物館：《陝西出土商周青銅器》（三），頁11-14，編號67-84。

66 陝西周原考古隊：〈扶風雲塘西周骨器製造作坊遺址試掘簡報〉，《文物》1980：4，頁27-38。

67 周原考古隊：〈周原出土伯公父簋〉，《文物》1982：6，頁87-88。陝西省考古研究所、陝西省文物管理委員會、陝西省博物館：《陝西出土商周青銅器》（三），頁15，編號94。

68 陝西周原扶風文管所：〈周原西周遺址扶風地區出土幾批青銅器〉，《考古與文物》1982：2，頁13。

69 同上。

築基址，編號為 ZⅡA3 區、ZⅠA3 區，工作持續 3 個季度，在雲塘村西南清理了 F1—3、F5、F8 等五座建築基址，在齊鎮村西北清理了 F4、F6、F7、F9 等四座建築基址。根據發表的考古報導，在 T1009④⑤和 T0910④發現有銅削、銅鑿和銅鏃；在齊鎮村 F4 南側庭院內發現青銅容器碎片約 20 塊。[70]

2002 年 3 月至 7 月在雲塘、齊鎮又進行第二次調查，發掘了 F10 建築基址以及位於雲塘村西南——編號為 ZⅡA3 區的探方十二個。出土遺物有陶器、骨器、銅器、玉器……等，銅器有銅鏃、銅戈、銅錐、鈴舌等。[71]

（五）扶風縣下務子村（原屬黃堆鄉）

1981 年 12 月在扶風縣下務子村東南發現了一處銅器窖穴，出土銅鼎 2 件*（1）。[72]

1985 年 3 月在扶風縣下務子村徵集到銅鼎 1 件。[73]

（六）扶風縣姚家村許家組（原屬黃堆鄉，今隸屬法門鎮）

2000 年 7 月 25 日在扶風縣姚家村許家磚廠發現了研判出自窖藏的銅盂 1 件*（1）。[74]

（七）扶風縣黃堆鄉

在扶風縣黃堆鄉徵集到銅盤 1 件*（1）。[75]

（八）扶風縣黃堆村（原屬黃堆鄉，今隸屬法門鎮）

1980 年 4 月 26 日在扶風縣黃堆村發現出自墓葬的銅器 8 件，經過考古人員

---

70 周原考古隊：〈陝西扶風縣雲塘、齊鎮西周建築基址1999—2000年度發掘簡報〉，《考古》2002：9，頁3-26。

71 陝西省考古研究所：〈陝西扶風雲塘、齊鎮建築基址2002年度發掘簡報〉，《考古與文物》2007：3，頁23-32。

72 陝西周原扶風文管所：〈周原發現師同鼎〉，《文物》1982：12，頁43-46。

73 北京大學考古文博學院、北京大學古代文明研究中心：〈周原出土青銅器一覽表（窖藏）〉，《吉金鑄國史——周原出土西周青銅器精粹》，頁315，文物出版社，北京，2002。曹瑋：《周原出土青銅器》第十卷，頁2091-2092，巴蜀書社，成都，2005。

74 張恩賢、魏興興：〈周原遺址出土「丹叔番」盂〉，《考古與文物》2001：5，頁89-90。

75 曹瑋：《周原出土青銅器》第十卷，頁2221-2223，巴蜀書社，成都，2005。

調查與鑽探的結果，在附近還發現一些墓葬和車馬坑。1980 年到 1981 年共清理西周墓葬五座和車馬坑三座。

其中 M2、M22 未出土銅器，而 M1 出土的隨葬品有 30 餘件，包括漆器、陶器、銅器、玉器……等，銅器有：銅簋 1 件、銅戈 1 件、鸞鈴 4 件、車軎 2 件、車轄 2 件、馬鑣 2 件、虎形鑣 2 件、節約 4 件、馬冠飾 2 件、銅環 2 件、策柄 2 件、銅泡 2 件。[76]M3 亦出土隨葬品 30 餘件，包括陶器、銅器、玉器等，銅器有：銅鐘 1 件、銅戈 1 件、車軎 2 件、銅環 2 件、銅帶扣 4 件。[77]M4 出土銅鼎 1 件、銅簋 2 件*（2）、銅鐘 1 件、殘銅戈 1 件、車軎 4 件、車轄 2 件、方絡扣 2 件、馬銜 1 件、鸞鈴 4 件、銅泡 2 件、銅環 2 件，另外還有玉圭、玉束各 1 件、蚌疊 3 件等。[78]M16 由農民發現，但出土器物並未散失，包括銅簋 1 件*（1）、車軎 2 件、方絡扣 1 件、馬銜 2 件、馬鑣 2 件、銅泡 1 件等。[79]

1980 年在扶風縣黃堆村老堡子東南的土壕內發現車馬器 6 件——車轄 1 件、軜飾 3 件、軜足飾 2 件。[80]

1992 年春考古人員在扶風縣黃堆村老堡子進行搶救性清理工作，所發掘之各墓葬的出土情形，詳見附錄一。經統計，十一座西周墓葬共出土：銅鼎 2 件、銅鈴 3 件、銅魚 36 件、銅環 2 件、馬銜 3 套半、車軎 1 件、車轄 2 件、節約 11 件、鸞鈴 2 件、軜飾 5 件、銅泡 10 件、銅鑣 4 件、銅管 8 件。[81]

1995 年 3 月至 5 月考古工作者在扶風縣黃堆村老堡子清理了西周墓葬十六座和馬坑兩座。經報導的墓葬其出土情形亦詳見附錄一。有十一座墓葬出土銅器，共有：銅鼎 2 件、銅簋 2 件*（1）、銅盤 1 件、銅盉 1 件、銅戈 1 件、節約 10 件、銅泡 21 件、銅鑣 1 件、車軎 1 件、車轄 1 件、銅管 30 件、銅鈴 4 件、陽燧 1 件、銅魚 49 件。其餘陶鬲 1 件、陶罐 1 件、陶豆 3 件、瓷豆 1 件、玉石器 117

---

76 陝西周原考古隊：〈扶風黃堆西周墓地鑽探清理簡報〉，《文物》1986：8，頁56-68。曹瑋：《周原出土青銅器》第八卷，頁1618-1647，巴蜀書社，成都，2005。

77 曹瑋：《周原出土青銅器》第八卷，頁1648-1663。

78 陝西周原考古隊：〈扶風黃堆西周墓地鑽探清理簡報〉，《文物》1986：8，頁56-68。曹瑋：《周原出土青銅器》第八卷，頁1664-1697。

79 曹瑋：《周原出土青銅器》第八卷，頁1698-1713。

80 陝西周原扶風文管所：〈周原西周遺址扶風地區出土幾批青銅器〉，《考古與文物》1982：2，頁10-11。

81 羅紅霞：〈扶風黃堆老堡西周殘墓清理簡報〉，《文博》1994：5，頁78-86、25。羅紅霞：〈扶風黃堆老堡三座西周殘墓清理簡報〉，《考古與文物》1994：3，頁16-27、15。曹瑋：《周原出土青銅器》第九卷，頁1926-1945，巴蜀書社，成都，2005。

件（組）、骨貝96件、骨節2件、蚌泡104件、蚌魚7件、蛤蜊22件。[82]

1996年3月至9月考古工作者在扶風縣黃堆村老堡子清理了西周墓葬八座和大型車馬坑兩座。經報導的墓葬與車馬坑之出土情形，可參見附錄一。而六座墓葬出土的銅器共有：銅鼎1件、銅車馬器123件、銅魚31件、銅鈴2件、銅鏃1件。其餘還有陶鬲2件、陶罐3件、玉石器52件、骨鑣1件、蚌魚3件、蚌泡68件、貝57件、蛤蜊20件等。[83]

（九）扶風縣法門鎮楊家堡村（原屬法門鄉）

1979年秋冬考古人員在扶風縣楊家堡進行調查，在村南的磚瓦窯發現了西周墓葬四座和馬坑一座。其中1974年春在白家窯水庫東岸楊家堡村南發現的銅甗1件*（1）和銅簋1件*（1），[84]都是出土自M2東南角二層台上高約1公尺左右的填土中，但銅器時代被認為是屬於晚商。[85]此次在M2東北角二層台上也發現一枚直徑15公分的大銅泡。

M4經六次盜掘，仍出土有銅器31件——包括完整的車馬器20件、殘車馬器6件和大型禮器上的扉棱、口沿和提梁殘片等5件。完整的車馬器20件，為銅軎3件、軸飾2件、銅泡15件。另外，M4還出土玉器10件、陶器2件、原始青瓷器殘片以及甲片85件。在M4南面T1還發現長方形土壙馬坑一座，有馬骨架4具，並出土銅鏃8件。

此外，考古人員在楊家堡村進行考古調查時，還採集到一些銅鼎殘片和銅盂殘片。[86]

（十）扶風縣法門鎮莊白村

1946年冬在扶風縣莊白村東北的土壙發現了銅鼎1件。[87]

---

82 周原博物館：〈1995年扶風黃堆老堡子西周墓清理簡報〉，《文物》2005：4，頁4-25。曹瑋：《周原出土青銅器》第九卷，頁1946-1997，巴蜀書社，成都，2005。

83 周原博物館：〈1996年扶風黃堆老堡子西周墓清理簡報〉，《文物》2005：4，頁26-42。曹瑋：《周原出土青銅器》第九卷，頁1998-2001。

84 羅西章：〈扶風白家窯水庫出土的商周文物〉，《文物》1977：12，頁86。

85 李海榮：〈關中地區出土商時期青銅器文化因素分析〉，《考古與文物》2000：2，頁35。

86 羅西章：〈陝西扶風楊家堡西周墓清理簡報〉，《考古與文物》1980：2，頁21-27。

87 羅西章：〈扶風出土的商周青銅器〉，《考古與文物》1980：4，頁15。

1952 年在扶風縣莊白村徵集到銅簠 1 件。[88]

1963 年在扶風縣莊白村發現了銅鼎 1 件。[89]

1973 年在扶風縣莊白村發現了帶刺馬銜 2 件。[90]

1975 年 3 月 15 日在扶風縣法門鎮莊白村西南發現了一批青銅器，當中銅器 14 件出於一座墓葬，距離這 14 件銅器東北約 0.8 公尺處又發現銅器 4 件，共計銅器 18 件，包括：銅鼎 3 件*（3）、銅甗 1 件*（1）、銅簋 2 件*（2）、銅壺 2 件*（2）、貫耳壺 1 件、銅爵 2 件*（1）、銅觶 1 件、銅盉 1 件*（1）、銅盤 1 件*（1）、銅斧 1 件、銅戈 1 件、齒狀兵器 1 件、星狀器 1 件。[91]

1975 年在扶風縣莊白村徵集到銅觶 1 件*（1），但器口部分已殘。[92]

1976 年 12 月 15 日在扶風縣法門鎮莊白村南發掘了一處窖藏，出土了銅器共計 103 件──銅鼎 2 件、銅鬲 17 件*（15）、銅簋 8 件*（8）、銅盨 2 件*（2）、銅豆 1 件*（1）、銅釜 2 件*（2）、銅甗 1 件*（1）、銅觚 7 件*（1）、銅觶 3 件*（1）、銅爵 12 件*（11）、銅尊 3 件*（3）、銅卣 2 件*（2）、方彝 1 件*（1）、銅斝 1 件*（1）、銅罍 1 件*（1）、銅壺 4 件*（4）、貫耳壺 1 件、銅匕 2 件*（2）、銅斗 4 件、銅盤 1 件*（1）、銅鐘 21 件*（16）、銅鈴 7 件。[93]

1976 年 12 月 25 日在扶風縣法門鎮莊白村西北的土壕發掘了一處窖藏，出土了銅器 5 件──銅甗 1 件*（1）、銅簋 1 件、銅簠 1 件*（1）、銅盨 1 件*（1）、銅匜 1 件。[94]

1977 年秋在扶風縣莊白村採集了殘鼎足 1 件。[95]

88 曹瑋：《周原出土青銅器》第十卷，頁2156-2157，巴蜀書社，成都，2005。

89 雒忠如：〈扶風又出土了周代銅器〉，《文物》1963：9，頁66。北京大學考古文博學院、北京大學古代文明研究中心：〈周原出土青銅器一覽表（窖藏）〉，《吉金鑄國史──周原出土西周青銅器精粹》，頁313，文物出版社，北京，2002。

90 陝西省考古研究所、陝西省文物管理委員會、陝西省博物館：《陝西出土商周青銅器》（三），頁21-22，編號137，文物出版社，北京，1982。

91 羅西章、吳鎮烽、雒忠如：〈陝西扶風出土西周伯威諸器〉，《文物》1976：6，頁51-60。

92 曹瑋：《周原出土青銅器》第十卷，頁2192-2193，巴蜀書社，成都，2005。

93 陝西周原考古隊：〈陝西扶風莊白一號西周青銅器窖藏發掘簡報〉，《文物》1978：3，頁1-18。尹盛平：《西周微氏家族青銅器群研究》，頁8-9，文物出版社，北京，1992。

94 陝西周原考古隊：〈陝西扶風縣雲塘、莊白二號西周銅器窖藏〉，《文物》1978：11，頁6-10。

95 北京大學考古文博學院、北京大學古代文明研究中心：〈周原出土青銅器一覽表（窖藏）〉，《吉金鑄國史──周原出土西周青銅器精粹》，頁313。曹瑋：《周原出土青銅器》第十卷，頁2095-2096。

1981 年 2 月在扶風縣莊白村東北的土壤發現了銅鐘 1 件*（1）。[96]

1996 年冬在扶風縣莊白村西北發現了一座西周殘墓，出土銅簋 1 件。[97]

（十一）扶風縣法門鎮劉家村

1972 年 4 月在扶風縣劉家村發現一座西周墓葬，出土銅器 17 件——銅鼎 3 件*（1）、銅鬲 1 件、銅甗 1 件、銅簋 3 件*（1）、銅尊 2 件*（2）、銅卣 2 件*（2）、銅爵 1 件*（1）、銅觶 3 件*（1）、銅壺 1 件，以及鉛盤、鉛盉、鉛卣各 1 件，陶鬲、陶罐、陶簋、玉魚、玉兔、玉蟬、玉蠶、瑪瑙串珠等器物。[98]

1972 年 12 月在扶風縣劉家村北土壤的灰窖中發現銅器 3 件——銅鐘 1 件、銅鏡 1 件、銅轄 1 件。[99]

1973 年 3 月在扶風縣劉家村東北水渠的灰窖中發現銅盂 1 件。[100]

1973 年 10 月在修築扶風劉家溝水庫大壩時發現一座西周墓葬，出土了銅鼎 1 件、銅簋 1 件*（1）、鑾鈴 6 件、銅鈴 2 件。[101]

1980 年 12 月在扶風縣劉家村發現一座西周殘墓，編號為 80FLM2，出土了銅鼎 1 件*（1）以及陶鬲、陶罐、陶簋、玉魚、串飾等。[102]

1994 年 12 月在扶風縣劉家村南的田地中出土了銅盂圈足 1 件*（1）。[103]

2004 年 4 月 6 日在扶風縣劉家村西南的土壤發現一座西周墓葬，編號為

---

96 北京大學考古文博學院、北京大學古代文明研究中心：〈周原出土青銅器一覽表（窖藏）〉，《吉金鑄國史——周原出土西周青銅器精粹》，頁313，文物出版社，北京，2002。曹瑋：《周原出土青銅器》第十卷，頁2027-2031，巴蜀書社，成都，2005。

97 羅西章：〈陝西周原新出土的青銅器〉，《考古》1999：4，頁20。

98 陝西省考古研究所、陝西省文物管理委員會、陝西省博物館：《陝西出土商周青銅器》（三），頁6-7，編號35-50，文物出版社，北京，1982。曹瑋：《周原出土青銅器》第六卷，頁1146-1197，巴蜀書社，成都，2005。

99 羅西章：〈扶風出土的商周青銅器〉，《考古與文物》1980：4，頁16。

100 羅西章：〈扶風出土的商周青銅器〉，《考古與文物》1980：4，頁16。陝西省考古研究所、陝西省文物管理委員會、陝西省博物館：《陝西出土商周青銅器》（三），頁8-9，編號52。

101 羅西章：〈扶風出土的商周青銅器〉，《考古與文物》1980：4，頁8、12。陝西省考古研究所、陝西省文物管理委員會、陝西省博物館：《陝西出土商周青銅器》（三），頁8，編號51。曹瑋：《周原出土青銅器》第六卷，頁1210-1223。前兩份報導著錄了鑾鈴6件，但《周原出土青銅器》卻僅著錄5件。

102 曹瑋：《周原出土青銅器》第八卷，頁1714-1721，巴蜀書社，成都，2005。

103 羅西章：〈西周王盂考——兼論荐京地望〉，《考古與文物》1998：1，頁76-81。曹瑋：《周原出土青銅器》第十卷，頁2218-2220。

2004SFLM1，出土了銅鼎 1 件、銅盆 1 件、陶鬲 1 件、陶罐 1 件，還有一些玉石器、蚌泡和漆器 1 件⋯⋯等。[104]

（十二）扶風縣法門鎮召李村

1974 年春法門收購站收購了出土自召李村的銅鼎 1 件。[105]

1975 年 3 月 2 日在扶風縣召李村西北發現了一座西周墓葬，出土銅禮器 4 件──銅鼎 1 件、銅卣 1 件*（1）、銅壺 1 件*（1）、銅觶 1 件，[106]以及當盧、銅鑣、車軎、車轄、銅泡、銅戈、陶簋、陶鬲、陶罐、玉飾等 68 件隨葬器物。[107]

1980 年在扶風縣召李村採集到銅餅 1 件。[108]

（十三）扶風縣法門鎮召陳村（原屬法門鄉）

1960 年春在扶風縣召陳村的西周窖穴出土了銅器 20 件[109]──銅鼎 5 件*（4）、銅簋 9 件[110]*（9）、銅壺 2 件*（2）、銅盤 1 件、銅匜 1 件、銅勺 2 件。1982 年在扶風縣召陳村徵集到失器的簋蓋 3 件*（3）。[111]

1962 年在扶風縣召陳村西南大路發現了銅鬲 1 件和一堆西周繩紋瓦片。[112]

---

104 周原博物館：〈周原遺址劉家墓地西周墓葬的清理〉，《文博》2007：4，頁4-8、10。

105 羅西章：〈扶風出土的商周青銅器〉，《考古與文物》1980：4，頁21。

106 羅西章、吳鎮烽、尚志儒：〈陝西扶風縣召李村一號周墓清理簡報〉，《文物》1976：6，頁61-65。

107 曹瑋：《周原出土青銅器》第七卷，頁1320-1347，巴蜀書社，成都，2005。

108 曹瑋：《周原出土青銅器》第十卷，頁2229，巴蜀書社，成都，2005。

109 史言：〈扶風莊白大隊出土的一批西周銅器〉，《文物》1972：6，頁30-35。陝西省考古研究所、陝西省文物管理委員會、陝西省博物館：《陝西出土商周青銅器》（三），頁18-20，編號113-129，文物出版社，北京，1982。霍彥儒、辛怡華：《商周金文編──寶雞出土青銅器銘文集成》，編號43-56，頁39-51，三秦出版社，西安，2009。

110 該窖穴出土散車父簋5件，其中4件器蓋俱全，1件僅有器身、缺器蓋。又有歸叔山父簋3件，其中兩件器蓋俱全，1件僅有器身、缺器蓋，爾後發現人又交出上有歸叔山父銘文的簋蓋兩件。

111 曹瑋：《周原出土青銅器》第十卷，頁2131-2132、2147-2150、2151-2153。這三件簋蓋懷疑是上述召陳村失散的散車父簋蓋和村民又交出的歸叔山父簋蓋，其中歸叔山父簋蓋和銅簋的紋飾相符，但散車父簋蓋的花紋（竊曲紋）與原пог失的銅簋（重環紋）不合。

112 羅西章：〈扶風出土的商周青銅器〉，《考古與文物》1980：4，頁16。北京大學考古文博學院、北京大學古代文明研究中心：〈周原出土青銅器一覽表（窖藏）〉，《吉金鑄國史──周原出土西周青銅器精粹》，頁313，文物出版社，北京，2002。曹瑋：《周原出土青銅器》第十卷，頁2106-2107，巴蜀書社，成都，2005。

1973 年 12 月在扶風縣召陳村西北土壕發現了銅鏤孔器座 1 件。[113]

1978 年在扶風縣召陳村發現了銅鐏 1 件。[114]

1998 年 7 月在扶風縣召陳村召陳遺址甲區西周建築群基址西側的土壕發現了銅鐘 1 件*（1）。[115]

（十四）扶風縣法門鎮齊村

1978 年 5 月 5 日在扶風縣齊村陂塘西北發現出自灰窖的銅簋 1 件*（1）。15 日後在上述地點西南方約 25 公尺處的灰窖又出土銅鼎 1 件、銅簋 1 件*（1）。[116]

1978 年在扶風縣齊村發現出土自西周墓葬的銅簋、銅盉各 1 件。[117]

1979 年在扶風縣齊村陂塘又發現了出自灰窖的銅鼎 1 件、車馬器 3 件。[118]

1998 年 3 月在扶風縣齊村徵集到銅鐘甬 1 件。[119]

（十五）扶風縣法門鎮官務村吊莊組

1982 年 9 月 14 日在扶風縣官務吊莊的西南邊發現一批出自窖藏的青銅器，計有：銅壺 1 件和編鐘 5 件。[120]

---

113 羅西章：〈扶風出土的商周青銅器〉，《考古與文物》1980：4，頁16。北京大學考古文博學院、北京大學古代文明研究中心：〈周原出土青銅器一覽表（窖藏）〉，《吉金鑄國史——周原出土西周青銅器精粹》，頁313，文物出版社，北京，2002。曹瑋：《周原出土青銅器》第十卷，頁2226-2228，巴蜀書社，成都，2005。

114 陝西周原扶風文管所：〈周原西周遺址扶風地區出土幾批青銅器〉，《考古與文物》1982：2，頁13。

115 羅西章：〈陝西周原新出土的青銅器〉，《考古》1999：4，頁20-21。曹瑋：《周原出土青銅器》第十卷，頁2036-2040。

116 羅西章：〈陝西扶風發現西周厲王𫓹毀〉，《文物》1979：4，頁89-91。曹瑋：《周原出土青銅器》第十卷，頁2140-2146。霍彥儒、辛怡華：《商周金文編——寶雞出土青銅器銘文集成》，編號266，頁242-243，三秦出版社，西安，2009。

117 曹瑋：《周原出土青銅器》第八卷，頁1546-1549，巴蜀書社，成都，2005。

118 羅西章：〈扶風出土的商周青銅器〉，《考古與文物》1980：4，頁21。曹瑋：《周原出土青銅器》第十卷，頁2045-2047。考古簡報並未詳細說明齊村陂塘出土車馬器之種類。

119 北京大學考古文博學院、北京大學古代文明研究中心：〈周原出土青銅器一覽表（窖藏）〉，《吉金鑄國史——周原出土西周青銅器精粹》，頁314。曹瑋：《周原出土青銅器》第十卷，頁2041。

120 高西省、侯若斌：〈扶風發現一銅器窖藏〉，《文博》1985：1，頁93-94。

（十六）扶風縣法門鎮官務村窯院組

1985 年 11 月 8 日在扶風縣官務窯院村的東南發現一座西周墓葬，編號為 85F 官務窯院 M1，出土了銅鼎 1 件*（1）和貝殼 5 枚、蚌泡 8 枚、蛤蜊 56 枚。[121]

（十七）扶風縣法門鎮馬家村

扶風文管所採集到出土自扶風縣法門鎮馬家村的銅刀 1 件。[122]

（十八）扶風縣法門鎮馬家村七里橋組（原屬法門鄉）[123]

1949 年冬在扶風縣法門鎮馬家村七里橋村東的土壞發現了銅盨 1 件*（1）。

（十九）扶風縣法門鎮東橋村北橋組（原屬建和鄉，今隸屬法門鎮）

1972 年 12 月 9 日在扶風縣東橋村北橋村北發現了出自窖藏的一批青銅器，有銅鼎 1 件*（1）、銅簋 3 件*（1）、銅罍 1 件*（1）、銅盤 2 件、銅鐘 2 件。[124]

（二十）扶風縣法門鎮上康村（原屬法門鄉）

1933 年春康克勤父子在上康村東面的土壞挖出了出自窖藏的青銅器 10 多件，他們將部分青銅器賣掉，部分埋藏，而後因故所埋藏的青銅器竟下落不明。[125]根據《青銅器圖釋》諸書所載，[126]於 1951、1952 年尋得而得知下落的青銅器有：

---

121 扶風縣博物館：〈扶風縣官務窯出土西周銅器〉，《文博》1986：5，頁67-68。

122 陝西周原扶風文管所：〈周原西周遺址扶風地區出土幾批青銅器〉，《考古與文物》1982：2，頁13。

123 七里橋村在原始出土簡報作「馬家大隊七里橋村」——見羅西章：〈扶風新徵集了一批西周青銅器〉，《文物》1973：11，頁78-79。《吉金鑄國史——周原出土西周青銅器精粹》一書作「東橋村」——見北京大學考古文博學院、北京大學古代文明研究中心：〈周原出土青銅器一覽表（窖藏）〉，《吉金鑄國史——周原出土西周青銅器精粹》，頁315，文物出版社，北京，2002。

124 羅西章：〈陝西扶風縣北橋出土一批西周青銅器〉，《文物》1974：11，頁85-89。霍彥儒、辛怡華：《商周金文編——寶雞出土青銅器銘文集成》，編號302-304，頁268-270，三秦出版社，西安，2009。

125 羅西章：〈扶風新徵集了一批西周青銅器〉，《文物》1973：11，頁78-79。

126 陝西省博物館、陝西省文物管理委員會：《陝西省博物館陝西省文物管理委員會藏青銅器圖釋》，頁20-22，文物出版社，北京，1960。霍彥儒、辛怡華：《商周金文編——寶雞出土青銅器銘文集成》，編號228、230-239、243-244，頁214-228。

銅鼎 4 件*（4）、銅甗 2 件*（1）、銅簋 1 件*（1）[127]、銅簠 1 件*（1）、銅盨 4 件*（4）[128]、銅盤 1 件*（1）和銅鐘 1 件*（1），這些青銅器即著名的「函皇父器」和「伯鮮器」。

　　1957 年 8 月考古人員在扶風縣上康村清理了西周墓葬五座，M1 出土石鑿 1 件、石圭 6 件；M3 出土陶豆、陶簋、蚌泡各 1 件；M4 出土陶豆 1 件、陶罐 2 件；M5 出土玉飾 1 件和蚌泡 2 件。M2 隨葬器物較為豐富，有：銅鼎 2 件、銅簋 2 件和殘缺的銅魚。另有陶鬲 2 件、陶豆 1 件、陶罐 3 件、玉璋 4 件、玉飾 3 件、碎玉 121 塊、石圭 7 件、石飾 30 件、蚌泡 2 件、蚌飾 6 件和貝 26 件。[129]

　　1966 年在扶風縣上康村徵集到銅觥蓋 1 件*（1）和銅餅 1 件。[130]

　　1972 年 12 月 8 日在扶風縣上康村發現了銅鼎 1 件*（1），考古工作者經調查，懷疑是上述 1933 年康氏父子所埋藏失散的器物之一。[131]

（二十一）扶風縣法門鎮莊李村（原屬法門鄉）[132]

　　1963 年在扶風縣莊李村的土壕發現了銅鼎 1 件和銅簋 4 件，這批青銅器現今分藏於三處，相關銅器著錄之文獻，僅收錄藏於寶雞周原博物館的銅鼎和銅簋各 1 件[133]，以及藏於扶風縣博物館失蓋之銅簋 2 件[134]。其中，寶雞周原博物館收藏

127　原先銅簋有2件，但當中的1件得而復失，現陝西省博物館僅存1件，《青銅器圖釋》也僅列圖銅簋1件，但有明載該復失之銅簋的大小尺寸，至於銘文內容則未註明是否與僅存的銅簋相同或相似，確定的是復失之銅簋具有銘文。

128　銅盨2件現今藏於美國，另2件藏於日本。

129　陝西省文物管理委員會：〈陝西岐山、扶風周墓清理記〉，《考古》1960：8，頁8-9。

130　周文：〈新出土的幾件西周銅器〉，《文物》1972：7，頁10-11。陝西省考古研究所、陝西省文物管理委員會、陝西省博物館：《陝西出土商周青銅器》（三），頁15-16，編號95，文物出版社，北京，1982。曹瑋：《周原出土青銅器》第十卷，頁2197、2230，巴蜀書社，成都，2005。

131　羅西章：〈扶風新徵集了一批西周青銅器〉，《文物》1973：11，頁78-79。

132　莊白李村在原始出土簡報和《吉金鑄國史——周原出土西周青銅器精粹》是作「莊李村」——見雒忠如：〈扶風縣又出土了周代銅器〉，《文物》1963：9，頁65-66。北京大學考古文博學院、北京大學古代文明研究中心：〈周原出土青銅器一覽表（窖藏）〉，《吉金鑄國史——周原出土西周青銅器精粹》，頁313，文物出版社，北京，2002。在《陝西出土商周青銅器》一書作「莊白李家」——見陝西省考古研究所、陝西省文物管理委員會、陝西省博物館：《陝西出土商周青銅器》（三），頁21，編號134-136。在《周原出土青銅器》作「莊李村」亦作「莊白李村」——見曹瑋：《周原出土青銅器》第五卷，頁1054-1063；第十卷，頁2078-2081、2133-2139。

133　曹瑋：《周原出土青銅器》第十卷，頁2078-2081、2137-2139，巴蜀書社，成都，2005。

134　同上，頁2133-2136。

之銅鼎和銅簋在鼎內壁和簋蓋內原本鑄有銘文，但都被整面刮去，簋蓋內之鑄銘，隱約可識「年」、「子孫永」等字，從殘痕判斷整篇銘文約 60 餘字。

1980 年 1 月在扶風縣莊李村村東的土壕發現了銅爵 1 件*（1）。[135]

1987 年 8 月在扶風縣莊李村北發現了一座窖藏，出土了完整的銅簋、失蓋的銅簋各 1 件以及失器的簋蓋 1 件。[136]

2003 年秋和 2004 年春，周原考古隊在莊李村進行挖掘，發現了西周墓葬二十六座和車馬坑一座，其中 M3 出土陶罐 1 件、貝 31 枚、蚌泡 2 枚等；M8 出土陶鬲 1 件、陶罐 1 件、陶豆 2 件和石圭 1 件；M9 出土隨葬品 100 多件，當中銅器共 15 件，有：銅鼎 3 件、銅鬲 1 件、銅甗 1 件、銅簋 2 件、銅爵 2 件*（1）、銅斝 1 件*（1）、銅尊 1 件、銅卣 1 件*（1）、銅盉 1 件*（1）、銅罍 1 件和銅刀 1 件；M10 出土銅飾 2 件、殘石圭 1 件和貝 6 枚。[137]

（二十二）扶風縣法門鎮任家村（原屬法門鄉）

1940 年 3 月 9 日扶風縣任家村村民任玉等人在村子西南的土壕內，發現一批出自窖穴的青銅器群約 100 多件。這批青銅器失散之後，經輾轉各家、各地收藏，考古學者經調查與考證，得知任家村這批青銅器已知下落和著錄者，共計有 48 件，詳情可參閱吳鎮烽、李娟發表之〈扶風任家村西周遺寶離合記〉[138]一文。

經統計，這 48 件銅器有：銅鼎 9 件[139]*（8）、銅鬲 9 件[140]*（9）、銅簋 10 件[141]*（10）、銅盨 4 件[142]*（4）、銅簠 1 件[143]*（1）、銅壺 4 件[144]*（2）、銅罐 3

135 陝西周原扶風文管所：〈周原西周遺址扶風地區出土幾批青銅器〉，《考古與文物》1982：2，頁10。曹瑋：《周原出土青銅器》第十卷，頁2185-2187，巴蜀書社，成都，2005。

136 曹瑋：《周原出土青銅器》第五卷，頁1054-1063。

137 周原考古隊：〈陝西扶風縣周原遺址莊李西周墓發掘簡報〉，《考古》2008：12，頁3-22。

138 吳鎮烽、李娟：〈扶風任家村西周遺寶離合記〉，《文博》2010：1，頁24-30。

139 包括梁其鼎3、善夫吉父鼎1、吉父鼎1、新邑鼎1、禹鼎1、姨鼎1、絃紋鼎1。其中「姨鼎」年代為晚商。

140 即善夫吉父鬲9。

141 包括善夫梁其簋5、太師盧簋4、今吉父簋1。

142 包括梁其盨3、太師盧盨1。

143 即善夫吉父簠1。

144 包括梁其壺2、環帶紋壺2。

件[145]*（3）、銅盂1件[146]*（1）、銅匜1件[147]*（1）和銅鐘7件[148]*（6）。

1981年7月在扶風縣任家村北發現了出自窖穴的銅簋1件。[149]

此外，扶風縣博物館自扶風縣任家村徵集到銅戈1件*（1）。[150]

（二十三）扶風縣法門鎮寶塔村

1982年在扶風縣法門鎮寶塔村徵集到銅鼎1件。[151]

（二十四）扶風縣法門鎮張家村

扶風文管所採集到出土於扶風縣法門鎮張家村的銅錛1件。[152]

（二十五）扶風縣法門鎮

1988年扶風縣法門鎮派出所送交銅鐘2件；1992年法門鎮派出所又再送交銅盆1件。[153]

（二十六）扶風縣城關鎮五郡西村

1973年6月19日在扶風縣五郡西村村北的灰窖，出土銅器4件——銅盨2件*（2）、銅鐘1件、殘趺（鐘座）1件。[154]

2006年11月8日在扶風縣城關鎮五郡西村村北的台地，發現了一處窖藏，

145 即善夫吉父蠶3。
146 即善夫吉父盂1。
147 即伯吉父匜1。
148 包括梁其鐘6、雲紋鐘1。
149 陝西周原扶風文管所：〈周原西周遺址扶風地區出土幾批青銅器〉，《考古與文物》1982：2，頁10-11。曹瑋：《周原出土青銅器》第十卷，頁2168-2170，巴蜀書社，成都，2005。
150 霍彥儒、辛怡華：《商周金文編──寶雞出土青銅器銘文集成》，編號217，頁208，三秦出版社，西安，2009。
151 曹瑋：《周原出土青銅器》第十卷，頁2089-2090，巴蜀書社，成都，2005。
152 陝西周原扶風文管所：〈周原西周遺址扶風地區出土幾批青銅器〉，《考古與文物》1982：2，頁13。
153 曹瑋：《周原出土青銅器》第十卷，頁2032-2035、2224-2225，巴蜀書社，成都，2005。
154 羅西章：〈扶風出土的商周青銅器〉，《考古與文物》1980：4，頁17-18。陝西省考古研究所、陝西省文物管理委員會、陝西省博物館：《陝西出土商周青銅器》（三），頁20-21，編號131-132，文物出版社，北京，1982。

出土了銅器 26 件（組）──銅鼎 1 件、銅簋 2 件*（2）、銅尊 2 件*（2）、銅鐘 5 件*（1）、銅斗 3 件、銅矛 12 件、馬器 1 組（共 103 件，骨質 1 件、銅質 102 件）以及漢白玉飾 1 件。[155]

（二十七）扶風縣城關鎮下河東村

1970 年 1 月在扶風縣下河東村東南溝邊的斷崖，發現兩件出自西周墓葬的青銅器，為銅鼎 1 件和銅簋 1 件。[156]

（二十八）扶風縣城關鎮小西巷村

1979 年春扶風縣小西巷的村民在縣城西南發現出自灰窖的銅鼎 1 件。[157]

（二十九）扶風縣城關鎮天河寺村

1982 年 3 月在扶風縣天河寺村南發現出自墓葬的銅鼎 1 件和銅戈 4 件。[158]

（三十）扶風縣城關鎮唐家河西塬村（原屬黃甫鄉）

1973 年 9 月在扶風縣唐家河發現出於墓葬的銅戈和銅泡各 1 件。[159]

1975 年 11 月在扶風縣唐家溝發現出於墓葬的銅戈 2 件。[160]

1982 年 4 月在扶風縣唐家河西塬村發現出於墓葬的陶鬲 2 件和銅戈 1 件。[161]

1983 年 5 月在扶風縣唐家河西塬村徵集到銅戈 1 件。[162]

1984 年 3 月 6 日在扶風縣唐家河西塬村東南，發現出自墓葬的銅鼎 1 件、銅簋 1 件*（1）、蚌泡 2 件和一些蚌飾等。[163]

---

155 寶雞市考古研究所、扶風縣博物館：〈陝西扶風五郡西村西周青銅器窖藏發掘簡報〉，《文物》2007：8，頁4-27。寶雞市考古隊、扶風縣博物館：〈陝西扶風縣新發現一批西周青銅器〉，《考古與文物》2007：4，頁3-12。

156 羅西章：〈扶風出土的商周青銅器〉，《考古與文物》1980：4，頁8。

157 同上，頁21。

158 侯若冰：〈扶風新出土的銅鼎銅戈〉，《考古與文物》1989：2，頁99。

159 高西省：〈扶風唐西塬出土青銅器〉，《考古與文物》1989：1，頁21-22。

160 同上。

161 同上。

162 同上。

163 同上。

（三十一）扶風縣城關鎮王家台（原屬黃甫鄉）

1974 年 5 月在扶風縣王家台徵集到銅戈 1 件。[164]

（三十二）扶風縣城關鎮黃甫母溝（原屬黃甫鄉）

1973 年 9 月在扶風縣黃甫母溝徵集到銅戈 1 件。[165]

（三十三）扶風縣城關鎮柳東村（原屬黃甫鄉）

1964 年春在扶風縣柳東村發現了銅鼎 1 件*（1）。[166]

（三十四）扶風縣城關鎮飛鳳山

1993 年 4 月扶風縣城關鎮千佛寺村的村民在飛鳳山發現銅鼎、銅簋各 1 件，考古人員經調查，發現了五座遭盜擾的西周墓葬，其中 M4、M7 仍殘留部分銅器，M4 出土有銅泡 1 件、車軎 2 件、車轄 2 件；M7 出土有銅戈 2 件、銅斧 1 件*（1）、銅泡 1 件；村民發現的銅鼎、銅簋各 1 件則出自 M10。[167]

（三十五）扶風縣上宋鄉北呂村

1977 年秋至 1982 年春，考古人員在扶風縣北呂村前後進行了六次發掘工作，考古人員清理了先周、西周墓葬兩百八十四座，墓地被分成 I－V 區，各區出土有銅器的墓葬情形，如附錄二。透過陶器和銅器的類型演變，研究人員將墓葬分成七期八組，各期的年代推斷如下：一期，相當於武乙文丁時，約為先周世的王季之時。二期，相當於帝乙帝辛前期，約為文王作邑於豐之前。三期，相當於文王作邑於豐到成王時。四期，相當於康昭時期。五期，相當於穆王前後。六期，相當於懿孝時期。七期，相當於西周末年的幽王前後。

---

164 高西省：〈扶風唐西塬出土青銅器〉，《考古與文物》1989：1，頁21-22。
165 同上。
166 羅西章：〈扶風出土的商周青銅器〉，《考古與文物》1980：4，頁21。陝西省考古研究所、陝西省文物管理委員會、陝西省博物館：《陝西出土商周青銅器》（三），頁18，編號112，文物出版社，北京，1982。霍彥儒、辛怡華：《商周金文編——寶雞出土青銅器銘文集成》，編號318，頁283，三秦出版社，西安，2009。
167 寶雞市考古隊、扶風縣博物館：〈扶風縣飛鳳山西周墓發掘簡報〉，《考古與文物》1996：3，頁13-18、25。

除了發掘品外，還徵集到銅簋 3 件、無法復原的銅鼎 1 件、殘銅戈 1 件、殘戈內 1 件＊（1）、銅矛 1 件、銅刀 1 件、車軎 1 件、當盧 1 件、弓形器 1 件。共計銅器 208 件──銅鼎 4 件＊（1）、銅簋 5 件＊（1）、銅戈 26 件、銅戟 1 件、銅矛 1 件、車軎 3 件、鑾鈴 3 件、當盧 2 件、銅鑣 4 件、大小各式銅泡 142 件、銅鏡 1 件、弓形器 2 件、銅鑿 1 件、銅刀 1 件、銅鈴 7 件、鏤形鈴形器 1 件、銅魚 2 件、銅環 2 件。[168]

（三十六）扶風縣上宋鄉神村坡

1956 年春在扶風縣神村坡西南發現出於墓葬的銅器 3 件，其中兩件在挖出時即已破碎，僅存銅鼎 1 件。[169]

（三十七）扶風縣上宋鄉曹衛村

1991 年 8 月 27 日在扶風縣曹衛村西北發現出自窖穴的銅戈 3 件＊（1）和銅削 2 件。[170]

（三十八）扶風縣上宋鄉東渠村

1978 年 12 月在扶風縣東渠村東北的坡地，自灰窖中發現了在 1 件最大腹圍為 137 公分的大型三足陶器內，裝有銅鐘 1 件。[171]

（三十九）扶風縣南陽鎮魯馬村溝原組

1981 年 10 月 1 日在扶風縣魯馬村溝原村西南的坡地，發現一批出自灰坑的西周文物，包括：銅簋蓋 1 件＊（1）、銅禹[172]1 件＊（1）、銅鑿 1 件、銅料 3 塊和重達 850 克的銅渣，以及陶罐 1 件。[173]

---

168 扶風縣博物館：〈扶風北呂周人墓地發掘簡報〉，《文物》1984：7，頁30-41。羅西章：《北呂周人墓地》，西北大學出版社，西安，1995。

169 羅西章：〈扶風新徵集了一批西周青銅器〉，《文物》1973：11，頁78-79。

170 高西省：〈扶風出土的幾組商周青銅兵器〉，《考古與文物》1993：3，頁31。

171 羅西章：〈扶風出土的商周青銅器〉，《考古與文物》1980：4，頁19。考古簡報敘述該銅鐘鉦間有圖形文字，不可識，而所附拓片又極為不清，無從判斷。

172 考古人員從器形判斷，認為此物當為劍鞘末端的飾物，即所謂的「鏢」。

173 羅西章：〈扶風溝原發現叔趙父禹〉，《考古與文物》1982：4，頁106-107。

（四十）扶風縣南陽鎮五嶺村豹子溝

1979 年 5 月 5 日在扶風縣五嶺村豹子溝發現出自窖藏的銅鐘 1 件*（1）。[174]

（四十一）扶風縣召公鎮穆家大陳村

1976 年 3 月在扶風縣召公鎮穆家大陳村發現出自灰窖的銅鼎 1 件。[175]

（四十二）扶風縣召公鎮呂宅村胡西組

1978 年 12 月在扶風縣召公鎮呂宅村胡西村西發現出自灰窖的銅鼎 2 件。[176]

（四十三）扶風縣召公鎮呂宅村成王組

1972 年在扶風縣召公鎮呂宅村成王村南的土壕，出土了銅錛 4 件、陶甕 1 件、玉璧 1 件和蚌泡 6 件。[177]

（四十四）扶風縣召公鎮巨良海家村

1992 年 9 月在扶風縣召公鎮巨良海家村東南的土壕，發現銅器 4 件，這 4 件銅器分兩組埋藏，60 公分長的銅爬龍和甬鐘殘塊一同出土，另外在相距 0.8 公尺處又出土甬鐘 2 件*（2）。[178]

（四十五）扶風縣召公鎮

陝西省博物館徵集到 1961 年出土自扶風縣召公鎮的銅罍 1 件*（1）。[179]

（四十六）扶風縣杏林鎮東坡村孫家台

1963 年 1 月在扶風縣杏林鎮東坡村孫家台發現了出自窖藏的銅簋 4 件。[180]

---

174 羅西章：〈扶風出土的商周青銅器〉，《考古與文物》1980：4，頁19。
175 同上，頁18。
176 同上，頁18-19。
177 同上，頁19。
178 高西省：〈扶風出土的西周巨型青銅爬龍及研究〉，《文博》1993：6，頁84-89。高西省：〈扶風巨良海家出土大型爬龍等青銅器〉，《文物》1994：2，頁92-96、91。
179 霍彥儒、辛怡華：《商周金文編——寶雞出土青銅器銘文集成》，編號307，頁271，三秦出版社，西安，2009。
180 羅西章：〈扶風出土的商周青銅器〉，《考古與文物》1980：4，頁15。

（四十七）扶風縣太白鄉長命寺早楊村

1973 年 8 月在扶風縣太白鄉長命寺早楊村東，發現出自窖藏的銅器 13 件——銅甗 1 件、銅錛 4 件、銅斧 1 件、銅戈 2 件、銅泡 1 件、銅環 1 件、銅料 2 件和殘銅鼎 1 件*（1）。[181]

（四十八）扶風縣太白鄉功夫溝

絳帳收購站揀選了 1979 年 1 月出土自扶風縣太白鄉功夫溝的銅鼎 1 件。[182]

（四十九）扶風縣段家鄉大同村

1997 年 7 月在扶風縣段家鄉大同村西出土了銅簋 4 件*（4），後為周原博物館、陝西歷史博物館所徵集。據調查，銅簋 1971 年即從村西寶雞峽主幹渠渠底的墓葬出土，但被村民臨時埋藏，直到 1997 年 7 月才又二次出土。[183]

（五十）扶風縣揉谷鄉白龍村

1975 年 6 月在扶風縣揉谷鄉白龍村北發現出自墓葬的一批器物，包括有：銅鼎 1 件*（1）、銅戈 2 件、銅泡 1 件和陶鬲 1 件。[184]考古人員透過形制與花紋判斷，該有銘銅鼎的時代應為西周早期，但也有學者認為屬於晚商[185]或是商周之際[186]。

1986 年 1 月在扶風縣白龍村又發現銅戈 2 件和銅鏡 1 件。[187]

（五十一）扶風縣絳帳鎮南作村（原屬法門鄉）

1953 年在扶風縣南作村徵集到銅鼎 1 件。[188]

---

181 羅西章：〈扶風出土的商周青銅器〉，《考古與文物》1980：4，頁17-18。

182 同上，頁21。

183 羅西章：〈宰獸簋銘略考〉，《文物》1998：8，頁83-87。霍彥儒、辛怡華：《商周金文編——寶雞出土青銅器銘文集成》，編號320-321，頁284-287，三秦出版社，西安，2009。

184 羅西章：〈扶風白龍大隊發現西周早期墓葬〉，《文物》1978：2，頁94-95。

185 陝西省考古研究所、陝西省文物管理委員會、陝西省博物館：《陝西出土商周青銅器》（一），頁9，編號51，文物出版社，北京，1979。高西省：〈扶風出土的幾組商周青銅兵器〉，《考古與文物》1993：3，頁31。

186 李海榮：〈關中地區出土商時期青銅器文化因素分析〉，《考古與文物》2000：2，頁35。

187 高西省：〈扶風出土的幾組商周青銅兵器〉，《考古與文物》1993：3，頁30-31。

188 曹瑋：《周原出土青銅器》第十卷，頁2057-2058，巴蜀書社，成都，2005。

（五十二）岐山縣京當鄉賀家村

1963 年 4 月到 12 月考古工作者在賀家村發掘了五十四座先周和西周墓葬，及一座車馬坑。研究人員將五十四座的墓葬分為兩期，第一期定為先周晚期，第二期定為西周早期。在年代屬於西周早期的 M21、M25、M31 各出土銅矛 1 件、銅戈 2 件和大銅泡、鈎戟 1 件。

關於車馬坑的部分，坑中埋有馬 8 匹、大小車各 1 輛，出土有銅軎、銅軏、鑾鈴等車馬器和銅泡。考古人員認為該坑出土的車馬器與西周早期車馬坑所出土的基本雷同，但車馬的埋法略有不同，所以時代也有可能是歸屬於先周晚期。[189]

1964 年在賀家村出土了銅簋 1 件。[190]

1966 年冬至 1967 年春在賀家村西壕發現出自墓葬的銅器，業經簡報發表的有 10 件，包括：銅鼎 4 件*（3）、銅簋 1 件*（1）、銅角 1 件*（1）、銅卣 1 件、銅罍 1 件、銅勺 1 件、四足調色器 1 件，此外，還有銅戈、銅矛、弓形器、鑾鈴、蓋弓帽、100 多枚的銅泡和數 10 枚貝。[191]

1967 年 3 月在岐山縣賀家村北發現出自窖藏的銅尊 1 件。[192]

1973 年冬考古工作者在岐山縣賀家村西發掘了十座墓葬，其中 M1 的時代是晚商，另外已發表的西周墓葬有：M3 出土銅鼎 1 件*（1）、銅盨 2 件*（2）和石貝 6 枚；M5 出土銅鼎 1 件*（1）、銅簋 1 件*（1）和銅戈、馬銜、銅鑣、當盧以及漆盾殘片等；M6 出土銅鬲 1 件、銅簋 1 件和陶鬲、陶罐、陶簋、陶豆、釉陶豆等。[193]

---

189 徐錫台：〈岐山賀家村周墓發掘簡報〉，《考古與文物》1980：1，頁7-12。

190 龐文龍：〈岐山縣博物館藏商周青銅器錄遺〉，《考古與文物》1994：3，頁34。

191 長水：〈岐山賀家村出土的西周銅器〉，《文物》1972：6，頁25-29。陝西省考古研究所、陝西省文物管理委員會、陝西省博物館：《陝西出土商周青銅器》（一），頁22-24，編號149-158，文物出版社，北京，1979。曹瑋：《周原出土青銅器》第六卷，頁1080-1117，巴蜀書社，成都，2005。霍彥儒、辛怡華：《商周金文編——寶雞出土青銅器銘文集成》，編號399-402，頁366-367，三秦出版社，西安，2009。

192 陝西省考古研究所、陝西省文物管理委員會、陝西省博物館：《陝西出土商周青銅器》（一），頁25-26，編號167。曹瑋：《周原出土青銅器》第十卷，頁2176-2180。

193 陝西省博物館、陝西省文物管理委員會：〈陝西岐山賀家村西周墓葬〉，《考古》1976：1，頁31-38。陝西省考古研究所、陝西省文物管理委員會、陝西省博物館：《陝西出土商周青銅器》（一），頁24-25，編號159-166。曹瑋：《周原出土青銅器》第六～七卷，頁1284-1295、1304-1319。

1974 年夏在賀家村北又發現出自窖藏的銅爵 1 件*（1）。[194]

1974 年 12 月在賀家村發現出自窖藏的銅器 4 件，包括：銅鼎 1 件*（1）、銅勺 1 件和銅泡 2 件。[195]

1974 年在賀家村出土了銅鼎 2 件和銅觶 1 件。[196]

1976 年在賀家村北壕發現出自窖藏的銅鬲和銅觶各 1 件。[197]

1976 年在賀家村出土了銅鉤戟 1 件，[198]以及銅簋 1 件*（1）。[199]

1976 年春至 1978 年夏，周原考古隊在賀家村發掘了西周墓葬五十七座、車馬坑四座和灰坑兩個，[200]其中出土銅器的墓葬情形如表一：

表一　1976—1978年岐山賀家村西周墓葬

墓葬編號	銅器種類與數量	其他器物種類與數量
76QHM102	銅泡2	玉戈1、骨飾
76QHM103	銅泡1	貝29
76QHM105	銅泡2、殘銅戈1	卜骨1
76QHM106	銅戈1	卜骨2
76QHM112[201]	銅簋1*（1）	玉柄形器1、玉裝飾品2、玉珠1、蚌泡2、蚌殼2

---

194 陝西省考古研究所、陝西省文物管理委員會、陝西省博物館：《陝西出土商周青銅器》（三），頁1，編號4，文物出版社，北京，1982。

195 同上，頁1-2，編號5-6。

196 龐文龍：〈岐山縣博物館藏商周青銅器錄遺〉，《考古與文物》1994：3，頁28。曹瑋：《周原出土青銅器》第十卷，頁2059-2060、2065-2066、2191，巴蜀書社，成都，2005。

197 龐文龍：〈岐山縣博物館藏商周青銅器錄遺〉，《考古與文物》1994：3，頁31。曹瑋：《周原出土青銅器》第十卷，頁2110、2190。

198 龐文龍：〈岐山縣博物館藏商周青銅器錄遺〉，《考古與文物》1994：3，頁37-38。

199 曹瑋：《周原出土青銅器》第十卷，頁2111-2114。

200 陝西周原考古隊：〈陝西岐山賀家村西周墓發掘報告〉，《文物資料叢刊》8，頁77-94，文物出版社，北京，1983。

201 陝西省考古研究所、陝西省文物管理委員會、陝西省博物館：《陝西出土商周青銅器》（三），頁1，編號1，文物出版社，北京，1982。曹瑋：《周原出土青銅器》第七卷，頁1490-1499，巴蜀書社，成都，2005。

（續）

墓葬編號	銅器種類與數量	其他器物種類與數量
76QHM113[202]	銅鼎2、銅甗1*（1）	陶鬲1、陶罐1、陶豆1、陶盃1、蚌泡32、玉器、骨器、漆器、石管
76QHM117	銅銲1	
76QHM126	銅戈1、銅獸面1	骨串飾
76QHM129	銅條1	陶鬲1
76QHM134	銅塊1	玉魚1
76QHzM5	銅魚15	蚌泡24、玉貝38
76QHzM7	銅節約1	陶罐1、玉魚
78QHM53	銅戈4、銅戟1、馬銜1	玉戈、磨石1
76QHM14 車馬坑3	車軎1件	
76QHzM4 車馬坑4	車軎2件、銅獸面1	

1981年岐山縣賀家村出土銅簋1件。[203]

1991年岐山縣賀家村出土銅簋1件*（1）。[204]

1992年岐山縣賀家村出土銅鼎1件。[205]

1993年岐山縣賀家村村民賀宏讓交銅鐘3件和銅簋1件。[206]

（五十三）岐山縣京當鄉鳳雛村

1976年2月考古工作者在岐山縣鳳雛村進行西周大型宮室建築基址的發掘工作，基址內出土卜甲、卜骨約 17000 多片，還有陶瓷器、銅器、玉石器……等，銅器主要有銅泡、銅鏃和銅片等。[207]

---

202 陝西省考古研究所、陝西省文物管理委員會、陝西省博物館：《陝西出土商周青銅器》（三），頁1，編號2，文物出版社，北京，1982。曹瑋：《周原出土青銅器》第七卷，頁1500-1513，巴蜀書社，成都，2005。

203 曹瑋：《周原出土青銅器》第十卷，頁2115-2117，巴蜀書社，成都，2005。

204 同上，頁2118-2122。

205 同上，頁2061-2062。

206 同上，頁2011-2016、2128-2130。

207 陝西周原考古隊：〈陝西岐山鳳雛村西周建築基址發掘簡報〉，《文物》1979：10，頁27-37。

1978 年 9 月在岐山縣鳳雛村西發現一處西周銅器窖藏，出土了銅器 5 件——銅鼎 1 件*（1）、銅甗 1 件、銅簋 1 件、銅盨 2 件*（2），及內藏在銅盨中的石鐮 1 件。[208]

1991 年 4 月在岐山縣鳳雛村西的溝崖邊，發現出於墓葬的一批器物，包括：銅鼎 1 件*（1）、銅簋 1 件*（1）、銅泡 1 件、陶鬲 1 件和蚌泡 1 件。[209]

（五十四）岐山縣京當鄉劉家村

1956 年在岐山縣劉家村出土銅矛 1 件。[210]

1973 年在岐山縣劉家村發現銅鼎 1 件。[211]

1981 年 3 月在岐山縣劉家村發現銅鼎 1 件、銅簋 1 件*（1）以及簋蓋 1 件*（1）。[212]

（五十五）岐山縣京當鄉董家村

1975 年 2 月在岐山縣董家村西發現了出自窖藏的青銅器 37 件，共計有：銅鼎 13 件*（10）、銅鬲 2 件*（2）、銅簋 14 件*（14）、銅豆 2 件、銅壺 2 件*（2）、銅盤 1 件、銅匜 1 件*（1）、銅盉 1 件*（1）和銅鎣 1 件。[213]

（五十六）岐山縣京當鄉王家嘴子村

1953 年 3 月在岐山縣王家嘴子村北發現出於窖藏的青銅器 6 件和陶鬲 1 件，銅器有：銅鼎 1 件、銅簋 1 件、銅戈 1 件、鈎戟 1 件、銅泡 1 件和銅鏡 1 件。[214]

1957 年 8 月在岐山縣王家嘴子村出土小件的車馬器 251 件，包括：鑾鈴 2

---

208 陝西周原考古隊：〈陝西岐山鳳雛村西周建築基址發掘簡報〉，《文物》1979：10，頁12-15。曹瑋：《周原出土青銅器》第五卷，頁988-1007，巴蜀書社，成都，2005。霍彥儒、辛怡華：《商周金文編——寶雞出土青銅器銘文集成》，編號377-380，頁352-355，三秦出版社，西安，2009。

209 劉少敏、龐文龍：〈陝西岐山新出土周初青銅器等文物〉，《文物》1992：6，頁76-78。

210 龐文龍：〈岐山縣博物館藏商周青銅器錄遺〉，《考古與文物》1994：3，頁37。

211 同上，頁34。

212 祁健業：〈岐山縣博物館近幾年來徵集的商周青銅器〉，《考古與文物》1984：5，頁12-13。

213 龐懷靖、吳鎮烽、雒忠如、尚志儒：〈陝西省岐山縣董家村西周銅器窖穴發掘簡報〉，《文物》1976：5，頁26-44。曹瑋：《周原出土青銅器》第二～三卷，頁322-475，巴蜀書社，成都，2005。

214 關琳：〈陝西岐山縣京當鄉王家嘴子的原始社會遺址〉，《文物》1954：10，頁89-92。陝西省考古研究所、陝西省文物管理委員會、陝西省博物館：《陝西出土商周青銅器》（一），頁21，編號139-144，文物出版社，北京，1979。

件、當盧 2 件、銅泡 246 件。[215]

　　1980 年考古人員清理了岐山縣王家嘴村北的西周墓葬兩座和馬坑一座，各編號為 WM1、WM2 和 WMK1。WM1 出土銅鼎 2 件*（1）、陶鬲 1 件、陶罐 1 件、貝 30 枚、蚌飾 150 件；WM2 出土銅鈴 8 件、銅裝飾品 2 件、蚌泡 5 件、馬鞍形骨飾 1 件、玉器 8 件、貝 5 枚和骨梳、鹿角⋯⋯等；WMK1 出土銅軎 2 件。[216]考古人員認為 WM1、WM2 的隨葬品具有晚商文化的風格與特點，並且判斷墓葬的時代為西周早期，[217]另外，也有學者認為 WM1 隨葬之青銅器應屬於西周早期。[218]

（五十七）岐山縣京當鄉禮村

　　1947 年在岐山縣禮村發現出於窖穴的銅鼎 1 件*（1）。[219]

　　1949 年以前在岐山縣禮村的北壕出土了銅尊 1 件*（1）。[220]

　　1953 年在岐山縣禮村發現出於窖穴的銅器 5 件，[221]關於這批銅器的年代，有學者認為屬於晚商或殷墟文化四期，[222]也有學者認為同坑出土的銅爵 1 件*（1）和銅觚 1 件*（1），應為西周早期之器。[223]

　　1957 年岐山縣禮村出土了銅鼎 2 件*（2）。[224]

　　1960 年和 1962 年考古工作者在岐山縣禮村進行調查與試掘，在禮村附近的西周遺址採集到銅鼎 1 件、銅簋 1 件、銅戈 6 件、銅矛 1 件、銅錛 1 件、銅鑿 1

215 陝西省文物管理委員會：〈陝西岐山、扶風周墓清理記〉，《考古》1960：8，頁9-10。

216 巨萬倉：〈陝西岐山王家嘴、衙里西周墓葬發掘簡報〉，《文博》1985：5，頁1-7。

217 同上，頁6。

218 曹瑋：《周原出土青銅器》第八卷，頁1722-1728，巴蜀書社，成都，2005。

219 陝西省考古研究所、陝西省文物管理委員會、陝西省博物館：《陝西出土商周青銅器》（一），頁20-21，編號137，文物出版社，北京，1979。曹瑋：《周原出土青銅器》第十卷，頁2042-2044。霍彥儒、辛怡華：《商周金文編——寶雞出土青銅器銘文集成》，編號412，頁372，三秦出版社，西安，2009。

220 祁健業：〈岐山縣博物館近幾年來徵集的商周青銅器〉，《考古與文物》1984：5，頁11。曹瑋：《周原出土青銅器》第十卷，頁2171-2173。

221 陝西省考古研究所、陝西省文物管理委員會、陝西省博物館：《陝西出土商周青銅器》（一），頁3-4，編號15-19。

222 同上，頁3-4，編號15-19。李海榮：〈關中地區出土商時期青銅器文化因素分析〉，《考古與文物》2000：2，頁35。

223 曹瑋：《周原出土青銅器》第十卷，頁2188-2189、2194-2196。

224 祁健業：〈岐山縣博物館近幾年來徵集的商周青銅器〉，《考古與文物》1984：5，頁9。龐文龍：〈岐山縣博物館藏商周青銅器錄遺〉，《考古與文物》1994：3，頁31。曹瑋：《周原出土青銅器》第十卷，頁2070-2074。

件、銅泡 7 件、鑾鈴 2 件、當盧 3 件*（1）、弓形器 1 件、銅鑣 1 件和一些骨器、一把象牙梳⋯⋯等。而在試掘工作間，於禮村遺址發現銅錐、銅刀、銅鏃，於墓葬發現銅魚、銅管、銅泡、銅環⋯⋯等銅製品。[225]

　　1964 年岐山縣禮村出土了銅鼎 1 件*（1）。[226]

　　1977 年岐山縣禮村出土了銅鼎 1 件。[227]

　　2002 年 7 月周原考古隊在岐山縣禮村東北進行發掘，發掘地點編號為 ⅡA3 區，並於西周文化層內發現銅鏃 1 件。[228]

（五十八）岐山縣京當鄉喬家村

　　1972 年在岐山縣喬家村出土了銅鬲 1 件。[229]

　　1973 年 2 月在喬家村出土了陶罐 1 件，內藏銅節約一套共 135 件，考古人員依形制和紋飾判斷，該套銅節約的時代應為商末或周初。[230]

（五十九）岐山縣京當鄉雙庵村（原屬青化鄉）

　　1958 年在岐山縣雙庵村出土了銅簋 1 件，器內底有銘文兩行六個字，疑為後人所刻。[231]

（六十）岐山縣京當鄉丁童村（原屬青化鄉）

　　1952 年在岐山縣丁童村發現了銅鼎 1 件*（1）。[232]

225 陝西省博物館、文管會岐山工作隊：〈陝西岐山禮村附近周遺址的調查與試掘〉，《文物資料叢刊》2，頁38-44，文物出版社，北京，1978。

226 陝西省考古研究所、陝西省文物管理委員會、陝西省博物館：《陝西出土商周青銅器》（一），頁22，編號148，文物出版社，北京，1979。霍彥儒、辛怡華：《商周金文編——寶雞出土青銅器銘文集成》，編號420，頁376，三秦出版社，西安，2009。

227 龐文龍：〈岐山縣博物館藏商周青銅器錄遺〉，《考古與文物》1994：3，頁34。

228 陝西省考古研究院、北京大學考古文博學院、中國社會科學院考古研究所周原考古隊：《周原——2002年度齊家制玦作坊和禮村遺址考古發掘報告》，頁608，科學出版社，北京，2010。

229 龐文龍：〈岐山縣博物館藏商周青銅器錄遺〉，《考古與文物》1994：3，頁34。曹瑋：《周原出土青銅器》第十卷，頁2108-2109，巴蜀書社，成都，2005。

230 龐文龍：〈岐山縣博物館藏商周青銅器錄遺〉，《考古與文物》1994：3，頁31-32。

231 趙學謙：〈記岐山發現的三件青銅器〉，《考古》1959：11，頁634-635。曹瑋：《周原出土青銅器》第十卷，頁2126-2127。

232 陝西省考古研究所、陝西省文物管理委員會、陝西省博物館：《陝西出土商周青銅器》（一），頁

1978 年 4 月在岐山縣丁童村出土了銅鼎 1 件、銅盨 1 件。[233]

1984 年秋在岐山縣丁童村出土了銅鼎 1 件、銅簋 1 件*（1）。[234]

（六十一）岐山縣京當鄉北窯村

1974 年在岐山縣北窯村出土了銅鼎 1 件。[235]

（六十二）岐山縣京當鄉周家橋程家村

1944 年春原西京籌備委員會購得出土自岐山縣周家橋程家村的殘銅鼎 1 件*（1），該銅鼎僅存口腹間殘片。[236]

（六十三）岐山縣京當鄉

1958 年岐山縣博物館徵集到出土自岐山縣京當鄉的銅鬲 1 件*（1）。[237]

（六十四）岐山縣青化鎮

1949 年以前在岐山縣青化鎮出土了銅盂 1 件*（1）和銅罍 1 件*（1），其中銅罍僅存器蓋的銘文拓片。[238]

（六十五）岐山縣青化鄉周家村

1978 年在岐山縣周家村出土了銅盨 2 件。[239]

21，編號138，文物出版社，北京，1979。龐文龍、崔玫英：〈陝西岐山近年出土的青銅器〉，《考古與文物》1990：1，頁50-51。曹瑋：《周原出土青銅器》第十卷，頁2052-2056，巴蜀書社，成都，2005。

[233] 霍彥儒、辛怡華：《商周金文編——寶雞出土青銅器銘文集成》，頁390，三秦出版社，西安，2009。

[234] 龐文龍、崔玫英：〈陝西岐山近年出土的青銅器〉，《考古與文物》1990：1，頁50-51。

[235] 龐文龍：〈岐山縣博物館藏商周青銅器錄遺〉，《考古與文物》1994：3，頁33。

[236] 王獻唐：〈岐山出土康季鼏銘讀記〉，《考古》1964：9，頁472-474。霍彥儒、辛怡華：《商周金文編——寶雞出土青銅器銘文集成》，編號424，頁387。

[237] 王光永：〈介紹新出土的兩件虢器〉，《古文字研究》第七輯，頁185-186。霍彥儒、辛怡華：《商周金文編——寶雞出土青銅器銘文集成》，編號425，頁387。

[238] 趙學謙：〈記岐山發現的三件青銅器〉，《考古》1959：11，頁635。

[239] 龐文龍：〈岐山縣博物館藏商周青銅器錄遺〉，《考古與文物》1994：3，頁31。

（六十六）岐山縣青化鄉梁田村

1977 年 10 月在岐山縣梁田村發現了銅鐘 1 件，同出的銅質簨虡配件已被砸碎而無法復原。[240]

（六十七）岐山縣鳳鳴鎮北楊村吳家莊（原屬北郭鄉）

1978 年 8 月在岐山縣北楊村吳家莊出土了銅鼎 1 件*（1）和銅簋蓋 1 件。[241]

（六十八）岐山縣鳳鳴鎮叩村（原屬北郭鄉）

1978 年在岐山縣叩村出土了銅戈 1 件。[242]

（六十九）岐山縣鳳鳴鎮祝家巷村（原屬北郭鄉）

1981 年春在岐山縣祝家巷村東北的溝崖發現了銅戈 2 件*（1）。[243]

（七十）岐山縣鳳鳴鎮周公廟（原屬北郭鄉）

周公廟遺址北起鳳凰嶺的陵坡，南至祝家巷、周公村一線，東自陵頭村西，西至董家台。2006 年中國大陸國務院將周公廟遺址定名為「鳳凰山遺址」。[244]

1977 年 1 月在岐山縣周公廟東側出土了銅鬲 1 件。[245]

2003 年 12 月考古人員在岐山縣祝家巷村北發現兩片共刻有 55 個字的西周卜甲，接著在廟王村北和陵坡又發現具有刻辭的卜甲、卜骨。2004 年起經由鑽探，發現了西周甲骨坑，共出土卜甲 700 餘片，其上有刻辭者 90 餘片。此外，經兩年的時間，考古人員在周公廟遺址還發現了西周時期墓葬總數近千座，當中有主要分布在陵坡的大型墓葬、白草坡的中型墓葬和樊村的小型墓葬等。[246]

陵坡墓地的 M18 有四條墓道，墓室的隨葬品僅存殘留在盜洞填土中的青銅

---

240 龐文龍：〈岐山縣博物館藏古代甬鐘、鎛鐘〉，《文博》1992：2，頁80。

241 祁健業：〈岐山縣北郭公社出土的西周青銅器〉，《考古與文物》1982：2，頁8-9。

242 龐文龍：〈岐山縣博物館藏商周青銅器錄遺〉，《考古與文物》1994：3，頁35-37。

243 祁健業：〈岐山縣博物館近幾年來徵集的商周青銅器〉，《考古與文物》1984：5，頁9。

244 鳳凰山（周公廟）考古隊：〈2004年夏鳳凰山（周公廟）遺址調查報告〉，《古代文明（第7卷）》，頁273-324，文物出版社，北京，2007。

245 祁健業：〈岐山縣博物館近幾年來徵集的商周青銅器〉，《考古與文物》1984：5，頁8。

246 徐天進：〈周公廟遺址的考古所獲及所思〉，《文物》2006：8，頁55-62。

車馬器、小件玉器、石磬和原始瓷器等；M32 有南北兩條墓道，隨葬品同樣也僅
留殘銅鼎耳、銅泡、蚌泡、象牙器和原始瓷片等。而白草坡經發掘的西周墓葬三
座，出土了有銘的銅簋 1 件*（1）和簋蓋 1 件*（1），但銘文內容尚未公告。至
於樊村墓地經清理墓葬二十九座、馬坑兩座的結果，出土的隨葬品有青銅兵器、
車馬器、陶器和玉器等。

（七十一）岐山縣鳳鳴鎮謝家河村

1987 年 1 月 10 日在岐山縣謝家河村發現了銅戈 1 件和車轄 2 件。[247]

（七十二）岐山縣北郭鄉張家場

1974 年在岐山縣張家場發現了銅爵 1 件*（1）和銅觚 1 件。[248]

（七十三）岐山縣北郭鄉八廟溝村

1975 年在岐山縣八廟溝村出土了銅鼎 1 件。[249]

（七十四）岐山縣北郭鄉樊村

1991 年在岐山縣樊村發現了銅斝 1 件*（1）、銅戈 1 件，後來考古人員又自
樊村徵集到 5 件青銅器——銅戈 2 件、銅戣 2 件和銅斧 1 件，這批青銅器的年
代，考古人員認為應在商周之際。[250]

（七十五）岐山縣祝家莊鎮曹家溝（原屬北郭鄉）

1981 年 5 月 14 日在岐山縣曹家溝發現了銅鼎 2 件*（1）。[251]

（七十六）岐山縣祝家莊鎮宮里村流龍嘴組

1981 年春在岐山縣流龍嘴村西出土銅方彝蓋 1 件*（1），但器身未出現。[252]

---

247 龐文龍、崔玫英：〈陝西岐山近年出土的青銅器〉，《考古與文物》1990：1，頁52。
248 祁健業：〈岐山縣北郭公社出土的西周青銅器〉，《考古與文物》1982：2，頁7。
249 龐文龍：〈岐山縣博物館藏商周青銅器錄遺〉，《考古與文物》1994：3，頁34。
250 龐文龍、劉少敏：〈岐山縣北郭鄉樊村新出土青銅器等文物〉，《文物》1992：6，頁75。
251 祁健業：〈岐山縣北郭公社出土的西周青銅器〉，《考古與文物》1982：2，頁7-8。
252 祁健業：〈岐山縣博物館近幾年來徵集的商周青銅器〉，《考古與文物》1984：5，頁11-12。

（七十七）岐山縣祝家莊鎮

1958年在岐山縣祝家莊鄉出土了銅鼎1件。[253]

（七十八）岐山縣曹家鄉土橋村

1985 年 3 月 16 日在岐山縣曹家鄉土橋村西出土了一批青銅工具及武器，有：銅斧1件*（1）、銅錛1件、銅鑿1件、殘銅戣1件、弓柲1件，以及銅削、銅泡、銅鈴等。[254]

（七十九）岐山縣雍川鎮原子頭村（原屬麥禾營鎮）

1987年初在岐山縣原子頭村發現了銅斧、銅矛各1件。[255]

（八十）岐山縣蒲村鎮洗馬莊張家村

1987年4月在岐山縣洗馬莊張家村出土了銅鼎1件。[256]

（八十一）岐山縣蒲村鎮宋家村

1976年在岐山縣宋家村發現了銅簋1件。[257]

（八十二）岐山縣蒲村鎮孔頭溝

20 世紀 80 年代經普查結果，考古人員將岐山縣城東孔頭溝兩岸的文化遺存分為趙家台、張家村、宋家村、畫東、溝底和前莊等六個遺址。2006 年周公廟考古隊在孔頭溝遺址進行調查與發掘，在宋家村北、北嶺村以西之「宋家墓地」發現墓葬六十七座、鑽探發現墓葬一百六十五座，經估計，該墓地可能共有九百座左右的墓葬，年代從商周之際延至西周晚期。墓葬雖被嚴重盜掠，仍出土大量的車馬器。此外，在畫圖寺發掘區還發現西周時期的鑄銅作坊。[258]

---

253 龐文龍：〈岐山縣博物館藏商周青銅器錄遺〉，《考古與文物》1994：3，頁34。
254 龐文龍、崔玫英：〈陝西岐山近年出土的青銅器〉，《考古與文物》1990：1，頁51-52。
255 同上，頁52。
256 同上，頁52、57。
257 龐文龍：〈岐山縣博物館藏商周青銅器錄遺〉，《考古與文物》1994：3，頁34。
258 种建榮、張敏、雷興山：〈岐山孔頭溝遺址商周時期聚落性質初探〉，《文博》2007：5，頁38-43。

（八十三）岐山縣五丈原鎮東團莊

1973年在岐山縣五丈原鎮東團莊出土了銅鼎1件和銅簋1件。[259]

（八十四）岐山縣蔡家坡鎮永堯村

1959年在岐山縣蔡家坡鎮永堯村出土了銅鬲1件。[260]

（八十五）岐山縣馬江鎮小營原村

1976年在岐山縣小營原村發現了銅簋1件*（1）。[261]

（八十六）岐山縣馬江鎮原東溝村

1973年在岐山縣原東溝村發現了銅頭胄1件，重850克，由四塊連綴而成帽形。[262]

（八十七）岐山縣高店鄉

1962年在岐山縣高店鄉出土了銅鼎1件*（1）。[263]

（八十八）眉縣馬家鎮楊家村（原屬眉縣車站鄉）

1955年3月在眉縣楊家村的李家村發現了出自窖藏的西周銅器5件——方彝2件*（2）、方尊1件*（1）、方尊器蓋1件*（1）、犧尊1件*（1）。[264]

1972年5月28日在眉縣楊家村西北出土了銅鼎1件*（1）。[265]

259 龐文龍：〈岐山縣博物館藏商周青銅器錄遺〉，《考古與文物》1994：3，頁31。

260 同上，頁33-34。

261 陝西省考古研究所、陝西省文物管理委員會、陝西省博物館：《陝西出土商周青銅器》（一），頁26，編號168，文物出版社，北京，1979。霍彥儒、辛怡華：《商周金文編——寶雞出土青銅器銘文集成》，編號438，頁394，三秦出版社，西安，2009。

262 龐文龍：〈岐山縣博物館藏商周青銅器錄遺〉，《考古與文物》1994：3，頁37。

263 陝西省考古研究所、陝西省文物管理委員會、陝西省博物館：《陝西出土商周青銅器》（一），頁26，編號170。霍彥儒、辛怡華：《商周金文編——寶雞出土青銅器銘文集成》，編號439，頁395。

264 李長慶、田野：〈祖國歷史文物的又一次重要發現——陝西郿縣發掘出四件周代銅器〉，《文物》1957：4，頁5-9。陝西省考古研究所、陝西省文物管理委員會、陝西省博物館：《陝西出土商周青銅器》（三），頁30-32，編號193-197，文物出版社，北京，1982。

265 史言：〈眉縣楊家村大鼎〉，《文物》1972：7，頁3-4。陝西省考古研究所、陝西省文物管理委員會、陝西省博物館：《陝西出土商周青銅器》（三），頁30，編號192。

　　1985 年 8 月 25 日在眉縣楊家村磚廠的北坡，發現了出自窖藏的編鐘 18 件，現今僅存 13 件*（4）。[266]

　　1993 年 2 月在眉縣楊家村發現了西周殘墓六座，徵集了西周銅器 119 件，包括銅戈、銅鉞、銅車馬器等。[267]

　　2003 年 1 月 19 日在眉縣楊家村發現了出自窖藏的西周銅器 27 件——銅鼎 12 件*（12）、銅鬲 9 件*（9）、方壺 2 件*（2）、銅盤 1 件*（1）、銅匜 1 件*（1）、銅盉 1 件*（1）、銅盂 1 件*（1）。[268]

（八十九）眉縣馬家鎮車圈村（原屬眉縣車站鄉）

　　1984 年 6 月在眉縣車圈村出土了一批西周文物，包括：銅鼎、銅簋、銅戈各 1 件、銅泡 2 件和蚌泡 1 件。[269]

（九十）眉縣馬家鎮

　　岐山縣博物館在眉縣馬家鎮附近徵集到西周銅鋤 4 件。[270]

（九十一）眉縣青化鄉油房堡

　　1981 年 3 月 20 日在眉縣油房堡發現了一處西周銅器窖藏，出土銅鼎 2 件*（1）和陶罐 1 件。[271]

（九十二）眉縣青化鄉鳳池村

　　1975 年 1 月在眉縣鳳池村出土了銅鼎 1 件*（1）和銅簋 1 件。[272]

---

266 劉懷君：〈眉縣出土一批西周窖藏青銅樂器〉，《文博》1987：2，頁17-25。

267 張吉煥、李潤乾：《楊家村西周遺址》，頁90-100，陝西人民出版社，西安，2008。

268 陝西省考古研究所、寶雞市考古工作隊、眉縣文化館聯合考古隊：〈陝西眉縣楊家村西周青銅器窖藏〉，《考古與文物》2003：3，頁3-12。陝西省考古研究所、寶雞市考古工作隊、眉縣文化館聯合考古隊：〈陝西眉縣楊家村西周青銅器窖藏發掘簡報〉，《文物》2003：6，頁4-42。張吉煥、李潤乾：《楊家村西周遺址》，頁101-158，陝西人民出版社，西安，2008。

269 王桂枝：〈眉縣車圈村出土西周青銅器〉，《文博》1991：2，頁75、78。

270 王文耀：〈岐山縣博物館收藏的西周銅鋤〉，《文物》2008：12，頁69-70。

271 劉懷君、任周芳：〈眉縣出土『王作仲姜』寶鼎〉，《考古與文物》1982：2，頁5-6、13。

272 陝西省考古研究所、陝西省文物管理委員會、陝西省博物館：《陝西出土商周青銅器》（三），頁30，編號190-191，文物出版社，北京，1982。

（九十三）眉縣

1978 年眉縣出土了銅鬲 2 件*（2）。[273]

（九十四）麟游縣九成宮鎮蔡家河村

1974 年在麟游縣蔡家河村出土了銅鼎 1 件、銅鬲 4 件和銅簋 2 件*（1）。[274]

1987 年 12 月麟游縣博物館徵集到出自蔡家河村的一批青銅兵器和工具，包括：銅戈、銅斧、銅鉞、銅刀、銅鑿、銅泡各 1 件，考古人員推論這批銅器的年代應為商代晚期，其下限可能晚至西周初期。[275]

1991 年到 1992 年考古人員在蔡家河村進行發掘，根據層位關係和陶器形制，蔡家河遺址可分為三期：第一期相當於殷墟三期偏早，第二期相當於殷墟三期偏晚，第三期相當於殷墟四期至商周之際，在屬於第三期的文化層中，出土有銅鏃 2 件。[276]

（九十五）麟游縣九成宮鎮後坪村

1988 年在麟游縣後坪村發現一批出自窖藏的銅器，包括：銅鼎 1 件*（1）、銅瓿 1 件、銅爵 1 件*（1）、銅觶 1 件*（1）、銅尊 1 件*（1）、銅盃 1 件*（1）、銅卣 3 件*（3）、銅斗 1 件。這批銅器考古人員認為是商末周初，[277]有學者分析應為殷墟文化四期，[278]也有學者認為大多為西周初年，部分可早到商代晚期。[279]

（九十六）麟游縣

寶雞市博物館徵集到出土自麟游縣的銅鼎 1 件。[280]

273 王長啟：〈西安市文物中心收藏的商周青銅器〉，《考古與文物》1990：6，頁42。
274 陝西省考古研究所、陝西省文物管理委員會、陝西省博物館：《陝西出土商周青銅器》（三），頁22-23，編號141-147，文物出版社，北京，1982。
275 田鐵林：〈麟游縣出土商代青銅器〉，《考古與文物》1991：1，頁1-2。
276 北京大學考古文博院、寶雞市考古工作隊：〈陝西麟游縣蔡家河遺址商代遺存發掘報告〉，《華夏考古》2000：1，頁3-23。
277 麟游縣博物館：〈陝西省麟游縣出土商周青銅器〉，《考古》1990：10，頁879-881、942。
278 李海榮：〈關中地區出土商時期青銅器文化因素分析〉，《考古與文物》2000：2，頁35。
279 北京大學考古文博院、寶雞市考古工作隊：〈陝西麟游縣蔡家河遺址商代遺存發掘報告〉，《華夏考古》2000：1，頁3。
280 高次若：〈寶雞市博物館藏青銅器介紹〉，《考古與文物》1991：5，頁13。

（九十七）鳳翔縣南指揮鎮西村

1979 到 1980 年考古人員在鳳翔縣西村進行發掘，清理墓葬兩百一十座，西村墓葬可分成四期：第一期相當於先周中期，第二期為先周晚期，第三期為西周初期，第四期為西周中期。隨葬有銅器的西周墓葬有十三座，[281]隨葬情形如表二：

表二　1979—1980年鳳翔西村西周墓葬

墓葬編號	銅器種類與數量	其他器物種類與數量	備註
79M29	銅戈 2、銅泡 2	陶鬲 1、蚌殼 3、骨飾 2	分期：三
79M32	銅戈 1、銅泡 1	陶鬲 1、漆器殘片	分期：三
79M35	銅戈 2、銅泡 2	陶鬲 1	分期：三
79M37	銅戈 1、銅泡 1	陶鬲 1、漆器殘片	分期：三
79M39	銅鏡 1	陶鬲 1	分期：三
79M42	銅鼎 1*（1）、銅簋 2	陶鬲 1、陶罐 1、漆器	分期：三
79M46	銅鏡 1*	陶鬲 1、貝 1、漆器	分期：四
80M22	銅戈 1、銅泡 1	陶鬲 1、蚌殼 1	分期：三
80M29	銅戈 1	陶鬲 1	分期：三
80M43	銅戈 1	陶鬲 1、殘陶罐	分期：四
80M51	銅戈 1、銅泡 1	陶鬲 1	分期：四
80M80	銅簋 1	陶鬲 1、陶罐 1、綠松石 2、漆器	分期：三
80M132	銅戈 1	陶鬲 1	分期：四

（九十八）鳳翔縣彪角鎮新莊河

1973 年在鳳翔縣新莊河西周遺址出土了銅戈 1 件。

1975 年在鳳翔縣新莊河西周遺址發現了銅鏡 1 件，同年還發現銅戈 4 件。隔年在發現銅鏡的地方又出土了銅鼎 1 件、銅簋 1 件。[282]

---

281 韓偉、吳鎮烽：〈鳳翔南指揮西村周墓的發掘〉，《考古與文物》1982：4，頁15-38。

282 王光永、曹明檀：〈寶雞市郊區和鳳翔發現西周早期銅鏡等文物〉，《文物》1979：12，頁90-91。
　　曹明檀、尚志儒：〈陝西鳳翔出土的西周青銅器〉，《考古與文物》1984：1，頁53、60。

（九十九）鳳翔縣彪角鎮官帽頭村董家莊

1978 年 7 月在鳳翔縣董家莊西周遺址出土了銅爵 1 件*（1）和銅觚 1 件*（1），考古人員認為應為西周早期的器物，[283]但有學者認為時代應屬晚商。[284]

（一〇〇）鳳翔縣郭店鎮丁家河

1972 年在鳳翔縣丁家河的西周遺址出土了銅鼎 1 件，同年在丁家河雍水北岸的二層台地上發現銅簋 2 件。[285]

（一〇一）鳳翔縣田家莊鎮河北村

1973 年 8 月在鳳翔縣河北村的西周墓出土了銅鼎 1 件和銅簋 1 件*（1）。[286]

（一〇二）鳳翔縣田家莊鎮勸讀村

1973 年 3 月在鳳翔縣勸讀村南發現了銅罍 1 件*（1）和銅盂圈足殘片。[287]
1974 年在鳳翔縣勸讀村西周遺址出土了銅觶 1 件。[288]

（一〇三）鳳翔縣長青鎮長青村化原村

1972 年在鳳翔縣長青村汧河東岸二層台地的西周遺址發現了當盧 3 件*（3）和銅泡 1 件*（1）。1978 年 5 月在距上述地點 30 公尺處又發現銅甗 1 件*（1）和銅爵 1 件*（1）。[289]

---

283 陝西省考古研究所、陝西省文物管理委員會、陝西省博物館：《陝西出土商周青銅器》（三），頁29，編號186-187，文物出版社，北京，1982。曹明檀、尚志儒：〈陝西鳳翔出土的西周青銅器〉，《考古與文物》1984：1，頁57。

284 中國社會科學院考古研究所：《殷周金文集成》修訂增補本第五冊，頁4041、4498、4151、4521，編號為7165、7538，中華書局，北京，2007。

285 陝西省考古研究所、陝西省文物管理委員會、陝西省博物館：《陝西出土商周青銅器》（三），頁28，編號178、179、181。曹明檀、尚志儒：〈陝西鳳翔出土的西周青銅器〉，《考古與文物》1984：1，頁53。

286 同上，頁28-29，編號182-183。同上，頁53。

287 同上，頁30，編號189。同上，頁57-59。

288 同上，頁29，編號188。同上，頁55。

289 同上，頁28，編號184-185。同上，頁56、61。

（一〇四）鳳翔縣長青鎮孫家南頭村

2003 年 10 月到 2004 年 9 月考古工作者在鳳翔縣孫家南頭村西進行發掘，清理了先周墓葬兩座、西周墓葬三十三座……等各時期的墓葬和車馬坑。出土銅器的西周墓葬有三座，其中 M53 出土銅戈 1 件，M156 出土銅觶 1 件，M158 出土銅泡 2 件和銅扣 1 件。[290]

（一〇五）鳳翔縣城關鎮東關村

鳳翔縣城關鎮東關村村民於 1982 年 10 月 15 日送交寶雞市博物館一批西周銅器，有銅鐘 1 件、車馬器 2 件和銅泡 2 件。[291]

（一〇六）鳳翔縣

自 1972 年到 1976 年由鳳翔縣收購站和橫水鎮供銷社收購站徵集到一些西周銅器，計有：銅鼎 2 件、銅簋 2 件、銅爵 1 件*（1）、銅戈 4 件、銅戣 1 件、鉤戟 1 件、銅矛 1 件、銅斨 3 件、銅鑺 1 件、銅泡 2 件。[292]

1984 年 9 月在鳳翔縣東北的北山水溝發現了西周墓葬四座，編號為 84 鳳水 M1—4，其中 M2 隨葬銅鬲、陶鬲、蚌飾各 1 件和貝數枚。[293]

（一〇七）寶雞市金台區硤石鄉林家村

1983 年 12 月在寶雞市林家村發現出自殘墓的一批器物，包括銅鼎、銅簋各 1 件和陶器 4 件，考古人員認為銅簋具有西周早期的風格，故殘墓年代為西周早期，[294]但有學者認為林家村的銅器 2 件應屬於殷墟文化四期。[295]

（一〇八）寶雞市金台區五里廟

1958 年 8 月寶雞市五里廟發現了銅甗 1 件*（1），同年 11 月又出土了銅鬲 1

---

290 陝西省考古研究所、寶雞市考古工作隊、鳳翔縣博物館：〈鳳翔縣孫家南頭周墓發掘簡報〉，《考古與文物》2007：1，頁24-33。

291 高次若：〈寶雞市博物館藏青銅器介紹〉，《考古與文物》1991：5，頁12-13。

292 曹明檀、尚志儒：〈陝西鳳翔出土的西周青銅器〉，《考古與文物》1984：1，頁53-65。

293 雍城考古隊：〈陝西鳳翔水溝周墓清理記〉，《考古與文物》1987：4，頁17-18。

294 閻宏斌：〈寶雞林家村出土西周青銅器和陶器〉，《文物》1988：6，頁92-93。

295 李海榮：〈關中地區出土商時期青銅器文化因素分析〉，《考古與文物》2000：2，頁35。

件*（1）。1972年寶雞市五里廟又發現了銅鼎1件*（1）。[296]

（一〇九）寶雞市金台區紙坊頭村

1981年9月在寶雞市紙坊頭村發現了一批出自西周墓葬的銅器，該墓編號為BZFM1，隨葬銅鼎4件*（1）、銅甗1件、銅鬲2件*（2）、銅簋5件*（2）、銅觶1件*（1）、銅罍1件、龍形銅飾3件、車器2件和佩飾1組4件，以及陶器14件、原始瓷器1件、蚌器5件。[297]

2003年9月考古人員在紙坊頭村又清理了兩座西周墓葬，編號為2003BZFM2—3，M2出土銅甗1件*（1）、銅盉1件*（1）、銅瓿1件、銅鈴2件、銅泡4件、銅飾3件和玉琮、玉墜飾、綠松石串珠各1件……等；M3出土銅鼎5件*（1）、銅簋2件*（1）、銅壺1件*（1）、銅鈴2件、銅泡1件、銅笄8件、銅梳1件和玉璜1件、玉鳥1件、玉飾3件、玉戈2件、綠松石串珠3件……等。經判斷，M2、M3出土器物的時代明顯較早，年代可能在商末。[298]

（一一〇）寶雞市渭濱區益門鎮竹園溝村

1976年8月在寶雞市竹園溝村發現了一座西周墓葬，編號為BZM1。[299]出土的隨葬品在銅器部分有：銅鼎5件、銅簋3件、銅爵1件*（1）、銅盤1件、銅淺盤器1件、銅戈13件、銅劍1件、銅矛1件、銅錛1件、銅斧1件、銅飾13件、銅罐5件，以及銅泡、鑾鈴等車馬器、雜器204件*（1）[300]，另有陶器8件、玉石蚌器等14件（組），該墓葬年代為康王時期。1976年後，考古人員在竹園溝村又清理了墓葬二十一座和馬坑三座，[301]各墓葬的隨葬情形如表三：

---

296 陝西省考古研究所、陝西省文物管理委員會、陝西省博物館：《陝西出土商周青銅器》（四），頁5，編號35-37，文物出版社，北京，1984。霍彥儒、辛怡華：《商周金文編——寶雞出土青銅器銘文集成》，編號533-535，頁481-482，三秦出版社，西安，2009。

297 胡智生、劉寶愛、李永澤：〈寶雞紙坊頭西周墓〉，《文物》1988：3，頁20-27。盧連成、胡智生：《寶雞強國墓地》，頁17-42，文物出版社，北京，1988。

298 寶雞市考古研究所：〈陝西寶雞紙坊頭西周早期墓葬清理簡報〉，《文物》2007：8，頁28-47。

299 寶雞市博物館、渭濱區文化館：〈寶雞竹園溝等地西周墓〉，《考古》1978：5，頁289-296、300。盧連成、胡智生：《寶雞強國墓地》，頁128-141，文物出版社，北京，1988。

300 編號115的銅泡內壁和口沿各出現相同的一字銘文。

301 盧連成、胡智生：《寶雞強國墓地》，頁43-269，文物出版社，北京，1988。

表三　1976—1981年寶雞竹園溝村西周墓葬

墓葬編號	銅器種類與數量	其他器物種類與數量	備註
BZM2	銅飾 31[302]	陶罐 7、蛤蜊 26、貝 12	時代：昭王晚期
BZM3	銅鼎 1、銅簋 1、銅戈 7、銅錛 1、曲柄斗形器 1、髮飾 1、髮笄 4、佩飾 20、車馬器 69	陶罐 20	時代：成康之際
BZM4	銅鼎 7*（1）、銅甗 1*（1）、銅鬲 3*（2）、銅簋 3、銅觶 3*（2）、銅爵 1*（1）、銅尊 1*（1）、銅卣 1*（1）、銅盤 1*（1）、銅壺 1*（1）、銅斗 1、銅斧 1、銅戈 13、銅矛 2、矛鐏 1、銅劍 1、盾牌銅飾 3、銅鑣 1、銅錛 2、銅鑿 1、銅罐 4、淺盤器 2、曲柄斗形器 1、銅勺 2、銅飾 21[303]、車馬器 74[304]、雜器 1	陶罐 5、陶杯 1、陶盉 1、漆豆 2、玉石器 32 件（組）、骨飾 3、蛤蜊 27、螺螄 16、貝 33、蚌飾 2	時代：昭王晚期
BZM5		陶罐 8……等	時代：穆王之時
BZM6	銅罐 1、淺盤器 1、銅勺 1、銅飾 11[305]	陶罐 6、玉飾 2、蛤蜊 9	時代：成康之際
BZM7	銅鼎 4*（2）、銅簋 3*（2）、銅觚 2、銅觶 2*（1）、銅尊 2*（1）、銅卣 2*（2）、銅罍 1*（1）、銅斗 1、銅鐘 3、銅斿 1、銅鉞 1、銅戈 13、銅矛 1、銅劍 1、弓形器 1、盾牌銅飾 5、銅斧 1、銅錛 1、銅鑿 1、銅刀 1、銅丸 4、銅罐 4、淺盤器 2、曲柄斗形器 2、銅勺 1、銅飾 86[306]、車馬器 208、雜器 2	陶罐 9、陶罍 1、漆盤 1、漆豆 2、蚌飾 2、玉石器 21 件（組）、貝 9	時代：康王晚年至昭王前期

---

302 所謂「銅飾」包括：佩飾27件、銅鈴2件和透頂銅飾2件。

303 所謂「銅飾」包括：銅梳1件、髮笄8件、佩飾12件。

304 其中車器8件、馬器65件，和小圓銅泡1組（33件）。

305 所謂「銅飾」包括：銅梳1件、髮笄5件、銅鈴4件和透頂銅泡1件。

306 所謂「銅飾」包括：銅梳2件、髮飾1件、髮笄12件、佩飾50件和可能縫綴在墓主袍服上的透頂銅泡21件。

（續）

墓葬編號	銅器種類與數量	其他器物種類與數量	備註
BZM8	銅鼎 1、銅簋 1、銅爵 1*（1）、銅觶 1、銅尊 1*（1）、銅卣 2*（2）、銅戈 11、銅戟 1、銅劍 1、盾牌銅飾 1、銅錛 1、銅罐 2、曲柄斗形器 1、銅飾 51、車馬器 63	陶罐 5、漆罍 1、玉管 1、蚌戈 1	時代：成康之際
BZM9	銅鼎 1	陶鬲 2、陶罐 1、陶豆 1、錫鼎 1、錫簋 2……等	時代：穆王之時
BZM10	銅戈 3、髮飾 1、髮笄 1、銅鈴 1	陶罐 4、蛤蜊 32	時代：成康之際
BZM11	銅鼎 1、銅戈 4、銅劍 1、盾牌銅飾 1、銅刀 1、銅飾 25[307]、銅泡 16、銅鈴 3	陶罐 5、礪石 1、蛤蜊 17	〃
BZM12	銅罐 2、淺盤器 1、曲柄斗形器 1、銅勺 1、銅飾 17[308]、雜器 3	陶罐 6、玉璧 1	時代：穆王之時
BZM13	銅鼎 9*（4）、銅甗 1、銅簋 4、銅豆 1*（1）、銅尊 1、銅觚 1、銅觶 1*（1）、銅爵 1*（1）、銅卣 2、銅斗 1、銅盉 1、銅壺 1*（1）、銅盤 1*（1）、銅鐃 1、銅旄 1、銅鉞 1、銅戈 20、銅矛 3、銅劍 1、銅鏃 5、盾牌銅飾 4、銅兵器 1、銅斧 1、銅鑣 1、銅錛 2、銅鑿 2、銅罐 4、淺盤器 2、曲柄斗形器 2、銅飾 49[309]、車馬器 61[310]、雜器 3	陶罐 6、漆盤 1、玉石料器 31 件（組）、龜版 1、骨片 10、貝 20	時代：康王前期
BZM14	銅鼎 1、銅簋 1、銅戈 8、銅劍 1、盾牌銅飾 1、銅罐 2、淺盤器 1、曲柄斗形器 1、銅飾 26[311]、銅鈴 2	陶罐 6	時代：成康之際

---

307 所謂「銅飾」包括：髮飾1件、髮笄4件、佩飾20件。

308 所謂「銅飾」包括：銅梳1件、髮笄10件、銅鈴5件和透頂銅泡1件。

309 所謂「銅飾」包括：銅梳2件、髮笄18件、佩飾3組（各6、43、6件）以及可能縫在墓主袍服上的蛇形銅泡26件。

310 其中車器14件、馬器44件，和長方形銅泡1組（103件）、圓形銅泡2組（各51、26件）。

311 所謂「銅飾」有：銅梳1件、髮飾1件、髮笄3件、佩飾6件和透頂銅泡15件。

（續）

墓葬 編號	銅器種類與數量	其他器物種類 與數量	備註
BZM15		玉戈 1⋯⋯等	時代： 成康之際
BZM16		玉器 6⋯⋯等	〃
BZM17	銅觶 1	陶罐 3、漆豆 1	時代： 昭王晚期
BZM18	銅鼎 1、銅簋 1、銅戈 9、銅矛 1、銅劍 1、盾牌銅飾 4、銅斧 1、銅錛 1、銅鑿 1、銅刀 1、銅罐 2、淺盤器 1、曲柄斗形器 1、銅勺 1、銅飾 56[312]、車馬器 37、雜器 2	陶罐 5、玉石子 82、蛤蜊 7	時代： 成康之際
BZM19	銅鼎 1、銅簋 1、銅戈 9、銅劍 1、銅斧 1、銅錛 1、銅鑿 1、銅刀 1、銅罐 2、淺盤器 1、曲柄斗形器 1、銅勺 1、銅飾 65[313]、車馬器 44、雜器 1	陶罐 4、玉管 1、玉石子 13、蛤蜊 32	〃
BZM20	銅鼎 2、銅簋 2*（1）、銅盒 1、銅戈 11、銅鏃 9、銅劍 1、盾牌銅飾 3、銅錛 1、銅鑿 1、銅刀 1、淺盤器 1、銅勺 1、銅飾 45[314]、車馬器 21[315]、雜器 1	陶罐 5、玉器 4 件（組）、瑪瑙串飾 1、象牙髮笄 1、蛤蜊 6	〃
BZM21	銅戈 10、銅戟 1、銅劍 1、盾牌銅飾 2、銅斧 1、銅錛 1、銅鑿 1、銅刀 1、銅勺 1、銅飾 38[316]	陶罐 5	〃
BZM22	銅戈 1、銅錛 1、銅鑿 1、銅刀 1、髮笄 2	陶罐 1	〃

---

312 所謂「銅飾」有：銅梳1件、髮飾1件、髮笄10件、佩飾23件、銅鈴5件和透頂銅泡16件。

313 所謂「銅飾」有：銅梳1件、髮飾1件、髮笄6件、佩飾30件、銅鈴11件和透頂銅泡16件。

314 所謂「銅飾」有：銅梳2件、髮飾1件、髮笄15件、佩飾12件和透頂銅泡15件。

315 其中車器4件、馬器13件，和馬鑣1組（8件）、小圓銅泡1組（148件）、節約2組（各16、8件）。

316 所謂「銅飾」有：銅梳1件、髮飾1件、髮笄17件、銅鈴4件和透頂銅泡15件。

（一一一）寶雞市渭濱區神農鎮茹家莊（原屬益門鄉）

1970 年在寶雞市茹家莊出土了銅罍 1 件*（1）。[317]

1971 年 11 月在寶雞市茹家莊發現了出自墓葬的銅器 5 件——銅鼎 1 件*（1）、銅簋 1 件*（1）、銅爵 1 件、銅觶 1 件、銅卣 1 件*（1）。[318]

1974 年 12 月到 1977 年 4 月考古工作者在寶雞市茹家莊共清理了西周墓葬四座、車馬坑兩座和馬坑一座，編號為 BRM1—4、BRCH1—3（BRCH2 是馬坑）。[319] BRM1 出土的隨葬品，銅器方面有：銅鼎 13 件*（6）[320]、銅甗 1 件*（1）、銅鬲 2 件*（1）、銅簋 9*（6）[321]、銅豆 4 件、象尊 1 件、鳥尊 2 件、銅尊 2 件*（1）、銅卣 1 件*（1）、銅觶 1 件、銅爵 2 件、銅壺 2 件、銅罍 1 件、銅鑑 1 件*（1）、銅盤 2 件*（2）、銅斗 1 件、銅鐘 3 件、大銅鈴 1 件、銅鎮 1 件、銅三足鳥 2 件、銅旌 1 件、銅戈 8 件、銅鉞 2 件、銅鐏 2 件、銅劍 2 件、盾牌銅飾 2 件、銅斧 2 件、銅錛 4 件、銅鑿 1 件、銅刀 1 件、銅勺 2 件、髮笄 24 件、銅魚 3 件、銅人 1 件、車馬器 110 件（組）、雜器 3 件，另外還有陶器 9 件、原始瓷器 3 件、漆豆 2 件、玉石料器 340 件（組）、骨飾 4 件、蚌飾 2 件。

BRM2 出土的隨葬品，銅器部分有：銅鼎 6 件*（5）、銅甗 1 件*（1）、銅鬲 3 件*（1）、銅簋 5 件*（2）、銅盤 1 件、盂鱸[322] 1 件*（1）、熏爐 1 件、銅匕 2 件、銅盒 2 件、銅圈 1 件、銅魚 4 件、銅人 1 件、銅泡 4 件，另外還有錫魚 8 件、陶罐 8 件、玉石料器 41 件（組）、骨器 5 件、鹿骨 1 件、牙飾 2 件、貝 4 組（各 224、74、141、110 枚）。

BRM3 僅在墓底有卵石 3 塊和些許木炭渣，靠東側墓底部有兩根曲形木器，

---

317 陝西省考古研究所、陝西省文物管理委員會、陝西省博物館：《陝西出土商周青銅器》（四），頁 6，編號39，文物出版社，北京，1984。

318 王光永：〈寶雞市茹家莊發現西周早期銅器〉，《考古與文物》1980：1，頁13-15。陝西省考古研究所、陝西省文物管理委員會、陝西省博物館：《陝西出土商周青銅器》（四），頁4-5，編號30-34。

319 盧連成、胡智生：《寶雞強國墓地》，頁270-412，文物出版社，北京，1988。

320 M1有甲、乙兩槨室，各隨葬銅鼎5件、8件，甲槨室隨葬的銅鼎，其中3件在口沿內有一字銘文，另外2件因口沿殘缺，估計應該也有一字銘文。乙槨室隨葬的銅鼎8件，3件有銘文。

321 M1有甲、乙兩槨室，各隨葬銅簋4件、5件，甲槨室隨葬的銅簋，其中3件在口沿內有一字銘文，另1件因器物殘破不堪，估計也應有銘文。乙槨室隨葬的銅簋5件，3件有銘文。

322 「盂鱸」之器名，是因該器物的蓋內有八字銘文，銘文自銘的關係。該器物外型呈現羊的造型，有器蓋，蓋上立虎一隻。「盂鱸」出土時被放置在銅盤之內，故判斷當與銅盤同屬一套盥洗用的水器。

除此之外，未有隨葬品。BRM4 出土遺物較少，僅有陶罐 5 件、漆器 4 件、料珠料管串飾 1 組和貝 23 枚。BRCH1、3 兩座車馬坑出土銅車器，如衡飾 16 件、軛飾 6 件、踵飾 3 件、軫飾 7 件……等一共 95 件，但未發現馬飾。

1988 年 11 月 7 日在寶雞市茹家莊發現了出自窖藏的銅器 6 件——銅鼎 1 件、魚尊 1 件、銅虎 1 件、銅犬 1 件、銅鹿 1 件和鳥形器蓋 1 件。[323]

（一一二）寶雞市渭濱區神農鎮峪泉村

1970 年 5 月 26 日在寶雞市峪泉村發現出自墓葬的一批銅器，有銅鼎 1 件、銅簋 2 件*（1）、銅卣 1 件*（1）、銅觶 1 件、銅斧 1 件、銅戈 6 件、勾戟 1 件、弓形器 1 件和車馬飾 107 件。這批銅器，考古人員認為銅鼎、銅簋和銅卣具有晚商或西周早期的特色，因此墓葬年代應屬西周早期。[324]但有學者提出有銘的銅簋屬於西周早期時器，而銅卣年代則為晚商。[325]

1998 年考古人員在寶雞市峪泉村清理了兩座墓葬，編號為 98BYM5—6，經推斷，M5 的年代為商代晚期，M6 相當於成王時期或稍晚。[326]而 M6 出土了銅鼎、銅簋、銅戈、銅戟各 1 件、當盧 2 件、銅泡 79 件、銅環 3 件和銅飾 1 件。

（一一三）寶雞市渭濱區桑園堡

1958 年 6 月在寶雞市桑園堡發現出自墓葬的一批銅器，包括了銅鼎 6 件、銅簋 5 件*（1）、銅甗 1 件，以及銅戈、銅戟、車馬飾、陶鬲等 20 餘件。[327]

（一一四）寶雞市渭濱區姜城堡

1968 年在寶雞市姜城堡出土了銅鬲 1 件*（1）。[328]

---

323 高次若、劉明科：〈寶雞茹家莊新發現銅器窖藏〉，《考古與文物》1990：4，頁11-16。

324 王光永：〈陝西省寶雞市峪泉生產隊發現西周早期墓葬〉，《文物》1975：3，頁72-75。

325 中國社會科學院考古研究所：《殷周金文集成》修訂增補本第三冊、第四冊，頁2495、3473，編號為3125、4977，中華書局，北京，2007。

326 陝西省考古研究所、寶雞市考古隊：〈陝西省寶雞市峪泉周墓〉，《考古與文物》2000：5，頁13-20、38。

327 程學華：〈寶雞扶風發現西周銅器〉，《文物》1959：11，頁72-73。陝西省考古研究所、陝西省文物管理委員會、陝西省博物館：《陝西出土商周青銅器》（四），頁1-2，編號1-7，文物出版社，北京，1984。

328 陝西省考古研究所、陝西省文物管理委員會、陝西省博物館：《陝西出土商周青銅器》（四），頁5，編號38。

（一一五）寶雞市渭濱區石鼓鎮石嘴頭村（原屬石壩河鄉）

1983 年 1 月 4 日民眾送交寶雞市博物館出自石嘴頭村的一批西周銅器，包括：銅鼎 1 件、當盧 2 件＊（2）、銅泡 4 件、車飾 1 件。[329]

1992 年 2 月在寶雞市石嘴頭村發現一批出於西周墓葬的文物，銅器部分有：銅鼎 1 件、銅觶 1 件＊（1）、車軎 2 件、車轄 2 件、當盧 4 件、鑾鈴 2 件、銅泡 71 件、盾牌銅飾 3 件、銅戈 2 件。考古人員判斷，除了銅觶時代為商代晚期外，其餘當屬西周早期。[330]

（一一六）寶雞市渭濱區馬營鎮旭光村（原屬下馬營鄉）

1984 年 5 月在寶雞市旭光村發現出於西周墓葬的一批文物，銅器方面為銅甂 1 件＊（1）和銅簋 1 件。考古人員推論，墓內文物應是武王伐商前的器物。[331]

（一一七）寶雞市陳倉區賈村鎮上官村

1974 年 5 月在寶雞市上官村出土了銅簋 2 件＊（1）（其一器、蓋俱全，另一則無蓋）和簋蓋 1 件＊（1），並徵集到石磬 1 件以及一些石磬碎片。[332]

（一一八）寶雞市陳倉區賈村鎮扶托村

1983 年 1 月 28 日由民眾送交寶雞市博物館出自扶托村一座墓葬的銅鼎 1 件和銅盨 1 件＊（1），考古人員經判別，認為兩件銅器時代當為西周晚期。[333]

（一一九）寶雞市陳倉區賈村鎮賈村

1963 年在寶雞市賈村鎮賈村出土了銅尊 1 件＊（1）。[334]

329　高次若：〈寶雞市博物館藏青銅器介紹〉，《考古與文物》1991：5，頁11-12。

330　高次若：〈寶雞石嘴頭發現西周早期墓葬〉，《文物》1993：7，頁39-42。

331　王桂枝：〈寶雞下馬營旭光西周墓清理簡報〉，《文博》1985：2，頁1-3。

332　王光永：〈寶雞縣賈村塬發現矢王簋蓋等青銅器〉，《文物》1984：6，頁18-20。

333　高次若：〈寶雞賈村再次發現矢國銅器〉，《考古與文物》1984：4，頁107、94。

334　陝西省考古研究所、陝西省文物管理委員會、陝西省博物館：《陝西出土商周青銅器》（四），頁13-14，編號97，文物出版社，北京，1984。霍彥儒、辛怡華：《商周金文編——寶雞出土青銅器銘文集成》，編號571，頁505-506，三秦出版社，西安，2009。

（一二〇）寶雞市陳倉區賈村鎮靈隴村

1987 年在寶雞市賈村鎮靈隴村西出土了銅簋 1 件，考古人員於該村又徵集到銅矛和銅鈴各 1 件。[335]

（一二一）寶雞市陳倉區陽平鎮新秦村高廟組

1994 年到 1995 年考古工作者在寶雞市陽平鎮高廟村清理了西周墓葬二十座，由於墓葬遭嚴重盜擾，僅發現小件青銅武器或飾品等，出土銅器的墓葬有：M1 出土銅泡 3 件；M5 隨葬銅鏃 1 件、銅鈴 1 件、銅魚 7 件；M11 和 M17 各出土銅戈 1 件。[336]

（一二二）寶雞市陳倉區虢鎮鎮西高泉村（原屬楊家溝鄉）

1978 年初在寶雞市西高泉村發現了出自春秋秦墓的銅器 22 件，計有：銅壺 1 件、銅豆 1 件*（1）、銅鐘 1 件、銅斧 2 件、銅戈 7 件、銅劍 1 件、銅削 1 件、角狀器 1 件、銅魚 2 件和車馬器 5 件。考古人員認為，當中的銅壺和銅豆為西周時器，其餘則為春秋時器。[337]

（一二三）寶雞市陳倉區虢鎮鎮

1949 以後在寶雞市虢鎮出土了銅鼎 1 件*（1）。[338]

1955 年在寶雞市虢鎮發現了銅鼎 1 件*（1）、銅簋 1 件*（1）、銅鐘 1 件和車馬器 2 件。[339]

---

335 王文學、高次若、李新泰：〈寶雞靈隴出土西周早期青銅器〉，《文博》1990：2，頁77-78、81。

336 寶雞市考古工作隊、寶雞縣博物館：〈寶雞縣陽平鎮高廟村西周墓群〉，《考古與文物》1996：3，頁1-12。

337 陝西省考古研究所、陝西省文物管理委員會、陝西省博物館：《陝西出土商周青銅器》（四），頁15，編號106-107，文物出版社，北京，1984。霍彥儒、辛怡華：《商周金文編——寶雞出土青銅器銘文集成》，編號581，頁520，三秦出版社，西安，2009。

338 陝西省考古研究所、陝西省文物管理委員會、陝西省博物館：《陝西出土商周青銅器》（四），頁15，編號105。霍彥儒、辛怡華：《商周金文編——寶雞出土青銅器銘文集成》，編號582，頁521。

339 陝西省考古研究所、陝西省文物管理委員會、陝西省博物館：《陝西出土商周青銅器》（四），頁14-15，編號101-103。霍彥儒、辛怡華：《商周金文編——寶雞出土青銅器銘文集成》，編號583-584，頁522。

（一二四）寶雞市陳倉區金河鄉石橋村

1979 年 9 月在寶雞市金河鄉石橋村發現了銅鼎 1 件、銅簋 2 件和陶罐 1 件。考古人員就器物形制和花紋判斷，石橋村的銅器屬西周初期，其中一件乳釘紋銅簋可早到先周階段。[340]同年在石橋村也出土了銅瓿 1 件。[341]

（一二五）寶雞市陳倉區懸功鎮白道溝村

在寶雞市懸功鎮白道溝出土過銅簋 1 件和銅戈 1 件。考古人員考察器物形制和花紋，認為應屬西周初期器物，其中銅簋不會晚於成康時期。[342]

（一二六）寶雞市

1949 年以後寶雞市博物館徵集到不少寶雞出土的西周銅器，經報導者，計有：銅鼎 10 件*（2）、銅簋 5 件*（1）、銅戈 5 件、銅戟 1 件以及銅劍 2 件等。[343]

1958 年在寶雞市郊區發現了一批出於墓葬的西周銅器，包括了銅鼎 4 件和銅簋、銅鏡、銅戈各 1 件。[344]

（一二七）千陽縣南寨鎮鄧家塬村

1975 年在千陽縣鄧家塬村出土了銅鼎 1 件和銅簋 1 件。[345]

（一二八）千陽縣張家塬鎮寺坡村

1973 年在千陽縣寺坡村發現了銅簋 1 件。[346]

---

340 王桂枝、高次若：〈寶雞地區發現幾批商周青銅器〉，《考古與文物》1981：1，頁7。
341 王桂枝、高次若：〈寶雞新出土及館藏的幾件青銅器〉，《考古與文物》1983：6，頁6。
342 王桂枝、高次若：〈寶雞地區發現幾批商周青銅器〉，《考古與文物》1981：1，頁7。
343 王桂枝、高次若：〈寶雞新出土及館藏的幾件青銅器〉，《考古與文物》1983：6，頁8。王桂枝：〈寶雞市郊出土的部分西周時期青銅器〉，《文物》1997：9，頁73-75。
344 王光永、曹明檀：〈寶雞市郊區和鳳翔發現西周早期銅鏡等文物〉，《文物》1979：12，頁90-91。
345 陝西省考古研究所、陝西省文物管理委員會、陝西省博物館：《陝西出土商周青銅器》（三），頁26-27，編號169-170，文物出版社，北京，1982。
346 同上，頁27，編號171。

（一二九）千陽縣崔家頭鎮

1973 年在千陽縣崔家頭鎮閆家嶺村出土了銅甗 1 件。[347]

1982 年 11 月在千陽縣崔家頭鎮出土了銅壺 1 件*（1）。[348]

（一三〇）千陽縣沙溝村

1973 年在千陽縣沙溝村發現了銅觚 1 件。[349]

（一三一）千陽縣

1949 年以後在千陽縣出土了銅爵 1 件*（1）。[350]

（一三二）隴縣天成鎮韋家莊村

1976 年在隴縣韋家莊發現了出自墓葬的銅鼎 1 件、銅簋 1 件、鑾鈴 2 件、車害 1 件。[351]

1977 年在隴縣韋家莊又發現了出自西周墓葬的銅鼎 1 件*（1）、銅簋 2 件*（1）、銅爵 1 件、銅觶 1 件*（1）、銅尊 1 件*（1）、銅卣 1 件*（1）、銅盉 1 件*（1），另外還有銅戈、車馬器等 70 餘件器物。[352]

1981 年 8 月在韋家莊出土了銅鼎 1 件和銅簋 1 件。[353]

1982 年在韋家莊出土了銅斗 1 件。[354]

---

347 陝西省考古研究所、陝西省文物管理委員會、陝西省博物館：《陝西出土商周青銅器》（三），頁 27，編號173，文物出版社，北京，1982。

348 霍彥儒、辛怡華：《商周金文編——寶雞出土青銅器銘文集成》，編號692，頁644，三秦出版社，西安，2009。

349 陝西省考古研究所、陝西省文物管理委員會、陝西省博物館：《陝西出土商周青銅器》（三），頁 27，編號172。

350 陝西省考古研究所、陝西省文物管理委員會、陝西省博物館：《陝西出土商周青銅器》（三），頁 27，編號174。霍彥儒、辛怡華：《商周金文編——寶雞出土青銅器銘文集成》，編號693，頁 644。

351 蕭琦：〈陝西隴縣出土周代青銅器〉，《考古與文物》1991：5，頁2-3。

352 陝西省考古研究所、陝西省文物管理委員會、陝西省博物館：《陝西出土商周青銅器》（三），頁 24-25，編號156-162。

353 蕭琦：〈隴縣韋家莊又出土西周銅器〉，《考古與文物》1983：2，頁107。

354 蕭琦：〈陝西隴縣出土周代青銅器〉，《考古與文物》1991：5，頁6。

（一三三）隴縣天成鎮老虎溝村

1956年在老虎溝村出土了銅鼎2件和銅甗1件。[355]

（一三四）隴縣曹家灣鄉南坡村

1973年8月在隴縣南坡村六號周墓出土了銅鼎1件、銅甗1件、銅簋1件、銅尊1件、銅戈2件*（1）、銅泡6件。[356]

（一三五）隴縣城關鎮北坡村

1974年10月在隴縣北坡村發現了出自西周墓葬的銅鼎1件、銅甗1件和銅簋2件。[357]

（一三六）隴縣城關鎮祁家莊

1974年在隴縣祁家莊發現了銅觶1件。[358]

（一三七）隴縣城關鎮店子村

1991年考古人員在隴縣店子村西清理了兩周、秦漢……等各時期的墓葬一共兩百八十四座，經報導的西周墓葬有M59、M124、M126、M136，其中M136出土有銅戈1件、陶鬲1件、陶簋1件、陶罐2件和貝1枚。[359]

（一三八）隴縣牙科鄉梁甫村

1979年5月在隴縣梁甫村出土了銅戈1件和銅泡1件*（1）。[360]

355 陝西省考古研究所、陝西省文物管理委員會、陝西省博物館：《陝西出土商周青銅器》（四），頁14，編號98-100，文物出版社，北京，1984。老虎溝村位於隴縣，非寶雞市。
356 陝西省考古研究所、陝西省文物管理委員會、陝西省博物館：《陝西出土商周青銅器》（三），頁23-24，編號148-153，文物出版社，北京，1982。
357 同上，頁25-26，編號163-164。蕭琦：〈陝西隴縣出土周代青銅器〉，《考古與文物》1991：5，頁1-2。
358 蕭琦：〈陝西隴縣出土周代青銅器〉，《考古與文物》1991：5，頁6。
359 陝西省考古研究所寶中鐵路考古隊：〈陝西隴縣店子村四座周墓發掘簡報〉，《考古與文物》1995：1，頁8-11、43。
360 陝西省考古研究所、陝西省文物管理委員會、陝西省博物館：《陝西出土商周青銅器》（三），頁24，編號154-155，文物出版社，北京，1982。

1981 年在隴縣梁甫村出土了銅戈 1 件。[361]

1986 年 7 月 28、29 日在隴縣梁甫村發現了一批西周銅器，計有：銅鼎 2 件、銅甗 1 件、銅簋 1 件、銅爵 1 件*（1）、銅卣 1 件*（1）、銅罍 1 件。[362]

（一三九）隴縣東南鎮黃花峪

1973 年在隴縣黃花峪發現出自墓葬的銅爵 1 件*（1），同出的器物還有銅削、銅鏃等。[363]

（一四○）隴縣東南鎮低溝村

1984 年 3 月在隴縣低溝村發現了出自西周墓葬的銅戈 2 件*（1）。[364]

（一四一）隴縣東南鎮板橋溝

1986 年 12 月在隴縣板橋溝磚廠發現了一座西周墓，出土銅戈、銅戟、銅斧、銅錛、銅泡各 1 件。1988 年 10 月在隴縣板橋溝又發現一座西周墓，出土銅戈 2 件、銅泡 4 件。[365]

（一四二）隴縣東風鎮南村

1963 年在隴縣南村發現了出自墓葬的銅鼎 1 件*（1）、銅爵 1 件*（1）、銅尊 1 件。[366]

（一四三）隴縣東風鎮洞子村

1973 年在隴縣洞子村出土了銅戈 1 件。[367]

---

361 蕭琦：〈陝西隴縣出土周代青銅器〉，《考古與文物》1991：5，頁6。

362 胡百川：〈隴縣梁甫出土西周早期青銅器〉，《文博》1987：3，頁82-83。

363 陝西省考古研究所、陝西省文物管理委員會、陝西省博物館：《陝西出土商周青銅器》（三），頁26，編號168，文物出版社，北京，1982。

364 蕭琦：〈陝西隴縣出土周代青銅器〉，《考古與文物》1991：5，頁3。

365 同上，頁4。

366 陝西省考古研究所、陝西省文物管理委員會、陝西省博物館：《陝西出土商周青銅器》（三），頁26，編號165-167。

367 蕭琦：〈陝西隴縣出土周代青銅器〉，《考古與文物》1991：5，頁6。

（一四四）隴縣杜陽鎮龍眼寺村

1980 年 7 月在隴縣龍眼寺村出土了銅戟 1 件。[368]

（一四五）隴縣

1998 年 10 月隴縣圖書博物館徵集到出自隴縣的銅簋 1 件。[369]

（一四六）西安市長安區斗門鎮普渡村

1953 年秋考古人員在長安縣普渡村進行考古調查，並清理 1951 年由民眾發現的西周墓葬──M2，和在 M2 南面的另一西周墓葬──M1。M1 出土陶器 18 件和一些蚌泡、蚌飾、貝，M2 發現銅器 8 件，有銅鼎 1 件*（1）、銅鬲 2 件、銅簋 1 件*（1）、銅尊 1 件、銅爵 2 件*（2）和銅斗 1 件，另有陶器 20 件、玉器 3 件、石器 2 件、貝 13 枚、蛤蜊 11 枚和一些蚌泡、蚌飾。[370]

1954 年在長安縣普渡村又發現出於墓葬的一批西周文物，包括了銅器 27 件、陶器 22 件、玉器 23 件、石器 1 件、骨飾品 1 件、貝 56 枚、蛤蜊 107 枚、蚌飾品 158 件。銅器部分有：銅鼎 4 件*（1）、銅甗 1 件*（1）、銅鬲 2 件、銅簋 2 件*（2）、銅觚 2 件*（1）、銅爵 2 件、銅卣 1 件*（1）、銅罍 1 件*（1）、銅盉 1 件*（1）、銅壺 1 件、銅盤 1 件*（1）、銅斗 1 件、銅鐘 3 件、車轄 1 件……等。[371]

1980 年 10 月到 1981 年冬考古工作者在普渡村進行鑽探，發現了幾座西周墓葬，經報導有編號為長普 M1 和 M14 兩座，長普 M1 未隨葬銅器，長普 M14 有銅刀 1 件，以及陶鬲、陶簋、陶罐、陶豆……等。[372]

1984 年在普渡村南發掘了西周墓葬三十九座、車馬坑兩座，在村東又發掘了西周墓葬三座，共計四十四座，編號為 84SCPM1－44。出土有銅器的墓葬很少，僅 M18 發現有銅戈 1 件、車軎 1 件、車轄 2 件、鑾鈴 2 件、銅鑣 4 件、十字形節約 10 件、銅甲片 42 件……等；以及 M27 和 M33 的車馬坑，有一些如車

368 蕭琦：〈陝西隴縣出土周代青銅器〉，《考古與文物》1991：5，頁6。。

369 梁彥民：〈隴縣新發現的鳥紋方座簋〉，《文博》2001：5，頁34-35。

370 石興邦：〈長安普渡村西周墓葬發掘記〉，《考古學報》1954：8，頁109-126。

371 陝西省文物管理委員會：〈長安普渡村西周墓的發掘〉，《考古學報》1957：1，頁75-86。

372 陝西省文物管理委員會：〈西周鎬京附近部分墓葬發掘簡報〉，《文物》1986：1，頁1-31。

書、車轄、鑾鈴……等車馬器的發現。[373]

（一四七）西安市長安區斗門鎮白家莊

1961 年到 1962 年考古人員在灃河以東的白家莊北、洛水村西和村北進行試掘，發現了西周文化遺址，白家莊北的西周文化層出土有石器、銅器、骨器等小型工具和裝飾物，以及一些陶器殘片，其中銅制工具有銅鏃和銅錐兩種。[374]

（一四八）西安市長安區斗門鎮花園村

1980 年 10 月到 1981 年冬考古工作者在花園村進行鑽探，發現了幾座西周墓葬，經報導有編號為長花 M6、M13、M15、M17 四座，和附屬於 M15 和 M17 的車馬坑兩座，各編號為長花 M3 和 M16。[375]

隨葬有銅器的墓葬為：長花 M13 出土銅刀 2 件、銅鑿、銅釘、銅軛飾，以及陶器片、玉魚 6 件、蚌和貝……等。M15 發現銅器 13 件──銅鼎 4 件*（4）、銅簋 2 件、銅爵 2 件*（1）[376]、銅觶 1 件、銅卣 2 件*（2）、銅尊 2 件*（2），還有陶器 21 件、玉琮 1 件、玉柄形器和蚌魚……等。M17 隨葬銅器 18 件──銅鼎 3 件*（3）、銅甗 1 件*（1）、銅簋 2 件*（2）、銅爵 2 件、銅觚 1 件、銅觶 1 件、銅尊 1 件*（1）、銅卣 1 件*（1）、銅壺 2 件*（2）、銅盉 1 件*（1）、銅盤 1 件*（1）、銅飾 1 件、銅盾飾 1 件，另外還有陶器 36 件、玉戚、玉觿各 1 件、玉魚 23 件……，以及蚌飾等。另外，考古報告亦著錄 M14 出土有銘銅鼎 1 件*（1）。

至於兩座車馬坑──長花 M3 葬有馬車三輛，出土車馬器和銅矛、銅戈各 2 件、銅鏟 1 件、銅釜碎片、陶壺 1 件；M16 葬有馬車兩輛，出土車馬器和銅戈 2 件、銅鏟 1 件、銅盾飾 1 件等器物。

1985 年 4 月和 1986 年 7 月考古工作者在花園村西南和南邊共清理了西周時期的墓葬五座，當中編號 M5 的墓葬隨葬有：銅鼎 1 件、陶鬲 1 件、陶簋、陶

---

373 中國社會科學院考古研究所灃西發掘隊：〈1984年長安普渡村西周墓葬發掘簡報〉，《考古》1988：9，頁769-777、799。

374 中國科學院考古研究所豐鎬考古隊：〈1961─62年陝西長安灃東試掘簡報〉，《考古》1963：8，頁403-412、415。

375 陝西省文物管理委員會：〈西周鎬京附近部分墓葬發掘簡報〉，《文物》1986：1，頁1-31。

376 長花M15出土的兩件銅爵，形制和紋飾大致相同，其中編號M15：21的銅爵，在鋬側的柱帽下有五字銘文，而M15：30的銅爵，由於鋬和柱之間曾被打破，經修補，使得原鑄銘文損壞而不見。

豆、陶罐各 4 件，和玉璜 1 件、蚌魚 80 件……等器物。[377]

（一四九）西安市長安區馬王鎮客省莊（原屬長安縣斗門灃西鄉）

1955 年到 1957 年考古人員在灃河以西的長安縣客省莊村北、村西和張家坡村東進行考古發掘，在客省莊發掘的墓葬有五十一座，但西周墓很少，主要是東周時期的墓葬。客省莊出土銅器的西周墓葬，僅有 KM12 出土銅戈 1 件、KM223 銅戈 1 件、KM224 銅戈和銅錛各 1 件、KM225 銅戈 1 件。而客省莊的西周居住遺址有銅刀出土。[378]

1976 年到 1978 年在客省莊西南發現西周夯土基址三處，出土銅刀 2 件等遺物。另在第三號夯土基址南還清理了墓葬一座，隨葬銅鼎 3 件、銅簋 2 件、陶鬲 1 件、蚌飾 4 組、玉飾 1 組、貝及蚌泡，而北邊二層台有殉葬人，隨葬貝 34 枚、石璜 1 件和蚌飾 2 件，腰坑內狗骨架上則有銅鈴 1 件和貝幾枚。在村西的土壕還發現了車馬坑一座，出土銅軛 2 件、銅軛首 2 件、車軎 3 件、車轄 2 件、銅軸飾 2 件、銅輨 6 件、銅踵 1 件、銅衡末飾 2 件、鑾鈴 2 件、當盧 1 件、銅鑣 6 件、銅銜 3 件、獸面飾 2 件、三角形飾 2 件、銅泡 212 件和貝 700 餘枚。[379]

1983 年秋到 1984 年夏在客省莊發掘了一座西周時期的大型夯土基址，出土了陶鬲、陶簋、銅鏃……等遺物。[380]

（一五○）西安市長安區馬王鎮張家坡（原屬長安縣斗門灃西鄉）

1955 年到 1957 年在長安縣張家坡村東發掘的墓葬有一百三十一座，當中出土銅器的西周墓葬有：M162 出土銅鼎 1 件和銅戈 1 件，M178 有銅鼎 1 件、銅簋 1 件、銅器蓋 1 件、銅戈 2 件、銅錐 1 件，M219 銅鼎 1 件，M420 銅鼎 1 件；其他如 M159 出土銅戈 1 件，M187 銅戈 1 件，M204 有銅戈 1 件、銅矛 1 件、銅刀 1 件、銅鏃 9 件和銅鈴等，M206 有銅戈和銅匕首各 1 件，M207 銅鏃 1 件，M208

---

377 鄭洪春、穆海亭：〈長安縣花園村西周墓葬清理簡報〉，《文博》1988：1，頁3-5。

378 中國科學院考古研究所：《灃西發掘報告》，頁19-27、113-121、173-174，文物出版社，北京，1962。

379 中國社會科學院考古研究所灃西發掘隊：〈1976—1978年長安灃西發掘簡報〉，《考古》1981：1，頁13-14、17-18。

380 中國社會科學院考古研究所灃西發掘隊：〈陝西長安灃西客省莊西周夯土基址發掘報告〉，《考古》1987：8，頁692-700。

銅戈 1 件,M218 銅戈 1 件,M220 有銅矛 1 件、銅刀 1 件、銅斧 1 件和銅爵(或銅斝)的殘柱等,M305 有銅鈴,M315 銅戈 2 件,M484 銅戈 1 件。另發掘了西周車馬坑四座,出土許多車馬器,如車書、車轄、銅軛、鑾鈴、銅泡、銅飾、銅管等。而張家坡的西周居住遺址則有銅斧 1 件、銅刀 15 件、銅錐 46 件、銅鏃 62 件、銅管 1 件等出土。[381]

澧西客省莊和張家坡村的發掘,提供了斷代所需的地層和陶器材料。研究人員將居住遺址分成早晚兩期,墓葬分為五期。早期居址的年代約在成康以前;第一期墓葬約是成康時代;第二期墓葬為穆王時代或稍晚於穆王;第三期墓葬所占時間較短;晚期居址和第四期墓葬同時,約在西周晚期,而晚期居址的下限可能到西周末年;第五期墓葬的年代則是西周末年,個別的墓可能更晚一些。[382]

1955 年到 1956 年考古人員另在張家坡村東南進行試掘工作,發現西周文化遺存和墓葬五座,墓葬未出土銅器,而在 T1、T3 和 T4 有銅刀 1 件、銅鏃 2 件、銅錐 1 件和殘鼎足 1 件。[383]

1960 年秋考古人員繼續在張家坡進行發掘,發現了西周早期的居住遺存和墓葬四座、車馬坑一座,其中 M101 出土銅器有銅鼎、銅簋各 1 件,還有銅車馬器;M201 則為銅爵 1 件。[384]

1961 年到 1962 年在張家坡村東及東南發掘了三十一座西周墓葬,其中出土銅器的墓葬有:M106 出土銅鼎 1 件*(1)、銅簋 1 件、銅瓠 1 件*(1)、銅爵 1 件*(1)、銅觶 1 件*(1)、銅尊 1 件*(1)和銅戈 1 件,M107 出土銅鼎 1 件、銅戈 3 件,M108 銅戈 1 件、銅書 1 件、銅鏃 2 件,M307 銅爵 1 件、銅觶 1 件,M308 銅鼎 1 件,M401 銅矛 10 件,M403 銅鼎 1 件,M404 銅爵 1 件、銅觶 1 件。[385]有學者認為 M106 所出銅器具有殷商晚期的特色。[386]

1961 年 10 月在張家坡澧西磚廠東門外發掘了銅器窖藏一處,出土銅器 53

---

381 中國科學院考古研究所:《澧西發掘報告》,頁80-112、113-121、141-155、168-172,文物出版社,北京,1962。

382 同上,頁74-75。

383 陝西省文物管理委員會:〈陝西長安澧西張家坡西周遺址的發掘〉,《考古》1964:9,頁441-447、474。

384 中國科學院考古研究所澧西發掘隊:〈1960年秋陝西長安張家坡發掘簡報〉,《考古》1962:1,頁20-22。

385 趙永福:〈1961—62年澧西發掘簡報〉,《考古》1984:9,頁784-789。

386 李海榮:〈關中地區出土商時期青銅器文化因素分析〉,《考古與文物》2000:2,頁35。

件——銅鬲 10 件*（8）、銅簋 22 件*（18）、銅豆 1 件、銅壺 2 件*（2）、銅杯 5 件、銅盃 1 件*（1）、銅鑒 1 件*（1）、銅盤 2 件*（2）、銅匕 5 件、銅斗 4 件。[387]

　　1964 年 10 月在張家坡村東北發現了一座西周墓葬，出土隨葬銅器 9 件，包括：銅鼎 3 件*（1）、銅盨 4 件*（4）、銅壺 2 件，另外還採集到一些蚌泡。[388]

　　1967 年 4 月起考古工作者在張家坡村共清理了西周墓葬一百二十四座、車馬坑五座、馬坑三座、牛坑四座等，[389] 隨葬有青銅容器的墓葬有十一座，經報導之墓葬的隨葬情形如表四：

表四　1967年長安張家坡西周墓葬

墓葬編號	銅器種類與數量	其他器物種類與數量	備註
67SCCM16	銅觶 1、銅爵 1*（1）、銅戈 1	陶鬲 2、陶簋 1、陶罐 1	分期：二
67SCCM28	銅觶 1*（1）、銅爵 1	陶鬲、陶簋、陶罐、陶尊、玉飾	分期：二 銅器以外的隨葬品數量不清
67SCCM36	銅鈴 1、銅矛 2	玉飾 8、骨器 1、貝 7、蛤殼 2	分期：？ 此墓最大，遭盜掘。貝和蛤殼是殉葬人的
67SCCM54	銅鼎 1*（1）、銅簋 1、銅戈 1、銅鏟 1	陶鬲 1、陶罐 1、玉飾 2、貝 1、蛤殼 2	分期：二 貝出現在腰坑的狗架旁，蛤殼是殉葬人的
67SCCM80	銅爵 1*（1）、銅戈 1	貝	分期：二 貝數量不清

---

387 中國科學院考古研究所灃西工作隊：〈長安縣張家坡西周銅器群的說明〉，《長安張家坡西周銅器群》，頁11-24，文物出版社，北京，1965。

388 中國科學院考古研究所灃西考古隊：〈陝西長安張家坡西周墓清理簡報〉，《考古》1965：9，頁447-450。

389 中國社會科學院考古研究所灃西發掘隊：〈1967年長安張家坡西周墓葬的發掘〉，《考古學報》1980：4，頁457-502。

（續）

墓葬編號	銅器種類與數量	其他器物種類與數量	備註
67SCCM82	銅鼎 1	陶簋 1、陶罐 2、玉璧 1、蛤殼 2、角飾 1	分期：二 蛤殼和角飾是殉葬人的
67SCCM85	銅簋 1、銅爵 1*（1）、銅觚 1、銅戈 1、銅斧 1、銅錛 1	玉璧 1	分期：二
67SCCM87	銅鼎 2*（1）、銅簋 1、銅觚 1、銅爵 2*（2）、銅尊 1*（1）、銅斗 1、銅卣 1*（1）、銅斧 1、銅戈 1、銅錛 1、銅鑿 1、銅矛 1	陶鬲 1、玉飾 7	分期：二 陶鬲和銅矛是殉葬人的隨葬品
67SCCM91	銅鼎 1	陶鬲	分期：二 陶鬲數量不清
67SCCM103	銅鼎 1、鑾鈴 2	陶鬲、玉飾、蛤殼	分期：五 銅器以外的隨葬品數量不清
67SCCM105	銅鼎 1	陶鬲、玉飾、貝、蛤殼	分期：五 銅器以外的隨葬品數量不清
67SCCM115	銅鼎 1、銅盂 1、銅魚？	陶鬲 1、鑲嵌蚌飾的漆豆 2、漆俎 1、漆杯 1、玉飾 7、貝 2、角鏃 1、蛤殼 1	分期：五 銅魚皆破碎得不成形
67SCCM35	銅戈 1、銅踵 1、銅軎 2、銅軛 2、各式銅飾 6、銅衡飾 2、銅鑣 4、銅泡		車馬坑
67SCCM55	銅戈 1、銅鏃 5、銅泡 1、銅軎 2、凹形帶釘銅器 1、銅衡飾 2	角鑣 4	車馬坑

　　研究人員就隨葬陶器的器形發展和組合情形，以及對銅器分期斷代的認識和碳十四測定的結果進行綜合分析，將一百多座的墓葬分成六期：第一期，相當於作邑於豐的時期；第二期，約為西周初年至成康時期；第三期，約為穆王前後；第四期，相當於懿、孝時期；第五期，約為厲王前後；第六期，相當於宣、幽時期。[390]

　　1976年到1978年在張家坡發掘了十座西周墓葬，[391]隨葬有銅器的墓葬情形如表五：

表五　1976—1978年長安張家坡西周墓葬

墓葬編號	銅器種類與數量	其他器物種類與數量
76M3	銅鼎1、銅簋1	陶鬲1、陶簋1、陶罐1、玉璜1、蚌、貝
76M4	銅鈴1、銅泡1	陶鬲1、陶罐1、石鳳1、玉璜1、玉飾5、蚌飾3
76M5	銅罩形器1	陶鬲1、陶罐1、蚌泡、漆器殘片
78M1	銅瓿1*（1）、銅戈2、銅車馬器168	釉陶豆1、石圭1、石飾1、貝

　　1979年到1981年在張家坡共發掘了八座西周墓葬、一座車馬坑，這八座墓葬大多遭盜擾，僅編號79SCCM2隨葬有銅器4件——銅瓿1件、銅觶1件*（1）、銅爵1件*（1）和銅戈1件，另有陶鬲2件、陶罐1件和貝。而車馬坑的部分，銅車馬器被盜一空，但自馬坑槽中出土銅鼎、銅瓿、陶壺各1件，另有銅節約4件（出自盜洞）、骨管2件、玉泡1件、蛤蜊13枚、蚌環1件和卜甲2片。[392]

　　1983年到1986年考古人員在張家坡發掘了三百九十座的西周墓葬，包括雙墓道的大型墓一座（M157）、單墓道的大型墓三座（M152、M168、M170）、豎

390 中國社會科學院考古研究所灃西發掘隊：〈1967年長安張家坡西周墓葬的發掘〉，《考古學報》1980：4，頁487。

391 中國社會科學院考古研究所灃西發掘隊：〈1976—1978年長安灃西發掘簡報〉，《考古》1981：1，頁13-18、76。

392 中國社會科學院考古研究所灃西發掘隊：〈1979—1981年長安灃西、灃東發掘簡報〉，《考古》1986：3，頁197-209。

穴墓三百四十座、洞式墓二十一座、車馬坑三座和馬坑二十二座。[393]

四座具有墓道的大型墓均遭嚴重盜擾，當中 M157 的槨蓋上、南北墓道散置著車輛的構件，經清理與統計，在銅器的部分，僅存各式銅車馬器、銅戈 1 件、銅矛 1 件、銅刀 1 件、銅環、銅器殘片……等。[394]M152 殘存銅鼎 2 件*（2）、鑲銅漆盨 3 件*（3）、漆器的銅扣 8 件、銅鏃 200 多件、銅矛 2 件、銅戈 3 件、銅斧 1 件、銅刀 2 件、銅劍 1 件、銅環、盾飾和許多銅車馬器。[395]M168 所剩隨葬品極少，銅器方面僅存銅軎 4 件、銅軎 2 件、銅轄 1 件、銅片……等車馬器。[396]M170 則有銅方彝 1 件*（1）、器蓋 1 件、圓形器蓋狀銅器 3 件、喇叭形銅器 2 件、銅足漆案 1 件、銅斗 3 件、銅匕 1 件、銅戈 31 件、銅矛 8 件、銅鉞 2 件、綴有半月形銅飾的鎧甲 1 件、銅鈴 1 件、龍形銅飾 1 件、銅鏡 1 件、大銅泡、銅鏃、盾飾和許多銅車馬器……等。[397]至於其他隨葬有青銅容器的墓葬，隨葬情形如表六：

表六　1983－1986年長安張家坡西周墓葬

墓葬編號	銅器種類與數量（數量不清者僅記錄器類）	其他器物種類與數量（數量不清者僅記錄器類）	備註[398]
M51	銅鼎 1*（1）	釉陶豆、玉飾、蚌飾、料飾、蛤殼、貝	分期：三
M62	銅鼎 1	陶鬲、蛤殼	分期：一
M73	銅鼎 1、銅泡、車馬器	玉飾、蚌飾、蛤殼	分期：三

393 中國社會科學院考古研究所：《張家坡西周墓地》，頁2-4、16-35，中國大百科全書出版社，北京，1999。

394 根據《張家坡西周墓地》內文和附錄，M157銅器以外的隨葬品，有：陶鬲1件、釉陶豆7件、石磬5件、玉戈2件、玉器、蚌飾、骨飾、牙飾、蛤殼和貝……等。

395 M152銅器以外的隨葬品，另有：釉陶豆6件、石磬4件、玉器、龜甲、角鑣、骨鏃、料飾、蚌飾和貝……等。

396 M168銅器以外的隨葬品，另有：陶鬲殘片、釉陶豆殘片、漆器、玉戈1件、玉魚2件、玉柄形飾1件和貝……等。

397 M170銅器以外的隨葬品，另有：陶鬲1件、釉陶豆2件、漆案1件、漆盾1件、象牙杯3件、角狀象牙飾1件、鑲有綠松石象牙虎頭杖首1件、龜背甲1件、玉戈1件、玉器、石磬、骨飾、角飾、蚌飾、金環和貝……等。

398 主要註明該墓葬所屬分期的期別，和《張家坡西周墓地》一書內文是否有簡略敘述該墓葬的情況。若書中有概述墓葬情形，則該墓葬出土器物的種類和數量會較書後的墓葬登記表所列更為精確。

（續）

墓葬編號	銅器種類與數量 （數量不清者僅記錄器類）	其他器物種類與數量 （數量不清者僅記錄器類）	備註
M106	銅鼎 1	陶鬲、陶罐	分期：三
M112	銅鼎 1、銅戈 1、銅泡、車馬器	陶鬲、玉飾、蚌飾、蛤殼、車輪 2	分期：三
M123	銅鼎 1	陶鬲、陶簋、陶壺、玉飾、蚌飾、蛤殼、貝	分期：一
M126	銅簋 1、銅戈 1	陶鬲 3、陶豆 4、漆器、玉飾、蚌飾、貝	分期：五
M136[399]	銅鬲 1	陶鬲 1、陶甗 1、漆器 2、石飾、蛤殼 540、貝 41	分期：一 有概述墓葬情況
M145	銅鼎 1、銅戈 1、銅泡、車馬器	陶鬲 1、玉飾、骨飾、蚌飾、蛤殼、貝	分期：二 有概述墓葬情況
M163[400]	犧尊 1*（1）、犧尊蓋 1*（1）、銅尊*（1）、銅爵 1、卣蓋 1*（1）、銅鐘 2*（2）、鼎耳 2、鼎足 2、簋耳 2、簋殘片、盤殘片、罍殘片、鎛殘片、銅器足、鐘甬、獸面飾、虎形飾、車馬器、鴨頭杖首 1	釉陶豆、玉飾、骨鏃、骨笄、蚌飾、貝	分期：三 有概述墓葬情況
M165[401]	銅杯 1*（1）、銅戈 5、銅矛 1、大銅泡 5、銅環、銅魚、車馬器	陶鬲 1、硬陶罍 2、漆豆 5、漆盤 2、車輪 2、玉飾、骨鑣、蚌飾、貝 1025、龜甲	分期：四 有概述墓葬情況

399 中國社會科學院考古研究所：《張家坡西周墓地》，頁73-74，中國大百科全書出版社，北京，1999。考古報告內文多著錄漆器2件。

400 同上，頁41-44。考古報告內文著錄鼎耳2件，但附錄一〈1983年—1986年張家坡西周墓地墓葬登記表〉卻著錄鼎耳5件。釉陶豆、骨鏃、骨笄和貝未見於考古報告的內文，但附錄一卻有登錄。

401 同上，頁44-46。考古報告內文著錄漆豆5件和漆盤2件，附錄一卻著錄漆豆4件、漆案2件和漆器2件。

（續）

墓葬編號	銅器種類與數量 （數量不清者僅記錄器類）	其他器物種類與數量 （數量不清者僅記錄器類）	備註
M166	銅觶 1、銅爵 1、銅戈 1、銅鏃 1	陶鬲 1、陶尊 1、漆豆 2、貝 1	分期：一 有概述墓葬情況
M167	銅鼎 1	漆豆、蚌飾、蛤殼、貝	分期：一
M183[402]	銅鼎 2*（2）、銅簋 1*（1）、銅甗 1*（1）、銅爵 1*（1）、銅劍 1、銅戈 6、銅矛 1、銅刀 2、銅鐏 1、銅鏃、銅環、盾飾、車馬器	陶鬲 1、漆豆 2、玉飾、骨飾、蚌飾、蛤殼、貝 8	分期：二 有概述墓葬情況
M197	銅觶 1	陶罐、陶瓿 2、陶尊、陶器蓋、釉陶豆、玉飾、骨鏃、骨飾、蚌飾、貝	分期：二
M198	銅簋 1、車馬器、椁飾	石飾、蚌飾、蛤殼	分期：二
M203	銅鼎 1、銅戈	玉飾、蛤殼、貝	分期：二
M211	銅簋 1	陶鬲 1、陶罐 2、石飾、骨飾、蚌飾、蛤殼、貝	分期：三 有概述墓葬情況
M233	銅鼎 1、銅泡、車馬器	陶鬲、蚌飾、蛤殼、貝、車衡	分期：二
M234	銅鼎 1	陶鬲、陶罐、漆器、蚌飾、蛤殼、貝	分期：一
M253[403]	銅鼎 2、銅簋 2、銅甗 1*（1）、簋蓋 2、銅錐 1、車馬器	陶鬲 2、陶罐 3、玉飾、蚌飾、蛤殼、貝	分期：四 有概述墓葬情況
M257[404]	銅鼎 1*（1）、銅戈 4、車器	陶鬲 1、蚌泡 9、磨石 1	分期：一 有概述墓葬情況

---

402 中國社會科學院考古研究所：《張家坡西周墓地》，頁68-70，中國大百科全書出版社，北京，1999。考古報告內文多著錄漆豆2件。

403 同上，頁52-53。

404 同上，頁65-66。考古報告內文多著錄銅車飾數件。

（續）

墓葬編號	銅器種類與數量 （數量不清者僅記錄器類）	其他器物種類與數量 （數量不清者僅記錄器類）	備註
M260	銅鼎 1	陶鬲、陶瓿、漆器、玉飾、骨笄、蛤殼、貝	分期：二
M271	銅鼎 1、銅戈 1、車馬器	陶鬲、漆器、玉飾、蛤殼、貝	分期：三
M275	銅壺 1、殘銅片	陶鬲 1、陶罐 1、玉飾、蚌飾	分期：四 有概述墓葬情況
M284	銅鼎 1*（1）、銅簋 1*（1）、銅戈 2、銅魚鈎 2、銅環 2、銅鑣 2	陶鬲 1、角鑣 2、蛤殼、貝 35	分期：二 有概述墓葬情況
M285	銅鼎 1、銅簋 1*（1）、銅戈 2、銅矛 1、大銅泡、車馬器	陶鬲 1、玉飾、蚌飾、蛤殼、貝	分期：一 有概述墓葬情況
M294	銅鬲 1	陶罐、陶尊、蛤殼、貝	分期：一
M301	銅鼎 1、簋蓋 1、銅魚、銅鈴、棺飾	玉飾、蚌飾、貝	分期：五
M304	銅鼎 1*（1）、壺蓋 1*（1）、盃蓋 1*（1）、銅環	陶鬲、陶罐、陶豆、陶盂、釉陶豆 2、玉飾、蚌飾、牙飾、料飾	分期：五
M311	銅鼎 1、銅簋 1、鼎耳、銅魚、銅鈴、棺飾	玉飾、蚌飾、貝	分期：五
M315	銅簋 1*（1）、銅戈 1、銅矛 1	陶鬲 1、陶盤 1、釉陶豆 1、釉陶蓋 1、玉飾	分期：一 有概述墓葬情況
M319	銅鼎 1*（1）、銅戈 1、銅鏃、銅鐏 1、銅魚、銅泡	陶豆 1、貝	分期：五
M320[405]	銅鼎 2、銅簋 2、鑾鈴 2	陶鬲 1、陶罐 1、玉飾、蚌飾、蛤殼、瑪瑙珠、料飾	分期：五 有概述墓葬情況
M349	簋蓋 1、銅鏃、銅環、車馬器		分期：四

---

405 中國社會科學院考古研究所：《張家坡西周墓地》，頁60-61，中國大百科全書出版社，北京，
　　1999。考古報告內文多著錄瑪瑙珠和料珠、料管，卻沒有提及貝；附錄一反之。

（續）

墓葬編號	銅器種類與數量 （數量不清者僅記錄器類）	其他器物種類與數量 （數量不清者僅記錄器類）	備註
M355	銅鼎 1、車馬器	陶鬲、玉飾、蚌飾	分期：五
M374	銅鼎 1、銅戈、銅鏃、車馬器	漆器、玉飾、貝	分期：五
M390	銅鼎 1、銅簋 1*（1）	陶罐、玉飾、蚌飾、蛤殼	分期：二

　　至於上述以外隨葬有銅器的墓葬情形，詳見附錄三。累計 1983 到 1986 年在張家坡所發掘的西周墓葬，當中隨葬有銅器者共一百四十一座，出土銅器約 1550件（組），包含禮樂器、兵器、工具、車馬器和雜器等。[406]而研究人員就地層關係、隨葬陶器、銅器和碳十四測定的結果進行綜合分析，將一百多座墓葬分成五期：第一期，相當於武成康時期；第二期，相當於昭穆時期；第三期，相當於恭懿孝時期；第四期，相當於夷厲共和時期；第五期，相當於宣幽時期。[407]

　　1984 年到 1985 年考古人員在張家坡等地清理了四十四座的西周墓葬，其中M15 出土銅鼎、銅簋、銅觚、銅爵*（1）、銅尊、銅戈、銅泡、陶鬲各 1 件，其他出土有銅器的墓葬，包括：M10 銅戈 1 件，M16 銅鉞 1 件，M20 銅戈 1 件。另外，在張家坡村東還發掘了兩座車馬坑——M28 和 M29，出土銅車馬器 100 件。[408]

　　1987 和 1991 年考古人員在張家坡村東南的灃河毛紡廠清理了西周墓葬二十三座，其中隨葬有銅器的墓葬為 M1、M18、M19 和 M20。M1 隨葬有銅器 3件——銅爵 1 件*（1）、銅觶 1 件、銅尊 1 件，和陶器 35 件、玉飾 3 件以及一些蚌飾、貝等。M18 隨葬有銅鼎、陶鬲、陶簋、陶罐各 1 件，以及貝。M19 隨葬有銅鼎、銅爵、陶鬲、陶簋、陶罐、漆豆各 1 件，以及蚌泡。M20 出土銅鏃和陶鬲、陶簋、陶罐各 1 件。[409]

　　1997 年在灃河毛紡廠東馬王乳品廠北部發現了編號 97SCMM4 的西周墓，出土銅鼎 1 件、銅爵 1 件*（1）、銅觶 1 件，以及陶器 7 件、貝數枚等。[410]

---

406 中國社會科學院考古研究所：《張家坡西周墓地》，頁132，中國大百科全書出版社，北京，1999。

407 同上，頁368。

408 中國社會科學院考古研究所豐鎬工作隊：〈1984—85年灃西西周遺址、墓葬發掘報告〉，《考古》1987：1，頁15-32。

409 中國社會科學院考古研究所灃西隊：〈1987、1991年陝西長安張家坡的發掘〉，《考古》1994：10，頁895-909、947。

410 中國社會科學院考古研究所豐鎬工作隊：〈1997年灃西發掘報告〉，《考古學報》2000：2，頁199-256。

零零星星在張家坡和澧河毛紡廠還曾出土過銅簋 1 件*（1）、銅尊 1 件*（1）和銅壺 1 件*（1）。[411]

（一五一）西安市長安區馬王鎮馬王村（原屬長安縣斗門澧西鄉）

1961 年在長安縣馬王村徵集到出自墓葬的銅鼎 1 件和銅簋 1 件*（1）。[412]

1963 年在長安縣馬王村發現了銅鼎 1 件*（1）。[413]

1967 年在長安縣馬王村發現了出自窖藏的銅器 6 件，計有：銅鼎 3 件*（1）、銅罍 1 件*（1）、銅壺 2 件*（2）。[414]

1973 年 5 月在長安縣馬王村西出土了一批出自窖穴的西周銅器，有：銅鼎 3 件*（2）、銅甗 1 件*（1）、銅簋 6 件*（6）、銅壺 1 件、銅匜 1 件*（1）、銅盤 1 件、銅鐘 10 件和車軎 2 件，共計 25 件。[415]

1992 年春考古人員在長安縣馬王村和馬王鎮糧站東的土壙清理了西周墓葬共二十六座，其中位於馬王鎮糧站東的 M33 隨葬有銅器 4 件——銅鼎和銅簋各 2 件，該墓還出土仿銅陶器 9 件——陶甗、陶鬲、陶盤、陶盉、陶尊各 1 件，陶爵、陶觶各 2 件。另 M28 出土銅器為銅鏃、銅飾、銅舌等。M29 出土銅鈴 1 件。M34 出土銅戈 1 件。[416]

另外，在馬王村還徵集到一些西周銅器，計有：銅壺 1 件、銅鼎 2 件。[417]

（一五二）西安市長安區馬王鎮新旺村（原屬長安縣斗門澧西鄉）

1967 年在長安縣新旺村發現了銅盂 1 件*（1）和銅匜 1 件。[418]

1973 年 5 月長安縣新旺村北的一處窖穴出土了銅鼎 1 件和銅盂 1 件。[419]

---

411 王長啟：〈西安市文物中心收藏的商周青銅器〉，《考古與文物》1990：6，頁28、42。

412 趙永福：〈1961—62年澧西發掘簡報〉，《考古》1984：9，頁788-789。

413 王長啟：〈西安市文物中心收藏的商周青銅器〉，《考古與文物》1990：6，頁27。

414 珠葆：〈長安澧西馬王村出土『鄜男』銅鼎〉，《考古與文物》1984：1，頁66-68。

415 西安市文物管理處：〈陝西長安新旺村、馬王村出土的西周銅器〉，《考古》1974：1，頁1-5。

416 中國社會科學院考古研究所澧鎬隊：〈1992年澧西發掘簡報〉，《考古》1994：11，頁974-985、964。

417 王長啟、高曼、尚民杰、茹新華：〈介紹西安市藏珍貴文物〉，《考古與文物》1989：5，頁79。
　　王長啟：〈西安豐鎬遺址發現的車馬坑及青銅器〉，《文物》2002：12，頁4-14。

418 陝西省博物館：〈陝西長安澧西出土的遽盂〉，《考古》1977：1，頁71-72。

419 西安市文物管理處：〈陝西長安新旺村、馬王村出土的西周銅器〉，《考古》1974：1，頁1-5。

1980 年 3 月 14 日在長安縣新旺村發現了出自窖藏的銅鼎 1 件*（1）和銅簋 1 件*（1）。[420]

1981 年考古人員在長安縣新旺村發掘了西周墓葬五座，編號為 81SCXM101—105，其中 M102 出土銅器有銅鏃 4 件、銅泡 4 件、銅扣 1 件；而 M104 則出土有銅鼎 1 件。[421]

1982 年 1 月長安縣新旺村南的一處窖穴出土了銅鼎 2 件*（2）。[422]

1990 年秋考古工作者在長安縣新旺村西南發掘了一處西周制骨作坊遺址，出土有陶器、骨器和銅鑿、銅鏃等器物。[423]

另外，在新旺村還徵集到一些西周銅器，計有：銅尊 1 件*（1），以及出自同一窖穴的銅鼎 3 件*（3）、銅壺 1 件*（1）。[424]

（一五三）西安市長安區馬王鎮大原村（原屬長安縣斗門灃西鄉）

1965 年在長安縣大原村發現了銅卣 1 件*（1）。[425]

1984 年考古人員在長安縣大原村發掘了西周墓葬十八座和車馬坑、馬坑各一座。經報導，隨葬有銅器的墓葬為：M301 出土銅鼎、銅簋蓋、銅鈴各 1 件，和一些銅魚、銅泡、銅棺飾、殘銅片……等。M304 出土壺蓋 1 件*（1）、盉蓋 1 件*（1）、失足的銅鼎 1 件*（1）、銅魚和一些銅塊……。M309 出土鑾鈴 2 件、銅鑣 3 件、銅泡和貝數百枚。M315 出土銅簋 1 件*（1）、銅戈 1 件、銅矛 1 件。[426]

1998 年在長安縣大原村北又清理了西周墓葬四座（編號為 98SCDM4—6、8）和車馬坑一座。經報導，M4 隨葬有銅鏃、銅環、銅魚和一些車馬器……等。M5 殘存銅錛、鑾鈴、車轄各 1 件和銅魚 2 件、銅泡……等。M6 隨葬鑾鈴 2 件、

420 陳穎：〈長安縣新旺村出土的兩件青銅器〉，《文博》1985：3，頁89-90。

421 中國社會科學院考古研究所灃西發掘隊：〈1979—1981年長安灃西、灃東發掘簡報〉，《考古》1986：3，頁197-209。

422 中國社會科學院考古研究所灃西發掘隊：〈陝西長安縣新旺村新出西周銅鼎〉，《考古》1983：3，頁217-219。

423 中國社會科學院考古研究所灃鎬工作隊：〈陝西長安縣灃西新旺村西周制骨作坊遺址〉，《考古》1992：11，頁997-1002。

424 王長啟：〈西安市文物中心收藏的商周青銅器〉，《考古與文物》1990：6，頁27、42。

425 同上，頁27。

426 中國社會科學院考古研究所灃西發掘隊：〈1984年灃西大原村西周墓地發掘簡報〉，《考古》1986：11，頁977-981。

銅環 5 件、銅泡 10 件、銅魚 14 件、銅節約 13 件、銅管 45 件……等。[427]

另外，在大原村還徵集到銅尊 1 件*（1）。[428]

（一五四）西安市長安區馬王鎮

1972 年秋到 1975 年夏，考古工作者在馬王鎮銅網廠南清理了八十餘座的西周墓葬和三座車馬坑，車馬坑的資料業經公布，出土了一些車馬器，如銅軸飾、鑾鈴、銅管、銅泡、車書、車轄……等，其中當盧 2 件*（2）上有二字銘文。另外，在當地又徵集到一些西周銅器，經報導，有：銅鼎 2 件、銅鬲 1 件、銅簋 1 件、銅卣 3 件*（2）、銅爵 1 件*（1）、銅罍 1 件、銅鐘 2 件。[429]

1975 年在長安灃西出土了銅卣 1 件*（1）。次年在長安灃西還發現了出自同坑的銅簋*（1）、銅卣*（1）各 1 件。自灃西鄉還徵集到銅爵 2 件*（2）。[430]

1976 年 4 月在銅網廠西南發現了出自同坑的銅鼎*（1）、銅甗、銅簋*（1）、銅觶、銅瓠、銅爵、銅尊*（1）、銅卣*（1）各 1 件。[431]

另外，在長安工程配件廠也發現出自墓葬的銅鼎 1 件、銅卣 2 件*（2）、銅鏃 1 件，同出器物還有盛裝在銅卣中的玉璜、玉環、玉璧、蚌飾、蚌殼等。[432]

1980 年在馬王鎮第三大隊還出土了銅鼎、銅觶、銅瓠、銅爵*（1）、銅卣各 1 件。[433]

（一五五）西安市長安區豐鎬遺址

豐邑遺址東以灃河為界，西至靈沼河，北至今長安馬王鎮的客省莊、張家坡，南到靈沼鄉的石榴村、魯坡頭村。鎬京遺址在今灃河東岸的白家莊、落水村、上泉村、普渡村、鎬京觀、花園村和斗門鎮一帶。[434]

---

427 中國社會科學院考古研究所豐鎬發掘隊：〈陝西長安縣灃西大原村西周墓葬〉，《考古》2004：9，頁39-44。

428 王長啟：〈西安市文物中心收藏的商周青銅器〉，《考古與文物》1990：6，頁28。

429 同上，頁29。王長啟：〈西安豐鎬遺址發現的車馬坑及青銅器〉，《文物》2002：12，頁4-14。

430 王長啟：〈西安市文物中心收藏的商周青銅器〉，《考古與文物》1990：6，頁27-29。

431 同上，頁41。

432 同上，頁27。

433 同上，頁41。

434 尹盛平：《周原文化與西周文明》，頁217、228-229，江蘇教育出版社，南京，2005。

在長安豐鎬遺址曾發現出自同一窖穴的銅器 19 件——銅鼎 2 件*（1）、銅鬲 13 件、銅簋 3 件*（3）、器蓋 1 件。[435]

（一五六）西安市長安區申店鄉徐家寨村

1992 年在長安縣徐家寨村南發現了銅鼎 1 件*（1）。[436]

（一五七）西安市長安區引鎮孫岩村

1986 年 2 月在長安縣孫岩村發現出自墓葬的一批文物，包括：銅爵 1 件、銅觶 1 件*（1）、銅鏃 2 件、貝和骨飾各 1 件。經判斷，器物年代應在商周之際，墓葬年代與之相當或稍晚。[437]

（一五八）西安市長安區杜曲鎮東楊萬村少陵原

2004 年 10 月在長安東楊萬村北的少陵原發現了西周墓群，田野工作持續到 2005 年元月底，共清理了西周墓葬四百二十九座、殉馬坑三座。墓地被分成東南西北中五個區域，墓葬編號自 M15 至 M467。隨葬有青銅器的墓葬，其隨葬情形詳見附錄四。累計少陵原的西周墓葬，共出土銅器 351 件（組），包含：銅鼎 3 件、銅戈 124 件、銅鏃 6 件、銅戟 3 件、銅劍 3 件、銅泡 85 件、銅環 10 件、車軎 5 件、車轄 4 件、車輨 4 件、衡末飾 1 件、軏足飾 1 件、弓形器 1 件、鎧甲片 28 件、當盧 1 件、銅鑣 4 件、絡頭飾 51 件、節約 5 件、馬銜 1 件和各種殘銅飾等 11 件。[438]

（一五九）西安市灞橋區袁家崖（原屬洪慶鄉）

1978 年 10 月在西安市東郊的袁家崖村發現了出自墓葬的一批文物，包括：銅觚 1 件、銅爵 1 件*（1）和陶器 6 件，考古人員認為墓葬年代屬於殷商晚期，[439]有學者透過器物形制和關中地區商周考古學文化的特徵比對，認為該墓葬

435 王長啟：〈西安市文物中心收藏的商周青銅器〉，《考古與文物》1990：6，頁42-43。

436 穆曉軍：〈陝西長安縣出土西周吳虎鼎〉，《考古與文物》1998：3，頁69-71。

437 陳安利、馬驥：〈長安引鎮出土兩件銅器〉，《考古與文物》1989：2，頁100-101。

438 陝西省考古研究所：《少陵原西周墓地》，頁37-52，科學出版社，北京，2009。

439 翟啟明：〈西安袁家崖發現商代晚期墓葬〉，《文物資料叢刊》5，頁120-121，文物出版社，北京，1981。

的年代應為西周時期。[440]

（一六〇）西安市雁塔區

在西安市南郊曾徵集到銅鼎 1 件*（1）。[441]

（一六一）西安市臨潼區零口鎮南羅村

1975 年 5 月在臨潼南羅村南發現一座西周墓葬，出土銅器一共 50 件，[442]包括：銅鼎 4 件、銅鬲 1 件、銅甗 1 件*（1）、銅簋 2 件、銅盂 1 件、銅盤 1 件*（1）、銅卣 1 件、銅盉 1 件、銅尊 1 件、車軎 2 件、車轄 2 件、馬冠 4 件、銅飾 12 件[443]、絡飾 3 件、馬鑣 2 件、節約 5 件、鑾鈴 4 件、銅鈴 1 件、銅管 1 件、銅削 1 件。

1976 年 3 月上旬在臨潼南羅村南、西段村東的二層台地上發現了出自窖藏的一批銅器，包括：銅簋 2 件*（2）、銅壺 2 件*（2）、銅盉 1 件*（1）、銅鐘 13 件、銅斧 10 件、銅鑿 1 件、銅鏟 4 件、鏟刀 3 件、角刀 1 件、銅削 4 件、銅戈 6 件、車轄 4 件、帶扣 1 件、銅飾件 1 件、銅扣飾 3 件、管狀馬絡飾 91 件、節約 3 件、筒狀錐形器 1 件、葉形器 1 件、銅餅 1 件和銅器座 1 件。[444]

1979 年 12 月在臨潼南羅村南又發現了出自窖藏的銅爵 2 件、銅鐘 1 件。[445]

（一六二）西安市藍田縣輞川鄉新村

1963 年 11 月在藍田縣輞川新村出土了銅簋 1 件*（1）。[446]

（一六三）西安市藍田縣輞川鄉指甲灣村

1974 年 1 月在藍田縣輞川指甲灣村發現了銅簋 2 件*（2）、銅盤 1 件*（1）和銅匜 1 件*（1）。[447]

440　雷興山：〈西安袁家崖墓葬年代為西周說〉，《華夏考古》2008：1，頁104-109。
441　王長啟：〈西安市文物中心收藏的商周青銅器〉，《考古與文物》1990：6，頁41。
442　趙康民：〈臨潼南羅西周墓出土青銅器〉，《文物》1982：1，頁87-91。
443　包括：獸面飾1件、夔龍形飾4件、凵形飾1件、山形飾6件。
444　臨潼縣文化館：〈陝西臨潼發現武王征商簋〉，《文物》1977：8，頁1-7。
445　趙康民：〈臨潼零口再次發現西周銅器〉，《考古與文物》1983：3，頁111。
446　藍田縣文化館：〈記陝西藍田縣出土的西周銅簋〉，《文物》1966：1，頁4-6。
447　吳鎮烽、朱捷元、尚志儒：〈陝西永壽、藍田出土西周青銅器〉，《考古》1979：2，頁120-121。

（一六四）西安市藍田縣城關鎮東關村

1986 年 3 月 13 日在藍田縣東關村發現了銅簋 1 件。[448]

（一六五）西安市藍田縣草坪鄉草坪村

1973 年 12 月在藍田縣草坪村發現了銅鼎 1 件*（1）。[449]

（一六六）西安市藍田縣寺坡村

1959 年 6 月在藍田縣寺坡村北陸續發現一批西周青銅器，經調查，計有：銅鬲 6 件*（3）、銅簋 6 件*（3）、銅盨 2 件*（1）、銅壺 1 件、銅鐘 1 件。[450]

（一六七）西安市藍田縣紅星村

1974 年 3 月在藍田縣紅星村出土了銅鐘 1 件*（1）。[451]

（一六八）西安市藍田縣洩湖鎮兀家崖村

1969 年在藍田縣兀家崖村發現了銅盂 1 件*（1）。[452]

1982 年 10 月在藍田縣兀家崖村發現了出於墓葬的銅鼎 1 件、銅簋 1 件、銅鉞 1 件和陶鬲 2 件。[453]

（一六九）西安市藍田縣洩湖鎮

1985 年 4 月在藍田縣洩湖鎮發現了一座西周車馬坑，隨葬有銅鬲 1 件*（1）、銅簋 1 件、銅戈 2 件、銅刀 1 件、銅鏃 6 件、銅鑿 1 件、銅斧 1 件、銅錛

---

448 冉素茹：〈藍田縣出土一件西周青銅簋〉，《文博》1988：6，頁87。

449 尚志儒、樊維岳、吳梓林：〈陝西藍田縣出土訧叔鼎〉，《文物》1976：1，頁94。

450 段紹嘉：〈陝西藍田縣出土弭叔等葬器簡介〉，《文物》1960：2，頁9-10。

451 靭松、樊維岳：〈記陝西藍田縣新出土的應侯鐘〉，《文物》1975：10，頁68-69。靭松：〈《記陝西藍田縣新出土的應侯鐘》一文補正〉，《文物》1977：8，頁27-28。

452 郭沫若：〈永盂銘釋文〉，《人民中國》（日文版），1971年10月號。唐蘭：〈永盂銘文解釋〉，《文物》1972：1，頁58-62。〈《永盂銘文解釋》的一些補充──並答讀者來信〉，《文物》1972：11，頁53-56。

453 樊維岳：〈藍田縣出土一組西周早期青銅器〉，《文博》1985：3，頁88。樊維岳：〈藍田出土一組西周早期銅器陶器〉，《考古與文物》1987：5，頁12-13。

1件、鑾鈴2件、當盧4件、車軎2件、車轄2件、節約11件、馬銜1件、馬鑣4件、大圓泡2件、小圓泡120件和方形銅飾1件。[454]

（一七〇）西安市戶縣玉蟬鄉孫家磑村

1969年在戶縣孫家磑出土了銅簋1件*（1）。[455]

（一七一）西安市戶縣石井鎮澇峪口村

1958年4月20日在戶縣澇峪口出土了銅戈4件、銅矛1件、銅斧1件、銅削1件和方首兵器1件。[456]

（一七二）西安市周至縣竹峪鄉倉峪村

1972年4月在周至縣倉峪村西南發現了銅簋1件*（1）。[457]

（一七三）西安市周至縣竹峪鄉解家溝村

1973年在周至縣解家溝村出土了銅簋1件，同出的還有銅戈、銅鉞等。[458]同年在解家溝村東還出土了銅鼎1件。[459]

（一七四）西安市周至縣竹峪村

1972年在周至縣竹峪村發現了銅爵1件*（1）、銅觶1件*（1）。[460]同年還出土了銅勺1件。[461]

1974年和1977年在周至縣竹峪村各發現了銅鼎1件。[462]

454 曹永斌、樊維岳：〈藍田洩湖鎮發現西周車馬坑〉，《文博》1986：5，頁1-3。

455 陝西省考古研究所、陝西省文物管理委員會、陝西省博物館：《陝西出土商周青銅器》（四），頁23，編號162，文物出版社，北京，1984。

456 同上，頁24，編號163。

457 劉合心：〈陝西周至縣出土西周太師簋〉，《考古與文物》1981：1，頁128。

458 曹發展、陳國英：〈咸陽地區出土西周青銅器〉，《考古與文物》1981：1，頁9。

459 同上。

460 陝西省考古研究所、陝西省文物管理委員會、陝西省博物館：《陝西出土商周青銅器》（四），頁24，編號164-165，文物出版社，北京，1984。

461 同上，頁24，編號166。

462 同上，頁24-25，編號168、172。

（一七五）西安市周至縣城關鎮八一村

1974 年 1 月在周至縣城關鎮八一村發現了出於墓葬的銅簋 1 件*（1）。[463]

（一七六）西安市周至縣終南鎮豆村

1974 年在周至縣終南鎮豆村出土了銅簋 2 件*（1）。[464]

（一七七）西安市周至縣終南鎮

1974 年在周至縣終南鎮徵集到銅爵 1 件。[465]

（一七八）西安市周至縣五里村

1973 年在周至縣五里村出土了銅簋 1 件。[466]

（一七九）西安市周至縣

1949 年以後在周至縣徵集到銅鼎 1 件、銅簋 2 件*（2）和銅爵 1 件*（1），[467]
學者認為其中兩件銅簋為西周時器，[468]而銅爵則為殷器。[469]

（一八〇）咸陽市武功縣南仁鄉北坡村

1963 年 4 月 2 日在武功縣北坡村出土了銅鼎 1 件和銅簋蓋 2 件*（1）。[470]

---

463 陝西省考古研究所、陝西省文物管理委員會、陝西省博物館：《陝西出土商周青銅器》（四），頁
　　25，編號174，文物出版社，北京，1984。劉合心：〈陝西省周至縣發現西周王器一件〉，《文
　　物》1975：7，頁91。

464 同上，頁25，編號169-170。曹發展、陳國英：〈咸陽地區出土西周青銅器〉，《考古與文物》
　　1981：1，頁9。

465 同上，頁25，編號171。

466 同上，頁24，編號167。

467 同上，頁25，編號173。劉合心：〈陝西省周至縣近年徵集的幾件西周青銅器〉，《文物》1983：
　　7，頁93。

468 中國社會科學院考古研究所：《殷周金文集成》修訂增補本第三冊，頁1760、1788、2500、
　　2505，編號3182、3258，中華書局，北京，2007。

469 同上，第五冊，頁4188、4528，編號7665。

470 陝西省文物管理委員會：〈陝西省永壽縣、武功縣出土西周銅器〉，《文物》1964：7，頁23-25。
　　陝西省考古研究所、陝西省文物管理委員會、陝西省博物館：《陝西出土商周青銅器》（四），頁
　　17，編號117-118。中國社會科學院考古研究所：《殷周金文集成》修訂增補本第四冊，頁2622-

（一八一）咸陽市武功縣蘇坊鎮金龍村回龍組

1974 年 2 月 8 日在武功縣金龍村回龍村西的西周遺址發現了銅鼎 1 件、銅盨蓋 1 件*（1）、殘銅鐘 1 件、銅削 1 件和陶器 5 件、玉璧 1 件。[471]

（一八二）咸陽市武功縣蘇坊鎮任曲村

1978 年 4 月 19 日在武功縣任曲村發現出自窖藏的銅簋和簋蓋各 10 件*（10）。這批銅簋可分成甲乙丙三組，其中甲組 4 件和丙組當中 3 件的銅簋器、蓋相配、銘文相同，乙組的銅簋 3 件缺器蓋，丙組當中 3 件為簋蓋。[472]

（一八三）咸陽市武功縣游鳳鄉渠子村

1974 年在武功縣渠子村出土了銅鼎 1 件。[473]

1976 年 2 月在武功縣渠子村發現了銅甗 1 件*（1）和銅簋 3 件*（2）。[474]

（一八四）咸陽市武功縣游鳳鄉黃南窯村

1982 年 1 月 18 日在武功縣黃南窯村徵集到一批銅器，有銅鼎 1 件、銅簋 1 件*（1）、銅罍 3 件、銅戈 1 件，這批銅器的時代，考古人員認為銅鼎是為西周早期；銅簋若由紋飾和銘文來看，亦當屬西周早期；銅罍則應為晚商器物。[475]有學者則認為這批銅器的時代應屬晚商到商周之際。[476]

1982 年秋至 1983 年春考古工作者在武功縣黃南窯村（又名黃家河村）進行

2623、3418，編號4283-4284。《陝西出土商周青銅器》（四）認為編號118的簋銘是仿造的偽作，但《殷周金文集成》修訂增補本第四冊仍加以收錄。

471 吳大焱、羅英杰：〈陝西武功縣出土駒父盨蓋〉，《文物》1976：5，頁94。陝西省考古研究所、陝西省文物管理委員會、陝西省博物館：《陝西出土商周青銅器》（四），頁19，編號133-135，文物出版社，北京，1984。

472 盧連成、羅英杰：〈陝西武功縣出土楚𣪘諸器〉，《考古》1981：2，頁128-133。陝西省考古研究所、陝西省文物管理委員會、陝西省博物館：《陝西出土商周青銅器》（四），頁18-19，編號120-132。

473 陝西省考古研究所、陝西省文物管理委員會、陝西省博物館：《陝西出土商周青銅器》（四），頁17-18，編號119。

474 同上，頁16，編號110-113。

475 康樂：〈武功縣出土商周青銅器〉，《文博》1986：1，頁95。

476 劉軍社：〈渭水流域出土的商代青銅器研究〉，《中國考古學會第九次年會論文集》，頁224，文物出版社，北京，1997。

發掘，清理了四十九座墓葬和兩座馬坑，出土銅器的墓葬有 M10、M18、M23、M25、M27、M29、M40、M50 等八座，共出土銅戈 8 件、銅鏡 1 件、銅泡 5 件、車馬器 8 件。[477]

（一八五）咸陽市楊陵區柴家嘴

1959 年在武功縣柴家嘴出土了銅簋 2 件*（1）。[478]

（一八六）咸陽市楊陵區徐家灣

1975 年 10 月在武功縣徐家灣出土了銅爵 1 件、銅壺 1 件、銅戈 1 件和車馬器 24 件。[479]

1976 年 1 月武功縣徐家灣又發現了銅尊 1 件*（1）和銅觶 1 件。[480]

（一八七）咸陽市渭城區正陽鄉白家嘴村

1971 年在咸陽縣白家嘴村西發現了銅鼎 1 件*（1）。[481]

（一八八）咸陽市涇陽縣興隆鄉高家堡

1971 年 10 月在涇陽縣高家堡發現了一座墓葬，編號為 SJGM1，該墓出土銅器 15 件。[482]1986 年在高家堡又鑽探出五座墓葬和一些灰坑，五座墓葬的編號接續為 SJGM2—M6，其中 SJGM6 僅隨葬蚌殼 2 件和貝殼 9 件，其他墓葬則都隨葬有銅器。關於 SJGM1—M5 這五座隨葬有銅器的墓葬年代，考古人員判斷 M1 當屬殷末帝乙、帝辛時期，M2—M5 當在武王、成王之世，因此高家堡的銅器為殷末至西周早期的器物，也就是銅器年代在商周之際。[483]隨葬有銅器的墓葬情形如表七：

---

477 中國社會科學院考古研究所武功發掘隊：〈1982—1983年陝西武功黃家河遺址發掘簡報〉，《考古》1988：7，頁601-615、649。

478 段紹嘉：〈介紹陝西省博物館的幾件青銅器〉，《文物》1963：3，頁43。陝西省考古研究所、陝西省文物管理委員會、陝西省博物館：《陝西出土商周青銅器》（四），頁16，編號108-109，文物出版社，北京，1984。考古報導將兩件銅簋視為商代器物，而後集成將時代定為西周早期。

479 陝西省考古研究所、陝西省文物管理委員會、陝西省博物館：《陝西出土商周青銅器》（四），頁17，編號115-116，文物出版社，北京，1984。

480 同上，頁17，編號114。

481 王英：〈咸陽市渭城區出土西周銅鼎〉，《考古與文物》1989：2，頁53。

482 陝西省考古研究所：《高家堡戈國墓》，頁12，三秦出版社，西安，1994。

483 同上，頁127、167。

表七　1971－1991年涇陽高家堡商周墓葬

墓葬編號	銅器的種類與數量	其他器物種類與數量
SJGM1	銅鼎 2、銅甗 1、銅簋 2、銅尊 1*（1）、銅卣 2*（2）、銅盉 1*（1）、銅爵 2、銅觶 1*（1）、銅觚 1*（1）[484]、銅盤 1、銅戈 1	陶罐 1、玉器 5 件、蚌泡 10 餘
SJGM2	銅鼎 1*（1）、銅鬲 1、銅甗 1*（1）、銅簋 1、銅尊 1、銅卣 1、銅觶 1	白石片 3、玉串飾 3、蚌泡 108、貝 8
SJGM3	銅鼎 2*（1）、銅甗 1*（1）、銅簋 2、銅卣 1*（1）	蚌泡 7
SJGM4	銅鼎 3*（3）、銅甗 1*（1）、銅簋 1*（1）、銅尊 1*（1）、銅盉 1*（1）、銅卣 2*（2）、銅罍 1、銅觚 2*（1）、銅爵 2*（2）、銅觶 2*（2）、銅罍 1*（1）、銅瓶 1*（1）、銅盤 1、銅斗 2、銅戈 2、銅鉞 1*（1）、銅劍 1、銅鏃 2、銅戟 1、銅管 1、弓形器 1	玉器 2、玉泡 1、串飾 3、蚌泡 29
SJGM5	銅戈 1	陶罐 1、陶鬲 1、陶簋 1、蚌泡 30、石片 1、貝 1

（一八九）咸陽市涇陽縣蔣劉鄉

涇陽縣博物館徵集到出土於涇陽縣蔣劉鄉的西周銅鼎 2 件。[485]

（一九〇）咸陽市涇陽縣

陝西省博物館徵集到 1949 年以後出土自涇陽縣的銅甗 1 件*（1）。[486]

涇陽縣博物館也徵集到出土自涇陽縣的銅鼎 1 件和銅觶 1 件。[487]

---

484 陝西省考古研究所、陝西省文物管理委員會、陝西省博物館：《陝西出土商周青銅器》（四），頁20，編號136-146，文物出版社，北京，1984。記錄該墓出土銅器15件。陝西省考古研究所：《高家堡戈國墓》，頁15，三秦出版社，西安，1994。著錄SJGM1出土銅器14件。前者多銅觚1件，但因銅觚殘破，故《陝西出土商周青銅器》（四）亦未收錄，僅註明其上有銘文。

485 劉隨群：〈涇陽縣博物館收藏的青銅器〉，《考古與文物》1994：4，頁102。

486 陝西省考古研究所、陝西省文物管理委員會、陝西省博物館：《陝西出土商周青銅器》（四），頁21，編號147，文物出版社，北京，1984。

487 劉隨群：〈涇陽縣博物館收藏的青銅器〉，《考古與文物》1994：4，頁102。

（一九一）咸陽市三原縣魯橋鎮

在三原縣魯橋鎮曾徵集到同出的銅盉 1 件、銅盤 1 件*（1）。[488]

（一九二）咸陽市三原縣嵯峨鎮洪水鄉邵家河

1974 年 5 月在三原縣邵家河出土了不少銅器，三原縣博物館共徵集了銅鼎 5 件、銅爵 1 件、銅戈 2 件、銅鏃 10 件、銅斧 6 件、銅鑿 2 件、銅刀 4 件。考古人員判斷，其中有 3 件銅鼎的年代為西周時期，而銅斧、銅鑿和銅刀的時代大體應屬於晚商到西周之際。[489]

（一九三）咸陽市三原縣嵯峨鎮洪水鄉三聯五村

1981 年 12 月在三原縣三聯五村出土了銅刀 1 件，考古人員認為銅刀應為殷商晚期到西周時期的遺物。[490]

（一九四）咸陽市三原縣嵯峨鎮馮村

1976 年 11 月 12 日在三原縣馮村出土了銅鬲 1 件*（1）。[491]

（一九五）咸陽市三原縣馬額鎮石橋村

1980 年在三原縣石橋村出土了一些銅器，三原縣博物館徵集了銅鏟 2 件、銅刀 2 件，這 4 件銅器應屬晚商到西周時期的器物。[492]

（一九六）咸陽市三原縣

除了上述，三原縣博物館還徵集了時代屬於西周的銅爵 1 件*（1）。[493]

---

488 王慎行：〈呂服余盤銘考釋及其相關問題〉，《文物》1986：4，頁1-7。王長啟：〈西安市文物中心收藏的商周青銅器〉，《考古與文物》1990：6，頁29。

489 馬琴莉：〈三原縣博物館收藏的商周銅器和陶器〉，《文博》1996：4，頁86-89、91。

490 同上，頁89。

491 陝西省考古研究所、陝西省文物管理委員會、陝西省博物館：《陝西出土商周青銅器》（四），頁28，編號192，文物出版社，北京，1984。馬琴莉：〈三原縣博物館收藏的商周銅器和陶器〉，《文博》1996：4，頁86。

492 馬琴莉：〈三原縣博物館收藏的商周銅器和陶器〉，《文博》1996：4，頁87、89。

493 同上，頁86。

（一九七）咸陽市禮泉縣泔河壩

1971 年 9 月在禮泉縣泔河壩工地出土了銅鼎 2 件和銅簋 3 件，有關這 5 件銅器的時代，有學者認為應是商代中晚期，[494]也有人認為當屬西周早期。[495]

（一九八）咸陽市禮泉縣黃平村

1959 年在禮泉縣黃平村出土了銅鼎 1 件*（1）。[496]

（一九九）咸陽市乾縣梁村鎮倪家窯村

1959 年 2 月在乾縣倪家窯發現了時代屬於西周的銅鼎 1 件。[497]

（二〇〇）咸陽市乾縣臨平鎮

1970 年在乾縣臨平鎮發現了銅鼎 3 件和銅簋 1 件。[498]

1972 年冬乾陵博物館在乾縣薛祿鎮廢品收購站揀選到出土自臨平龍岩寺的銅盂 1 件。[499]

（二〇一）咸陽市乾縣薛祿鎮

1970 年乾縣薛祿鎮出土了銅鼎 1 件*（1）。[500]

1972 年 4 月乾縣薛祿鎮又出土了銅盉和銅銼各 1 件。[501]

---

494 秋維道、孫東位：〈陝西禮泉縣發現兩批商代銅器〉，《文物資料叢刊》3，頁30-31，文物出版社，北京，1980。

495 陝西省考古研究所、陝西省文物管理委員會、陝西省博物館：《陝西出土商周青銅器》（四），頁21-22，編號148-152，文物出版社，北京，1984。

496 同上，頁22，編號153。

497 吳梓林：〈乾縣鳳翔發現古銅器〉，《文物》1960：10，頁74。

498 尚志儒、吳鎮烽、朱捷元：〈陝西省近年收集的部分商周青銅器〉，《文物資料叢刊》2，頁23-24，文物出版社，北京，1978。陝西省考古研究所、陝西省文物管理委員會、陝西省博物館：《陝西出土商周青銅器》（四），頁25-26，編號175-177。

499 楊雲鴻：〈陝西乾陵博物館收藏的一件西周銅盂〉，《文物》1996：3，頁80。

500 陝西省考古研究所、陝西省文物管理委員會、陝西省博物館：《陝西出土商周青銅器》（四），頁26，編號178。

501 同上，頁26，編號179。

（二○二）咸陽市乾縣石牛鄉周家河村

1978 年 10 月在乾縣周家河出土了銅鐘 1 件。[502]

（二○三）咸陽市淳化縣夕陽鄉黑豆嘴村

1982 年 12 月淳化縣黑豆嘴發現了四座墓葬，編號為 CHXM1—4，共出土 100 多件銅器，其中 CHXM1 出土銅器 67 件，有銅刀 1 件、銅削 2 件、銅鏃 22 件、銅泡 42 件；CHXM2 出土銅器 9 件，有銅爵*（1）、銅刀、銅斧、銅鉞、銅戚、銅飾、弓形器各 1 件和銅泡 2 件；CHXM3 出土銅器 23 件，有銅壺 1 件、銅斧 1 件、銅鏃 5 件、銅泡 16 件；CHXM4 出土銅戈、銅鏃各 1 件。[503]這四座墓葬所出銅器的年代，有學者認為應為晚商至商周之際，[504]也有學者認為當屬晚商。[505]

（二○四）咸陽市淳化縣夕陽鄉田家村

1987 年 4 月淳化縣田家村出土了銅鼎 1 件、鑾鈴 2 件和銅泡、貝等 10 餘件文物。[506]

（二○五）咸陽市淳化縣夕陽鄉陳家嘴村

1985 年 9 月淳化縣陳家嘴出土了銅戈 1 件，考古人員判斷銅戈的時代應在商代末期至西周初期。[507]

（二○六）咸陽市淳化縣石橋鄉史家塬村

1979 年 12 月 10 日在淳化縣史家塬發現了一座西周墓葬，編號為 CHSM1，出土銅鼎 1 件、銅簋 2 件、銅泡 1 件、銅鏡 1 件和金葉 31 片、貝 180 枚……等文物。[508]

---

502 曹發展、陳國英：〈咸陽地區出土西周青銅器〉，《考古與文物》1981：1，頁11。

503 姚生民：〈陝西淳化縣出土的商周青銅器〉，《考古與文物》1986：5，頁12-20。

504 李海榮：〈關中地區出土商時期青銅器文化因素分析〉，《考古與文物》2000：2，頁35。

505 朱鳳瀚：《古代中國青銅器》，頁665，南開大學出版社，天津，1995。

506 姚生民：〈陝西淳化縣新發現的商周青銅器〉，《考古與文物》1990：1，頁53-54。

507 同上，頁56。

508 淳化縣文化館：〈陝西淳化史家塬出土西周大鼎〉，《考古與文物》1980：2，頁17-20。陝西省考古研究所、陝西省文物管理委員會、陝西省博物館：《陝西出土商周青銅器》（四），頁28，編號189-191，文物出版社，北京，1984。

1980 年 4 月在上述史家塬西周墓葬 CHSM1 東發現了一座馬坑，隨葬有車軎 1 件、當盧 3 件、銅泡 29 件。同年 11 月在史家塬又出土了兩批銅器，其一為銅鉞、銅錛、銅鑿各 1 件，其二為銅鉞、銅斧各 1 件。考古人員判斷這三批銅器的時代應為商末周初。[509]

1987 年 7 月在史家塬又發現了銅刀 1 件，時代應屬商代末期至西周初期。[510]

（二○七）咸陽市淳化縣潤鎮鄉西梁家村

1981 年淳化縣文化館經調查，在西梁家村發現三座墓葬，編號為 CHLM1—3，其中 CHLM1 出土銅器 3 件，而後僅存銅戈 1 件；M2 出土銅鈴 3 件和銅泡 1 件；M3 曾發現有銅鼎 1 件，但已散失，僅存鑾鈴 2 件。考古人員判斷，除了 M1 的銅戈為晚商形制，其餘 M2 的銅泡、M3 的鑾鈴應為西周時期的器物。[511]

1985 年 4 月淳化縣西梁家村出土銅鼎、銅鉞、銅斧各 1 件。同年 5 月西梁家村又出土銅削、銅鏃、銅泡各 1 件。

1986 年 3 月西梁家村又發現銅戈 2 件。

1987 年 7 月西梁家村又發現銅鉞、銅戈*（1）、銅泡各 1 件。同年還有民眾送交西梁家村出土的銅鼎 1 件。[512]有關西梁家村這些銅器的時代，考古人員判斷應在商末周初，[513]但有學者認為屬於殷墟文化四期。[514]

（二○八）咸陽市淳化縣官莊鄉趙家莊村

1987 年在淳化縣趙家莊西發現了銅刀 1 件，時代應在商末周初。[515]

（二○九）咸陽市淳化縣官莊鄉

1984 年民眾送交出自官莊鄉邢家溝水庫的銅斧 1 件，時代是在商周之際。[516]

---

509 姚生民：〈陝西淳化縣出土的商周青銅器〉，《考古與文物》1986：5，頁21。

510 姚生民：〈陝西淳化縣新發現的商周青銅器〉，《考古與文物》1990：1，頁56-57。

511 姚生民：〈陝西淳化縣出土的商周青銅器〉，《考古與文物》1986：5，頁20-21。

512 姚生民：〈陝西淳化縣新發現的商周青銅器〉，《考古與文物》1990：1，頁53。

513 同上。

514 李海榮：〈關中地區出土商時期青銅器文化因素分析〉，《考古與文物》2000：2，頁35。

515 姚生民：〈陝西淳化縣新發現的商周青銅器〉，《考古與文物》1990：1，頁57。

516 同上，頁56。

（二一○）咸陽市淳化縣秦河鄉北坡村

1978 年在淳化縣北坡村東發現了銅斧 1 件，時代應在商末周初。[517]

（二一一）咸陽市淳化縣卜家鄉營坊坡村

1983 年 11 月淳化縣營坊坡村出土了銅鉞 1 件，時代當在商周之際。[518]

（二一二）咸陽市淳化縣南村鄉辛莊村

1986 年 7 月淳化縣辛莊村出土了銅鏟 1 件，時代當在商周之際。[519]

（二一三）咸陽市淳化縣鐵王鄉紅崖村

1985 年 7 月在淳化縣紅崖村發現了出自西周墓葬的銅鬲 1 件*（1）。[520]

（二一四）咸陽市淳化縣鐵王鄉小溝畔村

1985 年春在淳化縣小溝畔村發現了銅戈 1 件，考古人員認為銅戈屬於西周晚期遺物。[521]

（二一五）咸陽市淳化縣十里塬鄉馬家山村

1980 年 9 月淳化縣馬家山村出土了銅戈 1 件，考古人員認為銅戈應是西周至東周的遺物。[522]

（二一六）咸陽市淳化縣

1972、1980、1983 年淳化縣文化館自縣內徵集、揀選到銅戈 5 件。根據形制，其中 2 件的時代為商周之際，1 件為西周晚期，2 件屬西周至東周遺物。[523]

---

517 姚生民：〈陝西淳化縣出土的商周青銅器〉，《考古與文物》1986：5，頁21-22。

518 同上，頁22。

519 姚生民：〈陝西淳化縣新發現的商周青銅器〉，《考古與文物》1990：1，頁56。

520 同上，頁55。

521 同上，頁55。

522 姚生民：〈陝西淳化縣出土的商周青銅器〉，《考古與文物》1986：5，頁22。

523 同上。

（二一七）咸陽市永壽縣店頭鎮好時河村

1962 年 12 月 8 日永壽縣好時河發現了出自窖藏的銅鼎 1 件、銅盂 1 件*（1）、銅匕 1 件*（1）和銅器殘片 1 件。[524]

1967 年在好時河又出土了銅簋 1 件*（1）和銅鬲 3 件*（3）。[525]

1974 年咸陽文物管理委員會徵集到出於永壽縣好時河的西周銅鐘 4 件*（4），就其中的銘文可連讀而未完來看，研究人員認為該組編鐘應有 6 件以上。[526]

另外，西安市文物管理委員會徵集了出土於好時河的銅鬲 1 件*（1），[527]而武功縣文化館也徵集到 1962 年出土於好時河的銅鬲 2 件*（2）、簋蓋 1 件*（1）。[528]

1973 年 6 月西安市文物中心於大白楊庫徵集到銅簋 1 件*（1），就器形和銘文來看，應與武功縣文化館所徵集到的簋蓋為同一件。[529]

（二一八）咸陽市旬邑縣赤道鎮下魏洛村

2003 年 8 月考古人員在旬邑縣下魏洛村發掘了一座墓葬，出土銅器 19 件——銅鼎 4 件、銅甗 1 件*（1）、銅簋 1 件*（1）、銅斝 1 件、銅爵 2 件*（2）、銅觶 1 件*（1）、銅尊 1 件*（1）、銅戈 1 件*（1）、銅鉞 2 件、銅戟 2 件*（1）、銅鏡 3 件，以及墜飾 1 組 11 枚。銅器時代多為商末周初，最晚為西周初年。[530]

（二一九）咸陽市旬邑縣城關鎮崔家河村

1978 年 3 月在旬邑縣崔家河東村發現了一座墓葬，出土銅鼎 1 件、銅簋 1

524 陝西省文物管理委員會：〈陝西省永壽縣、武功縣出土西周銅器〉，《文物》1964：7，頁20-23。陝西省考古研究所、陝西省文物管理委員會、陝西省博物館：《陝西出土商周青銅器》（四），頁27，編號184，文物出版社，北京，1984。

525 吳鎮烽、朱捷元、尚志儒：〈陝西永壽、藍田出土西周青銅器〉，《考古》1979：2，頁119-120。

526 曹發展、陳國英：〈咸陽地區出土西周青銅器〉，《考古與文物》1981：1，頁9-11。陝西省考古研究所、陝西省文物管理委員會、陝西省博物館：《陝西出土商周青銅器》（四），頁27-28，編號185-188，文物出版社，北京，1984。

527 王長啟：〈西安市文物中心收藏的商周青銅器〉，《考古與文物》1990：6，頁42。

528 康樂：〈陝西武功縣徵集到三件西周青銅器〉，《考古與文物》1985：4，頁1-2。

529 王長啟：〈西安市文物中心收藏的商周青銅器〉，《考古與文物》1990：6，頁43。

530 咸陽市文物考古研究所、旬邑縣博物館：〈陝西旬邑下魏洛西周早期墓發掘簡報〉，《文物》2006：8，頁19-34。

件、銅戈1件、銅泡35件、鑾鈴4件、當盧3件＊（2）、銅鏡1件、圓泡1件、當鼻1件、陶鬲1件、卜骨2件、貝28枚等。

1981年夏崔家河東村又發現了另一座墓葬，但文物僅存銅戈2件。[531]

（二二○）咸陽市長武縣棗園鄉張家溝村

1972年11月長武縣張家溝出土了銅鼎2件、銅簋2件＊（1）、銅觚1件、銅刀1件。[532]同年在張家溝又出土了銅簋1件。[533]

（二二一）咸陽市長武縣棗園鄉棗園村

1972年長武縣棗園村出土了銅鼎1件＊（1）。[534]

（二二二）咸陽市長武縣彭公鄉方莊村

1975年長武縣方莊出土了銅鬲1件＊（1）。[535]

（二二三）咸陽市長武縣丁家鄉劉主河村

1969年10月在長武縣劉主河村發現了西周銅鼎1件、銅簋1件＊（1）、銅刀1件，[536]但有學者們主張這3件銅器應屬晚商遺物。[537]

---

531 曹發展、景凡：〈陝西旬邑縣崔家河遺址調查記〉，《考古與文物》1984：4，頁3-8。

532 田學祥、張振華：〈陝西長武縣文化大革命以來出土的幾件西周銅器〉，《文物》1975：5，頁89。曹發展、陳國英：〈咸陽地區出土西周青銅器〉，《考古與文物》1981：1，頁8。陝西省考古研究所、陝西省文物管理委員會、陝西省博物館：《陝西出土商周青銅器》（四），頁22-23，編號156-158，文物出版社，北京，1984。

533 曹發展、陳國英：〈咸陽地區出土西周青銅器〉，《考古與文物》1981：1，頁8。陝西省考古研究所、陝西省文物管理委員會、陝西省博物館：《陝西出土商周青銅器》（四），頁23，編號159。

534 田學祥、張振華：〈陝西長武縣文化大革命以來出土的幾件西周銅器〉，《文物》1975：5，頁89。陝西省考古研究所、陝西省文物管理委員會、陝西省博物館：《陝西出土商周青銅器》（四），頁23，編號160。

535 曹發展、陳國英：〈咸陽地區出土西周青銅器〉，《考古與文物》1981：1，頁9。

536 田學祥、張振華：〈陝西長武縣文化大革命以來出土的幾件西周銅器〉，《文物》1975：5，頁89。陝西省考古研究所、陝西省文物管理委員會、陝西省博物館：《陝西出土商周青銅器》（四），頁22，編號154-155。

537 中國社會科學院考古研究所：《殷周金文集成》修訂增補本第三冊，頁1683、2481，編號2914，中華書局，北京，2007。吳鎮烽：《陝西金文彙編》上冊，頁12，三秦出版社，西安，1989。

（二二四）咸陽市長武縣

陝西省文物管理委員會徵集到 1969 年出土於長武縣的銅簋 1 件*（1）。[538]

（二二五）銅川市王益區王家河鄉炭窠溝村

1983 年 10 月在銅川市王家河鄉炭窠溝村發現了一座西周墓葬，出土的文物有：銅鼎 1 件、銅泡 2 件、銅車飾 2 件和石斧 1 件、玉刀 1 件、貝 3 枚……等。[539]

（二二六）銅川市王益區王家河鄉

1977 年、1984 年考古工作者先後在銅川市西北約 4 公里處的王家河進行發掘，共清理了墓葬二十座（包括馬坑兩座），並將墓葬分成西周早、中、晚、春秋、戰國五個時期。西周墓葬中隨葬有銅器者，有 M4 出土銅鼎、銅戈各 1 件，M15 出土銅鼎 1 件和車軎、車轄、節約、馬鑣、銅泡……等車馬器 22 件。[540]

（二二七）銅川市印台區城關鄉

1979 年底在銅川市城關畜牧獸醫站發現出自墓葬的銅鼎 1 件、銅戈 4 件、銅飾 1 件，以及石斧、石鏟各 1 件。[541]

（二二八）銅川市印台區紅土鎮

1974 年銅川市紅土鎮出土了銅簋 1 件*（1）、銅弓形器 1 件，考古人員認為這兩件銅器的時代應在商周之際，[542]有學者主張當在西周早期，[543]也有學者認為銅簋時代應屬殷墟文化三期至商周之際。[544]

---

538 尚志儒、吳鎮烽、朱捷元：〈陝西省近年收集的部分商周青銅器〉，《文物資料叢刊》2，頁24，文物出版社，北京，1978。陝西省考古研究所、陝西省文物管理委員會、陝西省博物館：《陝西出土商周青銅器》（四），頁23，編號161，文物出版社，北京，1984。

539 尚友德、薛東星：〈陝西銅川市清理一座西周墓〉，《考古》1986：5，頁470-471。

540 陝西省考古研究所、北京大學考古實習隊：〈銅川市王家河墓地發掘簡報〉，《考古與文物》1987：2，頁1-9。

541 盧建國：〈銅川市城關出土西周青銅器〉，《文物》1986：5，頁94-95。

542 銅川市文化館：〈陝西銅川發現商周青銅器〉，《考古》1982：1，頁107。

543 陝西省考古研究所、陝西省文物管理委員會、陝西省博物館：《陝西出土商周青銅器》（四），頁29，編號194-195。

544 李海榮：〈關中地區出土商時期青銅器文化因素分析〉，《考古與文物》2000：2，頁35。

（二二九）銅川市印台區黃堡鎮

　　1974 年銅川市黃堡鎮出土了銅戈 1 件，考古人員認為銅戈應屬商周之際的遺物，[545]另有學者認為應屬殷墟文化四期。[546]

（二三〇）銅川市宜君縣十里鋪

　　1975 年 5 月銅川市十里鋪出土了銅鼎 1 件*（1），考古人員認為銅鼎應屬商代後期器物，[547]但有學者主張當是西周早期。[548]

（二三一）銅川市耀州區城關鎮丁家溝村（原屬耀縣）

　　1984 年 11 月 25 日在耀縣丁家溝村發現了出於窖藏的銅簋 2 件*（1）、銅鐘 4 件。[549]

（二三二）渭南市華縣瓜坡鎮良侯太興村

　　1962 年到 1963 年冬華縣良侯太興村及川城村北的西周遺址發現了可能出自墓葬的銅鑿、銅鏟、陶鬲、陶盂各 1 件。[550]

（二三三）渭南市白水縣

　　1971 年白水縣出土了銅簋 2 件*（2）。[551]

（二三四）渭南市澄城縣城郊鄉南串業村

　　1977 年 12 月澄城縣南串業村出土了一批西周銅器，包括：銅鼎 1 件、銅簋 1 件*（1）、鑾鈴 4 件、銅魚 12 件。[552]

---

545 銅川市文化館：〈陝西銅川發現商周青銅器〉，《考古》1982：1，頁107。

546 李海榮：〈關中地區出土商時期青銅器文化因素分析〉，《考古與文物》2000：2，頁35。

547 銅川市文化館：〈陝西銅川發現商周青銅器〉，《考古》1982：1，頁107。

548 陝西省考古研究所、陝西省文物管理委員會、陝西省博物館：《陝西出土商周青銅器》（四），頁28-29，編號193，文物出版社，北京，1984。

549 呼林貴、薛東星：〈耀縣丁家溝出土西周窖藏青銅器〉，《考古與文物》1986：4，頁4-5。

550 戴忠賢：〈記陝西華縣一處西周遺址〉，《考古》1965：3，頁152。

551 尚志儒、吳鎮烽、朱捷元：〈陝西省近年收集的部分商周青銅器〉，《文物資料叢刊》2，頁22-23，文物出版社，北京，1978。

552 吳鎮烽、王東海：〈王臣簋的出土與相關銅器的時代〉，《文物》1980：5，頁63-66。

（二三五）渭南市韓城市昝村鎮梁帶村

2005 年 5 月至 2007 年 1 月考古人員在韓城市梁帶村進行發掘工作，清理了單墓道的大型墓葬——M19、M26 和帶有南北雙墓道的大型墓葬 M27。M19 出土銅禮器 18 件[553]——銅鼎 4 件、銅鬲 4 件*（2）、銅甗 1 件、銅簋 4 件、銅盆 1 件、銅壺 2 件、銅盉 1 件、銅盤 1 件，車馬器 16 件、銅棺飾 10 件，墓葬時代為春秋早期；M26 出土銅禮器 23 件[554]——銅鼎 5 件*（2）、銅鬲 5 件*（3）、銅甗 1 件*（1）、銅簋 4 件*（1）、銅簠 2 件、銅盆 2 件、銅壺 2 件*（2）、銅盉 1 件、銅盤 1 件，還有弄器 6 件、車馬器 662 件，墓葬時代亦為春秋早期。

M27 出土銅禮器 24 件——銅鼎 7 件、銅甗 1 件、銅簋 7 件*（2）、銅瓿 1 件、銅角 1 件、銅卣 1 件、有蓋銅尊 1 件、有蓋銅盆 1 件、銅壺 2 件、銅盉 1 件、銅盤 1 件，銅樂器 17 件——銅鐘 8 件、錞于 1 件、鉦 1 件、鐘鉤 7 件，兵器 35 件——銅戈 4 件、銅鉞 1 件、銅矛 1 件、鏃 29 件，以及許多的銅車馬器，另有鐵刃銅戈、銅削各 1 件……等。考古人員判斷 M27 隨葬之銅器可分成商周之際、西周早中期、兩周之際三個時期，如銅卣的時代當在商周之際，銅瓿、銅鉞屬於西周早中期，其他銅器當在兩周之際，或又可區分成早晚兩段，如銅壺應屬西周晚期，而錞于應屬春秋早期。[555]

2007 年考古人員又再次於梁帶村進行發掘工作，在北南西三個發掘區內，清理墓葬三十六座、馬坑兩座。年代屬於西周晚期的墓葬為北區的大型墓 M502、中型墓 M586 和二十座的小型墓。其中 M502 出土銅鼎 3 件*（1）、銅簋 2 件、銅爵 1 件、銅觶 1 件、方彝 2 件、銅盤 1 件、銅盉 1 件、銅戈 2 件、銅鉞 2 件、鎧甲片 1 組、車軎 6 件、車轄 6 件、軛飾 2 件、鑾鈴 10 件、楔釘 6 顆、銅環 4 件、

---

553 陝西省考古研究所、渭南市文物保護考古研究所、韓城市文物旅遊局：〈陝西韓城梁帶村遺址 M19 發掘簡報〉，《考古與文物》2007：2，頁 3-14。其中銅鬲 4 件皆有銘文，但簡報僅公告其中兩件（M19：260、261）的銘文內容。

554 陝西省考古研究所、渭南市文物保護考古研究所、韓城市文物旅遊局：〈陝西韓城梁帶村遺址 M26 發掘簡報〉，《文物》2008：1，頁 4-21。孫秉君、蔡慶良：《芮國金玉選粹——陝西韓城春秋寶藏》，頁 27，三秦出版社，西安，2007。簡報公告 M26 出土銅禮器 22 件，而《芮國金玉選粹——陝西韓城春秋寶藏》一書則登錄為 23 件。各器類有銘銅器的統計，視簡報、專書是否公告而定。

555 陝西省考古研究所、渭南市文物保護考古研究所、韓城市文物旅遊局：〈陝西韓城梁帶村遺址 M27 發掘簡報〉，《考古與文物》2007：6，頁 3-22。

帶扣 6 件、銅泡 6 件、節約 41 件、銅銜鑣 11 組、銅絡飾 3 組、馬甲冑多件、銅帶飾 15 件、銅鈴 12 件、銅魚 253 件、銅翠 4 件和銅片飾多件。M586 出土銅鼎 1 件、銅簋 3 件*（2）、車害 4 件、車轄 4 件、銅銜鑣 6 組、鑾鈴 4 件、銅環 1 件、帶扣 2 件、銅泡 2 件、節約 22 件、銅絡飾 2 組、馬甲冑 8 件、銅帶飾 10 件、銅鈴 7 件、銅魚 351 件、銅翠 4 件和一些殘銅片。M508 出土銅帶扣 1 件和銅泡 1 件。[556]

（二三六）渭南市韓城市

韓城市博物館曾介紹過博物館徵集、收藏的一些西周銅器，計有：銅鼎 1 件*（1）、銅盨 1 件、盨蓋 1 件*（1）、銅尊 1 件*（1）、銅爵 1 件*（1）。[557]

（二三七）商洛市丹鳳縣鳳冠區西河鄉山溝村

1996 年 8 月丹鳳縣西河鄉山溝村出土了西周銅簋蓋 1 件*（1）。[558]

二　河南省

（一）洛陽市老城區北窯村

北窯村實際上分成上中下三個村，隴海鐵路兩側稱中窯、南部稱下窯、北部稱上窯，習慣統稱為北窯。1952 年考古人員在下窯村東區發掘了五座西周墓葬，隨葬銅器的墓葬有：M151 出土銅害 2 件和銅鏃、銅鈴舌……等；M154 出土鑾鈴 2 件和銅矛、衡末飾、銅泡各 1 件……等；M158 出土銅魚 2 件和銅片若干。[559]

1954 年洛陽北窯村曾有零星西周遺物出土，1963 年始至 1966 年，以及 1967 年初、1972 年初、1973 年初考古工作者在洛陽北窯村清理了西周墓葬共三百四十八座和馬坑七座，另外還有已探出未發掘的西周墓葬一百二十三座。[560]北窯村

556 陝西省考古研究所、渭南市文物保護考古研究所、韓城市景區管理委員會：《梁帶村芮國墓地——二〇〇七年度發掘報告》，頁5、17-33、57-70、83-84、215，文物出版社，北京，2010。

557 任喜來、呼林貴：〈韓城市博物館收藏的幾件青銅器〉，《文博》1991：2，頁71-74。

558 王翰章、陳良和、李保林：〈虎簋蓋銘簡釋〉，《考古與文物》1997：3，頁78-80、75。

559 郭寶鈞、林壽晉：〈一九五二年秋季洛陽東郊發掘報告〉，《考古學報》1955：9，頁104-109。

560 洛陽市文物工作隊：《洛陽北窯西周墓》，頁1-3，文物出版社，北京，1999。

的墓葬多被嚴重盜掘，在已發掘的三百多座墓葬中，只有八座小型墓倖免於難，以致出土銅禮器甚少，多發現兵器和車馬器等，計有一百九十八座墓葬隨葬有銅器，出土情形詳見附錄五。經統計，隨葬青銅器上出現有銘文者，[561]有：<u>銅鼎 2 件、銅鬲 1 件、銅簋 5 件</u>[562]、<u>銅豆 1 件、銅爵 4 件、銅觶 3 件、銅尊 2 件、卣蓋 1 件、壺蓋 2 件、銅壺 1 件、銅罍 2 件、銅戈 12 件</u>[563]、<u>銅斧 1 件、銅戟 1 件、銅劍 2 件、干首 1 件、當盧 2 件</u>。另外還有一些採集品，包括了銅鼎 7 件*（1）、銅簋 3 件*（1）、銅爵 3 件*（3）、銅尊 1 件*（1）、銅盉 1 件、銅匜 1 件*（1）、車轄 1 件*（1）。

1971 年 5 月在距離上述洛陽北窯西周墓地三、四百公尺處發現了西周墓葬一座，出土銅鼎、銅簋、銅卣*（1）、銅尊*（1）、銅罍*（1）、銅瓠*（1）、銅觶*（1）、銅銱各 1 件、銅爵 2 件*（2）和小銅塊 4 件，以及陶罐 1 件、玉飾 1 件、蚌泡 5 件、貝 12 枚。[564]

1973 年秋考古人員在洛陽北窯村西南發現了一處西周遺址，發掘區內都有西周青銅作坊遺存，出土大量的陶範塊、銅渣、熔爐殘壁及鑄銅工具等，而在早中晚文化層則各發現銅刀 2 件、車軎和車轄 1 組、銅鐓 1 件。另外，在遺址東部編號為東區 M13 的西周墓葬，出土有銅爵、銅觶、銅鈴各 1 件，編號為中區 M25 的西周墓葬，出土有銅鏃 7 件。[565]

1975 年至 1979 年考古人員在上述洛陽北窯村的西周鑄銅遺址又陸續進行發掘，發現了大量的陶範塊、熔爐殘壁及鑄銅工具等，此外，還有銅瓠、銅鏃、銅刀、卜骨等出土。[566]

2002 年於洛陽徵集到 1946 年冬出土自洛陽北窯西周墓的銅尊 1 件*（1）。[567]

2003 年 10 月在洛陽中窯村發現了一座西周墓葬，編號為 C3M575，出土了銅器 7 件——銅爵 1 件*（1）、銅觶 1 件*（1）、銅戈 1 件、銅泡 2 件、節約 2

561 蔡運章：〈洛陽北窯西周墓青銅器銘文簡論〉，《文物》1996：7，頁54-69。

562 另有銅簋1件在器內底出現有墨書三字——白懋父。

563 另有銅戈4件有墨書——史矢、堯、封氏、叔侯父戈，另鉛戈2件在接上出現有墨書。

564 洛陽博物館：〈洛陽北窯西周墓清理記〉，《考古》1972：2，頁35-36。

565 洛陽博物館：〈洛陽北窯村西周遺址1974年度發掘簡報〉，《文物》1981：7，頁52-64。

566 洛陽市文物工作隊：〈1975—1979年洛陽北窯西周鑄銅遺址的發掘〉，《考古》1983：5，頁430-441、388。

567 蔡運章、張應橋：〈季姬方尊銘文及其重要價值〉，《文物》2003：9，頁87-90、93。

件，以及陶尊 1 件、玉飾 2 件、貝 1 枚。[568]

（二）洛陽市老城區中州東路

1985 年在洛陽老城中部、中州東路北側發現了西周車馬坑四座，出土銅戈 7 件、車軎 5 件、車轄 5 件、銅軏 3 件、軸飾 2 件、銅踵 2 件、管狀飾 3 件、鑾鈴 8 件、衡末飾 4 件、凹形帶釘銅器 1 件、扁平方形帶孔銅飾 2 件、長方形帶孔銅片 1 件、銅鈴 2 件、銅鑣 8 件、當盧 6 件、圓形銅泡 206 件、長方形銅泡 219 件。[569]

1993 年 3 月在洛陽中州東路路北的洛陽林業學校發現了西周車馬坑一座，編號為 C3M230，出土的銅器有：銅尊 1 件、銅卣 1 件、銅罍 3 件、銅鐃 3 件、四足器座 1 件、銅戈 2 件、銅戟 2 件、銅鉞 1 件、銅矛 5 件、銅刀 2 件、銅劍 1 件、銅鏃 140 件、銅甲片 6 件、甲泡 2 件、銅璧形器 4 件、銅飾 3 件、車軎 1 件、車轄 1 件、軸飾 2 件、轂飾 1 件、踵飾 1 件、銅軏 1 件、鑾鈴 1 件、銅鑣 2 件、當盧 1 件、帽形飾 1 件、銅泡 122 件和銅鈴 1 件。[570]

洛陽文物管理局徵集到 1980 年 3 月出土自洛陽林業學校的西周早期銅鼎 1 件＊（1）。[571]

（三）洛陽市老城區建設路

1987 年春為配合洛陽銅加工廠相關建設工程，考古人員清理了一座西周中期的墓葬，編號為 AM21，該墓葬隨葬銅鼎、銅簋各 1 件，以及陶鬲 6 件、陶豆 6 件、陶罐 13 件、蚌飾 1 組。[572]

（四）洛陽市老城區馬坡村

1948 年洛陽馬坡村東北欄駕溝出土了西周銅甗 1 件＊（1）。[573]

---

568 洛陽市文物工作隊：〈洛陽瀍河東岸西周墓的發掘〉，《文物》2006：3，頁17-19、71。

569 中國社會科學院考古研究所洛陽唐城隊：〈洛陽老城發現四座西周車馬坑〉，《考古》1988：1，頁15-23。

570 洛陽市文物工作隊：〈洛陽林校西周車馬坑〉，《文物》1999：3，頁4-18。

571 洛陽市文物工作隊：〈洛陽近幾年來搜集的珍貴歷史文物〉，《中原文物》1984：3，頁76。

572 梁曉景、馬三鴻：〈洛陽澗濱AM21西周墓〉，《文物》1999：9，頁16-18、32。

573 張劍：〈洛陽博物館館藏的幾件青銅器〉，《文物資料叢刊》3，頁42，文物出版社，北京，1980。

1960 年初相關單位徵集到出土自洛陽馬坡村南的西周銅方彝 1 件*（1）。[574]

（五）洛陽市老城區楊文鎮

1993 年 7 月在洛陽東郊邙山南麓，焦枝鐵路楊文站西邊發現了一批墓葬，經報導，編號 C5M906 的西周墓葬出土了銅器 15 件——銅鼎 1 件、銅盨 2 件*（1）、銅壺 1 件、銅盤 1 件、銅匜 1 件、車軎 2 件、銅銜 1 件、銅鑣 2 件、圭形飾 4 件。[575]

1997 年秋冬考古人員在邙山南麓的楊文鎮，東距上述 C5M906 六十多公尺處，先後清理了西周墓葬九座和馬坑三座。其中編號 C5M1135 出土了銅鼎 2 件*（1）、銅簋 2 件、銅匜 1 件、銅戈 1 件、節約 1 件、銅鑣 8 件、車軎 2 件、銅飾 1 件；C5M1136 有銅匕 2 件、車軎 2 件、銅魚 3 件；C5M1139 有銅戈、銅鏃、銅刀、銅斧、銅錛、銅鑿形器、車軎、馬銜、節約各 1 件和銅泡 2 件。[576]

（六）洛陽市老城區白馬寺

1953 年春為配合洛陽白馬寺寺院東側榮校的建設工程，考古工作者發掘了年代屬於西周晚期的墓葬五座，隨葬有銅器的墓葬為：M1 出土銅鼎、銅甗、銅簋、銅爵、銅觶、銅盤、銅匜各 1 件；M21 出土銅鼎 1 件、銅簋 2 件、銅壺 2 件、銅盉 1 件、銅盤 1 件。[577]

（七）洛陽市老城區唐城花園

2002 年 7 月考古工作者在洛陽唐城花園清理了一批兩周墓葬，業經發表者為編號 C3M417 和 C3M434 兩座西周墓葬。C3M417 出土具商代晚期風格的銅鼎 1 件*（1）、銅鬲 1 件*（1）、銅觶 1 件*（1）、銅爵 2 件*（1）、銅戈 1 件和銅矛 1 件。[578]C3M434 僅隨葬陶器 5 件，其中編號 M434：1 的仿銅陶簋在器內底刻有一個數字「五」，在內腹部按順時鐘刻劃有「田獵圖畫」、「筮數易卦」、「刻劃符

574 侯鴻鈞：〈洛陽市在文物普查中收集到西周珍貴銅器〉，《文物》1962：1，頁56-57。

575 洛陽市文物工作隊：〈洛陽東郊C5M906號西周墓〉，《考古》1995：9，頁788-791、801。

576 洛陽市文物工作隊：〈洛陽東郊西周墓〉，《文物》1999：9，頁19-28。

577 張劍、蔡運章：〈洛陽白馬寺三座西周晚期墓〉，《文物》1998：10，頁33-37、66。

578 洛陽市文物工作隊：〈洛陽市唐城花園C3M417西周墓發掘簡報〉，《文物》2004：7，頁4-11。

號」等。[579]

（八）洛陽市老城區塔西

1970 年 4 月在洛陽東郊塔西出土了銅爵 1 件*（1）和銅尊 1 件*（1），研究人員認為銅爵的年代當屬商末周初，銅尊為西周早期的器物。[580]

（九）洛陽市老城區

在洛陽市東郊，洛陽車站和白馬寺車站之間的鄭州鐵路局鋼鐵廠工地，發現了一座西周墓葬，出土銅器 12 件——銅鼎 2 件、銅甗 1 件*（1）、銅簋 1 件、銅瓿 1 件*（1）、銅觶 1 件*（1）、銅爵 2 件*（2）、銅尊 2 件*（1）、銅戈 1 件、銅斧 1 件。[581]

《洛陽出土青銅器》一書著錄 1964 年和 1971 年分別在洛陽機車工廠和鐵二中出土了西周早期銅壺 1 件*（1）和銅觶 1 件*（1）。[582]

1972 年秋考古人員在洛陽東郊的機車工廠清理了西周墓葬一座，編號為 M13，隨葬有銅鼎 1 件、銅甗 1 件*（1）、銅簋 1 件*（1）、銅尊 1 件*（1）、銅爵 2 件、銅觶 1 件。[583]

2003 年 7 月為配合洛陽東車站的建設，考古工作者清理了西周早期墓葬三座、春秋墓葬兩座。在西周墓葬中，僅編號 M567 出現隨葬銅器，包括：銅瓿 1 件*（1）、銅觶 1 件*（1）、銅爵 2 件*（1）、銅尊 1 件、銅鏃 1 件、銅片 1 件，此批銅器有明顯的商代晚期作風。[584]

（十）洛陽市西工區上陽路

2004 年 12 月底考古工作者在洛陽上陽路西南、澗河與洛河交匯處的東北角發掘了一批墓葬，經報導，編號 C1M8633 之西周晚期墓葬，出土了銅戈 1 件、

---

579 安亞偉：〈河南洛陽市唐城花園西周墓葬的清理〉，《考古》2007：2，頁94-96。

580 張劍：〈洛陽博物館館藏的幾件青銅器〉，《文物資料叢刊》3，頁41，文物出版社，北京，1980。

581 傅永魁：〈洛陽東郊西周墓發掘簡報〉，《考古》1959：4，頁187-188。

582 洛陽師範學院、洛陽市文物局：《洛陽出土青銅器》，頁127、105，紫禁城出版社，北京，2006。

583 張劍、蔡運章：〈洛陽東郊13號西周墓的發掘〉，《文物》1998：10，頁38-41。

584 洛陽市文物工作隊：〈洛陽東車站兩周墓發掘簡報〉，《文物》2003：12，頁4-11。

銅鏃 3 件、銅鑣 4 件、鑾鈴 2 件。[585]

（十一）洛陽市西工區五女冢村

1997 年 1 月洛陽五女冢村附近發現了西周中期的墓葬兩座，編號為 HM359 和 362，HM359 出土銅戈 1 件，HM362 沒有隨葬銅器，僅出土陶器 5 件。[586]

（十二）洛陽市西工區西小屯村

2004 年 5 月為配合洛陽王城大道的公路建設，考古工作者在西小屯村的東南清理了一座西周晚期的墓葬，編號為 C1M8307，該墓葬出土銅鼎、銅簋各 1 件，及陶簋 1 件、玉璋 3 件、玉飾 9 件。[587]

（十三）洛陽市西工區瞿家屯

1957 年到 1958 年考古人員在澗河東岸的瞿家屯進行發掘，在西周文化層內發現有銅鏃 2 件。[588]

2004 年 11 月到 2006 年考古人員為配合建築工程在瞿家屯又進行了發掘，清理了兩周墓葬九十三座，其中西周墓葬二十座，出土銅器之墓葬為：C1M8633 隨葬銅戈 1 件、銅鏃 3 件、銅鑣 4 件和鑾鈴 2 件，C1M8946 有銅鼎 1 件，C1M8952 有銅戈 1 件。[589]

（十四）洛陽市西工區

1954 年到 1955 年考古人員在西關至澗河之間進行發掘工作，在清理完成的三百二十座墓葬中，發掘了十座西周墓葬，其中 M816 出土銅鼎 2 件、銅簋 2 件、銅盉 1 件、器蓋 1 件。[590]

---

585 洛陽市文物工作隊：〈洛陽澗河東岸西周晚期墓〉，《文物》2007：9，頁38-42、62。

586 洛陽市第二文物工作隊：〈洛陽五女冢西周墓發掘簡報〉，《文物》1997：9，頁23-25、40。

587 安亞偉：〈河南洛陽市王城大道發現西周墓〉，《考古》2006：6，頁84-86。

588 中國社會科學院考古研究所：《洛陽發掘報告1955—1960年洛陽澗濱考古發掘資料》，頁99-106，燕山出版社，北京，1989。

589 洛陽市文物工作隊：《洛陽瞿家屯發掘報告》，頁146-168，文物出版社，北京，2010。

590 中國科學院考古研究所：《洛陽中州路（西工段）》，頁57-58，科學出版社，北京，1959。

（十五）洛陽市澗西區西干溝

1955 年到 1960 年考古人員在澗河西岸的西干溝村以南和七里河村以北進行鑽探，在西周文化層內發現有銅戈 1 件和銅鏃 3 件。[591]

（十六）洛陽市澗西區

洛陽博物館徵集到出土自洛陽澗西的西周銅卣 1 件。[592]

（十七）洛陽市洛龍區李屯

1979 年 5 月在洛陽李屯河南煉油廠出土了西周銅車軎和車轄。[593]

（十八）洛陽市偃師市南寨村

1982 年 10 月在偃師市南寨村北發現了西周時期的銅鏵 1 件。[594]

（十九）洛陽市偃師市李村鎮

1984 年 1 月在偃師市李村鎮出土了西周時期的銅鏵 1 件。[595]

（二十）洛陽市伊川縣寺後村

五〇年代洛陽相關單位在執行文物普查工作時，於伊川縣寺後村徵集到銅鼎 1 件*（1）。[596]

（二十一）洛陽市伊川縣大新鄉

1972 年在伊川縣大新鄉發現西周銅車軎 2 件、銅軺 4 件和夔形馬飾若干。[597]

---

591 中國社會科學院考古研究所：《洛陽發掘報告1955—1960年洛陽澗濱考古發掘資料》，頁83-99，燕山出版社，北京，1989。

592 李隨森、張玉芳：〈洛陽博物館徵集到的古代文物〉，《中原文物》1996：4，頁101。

593 洛陽市文物工作隊：〈洛陽近幾年來搜集的珍貴歷史文物〉，《中原文物》1984：3，頁78。

594 蔡運章：〈談偃師南寨村出土的西周銅鏵〉，《中原文物》1984：3，頁86-88。

595 洛陽市文物工作隊：〈洛陽近幾年來搜集的珍貴歷史文物〉，《中原文物》1984：3，頁76。

596 李健永、賈峨：〈洛陽專區文化普查中調查得三十七處古遺址〉，《文物》1957：5，頁85-86。

597 洛陽市文物工作隊：〈洛陽近幾年來搜集的珍貴歷史文物〉，《中原文物》1984：3，頁78。

（二十二）洛陽市宜陽縣

　　《洛陽出土青銅器》一書著錄洛陽宜陽縣曾出土西周早期銅鼎 1 件、銅簋 1 件。[598]

（二十三）洛陽市汝陽縣

　　《洛陽出土青銅器》一書著錄洛陽汝陽縣曾出土西周銅爵 1 件*（1）。[599]

（二十四）洛陽市洛寧縣

　　洛陽文物管理局收藏了洛寧縣文化館轉交的銅轅飾 1 件。[600]

　　1993 年在洛寧縣境內大原到澗口的公路附近，發現出自墓葬的銅戈數件和銅簋 1 件，經徵集，僅存銅簋 1 件、銅戈 1 件*（1）。該銅簋，考古人員依形制認為時代為晚商到西周早中期，[601]至於銅戈，有學者認為時代屬於西周中期。[602]

（二十五）洛陽市

　　洛陽市文物工作隊徵集到 1956 年出土自洛陽東郊的西周銅卣 1 件*（1）。[603]

　　河南省文物商店於 1976 年收集到出自洛陽的西周銅鼎 1 件*（1）。[604]

　　1983 年洛陽文物管理局收藏了西工公安分局查獲的西周銅卣 1 件*（1）。[605]

（二十六）三門峽市湖濱區

　　1956 年到 1957 年考古工作隊在三門峽市上村嶺發掘了時代屬於西周晚期到春秋早期的墓葬兩百三十四座、車馬坑三座和馬坑一座。[606]經統計，有五十四座

598 洛陽師範學院、洛陽市文物局：《洛陽出土青銅器》，頁28、69，紫禁城出版社，北京，2006。
599 同上，頁98。
600 洛陽市文物工作隊：〈洛陽近幾年來搜集的珍貴歷史文物〉，《中原文物》1984：3，頁76。
601 楊平：〈洛陽出土的中胡二穿戈與戰國銅鏊〉，《中原文物》1994：3，頁119。
602 劉雨、盧岩：《近出殷周金文集錄》第四冊，編號1133，頁159，中華書局，北京，2002。
603 繼才：〈洛陽文物工作隊登記和接收群眾捐獻文物〉，《文物》1956：10，頁79。洛陽師範學院、洛陽市文物局：《洛陽出土青銅器》，頁147，紫禁城出版社，北京，2006。
604 劉東亞：〈介紹新發現的幾件商周青銅器〉，《中原文物》1982：4，頁65。
605 洛陽市文物工作隊：〈洛陽近幾年來搜集的珍貴歷史文物〉，《中原文物》1984：3，頁76。
606 中國科學院考古研究所：《上村嶺虢國墓地》，頁1、55-79，科學出版社，北京，1959。

墓葬隨葬銅器，出土情形詳見附錄六。至於隨葬青銅器上出現有銘文者，包括：<u>銅鼎 2 件、銅鬲 1 件、銅豆 1 件、銅盤 2 件、銅匜 1 件、銅戈 6 件、銅矛 1 件</u>。針對隨葬銅器和墓葬資料，學者將銅器群分成三期：第一期，屬於西周晚期，約在宣幽王時期；第二、三期，為春秋早期偏早、偏晚。如此，M1810、1820、1601、1602、1631、1691、1692、1715、1765、1767、1819 等墓，年代可歸屬於西周晚期，這十一座西周墓葬隨葬的有銘銅器為：<u>銅鼎 1 件、銅鬲 1 件、銅豆 1 件、銅盤 2 件和銅匜 1 件</u>，[607]當中銅鬲年代屬於西周晚期，其餘為春秋早期。[608]

1990 年 3 月至 1992 年 12 月考古人員又在三門峽市進行搶救性的清理工作，發掘了墓葬九座（M2001、M2006－M2013）、車馬坑四座（M2001CHMK1、M2012CHMK2、M2011CHMK3、M2013CHMK4）。[609]

1998 年 11 月至 1999 年 3 月又繼續清理了墓葬九座（M2016－M2019、M2118－M2122）、馬坑兩座（M2017MK5、M2016MK6）。[610]當中業經公布的墓葬有十五座，另有車馬坑三座、馬坑兩座，隨葬有銅器的墓葬情形如表八：

表八　1990－1999年三門峽虢國墓地

墓葬編號	銅器的種類與數量	備註
M2001	銅鼎 10*（7）、銅鬲 8*（8）、銅甗 1*（1）、銅簋 9*（6）、銅盨 4*（4）、銅簠 2*（2）、銅豆 2*（2）、銅壺 4*（2）、銅盤 4*（1）、銅盉 3、方彝 3、銅尊 3、銅爵 3、銅觶 2、編鐘 8*（8）、編鐘鉤 8、銅鉦 1、銅戈 15、銅矛 5、盾錫 21、銅鏃 255、銅斧 1、銅錛 1、銅鑿 2、銅鑽 1、刻刀 3、刮刀 1、銅錐 2、車轄 28、鑾鈴 22、軛首 8、軛足 16、馬銜 76、銅鑣 110、銅鈴 6、節約 134、絡飾 976、帶扣 48、小腰 42、銅環 28、游環 15、棺環 12、棺罩小鈴 19、銅魚 384、圓形飾 6、銅翣殘片 6、長	鐵器 2——玉柄鐵劍、銅內鐵援戈、金器 16、玉器 967…；以銅器 2487 件和玉器 967 件為大宗，占所有隨葬品的 90%以上；墓葬年代為西周

---

607 李豐：〈虢國墓地銅器群的分期及其相關問題〉，《考古》1988：11，頁1035-1043。

608 中國社會科學院考古研究所：《殷周金文集成》修訂增補本第一冊，頁639、818，編號683，中華書局，北京，2007。

609 河南省文物考古研究所、三門峽市文物工作隊：《三門峽虢國墓（第一卷）》，頁8，文物出版社，北京，1999。

610 同上，頁9。

（續）

墓葬編號	銅器的種類與數量	備註
	方形銅泡 8、合頁 19、鏤孔長管 11、鏤孔 Y 形管 14、帽首 1、圓鋬錐形飾 1、三角龍形帶飾 1、小繩扣 110、小環 3、薄片銅飾 1	晚期，即宣幽時期
M2011	銅鼎 9、銅鬲 8、銅甗 1、銅簋 8、銅豆 1、銅壺 4、銅盆 1、銅盤 1、銅匜 1*（1）、銅鉦 1、銅戈 7、銅矛 5、銅劍 1、盾鍚 13、銅鏃 57、銅斧 1*（1）、銅削 1、車轄 22、鑾鈴 4、軛首 2、軛足 4、馬銜 30、銅鑣 44、銅鈴 2、節約 40、絡飾 606、帶扣 23、小腰 18、銅環 9、游環 2、泡形飾 329、棺罩小鈴 22、銅魚 316、銅翼殘片 6、長方形構件 2、三通形構件 2、合頁 13、鏤孔長管 6、鏤孔 Y 形管 4	玉器 380、瑪瑙串珠 183、石器 307、骨器 29、象牙器 7、蚌器 24、貝 240……；墓葬年代為西周晚期，即宣幽時期
M2012	銅鼎 11、銅鬲 8、銅甗 1、銅簋 10、銅簠 2、銅豆 2、銅罐 2*（1）、方壺 2、銅盤 7、銅匜 1、銅盉 6、方彝 5、銅爵 4、銅觚 1、銅觶 6、方盒 1、鑾鈴 4、馬銜 4、銅鑣 8、帶扣 11、節約 23、絡飾 275	玉器 806——玉戈 1 件刻有三字銘文；墓葬年代為西周晚期
M2016	銅鼎 2、銅簋 1、銅盤 1	玉器 106、石器 10、陶器 2；墓葬年代為西周晚期
M2017	銅鼎 2、銅簋 1、銅簠 1、銅盤 1、髮笄 1	玉器 8、陶器 24、貝 14；墓葬年代為西周晚期
M2001CHMK1	車軎 9、車轄 3、轂飾 12、軛飾 2、衡末飾 3、軥飾 5、柱帽 1、節約 4、絡飾 4、銅環 7、銅鈴 2	部分車馬器尚未清出；年代為西周晚期
M2012CHMK2	車軎 24、轂飾 13、軛飾 5、柱帽 3、銅環 6	部分車馬器尚未清出；年代為西周晚期
M2118	銅鼎耳 1、銅鬲 1、銅鬲足 1、銅甗 1、銅簋 1、銅簋耳 1、銅盉 1、車轄 2、銅軥 1、軛足 1、馬銜 1、銅鑣 1、節	鉛魚 30、玉片 1、瑪瑙串飾

（續）

墓葬編號	銅器的種類與數量	備註
	約 15、絡飾 7、帶扣 3、小腰 2、游環 2、銅環 3、馬冑 6、銅鈴 16、銅翣殘片 2、甲片 4、鏤孔 Y 形管 2	123……；墓葬 年代為西周晚期
M2119	方壺蓋 1、銅戈 1、車軎 3、車轄 1、馬銜 2、銅鑣 4、節 約 19、絡飾 12、帶扣 6、小腰 2、銅環 2、銅翣 3、銅翣 殘片 1、銅魚 127、合頁 2、柄首 1	玉器 10、貝 12 ……；墓葬年代 為西周晚期
M2120	銅簋 2、銅鈴 9、銅翣殘片 2、銅魚 152	玉器 6、貝 282 ……；墓葬年代 為西周晚期
M2121	絡飾 11、銅鈴 3、銅翣殘片 1、銅魚 131	玉器 9、蛤蜊 37 ……；墓葬年代 為西周晚期
M2006[611]	銅鼎 3、銅鬲 4、銅甗 1、銅盨 2*（2）、銅簋 1*（1）、銅 壺 2、銅盤 1、銅盉 1、銅尊 1、方彝 1、銅爵 1、銅觶 1、車軎 2、車轄 2、馬銜 2、銅鑣 4、銅鈴 6、饕餮首 4、 細腰 2、節約 12、絡飾 13、樽飾 4、銅魚 381	玉石器 129、蚌 骨器 165、陶器 2；墓葬年代為 西周晚期
M2010[612]	銅鼎 5、銅甗 1、銅簋 4、銅壺 2、銅盤 1、銅匜 1、銅戈 2、銅矛 2、銅鏃 28、盾鍚 2、箭箙 1、銅斧 1、銅錛 1、 銅鑿 1、車軎 8、車轄 8、鑾鈴 4、馬銜 14、銅鑣 15、節 約 23、絡飾 228、帶扣 21、小腰 8、銅環 4、銅鈴 14、 銅魚 310、銅翣 4、薄片銅飾 4、合頁 7、小環 2	玉器 24、石器 395、陶珠 492、 蚌骨器 56；墓葬 年代為西周晚期
M2013[613]	銅鼎 3、銅簋 2*（1）、銅盤 1、銅匜 1*（1）、車轄 2、鑾 鈴 2、馬銜 2、銅鑣 4、節約 12、絡飾 90、銅鈴 3、銅魚 76	玉器 90、棺飾 石貝 230、陶珠 299……；墓葬 年代為西周晚期

611 河南省文物考古研究所、三門峽市文物工作隊：〈上村嶺虢國墓地M2006的清理〉，《文物》 1995：1，頁4-31。

612 河南省文物考古研究所、三門峽市文物工作隊：〈三門峽虢國墓地M2010的清理〉，《文物》 2000：12，頁4-22。

613 河南省文物考古研究所、三門峽市文物工作隊：〈三門峽虢國墓地M2013的發掘清理〉，《文物》 2000：12，頁23-34。

至於 1989 年經嚴重盜掘的遺物，爾後追回的銅器共有 727 件，有：銅鼎 23 件、銅鬲 8 件*（3）、銅甗 2 件、銅簋 13 件、銅簋蓋 9 件、銅簠 1 件*（1）、銅豆 1 件*（1）、器蓋 1 件、銅壺 3 件、銅盆 1 件、銅盤 7 件*（1）、方彝 1 件、銅爵 1 件、銅觶 1 件、編鐘鈎 3 件、銅戈 2 件、銅矛 1 件、銅鏃 14 件、車軎 9 件、車轄 9 件、鸞鈴 2 件、軛足 3 件、馬銜 22 件、銅鑣 34 件、節約 39 件、絡飾 187 件、帶扣 8 件、小腰 6 件、銅環 6 件、游環 3 件、銅鈴 26 件、銅魚 253 件、銅翣 1 件、銅翣片飾 4 件、棺釘 2 件、圓形飾 4 件、龍形帶飾 1 件、長方形銅泡 2 件、合頁 4 件、鏤孔長管 6 件、鏤孔 Y 形管 1 件、榫形圓管 1 件、菌狀柄首 2 件。經調查，上述器物大多數出自以下八座墓葬——M2007、M2008、M2031、M2059、M2118、M2119、M2120、M2121。器物時代多為西周晚期，部分晚至兩周之際。[614]

1995 年考古人員在三門峽市李家窯村北清理了西周墓葬十四座，其中 M44 經報導，隨葬有銅器 4 件——銅鼎 1 件、銅簋 2 件*（2）、銅戈 1 件。[615]

2001 年 7 月至 2002 年 5 月在李家窯村西又清理了一批墓葬，其中 M24、M26 經報導，前者出土銅鼎 1 件，後者出土銅戈 1 件、盾鍚 12 件、車轄 1 件、馬銜 2 件、銅鈴 1 件。[616]

1998 年 3 月在三門峽市花園北街發現了一座西周晚期墓葬，出土銅器 13 件，包括：銅鼎、銅簋、銅盤、銅盉、銅戈、銅矛、帽形器各 1 件和車軎、車轄、馬銜各 2 件。[617]

（二十七）鄭州市中原區石佛鎮窰劉村

1999 年 10 月下旬在鄭州市石佛鎮窰劉村北的窰劉遺址發現了一座西周墓葬，編號為 ZGW99M1，出土了銅鼎 3 件*（3）、銅甗 1 件、銅簋 1 件*（1）、銅罍 1 件*（1）、銅卣 3 件*（3）、銅尊 1 件*（1）、銅盉 1 件*（1）、銅觚 1 件、銅

614 河南省文物考古研究所、三門峽市文物工作隊：《三門峽虢國墓（第一卷）》，頁459-499、512、514，文物出版社，北京，1999。

615 三門峽市文物工作隊：〈三門峽市李家窯四十四號墓的發掘〉，《華夏考古》2000：3，頁17-20、40。

616 河南省文物考古研究所、三門峽市文物考古研究所：〈河南三門峽市李家窯遺址西周墓的清理〉，《華夏考古》2008：4，頁8-15。

617 三門峽市文物工作隊：〈三門峽市花園北街發現一座西周墓葬〉，《文物》1999：11，頁17-22。

戈 3 件、盾飾 2 件、銅刀，和許多銅車馬飾。考古人員認為該墓葬出土的銅器帶有晚商風格，又明顯具有西周早期的特色，因而斷定墓葬時代為西周早期。[618]

（二十八）鄭州市新鄭市觀音寺鎮唐戶村

1976 年 12 月考古人員在新鄭唐戶村發掘了一批兩周墓葬，其中西周墓葬有十二座，僅 M3 與 M39 有隨葬銅器，M3 出土銅鬲 2 件*（2）、銅鈴 6 件；M39 出土銅鼎 1 件、銅簋 1 件、銅尊 2 件。另有西周車馬坑一座，出土銅� 4 件、銅軎4 件、銅軝 4 件、車軎 3 件。[619]

（二十九）鄭州市新鄭市梨河鎮端灣村

1968 年 11 月在「鄭韓故城」城址內的端灣村附近發現了西周銅壺 2 件。[620]

（三十）平頂山市新華區滍陽鎮北滍村

1979 年考古工作者在平頂山市滍陽鎮北滍村西的黃土崗採集到一些銅車馬飾和鑾鈴等殘片。同年 12 月在黃土崗的北段，出土了銅簋 1 件*（1）。[621]

1980 年 5 月 18 日在黃土崗又發現了銅簋 1 件*（1），同出的還有鑾鈴 4 件、車轄 1 件、車軎 1 件、馬鑣 3 件、馬轡銅飾 10 件等。[622]

上述的兩件有銘銅簋銘文內容、字數一樣，考古人員認為是西周時器，但學者考定時代應為春秋早期。[623]

1982 年 11 月在黃土崗又出土了一批出自墓葬的西周銅器，包括：銅鼎 1 件*（1）、銅簋 1 件*（1）、銅爵 1 件*（1）、銅觶 1 件*（1）、銅斧 1 件、銅戈 2 件、車轄 2 件、銅銜 1 件、銅鑣 1 件、盾鍚 1 件、銅泡 85 件、方形飾 31 件、長方形

618 鄭州市文物考古研究所：〈鄭州窪劉西周貴族墓出土青銅器〉，《中原文物》2001：2，頁4-9。鄭州市文物考古研究所：〈鄭州窪劉村西周早期墓葬（ZGW99M1）發掘簡報〉，《文物》2001：6，頁28-44。

619 開封地區文管會、新鄭縣文管會、鄭州大學歷史系考古專業：〈河南省新鄭縣唐戶兩周墓葬發掘簡報〉，《文物資料叢刊》2，頁45-65，文物出版社，北京，1978。

620 楊寶順：〈新鄭出土西周銅方壺〉，《文物》1972：10，頁66。

621 平頂山市文管會：〈河南平頂山市發現西周銅簋〉，《考古》1981：4，頁370、314。

622 張肇武：〈河南平頂山市又出土一件鄧公簋〉，《考古與文物》1983：1，頁109、79。

623 中國社會科學院考古研究所：《殷周金文集成》修訂增補本第三冊，頁2003、2541-2542，編號3775、3776，中華書局，北京，2007。

飾44件、方形扁平帶孔銅飾5件。[624]

1984年4月20日在黃土崗又發現了銅鼎1件*（1）、銅簋2件*（2）。[625]

1985年4月在北滍村發現出自墓葬的一批西周銅器，計有：銅鼎2件*（1）、銅簋1件*（1）、銅卣1件*（1）。[626]

1986年到2004年考古工作者連續十多年在北滍村的黃土崗進行發掘，共清理了西周至東漢時期的墓葬三百五十七座。其中M1、M50、M84、M95、M242等西周墓葬的情形已初步公布。M1出土隨葬品1052件，銅器部分有：銅鼎5件、銅甗1件、銅簋6件、銅壺2件、銅盤1件、銅盉1件、方彝1件、銅戈1件、車軎4件、車䡇4件、鑾鈴4件、銅鈴11件、馬銜8件、馬鑣16件、銅環5件、銅獸面12件、合頁3件、小銅泡220件、節約26件、銅管250件、銅魚215件、大銅泡9件、小銅環1件和一些槨飾銅片。[627]M50出土銅鼎1件、銅盉1件*（1），以及銅車馬器、銅兵器、鉛錫器等器物。[628]

M84出土隨葬品130件（組），隨葬之銅器僅公布一部分，有銅鼎2件*（1）、銅甗1件*（1）、銅盨1件*（1）、銅爵1件、銅觶1件、銅尊1件*（1）、銅卣1件*（1）、銅盤1件*（1）、銅盉1件*（1）、銅戈1件、銅人面具8件和銅車馬器、銅斧、銅鑱、銅刀⋯⋯等。[629]

M95出土隨葬品400多件，銅器部分有：銅鼎5件*（3）、銅鬲4件*（4）、銅甗1件、銅簋6件*（4）、銅盨3件*（2）、銅壺2件*（2）、銅盤2件*（1）、銅匜2件、銅尊1件、銅鐘7件、編鈴9件、銅戈1件、銅鑱1件、銅斧1件、銅軎3件、車䡇12件、車轄10件、馬銜10件、馬鑣32件、鑾鈴10件、軛首4件、軛足4件、銅環5件、璧形銅環4件、銅泡4件、革帶飾4件、革帶扣114件、繩扣5件、節約53件、銅管4件、絡飾88件、小腰7件、殘銅器2件、銅

624 張肇武：〈河南平頂山市出土西周應國青銅器〉，《文物》1984：12，頁29-32。

625 張肇武：〈平頂山市出土周代青銅器〉，《考古》1985：3，頁284-286。

626 平頂山市文管會：〈平頂山市新出土西周青銅器〉，《中原文物》1988：1，頁21-22。

627 河南省文物研究所、平頂山市文管會：〈平頂山市北滍村兩周墓地一號墓發掘簡報〉，《華夏考古》1988：1，頁30-44。

628 王龍正、姜濤、婁金山：〈匍鴨銅盉與頫聘禮〉，《文物》1998：4，頁88-91、95。王龍正：〈匍盉銘文補釋並再論頫聘禮〉，《考古學報》2007：4，頁405-422。

629 河南省文物考古研究所、平頂山市文物管理委員會：〈平頂山應國墓地八十四號墓發掘簡報〉，《文物》1998：9，頁4-17。

片 6 件。[630]

M242 出土銅鼎 2 件、銅簋 2 件*（1）、銅觶 2 件、銅爵 1 件、銅尊 1 件、銅卣 1 件，和銅車馬器、銅兵器等器物。[631]

1988 年平頂山市文物管理局收藏了一批民眾盜自應國墓地的銅器，共計 300 多件，當中銅鼎 1 件、銅鬲 2 件、銅簋 3 件、銅盤 1 件、銅匜 1 件具有銘文。[632]

（三十一）平頂山市湛河區北渡鎮魏莊村

在平頂山市郊魏莊村曾發現出自窖藏的西周銅鐘 3 件。[633]

（三十二）平頂山市汝州市小屯鎮朝川村（原臨汝縣）

1980 年在臨汝縣朝川村出土了西周銅匜 1 件*（1）。[634]

（三十三）平頂山市汝州市騎嶺鄉大張村（原臨汝縣）

1983 年在臨汝縣大張村西南出土了一批西周早期銅器，為銅鼎、銅簋*（1）、銅爵、銅觶各 1 件。[635]

（三十四）平頂山市寶豐縣

1973 年 1 月從寶豐縣徵集到西周銅簋 1 件。[636]

（三十五）平頂山市魯山縣倉頭鄉倉頭村

1956 年揀選到出自魯山縣倉頭村的一批銅器，包括：銅爵 2 件*（2）、銅觶 1 件*（1）、銅尊 1 件*（1）、銅卣 1 件*（1）。考古人員判斷這批銅器的時代在商

---

630 河南省文物研究所、平頂山市文物管理委員會：〈平頂山應國墓地九十五號墓的發掘〉，《華夏考古》1992：3，頁92-103。王龍正：〈平頂山應國墓地九十五號墓年代、墓主及相關問題〉，《華夏考古》1995：4，頁68-72、6。

631 王龍正、姜濤、袁俊杰：〈新發現的柞伯簋及其銘文考釋〉，《文物》1998：9，頁53-58。

632 婁金山：〈河南平頂山市出土的應國青銅器〉，《考古》2003：3，頁92-93。

633 孫清遠、廖佳行：〈河南平頂山發現西周甬鐘〉，《考古》1988：5，頁466。

634 臨汝縣文化館：〈河南臨汝縣出土西周銅匜〉，《考古》1984：2，頁156。

635 楊澍：〈河南臨汝出土西周早期青銅器〉，《考古》1985：12，頁1141、1113。

636 張劍：〈洛陽博物館館藏的幾件青銅器〉，《文物資料叢刊》3，頁42，文物出版社，北京，1980。

末周初之際。[637]

（三十六）許昌市襄城縣丁營鄉霍莊村

1975 年 12 月在襄城縣霍莊村發現了西周墓葬一座，出土銅鼎 1 件*（1）、銅簋 1 件、銅尊 1 件*（1）、銅卣 1 件*（1）、銅爵 2 件*（1）、銅觶 1 件、銅鈴 1 件、銅鍿 2 件。此墓出土的青銅器，經考古人員判別，卣、爵保有晚商的風格，但鼎、簋、尊是周初的作風，就銘文觀察，也具有周初的特徵。[638]

（三十七）許昌市襄城縣潁陽鎮左莊村

1984 年 3 月在襄城縣左莊村出土了銅尊、銅罍各 1 件。[639]

（三十八）許昌市禹州市褚河鄉吳灣村

1979 年考古人員在發掘禹縣吳灣龍山文化遺址時，另外清理了三座西周墓葬，其中 M1 出土銅鼎 1 件、銅盉 1 件*（1）；M2 出土銅鼎 1 件、銅簋 2 件*（1）；M3 出土銅鼎 1 件、銅簋 2 件。[640]

（三十九）許昌市

河南省文物商店於 1976 年揀選到出自許昌的西周銅卣 1 件*（1）。[641]

（四十）周口市鹿邑縣太清宮鎮

1997 年考古人員在鹿邑縣太清宮遺址發現了一座帶有南北兩條墓道的西周墓葬，出土了銅器 235 件，[642]包括：銅鼎 22 件*（21）、銅鬲 2 件、銅甗 2 件*（2）、銅簋 3 件*（3）、銅罍 3 件*（3）、銅瓳 8 件*（2）[643]、銅爵 8 件*（4）、銅

---

637 裴琪：〈魯山縣發現一批重要銅器〉，《文物》1958：5，頁73-74。

638 河南省博物館：〈河南省襄縣西周墓發掘簡報〉，《文物》1977：8，頁13-16。

639 姚軍英：〈襄城縣出土兩件西周青銅器〉，《華夏考古》1994：1，頁21。

640 河南省文物研究所、禹縣文管會：〈禹縣吳灣西周晚期墓葬清理簡報〉，《中原文物》1988：3，頁5-7。

641 劉東亞：〈介紹新發現的幾件商周青銅器〉，《中原文物》1982：4，頁64-65。

642 河南省文物考古研究所、周口市文化局：《鹿邑太清宮長子口墓》，頁56-149，中州古籍出版社，鄭州，2000。

643 其中編號121的銅瓳，內文說銘文已鏽蝕不清，文後的附表又說有「□父辛」三字。

觶 5 件*（2）、銅尊 5 件*（5）、銅卣 6 件*（5）、銅觥 3 件*（3）、銅角 2 件*（2）、銅壺 2 件、銅罍 2 件*（1）、銅斗 4 件、銅盉 1 件*（1）、銅盤 1 件、銅鐃 6 件、銅刀 2 件、銅戈 5 件、銅鉞 1 件、銅鏃 32 件、弓形器 3 件、銅劍 1 件、盾飾 2 件、銅斧 2 件、銅錛 2 件、銅鑿 1 件、銅削 5 件、銅抄 1 件、銅鏟 3 件、銅車馬器 78 件和銅雜器 12 件。

關於這批青銅器的年代，學者認為有些器物帶有商代晚期風格，有些具有西周初期的特徵，但未見晚於西周成王的器形。具體而言，兩件四耳簋、同銘一尊二卣，是典型西周銅器的特色。[644]

（四十一）周口市淮陽縣劉振屯鄉泥河村

1961 年 12 月在淮陽縣泥河村的西北出土了銅爵 1 件，隔年 4 月同一地點又發現了銅簋、銅觚、銅爵、銅卣、銅戈各 1 件，同出還有陶器 4 件。[645]

（四十二）商丘市永城市陳集鄉

永城縣文管會徵集到 1985 年 3 月出自該縣陳集鄉的西周銅匜 1 件*（1）。[646]

（四十三）安陽市殷都區西郊鄉劉家莊

1988 年考古工作者在劉家莊村北進行發掘，清理了西周墓二十六座，出土銅戈 13 件、銅鏃 1 件、銅泡 5 件、銅箅 1 件。[647]

（四十四）鶴壁市淇濱區龐村鎮龐村

1961 年 7 月在鶴壁市龐村南邊的斷崖出土了一批西周銅器，有銅鼎 3 件、銅甗 1 件*（1）、銅鬲 1 件、銅簋 3 件*（2）、銅爵 3 件*（1）、銅觶 1 件*（1）、銅尊 1 件*（1）、銅卣 1 件*（1）、銅斗 1 件、銅盉 1 件、銅戈 1 件、銅矛 1 件、車

644 河南省文物考古研究所、周口市文化局：《鹿邑太清宮長子口墓》，頁208，中州古籍出版社，鄭州，2000。韓維龍、張志清：〈長子口墓的時代特徵及墓主〉，《考古》2000：9，頁26。
645 劉東亞：〈河南淮陽出土的西周銅器和陶器〉，《考古》1964：3，頁163-164。
646 李俊山：〈永城出土西周宋國銅匜〉，《中原文物》1990：1，頁104。
647 中國社會科學院考古研究所安陽工作隊：〈河南安陽殷墟劉家莊北地殷墓與西周墓〉，《考古》2005：1，頁7-23。

軎 1 件、當盧 1 件、鎖形車飾 1 件、圓形車飾 4 件、泡形車飾 7 件。[648]

（四十五）鶴壁市淇濱區龐村鎮辛村（原濬縣）

1932 年到 1933 年考古工作者在原濬縣辛村（今屬鶴壁市淇濱區龐村鎮），進行了四次發掘，清理西周墓葬八十二座，[649]出土銅器包括：銅鼎 4 件*（1）、鼎足 1 件、銅甗 2 件*（2）、銅簋 4 件、銅尊 1 件*（1）、銅爵 1 件*（1）、銅卣 1 件*（1）、銅盉 1 件、方盉 1 件、銅戈 81 件*（2）、銅戟 15 件*（11）、鉤戟 21 件、銅矛 13 件、甲泡 105 件*（2）、銅斧 6 件、銅鏃 9 件[650]、銅鑿 1 件、刻刀 1 件、平鏟 1 件、銅削 2 件、銅車馬器 1788 件[651]和銅雜器 136 件[652]……等，一共約 2208 件。隨葬有青銅禮器或兵器的墓葬情形，詳見附錄七。

經學者研究分析，八十二座西周墓葬可分為三期：西周早期——成康昭穆時代；中期——孝夷厲宣時代；晚期——西周幽王、東周平王時代。[653]

1984 年 10 在鶴壁市辛村東南的台地上發現了一批西周銅器，為銅尊 1 件*（1）、銅觶 1 件*（1）、銅削 1 件、銅鑿 1 件。[654]

（四十六）焦作市溫縣趙堡鎮陳家溝村

2005 年至 2006 年考古人員在溫縣陳家溝村西進行發掘，首批公布西周墓葬十二座，當中僅 M32 發現銅飾 1 件，另共出陶鬲 1 件、陶簋、陶罐各 2 件、蚌匕 3 件、玉玦 2 件。至於其餘墓葬僅出土陶器，未發現隨葬銅器。[655]

---

648 周到、趙新來：〈河南鶴壁龐村出土的青銅器〉，《文物資料叢刊》3，頁35-40，文物出版社，北京，1980。

649 郭寶鈞：《濬縣辛村》，頁7、33，科學出版社，北京，1964。

650 考古報告在內文「墓葬略述」一章提及M3出土銅鏃1件、M17出土2件、M18出土3件、M28出土 2件、M54出土1件、M24亦出土銅鏃，但未詳明件數。統計結果，應超過9件以上，但在「遺物 說明」一章，頁45卻登錄銅鏃出土8件。

651 郭寶鈞：《濬縣辛村》，頁47-59，科學出版社，北京，1964。銅車馬器包含輪軸、軛衡、輿蓋、 馬飾四個部分。

652 同上，頁59-61。銅雜器包含槨飾、銅管、鑾管、腰帶飾、銅魚、合頁、大銅鉤、殘器耳、小圓 牌等九種。

653 同上，頁74。

654 王文強：〈鶴壁市辛村出土四件西周青銅器〉，《中原文物》1986：1，頁126。

655 河南省文物考古研究所：〈河南溫縣陳家溝遺址發現的西周墓〉，《華夏考古》2007：2，頁18-29。

（四十七）南陽市桐柏縣月河鎮左莊

1964 年 11 月在南陽市桐柏縣左莊村後發現一批西周銅器，計有銅鼎 1 件、銅罍 1 件*（1）、銅盤 1 件*（1）、銅匜 1 件*（1）、銅戈 1 件和銅鏃 2 件。爾後考古人員又於出土現場採集到銅鏃 1 件。[656]

（四十八）南陽市宛城區磚瓦廠

1981 年 2 月 14 日在南陽市北郊委磚瓦廠發現了一批出自墓葬的西周銅器，包括：銅鼎 1 件*（1）、銅簋 2 件*（2）、銅盤 1 件、馬鑣 2 件、節約 2 件、轡飾 6 件、車軎 2 件。[657]

（四十九）南陽市宛城區萬家園

2005 年考古人員在南陽市東北郊萬家園進行發掘，清理了西周至明清墓葬共計兩百四十七座，其中年代屬於西周晚期的 M202，其墓葬情形經披露，出土銅器 129 件——銅戈 1 件*（1）、扣飾 2 件、牌飾 1 件、馬銜 2 件、銅鑣 4 件、管絡飾 85 件、節約 12 件、銅魚 13 件、龍形銅飾 1 件、腰帶飾 8 件。[658]

（五十）南陽市

南陽市博物館收藏了西周銅鼎 1 件*（1），由南陽地區廢品公司所揀選。[659]

（五十一）駐馬店市泌陽縣官莊鄉梁河村

1955 年 6 月在泌陽縣官莊鄉梁河西岸發現了西周銅壺 2 件*（2），考古人員在出土銅壺的附近又採集到銅鼎 1 件、銅戈 1 件。[660]

（五十二）駐馬店市確山縣竹溝鎮

1983 年在確山縣竹溝鎮西側確山至泌陽的公路附近發現了一批出自窖穴的銅

656 王儒林：〈河南桐柏發現周代銅器〉，《考古》1965：7，頁371-372。

657 崔慶明：〈南陽市北郊出土一批申國青銅器〉，《中原文物》1984：4，頁13-16。

658 南陽市文物考古研究所：〈河南南陽市萬家園M202發掘簡報〉，《中原文物》2007：5，頁8-13、33。

659 尹俊敏、劉富亭：〈南陽市博物館藏兩周銘文銅器介紹〉，《中原文物》1992：2，頁87-90。

660 關玉翠、趙新來：〈泌陽縣出土的兩件西周銅壺〉，《文物》1966：1，頁56-57。

器，計有銅鼎 1 件、銅鬲 1 件*（1）、銅盤 1 件*（1）、銅匜 1 件*（1）和一些銅
貝、玉器，後經散失，僅徵集到銅鬲、銅盤和銅匜。[661]當中銅盤已殘破，銅匜就
器形、紋飾、銘文判斷，當屬西周末春秋初時器，[662]至於銅鬲年代為西周晚期。

（五十三）信陽市瀶河區瀶河港鄉

1986 年 8 月在信陽市瀶河港鄉政府前的瀶河灘航道上，發現了一批西周早期
銅器，包括：銅簋 3 件*（3）、銅卣 2 件*（2）、銅觚 1 件*（1）、銅觶 1 件*（1）、
銅尊 2 件*（1）、銅角 2 件*（2）、彝蓋 1 件*（1）、觥蓋 1 件、銅勺 1 件。[663]

（五十四）信陽市平橋區甘岸鄉孫寨村

1959 年 11 月到 1960 年 6 月，考古工作者兩次在信陽市北約二十公里處的淮
河北岸、孫寨村東南的台地進行發掘，在西周文化層出土了少量銅器，有銅鑼、
銅錐、銅棍、銅絲各 1 件，銅斧、銅削各 2 件，銅刀 5 件和銅鏃 13 件。[664]

三　山西省晉南地區

指晉中地區以南，所謂晉中地區北起雁門關，南至靈石口，以太原盆地和忻
定盆地為中心，包括晉東山地和晉西高原山地之部分地區。[665]山西省兩周時期的
考古工作，以晉文化考古為主，西周晉文化遺存主要分布於翼城、曲沃、侯馬、
聞喜一帶。[666]

（一）臨汾市曲沃縣曲村鎮曲村、翼城縣里寨鎮天馬村

1963 年秋考古人員在曲沃縣曲村鎮的曲村、北趙村、三張村和翼城縣的天馬

661 確山縣文物管理所：〈河南確山出土西周晚期銅器〉，《考古》1993：1，頁85。

662 夏麥陵：〈冀伯匜斷代與隞之地望〉，《考古》1993：1，頁76。

663 信陽地區文管會、信陽縣文管會：〈河南信陽縣瀶河港出土西周早期銅器群〉，《考古》1989：
　　1，頁10-19。

664 河南省文物研究所：〈信陽孫寨遺址發掘報告〉，《華夏考古》1989：2，頁1-68。

665 許偉：〈晉中地區西周以前古遺存的編年與譜系〉，《文物》1989：4，頁40。

666 楊富斗：〈山西的考古發現與研究〉，《山西省考古學會論文集》（二），頁10，山西人民出版社，
　　太原，1994。

村交界一帶進行調查與試掘，確定了該處是以西周晚期遺存為主要內涵的遺址，而後考古人員皆以天馬——曲村遺址統稱之。1971 年在曲村發掘了一座西周墓葬，編號為 71 曲北 M1，該墓出土銅器——銅鼎、銅簋各 1 件。[667]

1979 年秋在曲村北面和西面又發現了一批晉文化墓地，但僅發掘其中九座，另外在村東的探溝內又發掘了另一座墓葬，各編號為 79 曲北 M11—18、M21 和 79 曲東 M1。出土有銅器的墓葬為 79 曲北 M12、M14，前者有銅鼎、銅戈各 1 件，後者有銅鼎 1 件。同時在遺址內還發現屬於西周中晚期的銅鏃 2 件。[668]

1980 年到 1989 年考古工作者六次在天馬——曲村遺址進行發掘，首批的考古報告是將截至 1989 年的發掘所得，全盤彙整成《天馬——曲村 1980—1989》四冊。經統計，1980 年到 1989 年在天馬——曲村遺址所發掘隨葬有銅器的西周墓葬共有四十六座；另有 M7005 雖未出土銅器，但隨葬錫鼎、錫簋各 1 件；編號工作站 M1 出土銅戈、銅泡各 1 件；而 J4 區 2 號車馬坑、I2 區馬坑 M5160 出土有車馬器等。[669]這些墓葬的出土情形如表九：

表九　1980—1989年天馬——曲村西周晉文化墓地

墓葬編號	銅器的種類與數量	備註
M5150	銅鼎 1、銅簋 1、銅盉 1、銅盤 1、銅鈴 11、銅魚 20、牛頭飾 2	第六段：西周最晚期
M5189	銅鼎 2、銅簋 2、銅盤 1、銅匜 1、銅鏃 1、馬鑣 24、馬銜 12、節約 15、管狀絡飾 180、銅泡 3、銅鈴 53、銅魚 100	〃
M6054	銅鼎 1、銅簋 1	第一段：西周早期
M6069	銅鼎 3、銅鬲 1、銅甗 1*（1）、銅簋 1*（1）、銅觶 1、銅卣 1*（1）、銅泡 1	〃

667 北京大學歷史系考古專業山西實習組、山西省文物工作委員會：〈翼城曲沃考古勘察記〉，《考古學研究》（一），頁124、173，文物出版社，北京，1992。

668 同上，頁172-174、191。

669 北京大學考古學系商周組、山西省考古研究所：《天馬——曲村1980—1989》第二冊，頁335-935，科學出版社，北京，2000。

（續）

墓葬編號	銅器的種類與數量	備註
M6071	銅鼎 1、銅簋 1、銅戈 2、銅劍 1、馬銜 4、當盧 4、方絡扣 2、銅泡 223、銅鈴 1	第三段：西周中期偏早
M6080	銅鼎 2*（2）、銅鬲 1、銅簋 2*（2）、銅軎 2、銅轄 2、馬鑣 3、鼻梁飾 4、節約 4、銅泡 9	第一段：西周早期
M6081	銅鼎 4*（4）、銅甗 1、銅簋 2、銅爵 1、銅觶 1、銅尊 1*（1）、銅卣 1*（1）、銅盤 1*（1）、銅戈 3、銅劍 1、銅斤 2、銅鑾 1、銅轄 4、馬鑣 8、馬銜 2、鑾鈴 6、當盧 2、節約 8、方絡扣 2、銅管 1、銅泡 285、銅環 1、銅鈴 4	〃
M6105	銅鼎 1*（1）、銅戈 1、銅泡 3	〃
M6121	銅鼎 1、銅簋 1、銅爵 1、銅觶 1	〃
M6123	銅鬲 1、銅戈 1、銅斧 1、銅泡 2	第二段：西周早期稍晚
M6126	銅鼎 1、銅泡 1	第一段
M6127	銅鼎 1、銅簋 1*（1）	〃
M6130	銅鼎 1*（1）、銅甗 1、銅簋 1*（1）、銅戈 3、銅矛 1、銅斤 2、銅鑾 1、銅軎 2、銅轄 2、馬鑣 8、銅筒 4、銅環 4、節約 16、方絡扣 2、銅泡 178、銅鈴 3、銅片 1、銅帶扣 1	第二段
M6131	銅鼎 1*（1）、銅簋 1*（1）	第一段
M6179	銅鼎 1、銅戈 1、銅泡 72、銅耳環 2	〃
M6190	銅鼎 1、銅簋 1、銅帶扣 1	〃
M6195	銅鼎 3*（2）、銅鬲、銅甗 1、銅簋 2、銅戈 7、銅矛 1、銅軎 8、銅轄 8、馬鑣 8、馬銜 4、鑾鈴 4、馬冠 1、鼻梁飾 6、節約 4、絡飾 2、方絡扣 6、銅環 1、銅泡 279、銅鈴 3	〃
M6197	銅鼎 2*（1）、銅鬲 2*（1）、銅簋 2*（1）	〃
M6204	銅鼎 1、銅戈 1、銅泡 1	〃

（續）

墓葬編號	銅器的種類與數量	備註
M6210	銅鼎 3*（1）、銅鬲 1、銅甗 1、銅簋 2*（2）、銅爵 1*（1）、銅觶 1、銅尊 1*（1）、銅卣 1*（1）、銅勺 1、銅戈 5、銅矛 1、銅劍 1、銅鏃 4、弓形器 1、銅書 2、銅轄 4、馬鑣 8、馬銜 2、鑾鈴 4、軛飾 1、輈飾 1、鴨嘴形器 1、馬冠 1、鼻梁飾 4、瓦狀絡飾 20、方絡扣 2、銅泡 252、牛頭飾 2、銅鈴 2	第一段：西周早期
M6214	銅鼎 2*（2）、銅鬲 1、銅甗 1、銅簋 2、銅觶 1*（1）、銅尊 1*（1）、銅卣 1*（1）、銅書 2、銅轄 2、馬鑣 4、節約 10、方絡扣 4、二聯泡 57、銅泡 17、銅環 1、殘銅器 1	〃
M6231	銅鼎 2*（1）、銅鬲 2、銅甗 1、銅簋 2*（1）、銅爵 1、銅觶 1、銅尊 1*（1）、銅卣 1*（1）、銅壺 1*（1）、銅戈 8、銅鏃 3、銅斤 2、銅鑿 2、銼刀 1、銅書 4、銅轄 10、鑾鈴 10、馬鑣 22、馬銜 4、鼻梁飾 4、節約 8、瓦狀絡飾 120、銅管 2、銅環 2、銅泡 216、銅鈴 1	第二段：西周早期稍晚
M6235	銅鼎 1	〃
M6242	銅鼎 1*（1）、銅鏃 2、節約 2、銅泡 1、管狀絡飾 1、銅帶扣 1、銅圈 2、銅環 2	第一段
M6243	銅鼎 1*（1）、銅簋 1*（1）、銅戈 2、銅管 1、銅環 2、銅錐 1、銅鈴 1	第二段
M6308	銅鼎 3*（1）、銅簋 2	第二段、錫器 1
M6372	銅鼎 1、銅戈 1	〃
M6384	銅鼎 1、銅甗 1*（1）、銅簋 1*（1）、銅爵 2、銅觚 1、銅盉 1*（1）、銅尊 1*（1）、銅卣 1*（1）、銅盤 1*（1）、銅支架 2、銅戈 3、銅矛 1、銅鏃 3、銅斧 1、銅殳 1、銅座 1、銅轄 3、馬鑣 12、馬銜 4、鑾鈴 2、當盧 4、鼻梁飾 2、銅人面目 12、節約 21、管狀絡飾 12、銅泡 202、銅環 2、銅鈴 1	第三段：西周中期偏早
M6390	銅鼎 1、銅片 1	第五段：西周晚期

（續）

墓葬編號	銅器的種類與數量	備註
M6434	銅鼎 1、銅簋 1*（1）	第三段
M6496	銅戈 1、銅鏃 1	第一段、錫鼎 1、錫簋 1
M7003	銅鼎 1	第二段
M7004	銅鼎 1	第一段
M7005		第一段、錫鼎 1、錫簋 1
M7014	銅鼎 1、銅鬲 1*（1）	第三段
M7029	銅鼎足 1	第四段：西周中期偏晚
M7052	銅鼎 1、銅戈 1	第三段
M7070	銅簋 1*（1）、銅戈 1	第五段
M7092	銅鼎 1、銅鐘 1、銅戈 2、銅軎 2、銅轄 2、馬鑣 8、馬銜 4、鑾鈴 4、節約 8、管狀絡飾 4	第三段、錫簋 1
M7095	銅鼎足 1、馬鑣 2	第四段
M7113	銅鼎 1、銅簋 1*（1）	第四段
M7146	銅鼎 1、銅戈 1	第二段
M7161	銅簋 1	第一段、錫簋 1、錫盤 1
M7164	銅鼎 1、銅盆 1、銅戈 1	第三段
M7165	銅戈 1、銅泡 1	第二段、錫鼎 1、錫簋 1
M7176	銅鼎 1、銅盆 1、銅戈 1、銅鏃 2	第三段、錫器 1、錫戈 1
M7185	銅鼎 1、銅戈 1	第二段、錫器 1
工作站 M1	銅戈 1、銅泡 1	

（續）

墓葬編號	銅器的種類與數量	備註
J4 區 2 號車馬坑	銅書 3、銅泡 1	時代屬西周早期
I2 區 馬坑 M5160	銅戈 1、馬鑣 4、馬銜 2、獸頭飾 1、銅鈴 1	時代在兩周之際

1992 年上半年考古人員在天馬——曲村遺址清理了兩座遭盜掘的西周大墓，編號為 I12M1、I12M2。前者出土鑾鈴 4 件、車書 1 件、車轄 2 件、銅鑣 24 件、銅銜 5 件、銅戈 3 件、銅矛 2 件、銅鏃 1 件、銅泡 5 件、節約 139 件、銅管 106 件、繫扣 40 件、絡扣 1 件、銅環 3 件、獸形銅飾 1 件、軛飾 1 件、銅魚 42 件和帶有三行銘文的銅容器腹部殘片 1 件，另曲沃縣相關單位還追繳回一批可能原屬於 I12M1 的器物，銅器部分有銅鼎 1 件、鑾鈴 9 件、車轄 6 件、銅鑣 10 件、銅銜 11 件、銅鈴 6 件。而 I12M2 則出土銅鼎 1 件、手鏟形器 1 件、銅蓋紐 1 件、銅魚 36 件。[670]

1992 年下半年考古人員又清理了五座西周大墓，其中 I11M8 經報導，遭盜掘後所遺留的銅器，有銅鼎 1 件*（1）、銅甗 1 件、銅簋 2 件*（2）、銅兔尊 3 件、銅爵 1 件*（1）、銅壺 2 件*（2）、銅盉 1 件、銅盤 1 件、編鐘 2 件*（2）、銅鏃 1 束、鑾鈴 3 件、銅環 2 件、銅牌 2 件，及銅簋方座殘片和一些銅魚。[671]

1993 年上半年發掘了兩座西周大墓和三座小型墓，當中 I11M31 經報導，隨葬的銅器有銅鼎 3 件、銅簋 2 件、銅壺 2 件、銅盉 1 件、銅盤 1 件，以及一些銅鈴、銅魚，而在一件玉環上還發現刻有文字共一行 12 字。[672]

1993 年下半年發掘了三座西周大墓，編號為 I11M62－64。[673]根據目前初步發表的考古報告所示，I11M64 出土銅鼎 5 件*（2）、銅簋 4 件*（1）、銅尊 4 件、

670 北京大學考古系、山西省考古研究所：〈1992年春天馬——曲村遺址墓葬發掘報告〉，《文物》1993：3，頁11-30。

671 北京大學考古學系、山西省考古研究所：〈天馬——曲村遺址北趙晉侯墓地第二次發掘〉，《文物》1994：1，頁4-28。

672 山西省考古研究所、北京大學考古學系：〈天馬——曲村遺址北趙晉侯墓地第三次發掘〉，《文物》1994：8，頁22-33、68。

673 山西省考古研究所、北京大學考古學系：〈天馬——曲村遺址北趙晉侯墓地第四次發掘〉，《文物》1994：8，頁4-21。

銅壺 2 件、編鐘 8 件*（8）[674]、銅鉦 1 件、銅戈 1 件、銅劍 1 件，以及銅甗、銅簋、銅爵、銅盤、銅匜、銅鏃等器物。I11M62 出土銅鼎 3 件、銅簋 4 件、銅壺、銅盤、銅匜、銅爵、銅尊、方彝、鼎形方盒各 1 件、鑾鈴 4 件，和一些銅魚。I11M63 則出土銅鼎 3 件、銅簋 2 件、銅壺 2 件*（2）、銅盤、銅盉、銅爵、銅觶、方彝、鼎形方盒、筒形器各 1 件，和一些銅魚。

　　1994 年又發掘了五座大墓，編號為 M33、M91—93、M102。[675]其中 M33 遭盜掘，所存銅器為槨室北側的銅壺 1 件*（1）和大量車馬器；還有西側的銅鼎 2 件、銅簋 1 件，以及一些車馬器、兵器；從盜洞和擾土中還揀選出若干銅器殘片，可辨器形者有鼎、甗、簋、盉、戈、劍、軎、轄、軥等。

　　M91 出土銅禮器 35 件——銅鼎 7 件、銅鬲 2 件、銅甗 1 件、銅簋 5 件、銅豆 1 件、銅爵 2 件、方壺 1 件*（1）、圓壺 1 件、銅尊 1 件、銅卣 1 件、銅盤 1 件、銅匜 1 件、銅盉 1 件*（1）[676]、編鐘 7 件，另有 3 件銅器無法辨認*（1）[677]；兵器共 86 件——銅戈 13 件、銅鏃 70 件、銅劍、銅矛、銅鐏各 1 件；以及車馬器如鑾鈴、馬鑣、軛飾、車軎、絡扣……等。M92 出土銅鼎 2 件*（1）、銅盨 2 件、銅壺 2 件*（2）、銅盤 1 件*（1）、銅盉 1 件，還有少量的車馬器、銅魚。M93 出土銅禮器分實用器和明器，前者有銅鼎 5 件、銅甗 1 件、銅簋 6 件、銅壺 2 件*（2）、銅盤 1 件*（1）[678]、銅匜 1 件，後者為銅鼎、銅簋、銅尊、銅卣、銅爵、銅觶、方彝、銅盤各 1 件，另有編鐘大小兩套各 8 件、銅戈 2 件、銅鏃 10 餘件、銅鐏 1 件、銅鑿 1 件、銅削 1 件、銅泡 19 件、銅鋪首 8 件、銅鈴 23 件、銅魚 330 多件……等。

　　M102 出土銅禮器亦分實用器和明器[679]，前者有銅鼎 3 件、銅簋 4 件、銅盤、銅匜、銅壺各 1 件，後者為銅鼎、銅簋、銅爵、銅觶、銅盉、方彝各 1 件，另有銅刀 3 件、銅鈴 21 件、銅魚數百件、山形銅飾 4 件、鳥形銅飾 1 件、長條形銅片 4 件。

---

674 考古報告提及8件編鐘都有銘文，但僅列舉編號93的內容，不知其他7件銘文內容是否相同。

675 北京大學考古學系、山西省考古研究所：〈天馬——曲村遺址北趙晉侯墓地第五次發掘〉，《文物》1995：7，頁4-39。

676 該銅盉具有銘文，但因鏽蝕未清，暫時無法辨識。

677 銅器3件因破碎尚未復原器形，因而無法辨認，當中一銅器底出現銘文。

678 該銅盤具有銘文，但因鏽蝕未清，暫時無法辨識。

679 考古報告統計明器共有7件，但文後舉例僅出現6件。

這五座大墓的年代,學者認為 M33 相當於西周中期偏晚,即孝夷之世;M91、M92 應屬西周晚期,年代在厲王前後;M93、M102 因器物具有兩周之際的特徵,故時代定在春秋初年。[680]

2000 年 10 月到 2001 年 1 月考古工作者在天馬——曲村遺址清理了兩座遭盜掘的西周大墓,編號為 M113 和 M114。兩墓遭爆破,初步經修復公布的墓葬情形,M113 出土銅鼎 8 件*(2)[681]、銅甗 1 件*(1)、銅簋 6 件、銅卣 2 件*(1)[682]、銅壺 1 件、銅爵 2 件、銅觶 3 件、銅觚 1 件、銅盉 1 件、豬尊 1 件*(1)、銅罐 1 件、三足甕 1 件、琮形器 2 件,另有不少車馬器。M114 出土銅方鼎 2 件*(1)、銅甗 1 件*(1)、銅簋 1 件、鳥形尊 1 件*(1)、銅卣 1 件、銅觶 1 件、銅盤 1 件,還有少量的銅兵器和工具,如戈、錛、鑿,以及許多車馬器。[683]

1992 年和 1997 年考古工作者在曲村東北的 J6、J7 區進行發掘,在西周居住址內發現少量的銅鏃和 1 件銅魚鉤。[684]

(二)臨汾市翼城縣城關鎮鳳家坡村

1962 年 9 月 24 日在翼城縣鳳家坡西北發現一批出自西周墓葬的銅器,包括:銅甗*(1)、銅簋*(1)、銅卣*(1)各 1 件,馬飾和車軎各 2 件。[685]

(三)臨汾市洪洞縣大槐樹鎮永凝堡村

1957 年在永凝堡村發現西周銅器 359 件,有銅鼎 1 件*(1)、銅簋 2 件*(1)、銅戈 6 件、銅矛 1 件、銅斧 1 件、銅鑿 2 件、銅錛 2 件和車馬器 344 件。[686]

1980 年考古隊在洪洞縣永凝堡村清理了十二座西周墓葬,其中隨葬有銅禮器

---

680 北京大學考古學系、山西省考古研究所:〈天馬——曲村遺址北趙晉侯墓地第五次發掘〉,《文物》1995:7,頁36-37。

681 其中編號M133:51的銅鼎具有銘文,但難以釋讀。

682 該銅卣器蓋和器底均有銘文,但考古報告未說明蓋內之銘文內容。

683 北京大學考古文博院、山西省考古研究所:〈天馬——曲村遺址北趙晉侯墓地第六次發掘〉,《文物》2001:8,頁4-21、55。

684 北京大學考古學系、山西省考古研究所:〈天馬——曲村遺址J6、J7區周代居址發掘簡報〉,《文物》1998:11,頁34。

685 李發旺:〈山西翼城發現青銅器〉,《考古》1963:4,頁225。李發旺:〈翼城縣發現殷周銅器〉,《文物》1963:4,頁51-52。

686 解希恭:〈山西洪趙縣永凝東堡出土的銅器〉,《文物》1957:8,頁42-44。

的墓葬情形如下：編號 NM9 出土銅鼎 1 件、銅簋 1 件*（1）、木胎銅壺 1 件、銅戈 3 件和車馬器 126 件；NDM11 出土銅簋 2 件、銅鐘 1 件和車馬器 14 件；NDM14 隨葬銅鬲 1 件*（1）、銅簋 1 件*（1）和車馬器 79 件；BM5 隨葬銅鼎 3 件、銅甗 1 件、銅簋 2 件、銅戈 2 件和車馬器 48 件。其餘編號 NDM4 有車馬器 19 件，NDM9 有車馬器 2 件，BM6 和 MM14 各發現車馬器 2 件。車馬器的部分共計 292 件——鑾鈴 11 件、車轄 10 件、車軎 10 件、馬銜 7 件、當盧 6 件、馬冠 4 件、銅鑣 28 件、節約 39 件、馬飾 73 件、銅鈴 18 件、銅魚 2 件、銅環 2 件、銅錐 1 件、銅泡 80 件、龍紋圓飾 1 件。[687]

同年在洪洞縣永凝堡村東又發掘了十座西周墓葬，編號為 80SHYM1—4、7—12。[688]當中隨葬有銅器的墓葬共五座，出土情形如下：80SHYM1 出土銅鼎、彈丸各 1 件[689]；80SHYM7 出土銅鼎 3 件、銅簋 4 件、銅壺 2 件、銅盤 1 件、銅匜 1 件、車轄 2 件、車軎 2 件、銅鈴 14 件、銅魚 361 件；80SHYM8 出土銅鼎耳 1 件、銅簋殘片 2 件、銅鑒殘片 1 包、銅戈 1 件、銅鈴 3 件、鑾鈴 2 件、節約 11 件、車飾 2 件、銅帶飾 5 件、銅魚 93 件；80SHYM9 出土銅鼎 1 件、銅簋 1 件、銅匜 1 件、銅魚 4 件[690]；80SHYM12 出土銅鼎 2 件*（1）、銅簋 1 件*（1）、銅鐘 1 件、銅戈 2 件、車轄 2 件、車軎 2 件、銅鈴 1 件、鑾鈴 4 件、馬銜 4 件、馬鑣 4 件、銅泡 5 件、節約 95 件、銅環 5 件[691]、車飾 1 件、銅魚 33 件。

（四）臨汾市洪洞縣廣勝寺鎮坊堆村

1954 年考古工作者在坊堆村進行發掘，清理了西周墓葬十八座，出土銅器有：銅鼎 4 件*（1）、銅甗 2 件、銅簋 2 件、銅戈 1 件、銅魚 3 件、銅飾 3 件。[692]

（五）長治市長子縣南漳鎮西旺村

1958 年 3 月在長子縣西旺村發現了一批殷周文物，有銅鼎 1 件*（1）、銅簋

---

687 山西省文物工作委員會、洪洞縣文化館：〈山西洪洞永凝堡西周墓葬〉，《文物》1987：2，頁1-16。

688 臨汾地區文化局：〈洪洞永凝堡西周墓葬發掘報告〉，《三晉考古》第一輯，頁71-94，山西人民出版社，太原，1994。

689 內文著錄80SHYM1出土青銅彈丸1顆，但文後附表卻登記M2出土銅球1顆。

690 內文著錄80SHYM9出土銅魚4件，文後附表登記3件。

691 內文著錄80SHYM12出土銅環5件，文後附表登記2件。

692 山西省文物管理委員會：〈山西洪趙縣坊堆村古遺址墓群清理簡報〉，《文物》1955：4，頁46-53。

1 件*（1）、陶鬲 2 件和貝 50 枚，[693]其中銅鼎的時代，學者認為屬於晚商或西周早期，[694]也有研究人員認為銅鼎和銅簋皆屬西周早期器物。[695]

（六）長治市長子縣石哲鎮晉義村

1975 年長治市博物館徵集到出土自長子縣晉義村的一批西周銅器，為銅鼎*（1）、銅甗*（1）、銅鬲、銅簋*（1）各 1 件。[696]

（七）長治市屯留縣城郊

1976 年 11 月屯留縣城北約 1 公里處出土西周銅鼎*（1）和銅簋各 1 件。[697]

（八）運城市絳縣橫水鎮橫北村[698]

2004 年 12 月到 2005 年 7 月考古隊在絳縣橫北村北發掘了兩座西周大墓，並清理了南面遭盜掘的另一座大墓，各編號為 M1、M2 和 M3。根據初步整理的簡報內容，M1 出土了銅鼎 5 件*（1？）、銅甗 1 件*（1？）、銅鬲 1 件、銅簋 5 件*（2？）、銅盂 1 件、銅盤 2 件*（1？）、銅盉 2 件、銅壺 2 件、銅觶 1 件、銅鐘 5 件和車馬器……等。[699]M2 出土了銅鼎 3 件*（3）、銅甗*（1）、銅簋*（1）、銅爵、銅觶、銅尊*（1）、銅卣*（1）、銅盉、銅盤*（1）各 1 件、銅鐘 5 件、銅戈 4 件以及車馬器……等。[700]

---

693 山西省文物管理委員會：〈山西長子的殷周文化遺存〉，《文物》1959：2，頁36。

694 中國社會科學院考古研究所：《殷周金文集成》修訂增補本第二冊，頁906、1566，編號1538，中華書局，北京，2007。

695 山西省博物館：《山西省博物館館藏文物精華》，編號66-67，頁128，山西人民出版社，太原，1999。

696 王進先：〈山西長子縣發現西周銅器〉，《文物》1979：9，頁90。

697 王進先：〈山西屯留縣城郊出土西周早期青銅器〉，《考古》1982：6，頁665。

698 山西省考古研究所、運城市文物工作站、絳縣文化局：〈山西絳縣橫水西周墓發掘簡報〉，《文物》2006：8，頁4-18。山西省考古研究所、運城市文物工作站、絳縣文化局：〈山西絳縣橫水西周墓地〉，《考古》2006：7，頁16-21。

699 考古簡報著錄M1出土有銘銅器有鼎、甗、簋、盤共8件，但舉例的標本僅鼎1、簋2，在此若將銅甗1和銅盤1（數量暫定）加上，則還有其他3件尚不知所屬之器類。

700 考古簡報著錄M2出土有銘銅器有鼎3、甗1、簋1、尊1、卣1、盤1共8件，但舉例的標本僅鼎3、簋1、盤1，另3件未附銘文內容。

（九）運城市平陸縣張店鎮棗園村

　　1985 年 3 月中旬在平陸縣棗園村發現了出自兩個西周車馬坑的車馬器等共
30 件，包括：銅戈 1 件、鑾鈴 4 件、車軎 4 件、車轄 2 件、馬鑣 2 件、馬銜 1
件、銅環 1 件、當盧 4 件、活頁 3 件、車飾 1 件、節約 3 件、銅泡 4 件。[701]

（十）運城市芮城縣城關鄉柴村

　　1979 年 7 月在芮城縣柴村村西廟後溝的崖邊，發現了出自三座墓葬的一批西
周文物，銅器部分有銅鼎 2 件、銅簋 4 件、銅鐘 1 件、銅戈 2 件、銅矛 1 件、車
軎 8 件、鑾鈴 8 件、銅鈴 1 件、馬銜 5 件、馬鑣 10 件、節約 26 件。[702]

　　1985 年柴村又出土了銅鼎 2 件*（1）、銅簋 2 件*（1），但出土情況不明。[703]

（十一）運城市聞喜縣桐城鎮上郭村

　　1974 年 7 月考古人員在聞喜縣上郭村進行試掘，清理了年代在西周晚期至春
秋中期的墓葬二十四座，[704]當中隨葬有銅禮器的墓葬共十座，出土情形如表十
所示：

表十　1974年聞喜上郭村兩周墓葬

墓葬編號	銅器的種類與數量
M46	銅鼎 1
M48	銅鼎 1、銅鉶 1
M49	銅鼎 1
M51	銅鼎 1、銅盤 1、銅匜 1*（1）
M55	銅匜 1*（1）
M57	銅鼎 1、銅盂 1、銅鉶 1、銅匝 1

701 衛斯：〈山西平陸棗園村出土一批西周車馬器〉，《考古與文物》1988：3，頁106-107。
702 戴尊德、劉岱瑜：〈山西芮城柴村出土的西周銅器〉，《考古》1989：10，頁906-909。
703 同上。
704 朱華：〈聞喜上郭村古墓群試掘〉，《三晉考古》第一輯，頁95-122，山西人民出版社，太原，1994。

（續）

墓葬編號	銅器的種類與數量
M58	銅鼎 2
M59	銅鼎 1、銅盉 1
M373	銅鼎 1、銅甗 1、銅簋 1、銅盤 1、銅匜 1、銅壺 1、銅舟 1
M374	銅簋 1

此外，這批墓葬還出土銅鏡 1 件、銅車 1 件、銅戈 8 件*（1）[705]、銅鏃 59件、銅帶鉤 2 件、銅刀 3 件、銅鉤 17 件、銅環 77 件、銅魚 2507 件、銅鈴 193件、車軎 4 件、馬銜 28 件、馬鑣 13 件、馬冠 3 件、銅泡 72 件、節約 34 件、環形器 1 件、銅鉸具 1 件、獸面銅飾 2 件、鷥鳥銅飾 1 件、雞形銅飾 3 件和一些銅器殘片*（2）[706]。

1975 年在聞喜縣上郭村水庫西發現了墓葬一座，編號為 75M1，出土銅鼎 2件、銅簋 1 件、方彝 1 件、銅盤 1 件、銅盉 1 件、銅鈴 7 件、棺環 7 件、銅魚300 餘件。該墓所出器物與上村嶺虢國墓地相似，墓葬年代在兩周之際。[707]

1976 年在聞喜縣上郭村東北又清理了時代在兩周之際到春秋中期的墓葬十一座和車馬坑兩座，其中隨葬有銅器的墓葬年代在春秋早期至春秋中期。[708]

1989 年在上郭村北又發掘了兩周墓葬三十六座，當中隨葬銅禮器的墓葬有九座，出土情形如表十一：

表十一　1989年聞喜上郭村兩周墓葬

墓葬編號	銅器的種類與數量
M2	銅鼎 1
M3	銅盆 1、橢杯 1、銅匕 1、銅勺 1、銅削 1
M7	銅鼎 1、銅車 1

---

705 出自M55。

706 出自M375。

707 山西省考古研究所：〈1976年聞喜上郭村周代墓葬清理記〉，《三晉考古》第一輯，頁136-137，山西人民出版社，太原，1994。

708 同上，頁123-138。

（續）

墓葬編號	銅器的種類與數量
M9	銅鼎 1
M12	銅鼎 1、銅盤 1、銅匜 1
M13	銅鼎 1
M27	銅鼎 1、銅罐 1
M28	銅鼎 1
M33	銅鼎 1、銅匜 1、銅盆 1、銅鳥飾雙環 4、銅棺環 8

除了上述器物，這批墓葬還出土了一些青銅小件，如：銅鏡、牛首形鋪首、銅棺飾、銅鋸、銅鈴、銅魚等。至於這批墓葬的時代，考古人員判斷，應在兩周之際到春秋中期。[709]

四　河北省冀中南地區

河北省可分成冀中南和冀北兩大文化區域，中間以永定河、拒馬河為兩大區域的交錯地帶。以地理形勢來說，冀中南地區指太行山東麓，漳河以北、拒馬河以南的華北平原區。[710]

（一）邯鄲市磁縣岳城鎮下潘汪村

1959 年考古工作隊在磁縣下潘汪遺址進行發掘，在西周文化層發現銅鏃 5件。[711]

（二）邢台市橋西區南大郭鄉葛家莊

1993 年到 1997 年考古人員在邢台市葛家莊發掘了西周墓葬兩百三十座，車馬坑二十八座。目前正式考古報告尚未完成，大致上，墓葬分大中小三型，大型

709　山西省考古研究所：〈聞喜縣上郭村1989年發掘簡報〉，《三晉考古》第一輯，頁139-153，山西人民出版社，太原，1994。

710　鄭紹宗：〈河北考古發現研究與展望〉，《文物春秋》1992增刊，頁2-3。

711　河北省文物管理處：〈磁縣下潘汪遺址發掘報告〉，《考古學報》1975：1，頁110。

墓葬的隨葬品以銅禮器為主，另有兵器、車馬器和銅飾件；中型墓葬出土的銅器有鼎、簋、劍、戈、鉞、戚等，如 <u>M73 出土帶有「戈」字的銅鼎 1 件和鑄有「並作父寶尊彝」的銅簋 1 件</u>，又如 <u>M166 出土青銅短劍 1 把，其劍身鑄有「省命」二字銘文</u>；小型墓葬的隨葬品均為陶器，有的還會隨葬銅戈 1 件。[712]

（三）邢台市橋西區南小汪村

1985 年在邢台市南小汪村南發現了一處範圍很大的西周遺址，1991 年在 H75 發現帶有刻辭的西周卜骨殘片 1 件，在西周文化層還發現銅錐 1 件。[713]

1992 年考古人員為配合建設工程，發現了墓葬十餘座，其中編號 92XNDVM28 出土了銅鼎 2 件、銅爵 1 件*（1）、銅觶 1 件、銅尊 1 件、銅鈴 1 件，銅爵為晚商風格，其餘銅鼎等具西周早期特點。[714]M23 出土了援內兩面嵌有銅獸首的玉戈 1 件。[715]根據不完全的統計，1992 年到 1993 年，在南小汪遺址西周文化層和墓葬還發現銅鏃 1 件和銅戈 2 件。[716]

（四）石家莊市元氏縣東張鄉西張村

1978 年 3 月在元氏縣西張村發現了一批出自墓葬的西周文物，有銅器 34 件和玉器 5 件，銅器部分包括：銅鼎 1 件*（1）、銅甗 1 件、銅簋 1 件*（1）、銅尊 1 件*（1）、銅卣 2 件*（2）、銅爵 2 件、銅盤 1 件、銅盉 1 件、車轄 2 件、馬銜 3 件、馬鑣 4 件、銅鈴 1 件、節約 2 件、銅泡 4 件、獸面銅飾 4 件，還有殘銅戈、銅削、銅戟、弓形器各 1 件。[717]

712 任亞珊、郭瑞海、賈金標：〈1993—1997年邢台葛家莊先商遺址、兩周貴族墓地考古工作的主要收獲〉，《三代文明研究（一）——1998年河北邢台中國商周文明國際學術研討會論文集》，頁12-15，科學出版社，北京，1999。

713 河北省文物研究所、邢台市文物管理處：〈邢台南小汪周代遺址西周遺存的發掘〉，《文物春秋》1992增刊，頁241-248。

714 李軍：〈邢台南小汪28號西周墓〉，《文物春秋》2005：2，頁36-38。

715 石叢枝、李軍：〈河北邢台市南小汪發現西周墓〉，《考古》2003：12，頁89-90。

716 李軍、石叢枝、李恩瑋：〈邢台南小汪西周遺址考古新收獲〉，《三代文明研究（一）——1998年河北邢台中國商周文明國際學術研討會論文集》，頁26-31，科學出版社，北京，1999。

717 河北省文物管理處：〈河北元氏縣西張村的西周遺址和墓葬〉，《考古》1979：1，頁23-26。

（五）石家莊市平山縣

1957 年在石家莊市平山縣出土了時代約西周晚期至春秋早期的青銅短劍 1 件。[718]

（六）石家莊市

1958年在石家莊市出土了時代約西周中晚期至春秋初年的銅刀1件。[719]

（七）保定市滿城縣要莊鄉要莊村

1982 年到 1983 年考古工作者在滿城縣要莊村西進行勘查，確定了該遺址的時代屬於西周，並分成早中晚三期。在遺址內發現的銅器有銅鏡 1 件、銅刀 1 件和銅鏃 3 件。[720]

（八）保定市望都縣

1958年在保定市望都縣出土了時代約西周中晚期至春秋初年的銅刀1件。[721]

（九）滄州市任邱市啞叭莊

1989 年到 1990 年考古工作者在任邱市啞叭莊村西北進行發掘，在西周文化層發現了銅鏃 2 件。[722]

五　北京市

河北省以永定河、拒馬河為冀中南和冀北兩大文化區域的交錯地帶。冀北區以燕山、軍都山又可分成燕南區、燕北區和冀西北區。其中燕南區主要指永定河以北，燕山以南，包括京、津、唐三角地帶。[723]而西周時期燕國是王室分封的一

---

718 鄭紹宗：〈中國北方青銅短劍的分期及形制研究〉，《文物》1984：2，頁37。
719 鄭紹宗：〈長城地帶發現的北方式青銅刀子及其有關問題〉，《文物春秋》1994：4，頁37、40。
720 河北省文物研究所：〈河北滿城要莊發掘簡報〉，《文物春秋》1992增刊，頁251-263。
721 鄭紹宗：〈長城地帶發現的北方式青銅刀子及其有關問題〉，《文物春秋》1994：4，頁32、40。
722 河北省文物研究所、滄州地區文物管理所：〈河北省任邱市啞叭莊遺址發掘報告〉，《文物春秋》1992增刊，頁179-180、207。
723 鄭紹宗：〈河北考古發現研究與展望〉，《文物春秋》1992增刊，頁2-3。

個封國，就本質而言屬於周文化的範疇，依照目前研究情況顯示，西周燕文化是以周文化和商文化因素為主，還包括少量以張家園上層文化為代表的北方文化因素。西周早期，燕文化的分布範圍極為有限，僅在琉璃河附近及其以南的區域。西周中期偏晚之後，才向東、西、北擴大版圖。[724]

（一）北京市房山區琉璃河（原為房山縣）

琉璃河遺址分布在琉璃河以北地區，範圍包括：洄城、劉李店、董家林、黃土坡、立教、莊頭等村落，1962 年即已發現，直到 1973 年春才進行發掘。1962 年在黃土坡村發現了銅鼎*（1）、銅爵*（1）各 1 件。1973 年到 1977 年考古隊在琉璃河共清理了六十四座墓葬和五座車馬坑。[725]當中隨葬銅器的西周墓葬有二十三座和車馬坑五座，其出土情形如表十二：

表十二　1973－1977年北京琉璃河西周燕國墓地

墓葬編號	銅器的種類與數量	備註
I M1	銅戈 1、銅鏃 1	早期；小型墓
I M6	銅鈴 2	中期；小型墓
I M20	銅戈 1、銅鏃 7	早期；小型墓
I M22	銅戈 1、銅鏃 11、銅片飾件 1、當盧 2、銅鑣 2、銅銜 1、車轄 1、節約 4、銅泡	早期；小型墓
I M26	銅戈 1	早期；中型墓
I M31	銅戈 1	早期；小型墓
I M50	銅鼎 1、銅鬲 1、銅爵 1*（1）、銅觶 1*（1）、銅尊 1*（1）、銅鈴 1	早期；小型墓
I M52	銅鼎 1*（1）、銅鬲 1、銅尊 1*（1）、銅爵 2*（1）、銅觶 1*（1）、銅戈 4、銅劍 1、劍鞘飾 1、銅矛 1、銅盾飾 6*（1）、銅鑿 3、銅鏟 1、銅刀 1、銅鏃 1、殘銅戟 1*（1）、銅飾 1	早期；中型墓

724 蔣剛：《太行山兩翼北方青銅文化的演進及其與夏商西周文化的互動》，頁69-71，吉林大學考古學及博物館學博士論文，2006。
725 北京市文物研究所：《琉璃河西周燕國墓地1973—1977》，頁4，文物出版社，北京，1995。

（續）

墓葬編號	銅器的種類與數量	備註
I M52CH1	車軎 2、車轄 2、輨踏 2、當盧 4、鑾鈴 4、節約 8、銅泡 5	M52 附葬的車馬坑之一
I M52CH2	銅戈 1、銅盾飾 2、車軎 2、車轄 2、節約 1、銅泡 2	M52 附葬的車馬坑之二
I M53	銅簋 1*（1）、銅尊 1、銅爵 1、銅觶 1、銅匕 1、銅戈 1、銅矛 1、銅劍 2、銅盾飾 7、銅刀 1、銅鈴 1	早期；中型墓
I M53CH	當盧 4、銅鑣 7、銅泡 3、鑾鈴 3、車軎 2、車轄 1、節約 3	M53 附葬的車馬坑
I M54	銅鼎 1*（1）、銅簋 1、銅盤 1*（1）、車軎 2、車轄 2、轅首飾 1、衡末飾 2、銅軓 1、銅輨 1、銅鈴 2、銅魚 5	早期；中型墓
I M65	銅爵 1*（1）、（鉛觶 1）	早期；小型墓
I M105	銅戈 3*（1）、銅鏃 2、銅盾飾 2、當盧 4、車轄 4、銅鑣 4、節約 1、銅鈴 2、各式銅飾 5、銅泡 6	早期；中型墓
I M108	銅鈴 2	早期；小型墓
II M202	銅魚 4、銅泡	早期；帶南北兩墓道的大型墓
II M202CH	銅泡 1、轅首飾 4、銅軛 15、銅軜 2、衡末飾 6、車軎 24、轂飾 14、輨踏 10、踵飾 5、銅傘轂飾 6、車箱銅飾 30	M202 附葬的車馬坑
II M205	銅鼎 1、銅簋 2、銅戈 5、銅鏃 1、節約 15[726]、銅鑣 3、車轄 4、銅衛 1、銅環 2、鑾鈴 8、銅鈴 2、各式銅飾 29、銅泡 7[727]	早期；小型墓
II M209	銅鼎 1*（1）、銅鬲 1、銅簋 1*（1）、銅戈 3、（鉛戈 1）、銅盾飾 3、銅轄 2[728]、銅飾 14、銅璧形器 1	早期；小型墓

---

726 附錄中統計 II M205 出土節約13件，但內文記錄 II M205 第1、2、3、5層各出土節約7、2、5、1件。

727 附錄中統計 II M205 出土銅泡8件，但內文記錄 II M205 第2、4、5層各出土銅泡1、3、3件。

728 附錄中統計 II M209 出土銅轄1件，但內文記錄 II M209 棺內人頭骨處有銅轄2件。

（續）

墓葬編號	銅器的種類與數量	備註
ⅡM251	銅鼎 6*（3）、銅鬲 2*（2）、銅甌 1*（1）、銅簋 4*（4）、銅爵 2*（2）、銅觶 3*（2）[729]、銅尊 1*（1）、銅卣 1*（1）[730]、銅盤 1*（1）、銅盉 1*（1）、銅戈 1*（1）、銅鑣 1、節約 1、銅泡 1、銅飾 9	早期；中型墓
ⅡM252	銅戈 2、銅盾飾 2*（2）、銅鏃 5、銅鈴 2	早期；小型墓
ⅡM253	銅鼎 6*（4）、銅鬲 4、銅甌 1*（1）、銅簋 2*（1）、銅爵 2*（2）、銅觶 1*（1）、銅尊 1*（1）、銅卣 2*（2）、銅壺 1、銅盤 1、銅盉 1*（1）、漆壺銅圈足 1、漆壺銅扣 1、車軎 2、銅軌 3、鑾鈴 4、銅軛 4、衡末飾 2、銅泡 5、節約 3、銅戈 1、銅劍 1、劍鞘飾 1、銅盾飾 1*（1）、銅銐 1、銅飾 2	早期；中型墓
ⅡM254	銅戈 1、銅刀 1、銅鈴 1、銅盾飾 3	早期；中型墓
ⅡM264	銅戈 3、銅刀 1、銅鏃 1、當盧 2、車軎 2、車轄 2、銅泡 1、銅鈴 1	早期；小型墓
ⅡM268	銅戈 1、銅鏃 2	晚期；小型墓
ⅡM401	銅觶 1、銅匕 1	早期；中型墓
ⅡCH	車軎 4	早期；車馬坑

　　1981 年秋到 1983 年考古隊在琉璃河清理了一百二十一座西周墓葬和二十一座車馬坑。簡報僅公告當中幾座墓葬情形和出現銘文的幾件重要銅器，如中型墓 M1029 出土銅戈 13 件*（1）[731]、銅戟 10 件*（1）、銅矛 1 件、大銅泡 17 件*（1）和銅扣等；又中型墓 M1093 出土節約、馬鑣、銅管等組成的銅質轡具 1 套，另有銅戈 1 件、銅鏃 5 件、鑾鈴 2 件、車軎 2 件、車轄 2 件和銅魚等。另外，M1026 有銅鼎 1 件*（1）、銅簋 1 件……；M1043 有銅爵 1 件*（1）、銅罍 1 件*（1）、銅矛、弓形器……等器物。[732]

---

729 附錄中統計ⅡM251出土銅觶1件，但內文記錄ⅡM251在北面二層台有銅觶3件。

730 附錄中統計ⅡM251出土銅卣2件，但內文記錄ⅡM251在北面二層台有銅卣1件。

731 這裡的銘文件數是根據文後舉例的標本數。

732 中國社會科學院考古研究所、北京市文物工作隊琉璃河考古隊：〈1981—1983年琉璃河西周燕國墓地發掘簡報〉，《考古》1984：5，頁405-416、404。

　　《北京文物精粹大系・青銅器卷》一書還著錄有 1981 年房山琉璃河立教東
M1 出土銅鼎 1 件*（1），M2 出土銅鼎 1 件*（1）、銅簋 1 件*（1）；1983 年房山
琉璃河 M1149 出土銅鼎 1 件、銅鬲 1 件*（1）、銅簋 1 件、銅罍 1 件*（1）。[733]

　　1986 年秋考古隊在琉璃河清理了一座帶有四條墓道的西周大墓，編號為
M1193。該墓經盜掘，僅存隨葬品約 200 餘件，其中銅器有銅觶 1 件、銅盉 1 件*
（1）、銅罍 1 件*（1），銅戈均被折斷，預估總數應超過 20 件，簡報所舉標本當
中有 3 件銅戈具有銘文，[734]銅戟 4 件*（4）、銅矛 10 件、弓形器 1 件、銅胄 1
件、銅斧 1 件、銅錛 1 件、銅鑿 3 件，還有當盧、長方形轡具、馬銜、馬鑣、銅
泡、銅扣和各種銅飾品，做為裝飾的銅泡數量很多，有 15 件銅泡背面出現銘
文。[735]此外，還有 M1190 出土銅卣 1 件*（1）、銅尊 1 件*（1）。[736]

　　1995 年、1996 年考古隊在琉璃河遺址進行發掘，在西周文化層發現少量的
銅鏃和數 10 片卜甲，其中 3 片帶有刻辭。[737]

（二）北京市房山區南尚樂鎮鎮江營村、塔照村（原為房山縣）

　　1986 年到 1990 年考古人員在房山縣鎮江營村東北和塔照村南進行發掘工
作，鎮江營和塔照遺址分別在北拒馬河的西、東岸，根據地層關係和疊壓現象，
研究人員將兩遺址的文化遺存統一劃分，當中商周第一期遺存年代相當於夏末至
商前期，第二期遺存相當於商後期，第三期遺存相當於商晚期至西周中期，第四
期遺存相當於西周中晚期至春秋早期，第五期遺存相當於春秋戰國時期。[738]

　　在商周第三期第二段（年代約西周早期）的文化層內發現銅耳環 1 件，在商
周第四期第二、三段（年代約西周晚期、春秋早期）的文化層內出土銅刀、銅
錐、銅鏃、銅泡等小件青銅器，第四期第一段（年代約西周中期）的文化層內發

733 北京文物精粹大系編委會、北京市文物局：《北京文物精粹大系・青銅器卷》，編號49、60、
　　86、57、68、88、95，北京出版社，北京，2002。

734 中國社會科學院考古研究所、北京市文物研究所琉璃河考古隊：〈北京琉璃河1193號大墓發掘簡
　　報〉，《考古》1990：1，頁20-31。

735 殷瑋璋：〈新出土的太保銅器及其相關問題〉，《考古》1990：1，頁75。

736 北京文物精粹大系編委會、北京市文物局：《北京文物精粹大系・青銅器卷》，編號97、104。

737 北京大學考古學系、北京市文物研究所：〈1995年琉璃河周代居址發掘簡報〉，《文物》1996：
　　6，頁13。琉璃河考古隊：〈琉璃河遺址1996年度發掘簡報〉，《文物》1997：6，頁12。

738 北京市文物研究所：《鎮江營與塔照——拒馬河流域先秦考古文化的類型與譜系》，頁42，中國大
　　百科全書出版社，北京，1999。

現刻有卦象的卜骨 1 片。[739]然而商周第三期遺存極具地方特色,為張家園上層文化;商周第四期遺存為西周燕文化。[740]

(三)北京市房山區閆村鎮焦莊村(原為房山縣)

1965 年在房山縣焦莊村發現兩座墓葬,出土陶鬲、陶豆、陶罐和銅戈等器物,考古人員原將時代定為晚商,[741]爾後有學者經過比對、分析,認為可歸屬於西周燕文化的範疇。[742]

(四)北京市順義區牛山鎮金牛村(原為順義縣牛欄山鄉)

1982 年北京相關單位收購了出自順義縣金牛村的一批西周銅器,為<u>銅鼎、銅卣、銅尊、銅觶各1件,銅觚、銅爵各2件,這8件銅器均有銘文</u>。[743]

(五)北京市昌平區馬池口鎮白浮村(原為昌平縣)

1975 年 3 月和 6 月考古工作者在昌平縣白浮村附近發掘了三座西周墓葬,其中 M1 僅出土玉璧 1 件;M2 出土銅鼎 1 件、銅簋 1 件、銅壺 1 件、銅戈 18 件*(1)、鉛戈 1 件、柲冒 1 件、銅戟 7 件*(1)、銅刀 2 件、銅劍 2 件、銅矛 1 件、銅盔 2 件、弓形器 1 件、銅泡 125 件、盾飾 6 件、銅斧(工具)1 件、銅錛 1件、銅軛 2 件、車轄 2 件、馬銜 4 件、鑾鈴 8 件、當盧 8 件、長方形銅飾 92 件、長方形扁平帶孔銅飾 6 件、角形飾 4 件、獸面飾 1 件、馬蹄形飾 2 件、泡飾 18件、圓鏡形飾 1 件、馬冠 2 件、軸頭 6 件;M3 出土銅鼎 2 件、銅簋 2 件、銅戈 9件、鉛戈 1 件、柲冒 1 件、銅戟 2 件、銅劍 4 件、匕首 1 件、銅斧(兵器)1件、銅鉞 1 件、銅矛 2 件、弓形器 1 件、銅泡 145 件、盾飾 10 件、銅斧(工具)1 件、銅錛 1 件、銅鑿 3 件、車軎 2 件、車轄 2 件、銅鑣 8 件、馬銜 2 件、鑾鈴 4

---

739 北京市文物研究所:《鎮江營與塔照——拒馬河流域先秦考古文化的類型與譜系》,頁262、373-375、388,中國大百科全書出版社,北京,1999。

740 同上,頁283、404。

741 北京市文物局考古隊:〈建國以來北京市考古和文物保護工作〉,《文物考古工作三十年》,頁3,文物出版社,北京,1979。

742 北京市文物研究所:〈北京市考古五十年〉,《新中國考古五十年》,頁9,文物出版社,北京,1999。蔣剛:《太行山兩翼北方青銅文化的演進及其與夏商西周文化的互動》,頁70,吉林大學考古學及博物館學博士論文,2006。

743 程長新:〈北京市順義縣牛欄山出土一組周初帶銘青銅器〉,《文物》1983:11,頁64-67。

件、當盧 8 件、節約 16 件、馬蹄形飾 2 件、竹節形飾 2 件、圓鏡形飾 1 件、喇叭形飾 1 件、馬冠 1 件。[744]

六　山東省

（一）濟南市濟陽縣垛石鎮劉台村（原為姜集鄉劉台子村）

1967 年在濟陽縣劉台子村西的台地東南端出土了一批文物，後來相關單位徵集到銅鼎 1 件*（1）、瓷罐 1 件、玉刀 1 件和貝數枚。

1979 年 3 月在濟陽縣劉台子村西的台地又發現一座西周墓葬，編號為 M2，出土銅鼎 1 件*（1）、銅鬲 1 件、銅簋 2 件*（2）、銅觶 1 件*（1）。[745]

1982 年冬考古人員又清理了分別位在台地北端和西側的兩座西周墓葬，編號為 M3 和 M4，前者隨葬銅器有銅鼎*（1）、銅簋*（1）、銅戈各 1 件、車害 2 件，後者僅出土黑陶罐、瓷器蓋、貝各 1 件，以及蚌飾 5 件。[746]

1985 年 5 月又清理了 1982 年未完成發掘的一座西周墓葬，編號為 M6，發現了銅器 24 件——銅鼎 6 件*（4）、銅鬲 1 件、銅甗 1 件、銅簋 5 件、銅爵 2 件、銅觶 2 件*（1）、銅尊 1 件、銅盉 1 件*（1）、銅卣 1 件、銅盤 1 件*（1）、銅鈴 2 件和不知名的銅器 1 件。[747]

（二）濟南市章丘縣明水鎮垷莊

章丘縣明水鎮垷莊西北的摩天嶺出土過銅器，但相關單位僅收集到銅鼎 1 件*（1），就該銅鼎的形制和紋飾判斷，應是西周晚期器物。[748]

---

744 北京市文物管理處：〈北京地區的又一重要考古收獲——昌平白浮西周木槨墓的新啟示〉，《考古》1976：4，頁246-258、228。

745 德州行署文化局文物組、濟陽縣圖書館：〈山東濟陽劉台子西周早期墓發掘簡報〉，《文物》1981：9，頁18-24。

746 德州地區文化局文物組、濟陽縣圖書館：〈山東濟陽劉台子西周墓地第二次發掘〉，《文物》1985：12，頁15-20。

747 山東省文物考古研究所：〈山東濟陽劉台子西周六號墓清理報告〉，《文物》1996：12，頁4-25。

748 常興照、寧蔭堂：〈山東章丘出土青銅器述要兼談相關問題〉，《文物》1989：6，頁68、70-72。

（三）濟南市長清區五峰山鎮北黃崖村（原為長清縣馬山鄉）

1975 年 9 月在長清縣北黃崖村南的仙人台崖邊發現了銅簋 1 件。[749]

1995 年考古人員正式在仙人台遺址進行發掘，在屬於西周文化層內發現了銅鏃，[750]並清理了六座兩周墓葬，編號為 M1－M6，其中 M3 年代約為西周晚期，M1、M2 時代在兩周之際，M4、M6 為春秋早期偏晚，M5 為春秋晚期偏早。[751]簡報僅公告 M3 和 M6 的墓葬情形，而 M3 出土銅鼎和銅簋*（1）各 2 件。[752]

（四）濟南市長清區萬德鎮石都莊村

1986 年 4 月在長清縣石都莊村東發現出自西周晚期墓葬的銅鼎 2 件、銅簋 2 件*（2）。[753]

（五）濟南市長清區萬德鎮義靈關村

1991 年 7 月在長清縣義靈關村西發現出自春秋早期墓葬的銅鼎 4 件，[754]其中編號 M2：1、4 兩件銅鼎時代在西周晚期，而 M2：2、3 兩件銅鼎則具有春秋早期的特徵。[755]

（六）泰安市新泰市黃花嶺村（原為泰安市徂徠鄉）

1956 年在泰安市黃花嶺村發現了出自墓葬的一批銅器，有銅鼎 1 件、銅盨 1 件*（1）、銅爵 1 件*（1）、銅盤 1 件、銅匜 1 件、銅銅 2 件、銅戈 5 件、銅矛 1 件、銅劍 1 件、車飾 2 件、馬銜 2 件。其中銅盨和銅爵應為西周遺物，其餘器物具有春秋或戰國時期的風格。[756]

---

749 李晶：〈濟南市博物館收藏的一件郜國銅簋〉，《文物》2002：10，頁96。

750 山東大學考古系：〈山東長清縣仙人台遺址發掘簡報〉，《考古》1998：9，頁1-10。

751 山東大學考古系：〈山東長清縣仙人台周代墓地〉，《考古》1998：9，頁24。

752 同上，頁11-14。

753 昌芳：〈山東長清石都莊出土周代銅器〉，《文物》2003：4，頁85-87、91。

754 同上，頁88-91。

755 任相宏：〈郜中簋及郜國姓氏略考〉，《文物》2003：4，頁42。

756 林宏：〈山東泰安市黃花嶺村出土青銅器〉，《考古與文物》2000：4，頁13-16。

（七）泰安市肥城市湖屯鎮小王莊（原為肥城縣孫樓鄉）

　　1963 年在肥城縣小王莊出土了銅器 13 件，包括：銅鼎 2 件、銅鬲 2 件*（2）、銅簋 2 件、銅盤 1 件、銅匜 1 件、銅壺 3 件*（2）、銅勺 2 件。[757]有學者認為當中的兩件銅鬲為西周晚期的器物，而兩件有銘銅壺則為春秋早期時器。[758]

（八）泰安市岱嶽區化馬灣鄉城前村

　　1982 年 10 月在泰安市城前村發現了出自墓葬的一批銅器，包括：銅鼎 2 件*（1）、銅簋 2 件*（1）、銅壺 1 件、銅鏃 29 件。[759]

（九）濟寧市鄒城市田黃鎮棲駕峪村（原為鄒縣田黃鄉七家峪村）

　　1965 年 2 月在鄒縣七家峪村西北昌平山支脈南端寺頂子的坡地，發現了出自兩座墓葬的銅器，一共 23 件，有銅鼎 6 件、銅鬲 4 件、銅簋 8 件*（3）、銅盤 1 件*（1）、銅匜 1 件、銅罍 2 件、銅壺 1 件，而後又徵集到銅鬲 1 件*（1）。[760]有學者認為徵集的有銘銅鬲，時代應為春秋早期。[761]

（十）濟寧市鄒城市大束鎮灰城子村（原屬鄒縣匡莊鄉）

　　1973 年在鄒縣灰城子村出土了一批西周銅器，計有：銅簋 4 件*（1）、銅盤 1 件、銅匜 1 件。[762]

（十一）濟寧市鄒城市千泉街道郭莊村（原屬鄒縣城關鎮）

　　1970 年在鄒縣郭莊村南出土了銅鐘 1 件，依照形制和紋飾判斷，年代應為西周晚期至春秋早期。[763]

---

[757] 齊文濤：〈概述近年來山東出土的商周青銅器〉，《文物》1972：5，頁9-10。

[758] 中國社會科學院考古研究所：《殷周金文集成》修訂增補本第一冊、第六冊，頁668、821、5039-5050、5359，編號715-716、9633-9634，中華書局，北京，2007。

[759] 程繼林、呂繼祥：〈泰安城前村出土魯侯銘文銅器〉，《文物》1986：4，頁12-14。

[760] 王軒：〈山東鄒縣七家峪村出土的西周銅器〉，《考古》1965：11，頁541-547。

[761] 中國社會科學院考古研究所：《殷周金文集成》修訂增補本第一冊，頁662、820，編號707，中華書局，北京，2007。

[762] 中國社會科學院考古研究所山東工作隊、鄒縣文物保管所：〈山東鄒縣古代遺址調查〉，《考古學集刊》第3集，頁103-104，中國社會科學出版社，北京，1983。

[763] 程明：〈山東鄒城市出土銅甬鐘〉，《考古》1996：11，頁52。

（十二）濟寧市鄒城市張莊鎮小彥村（原屬鄒縣城前鄉）

1980年在鄒縣小彥村發現了西周時期的銅鉞1件*（1）。[764]

（十三）濟寧市任城區古槐路商業局

1991 年 7 月濟寧市商業局在施工時，發現一批出自墓葬的銅器，有銅鼎 2件、銅簋1件、銅爵2件、銅觚2件、方彝1件、銅盤1件，這批銅器的時代應為西周中期偏早。[765]

（十四）濟寧市任城區安居鎮

1978年在濟寧縣安居鄉出土了銅戈1件。[766]

（十五）濟寧市曲阜市北關村

1969年秋在曲阜縣北關村發現了一批年代為西周晚期的銅器，有銅簋 6 件、銅豆2件、車軎1件、銅鈴6件。[767]

（十六）濟寧市曲阜市魯國故城遺址

1977年 3 月到 1978 年 10 月考古工作者在今曲阜市區及其外圍進行鑽探和試掘，初步查明了魯國故城的年代、形制、範圍和布局，並在魯城的西部發現了四處墓地──「望父台」墓地、「藥圃」墓地、縣城西北角墓地、「斗雞台」墓地，計有兩周墓葬一百二十九座。就墓葬的隨葬器物和葬制葬俗觀察，這四處墓地的墓葬分屬於兩種不同的類型，一為甲組墓有七十八座，另一為乙組墓有五十一座。[768]甲組墓年代屬於西周的墓葬並未出土銅器，乙組墓年代屬於西周，隨葬有銅器的墓葬有十五座，另有馬坑、車馬坑三座，[769]其出土情形如表十三：

---

764 中國社會科學院考古研究所：《殷周金文集成》修訂增補本第八冊，頁6468、6630，編號 11757，中華書局，北京，2007。

765 田立振：〈山東省濟寧市出土一批西周青銅器〉，《文物》1994：3，頁42-43。

766 濟寧地區行署文化局文物普查隊：〈山東濟寧縣古遺址〉，《考古》1983：6，頁493。

767 齊文濤：〈概述近年來山東出土的商周青銅器〉，《文物》1972：5，頁8。

768 山東省文物考古研究所、山東省博物館、濟寧地區文物組、曲阜縣文管會：《曲阜魯國故城》，頁21-24、89-90，齊魯書社，濟南，1982。

769 同上，頁114-133、145-158、181-184、222-227。

表十三　1977—1978年曲阜西周魯國墓地

墓葬編號	銅器的種類與數量	備註
M11	銅鼎 1、銅戈 1、銅鈴 2、銅魚若干	西周中期[770]；西周晚期[771]
M14	銅鼎 1	西周晚期；西周晚期
M15	銅魚若干	西周晚期；西周晚期
M20	銅鼎 1、銅戈 1、銅魚若干	西周中期；春秋早期
M23	銅鼎 1	西周中期；西周中期
M30[772]	銅鼎 1、銅盨 1*（1）、銅盤 1、銅匜 1、銅壺 1、銅戈 1、車軎 1、車轄 2、馬鑣 8、節約 20、彎飾 20、銅環 2、銅鈴 21、細腰 5、銅魚 45、腰帶飾 7、饕餮頭 14	西周中期；西周晚期
M31	銅戈 1、銅鈴 2、銅魚若干	西周中期；？
M32	銅鈴 2、銅魚若干	西周晚期；？
M34	銅鈴 4、銅魚 13	西周時期；？
M39	銅鈴 2、銅魚若干	西周中期；？
M42	銅鼎 1、銅戈 1、銅鈴 5	西周中期；？
M46	銅鼎 1、銅簋 1、銅戈 1、車軎 2、馬鑣 4、銅鈴 4、銅魚若干	西周中期；西周晚期
M48[773]	銅鼎 3*（2）、銅甗 1*（1）、銅簋 2、銅簠 1*（1）、銅盨 2*（2）、銅盤 2*（1）、銅匜 2*（1）、銅壺 1*（1）、銅戈 1、銅鈴 23、銅魚 20、馬鑣 12、馬銜 4、鑾鈴 4、車軎 1、銅環 2、彎飾 80、節約 24、饕餮頭 15、帶獸頭管飾 3、帶錐器冒 1	西周中期；西周晚期

---

770 山東省文物考古研究所、山東省博物館、濟寧地區文物組、曲阜縣文管會：《曲阜魯國故城》，頁181-184，齊魯書社，濟南，1982。

771 許宏：〈曲阜魯國故城之再研究〉，《三代文明》（一），頁279-283，科學出版社，北京，2004。

772 考古報告的內文在隨葬銅器中著錄：銅腰帶飾7件、銅饕餮頭14件出自M30，但附表卻登記M30出土銅腰帶飾6件、M48出土銅腰帶飾1件，以及M30出土銅饕餮頭18件。

773 考古報告的內文在隨葬銅器中著錄：銅饕餮頭15件出自M48，但附表卻登記銅饕餮頭11件。

（續）

墓葬編號	銅器的種類與數量	備註
M49	銅鼎 1、銅簋 2、銅盤 1、銅匜 1、銅鈴 13、銅魚若干	西周晚期；春秋早期
M57	銅錛 1、銅鈴 4、銅魚若干	西周早期；西周中期
1號馬坑	銅鈴 1	西周時期；？
3號馬坑	銅鈴 1	西周時期；？
6號車馬坑	車軎 2、節約 2、銅鈴 1、銅環 2、銅泡 5、蝶形管飾 2、絞具 2	西周時期；？

另有學者將 M30 出土的有銘銅盨，時代定為春秋早期，[774]M48 出土的有銘銅鼎、銅簠、銅壺訂定為春秋時器，而銅鬲、銅盨、銅盤和銅匜為西周晚期。[775]本論文則採取許宏的斷代意見，將 M30 和 M48 的銅器時代定為西周晚期。

（十七）淄博市淄川區太河鄉南陽村

1982 年 11 月在淄博市淄川區南陽村東發現了出自墓葬的器物 10 件，銅器部分有銅鼎、銅鋆、銅戈各 1 件。[776]

（十八）淄博市臨淄區齊都鎮東古城村

1984 年 11 月 30 日在淄博市臨淄區東古城村西發現了一座西周晚期至春秋早期的墓葬，出土銅器 18 件——銅鼎 3 件、銅簋 2 件、銅盤 1 件、銅匜 1 件、銅壺 1 件、銅鈎 1 件、銅戈 1 件、銅矛 1 件、銅錛 1 件、車軎 2 件、車轄 1 件、馬銜 2 件、馬鑣 1 件。[777]

---

774 中國社會科學院考古研究所：《殷周金文集成》修訂增補本第四冊，頁2856-2857、3434，編號 4458，中華書局，北京，2007。

775 同上，第二、一、四、七、六冊，頁1338、1661、747、837、2825-2828、3432、2914、3440、 5430、6165、5532、6178、5054、5361，編號2639、939、4440-4441、4534、10116、10275、 9657。

776 張光明：〈山東淄博南陽村發現一座周墓〉，《考古》1986：4，頁368-369。

777 齊國故城遺址博物館、臨淄區文物管理所：〈山東臨淄齊國故城西周墓〉，《考古》1988：1，頁 24-26。

（十九）淄博市臨淄區齊都鎮河崖頭村

1965 年在淄博市臨淄區河崖頭村東發現了出自窖藏的銅簋 4 件、銅盂 1 件和銅鐘 1 件等器物，[778]有學者認為這批銅器時代為西周晚期。[779]

1986 年在河崖頭村五號殉馬坑的下層清理出西周齊國貴族墓葬三座，出土有青銅器、原始瓷器等器物。[780]

（二十）淄博市沂源縣南麻鎮西魚台村

1990 年、2000 年和 2001 年考古工作隊幾次在沂源縣西魚台村南的姑子坪遺址進行發掘，清理了墓葬四座，其中 M1 和 M2 有隨葬銅器，M1 出土銅鼎 5 件、銅簋 2 件、銅簠 2 件、方彝 1 件、銅罍 1 件、銅壺 1 件、銅盤 1 件、銅匕 2 件、銅戈 1 件、銅劍 1 件、銅鏃 50 餘件……等，M2 出土銅鼎 1 件、銅戈 1 件、銅鏃 2 件。M1 年代大致在西周晚期，M2 年代稍晚，大致在兩周之際或春秋早期。[781]

（二十一）淄博市沂源縣悅莊鎮八仙官莊村

1980 年 10 月在沂源縣八仙官莊出土了西周銅戈 1 件。[782]

（二十二）濰坊市坊子區埠頭鎮鞠家莊村

考古人員在濰坊市坊子區鞠家莊村西的周代遺址採集到年代為西周的銅爵、銅觶各 1 件。[783]

---

778 齊文濤：〈概述近年來山東出土的商周青銅器〉，《文物》1972：5，頁8。

779 錢益匯：〈齊文化的考古學發現與研究〉，《中原文物》2004：1，頁48。

780 同上，頁49。並參見 http://www.lzqq.gov.cn/html/2004/10/10/20041010152100.html 山東淄博市地方史志——「齊國時代考古發掘資料的整理與研究」。

781 山東大學考古系、淄博市文物局、沂源縣文管所：〈山東沂源縣姑子坪周代墓葬〉，《考古》2003：1，頁33-43。任相宏：〈山東沂源縣姑子坪周代遺存相關問題探討〉，《考古》2003：1，頁61-69。

782 山東省博物館：〈山東地區商周時期出土銅器墓葬器物一覽表〉，《山東金文集成》下，頁926，齊魯書社，濟南，2007。

783 濰坊市博物館：〈山東濰坊地區商周遺址調查〉，《考古》1993：9，頁782-783、785。

（二十三）濰坊市諸城市石橋子鎮齊家近戈莊村

考古人員在諸城市齊家近戈莊村北採集到年代屬於西周的銅爵 1 件。[784]

（二十四）濰坊市壽光市孫集街道后王村

考古人員在壽光市后王村採集到應為西周器物的銅甗 1 件。[785]

（二十五）濰坊市青州市彌河鎮澇窪村

1973 年 5 月在青州市澇窪村出土了時代應屬西周早期的銅瓿 1 件*（1）。[786]

（二十六）濰坊市安丘市郚山鎮賈孟村

1987 年 4 月在安丘市賈孟村發現了出自墓葬的銅鼎、銅鬲各 1 件，這兩件銅器的年代為西周晚期，下限不會晚於春秋早期。[787]

（二十七）濰坊市昌樂縣南郝鎮岳家河

1977 年 3 月考古工作者在昌樂縣岳家河西北進行發掘，共清理了兩周墓葬五十七座，當中推斷屬於西周晚期的墓葬有 M118、M132 和 M134。M118 出土銅鼎 1 件，M132 未隨葬銅器，M134 出土銅鏃 2 件。[788]

（二十八）濰坊市臨朐縣五井鎮泉頭村（原屬臨朐縣嵩山鄉）

1977 年秋和 1981 年春在臨朐縣泉頭村發現兩座墓葬，甲墓出土銅鼎 2 件、銅鬲 5 件和銅盤、銅匜*（1）、銅舟、銅戈各 1 件，乙墓出土銅鼎 3 件*（1）、銅鬲 2 件*（2）、銅簠 2 件、銅盤 1 件*（1）、銅匜 1 件*（1）、銅壺 1 件。1978 年在甲、乙墓東還發現出自另一座墓葬的銅鼎、銅匜各 1 件。[789]考古人員認為這些

784 濰坊市博物館：〈山東濰坊地區商周遺址調查〉，《考古》1993：9，頁782-783、785。

785 同上。

786 周慶喜：〈山東青州市發現『魚伯己』銅瓿〉，《考古》1999：12，頁53。

787 安丘縣博物館：〈山東安丘發現兩件青銅器〉，《文物》1989：1，頁96。

788 山東省濰坊市博物館、山東省昌樂縣文管所：〈山東昌樂岳家河周墓〉，《考古學報》1990：1，頁69-102。

789 臨朐縣文化館、濰坊地區文物管理委員會：〈山東臨朐發現齊、郳、曾諸國銅器〉，《文物》1983：12，頁1-6。

銅器的時代應在西周晚期至春秋早期，[790]也有學者認為當為春秋早期。[791]

（二十九）煙台市龍口市諸由觀鎮莊頭村（原屬黃縣）

1980 年 9 月在今龍口市莊頭村東發現一座西周墓，出土銅器 17 件，包括：銅鼎 3 件、銅甗 1 件、銅簋 2 件*（2）、銅爵 2 件、銅觶 1 件、銅卣 1 件*（1）、銅壺 1 件*（1）、銅盤 1 件、銅盂 1 件、銅勺 1 件、銅戈 1 件和僅存底部和口沿的殘銅片 2 件。[792]

（三十）煙台市龍口市蘆頭鎮韓欒村（原屬黃縣）

1964 年 10 月在今龍口市韓欒村旁的中村河東岸發現了西周早期的銅鼎 1 件*（1）。[793]

（三十一）煙台市龍口市中村鎮海雲寺徐家村（原屬黃縣）

1983 年在今龍口市海雲寺徐家村發現西周銅鬲 1 件和銅簋 1 件*（1）。[794]

（三十二）煙台市龍口市文基鎮歸城姜家村（原屬黃縣）

1965 年春在今龍口市歸城姜家村發現西周銅器一批，計有銅鼎 2 件、銅甗 1 件、銅爵 2 件、銅觶 1 件、銅尊 1 件*（1）、銅卣 1 件*（1）、銅壺 1 件、銅鑿 1 件。[795]

（三十三）煙台市龍口市文基鎮歸城小劉莊（原屬黃縣）

1969 年在今龍口市歸城小劉莊出土了西周銅器一批，包括了銅卣 1 件*

790 孫敬明、何琳儀、黃錫全：〈山東臨朐新出銅器銘文考釋及有關問題〉，《文物》1983：12，頁14-15。

791 中國社會科學院考古研究所：《殷周金文集成》修訂增補本第一冊、第二冊、第七冊，頁641-642、818、1418、1671、5443、6166、5509、6174、5527、6177，編號685、686、2750、10135、10233、10266，中華書局，北京，2007。

792 王錫平、唐祿庭：〈山東黃縣莊頭西周墓清理簡報〉，《文物》1986：8，頁69-72。

793 李步青、林仙庭：〈山東省龍口市出土西周銅鼎〉，《文物》1991：5，頁84-85。

794 馬志敏：〈山東省龍口市出土西周銅簋〉，《文物》2004：8，頁79-80。

795 齊文濤：〈概述近年來山東出土的商周青銅器〉，《文物》1972：5，頁7-8。

（1）、銅卣蓋 1 件*（1）、銅尊 1 件*（1）、銅觶 1 件。[796]

（三十四）煙台市龍口市文基鎮歸城曹家村（原屬黃縣）

1965 年在今龍口市歸城曹家村南發現了出自西周墓葬的銅鼎 2 件、銅甗 1 件、銅爵 2 件、銅壺 1 件、銅尊 1 件*（1）、銅卣 1 件*（1）。[797]

（三十五）煙台市龍口市文基鎮歸城董家村（原屬黃縣）

1969 年在今龍口市歸城董家村東南發現了出於同一坑的銅甗、銅盤各 1 件，另又出土了銅鼎、銅戈各 1 件。[798]

（三十六）煙台市龍口市和平村（原屬黃縣）

1965 年 5 月在今龍口市和平村東發現年代為西周晚期的銅鼎、銅矛各 1 件。1974 年在和平村又出土了時代不晚於西周晚期的銅鐘 2 件。[799]

（三十七）煙台市龍口市石良鎮東營周家村（原屬黃縣）

1985 年秋到 1986 年春在今龍口市東營周家村南發現了兩座墓葬，M1 年代為西周晚期，M2 為西周中期。M1 出土銅簋 2 件*（1），M2 則未出土銅器。[800]

（三十八）煙台市龍口市（原屬黃縣）

1963 年煙台地區文管會收集到黃縣舊城民眾於 50 年代挖土時發現的西周銅鬲 1 件*（1）。[801]

（三十九）煙台市萊陽市中荊鎮前河前村（原屬萊陽縣）

1974 年冬在今萊陽市前河前村發現了出自墓葬的銅鼎 2 件、銅甗 1 件*

796 齊文濤：〈概述近年來山東出土的商周青銅器〉，《文物》1972：5，頁5-7。
797 李步青、林仙庭：〈山東黃縣歸城遺址的調查與發掘〉，《考古》1991：10，頁912。
798 同上，頁915。
799 同上，頁915-916。
800 唐祿庭、姜國鈞：〈山東黃縣東營周家村西周殘墓清理簡報〉，《海岱考古》第一輯，頁314-320，山東大學出版社，濟南，1989。
801 李步青：〈山東萊陽縣出土己國銅器〉，《文物》1983：12，頁17。

（1）、銅壺 2 件＊（1）、銅匜 1 件、銅盤 1 件和殘銅器 1 件。[802]

（四十）煙台市蓬萊市村裡集鎮辛旺集村、柳格莊村（原屬蓬萊縣）

1976 年考古隊在今蓬萊市村裡集鎮黃水河的兩岸發現了十一座墓葬，在黃水河東岸的辛旺集村清理了八座墓葬，在西岸的柳格莊村發掘了三座墓葬。根據出土器物判斷，這些墓葬的時代有早晚之分，當在西周中期至春秋時期。[803]隨葬有銅器之墓葬的出土情形如表十四：

表十四　1976年蓬萊市村裡集鎮兩周墓葬

墓葬編號	銅器的種類與數量
M2	銅盆 2、銅舟？[804]
M3	銅舟？
M4	銅戈 4、銅鏃？[805]、車軎 2
M6	銅鼎 1、銅鬲 1、銅甗 1、銅壺 1、銅戈 4、銅劍 2、銅矛 1、銅鏃？、銅鐏 1、銅鑿 1、馬銜 4、帶鉤 1
M7	銅盒 1、銅劍 2、銅鏃？、馬銜 4、車軎 2、銅環 6、銅蟬形飾 10、帶鉤 1、銅飾件 1
M11	銅鼎 1

（四十一）煙台市招遠市蠶莊鎮東曲城村（原屬招遠縣）

1958 年春在今招遠市東曲城村南出土了銅器 8 件，有銅鼎 2 件、銅簋 2 件＊（2）、銅盤 1 件、銅盆 1 件、銅壺 1 件、銅甗 1 件。[806]

---

802 李步青：〈山東萊陽縣出土己國銅器〉，《文物》1983：12，頁7-8、17。

803 山東省煙台地區文管組：〈山東蓬萊縣西周墓發掘簡報〉，《文物資料叢刊》3，頁50-54，文物出版社，北京，1980。

804 發掘簡報登錄M2、M3共出土銅舟3件，但實際各別墓葬的件數不確定。

805 發掘簡報登錄M4、M6、M7共出土銅鏃28件，但實際各別墓葬的件數不確定。

806 李步青、林仙庭、楊文玉：〈山東招遠出土西周青銅器〉，《考古》1994：4，頁377-378。

（四十二）煙台市海陽市發城鎮上尚都村

1959 年在今海陽市上尚都村南的山坡出土了一批西周銅器，而後經文物部門追繳回銅盤、銅壺、銅鐘各 1 件和編鐘 4 件。[807]

（四十三）煙台市棲霞市松山鎮呂家埠村

1982 年 4 月 7 日、1983 年 4 月 23 日在今棲霞市呂家埠村各發現了一座西周墓葬，編號為 M1 和 M2，M1 出土銅鼎、銅罍、銅匜、銅舟、銅戈、銅劍、銅錛、銅鑿、T 形銅飾各 1 件和銅鏃 12 件、銅刀 2 件、車軎 2 件、蓋弓帽 3 件；M2 出土銅鼎、銅盨各 1 件。[808]

（四十四）煙台市芝罘區上夼村

1969 年 11 月在煙台市南郊上夼村東出土了銅器一批，有銅鼎 2 件*（2）、銅壺 2 件、銅匜 1 件、銅鐘 1 件、銅戈 2 件、銅鈴 1 件、魚鉤 1 件。這批器物就形制、紋飾來看，屬於西周晚期至春秋早期，[809]也有學者認為兩件銅鼎的年代為西周晚期。[810]

（四十五）煙台市芝罘區毓璜頂

1994 年在煙台市毓璜頂東坡的煙台二中校園出土了西周銅爵 1 件*（1）。[811]

（四十六）威海市環翠區田村鎮河北村

1977 年在威海市環翠區河北村旁的河道發現了出自墓葬的銅器 6 件，有銅鼎 2 件、銅甗 1 件、銅壺 1 件、銅鐃 2 件，該墓時代在西周中期。[812]

---

807 張真、王志文：〈山東海陽市上尚都出土西周青銅器〉，《考古》2001：9，頁91-93。
808 棲霞縣文物管理所：〈山東棲霞縣松山鄉呂家埠西周墓〉，《考古》1988：9，頁778-783。
809 山東省煙台地區文物管理委員會：〈煙台市上夼村出土異國銅器〉，《考古》1983：4，頁289-292。
810 中國社會科學院考古研究所：《殷周金文集成》修訂增補本第二冊，頁1223、1643、1338、1661，編號2418、2638，中華書局，北京，2007。
811 山東省博物館：《山東金文集成》下，頁575、932，齊魯書社，濟南，2007。
812 鄭同修、隋裕仁：〈山東威海市發現周代墓葬〉，《考古》1995：1，頁23-27。

（四十七）威海市環翠區羊亭鎮南郊村

1978 年在威海市環翠區南郊村東的河道發現了出自墓葬的銅器 35 件，有銅鼎 1 件、銅戈 2 件、銅削 1 件、銅鏃 30 件、鐓形鏃 1 件，該墓時代在西周晚期或春秋早期。[813]

（四十八）威海市乳山市南黃鎮南黃村

1983 年秋考古人員在乳山市南黃村進行發掘，清理了年代在西周早中期的墓葬共二十二座，出土銅鏃 5 件。[814]

（四十九）威海市榮成市埠柳鎮學福村

1990 年夏在榮成市學福村西南發現了出自墓葬的銅尊*（1）、銅壺、銅戈各 1 件和銅鏃 3 件。[815]

（五十）青島市膠州市張家屯鎮西姑菴村（原屬膠縣）

1975 年在今膠州市西姑菴村發現一座坍塌的墓葬，出土銅簋 1 件、銅尊 1 件、方彝 1 件、銅爵 2 件*（2）、銅觶 1 件，在遺址附近還採集到銅戈 1 件、車轄 1 件、當盧 1 件、銅鑣 2 件、節約 9 件，考古人員認為這批銅器具有商代晚期至西周早期的特徵，[816]而有學者認為帶有銘文的兩件銅爵應為晚商時期的器物。[817]

1976 年 6、7 月考古工作者在西姑菴村清理了西周時期的墓葬兩座和車馬坑一座，墓葬未發現銅器，而車馬坑出土了銅戈 2 件、鉤戟 1 件、銅鏃 20 件、銅甲 1 套、車軎 2 件、車轄 2 件、銅軛箍 4 件、銅軸尾 1 件、鑾鈴 4 件、銅鑣 8 件和各式銅泡。[818]

---

813 鄭同修、隋裕仁：〈山東威海市發現周代墓葬〉，《考古》1995：1，頁23-27。

814 北京大學考古系、煙台市文管會、乳山縣文管所：〈山東乳山縣南黃莊西周石板墓發掘簡報〉，《考古》1991：4，頁332-336。

815 劉曉燕、孫承晉：〈山東榮成市學福村商周墓葬的清理〉，《考古》2004：9，頁93-94。

816 山東省昌濰地區文物管理組：〈膠縣西菴遺址調查試掘簡報〉，《文物》1977：4，頁69-70。

817 中國社會科學院考古研究所：《殷周金文集成》修訂增補本第五、六冊，頁4250、4540、4705、5295，編號7874、8723，中華書局，北京，2007。

818 山東省昌濰地區文物管理組：〈膠縣西菴遺址調查試掘簡報〉，《文物》1977：4，頁63-71。

（五十一）青島市城陽區夏莊街道前古鎮社區（原屬嶗山縣）

1977 年 7 月 23 日在今青島市夏莊街道前古鎮社區發現西周墓葬一座，出土銅鼎 1 件、車軎 1 件、車轄 1 件。[819]

（五十二）日照市東港區崮河崖村（原屬日照縣）

1976 年 3 月在今日照市崮河崖村東南發現了出自墓葬的銅器一批，包括：銅鼎 4 件、銅鬲 4 件*（4）、銅壺 2 件、銅盆 2 件、銅盤 1 件、銅匜 1 件。

1983 年 3 月 20 日在上述墓葬北面 10 公尺處又發現了一座墓葬，出土銅鼎 2 件、銅壺 1 件。這兩座墓葬所出土的銅器年代在西周晚期至春秋早期，[820]有學者認為帶有銘文的 4 件銅鬲應為西周晚期之遺物。[821]

（五十三）日照市莒縣店子集鎮西大莊（原屬日照縣）

1996 年 4 月 20 日在莒縣西大莊發現了出自墓葬的銅器 41 件，有銅鼎 3 件、銅鬲 1 件、銅甗 1 件*（1）、銅簋 4 件、銅壺 2 件、銅盤 1 件、銅匜 1 件、銅舟 1 件、山字形器 2 件、人面首銅刀 1 件、鳥形飾 2 件、銅戈 2 件、銅削 1 件、車篷架管 2 件、蓋弓帽 4 件、軎轄 2 件、馬鑣 3 件、銅構件 3 件、銅環 5 件，這批銅器呈現出西周中晚期至春秋初期的特色。[822]

（五十四）日照市莒縣小店鎮呂家崮西呂西村（原屬日照縣）

1990 年在莒縣呂家崮西呂西村出土了西周銅钁、銅鑿各 1 件。[823]

（五十五）日照市莒縣寨里河鄉老營村（原屬日照縣）

1974 年在莒縣老營村出土了西周銅盤、銅罍各 1 件。[824]

---

819 孫善德：〈青島市發現西周墓葬〉，《文物資料叢刊》6，頁169，文物出版社，北京，1982。

820 楊深富：〈山東日照崮河崖出土一批青銅器〉，《考古》1984：7，頁594-597、606。

821 中國社會科學院考古研究所：《殷周金文集成》修訂增補本第一冊，頁623-625、817，編號663-665，中華書局，北京，2007。

822 莒縣博物館：〈山東莒縣西大莊西周墓葬〉，《考古》1999：7，頁38-45。

823 蘇兆慶：《莒縣文物志》，頁208，齊魯書社，濟南，1993。

824 同上，頁199-200。

（五十六）臨沂市河東區湯河鎮中洽溝村

1984 年 8 月在臨沂市中洽溝村發現了三座墓葬，其中 M1 出土銅鼎 4 件、銅鬲、銅盤、銅匜、銅削各 1 件，而 M2、M3 未隨葬銅器，考古人員認為 M1 出土的銅器具有西周中晚期到春秋早期的風格。[825]

（五十七）臨沂市平邑縣平邑鎮蔡莊村（原屬平邑縣東陽鄉）

1976 年 12 月在平邑縣蔡莊村西發現出自墓葬的銅器 10 件，計有：銅鼎 2 件、銅鬲 1 件、銅簋 4 件*（4）、銅盤 1 件*（1）、銅匜 2 件，考古人員研判時代屬於西周晚期，[826]但有學者認為時代應為春秋早期。[827]

（五十八）臨沂市沂水縣黃山鎮東河北村（原屬沂水縣黃山鋪區）

1982 年 5 月在沂水縣東河北村出土了銅鼎、銅鬲、銅舟、銅戈、銅削各 1 件，這批銅器出自墓葬，考古人員判定年代為西周中期稍晚。[828]

（五十九）棗莊市滕州市官橋鎮前掌大村

1981 年到 1998 年考古隊八次在今滕州市前掌大村進行發掘，共清理了年代在商代晚期至西周早期的墓葬一百一十一座。研究人員將墓葬分成三期：第一期時代為商代晚期，計有墓葬二十七座；第二、三期分屬於西周早期早段、晚段，西周早期早段的墓葬有三十四座和車馬坑五座，晚段的墓葬有十二座；至於其餘三十三座墓葬因缺乏典型遺物，因而無法判別。[829]前掌大墓地隨葬有銅器的西周墓葬情形如下表十五：

825 臨沂市博物館：〈山東臨沂中洽溝發現三座周墓〉，《考古》1987：8，頁701-706、762。

826 李常松：〈平邑蔡莊出土一批青銅器〉，《考古》1986：4，頁366-367。

827 中國社會科學院考古研究所：《殷周金文集成》修訂增補本第四冊，頁2959、3445，編號4592，中華書局，北京，2007。山東省博物館：《山東金文集成》上，頁392，齊魯書社，濟南，2007。

828 馬璽倫：〈山東沂水發現一座西周墓葬〉，《考古》1986：8，頁756-758。

829 中國社會科學院考古研究所：《滕州前掌大墓地》上冊，頁56、509-510，文物出版社，北京，2005。

表十五　1981－1998年滕州前掌大西周墓葬

墓葬編號	銅器的種類與數量	備註
BM3	車軎 1、車轄 2、銅鑣 1、銅鈴 1、銅管 1、輨飾 1、軸飾 1、鑾鈴 2、銅泡 6、節約 6、衡末飾 1、銅器 7	北區墓葬；第二期；單墓道大型墓
BM11	銅錛 1	北區墓葬；第二期；單墓道大型墓
M201	銅戈 2、銅矛 2、銅鈴 2[830]、銅泡 5、銅帽 1	北區墓葬；第二期；雙墓道大型墓
M203	銅矛 2、銅錛 1、銅鈴 1、銅泡 1、殘銅器 1	北區墓葬；第二期；單墓道大型墓
M205	銅斧 1、銅矛 6、銅鏃 34	北區墓葬；第二期；單墓道大型墓
M206	銅鐃 2、銅鏃 1、甲冑 8、銅鈴 1、銅泡 56	北區墓葬；第二期；單墓道大型墓
M211	銅鏃 6、甲冑 8、銅鈴 1、銅泡 4	北區墓葬；第二期；中型墓
M219	銅鏃 1	北區墓葬；第三期；單墓道大型墓
M11	銅鼎 8*（7）、銅甗 1*（1）、銅簋 1、銅罍 1*（1）、銅角 2*（2）、銅觚 4*（4）、銅爵 5*（3）、銅觶 2*（2）、銅卣 2*（2）、銅罍 1*（1）、銅壺 1*（1）、銅尊 1*（1）、銅盉 1*（1）、銅盤 1*（1）、銅斗 1、銅戈 31、銅刀 2、銅矛 2、銅鏃 134、甲冑 13、冑護耳 1、弓形器 1、鞭策 1、銅箍木壺 1	南區墓葬；第二期；中型墓
M13	銅鼎 1、銅觚 1*（1）、銅爵 1、銅觶 1、銅尊 1*（1）	南區墓葬；第二期；小型墓
M14	銅爵 1、銅觶 1、銅戈 1	南區墓葬；第三期；小型墓

---

[830] 考古報告內文登錄M201出土銅鈴2件，附表則著錄1件。

（續）

墓葬編號	銅器的種類與數量	備註
M15	銅爵 1	南區墓葬；第三期；小型墓
M18	銅鼎 1、銅瓶 1*（1）、銅簋 1、銅角 1*（1）、銅觚 2、銅爵 2*（1）、銅觶 1、銅壺 2*（1）、銅盉 1*（1）、銅尊 1、銅戈 4、銅刀 2、銅鏃 5、銅斧 1、銅錛 1、馬銜 2、馬鑣 6、車軎 2、銅泡 75、銅鈴 1、踵管 1、車飾 1、柱飾 2、柄形器 1、弓形器 1、衡末飾 2	南區墓葬；第二期；中型墓
M21	銅鼎 1*（1）、銅簋 1*（1）、銅斝 1、銅角 1、銅觚 3*（2）、銅爵 3*（1）、銅觶 2*（1）、銅卣 1*（1）、銅尊 1、銅戈 2、銅刀 1、銅矛 2、銅鏃 1、銅斧 1、銅鑿 1、銅錛 1、銅鈴 1、馬鑣 6、銅箍木壺 1、殘銅器	南區墓葬；第二期；中型墓
M25	銅泡 1	南區墓葬；第三期；小型墓
M30	銅觚 1、銅爵 1、銅觶 1*（1）、殘銅器 1	南區墓葬；第二期；小型墓
M31	銅觚 1、銅爵 1、銅觶 1	南區墓葬；第二期；小型墓
M34	銅爵 1、銅觶 1*（1）	南區墓葬；第二期；小型墓
M38	銅鼎 3*（2）、銅鬲 2*（2）、銅簋 1、銅斝 1*（1）、銅觚 4*（1）、銅爵 4*（2）、銅觶 1*（1）、銅罍 1、銅尊 1、銅卣 2*（2）、銅斗 1、銅戈 1、銅刀 2、銅錛 1、銅斧 1、銅鈴 2、器蓋 1	南區墓葬；第二期；中型墓
M50	銅刀 2	南區墓葬；第二期；小型墓
M109	銅泡 1	南區墓葬；第二期；小型墓
M110	銅觚 1*（1）、銅爵 1*（1）、銅觶 1、銅戈 1、銅鑿 1	南區墓葬；第二期；小型墓

（續）

墓葬編號	銅器的種類與數量	備註
M119	銅鼎 2*（1）、銅簋 1、銅角 4*（4）、銅觚 2*（2）、銅觶 1、銅尊 1、銅卣 1*（1）、銅斗 1、銅戈 1、銅鏃 2、銅鈴 2、銅箍木壺 1	南區墓葬；第三期；中型墓
M120	銅鼎 3*（1）、銅鬲 1、銅甗 1*（1）、銅簋 1、銅角 2*（2）、銅觚 2、銅爵 2*（2）、銅觶 1*（1）、銅盉 1*（1）、銅尊 1*（1）、銅卣 1、銅壺 1*（1）、銅斗 1、銅戈 1、銅刀 2、銅斧 1、銅箍木壺 2	南區墓葬；第三期；中型墓
M121	銅觚 2、銅爵 2*（2）、銅觶 1、銅尊 1*（1）、銅戈 1、銅鈴 1	南區墓葬；第二期；小型墓
M40	銅戈 4、銅鏃 4、銅刀 1、甲冑 1、銅斧 1、銅鑿 1、銅錛 1、車軎 2、車轄 2、銅鑣 8、銅軛 2、銅軏 1、當盧 2、踵管 1、踵板 1、欄飾 2、柱飾 1、衡末飾 1、弓形器 1、銅泡 677、節約 14、鞭策 1	車馬坑；第二期
M41	銅觚 1、銅爵 1、銅戈 3、銅刀 1、銅斧 1、銅錛 1、銅鑿 1、銅銷 1、車軎 2、車轄 2、銅銜 2、銅鑣 8、銅軛 1、軛首 1、軛肢 1、銅軏 1、銅軏 1、踵管 1、踵板 1、欄飾 2、柱飾 2、銅泡 60、車飾 2、車傘蓋 1、節約 2、衡末飾 3、鼻梁帶飾 2、鼻帶飾 4、額帶飾 4、顳帶飾 4、頰帶飾 4	車馬坑；第二期
M45	銅戈 2、銅刀 1、銅鏃 1、車軎 2、車轄 2、銅鑣 2、軛首 2、銅軏 1、踵管 1、踵板 1、欄飾 2、當盧 2、銅泡 4、銅鈴 1、鞭策 1、弓形器 1、衡末飾 2、弓帽 1	車馬坑；第二期
M131	銅戈 1、銅鏃 6、車軎 2、銅鑣 4、銅軛 2、踵管 1、當盧 2、柱飾 1、節約 2、銅泡 46、弓形器 1、衡末飾 1	車馬坑；第二期
M132	銅戈 1、銅刀 1、銅鏃 10、車軎 1、車轄 1、銅鑣 1、銅軛 1、銅軏 1、踵管 1、踵板 1、欄飾 2、柱飾 3、牌飾 3、銅泡 46、銅鈴 1、鞭策 1、弓形器 1、扣弦器 1、衡末飾 1	車馬坑；第二期
SK5	銅鏃 1、銅泡 17	殉獸坑；西周早期

除此之外，在滕州前掌大遺址的西周文化層還出土銅鏃 4 件和銅泡 17 件。[831]

（六十）棗莊市滕州市姜屯鎮莊裡西村（原屬滕縣）

1978 年 3 月在今滕州市莊裡西村西發現了西周墓葬一座，編號為 78STM3，出土了銅鬲 1 件*（1）和銅簋 2 件*（2）。[832]

1980 年在莊裡西村發現了銅簋 1 件*（1）、銅卣 1 件*（1），1981 年又出土銅爵 2 件*（2），學者認為這 4 件銅器為西周早期的器物。[833]

1982 年 3 月在莊裡西村西又發現了出自墓葬的一批西周銅器，計有銅鼎 2 件*（1）、銅鬲 2 件*（1）、銅簋 1 件*（1）、銅壺 1 件。[834]

（六十一）棗莊市滕州市北辛街道後荊溝村（原屬滕縣城郊鄉）

1980 年 3 月在今滕州市後荊溝村北發現了出自墓葬的銅器 15 件，包括：銅鼎 2 件、銅鬲 2 件、銅簋 2 件*（1）、銅簠 2 件、銅盤 1 件、銅匜 1 件、銅罐 2 件、銅匕 2 件、殘銅器 1 件。考古人員認為銅簋、銅簠、銅盤、銅匜等器具有西周晚期的特色。[835]

（六十二）棗莊市滕州市東郭鎮辛緒村（原屬滕縣東戈鄉）

今滕州市辛緒村曾出土過西周銅鼎 1 件*（1），藏於滕縣博物館。[836]

（六十三）棗莊市山亭區水泉鎮東崮城村

70 年代考古人員在滕縣進行考古調查時，在東崮城村曾採集到西周銅鼎 1 件。[837]

---

831 中國社會科學院考古研究所：《滕州前掌大墓地》上冊，頁45、47，文物出版社，北京，2005。

832 萬樹瀛、楊孝義：〈山東滕縣出土西周滕國銅器〉，《文物》1979：4，頁88-89。

833 中國社會科學院考古研究所：《殷周金文集成》修訂增補本第三、四、六冊，頁1862、2520、3364、3505、4810、5315，編號3486、5393、9027、9028，中華書局，北京，2007。

834 滕縣博物館：〈山東滕縣發現滕侯銅器墓〉，《考古》1984：4，頁333-337。

835 萬樹瀛：〈滕縣後荊溝出土不嬰簋等青銅器群〉，《文物》1981：9，頁25-29。

836 中國社會科學院考古研究所：《殷周金文集成》修訂增補本第二冊，頁866、1553，編號1111，中華書局，北京，2007。

837 中國社會科學院考古研究所山東隊、滕縣博物館：〈山東滕縣古遺址調查簡報〉，《考古》1980：1，頁39。

七 甘肅省東部平涼、慶陽地區[838]

（一）平涼市靈台縣西屯鄉白草坡村

　　1967 和 1972 年考古人員在靈台縣白草坡清理了九座西周墓和一座車馬坑，出土銅器的墓葬有：M1 出土銅鼎 7 件＊（1）、銅甗 1 件＊（1）、銅簋 3 件、銅爵 1 件＊（1）、銅觶 1 件＊（1）、銅角 1 件＊（1）、銅斝 1 件＊（1）、銅尊 2 件＊（2）、銅盉 1 件＊（1）、銅卣 3 件＊（3）、銅斗 2 件、銅戈 40 件、銅鉞 1 件、銅劍 2 件、劍鞘 2 件、啄錘 1 件、銅斧 1 件、銅鑿 1 件、銅削 1 件、銅鏃 130 件、胄泡 3 件、盾泡 1 件、泡飾 109 件、鸞鈴 1 件、當盧 9 件、弓柲 1 件、節約 1 件等。[839]

　　M2 出土銅鼎 2 件＊（2）、銅甗 1 件、銅簋 2 件＊（2）、銅爵 1 件＊（1）、銅觶 1 件＊（1）、銅尊 1 件＊（1）、銅盉 1 件＊（1）、銅卣 2 件＊（2）、銅戈 21 件、銅戟 2 件、銅劍 2 件、銅鏃 95 件、胄泡 3 件、盾泡 1 件、泡飾 460 件、鸞鈴 4 件、當盧 8 件、弓柲 1 件、銅斧 1 件、銅錛 1 件、銅鑿 1 件、銅削 1 件、銅錐 2 件……等。M3 有銅泡 7 件。M7 有銅戈 3 件、方策 1 件、節約 1 件和銅泡 20 件。M8 有銅戈 1 件和銅泡 2 件。車馬坑出土車軎 4 件、鸞鈴 8 件、獸面飾 2 件、方策 3 件和銅泡 80 件。[840]

（二）平涼市靈台縣新集鄉崖灣村

　　1983 年在靈台縣崖灣村發現一座西周早期墓葬，出土銅器有銅甗 1 件＊（1）、銅泡 11 件。[841]

（三）平涼市靈台縣新集鄉

　　蘭州市博物館收藏了徵集自靈台縣新集鄉萬寶川農場的西周銅簋 1 件、銅盉 1 件＊（1）。[842]

---

838 韓翀飛：〈隴山兩側青銅文化研究──青銅時代西北古代民族考古遺存〉，《西北民族研究》2008：3，頁120-121。

839 甘肅省博物館文物組：〈靈台白草坡西周墓〉，《文物》1972：12，頁2-8。

840 甘肅省博物館文物隊：〈甘肅靈台白草坡西周墓〉，《考古學報》1977：2，頁99-129。

841 史可暉：〈甘肅靈台縣又發現一座西周墓葬〉，《考古與文物》1987：5，頁100-101。

842 甘肅省文物局：《甘肅文物菁華》，頁89-90，文物出版社，北京，2006。

（四）平涼市靈台縣新開鄉寺溝村（原屬靈台縣百里鄉）

1975 年在靈台縣寺溝村發現一座西周墓葬，出土銅鼎 1 件、鑾鈴 3 件、陶鬲 1 件、玉斧 1 件、貝 52 枚、蚌飾 3 件。[843]

（五）平涼市靈台縣蒲窩鄉鄭家洼村（原屬靈台縣五星鄉）

1976 年在靈台縣鄭家洼發現一座西周墓葬，出土銅鼎 1 件*（1）、銅鈴 1 件、陶鬲 1 件、玉珠 13 枚。[844]

（六）平涼市靈台縣什字鎮姚家河村

1972 年在靈台縣姚家河村東第一台地發現西周墓葬五座，其中 M1 隨葬銅器 105 件，有銅鼎 1 件*（1）、銅簋 1 件、銅戈 1 件、銅矛 1 件、殘獸頭銅飾 1 件、鑾鈴 4 件、車軎 2 件、當盧 4 件、甲泡 90 枚。[845]

（七）平涼市靈台縣百里鄉古城村洞山

1972 年在靈台縣古城村洞山北坡台地發現西周墓葬一座，出土銅鼎 2 件*（1）、銅尊 1 件、銅戈 2 件、銅泡 2 件、貝 2 枚。[846]

（八）平涼市靈台縣獨店鎮吊街街道西嶺村

1972 年在靈台縣西嶺村發現西周墓葬一座，出土銅器有銅鼎 1 件、銅簋 1 件*（1）、鑾鈴 4 件。[847]

（九）平涼市崇信縣九功鄉于家灣

1982 年考古人員在崇信縣于家灣進行試掘，清理了先周和西周墓葬十六座、馬坑兩座，1984 年又發掘了先周和西周墓葬六十二座、馬坑一座，1986 年又發

---

843 劉得禎：〈甘肅靈台兩座西周墓〉，《考古》1981：6，頁557。

844 同上，頁558。

845 甘肅省博物館文物隊、靈台縣文化館：〈甘肅靈台縣兩周墓葬〉，《考古》1976：1，頁39-42。

846 同上，頁42。

847 同上，頁42-43。

掘了先周和西周墓葬六十座、馬坑三座。[848]有關于家灣墓地隨葬有銅器的西周墓葬情形如下表十六：

表十六　1982—1986年崇信于家灣西周墓葬

墓葬編號	銅器的種類與數量	備註
M1	銅泡 1	西周早期
M2	銅泡 1	〃
M3	銅戈 2*（1）	〃
M5	銅戈 3、銅泡 2	〃
M9	銅鼎 1、銅簋 3	〃
M20	銅簋 1	〃
M23	銅鈴 2	〃
M38	銅鏃 1、銅鏡 2、銅泡 1、帽形銅泡 7	〃
M42	弓形器 1、銅泡 15	〃
M54	銅泡 1	〃
M55	殘車書 1	〃
M59	銅簋口沿殘片 1	〃
M63	殘戈尖 1、銅鈴 1、銅環 1、銅泡 35	〃
M66	銅鼎碎片、銅泡 1	〃
M71	銅戈 1	〃
M73	銅觶 1	〃
M79	銅戈 1	〃
M96	銅鼎 1	西周中期
M104	銅盆 5、銅戈 1、刻刀 1、鑾鈴 6、銅鑣 4、馬銜 2、銅鈴 1	〃

---

848 甘肅省文物考古研究所：《崇信于家灣周墓》，頁6-7、70-100、148-164，文物出版社，北京，2009。

（續）

墓葬編號	銅器的種類與數量	備註
M108	銅戈 2	西周早期
M114	銅鼎殘片 1、銅盆殘片 8、銅泡 1	〃
M115	銅戈 1、車軎 2、鑾鈴 5、銅泡 2	〃
M128	銅鼎殘片、銅盆殘片、銅鏃 1、銅削 1、車軎 1、節約 1、帽形器 1、各式銅泡 11	〃
M130	牌飾 10、銅鈴 2	〃
M140	銅簋殘片 1、銅魚 3、銅泡 8	〃
M144	銅盆殘片、殘戈內 1、殘戈尖 2、殘劍鞘 1、殘飾片 1、銅泡 8	〃
M147	銅盆殘片、管狀衡末飾 1、銅泡 9	〃
M149	殘銅鏃 1	〃
M154	銅盆殘片 1、車轄 2、鑾鈴 2、銅環 2、銅泡 6	西周中期
M156	車轄 2、馬銜 3	〃
M158	殘銅戈尖 1、馬銜 2、當盧 1、銅鈴 7	西周早期
M160	銅盆殘片、銅戈 1、車軎 1、鑾鈴 4*（1）、銅泡 4	〃

（十）平涼市崆峒區四十里鋪鎮廟莊村

1975 到 1976 年考古人員在平涼市廟莊村清理了先周和西周墓葬五座。[849]當中 M1 和 M2 隨葬有銅器，M1 出土銅鼎、銅觶、銅爵、銅戈等器物，M2 隨葬有銅爵 1 件和陶鬲 2 件、陶盆 1 件。[850]

（十一）慶陽市寧縣湘樂鎮宇村

1981 年在寧縣宇村發現西周晚期墓葬一座，出土銅器有銅鬲 1 件*（1）、銅盨 1 件*（1）、銅尊 1 件、銅虎 1 件、銅虎飾 3 件、銅匕 1 件、U 形飾 1 件、獸飾

---

849 甘肅省文物考古研究所：《崇信于家灣周墓》，頁4，文物出版社，北京，2009。
850 路國權：〈西周時期涇河流域的腰坑墓與秦族起源〉，《咸陽師範學院學報》第24卷第5期，頁1。

杖頭 3 件、銅罐 2 件、銅勺 4 件、小銅飾 1 件、銅鈴 2 件、銅勾 1 件。[851]

（十二）慶陽市寧縣焦村鄉西溝徐家村

1983 年在寧縣徐家村發現西周晚期墓葬一座，出土銅器有銅戈 2 件、銅戟 7 件、銅削 1 件、銅人頭飾 2 件、大銅泡 1 件、銅泡 10 件、半球形銅泡 11 件、瓦形銅泡 45 件、當盧 3 件、銅鈴 2 件、銅鑣 4 件、殘銅銜 1 件、U 形器 1 件、長方形薄銅片若干件。[852]

（十三）慶陽市正寧縣西坡鄉楊家台

1973 年在正寧縣楊家台發現一座西周墓，出土銅鼎 1 件、銅簋 1 件、銅戈 2 件、貝數十枚，兩件銅禮器為西周早期的器物。[853]

（十四）慶陽市正寧縣宮河鎮王祿村

1980 年正寧縣王祿村出土西周晚期的銅壺 1 件。[854]

（十五）慶陽市合水縣西華池鎮兔兒溝林場

1973 年春在合水縣兔兒溝林場發現三座西周墓葬，僅 M3 隨葬有銅器，出土銅鼎 1 件、銅簋 1 件、銅戈 2 件、石刀 1 件和石斧 1 件。1978 年在另一墓葬又出土銅鼎 1 件、陶鬲 1 件。[855]

（十六）慶陽市環縣曲子鎮雙城村

1977 年冬環縣雙城村村民在馬蓮台遺址的台地上發現一座西周墓，出土銅鼎、銅鬲各 1 件。[856]

---

851 許俊臣、劉得禎：〈甘肅寧縣宇村出土西周青銅器〉，《考古》1985：4，頁349-352。

852 慶陽地區博物館：〈甘肅寧縣焦村西溝出土的一座西周墓〉，《考古與文物》1989：6，頁24-27。

853 許俊臣：〈甘肅慶陽地區出土的商周青銅器〉，《考古與文物》1983：3，頁9。

854 同上。

855 同上。

856 同上。

（十七）慶陽市

西安市文物中心徵集到出土自甘肅慶陽地區的西周銅簋 1 件*（1）。[857]

（十八）天水市漳縣東泉鄉（原屬天水縣）

1924 年民眾在天水東泉鄉發現西周銅簋 1 件。[858]

（十九）天水市

1993 年在天水市廣播電視局發現出自墓葬的一批銅器，有銅鼎 4 件、銅盤 1 件、銅匜 1 件。這批銅器時代應為西周晚期或春秋早期。[859]

八　寧夏固原地區[860]

（一）固原市原州區中河鄉孫家莊

1981 年在固原孫家莊林場發現一座西周早期墓葬及車馬坑，出土銅器 234 件，有銅鼎 1 件、銅簋 1 件、銅戈 1 件、銅戟 1 件、車軸飾 2 件、車軎 2 件、車轄 2 件、鑾鈴 4 件、馬鑣 8 件、馬銜 1 對、當盧 8 件、圓泡飾 90 件、長方形泡飾 111 件……等。[861]

九　湖北省漢東地區

分布範圍北起棗陽毛狗洞遺址，經鐘祥六合、天門石家河羅柏嶺、漢川烏龜山、武昌放鷹台、新洲香爐山為一弧線，弧線以北，桐柏山和大別山以南，而東界在巴河一線。大致上，從漢水以東到巴河以西，和長江以北的鄂東北地區都是屬於姬周文化圈，這個範圍內的文化遺存，其文化面貌與關中地區的西周文化較

857　王長啟：〈西安市文物中心收藏的商周青銅器〉，《考古與文物》1990：6，頁29。

858　〈甘肅天水縣居民捐贈珍貴銅器〉，《文物》1955：6，頁117-118。

859　汪保全：〈甘肅天水市出土西周青銅器〉，《考古與文物》1998：3，頁82-83。

860　楊東晨：〈先秦時期寧夏地區的民族和文化考察〉，《寧夏大學學報》第21卷第3期，頁57。

861　固原縣文物工作站：〈寧夏固原縣西周墓清理簡報〉，《考古》1983：11，頁982-984。

為接近。[862]

（一）襄樊市棗陽市王城鎮王城村（原屬棗陽縣資山鎮）

1977 年 11 月在今棗陽市王城鎮王城村發現了銅鼎 2 件、銅簋 2 件*（2）、簋蓋 2 件*（2）、銅匜 1 件*（1）、銅盤 1 件，這批銅器具有西周中晚期的風格。[863]

（二）襄樊市棗陽市吳店鎮東趙湖村

1972 年秋在今棗陽市吳店鎮東趙湖村出土西周銅鼎、銅簋各 2 件。[864]

1982 年底在東趙湖村發現銅戈 1 件*（1），[865]有學者認為此戈的年代應在兩周之際，[866]或為春秋早期之器。[867]

1983 年 1 月在東趙湖村發現出自墓葬的西周銅鼎 1 件、銅簋 2 件和銅壺 1 件。[868]

2002 年 11 月至 2003 年 4 月考古人員在東趙湖村的郭家廟崗地進行發掘，清理了西周末期至春秋早期墓葬二十五座、車馬坑一座和車坑兩座。棗陽郭家廟的墓葬被分為兩期三段，第一期年代在西周晚期宣幽時期，第二期第一段為春秋早期早段，第二期第二段為春秋早期後段。屬於第一期的墓葬有 GM19、21、24，GM19 僅出土銅削 1 件，GM21 東端設有墓道，隨葬的青銅禮器遭盜掘，已蕩然無存，只發現銅鈴 7 件、銅戈 16 件、銅鉞 1 件*（1）、銅矛 4 件、銅鏃 131 件、盾鍚 8 件、車軎 3 件、車轄 13 件、鑾鈴 4 件、軛飾 4 套、馬銜 31 件、馬鑣 64 件、節約 145 件、銅銴 1239 件、圓扣形飾 353 件、小腰 2 件、帶扣 10 件、銅環 11 件、銅削 3 件、小鈴 14 件、銅泡 4 件、構件 1 件、筒形帽 1 件、銅牌 1 件、銅器殘件 7 件，GM24 未隨葬銅器。[869]

---

862 李克能：〈鄂東地區西周文化分析〉，《東南文化》1994：3，頁51-52。

863 襄樊市博物館、谷城縣文化館：〈襄樊市、谷城縣館藏青銅器〉，《文物》1986：4，頁16-18。襄樊市博物館：〈湖北谷城、棗陽出土周代青銅器〉，《考古》1987：5，頁412-413、433。

864 湖北省博物館：〈湖北棗陽縣發現曾國墓葬〉，《考古》1975：4，頁225。

865 田海峰：〈湖北棗陽縣又發現曾國銅器〉，《江漢考古》1983：3，頁101-103。

866 李學勤：〈曾侯戈小考〉，《江漢考古》1984：4，頁65-66。

867 中國社會科學院考古研究所：《殷周金文集成》修訂增補本第七冊，頁5932、6230，編號11121，中華書局，北京，2007。

868 田海峰：〈湖北棗陽縣又發現曾國銅器〉，《江漢考古》1983：3，頁101-103。

869 襄樊市考古隊、湖北省文物考古研究所、湖北孝襄高速公路考古隊：《棗陽郭家廟曾國墓地》，頁4、8-56、176、181-185、306、311、320，科學出版社，北京，2005。

（三）襄樊市棗陽市吉河鄉吉河南街村

棗陽市博物館徵集到出自今棗陽市吉河南街村的西周銅鼎 1 件。[870]

（四）襄樊市宜城市朱市鄉

1987 年 8 月中旬在今宜城市朱市鄉磚瓦廠出土了銅鼎 1 件和銅簋 1 件*（1），這兩件銅器的年代在西周末至春秋早期，[871]有學者們認為帶有銘文的銅簋時代應為西周晚期。[872]

（五）襄樊市襄城區檀溪村

1989 年 10 月至 1990 年 7 月考古隊在襄樊市襄城區檀溪村的真武山遺址進行發掘，在年代為西周晚期的 H81 發現有銅削刀、卜甲、卜骨等。[873]

（六）襄樊市樊城區團山鎮蔡坡（原屬襄陽縣伙牌鎮）

1981 年在今襄樊市樊城區蔡坡土崗發現銅簋 1 件*（1），研究人員判定應為春秋早期之遺物，[874]但有學者認為時代是西周晚期。[875]

（七）襄樊市

襄樊市文物管理處揀選到出自襄樊一帶的銅鼎 1 件*（1）以及銅簋 1 件*（1），銅簋的銘文與上述蔡坡出土的相同。另外還揀選到銅簋 2 件*（2），研究人員判斷這一式兩件的銅簋時代為春秋早期，[876]但有學者認為應屬西周晚期。[877]

---

870 徐正國：〈湖北棗陽市博物館收藏的幾件青銅器〉，《文物》1994：4，頁77。

871 襄樊市博物館：〈湖北宜城出土蔡國青銅器〉，《考古》1989：11，頁1041-1044。

872 楊寶成、黃錫全：《湖北考古發現與研究》，頁110，武漢大學出版社，武漢，2000。劉雨、盧岩：《近出殷周金文集錄》第二冊，編號529，頁435，中華書局，北京，2002。

873 湖北省文物考古研究所、襄樊市博物館：〈湖北襄樊真武山周代遺址〉，《考古學集刊》第10集，頁157-160，科學出版社，北京，1995。

874 襄樊市博物館、谷城縣文化館：〈襄樊市、谷城縣館藏青銅器〉，《文物》1986：4，頁15。劉雨、盧岩：《近出殷周金文集錄》第二冊，編號453，頁332，中華書局，北京，2002。

875 楊寶成、黃錫全：《湖北考古發現與研究》，頁110，武漢大學出版社，武漢，2000。

876 張家芳：〈湖北襄樊揀選的商周青銅器〉，《文物》1982：9，頁84-86。中國社會科學院考古研究所：《殷周金文集成》修訂增補本第三冊，頁1902-1903、2528，編號3590、3591，中華書局，北京，2007。

877 楊寶成、黃錫全：《湖北考古發現與研究》，頁110。

（八）隨州市曾都區南郊街道辦事處羊子山（原屬隨縣安居鎮）

1975 年在今隨州市羊子山發現了西周銅器一批，計有銅鼎 1 件、銅簋 1 件、銅爵 1 件*（1）、銅尊 1 件*（1）。[878]

1980 年春在羊子山又發現了出自墓葬的西周銅器，包括：銅鼎 1 件、銅簋 1 件、銅爵 1 件*（1）、銅觶 1 件*（1）、銅尊 1 件、銅卣 2 件、銅戈 4 件、獸面 4 件、銅泡 3 件。[879]

（九）隨州市曾都區北郊街道辦事處太上廟村

2000 年 11 月在今隨州市太上廟村的黃土坡發現了一座兩周之際的墓葬，出土銅鼎、銅戈、銅鈸各 1 件。[880]

（十）隨州市曾都區東城街道辦事處熊家老灣（原屬隨縣均川鎮）

1970 年、1972 年在今隨州市熊家老灣出土了兩批銅器，第一次出土銅簋 4 件*（4）、銅罍 1 件*（1）、方彝 1 件，第二次出土銅鼎 3 件*（1）、銅甗 1 件、銅簋 2 件*（2）、銅壺 1 件、銅盤 1 件、銅匜 1 件，器物時代在兩周之際，[881]兩次出土的 6 件銅簋為西周晚期，[882]銅罍和有銘銅鼎為春秋早期。[883]

（十一）隨州市曾都區三里崗鎮尚家店（原屬隨縣三里崗鎮）

1974 年在今隨州市尚家店均水的北岸發現了銅鼎、銅簋各 2 件，其中 1 件銅鼎遭散失，其他僅存 3 件銅器上均有銘文，考古人員判定年代為西周晚期至春秋早期，[884]有學者將之皆訂為春秋早期。[885]

---

878 隨州市博物館：〈湖北隨縣發現商周青銅器〉，《考古》1984：6，頁512-514。

879 隨州市博物館：〈湖北隨縣安居出土青銅器〉，《文物》1982：12，頁51-52。

880 拓古、熊燕：〈湖北隨州市黃土坡周代墓的發掘〉，《考古》2007：8，頁90-92。

881 鄂兵：〈湖北隨縣發現曾國銅器〉，《文物》1973：5，頁21-25。

882 中國社會科學院考古研究所：《殷周金文集成》修訂增補本第三冊，頁2224-2226、2564、2400-2402、2577，編號4051-4053、4203-4204，中華書局，北京，2007。

883 同上，第六、二冊，頁5234、5384、1292、1655，編號9961、2565。

884 隨州市博物館：〈湖北隨縣新發現古代青銅器〉，《考古》1982：2，頁139-141、138。

885 中國社會科學院考古研究所：《殷周金文集成》修訂增補本第二、三冊，頁1392、1668、2193-2195、2561，編號2714、4016-4017。

（十二）隨州市曾都區三里崗鎮毛家沖村

1995 年 10 月在今隨州市毛家沖村發現一座西周墓葬，此墓遭盜擾，僅存銅鎛和石磬各 1 件。[886]

（十三）隨州市曾都區何店鎮貫莊（原屬隨縣何店鎮）

1978 年冬在今隨州市貫莊發現了一批銅器，計有銅鼎 2 件、銅甗 1 件、銅鬲 4 件、銅簋 2 件、銅壺 2 件、銅盤 1 件、銅匜 1 件、銅錛 1 件、車軎 2 件、馬銜 2 件和殘缺的馬飾件，該批器物年代為西周晚期至春秋早期。[887]

（十四）隨州市曾都區淅河鎮金屯村

1983 年 10 月考古人員在隨州市淅河鎮金屯村西的廟台子遺址進行發掘，在西周文化層內發現了銅鏃和銅條 1 件。[888]

（十五）隨州市曾都區東城區義地崗

1993 年 6 月在今隨州市東郊義地崗發現了一座墓葬，編號為 M83，出土了銅鬲、銅盤和銅匜各 1 件，這批銅器的年代，考古學者認為銅鬲為典型西周晚期器物，銅盤和銅匜為春秋早期時器。[889]但有學者認為銅鬲的年代屬於春秋前期。[890]

（十六）隨州市廣水市蔡河鎮旭光村（原屬隨州市城郊鄉）

1983 年 4 月在今隨州市廣水市旭光村發現出自墓葬的銅簋 2 件、銅鏟 1 件、銅矛 1 件、銅鏃 12 件，這批銅器的年代經判別，應屬西周末至春秋初。[891]

---

886 隨州市博物館：〈湖北隨州出土西周青銅鎛〉，《文物》1998：10，頁76-77。

887 隨州市博物館：〈湖北隨縣新發現古代青銅器〉，《考古》1982：2，頁139-141、138。

888 武漢大學歷史系考古專業、襄樊市博物館、隨州市博物館：〈隨州廟台子遺址試掘簡報〉，《江漢考古》1993：2，頁1-10。武漢大學歷史系考古教研室、襄樊市博物館、隨州市博物館：《西花園與廟台子》，頁163，武漢大學出版社，武漢，1993。

889 隨州市考古隊：〈湖北隨州義地崗又出土青銅器〉，《江漢考古》1994：2，頁39。

890 劉雨、盧岩：《近出殷周金文集錄》第一冊，編號133，頁311，中華書局，北京，2002。

891 左得田：〈隨州旭光磚瓦廠出土青銅器〉，《江漢考古》1985：1，頁106-107、105。

（十七）隨州市廣水市吳店鎮（原為應山縣）

1987 年 2 月在今廣水市吳店鎮發現出自墓葬的銅器 11 件，包括：銅鼎 2 件、銅鬲 2 件、銅甗 1 件、銅簋 2 件、銅壺 2 件、銅盤 1 件、銅匜 1 件，這批銅器具有西周末、春秋初的特點。[892]

（十八）隨州市

1972 年相關單位收集到相傳出土於隨州市的西周銅罍 1 件。[893]

（十九）荊門市京山縣坪壩鎮羅興村

1966 年 7 月 7 日在京山縣羅興村蘇家壠後的土坡發現了一批銅器，有銅鼎 9 件*（2）、銅甗 1 件、銅鬲 9 件*（2）、銅簋 7 件*（2）、銅豆 2 件*（2）、銅壺 2 件*（2）、銅盉 1 件、銅盤 1 件、銅匜 1 件、馬銜 8 件、馬鑣 14 件、節約 9 件、銅管 30 件、圜底器 3 件，考古人員判定，這批銅器的時代應在西周晚期至春秋早期。[894]有學者提出有銘的銅鬲 2 件、銅簋 2 件當屬西周晚期時器，[895]而有銘的銅鼎、銅豆和銅壺各 2 件時代應在春秋早期。[896]

（二十）荊門市京山縣坪壩鎮晏店、團山村

京山縣文化館收藏了 1975 年自京山收購站清出，相傳出土於京山縣京山河晏店、團山村一帶的西周銅爵 1 件*（1）。[897]

（二十一）荊門市京山縣坪壩鎮樏梨樹崗

1973 年在京山縣樏梨樹崗出土了時代為西周晚期的銅鼎 1 件*（1）和銅鬲 1

---

892 應山縣文化館文物組：〈湖北應山吳店古墓葬清理簡報〉，《文物》1989：3，頁51-56。

893 楊權喜：〈襄樊市出土的兩件青銅器〉，《江漢考古》1993：4，頁90。

894 湖北省博物館：〈湖北京山發現曾國銅器〉，《文物》1972：2，頁47-53。

895 中國社會科學院考古研究所：《殷周金文集成》修訂增補本第一、三冊，頁593、813、2338-2341、2573，編號609-610、4157-4158，中華書局，北京，2007。

896 中國社會科學院考古研究所：《殷周金文集成》修訂增補本第二、四、六冊，頁1225、1643-1644、3035-3036、3452、5036-5037、5358，編號2423-2424、4673-4674、9628-9629。

897 楊權喜：〈江漢地區發現的商周青銅器——兼述楚文化與中原文化的關係〉，《中國考古學會第三次年會論文集》，頁208，文物出版社，北京，1984。

件＊（1）。[898]

（二十二）荊門市京山縣西北台

1980 年 5 月在京山縣西北約一公里處的西北台出土了銅鼎 2 件、銅卣 1 件和銅盤 1 件，考古人員認為這批銅器的時代在兩周之際。[899]

（二十三）孝感市安陸市棠棣鎮金泉村（原為金泉寨）

在今安陸市金泉村曾出土西周銅鼎 2 件。[900]

（二十四）孝感市安陸市巡店鎮尚堰村

考古工作者在安陸市尚堰村的曬書台遺址曾採集到西周銅鏃 3 件。[901]

（二十五）孝感市應城市城北街道辦事處孫堰村

1991 年 8 月在應城市孫堰村磚瓦廠發現出自墓葬的一批銅器，有銅鼎 2 件、銅鬲 1 件、銅豆 2 件、銅壺 1 件和銅戈、銅劍殘片等，墓葬年代應為西周晚期至春秋早期。[902]

（二十六）孝感市漢川市南河鄉南河村（原為漢川縣）

1973 年 9 月考古隊在今漢川市南河村的烏龜山西周遺址進行試掘，該遺址出土了少量的銅鏃。[903]

（二十七）孝感市孝昌縣花園鎮

1981 年 9 月考古工作者在孝昌縣花園鎮區內的聶家寨遺址進行試掘時，於西

898 湖北省文物考古研究所：《曾國青銅器》，頁4-10，文物出版社，北京，2007。

899 熊學兵：〈京山縣發現一批西周青銅器〉，《江漢考古》1983：1，頁80、83。

900 余從新：〈安陸館藏商周青銅器〉，《鄂東地區文物考古》，頁142，湖北科學技術出版社，武漢，1995。

901 熊卜發：〈湖北孝感地區商周古文化調查〉，《考古》1988：4，頁304。

902 李怡南、汪艷明：〈應城市孫堰村發現一座兩周之際墓葬〉，《江漢考古》1996：4，頁43。

903 湖北省文物考古研究所：〈漢川烏龜山西周遺址試掘簡報〉，《江漢考古》1997：2，頁10-13。

周早中期文化層內發現銅刀。[904]1987年9月又再次進行發掘,在西周早期文化層內發現銅刀、銅鏃和三棱形器。[905]

(二十八)孝感市大悟縣豐店鎮龍潭村

1979年12月10日在孝感市大悟縣龍潭村的雷家山南坡發現出自窖藏的銅器一批,計有編鐘7件、銅鼎、銅戈、銅矛、銅斧、銅錛各1件和銅盉2件。[906]這批器物的時代,考古人員判斷,應為西周時期的遺物。[907]

(二十九)武漢市黃陂區魯台鎮(原為黃陂縣)

1977年10月至1978年1月在黃陂魯台山西南、灄水左岸一帶發現兩周時期墓葬,其中有五座西周墓葬,編號為M28、M30—31、M34、M36,M28出土銅鼎1件、銅爵1件、銅觶1件*(1)、銅錛1件,M30出土銅鼎5件*(5)、銅甗2件、銅簋2件*(2)[908]、銅爵2件、銅觚1件、銅卣2件、銅泡5件、圓牌1件和殘圈足1件*(1),M31出土銅爵1件、銅戈2件、銅鏃1件、銅鏡1件,M34出土銅爵、銅戈各1件,M36出土銅鼎1件、銅爵2件、銅觶1件、銅尊1件、馬首飾1件、銅鈴6件。另外還採集到西周銅爵2件*(1)、銅觶3件。[909]

90年代以來在魯台山還出土了西周銅鼎1件。[910]

(三十)武漢市黃陂區羅漢鎮(原為黃陂縣)

在今武漢市黃陂區羅漢鎮的鐵門坎遺址曾出土西周銅盉1件。[911]

---

904 北京大學考古專業商周組、山西省考古研究所、河南省安陽新鄉地區文化局、湖北省孝感地區博物館:〈晉豫鄂三省考古調查簡報〉,《文物》1982:7,頁10。

905 孝感地區博物館、孝感市博物館:〈湖北孝感轟家寨遺址發掘簡報〉,《江漢考古》1994:2,頁1-14。

906 熊卜發、劉志升:〈大悟發現編鐘等銅器〉,《江漢考古》1980:2,頁95-96、90。

907 熊卜發:〈湖北孝感地區商周古文化調查〉,《考古》1988:4,頁304。

908 其中編號M30:7的1件銅簋,腹底銘文已殘缺不清。

909 黃陂縣文化館、孝感地區博物館、湖北省博物館:〈湖北黃陂魯台山兩周遺址與墓葬〉,《江漢考古》1982:2,頁37-61。

910 黃鋰、況紅梅:〈近年黃陂出土的幾件商周青銅器〉,《江漢考古》1998:4,頁24-25。

911 同上。

（三十一）武漢市新洲區陽邏鎮（原為新洲縣）

　　1983 年考古人員在新洲縣陽邏鎮西北約五公里處的香爐山進行調查，1989 年 9 月至 1990 年 9 月將遺址分成北、中、南三區進行發掘，[912]其中北區主要為西周文化堆積，出土銅矛、銅鏃、銅鑿、銅刀、魚鉤等器物。[913]

　　1986 年磚瓦廠工作人員在新洲縣陽邏鎮，距上述香爐山遺址約兩百公尺處的架子山，發現了出自窖藏的一批銅器，計有銅鼎 2 件*（2）、銅矛 1 件、銅卣 1 件、銅鍫 1 件，這批銅器除了兩件銅鼎具有晚商的特點，所屬年代較早外，其餘時代均屬西周早期。[914]

（三十二）武漢市漢南區紗帽鎮（原為漢陽縣）

　　1961 年 4 月考古人員在今武漢市漢南區紗帽鎮的紗帽山遺址進行調查與試掘，在主要為西周文化堆積的三、四層內出土銅卣、銅刀、銅鏃、銅魚鉤……等遺物。[915]

　　1996 年 11 月至次年 1 月再度發掘紗帽山遺址，在西周文化層內發現銅鏃 8 件、銅刀 1 件、銅魚鉤 2 件、銅刀片 1 件和銅帶鉤 1 件。[916]

（三十三）武漢市

　　1974 年在武漢銅材廠揀選出殘破的銅尊 1 件*（1），時代屬於西周早期。[917]

（三十四）黃岡市紅安縣二程鎮（原為紅安縣新寨鄉）

　　1957 年 3 月考古人員在紅安縣城西約十五公里處發現了包含新石器和西周文化堆積的古遺址，該遺址當地民眾稱為金盆，在西周文化層內發現銅器，計有銅

912 武漢大學歷史系考古教研室、武漢市博物館、新洲縣文化館：〈湖北新洲香爐山遺址（南區）發掘簡報〉，《江漢考古》1993：1，頁14。

913 楊寶成、黃錫全：《湖北考古發現與研究》，頁87-88，武漢大學出版社，武漢，2000。方酉生：〈湖北省西周考古的主要工作和收獲〉，《西周文明論集》，頁79，朝華出版社，北京，2004。

914 羅宏斌、黃傳馨：〈新洲縣陽邏架子山銅器〉，《江漢考古》1998：3，頁92-94、89。

915 湖北省博物館：〈漢陽東城垸紗帽山遺址調查〉，《江漢考古》1987：3，頁7-18、6。

916 武漢市博物館、漢南區文化局：〈1996年漢南紗帽山遺址發掘〉，《江漢考古》1998：4，頁1-11。

917 徐鑑梅：〈西周衛尊〉，《江漢考古》1985：1，頁103。

鉾 1 件、銅刀 3 件、銅鏃 8 件、銅矛 2 件和矛鐓 2 件。[918]

（三十五）湖北省十堰市丹江口市均縣鎮七里屯村

1958 到 1959 年考古人員在原均縣七里屯村東北的朱家台遺址進行發掘，在西周文化層發現有銅鏃 5 件、銅竿 1 件和陶器、石器等遺物。[919]學者經研究與分析，朱家台遺址位於鄂西北地區，在西周早期為周文化系統，應屬周文化區域。[920]

十　安徽淮北、江淮地區

安徽是連接中原與東南地區的要道，在文化面貌上既發展出自身的特點，又有兼容並蓄的性質。依自然地勢分成淮北、江淮、皖南三大區域。[921]安徽境內淮河下游地區曾浸潤在商代的文化氛圍中，出土相當數量的商代青銅器，但西周時期的青銅器在這一地區尚未呈現完整的器群。[922]安徽江淮地區除了安慶地區受湖熟文化影響較大外，西周時期周文化因素遍布整個江淮地區，屬周文化系統，但仍存在不少具地方特色的器物，一直到西周晚期由於周文化的衝擊較小，才使得整體區域文化特徵更為接近，差別不顯著。[923]

（一）宿州市埇橋區褚蘭鎮謝蘆村（原為宿縣褚蘭區桂山鄉）

1987 年 12 月在今宿州市褚蘭鎮謝蘆村發現了銅鼎 1 件、銅鬲 2 件*（2）、銅簋 1 件和銅匜 1 件，這批銅器的時代應是西周晚期，也可能晚至春秋早期。[924]有學者認為銅鬲的年代應屬於春秋前期。[925]

---

918 湖北省文物管理處：〈湖北紅安金盆遺址的探掘〉，《考古》1960：4，頁38-40。

919 中國社會科學院考古所長江工作隊：〈湖北均縣朱家台遺址〉，《考古學報》1989：1，頁25-56。

920 劉彬徽：〈長江中游地區西周時期考古研究〉，《考古學研究》（五），頁623-624，科學出版社，北京，2003。

921 安徽省文物考古研究所：〈安徽考古的世紀回顧與思索〉，《考古》2002：2，頁3。

922 李朝遠：〈青銅器上所見西周文化在南方影響的遞衰〉，《中原文物》1997：2，頁64-65。

923 唐寧：《安徽江淮地區西周考古學文化研究》，頁52-60，山東大學考古學及博物館學碩士論文，2011。

924 李國梁：〈安徽宿縣謝蘆村出土周代青銅器〉，《文物》1991：11，頁92-93。

925 劉雨、盧岩：《近出殷周金文集錄》第一冊，編號135，頁314，中華書局，北京，2002。

（二）合肥市肥西縣柿樹崗鄉小八里村

1971 年 4 月肥西縣小八里村發現一批西周晚期銅器，有銅鼎 2 件、銅簋 2 件、銅盉 1 件、銅盤 1 件*（1）、銅匜 1 件。[926]有研究者認為器物年代應為西周晚期至春秋早期，[927]也有學者定在春秋中期偏早。[928]

（三）巢湖市含山縣仙踪鎮夏棚村

1979—1982 年考古工作者三次在含山縣夏棚村的大城墩遺址進行試掘與發掘，該遺址依照地層和出土物可分成六期，第四期年代約為商代晚期或可晚至商周之際，出土了銅鏃 3 件和殘銅足 1 件；第五期為西周早期，有殘銅削 2 件；第六期約當西周晚期至春秋早期，有殘銅鏃 1 件。[929]

（四）六安市金安區三十鋪鎮堰墩村

2000 至 2001 年考古人員在六安市堰墩村進行發掘，推斷該遺址年代應為西周時期，並採集到小件青銅器，有銅鏃 22 件、銅刀 11 件、銅銙 1 件和銅錐 1 件。[930]

（五）滁州市瑯琊區揚子辦事處何郢村

2002 年考古工作者在滁州市何郢村進行發掘，清理了房址、灰坑、墓葬、祭祀遺跡等文化遺存，該遺址年代為商代晚期至西周早期，出土了陶器、石器、青銅器、骨角器等數百件，青銅器有銅鏃、銅刀、銅鑿、銅針和少量銅渣等。[931]

---

926 〈肥西、合肥發現西周晚期銅器〉，《文物》1972：1，頁77。安徽省博物館：《安徽省博物館藏青銅器》，編號13-16，上海人民美術出版社，上海，1987。

927 葉舒然：《安徽江淮地區春秋青銅器發現與研究略論》，頁43，安徽大學考古學及博物館學碩士論文，2012。

928 朱鳳瀚：《中國青銅器綜論》下，頁1800，上海古籍出版社，上海，2009。

929 安徽省文物考古研究所：〈安徽含山大城墩遺址發掘報告〉，《考古學集刊》第6集，頁83-99，中國社會科學出版社，北京，1989。

930 安徽省文物考古研究所、六安市文物管理所：〈安徽六安市堰墩西周遺址發掘簡報〉，《考古》2002：2，頁30-44。

931 魏國鋒、秦穎、王昌燧、張愛兵、宮希成：〈何郢遺址出土青銅器銅礦料來源的初步研究〉，《中原文物》2005：5，頁86。

十一　江蘇徐淮地區

　　江蘇按照自然地貌可分為徐海地區、江淮地區、寧鎮地區和太湖地區，[932]江蘇北部的徐淮地區商周文化面貌與中原較為接近。[933]

（一）連雲港市灌雲縣伊山鎮任莊村（原為灌雲縣伊山鄉任莊村）

　　1988 年 5 月灌雲縣任莊村村民在山崗挖土時，發現一批青銅器，包括銅鼎 2 件、銅劍 2 件、銅戈 2 件和銅鑿 1 件，該批器物的時代應屬於西周。[934]

（二）連雲港市東海縣駝峰鄉魯蘭村（原為東海縣焦莊，焦莊又名焦魯蘭）

　　1973 年 3 月在東海縣牛山鎮東北的焦莊發現了一處古遺址，在西周文化層內出土銅削 7 件、銅鏃 23 件等器物。[935]

（三）連雲港市贛榆縣城頭鎮青墩廟村（原為新海連市）

　　1959 年冬在贛榆縣青墩廟村發現了一處以西周文化遺存為主的遺址，在探溝內出土有銅鏃。[936]

（四）連雲港市新浦區花果山鄉大村

　　1960 年 4 月在今連雲港市雲台山大村發現了兩座西周早期墓葬，共出土銅鼎 4 件、銅甗 3 件。[937]

（五）徐州市新沂市新店鎮三里墩（原為新沂縣新店鄉）

　　1956 年 5 月和 1959 年春考古人員在今新沂市新店鎮的三里墩進行試掘，在西周文化層內發現有銅鏃、銅刀和銅削等。[938]

932　鄒厚本：《江蘇考古五十年》，頁140，南京出版社，南京，2000。

933　鄒厚本：〈江蘇考古的回顧與思考〉，《考古》2000：4，頁5。

934　陳龍山：〈江蘇灌雲縣出土周代青銅器〉，《考古》1992：10，頁953。

935　南波：〈江蘇省東海縣焦莊古遺址〉，《文物》1975：8，頁45-56、60。

936　江蘇省文物工作隊：〈江蘇新海連市大村新石器時代遺址勘察記〉，《考古》1961：6，頁321-323。

937　南京博物院：〈江蘇贛榆新石器時代至漢代遺址和墓葬〉，《考古》1962：3，頁129-131。

938　蔣纘初：〈江蘇新沂縣三里墩遺址試掘記〉，《考古》1958：1，頁7-11。南京博物院：〈江蘇新沂縣三里墩古文化遺址第二次發掘簡介〉，《考古》1960：7，頁20-22。

（六）宿遷市宿豫區曉店鎮

1961 年考古工作者在今宿遷市曉店鎮東 1 公里處的青墩發現古遺址，在西周文化層內發現有青銅書轄 1 件。[939]

第三節　中原以外其他青銅文化區的出土概況

一　北方青銅文化區

北方青銅文化區指長城沿線及以北的廣大地區，東邊至渤海之濱及遼河西畔，西邊大致以子午嶺和毛烏素沙漠為限，北方可達陰山南麓及西拉木倫河北岸，南邊西部伸入陝西渭北台原邊緣、東部到達海河水系的易水一帶。包括今陝西北部、山西西北部、內蒙古中南和東南部、河北省北部、京津地區以及遼寧西部。[940]

（一）陝西北部

集中在陝北東部，無定河、清澗河下游地區，這裡出土的青銅器和晉西（包括呂梁地區）黃河兩岸為同一青銅文化類型。[941]

1 陝西省延安市延長縣安溝鄉岔口村

1988 年 9 月延長縣安溝鄉岔口村寨子山以南的下坪山峁，發現了可能出自窖藏的銅器 14 件——銅鬲 2 件*（1）、銅簋 4 件*（2）、銅觥 1 件、銅壺 1 件*（1）、銅盉 1 件*（1）、銅釜 1 件、銅杯 2 件、銅戈 1 件、銅削 1 件和金飾 2 件，這批銅器雖同出，但時代前後不一，考古人員判定銅觥和銅盉為西周早期，銅壺、銅杯、銅戈為西周中期，銅簋和銅鬲時代為西周中期後段。[942]

---

939 尹煥章、趙青芳：〈淮陰地區考古調查〉，《考古》1963：1，頁2、6。

940 孫華：〈中國青銅文化體系的幾個問題〉，《考古學研究》（五），頁941，科學出版社，北京，2003。

941 李峰：〈試論陝西出土商代銅器的分期與分區〉，《考古與文物》1986：3，頁59-60。劉軍社：〈陝晉蒙鄰境地區商代青銅器的分期、分區及相關問題的探討〉，《中國考古學會第八次年會論文集》，頁134-135，文物出版社，北京，1996。

942 姬乃軍、陳明德：〈陝西延長出土一批西周青銅器〉，《考古與文物》1993：5，頁8-12。

2 陝西省延安市延川縣稍道河鄉去頭村

延川縣文化館收藏了出土自延川縣去頭村的銅長鏊斧和鈴首劍各 1 件，考古人員原先判斷該批器物時代應屬商代，近來研究人員將之歸於「保德類型」的銅器群，並將時代下修至西周早中期。[943]

3 陝西省榆林市清澗縣高傑村鎮李家崖村

1982 至 1983 年在清澗縣李家崖村發現一處遺址，年代從商代後期的殷墟二期到西周中期，該遺址出土有銅戈、蛇首匕、銅鏃、銅錐等器物。[944]

4 陝西省榆林市綏德縣滿堂川鄉高家川村

1985 年秋在綏德縣高家川村發現出自墓葬的西周早期銅鼎 1 件。[945]

5 陝西省榆林市米脂縣沙店鎮張坪村

1984 年 4、5 月間在米脂縣張坪村西約 1 公里處的桃樹峁發現了兩周之際的墓葬，考古人員清理了四座，編號為 84MZM1—4，其中 84MZM2 隨葬有銅戈 1 件、銅鏃 1 件、銅刀 1 件、銅環 2 件、銅帶扣 1 件；M4 出土銅環 2 件。[946]

（二）山西西北部

蔣剛在其博士論文《太行山兩翼北方青銅文化的演進及其與夏商西周文化的互動》提出：陝北、晉西北的南流黃河兩岸所發現屬於「保德類型」的青銅器群有六處，並將出土有管鏊斧的幾批銅器年代修定為西周早中期，[947]如此，集中於山西西北部，歸屬於西周時期的銅器出土地有以下幾處。

---

943 蔣剛、楊建華：〈陝北、晉西北南流黃河兩岸出土青銅器遺存的組合研究〉，《文物世界》2007：1，頁15。

944 張映文、呂智榮：〈陝西清澗縣李家崖古城址發掘簡報〉，《考古與文物》1988：1，頁47-56。呂智榮：〈試論李家崖文化的幾個問題〉，《考古與文物》1989：4，頁75-79。

945 吳蘭、宗宇：〈陝北發現商周青銅器〉，《考古》1988：10，頁956。

946 北京大學考古系商周實習組、陝西省考古所商周研究室：〈陝西米脂張坪墓地試掘簡報〉，《考古與文物》1989：1，頁14-20、23。

947 蔣剛：《太行山兩翼北方青銅文化的演進及其與夏商西周文化的互動》，頁124-126，吉林大學考古學及博物館學博士論文，2006。

1 山西省臨汾市吉縣吉昌鎮上東村

1983 年 3 月在吉縣上東村發現出自墓葬的銅管鍪斧 1 件、鈴首劍 1 件和蛇首帶環勺 2 件。[948]

2 山西省呂梁市柳林縣薛村鎮高紅村

1978 年 4 月在柳林縣高紅村發現出自墓葬的銅管鍪斧 1 件、鈴首劍 1 件、銅盔 1 件、銅矛 1 件、有鍪鉞 1 件、雙環削刀 3 件、銅鈴 1 件、銅飾 1 件、靴形器 1 件、塔形器 1 件和海貝 3 枚。[949]

3 山西省呂梁市石樓縣曹家垣鄉外莊村

1968 年春在石樓縣曹家垣鄉外莊村發現蛇首帶環銅勺 1 件，以及貝、銅泡 10 多個。[950]

4 山西省呂梁市石樓縣曹家垣鄉曹家垣村

1976 年 1 月在石樓縣曹家垣村西發現出自墓葬的銅管鍪斧 1 件、鈴首劍 1 件、蛇首帶環勺 2 件、銅管 1 件、鐸形器 1 件、弓形器 1 件。[951]

（三）內蒙古中南和東南部

內蒙古自治區可分為與甘青和蒙古戈壁相鄰的西部、與陝晉冀接境的中南部、與冀遼接壤的東南部和以大草原為背景的東北部四個區域。[952]內蒙古中部河套地區和鄂爾多斯地區為北方青銅文化西區，[953]自夏代至早商時期經歷了朱開溝文化（甲類晚期遺存和乙類遺存），晚商至西周時期為西岔文化，其中西岔文化所分布的範圍大體相當於內蒙古地區鄂爾多斯高原與河套平原的後套平原，現今

---

948 吉縣文物工作站：〈山西吉縣出土商代青銅器〉，《考古》1985：9，頁848-849。

949 楊紹舜：〈山西柳林縣高紅發現商代銅器〉，《考古》1981：3，頁211-212。

950 楊紹舜：〈山西石樓新徵集到的幾件商代青銅器〉，《文物》1976：2，頁94。

951 楊紹舜：〈山西石樓褚家峪、曹家垣發現商代銅器〉，《文物》1981：8，頁50、53。

952 田廣金：〈內蒙古石器時代──青銅時代考古發現和研究〉，《內蒙古文物考古》1992：12，頁1。

953 孫華：〈中國青銅文化體系的幾個問題〉，《考古學研究》（五），頁942，科學出版社，北京，2003。

發現的遺址點並不多。[954]至於內蒙古東南部自試掘赤峰藥王廟和夏家店遺址後，隨著考古發掘工作的累積，為夏家店上層文化，而夏家店上層文化的年代為西周早期至春秋中期。[955]

1 內蒙古鄂爾多斯市准格爾旗魏家峁鎮杜家峁村

1998 年考古人員清理了准格爾旗魏家峁鎮杜家峁村東北的西麻青墓地，共清理十九座年代屬於西周晚期至春秋早期的墓葬，墓葬除隨葬有陶器外，還有銅耳環、帶扣、玉塊……等遺物。[956]

2 內蒙古呼和浩特市清水河縣窯溝鄉西岔村（原為清水河縣單台子鄉）

1997 至 1998 年考古人員搶救了西岔村的考古遺址，在屬於第三期文化遺存的墓葬中發現有管鋬斧、銅耳環，[957]遺址中還出土銅刀、銅錐和銅鏃等。[958]

3 內蒙古呼和浩特市清水河縣窯溝鄉老牛灣村（原為單台子鄉）

1998 年 11 月徵集到出土於清水河縣老牛灣村的管鋬斧 2 件、鋬內戈 1 件、銅扣 1 件，這批器物的年代不會晚於西周中期。[959]

4 內蒙古呼和浩特市清水河縣碓臼溝村（原為單台子鄉）

1998 年夏在清水河縣碓臼溝村南的台地發現一處遺址，在屬於西岔文化的墓葬中發現有銅耳環 2 件。[960]

---

954 蔣剛：《太行山兩翼北方青銅文化的演進及其與夏商西周文化的互動》，頁111-112，吉林大學考古學及博物館學博士論文，2006。

955 井中偉：〈夏家店上層文化的分期與源流〉，《邊疆考古研究》第12輯，頁164，科學出版社，北京，2012。

956 發掘報告尚未公告。資料引自曹建恩：〈內蒙古中南部商周考古研究的新進展〉，《內蒙古文物考古》2006：2，頁17。

957 內蒙古文物考古研究所、清水河縣文物管理所：〈清水河縣西岔遺址發掘簡報〉，《萬家寨水利樞紐工程考古報告集》，頁74、77，遠方出版社，呼和浩特市，2001。

958 曹建恩：〈內蒙古中南部商周考古研究的新進展〉，《內蒙古文物考古》2006：2，頁17。

959 曹建恩：〈清水河縣徵集的商周青銅器〉，《萬家寨水利樞紐工程考古報告集》，頁79-80。

960 曹建恩：〈清水河縣碓臼溝遺址調查簡報〉，《萬家寨水利樞紐工程考古報告集》，頁81-87。

5 內蒙古烏蘭察布市商都縣

1958、1959 年在商都縣出土時代約西周中晚期至春秋初年的銅刀共計 3 件。[961]

6 內蒙古赤峰市松山區夏家店鄉夏家店村

1959、1960 年考古人員在赤峰市東的夏家店村進行試掘，發現屬於夏家店上層文化的墓葬共十一座，出土銅器的墓葬有七座：M1 隨葬有銅刀 1 件、銅錐 1 件、銅扣 43 件；M7 隨葬有銅扣 1 件；M11 有銅錐 1 件、雙尾銅飾 20 件、連珠銅飾 80 件、銅扣 5 件；M12 有銅刀 1 件、銅鏃 2 件；M14 銅刀 1 件、銅錐 1 件、銅扣 3 件；M15 銅扣 1 件；M17 銅刀 1 件、銅錐 1 件、銅扣 39 件。[962]

7 內蒙古赤峰市紅山區

赤峰市紅山後 A 區石棺墓二十六座，隨葬銅器墓葬有五座，M7、M11 出土銅泡，M18、M22 和 M25 分別隨葬有螺形銅環、銅鏃和圓形銅環。D 區石棺墓四座，隨葬銅器墓葬有兩座，M1 出土銅環，M2 隨葬銅刀、銅鏃。[963]紅山後 A 區墓葬年代在西周中期，D 區墓葬年代在西周晚期到春秋早期。[964]

8 內蒙古赤峰市寧城縣存金溝鄉南山根村（原為遼寧省昭烏達盟寧城縣）

1958 年春在寧城縣南山根村發現一座石槨墓，出自該墓葬的青銅器共計有75 件，[965]包括銅盔 1 件、銅戈 3 件、銅矛 1 件、銅鐏 2 件、劍鞘 1 件、短劍 4件、銅刀 4 件、銅斧 4 件、銅鏃 3 件、銅釘 1 件、圓牌 8 件、動物飾牌 12 件、曲

961 鄭紹宗：〈長城地帶發現的北方式青銅刀子及其有關問題〉，《文物春秋》1994：4，頁37、40。

962 中國科學院考古研究所內蒙古工作隊：〈赤峰藥王廟、夏家店遺址試掘報告〉，《考古學報》1974：1，頁135-141。

963 發掘報告尚未公告。資料引自劉國祥：〈夏家店上層文化青銅器研究〉，《考古學報》2000：4，頁454。

964 鄭大寧：《中國東北地區青銅時代石棺墓遺存的考古學研究》，頁47，中國社會科學院研究生院考古學及博物館學博士論文，2002。

965 李逸友：〈內蒙昭烏達盟出土的銅器調查〉，《考古》1959：6，頁276-277。該報告著錄出土銅器71件，實際數字為72件。後於中國科學院考古研究所內蒙古工作隊：〈寧城南山根遺址發掘報告〉，《考古學報》1975：1，頁138-139。又補充曲刃短劍和飾牌各1件。於寧城縣文化館、中國社會科學院研究生院考古系東北考古專業：〈寧城縣新發現的夏家店上層文化墓葬及其相關遺物的研究〉，《文物資料叢刊》第9輯，頁35。又補充曲刃短劍1件。共計75件。

形飾牌 8 件、飾牌 1 件、小圓泡 14 件、回紋飾片 5 件、其他殘器 3 件。該墓葬年代約當西周晚期至兩周之際前後。[966]

1963 年在寧城縣南山根村發現了一座墓葬，編號為 101 號墓，出土銅器共五百多件，包括：銅鼎 3 件、銅鬲 1 件、銅簋 1 件、銅簠 1 件、銅甌 1 件、銅杯 1 件、豆形器 1 件、雙聯罐 1 件、銅勺 2 件、銅刀 9 件、銅斧 8 件、銅鑿 2 件、銅鎬 2 件、銅鋤 1 件、銅鏃 45 件、銅戈 3 件、銅矛 3 件、銅鐓 1 件、銅劍 7 件、劍鞘 4 件、銅盾 1 件、銅盔 1 件，還有車馬器 304 件、雜器 108 件，銅器的時代應為西周晚期到春秋早期。[967]

1963 年 9 月在 101 號墓西邊又發現一座石槨墓，編號為 102 號墓，出土銅刀 3 件、殘銅刀 3 件、銅鏟 1 件、銅鑿 1 件、銅錐 1 件、銅鏃 3 件、馬銜 2 件、馬具 1 件、凸形飾 5 件、銅泡 30 件、銅鏡 1 件、銅鐲 2 件、殘銅飾 1 件、串飾 25 件和殘銅器 1 件。該墓葬年代可能早到商末周初，下限不可能晚於春秋。[968]

9 內蒙古赤峰市寧城縣榆樹林子鄉小榆樹林子村

1960 年 9 月考古人員在寧城縣小榆樹林子村南試掘一處遺址，遺址為夏家店上層文化，發現有銅刀 1 件。[969]

10 內蒙古赤峰市寧城縣甸子鄉小黑石溝村

1975 年在寧城縣廢品收購站發現了一批出自小黑石溝村的銅器，計有：銅鼎 1 件、銅豆 1 件、銅盔 2 件、短劍 4 件、雙聯罐 1 件、銅杯 2 件、銅勺 1 件、銅刀 1 件、銅鏡 1 件、銅斧 1 件、車馬器 4 件、銅飾 30 餘件，銅器時代應為西周晚期到春秋早期。[970]

---

966 寧城縣文化館、中國社會科學院研究生院考古系東北考古專業：〈寧城縣新發現的夏家店上層文化墓葬及其相關遺物的研究〉，《文物資料叢刊》第9輯，頁42，文物出版社，北京，1985。

967 遼寧省昭烏達盟文物工作站、中國科學院考古研究所東北工作隊：〈寧城縣南山根的石槨墓〉，《考古學報》1973：2，頁27-39。

968 中國社會科學院考古研究所東北工作隊：〈內蒙古寧城縣南山根102號石槨墓〉，《考古》1981：4，頁304-308。

969 內蒙古自治區文物工作隊：〈內蒙古寧城縣小榆樹林子遺址試掘簡報〉，《考古》1965：12，頁619-621。

970 項春松：〈小黑石溝發現的青銅器〉，《內蒙古文物考古》1984：3，頁120-123。

1980 年 6 月在寧城縣小黑石溝村南的山坡地，發現編號為 M8061 的石椁墓一座，出土銅盔 1 件、短劍 1 件、銅鏃 1 件、馬鑣 2 件、鈴首弓形器 2 件、銅泡 27 件、聯珠形銅扣 8 件……等。[971]器物形制較上述南山根 M101 為早，墓葬時代定在西周晚期前後。[972]

1985 年 4 月在寧城縣小黑石溝村發現一座石椁墓，編號為 M8501，出土銅器有：銅鼎 1 件、銅鬲 1 件、銅簋 2 件*（1）、盨蓋 1 件、銅罍 1 件、銅壺 1 件、銅盉 1 件*（1）、銅尊 1 件*（1）、銅匜 7 件、銅鋪 1 件、六聯豆罐 1 件、銅豆 2 件、瓜棱罐 1 件、鼓形器 1 件、鼓腹罐 1 件、瓦棱紋小罐 2 件、仿皮囊形器 2 件、雙聯罐 1 件、四聯罐 1 件、銅勺 2 件、銅匙 2 件、短劍 6 件、劍鞘 2 件、銅盔 1 件、銅戈 1 件、銅鏃 17 件、當盧 2 件、馬銜 2 件、銅軑 1 件、馬冠 2 件、銅鈴 8 件、杆頭飾 6 件、其他雜器 6 件、銅刀 17 件、刀鞘 1 件、銅斧 26 件、銅錘 1 件、銅鑿 2 件、銅柄磨石 2 件、銅錐 2 件、針筒 1 件、別針 7 件、簪形飾 2 件、牌飾 26 件、圓形方穿扣 10 件、銅扣 46 件、銅泡 46 件、銅珠項飾 1 件、鴨形飾 166 件。[973]

這批銅器的時代大致為西周中後期至春秋時期，[974]其中有銘銅簋和銅尊為西周時器，[975]銅鼎、銅罍和銅匜也是西周時器，而銅盉、短劍、劍鞘、銅戈、銅斧、銅刀……等時代為春秋時期。[976]

1985 年在小黑石溝村又發掘了十一座遭嚴重破壞、屬夏家店上層文化的墓葬，編號為 85NDXA I M1—11，出土銅器的墓葬如下：M1 出土牌飾 1 件、銅扣 9 件、聯珠飾 4 件；M2 出土銅矛 1 件、銅劍 1 件、銅戈 1 件、銅盔 1 件、管鋆斧 1 件、銅鏃 7 件、當盧 2 件、齒柄刀 3 件、銅刀 3 件、銅錐 1 件、銅斧 1 件、車

971 內蒙古自治區文物考古研究所、寧城縣遼中京博物館：《小黑石溝——夏家店上層文化遺址發掘報告》，頁262-264，科學出版社，北京，2009。

972 寧城縣文化館、中國社會科學院研究生院考古系東北考古專業：〈寧城縣新發現的夏家店上層文化墓葬及其相關遺物的研究〉，《文物資料叢刊》第9輯，頁27-29、41，文物出版社，北京，1985。

973 內蒙古自治區文物考古研究所、寧城縣遼中京博物館：《小黑石溝——夏家店上層文化遺址發掘報告》，頁264-291。

974 項春松、李義：〈寧城小黑石溝石椁墓調查清理報告〉，《文物》1995：5，頁4-22。

975 劉雨、盧岩：《近出殷周金文集錄》第二、三冊，編號462、622，頁341、85，中華書局，北京，2002。

976 上海博物館：《草原瑰寶——內蒙古文物考古精品》，頁265-267，上海書畫出版社，上海，2000。

斝3件、牌飾1件、聯珠飾28件、扣飾2件；M3出土銅劍1件、銅鏃9件、銅斧1件、銅刀1件、銅鑣1件、針筒1件、銅管1件、牌飾44件、耳環1件、銅扣2件；M5出土銅扣5件；M6出土銅刀1件、銅扣2件、銅棒1件；M8有銅鏃5件、銅鑿1件、別針1件、聯珠飾3件；M10有銅鏃4件、耳環2件。[977]

　　1992至1993年考古人員在小黑石溝村又進行大規模的發掘，發掘了 92—93NDXA Ⅱ區和 92NDXB Ⅰ、Ⅱ區，各清理了二十三座和十一、十二座墓葬，隨葬有銅器的墓葬情形如下表十七：[978]

表十七　1992—1993年赤峰市寧城縣小黑石溝夏家店上層墓葬

墓葬編號	銅器的種類與數量	其他器物種類與數量
92NDXB Ⅰ M1	耳環1、齒柄刀1、銅飾1	骨鑣1
92NDXB Ⅰ M3	耳環2	
92NDXB Ⅰ M4	耳環2	陶鉢1、陶紡輪1
92NDXB Ⅰ M5	耳環1	
92NDXB Ⅰ M6	銅扣2、銅飾2	
92NDXB Ⅰ M7	銅錐1	石料珠串1
92NDXB Ⅱ M2	銅扣2	卜骨1、石料珠串1、骨匕1、陶杯1、陶紡輪1
92NDXB Ⅱ M4	耳環2、銅匕1、齒柄刀1	
92NDXA Ⅱ M1	銅鏃2、牌飾1	骨鑣1
92NDXA Ⅱ M5	短劍1、銅斧1、齒柄刀1、車斝1、牌飾3、小飾件123	蚌飾15、骨錐1、礪石1、石器1、料珠飾46
92NDXA Ⅱ M11	馬鑣1、馬銜2、車馬具1、車斝5、節約6、別針3、帶紐器1、殘飾件1、銅扣3	角器4、骨鑣5、骨器2、鑽孔骨管1、骨管1、骨鏃1、鑽孔骨器1、海貝2、石鏃1、陶杯1

977 內蒙古自治區文物考古研究所、寧城縣遼中京博物館：《小黑石溝——夏家店上層文化遺址發掘報告》，頁294-318、478，科學出版社，北京，2009。

978 同上，頁318-367、479-482。

（續）

墓葬編號	銅器的種類與數量	其他器物種類與數量
92NDXAⅡM13	銅鏃 1	陶紡輪 1
92NDXAⅡM14	銅刀 2、銅匕 1、耳環 1	石料珠串 1、殘木器 1
93NDXAⅡM17	短劍 1、環首刀 1、簪形飾 2、牌飾 1	骨叉形器 1
93NDXAⅡM19	齒柄刀 1	骨管 1、骨棒形器 1
93NDXAⅡM21	銅扣 2	骨鏃 1
93NDXAⅡM22	銅刀 1、銅錐 1、銅扣 1	骨管 1、石料珠飾 1、礪石 1、石鏟 1

　　1996 年小黑石溝村一座大型墓葬被盜掘，該墓葬編號為 M9601，出土銅鼎 1 件、銅簋 2 件*（1）、銅豆 4 件、銅盤 3 件、鼓形器 3 件、聯體罐 2 件、銅罐 1 件、銅杯 1 件、銅勺 3 件、銅匙 3 件、當盧 2 件、長杆車具 2 副、穿帶飾 36 件、節約 89 件、銅管 9 件、銅盔 1 件、銅劍 2 件、劍鞘 1 件、銅戈 1 件、銅鏃 185 件、銅刀 2 件、銅斧 1 件、牌飾 17 件、小飾件 44 件、銅鈴 15 件、聯珠飾 229 件、銅扣 68 件、泡飾 200 件、耳環 5 件。[979]這批銅器中的有銘銅簋時代屬於西周中期，[980]其餘如銅豆、銅盤、銅罐、鼓形器等時代屬於春秋。[981]

　　1998 年考古人員發掘了墓葬二十座，編號為 98NDXAⅢM1—20，當中屬於夏家店上層文化的墓葬有十一座，出土銅器的墓葬為：M1 出土銅泡、銅扣和紐狀器各 1 件；M5 有銅鼎 1 件、銅鏡 1 件、短劍 1 件、銅刀 2 件、當盧 1 件、牌飾 1 件、簪形飾 1 件、銅棒 1 件、銅扣 2 件；M17 出土銅斧 1 件、銅鑿 1 件、牌飾 3 件、小飾件 1 件、銅扣 2 件。[982]

　　1985 年在小黑石溝還徵集到一些銅器，有馬銜 6 件、銅戈 3 件、管銎斧 2 件、銅鑿 1 件、銅錐 1 件、鍊條 1 件。1990 和 1992 年亦徵集到銅簋 1 件和管銎斧 1 件、銅杯 1 件、鈴形車具 1 件、銅刀 1 件。1999 年徵集到青銅鈴首觽 1 件、

979 內蒙古自治區文物考古研究所、寧城縣遼中京博物館：《小黑石溝——夏家店上層文化遺址發掘報告》，頁369-383，科學出版社，北京，2009。

980 李朝遠：〈師道簋銘文考釋〉，《青銅器學步集》，頁246-250，文物出版社，北京，2007。

981 上海博物館：《草原瑰寶——內蒙古文物考古精品》，頁267-268，上海書畫出版社，上海，2000。

982 內蒙古自治區文物考古研究所、寧城縣遼中京博物館：《小黑石溝——夏家店上層文化遺址發掘報告》，頁383-395，科學出版社，北京，2009。

小飾件 31 件、聯珠飾 9 件。[983]

11 內蒙古赤峰市寧城縣向陽鄉劉家南溝

1978 年 9 月在寧城縣劉家南溝出土銅戈 1 件，依形制判斷，該銅戈為西周晚期至春秋早期時器。[984]

12 內蒙古赤峰市寧城縣三座店鄉蘇家窩鋪

1977 年 10 月在寧城縣蘇家窩鋪出土銅斧 1 件，依形制判斷，該銅斧為西周晚期至春秋早期時器。[985]

13 內蒙古赤峰市寧城縣汐子鎮北山嘴村

1975 年 3 月在寧城縣北山嘴村西北約 1 公里的嘎拉山東麓發現一座石椁墓，編號為 7501 號，出土銅器 48 件，有銅簋 1 件、銅盔 1 件、短劍 2 件、劍鞘 1 件、銅鏃 40 件、銅鉞 1 件、車馬器 2 件，另有金環 1 件。該墓葬時代與南山根 M101 相當，為西周晚期至春秋早期。[986]

14 內蒙古赤峰市寧城縣大城子鎮瓦房中村

1979 年 7 月在寧城縣大城子鎮東北約 5 公里坤頭河西岸的台地上發現一座石椁墓，編號為 791 號，出土銅器 10 件，有銅盔 1 件、銅戈 1 件、短劍 1 件、銅刀 1 件、銅斧 1 件、銅勺 2 件、牌飾 3 件。該墓葬時代不晚於南山根 M101，大體與之相當，為西周晚期至春秋早期。[987]

15 內蒙古赤峰市寧城縣八里罕鎮天巨泉村

1973 年寧城縣天巨泉村發現石椁墓一座，編號為 M7301，出土銅器 11

---

983 內蒙古自治區文物考古研究所、寧城縣遼中京博物館：《小黑石溝——夏家店上層文化遺址發掘報告》，頁397-404，科學出版社，北京，2009。

984 寧城縣文化館、中國社會科學院研究生院考古系東北考古專業：〈寧城縣新發現的夏家店上層文化墓葬及其相關遺物的研究〉，《文物資料叢刊》第9輯，頁38-39、43，文物出版社，北京，1985。

985 同上，頁39、43。

986 同上，頁23-26、40。

987 同上，頁26-27、41。

件——短劍 1 件、銅刀 2 件、馬銜 2 件、月牙形銅飾 2 件、牌飾 1 件、銅鏡形飾 2 件、銅泡 1 件。該墓葬時代與河北平泉東南溝 M6 相當，為西周晚期至春秋早期。[988]

16 內蒙古赤峰市寧城縣一肯中鄉梁家營子村

1980 年 7 月在寧城縣梁家營子村發現石槨墓一座，編號為 8071 號，出土銅鏃 2 件、銅刀 1 件、銅錐 1 件、銅斧 1 件、雙蛇形銅飾 8 件、銅泡 1 件、銅絲環 6 件、彈簧式銅絲環 2 件。該墓葬時代在兩周之際前後。[989]

17 內蒙古赤峰市林西縣大井鎮大井村

1976 年考古人員試掘了林西縣大井村的古銅礦遺址，在 F2 房址發現銅鏃 1 件，F3 則出土銅鑿 1 件。[990]F2 年代為夏家店上層文化早期。[991]

18 內蒙古赤峰市克什克騰旗土城子鎮龍頭山

1987、1988 年考古工作者在赤峰市克什克騰旗的龍頭山進行兩次試掘工作，斷定該遺址屬於夏家店上層文化，II 區 M1 出土了青銅短劍、銅斧、銅鑿、銅錐、銅刀、銅泡、銅鏃、聯珠扣飾、銅帶飾……等銅器。M1 時代接近於晚商，不晚於西周早期。[992]

19 內蒙古赤峰市翁牛特旗阿什罕蘇木（原為昭烏達盟翁牛特旗烏蘭敖都鎮查干敖爾鄉大泡子村）

1981 年在翁牛特旗烏蘭敖都鎮查干敖爾鄉大泡子村發現出自墓葬的一批銅

---

988 寧城縣文化館、中國社會科學院研究生院考古系東北考古專業：〈寧城縣新發現的夏家店上層文化墓葬及其相關遺物的研究〉，《文物資料叢刊》第9輯，頁29-31、41，文物出版社，北京，1985。

989 同上，頁31-33、41。

990 遼寧省博物館文物工作隊：〈遼寧林西縣大井古銅礦1976年試掘簡報〉，《文物資料叢刊》第7輯，頁138-144，文物出版社，北京，1983。

991 趙賓福：〈遼西山地夏至戰國時期考古學文化時空框架研究的再檢討〉，《邊疆考古研究》2006：5，頁44。

992 內蒙古自治區文物考古研究所、克什克騰旗博物館：〈內蒙古克什克騰旗龍頭山遺址第一、二次發掘簡報〉，《考古》1991：8，頁704-712。

器，有短劍 2 件、銅刀 2 件、聯珠飾 18 件、銅泡 16 件。就出土銅劍屬於早期形制推論，這座墓葬的年代應為西周中期。[993]

20 內蒙古赤峰市巴林右旗大板鎮

1977 年在巴林右旗大板南山東麓的火葬場發現一座墓葬，出土青銅短劍 1 件、銅泡 5 件、聯珠狀銅飾 1 件、紅陶缽 1 件。[994]學者按形制發展，認為該青銅短劍年代相當於西周晚期早段。[995]

21 內蒙古赤峰市敖漢旗林家地鄉熱水湯村

1981 年冬在敖漢旗新惠鎮南約 50 公里的熱水湯村，發現一座墓葬，出土銅器有：銅鏃 4 件、銅泡 5 件、銅斧 1 件、銅鑿 1 件、鈴式杖首 1 件、銎柄短劍 1 件、馬首刀 1 件、鏡形銅飾 1 件、雙尾形飾 2 件、護牌 1 件、銅矛 1 件。該墓葬應是夏家店上層早期的墓葬，時代應與寧城南山根 M101 一致。[996]

22 內蒙古赤峰市敖漢旗瑪尼罕鄉五十家子村

在敖漢旗瑪尼罕鄉五十家子村出土銅刀 1 件，研究人員根據獸首刀形制的發展，認為該羊首刀「和興隆小河南的牛首刀已經地方化」[997]，興隆小河南的牛首刀時代為晚商到西周早期。[998]

23 內蒙古赤峰市敖漢旗大甸子鄉新地村

在敖漢旗大甸子鄉新地村發現出自墓葬的青銅短劍 1 件，[999]該銅劍形制與寧城縣小黑石溝 M8501 出土之銎柄式直刃短劍相近，而小黑石溝 M8501 年代在西周晚期到春秋早期。[1000]

---

993 賈鴻恩：〈翁牛特旗大泡子青銅短劍墓〉，《文物》1984：2，頁50-54。

994 董文義：〈巴林右旗發現青銅短劍墓〉，《內蒙古文物考古》1981：1，頁153-154。

995 劉國祥：〈夏家店上層文化青銅器研究〉，《考古學報》2000：4，頁482。

996 邵國田：〈內蒙古敖漢旗發現的青銅器及有關遺物〉，《北方文物》1993：1，頁21-22、25。

997 楊建華：〈燕山南北商周之際青銅器遺存的分群研究〉，《考古》2002：2，頁166。

998 王峰：〈河北興隆縣發現商周青銅器窖藏〉，《文物》1990：11，頁58。

999 邵國田：〈內蒙古敖漢旗發現的青銅器及有關遺物〉，《北方文物》1993：1，頁22。

1000 鄭大寧：《中國東北地區青銅時代石棺墓遺存的考古學研究》，頁47，中國社會科學院研究生院

24 內蒙古通遼市奈曼旗白音昌鄉牝牛溝

在奈曼旗白音昌鄉牝牛溝的夏家店上層遺址出土銅刀 1 件，[1001]該類環首銅刀的時代為西周中晚期到春秋初年。[1002]

25 內蒙古通遼市扎魯特旗巴雅爾吐胡碩鎮

1975 年 10 月在扎魯特旗巴雅爾吐胡碩鎮的霍林河煤礦沙爾呼熱採區南發現出自窖藏的一批銅器，有銅簋 1 件*（1）、銅簠 1 件、銅鍑 1 件、聯珠形銅飾 2 件、銅圈 3 件，這批器物的時代為西周晚期至春秋早期。[1003]

（四）河北北部

河北大體以永定河、拒馬河為冀北和冀中南兩區的分隔，冀北區又分為三個亞區——燕南區、燕北區、冀西北，其中燕南區即指京、津、唐地區，燕北區主要以灤河中上游、青龍河、潮白河為其分布地域，冀西北則分布在桑干河、壺流河、洋河、永定河的上游。[1004]

1 河北省承德市興隆縣興隆鎮小河南村

1984 年 4 月在興隆縣小河南村西南發現出自窖藏的商周銅器一批，包括了器蓋 1 件*（1）、短劍 1 件、銅刀 2 件、銅戈 4 件、銅矛 1 件、銅鉞 1 件，當中 I 式銅戈 3 件時代為晚商，牛頭首刀為晚商到西周早期時器，有銘器蓋時代應為周初，短劍和鈴首刀為西周早期，II 式銅戈和銅矛應不晚於西周早期。[1005]

2 河北省承德市平泉縣平泉鎮東南溝村

1964、1965 年 3 月在平泉縣東南溝村東的黃窩子山和黃窩子山東南的北大面

考古學及博物館學博士論文，2002。

1001 李殿福：〈吉林省庫倫、奈曼兩旗夏家店下層文化遺址分布與內涵〉，《文物資料叢刊》7，頁103，文物出版社，北京，1983。

1002 鄭紹宗：〈長城地帶發現的北方式青銅刀子及其有關問題〉，《文物春秋》1994：4，頁40。

1003 張柏忠：〈霍林河礦區附近發現的西周銅器〉，《內蒙古文物考古》1982：2，頁5-8。

1004 鄭紹宗：〈河北考古發現研究與展望〉，《文物春秋》1992增刊，頁4。

1005 王峰：〈河北興隆縣發現商周青銅器窖藏〉，《文物》1990：11，頁57-58。

山各發現了一處墓群，共發掘了兩地墓葬十一座。其中編號為黃 M6 的墓葬出土了銅戈 1 件、短劍 1 件、銅刀 1 件、圓牌飾 2 件和銅泡……等。墓葬時代應屬西周末到春秋初期。[1006]

3 河北省承德市豐寧滿族自治縣

1959 年在豐寧縣出土了時代約西周中晚期至春秋初年的銅刀 1 件。[1007]

4 河北省承德市

1956、1957 年徵集到出自承德市的青銅短劍和銅刀各 1 件，前者學者將時代定為西周早期，[1008]後者時代約西周中晚期至春秋初年。[1009]

5 河北省秦皇島市青龍滿族自治縣

1959 年徵集到出自青龍縣的青銅短劍 2 件，學者將時代定為西周晚期至春秋早期。[1010]

6 河北省張家口市崇禮縣

1959 年在崇禮縣出土了時代約西周早期的銅刀 1 件。[1011]

7 河北省張家口市赤城縣龍關鎮

1959、1961 年在赤城縣龍關鎮出土了時代約西周中晚期至春秋初年的銅刀各 1 件。[1012]

1006 河北省博物館、河北省文物管理處：〈河北平泉東南溝夏家店上層文化墓葬〉，《考古》1977：1，頁51-55。

1007 鄭紹宗：〈長城地帶發現的北方式青銅刀子及其有關問題〉，《文物春秋》1994：4，頁32、40。

1008 鄭紹宗：〈中國北方青銅短劍的分期及形制研究〉，《文物》1984：2，頁37、44。

1009 鄭紹宗：〈長城地帶發現的北方式青銅刀子及其有關問題〉，《文物春秋》1994：4，頁37、40。

1010 鄭紹宗：〈中國北方青銅短劍的分期及形制研究〉，《文物》1984：2，頁37、44。

1011 鄭紹宗：〈長城地帶發現的北方式青銅刀子及其有關問題〉，《文物春秋》1994：4，頁32、40。

1012 同上，頁32、37、40。

8 河北省張家口市懷來縣小南辛莊大古城村

1960 年懷來縣大古城村出土時代約西周中晚期至春秋初年的銅刀 1 件。[1013]

9 河北省張家口市沽源縣

1958、1959 年在沽源縣出土了時代約為西周中晚期至春秋初年的銅刀各 1 件。[1014]

10 北京市延慶縣八達嶺鎮西撥子村

1975 年在北京市延慶縣西撥子村東發現一批出自窖藏的銅器，包括：銅鼎 11 件、銅釜 1 件、銅匙 1 件、銅刀 7 件、銅斧 7 件、獵鉤 1 件、銅錐 1 件、銅錛 2 件、銅鑿 4 件、銅戈 1 件、銅泡 8 件、耳環 1 件、銅渣 6 塊、銅鼎殘片 2。銅器時代屬西周晚期或春秋早期。[1015]

11 天津市薊縣楊津莊鄉張家園

1965 年在天津市薊縣張家園進行試掘，學者們將第三層文化堆積稱為張家園遺址上層、第四層稱為張家園遺址下層，上層年代相當於西周早期，[1016]第三層文化層曾出土銅鏃 1 件。[1017]

1987 年 5 月在遺址西部又發現四座墓葬，其中 M2 出土銅鼎 1 件*（1），M3 有銅鼎、銅簋各 1 件，M4 有銅鼎 1 件、銅簋 1 件*（1），[1018]M2、M3 年代可定在商末，M4 應在周初，[1019]出土銅器的時代，學者認為 M2、M3 的銅鼎和 M4 的銅簋屬於晚商，M3 的銅簋和 M4 的銅鼎為西周早期偏早。[1020]

1013 鄭紹宗：〈長城地帶發現的北方式青銅刀子及其有關問題〉，《文物春秋》1994：4，頁32、40。

1014 同上，頁32、37、40。

1015 北京市文物管理處：〈北京市延慶縣西撥子村窖藏銅器〉，《考古》1979：3，頁227-230。

1016 韓嘉谷、紀烈敏：〈薊縣張家園遺址青銅文化遺存綜述〉，《考古》1993：4，頁360。

1017 天津市文物管理處：〈天津薊縣張家園遺址試掘簡報〉，《文物資料叢刊》1，頁168，文物出版社，北京，1977。

1018 天津市歷史博物館考古部：〈天津薊縣張家園遺址第三次發掘〉，《考古》1993：4，頁320-322。

1019 楊建華：〈燕山南北商周之際青銅器遺存的分群研究〉，《公元前2千紀的晉陝高原與燕山南北》，頁204，科學出版社，北京，2008。

1020 朱鳳瀚：《古代中國青銅器》，頁793，南開大學出版社，天津，1995。

12 天津市薊縣城關鎮圍坊

1977、1979 年考古人員在薊縣圍坊進行發掘，該遺址的文化堆積有五層，第四、五層為第一期，屬新石器時代；第三層為第二期，屬夏家店下層文化；第一、二層為第三期，年代應從商周之際到東周初，該文化層出土銅鑿 1 件。[1021]

13 天津市薊縣邦均鎮

1985 年在薊縣邦均鎮發掘了一處屬於張家園上層類型的遺址，該遺址有五十二座墓葬，其中兩座墓葬出現以銅鼎、銅簋各 1 件和綠松石的隨葬組合，其中一座墓葬的銅鼎和銅簋出現有銘文。[1022]

14 河北省唐山市遷安市野雞坨鎮小山東莊（原為遷安縣）

1983 年 11 月在遷安市東南約 10 公里灤河西岸龍泉山東側的小山東莊，發現一座西周墓葬，出土銅鼎 3 件*（1）、銅簋 1 件*（1）、銅戈 2 件、銅斧 4 件、銅扣 124 件，另有金臂釧 2 件、金耳環 1 件、松石耳墜 1 件⋯⋯等器物。[1023]

15 河北省唐山市遵化市新店子鎮西峪村（原為遵化縣）

1986 年 11 月在遵化市西峪村西發現出自西周墓葬的銅鼎、銅戈各 1 件。[1024]

（五）遼寧西部

青銅時代的遼寧地區可分為遼西到下遼河平原和遼東山地到遼南沿海兩大系統，[1025] 遼西區是指醫巫閭山以西，北至西拉木倫河兩側，包括西拉木倫河、老哈河、大小凌河以及它們的支流地區。[1026]

1021 天津市文物管理處考古隊：〈天津薊縣圍坊遺址發掘報告〉，《考古》1983：10，頁877-893。

1022 天津市歷史博物館考古部：〈1979—1989年天津文物考古新收穫〉，《文物考古工作十年》，頁18，文物出版社，北京，1989。

1023 唐山市文物管理處、遷安縣文物管理所：〈河北遷安縣小山東莊西周時期墓葬〉，《考古》1997：4，頁58-62。

1024 常力軍：〈河北遵化縣出土周、漢遺物〉，《考古》1989：3，頁277。

1025 郭大順：〈世紀之交的遼寧考古〉，《考古》2001：8，頁7。

1026 張忠培：〈遼寧古文化的分區、編年及其他〉，《遼海文物學刊》1991：1，頁8-12。

1 遼寧省朝陽市喀左縣山嘴子鎮海島營子村（原為熱河省凌源縣）

1955 年在今喀喇沁左翼蒙古族自治縣海島營子村東的馬廠溝，發現了銅器 16 件，有銅鼎 1 件、銅甗 2 件、銅簋 3 件*（2）、銅卣 2 件*（2）、銅盂 1 件*（1）、銅壺 1 件、銅罍 2 件*（1）、銅尊 1 件、銅盤 1 件，另有破碎無法修復的銅器 2 件。[1027]這批出自窖藏的銅器時代為西周早期。[1028]

2 遼寧省朝陽市喀左縣平房子鎮北洞村

1973 年在今喀喇沁左翼蒙古族自治縣北洞村南孤山西山坡筆架山頂，發現兩個窖藏銅器坑，一號窖藏坑有銅甌 1 件和銅罍 5 件*（1），上述 6 件銅器的時代皆為晚商；[1029]二號窖藏坑有銅鼎 3 件*（2）、銅簋 1 件*（1）、銅罍 1 件和帶嘴缽形器 1 件，兩件有銘銅鼎皆為商代晚期時器，其他銅鼎、有銘銅簋和銅罍年代為西周早期。[1030]

3 遼寧省朝陽市喀左縣平房子鎮山灣子村

1974 年 12 月在今喀喇沁左翼蒙古族自治縣山灣子村東北棗樹台子，發現一處青銅窖藏，出土銅鼎 1 件*（1）、銅鬲 1 件、銅甌 3 件*（2）、銅簋 10 件*（9）、銅盂 1 件、銅尊 1 件*（1）、銅卣 1 件*（1）、銅罍 3 件*（1）以及盤形器 1 件。這批銅器的年代，除了銅尊早至商代晚期，銅卣蓋、器後配而成、時代可能稍早於西周外，其他為西周早期。[1031]

4 遼寧省朝陽市喀左縣坤都營子鄉小波汰溝

1978 年在今喀喇沁左翼蒙古族自治縣小波汰溝曾發現出自窖藏的銅器，但未

1027 熱河省博物館籌備組：〈熱河凌源縣海島營子村發現的古代青銅器〉，《文物》1955：8，頁16-27。

1028 晏琬：〈北京、遼寧出土銅器與周初的燕〉，《考古》1975：5，頁277-278。朱鳳瀚：《古代中國青銅器》，頁794，南開大學出版社，天津，1995。

1029 遼寧省博物館、朝陽地區博物館：〈遼寧喀左縣北洞村發現殷代青銅器〉，《考古》1973：4，頁225。

1030 喀左縣文化館、朝陽地區博物館、遼寧省博物館北洞文物發掘小組：〈遼寧喀左縣北洞村出土的殷周青銅器〉，《考古》1974：6，頁364-369。

1031 喀左縣文化館、朝陽地區博物館、遼寧省博物館：〈遼寧省喀左縣山灣子出土殷周青銅器〉，《文物》1977：12，頁23-31。

見正式著錄，業已發表有：銅鼎 2 件、銅簋 1 件*（1）、銅罍 2 件*（2），銅鼎 2 件和銅罍 1 件年代為晚商，[1032]另銅罍 1 件為晚商或西周早期時器，[1033]有銘銅簋為西周早期。[1034]

5 遼寧省朝陽市喀左縣興隆莊宣家窩鋪村

1979 年考古人員在今喀喇沁左翼蒙古族自治縣宣家窩鋪村的和尚溝進行發掘，在 A、B、C、D 四個地點，清理了二十二座墓葬。[1035]A 點 M1 出土銅卣、銅壺和金釧，年代屬於晚商；[1036]B、C、D 三個地點的墓葬出土青銅短劍 3 件——出自 M6、M13、M17，年代分別為西周至春秋、春秋時期。[1037]另 M12、M17 和 M22 亦出土青銅刀，墓葬年代約在西周至春秋晚期。[1038]

6 遼寧省朝陽市朝陽縣六家子鎮魏營子村

1971、1972 和 1976 年考古人員在朝陽縣魏營子村發掘一處遺址，清理了墓葬九座，當中僅兩座墓葬出土銅器——M7101 出土長方形銅甲 2 件、圓形銅甲 1 件、鑾鈴 2 件、鈴狀器 1 件、車軎 1 件、羊頭飾 1 件、長方形銅泡 50 多個、圓形銅泡 40 多個、綠松石 12 枚、金釧 1 件，M7606 出土銅盔 2 件和當盧 2 件。墓葬和隨葬器物具有西周早期的特徵。[1039]

7 遼寧省朝陽市朝陽縣六家子鎮東山村

1975 年朝陽縣東山村東嶺崗墓地的 M1 出土青銅短劍、加重器各 1 件和銅

1032 范世民、李荊林：《中華國寶大辭典》，頁646-647，遼寧教育出版社，瀋陽，1997。中國社會科學院考古研究所：《殷周金文集成》修訂增補本第六冊，頁5156、5370，編號9771，中華書局，北京，2007。

1033 同上，第六冊，頁5168、5373，編號9808。

1034 同上，第三冊，頁2038、2545 -2546，編號3824。

1035 遼寧省文物考古研究所、喀左縣博物館：〈喀左和尚溝墓地〉，《遼海文物學刊》1989：2，頁110-111。

1036 趙賓福：〈遼西山地夏至戰國時期考古學文化時空框架研究的再檢討〉，《邊疆考古研究》2006：5，頁41。

1037 同上，頁54。

1038 同上，頁52。

1039 遼寧省博物館文物工作隊：〈遼寧朝陽魏營子西周墓和古遺址〉，《考古》1977：5，頁306-309。

鏃，M2 隨葬青銅短劍和加重器各 1 件。[1040]學者認為短劍年代約在西周晚期至春秋中期，[1041]也有學者認為青銅短劍和銅鏃的年代分別為春秋早中期和早期。[1042]

8 遼寧省朝陽市朝陽縣羊山鎮

1975 年朝陽縣羊山北廠富營子出土青銅短劍 1 件，有學者認為該銅劍年代上限早到西周晚期，下限約當春秋早期或早中期，[1043]也有學者按器形學編排認為該形制的銅劍年代約在西周中晚期。[1044]

9 遼寧省朝陽市朝陽縣柳城鎮十二台村

1958 年在朝陽縣城西南十二台營子發現三座墓葬，M1 出土青銅短劍 2 件、銅鏡 2 面、銅斧 1 件、銅鏃 2 件、銅刀 2 件、銅鑿 1 件、銅錐 3 件、銅牌 9 件、銅魚鉤 3 件、Y 形銅具 1 件、鑣形銅具 6 件、節約 12 件、管狀銅飾 59 件……；M2 有青銅短劍 2 件、銅鏡 2 面、銅斧 1 件、銅鏃 14 件、銅刀 1 件、銅錐 1 件、銅扣 10 件、節約 20 件、Y 形銅具 1 件、十字形銅具 12 件、鑣形銅具 5 件、長管形銅具 5 件、銅帶具 7 件……；M3 銅鏡 1 面……。[1045]M1、M2 年代為西周晚期至春秋早期。[1046]

1971、1972 年朝陽縣十二台營子又各出土青銅短劍 2 件、3 件，[1047]這些青銅短劍時代有西周晚期至春秋早期，[1048]也有春秋早期、早中期。[1049]

1040 靳楓毅：〈朝陽地區發現的劍柄端加重器及其相關遺物〉，《考古》1983：2，頁142。靳楓毅：〈論中國東北地區含曲刃青銅短劍的文化遺存（上）〉，《考古學報》1982：4，頁392-394。

1041 呂軍：《中國東北系青銅短劍研究》，頁65、105，吉林大學考古學及博物館學博士論文，2006。

1042 何堂坤、靳楓毅：〈遼西夏家店上層文化青銅合金成分初步研究〉，《考古》2002：1，頁78。

1043 靳楓毅：〈大凌河流域出土的青銅時代遺物〉，《文物》1988：11，頁26、32。

1044 呂軍：《中國東北系青銅短劍研究》，頁65、105，吉林大學考古學及博物館學博士論文，2006。

1045 朱貴：〈遼寧朝陽十二台營子青銅短劍墓〉，《考古學報》1960：1，頁63-71。

1046 鄭大寧：《中國東北地區青銅時代石棺墓遺存的考古學研究》，頁52，中國社會科學院研究生院考古學及博物館學博士論文，2002。

1047 靳楓毅：〈大凌河流域出土的青銅時代遺物〉，《文物》1988：11，頁24、26-28。

1048 何堂坤、靳楓毅：〈遼西夏家店上層文化青銅合金成分初步研究〉，《考古》2002：1，頁78。該銅劍編號為總793，考378。

1049 同上。銅劍編號為總790，考375；總1087，考672-1、672-2、672-3。

10 遼寧省朝陽市朝陽縣柳城鎮小木頭溝村

1979 年朝陽縣小木頭溝村發現一座墓葬，出土青銅短劍、銅制劍柄端、銅刀、銅錐、銅斧各 1 件……等。[1050]該墓葬年代為西周晚期至春秋早期。[1051]有學者認為短劍年代約在西周晚期至春秋中期，[1052]也有學者認為該批銅器時代為春秋早期至中期。[1053]

11 遼寧省朝陽市朝陽縣柳城鎮小波羅赤村

1991 年朝陽縣小波羅赤村發現一座墓葬，出土青銅短劍 1 件、銅鏃 10 件、銅泡 23 件、各式銅飾 18 件……等。[1054]該墓葬年代為西周晚期至春秋早期。[1055]有學者認為短劍年代約在西周晚期至春秋中期。[1056]

12 遼寧省朝陽市朝陽縣柳城鎮袁台子村

1979 至 1981 年考古人員發掘了朝陽縣境內大凌河右岸台地的袁台子遺址，並在王玟山北坡、徐台子村東、姚金溝清理了共一百六十二座墓葬，其中年代屬於西周早中期的墓葬有六座，當中四座墓葬隨葬有銅器，M122 出土節約 3 件、雙環 1 件、銅泡 6 件、管狀飾 3 件；M123 有銅鑿 1 件、銅飾牌 1 件、虎形銅飾 3 件、虎紋銅泡 1 件；M126 有銅管飾 2 件；M129 有銅鏡 1 件、銅泡 1 件、銅鏃 1 件。

另編號 79YM1 和 81 姚 M1 兩座墓葬年代屬於西周晚期至春秋早期，79YM1 出土青銅短劍 1 件、銅鏃 3 件、銅刀 1 件、石劍首 1 件……等；81 姚 M1 有青銅短劍 1 件、陶盃 1 件。[1057]

1050 靳楓毅：〈朝陽地區發現的劍柄端加重器及其相關遺物〉，《考古》1983：2，頁136-137。

1051 鄭大寧：《中國東北地區青銅時代石棺墓遺存的考古學研究》，頁52，中國社會科學院研究生院考古學及博物館學博士論文，2002。

1052 呂軍：《中國東北系青銅短劍研究》，頁65、105，吉林大學考古學及博物館學博士論文，2006。

1053 何堂坤、靳楓毅：〈遼西夏家店上層文化青銅合金成分初步研究〉，《考古》2002：1，頁78-79。

1054 張靜、田子義、李道升：〈朝陽小波赤青銅短劍墓〉，《遼海文物學刊》1993：2，頁15-17。

1055 鄭大寧：《中國東北地區青銅時代石棺墓遺存的考古學研究》，頁52，中國社會科學院研究生院考古學及博物館學博士論文，2002。

1056 呂軍：《中國東北系青銅短劍研究》，頁65、105，吉林大學考古學及博物館學博士論文，2006。

1057 遼寧省文物考古研究所、朝陽市博物館：《朝陽袁台子：戰國西漢遺址和西周至十六國時期墓葬》，頁39、133-144、168-169、175、180-184，文物出版社，北京，2010。

13 遼寧省朝陽市朝陽縣勝利鄉花坤頭營子村

1974 年在朝陽縣花坤頭營子村北台子出土了青銅短劍 2 件，[1058]這兩件青銅短劍時代為西周晚期至春秋早期。[1059]

14 遼寧省朝陽市朝陽縣北四家子鄉唐杖子村

1975 年在朝陽縣唐杖子村耿台子出土了青銅短劍 1 件，[1060]該銅劍時代為西周晚期至春秋早期。[1061]

15 遼寧省朝陽市建平縣燒鍋營子鄉木頭營子村

1975 年 10 月在建平縣木頭營子村大荒南麓向陽坡地發現一座墓葬，出土青銅短劍 1 件、銅錐 1 件、銅扣 19 件、聯珠形銅飾 1 件、管狀銅箍 1 件、瑪瑙珠 3 枚……等。墓葬年代的上限可能早到西周早期。[1062]

16 遼寧省朝陽市建平縣朱碌科鎮水泉村

1977 年考古人員在建平縣水泉村的台地發現一座墓葬，編號為 M7701，出土銅器有青銅短劍 1 件、銅鏃 1 件、銅刀 1 件、銅斧 1 件、銅鑿 1 件、銅錐 1 件、鏡形飾 1 件、雙尾形銅飾 1 件、聯珠形銅飾 26 件、銅泡 16 件、銅扣 2 件。

1978 年又發現一座墓葬，編號為 M7801，出土銅器有青銅短劍、銅刀、鏡形飾各 1 件。上述兩座墓葬的年代上限約在西周中期前後，下限不會晚於西周晚期。[1063]

1977 至 1978 年對水泉遺址進行發掘，依地層關係和文化性質，中層屬於夏家店上層文化，有墓葬十八座，當中 M8 隨葬銅器有青銅短劍 1 件、銅刀 1 件、銅斧 1 件、銅鑿 1 件、銅錐 1 件、鏡形飾 1 件、銅鏃 1 件、銅泡 16 件、聯珠形銅

1058 靳楓毅：〈大凌河流域出土的青銅時代遺物〉，《文物》1988：11，頁24。

1059 何堂坤、靳楓毅：〈遼西夏家店上層文化青銅合金成分初步研究〉，《考古》2002：1，頁78。

1060 靳楓毅：〈大凌河流域出土的青銅時代遺物〉，《文物》1988：11，頁26。

1061 何堂坤、靳楓毅：〈遼西夏家店上層文化青銅合金成分初步研究〉，《考古》2002：1，頁78。

1062 建平縣文化館、朝陽地區博物館：〈遼寧建平縣的青銅時代墓葬及相關遺物〉，《考古》1983：8，頁680、692。

1063 同上，頁681-683、692。

飾 24 件、銅管飾 3 件、鏤孔剪形銅飾 1 件。[1064]墓葬時代相當於西周中期。[1065]

17 遼寧省朝陽市建平縣榆樹林子鎮大拉罕溝村

1975 年 11 月建平縣大拉罕溝村村民在興修水庫時發現一座墓葬，該墓葬編號為 M751，出土青銅短劍 1 件、銅斧 1 件、銅鑿 1 件、鑾鈴 2 件、鏡形飾 2 件。年代為西周晚期至春秋早期。[1066]

18 遼寧省朝陽市建平縣太平莊鄉和樂村

1974 年 6 月在建平縣和樂村石砬山遺址發現墓葬，編號為石砬山 M741、M742，M741 出土銅器有青銅短劍 1 件、銅鏃 8 件、銅盔 1 件、牛首刀 1 件；M742 出土青銅短劍 1 件，兩座墓葬的年代約在西周晚期至春秋早期前後，[1067]也有學者認為約在春秋中期。[1068]有學者根據形制，判斷 M741 銅劍年代在兩周之際，M742 銅劍年代為春秋早期。[1069]

19 遼寧省朝陽市建平縣哈拉道口鎮

1972 年建平縣哈拉道口鎮出土青銅短劍 1 件，該銅劍年代在西周晚期或兩周之際。[1070]

20 遼寧省朝陽市建平縣北二十家子鎮二十家子村

1972 年建平縣二十家子村出土青銅短劍 1 件，該銅劍年代在兩周之際。[1071]

1064 遼寧省博物館、朝陽市博物館：〈建平水泉遺址發掘簡報〉，《遼海文物學刊》1986：2，頁22-24。

1065 井中偉：〈夏家店上層文化的分期與源流〉，《邊疆考古研究》2002：2，頁163-164。

1066 建平縣文化館、朝陽地區博物館：〈遼寧建平縣的青銅時代墓葬及相關遺物〉，《考古》1983：8，頁683-684、692。

1067 同上。

1068 鄭大寧：《中國東北地區青銅時代石棺墓遺存的考古學研究》，頁47，中國社會科學院研究生院考古學與博物館學博士論文，2002。

1069 劉冰：〈試論夏家店上層文化的青銅短劍〉，《內蒙古文物考古》1992：1、2，頁30。

1070 建平縣文化館、朝陽地區博物館：〈遼寧建平縣的青銅時代墓葬及相關遺物〉，《考古》1983：8，頁686、693。

1071 同上。

21 遼寧省朝陽市建平縣萬壽鎮老西店村

1972 年建平縣老西店村出土青銅短劍 1 件，銅劍年代在西周晚期至春秋早期。[1072]

22 遼寧省朝陽市建平縣孤山子鄉老窩卜村

1972 年建平縣老窩卜村出土青銅短劍 1 件，銅劍年代在西周晚期至春秋早期。[1073]

23 遼寧省朝陽市建平縣喀喇沁鎮喀喇沁村

1973 年建平縣喀喇沁村發現出自墓葬的青銅短劍 1 件，該銅劍年代在西周晚期至春秋早期前後。[1074]

24 遼寧省朝陽市建平縣孤山子鄉房身村

1978 年建平縣房身村大壩南山坡出土兩周之際至春秋早期的銅刀 1 件。[1075]

25 遼寧省朝陽市建平縣黑水鎮安家樓村

1973 年建平縣安家樓村出土屬於夏家店上層文化的環首銅刀 1 件。[1076]

26 遼寧省朝陽市建平縣

建平縣文化館收藏採集自建平縣的銅刀 6 件和銅斧 6 件，[1077]銅刀的年代跨度自晚商至春秋早期，銅斧時代有西周早期、西周晚期至春秋早中期。[1078]

1072 建平縣文化館、朝陽地區博物館：〈遼寧建平縣的青銅時代墓葬及相關遺物〉，《考古》1983：8，頁686、693。

1073 同上。

1074 同上。

1075 同上，頁690、694。

1076 同上。

1077 銅刀包括編號建平採1-5、朝地博總483；銅斧包括編號建平銅斧1-4、朝地博總119、120。

1078 建平縣文化館、朝陽地區博物館：〈遼寧建平縣的青銅時代墓葬及相關遺物〉，《考古》1983：8，頁690-692、694。

27 遼寧省朝陽市北票市南八家鄉四家板喇嘛村

1993 至 1998 年考古人員在北票市喇嘛村進行五次發掘，清理了青銅時代墓葬十二座，當中 M306 隨葬銅器有青銅短劍、銅鑿、銅斧各 1 件。[1079]而青銅短劍的時代，有學者認為約在西周晚期至春秋時期。[1080]

28 遼寧省錦州市義縣稍戶營子鎮花爾樓村

1979 年 4 月在義縣花爾樓村靠近醫閭山西麓的坡地發現出自窖藏的一批銅器，有銅鼎 1 件、銅瓿 2 件、銅簋 1 件和俎形器 1 件。[1081]銅鼎和銅簋年代為晚商，銅瓿 2 件為西周早期，俎形器約為商末周初時器。[1082]

29 遼寧省葫蘆島市南票區暖池塘鎮（原為錦西縣暖池塘鄉李虎氏村）

1958 年在原錦西縣暖池塘鄉李虎氏村東的山坳發現墓葬三座，出土銅器有青銅短劍 4 件、銅戈 1 件、銅鏃 15 件、銅斧 3 件、銅鑿 3 件、銅刀 1 件、銅盔 1 件、劍柄端 1 件、各式銅飾 22 件、甲葉 15 件、銅紐 3 件……等。[1083]關於青銅短劍的時代，有學者認為約在西周晚期至春秋時期。[1084]

30 遼寧省阜新市太平區水泉鎮高山子村（原為細河區水泉鄉高山子村）

1978 年原阜新市細河區高山子村發現了青銅短劍 1 件，該銅劍年代在西周晚期至春秋早期。[1085]

1079 遼寧省文物考古研究所：〈遼寧北票喇嘛洞青銅時代墓葬〉，《文物》2004：5，頁27-28。

1080 呂軍：《中國東北系青銅短劍研究》，頁65、105，吉林大學考古學及博物館學博士論文，2006。
趙賓福：〈遼西山地夏至戰國時期考古學文化時空框架研究的再檢討〉，《邊疆考古研究》2006：5，頁52、54。

1081 孫思賢、邵福玉：〈遼寧義縣發現商周銅器窖藏〉，《文物》1982：2，頁87-88。

1082 （日）廣川守著、蔡鳳書譯：〈遼寧大凌河流域的殷周青銅器〉，《遼海文物學刊》1996：2，頁187、189。

1083 錦州市博物館：〈遼寧錦西縣烏金塘東周墓調查記〉，《考古》1960：5，頁7-9。

1084 呂軍：《中國東北系青銅短劍研究》，頁65、105，吉林大學考古學及博物館學博士論文，2006。
趙賓福：〈遼西山地夏至戰國時期考古學文化時空框架研究的再檢討〉，《邊疆考古研究》2006：5，頁52、54。

1085 趙振生、紀蘭：〈遼寧阜新近年來出土一批青銅短劍及短劍加重器〉，《考古》1994：11，頁1047、1049。

31 遼寧省阜新市阜新蒙古族自治縣他本扎蘭鎮哈朋營子

　　1985 年在阜新縣哈朋營子發現了青銅短劍 1 件，該銅劍年代在西周晚期至春秋早期。[1086]

32 遼寧省阜新市阜新蒙古族自治縣七家子鄉

　　1981 年在阜新縣七家子鄉發現了青銅短劍 1 件，該銅劍年代在西周晚期至春秋早期。[1087]

二　東北青銅文化區

　　東北青銅文化區指大興安嶺以東遼寧、吉林兩省。[1088]遼寧省依考古發掘材料在戰國以前可分為遼西、遼中和遼東，遼中地區為下遼河及太子河流域地區，遼東和遼中以秀水河及其入河口以南的遼河為分界，遼東地區的北部還包括吉林省東南部邊緣地帶。[1089]

　　事實上，北方暨東北地區的青銅文化因素複雜，在夏家店下層文化結束後，在燕山以南海河北系區是「張家園上層類型」，而遼西區努魯兒虎山至醫巫閭山之間分布「魏營子類型」；[1090]下遼河平原以柳河流域為中心[1091]於上限相當夏代中晚期至商代晚期分布「高台山文化」，[1092]在遼河及秀水河以東，甚至第二松花江三個主源頭——輝發河、頭道江、二道江以南，營口市和丹東市連線以北，鴨綠江以西的廣大地域相當於夏至商代晚期為「馬城子文化」；[1093]遼東南部地區自夏

1086 趙振生、紀蘭：〈遼寧阜新近年來出土一批青銅短劍及短劍加重器〉，《考古》1994：11，頁1047、1049。

1087 同上。

1088 孫華：〈中國青銅文化體系的幾個問題〉，《考古學研究》（五），頁942，科學出版社，北京，2003。

1089 趙賓福：〈遼西山地夏至戰國時期考古學文化時空框架研究的再檢討〉，《邊疆考古研究》2006：5，頁32。

1090 朱永剛：〈東北青銅文化的發展階段與文化區系〉，《考古學報》1988：2，頁137。

1091 陳平：〈高台山文化研究綜述〉，《北京文物與考古》第6輯，頁99，北京燕山出版社，北京，2004。

1092 趙賓福：〈高台山文化再論〉，《華夏考古》2012：3，頁44-46。

1093 趙賓福：《中國東北地區夏至戰國時期的考古學文化研究》，頁136、155，吉林大學考古學及博

代初期至商代晚期為「雙砣子一期」、「二期」、「三期文化」。[1094]

中國東北地區隨著考古發掘工作的推展與累積，於嫩江流域、圖們江流域亦有新的斬獲，對於夏至商代晚期的考古學文化面貌有所揭示。嫩江流域包括黑龍江大興安嶺南部、黑河市西部、綏化市南部、齊齊哈爾市、大慶市，和吉林省白城市、松原市西北部，內蒙古呼倫貝爾盟、興安盟東部，於夏至商代晚期分布「小拉哈文化早、晚期」和「古城類型」。[1095]圖們江水系北為綏芬河流域，西至牡丹江上游，包括吉林延邊朝鮮族自治州東南部，在夏至商代晚期為「興城文化早、晚期」。[1096]

中國東北地區除遼西地區外，相當於西周時期，在遼河及秀水河以東原「馬城子文化」覆蓋地區和遼東南部地區，以及遼中地區東緣，由「雙房文化早期」接續；嫩江流域為「白金寶文化早、中、晚期」接軌，「白金寶文化晚期」年代相當於西周晚期至春秋晚期；圖們江流域由「柳庭洞文化早期」繼之，其年代相當於西周至春秋時期。[1097]至於第二松花江流域則以吉林、長春地區為重心，在威虎嶺以西、伊通河以東、拉林河以南、東遼河以北的地區雖尚未發現夏商時期遺存，但自西周時期有「西團山文化早期」。[1098]

以下就上述中國東北地區相當西周時期的青銅器出土概況作一簡要敘述。

（一）遼寧省遼陽市遼陽縣河欄鎮二道河子村

1975 年考古人員清理了位在遼陽縣二道河子村湯河東岸的幾座墓葬，當中僅 M1 出土銅器，有青銅短劍、銅斧、銅鑿各 1 件。[1099]學者認為 M1 屬於雙房文化早期。[1100]

物館學博士論文，2005。

1094 趙賓福：《中國東北地區夏至戰國時期的考古學文化研究》，頁88、91、94、111，吉林大學考古學及博物館學博士論文，2005。

1095 同上，頁3、49。

1096 同上，頁175、182。

1097 同上，頁112、49、182。

1098 同上，頁174。

1099 遼陽市文物管理所：〈遼陽二道河子石棺墓〉，《考古》1977：5，頁302-305。

1100 趙賓福：《中國東北地區夏至戰國時期的考古學文化研究》，頁123、125，吉林大學考古學及博物館學博士論文，2005。

（二）遼寧省撫順市順城區前甸鎮甲幫村

1979 年在撫順市前甸鎮甲幫村北山坡發現一座石棺墓，出土青銅短劍 1 件和陶壺 2 件。[1101]學者認為該墓葬屬於雙房文化早期。[1102]

（三）遼寧省撫順市清原滿族自治縣北三家鄉李家卜村

1978 年在清原縣李家卜村東北的大葫蘆溝口坡地發現四座墓葬，三座墓葬已被破壞，僅出土碎陶片，另一座墓葬出土銅器 4 件，有青銅短劍 1 件、銅矛 2 件、銅鏃 1 件。[1103]學者依形制歸納，認為出土的青銅短劍年代不會晚於西周。[1104]

（四）遼寧省撫順市清原滿族自治縣土口子鄉西堡村

1976 年清原縣門臉村村民在西堡村的團山溝口小山包南坡發現墓葬兩座，出土青銅短劍 1 件、銅斧 1 件、陶罐 1 件、石鏃 1 件、骨錐 1 件……等。[1105]依形制研究，學者認為出土的青銅短劍年代不會晚於西周。[1106]

（五）遼寧省本溪市明水區高檯子鎮梁家村

1974 至 1975 年在本溪市梁家村發現了兩座墓葬，M1 隨葬青銅短劍 1 件、銅鏡 1 面；M2 僅有青銅短劍 1 件。[1107]M1 的青銅短劍年代為西周時期。[1108]

（六）遼寧省大連市甘井子區營城子鎮後牧城驛村

1964 年 5 月在大連市後牧城驛村雙砣子遺址的西部發現了墓葬一座，該墓葬

1101 徐家國：〈遼寧撫順市甲幫發現石棺墓〉，《文物》1983：5，頁44。

1102 趙賓福：《中國東北地區夏至戰國時期的考古學文化研究》，頁123、125，吉林大學考古學及博物館學博士論文，2005。

1103 清原縣文化局、撫順市博物館：〈遼寧清原縣近年發現一批石棺墓〉，《考古》1982：2，頁211-222。

1104 同註1102，頁126、133。

1105 清原縣文化局：〈遼寧清原縣門臉石棺墓〉，《考古》1981：2，頁189。

1106 同註1102，頁126、133。

1107 魏海波：〈遼寧本溪發現青銅短劍墓〉，《考古》1987：2，頁181-182。

1108 同註1102，頁127、133。

出土青銅短劍 1 件、陶罐 1 件、石紡輪 1 件……等器物。[1109]學者認為該墓葬屬於雙房文化早期。[1110]

在大連市後牧城驛村附近有五個土丘，最北邊的叫崗上，東邊靠村子的叫樓上，1960 年考古人員在樓上清理了三座墓葬，M1 出土青銅短劍 4 件、銅刀 1 件、球形銅飾 9 件、銅泡 19 件、多孔圓形銅飾 4 件、二孔方形銅飾 2 件、箭狀物 1 件……，另從墓外擾土又發現銅泡 12 件、銅珠 3 件、四孔圓形銅飾 1 件。M2 出土銅泡 1 件、雙孔圓形銅飾 3 件。M3 出土青銅短劍 4 件、銅斧 2 件、銅鑿 2 件、銅刀 1 件、銅錐 1 件、銅鈴 1 件、銅泡 8 件、銅球 4 件、銅環 3 件、長方孔圓餅形飾 3 件、四孔圓泡飾 4 件、箭狀物 1 件、長方形物 1 件、圓形物 1 件……等。M1 和 M3 因受到破壞，出土遺物有混雜的情況。[1111]

1963 年 10 月在樓上又進行試掘，清理了七座墓葬，編號接續上者，為M4—M10。隨葬有銅器的墓葬有：M6 出土青銅短劍 1 件；M9 有銅鏃 2 件、銅泡 1 件、銅牌 2 件、銅鐲 1 件、銅飾 1 件；M10 有銅錛 1 件。[1112]樓上墓地的年代在春秋中晚期。[1113]M3 其一和 M6 出土的青銅短劍年代在西周時期。[1114]

1964 年 5 月考古人員發現崗上墓地，隨葬有銅器的墓葬包括：M1 出土殘銅飾 2 件；M4 有殘青銅短劍 1 件；M5 有銅矛 1 件；M6 出土青銅短劍 1 件、銅飾 3 件；M7 有殘環狀器 1 件；M9 有青銅短劍 1 件；M13 有青銅短劍 1 件；M14 出土銅鏃 1 件、銅鐲 4 件、銅簪 1 件；M16 有銅鏃 1 件；M17 有殘銅塊 1 件；M18 有青銅短劍 1 件；M19 有青銅短劍 1 件和殘銅塊 1 件。[1115]崗上墓地的年代當為西周晚期到春秋早期。[1116]M6、M13、M18 和 M19 的青銅短劍年代在西周時期。[1117]

1109 中國社會科學院考古研究所：《雙砣子與崗上——遼東史前文化的發現和研究》，頁51-53，科學出版社，北京，1996。

1110 趙賓福：《中國東北地區夏至戰國時期的考古學文化研究》，頁123、125，吉林大學考古學及博物館學博士論文，2005。

1111 旅順博物館：〈旅順口區後牧城驛戰國墓清理〉，《考古》1960：8，頁12-17。

1112 同註1109，頁98-106、159-160。

1113 同註1109，頁111。

1114 同註1110，頁127、133。

1115 同註1109，頁67-84、157-159。

1116 同上，頁96。

1117 同註1110，頁127、133。

（七）遼寧省大連市甘井子區營城子鎮雙台溝村

大連市雙台溝黃嘴子積石墓地石板底墓出土青銅短劍 3 件。[1118]依形制歸納，研究人員認為隨葬的青銅短劍年代在西周時期。[1119]

（八）遼寧省大連市旅順口區三澗堡街道蔣家村

大連市蔣家村南大河西岸石棺墓出土青銅短劍 2 件。[1120]依形制歸納，研究人員認為隨葬的青銅短劍年代在西周時期。[1121]

（九）遼寧省大連市旅順口區江西街道小潘家村

大連市小潘家北嶺積石墓地出土青銅短劍 4 件。[1122]研究人員依形制分析，認為出土的青銅短劍年代在西周時期。[1123]

（十）遼寧省大連市金州區亮甲店鎮趙王屯

大連市金州區趙王屯出土青銅短劍 2 件。[1124]研究人員依形制分析，認為出土的青銅短劍年代在西周時期。[1125]

（十一）吉林省白城市大安市月亮泡鎮漢書村

1974 年在大安市漢書村東北月亮泡南岸的黃土崗發現一處古遺址，在屬於早期遺存、年代相當西周時期的 M102，發現銅泡和銅片制成的雙圓形飾件。[1126]

1118 參見 http://www.dl-library.net.cn/publication/pub_content.php?id=506&flag=1 大連圖書館——「大圖出版物」——劉俊勇：〈百年來大連地區考古發現與研究〉，《白雲論壇》第一卷。

1119 趙賓福：《中國東北地區夏至戰國時期的考古學文化研究》，頁127、133，吉林大學考古學及博物館學博士論文，2005。

1120 同註1118。

1121 同註1119。

1122 同註1118。

1123 同註1119。

1124 同註1118。

1125 同註1119，頁126、133。

1126 李陳奇：〈松嫩平原商周至西漢時期青銅器的發現與初步研究〉，《北方文物》2013：3，頁12、14。

（十二）吉林省吉林市永吉縣岔路河鎮

1978 年考古工作者在永吉縣岔路河鎮的星星哨水庫清理了四十九座墓葬，AM19 出土隨葬品 7 件，有青銅短劍 1 件、陶罐 1 件、陶壺 1 件、石刀 1 件、石斧 2 件、礪石 1 件；DM13 出土隨葬品 6 件，包括青銅矛、陶壺、陶缽、陶碗、石刀、石斧各 1 件；DM16 出土隨葬品 16 件，銅器有銅泡飾 6 件、青銅手鐲 2 件和包銅片木梳 1 件。[1127]DM13 和 DM16 屬於西團山文化早期，年代相當西周時期；AM19 為西團山文化中期，年代相當春秋時期，但出土的青銅短劍鑄造年代可早到西周或西周初期。[1128]

（十三）黑龍江省大慶市肇源縣民意鄉大廟村

1986 年考古人員在肇源縣大廟村的白金寶遺址進行第三次發掘，在年代相當於西周時期的第三期遺存發現銅環 1 件、銅飾 1 件。[1129]

（十四）黑龍江省大慶市林甸縣三合鄉牛尾巴崗子

1977 年農民在林甸縣牛尾巴崗發現墓葬與器物，1981 和 1983 年考古人員進行複查，墓葬中出土陶器 2 件、骨器 18 件和銅器 6 件，銅器為銅刀 2 件、銅扣 3 件和聯珠形飾 1 件。[1130]墓葬為白金寶文化晚期。[1131]

（十五）黑龍江省齊齊哈爾市訥河市二克淺鄉二克淺村

1985 年考古人員在訥河市二克淺村北、嫩河上游左岸的鳳凰山（又名敖包山）進行試掘，在早期墓葬發現有青銅刀、銅泡、銅鏃。[1132]

1127 吉林市博物館、永吉縣文化館：〈吉林永吉星星哨石棺墓第三次發掘〉，《考古學集刊》第3集，頁110-111、119，中國社會科學出版社，北京，1983。

1128 趙賓福：《中國東北地區夏至戰國時期的考古學文化研究》，頁166、167，吉林大學考古學及博物館學博士論文，2005。

1129 李陳奇：〈松嫩平原商周至西漢時期青銅器的發現與初步研究〉，《北方文物》2013：3，頁12、14。黑龍江省文物考古研究所、吉林大學考古學系：《肇源白金寶——嫩江下游一處青銅時代遺址的揭示》，頁179、211，科學出版社，北京，2009。

1130 金鑄：〈黑龍江林甸牛尾巴崗發現青銅時代墓葬〉，《北方文物》1985：4，頁12-13。

1131 同註1128，頁31-34。

1132 安路、賈偉明：〈黑龍江訥河二克淺墓地及其問題探討〉，《北方文物》1986：2，頁6-7。

2001 年又進行第二次發掘，共清理墓葬六十八座，編號為 2001NEM1—68，其中有四十七座墓葬屬於早期，隨葬銅器的墓葬如下：M35 出土銅泡 1 件、陶壺 2 件、陶罐 2 件、陶缽 1 件、石鏃 1 件；M42 隨葬有銅刀、銅扣、銅錐、銅耳環、陶壺、陶罐等 11 件器物；M63 出土殘青銅短劍、銅刀、銅扣、銅墜飾、陶壺、陶罐、骨鏃等 14 件器物。[1133] 上述墓葬為白金寶文化。[1134]

（十六）黑龍江省齊齊哈爾市富裕縣小登科村

1981 年在富裕縣小登科小學校西北的沙丘台地發現四座墓葬，其中 M1 和 M4 隨葬有銅器，M1 出土青銅耳環 1 件、陶罐 2 件……等；M4 出土銅鏃 1 件。在遺址還徵集到銅鏃 1 件和銅泡 3 件。[1135] 墓葬屬於白金寶文化中、晚期。[1136]

三　甘青青銅文化區

甘青青銅文化區包含甘肅、青海兩省，以及部分相鄰省區。依自然地形，可分為隴中高原、環青海湖區和河西走廊三個區塊。[1137]

除了西周遺存，相當於中原西周時期，甘肅境內有辛店文化、寺洼文化和沙井文化，辛店文化分布在黃河上游及其支流渭河、洮河、湟水、大夏河流域；寺洼文化分布在涇水、渭河、西漢水、洮河等流域，兩者經碳十四測定絕對年代皆為西元前 1400 至前 700 年。沙井文化分布於石羊河和金川河下游沿岸及湖沼沿岸的綠洲上，經碳十四測定其絕對年代為西元前 900 至前 409 年。[1138] 此外，尚有主要分布在甘肅東部天水一帶，從商代晚期到春秋早期的早期秦文化。[1139]

1133 黑龍江省文物考古研究所：〈黑龍江訥河市二克淺青銅時代至早期鐵器時代墓葬〉，《考古》2003：2，頁11-14。

1134 趙賓福：《中國東北地區夏至戰國時期的考古學文化研究》，頁28、32、33，吉林大學考古學及博物館學博士論文，2005。

1135 張泰湘、曲炳仁：〈黑龍江富裕縣小登科出土的青銅時代遺物〉，《考古》1984：2，頁187-188。

1136 同註1134，頁29、30、33、34。

1137 孫華：〈中國青銅文化體系的幾個問題〉，《考古學研究》（五），頁940，科學出版社，北京，2003。

1138 李懷順、馬軍霞：《西北邊疆考古教程》，頁70-78，甘肅人民出版社，蘭州，2011。

1139 王志友：《早期秦文化》，頁3-4，西北大學考古學與博物館學博士論文，2007。

　　辛店文化可分為山家頭、姬家川和張家嘴三種類型，[1140]山家頭類型的年代屬夏代中晚期至商代早期，姬家川類型相當於商代中晚期，而張家嘴類型則相當於西周。[1141]在張家嘴類型的文化遺址，出土的銅器有銅矛、銅刀、銅錐、銅泡、容器殘片和銅渣等。[1142]在甘肅臨夏縣蓮花鄉蓮花台上東溝還出土張家嘴類型的文化遺存，有銅罐 1 件、陶罐 5 件、骨鏃 1 件。[1143]

　　寺洼文化可分成寺洼山、徐家碾和九站三種類型，寺洼山類型的時代為商代中晚期，徐家碾墓地的年代約在古公亶父遷岐前後，九站類型可分為三期——先周晚期至西周晚期、西周中晚期和春秋早期。[1144]在甘肅慶陽市合水縣九站村發掘的居住址和墓葬，出土的銅器有銅鏃 1 件、銅戈 2 件、銅劍 1 件、銅刀 1 件、銅鈴 1 件、銅釧 2 件、銅泡 43 件、銅管 5 件等。[1145]而天水市西和縣欄橋村亦發現寺洼文化墓葬九座，年代相當於商代晚期或西周早期，M2 有銅泡 1 件，M6 隨葬有銅戈 1 件和銅泡 1 件。[1146]

　　沙井文化相當於西周至春秋晚期，出土的銅器有銅刀、銅斧、銅鏃、銅鈴、銅牌等。[1147]有研究人員依照陶器形制分析，提出沙井文化可分成早晚兩期，早、晚期遺存的年代在西周晚期至春秋中期、春秋中期前後至戰國早期。甘肅金昌市金川區雙灣鎮尚家溝村的西崗、柴灣崗早期墓葬中出土有銅鏃、銅泡、聯珠飾、小銅鈴、管狀飾等小件青銅器。[1148]

　　至於早期秦文化，依照葬俗可分為兩種地方類型，一是以甘谷縣毛家坪和天水市董家坪遺址為代表，二是以禮縣西山、圓頂山、大堡子山等遺址和墓地為代

1140 謝端琚：《甘青地區史前考古》，頁174-178，文物出版社，北京，2002。

1141 韓翀飛：〈隴山兩側青銅文化研究——青銅時代西北古代民族考古遺存〉，《西北民族研究》2008：3，頁116-117。

1142 謝端琚：《甘青地區史前考古》，頁176，文物出版社，北京，2002。

1143 石龍、李成瑞：〈甘肅臨夏蓮花台發現辛店文化遺物〉，《文物》1984：9，頁94-95。

1144 韓翀飛：〈隴山兩側青銅文化研究——青銅時代西北古代民族考古遺存〉，《西北民族研究》2008：3，頁120。

1145 宋江寧：《試論寺洼文化》，頁17-18、32，中國社會科學院研究生院商周考古碩士論文，2001。

1146 甘肅省文物工作隊、北京大學考古學系、西和縣文化館：〈甘肅西和欄橋寺洼文化墓葬〉，《考古》1987：8，頁678-691。

1147 謝端琚：《甘青地區史前考古》，頁214-215，文物出版社，北京，2002。

1148 洪猛：《雙灣墓葬及沙井文化相關問題研究》，頁11、19、74，吉林大學考古學及博物館學碩士論文，2008。

表。[1149]甘谷縣毛家坪 A 組的秦文化遺存，居址區從西周早期至戰國中晚期可分四期，墓葬區從西周中期至戰國早期可分五期，年代為西周的墓葬出土銅器有銅鈴 2 件。[1150]

禮縣西山遺址西周時期遺存有墓葬六座和少量灰坑，其中西周晚期墓葬 M2003，隨葬銅器有銅鼎 3 件、銅簋 2 件、短劍 1 件、銅戈 1 件、銅魚 16 件。[1151]

1992 至 1993 年禮縣趙坪村大堡子山墓地遭嚴重盜掘，1994 年考古人員進行搶救性發掘，清理了兩座大墓、九座中小型墓葬和一座車馬坑。大墓編號為 M2、M3，M2 槨室內殘存陶罐、陶鬲、銅泡、銅戈、銅刀等殘片和玉琮 1 件、玉玦 3 件、石磬 5 件，M3 殘留青銅碎片、琥珀珠和玉琮 1 件，車馬坑 K1 尚有車轄、車害和大量銅泡。[1152]目前確知出自 M2、M3 的銅器業經發表者約有二十二件。[1153]

1998 和 2000 年隔著西漢水在圓頂山墓地又發掘了四座墓葬和一座車馬坑，98LDM1 出土銅鼎 6 件、銅簋 2 件、銅壺 2 件、銅盤 1 件、銅匜 1 件、銅盉 1 件、銅鉇 1 件、銅方盒 1 件、四輪方盒 1 件、銅鈴 3 件……等；98LDM2 隨葬銅器有銅鼎 4 件、蓋鼎 1 件、銅簋 6 件、銅簠 1 件、銅壺 3 件、銅盉 1 件、銅盤 1 件、銅匜 1 件、銅戈 4 件、銅柄鐵劍 4 件、銅削 2 件、銅鈴 8 件；98LDM3 有銅鼎 1 件、銅尊 1 件、銅鈴 5 件、銅戈 1 件、銅劍 1 件；98LDK1 出土車馬器、車馬飾和銅鏃；2000LDM4 隨葬銅器有銅鼎 5 件、銅甗 1 件、銅簋 4 件、銅簠 1 件、銅壺 2 件、圓盒 1 件。[1154]

2006 年又發掘了七座中小型墓葬和一座車馬坑，在編號 I M25 墓葬中發現隨葬銅器 9 件，為銅鼎 3 件和銅甗、銅盉、短劍、銅虎、銅鈴、銅環各 1 件。[1155]

1149 王志友：《早期秦文化》，頁20，西北大學考古學與博物館學博士論文，2007。

1150 甘肅省文物工作隊、北京大學考古學系：〈甘肅甘谷毛家坪遺址發掘報告〉，《考古學報》1987：3，頁387-389、393-394。

1151 趙叢蒼、王志友、侯紅偉：〈甘肅禮縣西山遺址發掘取得重要收穫〉，《中國文物報》2008年4月4日。

1152 戴春陽：〈禮縣大堡子山秦公墓地及有關問題〉，《文物》2000：5，頁74-80。

1153 李峰：〈禮縣出土秦國早期銅器及祭祀遺址論綱〉，《文物》2011：5，頁55-57。

1154 甘肅省文物考古研究所、禮縣博物館：〈禮縣圓頂山春秋秦墓〉，《文物》2002：2，頁4-30。甘肅省文物考古研究所、禮縣博物館：〈甘肅禮縣圓頂山98LDM2、2000LDM4春秋秦墓〉，《文物》2005：2，頁4-27。

1155 早期秦文化考古聯合課題組：〈甘肅禮縣大堡子山早期秦文化遺址〉，《考古》2007：7，頁38-46。

　　研究人員將出自大堡子山墓地 M2、M3，現藏於上海博物館銘文為「秦字帶臼」、行文為「秦公作寶用鼎」的兩件銅鼎名為 A 組，而銘文為「秦字不帶臼」、行文為「秦公作鑄用鼎」的兩件銅鼎名為 B 組，並依以上條件，將上海博物館及藏於紐約的銅壺加以區分。又另就形制和紋飾考察秦公器的時代，提出大堡子山秦公 A 組器相近於西周晚期晚段，B 組器為春秋早期早段。圓頂山 98LDM1—M3、2000LDM4 和 I M25 隨葬之青銅禮器為春秋早期晚段。[1156]如此上海博物館藏的銅鼎 2 件*（2）、銅簋 2 件*（2）和范季融先生所藏銅鼎 3 件*（3）時代為西周晚期。[1157]

　　而青海境內有卡約文化和諾木洪文化，卡約文化密集分布的中心區在青海境內黃河上游河曲地帶及湟水中上游地區，經碳十四測定其絕對年代為西元前 1600 至前 600 年；諾木洪文化主要集中在青海柴達木盆地和周邊地區，早期距今約 3045—2765 年，相當西周時期，下限可能到漢代。[1158]

　　另有辛店文化分布在青海東部的黃河沿岸及支流地區，以湟水下游的民和、樂都、互助等縣最集中。青海境內辛店文化的銅器僅有零星發現，不但量少且多為徵集所得。有銅錐、銅斧、銅鏃、帶鉤、銅泡、有孔銅片、銅珠和銅鈴等。[1159]

　　青海境內卡約文化的銅器發現的數量最多，分布也最廣泛。有學者將青海地區卡約文化的銅器進行統整和研究，[1160]本論文依之，將有關青海境內年代屬於西周時期的銅器及出土地整理如下表十八：

表十八　青海境內出土西周時期銅器一覽表

出土地	銅器的種類與數量	備註
湟中縣下西河村潘家梁 M112	銅斧 1	西周中晚期
湟中縣下西河村潘家梁 M210	銅刀 1	商代晚期至西周早期

1156 劉牧：《早期秦文化青銅禮器分期及相關問題研究》，頁12-63，西北大學考古學及博物館學碩士論文，2009。

1157 李峰：〈禮縣出土秦國早期銅器及祭祀遺址論綱〉，《文物》2011：5，頁56-58。

1158 李懷順、馬軍霞：《西北邊疆考古教程》，頁78-81，甘肅人民出版社，蘭州，2011。

1159 張文立：《青海地區青銅時代文化研究》，頁55、91，吉林大學考古學及博物館學博士論文，2003。

1160 同上，頁94-110。

（續）

出土地	銅器的種類與數量	備註
湟中縣下西河村潘家梁 M44：12	銅鈴 1	商末周初
湟中縣下西河村潘家梁 M41：10	銅鈴 1	商末周初
湟中縣下西河村潘家梁 M7：4	銅鈴 1	商末周初
湟中縣	銅斧 1	西周中晚期
湟中縣	銅矛 1	西周早期
大通縣上孫家寨 M25	銅斧 1、銅鏃 1	西周
大通縣上孫家寨 M399：8	銅鏃 1	西周
大通縣上孫家寨 M937	銅斧 1、銅鏃 1	西周
大通縣上孫家寨 M1025：24	銅鏃 1	西周
大通縣上孫家寨 M240	銅鈴 1	西周
大通縣上孫家寨 M1028：34	銅泡 1	商末周初
大通縣上孫家寨 M526：6	銅泡 1	西周晚期或春秋早期
大通縣上孫家寨 M662：2	銅泡 1	西周晚期或春秋早期
大通縣上孫家寨卡約文化墓葬	銅戈 1	商代晚期至西周早期
大通縣良教鄉下治泉村	銅戈 1	商代晚期至西周早期
大通縣	銅鏡 1	商末或周初
民和縣川口鎮	銅斧 1	商末或周初
民和縣塘爾垣鄉	銅盉 1	西周中晚期
湟源縣申中鄉申中村	銅斧 1	西周晚期至春秋早期
湟源縣申中鄉俊家莊亂山 M3	銅刀 1	西周
湟源縣申中鄉俊家莊亂山 M1	銅鈴 2	不晚於春秋、商末周初
湟源縣大華鄉中莊村 M96：13	銅矛 1	西周中晚期
湟源縣大華鄉中莊村 M4：1	銅矛 1	西周早期
湟源縣大華鄉中莊村 M15	銅刀 1	西周中晚期至春秋初
湟源縣大華鄉中莊村 M42：1	銅刀 1	西周

（續）

出土地	銅器的種類與數量	備註
湟源縣大華鄉中莊村 M90：1	銅鏡 1	西周
湟源縣大華鄉中莊村 M101：1	銅鏡 1	西周
化隆縣上半主洼村 M28	銅斧 1	西周
互助縣高寨鎮東村磚瓦廠	銅鈴 1	西周

　　至於青海境內諾木洪文化的銅器，在搭里他里哈遺址、塔溫他里哈遺址、白水河遺址和布哈河遺址均有發現，雖然數量不多，且多為採集，但透過器物形制特徵的比對，得知諾木洪文化的銅器年代集中在西周時期，種類有銅刀、銅斧、銅鉞、銅錐、銅管、銅鑿、銅鏃、銅釘等。[1161]

四　新疆青銅文化區

　　按照自然地理形勢，新疆可分為三個文化區域──環東天山區、環塔里木盆地區和環準噶爾盆地區。[1162]新疆的青銅文化可分成前、中、後三期，前期約西元前 2000 年至前 1500 年、中期約西元前 1500 年至前 1000 年、後期約西元前 1000 年至前 300 年，後期的青銅器多為小件器物，有銅刀、銅錐、銅鏃、銅矛、銅鏡、牌飾、帶扣和馬銜等。[1163]

　　相當於中原西周時期，新疆境內有焉不拉克文化、察吾呼溝口文化、蘇貝希文化……等考古遺存，[1164]焉不拉克文化主要分布在哈密市境內，包括焉不拉克墓葬、焉不拉克城堡墓葬、拉甫喬克墓葬、五堡水庫墓葬……等，絕對年代約在西元前 1000 年至前 500 年，銅器以平頭鏃、鶴嘴鋤形小刻刀最具特色。[1165]察吾呼溝口文化主要分布在新疆中部，北起天山南麓，南達塔克拉瑪干沙漠東南緣的且

1161 張文立：《青海地區青銅時代文化研究》，頁115-116，吉林大學考古學及博物館學博士論文，2003。

1162 郭物：《新疆史前晚期社會的考古學研究》，頁17，上海古籍出版社，上海，2012。

1163 安志敏：〈塔里木盆地及其周圍的青銅文化遺存〉，《考古》1996：12，頁75。

1164 李懷順、馬軍霞：《西北邊疆考古教程》，頁85-108，甘肅人民出版社，蘭州，2011。王鵬輝：〈新疆史前時期考古學研究現狀〉，《華夏考古》2005：2，頁55-59。張玉忠：〈新疆考古述略〉，《考古》2002：6，頁6-10。

1165 張玉忠：〈新疆考古述略〉，《考古》2002：6，頁7-8。

末縣，東自和靜縣，西抵溫宿縣，[1166]典型遺存為輪台群巴克墓葬及和靜察吾溝口一、二、四、五號墓地，總體而言，絕對年代約距今 3000 年至 2500 年，銅器主要是小件器物，有兵器、工具、馬具和裝飾品。[1167]蘇貝希文化主要分布在天山山脈東段博格達山南北，山北包括木壘、奇台、吉木薩爾……，山南集中在烏魯木齊、吐魯番、托克遜和鄯善縣，重要遺存有烏魯木齊阿拉溝墓葬、柴窩堡墓葬、吐魯番交河古城溝西溝墓葬、托克遜英亞依拉克墓葬、鄯善蘇貝希墓葬和遺址、木壘四道溝遺址、奇台五馬場遺址……等，絕對年代約西元前 1000 年至西元前後。[1168]出土銅器有銅刀、銅環、銅牌、銅鏡……等。[1169]

　　有學者根據陶器群，結合其他遺物和遺跡進行比對，歸納出新疆青銅時代──早期鐵器時代可分成三階段五期，第一階段第一期遺存普遍出土銅器未見鐵器，為青銅時代；第二階段第二、三、四期和第三階段第五期遺存常出土鐵器，同時也見銅器，為早期鐵器時代。[1170]第二階段第三期遺存除了焉不拉克文化、察吾呼溝口文化、蘇貝希文化，還有伊犁河流域文化、香寶寶類型。伊犁河流域文化早期階段僅見尼勒克窮科克墓地一類，出土銅器有銅刀；香寶寶類型以塔什庫爾干的香寶寶墓地和下坂地Ⅰ號墓地為代表，絕對年代約西元前 1300 年至前 500 年，出土銅器有銅刀、銅鏃、銅泡、銅管、銅扣、銅環……等。[1171]

　　此外，還有巴里坤縣的南灣墓地，絕對年代在西元前 1400 年至前 1000 年，該墓地未發現鐵器，出土銅器有銅刀、銅鏃、銅錐、銅鉞、銅鏡、銅管……等。[1172]以及于田縣阿羌鄉的流水墓地，絕對年代約在西元前 1000 年前後，僅發現鐵器殘片，出土銅器有銅刀、銅鏃、銅扣飾、銅珠、馬具和裝飾品。[1173]

1166 張玉忠：〈新疆考古述略〉，《考古》2002：6，頁8。
1167 李懷順、馬軍霞：《西北邊疆考古教程》，頁88-90，甘肅人民出版社，蘭州，2011。
1168 張玉忠：〈新疆考古述略〉，《考古》2002：6，頁8。
1169 王鵬輝：〈新疆史前時期考古學研究現狀〉，《華夏考古》2005：2，頁58。
1170 韓建業：《新疆的青銅時代和早期鐵器時代文化》，頁39，文物出版社，北京，2007。第一階段第一期絕對年代為西元前19世紀初至前13世紀，相當於中原二里頭文化至早商時期；第二階段第二、三、四期絕對年代分別為西元前13世紀至前11世紀，相當晚商時期；西元前 11世紀至前8世紀，相當西周時期；西元前8世紀至前5世紀，相當春秋時期；第三階段第五期絕對年代為西元前5世紀至前1世紀，相當於戰國至西漢時期。
1171 韓建業：《新疆的青銅時代和早期鐵器時代文化》，頁22-23、28-29、31、40、76-80，文物出版社，北京，2007。
1172 張玉忠：〈新疆考古述略〉，《考古》2002：6，頁6。
1173 中國社會科學院考古研究所新疆隊：〈新疆于田縣流水青銅時代墓地〉，《考古》2006：7，頁31-38。

五 巴蜀青銅文化區

巴蜀文化是將兩種起源不同、類型相異的古代文明合稱為一，原因一來是因為地理位置相比鄰，二來是因為春秋戰國至漢初該兩地文字大致相同、語言頗為接近，三者是基於民族的遷徙混融和經濟的共同發展。[1174]

巴蜀青銅文化區除了四川盆地外，還包括陝西南部和湖北西部。[1175]其中古蜀文化區在約為二里頭時期形成，夏商時代以成都平原為根據地、廣漢三星堆為中心，分布自橫斷山脈以東，向東出三峽，向北跨越川北山地，與漢中盆地相接，往南抵達岷江支流青衣江和大渡河流域，至西周時代，文化中心南移至成都。至於戰國以前的巴文化包含巴國文化和巴地文化，巴國文化晚商分布在漢水上游，巴地文化為川東、長江三峽和鄂西南的土著新石器文化，至戰國初期，巴國進入川東，才將青銅文化和當地土著新石器文化加以融合，形成經整合的巴文化。[1176]

有學者經研究，將四川西部成都平原、陝西漢中盆地、安康盆地、重慶地區和鄂西地區劃歸同一青銅文化系統——四川盆地，並提出四期說。[1177]第一期以成都平原為中心的三星堆文化覆蓋了成都平原、重慶地區和鄂西地區，第二期十二橋文化分布的北界到達陝南漢水流域，第三期四川盆地青銅文化在陝南地區的範圍擴大，但鄂西地區已脫離了該青銅文化系統，重慶地區亦與川西成都平原文化差異增大，第四期盆地西部和東部的文化面貌又逐漸趨同，陝南地區或仍可歸屬於青羊宮文化，或為青羊宮文化的一個地方類型。[1178]

就目前考古資料而言，湖北境內早期巴文化以鄂西的宜昌地區分布最密集，宜昌地區又以長江沿岸的秭歸、宜昌、枝城最集中，向東又發展到荊州地區，在沮漳河、清江河和洞庭湖流域地區也有發現。[1179]

以下簡要敘述四川境內、陝西漢中、安康地區和湖北西部等地出土西周銅器的概況。

1174 段渝：〈巴蜀古代文明的時空構架〉，《文史雜誌》2000：6，頁8。

1175 張天恩：〈巴蜀文化與中原文化的關係試探〉，《考古與文物》1998：5，頁68。

1176 段渝：〈巴蜀古代文明的時空構架〉，《文史雜誌》2000：6，頁10。

1177 孫華：《四川盆地的青銅時代》，頁25-34，科學出版社，北京，2000。第一期絕對年代在西元前1800年至前1250年，第二期在西元前1250年至前1000年，第三期在西元前1000年至前500年，始於商周之際前後，下限在春秋中晚期之際，第四期在西元前500年至前150年。

1178 同上，頁41-44。

1179 楊華：〈從鄂西考古發現談巴文化的起源〉，《考古與文物》1995：1，頁30。

（一）四川省成都市新都區新繁鎮（原為新繁縣）

1957 至 1958 年考古人員在原新繁縣水觀音廟進行試掘，清理了墓葬八座，墓葬可分為早、晚兩期，早期墓五座時代為商代，晚期墓三座為西周到春秋。兩座晚期墓隨葬有銅器，M1 出土銅器為銅戈 3 件、銅矛 1 件、銅鉞 1 件、銅斧 1 件、銅削 1 件，M2 出土銅器為銅戈 3 件、銅矛 1 件、銅鉞 1 件、銅削 1 件等。[1180]有學者認為這兩座墓葬所出銅器時代應為商代晚期。[1181]

（二）四川省成都市金牛區營門口鄉黃忠村

1995 至 1996 年考古人員在成都市黃忠村發掘了一處商周時期蜀文化遺址，1999 年進行第二次發掘，初步認定黃忠村遺址的時代在西周前後，遺址出土銅器有銅錛、銅劍、銅削和銅器殘片等。[1182]

（三）四川省成都市金牛區交通巷

1976 年初在修建成都市交通巷的印刷二廠宿舍樓時，發現一批青銅器，有銅戈 4 件、銅矛 1 件、銅斧 1 件、銅刀 1 件和銅勺 1 件，其中具有饕紋的銅戈，時代相當於西周時期。[1183]

（四）四川省成都市青羊區蘇坡鄉金沙村

2001 年考古人員在成都市青羊區的金沙村、龍嘴村和金牛區的黃忠村、紅色村、郎家村進行探勘與發掘，確認了橫跨以上村落、面積四平方公里以上的金沙遺址，其中位於遺址 II 區的「蘭苑」發現大量建築遺跡、灰坑和一百餘座墓葬，「蘭苑」出土陶器、玉器、銅器和少量金箔，銅器均為小件器物，有銅斧 4 件、銅鉞 2 件、銅戈 1 件。[1184]

1180 四川省博物館：〈四川新繁縣水觀音遺址試掘簡報〉，《考古》1959：8，頁404-410。

1181 張忠培：〈關於「蜀戈」的命名及其年代〉，《巴蜀考古論文集》，頁211，文物出版社，北京，1987。

1182 朱章義、劉駿：〈成都市黃忠村遺址1999年度發掘的主要收穫〉，《成都考古發現（1999）》，頁164-181，科學出版社，北京，2001。

1183 石湍：〈記成都交通巷出土的一件「饕紋」銅戈〉，《考古與文物》1980：2，頁28-30。

1184 成都市文物考古研究所：〈成都市金沙遺址「蘭苑」地點發掘簡報〉，《成都考古發現（2001）》，頁1-32，科學出版社，北京，2003。

　　而位於遺址 I 區的「梅苑」出土大量玉石器、銅器和象牙，其中銅器共有
479 件，包括銅戈 31 件、箭鏃 1 件、銅鉞 1 件、銅璋 1 件、銅鈴 12 件、錐形器 8
件、菱形器 1 件、多邊形掛器 4 件、璧環形器 142 件、圓形掛器 13 件、圓錐形
器 10 件、圓形方孔形器 100 件、圓角方形掛器 61 件、圓角長方形板 12 件、桃
形板 1 件、立人像 1 件、人面形器 2 件、眼睛形器 25 件、眼泡 2 件、動物形器
14 件、喇叭形器 1 件、圈足殘片 4 件、鏤空飾件 2 件、銅器殘片 27 件……等。
其他玉器有 558 件、石器 248 件、金器 56 件、骨角器 57 件、陶器 18 件。遺址
的時代約為商代晚期至春秋，當中又以商代晚期至西周的遺存最豐富。[1185]

（五）四川省成都市高新區石羊場街道

　　2003 年考古人員在成都市西郊高新技術開發西區的萬安藥業包裝廠的建地進
行試掘，該遺址除了出土陶器外，銅器僅發現箭鏃 1 件，該遺址晚段時代上限在
西周前期偏晚，下限為春秋中期。[1186]

（六）四川省成都市武侯區岷江小區

　　1998 至 1999 年考古人員在成都市區南部人民南路和南二環路附近的「岷江
小區」建築工地探勘，在屬於十二橋文化的灰坑 H65 發現銅尊 1 件，灰溝 G20 發
現青銅箭鏃、魚鉤、銅削、飾品等。該區商周遺存約為商代末期至西周早期。[1187]

（七）四川省成都市錦江區指揮街

　　1985 至 1986 年考古人員在成都市區指揮街西面發現一處遺址，該遺址的第
五層為春秋文化層、第六層為西周文化層，在五 B 文化層內發現銅矛 1 件，該銅
矛形制具有西周早中期的特色。[1188]

1185 成都市文物考古研究所：〈成都金沙遺址 I 區「梅苑」東北部地點發掘一期簡報〉，《成都考古發
　　現（2002）》，頁96-171，科學出版社，北京，2004。

1186 成都市文物考古研究所：〈成都市高新西區「萬安藥業包裝廠」商周遺址試掘簡報〉，《成都考古
　　發現（2003）》，頁186-217，科學出版社，北京，2005。

1187 李明斌、王方：〈岷江小區遺址1999年第一期發掘〉，《成都考古發現（1999）》，頁182-192，科
　　學出版社，北京，2001。

1188 四川大學博物館、成都市博物館：〈成都指揮街周代遺址發掘報告〉，《南方民族考古》第一輯，
　　頁171-205，科學出版社，北京，1987。

（八）四川省成都市彭州市濛陽鎮（原為彭縣）

　　1959 年在原彭縣濛陽鎮竹瓦街北的五顯廟前，發現了陶缸 1 件以及放置在陶缸內的銅器 21 件，銅器有銅罍 5 件、銅尊 1 件、銅觶 2 件*（2）、銅戈 8 件、銅戟 1 件、銅鉞 2 件、銅矛 1 件和銅錛 1 件。考古人員研判這批銅器的時代在殷末周初。[1189]有關這批銅器的時代，有學者認為銅罍年代應為晚商，[1190]也有學者提出銅罍、銅尊和銅觶年代應在西周早期，[1191]至於銅戈，其中馮漢驥先生劃分為 I 和 II 式的銅戈 5 件，[1192]時代應在商代晚期至西周前期。[1193]

　　1980 年在原彭縣濛陽鎮竹瓦街北的成灌鐵路北側，又發現出自窖藏的陶缸 1 件以及放置在陶缸內的銅器 19 件，銅器包括銅罍 4 件、銅戈 10 件、銅戟 2 件、銅鉞 3 件。這批銅器的上限在商末周初，下埋時間可能在西周末期或春秋初期。[1194]

（九）四川省雅安市漢源縣大樹鎮麥坪村

　　2001 年考古人員在漢源縣麥坪村進行試掘，在 M3 發現隨葬陶器和銅器，銅器為青銅箭鏃 3 件、銅削 1 件。麥坪村商周遺存的年代上限約為商代晚期，下限為西周中晚期。[1195]

（十）四川省涼山彝族自治州西昌市經久鄉合營村

　　1994 年考古工作者在西昌市合營村發掘大洋堆遺址，在屬於北區早期文化的墓葬 M3 中發現隨葬青銅短劍 1 件。大洋堆早期遺存的時代約在西周早期。[1196]

1189 王家祐：〈記四川彭縣竹瓦街出土的銅器〉，《文物》1961：11，頁28-31。

1190 段渝：〈巴蜀青銅文化的演進〉，《文物》1996：3，頁44。

1191 孫華：〈巴蜀文物雜識〉，《文物》1989：5，頁42。

1192 馮漢驥：〈四川彭縣出土的銅器〉，《文物》1980：12，頁38。

1193 張忠培：〈關於「蜀戈」的命名及其年代〉，《巴蜀考古論文集》，頁212，文物出版社，北京，1987。

1194 四川省博物館、彭縣文化館：〈四川彭縣西周窖藏銅器〉，《考古》1981：6，頁498。

1195 大渡河中游考古隊：〈四川漢源縣2001年度的調查與試掘〉，《成都考古發現（2001）》，頁306-309、329-337、382，科學出版社，北京，2003。

1196 西昌市文物管理所、四川省文物考古研究所、涼山彝族自治州博物館：〈四川西昌市經久大洋堆遺址的發掘〉，《考古》2004：10，頁23-35。

（十一）四川省阿壩藏族羌族自治州茂縣南新鄉牟托村

1992 年在茂縣牟托村後的山脊發現器物坑三座和石棺墓一座，石棺墓出土銅器 69 件，一號器物坑出土銅器 14 件，二號器物坑有銅器 18 件，三號器物坑有銅器 2 件。牟托村出土的銅器在形制和花紋上具有時代偏早的特徵，發掘者將石棺墓和器物坑的時代定在戰國中晚期之際。[1197]

有學者經研究，認為石棺墓和器物坑的時代應是春秋晚期到戰國早期，並提出墓葬和器物坑出土的銅器在時代上應為兩組，一是西周中晚期，二為春秋晚期到戰國早期。時代為西周中晚期的銅器包括：墓葬所出的銅罍 1 件、甬鐘 1 件、紐鐘 3 件、銅杯 3 件、銅戈 I ─ IV 式 12 件、銅矛 2 件、銅戟 3 件、銅劍 7 件等；一號器物坑所出的甬鐘 1 件、銅戈 3 件、銅劍 A、C 型 3 件；二號坑所出的甬鐘 4 件、銅戈 IV、V 式 2 件、銅劍 1 件；三號坑所出的銅罍 1 件。[1198]

（十二）陝西省漢中市城固縣柳林鎮古城村

1983 年城固縣柳林鎮古城村出土了西周銅鼎 1 件。[1199]

（十三）陝西省漢中市城固縣城關鎮蓮花鄉

城固縣文化館徵集到出土自城固縣蓮花鄉的西周銅鼎 1 件，以及 1986 年出土自蓮花鄉的西周銅錛 1 件。[1200]

（十四）陝西省漢中市城固縣博望鎮陳邸村

1992 年城固縣博望鎮陳邸村出土了銅罍 1 件*（1），考古人員認為該銅罍為西周時器，[1201]有學者則認為當屬殷墟三期到四期偏早階段。[1202]

1197 茂縣羌族博物館、阿壩藏族羌族自治州文物管理所：〈四川茂縣牟托一號石棺墓及陪葬坑清理簡報〉，《文物》1994：3，頁4-40。

1198 施勁松：〈關於四川牟托一號石棺墓及器物坑的兩個問題〉，《考古》1996：5，頁77-82。

1199 苟保平：〈城固縣文化館收藏的青銅器〉，《文博》1996：6，頁80。

1200 同上。

1201 同上。

1202 趙叢蒼著：《城洋青銅器》，頁237、241，科學出版社，北京，2006。

（十五）陝西省漢中市洋縣張鋪

1976 年 7 月在洋縣張鋪發現了西周晚期的銅鬲 1 件*（1）。[1203]

（十六）陝西省漢中市勉縣老道寺鎮老道寺村

1976 年 7 月在勉縣老道寺村發現了西周中期的銅鼎 1 件*（1）。[1204]

（十七）陝西省安康市漢濱區關廟鎮金星村

1986 年在原安康縣縣城東邊的王家壩遺址出土了西周銅簋 1 件*（1）。[1205]

（十八）陝西省安康市紫陽縣金川鄉白馬石村

考古人員在紫陽縣白馬石遺址發現銅鉞 1 件，該銅鉞形制和風格近於四川新繁水觀音和彭縣竹瓦街所出土的銅鉞。[1206]

（十九）陝西省安康市旬陽縣

考古人員徵集到出自旬陽縣的銅鉞 1 件，該銅鉞形制和風格近於四川新繁水觀音和彭縣竹瓦街所出土的銅鉞。[1207]

（二十）湖北省宜昌市夷陵區中堡島

1985 年在宜昌市中堡島發現時代為西周晚期的銅鏃 1 件。[1208]

1203 陝西省考古研究所、陝西省文物管理委員會、陝西省博物館：《陝西出土商周青銅器》（四），頁29，編號197，文物出版社，北京，1984。

1204 劉長源：〈勉縣出土西周師饙父鼎〉，《考古與文物》1982：1，頁108。陝西省考古研究所、陝西省文物管理委員會、陝西省博物館：《陝西出土商周青銅器》（四），頁29，編號196，文物出版社，北京，1984。

1205 張懋鎔、趙榮、鄒東濤：〈安康出土的史密簋及其意義〉，《文物》1989：7，頁64-71、42。李啟良：〈陝西安康市出土西周史密簋〉，《考古與文物》1989：3，頁7-9。

1206 王煒林、孫秉君：〈漢水上游巴蜀文化的踪跡〉，《中國考古學會第七次年會論文集》，頁243，文物出版社，北京，1992。

1207 同上。

1208 王家德：〈鄂西發現一批周代巴蜀青銅器〉，《四川文物》1987：1，頁79。

（二十一）湖北省宜昌市夷陵區太平溪鎮西灣村

1999 年在宜昌市三峽大壩庫區的長江北岸發現上磨壠遺址，該遺址的文化堆積主要屬於周代，第六層為西周中期，第五層為西周晚期至春秋中期，在第六層發現有銅鏃，第五層出土銅刀、銅針和鐵錘、鐵銙等器物。[1209]

（二十二）湖北省宜昌市長陽縣漁峽口鎮

1988 至 1989 年考古工作者兩次在長陽縣漁峽口鎮東南的清江北岸發掘香爐石遺址，該遺址文化堆積分成七層，第六層為早商、第五層為商代中晚期、第四層為西周時期，在第四層發現有陶器 2404 件、石器 14 件、銅器 11 件……等器物，銅器有銅錐、銅鑿、銅鏃、銅環和魚鉤等。[1210]

（二十三）湖北省宜昌市長陽縣城關鎮

1983 年在長陽縣城關鎮附近發現銅戈 1 件，該銅戈時代為商周之際或西周早期。[1211]

（二十四）湖北省宜昌市秭歸縣香溪鎮王家壩

1995 至 1997 年考古工作者三次在秭歸縣王家壩遺址進行發掘，研究人員將所出遺物分成甲、乙兩組，認為乙組遺存應為商至西周早中期，當中發現有銅刀 1 件、銅鉤 1 件和銅器殘片 2 件。[1212]

（二十五）湖北省宜昌市秭歸縣香溪鎮張家坪

2000 年始考古工作者在秭歸縣張家坪遺址進行發掘，確認第五層為西周文化層，遺址出土西周銅鏃 1 件。[1213]

1209 湖北省文物考古研究所：〈湖北宜昌縣上磨壠周代遺址的發掘〉，《考古》2000：8，頁23-35。

1210 湖北省清江隔河岩考古隊：〈湖北清江香爐石遺址的發掘〉，《文物》1995：9，頁4-5、15-18。

1211 王家德：〈鄂西發現一批周代巴蜀青銅器〉，《四川文物》1987：1，頁79。

1212 湖北省文物考古研究所：〈秭歸王家壩遺址發掘簡報〉，《湖北庫區考古報告集》第一卷，頁719-736，科學出版社，北京，2003。

1213 湖北省宜昌博物館：〈秭歸張家坪遺址發掘報告〉，《湖北庫區考古報告集》第二卷，頁436-460，科學出版社，北京，2005。

（二十六）湖北省恩施土家族苗族自治州巴東縣東瀼口鎮雷家坪

1999 年考古人員第二次在巴東縣雷家坪遺址進行發掘，遺址內出土有西周時期的青銅盅和陶器。[1214]

（二十七）湖北省恩施土家族苗族自治州巴東縣官渡口鎮五里堆

2001 年在巴東縣五里堆村的團包遺址進行發掘，在時代屬於第一期西周時期的灰坑 H1 發現有銅錐 2 件。[1215]

（二十八）重慶市巫山縣大昌鎮龍興村

1997 至 1998 年考古人員在巫山縣龍興村的雙堰塘遺址進行發掘，該遺址出土小件銅器共 28 件，有銅鏃 10 件、銅刀 2 件、魚鉤 5 件、銅錐 4 件、條形器 1 件、蠍形器 1 件、珠形飾 1 件……等，遺址年代為西周中晚期。[1216]

1998 至 1999 年在雙堰塘西周遺址又發現銅鏃、銅簪等小件銅器。[1217]

2000 年在雙堰塘西周遺址又出土小件銅器 30 件，有銅鏃 12 件、魚鉤 3 件、條形器 3 件、珠形器 1 件、鏟形器 1 件、殘釘形器 2 件、殘錐形器 5 件、殘簪形器 1 件……等。[1218]

（二十九）重慶市巫山縣秀峰區南陵鄉跳石村

1994、1997 至 1998 年考古人員在巫山縣跳石村進行試掘與發掘，在約當商、西周文化遺存中發現有銅斧 1 件。[1219]

1214 吉林大學邊疆考古研究中心、國家文物局湖北省三峽考古工作站：〈湖北巴東縣雷家坪遺址第二次發掘簡報〉，《考古》2005：8，頁10-26。

1215 廣東省文物考古研究所：〈巴東團包遺址發掘簡報〉，《湖北庫區考古報告集》第一卷，頁153-167，科學出版社，北京，2003。

1216 中國社會科學院考古研究所長江三峽工作隊、巫山縣文物管理所：〈巫山雙堰塘遺址發掘報告〉，《重慶庫區考古報告集》1997卷，頁31-64，科學出版社，北京，2001。

1217 中國社會科學院考古研究所長江三峽工作隊、巫山縣文物管理所：〈巫山雙堰塘遺址發掘報告〉，《重慶庫區考古報告集》1998卷，頁58-68、100，科學出版社，北京，2003。

1218 中國社會科學院考古研究所長江三峽工作隊、巫山縣文物管理所：〈巫山雙堰塘遺址發掘報告〉，《重慶庫區考古報告集》1999卷，頁80-120、142-144，科學出版社，北京，2006。

1219 南京博物院考古研究所、巫山縣文物管理所：〈巫山跳石遺址發掘報告〉，《重慶庫區考古報告集》1997卷，頁65-99。鄒厚本：〈試析巫峽峽區先秦時期考古學文化〉，《重慶‧2001三峽文物保護學術研討會論文集》，頁57，科學出版社，北京，2003。

（三十）重慶市雲陽縣高陽鎮青樹村

1998 至 1999 年考古人員在雲陽縣青樹村的李家壩遺址進行第二次發掘，李家壩巴文化時期文化遺存可分為兩期三段：第一期為西周，上限至商代晚期；第二期前段在春秋，下限為春秋戰國之交，後段為戰國，下限至西漢初年。在第一期西周文化遺存中發現青銅魚鉤。[1220]

（三十一）重慶市萬州區小周鎮涂家村

1997 至 1998 年在重慶萬州區涂家村的中壩子遺址進行發掘，在商、西周時期的地層中發現銅鏃和魚鉤等小型銅器。[1221]

（三十二）重慶市忠縣城關鎮紅星村

1997 至 1998 年在忠縣紅星村的瓦渣地遺址發現相當西周時期的文化遺存，在 M1 發現隨葬銅器，為銅劍和銅戈各 1 件。[1222]

（三十三）重慶市涪陵區藺市鎮鳳陽村

1998 至 1999 年考古工作者在重慶藺市鎮鳳陽村長江右岸的台地進行發掘，藺市遺址年代當在商代晚期至西周初年，該遺址發現青銅容器口沿殘片 1 件。[1223]

（三十四）重慶市豐都縣高家鎮關田溝村

1999 年考古工作者在豐都縣關田溝村的石地壩遺址進行發掘，石地壩遺址的早期遺存可分成兩期三段：第一期第一段年代為殷墟晚期，第一期第二段在商代末期至西周早期，第二期在西周末期至春秋早期。第一期第二段的遺存中出土銅

1220 四川大學歷史文化學院考古系、雲陽縣文物管理所：〈雲陽李家壩遺址發掘報告〉，《重慶庫區考古報告集》1998卷，頁299-332、345，科學出版社，北京，2003。

1221 西北大學考古隊、萬州區文物管理所：〈萬州中壩子遺址發掘報告〉，《重慶庫區考古報告集》1997卷，頁347-380，科學出版社，北京，2001。

1222 北京大學考古學系三峽考古隊、忠縣文物保護管理所：〈忠縣瓦渣地遺址發掘簡報〉，《重慶庫區考古報告集》1998卷，頁649-660、665-677，科學出版社，北京，2003。

1223 重慶市文物考古所、涪陵區文物管理所：〈涪陵藺市遺址發掘簡報〉，《重慶庫區考古報告集》1998卷，頁813-822、833，科學出版社，北京，2003。

鏃 1 件，第二期發現銅鏃和銅鉤各 1 件。[1224]

六　長江中游青銅文化區

　　長江中游地區文化可分為江北的江漢文化和江南的江湘文化，[1225]西周時期長江中游地區的楚文化主要分布在漢水西南的江漢平原西部，並深入西陵峽，南至澧水中下游地區。[1226]鄂西和湘西北地區的西周早期遺存還未發現，[1227]鄂西西周中晚期至春秋早期的楚文化遺存主要分布於巴東、秭歸、長陽、宜昌、枝江、宜都、當陽、荊州等地，[1228]湖南澧水流域和沅水下游，為現今常德地區（除了桃源以外），在洞庭湖的西北，商周時期應屬青銅時代楚文化的範疇。[1229]

　　而西周時期長江中游地區的越文化大致分布於武漢至岳陽一線以東和以南地區，根據文化的差異，又可分為鄂東和湘江流域兩個區域。[1230]鄂東地區包括武漢以東的長江流域，北至大別山，南到幕阜山，西北與鄂北接壤，西南與湖南東北部相連，東南可到贛西北的九江地區。[1231]湘江流域和資水流域，即洞庭湖東岸、南岸，衡山至南嶺，包括岳陽、湘潭大部分地區、益陽東部地區，以及衡陽、郴州、零陵地區、邵陽一部分地區。[1232]

1224 重慶市文物考古所、豐都縣文物管理所：〈豐都石地壩遺址商周時期遺存發掘報告〉，《重慶庫區考古報告集》1999卷，頁702-737，科學出版社，北京，2006。

1225 劉彬徽：〈江湘文化古今談〉，《長江論壇》1996：5，頁60。

1226 王宏：〈試論長江中游地區夏商周時期的文化與族屬〉，《湖北省考古學會論文選集（三）》，頁34，江漢考古雜誌社，武漢，1998。

1227 王宏：〈論江漢流域西周時期的文化分區〉，《荊州博物館建館五十周年紀念論文集》，頁186，文物出版社，北京，2008。

1228 劉前鳳、楊華：〈三峽地區巴、楚文化的考古研究〉，《長江師範學院學報》第29卷第5期，頁6。

1229 何介鈞：〈湖南商周時期古文化的分區探索〉，《湖南出土殷商西周青銅器》，頁200-202，岳麓書社，長沙，2007。

1230 王宏：〈試論長江中游地區夏商周時期的文化與族屬〉，《湖北省考古學會論文選集（三）》，頁34，江漢考古雜誌社，武漢，1998。

1231 王宏：〈論江漢流域西周時期的文化分區〉，《荊州博物館建館五十周年紀念論文集》，頁193，文物出版社，北京，2008。

1232 何介鈞：〈湖南商周時期古文化的分區探索〉，《湖南出土殷商西周青銅器》，頁204-208，岳麓書社，長沙，2007。

（一）湖北省荊州市江陵縣馬山鎮張家山

1965 年在江陵縣張家山遺址西周文化層內發現有青銅魚鉤 1 件。[1233]

（二）湖北省荊州市荊州區李埠鎮萬城村（原為江陵縣）

1961 年原江陵縣萬城村出土西周銅器 17 件，有銅鼎 2 件*（1）、銅甗 2 件*（1）、銅簋 2 件*（2）、銅爵 3 件、銅尊 1 件*（1）、銅罍 2 件、銅卣 1 件*（1）、銅觶 1 件*（1）、銅瓠 2 件、銅勺 1 件。1962 年 4 月在上述發現銅器的土層東南角又出土銅爵、銅矛、銅鈴、玉魚、玉玦等器物。[1234]

（三）湖北省荊州市沙市區周梁玉橋

1981 年在沙市周梁玉橋遺址進行發掘，該遺址可分為早、晚兩期，早期約當殷墟晚期，晚期為西周早期，該遺址發現有銅削、魚鉤等銅器。[1235]

（四）湖北省宜昌市枝江市問安鎮關廟山村

1975 年在今枝江市關廟山遺址的西南部發現銅盤 1 件，該銅盤時代應在兩周之際。[1236]

（五）湖北省宜昌市秭歸縣歸州鎮官莊坪

1981 年在秭歸縣官莊坪遺址進行發掘，在第六層發現有銅斧 1 件、銅削 2 件，第五層則有銅削 1 件，[1237]考古工作者推斷第六層時代為西周晚期，第五層時代應在兩周之際。[1238]

1233 陳賢一：〈江陵張家山遺址的試掘與探索〉，《江漢考古》1980：2，頁82。

1234 王毓彤：〈江陵發現西周銅器〉，《文物》1963：2，頁53-55。李健：〈湖北江陵萬城出土西周銅器〉，《文物》1963：4，頁224-225。

1235 沙市市博物館：〈湖北沙市周梁玉橋遺址試掘簡報〉，《文物資料叢刊》10，頁22-30，文物出版社，北京，1987。

1236 枝江縣博物館：〈枝江近年出土的周代銅器〉，《江漢考古》1991：1，頁53。

1237 湖北省博物館：〈秭歸官莊坪遺址試掘簡報〉，《江漢考古》1984：3，頁19-34。

1238 胡雅麗、王紅星：〈秭歸官莊坪周代遺址初析〉，《江漢考古》1984：4，頁76。

（六）湖北省武漢市武昌區水果湖街

1997 年 4 月至 7 月考古人員在今武漢市武昌區水果湖街的放鷹台遺址進行發掘，在西周文化層內發現銅鏃 3 件，而遺址內的西周墓葬 M48 則出土銅魚鉤 2 件。[1239]

（七）湖北省武漢市江夏區湖泗鎮（原為武昌縣）

1982 年 6 月在武昌縣湖泗鎮木頭嶺磚瓦廠發現了銅鐘 3 件，[1240]考古人員判斷這批銅鐘的時代應為西周晚期或春秋早期。[1241]

1995 年 2 月在湖泗鎮新安村又發現了出自窖藏的西周中期銅鐘 2 件。[1242]

（八）湖北省黃岡市羅田縣三里畈鎮張家灣村

1991 年 3 月到 6 月考古隊在羅田縣張家灣村廟山崗遺址的西周文化層內發現了銅鏃、銅管、銅渣等殘銅器。[1243]

（九）湖北省黃岡市浠水縣關口鎮

1961 年 4 月浠水縣十月區白石鄉星光村民在策山西南麓的坡地，發現出自窖藏的銅瓿、銅斝各 1 件，考古人員推斷，這兩件銅器的時代應在西周早期或者更早。[1244]

（十）湖北省黃岡市浠水縣竹瓦鎮

1975 年浠水縣朱店鄉東方紅村民在整治農田時，挖出西周銅盤 2 件*（2），[1245]學者認為兩件銅盤時代屬於西周晚期。[1246]

1239 武漢市博物館：〈洪山放鷹台遺址97年度發掘報告〉，《江漢考古》1998：3，頁1-33。
1240 楊錦新：〈武昌縣發現西周甬鐘〉，《江漢考古》1982：2，頁85。
1241 江夏區博物館：〈江夏出土的周代青銅甬鐘〉，《江漢考古》1998：4，頁26-29。
1242 同上。
1243 周國平：〈羅田廟山崗遺址發掘〉，《江漢考古》1991：4，頁93。湖北省文物考古研究所、黃岡地區博物館、羅田縣文物管理所：〈湖北羅田廟山崗遺址發掘報告〉，《考古》1994：9，頁796、799。
1244 劉長森、陳恆樹：〈湖北浠水發現兩件銅器〉，《考古》1965：7，頁369-370。
1245 葉向榮：〈浠水縣出土西周有銘銅盤〉，《江漢考古》1985：1，頁104。
1246 中國社會科學院考古研究所：《殷周金文集成》修訂增補本第七冊，頁5427、6164、5471、6169，編號10112、10167，中華書局，北京，2007。

（十一）湖北省黃岡市蘄春縣株林鎮

1957 年冬在蘄春縣縣城東北約 30 公里處的毛家嘴發現西周遺址，除了木構建築遺跡外，還發現銅爵 1 件*（1）、銅錛、銅斧、銅刀各 1 件和銅鏃 10 件。[1247]

1996 年 4 月在東距上述毛家嘴遺址約 600 公尺的地方又發現一處西周銅器窖藏遺跡，出土地點在新屋灣，出土器物有銅鼎 6 件*（5）和銅斗 1 件*（1）。[1248]

（十二）湖北省黃石市大冶市羅家橋街道兩塘村

1972 年 8 月原大冶縣兩塘村村民在走馬山發現西周晚期的銅鐘 2 件。[1249]

（十三）湖北省黃石市大冶市金湖街道

1976 至 1979 年考古人員在今大冶市城區西南的銅綠山古銅礦遺址進行三階段發掘工作，遺址的第六層時代相當於西周晚期、第五層相當於春秋早中期，在第六層出土了銅斧 1 件。[1250]

（十四）湖北省黃石市陽新縣星潭鄉郭家壟村

1987 年 4 月陽新縣郭家壟村發現出自窖藏的銅器 54 件，有銅鼎 1 件、銅斧 53 件和少量的銅斧殘片。研究人員判別銅鼎時代不會晚於西周中期，銅斧則為戰國前期。[1251]

（十五）湖北省黃石市陽新縣富池鎮港下村

1985 至 1986 年考古人員在陽新縣港下村東發掘古銅礦遺址，遺址出土銅器有銅錛 3 件、銅削 1 件，該遺址年代在西周晚期或春秋早期。[1252]

1247 中國科學院考古研究所湖北發掘隊：〈湖北蘄春毛家嘴西周木構建築〉，《考古》1962：1，頁 1-9。

1248 湖北黃岡市博物館、湖北蘄春縣博物館：〈湖北蘄春達城新屋灣西周銅器窖藏〉，《文物》1997：12，頁29-33。

1249 梅正國、余為民：〈湖北大冶羅橋出土商周銅器〉，《文物資料叢刊》5，頁203-205，文物出版社，北京，1981。

1250 黃石市博物館：〈湖北銅綠山春秋時期煉銅遺址發掘簡報〉，《文物》1981：8，頁30-37。

1251 王善才、費世華：〈湖北陽新發現一處青銅器窖藏〉，《文物》1993：8，頁75-79。

1252 港下古銅礦遺址發掘小組：〈湖北陽新港下古礦井遺址發掘簡報〉，《考古》1988：1，頁30-42。

（十六）湖北省咸寧市赤壁市赤壁鎮

1991 年 7 月考古人員在赤壁市赤壁鎮東北的赤壁山遺址進行發掘，在西周文化層內發現青銅箭鏃 1 件。[1253]

（十七）湖北省咸寧市崇陽縣白霓鎮汪家嘴

1977 年 6 月崇陽縣汪家嘴大市河的岸邊出土了銅鼓 1 件，據研判，該銅鼓時代為商代晚期至西周早期。[1254]

（十八）湖北省咸寧市崇陽縣大橋鄉白泉村

1996 年 7 月崇陽縣白泉村的王家嘴山丘出土了西周中晚期的銅鐘 1 件。[1255]

（十九）湖北省咸寧市崇陽縣肖嶺鄉大連村

1997 年 8 月崇陽縣大連村的大連山出土了西周中期的銅鐘 2 件。[1256]

（二十）湖南省常德市澧縣澧東鄉斑竹村

2013 至 2014 年考古人員在澧縣斑竹村西進行發掘，斑竹遺址分為Ⅰ、Ⅱ兩區，Ⅰ區的地層十一層可分為商代、西周、東周……等五期；Ⅱ區地層七層分別跨西周、東周、現代三期。Ⅱ區的西周遺存非常豐富，出土大量陶器、少量石器，以及青銅箭鏃 1 件。[1257]

（二十一）湖南省常德市漢壽縣三和鄉寶塔鋪村

2001 年在漢壽縣寶塔鋪村磚廠發現出自窖藏的銅鐘 2 件，器物時代應為西周中期。[1258]

1253 王善才：〈湖北蒲圻市赤壁山遺址調查〉，《考古》1995：2，頁114-117、113。

1254 鄂博、崇文：〈湖北崇陽出土一件銅鼓〉，《文物》1978：4，頁94。

1255 湖北省崇陽縣博物館：〈湖北崇陽縣出土一件西周銅甬鐘〉，《江漢考古》1997：1，頁18-19、32。

1256 劉三寶：〈崇陽縣大連山出土兩件西周銅甬鐘〉，《江漢考古》1998：1，頁35-36。

1257 參見 http://www.hnkgs.com/show_news.aspx?id=870 湖南省文物考古研究所——最新消息「澧縣斑竹遺址考古發掘的主要收穫」。

1258 李紹南：〈漢壽縣三和出土青銅鐘〉，《湖南出土殷商西周青銅器》，頁185-187，岳麓書社，長沙，2007。

（二十二）湖南省岳陽市湘陰縣

岳陽市湘陰縣曾出土銅罍 1 件，[1259]年代當為西周晚期。[1260]

（二十三）湖南省岳陽市黃沙街鎮坪中村象形山（原為黃秀橋鄉）

1982 年原岳陽市黃秀橋鄉坪中村象形山發現了出自窖藏的銅鼎 1 件，該銅鼎為西周初年之器。[1261]

（二十四）湖南省長沙市望城區高塘嶺鎮勝利村高砂脊

1975 年高砂脊曾出土西周銅瓿 1 件。[1262]

1996 和 1999 年考古人員兩次在高砂脊遺址進行發掘，並清理了十九座墓葬，當中編號為 AM1、AM5 和 AM12 隨葬有銅器，AM1 出土銅鼎 8 件*（1）、銅尊 1 件、銅矛 2 件、刮刀 2 件、銅削 1 件、銅斧 1 件……等，AM5 有銅鼎 1 件、車軎 2 件……等，AM12 僅有銅矛 1 件，AH5 有銅戈 1 件、銅削 1 件。AM1 所出銅器時代在商代晚期至西周中期前段，AM5 所出銅器時代約西周早期後段至早中期之交。[1263]有學者認為高砂脊出土的銅器年代上限為商末，下限為西周早期或更早，具有商末的商式銅器風格。[1264]

（二十五）湖南省長沙市瀏陽市柏嘉鎮柏嘉村

1985 年在瀏陽市柏嘉村緊臨瀏陽河的台地，出土了時代為商代末期至西周前期的銅鐃 1 件。[1265]

1259 高至喜：〈論湖南出土的西周銅器〉，《江漢考古》1984：3，頁61。

1260 鄭小爐：《吳越和百越地區周代青銅器研究》，頁37，科學出版社，北京，2007。

1261 張經輝、符炫：〈岳陽市新出土的商周青銅器〉，《湖南考古輯刊》2，頁26-28，岳麓書社，長沙，1984。

1262 高至喜：〈論湖南出土的西周銅器〉，《江漢考古》1984：3，頁61。

1263 湖南省文物考古研究所、長沙市博物館、長沙市考古研究所、望城縣文物管理所：〈湖南望城縣高砂脊商周遺址的發掘〉，《考古》2001：4，頁27-44。

1264 施勁松：〈對湖南望城高砂脊出土青銅器的再認識〉，《考古》2002：12，頁58-63。

1265 黃綱正、蔡慕松：〈瀏陽、雙峰出土商周青銅器〉，《湖南出土殷商西周青銅器》，頁137，岳麓書社，長沙，2007。

（二十六）湖南省長沙市瀏陽市澄潭江鎮

1979 年瀏陽市澄潭江鎮出土西周中期甬鐘 1 件。[1266]

（二十七）湖南省長沙市瀏陽市淳口鎮黃荊村

湖南省博物館收藏了出自瀏陽市黃荊村的西周銅鎛 1 件。[1267]

（二十八）湖南省長沙市長沙縣福臨鎮

長沙市文物工作隊徵集到出自長沙縣福臨鎮的銅鼎 6 件和銅矛 1 件，這批銅器時代為春秋早中期，[1268]但也有研究人員認為時代應為西周晚期。[1269]

（二十九）湖南省長沙市長沙縣高橋鎮（原為路口區高橋鄉）

長沙市文物工作隊徵集到出自原長沙縣高橋鄉的銅鼎 2 件和銅斧 1 件，當中Ⅳ式銅鼎和銅斧時代為春秋早中期、Ⅴ式銅鼎亦為春秋時期，[1270]但有研究人員認為Ⅳ式銅鼎應為西周晚期時器。[1271]

（三十）湖南省長沙市長沙縣星沙鎮望新村

1979 年 1 月長沙縣星沙鎮望新村出土西周早期銅鐃 1 件。[1272]

（三十一）湖南省長沙市寧鄉縣五里堆鄉壩塘村

1975 年 3 月原寧鄉縣五里堆鄉壩塘村出土西周晚期銅鐘 1 件。[1273]

1266 高至喜：〈湖南省博物館館藏西周青銅樂器〉，《湖南出土殷商西周青銅器》，頁570-571，岳麓書社，長沙，2007。
1267 同上，頁571。
1268 宋少華：〈長沙出土商、春秋青銅器〉，《湖南博物館文集》，頁133-136，岳麓書社，長沙，1991。
1269 鄭小爐：《吳越和百越地區周代青銅器研究》，頁42，科學出版社，北京，2007。
1270 宋少華：〈長沙出土商、春秋青銅器〉，《湖南博物館文集》，頁133-136，岳麓書社，長沙，1991。
1271 鄭小爐：《吳越和百越地區周代青銅器研究》，頁42，科學出版社，北京，2007。
1272 熊傳新：〈湖南新發現的青銅器〉，《文物資料叢刊》5，頁103-105，文物出版社，北京，1981。
1273 熊傳新：〈湖南寧鄉新發現一批商周青銅器〉，《文物》1983：10，頁72-74。

（三十二）湖南省長沙市寧鄉縣黃材鎮

1989 年益陽地區博物館徵集到出自寧鄉縣黃材鎮的西周銅罍 1 件*（1）。[1274]

（三十三）湖南省長沙市寧鄉縣黃材鎮栗山村（原為寨子村）

2001 至 2005 年考古人員三次在寧鄉縣栗子山炭河里遺址進行發掘，在西周城址發現銅鼎口沿殘片 1 件、銅斧 1 件、銅矛 2 件和銅塊若干，並清理了西周墓葬七座，出土銅器近百件，但大多為不可復原的殘片，以鼎口沿和鼎足數量最多，另有卣蓋、鴞卣殘片、爵柱、爵足、器鋬、銅鐃 3 件、銅鍤 1 件、刮刀 1 件等。[1275]

（三十四）湖南省長沙市寧鄉縣黃材鎮龍泉村

2002 年湖南省博物館徵集到出土自寧鄉縣龍泉村的西周銅盃 1 件。[1276]

（三十五）湖南省長沙市寧鄉縣迴龍鋪鎮洋泉河

1978 年寧鄉縣迴龍鋪鎮洋泉河邊發現出自窖藏的西周早期銅卣 1 件。[1277]

（三十六）湖南省長沙市寧鄉縣老糧倉鎮師古寨山

1993 年 6 月在寧鄉縣老糧倉鎮師古寨山發現出自窖藏的銅鐃 10 件，考古人員判定 I 式銅鐃應為殷墟三期、II 式銅鐃為殷墟四期和西周初年。[1278]有學者認為 I 式銅鐃為殷墟二期、II 式銅鐃為西周早中期，[1279]也有學者主張 I 式銅鐃時代為商末、II 式銅鐃時代為西周中期早段。[1280]

1274 陳峻：〈寧鄉黃材出土周初青銅罍〉，《湖南博物館文集》，頁141，岳麓書社，長沙，1991。

1275 湖南省文物考古研究所、長沙市考古研究所、寧鄉縣文物管理所：〈湖南寧鄉炭河里西周城址與墓葬發掘簡報〉，《文物》2006：6，頁4-35。

1276 向桃初：〈炭河里城址的發現與寧鄉銅器群再研究〉，《文物》2006：8，頁39。

1277 熊傳新：〈湖南寧鄉新發現一批商周青銅器〉，《文物》1983：10，頁72-74。

1278 長沙市博物館、寧鄉縣文物管理所：〈湖南寧鄉老糧倉出土商代銅編鐃〉，《文物》1997：12，頁16-27。

1279 施勁松：〈我國南方出土銅鏡及甬鐘研究〉，《考古》1997：10，頁77。

1280 向桃初：〈南方商周銅鏡的分類序列和年代問題〉，《湖南出土殷商西周青銅器》，頁693-702，岳麓書社，長沙，2007。

（三十七）湖南省益陽市桃江縣灰山崗鎮金泉村（原為連河沖鄉）

1982年桃江縣金泉村出土西周中期銅簋1件。[1281]

（三十八）湖南省益陽市桃江縣馬跡塘鎮

1946年桃江縣馬跡塘附近的資江岸邊出土了西周早期銅鼎2件，其中1件現藏於湖南省博物館。[1282]

（三十九）湖南省湘潭市湘潭縣花石鎮金橋村洪家峭

1965年4月在湘潭縣金橋村洪家峭山區發現出自墓葬的西周晚期銅鐘2件。[1283]

（四十）湖南省湘潭市湘潭縣青山橋鎮高屯村

1976年在湘潭縣高屯村的山坳出土西周中期銅鐘1件。[1284]

1981年在湘潭縣高屯村距上述出土地30公尺處發現出自窖藏的一批銅器，有銅鼎3件、銅尊1件*（1）、銅爵6件*（3）、銅觶2件*（2）、銅盉2件。這批銅器的時代，考古人員分析銅鼎、銅觶、銅盉的時代為西周，Ⅰ式銅爵為晚商之器，銅尊和Ⅱ—Ⅳ式銅爵5件時代為商末周初。[1285]也有學者推論銅尊和銅爵時代為西周早期，銅觶具西周中期特色，窖藏年代應在西周後期。[1286]另有學者認為有銘的銅器皆為西周早期之器。[1287]

1281 高至喜：〈馬簋年代與族屬考〉，《東南文化》1988：2，頁112-113。

1282 熊傳新：〈湖南商周青銅的發現與研究〉，《湖南出土殷商西周青銅器》，頁410、413，岳麓書社，長沙，2007。

1283 湖南省博物館：〈湖南省博物館新發現的幾件銅器〉，《文物》1966：4，頁3。

1284 袁家榮：〈湘潭青山橋出土窖藏商周青銅器〉，《湖南考古輯刊》1，頁24，岳麓書社，長沙，1982。

1285 同上，頁21-24。

1286 鄭小爐：《吳越和百越地區周代青銅器研究》，頁40，科學出版社，北京，2007。

1287 中國社會科學院考古研究所：《殷周金文集成》修訂增補本第五、六冊，頁3590、4402、3720、4429、3724、4430、4572、5270、4603、5276，編號5720、6065、6081、8325、8426，中華書局，北京，2007。

（四十一）湖南省湘潭市湘潭縣

湖南省博物館收藏了 1954 年、1973 年出自湘潭縣的青銅甬鐘各 1 件。[1288]

（四十二）湖南省湘潭市湘鄉市金石鎮坪如村

1982 年湘鄉市坪如村出土西周銅鐘 1 件。[1289]

（四十三）湖南省湘潭市湘鄉市金石鎮黃馬寨

1975 年湘鄉市金石鎮黃馬寨出土商末至西周初期的銅鐃 1 件。[1290]

（四十四）湖南省湘潭市湘鄉市月山鎮馬龍村

1968 年湘鄉市馬龍村出土西周中期銅鐘 1 件。[1291]

（四十五）湖南省株洲市株洲縣太湖鄉頭壩村

1972 年 9 月株洲縣頭壩村的山坡發現出自窖藏的西周銅鐘 1 件。[1292]

（四十六）湖南省株洲市株洲縣南陽橋鄉鐵西村

1976 年冬株洲縣鐵西村發現西周銅簋 1 件*（1）。[1293]

（四十七）湖南省株洲市株洲縣昭陵鄉黃竹村

1981 年 8 月株洲縣黃竹村出土西周銅鐃 1 件。[1294]

1288 高至喜：〈湖南省博物館館藏西周青銅樂器〉，《湖南出土殷商西周青銅器》，頁571，岳麓書社，長沙，2007。

1289 同上。

1290 熊傳新：〈湖南商周青銅器的發現與研究〉，《湖南出土殷商西周青銅器》，頁415，岳麓書社，長沙，2007。

1291 同註1288。

1292 熊傳新：〈湖南新發現的青銅器〉，《文物資料叢刊》5，頁103-105，文物出版社，北京，1981。

1293 饒澤民：〈湖南株洲發現二件商周青銅器〉，《考古》1993：10，頁52。

1294 同註1288，頁570。

（四十八）湖南省株洲市株洲縣朱亭鎮興隆村（原為朱亭區黃龍鄉）

1988年株洲縣朱亭鎮興隆村出土銅鐃1件，[1295]該銅鐃年代為西周早期。[1296]

（四十九）湖南省株洲市株洲縣淦田鎮上港新村

1988年4月株洲縣淦田鎮上港新村出土時代為商末周初的銅鼎1件。[1297]

（五十）湖南省株洲市株洲縣白關鎮團山村

1997年3月株洲縣白關鎮團山村發現出自墓葬的西周銅器一批，有銅鼎1件、銅戈1件、銅矛1件、銅鏃2件、刮刀1件，考古人員認為這批銅器時代為西周晚期，[1298]但有研究者認為銅鼎和銅戈的年代可早至西周中期。[1299]

（五十一）湖南省株洲市醴陵市

1989年3月湖南省博物館徵集到出自醴陵市黃達嘴鄉的銅鼎2件，銅鼎的時代上限在兩周之際。[1300]

另有亦出自醴陵市的西周早期銅鐃1件。[1301]

（五十二）湖南省衡陽市蒸湘區杏花村

1985年11月衡陽市郊杏花村後的山腰出土銅卣1件*（1），該銅卣中裝有玉管、玉玦、玉環……等170件玉器。考古人員認為銅卣為商末周初的遺物，玉器時代為商代晚期，[1302]另有學者認為銅卣時代應屬西周前期。[1303]

1295 熊建華：〈湖南省博物館新徵集的西周齒紋銅鏡〉，《湖南博物館文集》，頁137-140，岳麓書社，長沙，1991。

1296 鄭小爐：《吳越和百越地區周代青銅器研究》，頁41，科學出版社，北京，2007。

1297 饒澤民：〈湖南株洲發現二件商周青銅器〉《考古》1993：10，頁52。

1298 雷芬：〈株洲白關西周晚期越人墓出土的青銅器〉，《湖南考古輯刊》7，頁126-127、140，求索雜誌出版社，長沙，1999。

1299 鄭小爐：《吳越和百越地區周代青銅器研究》，頁42，科學出版社，北京，2007。

1300 熊建華：〈湖南省博物館新徵集的西周齒紋銅鏡〉，《湖南博物館文集》，頁137-140，岳麓書社，長沙，1991。

1301 高至喜：〈湖南省博物館館藏西周青銅樂器〉，《湖南出土殷商西周青銅器》，頁570，岳麓書社，長沙，2007。

1302 鄭均生、唐先華：〈湖南衡陽發現商代銅卣〉，《文物》2000：10，頁58-61。

1303 熊傳新：〈湖南商周青銅器的發現與研究〉，《湖南出土殷商西周青銅器》，頁414，岳麓書社，長沙，2007。

（五十三）湖南省衡陽市雁峰區岳屏鎮北塘村

1978 年衡陽市郊岳屏鎮北塘村出土銅鐃 1 件，[1304]該銅鐃時代為西周前期中段。[1305]

（五十四）湖南省衡陽市衡陽縣台元鄉

衡陽縣台元鄉曾出土西周中晚期的甬鐘 1 件。[1306]

（五十五）湖南省衡陽市衡陽縣長安鄉

1977 年 5 月衡陽縣長安鄉出土時代為西周早中期之際的甬鐘 1 件。[1307]

（五十六）湖南省衡陽市衡陽縣欄壠鄉泉口村

1979 年 4 月衡陽縣泉口村出土西周早期的甬鐘 1 件。[1308]

（五十七）湖南省衡陽市耒陽市東湖鄉夏家山

1980 年 4 月耒陽市東湖鄉的夏家山出土西周早期的甬鐘 1 件。[1309]

（五十八）湖南省邵陽市新寧縣飛仙橋鄉飛仙橋村

1990 年初新寧縣飛仙橋村出土了商至周初的器物一批，有銅鼎 1 件*（1）、瓠形器 1 件、白玉環 1 件和白陶片 1 件。[1310]

（五十九）湖南省邵陽市邵東縣毛荷殿鄉民安村

1985 年初邵東縣民安村出土銅鎛 1 件，該銅鎛時代下限當為西周初。[1311]

1304 馮玉輝：〈衡陽市博物館收藏三件周代銅器〉，《文物》1980：11，頁95-96。

1305 熊傳新：〈湖南商周青銅器的發現與研究〉，《湖南出土殷商西周青銅器》，頁415-416，岳麓書社，長沙，2007。

1306 同上，頁416。

1307 周新民：〈湖南衡陽出土兩件西周甬鐘〉，《文物》1985：6，頁83。

1308 同上。

1309 蔡德初：〈湖南耒陽縣出土西周甬鐘〉，《文物》1984：7，頁49。

1310 邵陽市文物管理處、新寧縣文管所：〈湖南省新寧縣發現商至周初青銅器〉，《文物》1997：10，頁86。

1311 熊建華：〈湖南邵東出土一件西周四虎鎛〉，《考古與文物》1991：3，頁111-112。

（六十）湖南省邵陽市新邵縣陳家坊鎮

1984 年 2 月湖南省博物館徵集到出自新邵縣陳家坊鎮的銅瓿 1 件，該銅瓿年代為商代晚期，[1312]也有學者判定該銅瓿應為商末至西周前期之器。[1313]

（六十一）湖南省郴州市資興市蘭市鄉

1980 年 4 月資興市蘭市鄉出土西周早期甬鐘 1 件。[1314]

（六十二）湖南省郴州市資興市坪石鄉天鵝山林場

1983 年 4 月資興市天鵝山林場出土西周早期甬鐘 1 件。[1315]

（六十三）湖南省郴州市資興市

湖南省博物館收藏了出自資興市的西周銅鎛 1 件。[1316]

（六十四）湖南省郴州市安仁縣豪山鄉湘灣村

1991 年 4 月安仁縣湘灣村的武山山脊出土西周銅鐃 1 件。[1317]

（六十五）湖南省郴州市臨武縣

1962 年臨武縣出土西周晚期甬鐘 1 件。[1318]

1312 湖南省博物館、長沙市文物工作隊：〈新邵、瀏陽、株洲、資興出土商周青銅器〉，《湖南考古輯刊》3，頁27，岳麓書社，長沙，1986。

1313 熊傳新：〈湖南商周青銅的發現與研究〉，《湖南出土殷商西周青銅器》，頁414，岳麓書社，長沙，2007。

1314 同註1312，頁29-30。

1315 同上。

1316 高至喜：〈湖南省博物館館藏西周青銅樂器〉，《湖南出土殷商西周青銅器》，頁571，岳麓書社，長沙，2007。

1317 陳國安、傅聚良：〈湖南安仁縣豪山發現西周銅鐃〉，《考古》1995：5，頁470-471。

1318 同註1316。

七　長江下游青銅文化區

　　兩周時期中國東南和嶺南地區的青銅文化可分成吳越和百越兩大區域。包括長江以南的蘇南、皖南、浙江地區、贛東北和閩西北的小部分屬吳越地區，依考古發現，吳越地區又可分成寧鎮（包含皖南沿海地帶）、安徽屯溪、太湖杭州灣、浙南沿海等四個小區；包括湖南東北部和湘江、資水流域、江西贛鄱地區、福建、廣東和廣西屬百越地區，結合考古學文化，百越地區又可分為湖南、贛鄱、廣東和廣西東北部、廣西中西部、福建等五個小區。[1319]

　　以下按照江西省、安徽南部、江蘇南部、浙江省等地區分別簡述其西周時期出土青銅器之概況。

（一）江西省

1 新渝市渝水區界水鄉

　　1962 年 4 月新渝市界水鄉東南的主龍山出土銅鐃 1 件，[1320]該銅鐃年代應為西周前期。[1321]

2 新渝市渝水區羅坊鎮陳家村

　　1980 年 4 月新渝市羅坊鎮陳家村旁鄧家井山坡出土西周早期銅鐃 1 件。[1322]

3 新渝市渝水區水西鎮加山村

　　1981 年 4 月新渝市水西鎮加山村出土西周早期銅鐃 1 件。[1323]

4 宜春市萬載縣株潭鎮長和村

　　1965 年萬載縣株潭鎮長和村常家里山上出土時代為商末周初的銅鐃 1

1319 鄭小爐：《吳越和百越地區周代青銅器研究》，頁160-174，科學出版社，北京，2007。

1320 薛堯：〈江西出土的幾件青銅器〉，《考古》1963：8，頁416-417。

1321 鄭小爐：《吳越和百越地區周代青銅器研究》，頁32，科學出版社，北京，2007。

1322 余家棟：〈江西新餘連續發現西周甬鐘〉，《文物》1982：9，頁88-89。彭適凡：〈贛江流域出土商周銅鐃和甬鐘概述〉，《南方文物》1988：1，頁46、50。

1323 同上。

件，[1324]也有研究者認為該銅鐃時代當在西周前期。[1325]

5 宜春市靖安縣林科所

1983 年 2 月靖安縣林科所後山梨樹窩出土西周早期銅鐃 1 件。[1326]

6 宜春市袁州區下浦鄉金橋村

1984 年 4 月宜春市下浦鄉金橋村發現西周早期銅鐃 1 件。[1327]

7 宜春市袁州區慈化鎮蜈蚣塘

1997 年 10 月宜春市慈化鎮蜈蚣塘山坡發現西周早期銅鐃 1 件。[1328]

8 宜春市樟樹市劉公廟鎮廟下村

1977 至 1980 年考古工作者三次在樟樹市廟下村樊城堆遺址進行發掘，該遺址可分成上、下文化層，下文化層約當新石器時代晚期、上文化層主要是西周時期，上文化層出土銅器有銅刀 2 件、銅鏃 3 件、銅鑿 1 件、銅矛 1 件和殘器 3 件……等。[1329]

9 宜春市樟樹市山前鄉

1979 年 6 月樟樹市山前鄉雙慶橋岸旁發現西周早期銅鐃 1 件。[1330]

10 萍鄉市蘆溪縣銀河鎮鄧家田村

1984 年 3 月萍鄉市蘆溪縣鄧家田村出土銅鐃 2 件，其一不知下落，[1331]僅存

1324 彭適凡：〈贛江流域出土商周銅鐃和甬鐘概述〉，《南方文物》1988：1，頁46、49。

1325 鄭小爐：《吳越和百越地區周代青銅器研究》，頁33，科學出版社，北京，2007。

1326 嚴霞峰：〈江西靖安出土西周甬鐘〉，《考古》1984：4，頁375。彭適凡：〈贛江流域出土商周銅鐃和甬鐘概述〉，《南方文物》1988：1，頁46、51。

1327 同註1324，頁46、51。

1328 同註1324，頁46、50。

1329 江西省文物工作隊、清江縣博物館、中山大學人類學系考古專業：〈清江樊城堆遺址發掘簡報〉，《南方文物》1985：2，頁1-13。

1330 同註1324，頁46、51。

1331 劉敏華：〈江西萍鄉新出土的西周甬鐘〉，《南方文物》1988：1，頁59-61。

銅鐃年代為西周早期。[1332]

11 萍鄉市上栗縣彭高鎮彭家橋

1962 年 7 月萍鄉市上栗縣彭家橋的河裡發現西周早期甬鐘 2 件。[1333]

12 萍鄉市安源區十里埠村

1989 年 4 月原萍鄉市安源鎮十里埠村出土西周早期銅鐃 2 件。[1334]

13 吉安市新淦縣大洋洲鎮

1976 年冬新淦縣大洋洲鎮的中棱水庫壩址南端發現出自墓葬的一批銅器,包括銅鼎 5 件、銅鐏 1 件和殘破的小銅鼎 3 件、銅甗和銅爵等,[1335]墓葬時代應為西周中期。[1336]

14 吉安市永新縣高溪鄉橫石村

1995 年 9 月永新縣橫石村烏龜嶺的山腰出土西周早期銅鐃 1 件。[1337]

15 吉安市泰和縣

吉安地區收集到出自泰和縣的西周晚期銅鐘 1 件。[1338]

16 吉安市吉水縣

1987 年吉水縣出土西周早期編鐘 3 件。[1339]

1332 彭適凡:〈贛江流域出土商周銅鐃和甬鐘概述〉,《南方文物》1988:1,頁46、51。

1333 劉敏華:〈江西萍鄉新出土的西周甬鐘〉,《南方文物》1988:1,頁59-61。彭適凡:〈贛江流域出土商周銅鐃和甬鐘概述〉,《南方文物》1988:1,頁46、50。

1334 同上。

1335 彭適凡、李玉林:〈江西新干縣的西周墓葬〉,《文物》1983:6,頁93。

1336 彭適凡:〈贛鄱地區西周時期古文化的探討〉,《文物》1990:9,頁60。

1337 同註1332。

1338 李家和、劉詩中:〈吉安地區出土的幾件銅鐘〉,《江西歷史文物》1980:3,頁50。

1339 同註1332。

17 吉安市南郊

1974 年吉安市南郊印下江附近的贛江出土西周早期銅鐃 1 件。[1340]

18 九江市新合鄉

1984 至 1985 年考古工作者兩次在九江市新合鄉神墩遺址進行發掘，該遺址可分為上、下兩層文化堆積，上層堆積又可分為 A、B、C 三小層，年代各為西周晚期至春秋早期、西周中期、商末周初。C 層出土銅鐃 2 件，B 層有銅笄、銅刀、銅鉤各 1 件，A 層出土銅刀 2 件、刮刀 1 件、銅鐃 2 件、帶鉤 1 件和銅斧、銅矛等。[1341]

19 九江市武寧縣清江鄉大田村

1981 年 9 月武寧縣大田村附近的山上出土西周早期甬鐘 1 件。[1342]

20 南昌市青山湖區

1983 年考古人員在南昌市東北的青山湖台山嘴遺址進行調查，確認該遺址年代為西周時期，並於遺址採集到銅鏃 1 件。[1343]

21 撫州市東鄉縣

1957 年 12 月東鄉縣城北約 4 公里處出土西周銅鼎 1 件。[1344]

22 上饒市萬年縣上坊鄉西山村

1964 年 3 月萬年縣西山蔡家村艾山裡發現西周初期的銅鼎 1 件。[1345]

1340 彭適凡：〈贛江流域出土商周銅鏡和甬鐘概述〉，《南方文物》1988：1，頁46、51。

1341 江西省文物工作隊、九江市博物館：〈江西九江神墩遺址發掘簡報〉，《江漢考古》1987：4，頁12-31。

1342 彭適凡：〈贛江流域出土商周銅鏡和甬鐘概述〉，《南方文物》1988：1，頁46、51。

1343 許智范：〈江西青山湖台山嘴遺址調查〉，《考古》1985：8，頁757-759。

1344 薛堯：〈江西出土的幾件青銅器〉，《考古》1963：8，頁416。

1345 郭遠謂：〈江西近兩年出土的青銅器〉，《考古》1965：7，頁372-373。

23 上饒市上饒縣煌固鎮馬鞍山

1989 年 5 月考古人員在上饒縣馬鞍山遺址進行調查，並清理了一座殘墓，墓葬隨葬器物 160 多件，多數被毀壞，經收集與復原，有銅盤 1 件和陶盉、陶罐、原始瓷器……等。遺址時代為商代晚期至西周早期，墓葬晚於遺址，時代在西周晚期，下限或可至春秋初期。[1346]

24 上饒市餘干縣黃金埠鎮

1958 年 10 月餘干縣黃金埠中學發現西周早期的銅甗 1 件*（1）。[1347]

25 上饒市廣豐縣排汕鄉八都村

1987 年文物管理單位在廣豐縣八都村徵集到西周早期銅卣 1 件*（1）。[1348]

（二）安徽南部

皖南地區和江蘇寧鎮地區在考古學上同屬於長江下游湖熟文化——吳文化圈，皖南出土的青銅器，大多成組出於墓葬和窖藏，透過器物類型和器物組合，大致又可分成沿長江以銅陵、繁昌、南陵為代表的北區以及以屯溪為代表的南區兩大區塊。[1349]

1 安慶市樅陽縣周潭鎮七井村

1987 年文物管理單位徵集到出自樅陽縣七井村附近的青銅方彝 1 件，該方彝時代在商周之際。[1350]

2 黃山市屯溪區弈棋鎮弈棋村

1959 年在原屯溪市弈棋村南發現兩座墓葬，M1 出土銅器 18 件，有銅鼎 4 件、銅簋 2 件、銅尊 2 件*（1）、銅卣 2 件、銅盤 2 件、銅盉 1 件、三足器 1 件、

1346 江西省上饒縣博物館：〈上饒縣馬鞍山西周墓〉，《東南文化》1989：4、5，頁38-44。

1347 朱心持：〈江西餘干黃金埠出土銅甗〉，《考古》1960：2，頁44。

1348 羅小安：〈廣豐發現西周青銅提梁卣〉，《江西文物》1989：1，頁66。

1349 陸勤毅、楊立新：《皖南商周青銅器·前言》，頁11-12，文物出版社，北京，2006。

1350 方國祥：〈安徽樅陽出土一件青銅方彝〉，《文物》1991：6，頁94。

鐘形五柱樂器 2 件、鳥形飾 2 件，M2 隨葬銅器為銅尊和銅盉各 1 件。M1 年代為西周中期至晚期，M2 為西周晚期。[1351]

1965 至 1966 年在弈棋村原 M1 的南邊又發現兩座墓葬，編號為 M3 和 M4，M3 出土方鼎 2 件、圓鼎 4 件、銅簋 10 件、銅觶 1 件、銅盉 1 件、銅尊 1 件、犧尊 1 件、銅卣 2 件*（1）、銅盤 4 件、方盉 2 件*（1）[1352]、方足器 2 件、銅缶 1 件、銅勺 1 件、銅斧 1 件、銅劍 2 件、銅削 6 件、銅刀 1 件、銅鑷 1 件、跪坐人 4 件、車飾 8 件等，M4 隨葬銅尊 1 件、銅劍 1 件、銅戈 1 件、銅矛 1 件、銅斧 1 件、銅鏃 7 件和匕首 1 件。M3 年代為西周晚期，M4 晚於 M3，應晚至春秋時期。[1353]

1972 年弈棋村又發現了 M5，出土銅尊和銅簋各 1 件，[1354]M5 年代應在西周後期。[1355]同年弈棋村發掘的 M6、M7，以及 1975 年弈棋鎮上林塘發掘的 M8，M6 出土銅尊 1 件，M7 有銅劍、銅矛、銅戈、銅斧各 1 件和銅鏃 7 件，M8 出土銅劍 1 件，[1356]當中 M6、M7 的銅器具春秋時期特色，而 M8 年代當在西周晚期至春秋早期。[1357]

3 黃山市黃山區鳥石鄉揚村

1982 年 4 月在原黃山市揚村發現西周甬鐘 1 件。[1358]

4 宣城市宣州區孫埠鎮正興村

1981 年 10 月宣城市孫埠鎮正興村發現了銅器一批，有銅鼎 2 件、銅鬲 1 件和銅鐃 1 件，原出土報告將重環紋鼎視為是西周晚期之器，弦紋鼎和銅鐃年代為春秋，銅鬲為西周晚期至春秋早期之器，[1359]有研究者透過紋飾比對與分析，提出

1351 安徽省文化局文物工作隊：〈安徽屯溪西周墓葬發掘報告〉，《考古學報》1959：4，頁59-90。

1352 考古簡報未公布銘文內容，僅說明編號M3：1的銅盉內底有銘文。

1353 殷滌非：〈安徽屯溪周墓第二次發掘〉，《考古》1990：3，頁210-213、288。安徽省博物館：《安徽省博物館藏青銅器・前言》，頁2，上海人民美術出版社，上海，1987。

1354 安徽省博物館：《安徽省博物館藏青銅器・前言》，頁2，上海人民美術出版社，上海，1987。

1355 鄭小爐：《吳越和百越地區周代青銅器研究》，頁26，科學出版社，北京，2007。

1356 安徽省博物館：《安徽省博物館藏青銅器・前言》，頁2，上海人民美術出版社，上海，1987。

1357 鄭小爐：《吳越和百越地區周代青銅器研究》，頁26，科學出版社，北京，2007。

1358 程先通：〈黃山鳥石鄉出土一件西周甬鐘〉，《考古》1988：5，頁465。

1359 王愛武：〈安徽宣城出土的青銅器〉，《文物》2007：2，頁39-40。

正興村所出銅器整體風格屬西周晚期。[1360]

5 宣城市寧國市河瀝溪鎮羅溪村

1993 年考古人員在寧國市羅溪村的官山遺址進行發掘，該遺址西周遺存的年代上限為西周中期偏晚，下限當不晚於西周晚期，該遺址出土銅鏃 1 件。[1361]

6 宣城市郎溪縣

1985 年文物管理單位徵集到出自郎溪縣宣郎廣茶廠山裡的西周銅鼎 1 件。[1362]但也有研究者透過紋飾研究，認為該銅鼎為商代之器。[1363]

此外，郎溪縣文管所還收藏了出自郎溪縣的西周銅甋 1 件。[1364]

7 蕪湖市繁昌縣孫村鎮窯上村

1972 年繁昌縣窯上村出土了銅器 7 件，有銅鼎 3 件、銅匜 1 件、銅戈 1 件、銅鑿 2 件，[1365]有研究者經紋飾比對與分析，認為銅鼎和銅匜的時代應為西周時期。[1366]

8 蕪湖市繁昌縣城關鎮湯家山

1979 年繁昌縣湯家山出土了銅器 13 件，有銅鼎 6 件、銅甋 1 件、銅簋 1件、[1367]銅盉 1 件、銅盤 1 件、甬鐘 1 件、鳥形飾 2 件，有關這批銅器的年代，有

1360 郭光：《皖南商周青銅器紋飾研究》，頁30-32，安徽大學考古學及博物館學碩士論文，2008。安徽大學、安徽省文物考古研究所：《皖南商周青銅器》，編號28、46、47，文物出版社，北京，2006。

1361 安徽省文物考古研究所：〈安徽寧國市官山西周遺址的發掘〉，《考古》2000：11，頁14-23。

1362 宋永祥：〈安徽郎溪縣發現的西周銅鼎〉，《文物》1987：10，頁33。

1363 郭光：《皖南商周青銅器紋飾研究》，頁23、29，安徽大學考古學及博物館學碩士論文，2008。安徽大學、安徽省文物考古研究所：《皖南商周青銅器》，編號5，文物出版社，北京，2006。

1364 安徽大學、安徽省文物考古研究所：《皖南商周青銅器》，編號35，文物出版社，北京，2006。

1365 安徽省博物館：《安徽省博物館藏青銅器・前言》，頁3，上海人民美術出版社，上海，1987。

1366 郭光：《皖南商周青銅器紋飾研究》，頁20-21、31-32，安徽大學考古學及博物館學碩士論文，2008。安徽大學、安徽省文物考古研究所：《皖南商周青銅器》，編號8、21、22、37，文物出版社，北京，2006。

1367 安徽大學、安徽省文物考古研究所：《皖南商周青銅器》，編號59，文物出版社，北京，2006。該書著錄為「蟠螭紋銅盤」。

學者主張銅鼎、銅甗、銅簋、銅盉和銅盤時代應為西周中期至晚期，[1368]但也有研究人員認為銅甗、方鼎和甬鐘為西周時器，其他如銅盉、銅盤、竊曲紋鼎、重環紋鼎和鳥形飾為春秋時器。[1369]

9 蕪湖市繁昌縣荻港鎮天保村

繁昌縣博物館收藏了出自繁昌縣荻港鎮天保村的西周銅鼎 1 件。[1370]

10 蕪湖市繁昌縣赤沙鄉新塘村

繁昌縣博物館收藏了出自繁昌縣赤沙鄉新塘村的銅鼎 1 件、銅盉 2 件，當中曲柄盉為西周時器，龍首流盉和弦紋鼎為春秋時器。[1371]

11 蕪湖市繁昌縣

繁昌縣博物館收藏了出自繁昌縣的西周銅鼎 1 件。[1372]

12 蕪湖市南陵縣葛林鄉千峰山

南陵縣文管所收藏了出自南陵縣葛林鄉千峰山的銅鼎 2 件和銅劍 1 件，當中銅鼎為西周時器，銅劍為春秋時器。[1373]

13 蕪湖市南陵縣三里鄉西楓村

南陵縣文管所收藏了出自南陵縣三里鄉西楓村的西周銅鼎 2 件。[1374]

14 蕪湖市南陵縣三里鄉白雲村

南陵縣文管所收藏了出自南陵縣三里鄉白雲村的西周銅鼎 1 件。[1375]

1368 張愛冰、陸勤毅：〈繁昌湯家山出土青銅器的年代及其相關問題〉，《文物》2010：12，頁52-60。

1369 安徽大學、安徽省文物考古研究所：《皖南商周青銅器》，編號32、34、45、56、59、61、86-88、124-125，文物出版社，北京，2006。

1370 同上，編號26。

1371 同上，編號50、57、106。

1372 同上，編號10。

1373 同上，編號14、20、130。

1374 同上，編號18-19。

1375 同上，編號15。

15 蕪湖市南陵縣家發鎮長山

南陵縣文管所收藏了出自南陵縣家發鎮長山的西周銅鼎和銅盉各 1 件。[1376]

16 蕪湖市南陵縣綠嶺鎮團結村

南陵縣文管所收藏了出自南陵縣綠嶺鎮團結村的西周銅尊 1 件。[1377]

17 蕪湖市南陵縣戴鎮池廟村

南陵縣文管所收藏了出自南陵縣戴鎮池廟村的西周銅鼎 1 件。[1378]

18 蕪湖市南陵縣

南陵縣文管所收藏了出自南陵縣的銅鼎 2 件，當中的變形夔龍紋鼎為西周時器，雷紋鼎為春秋時器。[1379]

19 蕪湖市蕪湖縣火龍崗鎮新義村韓墩

蕪湖縣文管所收藏了出自蕪湖縣火龍崗鎮新義村韓墩的西周銅鼎和銅匜各 1件。[1380]

20 蕪湖市

蕪湖市文管會收藏了出自蕪湖市的西周銅匜、銅盉和春秋銅鼎各 1 件。[1381]

21 銅陵市獅子山區西湖鎮新廟村

銅陵市文管所收藏了出自原銅陵縣西湖鎮新廟村西湖輪窯廠的西周銅鼎 1 件和春秋銅盉、銅甗和銅鼎各 1 件。[1382]

1376 安徽大學、安徽省文物考古研究所：《皖南商周青銅器》，編號25、51，文物出版社，北京，2006。

1377 同上，編號36。

1378 同上，編號24。

1379 同上，編號17、122。

1380 同上，編號16、38。

1381 同上，編號39、49、108。

1382 同上，編號9、43、67、100。

22 銅陵市獅子山區西湖鎮朝山村

銅陵市文管所收藏了出自原銅陵縣西湖鎮朝山村的西周銅鼎 1 件和春秋銅鐘 1 件、鳥形飾 1 件和人面形牌 2 件。[1383]

23 銅陵市銅官山區金口嶺

銅陵市文管所收藏了出自銅陵市金口嶺的西周銅鼎、甬鐘、銅盉各 1 件和春秋銅鼎 1 件。[1384]

24 銅陵市銅陵縣鐘鳴鎮

銅陵市文管所收藏了出自銅陵縣鐘鳴鎮的西周銅鼎、銅盉各 1 件和春秋銅鼎 2 件。[1385]

25 銅陵市銅陵縣順安鎮

銅陵市文管所收藏了出自銅陵縣順安鎮的西周銅鼎、銅甗各 1 件，以及出自順安鎮鳳凰山的西周銅鼎 1 件。[1386]

26 銅陵市區

銅陵市文管所收藏了出自銅陵市區的銅器共有 11 件，包括西周銅鼎 1 件、甬鐘 2 件，春秋銅盉 1 件、銅缽 1 件、銅鼎 3 件、銅劍 1 件、銅矛 2 件。[1387]

（三）江蘇南部

西周以後，江蘇地區的青銅文化進入繁榮時期，江蘇南部發現青銅器的地點主要分布在寧鎮地區及其附近的南京、鎮江、丹徒、丹陽、高淳、江寧、溧水、溧陽、句容、金壇、儀徵、六合等縣市，還有太湖地區的蘇州、吳縣、吳江、無錫、武進等縣市。[1388]

1383 安徽大學、安徽省文物考古研究所：《皖南商周青銅器》，編號27、74、126、136-137，文物出版社，北京，2006。

1384 同上，編號29、43、52、123。

1385 同上，編號11、53、98-99。

1386 同上，編號13、31、23。

1387 同上，編號12、42、44、58、85、92、109、121、129、139-140。

1388 鄒厚本：《江蘇考古五十年》，頁195，南京出版社，南京，2000。

1 揚州市儀徵市新城鎮破山口

1930 年原儀徵縣破山口出土了一批西周青銅器約 40 多件，但經盜賣與分散，今僅存有銅鼎 1 件、銅鬲 2 件、銅甗 1 件、銅盤 2 件、銅盉 1 件、銅瓿 1 件、銅尊 2 件、銅箕 1 件、銅釜 1 件。[1389]

1949 年後儀徵縣文化館又徵集到銅戈 1 件和銅鼎殘片 1 件*（1）。[1390]

1959 年南京博物院在破山口進行發掘清理，又出土銅鏃 23 件、銅戈 1 件、銅矛 1 件、銅斧 2 件、銅鉞 1 件、銅鐮 1 件。[1391]

2 揚州市儀徵市胥浦鄉甘草山

1982 年考古人員在儀徵市胥浦鄉甘草山遺址進行發掘，該遺址第三層遺存年代在春秋至戰國末，第四層年代為西周春秋時期，在第四層中出土有少量雙翼式銅鏃和銅斧等器物。[1392]

3 鎮江市丹徒區大港鎮

1954 年 6 月在原丹徒縣龍泉鄉煙墩山南麓發現一批出自墓葬的銅器，有銅鼎 1 件、銅鬲 1 件、銅簋 2 件*（1）、銅盤 2 件、銅盉 2 件、犧觥 2 件、角形器 2 件，後又清理出銅鏃、銅鐏、甲泡、馬飾……等器物，於該墓葬西北又發現兩座陪葬坑，出土了銅鼎 4 件和銅鐏、陶豆、石器……等。[1393]該墓葬年代在西周晚期至春秋早期，所出銅鼎、銅簋具西周早期特色，銅盤具春秋早期風格。[1394]

1982 年春考古工作者在原丹徒縣大港鎮的磨盤墩進行發掘，在遺址中部偏北處發現一座墓葬，出土銅器包括銅尊 1 件、銅匜 1 件、馬冠 2 件、馬銜 6 件、馬鑣 8 件、當盧 2 件、方形管飾 36 件、泡飾 22 件，該墓葬年代為春秋初葉。[1395]亦

1389 王志敏、韓益之：〈介紹江蘇儀徵過去發現的幾件西周青銅器〉，《文物》1956：12，頁31-32。
儀徵市博物館：《儀徵出土文物集粹》，編號1-10，頁16-25，文物出版社，北京，2008。

1390 張敏：〈破山口青銅器三題〉，《東南文化》2002：6，頁52。

1391 尹煥章：〈儀徵破山口探掘出土銅器記略〉，《文物》1960：4，頁85-86。

1392 江蘇省駐儀徵化纖公司工作隊：〈儀徵胥浦甘草山遺址的發掘〉，《東南文化》1986：1，頁1-14。

1393 江蘇省文物管理委員會：〈江蘇丹徒縣煙墩山出土的古代青銅器〉，《文物》1955：5，頁58-62。
江蘇省文物管理委員會：〈江蘇丹徒煙墩山西周墓及附葬坑出土的小器物補充材料〉，《文物》1956：1，頁45-46。

1394 鄭小爐：《吳越和百越地區周代青銅器研究》，頁16，科學出版社，北京，2007。

1395 南京博物院、丹徒縣文管會：〈江蘇丹徒磨盤墩周墓發掘簡報〉，《考古》1985：11，頁985-989。

有研究者認為該墓葬時代應為西周晚期至春秋早期。[1396]

1982 年 9 月在原丹徒縣大港鎮趙莊村喬木山的母子墩，發現出自墓葬的銅器一批，有銅鼎 2 件、銅鬲 1 件、銅簋 2 件＊（1）、銅尊 2 件、銅卣 1 件、銅壺 1件、銅矛 8 件、銅叉 1 件、銅鐏 1 件、銅鏃 120 多件、車軎 2 件、車轄 2 件、墊圈 4 件、掛鉤 2 件、獸首飾 2 件、馬銜、馬鑣 2 副、節約 4 件、銅泡 400 多件。銅器時代在西周早期偏晚或中期之初。[1397]

4 鎮江市丹徒區石橋鎮華山村

1990 年秋考古工作者在鎮江市丹徒區華山村大笆斗墩發掘了一座土墩墓，出土原始瓷器 26 件和銅劍、銅鑿各 1 件，大笆斗土墩墓時代為西周後期偏早。[1398]

5 鎮江市句容市天王鎮浮山村

1974 年冬在原句容縣浮山果園 I 號土墩發現墓葬十餘座，出土西周陶鬲……等隨葬器物 200 餘件。1975 年春考古工作者在浮山果園 II 號土墩發掘墓葬八座，其中 M8 出土西周中期銅戈 1 件。[1399]

6 鎮江市句容市葛村鎮白蟒台

1981 年考古工作者在原句容縣葛村鎮虬山水庫的白蟒台遺址進行試掘，該遺址分成上、中、下三層文化堆積，下層年代相當於商代中期、中期為商至西周、上層為西周早期，在上層發現銅鏃 1 件。[1400]

7 鎮江市句容市大卓鄉城頭山

1981 年考古工作者在原句容縣大卓鄉句容水庫的城頭山遺址進行試掘，該遺址分成三層，第一層時代相當於西周時期，第二層又分 A、B 兩層，前者為商代

1396 鄭小爐：《吳越和百越地區周代青銅器研究》，頁20，科學出版社，北京，2007。

1397 鎮江博物館、丹徒縣文管會：〈江蘇丹徒大港母子墩西周銅器墓發掘簡報〉，《文物》1984：5，頁1-10。

1398 南京博物院、鎮江博物館、丹徒縣文教局：〈江蘇丹徒橫山、華山土墩墓發掘報告〉，《文物》2000：9，頁42-54。

1399 南京博物院：〈江蘇句容縣浮山果園西周墓〉，《考古》1977：5，頁292-297、340。

1400 劉建國、劉興：〈江蘇句容白蟒台遺址試掘〉，《考古與文物》1985：3，頁1-11。

中晚期，後者為早商。第一層發現有銅鏃 2 件。[1401]

8 鎮江市句容市

鎮江博物館收藏了出自原句容縣的西周銅劍 1 件和銅矛 1 件。[1402]

9 鎮江市丹陽市司徒鎮

1976 年 12 月在丹陽市的司徒鎮磚瓦廠發現一批出自窖藏的銅器，有銅鼎 11 件、銅簋 7 件、銅尊 4 件、銅盤 3 件、銅盉 1 件，考古人員認為有些銅器具有西周早期特徵，多數為西周中期器物，窖藏時代不晚於春秋早期。[1403]也有學者認為這批銅器包括西周、春秋兩個時期，以西周時器為主，其餘春秋時器不晚於春秋中期偏早。[1404]

10 鎮江市丹陽市雲陽鎮

1989 年考古人員在丹陽市西附村東北的鳳凰山遺址進行試掘，該遺址第七到十二層文化堆積可分成西周前、後期和春秋前、後期四期，第一期西周前期文化層出土銅鏃 2 件、第二層西周後期有銅削 1 件。[1405]

1993 年考古人員在丹陽市雲陽鎮三城巷村北的枕頭山進行發掘，在第一期遺存中發現有西周晚期至春秋早期的銅鏃 2 件。[1406]

11 鎮江市丹陽市後巷鎮高橋村

1980 年原丹陽縣高橋村出土西周早期的銅簋 1 件。[1407]

1401 鎮江博物館：〈江蘇句容城頭山遺址試掘簡報〉，《考古》1985：4，頁289-302、335。

1402 蕭夢龍：〈吳國青銅兵器研究〉，《吳國青銅器綜合研究》，頁26、31，科學出版社，北京，2004。

1403 鎮江市博物館、丹陽縣文物管理委員會：〈江蘇丹陽出土的西周青銅器〉，《文物》1980：8，頁3-9。

1404 朱鳳瀚：《古代中國青銅器》，頁806、914，南開大學出版社，天津，1995。

1405 鳳凰山考古隊：〈江蘇丹陽鳳凰山遺址發掘報告〉，《東南文化》1990：1、2，頁269-317。

1406 三城巷考古隊：〈丹陽市三城巷遺址發掘報告〉，《通古達今之路——寧滬高速公路（江蘇段）考古發掘報告文集》，頁85-109，南京博物院，南京，1994。

1407 蕭夢龍：〈鎮江博物館藏商周青銅器——兼談江南吳器的地方特色〉，《東南文化》1988：5，頁54、69。

12 鎮江市丹陽市珥陵鎮雲林村

鎮江博物館收藏了出自原丹陽縣雲林村的西周銅矛1件。[1408]

13 鎮江市丹陽市

鎮江博物館收藏了出自原丹陽縣的西周銅戈和銅矛各1件。[1409]

14 鎮江市京口區中山路

1985年鎮江市中山路出土了西周銅戈1件。[1410]

15 南京市溧水區烏山鎮

1974年在原溧水縣烏山鎮西南的崗沿山崗西側發現出自墓葬（編號為 M1）的西周銅鼎1件。[1411]

隔年在崗沿山崗西側又發現出自墓葬（編號為 M2）的西周方鼎、銅卣、銅盤、銅戈各1件。[1412]

16 南京市溧水區洪藍鎮

1973年溧水洪藍鎮後趙村發現銅矛1件，該銅矛時代為西周至春秋前期。[1413]

1979年溧水洪藍鎮窖頭山發現出自墓葬的西周早期銅矛1件。[1414]

17 南京市江寧區陶吳鎮

1960年文物管理單位徵集到出自原江寧市陶吳鎮的銅器 13 件，有銅鼎、銅

1408 蕭夢龍：〈吳國青銅兵器研究〉，《吳國青銅器綜合研究》，頁24，科學出版社，北京，2004。

1409 同上，頁24-25。

1410 蕭夢龍：〈鎮江博物館藏商周青銅器——兼談江南吳器的地方特色〉，《東南文化》1988：5，頁58、70-71。

1411 劉興、吳大林：〈江蘇溧水發現西周墓〉，《考古》1976：4，頁274。

1412 鎮江市博物館、溧水縣文化館：〈江蘇溧水烏山西周二號墓清理簡報〉，《文物資料叢刊》2，頁66-69，文物出版社，北京，1978。

1413 溧水縣圖書館：〈江蘇溧水出土的幾批青銅器〉，《考古》1986：3，頁281-282。

1414 蕭夢龍：〈鎮江博物館藏商周青銅器——兼談江南吳器的地方特色〉，《東南文化》1988：5，頁61、71。

鬲、銅匜、銅卣、銅斧、銅鋤、銅戈、銅矛等，[1415]這批銅器的年代，有學者判斷為西周中期，[1416]也有研究者認為銅鼎具西周後期特色，銅矛為西周中期或稍晚，銅匜則為春秋中期。[1417]

18 南京市江寧區

南京市博物館收藏了出自江寧的西周銅劍 1 件。[1418]

19 南京市浦口區三河鄉林場村

1977 年南京市浦口區林場村的長山子南坡發現一批銅器，有銅鼎 1 件、銅鬲 3 件、銅戈 2 件、銅矛 1 件、銅劍 1 件和銅鏃 30 多件，這批銅器時代為西周晚期至春秋早期。[1419]

20 南京市浦口區蘭花鄉鄭莊村（原為江浦縣）

1983 年考古人員在原江浦縣蘭花鄉鄭莊村西南的蔣城子遺址進行發掘，該遺址可分為西周前、後期和春秋前期、春秋後期至戰國初年四期，依簡報公告的銅器 18 件，第一期西周前期有銅刀 1 件，第二期西周後期有銅鏃 1 件。[1420]

21 南京市浦口區橋林鎮雙橋村（原為江浦縣向陽鄉小檀村）

1983 年考古人員在原江浦縣向陽鄉小檀村西南的曹王塍子遺址進行發掘，在西周文化層內發現有銅削 2 件。[1421]

22 南京市高淳區顧隴集鎮

1966 年 4 月在原高淳縣顧隴鄉出土西周中期稍晚的銅鼎 1 件，[1422]但有研究

1415 李蔚然：〈南京發現周代銅器〉，《考古》1960：6，頁41。

1416 鄒厚本：《江蘇考古五十年》，頁198，南京出版社，南京，2000。

1417 鄭小爐：《吳越和百越地區周代青銅器研究》，頁16，科學出版社，北京，2007。

1418 蕭夢龍：〈吳國青銅兵器研究〉，《吳國青銅器綜合研究》，頁31、36，科學出版社，北京，2004。

1419 南京市文物保管委員會：〈南京浦口出土一批青銅器〉，《文物》1980：8，頁10-12、34。

1420 南京博物院、南京大學歷史系：〈江蘇江浦蔣城子遺址〉，《東南文化》1990：1、2，頁214-240。

1421 南京博物院：〈江浦縣曹王塍子遺址試掘簡報〉，《東南文化》1986：1，頁15-20。

1422 劉興：〈鎮江地區近年出土的青銅器〉，《文物資料叢刊》5，頁106、111，文物出版社，北京，1978。

者認為該銅鼎年代應在兩周之際。[1423]

1971 年在原高淳縣顧隴鄉下大路發現一批銅器，有銅鼎 2 件、銅尊 1 件、銅劍 1 件、銅戈 1 件、銅矛 1 件和銅鏃 7 件，銅器時代應在西周中期或更早。[1424]有研究者認為這批銅器的時代應在兩周之際或更晚。[1425]

1984 年在原高淳縣顧隴鄉下劉家村的竹山墩，發現時代為西周晚期至春秋早期的銅簋 1 件。[1426]

23 南京市高淳區東壩鎮

1974 和 1978 年在原高淳縣東壩鎮出土時代為西周早期的銅簋各 1 件，[1427]但有研究者提出該類型銅簋年代應在西周晚期至春秋早期。[1428]

24 南京市高淳區固城鎮

1966 年在原高淳縣固城鎮出土年代不晚於西周的銅矛 1 件，[1429]但有研究者認為該銅矛年代應在兩周之際。[1430]

25 南京市高淳區漆橋集鎮

1964 年 5 月原高淳縣漆橋鄉里溪村北發現出自窖藏的一批銅兵器，有銅戈 6 件、銅矛 23 件、劍形器 1 件。[1431]該批銅兵器時代為西周晚期至春秋早期。[1432]

1980 年原高淳縣漆橋鄉發現出自一座土墩墓的器物，經徵集，有銅卣 1 件、原始瓷碗 6 件……等，銅卣時代為西周早中期。[1433]

1423 鄭小爐：《吳越和百越地區周代青銅器研究》，頁22，科學出版社，北京，2007。

1424 劉興：〈鎮江地區近年出土的青銅器〉，《文物資料叢刊》5，頁108、111，文物出版社，北京，1978。蕭夢龍：〈鎮江博物館藏商周青銅器——兼談江南吳器的地方特色〉，《東南文化》1988：5，頁58、70-71。

1425 同註1423。

1426 康京：〈高淳發現一件西周時期銅簋形器〉，《文物》1998：6，頁93。

1427 劉興：〈鎮江地區近年出土的青銅器〉，《文物資料叢刊》5，頁107、109，文物出版社，北京，1978。

1428 同註1423。

1429 蕭夢龍：〈鎮江博物館藏商周青銅器——兼談江南吳器的地方特色〉，《東南文化》1988：5，頁62、71。

1430 同註1423，頁23。

1431 江蘇省文物管理委員會：〈江蘇高淳出土春秋銅兵器〉，《考古》1966：2，頁63-65。

1432 蕭夢龍：〈吳國青銅兵器研究〉，《吳國青銅器綜合研究》，頁35，科學出版社，北京，2004。

1433 同註1429，頁54、70。

同年高淳縣漆橋鄉亦出土西周中晚期的銅卣 1 件。[1434]

26 南京市高淳區

鎮江博物館收藏了出自高淳縣的西周銅矛 2 件和銅劍 4 件。[1435]

27 常州市溧陽市社渚鎮

1966 年溧陽市社渚鎮西南的許大山界出土西周晚期銅盤 2 件，[1436]或有學者定在西周晚期至春秋早期。[1437]

28 常州市溧陽市溧城鎮（原為溧陽縣夏橋鄉）

1974 年原溧陽縣夏橋鄉糧庫發現西周早期的銅尊 2 件和銅爵 1 件。[1438]

29 常州市溧陽市上沛鎮

1978 年 7 月溧陽市上沛鎮出土西周中期稍晚的銅鼎 1 件。[1439]

30 常州市金壇市城東鄉（原為金壇縣）

1975 年 5 月原金壇縣城東鄉東的鱉墩發現兩座西周墓葬，出土陶瓷器 72 件、蚌殼 5 件，在一件幾何印紋陶罈中盛裝了 230 塊大小不一約 70 公斤的青銅塊。[1440]

31 蘇州市吳江區袁浪蕩（原為吳江縣）

1958 年在原吳江縣袁浪蕩川圩出土了形制相同的銅戈 8 件，[1441]這批銅戈時

1434 蕭夢龍：〈鎮江博物館藏商周青銅器──兼談江南吳器的地方特色〉，《東南文化》1988：5，頁54、70。

1435 蕭夢龍：〈吳國青銅兵器研究〉，《吳國青銅器綜合研究》，頁24、26、31、35-36，科學出版社，北京，2004。

1436 劉興：〈鎮江地區近年出土的青銅器〉，《文物資料叢刊》5，頁107、109，文物出版社，北京，1978。

1437 鄒厚本：《江蘇考古五十年》，頁198-199，南京出版社，南京，2000。

1438 劉興：〈鎮江地區近年出土的青銅器〉，《文物資料叢刊》5，頁107、109。

1439 同上，頁106、111。

1440 鎮江市博物館、金壇縣文化館：〈江蘇金壇鱉墩西周墓〉，《考古》1978：3，頁151-154。

1441 南京博物院、江蘇省博物館、江蘇省文物管理委員會、南京市文物保管委員會：〈江蘇省十年來考古工作中的重要發現〉，《考古》1960：7，頁4。

代為西周晚期。[1442]

32 蘇州市吳中區光福鎮白浮山（原為吳縣太湖鄉）

1972 年相關單位徵集到出自原吳縣太湖鄉白浮山水域的銅劍 1 件，該銅劍時代為西周後期至春秋早期。[1443]

33 蘇州市吳中區金庭鎮消夏灣（原為吳縣石公鄉）

1980 年相關單位徵集到出自原吳縣石公鄉消夏灣水域的銅劍 1 件，該銅劍時代為西周後期至春秋早期。[1444]

34 蘇州市虎丘區

蘇州博物館收藏了出自蘇州古城西北虎丘的西周銅劍 1 件。[1445]

（四）浙江省

1 湖州市長興縣

1974 年初原長興縣里塘鄉白水灘附近出土銅劍 1 件，[1446]該銅劍年代為西周晚期至春秋早期。[1447]

1976 年 1 月開挖長興港時，於下箬鄉上莘橋附近出土西周銅鼎 1 件。[1448]同年 1 月於下箬鄉楊灣村附近水域、合溪鄉小浦村附近水域又發現年代為西周早期和兩周之際的銅劍各 1 件。[1449]另在興港工程中還出土西周中晚期銅劍 1 件。[1450]

1970 和 1982 年長興縣雉城地區出土時代約為西周晚期至春秋早期的銅劍各 1 件。[1451]

1442 鄭小爐：《吳越和百越地區周代青銅器研究》，頁16，科學出版社，北京，2007。
1443 葉玉奇：〈江蘇吳縣出土一批周代青銅劍〉，《考古》1986：4，頁372-374。
1444 同上。
1445 蕭夢龍：〈吳國青銅兵器研究〉，《吳國青銅器綜合研究》，頁29、36，科學出版社，北京，2004。
1446 夏星南：〈浙江長興發現東周青銅器〉，《文物》1981：12，頁89。
1447 鄭小爐：《吳越和百越地區周代青銅器研究》，頁31，科學出版社，北京，2007。
1448 長興縣革委會報導組：〈浙江長興縣發現西周銅鼎〉，《文物》1977：9，頁92。
1449 夏星南：〈浙江長興縣發現吳、越、楚銅劍〉，《考古》1989：1，頁1-9。編號為1和5號劍。
1450 同上。編號為2號劍。
1451 同上。編號為3和4號劍。

1979 年 10 月長興縣李家巷鎮出土銅壺 1 件，[1452]該銅壺年代為西周晚期至春秋早期。[1453]

2 湖州市安吉縣高禹鎮

2004 年 3 月在安吉縣高禹鎮中學的建設工地發現出自墓葬的西周早期銅鐃 1 件。[1454]

3 杭州市淳安縣左口鄉富息村

1979 年秋淳安縣左口鄉富息村旁的小塘塢遺址和相距 200 公尺的施家凸崗坡發現了五座墓葬，當中施家凸崗的 M4 隨葬有銅矛 1 件，M4 年代為春秋早期。[1455]有研究者認為 M4 年代應為西周晚期至春秋早期。[1456]

4 杭州市蕭山區所前鎮杜家村（原為蕭山縣）

1981 年 3 月原蕭山縣杜家村的小東山西坡發現西周中期甬鐘 1 件。[1457]

5 台州市溫嶺市溫嶠鎮樓旗村（原為溫嶺縣琛山鄉樓旗村）

1984 年春溫嶺市溫嶠鎮樓旗村前山坡發現西周銅盤 1 件。[1458]

6 台州市玉環島三合潭

考古人員自 80 年代以來進行文物普查，於玉環島三合潭遺址發現陶瓷器、銅器、石器等，銅器有銅劍 1 件、銅矛 1 件、銅鏃 4 件、銅鋪 1 件、銅� 1 件、銅斤 1 件、銅耨 1 件、銅削 1 件、銅鑿 2 件、銅斧 1 件、銅鑽 1 件、魚鏢 1 件和魚鉤 1 件。從出土陶瓷器判定該遺址時代在西周早中期，下限不會晚於戰國，但從所出銅斧來看，則時代可延續至戰國時期。[1459]

1452 夏星南：〈浙江長興發現東周青銅器〉，《文物》1981：12，頁89。

1453 鄭小爐：《吳越和百越地區周代青銅器研究》，頁31，科學出版社，北京，2007。

1454 周意群：〈安吉發現一件西周時期銅鐃〉，《文物》2005：1，頁85。

1455 浙江省文物考古所：〈浙江淳安左口土墩墓〉，《文物》1987：5，頁36-40、51。

1456 鄭小爐：《吳越和百越地區周代青銅器研究》，頁29，科學出版社，北京，2007。

1457 張翔：〈浙江蕭山杜家村出土西周甬鐘〉，《文物》1985：4，頁90-91。

1458 台州地區文管會、溫嶺縣文化局：〈浙江溫嶺出土西周銅盤〉，《考古》1991：3，頁251。

1459 台州市文管會、玉環縣文管會：〈浙江玉環島發現的古文化遺存〉，《考古》1996：5，頁14-20。

7 台州市路橋區小人尖（原為黃巖市路橋鎮）

　　1990 年在原黃巖市路橋鎮小人尖發現出自一座土墩墓的一批銅器和原始瓷器，銅器有銅尊 1 件、銅劍 1 件、銅戈 4 件、銅矛 3 件、銅鏃 2 件、戈端 1 對、銅錐 2 件、銅斧 1 件、銅錛 2 件、銅斗 1 件、牌飾 1 件、柄形器 1 件，該墓葬年代為西周晚期，[1460]但有研究者根據銅器形制，認為墓葬年代應在西周中期。[1461]

8 金華市磐安縣深澤鄉

　　1986 年 2 月磐安縣深澤鄉發現西周早期的銅鐃 1 件。[1462]

9 溫州市瑞安市岱石山

　　1993 年考古工作者在瑞安市的岱石山進行發掘，清理了石棚墓和大蓋墓三十三座，當中隨葬有銅器的墓葬有四座，其中 M5 出土銅劍和銅鑃各 1 件，M29 有銅斧 1 件，M30 有銅戈、銅刀、銅鑿、銅鈴各 1 件和小編鐘 9 件，M34 有殘銅劍 1 件，M5 時代為西周晚期至春秋早期，M29 出土物時代在西周後期，M30 和 M34 為春秋時期。[1463]

10 溫州市甌海區仙岩鎮穗豐村

　　2003 年 9 月浙江甌海區穗豐村楊府山的山頂發現一座西周土墩墓，出土銅器和玉石器等，銅器有銅鼎 1 件、銅簋 1 件、銅鐃 1 件、銅劍 3 件、銅戈 3 件、銅矛 49 件、銅鏃約 40 多件和殘銅器 1 件，墓葬年代在西周中期晚段。[1464]

1460 浙江省文物考古研究所、黃巖市博物館：〈黃巖小人尖西周時期土墩墓〉，《浙江省文物考古研究所學刊建所十周年紀念（1980—1990）》，頁200-205，科學出版社，北京，1993。

1461 鄭小爐：《吳越和百越地區周代青銅器研究》，頁30，科學出版社，北京，2007。

1462 趙一新：〈浙江磐安深澤出土一件雲紋鏡〉，《考古》1987：8，頁727。

1463 浙江省文物考古研究所：〈瑞安岱石山「石棚」和大石蓋墓發掘報告〉，《浙江省文物考古研究所學刊》，頁155-177，長征出版社，北京，1997。

1464 浙江省文物考古研究所、溫州市文物保護考古所、甌海區文博館：〈浙江甌海楊府山西周土墩墓發掘簡報〉，《文物》2007：11，頁25-36。

八　東南與華南青銅文化區

　　孫華將長江下游及其以南的東南地區，包括蘇南、皖南、浙江和福建北部劃歸於同一青銅文化區——東南地區，而將南嶺和苗嶺以南的嶺南地區，包括廣東、廣西、福建西南部劃歸於同一青銅文化區——華南地區。[1465]本論文參考李伯謙[1466]和鄭小爐[1467]對兩周時期吳越和百越青銅文化的分區意見，也基於論述上的條理性與方便性，將福建、廣東和廣西歸置於東南與華南青銅文化區。

（一）福建省

1 南平市光澤縣崇仁鄉洋塘村

　　1954 年光澤縣洋塘村油家壟出土銅錛 2 件、銅斧 1 件、刮刀 1 件、銅鋸 1 件，當中銅錛時代應為東周、銅斧不晚於戰國、刮刀當在戰國至漢初，[1468]也有學者認為銅器時代當在兩周之際。[1469]

2 南平市浦城縣仙陽鎮管九村

　　2005 至 2006 年考古工作者對浦城縣管九村的土墩墓群進行搶救性發掘，清理了鷺鷥崗三座土墩，編號為 PLD1－3；社公崗六座土墩，編號為 PSD1－6；洋山崗十一座土墩，編號為 PYD1－11；麻地尾十二座土墩，編號為 PMD1－12；曬谷坪一座土墩，編號為 PSGD1。這三十三座土墩，一共四十七座墓葬，可分成三期：第一期為夏商時期，第二期西周時期，第三期為春秋時期。考古簡報已公告，屬於第二期隨葬有銅器的墓葬及銅器出土情況如下，社公崗 PSD1M1 出土銅器有短劍、銅矛、銅鏃、刮刀各 1 件；PSD2M01 出土銅器有銅戈、銅矛、銅錛各 1 件和銅鏃 4 件；洋山崗 PYD1M1 出土銅器有銅錛、銅矛、銅鏃、刮刀、匕首各 1 件；PYD3M1 出土銅器有短劍 1 件、銅矛 1 件、刮刀 1 件、銅鏃 3 件；麻地

1465 孫華：〈中國青銅文化體系的幾個問題〉，《考古學研究》（五），頁945-946，科學出版社，北京，2003。在西周後期以降，湖南及江西的南部區域也歸屬於華南地區。

1466 李伯謙：〈中國青銅文化的發展階段與分區系統〉，《中國青銅文化結構體系研究》，頁6-10，科學出版社，北京，1998。

1467 鄭小爐：《吳越和百越地區周代青銅器研究》，頁160-174，科學出版社，北京，2007。

1468 陳存洗、楊琮：〈福建青銅文化初探〉，《考古學報》1990：4，頁399-400、404。

1469 鄭小爐：《吳越和百越地區周代青銅器研究》，頁35，科學出版社，北京，2007。

尾 PMD11M1 出土銅器有短劍、銅鏃、銅戈、銅矛、刮刀和銅鏃 11 件。[1470]

3 南平市建甌市小橋鎮陽澤村

1978 年建甌市小橋鎮陽澤村北的黃科山茶園出土西周早期銅鐃 1 件，[1471]有研究者認為該銅鐃約為西周中期時器，但考慮到傳入福建的時間略晚，故定在西周晚期至春秋初期。[1472]

4 南平市建甌市南雅鎮梅村村

1990 年 10 月建甌市南雅鎮梅村村西的坵坑山東北面山腰出土西周中期的銅鐃 1 件，[1473]有研究者提出該銅鐃約為西周晚期時器，但考慮到流入福建的時間略晚，故定在西周晚期至春秋初期。[1474]

5 南平市武夷山市興田鎮西郊村（原為崇安縣）

1983 年 12 月原崇安縣西郊村牛皮壠發現青銅劍 1 件，年代約在春秋晚期至戰國早期，[1475]有學者認為銅劍年代當為西周末至春秋時期。[1476]

6 南平市建陽市小湖鎮小湖村

1988 年 4 月考古工作者在建陽市小湖村西北的山林仔山進行複查，採集到青銅矛等遺物，1991 年 10 月又再度調查，徵集到陶器、原始瓷器……等。山林仔遺址年代為西周中晚期。[1477]

7 莆田市城廂區城郊鄉下鄭村

1978 年莆田市城郊鄉下鄭村發現時代為西周的銅鏃 1 件。[1478]

1470 福建博物院、福建閩越王城博物館：〈福建浦城縣管九村土墩墓群〉，《考古》2007：7，頁28-37。

1471 王振鏞：〈福建建甌縣出土西周銅鐘〉，《文物》1980：11，頁95。

1472 陳存洗、楊琮：〈福建青銅文化初探〉，《考古學報》1990：4，頁397。

1473 張家：〈福建建甌縣發現一件西周銅甬鐘〉，《文物》1996：2，頁90。

1474 陳存洗、楊琮：〈福建青銅文化初探〉，《考古學報》1990：4，頁397。

1475 崇安縣文化館：〈福建崇安縣出土東周短劍〉，《考古》1987：3，頁276。

1476 陳存洗、楊琮：〈福建青銅文化初探〉，《考古學報》1990：4，頁395。

1477 謝道華：〈福建建陽山林仔西周遺址調查〉，《東南文化》1994：5，頁95-99。

1478 陳存洗、楊琮：〈福建青銅文化初探〉，《考古學報》1990：4，頁400。

8 泉州市南安市水頭鎮大盈村

1958 年在南安市大盈村附近的寨仔山採集到兩周之際的銅錛 1 件。[1479]

1974 年在南安市大盈村蔡盈村的寨山東面山坡出土銅戈 5 件、銅戚 2 件、銅矛 1 件、匕首 2 件、銅錛 2 件、銅鈴 8 件和玉戈 1 件、玉瑱 4 件，這批銅器的年代在西周至春秋時期，[1480]也有學者提出應為西周時期。[1481]

9 泉州市南安市溪美鎮蓮塘村（原為南安縣城關鎮）

1958 年南安市蓮塘村發現時代為西周的銅錛 1 件。[1482]

10 泉州市鯉城區北峰鎮埔任村

在今泉州市鯉城區埔任村曾發現時代為西周的銅錛 1 件。[1483]

11 福州市閩侯縣荊溪鎮鐵嶺村（原為甘蔗鄉）

50 年代原閩侯縣甘蔗鄉鐵嶺村發現年代不晚於春秋的青銅短劍 1 件，[1484]有學者認為該短劍年代在兩周之際。[1485]

12 龍岩市武平縣城廂鄉園丁村

在今武平縣城廂鄉園丁村的苟陂頭曾發現青銅短劍 1 件，時代似為春秋，[1486]有研究者認為該短劍年代在西周晚期至春秋早期。[1487]

13 漳州市雲霄縣列嶼鎮城內村

1988 年考古工作者在雲霄縣城內村的墓林山主峰進行發掘，出土銅器有銅錛

1479 陳存洗、楊琮：〈福建青銅文化初探〉，《考古學報》1990：4，頁400。

1480 莊錦清、林華東：〈福建南安大盈出土青銅器〉，《考古》1977：3，頁169-172。

1481 陳存洗、楊琮：〈福建青銅文化初探〉，《考古學報》1990：4，頁394-400。

1482 同上，頁400。

1483 同上。

1484 同上，頁396-397。

1485 鄭小爐：《吳越和百越地區周代青銅器研究》，頁36，科學出版社，北京，2007。

1486 陳存洗、楊琮：〈福建青銅文化初探〉，《考古學報》1990：4，頁395。

1487 鄭小爐：《吳越和百越地區周代青銅器研究》，頁36，科學出版社，北京，2007。

1件、青銅殘片 2 件和銅渣若干，銅錛年代應為西周晚期至春秋時期。[1488]

（二）廣東省

1 汕頭市潮南區兩英鎮禾皋村

1983 年汕頭市兩英鎮禾皋村在興建小學時出土了春秋時期的銅鐃 1 件，[1489]但有學者認為該銅鐃時代為西周早期。[1490]

2 汕尾市海豐縣

在今汕尾市海豐縣曾出土春秋早期銅劍 1 件，[1491]但有研究者提出該銅劍時代在兩周之際。[1492]

3 揭陽市揭東縣地都鎮華美村

1983 年 5 月考古人員在揭東縣地都鎮華美村的關爺坑發現一處沙丘遺址，出土陶器 11 件和銅斧 1 件，銅斧時代相當於西周時期。[1493]

4 韶關市曲江區馬壩鎮馬鞍山（原為曲江縣）

1984 年在原曲江縣馬壩鎮的馬鞍山出土時代為西周早期的銅鐃 1 件。[1494]

5 惠州市博羅縣龍溪鎮銀崗村

1996 年考古人員在博羅縣銀崗村南的瓦片嶺和松古嶺進行發掘，銀崗松古嶺遺址可分成第一、二期遺存，第一期相當於西周春秋時期，出土銅鏃 1 件；第二期為戰國時期，出土銅斧 1 件。[1495]

1488 福建省博物館：〈福建墓林山遺址發掘簡報〉，《東南文化》1993：3，頁119-128。
1489 中山大學榕江流域史前期人類學考察課題組、潮陽市博物館：〈廣東潮陽市先秦遺存的調查〉，《考古》1998：6，頁45-46。
1490 鄭小爐：《吳越和百越地區周代青銅器研究》，頁46，科學出版社，北京，2007。
1491 賀剛：〈先秦百越地區出土銅劍初論〉，《考古》1991：3，頁253。
1492 鄭小爐：《吳越和百越地區周代青銅器研究》，頁44，科學出版社，北京，2007。
1493 邱立誠、吳道躍：〈廣東揭陽華美沙丘遺址調查〉，《考古》1985：8，頁760-761。
1494 黃展岳：〈論兩廣出土的先秦青銅器〉，《考古學報》1986：4，頁413。
1495 廣東省文物考古研究所：〈廣東博羅銀崗遺址發掘簡報〉，《文物》1998：7，頁17-30。

6 惠州市博羅縣羅陽鎮朗頭村

2000 年考古人員在博羅縣朗頭村的橫嶺山進行發掘，清理了商周時期的墓葬三百零二座，並將墓葬分為商周之際、西周早期、西周中晚期、春秋時期四期，四期又各分為兩段，當中第五到第八段又析分為兩組。關於博羅橫嶺山墓地隨葬有銅器的西周墓葬情形如下表十九：[1496]

表十九　2000年博羅橫嶺山西周墓葬

墓葬編號	銅器的種類與數量	分期期別
M013	銅矛 1	I 2
M051	銅斧 1	III 5A
M052	銅斧 1	III 6B
M056	銅斧 1、刮刀 2	III 6B
M058	銅碎片	I 1
M083	刮刀 1	III 6B
M094	銅環 2	III 5A
M101	銅鼎耳 1	III 5B
M105	銅斧 1	III 5B
M124	刮刀 1	III 5B
M158	刮刀 1	III
M165	銅碎片	I 2
M172	銅鏃 1、刮刀 1	III 5A
M175	刮刀 1	III 5B
M182	甬鐘 2、銅戈 1、銅矛 1、銅鏃 3、銅斧 3、銅鑾 1	III 5A
M185	銅鏃 1、銅鑿 1	III 5A

1496 廣東省文物考古研究所：《博羅橫嶺山——商周時期墓地2000年發掘報告》，頁1-78，科學出版社，北京，2005。

（續）

墓葬編號	銅器的種類與數量	分期期別
M201	銅鼎 1	Ⅲ 5B
M222	銅鏃 1	Ⅰ 1
M247	銅矛 1、銅斧 2、銅鏃 1	Ⅲ 5B
M252	銅斧 1	Ⅲ 5B
M264	銅斧 1、刮刀 2	Ⅲ 6A
M298	銅斧 1	Ⅰ 1
M309	銅矛 1	Ⅰ 2

7 惠州市惠東縣梁化鎮花樹下（原為惠陽縣）

1956 年 5 月在原惠陽縣花樹下的柯木山尾出土銅鼎 1 件，[1497]有學者判定該銅鼎時代當在兩周之際。[1498]

8 深圳市寶安區觀瀾鎮東庵村（原為寶安縣）

1983 年秋在原寶安縣觀瀾鎮東庵村的追樹嶺遺址曾採集到青銅短劍 1 件，時代約當春秋，[1499]但有學者認為該短劍時代應為西周晚期。[1500]

9 清遠市佛崗縣石角鎮科旺村

佛崗縣石角鎮科旺村的大廟峽曾出土西周銅鐃 1 件。[1501]

10 茂名市信宜縣

1974 年信宜縣城東光頭嶺上的松香廠基建工地發現出自窖穴的銅盉 1 件，[1502]

1497 楊豪：〈介紹廣東近年發現的幾件青銅器〉，《考古》1961：11，頁599。

1498 鄭小爐：《吳越和百越地區周代青銅器研究》，頁51，科學出版社，北京，2007。

1499 楊耀林：〈深圳及鄰近地區先秦青銅器鑄造技術的考察〉，《考古》1997：6，頁88。

1500 鄭小爐：《吳越和百越地區周代青銅器研究》，頁48，科學出版社，北京，2007。

1501 邱立誠：〈廣東青銅文化的土著特色〉，《考古與文物》1999：2，頁47。

1502 徐恒彬：〈廣東信宜出土西周銅盉〉，《文物》1975：11，頁94。

有研究者提出銅盉年代為西周後期，[1503]也有學者認為年代應晚於春秋。[1504]

（三）廣西省

1 賀州市賀縣桂嶺鎮英民村

1979 年在賀縣英民村發現銅鎛 1 件，時代約在西周晚期或春秋時期，[1505]但也有學者判定應為西周中晚期。[1506]

2 賀州市八步區沙田鎮馬東村

1996 年在賀州市沙田鎮馬東村龍婆嶺的頂部發現兩座墓葬，編號為 M1 和 M2，M1 出土銅罍 1 件，M2 出土銅鼎、甬鐘、短劍、銅矛、銅鏃、銅鉞、銅錛各 1 件。兩座墓葬的銅器形制具有西周特徵，墓葬年代應在西周晚期或春秋早期。[1507]

3 桂林市灌陽縣灌陽鎮仁江村（原為灌陽縣紅旗鄉）

1976 年 5 月灌陽縣仁江村的鐘山山腰發現出自石洞的銅鐃 1 件、石器 1 件……等遺物，銅鐃時代為西周中期，[1508]也有學者認為是西周早期。[1509]

4 桂林市灌陽縣新街鎮新街村

灌陽縣新街村曾出土西周時期銅戈 1 件。[1510]

5 桂林市荔浦縣東昌鎮栗木村（原為荔浦縣栗木鄉）

荔浦縣栗木村的馬蹄塘曾出土銅罍 1 件，銅罍時代在春秋初期，[1511]有研究者

1503 邱立誠：〈廣東青銅文化的土著特色〉，《考古與文物》1999：2，頁47。

1504 李龍章：《嶺南地區出土青銅器研究》，頁59，文物出版社，北京，2006。

1505 覃光榮：〈廣西賀縣發現青銅鎛鐘〉，《考古與文物》1982：4，頁62。

1506 李龍章：《嶺南地區出土青銅器研究》，頁105，文物出版社，北京，2006。

1507 賀州市博物館：〈廣西賀州市馬東村周代墓葬〉，《考古》2001：11，頁15-18。

1508 梁景津：〈廣西出土的青銅器〉，《文物》1978：10，頁93。

1509 黃展岳：〈論兩廣出土的先秦青銅器〉，《考古學報》1986：4，頁413。鄭小爐：《吳越和百越地區周代青銅器研究》，頁53，科學出版社，北京，2007。

1510 廣西壯族自治區博物館：〈近年來廣西出土的先秦青銅器〉，《考古》1984：9，頁798。

1511 廣西壯族自治區博物館：〈近年來廣西出土的先秦青銅器〉，《考古》1984：9，頁801-802。

提出時代當在西周後期。[1512]

6 來賓市忻城縣大塘鎮

1976 年 5 月忻城縣大塘中學後的小土丘發現西周中期的銅鐘 1 件。[1513]

7 南寧市武鳴縣馬頭鎮

1974 年 1 月武鳴縣全蘇村的勉嶺山麓出土銅卣 1 件*（1）、銅戈 1 件，該銅卣時代應為商代晚期或西周早期，[1514]但有學者認為該銅卣是南方越人的仿製品，時代不應早至西周。[1515]

1985 年 3 月武鳴縣馬頭圩東北的元龍坡發現西周晚期的銅盤 1 件，爾後考古人員於元龍坡進行調查與發掘，清理了三百五十座墓葬，出土陶器、銅器、玉石器……等 1000 多件，銅器有銅卣 1 件、圓形器 5 件、銅矛 21 件、銅鉞 11 件、銅斧 23 件、匕首 3 件、銅鏃 15 件、銅鏃 10 件、銅鈴 5 件、銅鐘殘片 1 件、鏈環 1 件、銅刀 12 件、銅鑿 1 件、銅針 2 件。墓葬年代當在西周到春秋時期，[1516]有研究者認為年代當從西周晚期到戰國前期。[1517]

8 南寧市賓陽縣武陵鎮木榮村

賓陽縣木榮村曾出土銅罍 1 件，銅罍時代在西周中晚期。[1518]

9 南寧市賓陽縣

賓陽縣出土西周中晚期銅鐘 1 件。[1519]

1512 鄭小爐：《吳越和百越地區周代青銅器研究》，頁54，科學出版社，北京，2007。

1513 梁景津：〈廣西出土的青銅器〉，《文物》1978：10，頁93。

1514 同上，頁93。黃展岳：〈論兩廣出土的先秦青銅器〉，《考古學報》1986：4，頁412。

1515 李龍章：《嶺南地區出土青銅器研究》，頁54，文物出版社，北京，2006。

1516 廣西壯族自治區文物工作隊、南寧市文物管理委員會、武鳴縣文物管理所：〈廣西武鳴馬頭元龍坡墓葬發掘簡報〉，《文物》1988：12，頁1-13。

1517 鄭小爐：《吳越和百越地區周代青銅器研究》，頁52，科學出版社，北京，2007。

1518 廣西壯族自治區博物館：〈近年來廣西出土的先秦青銅器〉，《考古》1984：9，頁801-802。

1519 同上，頁802。

10 南寧市橫縣鎮龍鄉那桑村（原為橫縣鎮龍區那旭鄉）

1958 年 5 月橫縣鎮龍鄉那桑村的妹兒山出土西周銅鐘 1 件。[1520]

11 南寧市江南區那洪鎮蘇盤村

1972 年廣西省博物館收藏了 1949 年前出自原南寧市郊那洪鎮蘇盤村的銅鐘 1 件，研究人員判定該銅鐘為春秋時器，[1521]有學者認為銅鐘年代應為西周。[1522]

12 南寧市

1992 年南寧市砂石公司在南寧市邕江河段的白鶴州、黑石角、良慶等處撈砂時，發現一批青銅兵器，有銅戈、銅矛、銅鉞和匕首各 1 件。這批銅器的時代在西周至東周時期。[1523]

13 玉林市陸川縣烏石鎮塘城村

陸川縣烏石鎮塘城村曾出土銅罍 1 件，銅罍時代在春秋初期，[1524]有研究者提出時代當在西周後期。[1525]

14 玉林市北流市

北流市出土西周中晚期銅鐘 1 件。[1526]

1520 梁景津：〈廣西出土的青銅器〉，《文物》1978：10，頁93。

1521 同上，頁94。

1522 鄭小爐：《吳越和百越地區周代青銅器研究》，頁53，科學出版社，北京，2007。

1523 陳小波：〈廣西南寧邕江發現青銅兵器〉，《考古》2006：1，頁93。

1524 廣西壯族自治區博物館：〈近年來廣西出土的先秦青銅器〉，《考古》1984：9，頁801-802。

1525 鄭小爐：《吳越和百越地區周代青銅器研究》，頁54，科學出版社，北京，2007。

1526 廣西壯族自治區博物館：〈近年來廣西出土的先秦青銅器〉，《考古》1984：9，頁802-803。

下篇

第四章
西周出土銅器銘文的組成與類型

第一節　前言

本論文所有收集到的西周出土銅器銘文共有 1679 件，[1]其中有 7 件銘文內容或因鏽蝕、或因人為刮除、或因器物本為殘片、或因相關考古報告未著錄，所以完全無法辨識及得知，[2]另有 22 件銘文內容不全，僅留殘存內容。[3]若剔除此 29 件，在西周出土銅器銘文 1650 件當中，一字到三十字銘文出現的件數如下表一：

表一　西周出土銅器一字到三十字銘文的件數表

銘文字數	件數	銘文字數	件數	銘文字數	件數
一字銘文	140	十一字銘文	15	二十一字銘文	5
二字銘文	112	十二字銘文	44	二十二字銘文	14
三字銘文	250	十三字銘文	24	二十三字銘文	4
四字銘文	145	十四字銘文	32	二十四字銘文	9
五字銘文	102	十五字銘文	33	二十五字銘文	23
六字銘文	113	十六字銘文	34	二十六字銘文	7
七字銘文	63	十七字銘文	45	二十七字銘文	20
八字銘文	70	十八字銘文	22	二十八字銘文	6
九字銘文	33	十九字銘文	9	二十九字銘文	1
十字銘文	37	二十字銘文	10	三十字銘文	2

1　詳見附錄八——西周出土有銘銅器之銘文統計表。

2　分別為編號49、256、257、828、950、1081、1327。

3　分別為編號325、328、584、698、824、886、981、1007、1019、1043、1093、1196、1215、1232、1236、1255、1281、1318、1319、1474、1495、1597。

　　在西周出土銅器銘文中，三十一字到一百字的銘文，並非都有相應的件數，所以統計上將三十一字到五十字銘文分成四個間距，五十一字到一百字分成五個間距來統籌樣本數。當中三十一到三十五字銘文有 22 件，三十六到四十字銘文有 26 件，四十一到四十五字銘文有 33 件，四十六到五十字銘文有 15 件。五十一到六十字銘文有 30 件，六十一到七十字銘文有 16 件，七十一到八十字銘文有 13 件，八十一到九十字銘文有 7 件，九十一到一百字銘文有 11 件。

　　而一百零一字到兩百字的銘文共有 47 件，則分成五個間距，其中一百零一到一百二十字銘文有 25 件，一百二十一到一百四十字銘文有 14 件，一百四十一到一百六十字銘文有 5 件，一百六十一到一百八十字銘文有 1 件，一百八十一到二百字銘文有 2 件。

　　從所收集的西周出土銅器銘文來看，出現兩百零一字以上的銘文共有 15 件，最長的銘文字數為三百七十二字，這 15 件銘文分成四個間距，兩百零一到兩百五十字銘文有 2 件，兩百五十一到三百字銘文有 3 件，三百零一到三百五十字銘文有 9 件，三百五十一字以上有 1 件。

　　以上西周出土銅器銘文的總數加起來超過 1650 件，這是因為有 24 件銅器在器蓋和器身分別出現不同字數、內容各有起迄的銘文，[4]因此採取分別計算的方式，又有六套編鐘，[5]和兩件銅鼎，[6]以及兩件銅勺，[7]前後銘文經歸併為一完整內容，故本論文最終所得西周出土銘文的總數為 1659 件。

　　以統計數字來看，十字以下的西周出土銅器銘文有 1065 件，占所有西周出土銅器銘文的 64%，十一到二十字的銘文有 268 件，占所有的 16%，二十一到三十字的銘文有 91 件，占所有的 5.5%，三十一到四十字、四十一到五十字的銘文各有 48 件，分別占所有西周出土銅器銘文的 3%，五十一到六十字的銘文有 30 件，占所有的 1.8%，至於六十一字以上的銘文，每十字一單位的件數都不超過所有西周出土銅器銘文的 1%。

4　分別為編號81、222、412、440、441、567、618、619、620、621、724、916、1029、1091、1181、1184、1202、1230、1240、1291、1372、1516、1525、1552。

5　編號22—24為一組編鐘；編號189—194為一組；編號301—302為一組，編號303—304為一組，編號305—306為一組，但內容不全；編號834—837為一組。

6　編號429和430。

7　編號93和94。

　　以上數字，揭示了我們所要觀察之西周出土銅器銘文的研究材料，三十字以下銘文都有相應的樣本數，但三十字以上並非皆有相應件數，[8]因此處理的方式是將某一間距的銘文予以合併，合併的原則主要是依照銘文出現的類型是否相同或相似，並考量間距內的樣本數，也就是說，是以銘文的組成格式大致相同或相近，作為合併觀察與分析的條件，間距內的樣本也要累積一定數量，反映的情況才具有代表性。

　　六十一字以上銘文共 109 件，占所有西周出土銘文的 6.6%，由於銘文字數增多，內容與格式逐漸趨於多樣與複雜，長篇銘文六十一字到兩百字若以十字為一觀察單位，出現的件數大多不到 15 件，[9]若又扣除一式同銘的件數，實際呈現內容不同的銘文件數更低，而兩百字以上銘文字數分布落差更大。

　　而筆者進行分析的實際作法，是根據所收集到的 1659 件西周出土銅器銘文，以單一字數或某一間距統籌銘文，由單個銘文探討起，逐步擴大至長篇銘文，觀察銘文的實際內容，切割其銘文細項，以了解該字數或該間距的組成，以相同的銘文組成格式，作為分類標準，再於每一類下，分別敘述其銘文內容與時代特點，以掌握西周出土銅器銘文的組成與發展演變。

　　經過具體分析與歸納，我們發現西周出土銅器銘文最少一字，最多三百七十二字，在這範圍內，西周出土銅器銘文可分成三個層次，一到五字是第一層次，六到二十二字是第二層次，二十三到三百七十二字是第三層次。有關第一層次，自五字銘文開始，沒有出現純粹表明作器者或器主身分的類型，且具有作器者＋「作」字＋器物名稱之格式的銘文，在比例上占全數西周出土銅器五字銘文的87%，有一枝獨秀的趨勢，因此自六字銘文起，以作器者＋「作」字＋器物名稱為基本格式，並以出現在器物名稱之前的「作器目的」進行分類。

　　有關第二層次，自二十三字銘文開始，出現「……賞或賜……」之句型的銘文增加，十六到二十二字西周出土銅器銘文 139 件中僅 2 件，二十三到三十字西

8　如西周出土三十一字到五十字銘文中，三十五字闕如，三十二字、三十六字、四十字、四十六字、四十七字各都只有1件。

9　西周出土六十一到七十字銘文有16件，七十一到八十字銘文13件，八十一到九十字7件，九十一到一百字11件，一百零一到一百一十字12件，一百一十一到一百二十字13件，一百二十一到一百三十字11件，一百三十一到一百四十字3件，一百四十一到一百五十字2件，一百五十一到一百六十字3件，一百六十一到一百七十字1件，一百七十一到一百八十字0件，一百八十一到一百九十字0件，一百九十一字到兩百字2件。

周出土銅器銘文 72 件中有 12 件，比例上，由 1%增加至 17%。因此，將二十三字以上劃歸第三層次。

在第二層次中，六字、七字、八字都是單一字數一個觀察的範疇。八字銘文 70 件，九字銘文減少為 33 件，十字銘文減少為 37 件，十一字銘文更減少為 15 件，因此九到十一字銘文 85 件合併為一個間距。十二字銘文 44 件因為發展出三種句型，與九到十一字銘文的差別在於，出現在「器物名稱」之前，「為了祭祀先父祖之作器目的」的組成格式，從未出現加上祝嘏辭式的「套語」，但十二字銘文卻有「為了祭祀先父祖之作器目的」加上「器物名稱」加上「套語」的組成格式，因此獨立為一個觀察的範疇。接著，十三字銘文又遞減為 24 件，因此十三到十五字銘文 89 件合併為一個間距，與十二字銘文的差別在於，十三到十五字銘文出現更多「賞賜銘文」。十六到二十二字銘文 139 件合併為一個間距，與十三到十五字銘文的差別在於，十六字到二十二字銘文的格式，在「作器者」的前、後，可加上「作器者功績」、「作器原因」等組成。

至於第三層次，透過西周出土銅器十二到二十二字銘文的歸納，可得出——「作器者＋作＋器物名稱＋套語」、「作器者＋作＋作器目的＋器物名稱＋套語」、「……賞或賜……」三大句型，因此自二十三字銘文開始，是以三大句型進行分類。考量到長篇銘文的多樣化與複雜性，以及銘文考釋的重要，自二十三字銘文起，降低所觀察間距的樣本數，以二十三到三十字、三十一到四十字、四十一到五十字、五十一到六十字、六十一到八十字、八十一到一百字、一百零一到一百二十字為一個間距，而西周出土銅器缺乏一百七十一到一百九十字、二百一十一到二百八十字、三百二十一到三百七十字的銘文，因此採取合併處理的方式，將一百二十一到一百九十字、一百九十一到二百八十字、二百八十一到三百七十字分別劃歸為一個間距，最終以三百七十一到三百八十字為一個間距。

整體來看，第一層次一到五字銘文共 749 件，占所有西周出土銅器銘文的 45%；第二層次六到二十二字銘文共 603 件，占所有西周出土銅器銘文的 36%；第三層次二十三到三百七十二字銘文共 307 件，占所有西周出土銅器銘文的 19%。

以下即以上述一到五字、六到二十二字、二十三到三百七十二字的層次分三小節，分別揭示西周出土銅器銘文的組成與類型。

第二節　西周出土銅器一到五字銘文的組成與類型

一　一字銘文

西周出土銅器的一字銘文有：

銘文字形	銘文編號[10]	銘文字形	銘文編號
它	NO1—2、39—40	目	NO106
凶	NO167、307	丞	NO240、647、691
冊	NO260	單	NO316
天	NO318、644、1681	車	NO321、826、1027
卋	NO360	凡	NO390
弓	NO391—392	田	NO393
黃	NO470	网	NO491、1154、1667
网	NO504、1218	周	NO505
兒	NO509—511、517—519	戶	NO543
皿	NO555	穴	NO558、811—812、917
隹	NO569	甲	NO570
馬	NO645	學	NO646
山	NO650—651	丼	NO658
耒	NO693	耤	NO694—695
叙	NO726	既	NO738
共	NO768	又	NO819
雨	NO821、1286	己	NO847—848
中	NO915—916	畏	NO924

（續）

銘文字形	銘文編號	銘文字形	銘文編號
南	NO928	晜	NO929—930
文	NO1082	長	NO1128
艸	NO1147	夕	NO1151
侯	NO1161—1167	燚	NO1302
未	NO1373—1374、1515	允	NO1426
丌	NO1427	京	NO1431
夆	NO1436—1440	己	NO1489
娣	NO1519	黃	NO1561
尊	NO1587	尹	NO1625
酉	NO1657、1660	兄	NO1670
鼎	NO1673	婦	NO490
（圖）	NO552	（圖）	NO1168—1170
（圖）	NO1357	（圖）	NO1394
（圖）	NO1532	（圖）	NO1534
（圖）	NO1562	（圖）	NO1615
（圖）	NO1661—1662	（圖）	NO1663
戈	NO497、935、955、1320、1509、1565、1666	子	NO1106—1107、1116—1117、1391
史	NO1496—1505、1507、1511—1513、1518、1633		

西周出土一字銘文有 140 件，剔除重複的件數，共出現了 71 種不同的字形，若按照西周出土一字銘文的實際用途和使用目的來看，大致上可分成六種類型：

（一）屬於族徽或諸侯國名，如亞、冈、戈、丼；

（二）屬於官職或爵稱，如子、侯、尹、史；

（三）屬於親屬稱謂，如婦；

（四）屬於地名，如周；

（五）屬於器物名稱，如尊；

（六）屬於其他，如夕。

（一）族徽或諸侯國名

郭沫若認為青銅器上許多的圖形文字是古代國族之名號，是作器者為了表明族屬的「徽識」。[11]張振林提出「族氏文字」，認為「族氏文字」可能是：銅器生產作坊的徽號；銅器使用者（所有者）的家族徽號；表現家族徽號外的職業或生活環境的特有標誌；為使用銅器有關人群才知道的帶有特殊含義的符號，例如小範圍人群約定的神祇、祭品、祭名、祭祀場所的代號，或是銅器的專門用途。[12]而且「有些符號與有固定讀音意義的文字符號相一致」，但有些「早期指代特定族氏的圖畫或記號，有的永遠不演進為文字，有的可能演變為文字，可作『文字萌芽』、『先文字』理解」。[13]

前輩學者提出商周青銅器上的「族徽」、「族氏文字」或「記名金文」[14]具有幾項特點：一，象形程度高，是具有裝飾性的文字。[15]二，獨立性高，即使和其他成句、成段的銘文一起出現，也始終保持相對獨立，出現在整句或整段銘文的開端或末尾。[16]三，作為記錄語言的文字，卻缺乏與其他銘文之間的語法關係，在辭句中的位置、次序表現上具有任意變動的現象，和語言裡各個詞的次序不一定相對應。[17]

我們傾向於主張「族徽」就功能而言，已具備原始文字的條件，因為當一個記號或圖形「經常被用來表示族名，就會成為代表一定的詞的符號」，而脫離純粹象徵某種意義或概念的記號或圖形階段，[18]換言之，當一個記號或圖形「被選

11　郭沫若：〈殷彝中圖形文字之一解〉，《殷周青銅器銘文研究》，頁14、15，科學出版社，北京，1961。

12　張振林：〈對族氏符號和短銘的理解〉，《中山大學學報》（社會科學版）1996年第3期，頁69。

13　同上。

14　裘錫圭：《文字學概要》，頁58，萬卷樓圖書有限公司，台北，1995。

15　同上，頁58、59。

16　張懋鎔：〈試論商周青銅器族徽文字獨特的表現形式〉，《文物》2000：2，頁47。

17　林澐：〈對早期銅器銘文的幾點看法〉，《古文字研究》第5輯，頁38，中華書局，北京，1981。

18　裘錫圭：〈漢字形成問題的初步探索〉，《中國語文》1978：3，頁166、167。

為代表特定的部族或個人時，所有熟悉該部族或個人的人們，就會⋯⋯牢牢地把其圖形與音讀、意義結合起來。這種音、義、形三者的密切結合，就具備了文字的基本條件」。[19]

張懋鎔分析有幾項原則可辨別「族徽」與「私名」的差別，首先族徽出現的頻率要多於私名，另外，出現時間較早的族徽，其文字形體相對顯得較為象形，且族徽文字常常以單獨形式呈現。[20]李珮瑜以商代出土銅器之銘文為研究材料，提到判斷族徽必須是不同區域出現相同的銘文，或某一字銘文大量出現在不同種類的銅器上，或經常使用於多字銘文中，與其他族徽、官職、受祭者稱謂和日名連綴使用，才得以成立。[21]

依據上述的標準與原則，西周出土銅器之一字銘文屬於族徽，且在商代出土銅器中即已當族徽使用的銘文有：目、囟、禾、屮、單、天、車、弓、田、冈、囟、戈、皿、八、馬、𡙸、山、𠨉、共、又、文、長、己、史、黃。[22]

另外，某一字銘文大量出現在不同種類或不同區域所出土的銅器上，符合此原則的西周出土銘文包括：它、[23]兒、[24]丼、[25]耒、耕、[26]雨、[27]𠃐、[28]未、[29]京、[30]夆、[31]酋。[32]以上銘文除了「兒」、「𠃐」字外，其他亦出現在《殷周金文集成》所收錄的傳世銘文中，經統計，出現的情形如下表二：

---

19 許進雄先生：《中國古代社會》，頁9，臺灣商務印書館，台北，1995。

20 張懋鎔：〈試論商周青銅器族徽文字獨特的表現形式〉，《文物》2000：2，頁50。

21 李珮瑜：《商代出土銅器銘文研究》，頁223，淡江大學中國文學研究所碩士論文，1993。

22 同上，頁221、225、227、240。

23 「它」字出現在編號1、2、39、40，器物種類有銅鬲、銅盤、銅盉。

24 「兒」字出現在編號509—511、517—519，器物種類有銅鼎、銅簋。

25 「丼」字出現在編號528—533、537、657—659、665—667，器物種類有銅鼎、銅瓹、銅尊、方彝、銅鐘、銅杯。

26 「耒」、「耕」為一字之異體，出現在編號216、686、693—695、1537，器物種類有銅罍、銅爵、銅壺、銅角。

27 「雨」字出現在編號821、1286，器物種類僅有銅瓹。

28 「𠃐」字出現在編號847、848、1026，器物種類有當盧、銅簋。

29 「未」字出現在編號1373、1374、1515，器物種類有銅爵、銅斝。

30 「京」字出現在編號270—278、1431、1524，器物種類有銅鬲、銅觶、銅簋。

31 「夆」字出現在編號1429、1430、1433、1435—1440，器物種類有銅鼎、銅簋、銅觶、銅盉、銅盤。

32 「酋」字出現在編號1657、1660，器物種類有銅鼎、銅爵。

表二　《殷周金文集成》它、丼、耒、赫、雨、未、京、夆、酋統計表

族徽銘文	《殷周金文集成》的銅器編號	《殷周金文集成》的銅器種類與數量	備註
它	1249、3046—3048	銅鼎 1[33]、銅簋 3[34]	3046—3048 的「它」字字形上頭重複「宀」偏旁
丼	615、926、2199、5239、5859、6163、6457	銅鬲 1[35]、銅甗 1[36]、銅鼎 1[37]、銅卣 1[38]、銅尊 1[39]、銅觶 2[40]	615 為十字銘文「白狷父作丼姬季姜隘鬲」；926 為十字銘文「奠丼叔作季姞甗永寶用」；2199、5239、5859 均為六字銘文「丼季彝作旅鼎」；6457 為五字銘文「丼叔作飲壺」
耒	1618、2969、3328、4945、4946、5117、5647、6437、8039、8429、8688、8689、8805、9869	銅鼎 1[41]、銅簋 2[42]、銅卣 3[43]、銅尊 1[44]、銅觶 1[45]、銅爵 5[46]、方彝 1[47]	1618、2969、3328、4945、4946、6437、8688、8689 的「耒」字字形右邊多了「又」偏旁

---

33 銅鼎時代為西周晚期或春秋早期。
34 銅簋時代為西周晚期。
35 銅鬲時代為西周中期。
36 銅甗時代為西周晚期。
37 銅鼎時代為西周中期。
38 銅卣時代為西周中期。
39 銅尊時代為西周中期。
40 兩件銅觶時代分別為晚商和西周早期。
41 銅鼎時代為西周中期。
42 兩件銅簋時代分別為晚商和西周早期。
43 三件銅卣時代為兩件晚商和一件西周早期。
44 銅尊時代為西周早期。
45 銅觶時代為西周早期。
46 五件銅爵時代分別為一件西周早期、三件晚商和一件晚商或西周早期。
47 方彝時代為晚商。

（續）

族徽銘文	《殷周金文集成》的銅器編號	《殷周金文集成》的銅器種類與數量	備註
秣	1365、1941、3319、3431、3432、5006、5753、5754、6444、7269、8282、8848、9241、9283、9483	銅鼎 2[48]、銅簋 3[49]、銅卣 1[50]、銅尊 2[51]、銅觶 1[52]、銅瓿 1[53]、銅爵 1[54]、銅角 1[55]、銅罣 1[56]、銅觥 1[57]、銅壺 1[58]	1941、7269、8282、8848、9241、9483 的字形為 2 個「秣」偏旁組成；1365 的字形為 3 個「秣」偏旁；3319、3431、3432、5006、5753、5754、6444、9283 的字形為 4 個「秣」偏旁組成
雨	1231、1232、1717、6913、8113、8114、9254、9760	銅鼎 3[59]、銅瓿 1[60]、銅爵 2[61]、銅觥 1[62]、銅罍 1[63]	「雨」字字形有四：⫴、⊓⊓、⊞、⫼
未	1562、1905、6915、7244、8801、9388、10762	銅鼎 2[64]、銅瓿 2[65]、銅爵 1[66]、銅盉 1[67]、銅戈 1[68]	

---

[48] 兩件銅鼎時代皆為晚商。

[49] 三件銅簋時代皆為西周早期。

[50] 銅卣時代為晚商或西周早期。

[51] 兩件銅尊時代皆為晚商或西周早期。

[52] 銅觶時代為西周早期。

[53] 銅瓿時代為晚商。

[54] 銅爵時代為西周早期。

[55] 銅角時代為西周早期。

[56] 銅罣時代為西周早期。

[57] 銅觥時代為晚商。

[58] 銅壺時代為西周早期。

[59] 兩件銅鼎時代為西周早期，一件銅鼎時代為晚商。

[60] 銅瓿時代為晚商。

[61] 兩件銅爵時代皆為晚商。

[62] 銅觥時代為晚商。

[63] 銅罍時代為西周早期。

[64] 兩件銅鼎時代分別為晚商和西周中期。

[65] 兩件銅瓿時代皆為晚商。

[66] 銅爵時代為晚商。

[67] 銅盉時代為西周早期。

[68] 銅戈時代為晚商。

（續）

族徽銘文	《殷周金文集成》的銅器編號	《殷周金文集成》的銅器種類與數量	備註
京	641 、 711 、 712 、 3193、8767、10095、10808	銅鬲 3[69]、銅簋 1[70]、銅爵 1[71]、銅盤 1[72]、銅戈 1[73]	641 為多字銘文「京姜肇母作障鬲其永缶用」；711、712 銘文為「內公作鑄京氏婦叔姬縢鬲子子孫孫永寶用盲」；10095 銘文為「京叔作孟嬴縢盤子子孫永寶用」
夆	894	銅甗 1[74]	894 為六字銘文「夆白命作旅彝」
酉	1286 、 1679 、 5492 、 6215 、 6759 、 7593 、 9182 、 9183 、 9184 、 9356、9357	銅鼎 2[75]、銅尊 1[76]、銅觶 1[77]、銅觚 1[78]、銅爵 1[79]、銅斝 3[80]、銅盉 2[81]	

它、兒、丼、秉、耒、雨、𠃌、未、京、夆、酉等字當中，有些是商代族氏之名，有些是周初分封後的諸侯國名，結合晚商至西周的出土和傳世銘文來看，耒、雨、𠃌、未、京、酉等是從晚商就已出現的族氏之名。「兒」字出自寶雞茹家莊 M1，「兒」字銅器「有可能是兒姓小國為女兒陪嫁送來的一套縢器」。[82]

「丼」根據尚志儒的考證，應為周初分封的商代丼方後裔，與周初受封於今

---

69 三件銅鬲時代為一件西周中期和兩件西周晚期。
70 銅簋時代為晚商。
71 銅爵時代為西周早期。
72 銅盤時代為西周晚期。
73 銅戈時代為春秋早期。
74 銅甗時代為西周早期。
75 兩件銅鼎時代皆為晚商。
76 銅尊時代為西周早期。
77 銅觶時代為西周早期。
78 銅觚時代為晚商。
79 銅爵時代為西周早期。
80 三件銅斝時代皆為晚商。
81 兩件銅盉時代為晚商或西周早期。
82 盧連成、胡智生：《寶雞強國墓地》，頁425，文物出版社，北京，1988。

邢台市的姬姓井（邢）國不同。[83]但徐良高則認為無論井、井皆指姬姓邢國，並提出井季、豐井叔和奠井叔都是井叔一支的分支，是周初井侯後代留居王室為卿士而形成的，豐井叔和奠井叔因分別食采於關中京畿一帶的豐、鄭兩地，故稱豐井叔和奠井叔。[84]尹盛平也以為井、井皆為姬姓邢國，但鄭井是第一代井侯長子井伯的家族，鄭是地名，井是氏名，鄭地應在今陝西寶雞、鳳翔一帶；而豐井是第一代井侯之子井叔的後裔，原在邢國，後來才入朝為官，居住在豐京。[85]

「夆」字銘文出自濟南劉台子 M2、M3、M6，學者們根據《左傳》、《國語》推論「夆」應是殷諸侯逢伯陵的後裔，銅器出土地為夆氏家族的墓地。[86]

張懋鎔曾論述「周人不用族徽說」，[87]這攸關商周政治制度、文化習俗的不同，周人克商以後實行封建制度，朱鳳瀚提到封建制度有兩種形式：「一是周王分封土地予諸侯，建立大小諸侯國；二是王在王畿地區以及諸侯在諸侯國內向所轄的下級貴族封賜土地及民人」，而「封建之制初意，一在於化大為小、分散治理，……封國在最初與中央王朝關係密切，封國實有政區性質，……其二則是設立軍事屏藩……，以姬姓周族為主幹的周民族本身亦大致分化成兩部分：一部分……成為新建諸侯國的統治基礎，一部分則附屬於被任命為王朝卿士的貴族」。[88]

李伯謙認為：「商周銅器上所見各類族徽應是當時社會上存在的各父系氏族（或其分族）的標誌，……族徽並非姓徽，彝銘所見族徽均應是『胙之土而命之氏』的氏徽」。[89]嚴志斌進一步探論：「族徽是氏名，方國名和氏名是不同層次的概念。族徽所代表的族氏，是父權制的大家族，是基於婚姻和血緣關係而形成的宗族集團。……方國是一個政治概念，強調的是它的地緣性，……一個家（宗）族隨著成員的增多、經濟力的增長、政治權勢的加強，很可能就成為了方國」。[90]

83 尚志儒：〈西周金文中的井國〉，《文博》1993：3，頁60-68。

84 徐良高：〈邢、鄭井、豐井芻議〉，《三代文明研究（一）──1998年河北邢台中國商周文明國際學術研討會論文集》，頁118-125，科學出版社，北京，1999。

85 尹盛平：〈邢國改封的原因及其與鄭邢、豐邢的關係〉，《三代文明研究（一）──1998年河北邢台中國商周文明國際學術研討會論文集》，頁126-132。

86 熊建平：〈劉台子西周墓地出土卜骨初探〉，《文物》1990：5，頁55。山東省文物考古研究所：〈山東濟陽劉台子西周六號墓清理報告〉，《文物》1996：12，頁23。

87 張懋鎔：〈周人不用族徽說〉，《考古》1995：9，頁835-840。

88 朱鳳瀚：《商周家族形態研究》，頁238-239，天津古籍出版社，天津，2004。

89 李伯謙：〈冀族族系考〉，《中國青銅文化結構體系研究》，頁106-107，科學出版社，北京，1998。

90 嚴志斌：《商代青銅器銘文研究》，頁253，上海古籍出版社，上海，2013。

李學勤也指出在西周早期的諸侯國青銅器群中，常可看到殷遺民族氏銘文的器物。一來是因為商朝原來的統治階層成員，在周王朝分封諸侯後仍保有一定的身分和地位，依舊擁有鑄造器物的能力；二來隨著商朝滅亡，許多珍貴銅器落入周人之手，透過周初的封賞，於是周初銅器群中夾有商器，或一地之銅器群包含了族氏各異的器物。[91]

　　至於戶、隹、玅、南、罍、燚、丌、鼎、🔲等字，雖未重複出現在商周出土銘文中，但在《殷周金文集成》所收錄的傳世銘文或未見著錄的出土銘文裡亦有不少的件數，因此判定應為族徽之類，經徹查的結果，出現的情形如下表三：

表三　《殷周金文集成》戶、隹、玅、南、罍、燚、丌、鼎、🔲統計表

族徽銘文	《殷周金文集成》的銅器編號	《殷周金文集成》的銅器種類與數量	備註
戶	4858、4859、6838、10771、10772、11478、12082、12085	銅卣 2[92]、銅觚 1[93]、銅戈 2[94]、銅矛 1[95]、當盧 2[96]	
隹	8816、8817、9192	銅爵 2[97]、銅斝 1[98]	《集成》編號 5901 銅尊為八字銘文「隹作父己寶彝戈簸」，隹為私名，戈簸才是複合族徽
玅	449、1069、2955、2966、3189、6269、	銅鬲 1[99]、銅鼎 1[100]、銅簋 3[101]、銅觶 3[102]、	《集成》編號 542 銅鬲為六字銘文「楷叔玅父作鼎」，玅父

---

91 李學勤：〈西周時期的諸侯國青銅器〉，《新出青銅器研究》，頁35，文物出版社，北京，1990。
92 兩件銅卣時代為晚商或西周早期。
93 銅觚時代為晚商。
94 兩件銅戈時代皆為晚商。
95 銅矛時代為西周。
96 兩件當盧時代皆為西周早期。
97 兩件銅爵時代皆為西周早期。
98 銅斝時代為西周早期。
99 銅鬲時代為晚商。
100 銅鼎時代為晚商。
101 三件銅簋時代為一件西周早期和兩件晚商。
102 三件銅觶時代為兩件西周早期和一件西周中期。

（續）

族徽銘文	《殷周金文集成》的銅器編號	《殷周金文集成》的銅器種類與數量	備註
	6284、6335、6599、7123、7131、7451、7452、8330、8336、8355、8466、8523、8524、8561、8686、8687	銅觚 3[103]、銅爵 11[104]	為作器者的字，非族徽
南	12071—12073	當盧 3[105]	《集成》編號 7014、7191 兩件銅觚亦有南字，但都與單字連綴，如同「北單」、「西單」，是表示方位，而非族徽
嘼	2459、3124、10507	銅鼎 1[106]、銅簋 1[107]、類別不明之器 1[108]	2459 為多字銘文「交從嘼迷即王賜貝用作寶彝」。《集成》編號 5329、5920 銅卣、銅尊為九字銘文「嘼作父乙旅障彝子廟」，嘼應為私名
㸓	3663	銅簋 1[109]	3663 為八字銘文「㸓黃作父癸寶障彝」
丌	11769	銅斧 1[110]	

---

103 三件銅觚時代皆為晚商。

104 十一件銅爵時代為五件晚商、五件晚商或西周早期、一件西周早期。

105 三件當盧時代皆為西周早期。

106 銅鼎時代為晚商。

107 銅簋時代為晚商。

108 銅器時代為晚商。

109 銅簋時代為西周早期。

110 銅斧時代為春秋。

（續）

族徽銘文	《殷周金文集成》的銅器編號	《殷周金文集成》的銅器種類與數量	備註
鼎	2252、3015、3123、4745、4746、5496、5648、5649、5731、6724、8419、8420、8439、8566、8639、8640、9837、10879	銅鼎 1[111]、銅簋 2[112]、銅卣 2[113]、銅尊 4[114]、銅觚 1[115]、銅爵 6[116]、方彝 1[117]、銅戈 1[118]	2252 為七字銘文「鼎其用作父己寶」。《集成》編號 1481、1504 兩件銅鼎銘文為「交鼎」和「作鼎」，當中鼎字為器物名稱，而非族徽
（圖）	3118	銅簋 1[119]	

　　至於屮、亢、占、㓷、金、象、鳥、夫等字，我們懷疑應該也是族徽之屬，其中「屮」字，不見其他西周出土銘文，亦不見《殷周金文集成》收錄之傳世銘文或未見著錄之出土銘文，然而在《殷周金文集成》編號 3386、3514、[120] 8547、[121] 9383、[122] 11780[123]之銘文中，作為族徽的字形為「屮」，「屮」或為「屮」一字之異體。而「亢」之銅戈與「丌」之銅戟共出，何景成《商周青銅器族氏銘文研究》，將兩字歸於同一組族徽（編號 A429）。[124]而「金」、「象」、「鳥」、「夫」四字，文字象形意味濃厚，前三者皆援用動物造型，後者以人體造型造字，因符合族徽所具有的傳統性與寫實性，因此劃入族徽一類。至於「占」和「㓷」字，前者出現在洛陽北窯村 M5 所出土的兩件銅戈上，後者出現於濬縣辛村所出土的三件銅戟上，兩者皆以箭鏃作為造字的基本部件，在商周出土銘文

111 銅鼎時代為西周早期。
112 兩件銅簋時代分別為西周早期和晚商。
113 兩件銅卣時代皆為西周早期。
114 四件銅尊時代為一件晚商、兩件晚商或西周早期、一件西周早期。
115 銅觚時代為西周早期。
116 六件銅爵時代皆為晚商或西周早期。
117 方彝時代為晚商。
118 銅戈時代為晚商。
119 銅簋時代為晚商。
120 為銅簋兩件，銘文為「屮作從彝」、「作父戊旅彝屮」，兩件銅簋時代皆為西周早期。
121 為銅爵一件，銘文為「屮父己」，銅爵時代為晚商。
122 為銅盂一件，銘文為「屮作從彝」，銅盂時代為西周早期。
123 為銅斧一件，銘文為「屮中」，銅斧時代為晚商。
124 何景成：《商周青銅器族氏銘文研究》，頁494，齊魯書社，濟南，2009。

中，以箭鏃作為造字之基本部件的族徽，以「𠂤」、「矢」、「射」、「矦」等字為大宗，「𠂤」和「𫝀」字雖未出現在其他器物種類，或與其他族徽、官職、受祭者稱謂和日名等連綴組合，但因出現在兩件以上的青銅器上，且文字具有族氏銘文所具備的象形性與裝飾特點，暫且歸入族徽一類。根據蔡運章的考釋，提出「𠂤」字應當是自銘為「戠」，[125]我們並未採用此一說法，因為當中出現「𠂤」字的銅戈有 1 件在另一面的戈內鑄有「茲戈友十又二」之六字銘文，「𠂤」字單獨出現在另一面的戈內，該銅戈自銘為「戈」，而非「戠」，按照族徽所具有的獨立性，「𠂤」應為族徽。

如此，在西周出土一字銘文 71 種中，有 53 種屬於族徽或諸侯國名的性質，而在西周出土一字銘文總數 140 件中，有 111 件為族徽或諸侯國名，約占一字銘文總數的 79%。

（二）官職或爵稱

在西周出土一字銘文中，子、侯、尹、亞、史五字屬於官職或爵稱的性質。有關「子」字，董作賓認為甲骨文中的「子」有地名、婦子、王子和封爵四種用法，作為封爵的「子」在「卜辭中，子上有國名，下有人名，或省人名，但稱國名者，疑皆子爵表號，此與諸伯之稱謂略同」。[126]島邦男認為卜辭中「子某」的「子」不盡是商王之子，而是受封於四方的殷之同族，而為後世子爵的濫觴。[127]朱鳳瀚提出非王卜辭中的「子族」是王族以外與王有親近關係的同姓家族，而「子族」的「子」和商金文單稱的「子」都應是某氏的宗族長，是家族族長身分的通稱，而武丁時期自組、賓組王卜辭中「子某」之「子」則為商王之子，即是對諸王子的稱呼。[128]李學勤根據銘文內容推斷「子」的身分，以為和「侯」、「伯」、「男」相同，是一種爵稱。[129]即卜辭與銘文中有些「子」會和諸侯國名或具諸侯身分的人名連用，所以是殷商貴族宗法組織中一種象徵身分地位的稱謂。

在西周出土一字銘文 140 件中，有 5 件銅器上出現「子」字，其中 4 件見於

---

125 蔡運章：〈洛陽北窯西周墓青銅器銘文簡論〉，《文物》1996：7，頁63-64。

126 董作賓：〈五等爵在殷商〉，《中央研究院歷史語言研究所集刊》1936年第6本第3分，頁420-429。

127 島邦男：《殷墟卜辭研究》，頁438-445，鼎文書局，台北，1975。

128 朱鳳瀚：《商周家族形態研究》，頁40-56，天津古籍出版社，天津，2004。

129 李學勤：《青銅器與古代史》，頁144，聯經出版股份有限公司，台北，2005。

鹿邑太清宮出土的銅鼎和銅簋上，根據推論，太清宮墓葬出土 235 件銅器，其中
54 件有銘銅器有 35 件出現「長子口」三字、3 件為「長子口作旅宗彝」七字，
「長應是氏族或國名，子是身分，口是私名」，[130]「子」或為爵位。[131]另 1 件
「子」字銘文見於北京琉璃河 M1149 出土的銅罍上。這 5 件「子」字銘文，2 件
時代為商末周初，3 件時代為西周早期。

　　關於「侯」字，王世民提出「西周春秋金文所見諸侯爵名，最普遍的是生稱
為侯」，而「死後追稱和一般泛稱則往往用公」，當中包含了同姓和異姓諸侯，異
姓諸侯「大都是周初褒封的前代帝王之後，或為歷史悠久的先封之國」。[132]李零
根據〈令方彝〉，認為卿事寮的諸尹、里君、百工與屬於諸侯的侯、甸、男分別
為西周官制內服、外服兩大系統，西周時期的諸侯，主要指周滅商後，重新設置
的一些國家，如齊、魯、燕、晉，他們在銘文中都自稱為侯；而陝西關中地區出
土器銘上常見的公、伯，以及東遷的虢、鄭，則多屬內服王臣。[133]

　　在西周出土一字銘文 140 件中，有 7 件出現「侯」字，皆見於濬縣辛村 M2
出土的銅戟上，時代為西周早期，濬縣辛村墓地被推斷為「西周到東周初年衛國
貴族的埋葬地」。[134]

　　談到「尹」字，陳夢家透過卜辭辭例，認為「尹」為殷商時史官的官名，從
事作大田、作寢、饗等國內之事，也可奉命出使國外。[135]張亞初、劉雨以為西周
銘文中的「尹」這種職官是繼承殷制而來的，是對「古代官吏的泛稱，但有時也
用以稱固定的某種長官，即作冊尹和內史尹」。[136]

　　在西周出土一字銘文 140 件中，有 1 件出現「尹」字，見於喀左山灣子村一
處青銅窖藏所出土的銅簋上，時代為西周早期。

---

130 河南省文物考古研究所、周口市文化局：《鹿邑太清宮長子口墓》，頁209，中州古籍出版社，鄭
　　州，2000。

131 韓維龍、張志清：〈長子口墓的時代特徵及墓主〉，《考古》2000：9，頁27。

132 王世民：〈西周春秋金文中的諸侯爵稱〉，《商周銅器與考古學史論集》，頁120、127，藝文印書
　　館，台北，2008。

133 李零：〈西周金文中的職官系統〉，《李零自選集》，頁114-116，廣西師範大學出版社，桂林，
　　1998。

134 郭寶鈞：《濬縣辛村》，頁72，科學出版社，北京，1964。

135 陳夢家：《殷墟卜辭綜述》，頁517，中華書局，北京，1988。

136 張亞初、劉雨：《西周金文官制研究》，頁56-57，中華書局，北京，2004。

　　至於「✚」字,《殷周金文集成》隸定為「亞」字,何景成《商周青銅器族氏銘文研究》亦將此字歸於「亞」之下,[137]「亞」作「✚」字形僅此一例,姑且從之。

　　最後討論一下「史」字,在西周出土一字銘文中有 16 件「史」字。李珮瑜曾就商代出土銘文和《殷周金文集成》中的商代傳世銘文為材料,觀察「史」和其他「亞」、「尹」、「卜」等官職名稱的差異,發現「史」單獨出現的比例遠超過其他三者,「史」單獨出現的件數為 69 件、「亞」4 件、「尹」1 件、「卜」2 件,且「亞」、「尹」、「卜」等官職名稱常和氏族或國名,以及具諸侯身分的人名連綴使用,可是「史」字卻大多只和受享者稱謂和日名連用,因而將單獨出現的「史」字劃歸族徽一類。[138]

　　在西周出土一字銘文中,「史」字單獨出現的比例,依舊超過其他的官職「尹」和「亞」,除了和受享者稱謂和日名連用外,卻也出現和族徽或私名連綴使用的情況。[139]林澐曾探討氏族名的來由有三:一,源於男性祖先之名;二,源於地名;三,源於職事。[140]所以有本為官職而後演變成為一個氏族之代表——族徽的現象存在,因此兩者的區別確有其困難性。西周出土一字銘文有 16 件「史」字,其中 15 件出自滕州前掌大村 M11、M18、M38 和 M120,我們認為這 15 件「史」字屬於族徽性質,理由是 M18 共出的一件銅盉,銘文內容為「柬禽人方𤔲白夗首毛用作父乙障彝史」,西周金文的「史」字作為官職名稱,大多是出現在句首或句中,和族徽或私名連接使用,可是該銅盉銘文的「史」字具有早期族徽「獨立性強,其在銅器上的位置,與別的銘文有所區別」的特性,[141]而獨立出現在該篇銘文的末尾。再者,這 15 件「史」字銘文分別出自四座墓葬所出土的銅鼎、銅甗、銅鬲、銅斝、銅觶、銅卣、銅罍、銅尊、銅盉等器物上,前掌大墓地分南、北兩大區,考古人員清理了北區三十五座墓葬和南區七十六座墓

---

137 何景成:《商周青銅器族氏銘文研究》,頁500,齊魯書社,濟南,2009。

138 李珮瑜:《商代出土銅器銘文研究》,頁233-235,淡江大學中國文學研究所碩士論文,1993。

139 本論文編號96「史喪作丁公寶彝孫子其永羿」、334、335「史達作寶朳鼎」、338「乙亥王弄畢公迺賜史䛜貝十朋……」、339「史達作寶障彝」、716「史𣋠父丁」、881「史嘽作旅鼎」、895、896「史宛作父庚寶障彝」、903「史虤䏨作兄日癸旅寶障彝」、1340「𣪊史作考障鼎」、1375「其史作祖己寶障彝」、1386「戊史父己」、1617「史成作父壬障彝」,還有一些長篇銘文。

140 林澐:〈對早期銅器銘文的幾點看法〉,《古文字研究》第5輯,頁43,中華書局,北京,1981。

141 張懋鎔:〈試論商周青銅器族徽文字獨特的表現形式〉,《文物》2000:2,頁50。

葬，當中有二十六座墓葬和一座車馬坑出土青銅器，[142]從四座不同墓葬同時出土相同的銘文，作為「族徽」的可能性應當較「官職」來的大。所以我們將這 15 件「史」字歸入上述的第一類「族徽」。另 1 件「史」字見於喀左山灣子村一處青銅窖藏所出土的銅罍上，我們則歸置於「官職」，因為該處窖藏亦出土「尹」字銅簋、「亞□□」銅簋，但未出現獨立使用的族徽銘文。

如此，在西周出土一字銘文 71 種中，有 5 種是為官職或爵稱的性質，而在西周出土一字銘文總數 140 件中，有 15 件屬之，約占一字銘文總數的 11%。

（三）親屬稱謂

西周出土一字銘文中，有 1 件銅罍銘文「婦」字，[143]我們當作是親屬稱謂。該字出土報告著錄為「帚女」二字。[144]1976 年河南安陽小屯村北所發掘的 76AXTM5 因出土了約 90 件鑄有「婦好」二字的青銅器，因而又被稱為婦好墓，該墓亦出土了 2 件銅瓿銘文「婦」字，該墓出土報告亦著錄為二字。[145]商周金文中的「婦」，可寫成「帚」或「从帚从女」，「帚」為「婦」之初文，在判定上易起爭議的是，「从帚从女」究竟為一字或二字，尤其當「从帚从女」的字形為上下排列組合時。《殷周金文集成》在面對這類「从帚从女」的字，無論是該字單獨出現、分兩部件左右排列，[146]或是該字和人名組合、兩部件上下排列時傾向於視為是一字來處理。[147]本論文依循之，放置於一字銘文來探討。

李學勤談到婦好墓，認為：「殷墟卜辭中，以『婦某』為形式的人名很多，……器物銘文個別也有類似形式的，……『婦』是親屬稱謂，其本義為子婦，與『姑』對稱，……引申義則是妻子……『婦』是親屬稱謂，而不像有人所主張的是『一種身分』」。[148]陳昭容也提到「女性稱謂出現在青銅器的銘文中，多

---

142 中國社會科學院考古研究所：《滕州前掌大墓地》，頁6-7、207，文物出版社，北京，2005。

143 本論文編號490，出自寶雞竹園溝M7。

144 盧連成、胡智生：《寶雞𢐗國墓地》，頁110，文物出版社，北京，1988。

145 中國社會科學院考古研究所：《殷墟婦好墓》，頁75，文物出版社，北京，1980。

146 中國社會科學院考古研究所：《殷周金文集成》修訂增補本第二、五、六冊，頁1685、3866、3957、3959、4885，編號2922、6522、6857、6858、6866、9251，中華書局，北京，2007。

147 同上，第二、四、六冊，頁912、1780、3219、4713，編號1340、3228、5099、8755。

148 李學勤：〈論「婦好」墓的年代及有關問題〉，《新出青銅器研究》，頁20、21，文物出版社，北京，1990。

數時候是傳達『作器者與受器者』或『致祭者與受祭者』的關係」，就親屬稱謂來說，女性「未嫁為『女』，……已嫁為『婦』（自夫家言），自夫的立場則稱『妻』，生子而為『母』，子取婦則成『姑』，已逝之祖母稱『妣』」。[149]如此，則西周出土一字銘文的「婦」，表示作器者或器物所有者為一已嫁之婦女。

（四）地名

西周出土一字銘文中，有 1 件銅罍銘文「周」字，[150]性質是為地名。何樹環歸納各家對「周」的看法有：一，以周為宗周；二，以周為成周；三，以周為周王國都城，或為宗周，或為成周；四，以周有別於宗周、成周，為另一都城——王城；五，以周為岐山周原周文王未徙豐之前的岐周；六，以周為文王所都之豐。並結合考古發掘，提出銘文所見之「周」當指宗周鎬京。[151]

該西周出土一字銘文「周」之字形未從口，相同字形亦出現於《殷周金文集成》編號 12070 的當盧，[152]就西周出土二字銘文來看，有 4 件「成周」銘文，[153]但未見「宗周」，此 4 件「周」之字形皆從口，為 3 件銅戈、1 件銅鼎。曹瑋指出商代甲骨文的周都是泛指周部族，岐山鳳雛建築遺址所出土西周甲骨文的周則有作為國名和地名兩種用法，作為地名的周和西周金文指地名的周相同，是指稱文王在殷商之豐地建立的都城。[154]

（五）器物名稱

西周出土一字銘文中，有 1 件銅爵銘文「尊」字，[155]我們視為是器物名稱。在西周出土四字銘文中，亦有 1 件銅甗銘文為「ㄗ射作障」，[156]這兩件銘文辭例，「尊」或「障」都是作為青銅禮器的通稱或共名。

---

149 陳昭容：〈周代婦女在祭祀中的地位——青銅器銘文中的性別、身分與角色研究（之一）〉，《清華學報》第31卷第4期，頁398。

150 本論文編號505，出自寶雞茹家莊。

151 何樹環：〈論西周銅器銘文中的「周」——文獻、銅器、考古的綜合考察〉，《青銅器與西周史論集》，頁337-340、364-370，文津出版社，台北，2013。

152 當盧時代為西周早期。

153 本論文編號1160、1220、1395、1396，出自濬縣辛村、天馬曲村M6195和琉璃河M1193。

154 曹瑋：〈也論金文中的「周」〉，《考古學研究》（五），頁581-603，科學出版社，北京，2003。

155 本論文編號1587，出自荊門京山縣何晏店、團山村。

156 本論文編號948，出自洛陽東郊。

（六）其他

西周出土一字銘文中，凡、𩵋、卜、罳、夕、婙、兄、▓、▓、𠂤、▓等字，除了「凡」字外，因為都是孤例，既不見於其他種類的出土銅器上，又不見於《殷周金文集成》所收錄的傳世銘文或未見著錄的出土銘文中，所以列歸「其他」一類。至於「凡」字，出現在《殷周金文集成》編號 6492 的銅觶[157]和 10552 類別不明的銅器[158]上，前者銘文為「凡作父乙障彝狙」、後者為「凡作旅彝戈」，基於金文的辭例，前者是以「狙」字、後者是以「戈」字為族徽，所以其上的「凡」字，我們定調為「私名」的性質。

如此，在西周出土一字銘文 140 件 71 種中，有 11 件 11 種屬於其他的性質，約占西周出土一字銘文總數的 8%。

小結

綜合以上所述，並與商代出土銘文相比較，西周出土一字銘文有六種類型，相較於商代出土一字銘文的六種類型，[159]西周出土銘文少了「數字」、「受享者稱謂」和「受享者日名」三類，但增加了「親屬稱謂」、「地名」和「器物名稱」三類。以西周出土一字銘文的實際用途和使用目的來看，大多都是用以表示作器者或器物所有者的身分。

在時代上，140 件一字銘文中，屬於商末周初的有 12 件、僅能判別時代屬西周，但無法確定分期的 5 件、西周早期的有 100 件、西周中期的有 17 件、西周晚期的有 6 件。從晚商持續至西周中期出現的族徽或諸侯國名有「㐅」、「單」、「弓」、「兒」、「秂」、「㲄」，持續至西周晚期出現的族徽或諸侯國名則有「井」、「車」，「它」字族徽僅出現於西周晚期。

---

157 銅觶時代為晚商或西周早期。

158 類別不明之器時代為西周早期。

159 李珮瑜：《商代出土銅器銘文研究》，頁220，淡江大學中國文學研究所碩士論文，1993。

二　二字銘文

西周出土銅器的二字銘文有：

銘文字形	銘文編號	銘文字形	銘文編號
父乙	NO403、684、688、793、845、1222、1331、1335、1336、1510	父丙	NO85
父丁	NO3、502、648、769、1245、1598	父戊	NO737、940
父己	NO4、672、815	父庚	NO58
父辛	NO259、447、656、1356、1364	父癸	NO744、809、813、893、894、1157、1329、1347
母己	NO1342	祖丁	NO730
祖庚	NO960	祖癸	NO805
仅[illegible]	NO1311	令㪇	NO820
[illegible]昊	NO317	銅康	NO333
日毛	NO453—456	干内	NO458
内冊	NO500	[illegible][illegible]	NO538
牧正	NO561	[illegible]戈	NO715
矢中	NO564	矢人	NO565
榮中	NO891	歹射	NO951、953
單甲	NO86	乙天	NO814
丙[illegible]	NO1228	戈丁	NO1118
辛又	NO1294	畀王	NO1559
羊冊	NO157	尹臾	NO337
尹舟	NO1127	亞□	NO451、1298
豐師	NO722—723	豐白	NO926

（續）

銘文字形	銘文編號	銘文字形	銘文編號
太保	NO927	長子	NO1097
子口	NO1145	子熹	NO498
子翌	NO1297	矢白	NO1171
噩白	NO1187	匽侯	NO1337－1338、1381
作中	NO211	白作	NO1549
用戈	NO1317	□鼎	NO473
夆彝	NO1429－1430、1433	寍母	NO541
母此	NO772	母鼓	NO909
□公	NO921	王□	NO1514
鄉父	NO1149	作彝	NO345
作鼎	NO553	作彗	NO890
寶甗	NO577	旅鬲	NO1600
諆易	NO1380	用言	NO70
省命	NO1322	新邑	NO402
成周	NO1160、1220、1395、1396	 🖼🖼	NO198－199
◇🖼	NO213	 🖼🖼	NO923

　　西周出土二字銘文有 112 件，剔除重複的件數，以及銘文不全的樣本，歸納出共有 66 種不同的內容，按照實際用法和使用目的，可分成以下十六種類型：

（一）屬於複合族徽，如牧正、🖼戈、🖼射；
（二）屬於族徽或諸侯國名＋官職或爵稱，如羊冊、長子、匽侯、豐師；
（三）屬於族徽＋受享者的稱謂，如寍母、母此、鄉父；
（四）屬於族徽＋私名，如丙🖼、🖼冊、🖼🖼；
（五）屬於族徽＋受享者的日名，如單甲、天乙、戈丁；
（六）屬於諸侯國名＋排行，如矢中、榮中；

（七）屬於族徽＋器物名稱，如夆彝；

（八）屬於官職，如太保；

（九）屬於官職或爵稱＋私名，如子口、尹奂；

（十）屬於受享者的稱謂＋日名，如父乙、母己、祖丁；

（十一）屬於器物名稱，如寶甗、旅鬲、祺易；

（十二）屬於「作」或「用」＋器物名稱，如作鼎、用戈；

（十三）屬於爵稱或排行＋「作」，如白作、作中；

（十四）屬於標明器物用途，如用言、省命；

（十五）屬於地名，如新邑、成周；

（十六）屬於其他。

（一）複合族徽

「複合族徽的出現與族的分化有關。……原來的舊氏族不斷分裂出新的氏族。為了表明族的淵源，新氏族在署名本族族徽的同時，還注明始出族或同源諸族的族徽作為標誌，於是產生了複合族徽」。[160]「複合族徽體現的是族氏之間一種從屬或者聯合的關係」，而「婚姻關係是聯盟的一種常見形式和途徑」。[161]而確定複合族徽的條件，王恩田提出有二：一，複合族徽的各元素須是單體族徽，或曾與其他族徽組成過複合族徽的單體族徽；二，是見於甲骨文的族名。[162]何景成認為：「複合族氏名必須由兩個或兩個以上的族氏名號組成，而且這些族氏名號在不同的器物中有著不同的組合形式」。[163]

在西周出土二字銘文中，包括✦✧、◊✧、令𢦏、干冈、牧正、✧戈、爻射，都是屬於複合族徽。其中冈、戈前文已證實為族徽，◊、𢦏、牧、正、爻在商代出土銅器中即已當族徽使用，[164]而牧正、✧戈、爻射等複合族徽在所收集的

---

160 王恩田：〈《金文編·附錄》中所見的複合族徽〉，《古代文明（第3卷）》，頁257-258，文物出版社，北京，2004。

161 嚴志斌：〈複合氏名層級說之思考〉，《中原文物》2002：3，頁37-38。

162 王恩田：〈《金文編·附錄》中所見的複合族徽〉，《古代文明（第3卷）》，頁259，文物出版社，北京，2004。

163 何景成：《商周青銅器族氏銘文研究》，頁187，齊魯書社，濟南，2009。

164 李珮瑜：《商代出土銅器銘文研究》，頁222、224-226、245、260，淡江大學中國文學研究所碩士論文，1993。

西周出土多字銘文中亦出現，因此可推論當屬於族徽。[165]至於 、、、令、干等字，在《殷周金文集成》所收錄的傳世銘文中亦有不少的件數，或與其他族徽、官職、爵稱等連綴使用，經統計，出現的情形如下表四：

表四　《殷周金文集成》、、、令、干統計表

族徽銘文	《殷周金文集成》的銅器編號	《殷周金文集成》的銅器種類與數量	備註
	628、629、745、2202、2557、3350、3673、3787、3802、3803、3958、3959、4123、6084、6803	銅鬲 3[166]、銅鼎 2[167]、銅簋 8[168]、銅觶 1[169]、銅瓿 1[170]	「」或作「」
	443、3575、5192、10670、11724	銅鬲 1[171]、銅簋 1[172]、銅卣 1[173]、銅戈 1[174]、銅鉞 1[175]	「」與「皇」字不同[176]
	1486、1861、1902、2579、	銅鼎 4[177]、銅簋 6[178]、銅卣	「」字形多樣，

---

165 牧正出現在本論文編號561、1644，器物種類有銅尊、銅觶，器物分別出自隴縣韋家莊和彭州市濛陽鎮。戈出現在本論文710、712—715，器物種類有銅鼎、銅壺，5件器物均出自長安新旺村。射出現在本論文編號948、951、953，器物種類有銅瓿、銅爵和銅尊，3件器物均出自洛陽東郊。

166 三件銅鬲時代為兩件西周早期和一件西周中期。

167 兩件銅鼎時代分別為西周和西周中期。

168 八件銅簋時代為一件西周早期、一件西周中期和六件西周晚期。

169 銅觶時代為西周早期。

170 銅瓿時代為晚商。

171 銅鬲時代為晚商。

172 銅簋時代為西周早期。

173 銅卣時代為西周早期。

174 銅戈時代為晚商。

175 銅鉞時代為晚商。

176 作為族徽的「」和常出現在父祖前作為修飾之定語的「皇」字不同，一來兩者字形下半有所差異，二來就商周出土和傳世銅器銘文來看，出現「」字有六例，三例是「」字單獨出現，一例為複合族徽「」，另一為《殷周金文集成》編號3575的銅簋銘文「農作寶障彝」和編號5192的銅卣銘文「丽作障彝」，均不見與父祖連綴使用的情況。由於兩者的字形與文例用法不同，因此判定當為相異的兩字。

177 四件銅鼎時代為一件晚商或西周早期、兩件西周和一件西周早期。

178 六件銅簋時代為三件晚商、兩件西周早期和一件西周晚期。

族徽銘文	《殷周金文集成》的銅器編號	《殷周金文集成》的銅器種類與數量	備註
	3141、3232、3429、3649、3650、3935、4883、5125、7713、8153、8278、8527、9524、10572、10692、10860	2 [179]、銅爵 4 [180]、銅壺 1 [181]、類別不明之器 1 [182]、銅戈 2 [183]	常與「◇」、「會」等族徽組合[184]
令	815、3508、3659、4995、5087、5896、7360、8378、10065	銅甗 1 [185]、銅簋 2 [186]、銅卣 2 [187]、銅尊 1 [188]、銅爵 2 [189]、銅盤 1 [190]	非當命令意，與族徽、私名或受享者稱謂和日名連綴使用
干	1718、8785、9227、10787、11843	銅鼎 1 [191]、銅爵 1 [192]、銅斝 1 [193]、銅戈 1 [194]、銅泡 1 [195]	非當捍衛意或器物名

　　總之，在西周出土二字銘文 66 種當中，有 7 種屬於複合族徽，其中令敦、干冈、牧正、夕射、⚰⚴時代為西周早期，◇⚻、⚿戈為西周中期和晚期。而西周出土二字銘文 112 件，扣除銘文不全的 5 件後，有 8 件為複合族徽，約占二字銘文總數的 7.5%。

---

179 兩件銅卣時代皆為西周早期。

180 四件銅爵時代為三件晚商和一件晚商或西周早期。

181 銅壺時代為晚商。

182 該器物時代為西周早期。

183 兩件銅戈時代皆為晚商。

184 張亞初：《殷周金文集成引得》，頁223、1472，中華書局，北京，2001。

185 銅甗時代為晚商。

186 兩件銅簋時代皆為西周早期。

187 兩件銅卣時代一件晚商、另一件時代《殷周金文集成》未註明。

188 銅尊時代為西周中期。

189 兩件銅爵時代分別為晚商或西周早期和西周早期。

190 銅盤時代為西周早期。

191 銅鼎時代為晚商。

192 銅爵時代為晚商。

193 銅斝時代為晚商。

194 銅戈時代為西周早期。

195 銅泡時代為西周。

（二）族徽或諸侯國名＋官職或爵稱

　　在西周出土二字銘文中，包括羊冊、尹舟、豐師、匽侯、豐白、矢白、疊白、長子、子鼻、子翌，都是屬於族徽或諸侯國名＋官職或爵稱的類別。上述的羊、舟、長在商代出土銅器中就是當作族徽使用，[196]翌出現在其他西周出土銘文，[197]而鼻在《殷周金文集成》編號 1314、8767 之銅鼎、銅爵銘文中，[198]亦和爵稱組合，性質是為族徽。其他豐、匽、矢則是周初分封後的諸侯國名，許多學者專家們進行過相關論述，[199]至於疊，夏麥陵考證疊氏又稱敖氏，疊伯乃疊地之伯，而疊地之名始於商代仲丁並延續至春秋早期。[200]

　　而冊、尹、師為職官名稱，冊、作冊，「始見於商代，盛行於西周早中期，消失於西周晚期」，負責的職掌有記事記言、冊命、代表王室出使慰問安撫諸侯……等，而師在西周金文中出現的次數較商代多，西周的職官師並非專指軍事長官，宮廷守衛的職官、教育的長官亦可稱師。[201]侯、伯、子則為爵稱，王世民提出「西周金文之伯，大體屬於文獻記載較少的一些小國，有的應是采邑在周畿附近的某些封君」。[202]

　　總之，在西周出土二字銘文 66 種當中，有 10 種屬於族徽或諸侯國名＋官職或爵稱，西周出土二字銘文 112 件，扣除銘文不全的 5 件，有 13 件為此類，約占二字銘文總數的 12%。在 13 件族徽或諸侯國名＋官職或爵稱的二字銘文中，有 4 件屬於西周，有 3 件在時代上為晚商或西周早期，有 5 件為西周早期，1 件為西周中期。

196　李珮瑜：《商代出土銅器銘文研究》，頁222、239、240、252，淡江大學中國文學研究所碩士論文，1993。

197　本論文編號1297、1676，器物種類有銅鼎、銅尊。

198　為銅鼎、銅爵各一件，銘文均為「子鼻」，銅器時代皆為西周早期。

199　蔡運章、陳長安：〈豐國銅器及相關問題〉，《考古與文物》1983：6，頁69-71、25。尚志儒：〈西周金文中的豐國〉，《文博》1991：4，頁28-33。張劍：〈西周諸侯國的青銅禮器〉，《西周文明論集》，頁141，朝華出版社，北京，2004。任偉：《西周封國考疑》，頁142-203，社會科學文獻出版社，北京，2004。王世民：〈西周時代諸侯方國青銅器概述〉，《商周銅器與考古學史論集》，頁60-91，藝文印書館，台北，2008。

200　夏麥陵：〈疊伯匜斷代與隞之地望〉，《考古》1993：1，頁73-80。

201　張亞初、劉雨：《西周金文官制研究》，頁4-7、34-36，中華書局，北京，2004。

202　王世民：〈西周春秋金文中的諸侯爵稱〉，《商周銅器與考古學史論集》，頁132，藝文印書館，台北，2008。

（三）族徽＋受享者的稱謂

在西周出土二字銘文中，寧母、母此、母鼓、鄉父屬於族徽＋受享者的稱謂。母鼓的鼓在商代出土銅器中即當族徽，可與「帚」之官職名連接使用，[203]母此的此見於岐山董家村出土的 3 件銅鼎和 8 件銅簋上，[204]但研究者認為母此的此當人名，[205]翻閱《殷周金文集成》所收錄之傳世銘文，發現「此」可與「亞」之官職或受享者稱謂和日名連綴使用，應為族徽性質。寧、鄉雖不見於商周出土銘文，但於《殷周金文集成》亦出現不少的件數，並與受享者的稱謂和日名連綴使用，判定應為族徽之類，徹查的情形如下表五：

表五　《殷周金文集成》此、寧、鄉統計表

族徽銘文	《殷周金文集成》的銅器編號	《殷周金文集成》的銅器種類與數量	備註
此	1595、5332、5569、5886、9385	銅鼎 1[206]、銅卣 1[207]、銅尊 2[208]、銅盉 1[209]	非當指示代詞使用
寧	1851、2107	銅鼎 2[210]	「寧」與「寧」字不同
鄉	3324、8962	銅簋 1[211]、銅爵 1[212]	《殷周金文集成》將鄉視為「北酉」兩字

總結上述，在西周出土二字銘文 66 種當中，有 4 種屬於族徽＋受享者的稱謂，西周出土二字銘文 112 件，扣除銘文不全的 5 件，有 4 件為此類，約占二字銘文總數的 4%。而這 4 件銘文時代均為西周早期。

---

203 李珮瑜：《商代出土銅器銘文研究》，頁243-245，淡江大學中國文學研究所碩士論文，1993。
204 本論文編號361-363、376-383。
205 葉正渤：〈此鼎、此簋銘文曆朔研究〉，《中國文字研究》2013：1，頁16。
206 銅鼎時代為晚商或西周早期。
207 銅卣時代為西周早期。
208 兩件銅尊時代皆為西周早期。
209 銅盉時代為西周早期。
210 兩件銅鼎時代分別為晚商和西周早期。
211 銅簋時代為晚商。
212 銅爵時代為晚商。

（四）族徽＋私名

在西周出土二字銘文中，丙🜨、冈🜨、彳🜨屬於族徽＋私名的類別。丙、冈在商代出土銅器中就是作為族徽，[213]冈的字形或作🜨，至於🜨，雖不見於商周出土銘文，但在《殷周金文集成》所收錄之傳世銘文裡大量出現，[214]而且字形多樣，[215]或獨立出現、或與受享者的稱謂和日名組合使用，因此屬於族徽之類。至於🜨、丗、彳都是孤例，不見於其他商周出土和傳世銘文，推測或為私名之屬。

西周出土二字銘文 66 種當中，上述 3 種屬於族徽＋私名，3 件此類銘文約占二字銘文總數的 3%。就時代而言，丙🜨、冈丗時代為西周早期，彳🜨為西周中期。

（五）族徽＋受享者的日名

在西周出土二字銘文中，單甲、乙天、戈丁、辛又、舉壬屬於族徽＋受享者的日名。其中單、天、戈、又在商代出土銅器中就是作為族徽，[216]舉在《殷周金文集成》編號 6321 和 9867 的銅觶和方彝銘文中出現，當中的舉是與受享者稱謂和日名連綴使用，[217]但《殷周金文集成引得》所收舉字不全面，筆者認為《殷周金文集成》所隸定的界、舉應為同一字，舉有四種字形🜨、🜨、🜨、🜨，或獨立存在、或與受享者稱謂和日名組合、或在長篇銘文的末尾，[218]具有早期族氏文字的特色。董珊論述殷墟卜辭中有作為國族名的周，西周金文中作為族徽的周有繁簡三類寫法，有從四點或不從四點、從丮或不從丮、所從丮發生省變三類，

---

213 李珮瑜：《商代出土銅器銘文研究》，頁222、224，淡江大學中國文學研究所碩士論文，1993。

214 中國社會科學院考古研究所：《殷周金文集成》修訂增補本第二、三、四、五、六、七冊，頁877-878、938、966、991、1711、3240、3286、3522、3566、3580、3770、3779、3930-3931、4216、4849-4850、4921、5014、5217、5648，編號1169-1173、1470、1581、1681、3007、5146、5243、5480-5482、5634、5686、6237-6238、6266、6755-6756、7767-7768、9137-9138、9347、9584、9907、10537，中華書局，北京，2007。

215 張亞初：《殷周金文集成引得》，頁223、1471，中華書局，北京，2001。

216 李珮瑜：《商代出土銅器銘文研究》，頁222、223、247，淡江大學中國文學研究所碩士論文，1993。

217 張亞初：《殷周金文集成引得》，頁191、451，中華書局，北京，2001。

218 中國社會科學院考古研究所：《殷周金文集成》修訂增補本第三、四、六、七冊，頁2045、2111、3218、3376、4606、4655、4678、4719、4874、4920，編號3835、3915、5096、5406、8436、8579、8642、8776、9220、9344，中華書局，北京，2007。

此西周金文之周族非姬姓而是妘姓,時代從商代晚期延續到西周晚期。[219]

　　西周出土二字銘文 66 種當中,上述 5 種屬於族徽+受享者的日名,5 件此類銘文約占二字銘文總數的 5%。除了戈丁時代為晚商或西周早期,其他 4 件均屬西周早期。

(六)諸侯國名+排行

　　在西周出土二字銘文中,矢中、榮中屬於諸侯國名+排行的類別。楊寬談論西周春秋貴族男子的「字」,全稱的情況下要有三個字,「第一字是長幼行輩的稱呼如伯、仲、叔、季之類,第二字是和『名』相聯的『字』,末一字是『父』字」,又可連同官名或氏名來稱呼。這樣的稱呼是「為了明確表示其身分和地位」,之所以「標明長幼行輩,是因為當時實行嫡長子繼承制」,因此很注重長幼尊卑。[220]如此可知,在銅器上出現此類銘文,作用是顯示作器者或器物所有者的身分。蔡運章探討洛陽北窯村 M299 所出土的榮中銅爵時,指出「『榮中』是作器者,『榮』為國族名,本西周初姬姓封國。……榮國貴族多為王室重臣,到周厲王時仍『以榮公為卿士』」。[221]在商周銘文中,作為族徽的中字和作為排行的字形是有所區隔的,作為族徽的中字顯然具有強烈裝飾意味。

　　西周出土二字銘文 66 種當中,上述兩種屬於諸侯國名+排行,約占二字銘文總數的 2%。兩件時代均為西周早期。

(七)族徽+器物名稱

　　在西周出土二字銘文中,僅「夆彝」屬於族徽+器物名稱。上文提及夆代表殷諸侯逢伯陵的後裔,夆器群的出土地為夆氏家族的墓地,而彝則為青銅禮器的共名,[222]此類銘文共為一式 3 件,約占二字銘文總數的 3%,時代為西周早期。

---

219 董珊:〈試論殷墟卜辭之「周」為金文中的妘姓之琱〉,發表於 http://www.gwz.fudan.edu.cn/Src Show.asp?Src.ID=769 復旦大學出土文獻與古文字研究中心。

220 楊寬:《西周史》,頁438,上海人民出版社,上海,2004。

221 蔡運章:〈洛陽北窯西周墓青銅器銘文簡介〉,《文物》1996:7,頁54。

222 朱鳳瀚:《中國青銅器綜論》上,頁196,上海古籍出版社,上海,2009。

（八）官職

在西周出土二字銘文中，僅「太保」1 件屬於官職。張亞初和劉雨曾根據《尚書》相關篇章，推論當中的「保」及「太保」是指召公奭，「保」及「太保」都是召公的職官名。並指出相傳於 1948 年出自河南洛陽的〈保卣〉1 件和1929 年出自河南洛陽邙山馬坡的〈作冊大方鼎〉4 件，前者銘文中的「保」就是指召公奭，後者銘文中的「太保」則是指太保奭的後人。[223]結合出土和傳世銘文來看，保及太保的職官名稱僅見於西周早期銅器。[224]

（九）官職或爵稱＋私名

在西周出土二字銘文中，子口、尹臾屬於官職或爵稱＋私名的類別。子口見於鹿邑太清宮遺址所出土的銅盉上，太清宮還共出 35 件「長子口」三字的有銘銅器，因此「子口」應是自「長子口」三字簡化而來，是為爵稱＋私名。尹臾和尹臾□□僅見於岐山賀家村所出土的兩件銅鼎上，[225]臾為孤例，未見於其他商周出土和傳世銘文，因此視為是私名。此類銘文兩件，約占二字銘文總數的 2%，時代分別為晚商或西周早期以及西周早期。

（十）受享者的稱謂＋日名

在西周出土二字銘文中，包括父乙、父丙、父丁、父戊、父己、父庚、父辛、父癸、母己、祖丁、祖庚、祖癸等，都是屬於受享者的稱謂＋日名的組合。西周出土二字銘文 66 種當中，上述 12 種屬於受享者的稱謂＋日名，西周出土二字銘文 112 件，扣除銘文不全的件數 5 件，此類銘文件數有 40 件，約占二字銘文總數的 37%，是西周出土二字銘文中的最大宗。

---

223 張亞初、劉雨：《西周金文官制研究》，頁1，中華書局，北京，2004。
224 中國社會科學院考古研究所：《殷周金文集成》修訂增補本第二、三、四、六、七冊，頁1007、1594、1129、1623、1207、1639、1402、1669、1417、1671、1426-1427、1672-1673、2015、2543、2307-2308、2571、4140、2572、3184、3476、3387-3388、3507、4839、5321、5404、6160，編號1735、2157-2159、2372、2728、2749、2758-2761、3790、4132-4133、4140、5018、5415、9103、10054，中華書局，北京，2007。
225 本論文編號336、337。

（十一）器物名稱

在西周出土二字銘文中，寶甗、旅鬲、諆易都是為器物名稱。寶甗、旅鬲、諆易都是自銘，其中旅鬲的旅，根據何樹環的考證，認為旅「與銅器稱名中『寶』的作用相同，同為修飾性語詞」，「『旅』可讀為『魯』或『嘉』，有嘉美、嘉好之意」。[226]諆易出現在北京琉璃河Ⅰ M253 出土的銅盾飾背面，[227]陳平探論琉璃河 M1029 和 M1193 所出土的銅泡銘文「匽侯舞易」時，引用《禮記·郊特牲》「朱干設鍚，冕而舞大武」的記載，認為：「朱干當是表面塗以朱紅大漆的盾牌，⋯⋯易就是那些附著在漆盾外背，如龜背形的圓銅泡」。[228]張懋鎔曾援用楊樹達《積微居金文說》的看法，提出：「諆與其同，⋯⋯肇、其、肇諆都不宜當作人名，⋯⋯傾向於認為肇諆是助詞」。[229]何樹環指出西周金文中的諆大多數研究者皆逕讀為其，以〈柞伯鼎〉而言，出現的兩個諆字，前者應理解為柞伯之名，後者若讀為代詞其，雖可與金文詞例相合，但也不可完全排除為柞伯之名的可能性。[230]在缺乏進一步比對與深論的情形下，「諆」姑且還是當作「其」之通假字，表代詞作用。

西周出土二字銘文 66 種當中，上述 3 種屬於器物名稱，3 件此類銘文約占二字銘文總數的 3%。寶甗、諆易兩件時代為西周早期，旅鬲則為西周晚期。

（十二）「作」或「用」＋器物名稱

在西周出土二字銘文中，作彝、作鼎、作敊、用戈屬於「作」或「用」＋器物名稱的類別。其中作彝出現在銅爵上，作鼎、作敊、用戈的鼎、敊、戈皆為自銘。蔡運章考釋敊，說道：「此字從豆從攴，⋯⋯此器依其自銘稱之為豆」。[231]西周出土二字銘文 66 種當中，上述 4 種屬於此類，4 件此類銘文約占二字銘文總數的 4%。作敊時代屬西周中期、用戈為西周晚期，其他為西周早期。

---

226 何樹環：〈說銅器稱名中的「旅」〉，《青銅器與西周史論集》，頁225-250，文津出版社，台北，2013。
227 本論文編號1380。
228 陳平：〈克罍、克盉銘文及其有關問題〉，《考古》1991：9，頁850。
229 張懋鎔：〈對「肇諆」解釋的再商榷〉，《考古》1985：6，頁557-558。
230 何樹環：〈柞伯鼎銘文剩義〉，《青銅器與西周史論集》，頁321-328，文津出版社，台北，2013。
231 蔡運章：〈洛陽北窯西周墓青銅器銘文簡介〉，《文物》1996：7，頁56。

（十三）爵稱或排行＋「作」

在西周出土二字銘文中，白作、作中屬於爵稱或排行＋「作」的類別。前文已述及作為族徽和作為排行的中字，在字形上是有所分別的，而作中的詞序實為中作，白（伯）或中都是表示作器者的身分。這兩件銘文約占二字銘文總數的2%，時代皆為西周早期。

（十四）標明器物用途

在西周出土二字銘文中，用㫚、省命的性質皆為標明器物用途。前者出現在扶風齊鎮村出土的銅鐘上，後者出現在邢台葛家莊 M116 出土的銅劍上。用㫚的㫚，白川靜認為該字「*象形，古字為建築物之形，……在此處祭祀先祖謂『享』，接受祭祀亦謂『享』。……君臣聚飲謂『饗』，向神靈進獻供品謂『享』*」。[232]所以用㫚之意是指用此禮器祭祀神明祖先，而永用㫚是希望後代子孫永久保有此器，用以祭祀祖先神靈。前者時代為西周中期。後者的發掘簡報或正式出土報告尚未完成。根據王輝考釋〈大盂鼎〉、〈㝬鐘〉當中「遹省」一詞為循視之意，省指視察，[233]綜合來說，省命有王親臨以巡察王令的意思。至於「遹」字，張亞初提出：「『遹』訓通述、聿，作語助詞，義同惟」。[234]後者時代分期未能確定。

（十五）地名

在西周出土二字銘文中，新邑、成周屬於地名一類。學者根據《尚書》的記載，指出「新邑即位於洛陽的成周」，新邑戈「應是在洛陽所鑄的銅戈」。[235]尹盛平依據〈何尊〉和文獻資料，推論：「周公用了兩三年時間建成了洛邑。據何尊銘，是成王五年『初遷宅于成周』。成王遷居成周前，洛邑不叫成周，而是叫新邑。……此後金文中只見成周不見新邑，而且出現了宗周。……成王五年遷居洛邑，他為了區別幾個地域不同的『周』，就把洛邑命名為成周，表示是自己營建

---

232 白川靜：《常用字解》，頁85，九州出版社，北京，2010。

233 王輝：《商周金文》，頁70、212，文物出版社，北京，2006。

234 張亞初：《商周古文字源流疏證》第二冊，頁732，中華書局，北京，2014。此條意見承蒙許學
　　仁教授告知，特於此補述之。

235 《赫赫宗周──西周文化特展》，頁74，國立故宮博物院，台北，2012。

的『周』。成王命名鎬京為宗周，表示是『宗』（武王）營建的『周』」。[236]這兩種共5件的銘文約占二字銘文總數的5%，時代皆為西周早期。

（十六）其他

在西周出土二字銘文中，█████、𠆢昊、𡥀康、日毛、𣎵█、矢人歸入其他一類。█████出現於扶風莊白村出土的兩件銅鐘上，[237]位置在鉦間，當中的█字亦出現在歸城和平村所出土的銅鐘上，[238]另一字█不見於其他商周出土和傳世銘文，但字形象形意味強烈。銅鐘銘文多長篇，字數為二字，除了上述扶風齊鎮村出土的「用言」外，還有一件傳世銘文「其台」，[239]「用言」銅鐘銘文出現在鼓右，而「其台」銅鐘銘文出現在鉦間，陳雙新認為「其台」疑為器主的姓名，[240]筆者以為「其台」二字未必為器主姓名，亦不似祝嘏辭式的套語，陳雙新疑為器主姓名，或與其銘文出現在鉦間的部位有關。依照其字形特點和出現的位置，該二字銘文疑為作器者或器物所有者的族氏。

𠆢昊出現於扶風飛鳳山出土的銅斧上，[241]一字是在銎部、一字是在斧身，商周出土和傳世銘文中有形似之↑、↑、矢作為族徽，但沒有𠆢的例子，昊字字形象形程度高，但兩字因缺乏進一步比對的材料，姑且存疑。暫時存疑的還有𣎵█一例。[242]

𡥀康出現於扶風白龍村出土的銅鼎上，[243]《陝西金文彙編》和《殷周金文集成》隸定為「司母以康」四字，但《殷周金文集成》備註說明或可釋為三字或二字。[244]在長篇出土銘文和傳世銘文中，有姆、妽、始、𡥀等字，依照楊懷源的研

236 尹盛平：《周原文化與西周文明》，頁238-239，江蘇教育出版社，南京，2005。

237 本論文編號198、199，時代為西周中期。

238 李步青、王錫平：〈建國來煙台地區出土商周銘文青銅器概述〉，《古文字研究》第19輯，頁68，中華書局，北京，1992。

239 中國社會科學院考古研究所：《殷周金文集成》修訂增補本第一冊，頁3、763，編號3，中華書局，北京，2007。

240 陳雙新：《西周青銅樂器銘辭研究》，頁160，河北大學出版社，保定，2002。

241 本論文編號317，時代為西周早期。

242 本論文編號538，時代為晚商或西周早期。

243 本論文編號333，時代為晚商或西周早期。

244 中國社會科學院考古研究所：《殷周金文集成》修訂增補本第二冊，頁1055、1606，編號1906，中華書局，北京，2007。吳鎮烽：《陝西金文彙編》，頁5，三秦出版社，西安，1989。

究，他認為這些字屬於同詞異字，都是姒這一個詞不同的書寫形式。[245]張亞初認為：「司、姛、姒、始、姒是由同一個字分化出來的幾個早晚字和同音字，……司、姛應讀為妃，訓為匹配、嘉偶。……司、姛就是配偶。……與西周的金文一樣，在甲骨文中，也有在司前冠以國邑名的，……西周銘文中的龔姛、雍姛、矗姛、衛姛……是龔、雍、矗、衛等諸侯方伯之妃」。[246]此說，是將姛當作是對王或諸侯方伯之配偶的稱謂。裘錫圭提出姛康當隸定為「姛嬢」，姛讀為姒，當為對年長女子的稱呼，嬢則為其名。[247]

日毛出現於鳳翔化原村出土的 3 件當盧和 1 件銅泡背面，[248]日在商周銘文中或指日子，如吉日丁亥、日在庚；或指受享者日名之日，如祖日庚、于文妣日戊；或指日日、天天，如永寶日鼓等。毛多與爵稱、稱謂組合，蔡運章在考釋〈毛白戈〉戈銘時說道：「『毛白』是作器者，『毛』為國族名，周初重要的姬姓封國。……西周中晚期乃至春秋之世，毛國之君在周王室的地位顯赫」。[249]若毛為諸侯國名，則日或為作器者之私名。

矢人出現於隴縣梁甫村出土的銅泡背面，[250]表示該銅泡為矢國所鑄造並擁有，學者指出經科學發掘的矢國銅器均出土在陝西寶雞境內的汧水兩岸，集中於汧水西岸寶雞賈村塬區。[251]

上述 6 種 10 件銘文除了矢人外，其他銘文雖缺乏直接可供佐證的資料，但反過來論證，就十五種已知的銘文類型，這些銘文既非稱謂、受享者日名、器物名、地名、排行，也並非標明器物用途，剩下的可能性，就是族徽、諸侯國名和私名了。

245 楊懷源：《西周金文詞彙研究》，頁50-51，巴蜀書社，成都，2007。

246 張亞初：〈對婦好之好與稱謂之司的剖析〉，《考古》1985：12，頁1120-1123。

247 裘錫圭：〈說「姛」（提綱）〉，發表於 http://www.gwz.fudan.edu.cn/SrcShow.asp?Src.ID=1213 復旦大學出土文獻與古文字研究中心。此條意見承蒙季旭昇教授告知，特於此補述之。

248 本論文編號453-456，時代分期不能確定。

249 蔡運章：〈洛陽北窯西周墓青銅器銘文簡介〉，《文物》1996：7，頁66。

250 本論文編號565，時代為西周早期。

251 盧連成、胡智生：《寶雞弓國墓地》，頁417-418，文物出版社，北京，1988。

小結

綜合以上所述，並與商代出土銘文相比較，西周出土二字銘文有十六種類型，和商代出土二字銘文的八種類型相比，[252]西周出土銘文多了「諸侯國名＋排行」、「官職」、「器物名稱」、「作或用＋器物名稱」、「爵稱或排行＋作」、「標明器物用途」、「地名」等類。在上述十六類西周出土二字銘文中，若撇開其他一類不論，第一到第九類除了第三、第五、第七類之外，再加上第十三類，都是表示作器者或器物所有者的身分，第十類銘文表明該器物鑄造和使用目的是為了祭祀先父祖，第三、第五類「族徽＋受享者的稱謂或日名」既揭示了器主的族屬，又標示該器是為了祭祀先父祖的用途，如此，西周和商代出土二字銘文最大的相異點，就是西周出土二字銘文中——純粹鑄刻器物名稱、標明器物用途如省命、表示鑄造器物的地點於成周這三類。

西周出土二字銘文 112 件，扣除銘文不全的 5 件，用以表示器主身分的銘文有 41 件，約占二字銘文總數的 38%；表明作器目的為了祭祀先父祖的銘文共 40 件，約占二字銘文總數的 37%；揭示族屬與祭祀目的的銘文有 9 件，約占總數的 8%；鑄刻器物名稱的銘文有 7 件，約占總數的 7%；揭示族屬與器物名稱的銘文有 3 件，約占總數的 3%；鑄刻地名的銘文有 5 件，約占總數的 5%；標明器物用途的 2 件，約占總數的 2%。在時代上，112 件二字銘文中，屬於商末周初的有 9 件、西周的 10 件、西周早期的有 80 件、西周早中期的有 1 件、西周中期的有 9 件、西周晚期的有 3 件。

三　三字銘文

西周出土銅器的三字銘文包括：

銘文字形	銘文編號	銘文字形	銘文編號
作旅鼎	NO42—43	作旅殷	NO45—46
作旅彝	NO104、1234—1235	作障彝	NO600—601、1612

252 李珮瑜：《商代出土銅器銘文研究》，頁238，淡江大學中國文學研究所碩士論文，1993。

（續）

銘文字形	銘文編號	銘文字形	銘文編號
作寶彝	NO102、484—485、513、649、888、947、1201、1225、1227、1237、1251、1376、1378、1525-1	作寶鼎	NO576、1203—1204、1242
作寶段	NO775	白作鼎	NO506、594、732、798
白作段	NO1254	白作彝	NO66、471、522、674、687、857、1155、1205—1206、1550
公作彝	NO508	白作寶	NO204、463、683
季作寶	NO480	妓作旅	NO118
孟作旅	NO168	旨作齋	NO882
禹作鬲	NO1252	弔作鼎	NO1292
麥作彝	NO1350	𤾒作彝	NO1387
則作寶	NO97	丼叔作	NO657
隄白作	NO1552-1	𡩜作白	NO875
作聯医	NO883	寶障彝	NO64
□□彝	NO804	作父乙	NO949
戈父甲	NO1351	宀父甲	NO1623
舟父甲	NO1632	宀父乙	NO44、468
牧父乙	NO59	爻父乙	NO84
子父乙	NO123	収父乙	NO126
旅父乙	NO156	𡴋父乙	NO457
𧊒父乙	NO481	史父乙	NO499、1520
冏父乙	NO728—729、1664、1669	申父乙	NO954
舌父乙	NO1174—1175	疒父乙	NO1192
給父乙	NO1296	虜父乙	NO1542

（續）

銘文字形	銘文編號	銘文字形	銘文編號
魚父乙	NO1573	父乙▲	NO1590
亞父乙	NO897	魚父丙	NO846
狀父丙	NO689	息父丁	NO388
茀父丁	NO469	丙父丁	NO724-1、736
▲父丁	NO731	▼父丁	NO655
✥父丁	NO844	覃父丁	NO800
保父丁	NO817	冈父丁	NO958、1193
冀父丁	NO1023、1517	龜父丁	NO1535
戈父丁	NO1611	父丁盉	NO1603
亞父丁	NO776	夼父戊	NO350
虧父戊	NO1624	戈父己	NO63、808、816、936
量父己	NO258	六父己	NO476
✸父己	NO563	枀己父	NO566
柔父己	NO686	氐父己	NO794
冈父己	NO1150	萬父己	NO1288
丙父己	NO1330	旅父己	NO1446
亞父己	NO1422—1425	枏父辛	NO539
父辛皿	NO557	榭父辛	NO560
狀父辛	NO573	冈父辛	NO652
敀父辛	NO664	戈父辛	NO711、1213、1575
爾父辛	NO724-2	其父辛	NO843、1032
♪父辛	NO952	史父辛	NO1025
光父辛	NO1079	矢父辛	NO1088
束父辛	NO1153	重父辛	NO1379
冂父辛	NO1478	桒父辛	NO1538

（續）

銘文字形	銘文編號	銘文字形	銘文編號
子父壬	NO1202-2	戈父壬	NO1390
目父癸	NO482	覃父癸	NO501、1643
丙父癸	NO733	▨父癸	NO774
戈父癸	NO802—803	弘父癸	NO1536
◇父癸	NO941	子父癸	NO1576
魚父癸	NO1614	父癸▨	NO540
戈母丁	NO796	母日庚	NO853
冰祖乙	NO1609	▨祖丙	NO571
爵祖丙	NO1332	▌祖丁	NO105
旅祖丁	NO315	▨祖丁	NO956—957
戈祖己	NO797	▼祖己	NO878
魚祖己	NO1467	萊祖辛	NO574—575
木祖辛	NO946	▲祖辛	NO1080
鬲祖壬	NO568	亞▨其	NO404
亞㠯妃	NO1341	冊▨戈	NO710、712—714
北子冈	NO1648	長子口	NO1092、 1094 — 1096、1098—1103、1108—1115、1119—1120、1125—1126、1129—1132、1136—1144
祁白庸	NO1176	◔弢耒	NO1026
縈保鬟	NO1516-1	▨太保	NO918
豐白戈	NO919	毛白戈	NO922
宗人用	NO925	衛師易	NO1172
非師易	NO1173	亞□□	NO1631
戶□□	NO542	父丁□	NO1629
□父辛	NO1121—1122	冀父□	NO1104—1105

（續）

銘文字形	銘文編號	銘文字形	銘文編號
子父□	NO1195	一六一	NO912—914
 [字形]叔作	NO1558	 [字形]作尊	NO1533
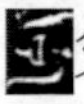 [字形]父丙	NO939	 [字形]父庚	NO727
 [字形]父辛	NO554	 [字形]祖丁	NO1668

　　西周出土三字銘文有 250 件，剔除重複的件數，以及銘文不全的樣本，歸納出共有 143 種不同的內容，按照實際用途和使用目的，可分成以下十八種類型：

（一）屬於複合族徽，如ʔ癹耒；

（二）屬於複合族徽＋官職或爵稱，如冊[字]戈、北子冈；

（三）屬於族徽或諸侯國名＋官職或爵稱＋私名，如長子口、祁白庸；

（四）屬於族徽＋受享者的稱謂和日名，如爻父乙、魚父丙、覃父癸；

（五）屬於官職或爵稱＋受享者的稱謂和日名，如亞父乙、子父乙；

（六）屬於官職＋私名，如[字]太保；

（七）屬於諸侯國名＋爵稱＋器物名稱，如豐白戈、毛白戈；

（八）屬於族徽或諸侯國名＋爵稱或排行＋「作」，如井叔作、陞白作；

（九）屬於族徽＋私名＋「作」，如作聯医；

（十）屬於族徽＋「作」＋器物名稱，如帚作鼎；

（十一）屬於爵稱或排行＋「作」＋器物名稱，如白作鼎、公作彝；

（十二）屬於私名＋「作」＋器物名稱，如旨作鬲；

（十三）屬於器物名稱，如寶障彝；

（十四）屬於「作」＋器物名稱，如作旅鼎、作寶段、作障彝；

（十五）屬於「作」＋受享者的稱謂和日名，如作父乙；

（十六）屬於受享者的稱謂和日名，如母日庚；

（十七）屬於筮數易卦，如一六一；

（十八）屬於其他。

（一）複合族徽

在西周出土三字銘文中，僅「⊃戈耒」屬於複合族徽的類型。朱鳳瀚認為⊃戈耒是複合氏名。[253] ⊃戈耒在時代上為晚商或西周早期。

（二）複合族徽＋官職或爵稱

在西周出土三字銘文中，冊🔲戈、亞邲其、🔲保鼎、北子🔲屬於複合族徽＋官職或爵稱的類型。冊、亞、保是職官名，子為爵稱。前文二字銘文處已論及🔲戈為複合族徽，🔲戈出現於長安新旺村所出土的銅壺上，同出的銅器還有出現冊🔲戈的銅鼎4件。

杜迺松根據傳世 3 件邲（邲）其銅卣銘文提出邲（邲）其是作器者，[254] 漢陽東城垸出土的晚商銅尊上出現有「天黃邲」三字，[255] 三字性質是為複合族徽，[256] 邲其的其在商代出土銘文中即是當作族氏銘文，至於亞，許進雄先生認為商代卜辭中的亞是與軍事有關的任命頭銜或稱呼，亞的武職有一定的任期。[257] 曹定雲推論亞經常與諸侯國名或具有諸侯身分的人名連用，所以是一種近似武官性質的官名，「擔任這一職官的諸侯，往往在其國名或其私名前加『亞』字或框以亞形，以顯示自己的身分」。[258] 在商代出土銘文中，亞字的確呈現上述的特色，在商代出土二字銘文中，亞可以和啟、其、守、盟、址、魚、牧……等十三種族徽組合，[259] 但卻不曾像既是官職、又是族徽的「史」一樣，跟受享者的稱謂和日名連接使用。但在西周出土銘文中，我們觀察到兩個現象：第一，亞和族徽組合的銘文類型在比例上是下降的，以西周出土二字銘文來看，僅長子縣西旺村出土的 1 件銅簋出現「亞🔲」之銘文；第二，西周出土三字銘文中，有 5 件是亞跟受享者的稱謂和日名組合。

253 朱鳳瀚：《中國青銅器綜論》中，頁1377，上海古籍出版社，上海，2009。

254 杜迺松：〈邲其三卣銘文考及相關問題的研究〉，《吉金文字與青銅文化論集》，頁46，紫禁城出版社，北京，2003。

255 張吟午：〈商代銅尊、魚鉤和陶抵手〉，《江漢考古》1984：3，頁108。湖北省博物館：〈漢陽東城垸紗帽山遺址調查〉，《江漢考古》1987：3，頁12。

256 李珮瑜：《商代出土銅器銘文研究》，頁251，淡江大學中國文學研究所碩士論文，1993。

257 許進雄先生：〈武乙征召方日程〉，《中國文字》新十二期，頁317、318。

258 曹定雲：〈「亞其」考——殷墟「婦好」墓器物銘文探討〉，《文物集刊》2，頁143、144。

259 李珮瑜：《商代出土銅器銘文研究》，頁244，淡江大學中國文學研究所碩士論文，1993。

馮時探論𤔲保鼄,與殷墟甲骨文比對,認為𤔲是氏名,並參考文獻典籍,提出𤔲應當讀為仍,是有仍之國,或作任、有戎,仍是商祖契母國,奚仲之裔。而保作為官名,𤔲保即仍國之保。鼄讀為䖵,殷卜辭亦有鼄字,為國族名,應為仲䖵之後,所以以仲䖵之名為氏。[260]

曹淑琴認為北器當為北國之器,並援引方濬益的說法,提出北即文獻所記之邶,而冈為國族名。[261]

如此,西周出土三字銘文 143 種中,上述 4 種屬於此類,西周出土三字銘文有 250 件,刪除銘文不全的 9 件,屬於複合族徽+官職或爵稱的銘文有 7 件,約占三字銘文總數的 3%。亞邲其時代為商末周初,𤔲保鼄為西周早期,北子冈為西周中期,冊🄂戈為西周晚期。

(三)族徽或諸侯國名+官職或爵稱+私名

在西周出土三字銘文中,長子口、亞夨妃、郍白庸屬於族徽或諸侯國名+官職或爵稱+私名。李學勤以為亞夨妃的妃是女子名。[262]在商代出土銘文中,亞夨銘文有 4 件──「亞□夨」、「作父辛尊亞夨」、「亞夨父己」和「亞曩侯夨」。[263]

董全生和張曉軍推論:「郍是養國國名的另一種寫法,……至遲在西周時期已經立國。……養國國君在春秋早期以『伯』自稱,而春秋晚期以『子』為號」。[264]吳鎮烽則指出郍白庸的庸為作器者之名。[265]

如此,西周出土三字銘文 250 件,刪除銘文不全的 9 件,上述 3 種屬於此類的銘文有 38 件,約占三字銘文總數的 16%。長子口時代屬晚商或西周早期,亞夨妃時代屬西周早期,郍白庸屬西周晚期。

---

260 馮時:〈前掌大墓地出土銅器銘文匯釋〉,《滕州前掌大墓地》下冊,頁591-594,文物出版社,北京,2005。

261 曹淑琴:〈北國銅器初論〉,《西周文明論集》,頁147-153,朝華出版社,北京,2004。

262 李學勤:〈北京、遼寧出土青銅器與周初的燕〉,《新出青銅器研究》,頁47,文物出版社,北京,1990。

263 李珮瑜:《商代出土銅器銘文研究》,器物編號713、714、784、1075,頁420、423、436,淡江大學中國文學研究所碩士論文,1993。

264 董全生、張曉軍:〈從金文夨、郍看古代的養國〉,《中原文物》1996:3,頁70-72。

265 吳鎮烽:〈金文人名研究〉,《周秦文化研究》,頁436,陝西人民出版社,西安,1998。

（四）族徽＋受享者的稱謂和日名

在西周出土三字銘文中，戈父甲（丁、己、辛、壬、癸）、八父甲（乙、己）、舟父甲、冈父乙（丁、己、辛）、魚父乙（丙、癸）、🔺父乙（丁）、虜父乙（戊）、旅父乙（己）、🐛父乙（癸）、史父乙、⑴父乙、牧父乙、爻父乙、舌父乙、申父乙、瘥父乙、給父乙、𢆶父乙、𡭊父丙（辛）、丙父丁（己、癸）、息父丁、覃父丁（癸）、保父丁、𡠱父丁、中父丁、▼父丁、龜父丁、𦬊父丁、父丁盍、邧父戊（辛）、耒父己、𥄎父己、¥父己、水己父、氐父己、萬父己、枾父辛、𢼸父辛、其父辛、光父辛、矢父辛、菶父辛、父辛亘、樹父辛、𠕋父辛、𝟠父辛、束父辛、重父辛、目父癸、🐚父癸、◊父癸、弢父癸、戈母丁、米祖乙、八祖丙、爵祖丙、⎮祖丁、旅祖丁、冈祖丁、戈祖己、廾祖己、魚祖己、⛨父丙、◼父庚、◼父辛、◈祖丁、木祖辛、𦬊祖辛、入祖辛、罳祖壬都是屬於族徽＋受享者的稱謂和日名的類型。

其中史[266]、戈、八、舟、冈、魚、虜、旅、🐛、⑴、牧、爻、弢、丙、息、覃、保、𡠱、邧、枾、𢼸、其、光、菶、目、米、⎮、廾、木、▼、弢、⛨等，在商代出土銘文中就是當作族徽，[267]矣已論述其為周初分封之諸侯國名，𦬊、[268]入、[269]申、[270]🔺[271]見於其他西周出土銘文，是為族徽性質。舌、給、𢆶、龜、氐、萬、束、重、爵等，雖不見於其他商周出土銘文，但在《殷周金文集成》所收錄的商周傳世銘文或未見著錄的出土銘文裡出現不少的件數，或與其他族徽、官職、爵稱、受享者的稱謂和日名等連綴使用，經徹查的結果，各字出現的情形如下表六：

---

266 本論文編號1520，為銅尊1件，出自滕州前掌大M121。前掌大墓地出土15件帶有「史」之族氏銘文的銅器，因此認定出於前掌大M121的「史父乙」乃是屬於族徽＋受享者的稱謂和日名的類別，而非官職＋受享者的稱謂和日名。

267 李珮瑜：《商代出土銅器銘文研究》，頁222-227、240、246-247、253、262，淡江大學中國文學研究所碩士論文，1993。

268 「𦬊」字出現在編號469、574、575，器物種類僅有銅爵。

269 「入」字出現在編號261、1080，器物種類有銅卣、銅爵。

270 「申」字出現在編號954、959，器物種類有銅壺、銅鼎。

271 「🔺」字出現在編號731、1590，器物種類有銅觶、銅爵。

表六 《殷周金文集成》舌、紟、弁、龜、氐、萬、束、重、爵統計表

族徽銘文	《殷周金文集成》的銅器編號	《殷周金文集成》的銅器種類與數量	備註
舌	376、1220、1221、1616、3197、4767、4768、5019、6033、6260、6494、6580、6581、7132、7161、7501、7502、7503、7504、8552、8553、8978、8979、10035	銅鐃 1[272]、銅鼎 3[273]、銅簋 1[274]、銅卣 3[275]、銅觶 3[276]、銅觚 4[277]、銅爵 8[278]、銅盤 1[279]	
紟	6942、7369	銅觚 1[280]、銅爵 1[281]	
弁	1687、8456	銅鼎 1[282]、銅爵 1[283]	
龜	1569、7535	銅鼎 1[284]、銅爵 1[285]	未包含「弔龜」之複合族徽
氐	8449	銅爵 1[286]	
萬	411、1134、3177、4752、6070、6071、6216、6257、	銅鐃 1[287]、銅鼎 1[288]、銅簋 1[289]、銅卣 1[290]、銅觶	非當萬年意

---

272 銅鐃時代為晚商。
273 三件銅鼎時代皆為晚商。
274 銅簋時代為晚商或西周早期。
275 三件銅卣時代皆為晚商。
276 三件銅觶時代為兩件晚商和一件西周早期。
277 四件銅觚時代皆為晚商。
278 八件銅爵時代為六件晚商和兩件西周早期。
279 銅盤時代為晚商。
280 銅觚時代為晚商。
281 銅爵時代為晚商。
282 銅鼎時代為晚商或西周早期。
283 銅爵時代為西周早期。
284 銅鼎時代為西周早期。
285 銅爵時代為晚商。
286 銅爵時代為晚商。
287 銅鐃時代為晚商。
288 銅鼎時代為晚商。
289 銅簋時代為晚商。
290 銅卣時代為西周早期。

（續）

族徽銘文	《殷周金文集成》的銅器編號	《殷周金文集成》的銅器種類與數量	備註
	6291、6465、6680、7550、7551、7552、7553、8050、8373、8564、8565、8619、8763、8764、8868、9265、10697、10698、10699、10700、10701	6[291]、銅觚 1[292]、銅爵 12[293]、銅觥 1[294]、銅戈 5[295]	
束	3924、8424、10011	簋蓋 1[296]、銅爵 1[297]、銅盤 1[298]	非當量詞用
重	3303、5951、10494	銅簋 1[299]、銅尊 1[300]、類別不明之器 1[301]	
爵	4942、4988、5675、9362	銅卣 1[302]、卣蓋 1[303]、銅尊 1[304]、銅盉 1[305]	非當銅爵意

至於⺊、盍、疒、🔲、樹、🔲、罱、🔲、冊、🔲、◇、¥、🔲、🔲、🔲等，都僅此 1 例，但因為西周出土三字銘文中「某＋受享者的稱謂和日名」之類型，某不是族徽、官職或爵稱，就是「作」字，且以上諸字象形程度高，或與其他常見的族氏銘文字形相近，如🔲形近🔲、🔲形近乘、冊形似龠、¥形似¥……，

---

291 六件銅觶時代為三件晚商和三件西周早期。
292 銅觚時代為晚商。
293 十二件銅爵時代為七件晚商、兩件晚商或西周早期、三件西周早期。
294 銅觥時代為西周早期。
295 五件銅戈時代皆為晚商。
296 簋蓋時代為西周晚期。
297 銅爵時代為晚商。
298 銅盤時代為晚商。
299 銅簋時代為晚商。
300 銅尊時代為西周早期。
301 該器物時代為晚商。
302 銅卣時代為西周早期。
303 卣蓋時代為晚商。
304 銅尊時代為西周早期。
305 銅盉時代為西周早期。

因此推論以上諸字應當都是屬於族徽的作用，但也不完全排除屬於私名的可能性。

如此，西周出土三字銘文 143 種中，上述 91 種屬於此類，西周出土三字銘文有 250 件，刪除銘文不全的 9 件，屬於族徽＋受享者的稱謂和日名有 109 件，約占三字銘文總數的 45%。就時代而言，有 11 件屬晚商或西周早期、1 件西周、94 件西周早期、2 件西周中期、1 件西周晚期，直至西周中期仍出現的族徽有牧、戈，持續至西周晚期的族徽為狀。

（五）官職或爵稱＋受享者的稱謂和日名

在西周出土三字銘文中，亞父乙（丁、己）、史父乙（辛）[306]、子父乙（壬、癸）屬於官職或爵稱＋受享者的稱謂和日名的類型。西周出土三字銘文 143 種中，上述 8 種屬於此類，10 件此類銘文約占三字銘文總數的 4%。當中 2 件屬商末周初、6 件屬西周早期、2 件西周中期。

（六）官職＋私名

在西周出土三字銘文中，僅「▨太保」屬於官職＋私名。「▨太保」銘文鑄刻在銅戈內的正背兩面，▨是人名，該銅戈時代在康王之世，因此▨當是召公奭的兒子。[307]

（七）諸侯國名＋爵稱＋器物名稱

在西周出土三字銘文中，豐白戈、毛白戈屬於諸侯國名＋爵稱＋器物名稱的類型。豐伯、毛伯是作器者，豐、毛皆為周初姬姓封國，[308]吳鎮烽指出：「以國名和爵稱組成的人名，……就是該諸侯國的某一代國君。……在西周金文中，伯

---

306 本論文編號499、1025，為出自寶雞竹園溝M13銅豆1件和鄭州窪劉村99M1銅鼎1件。從其他共出的銅器銘文判斷，銅豆銘文「史父乙」和銅鼎銘文「史父辛」為官職或爵稱＋受享者的稱謂和日名的類別。如銅鼎銘文「史父辛」其他共出者另有「其父辛」，「其」是代表氏族的族徽，故「史」被視為是職官名。

307 洛陽市文物工作隊：《洛陽北窯西周墓》，頁362，文物出版社，北京，1999。

308 尚志儒：〈西周金文中的豐國〉，《文博》1991：4，頁28-33。蔡運章：〈洛陽北窯西周墓青銅器銘文簡介〉，《文物》1996：7，頁56、66。洛陽市文物工作隊：《洛陽北窯西周墓》，頁362、363，文物出版社，北京，1999。

既是爵稱，又是行第的第一稱號。周代實行嫡長繼承制，諸侯國君必是嫡長子，故國名之後的伯，兼有諸侯稱謂與行第稱謂的雙重意義」。[309]所以豐伯、毛伯意指豐國之君、毛國之君。豐伯戈時代為西周早期，毛伯戈為西周中期。

（八）族徽或諸侯國名＋爵稱或排行＋「作」

在西周出土三字銘文中，丼叔作、▓叔作、隰白作、𡩜作白屬於族徽或諸侯國名＋爵稱或排行＋「作」的類型。其中𡩜作白的詞序實為𡩜白作，𡩜是晚商西周常見的族徽。隰根據研究人員考證，或假借為蠻字，因其地接近商代蠻方，或者隰伯乃是受命統治蠻方民族的首領。[310]王世民認為出自靈台白草坡 M2 的隰伯諸器和出自 M1 的漁伯諸器，隰伯和漁伯的封邑似應在當地。[311]吳鎮烽歸納出西周金文中有「以國氏之後加上伯、仲、叔、季行第字進行區分兄弟長幼的組合形式」，如虢氏、弭氏、邢氏、強氏……等。[312]▓叔之▓，雖不見於其他商周出土或傳世銘文，但按照其出現的形式與順序，同於上述西周出土二字銘文的榮中、矢中和三字銘文的丼叔之榮、矢、丼等，應當都是屬於諸侯國名，而非私名。

如此，西周出土三字銘文 143 種中，上述 4 種屬於此類，約占三字銘文總數的 2%。其中▓叔作、隰白作屬西周早期，丼叔作、𡩜作白屬西周中期。

（九）族徽＋私名＋「作」

在西周出土三字銘文中，僅「作聯医」屬於族徽＋私名＋「作」。「作聯医」出現在洛陽北窯村 M410 所出土的銅鬲上，同出的還有銅簋、銅壺、銅罍銘文各 1 件為「考母作聯医」，可知「作聯医」是「考母作聯医」的減省，適當的詞序應為「聯医作考母」，作器者為聯医。除了上述，聯医不見於其他商周出土銘文，在《殷周金文集成》編號 6446 的銅觶銘文上，[313]出現「聯子作父丁」，由此判斷，聯應屬族徽。蔡運章比對甲骨卜辭中的聯，提出聯可當人名或氏族之號，但

---

309 吳鎮烽：〈金文人名研究〉，《周秦文化研究》，頁429，陝西人民出版社，西安，1998。

310 甘肅省博物館文物隊：〈甘肅靈台白草坡西周墓〉，《考古學報》1977：2，頁122。

311 王世民：〈西周春秋金文中的諸侯爵稱〉，《商周銅器與考古學史論集》，頁133，藝文印書館，台北，2008。

312 吳鎮烽：〈金文人名研究〉，《周秦文化研究》，頁438，陝西人民出版社，西安，1998。

313 銅觶時代為西周早期。

卻提出聯医讀為連胡，通作璉瑚，是古代禮器的通用名稱。[314]在此聊備一說。作聯医的時代為西周中期。

（十）族徽＋「作」＋器物名稱

在西周出土三字銘文中，弔作鼎、🔲作尊屬於族徽＋「作」＋器物名稱的類型。🔲《殷周金文集成》認為是和8、🔲為同一字，或單獨出現、或與子、伯等爵稱組合使用，[315]因此性質是為族徽。弔在商代出土銘文中就是常見的族徽。[316]兩件銘文時代皆為西周早期。

（十一）爵稱或排行＋「作」＋器物名稱

在西周出土三字銘文中，公作彝、白作鼎、白作殷、白作彝、白作寶、季作寶、孟作旅屬於爵稱或排行＋「作」＋器物名稱。吳鎮烽觀察到：「金文中也有以『孟』字替代『伯』字作為兄弟排行第一的現象，……但是，它的組成形式只能是孟字與表字組合，……而不能與國氏組合……這說明『孟』字表示行第是有侷限性的」。[317]謝維揚即指出孟表示的是庶長子的身分。[318]

如此，西周出土三字銘文 143 種中，上述 7 種屬於此類，西周出土三字銘文有 250 件，刪除銘文不全的 9 件，屬於爵稱或排行＋「作」＋器物名稱的有 21 件，約占三字銘文總數的 9%。就時代而言，17 件屬於西周早期，4 件屬於西周中期。

（十二）私名＋「作」＋器物名稱

在西周出土三字銘文中，旨作鬲、冉作鬲、則作寶、麥作彝、🔲作彝、戜作旅屬於私名＋「作」＋器物名稱。其中的旨、冉、則、麥、🔲和戜都是作器者之

---

314 蔡運章：〈釋「聯」〉，《中原文物》1981特刊，頁105-107。

315 中國社會科學院考古研究所：《殷周金文集成》修訂增補本第一、三、五、六、八冊，頁701、825、1720、2490、3969、4482、4722、5299、6473、6630、6532、6639，編號780、3042、6900、6901、8786、11768、11913，中華書局，北京，2007。

316 李珮瑜：《商代出土銅器銘文研究》，頁253，淡江大學中國文學研究所碩士論文，1993。

317 吳鎮烽：〈金文人名研究〉，《周秦文化研究》，頁438，陝西人民出版社，西安，1998。

318 謝維揚：《周代家庭型態》，頁171，中國社會科學出版社，北京，1990。

名。彧根據辛怡華的考釋，認為其族屬可能是子姓商之遺民。[319]

如此，西周出土三字銘文 143 種中，上述 6 種屬於此類，6 件私名＋「作」＋器物名稱的銘文，約占三字銘文總數的 2%。則作寶、麥作彝、𤔉作彝時代是西周早期，旨作罍、禺作鬲、彧作旅是西周中期。

（十三）器物名稱

在西周出土三字銘文中，僅「寶障彝」屬於器物名稱。時代為西周中期。

（十四）「作」＋器物名稱

在西周出土三字銘文中，作旅鼎、作旅段、作旅彝、作障彝、作寶鼎、作寶段、作寶彝屬於「作」＋器物名稱。就西周出土一到三字銘文而言，可稱為「彝」的銅器有出現「𡼥彝」的銅簋、「作彝」的銅爵、「作旅彝」的銅尊、銅卣、「作障彝」的銅鼎、銅尊、銅卣、「作寶彝」的銅簋、銅鼎、銅尊、銅卣、「伯作彝」的銅鼎、銅甗、銅簋、銅卣和銅觶、「公作彝」的銅卣，銅器種類包括了食器和酒器。

如此，西周出土三字銘文 143 種中，上述 7 種屬於此類，30 件「作」＋器物名稱的銘文，約占三字銘文總數的 12%。

（十五）「作」＋受享者的稱謂和日名

在西周出土三字銘文中，僅「作父乙」屬於「作」＋受享者的稱謂和日名。時代屬西周早期。

（十六）受享者的稱謂和日名

在西周出土三字銘文中，僅「母日庚」屬於受享者的稱謂和日名。時代是為西周早期。

（十七）筮數易卦

在西周出土三字銘文中，僅「一六一」屬於筮數易卦的類型。一六一之筮數

---

319 辛怡華：〈扶風莊白彧墓族屬考〉，《考古與文物》2001：4，頁55-57。

易卦出自洛陽北窯村 M210 所出土的 3 件銅戈上，[320]蔡運章考釋：「一六一即《周易》中的离卦。《易·說卦傳》云：『离為甲冑，為戈兵』。[321]而所謂筮數易卦是指商周青銅器、陶器、骨器和竹簡上用三或六個數字組成的特殊符號，是古代筮占的產物。[322]3 件銅戈時代為西周早期。

（十八）其他

在西周出土三字銘文中，宗人用、衛（非）師易歸入其他一類。宗人用出現於洛陽北窯村 M14 所出土的銅斧上，宗人或稱為宗伯或宗，是西周王室主管宗教禮儀的官職。[323]楊善群探究：「『師』在西周銅器銘文中多數是武職，……除武職以外，有的『師』官則偏重於文職，或者文武兼備，既用文教，又管武事。……管理王家各種小官和直屬臣民，負責生產、守衛等雜務的管家稱『師』，擴而大之，管理諸侯和卿大夫家的私屬人員，負責各種事務的管家也稱為『師』。……在西周，……『師』是正規軍的常用單位，是軍隊的通稱，……凡在軍中任職的官吏常稱作『師』」。[324]由上可知，師可作為職官名又可指軍隊，李學勤就認為衛（非）師易是指衛國軍用的盾錫，易應名為盾錫。[325]盾錫是考古發掘出土的圓形平緣泡狀銅飾，一般稱為銅泡，或名為甲泡、盾泡、盾飾等。[326]

小結

同商代出土銘文相比，西周出土三字銘文有十七種類型，和商代出土三字銘文的十種類型相比，[327]兩者呈現極大的差異性，相同的只有「複合族徽」、「複合族徽＋官職或爵稱」、「族徽或諸侯國名＋官職或爵稱＋私名」和「族徽、官職或爵稱＋受享者的稱謂和日名」，西周出土銘文明顯多了「官職＋私名」、「作」

320 本論文編號912-914。

321 蔡運章：〈洛陽北窯西周墓青銅器銘文簡介〉，《文物》1996：7，頁66。

322 蔡運章：〈商周筮數易卦釋例〉，《考古學報》2004：2，頁131。

323 洛陽市文物工作隊：《洛陽北窯西周墓》，頁365，文物出版社，北京，1999。

324 楊善群：〈西周銘文中的「師」與「師氏」〉，《考古與文物》1990：2，頁35-39。

325 李學勤：〈北京、遼寧出土青銅器與周初的燕〉，《新出青銅器研究》，頁48，文物出版社，北京，1990。

326 劉昭瑞：〈說錫〉，《考古》1993：1，頁68。

327 李珮瑜：《商代出土銅器銘文研究》，頁251，淡江大學中國文學研究所碩士論文，1993。

字、「器物名稱」、「作＋器物名稱」和「筮數易卦」等類型。

在上述十七類西周出土三字銘文中，第一到第九類除了第四、五、七類之外，另外還包含「宗人用」，都是表示作器者或器物所有者的身分，第十五、十六類揭示該器物鑄造目的和用途是為了祭祀先父祖，第四、五類「族徽、官職或爵稱＋受享者的稱謂和日名」既表示器主的族屬、官職或爵稱，又傳達該器是用以祭祀先父祖，第十三、十四類還有「衛師易」標明器物名稱，第七、十、十一、十二類既表示作器者或器主身分又標明器物名稱，第十七類以筮數易卦標明器物用途。如此，西周出土三字銘文 250 件，扣除銘文不全的 9 件，用以表示器主身分的銘文有 53 件，約占三字銘文總數的 22%；揭示作器目的和用途是為了祭祀先父祖的銘文僅 2 件，不到三字銘文總數的 1%；顯示族屬、官職或爵稱與祭祀目的的銘文有 119 件，約占總數的 49%；鑄刻器物名稱的銘文有 33 件，約占總數 14%；表示器主身分又出現器物名稱的銘文有 31 件，約占總數 13%；另以筮數易卦標明器物用途的銘文有 3 件，約占總數 1%。就時代特點，250 件三字銘文中，屬於商末周初的為 54 件、西周的為 2 件、西周早期的為 164 件、西周中期的 24 件、西周晚期的 6 件。

總括而言，在商代出土三字銘文的十種類型中，有九種定會出現族徽、其中五種定會表明作器目的在祭祀父祖，即出現受享者的稱謂和日名或受享者的日名之形式。但在西周出土三字銘文的十七種類型中，僅有八種出現族徽或諸侯國名，原先商代主要以族徽揭示作器者身分的情況，至西周變得多樣化，可以爵稱或官職、排行、私名加以呈現，顯示鑄造銅器由強調氏族走向標著個人化的趨勢，而器物鑄造目的，由單純祭祀父祖到標明作器者鑄作器物之型態，似乎彰顯的是個人鑄造或擁有銅器所具備的政治與經濟實力。

四 四字銘文

西周出土銅器的四字銘文有：

銘文字形	銘文編號	銘文字形	銘文編號
興作寶鼎	NO41	入作寶彝	NO261
戈作寶彝	NO1672	黽作寶彝	NO880

（續）

銘文字形	銘文編號	銘文字形	銘文編號
登作障彝	NO931—934、937	克作簠甗	NO1200
作凵障段	NO1217	殷作寶彝	NO1287
妖作寶彝	NO1300	員作寶彝	NO1384
叏作旅段	NO113	更作旅鼎	NO606
攸作簠鼎	NO1323	垔作障彝	NO962
穎作旅彝	NO654	申作夾鼎	NO1241
十作氏鼎	NO1610	王作鼎彝	NO322
白作旅段	NO212	白作旅鼎	NO236
白作旅甗	NO460	白作簠彝	NO1238—1239
白作寶彝	NO472、1042、1148	白作障彝	NO215
白作寶壺	NO633—634	中作旅甗	NO746
叔作旅鼎	NO572、1279	季作寶彝	NO1428
彳射作障	NO948	應侯作旅	NO1046
白作戈方	NO911	豐白作戈	NO920
叔尹作旅	NO1620	白豐作彝	NO892
微瘶作寶	NO153—154	虢季作寶	NO1005—1006
王妊作段	NO889	呂姜作段	NO1560
嬒之造戈	NO961	僕戈◇晟	NO1343
作父辛鼎	NO1223	父庚子孫	NO1083
作寶障彝	NO47—48、67、114、262、450、492—494、681、720—721、901、1029-2、1291、1475、1480、1619、1626、1671	作寶□彝	NO1490
作寶障段	NO347	作寶用段	NO348
作旅尊彝	NO1483	永寶茲鐘	NO1263

（續）

銘文字形	銘文編號	銘文字形	銘文編號
太子車斧	NO1008	匽侯舞昜	NO1365 — 1366、1383、1401—1415
匽侯舞戈	NO1382、1397—1400	夆寶障鼎	NO1435
長口子口	NO1123—1124	父乙眣亞	NO53
父乙亞牧	NO56—57	亞其父乙	NO1024
亞盉父乙	NO1363	亞稞父丁	NO1606
亞舁父己	NO1419—1421	亞□父乙	NO849
弔父丁米	NO771	幸旅父甲	NO1665
▣佣父乙	NO327	屮丫父丙	NO1370
父丁言鉞	NO661	米鼡父戊	NO818
牧正父己	NO1644	秉□父辛	NO496、503
□疛父癸	NO567-1	母辛亞□	NO580
尹臾□□	NO336	冊耒父丁	NO1537
史嬰父丁	NO716	戊史父己	NO1386
子申父己	NO959	子翌父乙	NO1676
禾子父癸	NO477	鼄婦兄癸	NO1506
祖丁父己	NO562	作父辛戈	NO310
瘦作父丁	NO164—165	虘作父辛	NO210
🔳北子冈	NO1649	🔳作用壺	NO1044
亞🔳父乙	NO1630	亞🔳父辛	NO795
冈🔳父丁	NO653	父辛🔳🔳	NO1085
父癸🔳🔳	NO1385		

　　西周出土四字銘文有 145 件，剔除重複的件數，以及銘文不全的樣本之後，歸納出共有 82 種不同的內容，按照實際用途和使用目的，可分成以下二十二種類型：

（一）屬於複合族徽＋受享者的稱謂和日名，如幸旅父甲、❏ 俑父乙；

（二）屬於族徽＋官職或爵稱或稱謂＋受享者的稱謂和日名，如冊耤父丁；

（三）屬於族徽＋「作」＋受享者的稱謂和日名，如作父辛戈；

（四）屬於私名＋「作」＋受享者的稱謂和日名，如瘋作父丁；

（五）屬於受享者的稱謂和日名，如祖丁父己；

（六）屬於複合族徽＋爵稱，如 ▣ 北子 ▣ ；

（七）屬於族徽＋爵稱＋私名，如長口子口；

（八）屬於作器者身分＋器物名稱，如太子車斧、匽侯舞易、羍寶障鼎；

（九）屬於複合族徽＋「作」＋器物名稱，如 ☒ 射作障；

（十）屬於諸侯國名＋官職或爵稱或排行＋「作」＋器物名稱，如應侯作旅；

（十一）屬於諸侯國名＋私名＋「作」＋器物名稱，如微瘋作寶；

（十二）屬於排行＋官職＋「作」＋器物名稱，如叔尹作旅；

（十三）屬於排行＋私名＋「作」＋器物名稱，如白豐作彝；

（十四）屬於王＋女子的姓＋「作」＋器物名稱，如王妊作𣪘；

（十五）屬於諸侯國名＋女子的姓＋「作」＋器物名稱，如呂姜作𣪘；

（十六）屬於族徽或諸侯國名＋「作」＋器物名稱，如戈作寶彝；

（十七）屬於爵稱或排行＋「作」＋器物名稱，如白作寶彝、叔作旅鼎；

（十八）屬於私名＋「作」＋器物名稱，如戔作旅𣪘；

（十九）屬於王＋「作」＋器物名稱，如王作鼎彝；

（二十）屬於「作」＋器物名稱，如作寶障彝、作寶用𣪘；

（二十一）屬於套語，如永寶茲鐘；

（二十二）屬於其他。

（一）複合族徽＋受享者的稱謂和日名

西周出土四字銘文中，幸旅父甲、❏ 俑父乙、 ☒☒ 父丙、弔父丁 ☒ 、父丁㫃戉、 ☒ 庸父戉、牧正父己、 ☒☒ 父丁、父辛 ☒☒ 、父癸 ☒☒ 都是屬於複合族徽＋受享者的稱謂和日名一類。其中幸、旅、 ☒ 、 ☒ 、弔、 ☒ 、戉、牧、正、 ☒ 在商

代出土銘文中就是常見的族徽，[328]而 ▣ 偁、[329] 冈▨[330]見於其他西周出土銘文，就是作為複合族徽。䚇、龠雖不見於其他商周出土銘文，但在《殷周金文集成》所收錄的傳世銘文裡有不少的件數，或單獨使用、或與其他族徽、官職等連綴出現。[331]而▨、▨僅有孤例，但文字象形程度高，頗類似動物造型，考古簡報皆視為族徽予以處理，[332]暫且歸置為複合族徽。

　　總之，在西周出土四字銘文 82 種中，上述 10 種屬於複合族徽＋受享者的稱謂和日名，西周出土四字銘文 145 件，扣除銘文不全的 7 件，有 10 件為此類，約占四字銘文總數的 7%。除父癸▨時代屬於西周外，其餘 9 件為西周早期。

（二）族徽＋官職或爵稱或稱謂＋受享者的稱謂和日名

　　西周出土四字銘文中，冊䚇父丁、史叟父丁、戍史父己、父乙誅亞、父乙亞牧、亞其父乙、亞盉父乙、亞䄗父丁、亞曼父己、子翌父乙、子申父己、禾子父癸、鬲婦兄癸、亞▨父乙、亞▨父辛都是屬於族徽＋官職或爵稱或稱謂＋受享者的稱謂和日名一類。當中叟、戍、牧、其、曼、禾、▨在商代出土銘文中即是族氏銘文，[333]冊䚇、子申、子翌、鬲婦的䚇、申、翌、鬲上文已論證其屬於族徽的性質，而亞盉出現在其他西周出土銘文，[334]至於䄗、▨雖不見於其他商周出土銘文，但在《殷周金文集成》所收錄的傳世銘文或未見著錄的出土銘文裡有不少的

328　李珮瑜：《商代出土銅器銘文研究》，頁222-223、240、245、253、262，淡江大學中國文學研究所碩士論文，1993。

329　「▣ 偁」出現在編號327、1207，器物種類有銅罍、銅鼎。

330　「冈▨」出現在編號653、709，器物種類有銅卣、銅鼎。

331　「䚇」見於中國社會科學院考古研究所：《殷周金文集成》修訂增補本第二、三、五、六、七冊，頁935、1575、1704-1705、2486、3776、4441、4700、5294、4790、5311、4888、5332、5150、5369、5647、6196，編號1454、2986、2987、6259、8709、8980、9262、9751、10532，中華書局，北京，2007。「龠」見於第一冊，頁708、827，編號804。

332　河南省博物館：〈河南省襄縣西周墓發掘簡報〉，《文物》1977：8，頁13。中國社會科學院考古研究所、北京市文物工作隊琉璃河考古隊：〈1981—1983年琉璃河西周燕國墓地發掘簡報〉，《考古》1984：5，頁415。

333　李珮瑜：《商代出土銅器銘文研究》，頁223、239-240、260、262，淡江大學中國文學研究所碩士論文，1993。

334　「亞盉」出現在編號1346、1363，器物種類有銅鼎、銅盉。

件數，或與其他族徽、官職等連綴出現。[335]唯獨亞朕為孤例，有鑒於和亞組合的銘文多為氏族名，因此朕我們仍歸置於族徽。

總之，在西周出土四字銘文 82 種中，上述 15 種屬於此類，18 件此類銘文約占四字銘文總數的 13%。亞其父乙時代為晚商或西周早期，父乙朕亞、父乙亞牧為西周中期，其餘 14 件為西周早期。

（三）族徽＋「作」＋受享者的稱謂和日名

西周出土四字銘文中，僅「作父辛戈」屬於族徽＋「作」＋受享者的稱謂和日名一類。時代為西周中期。

（四）私名＋「作」＋受享者的稱謂和日名

西周出土四字銘文中，瘐作父丁、盧作父辛屬於私名＋「作」＋受享者的稱謂和日名一類。瘐作父丁一式兩件出自扶風莊白村，同出器群尚有「微白瘐作簋其萬年永寶」、「微白瘐作匕」等銘文，可知瘐應為微國之國君，李學勤認為微國應是微子啟之後代。[336]瘐作父丁時代為西周中期，盧作父辛為西周早期。

（五）受享者的稱謂和日名

西周出土四字銘文中，僅「祖丁父己」屬於受享者的稱謂和日名一類，該銘辭表示該銅卣可用以祭祀祖丁和父己。時代屬西周早期。

（六）複合族徽＋爵稱

西周出土四字銘文中，僅「⬛北子冈」屬於複合族徽＋爵稱一類。時代屬西周早期。

（七）族徽＋爵稱＋私名

西周出土四字銘文中，僅「長口子口」屬於族徽＋爵稱＋私名一類。長口子口一式 2 件，時代為商末周初。

---

335 「㻪」見於中國社會科學院考古研究所：《殷周金文集成》修訂增補本第二、四、五冊，頁 927、1572、3266、3489、3548、4391，編號1419、1420、5203、5568，中華書局，北京，2007。「⬛」見於第五冊，頁3824、4452，編號6414。

336 李學勤：〈論史墻盤及其意義〉，《新出青銅器研究》，頁81-82，文物出版社，北京，1990。

（八）作器者身分＋器物名稱

西周出土四字銘文中，包括太子車斧、匽侯舞易、匽侯舞戈、夆寶障鼎都是屬於作器者身分＋器物名稱。太子車斧出自三門峽上村嶺 M2011 所出土的銅斧上，張劍推論：「周初時封有東西兩虢，虢季封于東虢（今河南滎陽一帶），虢仲封于西虢（今陝西寶雞一帶）。……上村嶺虢國墓地的族氏當屬虢季一支」。[337]車斧乃是一種身分象徵的儀仗。[338]

匽侯舞易、匽侯舞戈出自琉璃河 I M252、M1029、M1193，考古發掘證實了琉璃河地區是西周初年燕的封地，燕在西周春秋金文作「匽」，至戰國時期則作「郾」。[339]陳平根據文獻典籍考證，所謂「舞戈」、「舞易」是指「為供宮廷樂舞中的『武舞』而作的『舞器』。……古籍中的『朱干設錫』，……足以證明它們恰是大型武舞『大武』的舞器。……其中的『舞』字不可能是燕侯之名，而只能是注明用途『舞器』的專用字」。[340]

總之，在西周出土四字銘文 82 種中，上述 4 種屬於作器者身分＋器物名稱，此類 25 件銘文約占四字銘文總數的 18%。匽侯舞易、匽侯舞戈、夆寶障鼎時代大致為西周早期，太子車斧則為西周晚期。

（九）複合族徽＋「作」＋器物名稱

西周出土四字銘文中，僅「彳射作障」屬於複合族徽＋「作」＋器物名稱一類。時代屬西周早期。

（十）諸侯國名＋官職或爵稱或排行＋「作」＋器物名稱

西周出土四字銘文中，應侯作旅、白作戈方、豐白作戈、虢季作寶屬於諸侯國名＋官職或爵稱或排行＋「作」＋器物名稱一類。當中「白作戈方」適當的詞序應為「方伯作戈」，蔡運章認為方當是方國部族名號，依照文獻記載，商代末

337 張劍：〈西周諸侯國的青銅禮器〉，《西周文明論集》，頁142，朝華出版社，北京，2004。

338 河南省文物考古研究所、三門峽市文物工作隊：《三門峽虢國墓（第一卷）》，頁522，文物出版社，北京，1999。

339 王世民：〈西周春秋金文中的諸侯爵稱〉，《商周銅器與考古學史論集》，頁120-121，藝文印書館，台北，2008。

340 陳平：〈克罍、克盉銘文及其有關問題〉，《考古》1991：9，頁850。

年方族由今山西中南部遷徙至今陝西涇陽縣西北。[341]

就西周出土三字至四字而言，可稱作旅的銅器有出現「𢼸作旅」的銅甗、「孟作旅」的銅爵、「應侯作旅」的銅鼎、「叔尹作旅」的銅鼎，前三者時代為西周中期，末者為西周早期。「旅」依照何樹環的看法，「與銅器稱名中『寶』的作用相同，同為修飾性語詞，有嘉美、嘉好之意」。[342]則「作旅」意指鑄作嘉好、寶貴之器，仍是一種禮器的通稱，作戈的戈則是專指銅戈而言。

總之，在西周出土四字銘文 82 種中，上述 4 種隸屬諸侯國名＋官職或爵稱或排行＋「作」＋器物名稱，此類 5 件銘文約占四字銘文總數的 4%。白作戈方、豐白作戈時代為西周早期，應侯作旅為西周中期，一式兩件的虢季作寶為西周晚期。

（十一）諸侯國名＋私名＋「作」＋器物名稱

西周出土四字銘文中，僅「微瘭作寶」屬於諸侯國名＋私名＋「作」＋器物名稱一類。微瘭作寶一式兩件，時代為西周中期。

（十二）排行＋官職＋「作」＋器物名稱

西周出土四字銘文中，僅「叔尹作旅」屬於排行＋官職＋「作」＋器物名稱一類。時代為西周早期。

（十三）排行＋私名＋「作」＋器物名稱

西周出土四字銘文中，僅「白豐作彝」屬於排行＋私名＋「作」＋器物名稱一類。學者們以為白豐和豐白兩者詞序相反，在詞意的表達上也是不同的概念，前者是排行加上私名，後者是國名加上爵稱。[343]白豐作彝時代屬西周中期。

（十四）王＋女子的姓＋「作」＋器物名稱

西周出土四字銘文中，僅「王妊作𣪘」屬於王＋女子的姓＋「作」＋器物名

---

341 蔡運章：〈洛陽北窯西周墓青銅器銘文簡介〉，《文物》1996：7，頁65。

342 何樹環：〈說銅器稱名中的「旅」〉，《青銅器與西周史論集》，頁225-250，文津出版社，台北，2013。

343 蔡運章：〈洛陽北窯西周墓青銅器銘文簡介〉，《文物》1996：7，頁56。吳鎮烽：〈金文人名研究〉，《周秦文化研究》，頁427-429，陝西人民出版社，西安，1998。

稱一類。王妊乃是周王的后妃，吳鎮烽指出：「商周時期姓與氏是有區別的，『男子稱氏，女子稱姓』，稱氏是為了別貴賤，稱姓是為了別婚姻」，因此作器者若為周王的后妃，會在姓之前冠以王之尊號以表達身分。[344]王妊作殷時代乃西周早期。

（十五）諸侯國名＋女子的姓＋「作」＋器物名稱

西周出土四字銘文中，僅「呂姜作殷」屬於諸侯國名＋女子的姓＋「作」＋器物名稱一類。周代婦女的稱謂若是由諸侯國名與女子的姓兩部分組成，有三種情況：一是父家的國名＋女子的姓，表示該女之所出，二是夫家的國名＋女子的姓，表示該女之所嫁，三是夫家國名＋父家的國名＋女子的姓。[345]呂姜作殷之銘文出自靈台西嶺村，徐少華認為：「靈台，文獻記載為古密須國所在，呂姜或即呂國女子嫁于密須者」，而呂國在西周宣王以前，大致在黃河中游地區活動。[346]呂姜作殷時代屬西周中期。

（十六）族徽或諸侯國名＋「作」＋器物名稱

西周出土四字銘文中，興作寶鼎、人作寶彝、戈作寶彝、黿作寶彝、登作障彝、作凵障殷屬於族徽或諸侯國名＋「作」＋器物名稱一類。有關黿作寶彝，蔡運章提出：「黿通作邾，為作器者名，……亦可視為國族名。……此鼎當為邾國之君鑄作的禮器」。[347]

戈、登在商代出土銘文中即是族徽，[348]人為族氏銘文，上述三字銘文處已提及，興雖不見於其他商周出土銘文，但在《殷周金文集成》所收錄的傳世銘文裡出現不少的件數，或單獨使用、或與其他族徽、受享者稱謂和日名連綴出現，[349]所以筆者當作族氏銘文。

---

344 吳鎮烽：〈金文人名研究〉，《周秦文化研究》，頁432，陝西人民出版社，西安，1998。

345 同上，頁431。

346 徐少華：〈呂國銅器及其歷史地理探疑〉，《中原文物》1996：4，頁66-71。

347 蔡運章：〈洛陽北窯西周墓青銅器銘文簡介〉，《文物》1996：7，頁54。

348 李珮瑜：《商代出土銅器銘文研究》，頁222、241，淡江大學中國文學研究所碩士論文，1993。

349 中國社會科學院考古研究所：《殷周金文集成》修訂增補本第二、五、六冊，頁1071、1610、4126-4128、4516、4668、5288、4780、5310、4847、5323、4976、5347、5230、5383，編號1962、7461-7464、8616、8951、9128-9129、9465-9466、9949，中華書局，北京，2007。

至於作☒障殷的☒見於 1922 年桃源漆家河河岸所出土的晚商方彝蓋內,[350]
以及隴縣韋家莊所出土的西周銅簋上,[351]另《殷周金文集成》編號 9816 時代為
商末周初的銅罍上亦有之,[352]銘文內容各為「☒天全作父己障彝」、「☒辟作尊
彝」、「☒作父己障彝」,由以上 3 件銘辭推斷,☒應是族氏銘文。故「作☒障
殷」不妨理解為「☒作障殷」,因此歸置此類。

總之,在西周出土四字銘文 82 種中,上述 6 種為族徽或諸侯國名+「作」
+器物名稱之類型,此類 10 件銘文約占四字銘文總數的 7%。在時代上,除黿作
寶彝屬西周中期外,其餘 9 件皆為西周早期。

(十七)爵稱或排行+「作」+器物名稱

西周出土四字銘文中,包括白作旅鼎、白作旅甗、白作旅殷、白作寶壺、白
作簋彝、白作寶彝、白作障彝、中作旅甗、叔作旅鼎都是屬於爵稱或排行+
「作」+器物名稱一類。在西周出土四字銘文 82 種中,上述 9 種銘文隸屬此
類,14 件爵稱或排行+「作」+器物名稱之銘文約占四字銘文總數的 10%,當中
有 7 件時代為西周早期、1 件早中期、6 件西周中期。

(十八)私名+「作」+器物名稱

西周出土四字銘文中,包括殷作寶彝、魠作寶彝、員作寶彝、季作寶彝、更
作旅鼎、攸作簋鼎、克作簋甗、戔作旅殷、每作障彝、頪作旅彝、申作㲋鼎、十
作氏鼎、🔳作用壺都是屬於私名+「作」+器物名稱一類。之中的🔳、殷、魠、
員、更、攸、克、戔、每、頪、申和十,或因為是孤例、或因為參考共出銅器銘
文、或因為徹查商周出土銘文和《殷周金文集成》中傳世銘文之辭例,以上諸字
並不具有族徽形式的特點,因此視為是人名。

季作寶彝見於濟陽劉台子村 M2 所出土的銅鼎上,劉台子村 M3 還出土 1 件
銅鼎銘文為「王季作鼎彝」,[353]當中的季、王季為同一人,根據熊建平的考證,

350 高至喜:〈論中國南方出土的商代青銅器〉,《中國考古學會第七次年會論文集》,頁77,文物出
版社,北京,1992。

351 本論文編號559。

352 中國社會科學院考古研究所:《殷周金文集成》修訂增補本第六冊,頁5170、5373,編號9812,
中華書局,北京,2007。

353 本論文編號1428、1432。

認為季是「姜太公的長孫，呂伋的長子，所以有資格成為王室成員」，後來讓國給弟弟叔乙，自己食采于崔，所以成為崔邑的先祖，今天濟陽老城一帶就是當時崔邑西北部的邊緣。[354]

申作厹鼎出現在天馬曲村 M6242 所出土的銅鼎上，張再興認為厹是「從」的異體字，並援引杜迺松的說法，解釋從器和行器的作用與性質相同，是軍旅隨行所用之器。並統計出商周金文中使用從器（從在器名前作定語）共有 76 例，使用的時代主要集中在殷商和西周時期。[355]

總之，在西周出土四字銘文 82 種中，上述 13 種屬於私名＋「作」＋器物名稱，西周出土四字銘文 145 件，扣除銘文不全的 7 件，有 13 件為此類，約占四字銘文總數的 9%。之中戔作旅段、穎作旅彝、十作氏鼎時代為西周中期，其餘10 件皆為西周早期。

（十九）王＋「作」＋器物名稱

西周出土四字銘文中，僅「王作鼎彝」屬於此類。王世民指出西周金文中「大量生稱之『王』都明確地指周天子而言，……充分反映當時周王作為天下共主的崇高政治地位」。有關諸侯稱王的西周金文，多屬生稱，時代多為西周中晚期，這些稱王的諸侯為「同周天子並無受封和直接統屬關係的『他邦』君長」。[356]李朝遠也曾論述西周金文中的「王」主要有三種含意：一是指先王，二是先王名，三是專指時王，在金文中所記載有關王的命語多為事後追記，從金文追述立場來看，王均為第三人稱，王不自稱王，而常用余小子。並提出王作器不能簡單地定為是王的自用器，很可能是作器者受王命，替王鑄作了贈送給器主的器物。[357]此件銘文時代為西周中期。

（二十）「作」＋器物名稱

西周出土四字銘文中，作寶障彝、作寶障段、作寶用段、作旅尊彝、作父辛

354 熊建平：〈劉台子西周墓地出土銅器銘文初考〉，發表於 http://jy.e23.cn/2010/1123/14036.html 人文濟陽。

355 張再興：〈近年新發表西周金文字形小考〉，《中國文字研究》第15輯，頁18。

356 王世民：〈西周春秋金文中的諸侯爵稱〉，《商周銅器與考古學史論集》，頁115-117，藝文印書館，台北，2008。

357 李朝遠：〈西周金文中的「王」與「王器」〉，《文物》2006：5，頁74-79。

鼎屬於「作」＋器物名稱一類。此 5 類 24 件當中 21 件是使用尊彝之共名，僅 3 件使用殷、鼎等專名。24 件「作」＋器物名稱的銘文約占四字銘文總數的 17%。當中有 1 件時代為商末周初，16 件西周早期，7 件西周中期。

（二十一）套語

西周出土四字銘文中，僅「永寶茲鐘」屬於此類。所謂「套語」即祝嘏辭，陳彥輝指出：「銘文中常用『多福眉壽』、『永令無疆』、『用祈眉壽』、『萬年無疆』、『多福無疆』、『萬年子孫』等詞語表示祝嘏的內容」，「祝嘏是祝辭、嘏辭的簡稱。祝辭是祝代表主祭者向神靈祈求福祉的文辭，……嘏辭是祝轉述象徵神靈的尸向主祭者賜福的言辭。……祝嘏辭包括祈求和賜福兩類內容，祈求對象一般以祖先為主，部分涉及天神。……銘文作器者希望通過自己祭祀祖先，表明孝心，祖先將會賜予子孫後代昌盛永遠，後世子孫也會千年萬年珍藏此器以用來享孝先祖」。[358]因此，永寶茲鐘意謂後世子子孫孫永寶用之意，本論文以「套語」一詞表示這一類的銘文組成。時代屬西周晚期。

（二十二）其他

西周出土四字銘文中，僅戈◇晟、父庚子孫歸入其他一類。僕戈◇晟該銅戈是將僕戈、◇晟四字銘文分別刻鑄在內的正背兩面，當中的戈為自銘，◇是自殷商出土銘文就已出現的族徽，西周中期的銅鼎銘文亦有之，[359]至於其他兩字不識，和◇出現的晟或為私名。

父庚子孫也是西周出土四字銘文中形式特殊的一例，父庚為受享者的稱謂和日名，就西周出土銘文來看，除本例外，子孫一詞在七字銘文、十字以上銘文中才大量出現，如銅鐘銘文「年無疆子子孫孫」、銅鼎銘文「亘作寶鼎子子孫永寶用」、銅豆銘文「虢季作甫子子孫孫用亯」、銅卣銘文「公作寶障彝其孫子永用」，[360]父庚子孫的時代，學者認為是晚商或西周早期，[361]但上述出現子子孫孫

---

358 陳彥輝：〈周代銘文祝嘏辭的文體特徵〉，《學術交流》2011：12，頁172-176。

359 李珮瑜：《商代出土銅器銘文研究》，頁224，淡江大學中國文學研究所碩士論文，1993。本論文編號213，銘文為「◇▨」。

360 本論文編號1262、825、994、995、1677。

361 裴琪：〈魯山縣發現一批重要銅器〉，《文物》1958：5，頁73-74。

一詞的銅器銘文，除銅卣銘文為西周中期外，其他 3 件為西周晚期。推測子孫或
為子子孫孫之簡省，是期盼後世子孫能夠永久保有此器，以祭祀父祖之意。

　　另有嬒之造戈有學者斷代為西周中期，[362]范毓周透過器物形制和銘文特點，
推論嬒之造戈的銅戈銘文時代應為春秋晚期。[363]透過西周銘辭的形式，我們也認
為嬒之造戈的時代應當非西周時期。

小結

　　西周出土四字銘文有二十二種類型，和商代出土四字銘文的十一種類型相比
對，[364]相同的有「複合族徽＋官職或爵稱」、「族徽＋爵稱＋私名」、「複合族徽＋
受享者的稱謂和日名」、「族徽＋官職或爵稱＋受享者的稱謂和日名」和「器主身
分＋器物名稱」，原先商代出土銘文中「作器者＋「作」字＋器物名」僅 1
件，[365]發展至西周時期，衍生出西周出土銘文第九至第十九類共 50 件，就比例
來看，商代出土四字銘文有 55 件，此類約占總數 2%，而西周出土四字銘文第九
至第十九類的 50 件銘文則約占總數 35%，可見金文由晚商發展至西周，語言的
使用與表達愈趨完備，同樣四個字，西周金文能將主語、述語、賓語敘述交代清
楚。另外，還又拓展出所謂的「套語」永寶茲鐘。

　　除上述特點外，二十二類西周出土四字銘文中，第六到第七類都是表示作器
者或器物所有者的身分，第一到第四類或表明器主的族屬、官職、爵稱、私名又
傳達該器是用以祭祀先父祖，第五類顯示器物鑄造目的和用途是為了祭祀先父
祖，第八類標明作器者和器物名稱，第二十類標明器物名稱，第二十一類套語。

　　西周出土四字銘文 145 件，銘文不全的 7 件當中，唯獨尹與□□因條件不具
足，無法判別，其餘亞□父乙、秉□父辛、□疛父癸、母辛亞□等 5 件可合理地
推論應屬於第一到第四類，作寶□彝為第二十類，如此，用以表示器主身分的銘
文有 3 件，約占四字銘文的 2%；或表明族屬、官職、爵稱、私名與祭祀目的的

---

362 劉雨、盧岩：《近出殷周金文集錄》第四冊，編號1133，頁159，中華書局，北京，2002。

363 范毓周：〈關於「嬒之造戈」的幾個問題〉，《華夏考古》1996：1，頁55-57。

364 李珮瑜：《商代出土銅器銘文研究》，頁258-259，淡江大學中國文學研究所碩士論文，1993。

365 碩論編號1115出自衡陽杏花村的銅卣銘文「戈作寶彝」，斷代原先以為是殷墟三四期，改為西周
　　早期。所以商代出土四字銘文第十一類作器者＋「作」字＋器物名僅存「🔲父作彝」1件。

銘文有 37 件，約占總數的 26%；表示器主身分和器物名稱的銘文有 25 件，約占四字銘文的 17%；鑄刻器物名稱的銘文有 25 件，約占總數 17%；揭示作器目的和用途是為了祭祀先父祖以及套語的銘文各有 1 件，約占總數的 1%。就時代分布而言，145 件四字銘文中，屬於商末周初的有 5 件、西周的有 4 件、西周早期的有 101 件、西周早中期的 1 件、西周中期的 30 件、西周晚期的 4 件。

五　五字銘文

西周出土銅器的五字銘文有：

銘文字形	銘文編號	銘文字形	銘文編號
尋作旅障鼎	NO408	轍作寶障彝	NO1230-2
邑作寶障彝	NO900	鬲作父辛彝	NO589
叒作厥障鼎	NO117	遘作寶障彝	NO1388—1389
光作父戊鬺	NO1557	作帚商彝毁	NO1290
事作父乙寶	NO1038	公作寶尊彝	NO604—605
子作父寶障	NO1678	白作寶障彝	NO507、856、1211—1212、1280、1680
白作□障彝	NO65	白作南宮毁	NO536
叔作寶障彝	NO462、1328	□作寶障彝	NO1348、1591
秦公作寶毁	NO1641—1642	晉侯作旅飤	NO1282
應侯作旅彝	NO1047	匽侯作餗盂	NO1618
疇侯作旅彝	NO1259	微白作霝鬲	NO127—131
矢白作旅鼎	NO464—465	應白作旅盨	NO1064—1065
應白作障壺	NO1066—1067	夌白作寶彝	NO475
彊白作用盤	NO527	闆白作旅鼎	NO319
闆白作旅毁	NO320	并白作寶彝	NO1555
康白作郁壺	NO906	輔白作兵戈	NO1182

（續）

銘文字形	銘文編號	銘文字形	銘文編號
□白作寶𣪘	NO1301	子弓作障彝	NO810
應事作旅鼎	NO1035	應事作旅𣪘	NO1036
矢叔作旅𣪘	NO396	丼叔作旅彝	NO659
微中作車尊	NO474	唐中作旅鼎	NO682
齊中作寶𣪘	NO1485－1486	白爻作旅𣪘	NO120
白爻作旅彝	NO122	白爻作盦壺	NO121
叔京作旅彝	NO1524	史啚作旅鼎	NO881
師隻作障彝	NO355、907	旅鼎戕父作	NO95
恆父作鞌𣪘	NO1291-2	恆父作寶彝	NO1293
龠父作寶彝	NO124	正父作寶彝	NO1091-1
凶辟作尊彝	NO559	王妻作寶𣪘	NO1243
夋姬作寶𣪘	NO534	梁姬作桼匜	NO1009
微白瘭作匕	NO181－182	叔伐父作鼎	NO1313
作父辛寶彝	NO1479	作□□障鼎	NO1231
亞曩矢作彝	NO1369	考母作聯匚	NO884、905、908
光作父丁戊	NO1216	冊耤竹父丁	NO216
單子戊父戊	NO1360－1361	亞雀魚父己	NO1152
能奚作寶壺	NO1471	𨑃強白作鼎	NO516
王季作鼎彝	NO1432	新匔作餗𣪘	NO1522－1523
戊尸正父己	NO807	朋五夆父庚	NO1635
戲作姓癸蛭	NO459	己作寶障彝	NO550
妊作殺贏彝	NO1526－1527	亞夫父辛冊	NO799
□□祖癸乙	NO1556		

　　西周出土五字銘文有 102 件，剔除重複的件數，以及銘文不全、且無法確認

類別的樣本 4 件，歸納出共有 74 種不同的內容，按照實際用法和使用目的，可分成以下十八種類型：

（一）屬於複合族徽＋官職或爵稱＋受享者的稱謂和日名，如單子戉父戊；
（二）屬於族徽＋官職＋受享者的稱謂和日名，如亞夫父辛冊；
（三）屬於族徽＋「作」＋受享者的稱謂和日名，如光作父丁戊；
（四）屬於族徽＋私名＋「作」＋受享者的稱謂，如考母作聮医；
（五）屬於複合族徽＋官職＋「作」＋器物名稱，如亞㠱𥎦作彝；
（六）屬於族徽或諸侯國名＋「作」＋器物名稱，如𠦪作父辛彝；
（七）屬於官職或爵稱或排行＋「作」＋器物名稱，如公作寶尊彝；
（八）屬於私名＋「作」＋器物名稱，如㦿作厥障鼎；
（九）屬於族徽或諸侯國名＋官職或爵稱或排行＋「作」＋器物名稱，如晉侯作旅飤；
（十）屬於族徽＋私名＋「作」＋器物名稱，如𠙵辟作尊彝；
（十一）屬於官職或爵稱或排行＋私名＋「作」＋器物名稱，如白㦿作旅𣪘；
（十二）屬於字＋父＋「作」＋器物名稱，如䀄父作寶彝；
（十三）屬於王＋稱謂＋「作」＋器物名稱，如王妻作寶𣪘；
（十四）屬於諸侯國名＋女子的姓＋「作」＋器物名稱，如夌姬作寶齍；
（十五）屬於諸侯國名＋爵稱或排行＋私名＋「作」＋器物名稱，如微白𤸫作匕；
（十六）屬於排行＋字＋父＋「作」＋器物名稱，如叔伐父作鼎；
（十七）屬於「作」＋器物名稱，如作父辛寶彝；
（十八）屬於其他。

（一）複合族徽＋官職或爵稱＋受享者的稱謂和日名

西周出土五字銘文中，冊棘竹父丁、單子戉父戊、亞雀魚父己是為複合族徽＋官職或爵稱＋受享者的稱謂和日名。其中冊、亞是職官名，子為爵稱。棘竹、單戉之複合族徽雖不見於商周之出土銘文，但出現在《殷周金文集成》所收錄的

傳世銘文中，或與受享者的稱謂和日名連用，因此視為是複合族徽。[366]雀魚的雀不見於其他商周出土或傳世銘文中，但《殷周金文集成》編號 1009 的銅鼎銘文「亞鳥魚」當中的鳥字形非常細緻，鳥的頭頂有一「屮」造型，[367]我們懷疑雀魚的「雀」上半似「小」的部件與「屮」類似，兩字或為一字之異體。

　　在西周出土五字銘文 74 種中，上述 3 種屬於複合族徽＋官職或爵稱＋受享者的稱謂和日名，西周出土五字銘文有 102 件，刪除銘文不全的 4 件，上述 3 種4 件銘文約占總數 4%。4 件銘文時代皆為西周早期。

（二）族徽＋官職＋受享者的稱謂和日名

　　西周出土五字銘文中，僅「亞夫父辛冊」是為族徽＋官職＋受享者的稱謂和日名。夫此一族徽與亞連用不見於其他商周出土銘文，但在《殷周金文集成》所收錄的傳世銘文中有著不少的件數，[368]該銘文出現亞和冊，表示作器者家族曾擔任的官職。[369]亞夫父辛冊時代為西周早期。

（三）族徽＋「作」＋受享者的稱謂和日名

　　西周出土五字銘文中，僅「光作父丁戊」是為族徽＋「作」＋受享者的稱謂和日名。光在商代出土銘文中就是當作族徽，與受享者的稱謂和日名連用。[370]光作父丁戊表示該銅鼎用以祭祀父丁和父戊。光作父丁戊時代為西周早期。

（四）族徽＋私名＋「作」＋受享者的稱謂

　　西周出土五字銘文中，僅「考母作聯医」是為族徽＋私名＋「作」＋受享者的稱謂。上述三字銘文處已討論過「考母作聯医」適當的詞序應為「聯医作考

366 「鰈竹」見於中國社會科學院考古研究所：《殷周金文集成》修訂增補本第二、三、五、六冊，頁1841-1842、2516、3179、3475、3833、4454、4743、5303、5000、5352，編號3431-3432、5006、6444、8848、9546，中華書局，北京，2007。「單戊」見於第六冊，頁4714-4715、5297，編號8760、8761。

367 同上，第二冊，頁1009、1594，編號1741。

368 同上，第一、三、五、六冊，頁509、797、1737、2494、4075、4076、4506、4939、5341，編號385、3103、7285-7286、9394。

369 陝西省考古研究所：《高家堡戈國墓》，頁132，三秦出版社，西安，1994。

370 李珮瑜：《商代出土銅器銘文研究》，頁253，淡江大學中國文學研究所碩士論文，1993。

母」，作器者為聯医，聯是族徽，医是私名。但蔡運章提出聯医讀為連胡，通作
「璉瑚」，是古代禮器的通用名稱。[371]無獨有偶的還有何琳儀和黃錫全，將「考
母作聯医」隸定為「考母作医聯」，並將医聯以為是「瑚璉」之初文，是對青銅
飲食禮器的通稱。[372]

　　無論是隸定為「考母作聯医」或「考母作医聯」，都是將考母視為是作器
者，但在西周出土銘文中並沒有單以女性的名字表達作器者身分的辭例，因此暫
且還是將考母視為是受享者的稱謂。又陳昭容分析：「女性受祭者與男性受祭者
在有銘青銅器中所佔的比例極為懸殊，原因之一是以男性為中心的社會形態中，
不特別注重為女性作祭器，另一原因可能是將已歿的女性祖先附於男性祖先的祭
祀中，……女性附屬於男性祖先祭祀，在青銅器銘文中有所反映，有時只寫『皇
考、皇母』……」。[373]因此「考母」可能是表示所鑄造之器，用於父母並祀。考
母作聯医一式3件，時代為西周中期。

（五）複合族徽＋官職＋「作」＋器物名稱

　　西周出土五字銘文中，僅「亞彘矣作彝」是為複合族徽＋官職＋「作」＋器
物名稱。曹定雲探論彘、其、矣之商周銘文，並延伸王獻唐的看法，提出亞其銘
文只出現在晚商早期，彘侯出現在甲骨第三期之後，表示彘是新受封的國名，
其、彘是同一個家族，只是時間先後與地望不同，至於亞矣的矣應是祖庚、祖甲
時的貞人，原先是其之侯爵，亞彘侯和亞彘侯矣是彘國繼承侯爵爵位者使用的徽
號，而亞矣是不繼承爵位者均能使用的徽號。[374]亞彘矣作彝時代為西周早期。

（六）族徽或諸侯國名＋「作」＋器物名稱

　　西周出土五字銘文中，邑作寶障彝、己作寶障彝、鼻作旅障鼎、鐵作寶障
彝、嵒作父辛彝是為族徽或諸侯國名＋「作」＋器物名稱。邑在商代出土銘文中

371 蔡運章：〈釋「聯」〉，《中原文物》1981特刊，頁105-107。

372 何琳儀、黃錫全：〈「瑚璉」探源〉，《史學集刊》1983：1，頁68-70。此條意見承蒙許學仁教授告
　　知，特於此補述之。

373 陳昭容：〈周代婦女在祭祀中的地位——青銅器銘文中的性別、身分與角色研究（之一）〉，《清華
　　學報》第31卷第4期，頁407。

374 曹定雲：〈「亞其」考——殷墟「婦好」墓器物銘文探討〉，《文物集刊》2，頁144-147。

就是族徽，[375]鼻不見於其他商周出土銘文，經比對《殷周金文集成》所收錄的傳世銘文，鼻可與子、亞連用，[376]因此判斷應為族徽。己作寶障彝出自寶雞虢鎮所出土的銅鼎上，1983 年壽光古城村益都侯城故址出土了「己並」銅器 15 件和「己」銅刀 1 件、銅鏟 2 件，考古人員認為這批晚商器物應是封爵前紀國之器。[377]崔樂泉進一步探論「並」是商代紀國其中一支重要部族的名稱，之後又作為紀的封地之名邩邑。[378]不知是何原因山東地區紀國之器卻出現在寶雞虢鎮，虢鎮同出之器還有作器者為「晉人事寓」的銅簋1件。[379]

轍見於天馬曲村 M6069、M6210 所出土的兩件銅卣和 1 件銅尊上，和琉璃河ⅠM251 的兩件銅簋上，內容為「轍作寶障彝」、「轍作厥父寶障彝」和「轍作文祖寶障彝」，[380]當中出自 M6069 的銅卣器底銘文為「轍作厥父寶障彝」，器蓋銘文為「子父壬」，厥父應指父壬，子為轍之爵稱，又《殷周金文集成》編號 2109 的銅鼎銘文「轍白作𥁕鼎◇」，[381]轍可與子、伯連用，因此歸置為國族名。

𡥀見於長安花園村 M15、M17 所出土的 3 件銅鼎、1 件銅甗、2 件銅壺和銅爵上，除銅爵銘文「𡥀作父辛彝」外，內容分別為「隹八月辰在乙亥王在莽京王賜𡥀妘進金緯𣪘對揚王休用作父辛寶𥃝亞𠂤」、「𡥀妘作父辛寶障彝亞𠂤」，另外，還有扶風召陳村所出土的 4 件銅簋銘文「𡥀叔山父作疊姬障𣪘其永寶用」，[382]前者當中的𡥀妘進可減省作𡥀妘或𡥀，李學勤指出「𡥀是封邑，妘、進是一名一字」，[383]後者𡥀叔山父是氏名加上排行與字來表示作器者的身分。

在西周出土五字銘文 74 種中，上述 5 種 5 件屬於此類，約占五字銘文總數 5%。其中邑作寶障彝、己作寶障彝、轍作寶障彝、𡥀作父辛彝屬西周早期，鼻作旅障鼎屬西周中期。

---

375 李珮瑜：《商代出土銅器銘文研究》，頁267，淡江大學中國文學研究所碩士論文，1993。

376 中國社會科學院考古研究所：《殷周金文集成》修訂增補本第二、三、五、六、七冊，頁904、1565、1371、2492、1809、2509、3539、4389、3597、4404、3973、4483、5219、5381、6462-6463、6629，編號1306-1308、3078、3330、5543、5747、6914、9914、11751，中華書局，北京，2007。

377 壽光縣博物館：〈山東壽光縣新發現一批紀國銅器〉，《文物》1985：3，頁1-11。

378 崔樂泉：〈紀國銅器及其相關問題〉，《文博》1990：3，頁19-27。

379 本論文編號550、551。

380 本論文編號1202、1229、1230、1352、1353。

381 中國社會科學院考古研究所：《殷周金文集成》修訂增補本第二冊，頁1115、1620，編號2109。

382 本論文編號587、588、589、596、597、602、603、226-229。

383 李學勤：〈論長安花園村兩墓青銅器〉，《文物》1986：1，頁33。

（七）官職或爵稱或排行＋「作」＋器物名稱

西周出土五字銘文中，事作父乙寶、公作寶尊彝、子作父寶障、白作寶障彝、白作□障彝、白作南宮殷、叔作寶障彝是為官職或爵稱或排行＋「作」＋器物名稱。事作父乙寶出現於平頂山北滍村所出土的銅爵上，同出器群尚有銅鼎、銅簋、銅觶銘文各 1 件提及「應事」，[384] 所以事為應事之減省。任偉談到應事（史）諸器，認為應事（史）身分應當是應國的史官，應事（史）是國名加上官職名。[385]

王世民認為西周金文中的「公」有兩種含意：一是身居高位的天子重臣，為姬姓高級貴族；二是已故追稱的諡號，包括非姬姓者。[386] 在此類當中的器物名稱包括了共名寶尊彝，還有表示用以祭祀先父的父乙寶和父寶障，而南宮則是一個複式性質的族氏銘文。[387]

在西周出土五字銘文 74 種中，屬於爵稱或官職或排行＋「作」＋器物名稱的銘文有 7 種 14 件，約占五字銘文總數 14%。當中有 1 件時代屬西周、12 件屬西周早期、1 件屬西周早中期。

（八）私名＋「作」＋器物名稱

西周出土五字銘文中，㱿作厥障鼎、遘作寶障彝、光作父戊鬶、作㲃商彝殷是為私名＋「作」＋器物名稱。之中「作㲃商彝殷」適當的詞序應為「㲃商作彝殷」，㱿、遘、光[388]、㲃商為私名，其中遘、光、㲃商均為單例，因此歸置為私名。西周出土五字銘文 74 種中，屬於私名＋「作」＋器物名稱的銘文有 4 種 5 件，約占五字銘文總數 5%。㱿作厥障鼎、光作父戊鬶、作㲃商彝殷時代為西周早期，㱿作厥障鼎為西周中期。

---

384 本論文編號1035-1038。

385 任偉：《西周封國考疑》，頁283，社會科學文獻出版社，北京，2004。

386 王世民：〈西周春秋金文中的諸侯爵稱〉，《商周銅器與考古學史論集》，頁128-129，藝文印書館，台北，2008。

387 何景成：《商周青銅器族氏銘文研究》，頁72，齊魯書社，濟南，2009。

388 《殷周金文集成》隸定為「殺」。

（九）族徽或諸侯國名＋官職或爵稱或排行＋「作」＋器物名稱

西周出土五字銘文中，包括秦公作寶設、晉侯作旅飤、應侯作旅彝、匽侯作餴盂、疇侯作旅彝、微白作齎鬲、矢白作旅鼎、應白作旅盨、應白作障壺、夌白作寶彝、強白作用盤、康白作郁壺、輔白作兵戈、閼白作旅鼎、閼白作旅設、并白作寶彝、□白作寶設、子弓作障彝、應事作旅鼎、應事作旅設、師隻作障彝、微中作車尊、唐中作旅鼎、齊中作寶設、矢叔作旅設、井叔作旅彝是為族徽或諸侯國名＋官職或爵稱或排行＋「作」＋器物名稱。

有關應國、匽國、微國、矢國於上文二字到四字銘文處已論及，強見於寶雞紙坊頭村 M1 所出土的兩件銅簋上、竹園溝村 M4 所出土的銅尊、銅卣上、茹家莊 M1 所出土的銅鼎、銅甗、銅鬲、兩件銅簋、銅鎣、兩件銅盤上、茹家莊 M2 所出土的 5 件銅鼎、銅甗、銅簋、銅尊上，[389]強國是西周時期畿內重要方國之一，中心區域應在渭水以南、清姜河兩岸台地。[390]

夌亦見於寶雞竹園溝村 M4 所出土的銅觶上和茹家莊 M2 所出土的銅鼎、銅鬲上，銘文內容分別為「夌白作寶彝」、「井姬晞亦侷祖考夌公宗室又孝价孝觪保強白作井姬用鼒設」、「夌姬作寶齎」。[391]夌國，姬姓，夌國方位可能在關中西部，陝甘交界處。盧連成和胡智生解讀銘文中之夌伯似為夌姬父叔輩，夌國或與強國聯姻，夌姬乃夌伯之女嫁與強國。[392]但陳昭容卻認為夌伯、夌姬可能是強家族的共同祖先，夌姬是嫁與夌伯為妻的姬姓女子，否則強伯作器與妻子井姬去祭拜夌公宗室就無法解讀。但這樣的詮釋，夌伯之夌仍費解。[393]夌或為尊稱、諡號。

晉侯作旅飤出現於天馬曲村 M113 所出土的銅豬尊上，[394]鄒衡和李伯謙都論定天馬曲村遺址是晉國早期都邑，即西周初年叔虞所封之唐。[395]秦公作寶設出現

389　本論文編號466-467、478-479、514-516、520-521、525-533、535、537。

390　盧連成、胡智生：《寶雞強國墓地》，頁416-417，文物出版社，北京，1988。

391　本論文編號475、529、534。

392　盧連成、胡智生：《寶雞強國墓地》，頁420-421，文物出版社，北京，1988。

393　陳昭容：〈周代婦女在祭祀中的地位——青銅器銘文中的性別、身分與角色研究（之一）〉，《清華學報》第31卷第4期，頁401。

394　本論文編號1282。

395　鄒衡：〈論早期晉都〉，《文物》1994：1，頁29-32。李伯謙：〈天馬——曲村遺址發掘與晉國始封地的推定〉，《中國青銅文化結構體系研究》，頁114-122，科學出版社，北京，1998。

於禮縣趙坪大堡子山 M2 所出土兩件銅簋上，[396]戴春陽考訂 M2 墓主身分說道：
「殷商晚期，秦的祖先中潏『在西戎、保西垂』，其後人非子『居犬丘』，以善牧
聞名于孝王，遂得『分土為附庸』，邑于秦。……非子以下三世至秦仲，被周宣
王封為大夫。……大堡子山 M2 墓主可能是秦襄公」。[397]

康白作郁壺見於洛陽北窯村 M701 所出土的壺蓋內，[398]康伯是指衛康叔之子
康伯髦，[399]張應橋推論：「康伯，名懋，……衛國第二代國君，衛康叔元子……
金文中稱其為伯懋父、康伯。……康是國族名，衛國徙封衛地前曾封于康；白同
伯，是爵稱……；懋為其名，父為美稱」，懋、髦同音通假，髦、髠形近而訛，
所以文獻不見康伯懋，只見康伯髦、康伯髠。[400]輔白作兵戈見於南陽萬家園所出
土的銅戈援及胡部，[401]研究人員論述輔伯之意，以為「文獻中甫又稱呂，……呂
國亦稱為甫國。……輔伯約是呂國的某一代國君。輔白戈的發現，或可說明它是
某代呂君對墓主人的『賵贈』之物」。[402]并白作寶彝見於靈台崖灣村所出土的銅
瓿上，[403]并白之并，是按照以地為氏的習慣，應指某一地區。目前無法確知，當
距離涇水不遠。[404]

至於疇侯作旅彝出現於天馬曲村 I11M8 所出土的銅爵上，為該墓唯一非晉侯
所作之器，閹白作旅鼎（殷）出現於扶風北呂村所出土的銅鼎、銅簋上，[405]兩者
目前雖無法確知為哪一封國，但依據銘文出現的形式特色，侯、伯等爵稱之前通
常出現國族名，因此暫時歸置於此類。而銘文不全的□白作寶殷，按慣例，推測
缺字的□亦應為國族名。

子弓作障彝的弓在商代出土銘文中就是當作族徽，[406]師隻作障彝見於岐山鳳
雛村出土的銅簋上和洛陽北窯村 M6 出土的壺蓋內，[407]隻在《殷周金文集成》所

---

396 本論文編號1641、1642。

397 戴春陽：〈禮縣大堡子山秦公墓地及有關問題〉，《文物》2000：5，頁78-79。

398 本論文編號906。

399 洛陽市文物工作隊：《洛陽北窯西周墓》，頁362，文物出版社，北京，1999。

400 張應橋：〈西周衛國國君康伯懋事跡考〉，《文博》2006：6，頁92-96。

401 本論文編號1182。

402 南陽市文物考古研究所：〈河南南陽市萬家園M202發掘簡報〉，《中原文物》2007：5，頁13。

403 本論文編號1555。

404 史可暉：〈甘肅靈台縣又發現一座西周墓葬〉，《考古與文物》1987：5，頁100-101。

405 本論文編號1259、319-320。

406 李珮瑜：《商代出土銅器銘文研究》，頁227，淡江大學中國文學研究所碩士論文，1993。

407 本論文編號355、907。

收錄的傳世銘文中，或單獨存在、或與亞、其他族徽、受享者的稱謂和日名連用，[408]因此是為族徽。應事作旅鼎（殷）的事即史，是為職官名。而微中、唐中、齊中、夨叔、井叔的中、叔是用以表示行第，微國、夨國、井國上文已論述，唐中的唐字是根據出土報告的隸定，[409]該字右半邊从易，左半邊不識，西周金文人名在行第之前多為氏名，[410]因此暫且視為是氏族名號。出自招遠東曲城村的兩件銅簋銘文齊中作寶殷，則是目前所知年代最早的齊國青銅器。[411]

　　如此，在西周出土五字銘文 74 種中，上述 26 種屬於族徽或諸侯國名＋官職或爵稱或排行＋「作」＋器物名稱，西周出土五字銘文有 102 件，刪除銘文不全的 4 件，上述 26 種 36 件銘文約占總數 37%。當中有 15 件銘文時代為西周早期、1 件為西周早中期、12 件為西周中期、8 件為西周晚期。

（十）族徽＋私名＋「作」＋器物名稱

　　西周出土五字銘文中，僅「𢀴辟作尊彝」是為族徽＋私名＋「作」＋器物名稱。「𢀴」上文四字銘文處已論述其應是族氏徽號。時代屬西周早期。

（十一）官職或爵稱或排行＋私名＋「作」＋器物名稱

　　西周出土五字銘文中，白㦰作旅殷、白㦰作旅彝、白㦰作畬壺、叔京作旅彝、史嘽作旅鼎是為官職或爵稱或排行＋私名＋「作」＋器物名稱。其中史為職官名，伯既為爵稱又表行第，叔為行第。在西周出土五字銘文 74 種中，上述 5 種 5 件屬於此類，約占五字銘文總數 5%。叔京作旅彝時代屬西周早期，其他 4 件屬西周中期。

---

408 中國社會科學院考古研究所：《殷周金文集成》修訂增補本第二、三、四、五、六冊，頁868、1553、1784、2504、3087、3460、3179、3475、3748、4435、3990、4487、4083、4497、4231、4536、4697、5293，編號1122、3243、4788、5007、6165、6981-6982、7154、7811-7813、8697，中華書局，北京，2007。

409 中國社會科學院考古研究所：《張家坡西周墓地》，頁140，中國大百科全書出版社，北京，1999。

410 吳鎮烽：〈金文人名研究〉，《周秦文化研究》，頁428，陝西人民出版社，西安，1998。

411 王世民：〈西周春秋金文中的諸侯爵稱〉，《商周銅器與考古學史論集》，頁71-72，藝文印書館，台北，2008。

（十二）字＋父＋「作」＋器物名稱

西周出土五字銘文中，旅鼎娶父作、恆父作簋、恆父作寶彝、鼬父作寶彝、正父作寶彝是為字＋父＋「作」＋器物名稱。吳鎮烽分析西周金文中男子之名有一種是由一個表意的字和一個父字組成，由於銅器多為自作用器，因此金文中自稱之字較多，他稱之字較少。[412]當中「旅鼎娶父作」正確的詞序應為「娶父作旅鼎」。在西周出土五字銘文 74 種中，上述 5 種 5 件屬於此類，約占五字銘文總數 5%。恆父作簋、正父作寶彝時代屬西周早期，其他 3 件屬西周中期。

（十三）王＋稱謂＋「作」＋器物名稱

西周出土五字銘文中，僅「王妻作寶簋」是為王＋稱謂＋「作」＋器物名稱。王妻作寶簋時代為西周早期。

（十四）諸侯國名＋女子的姓＋「作」＋器物名稱

西周出土五字銘文中，夌姬作寶齋、梁姬作桼匜是為諸侯國名＋女子的姓＋「作」＋器物名稱。這兩件皆是女子自作器。夌國，姬姓。梁姬作桼匜見於三門峽上村嶺 M2012 所出土的銅罐器蓋內，M2012 乃 M2001 墓主虢季之夫人墓，研究者根據文獻典籍，提出梁國最早的記載於春秋之後，與秦國同祖，當為嬴姓，[413]但此器作器者為梁姬，顯然與文獻所載不合。桼匜之桼從米，性質應是與稻、梁相似之同類作物，匜即匜、即匜，可能泛稱貯存之用器。[414]就時代而言，夌姬作寶齋為西周早期，梁姬作桼匜為西周晚期。

（十五）諸侯國名＋爵稱或排行＋私名＋「作」＋器物名稱

西周出土五字銘文中，僅「微白瘋作匕」是為諸侯國名＋爵稱或排行＋私名＋「作」＋器物名稱。微白瘋作匕一式兩件，時代為西周中期。

---

412 吳鎮烽：〈金文人名研究〉，《周秦文化研究》，頁426，陝西人民出版社，西安，1998。
413 河南省文物考古研究所、三門峽市文物工作隊：《三門峽虢國墓（第一卷）》，頁311-312，文物出版社，北京，1999。
414 同上。

（十六）排行＋字＋父＋「作」＋器物名稱

西周出土五字銘文中，僅「叔伐父作鼎」是為排行＋字＋父＋「作」＋器物名稱。時代為西周晚期。

（十七）「作」＋器物名稱

西周出土五字銘文中，僅「作父辛寶彝」是為「作」＋器物名稱。時代為西周中期。

（十八）其他

西周出土五字銘文中，虢強白作鼎、王季作鼎彝、新𡧛作饎殷、能奚作寶壺、妊作𣪘嬴彝、戊尸正父己、朋五𡮊父庚、戠作妣癸蚯歸入其他一類。虢強白作鼎出現於寶雞茹家莊 M1 所出土的銅鬲上，虢字不見於同出之器群，以其出現的位置於首行首字研判，不可能是如 M1 銅鼎銘文「強白作自為鼏殷」或銅甒銘文「強白自為用甒」之「自」字的脫誤，也不可能是私名，故暫時存疑。

王季作鼎彝的王季，上文四字銘文處已論及，是指姜太公的長孫，呂伋的長子，因姜太公是為輔佐文王、武王、成王之師，有功於周室，故其長孫有資格成為王室成員。[415]

新𡧛作饎殷之𡧛《殷周金文集成》視為是姒、娰、姤等之異體字，[416]張亞初推論姤是對王或諸侯方伯之配偶的稱謂，[417]新𡧛作饎殷見於滕州莊裡西村所出土的兩件銅簋上，同出之銅鬲銘文為「吾作滕公寶𦉜彝」，如此「新𡧛」應是新嫁與滕國國君為妻之女的稱謂。饎依照陳夢家的考釋，提出饎或作饙，或指蒸飯或指所蒸煮之飯，於西周金文中置於盛食器如簋、簠、盨前，或烹飪器如鼎、鬲前，因此「饎殷」意謂盛飯之器。[418]

能奚作寶壺出現於黃縣莊頭村所出土的壺蓋內，除此件，商周傳世銘文中，僅《殷周金文集成》編號 5984 時代為西周早期的銅尊銘文出現「能匋賜貝于厥

---

415 熊建平：〈劉台子西周墓地出土銅器銘文初考〉，發表於http://jy.e23.cn/2010/1123/14036.html人文濟陽。

416 張亞初：《殷周金文集成引得》，頁187、306，中華書局，北京，2001。

417 張亞初：〈對婦好之好與稱謂之司的剖析〉，《考古》1985：12，頁1120-1123。

418 陳夢家：《西周銅器斷代》上冊，頁48，中華書局，北京，2004。

盉公……」，[419]能奚和能旬都是作器者，兩者或為氏名加上私名。李步青、王錫平以為「能」即「熊」，熊氏應與山東博興一帶的蒲姑有關。[420]

妊作殺嬴彝亦見於滕州莊裡西村所出土的兩件銅爵上，妊是姓，[421]問題是殺嬴二字是何含義，陳英傑似乎認為「妊作殺嬴彝」乃是為生者作器，[422]陳昭容分析女性作器，提出若該器自名「寶尊彝」、「寶彝」、「宗彝」、「彝」等，可以確定是為祭器，而婦人製作祭器的受祭者往往是夫家親屬。[423]《殷周金文集成》將殺嬴或以為邾嬴，但邾國為曹姓，滕州莊裡西村出土許多載有滕公、滕侯之銅器，[424]王世民認為滕州是「文王庶子滕叔繡的封地」，[425]透過「妊作殺嬴彝」，亦不清楚邾國與滕國之關係為何。暫且視為是妊姓婦人為祭祀夫家之殺嬴而製作銅爵。

出土報告認為戊尸正父己當中的「戊尸」為作器者之名，而「正」是一種卜辭常見的祭名，[426]「戊尸」為作器者，但「正」在商代出土銘文中即是族徽，或從二止、或從四止，[427]因此「正」應是表示戊尸之氏族名號，父戊表示該銅甗是祭祀父戊之用。

朋五夅父庚是西周出土五字銘文中形式特殊的一例，見於喀左縣小波汰溝所出土時代為商末周初的銅罍上，在碩論原先歸為複合族徽＋私名＋受享者的稱謂和日名，原因是商周金文中的「朋」大多當作計算賞賜之物——貝的單位，朋五夅父庚的朋在字形上顯然與作為計算貝的單位的朋字不同，反倒像《殷周金文集成》隸定為「倗」之字——該字形呈現一人荷貝，朋五夅父庚的朋就像去掉人形

419 中國社會科學院考古研究所：《殷周金文集成》修訂增補本第五冊，頁3678、4422，編號5984，中華書局，北京，2007。

420 李步青、王錫平：〈建國來煙台地區出土商周銘文青銅器概述〉，《古文字研究》第19輯，頁70，中華書局，北京，1992。

421 曹兆蘭：〈金文女性稱謂中的古姓〉，《考古與文物》2002：2，頁55。

422 陳英傑：《西周金文作器用途銘辭研究》，頁110，線裝書局，北京，2008。

423 陳昭容：〈周代婦女在祭祀中的地位——青銅器銘文中的性別、身分與角色研究（之一）〉，《清華學報》第31卷第4期，頁411-412。

424 本論文編號1521、1528、1530。

425 王世民：〈西周時代諸侯方國青銅器概述〉，《商周銅器與考古學史論集》，頁71，藝文印書館，台北，2008。

426 陝西省考古研究所：《高家堡戈國墓》，頁132，三秦出版社，西安，1994。

427 李珮瑜：《商代出土銅器銘文研究》，頁222，淡江大學中國文學研究所碩士論文，1993。

後所荷之貝形，而「佣」在商代出土銘文中是當作族徽，與受享者日名連用，[428]
又朋五寽父庚的朋與《殷周金文集成》編號 7011 的銅觚銘文「凵朋」的朋字形
相同。[429]而「五」在商代出土銘文中與「戈」組成複合族徽，但「五」作為族徽
使用是呈「区」之形，非「𠄠」，朋五寽父庚的「五」為「𠄠」形，所以朋五之
五並非是族徽，而是數字。基於上述考量，朋五還是當作作器者（在此被省略）
受賞賜貝五朋，並用此五朋貝鑄造祭祀父庚之器。

　　戲作妣癸蚟曹明檀、尚志儒以為戲為虢之異體字，至於蚟不識。[430]

　　除朋五寽父庚的時代為晚商周初，甶弜白作鼎是為西周中期，其餘則為西周
早期。

小結

　　西周出土五字銘文有十八種類型，同商代出土五字銘文的九種類型相對
照，[431]相同的有「複合族徽＋官職或爵稱＋受享者的稱謂和日名」、「族徽＋官職
＋受享者的稱謂和日名」和「族徽或諸侯國名＋「作」＋器物名稱」，原先商代
出土銘文中「作器者＋「作」字＋器物名」僅 2 件，但在西周出土銘文中除第
一、二、十七類和歸入其他一類的戊尸正父己、朋五寽父庚共 8 件外，其餘 92
件西周出土五字銘文都具有作器者＋「作」字＋器物名的銘文格式，約占五字銘
文總數 90%。另外，商代出土五字銘文全數或出現受享者的稱謂和日名，或出現
受享者的稱謂，但西周出土五字銘文具有此一條件的銘文為 18 件，約占五字銘
文總數 18%，未出現受享者的稱謂和日名，至西周時期的改變，原因之一是以
「寶障彝」、「寶彝」、「障彝」、「旅彝」、「彝」等器物名稱表示祭器的性質，其二
是除祭器外，一些自作用器也開始出現，如匽侯作饙盂、新寽作饙段、白夋作盇
壺、梁姬作桼匜、微白瘋作匕、輔白作兵戈等。

---

428 李珮瑜：《商代出土銅器銘文研究》，頁247，淡江大學中國文學研究所碩士論文，1993。論文將
　　該佣字隸定為「嬰」。

429 中國社會科學院考古研究所：《殷周金文集成》修訂增補本第五冊，頁3998、4489，編號7011，
　　中華書局，北京，2007。

430 曹明檀、尚志儒：〈陝西鳳翔出土的西周青銅器〉，《考古與文物》1984：1，頁55。

431 李珮瑜：《商代出土銅器銘文研究》，頁265，淡江大學中國文學研究所碩士論文，1993。

十八類西周出土五字銘文中，沒有純粹表明作器者或器主身分的類型，第一
到第四類或顯示器主的族屬、官職、爵稱、私名又明確傳達該器是用以祭祀先父
祖的用途，第十七類沒有標明作器者或器主身分，僅出現「作」＋作器目的＋器
物名。至於第五至十六類，可知西周人名組成的多樣性，當中以第九類「族徽或
諸侯國名＋官職或爵稱或排行＋「作」＋器物名稱」為大宗，此一類型既能表明
作器者或器物所有者的國族，又可彰顯個人在封國或家族中的身分地位。商代出
土五字銘文 16 種中，僅兩種出現私名，但在西周出土五字銘文 74 種中，有 21
種出現個人名或字，有上升的趨勢。觀察其時代分布，102 件五字銘文中，屬於
商末周初的僅 1 件、西周的 1 件、西周早期的有 60 件、西周早中期的 2 件、西
周中期的 28 件、西周晚期的 10 件。

第三節　西周出土銅器六到二十二字銘文的組成與類型

一　六字銘文

西周出土銅器的六字銘文有：

銘文字形	銘文編號	銘文字形	銘文編號
並作父寶障彝	NO1321	弜作丼姬用鼎	NO531
陵作父乙旅彝	NO523	苟作父丁障齋	NO98
虘作父辛障彝	NO205	同作父壬障彝	NO1219
白作乙公障段	NO1345	作父庚障彝子	NO1214
應事作父乙寶	NO1037	叕史作考障鼎	NO1340
茻毗作父己寶	NO898—899	□里作父彝癸	NO461
□□作父丁彝	NO1244	□疒父癸父丁	NO567-2
叔作新邑旅彝	NO1233	王作中姜寶鼎	NO446
王作中姬寶彝	NO389	王作姜氏障段	NO773
弜白自為用甒	NO515	弜白自作盤鋞	NO525—526

（續）

銘文字形	銘文編號	銘文字形	銘文編號
射南自作其簠	NO1451—1452	秦公作寶用鼎	NO1636—1640
芮公作為旅設	NO870—871	滕侯作寶隣彝	NO1528
弜白作寶隣設	NO466—467	溧白作寶彝隣	NO1540
溧白作寶隣彝	NO1543—1544	陵白作寶隣彝	NO1545—1548、1551、1552-2、1553—1554
霸白作寶隣彝	NO1224	亶白作寶隣彝	NO1628
弜季作寶旅彝	NO478—479	鄧中作寶隣彝	NO662—663
外叔作寶隣彝	NO395	應監作寶隣彝	NO1674
衒監作寶隣彝	NO1472	唑白作中姞隣	NO1564
虢中作姞隣鬲	NO398	宗中作尹姞盤	NO756
宗中作尹姞匜	NO757	燮王作姜氏齋	NO448—449
白矩作寶隣彝	NO1622	白各作寶隣彝	NO487—489
白皙作旅隣鼎	NO512	白魚作寶隣彝	NO1372—2
史逨作寶旎鼎	NO334—335	史逨作寶隣彝	NO339
師趣作旅甒隣	NO942	長由作寶隣設	NO578—579
鳥壬俯作尊彝	NO394	矩爵作寶隣彝	NO1613
睿事正作寶彝	NO827	嵌中作寶隣彝	NO677
欄中作寶隣彝	NO852	齊姜作寶隣鼎	NO660
正父作寶隣彝	NO1091-2	白邦父作齋鬲	NO6
白澶父作寶設	NO311	白夸父作寶盨	NO237
中其父作旅簠	NO754—755	孟狀父作旅設	NO670
師晉父作鬶彝	NO678、719	井叔番作寶盂	NO109
井□叔作飲□	NO667	何嬠妟作寶彝	NO1621
羣作車彝亞矣	NO1158	員母隣彝亞矣	NO71
作父辛木羊冊	NO161	徙邊巤作父己	NO1541

（續）

銘文字形	銘文編號	銘文字形	銘文編號
糵保羽鳥母丁	NO1516-2	肇作祖寶障彝	NO1416－1417
用作父乙障彝	NO103	長社親曰寶鬲	NO1186
公作宗寶障彝	NO1675	作畕宮彝永寶	NO1051－1052
作予叔羸媵鬲	NO1645	茲戈友十又二	NO916
六六一六六一	NO349	白🔲作寶障彝	NO1226
🔲父作寶食彝	NO963	🔲父作寶尊彝	NO1030
豐公🔲作障彝	NO483	白丁🔲作寶彝	NO1354－1355
姑🔲母作旅匜	NO705	🔲🔲作父戊∀	NO685

　　西周出土六字銘文有 113 件，剔除重複的件數，以及銘文不全的樣本 4 件，歸納出共有 80 種不同的內容，由於西周出土銘文自六字開始，大都屬於作器者加上「作」加上器物名稱，因此，改按照出現在器物名稱之前的作器目的，先分成七大類，再依照作器者或器物所有者分成若干類型：

（一）標明為祭祀父祖之作器目的
　　1.族徽或諸侯國名＋作＋受享者稱謂＋器物名稱，如並作父寶障彝，；
　　2.私名＋作＋受享者稱謂和日名＋器物名稱，如苟作父丁障齋；
　　3.爵稱＋作＋受享者稱謂和日名＋器物名稱，如白作乙公障毁；
　　4.諸侯國名＋官職或私名＋作＋受享者稱謂和日名＋器物名稱，如
　　　　應事作父乙寶、荅虵作父己寶；
　　5.官職＋私名＋作＋受享者稱謂＋器物名稱，如斁史作考障鼎；
　　6.複合族徽＋官職＋受享者稱謂＋器物名稱，如𣄰母障彝亞矣；
　　7.複合族徽＋官職或私名＋作＋受享者稱謂和日名，如作父辛木羊冊；
　　8.族徽＋私名＋作＋受享者稱謂和日名，如🔲🔲作父戊∀；
　　9.族徽＋官職＋私名＋受享者稱謂和日名，如糵保羽鳥母丁；
　　10.用作或肇作＋受享者稱謂和日名或稱謂＋器物名稱，如肇作祖寶障彝。

（二）標明為自作自用之作器目的

　　1.諸侯國名＋爵稱＋自作或自為＋器物名稱，如弰白自為用甗；

　　2.官職＋私名＋自作＋器物名稱，如射南自作其簠。

（三）標明為妻子之作器目的

　　1.諸侯國名＋作＋為妻子作器目的＋器物名稱，如弰作丼姬用鼎；

　　2.王＋作＋為妻子作器目的＋器物名稱，如王作中姜寶鼎；

　　3.諸侯國名＋爵稱或排行＋作＋為妻子作器目的＋器物名稱，如
　　　　麩白作中姞隩、宗中作尹姞盤；

　　4.諸侯國名＋王＋作＋為妻子作器目的＋器物名稱，如鼄王作姜氏齋。

（四）標明為嫁女之作器目的

　　1.作＋為嫁女作器目的＋器物名稱，如作予叔嬴媵鬲；

　　2.王＋作＋為嫁女作器目的＋器物名稱，如王作中姬寶彝。

（五）標明地點

　　1.爵稱＋作＋地名＋器物名稱，如公作宗寶隩彝；

　　2.排行＋作＋地名＋器物名稱，如叔作新邑旅彝；

　　3.作＋地名＋器物名稱＋套語，如作瞏宮彝永寶。

（六）標明器物名稱

　　1.諸侯國名＋官職或爵稱或排行＋作＋器物名稱，如滕侯作寶隩彝；

　　2.族徽或諸侯國名＋私名＋作＋器物名稱，如長由作寶隩段；

　　3.官職或爵稱或排行＋私名＋作＋器物名稱，如白各作寶隩彝；

　　4.諸侯國名＋女子的姓＋作＋器物名稱，如齊姜作寶隩鼎；

　　5.字＋父＋作＋器物名稱，如正父作寶隩彝；

　　6.排行＋字＋父＋作＋器物名稱，如白溫父作寶段；

　　7.官職＋字＋父＋作＋器物名稱，如師曶父作齋彝；

　　8.諸侯國名＋爵稱或排行＋私名＋作＋器物名稱，如豐公[圖]作隩彝；

　　9.族徽＋官職＋私名＋作＋器物名稱，如疊作車彝亞矣；

　　10.女子的姓＋字＋母＋作＋器物名稱，如姞[圖]母作旅匜。

（七）其他

（一）標明為祭祀父祖之作器目的

1 族徽或諸侯國名＋作＋受享者稱謂＋器物名稱

西周出土六字銘文中，僅「並作父寶障彝」屬於族徽或諸侯國名＋作＋受享者稱謂＋器物名稱。崔樂泉曾論述「並」是商代紀國其中一支重要部族的名稱，西周之後又作為紀國的封地——邢邑延續下去。[432]

2 私名＋作＋受享者稱謂和日名＋器物名稱

西周出土六字銘文中，陵作父乙旅彝、苟作父丁障齋、盧作父辛障彝、同作父壬障彝都是屬於私名＋作＋受享者稱謂和日名＋器物名稱。西周出土六字銘文有 113 件 80 種，刪除銘文不全的 4 件，上述 4 種 4 件銘文約占六字銘文總數4%。除了陵作父乙旅彝時代為西周中期外，其他 3 件銘文皆為西周早期。

3 爵稱＋作＋受享者稱謂和日名＋器物名稱

西周出土六字銘文中，白作乙公障段、作父庚障彝子屬於爵稱＋作＋受享者稱謂和日名＋器物名稱。當中白作乙公障段之乙公當為死後追稱的諡號。[433]兩件銘文時代皆為西周早期。

4 諸侯國名＋官職或私名＋作＋受享者稱謂和日名＋器物名稱

西周出土六字銘文中，應事作父乙寶、莽此作父已寶屬於諸侯國名＋官職或私名＋作＋受享者稱謂和日名＋器物名稱。蔡運章認為莽此的莽為國族名，並引證唐蘭的說法，以為莽即鈁字，鈁通作方，方是離鎬京不遠的地名。而此則為作器者之名。[434]以上兩種 3 件銘文時代皆為西周早期。

5 官職＋私名＋作＋受享者稱謂＋器物名稱

西周出土六字銘文中，僅「毀史作考障鼎」屬於官職＋私名＋作＋受享者稱謂＋器物名稱。毀史作考障鼎時代屬西周早期。

---

432 崔樂泉：〈紀國銅器及其相關問題〉，《文博》1990：3，頁19-27。

433 王世民：〈西周春秋金文中的諸侯爵稱〉，《商周銅器與考古學史論集》，頁129，藝文印書館，台北，2008。

434 蔡運章：〈洛陽北窯西周墓青銅器銘文簡介〉，《文物》1996：7，頁57。

6 複合族徽＋官職＋受享者稱謂＋器物名稱

西周出土六字銘文中，僅「𩰫母隮彝亞矣」屬於複合族徽＋官職＋受享者稱謂＋器物名稱。𩰫母隮彝亞矣時代屬西周中期。

7 複合族徽＋官職或私名＋作＋受享者稱謂和日名

西周出土六字銘文中，作父辛木羊冊、徙遽𢊁作父己屬於複合族徽＋官職或私名＋作＋受享者稱謂和日名。木羊作為複合族徽未見於商代出土銘文，但在西周出土銘文中有不少例子，皆出現於扶風莊白村所出土的銅器群上。[435]徙於商代出土銘文中即是族徽，[436]但未見與遽複合者，徙遽雖未見於商周出土銘文，但在《殷周金文集成》編號 6318 銅觶銘文中，與受享者的稱謂和日名連用，[437]因此是為複合族徽。徙遽𢊁作父己時代屬西周早期，作父辛木羊冊屬西周中期。

8 族徽＋私名＋作＋受享者稱謂和日名

西周出土六字銘文中，僅「作父戊∀」屬於族徽＋私名＋作＋受享者稱謂和日名。當中的∀在商代出土銘文中就是當作族徽，[438]兩字不識，應為作器者之名。作父戊∀時代為西周早期。

9 族徽＋官職＋私名＋受享者稱謂和日名

西周出土六字銘文中，僅「𦡳保羽鳥母丁」屬於族徽＋官職＋私名＋受享者稱謂和日名。馮時提出𦡳為有仍之國，或作任、有戎，仍是商祖契的母國，奚仲之裔。保則為官名，𦡳保即仍國之保。羽鳥為私名。[439]𦡳保羽鳥母丁時代為西周早期。

---

435 本論文編號158-160「豐作父辛寶木羊冊」，175「旂作父乙寶隮彝木羊冊」，170、173、174「隹六月既生霸乙卯王在成周令豐寑大矩大矩賜豐金貝用作父辛寶隮彝木羊冊」，155、169「隹五月王在厈戊子令作冊旂眖望土于相侯賜金賜臣揚王休隹王十又九祀用作父乙隮其永寶木羊冊」。

436 李珮瑜：《商代出土銅器銘文研究》，頁222，淡江大學中國文學研究所碩士論文，1993。

437 中國社會科學院考古研究所：《殷周金文集成》修訂增補本第五冊，頁3794、4445，編號6318，中華書局，北京，2007。

438 李珮瑜：《商代出土銅器銘文研究》，頁240，淡江大學中國文學研究所碩士論文，1993。

439 馮時：〈前掌大墓地出土銅器銘文匯釋〉，《滕州前掌大墓地》下冊，頁591-594，文物出版社，北京，2005。

10 用作或肇作＋受享者稱謂和日名或稱謂＋器物名稱

西周出土六字銘文中，肇作祖寶隩彝、用作父乙隩彝屬於用作或肇作＋受享者稱謂和日名或稱謂＋器物名稱。肇作之肇意，朱鳳瀚以為當訓為始、初，意謂作器者初嗣宗子之位，對首次鑄作宗廟禮器的重視，所以明言肇作之器多是宗廟祭器。[440]以上兩種3件銘文時代皆為西周早期。

（二）標明為自作自用之作器目的

1 諸侯國名＋爵稱＋自作或自為＋器物名稱

西周出土六字銘文中，強白自為用甗、強白自作盤鑑屬於諸侯國名＋爵稱＋自作或自為＋器物名稱。這一類銘文的特點是在器物名稱的部分都使用器物專屬名稱，若器物名稱出現兩種似乎表示這兩種器物是成套、成組的，如強白自作盤鑑出現於銅盤、銅鑑各 1 件上，同一墓七字銘文強白作自為鼎殷也是出現在銅鼎、銅簋各1件上。以上兩種3件銘文時代皆為西周中期。

2 官職＋私名＋自作＋器物名稱

西周出土六字銘文中，僅「射南自作其簠」屬於官職＋私名＋自作＋器物名稱。張亞初、劉雨探論銘文中的司射和《周禮》的射人，認為兩者有一定關係，西周銘文中的「射」是帶有軍事性質的職官。[441]射南自作其簠時代為西周晚期。

（三）標明為妻子之作器目的

1 諸侯國名＋作＋為妻子作器目的＋器物名稱

西周出土六字銘文中，僅「強作井姬用鼎」屬於諸侯國名＋作＋為妻子作器目的＋器物名稱。徐良高和尹盛平皆主張井、井都是姬姓邢國。[442]寶雞茹家莊

---

440 朱鳳瀚：〈論周金文中「肇」字的字義〉，《北京師範大學學報（人文社會科學版）》2000：2，頁18-25。

441 張亞初、劉雨：《西周金文官制研究》，頁18，中華書局，北京，2004。

442 徐良高：〈邢、鄭井、豐井芻議〉，《三代文明研究（一）——1998年河北邢台中國商周文明國際學術研討會論文集》，頁118-125。尹盛平：〈邢國改封的原因及其與鄭邢、豐邢的關係〉，《三代文明研究（一）——1998年河北邢台中國商周文明國際學術研討會論文集》，頁126-132，科學出版社，北京，1999。

M2 出土的井姬器，或作「井」、「丼」，井姬乃邢伯或邢叔之女。強作井姬用鼎時代為西周中期。

2 王＋作＋為妻子作器目的＋器物名稱

西周出土六字銘文中，王作中姜寶鼎、王作姜氏障毁屬於王＋作＋為妻子作器目的＋器物名稱。中姜和姜氏都是王妃之名，前者為排行與姓組成，末者單以姓加上氏來稱呼。兩件銘文時代各為西周中、晚期。

3、諸侯國名＋爵稱或排行＋作＋為妻子作器目的＋器物名稱

西周出土六字銘文中，虢中作姑障鬲、宗中作尹姞盤、宗中作尹姞匜、䣢白作中姞障屬於諸侯國名＋爵稱或排行＋作＋為妻子作器目的＋器物名稱。宗中作尹姞盤（匜）出自藍田輞川指甲灣村，同出還有中其父作旅簠兩件，考古人員認為宗中和中其父應為同一人，所謂的「宗」當是以職官為氏名。[443]《殷周金文集成》將宗中的宗或視為是「崇」，或以為是崇國。晚商崇侯虎即是當時崇國國君。[444]李學勤提出崇國或在今陝西長安縣一帶，是商朝西土一個重要的諸侯國，文王滅崇後，徙都其地，築為豐京。[445]

至於出自甘肅寧縣宇村的銅盨銘文䣢白作中姞障，目前雖無法確知䣢為哪一封國，但依照銘文出現的形式與位置，侯、伯等爵稱之前通常冠以國族名，因此暫時歸置於此。至於姞為姓，中姞的中為排行，尹姞的尹是以職官為氏名，都是對諸侯之妻的稱呼。甘肅寧縣近於靈台縣、涇川縣，學者根據文獻記載，大都以為靈台縣為古密須國所在，涇川縣為古阮國所在，[446]不知䣢白與密須和阮國之間的關係，密須為姞姓，䣢白之妻或為密須之女子。以上 4 種 4 件銘文時代皆為西周晚期。

4 諸侯國名＋王＋作＋為妻子作器目的＋器物名稱

西周出土六字銘文中，僅「爨王作姜氏齋」屬於諸侯國名＋王＋作＋為妻子

443 吳鎮烽、朱捷元、尚志儒：〈陝西永壽、藍田出土西周青銅器〉，《考古》1979：2，頁120-121。
444 《新校史記三家注》，頁106，世界書局，台北，1993。
445 李學勤：《青銅器與古代史》，頁115、148，聯經出版有限公司，台北，2005。
446 徐少華：〈呂國銅器及其歷史地理探疑〉，《中原文物》1996：4，頁67。甘肅省文物考古研究所：《崇信于家灣周墓》，頁145，文物出版社，北京，2009。

作器目的＋器物名稱。燹為豳，徐中舒認為豳从山从豕，所从山為火形之訛，[447]《殷周金文集成》將燹或从攴皆以為豳。[448]燹王作姜氏齍時代屬西周晚期。

（四）標明為嫁女之作器目的

1 作＋為嫁女作器目的＋器物名稱

西周出土六字銘文中，僅「作予叔嬴賸鬲」屬於作＋為嫁女作器目的＋器物名稱。賸即為媵，吳十洲根據兩周銘文資料，提出媵器是商周時期政治聯姻的一種體現，凡是媵器，其銘辭會出現媵字以及為出嫁女子作器的貴族家長之名。[449]作予叔嬴賸鬲時代屬西周晚期。

2 王＋作＋為嫁女作器目的＋器物名稱

西周出土六字銘文中，僅「王作中姬寶彝」屬於王＋作＋為嫁女作器目的＋器物名稱。王作中姬寶彝時代屬西周早期。

（五）標明地點

1 爵稱＋作＋地名＋器物名稱

西周出土六字銘文中，僅「公作宗寶障彝」屬於爵稱＋作＋地名＋器物名稱。楊寬探論：「春秋以前，……宗廟除了用作祭祖和宗族行禮的處所以外，更作為政治上舉行重要典禮和宣布政策的地方」。[450]公作宗寶障彝的宗當指宗廟之意，該銘文時代為西周早期。

2 排行＋作＋地名＋器物名稱

西周出土六字銘文中，僅「叔作新邑旅彝」屬於排行＋作＋地名＋器物名稱。尹盛平指出：「成王遷居成周前，洛邑不叫成周，而是叫新邑。……此後金

---

447 徐中舒：《先秦史論稿》，頁116，巴蜀書社，成都，1992。

448 張亞初：《殷周金文集成引得》，頁191、435、210、1024，中華書局，北京，2001。

449 吳十洲：《兩周禮器制度研究》，頁174-175，五南圖書出版公司，台北，2004。

450 楊寬：《中國古代陵寢制度史研究》，頁36，上海人民出版社，上海，2003。

文中只見成周不見新邑，而且出現了宗周」。[451]標明地點的原因或於新邑受周王冊封、上級長官賞賜，故特於作器時加以追述。叔作新邑旅彝時代為西周早期。

3 作＋地名＋器物名稱＋套語

西周出土六字銘文中，僅「作瞏宮彝永寶」屬於作＋地名＋器物名稱＋套語。作瞏宮彝永寶見於平頂山北滍村 M84 應國墓地所出土的銅盤和盉蓋內，考古報告認為瞏宮為宗廟名，並引《殷周金文集成》編號 602 的銅鬲銘文「王作王母瞏宮尊鬲」，所謂王母瞏宮為周王之母的宗廟。[452]王作王母瞏宮該瞏宮為周王室宗廟，作瞏宮彝或指該銅盤和銅盉是專門用於瞏宮的禮器。作瞏宮彝永寶時代為西周中期。

（六）標明器物名稱

1 諸侯國名＋官職或爵稱或排行＋作＋器物名稱

西周出土六字銘文中，包括秦公作寶用鼎、芮公作為旅簋、滕侯作寶障彝、強白作寶障簋、淲白作寶彝障、漯白作寶障彝、隥白作寶障彝、盲白作寶障彝、霸白作寶障彝、強季作寶旅彝、鄧中作寶障彝、外叔作寶障彝、應監作寶障彝、向監作寶障彝、卷事正作寶彝都是屬於諸侯國名＋官職或爵稱或排行＋作＋器物名稱。芮公作為旅簋見於韓城梁帶村 M27 所出土的兩件銅簋上，M27 隨葬西周早期銅器應是早期芮國傳世器，早期芮國可能處於崇信于家灣墓地為代表的芮河上游地區。[453]陳昭容根據 M27 出土青銅器及紋飾特色，結合西伯斷虞芮之訟的史事，提出西周早期芮國應位於汧河流域。[454]

滕是武王庶弟叔繡的封國，故城在今滕縣西南滕城村一帶。[455]秦公、強白、淲白、隥白上文三字、五字銘文處已談及。盲《殷周金文集成》或視為是壇、

---

451 尹盛平：《周原文化與西周文明》，頁238-239，江蘇教育出版社，南京，2005。

452 河南省文物考古研究所、平頂山市文物管理委員會：〈平頂山應國墓地八十四號墓發掘簡報〉，《文物》1998：9，頁13。

453 楊磊：《梁帶村芮國墓地青銅器文化因素及相關問題研究》，頁43，西北大學考古學及博物館學碩士論文，2012。

454 陳昭容：〈談西周早期虞芮兩國位於汧河流域的可能性〉，《近二十年新出土中國古代青銅器國際學術研討會》，頁13，芝加哥藝術博物館與芝加哥大學顧立雅中國古文字學中心主辦，2010。

455 萬樹瀛、楊孝義：〈山東滕縣出土西周滕國銅器〉，《文物》1979：4，頁88-89。

檀，[456]檀氏是周初克商後受封的諸侯檀伯達之後。[457]至於霸白作寶障彝見於天馬曲村 M6197 所出土的銅簋上，現今雖不清楚霸所屬之封國或氏族，但依照銘文出現的形式與位置，判斷其應為國族名。

鄧中作寶障彝見於長安張家坡 M163 所出土的兩件犧尊上，另外在平頂山北滍村所出土的兩件銅簋上亦有「鄧公作應嫚毗滕殷其永寶用」，可見鄧國與應國有聯姻的關係。今湖北襄樊市西北有鄧國故城遺址，[458]陳夢家認為西周之鄧或在陝西境內。[459]外叔之外吳鎮烽歸為氏名，[460]同《殷周金文集成》編號 4283、4284之銅簋銘文「外季」，為國族名加上排行。

冎監作寶障彝見於黃縣韓欒村中村河東岸所出土的銅鼎上，冎監之冎可能為太昊之後於句地發展出的一支氏族。[461]劉雨指出西周實行在諸侯國設監之監察制度，所以冎監指稱冎地之監國者。[462]

夆事正作寶彝的事正或為史正，張亞初、劉雨以為銘文中的「正是長帥的統稱，……古代之正就是今天所講的領導。散盤的緩史正似指緩史之正長」，[463]因此夆事正或為夆氏史之正長。

總之，在西周出土六字銘文 80 種中，屬於諸侯國名＋官職或爵稱或排行＋作＋器物名稱的銘文有 15 種 31 件，約占六字銘文總數 28%。當中有 24 件時代屬西周早期、5 件屬西周晚期、2 件屬兩周之際。

2 族徽或諸侯國名＋私名＋作＋器物名稱

西周出土六字銘文中，長由作寶障殷、矩爵作寶障彝、何嫚妏作寶彝、鳥壬俰作尊彝屬於族徽或諸侯國名＋私名＋作＋器物名稱。長為氏族或國名。[464]矩或

456 張亞初：《殷周金文集成引得》，頁214、1092，中華書局，北京，2001。

457 朱鳳瀚：《商周家族形態研究》，頁359，天津古籍出版社，天津，2004。

458 周永珍：〈兩周時期的應國、鄧國銅器及地理位置〉，《考古》1982：1，頁50-52。

459 陳夢家：《西周銅器斷代》上冊，頁63，中華書局，北京，2004。

460 吳鎮烽：〈金文人名研究〉，《周秦文化研究》，頁428，陝西人民出版社，西安，1998。

461 李步青、王錫平：〈建國來煙台地區出土商周銘文青銅器概述〉，《古文字研究》第19輯，頁69，中華書局，北京，1992。

462 劉雨：〈西周的監察制度〉，《古文字研究》第25輯，頁170-173，中華書局，北京，2004。

463 張亞初、劉雨：《西周金文官制研究》，頁58，中華書局，北京，2004。

464 河南省文物考古研究所、周口市文化局：《鹿邑太清宮長子口墓》，頁209，中州古籍出版社，鄭州，2000。

為人名[465]或為氏族名，[466]若於伯、叔等行第字後出現應為私名，若於伯前（表爵稱意）出現為氏族名，如岐山董家村出土的盉蓋銘文「……矩伯庶人取董章于裘衛……」。[467]何嬃妟作寶彝出現於喀左縣山灣子村所出土的銅甗上，何在商代出土銘文中即為族徽，[468]妟不見於商周出土銘文，但在《殷周金文集成》編號4262─4265 銅簋銘文中出現「……格伯妟伋甸……」。[469]鳥亦為氏族銘文。由、爵、嬃妟和壬佩應為私名。鳥壬佩作尊彝、矩爵作寶隥彝、何嬃妟作寶彝時代為西周早期，長由作寶隥設為西周中期。

3 官職或爵稱或排行＋私名＋作＋器物名稱

西周出土六字銘文中，白各作寶隥彝、白魚作寶隥彝、白矩作寶隥彝、白智作旅隥鼎、白🔲作寶隥彝、白🔲🔲作寶彝、史遬作寶氼鼎、史遬作寶隥彝、師趞作旅甗隥、嫉中作寶隥彝、橘中作寶隥彝屬於官職或爵稱或排行＋私名＋作＋器物名稱。在西周出土六字銘文 80 種中，上述 11 種 15 件屬於此類，約占六字銘文總數 14%。當中白智作旅隥鼎、橘中作寶隥彝時代為西周中期，其餘 9 種 13 件為西周早期。

4 諸侯國名＋女子的姓＋作＋器物名稱

西周出土六字銘文中，僅「齊姜作寶隥鼎」屬於諸侯國名＋女子的姓＋作＋器物名稱。齊姜作寶隥鼎時代屬西周早期。

5 字＋父＋作＋器物名稱

西周出土六字銘文中，正父作寶隥彝、🔲父作寶尊彝、🔲父作寶食彝屬於字＋父＋作＋器物名稱。🔲父作寶尊彝時代為商末周初，正父作寶隥彝為西周早期，🔲父作寶食彝為西周中期。

465 曹淑琴：〈伯矩銅器群及其相關問題〉，《慶祝蘇秉琦考古五十五年論文集》，頁403，文物出版社，北京，1989。

466 吳鎮烽：〈金文人名研究〉，《周秦文化研究》，頁426，陝西人民出版社，西安，1998。

467 本論文編號387。

468 李珮瑜：《商代出土銅器銘文研究》，頁240，淡江大學中國文學研究所碩士論文，1993。

469 中國社會科學院考古研究所：《殷周金文集成》修訂增補本第四冊，頁2590-2595、3415-3416，編號4262-4265，中華書局，北京，2007。

6 排行＋字＋父＋作＋器物名稱

西周出土六字銘文中，白邦父作🔲🔲、白🔲父作寶𣪕、白夸父作寶盨、中其父作旅簠、孟𣪕父作旅𣪕屬於排行＋字＋父＋作＋器物名稱。此類 5 種 6 件約占六字銘文總數 6%。孟𣪕父作旅𣪕時代為西周早中期，其餘 4 種 5 件時代為西周晚期。

7 官職＋字＋父＋作＋器物名稱

西周出土六字銘文中，僅「師𤔲父作🔲彝」屬於官職＋字＋父＋作＋器物名稱。師𤔲父作🔲彝時代屬西周中期。

8 諸侯國名＋爵稱或排行＋私名＋作＋器物名稱

西周出土六字銘文中，豐公🔲作隣彝、井叔番作寶盂屬於諸侯國名＋爵稱或排行＋私名＋作＋器物名稱。前者時代為西周早期，後者為西周晚期。

9 族徽＋官職＋私名＋作＋器物名稱

西周出土六字銘文中，僅「疊作車彝亞矣」屬於族徽＋官職＋私名＋作＋器物名稱。疊作車彝亞矣時代屬西周早期。

10 女子的姓＋字＋母＋作＋器物名稱

西周出土六字銘文中，僅「姞🔲母作旅匜」屬於女子的姓＋字＋母＋作＋器物名稱。姞🔲母作旅匜時代屬西周晚期。

（七）其他

西周出土六字銘文中，長社親曰寶鬲、茲戈友十又二、六六一六六一歸入其他一類。長社親曰寶鬲出現於確山縣竹溝鎮所出土的銅鬲上，同出的還有「鄳伯」銅盤、銅匜各 1 件。社字白川靜解讀土為社之初文，是將圓形土堆放到台上，象徵土主（土地神）之形，「土主所在地為社（祭神處）」。[470]長社親曰寶鬲意謂該銅鬲用以祭祀天地神靈，連天地神靈也認許此銅鬲為寶貴之器。但不知長

---

470 白川靜：《常用字解》，頁185，九州出版社，北京，2010。

字與作為氏族之名的長國有關聯性嗎？或僅為地名？長久之意？該銘文時代為西周晚期。

茲戈友十又二見於洛陽北窯村 M5 所出土的銅戈上，戈內另一面為族徽╕，茲戈友十又二表示╕族同一批鑄造銅戈共有 12 件。

六六一六六一出現於岐山縣賀家村 76QHM113 所出土的銅甗上，是為筮數易卦，蔡運章考釋六六一六六一為《周易》的震卦。以震卦鑄刻於銅甗上，以表示盛、君、進之意。[471]時代為西周早期。

小結

西周出土六字銘文同商代出土六字銘文相比，[472]商代出土六字銘文僅 15 件，當中具備「作器者＋「作」字或「以」字＋受享者的稱謂和日名＋器物名」之格式者僅兩種 5 件，但在西周出土銘文中未出現「作」字的銘文件數為 6 種 6 件，約占西周出土六字銘文總數 113 件 5%，換言之，西周出土六字銘文 95%皆出現作（或為）字。觀察未帶作（或為）字的西周出土銘文，長社親曰寶鬲、茲戈友十又二、六六一六六一，或標舉該器的神聖性與象徵意義、或記錄鑄造的銅器件數，其他 3 件未帶作（或為）字的西周出土銘文，皆為第一類標明為祭祀父祖之作器目的，時代分布為 2 件西周早期、1 件西周中期。

另外，商代出土六字銘文 15 件全部都出現受享者稱謂和日名，但西周出土六字銘文或出現受享者稱謂和日名、或僅出現受享者稱謂的銘文為 22 件，約占六字銘文總數 13%，這 22 件之中有 18 件時代為西周早期、3 件西周中期、1 件西周時期。

承上述，西周出土六字銘文的第一類標明為祭祀父祖之作器目的有 22 件，[473]屬第二類標明為自作自用之作器目的共有 5 件，時代為西周中期和晚期；屬第三類標明為妻子之作器目的共有 9 件，其中 2 件為西周中期、7 件西周晚期；屬第四類標明為嫁女之作器目的有 2 件，時代為西周早期、晚期；屬第五類標明地點

---

471 蔡運章：〈商周筮數易卦釋例〉，《考古學報》2004：2，頁140。

472 李珮瑜：《商代出土銅器銘文研究》，頁267-269，淡江大學中國文學研究所碩士論文，1993。

473 包括銘文不全的3件：□塱作父彝癸、□□作父丁彝、□府父癸父丁。

共有 4 件，時代為西周早期和中期，當中叔作新邑旅彝非祭器性質；屬第六類標
明器物名稱共有 68 件，[474]1 件時代為商末周初、44 件為西周早期、1 件早中期、
7 件西周中期、13 件西周晚期、2 件兩周之際，當中如🀄父作寶食彝、𦤩作車彝
亞矣可能非祭器性質。

二　七字銘文

西周出土銅器的七字銘文有：

銘文字形	銘文編號	銘文字形	銘文編號
作父丁寶障彝襄	NO1190—1191	𣌭作厥父寶障彝	NO1202-1 、 1229 、 1230-1
𣌭作文祖寶障彝	NO1352—1353	小臣作父乙寶彝	NO1652—1654
衛作父庚寶障彝	NO344	牆作父乙寶障彝	NO162—163
陟作父丁寶障彝	NO1028 、 1029-1 、 1031	揚作父辛寶障彝	NO1344
晝作父癸寶障彝	NO964	遹作祖乙寶障彝	NO524
效作祖戊寶障彝	NO101	邦作祖庚寶障殷	NO885
作障彝瘭作父丁	NO166	亞盉作父乙障彝	NO1346
耴義作父庚尊彝	NO1616	史戍作父壬障彝	NO1617
亞尹莧作父丁彝	NO801、806	轉作父己彝虖冊	NO486
曲束冊作父辛寶	NO495	弜白作自為鼎殷	NO514、520
白雄父自作用器	NO125	弜白作丼姬用鼎	NO528
弜白作丼姬用甗	NO533	弜白作丼姬突鼎	NO532
弜叔作犀妊齏鬲	NO759—761	太師作孟姜餴殷	NO770
虢季作寶殷永用	NO985—987	孟得作寶殷永用	NO1253

---

474 包括銘文不全的1件：丼□叔作飲□。

（續）

銘文字形	銘文編號	銘文字形	銘文編號
南宮姬作寶障鼎	NO1209─1210	長子口作旅宗齍	NO1133─1135
叔啟父作旅鼎□	NO945	與中羋父作旅甗	NO200
王作康季寶障鬲	NO397	咸作豐大母障彝	NO675─676
吾作縢公寶障彝	NO1521	強白作旅用鼎段	NO521、535
年無疆子子孫孫	NO1262	▆冈作父乙寶齍	NO709
貧作父乙障彝▆	NO1084	▆矢作父辛寶彝	NO1086─1087
▆白矩作寶障彝	NO1362	曾大師▆▆作鼎	NO1588

　　西周出土七字銘文有 63 件，剔除重複的件數，歸納出有 42 種不同的內容，按照作器的目的，先分成六大類，再依照作器者或器物所有者分成若干類型：

（一）標明為祭祀父祖之作器目的
　　1. 族徽或諸侯國名＋作＋受享者稱謂和日名或稱謂＋器物名稱，如作父丁寶障彝襄；
　　2. 官職＋作＋受享者稱謂和日名＋器物名稱，如小臣作父乙寶彝；
　　3. 私名＋作＋受享者稱謂和日名＋器物名稱，如牆作父乙寶障彝；
　　4. 複合族徽＋作＋受享者稱謂和日名＋器物名稱，如▆冈作父乙寶齍；
　　5. 族徽＋官職＋作＋受享者稱謂和日名＋器物名稱，如亞盉作父乙障彝；
　　6. 族徽＋私名＋作＋受享者稱謂和日名＋器物名稱，如耴義作父庚尊彝；
　　7. 官職＋私名＋作＋受享者稱謂和日名＋器物名稱，如史戍作父壬障彝；
　　8. 族徽＋官職＋私名＋作＋受享者稱謂和日名＋器物名稱，如轈作父己彝犀冊。
（二）標明為自作自用之作器目的
　　1. 諸侯國名＋爵稱＋作＋自為＋器物名稱，如強白作自為鬲段；
　　2. 排行＋字＋父＋自作＋器物名稱，如白離父自作用器。
（三）標明為妻子之作器目的
　　1. 諸侯國名＋爵稱或排行＋作＋為妻子作器目的＋器物名稱，如強白作幷姬用鼎。

（四）標明為嫁女之作器目的

  1. 官職＋作＋為嫁女作器目的＋器物名稱，如太師作孟姜㵍段。

（五）標明器物名稱

  1. 諸侯國名＋排行＋作＋器物名稱＋套語，如虢季作寶段永用；

  2. 族徽＋女子的姓＋作＋器物名稱，如南宮姬作寶隩鼎；

  3. 排行＋私名＋作＋器物名稱＋套語，如孟得作寶段永用；

  4. 族徽或諸侯國名＋官職或爵稱＋私名＋作＋器物名稱，如
     長子口作旅宗彝；

  5. 排行＋字＋父＋作＋器物名稱，如叔旮父作旅鼎□；

  6. 族徽＋排行＋字＋父＋作＋器物名稱，如與中雩父作旅甗。

（六）其他

（一）標明為祭祀父祖之作器目的

1 族徽或諸侯國名＋作＋受享者稱謂和日名或稱謂＋器物名稱

    西周出土七字銘文中，作父丁寶隩彝襄、繖作厥父寶隩彝、繖作文祖寶隩彝屬於族徽或諸侯國名＋作＋受享者稱謂和日名或稱謂＋器物名稱一類。繖於上文五字銘文處已分析當為國族名。作父丁寶隩彝襄的襄是按照《近出殷周金文集錄》的隸定，[475] 原出土報告隸定為若，並以為是文獻記載之方國都，也就是將之視為是方國名或族徽。[476] 上述 3 種 7 件此類銘文，約占西周出土七字銘文總數 11%。此類銘文時代全數皆為西周早期。

2 官職＋作＋受享者稱謂和日名＋器物名稱

    西周出土七字銘文中，僅「小臣作父乙寶彝」屬於官職＋作＋受享者稱謂和日名＋器物名稱一類。根據張亞初、劉雨的論析，西周銘文中的小臣並非指一般君臣之臣意，而是官職。透過受賞賜的品物及數量高低研判，西周時期之小臣有

---

475 劉雨、盧岩：《近出殷周金文集錄》第二冊，編號435-436，頁3111-3313，中華書局，北京，2002。

476 信陽地區文管會、信陽縣文管會：〈河南信陽縣溮河港出土西周早期銅器群〉，《考古》1989：
    1，頁19。

些地位高，有些地位低。[477]小臣作父乙寶彝見於江陵縣萬城村所出土的銅卣、銅尊、銅觶上，就器形判斷，銅卣、銅觶時代為西周早期，銅尊為西周中期。[478]

3 私名＋作＋受享者稱謂和日名＋器物名稱

西周出土七字銘文中，牆作父乙寶障彝、陌作父丁寶障彝、作障彝癲作父丁、衛作父庚寶障彝、揚作父辛寶障彝、晝作父癸寶障彝、遹作祖乙寶障彝、效作祖戊寶障彝、邦作祖庚寶障段屬於私名＋作＋受享者稱謂和日名＋器物名稱一類。上述 9 種 12 件此類銘文，約占西周出土七字銘文總數 19%。當中 3 件時代為商末周初、3 件為西周早期、6 件為西周中期。

4 複合族徽＋作＋受享者稱謂和日名＋器物名稱

西周出土七字銘文中，🔲冈作父乙寶🔲、🔲矢作父辛寶彝屬於複合族徽＋作＋受享者稱謂和日名＋器物名稱一類。🔲冈為複合族徽，上述四字銘文處已論及。🔲矢作父辛寶彝出現於襄城縣霍莊村所出土的銅尊、銅卣上，同出的還有 1 件銅爵銘文「矢父辛」為🔲矢作父辛寶彝之減省，矢為周初分封後之諸侯國名，[479]🔲或為隸屬矢的一支氏族。上述 2 種 3 件此類銘文，約占西周出土七字銘文總數 5%。時代均為西周早期。

5 族徽＋官職＋作＋受享者稱謂和日名＋器物名稱

西周出土七字銘文中，僅「亞盉作父乙障彝」屬於族徽＋官職＋作＋受享者稱謂和日名＋器物名稱一類。盉在上文四字銘文處已論述是為氏族名。該銘文時代屬西周早期。

6 族徽＋私名＋作＋受享者稱謂和日名＋器物名稱

西周出土七字銘文中，聑義作父庚尊彝、貪作父乙障彝🔲屬於族徽＋私名＋

---

477 張亞初、劉雨：《西周金文官制研究》，頁44-45，中華書局，北京，2004。

478 中國社會科學院考古研究所：《殷周金文集成》修訂增補本第四、五冊，頁3297、3494、3632、4413、3842、4456，編號5268、5870、6468，中華書局，北京，2007。

479 盧連成、胡智生：《寶雞強國墓地》，頁417-420，文物出版社，北京，1988。王世民：〈西周時代諸侯方國青銅器概述〉，《商周銅器與考古學史論集》，頁81，藝文印書館，台北，2008。

作＋受享者稱謂和日名＋器物名稱一類。珥在商代出土銘文中就是當作族徽，[480]
未見於其他商周出土和傳世銘文，但其出現的位置符合早期族氏銘文所具獨立
性之特色，因此推測應當是為族徽。兩件銘文時代均為西周早期。

7 官職＋私名＋作＋受享者稱謂和日名＋器物名稱

西周出土七字銘文中，史成作父壬隩彝、亞尹筧作父丁彝屬於官職＋私名＋
作＋受享者稱謂和日名＋器物名稱一類。亞尹筧作父丁彝出現亞和尹，可能表示
作器者家族曾擔任的官職，如同五字銘文亞夫父辛冊。上述 2 種 3 件此類銘文，
約占西周出土七字銘文總數 5%。時代皆屬西周早期。

8 族徽＋官職＋私名＋作＋受享者稱謂和日名＋器物名稱

西周出土七字銘文中，轉作父己彝霥冊、啡束冊作父辛寶屬於族徽＋官職＋
私名＋作＋受享者稱謂和日名＋器物名稱一類。霥冊、束冊是族徽加上官職，
轉、啡為私名。兩件銘文時代均為西周早期。

（二）標明為自作自用之作器目的

1 諸侯國名＋爵稱＋作＋自為＋器物名稱

西周出土七字銘文中，僅「強白作自為肅殷」屬於諸侯國名＋爵稱＋作＋自
為＋器物名稱一類。銘文一式兩件，時代屬西周中期。

2 排行＋字＋父＋自作＋器物名稱

西周出土七字銘文中，僅「白雞父自作用器」屬於排行＋字＋父＋自作＋器
物名稱一類。時代屬西周中期。

（三）標明為妻子之作器目的

1 諸侯國名＋爵稱或排行＋作＋為妻子作器目的＋器物名稱

西周出土七字銘文中，強白作丼姬用鼎、強白作丼姬用甀、強白作丼姬宎

---

480 李珮瑜：《商代出土銅器銘文研究》，頁259，淡江大學中國文學研究所碩士論文，1993。

鼎、弭叔作犀妊齎鬲屬於諸侯國名＋爵稱或排行＋作＋為妻子作器目的＋器物名稱一類。弭叔作犀妊齎鬲見於藍田縣寺坡村所出土的 3 件銅鬲上，郭沫若提出弭乃封邑名，[481]犀妊之犀見於《殷周金文集成》編號 2534、4569 的西周銅鼎、春秋早期銅簠銘文「犀白魚父作旅鼎……」、「都公作犀仲仲嬭義男尊簠」中。[482]犀應為國族名，妊姓。上述 4 種 6 件此類銘文，約占西周出土七字銘文總數 10%。前三者時代屬西周中期，末者為西周晚期。

（四）標明為嫁女之作器目的

1 官職＋作＋為嫁女作器目的＋器物名稱

西周出土七字銘文中，僅「太師作孟姜餴殷」屬於官職＋作＋為嫁女作器目的＋器物名稱一類。依照曹定雲的歸納與分析，若是父親為出嫁女兒作器，當中女子稱謂的特徵是夫國之國名不會出現，並且只會使用女子的排行次第；若是丈夫為妻子作器，當中女子稱謂是在女子姓前冠以母國之國名。[483]張亞初、劉雨研判太師（大師）是師的上司，根據伯太師之銘文，推測西周時期可能設有正、副二人，性質是為武官。[484]太師作孟姜餴殷時代屬西周晚期。

（五）標明器物名稱

1 諸侯國名＋排行＋作＋器物名稱＋套語

西周出土七字銘文中，僅「虢季作寶殷永用」屬於諸侯國名＋排行＋作＋器物名稱＋套語一類。一式 3 件的虢季作寶殷永用時代為西周晚期。

2 族徽＋女子的姓＋作＋器物名稱

西周出土七字銘文中，僅「南宮姬作寶隣鼎」屬於族徽＋女子的姓＋作＋器物名稱一類。此銅鼎當是嫁與南宮氏之姬姓婦人所作之器。一式兩件的南宮姬作寶隣鼎時代屬西周早期。

---

481 郭沫若：〈弭叔簋及訇簋考釋〉，《文物》1960：2，頁5。

482 中國社會科學院考古研究所：《殷周金文集成》修訂增補本第二、四冊，頁1277、1652、2939、3443，編號2534、4569，中華書局，北京，2007。

483 曹定雲：〈周代金文中女子稱謂類型研究〉，《考古》1999：6，頁79-80。

484 張亞初、劉雨：《西周金文官制研究》，頁3-4，中華書局，北京，2004。

3 排行＋私名＋作＋器物名稱＋套語

西周出土七字銘文中，僅「孟得作寶毁永用」屬於排行＋私名＋作＋器物名稱＋套語一類。孟得作寶毁永用時代為西周晚期。

4 族徽或諸侯國名＋官職或爵稱＋私名＋作＋器物名稱

西周出土七字銘文中，包括長子口作旅宗鼎、█白矩作寶障彝、曾太師█作鼎屬於族徽或諸侯國名＋官職或爵稱＋私名＋作＋器物名稱一類。其中█上文三字銘文處已判定是為族氏銘文，曾太師█作鼎中的曾國，是文獻紀錄中的姬姓隨國，[485]█當為私名。[486]上述 3 種 5 件此類銘文，約占西周出土七字銘文總數 8%。前兩者時代為西周早期，末者為西周晚期。

5 排行＋字＋父＋作＋器物名稱

西周出土七字銘文中，僅「叔晉父作旅鼎□」屬於排行＋字＋父＋作＋器物名稱一類。叔晉父作旅鼎□時代屬西周晚期。

6 族徽＋排行＋字＋父＋作＋器物名稱

西周出土七字銘文中，僅「與中雩父作旅甗」屬於族徽＋排行＋字＋父＋作＋器物名稱一類。該「與」字不見於其他商周出土或傳世銘文，但以其出現的形式和位置推論，應為族徽之類。與中雩父作旅甗時代屬西周晚期。

（六）其他

西周出土七字銘文中，王作康季寶障鼎、咸作豐大母障彝、吾作滕公寶障彝、強白作旅用鼎毁、年無疆子子孫孫歸入其他一類。王作康季寶障鼎表面上的意思是王替王室重臣康季作器，李朝遠分析，王器並不一定是王鑄造好器物再贈送給他人，可能真正的作器者是康季自己，[487]此說似乎將康季當作生稱，故該銘

---

485 王世民：〈西周時代諸侯方國青銅器概述〉，《商周銅器與考古學史論集》，頁76，藝文印書館，台北，2008。

486 湖北省文物考古研究所：《曾國青銅器》，頁7，文物出版社，北京，2007。

487 李朝遠：〈西周金文中的「王」與「王器」〉，《文物》2006：5，頁74-79。

文可能的含意是指康季奉王命鑄作寶障鼎。

　　吾作滕公寶障彝出現於 1978 年滕州莊裡西村所出土的銅鬲上，1982 年莊裡西村又出土 1 件銅簋銘文「滕侯作滕公寶障彝」，吾或為滕侯自稱，然而滕公一詞究竟為生稱亦或死後追稱，王世民以為應當屬於死後追稱。[488]

　　咸作豐大母障彝的咸為私名，但豐大母該如何解釋？豐大母似乎非關受享者稱謂，若作為去世母妣的祭器，多數銘文格式很固定，或於親稱前加上皇、文、王等美稱，形成「作妣×彝」、「作文母××尊」。[489]豐大母為生稱，不是咸為妻子作器，就是咸為女兒作器。依照吳鎮烽的研究，金文當中的女子稱謂若是由兩種以上成分組成，一定包含女子的姓，除非是字和名連稱。[490]這應當是基於對女子出身的看重，或因為西周時期同姓不婚，因此對於女子的姓特別重視。[491]但豐大母並未出現女子的姓，以此推論，大母當為女子的字，豐為女子的名。至於是為妻子或女兒作器，暫且存疑。

　　強白作旅用鼎殷牽涉對旅字的理解，何樹環統整兩周金文中帶旅字的器物名稱，共有十五種之多，大多數都是作為器物名稱的修飾語，而非作為用途功能的語詞。並提出用旅之旅為表示銅器功能用途的動詞，其意義為喜、樂。[492]強白作旅用鼎殷分別見於寶雞市茹家莊 M1 和 M2 的銅鼎和銅簋上，當中的旅也應該是作為用途功能的語詞，試比較 M1、M2 共出銘文「強白作丼姬用鼎」、「強白作自為鼎殷」，都是在鼎、鼎殷等專用器物名稱前說明該器物為丼姬和自己使用，旅雖並非表示特定人物，但傾向表示特定場合或用途，而非嘉美之修飾語或喜樂之意。

　　年無疆子子孫孫出自天馬村曲村 I11M8 所出土的銅鐘上，該墓於 1992 年被盜，應為一套編鐘的其中 1 件，與「永寶茲鐘」為僅存最後兩件。[493]

---

488 王世民：〈西周春秋金文中的諸侯爵稱〉，《商周銅器與考古學史論集》，頁123，藝文印書館，台北，2008。

489 陳昭容：〈周代婦女在祭祀中的地位——青銅器銘文中的性別、身分與角色研究（之一）〉，《清華學報》第31卷第4期，頁402。

490 吳鎮烽：〈金文人名研究〉，《周秦文化研究》，頁430-432，陝西人民出版社，西安，1998。

491 楊寬：《西周史》，頁438，上海人民出版社，上海，2004。

492 何樹環：〈說銅器稱名中的「旅」〉，《青銅器與西周史論集》，頁225-250，文津出版社，台北，2013。

493 北京大學考古學系、山西省考古研究所：〈天馬——曲村遺址北趙晉侯墓地第二次發掘〉，《文物》1994：1，頁11、18。

小結

　　商代出土七字銘文僅 9 件，扣除其中銘文不全的 2 件，其中 3 件長子口作旅宗彝因時代為商末周初而重出互見，剩餘 4 件都已具備「作器者＋「作」字＋受享者的稱謂和日名＋器物名」之格式。[494]西周出土七字銘文除編鐘之一「年無疆子子孫孫」外，其他百分百都出現「作」字。

　　此外，西周出土七字銘文或出現受享者稱謂和日名、或僅出現受享者稱謂的銘文為 33 件，約占七字銘文總數 52%，這 33 件之中有 3 件時代為商末周初、23件為西周早期、7 件為西周中期。

　　總之，西周出土七字銘文的第一類標明為祭祀父祖之作器目的有 34 件，[495]屬第二類標明為自作自用之作器目的共有 3 件，時代皆為西周中期；屬第三類標明為妻子之作器目的共有 6 件，其中 3 件為西周中期、3 件西周晚期；屬第四類標明為嫁女之作器目的僅 1 件，時代為西周晚期；屬第五類標明器物名稱共有 13 件，6 件時代為西周早期、7 件為西周晚期。西周出土七字銘文中，虢季作寶段永用、孟得作寶段永用兩種 4 件銘文出現所謂套語「永用」，時代皆是西周晚期。

三　八字銘文

　　西周出土銅器的八字銘文有：

銘文字形	銘文編號	銘文字形	銘文編號
邵作父乙□寶尊彝	NO877	關作坒昜日辛隮彝	NO99
小夫作父丁寶旅彝	NO1470	倗丂作義姒寶隮彝	NO1627
亞弜作父癸寶隮彝	NO1208	其史作祖己寶隮彝	NO1375
辟作父癸寶隮彝㔾	NO725	史寏作父庚寶隮彝	NO895－896
串作父丁寶鼎戌簸	NO1289	彈作父辛隮彝亞重	NO850
子奓作母辛隮彝𤔪	NO1539	豐作父辛寶木羊冊	NO158－160

---

494 李珮瑜：《商代出土銅器銘文研究》，頁269-274，淡江大學中國文學研究所碩士論文，1993。
495 包括吾作滕公寶隮彝。

（續）

銘文字形	銘文編號	銘文字形	銘文編號
盂鬵文帝母日辛障	NO1658－1659	王商小臣彙宮祖乙	NO1246
滕侯作滕公寶障彝	NO1530	王姜作舞妣寶障彝	NO1434
召白虎用作朕文考	NO944	戎帆玉人父宗彝朡	NO590、592
弜白作丼姬用盂鏙	NO537	倗白作畢姬寶旅鼎	NO1303
倗白作畢姬寶旅甗	NO1304	倗白作畢姬寶旅毁	NO1305
倗白作畢姬寶旅盤	NO1307	中邊父作鄦姜寶匜	NO910
白雄倗宿小妻鼎凶	NO1221	王作親王姬采鬵彝	NO1033－1034
公大史作姬叄障彝	NO1592	叔皇父作中姜障鬲	NO851
白百父作孟姬朕鎣	NO636	白百父作孟姬朕盤	NO637
王作莽京中帚歸盂	NO214	芮公叔作膚宮寶毁	NO1468－1469
噩侯弟曆季作旅彝	NO1574	瘨作鷙鐘萬年日鼓	NO195－197
旅作寶毁其萬年用	NO407	惑作寶鼎子孫永用	NO696
諫作旅毁其永寶用	NO1089	諫作寶毁用日飲賓	NO1090
矢幭作寶旅盨永用	NO546	虢季作寶用言追孝	NO1003－1004
虢季作旅毁永寶用	NO982	虢季作寶毁永寶用	NO983－984
虢季作旅盨永寶用	NO988－991	虢季作寶簠永寶用	NO992－993
虢季作寶壺永寶用	NO996－997	虢季作寶盤永寶用	NO998
中枏父作匕永寶用	NO829	函交中作旅簠寶用	NO247
中姜作為趞公障鼎	NO861－862	中姜作為趞公障甗	NO866
中姜作為趞公尊毁	NO867	朋友朕其萬年臣天	NO68
六一七六一六◊者	NO354		

西周出土八字銘文有 70 件，剔除重複的件數，歸納出有 53 種不同的內容，按照作器的目的，先分成六大類，再依照作器者或器物所有者分成若干類型：

（一）標明為祭祀父祖之作器目的

1.私名＋作＋受享者稱謂和日名＋器物名稱，如邵作父乙□寶尊彝；

2.官職＋作＋受享者稱謂和日名＋器物名稱，如小夫作父丁寶旅彝；

3.複合族徽＋作＋受享者稱謂＋器物名稱，如佣丂作義妣寶障彝；

4.族徽＋官職＋作＋受享者稱謂和日名＋器物名稱，如亞弘作父癸寶障彝；

5.族徽＋私名＋作＋受享者稱謂和日名＋器物名稱，如辟作父癸寶障彝刀；

6.官職＋私名＋作＋受享者稱謂和日名＋器物名稱，如史宓作父庚寶障彝；

7.複合族徽＋私名＋作＋受享者稱謂和日名＋器物名稱，如
串作父丁寶鼎戊簋；

8.族徽＋官職或爵稱＋私名＋作＋受享者稱謂和日名＋器物名稱，如
子夋作母辛障彝糞；

9.複合族徽＋官職＋私名＋作＋受享者稱謂和日名＋器物名稱，如
豐作父辛寶木羊冊；

10.諸侯國名＋爵稱＋作＋父祖追稱＋器物名稱，如滕侯作滕公寶障彝；

11.王＋女子的姓＋作＋母妣追稱＋器物名稱，如王姜作龏姒寶障彝；

12.族徽＋爵稱＋私名＋用作＋受享者稱謂，如召白虎用作朕文考；

13.族徽＋名字＋受享者稱謂＋器物名稱，如戎帆玉人父宗彝障。

（二）標明為妻子之作器目的

1.諸侯國名＋爵稱＋作＋為妻子作器目的＋器物名稱，如
強白作丼姬用盂鐂；

2.排行＋字＋父＋作＋為妻子作器目的＋器物名稱，如中遳父作鄅姜寶匜。

（三）標明為嫁女之作器目的

1.王＋作＋為嫁女作器目的＋器物名稱，如王作親王姬采鱉彝；

2.爵稱＋官職＋作＋為嫁女作器目的＋器物名稱，如公大史作姬奎障彝；

3.排行＋字＋父＋作＋為嫁女作器目的＋器物名稱，如白百父作孟姬朕盤。

（四）標明地點

1.王＋作＋地名＋器物名稱，如王作莕京中帘歸盂；

2.諸侯國名＋爵稱和排行＋作＋地名＋器物名稱，如內公叔作膧宮寶殷。

（五）標明器物名稱

1.諸侯國名＋爵稱＋稱謂＋族徽＋排行＋作＋器物名稱，如
曇侯弟層季作旅彝；

2. 私名＋作＋器物名稱＋套語，如瘐作𣪘鐘萬年日鼓；
3. 私名＋作＋器物名稱＋用＋為宴飲作器目的，如諫作寶毀用日飤賓；
4. 諸侯國名＋私名＋作＋器物名稱＋套語，如夨艚作寶旅盨永用；
5. 諸侯國名＋排行＋作＋器物名稱＋套語，如虢季作寶毀永寶用；
6. 諸侯國名＋排行＋作＋器物名稱＋用＋為祭祀作器目的，如虢季作寶用亯追孝；
7. 排行＋字＋父＋作＋器物名稱＋套語，如中枏父作匕永寶用；
8. 族徽＋排行＋私名＋作＋器物名稱＋套語，如函交中作旅簠寶用。

（六）其他

（一）標明為祭祀父祖之作器目的

1 私名＋作＋受享者稱謂和日名＋器物名稱

西周出土八字銘文中，邵作父乙□寶尊彝、𨾴作圭昜日辛隮彝屬於私名＋作＋受享者稱謂和日名＋器物名稱。其中𨾴作圭昜日辛隮彝的圭昜考古報告考訂為皇考，[496]但隸定為「考」，和銘文本身字形相差太大。《殷周金文集成》則隸定為皇昜。[497]兩件銘文中的邵、𨾴是為私名。時代均屬西周早期。

2 官職＋作＋受享者稱謂和日名＋器物名稱

西周出土八字銘文中，僅「小夫作父丁寶旅彝」屬於官職＋作＋受享者稱謂和日名＋器物名稱。張亞初、劉雨懷疑小夫是為職官之名。[498]小夫作父丁寶旅彝時代為西周早期。

3 複合族徽＋作＋受享者稱謂＋器物名稱

西周出土八字銘文中，僅「倗丏作義妣寶隮彝」屬於複合族徽＋作＋受享者稱謂＋器物名稱。根據絳縣橫北村 M1、M2 出土的倗伯器和相關器物，研究人員

496 陝西周原考古隊：〈扶風雲塘西周墓〉，《文物》1980：4，頁43。
497 中國社會科學院考古研究所：《殷周金文集成》修訂增補本第四冊，頁3322、3499，編號5322，中華書局，北京，2007。
498 張亞初、劉雨：《西周金文官制研究》，頁47，中華書局，北京，2004。

認為倗國在晉國西南，西周時期是個小封國，疆域範圍約當今天絳縣，[499]倗國或為文獻所載之郕國。[500]丏在商代出土銘文中是當作族徽，[501]但義字不知是何性質？《殷周金文集成》編號 586 的銅鬲銘文為「倗作義丏姺寶障彝」，[502]是否意謂丏字置於倗後和義後，文意表達是相同的？暫且存疑。倗丏作義姺寶障彝時代為西周早期。

4 族徽＋官職＋作＋受享者稱謂和日名＋器物名稱

西周出土八字銘文中，亞弎作父癸寶障彝、其史作祖己寶障彝屬於族徽＋官職＋作＋受享者稱謂和日名＋器物名稱。兩件銘文時代均屬西周早期。

5 族徽＋私名＋作＋受享者稱謂和日名＋器物名稱

西周出土八字銘文中，僅「辟作父癸寶障彝〇」屬於族徽＋私名＋作＋受享者稱謂和日名＋器物名稱。辟作父癸寶障彝〇時代屬西周早期。

6 官職＋私名＋作＋受享者稱謂和日名＋器物名稱

西周出土八字銘文中，僅「史穼作父庚寶障彝」屬於官職＋私名＋作＋受享者稱謂和日名＋器物名稱。一式兩件史穼作父庚寶障彝時代屬西周中期。

7 複合族徽＋私名＋作＋受享者稱謂和日名＋器物名稱

西周出土八字銘文中，僅「串作父丁寶鼎戉箙」屬於複合族徽＋私名＋作＋受享者稱謂和日名＋器物名稱。戉箙在商代出土銘文中即為複合族徽。[503]串作父丁寶鼎戉箙時代是為西周早期。

8 族徽＋官職或爵稱＋私名＋作＋受享者稱謂和日名＋器物名稱

西周出土八字銘文中，彈作父辛障彝亞重、子夋作母辛障彝巽屬於族徽＋官

---

499 吉琨璋、宋建忠、田建文：〈山西橫水西周墓地研究三題〉，《文物》2006：8，頁47-48。

500 馬保春：〈山西絳縣橫水西周倗國大墓的相關歷史地理問題〉，《考古與文物》2007：6，頁37-43。

501 李珮瑜：《商代出土銅器銘文研究》，頁260，淡江大學中國文學研究所碩士論文，1993。

502 中國社會科學院考古研究所：《殷周金文集成》修訂增補本第一冊，頁580、811，編號586，中華書局，北京，2007。

503 李珮瑜：《商代出土銅器銘文研究》，頁241，淡江大學中國文學研究所碩士論文，1993。

職或爵稱＋私名＋作＋受享者稱謂和日名＋器物名稱。雖歸於同一類之下，兩者差別是亞重是指𢀠之家族重氏於商代曾任亞之官職，而子夌之子是夌的爵稱，夌為冀族之後。兩件銘文時代皆為西周早期。

9 複合族徽＋官職＋私名＋作＋受享者稱謂和日名＋器物名稱

西周出土八字銘文中，僅「豐作父辛寶木羊冊」屬於複合族徽＋官職＋私名＋作＋受享者稱謂和日名＋器物名稱。意指豐為父辛鑄作此器，豐為木羊族之後裔，木羊一族曾擔任冊之官職。一式3件豐作父辛寶木羊冊時代為西周中期。

10 諸侯國名＋爵稱＋作＋父祖追稱＋器物名稱

西周出土八字銘文中，僅「滕侯作滕公寶障彝」屬於諸侯國名＋爵稱＋作＋父祖追稱＋器物名稱。上文七字銘文「吾作滕公寶障彝」處即已論述，滕公乃其後滕侯對之追稱。時代屬西周早期。

11 王＋女子的姓＋作＋母妣追稱＋器物名稱

西周出土八字銘文中，僅「王姜作聲姒寶障彝」屬於王＋女子的姓＋作＋母妣追稱＋器物名稱。王姜為王妃，聲姒之聲為姒氏丈夫之尊號，[504]或姒氏配偶之諡號。[505]時代屬西周早期。

12 族徽＋爵稱＋私名＋用作＋受享者稱謂

西周出土八字銘文中，僅「召白虎用作朕文考」屬於族徽＋爵稱＋私名＋用作＋受享者稱謂。學者認為召伯虎即召穆公，為厲王時之大臣，又輔立宣王，而召氏先祖為召康公奭。[506]任偉根據文獻紀錄，說明周初召公奭受封時其家族一分為二，長子就封於燕（匽），世代為諸侯，次子留在畿內采地──召，世代為王官。[507]召白虎用作朕文考是召伯虎為其父幽伯所作祭器。時代屬西周晚期。

---

504 吳鎮烽：〈金文人名研究〉，《周秦文化研究》，頁432，陝西人民出版社，西安，1998。

505 陳昭容：〈周代婦女在祭祀中的地位──青銅器銘文中的性別、身分與角色研究（之一）〉，《清華學報》第31卷第4期，頁408。

506 洛陽市文物工作隊：〈洛陽東郊C5M906號西周墓〉，《考古》1995：9，頁801。李學勤：〈琱生諸器銘文聯讀研究〉，《文物》2007：8，頁73-74。

507 任偉：《西周封國考疑》，頁147，社會科學文獻出版社，北京，2004。

13 族徽＋名字＋受享者稱謂＋器物名稱

西周出土八字銘文中，僅「戎帆玉人父宗彝臘」屬於族徽＋名字＋受享者稱謂＋器物名稱。戎帆玉人父宗彝臘見於長安縣花園村 M15 所出土的銅尊和銅卣上，共出的「麀父作妭是從宗彝臘」亦出現臘字，同樣也是見於銅尊和銅卣各 1 件上。戎帆玉人應指作器者，「戎」尹盛平以為器主乃屬西戎，結合 M17 所出伯姜鼎，應為姜戎。[508] 如此戎帆或為國族名加上私名，玉人之意尚不可知，或為其字。而臘字李學勤釋為肆，是計算器物為一套之單位。[509] 一式兩件戎帆玉人父宗彝臘時代為西周早期。

（二）標明為妻子之作器目的

1 諸侯國名＋爵稱＋作＋為妻子作器目的＋器物名稱

西周出土八字銘文中，強白作丼姬用盂鏽、倗白作畢姬寶旅鼎、倗白作畢姬寶旅甗、倗白作畢姬寶旅毁、倗白作畢姬寶旅盤屬於諸侯國名＋爵稱＋作＋為妻子作器目的＋器物名稱。強白、倗白皆以諸侯國名和爵稱表示作器者的身分，盂鏽為一羊體銅尊。[510] 陳昭容引用陳槃之說以為畢國乃姬姓之國，[511] 因此倗白作畢姬諸器，是夫為妻子所作之器。當中倗白作畢姬寶旅鼎時代為西周早中期，其餘 4 件屬西周中期。

2 排行＋字＋父＋作＋為妻子作器目的＋器物名稱

西周出土八字銘文中，僅「中邅父作鄆姜寶匜」屬於排行＋字＋父＋作＋為妻子作器目的＋器物名稱。蔡運章提出鄆通許，是為國族之名，姜姓，封地在今河南許昌市東。[512] 該銅匜是中邅父為妻子鄆姜製作的。時代為西周晚期。

---

508 尹盛平：《周原文化與西周文明》，頁233，江蘇教育出版社，南京，2005。

509 李學勤：〈論多友鼎的時代及意義〉，《新出青銅器研究》，頁129，文物出版社，北京，1990。

510 盧連成、胡智生：《寶雞強國墓地》，頁372，文物出版社，北京，1988。

511 陳昭容：〈周代婦女在祭祀中的地位——青銅器銘文中的性別、身分與角色研究（之一）〉，《清華學報》第31卷第4期，頁399-400。

512 蔡運章：〈洛陽北窯西周墓青銅器銘文簡介〉，《文物》1996：7，頁59。

（三）標明為嫁女之作器目的

1 王＋作＋為嫁女作器目的＋器物名稱

西周出土八字銘文中，僅「王作親王姬采鸞彝」屬於王＋作＋為嫁女作器目的＋器物名稱。此為周王替女兒采所作之器。[513]一式兩件王作親王姬采鸞彝時代為西周晚期。

2 爵稱＋官職＋作＋為嫁女作器目的＋器物名稱

西周出土八字銘文中，僅「公大史作姬矣隚彝」屬於爵稱＋官職＋作＋為嫁女作器目的＋器物名稱。公大史作姬矣隚彝中的姬矣，王光鎬和張亞初都以為是公大史為女兒矣所作之媵器，王光鎬考證公大史為文王之子畢公，張亞初指出公大史之公為尊稱，大史就是太史，公大史可能是召公奭之子旨，也可能是畢公高之子。[514]公大史作姬矣隚彝時代是為西周早期。

3 排行＋字＋父＋作＋為嫁女作器目的＋器物名稱

西周出土八字銘文中，白百父作孟姬朕鑑、白百父作孟姬朕盤、叔皇父作中姜隚鬲屬於排行＋字＋父＋作＋為嫁女作器目的＋器物名稱。朕鑑（盤）的朕通作媵。就時代來看，前兩者為西周中期，末者為西周晚期。

（四）標明地點

1 王＋作＋地名＋器物名稱

西周出土八字銘文中，「王作莽京中帚歸盂」屬於王＋作＋地名＋器物名稱。莽京，劉雨認為不是豐京，不是鎬京，而指鎬京附近的地方，即《詩經·六月》所載「侵鎬及方」的方。[515]尹盛平分析莽京其地在鎬京近郊，所以最初稱旁，莽京有周王室的宮室，王作莽京中帚歸盂是指周王在中寢使用的銅盂。[516]李

---

513 李朝遠：〈西周金文中的「王」與「王器」〉，《文物》2006：5，頁76。

514 王光鎬：〈黃陂魯台山西周遺存國屬初論〉，《江漢考古》1983：4，頁62-63。張亞初：〈論魯台山西周墓的年代和族屬〉，《江漢考古》1984：2，頁24。

515 劉雨：〈金文莽京考〉，《考古與文物》1982：3，頁69-75。

516 尹盛平：《周原文化與西周文明》，頁235，江蘇教育出版社，南京，2005。

仲操提出蓁京是旁於岐周京地之西周王宮專名，中寢是王宮內正寢，是治事之
所，而歸盉表示此銅盉是祭祀饋食所用宗器。[517]羅西章主張中寢是皇后在蓁京所
居之寢宮，歸盉之歸是出嫁之意，故此銅盉是周王於蓁京迎娶皇后時為其所作之
用器。[518]時代為西周早期。

2 諸侯國名＋爵稱和排行＋作＋地名＋器物名稱

西周出土八字銘文中，「芮公叔作旛宮寶𣪘」屬於諸侯國名＋爵稱和排行＋
作＋地名＋器物名稱。旛宮僅見於此，或為該國族宗廟所在，意思指芮公和芮叔
鑄作旛宮專用的宗器銅簋。一式兩件芮公叔作旛宮寶𣪘時代為西周早期。

（五）標明器物名稱

1 諸侯國名＋爵稱＋稱謂＋族徽＋排行＋作＋器物名稱

西周出土八字銘文中，「噩侯弟曆季作旅彝」屬於諸侯國名＋爵稱＋稱謂＋
族徽＋排行＋作＋器物名稱。噩即鄂國，李學勤認為曆季乃噩侯幼弟，封於曆地
者，而鄂國位於漢水當地，今湖北鄂城一帶，北界和曾國接壤，為姞姓。[519]銘文
時代為西周早期。

2 私名＋作＋器物名稱＋套語

西周出土八字銘文中，瘊作𬣙鐘萬年日鼓、旅作寶𣪘其萬年用、或作寶鼎子
孫永用、諫作旅𣪘其永寶用屬於私名＋作＋器物名稱＋套語。陳彥輝指出：「銘
文中常用『多福眉壽』、『永令無疆』、『用祈眉壽』、『萬年無疆』、『多福無疆』、
『萬年子孫』等詞語表示祝嘏的內容」，「祝嘏是祝辭、嘏辭的簡稱。……祝嘏辭
包括祈求和賜福兩類內容，祈求對象一般以祖先為主，部分涉及天神。……銘文
作器者希望通過自己祭祀祖先，表明孝心，祖先將會賜予子孫後代昌盛永遠，後
世子孫也會千年萬年珍藏此器以用來享孝先祖」。[520]所以包括萬年日鼓、其萬年
用、子孫永用和其永寶用都是屬於祝嘏辭式之套語的部分。

517 李仲操：〈王作歸盉銘文簡釋──再談蓁京為西周宮室之名〉，《考古與文物》1998：1，頁82-83。
518 羅西章：〈西周王盉考──兼論蓁京地望〉，《考古與文物》1998：1，頁81。
519 李學勤：〈論周初的鄂國〉，《中華文史論叢》2008：4，頁1-8。
520 陳彥輝：〈周代銘文祝嘏辭的文體特徵〉，《學術交流》2011：12，頁172-176。

瘋作虤鐘的虤，學者們皆採于省吾之說，以為虤、協乃古今字。[521]陳雙新以為協鐘是以鐘聲和諧而自銘。[522]上述 4 種 6 件此類銘文，約占八字銘文總數9%。除諫作旅𣪘其永寶用為西周晚期外，其餘 5 件時代為西周中期。

3 私名＋作＋器物名稱＋用＋為宴飲作器目的

西周出土八字銘文中，「諫作寶𣪘用日飲賓」屬於私名＋作＋器物名稱＋用＋為宴飲作器目的。時代為西周晚期。

4 諸侯國名＋私名＋作＋器物名稱＋套語

西周出土八字銘文中，「矢饒作寶旅盨永用」屬於諸侯國名＋私名＋作＋器物名稱＋套語。時代為西周中期。

5 諸侯國名＋排行＋作＋器物名稱＋套語

西周出土八字銘文中，虢季作旅𣪘永寶用、虢季作寶𣪘永寶用、虢季作旅盨永寶用、虢季作寶簠永寶用、虢季作寶壺永寶用、虢季作寶盤永寶用屬於諸侯國名＋排行＋作＋器物名稱＋套語。上述 6 種 12 件此類銘文，約占八字銘文總數17%。時代皆為西周晚期。

6 諸侯國名＋排行＋作＋器物名稱＋用＋為祭祀作器目的

西周出土八字銘文中，「虢季作寶用言追孝」屬於諸侯國名＋排行＋作＋器物名稱＋用＋為祭祀作器目的。時代屬西周晚期。

7 排行＋字＋父＋作＋器物名稱＋套語

西周出土八字銘文中，僅「中枏父作匕永寶用」屬於排行＋字＋父＋作＋器物名稱＋套語。時代屬西周中期。

8 族徽＋排行＋私名＋作＋器物名稱＋套語

西周出土八字銘文中，僅「函交中作旅簠寶用」屬於族徽＋排行＋私名＋作

---

521 于省吾：《甲骨文字釋林》，頁258，中華書局，北京，1993。
522 陳雙新：〈青銅樂器自名研究〉，《華夏考古》2001：3，頁98。

＋器物名稱＋套語。函交中作旅簠寶用是與函皇父器組和白鮮器組同出，[523]函為氏族之名。[524]函氏出自妘姓鄶國，函交中是函皇父之弟。[525]時代為西周晚期。

（六）其他

西周出土八字銘文中，盂鬻文帝母日辛障、王商小臣彙彔祖乙、白雄倗宿小妻鼎⊠、中姜作為趯公障鼎、中姜作為趯公障甗、中姜作為趯公尊毀、朋友朕其萬年臣天、六一七六一六◇者歸入其他一類。盂鬻文帝母日辛障李學勤認為盂是器主名，鬻是享獻之意，而文帝母日辛是商王文丁之配偶，故此器時代應為晚商。[526]吳曉松、洪剛以為鬻是祭享之意，而文有文德之意，並援引裘錫圭的意見，提出帝通嫡，日辛為盂之作器人的嫡母，而此器時代為西周早期。[527]

王商（賞）小臣彙彔（鑄）祖乙特別說明鑄造祭祀祖乙之器（銅毀）的原因是因為受到王的賞賜，在西周出土十字以下銘文這是唯一 1 件賞賜銘文。時代為西周中期。

白雄倗宿小妻鼎⊠適當的詞序應為「倗白雄宿小妻鼎⊠」，倗白雄是作器者，宿研究者釋為賞字，[528]⊠為族氏銘文。時代為西周早期。

中姜作為趯公障鼎（甗、毀）見於韓城市梁帶村 M26 所出土之器群上，[529]經考證，學術界公認 M27 墓主為芮桓公、M26 為其夫人芮姜，銘文趯公即桓公。[530]而 M26 芮姜很有可能就是《左傳·桓公三年》所載「芮伯萬之母芮姜惡芮伯之多寵人，故逐之」中的芮姜。[531]故此器群是夫人芮姜為桓公所作之祭器。

---

523 本論文編號241-253。

524 陝西省博物館、陝西省文物管理委員會：《陝西省博物館陝西省文物管理委員會藏青銅器圖釋》，頁20-22，文物出版社，北京，1960。吳鎮烽：〈金文人名研究〉，《周秦文化研究》，頁427，陝西人民出版社，西安，1998。

525 尹盛平：《周原文化與西周文明》，頁255，江蘇教育出版社，南京，2005。

526 李學勤：〈談盂方鼎及其他〉，《文物》1997：12，頁55-57。

527 吳曉松、洪剛：〈湖北蘄春達城新屋壪窖藏青銅器及相關問題的研究〉，《文物》1997：12，頁53。

528 吉琨璋、宋建忠、田建文：〈山西橫水西周墓地研究三題〉，《文物》2006：8，頁47。

529 本論文編號861-862、866-867。

530 孫秉君：〈陝西韓城芮國大墓述略〉，《芮國金玉選粹——陝西韓城春秋寶藏》，頁32，三秦出版社，西安，2007。

531 陝西省考古研究所、渭南市文物保護考古研究所、韓城市文物旅遊局：〈陝西韓城梁帶村遺址M26發掘簡報〉，《考古與文物》2008：1，頁20。

　　朋友朕其萬年臣天出現於扶風縣齊鎮村所出土的銅鐘上，朱鳳瀚指出西周金文中所見朋友、友是對家族親屬成員的稱謂，因此貴族們肯將祭饗祖考的禮器用來宴饗同一家族的親屬。[532]時代屬西周晚期。

　　六一七六一六◇者見於岐山縣鳳雛村所出土的銅鼎上，蔡運章將六一七六一六理解為困卦，困通作悃，悃有厚之意，用以象徵銅鼎內的犧牲豐盛、禮神虔敬。並將◇者隸定為丁者，為卦辭，丁，成也，取其誠信之意。[533]時代為西周早期。

小結

　　商代出土八字銘文僅 2 件，其一具備「作器者＋「作」字＋受享者的稱謂和日名＋器物名」之格式，另一是將三組族徽和日名放置在官職──亞字形裡頭。[534]

　　西周出土八字銘文僅盂鬲文帝母日辛障、王商小臣𣄕宮祖乙、戎帆玉人父宗彝鬸、白雒倗宿小妻鼎囚、朋友朕其萬年臣天、六一七六一六◇者這 6 種 8 件不具有「作器者＋「作」字＋器物名稱」之格式，但盂鬲文帝母日辛障、王商小臣𣄕宮祖乙、戎帆玉人父宗彝鬸、白雒倗宿小妻鼎囚等銘文還是可以析分為作器者和致祭、受賞的對象兩部分，盂、𣄕、戎帆玉人、倗伯雒為作器者，文帝母日辛、祖乙、父是受享者，小妻是受賞賜者。因此在西周出土八字銘文中最特別的類型是朋友朕其萬年臣天、六一七六一六◇，一是祝嘏辭式的套語，二是筮數易卦。若加上朋友朕其萬年臣天，西周出土八字銘文具有祝嘏辭式的套語共有 23 件，約占八字銘文總數 33%，出現時代為西周中期和晚期。

　　此外，西周出土八字銘文或出現受享者稱謂和日名、或僅出現受享者稱謂、或有對先父祖、先母妣之追稱的銘文共有 23 件，[535]約占八字銘文總數 33%，這 23 件當中有 17 件時代為西周早期、5 件西周中期、1 件西周晚期。

　　總而言之，西周出土八字銘文屬第一類標明為祭祀父祖之作器目的有 23 件，屬第二類標明為妻子之作器目的共有 7 件，時代為 1 件西周早期、1 件西周

---

532 朱鳳瀚：《商周家族形態研究》，頁293，天津古籍出版社，天津，2004。

533 蔡運章：〈商周筮數易卦釋例〉，《考古學報》2004：2，頁143-144。

534 李珮瑜：《商代出土銅器銘文研究》，頁269-274，淡江大學中國文學研究所碩士論文，1993。

535 包括盂鬲文帝母日辛障、王商小臣𣄕宮祖乙。

早中期、4 件西周中期、1 件西周晚期；屬第三類標明為嫁女之作器目的共有 6 件，其中 1 件為西周早期、2 件西周中期、3 件西周晚期；屬第四類標明地點有 3 件，時代均為西周早期，當中王作莽京中寢歸盂非祭器性質；屬第五類標明器物名稱共有 25 件，1 件時代為西周早期、7 件為西周中期、17 件為西周晚期。

四　九到十一字銘文

西周出土銅器的九字銘文有：

銘文字形	銘文編號	銘文字形	銘文編號
㫚作文考日庚寶隮器	NO100	鄀作父乙寶隮毀亞牧	NO54—55
鄀作父乙寶隮彝亞牧	NO60—61	長子狗作文父乙隮彝	NO1595
陵作父日乙寶罍單◊	NO176	公大史作母庚寶隮彝	NO1596
𨙶娸進作父辛歠亞♱	NO603	𡠄作妣辛隮彝亞𠑹矣	NO1418
白好父自鑄作為旅毀	NO357	隹黃𢆶枆用吉金作鬲	NO1583—1584
中姜作為超公尊壺用	NO868—869	公大史作姬𡢁寶隮彝	NO1593—1594
晉侯作向太室寶尊彝	NO1285	白鮮作旅毀其永寶用	NO248—251
季𠁩作寶隮彝用𡴘亯	NO207	麃父作娸是從宗彝𦢊	NO591、593
楊姞作羞醴壺永寶用	NO1268—1269	虢宮父作鬲用從永征	NO1017
虢宮父作盤用從永征	NO1020	㝬車父作寶壺永用享	NO750—751
叔元父作隮盨永寶用	NO876	於取子敄鼓鑄鑵元喬	NO1456

西周出土銅器的十字銘文有：

銘文字形	銘文編號	銘文字形	銘文編號
禽作文考父辛寶鼎亞♱	NO586	旂作父乙寶隮彝木羊冊	NO175
𨙶娸作父辛寶隮彝亞♱	NO597、602	憧季遽父作豐姬寶隮彝	NO206、208—209
白𩫖父作叔姬鬲永寶用	NO607—614	亘作寶鼎子子孫永寶用	NO825

（續）

銘文字形	銘文編號	銘文字形	銘文編號
公作寶障彝其孫子永用	NO1677	中義作龢鐘其萬年永寶	NO25—32
應白作寶盤其萬年永寶	NO1068	虢季作甫子子孫孫用言	NO994—995
□□作寶盤其萬年永用	NO1312	隹□月丁亥應侯作障鼎	NO1070
周生作尊豆用言于宗室	NO548	微白瘫作簠其萬年永寶	NO152
白多父作旅盨其永寶用	NO87—90	曾子單用吉金自作寶鬲	NO1589

西周出土銅器的十一字銘文有：

銘文字形	銘文編號	銘文字形	銘文編號
史𣲘敔作兄日癸旅寶障彝	NO903	叔造作召公宗寶障彝父乙	NO902
倗白作畢姬障鼎其萬年寶	NO1308	寰作寶障鼎其萬年用鄉各	NO1529
弜叔作旅盨其萬年永寶用	NO765	杢虎作飤鼎其萬年永寶用	NO1039
己華父作寶鼎子子孫永用	NO1487	白車父作旅盨其萬年永寶	NO341
叔幾父作鼎其萬年永寶用	NO5	叔趙父作旅禹其寶用榮監	NO323
作朕寶殷其萬年永寶用單	NO1481	在上彙彙豑豑降余多福福	NO326
王嬀駒𣎴賜盠駒勇雷駱子	NO413	王嬀駒庱賜盠駒勇雷雒子	NO412-2
中畱父令色以旁壺□□□	NO1240-2		

　　西周出土九到十一字銘文共有 85 件，剔除重複的件數，以及銘文不全 2 件，歸納出有 51 種不同的內容，按照作器的目的，先分成七大類，再依照作器者或器物所有者、有無時間詞、套語分成若干類型：

（一）標明為祭祀夫兄父祖之作器目的
　　1. 私名＋作＋受享者稱謂和日名＋器物名稱，如昌作文考日庚寶障器；
　　2. 官職＋名字＋作＋受享者稱謂和日名＋器物名稱，如
　　　　史𣲘敔作兄日癸旅寶障彝；
　　3. 排行＋私名＋作＋器物名稱＋受享者稱謂和日名，如

叔造作召公宗寶𩰫彝父乙；

4. 排行＋女子的姓＋作為＋先夫追稱＋器物名稱，如中姜作為趄公尊壺用；

5. 族徽或諸侯國名＋官職或爵稱＋私名＋作＋受享者稱謂和日名＋器物名稱，如郜作父乙寶𩰫彝亞牧；

6. 複合族徽＋私名＋作＋受享者稱謂和日名＋器物名稱，如
陵作父日乙寶𣪘單◇；

7. 爵稱＋官職＋作＋受享者稱謂和日名＋器物名稱，如
公大史作母庚寶𩰫彝；

8. 複合族徽＋官職＋私名或名字＋作＋受享者稱謂和日名＋器物名稱，如
歸妘進作父辛歡亞中、旅作父乙寶𩰫彝木羊冊。

（二）標明為自作自用之作器目的

1. 排行＋字＋父＋自鑄作為＋器物名稱，如白好父自鑄作為旅𣪘；

2. 諸侯國名＋爵稱＋私名＋自作＋器物名稱，如曾子單用吉金自作寶鬲；

3. 諸侯國名＋私名＋作＋器物名稱，如隹黃肅柁用吉金作鬲。

（三）標明為妻子之作器目的

1. 諸侯國名＋排行＋字＋父＋作＋為妻子作器目的＋器物名稱，如
憧季遽父作豐姬寶𩰫彝；

2. 諸侯國名＋爵稱＋作＋為妻子作器目的＋器物名稱＋套語，如
倗白作畢姬𩰫鼎其萬年寶；

3. 排行＋字＋父＋作＋為妻子作器目的＋器物名稱＋套語，如
白臺父作叔姬鬲永寶用。

（四）標明為嫁女之作器目的

1. 族徽＋作＋為嫁女作器目的＋器物名稱＋套語，如
作朕寶𣪘其萬年永寶用單；

2. 爵稱＋官職＋作＋為嫁女作器目的＋器物名稱，如公大史作姬奎寶𩰫彝。

（五）標明地點

1. 諸侯國名＋爵稱＋作＋地名＋器物名稱，如晉侯作向太室寶尊彝。

（六）標明器物名稱

1. 私名＋作＋器物名稱＋套語，如亘作寶鼎子子孫永寶用；

2. 爵稱＋作＋器物名稱＋套語，如公作寶𩰫彝其孫子永用；

3. 爵稱或排行＋私名＋作＋器物名稱＋套語，如白鮮作旅設其永寶用；
4. 排行＋私名＋作＋器物名稱＋用＋為祭祀作器目的，如
   季盄作寶隮彝用桒畐；
5. 諸侯國名＋爵稱或排行＋作＋器物名稱＋套語，如
   虢季作甫子子孫孫用亯；
6. 時間＋諸侯國名＋爵稱＋作＋器物名稱，如隹□月丁亥應侯作隮鼎；
7. 族徽或諸侯國名＋私名＋作＋器物名稱＋套語，如
   厺虎作飤鼎其萬年永寶用；
8. 族徽＋稱謂＋作＋器物名稱＋用＋為祭祀作器目的，如
   周生作尊豆用亯于宗室；
9. 諸侯國名＋女子的姓＋作＋器物名稱＋套語，如楊姞作羞醴壺永寶用；
10. 諸侯國名＋爵稱＋私名＋作＋器物名稱＋套語，如
    微白㾓作簠其萬年永寶；
11. 族徽或諸侯國名＋字＋父＋作＋器物名稱＋套語，如
    己華父作寶鼎子子孫永用；
12. 諸侯國名＋字＋父＋作＋器物名稱＋用＋為軍旅作器目的，如
    虢宮父作鬲用從永征；
13. 爵稱或排行＋字＋父＋作＋器物名稱＋套語，如叔元父作隮盨永寶用；
14. 諸侯國名＋官職＋排行＋字＋父＋作＋器物名稱＋套語，如
    叔趙父作旅爯其寶用榮監。

（七）其他

（一）標明為祭祀夫兄父祖之作器目的

1 私名＋作＋受享者稱謂和日名＋器物名稱

西周出土九到十一字銘文中，僅「㫐作文考日庚寶隮器」為私名＋作＋受享者稱謂和日名＋器物名稱一類。文考之文是對受享者的美稱。時代屬西周早期。

2 官職＋名字＋作＋受享者稱謂和日名＋器物名稱

西周出土九到十一字銘文中，僅「史毗敀作兄日癸旅寶障彝」為官職＋名字＋作＋受享者稱謂和日名＋器物名稱一類。史毗敀作兄日癸旅寶障彝見於洛陽北窯村所採集之銅尊，而北窯村 M418 出土兩件銅觶銘文「莽毗作父己寶」，莽毗、史毗敀為同一作器者，莽為國族名，史是作器者之官職，毗敀是一名一字。時代屬西周中期。

3 排行＋私名＋作＋器物名稱＋受享者稱謂和日名

西周出土九到十一字銘文中，僅「叔造作召公宗寶障彝父乙」為排行＋私名＋作＋器物名稱＋受享者稱謂和日名一類。西周此類銘文普遍性的格式應為「叔造作父乙寶障彝」，但此條銘文在寶障彝器名之前多了「召公宗」，特別明言其為召公之宗族。時代屬西周早期。

4 排行＋女子的姓＋作為＋先夫追稱＋器物名稱

西周出土九到十一字銘文中，「中姜作為趄公尊壺用」為排行＋女子的姓＋作為＋先夫追稱＋器物名稱一類。此為夫人芮姜為芮桓公所作之祭器。銘文一式兩件，時代在兩周之際。

5 族徽或諸侯國名＋官職或爵稱＋私名＋作＋受享者稱謂和日名＋器物名稱

西周出土九到十一字銘文中，都作父乙寶障殷亞牧、都作父乙寶障彝亞牧、長子狗作文父乙障彝、禽作文考父辛寶鼎亞𠂤為族徽或諸侯國名＋官職或爵稱＋私名＋作＋受享者稱謂和日名＋器物名稱一類。其中亞牧、亞𠂤表示作器者都、禽所從出的氏族，這兩家族在商代都曾擔任亞此一官職。上述 4 種 6 件此類銘文，約占九到十一字銘文總數 7%。前兩者時代為西周中期，後兩者為西周早期。

6 複合族徽＋私名＋作＋受享者稱謂和日名＋器物名稱

西周出土九到十一字銘文中，「陵作父日乙寶罍單◊」為複合族徽＋私名＋作＋受享者稱謂和日名＋器物名稱一類。時代屬西周早期。

7 爵稱＋官職＋作＋受享者稱謂和日名＋器物名稱

西周出土九到十一字銘文中，「公大史作母庚寶障彝」為爵稱＋官職＋作＋受享者稱謂和日名＋器物名稱一類。時代屬西周早期。

8 複合族徽＋官職＋私名或名字＋作＋受享者稱謂和日名＋器物名稱

西周出土九到十一字銘文中，𡥈妽進作父辛歔亞𠀉、𡥈妽作父辛寶障彝亞𠀉、皋作妣辛障彝亞𠁩吳、旂作父乙寶障彝木羊冊為複合族徽＋官職＋私名或名字＋作＋受享者稱謂和日名＋器物名稱一類。亞𠁩吳、木羊冊之複合族徽加上官職，整個是一個單位，表示作器者皋、旂所從出的氏族。而𡥈是由封邑演變來的氏名，由亞𠀉所出，妽、進是作器者名字。[536]至於歔，黃盛璋以為當表器名，而該器為圓壺但四角為方。[537]此類 4 種 5 件銘文時代均為西周早期。

（二）標明為自作自用之作器目的

1 排行＋字＋父＋自鑄作為＋器物名稱

西周出土九到十一字銘文中，「白好父自鑄作為旅段」為排行＋字＋父＋自鑄作為＋器物名稱一類。白好父自鑄作為旅段時代屬西周中期。

2 諸侯國名＋爵稱＋私名＋自作＋器物名稱

西周出土九到十一字銘文中，「曾子單用吉金自作寶鬲」為諸侯國名＋爵稱＋私名＋自作＋器物名稱一類。研究者認為曾子非國君之稱，而是曾國公族中小宗貴族的稱謂，單則為作器者私名。[538]曾子單用吉金自作寶鬲時代屬西周晚期。

3 諸侯國名＋私名＋作＋器物名稱

西周出土九到十一字銘文中，「隹（唯）黃𦘔柁用吉金作鬲」為諸侯國名＋私名＋作＋器物名稱一類。黃為黃國，嬴姓。兩周之際曾、黃兩國往來密切。[539]

536 李學勤：〈論長安花園村兩墓青銅器〉，《文物》1986：1，頁33。

537 黃盛璋：〈長安鎬京地區西周墓新出銅器群初探〉，《文物》1986：1，頁38。

538 湖北省文物考古研究所：《曾國青銅器》，頁8，文物出版社，北京，2007。

539 李學勤：〈論漢淮間的春秋青銅器〉，《新出青銅器研究》，頁152-153，文物出版社，北京，1990。

此件銘文和前者相似，都是在作＋器物名稱之前出現「用吉金」，因此此件銘文雖未出現自作或自為之形式，仍歸屬於自作自用之器。一式兩件隹黃𬜯桅用吉金作鬲時代屬西周晚期。

（三）標明為妻子之作器目的

1 諸侯國名＋排行＋字＋父＋作＋為妻子作器目的＋器物名稱

西周出土九到十一字銘文中，「憻季遽父作豐姬寶陣彝」為諸侯國名＋排行＋字＋父＋作＋為妻子作器目的＋器物名稱一類。憻季遽父作豐姬寶陣彝見於扶風縣劉家村出土的銅尊、銅卣上，同出還有 1 件銅尊銘文「季𬱵作寶陣彝用𡩜𨺗」，可知季遽父名𬱵，為同一人。憻即檀，[540]上文五字銘文有「𧵏白」，憻或作𧵏，檀氏是周初克商後受封的諸侯檀伯達之後。[541]銘文一式 3 件，時代屬西周早期。

2 諸侯國名＋爵稱＋作＋為妻子作器目的＋器物名稱＋套語

西周出土九到十一字銘文中，「倗白作畢姬陣鼎其萬年寶」為諸侯國名＋爵稱＋作＋為妻子作器目的＋器物名稱＋套語一類。時代屬西周中期。

3 排行＋字＋父＋作＋為妻子作器目的＋器物名稱＋套語

西周出土九到十一字銘文中，「白臺父作叔姬鬲永寶用」為排行＋字＋父＋作＋為妻子作器目的＋器物名稱＋套語一類。白臺父為叔姬丈夫。[542]銘文一式 8 件，時代屬西周中期。

（四）標明為嫁女之作器目的

1 族徽＋作＋為嫁女作器目的＋器物名稱＋套語

西周出土九到十一字銘文中，「作朕寶𣪘其萬年永寶用單」為族徽＋作＋為嫁女作器目的＋器物名稱＋套語一類。作朕（媵）寶𣪘其萬年永寶用單適當的詞序

---

540 劉桓：〈金文偶札（四則）〉，《考古與文物》2003：5，頁83。

541 朱鳳瀚：《商周家族形態研究》，頁359，天津古籍出版社，天津，2004。

542 陳昭容：〈周代婦女在祭祀中的地位──青銅器銘文中的性別、身分與角色研究（之一）〉，《清華學報》第31卷第4期，頁400。

為「單作朕（媵）寶毀，其萬年永寶用」，單為族徽，該器是為嫁女所作之器。銘文時代為西周晚期。

2 爵稱＋官職＋作＋為嫁女作器目的＋器物名稱

西周出土九到十一字銘文中，「公大史作姬夆寶隨彝」為爵稱＋官職＋作＋為嫁女作器目的＋器物名稱一類。王光鎬和張亞初都以為是公大史為女兒夆出嫁所作媵器，公大史之公為尊稱，大史是太史。[543]一式兩件公大史作姬夆寶隨彝時代屬西周早期。

（五）標明地點

1 諸侯國名＋爵稱＋作＋地名＋器物名稱

西周出土九到十一字銘文中，僅「晉侯作向太室寶尊彝」為諸侯國名＋爵稱＋作＋地名＋器物名稱一類。晉侯作向太室寶尊彝見於天馬曲村 M114 出土的鳥尊蓋內，此器銘文表示其為晉國宗廟之禮器。[544]時代屬西周早中期。

（六）標明器物名稱

1 私名＋作＋器物名稱＋套語

西周出土九到十一字銘文中，「亘作寶鼎子子孫永寶用」為私名＋作＋器物名稱＋套語一類。亘為作器者的私名，子子孫永寶用為祝嘏辭式之套語。該銘文時代屬西周晚期。

2 爵稱＋作＋器物名稱＋套語

西周出土九到十一字銘文中，「公作寶隨彝其孫子永用」為爵稱＋作＋器物名稱＋套語一類。公作寶隨彝其孫子永用時代屬西周中期。

---

543 王光鎬：〈黃陂魯台山西周遺存國屬初論〉，《江漢考古》1983：4，頁62-63。張亞初：〈論魯台山西周墓的年代和族屬〉，《江漢考古》1984：2，頁24。

544 馬今洪：〈鳥尊、豬尊、兔尊二題〉，《晉侯墓地出土青銅器國際學術研討會論文集》，頁245，上海書畫出版社，上海，2002。

3 爵稱或排行＋私名＋作＋器物名稱＋套語

西周出土九到十一字銘文中，「白鮮作旅段其永寶用」為爵稱或排行＋私名＋作＋器物名稱＋套語一類。一式4件白鮮作旅段其永寶用時代為西周晚期。

4 排行＋私名＋作＋器物名稱＋用＋為祭祀作器目的

西周出土九到十一字銘文中，「季盅作寶障彝用夆畐」為排行＋私名＋作＋器物名稱＋用＋為祭祀作器目的一類。用夆畐的夆，裘錫圭透過甲骨辭例，以為當釋為「求」意，[545]而金文中夆畐為求福的意思。[546]季盅作寶障彝用夆畐時代為西周早期。

5 諸侯國名＋爵稱或排行＋作＋器物名稱＋套語

西周出土九到十一字銘文中，應白作寶盤其萬年永寶、虢季作甫（簠）子子孫孫用亯、弨叔作旅盨其萬年永寶用為諸侯國名＋爵稱或排行＋作＋器物名稱＋套語一類。郭沫若提出弨乃是封邑之名。[547]上述 3 種 4 件此類銘文時代均為西周晚期。

6 時間＋諸侯國名＋爵稱＋作＋器物名稱

西周出土九到十一字銘文中，僅「隹□月丁亥應侯作障鼎」為時間＋諸侯國名＋爵稱＋作＋器物名稱一類。時代屬西周晚期。

7 族徽或諸侯國名＋私名＋作＋器物名稱＋套語

西周出土九到十一字銘文中，中義作龢鐘其萬年永寶、夆虎作飤鼎其萬年永寶用、叀作寶障鼎其萬年用鄉各為族徽或諸侯國名＋私名＋作＋器物名稱＋套語一類。中義作龢鐘其萬年永寶的中為氏族之名、非指行第。[548]陳雙新指出以龢為銅鐘之名，是採鐘聲和諧之意。且龢鐘之名是所有 32 類銅鐘自銘中出現次數最

---

545 裘錫圭：〈說求〉，《古文字論集》，頁59-69，中華書局，北京，1992。

546 孟蓬生：〈釋「夆」〉，《古文字研究》第25輯，頁269，中華書局，北京，2004。

547 郭沫若：〈弨叔簋及旬簋考釋〉，《文物》1960：2，頁5。

548 朱鳳瀚：《商周家族形態研究》，頁357，天津古籍出版社，天津，2004。

多、頻率最高的。[549]㚬虎作飤鼎其萬年永寶用見於平頂山北滍村所出土的銅鼎上，研究者以為當釋為「封虎」，故此鼎為封父國所鑄造，封父為夏商時的諸侯，為周所滅，都城或在今河南封丘縣境內。[550]㝬作寶障鼎其萬年用鄉各之中的㝬為私名，各出現在祝嘏辭之套語之末，似為族徽。《殷周金文集成釋文》隸定為「格」，[551]王世民依據格伯簋或以為采邑在王畿附近，實際地望待考。[552]㝬作寶障鼎時代為西周早期，中義作龢鐘和㚬虎作飤鼎則為西周晚期。

8 族徽＋稱謂＋作＋器物名稱＋用＋為祭祀作器目的

西周出土九到十一字銘文中，「周生作尊豆用言于宗室」為族徽＋稱謂＋作＋器物名稱＋用＋為祭祀作器目的一類。張亞初指出兩周金文中某生之生為「甥」，某則為母舅家的族氏名，故周生之周為國族名。[553]時代屬西周中期。

9 諸侯國名＋女子的姓＋作＋器物名稱＋套語

西周出土九到十一字銘文中，「楊姞作羞醴壺永寶用」為諸侯國名＋女子的姓＋作＋器物名稱＋套語一類。學術界對於楊姞的身分意見分歧，[554]一是主張楊姞為姞姓楊國之女，出現楊姞作羞醴壺永寶用之兩件銅壺或為媵器，或為已嫁女子自作之器，[555]二是主張楊姞是嫁與姬姓楊國的姞姓女子。[556]孫慶偉認為楊姞是周宣王42年所封姬姓楊國的國君夫人，非天馬曲村 I11M63 之墓主，楊姞以自作之器作為助葬之物。[557]銘文一式兩件，時代屬西周晚期。

549 陳雙新：〈青銅樂器自名研究〉，《華夏考古》2001：3，頁96-98。
550 張肇武：〈平頂山市出土周代青銅器〉，《考古》1985：3，頁284-285。
551 中國社會科學院考古研究所：《殷周金文集成釋文》第一卷，頁508，編號631，香港中文大學出版社，香港，2001。
552 王世民：〈西周春秋金文中的諸侯爵稱〉，《商周銅器與考古學史論集》，頁132-133，藝文印書館，台北，2008。
553 張亞初：〈兩周銘文所見某生考〉，《考古與文物》1983：5，頁83-85。
554 張德光：〈亦從楊姞壺銘試探楊國的變化〉，《山西省考古學會論文集（三）》，頁295-296，山西古籍出版社，太原，2000。
555 李學勤：〈晉侯邦父與楊姞〉，《中國文物報》1994年5月29日第3版。王光堯：〈從新出土楊姞壺看楊國〉，《故宮博物院院刊》1995：2，頁82-85。李伯謙：〈也談楊姞壺銘文的釋讀〉，《文物》1998：2，頁31-34。
556 王人聰：〈楊姞壺銘釋讀與北趙63號墓主問題〉，《文物》1996：5，頁31-32、30。
557 孫慶偉：〈晉侯墓地M63墓主再探〉，《中原文物》2006：3，頁60-67。

10 諸侯國名＋爵稱＋私名＋作＋器物名稱＋套語

西周出土九到十一字銘文中，「微白瘿作簠其萬年永寶」為諸侯國名＋爵稱＋私名＋作＋器物名稱＋套語一類。時代屬西周中期。

11 族徽或諸侯國名＋字＋父＋作＋器物名稱＋套語

西周出土九到十一字銘文中，冟車父作寶壺永用享、己華父作寶鼎子子孫永用為族徽或諸侯國名＋字＋父＋作＋器物名稱＋套語一類。其中冟車父作寶壺永用享的冟僅見於此，依照銘文形式的慣例，暫且視為是氏族之名。上述兩種 3 件此類銘文時代均為西周晚期。

12 諸侯國名＋字＋父＋作＋器物名稱＋用＋為軍旅作器目的

西周出土九到十一字銘文中，虢宮父作鬲用從永征、虢宮父作盤用從永征為諸侯國名＋字＋父＋作＋器物名稱＋用＋為軍旅作器目的一類。虢宮父作鬲（盤）用從永征當中的用從永征，顯示該銅鬲和銅盤是用於軍旅性質，馬薇廎提出器物名稱前凡冠上行、征、從……等詞表示該器為軍旅用途。[558]時代皆屬西周晚期。

13 爵稱或排行＋字＋父＋作＋器物名稱＋套語

西周出土九到十一字銘文中，白多父作旅盨其永寶用、白車父作旅盨其萬年永寶、叔元父作隴盨永寶用、叔幾父作鼎其萬年永寶用為爵稱或排行＋字＋父＋作＋器物名稱＋套語一類。上述 4 種 7 件此類銘文時代皆為西周晚期。

14 諸侯國名＋官職＋排行＋字＋父＋作＋器物名稱＋套語

西周出土九到十一字銘文中，「叔趞父作旅再其寶用榮監」為諸侯國名＋官職＋排行＋字＋父＋作＋器物名稱＋套語一類。榮為榮國，王世民以西周金文多見榮伯，推測榮之封邑應在周畿附近。[559]而西周實施在諸侯國設監察之制度，所

---

558 馬薇廎：〈彝銘中所加於器名上的形容字〉，《中國文字》43期，頁2。

559 王世民：〈西周春秋金文中的諸侯爵稱〉，《商周銅器與考古學史論集》，頁132-133，藝文印書館，台北，2008。

以榮監指榮之監國者。[560]故作器者叔趙父其氏族應是於榮國擔任監國之職者。該銅器自銘為冄，考古人員從器形判斷，認為此器當為劍鞘末端的飾物，即「鏢」。[561]時代屬西周中期。

（七）其他

西周出土九到十一字銘文中，麃父作祖是從宗彝䐗、於取子敊鼓鑄鑃元喬、在上彙彙數數降余多福福、王魋駒昜賜盉駒勇雷駱子、王魋駒庰賜盉駒勇雷雒子歸入其他一類。麃父作祖是從宗彝䐗見於長安縣花園村 M15 所出土的銅尊和銅卣上，麃父為作器者，䐗字李學勤釋為肆，是計算器物為一套的單位，[562]從或表示器物用途為軍旅隨行之用，至於祖是兩字或為人名，但與麃父的關係尚且無從推論。一式兩件麃父作祖是從宗彝䐗時代為西周早期。

於取子敊鼓鑄鑃元喬是用語特殊的 1 件西周出土銘文，見於鄒縣小彥村所出土的銅鉞鋬部，銘文有三行，行款安排由左至右。根據張德良的考釋，於為發語詞，作器者是取子名敊鼓，元喬為元鐈，意指好的金屬，鑃則為該器自銘。[563]

在上彙彙數數降余多福福出現於扶風縣巨良海家村所出土其中 1 件較小的銅鐘上，由兩件銅鐘銘文的內容與書體來看，判定當非同一套。而這件較小的銅鐘銘文就其重文符號來看，應是另一套編鐘其中之一。就我們所收集到的西周出土銅鐘銘文來看，如扶風縣齊鎮村所出土的銅鐘銘文是作「……其嚴在上數數彙彙降余厚多福……」，又扶風縣莊白村的銅鐘銘文「……嚴在上豐豐彙彙靐妥厚多福……」，[564]陳英傑綜合各家說法，指出嚴在上是指去世的先人在天上，彙彙數數多讀為蓬蓬勃勃，在句子中是作為降福的修飾語，形容降福繁多的意思。[565]該銘文時代屬西周中期。

王魋駒昜賜盉駒勇雷駱子見於眉縣楊家村所出土的方尊器蓋上，在同出另一件犧尊蓋上亦有「王魋駒庰賜盉駒勇雷雒子」之銘文，犧尊器上有「……王初執

---

560 劉雨：〈西周的監察制度〉，《古文字研究》第25輯，頁170-173，中華書局，北京，2004。

561 羅西章：〈扶風溝原發現叔趙父冄〉，《考古與文物》1982：4，頁106-107。

562 李學勤：〈論多友鼎的時代及意義〉，《新出青銅器研究》，頁129，文物出版社，北京，1990。

563 張德良：〈鄒縣所出「取子」鉞剩義〉，《齊魯學刊》2014：4，頁40-42。

564 本論文編號69、184。

565 陳英傑：《西周金文作器用途銘辭研究》上編，頁372-378，綫裝書局，北京，2008。

駒于庌王乎師豦召盉王親旨盉駒……」之九十四字銘文，[566]郭沫若提及犧尊器銘言執駒，兩件蓋銘言礉駒，礉為拘之古字。庌、皀皆是地名，可能同地異名或大小區域之別。雷為罍，當是器名。騅子、駱子是騅馬、駱馬之子。[567]辛怡華解釋所謂執駒是西周一種養馬禮制，在小馬兩歲離開母馬、開始服役時舉行的。王礉（拘）駒庌（或皀）意思是王親自蒞臨庌（或皀），參加執駒的儀式。[568]盉為作器者。此銘文說明製作銅器的原因是受周王賞賜。兩件銘文時代為西周中期。

小結

西周出土九至十一字銘文僅於取子龡鼓鑄鏞元喬、在上彙彙鷔鷔降余多福福、王礉駒皀賜盉駒勇雷駱子、王礉駒庌賜盉駒勇雷騅子、中甶父令色以旁壺□□□這 5 件銘文不具有「作器者＋「作」字＋器物名稱」之格式。在上彙彙鷔鷔降余多福福、中甶父令色以旁壺□□□，前者因為編鐘之一、後者因銘文不全，於取子龡鼓鑄鏞元喬雖無作字，但有鑄字，亦能表示鑄作之意。如此西周出土九至十一字銘文具備「作器者＋「作」字＋器物名稱」之完整格式的件數有 81 件，約占九至十一字銘文總數 95%。

西周出土八字銘文具有祝嘏辭式的套語共有 23 件，約占八字銘文總數 33%，時代分布於西周中期和晚期。而在西周出土九至十一字銘文中則有 45 件具有套語，約占總數 53%。也就是說，隨著字數的增加，祝嘏辭出現的比例也隨之提高。不但比例提高，就連祝嘏辭出現的字數也增加。八字銘文的套語內容有：永用、寶用、永寶用、其永寶用、其萬年用、子孫永用……等，九至十一字銘文則有：永寶用、永用亯、其寶用、其永寶用、其萬年寶、其萬年永用、其萬年永寶、其萬年用亯、子子孫永用、其孫子永用、子子孫孫用亯、子子孫永寶用、其萬年永寶用……等。以時代分布的情形來看，出現祝嘏辭的西周出土九至十一字銘文，1 件時代屬西周早期、13 件西周中期、31 件西周晚期，主要還是集中在西周中期和晚期。

---

566 本論文編號412。長慶、田野：〈祖國歷史文物的又一次重要發現──陝西郿縣發掘出四件周代銅器〉，《文物》1957：4，頁5-9。

567 郭沫若：〈盉器銘考釋〉，《考古學報》1957：2，頁2-6。

568 辛怡華：〈「庌」──周王朝的良馬繁殖基地──眉縣東李村盉尊（駒尊）組器再研究〉，《文博》2003：2，頁39-40。

　　西周出土九至十一字銘文中，屬第一類標明為祭祀夫兄父祖之作器目的有 18
件，其中西周早期有 11 件、中期 5 件、兩周之際 2 件；屬第二類標明為自作自
用之作器目的有 4 件，當中西周中期有 1 件、晚期 3 件；屬第三類標明為妻子之
作器目的有 12 件，西周早期有 3 件、中期 9 件；屬第四類標明為嫁女之作器目
的有 3 件，其中為西周早期的 2 件、晚期的 1 件；屬第五類標明地點有 1 件，時
代為西周早中期；屬第六類標明器物名稱有 39 件，之中西周早期有 2 件、西周
中期 4 件、西周晚期 33 件。

五　十二字銘文

　　西周出土銅器的十二字銘文有：

銘文字形	銘文編號	銘文字形	銘文編號
叔觥賜貝于王姁用作寶障彝	NO943	紒侯隻巢孚厥金肯用作鎣鼎	NO639
異作厥考白效父寶宗彝用旅	NO904	羊庚茲作厥文考尸叔寶障彝	NO343
史喪作丁公寶彝孫子其永羾	NO96	伊譖作簠用事于考永寶用之	NO1455
猒雒作文考寶障彝其萬年用	NO734—735	矣氏作姚氏障鬲其萬年永寶	NO1056—1059
中伐父作姬尚母旅甗其永用	NO7	成周邦父作干中姜寶壺永用	NO556
榮又嗣禹作饔鼎用朕嬴龐母	NO340	榮又嗣禹作饔鬲用朕嬴龐母	NO368
作寶盂其子子孫孫永寶用天	NO444	筍侯作叔姬謄盤其永寶用鄉	NO638
鄧公作應嫚毗媵段其永寶用	NO1040—1041	雟肇諆作寶障彝用夙夕亯考	NO1049—1050
冶遺作寶筐子子孫孫永寶用	NO13	廟孱作鼎其子子孫孫永寶用	NO367
友父作寶段子子孫孫永寶用	NO11—12	中彤作旅盨子子孫孫永寶用	NO308—309
倗白肇作障鼎其萬年寶用亯	NO1309	應侯作匜子子孫孫其永寶用	NO1077
晉侯僰馬作寶障壺其永寶用	NO1274—1275	叔各父作障段其萬年永寶用	NO1601—1602
季陵父作匜子子孫孫永寶用	NO1014	白車父作旅盨其萬年寶用	NO342
晉人事寅作寶段其孫子永寶	NO551	晉中韋父作鎣盂其萬年永寶	NO1247

（續）

銘文字形	銘文編號	銘文字形	銘文編號
善夫吉父作旅簠其萬年永寶	NO293	即冊企肇貯用作父乙寶隬彝	NO1199
即冊晨肇貯用作父乙寶隬彝	NO1189 1194、1197—1198		

西周出土十二字銘文有 44 件，剔除重複的件數，歸納出有 31 種不同的內容，按照作器的目的，先分成四大類，再依照作器者或器物所有者分成若干類型：

（一）標明為祭祀父祖之作器目的
　　1.私名＋作＋受享者稱謂和其字＋器物名稱＋用＋為祭祀作器目的，如
　　　異作厥考白效父寶宗彝用旅；
　　2.族徽＋私名＋作＋受享者稱謂和其名＋器物名稱，如
　　　羊庚茲作厥文考尸叔寶隬彝；
　　3.族徽＋官職＋私名＋用作＋受享者稱謂和日名＋器物名稱，如
　　　即冊晨肇貯用作父乙寶隬彝；
　　4.族徽＋私名＋作＋受享者稱謂＋器物名稱＋套語，如
　　　肰雞作文考寶隬彝其萬年用；
　　5.官職＋私名＋作＋父祖追稱＋器物名稱＋套語，如
　　　史喪作丁公寶彝孫子其永羿；
　　6.族徽＋私名＋作＋器物名稱＋用＋為祭祀作器目的＋套語，如
　　　伊謡作簠用事于考永寶用之。
（二）標明為妻子之作器目的
　　1.爵稱＋作＋為妻子作器目的＋器物名稱＋套語，如
　　　矦氏作娪氏隬鬲其萬年永寶；
　　2.族徽＋字＋父＋作＋為妻子作器目的＋器物名稱＋套語，如
　　　成周邦父作干中姜寶壺永用。
（三）標明為嫁女之作器目的
　　1.諸侯國名＋爵稱＋作＋為嫁女作器目的＋器物名稱＋套語，如
　　　筍侯作叔姬膡盤其永寶用鄉；

2. 諸侯國名＋官職＋私名＋作＋器物名稱＋用＋為嫁女作器目的，如
　　榮又姛再作齍鼎用朕嬴朧母。

（四）標明器物名稱

　1. 族徽＋作＋器物名稱＋套語，如作寶盂其子子孫孫永寶用天；

　2. 私名或字＋作＋器物名稱＋套語，如冶遺作寶筐子子孫孫永寶用；

　3. 私名＋肇諆作＋器物名稱＋用＋為祭祀作器目的，如
　　　雋肇諆作寶障彞用夙夕言考；

　4. 諸侯國名＋爵稱＋作或肇作＋器物名稱＋套語，如
　　　應侯作匜子子孫孫其永寶用；

　5. 排行＋私名＋作＋器物名稱＋套語，如中彤作旅盨子子孫孫永寶用；

　6. 排行＋字＋父＋作＋器物名稱＋套語，如白車父作旅盨其萬年永寶用；

　7. 官職＋字＋父＋作＋器物名稱＋套語，如善夫吉父作旅簠其萬年永寶；

　8. 諸侯國名＋官職或爵稱＋私名＋作＋器物名稱＋套語，如
　　　晉人事寓作寶殷其孫子永寶；

　9. 諸侯國名＋排行＋字＋父＋作＋器物名稱＋套語，如
　　　晉中韋父作肇盂其萬年永寶；

　10. 排行＋私名＋受賞原因＋用作＋器物名稱，如
　　　叔虎賜貝于王畃用作寶障彞；

　11. 諸侯國名＋爵稱＋戰勝原因＋用作＋器物名稱，如
　　　鈢侯隻巢孚厥金胄用作肇鼎。

（一）標明為祭祀父祖之作器目的

1 私名＋作＋受享者稱謂和其字＋器物名稱＋用＋為祭祀作器目的

　　西周出土十二字銘文中，「異作厥考白效父寶宗彞用旅」屬私名＋作＋受享者稱謂和其字＋器物名稱＋用＋為祭祀作器目的之類別。白效父是作器者異之先父，白為異先父之排行。用旅之旅應該是一種表示用途功能的詞語，而非修飾性的詞語，由銘文本身透露的器物主要作用與性質來看，非用於軍旅征伐，或為郭

沫若所言陳祭於宗廟之用。[569]時代屬西周中期。

2 族徽＋私名＋作＋受享者稱謂和其名＋器物名稱

西周出土十二字銘文中，「羊庚茲作厥文考尸叔寶隣彝」屬族徽＋私名＋作＋受享者稱謂和**其名**＋器物名稱之類別。尸叔是作器者羊庚茲之先父。時代屬西周早期。

3 族徽＋官職＋私名＋用作＋受享者稱謂和日名＋器物名稱

西周出土十二字銘文中，即冊晨肇貯用作父乙寶隣彝、即冊企肇貯用作父乙寶隣彝屬族徽＋官職＋私名＋用作＋受享者稱謂和日名＋器物名稱之類別。作器者晨、企兩人出自曾擔任冊之官職的即氏族，肇為開始之意，貯字在此銘辭未從貝，但並非作為族徽卩之作用，貯字的隸定與意義，各家說法不一，高明提出當為積貯、經商作買賣的意思。[570]上述兩種 5 件此類銘文時代均為西周早期。

4 族徽＋私名＋作＋受享者稱謂＋器物名稱＋套語

西周出土十二字銘文中，「厭雒作文考寶隣彝其萬年用」屬族徽＋私名＋作＋受享者稱謂＋器物名稱＋套語之類別。就西周出土銘文來看，銘文中明確有受享者的稱謂或日名，表示用以祭祀先父祖之目的的銘辭，十一字以下並未出現祝嘏辭式的套語。一式兩件厭雒作文考寶隣彝時代屬西周早期。

5 官職＋私名＋作＋父祖追稱＋器物名稱＋套語

西周出土十二字銘文中，「史喪作丁公寶彝孫子其永羿」屬官職＋私名＋作＋父祖追稱＋器物名稱＋套語之類別。趙平安將孫子其永羿之羿考釋為「施」，表延之意，[571]如此，孫子其永羿是指希望後代子孫能將此寶器延續下去。時代屬西周中期。

---

569 郭沫若：《兩周金文辭大系考釋》，頁95，上海書店出版社，上海，1999。

570 高明：〈西周金文「貯」字資料整理和研究〉，《考古學研究（一）》，頁301-311，文物出版社，北京，1992。

571 趙平安：〈釋易與匜——兼釋史喪尊〉，《考古與文物》1991：3，頁71-73。

6 族徽＋私名＋作＋器物名稱＋用＋為祭祀作器目的＋套語

西周出土十二字銘文中，「伊譜作簠用事于考永寶用之」屬族徽＋私名＋作＋器物名稱＋用＋為祭祀作器目的＋套語之類別。張亞初以為銘文中伊生之伊與伊尹之伊可能是同一個族氏之名。[572]此銘文的特別之處，是將祭祀先父之作器目的出現在器物名稱之後。用事于考意謂該器用於祭祀先父。時代屬西周晚期。

（二）標明為妻子之作器目的

1 爵稱＋作＋為妻子作器目的＋器物名稱＋套語

西周出土十二字銘文中，「矢氏作姚氏障鬲其萬年永寶」屬爵稱＋作＋為妻子作器目的＋器物名稱＋套語之類別。矢氏作姚氏障鬲其萬年永寶出現於平頂山北滍村 M95 所出土的 4 件銅鬲上，為應國墓地所出之銅器群，矢氏或為應侯之子孫，以先祖之爵號為氏族之名，[573]或為應侯於本國內的簡稱，是諸侯的稱謂。[574]一式 4 件矢氏作姚氏障鬲時代為西周晚期。

2 族徽＋字＋父＋作＋為妻子作器目的＋器物名稱＋套語

西周出土十二字銘文中，中伐父作姬尚母旅甗其永用、成周邦父作干中姜寶壺永用屬族徽＋字＋父＋作＋為妻子作器目的＋器物名稱＋套語之類別。中伐父作姬尚母旅甗乃仲氏為妻子姬尚母所作之器，中為氏族名號，非指排行。[575]銘文時代為西周中期。有關成周邦父作干中姜寶壺，王桂枝指出作器者邦父應當為周王親近之人，其封地在成周，其妻為干國國君姜姓的次女，[576]因此成周是以封地為氏族之名。銘文時代為西周晚期。

---

572 張亞初：〈兩周銘文所見某生考〉，《考古與文物》1983：5，頁85。

573 河南省文物研究所、平頂山市文物管理委員會：〈平頂山應國墓地九十五號墓的發掘〉，《華夏考古》1992：3，頁102。

574 王龍正：〈平頂山應國墓地九十五號墓年代、墓主及相關問題〉，《華夏考古》1995：4，頁69。

575 朱鳳瀚：《商周家族形態研究》，頁357，天津古籍出版社，天津，2004。

576 王桂枝：〈「成周邦父」壺蓋淺談〉，《人文雜誌》1983：4，頁72。

（三）標明為嫁女之作器目的

1 諸侯國名＋爵稱＋作＋為嫁女作器目的＋器物名稱＋套語

西周出土十二字銘文中，鄧公作應嫚毗媵𣪘其永寶用、筍侯作叔姬𤔲盤其永寶用鄉屬諸侯國名＋爵稱＋作＋為嫁女作器目的＋器物名稱＋套語之類別。鄧公作應嫚毗媵𣪘表示鄧國國君為嫁與應國的女兒毗所鑄作的媵器，鄧國嫚姓。筍侯作叔姬𤔲盤是齊魯周邊小諸侯國筍國國君為小女兒所鑄造的媵器，筍國姬姓。[577] 王世民以為筍國姬姓，地處晉南。[578] 上述兩種 3 件此類銘文時代均為西周晚期。

2 諸侯國名＋官職＋私名＋作＋器物名稱＋用＋為嫁女作器目的

西周出土十二字銘文中，榮又（有）𤔲再作齍鼎用𣎑（媵）嬴𤳊母、榮又（有）𤔲再作齍鬲用𣎑（媵）嬴𤳊母屬諸侯國名＋官職＋私名＋作＋器物名稱＋用＋為嫁女作器目的之類別。張亞初、劉雨認為有𤔲是對掌事人員的統稱，文獻記載或作有司。[579] 此銘文的特別之處，是將嫁女之作器目的放置在器物名稱之後。時代屬西周晚期。

（四）標明器物名稱

1 族徽＋作＋器物名稱＋套語

西周出土十二字銘文中，「作寶盂其子子孫孫永寶用天」屬族徽＋作＋器物名稱＋套語之類別。此件銘文時代屬西周晚期。

2 私名或字＋作＋器物名稱＋套語

西周出土十二字銘文中，冶遺作寶筐子子孫孫永寶用、廟孱作鼎其子子孫孫永寶用、友父作寶𣪘子子孫孫永寶用屬私名或字＋作＋器物名稱＋套語之類別。冶遺、廟孱為作器者的私名，[580] 友為作器者的字。三者銘文時代皆屬西周晚期。

577 吳十洲：《兩周禮器制度研究》，頁177，五南圖書出版公司，台北，2004。

578 王世民：〈西周時代諸侯方國青銅器概述〉，《商周銅器與考古學史論集》，頁69，藝文印書館，台北，2008。

579 張亞初、劉雨：《西周金文官制研究》，頁57，中華書局，北京，2004。

580 吳鎮烽：《金文人名彙編》，頁272，中華書局，北京，2006。

3 私名＋肇諆作＋器物名稱＋用＋為祭祀作器目的

西周出土十二字銘文中，「鼄肇諆作寶隣彝用夙夕亯考」屬私名＋肇諆作＋器物名稱＋用＋為祭祀作器目的。鼄肇諆作寶隣彝用夙夕亯考見於平頂山北滍村M84所出土的銅尊、銅卣上，共出還有1件銅盨銘文「應侯再肇作厥丕顯文考釐公隣彝……」，可知鼄是再的異體字，為應侯之私名，肇諆作可減省為肇作。[581] 另外，張懋鎔曾援用楊樹達的看法，認為肇諆是為助詞的用法。[582] 一式兩件鼄肇諆作寶隣彝時代屬西周中期。

4 諸侯國名＋爵稱＋作或肇作＋器物名稱＋套語

西周出土十二字銘文中，倗白肇作隣鼎其萬年寶用亯、應侯作匜子子孫孫其永寶用屬諸侯國名＋爵稱＋作或肇作＋器物名稱＋套語之類別。前者時代為西周中期，後者為西周晚期。

5 排行＋私名＋作＋器物名稱＋套語

西周出土十二字銘文中，「中彤作旅盨子子孫孫永寶用」屬排行＋私名＋作＋器物名稱＋套語之類別。一式兩件中彤作旅盨時代屬西周晚期。

6 排行＋字＋父＋作＋器物名稱＋套語

西周出土十二字銘文中，白車父作旅盨其萬年永寶用、叔各父作隣段其萬年永寶用、季陵父作匜子子孫孫永寶用屬排行＋字＋父＋作＋器物名稱＋套語之類別。上述3種4件此類銘文時代均為西周晚期。

7 官職＋字＋父＋作＋器物名稱＋套語

西周出土十二字銘文中，「善夫吉父作旅簠其萬年永寶」屬官職＋字＋父＋作＋器物名稱＋套語之類別。善夫文獻作膳夫，根據張亞初、劉雨的研究，西周時期善夫的職責是掌管賓客飲食之禮及食物的貯藏，這些人因處於君側，或成為

---

581 河南省文物考古研究所、平頂山市文物管理委員會：〈平頂山應國墓地八十四號墓發掘簡報〉，《文物》1998：9，頁11-13。

582 張懋鎔：〈對「肇諆」解釋的再商榷〉，《考古》1985：6，頁557-558。

周王親信，有時負責傳達王命。[583]該銘文時代為西周晚期。

8 諸侯國名＋官職或爵稱＋私名＋作＋器物名稱＋套語

西周出土十二字銘文中，晉人事寓作寶毁其孫子永寶、晉侯僰馬作寶障壺其永寶用屬諸侯國名＋官職或爵稱＋私名＋作＋器物名稱＋套語之類別。晉人事寓作寶毁的事即為史之職官，寓為作器者的私名。晉侯僰馬作寶障壺其永寶用見於天馬曲村 M33 和 M91 所出土的銅壺上，M33 墓主為晉侯僰馬，經考證，可能為《史記・晉世家》所載之晉厲侯（名福），M91 為晉厲侯之子晉靖侯（名宜臼）。[584]前者銘文時代為西周中期，後者一式兩件，時代為西周晚期。

9 諸侯國名＋排行＋字＋父＋作＋器物名稱＋套語

西周出土十二字銘文中，「晉中韋父作肇盉其萬年永寶」屬諸侯國名＋排行＋字＋父＋作＋器物名稱＋套語之類別。該銘文時代為西周中期。

10 排行＋私名＋受賞原因＋用作＋器物名稱

西周出土十二字銘文中，「叔觚賜貝于王婥用作寶障彝」屬排行＋私名＋受賞原因＋用作＋器物名稱。作器者為叔觚，因受王婥賞賜，鑄作了祭祀之禮器（方彝）。該銘文時代為西周早期。商代出土十一到二十字銘文僅兩件，內容為「辛卯王賜肅魚貝用作父丁彝」，若加上《殷周金文集成》所收錄 35 件十一到二十字銘文，可以發現幾項特點：一，銘文文首常出現記日干支；二，常出現「……易（賜）……貝用作……」的句型；三，有些記錄了受賞賜的地點或地名。[585]這件西周早期銘文沿襲晚商銘文的特點，記錄了賞賜的對象與財物。

11 諸侯國名＋爵稱＋戰勝原因＋用作＋器物名稱

西周出土十二字銘文中，「鉿侯隻（獲）巢孚（俘）厥金胄用作肇鼎」屬諸侯國名＋爵稱＋戰勝原因＋用作＋器物名稱之類別。裘錫圭以為是鉿（豫）侯用

---

583 張亞初、劉雨：《西周金文官制研究》，頁42-43，中華書局，北京，2004。

584 北京大學考古學系、山西省考古研究所：〈天馬——曲村遺址北趙晉侯墓地第五次發掘〉，《文物》1995：7，頁37。孫華：〈晉侯橠／斷組墓的幾個問題〉，《文物》1997：8，頁30-31。

585 李珮瑜：《商代出土銅器銘文研究》，頁275，淡江大學中國文學研究所碩士論文，1993。

戰勝俘獲的銅盔鑄造銅鼎，[586]史樹青提出𦀚侯是蔡侯，可能就是武王所封的蔡叔之後，巢則為南方之國。[587]該銘文時代為西周早期。

小結

西周出土十二字銘文 31 種 44 件全數都具備「作器者＋「作」字＋器物名稱」之格式，西周出土十二字銘文具有祝嘏辭式的套語共有 30 件，約占十二字銘文總數 68%，時代屬於西周早期的銘文有 2 件、西周中期的 4 件、西周晚期的有 24 件。

西周出土十二字銘文屬第一類標明為祭祀父祖之作器目的有 11 件，其中西周早期有 8 件、中期 2 件、晚期 1 件；屬第二類標明為妻子之作器目的有 6 件，當中西周中期有 1 件、晚期 5 件；屬第三類標明為嫁女之作器目的有 5 件，時代皆為西周晚期；屬第四類標明器物名稱有 22 件，其中為西周早期的 2 件、中期的 5 件、晚期有 15 件。

在銘文的組成上，自五字銘文開始，西周出土銘文再也沒有內容純粹表明作器者或器主身分的類型。而且自五字銘文開始粗具「作器者＋「作」字＋器物名稱」之格式，若是為了祭祀先父祖、母妣、先夫之作器目的，受享者的稱謂或日名，包括對父祖母妣等之追稱，除「叔造作召公宗寶隮彝父乙」此一銘文例子外，其餘都是出現在器物名稱之前。而自七字銘文開始，出現「作器者＋「作」字＋器物名稱＋套語」之基本格式，但是西周出土六到十一字銘文中的第一類為了祭祀先父祖之作器目的的銘文組成，從未出現祝嘏辭式的套語。

總結上述，自十二字開始，西周出土銘文發展出以下三種句型：

一、作器者＋「作」＋為祭祀先父祖、妻子、嫁女作器目的＋器物名稱＋套語

二、作器者＋「作」＋器物名稱＋「用」＋為祭祀、嫁女作器目的

三、作器者＋受賞、戰勝原因＋「用作」＋器物名稱

586 裘錫圭：〈「𦀚侯獲巢」鼎銘補釋〉，《文物》1966：2，頁106。

587 史樹青：〈西周蔡侯鼎銘釋文〉，《文物》1966：2，頁105-106。

西周出土銅器的十三字銘文有：

銘文字形	銘文編號	銘文字形	銘文編號
尚自作鑍壺其萬年子孫孫永用	1184-2	陽飤生自作寶匜用賜眉壽用言	1570
鬺叔山父作疊姬障叚其永寶用	226—229	單叔作孟嬭障器其萬年永寶用	438—439
陳侯作王媯媵叚其萬年永寶用	749	芮公作鑄鬲子子孫孫永寶用言	860
己侯作鑄壺事小臣以汲永寶用	1484	笅姬作旅簠其子子孫孫永寶用	202
犀作旅甗子子孫孫永寶用豐丼	8	周郜驎作用寶鼎其萬年永寶用	405
晉侯穌作寶障鼎其萬年永寶用	1256	中友父作寶叚子子孫孫永寶用	9—10
白公父作旅盨子子孫孫永寶用	91	白噑父作餴簠□其邁年永寶用	74
乙丑扩賜貝于公中用作寶障彝	1359	傲勺白赤烏茲戈厥璧趾季秉嗇	1159
應姚作叔鼏父障鬲其永寶用言	1071—1072	中太師小子□為其旅□永寶用	201

西周出土銅器的十四字銘文有：

銘文字形	銘文編號	銘文字形	銘文編號
蘩作祖己障彝 其子子孫孫永寶戈	582	尚自作鑍壺 其萬年子子孫孫永用	1184-1、1185
胄自作餴簠 其子子孫孫永寶用言	1453	王作豐妊單寶盤盉 其萬年永寶用	752
白先父作妝障 其子子孫孫永寶用	138—139	白先父作妝鬲 其子子孫孫永寶用	140
白先作妝障鬲 其子子孫孫永寶用	141	娸中作甫妏媵簠 子子孫孫永寶用	1463
癸作寶叚 其萬年孫孫子子永寶用	874	晨作寶盤 其萬年子子孫孫永寶用	110

（續）

銘文字形	銘文編號	銘文字形	銘文編號
貞作寶盤 其萬年子子孫孫永寶用	747	屯鼉作寶毁 其萬年子子孫孫永寶	1295
家父作寶盉 其萬年子子孫孫永寶	1250	芮太子作鑄鬲 子子孫孫永寶用亯	859
望白逗作寶齋鬲 其萬年□孫寶用	823	豐白叔父作簠 其子子孫孫永寶用	1012
白幾父作奉毁 子子孫孫其永寶用	82—83	叔五父作旅匜 其萬年子子孫永寶用	443
鼄白龜母子刺作寶鬲 子孫永寶用	1491—1494	叔商妣作□母寶鼎 子□永保用饗	1183
休朕公君匽侯賜圉貝 用作寶障彝	1368	中畗父令色以旁壺 □□在□三朋	1240-1
王秦于成周王賜圉貝 用作寶障彝	1371、1372-1、 1377、1634		

西周出土銅器的十五字銘文有：

銘文字形	銘文編號	銘文字形	銘文編號
鵉作父丁寶障彝 鵉其子子孫其永用	1248—1249	禽作文考寶煋鼎 子子孫孫永寶亞屯	585
侯賞復貝三朋 復用作父乙寶障彝異	1333	在戊辰匽侯賜白矩貝 用作父戊障彝	1349
白先父作妝障鬲 其子子孫孫永寶用	132—137	單叔作孟嬬障器 其萬年孫孫永寶用	431
魯侯作姬翏縢鼎 其萬年眉壽永寶用	1449	魯侯作姬翏縢簠 其萬年眉壽永寶用	1450
白吉父作京姬匜 其子子孫孫永寶用	300	白駟父作姬淪縢盤 子子孫孫永寶用	1454

（續）

銘文字形	銘文編號	銘文字形	銘文編號
昚媷作寶鼎 其萬年子子孫永寶用享	255	芮太子白作鑄鬲 子子孫孫永寶用言	865
魯嗣徒中齊肇作盤 其萬年永寶用言	1464	善夫吉父作旅盨 其子子孫孫永寶用	296—298、 400
中友父作盤 其萬年子子孫孫永寶用	16	中友父作匜 其萬年子子孫孫永寶用	17
許季姜作障段 其萬年子子孫永寶用	1605	乙丑公中賜庶貝十朋 庶用作寶障彝	1358
白梁父作彝姑障段 子子孫孫永寶用	625—628	侯母作侯父戎壺 用征行用求福無疆	1466
叔向父為備寶段兩寶鼎二 宿孫子寶	1314		

　　西周出土十三到十五字銘文有 89 件，剔除重複的件數，以及銘文不全 2
件，歸納出有 60 種不同的內容，按照作器的目的，先分成六大類，再依照作器
者、賞賜者等條件分成若干類型：

（一）標明為祭祀父祖之作器目的
　　1. 私名＋作＋受享者稱謂和日名＋器物名稱＋套語，如
　　　　螽作父丁寶障彝螽其子子孫其永用；
　　2. 族徽＋私名＋作＋受享者稱謂和日名＋器物名稱＋套語，如
　　　　蘩作祖己障彝其子子孫孫永寶戈；
　　3. 官職＋族徽＋私名＋作＋受享者稱謂＋器物名稱＋套語，如
　　　　禽作文考寶煋鼎子子孫孫永寶亞拱；
　　4. 賞賜者＋賞＋受賞賜者＋貝（和數量）＋用作＋受享者稱謂和日名＋器物名
　　　　稱＋族徽，如侯賞復貝三朋復用作父乙寶障彝巺；
　　5. 干支＋賞賜者＋賜＋受賞賜者＋貝＋用作＋受享者稱謂和日名＋器物名
　　　　稱，如在戊辰匽侯賜白矩貝用作父戊障彝。

（二）標明為自作自用之作器目的

1. 私名＋自作＋器物名稱＋套語，如尚自作肇壺其萬年子子孫孫永用；

2. 諸侯國名＋私名＋稱謂＋自作＋器物名稱＋套語，如
陽飤生自作寶匜用賜眉壽用亯。

（三）標明為妻子之作器目的

1. 王＋作＋為妻子作器目的＋器物名稱＋套語，如
王作豐妊單寶盤盉其萬年永寶用；

2. 族徽＋排行＋作＋為妻子作器目的＋器物名稱＋套語，如
單叔作孟嬭隓器其萬年孫孫永寶用；

3. 排行＋字＋父＋作＋為妻子作器目的＋器物名稱＋套語，如
白先父作妝隓鬲其子子孫孫永寶用；

4. 族徽＋排行＋字＋父＋作＋為妻子作器目的＋器物名稱＋套語，如
歸叔山父作疊姬隓段其永寶用。

（四）標明為嫁女之作器目的

1. 族徽或諸侯國名＋爵稱或排行＋作＋為嫁女作器目的＋器物名稱＋套語，
如陳侯作王婦媵段其萬年永寶用；

2. 爵稱或排行＋字＋父＋作＋為嫁女作器目的＋器物名稱＋套語，如
白馱父作姬淪媵盤子子孫孫永寶用。

（五）標明器物名稱

1. 私名或字＋作＋器物名稱＋套語，如貞作寶盤其萬年子子孫孫永寶用；

2. 諸侯國名＋爵稱＋作＋器物名稱＋套語，如
芮公作鑄鬲子子孫孫永寶用亯；

3. 諸侯國名＋女子的姓＋作＋器物名稱＋套語，如
筌媢作寶鼎其萬年子子孫永寶用享；

4. 族徽或諸侯國名＋私名＋作或作用＋器物名稱＋套語，如
犀作旅甗子子孫孫永寶用豐丼；

5. 諸侯國名＋爵稱＋私名或字＋作＋器物名稱＋套語，如
晉侯穌作寶隓鼎其萬年永寶用；

6. 諸侯國名＋官職＋排行＋私名＋肇作＋器物名稱＋套語，如
魯𤔲徒中齊肇作盤其萬年永寶用亯；

7. 爵稱或排行＋字＋父＋作＋器物名稱＋套語，如

白公父作旅盨子子孫孫永寶用；

8. 族徽＋字＋父＋作＋器物名稱＋套語，如中友父作寶敦子子孫孫永寶用；

9. 官職＋字＋父＋作＋器物名稱＋套語，如

善夫吉父作旅鱸其子子孫孫永寶用；

10. 諸侯國名＋排行＋女子的姓＋作＋器物名稱＋套語，如

許季姜作障敦其萬年子子孫永寶用；

11. 諸侯國名＋爵稱＋字＋母＋稱謂＋私名＋作＋器物名稱＋套語，如

釐白龜母子刺作寶鬲子孫永寶用；

12. 受賞地點＋賞賜者＋賜＋受賞賜者＋貝＋用作＋器物名稱，如

王桒于成周王賜圍貝用作寶障彝；

13. 對揚之詞＋賞賜者＋賜＋受賞賜者＋貝＋用作＋器物名稱，如

休朕公君匽侯賜圍貝用作寶障彝；

14. 干支＋賞賜者＋賜＋受賞賜者＋貝（和數量）＋用作＋器物名稱，如

乙丑公中賜庶貝十朋庶用作寶障彝；

15. 干支＋受賞賜者＋賜＋貝＋于＋賞賜者＋用作＋器物名稱，如

乙丑扩賜貝于公中用作寶障彝。

（六）其他

（一）標明為祭祀父祖之作器目的

1 私名＋作＋受享者稱謂和日名＋器物名稱＋套語

西周出土十三到十五字銘文中，「衆作父丁寶障彝衆其子子孫其永用」屬於私名＋作＋受享者稱謂和日名＋器物名稱＋套語。該銘文一式兩件，時代為西周中期。

2 族徽＋私名＋作＋受享者稱謂和日名＋器物名稱＋套語

西周出土十三到十五字銘文中，「繁作祖己障彝其子子孫孫永寶戈」屬於族徽＋私名＋作＋受享者稱謂和日名＋器物名稱＋套語。戈為作器者繁所出之氏族。時代為西周早期。

3 官職＋族徽＋私名＋作＋受享者稱謂＋器物名稱＋套語

西周出土十三到十五字銘文中，「禽作文考寶燀鼎子子孫孫永寶亞🜨」屬於官職＋族徽＋私名＋作＋受享者稱謂＋器物名稱＋套語。該銘文的🜨置於亞字中，亞🜨表示作器者禽出於🜨之氏族，該氏族曾擔任亞之職官。時代為西周早期。

4 賞賜者＋賞＋受賞賜者＋貝（和數量）＋用作＋受享者稱謂和日名＋器物名稱＋族徽

西周出土十三到十五字銘文中，「侯賞復貝三朋復用作父乙寶障彝𤔉」屬於賞賜者＋賞＋受賞賜者＋貝（和數量）＋用作＋受享者稱謂和日名＋器物名稱＋族徽。該銘文見於琉璃河 I M52 所出土的銅鼎上，同出還有 1 件銅尊銘文為「匽侯賞復絅衣臣妾貝用作父乙寶障彝𤔉」，可知𤔉為作器者復之族徽，復因受到匽侯的賞賜，於是鑄作祭祀父乙之禮器。時代為西周早期。

5 干支＋賞賜者＋賜＋受賞賜者＋貝＋用作＋受享者稱謂和日名＋器物名稱

西周出土十三到十五字銘文中，「在戊辰匽侯賜白矩貝用作父戊障彝」屬於干支＋賞賜者＋賜＋受賞賜者＋貝＋用作＋受享者稱謂和日名＋器物名稱。時代亦為西周早期。

（二）標明為自作自用之作器目的

1 私名＋自作＋器物名稱＋套語

西周出土十三到十五字銘文中，尚自作肇壺其萬年子孫孫永用、尚自作肇壺其萬年子子孫孫永用、𦖞自作饙簋其子子孫孫永寶用䭪屬於私名＋自作＋器物名稱＋套語。前兩者 3 件時代為西周中期，末者為西周晚期。

2 諸侯國名＋私名＋稱謂＋自作＋器物名稱＋套語

西周出土十三到十五字銘文中，「陽飤生（甥）自作寶匜用賜眉壽用䭪」屬於諸侯國名＋私名＋稱謂＋自作＋器物名稱＋套語。張亞初提出兩周金文中某生之生為甥，某是母舅家的族氏名。[588]根據朱鳳瀚、孫亞冰的研究，成王時封叔虞

---

[588] 張亞初：〈兩周銘文所見某生考〉，《考古與文物》1983：5，頁83-85。

於唐的唐為易，即易是唐的本字，文獻典籍中的唐是易的通假字，始稱晉侯的是叔虞之子燮父，因改封至新的封地，而文獻記載南方之唐國應源自山西易國。[589]陽飤生自作寶匜之陽或隸定為場，字形為从二土从易，是陽的異體字。南方之唐國在今隨州西北唐縣鎮一帶。[590]銘文時代為西周晚期。

（三）標明為妻子之作器目的

1 王＋作＋為妻子作器目的＋器物名稱＋套語

西周出土十三到十五字銘文中，「王作豐妊單寶盤盉其萬年永寶用」屬於王＋作＋為妻子作器目的＋器物名稱＋套語。此為周王為王妃作器，王妃是豐國之女，此豐國妊姓，[591]單為其名。銘文時代為西周晚期。

2 族徽＋排行＋作＋為妻子作器目的＋器物名稱＋套語

西周出土十三到十五字銘文中，單叔作孟媹障器其萬年永寶用、單叔作孟媹障器其萬年孫孫永寶用屬於族徽＋排行＋作＋為妻子作器目的＋器物名稱＋套語。單叔作孟媹障器見於眉縣楊家村西周銅器窖藏所出土的 3 件銅鬲上，該窖藏出土 27 件銅器均有銘文，除銅盂外，其餘皆屬同一人作器。孟媹之媹為祁，孟祁為單叔之妻，祁姓。[592]此類兩種 3 件銘文時代為西周晚期。

3 排行＋字＋父＋作＋為妻子作器目的＋器物名稱＋套語

西周出土十三到十五字銘文中，白先父作妐障其子子孫孫永寶用、白先父作妐鬲其子子孫孫永寶用、白先作妐障鬲其子子孫孫永寶用、白先父作妐障鬲其子子孫孫永寶用、白吉父作京姬匜其子子孫孫永寶用屬於排行＋字＋父＋作＋為妻子作器目的＋器物名稱＋套語。伯先父銘文出自扶風縣莊白村一號窖藏出土的 10 件銅鬲上，該窖藏出土大量微氏家族各代所作之祭器，而伯先父鬲為該批器群中

589 朱鳳瀚：〈覞公盨與唐伯侯于晉〉，《考古》2007：3，頁64-69。孫亞冰：〈易國考〉，《古文字研究》第27輯，頁42-48，中華書局，北京，2008。

590 楊寶成、黃錫全：《湖北考古發現與研究》，頁113-114，武漢大學出版社，武昌，2000。

591 曹定雲：〈周代金文中女子稱謂類型研究〉，《考古》1999：6，頁80。

592 陝西省考古研究所、寶雞市考古工作隊、眉縣文化館聯合考古隊：〈陝西眉縣楊家村西周青銅器窖藏〉，《考古與文物》2003：3，頁9。

時代最晚的,因此黃盛璋推論「伯先父必為微家族的一員,較癭晚了一代」。[593]
妝為伯先父之妻。[594]至於白吉父作京姬匜的伯吉父即善夫吉父,朱鳳瀚認為京姬
為伯吉父之妻。[595]此類 5 種 11 件銘文時代均為西周晚期。

4 族徽＋排行＋字＋父＋作＋為妻子作器目的＋器物名稱＋套語

西周出土十三到十五字銘文中,「嘼叔山父作疊姬障𣪘其永寶用」屬於族徽
＋排行＋字＋父＋作＋為妻子作器目的＋器物名稱＋套語。上述五字銘文處已論
及嘼叔山父是氏名加上排行與字來表示作器者的身分,嘼氏的銘文後多有亞￠之
族徽,因此疊姬表示嘼叔山父之妻姬姓、名疊。銘文一式 4 件,時代為西周晚期。

(四)標明為嫁女之作器目的

1 族徽或諸侯國名＋爵稱或排行＋作＋為嫁女作器目的＋器物名稱＋套語

西周出土十三到十五字銘文中,陳侯作王媯媵𣪘其萬年永寶用、魯侯作姬翏
媵鼎其萬年眉壽永寶用、魯侯作姬翏媵簠其萬年眉壽永寶用、妌中作甫妖媵簠子
子孫孫永寶用屬於族徽或諸侯國名＋爵稱或排行＋作＋為嫁女作器目的＋器物名
稱＋套語。陳侯作王媯媵𣪘,是陳侯之女嫁與周王為妃,陳國媯姓,因此稱其女
為王媯。[596]魯國都城在今山東曲阜,始封之君魯公伯禽是周公旦之長子,魯國姬
姓。[597]姬翏是魯侯之女。以妌為氏族之名,僅見妌中作甫妖媵簠此例,妖為姓。
上述此類 4 種 4 件銘文時代皆為西周晚期。

2 爵稱或排行＋字＋父＋作＋為嫁女作器目的＋器物名稱＋套語

西周出土十三到十五字銘文中,「白馭父作姬淪媵盤子子孫孫永寶用」屬於
爵稱或排行＋字＋父＋作＋為嫁女作器目的＋器物名稱＋套語。白馭父作姬淪媵

593 黃盛璋:〈西周微家族窖藏銅器群初步研究〉,《西周微氏家族青銅器群研究》,頁152-153,文物
　　出版社,北京,1992。

594 吳鎮烽:〈金文人名研究〉,《周秦文化研究》,頁430,陝西人民出版社,西安,1998。

595 朱鳳瀚:《商周家族形態研究》,頁341,天津古籍出版社,天津,2004。

596 曹定雲:〈周代金文中女子稱謂類型研究〉,《考古》1999:6,頁79。

597 王世民:〈西周時代諸侯方國青銅器概述〉,《商周銅器與考古學史論集》,頁69-70,藝文印書
　　館,台北,2008。

盤子子孫孫永寶用見於鄒縣七家峪村所出土的銅盤上,而後徵集到的時代為春秋早期的銅鬲銘文有「魯宰駟父作姬鱎賸鬲……」,王世民指出伯駟父即魯宰駟父,為替女兒淪所作之媵器。[598]時代為西周晚期。

(五)標明器物名稱

1 私名或字＋作＋器物名稱＋套語

西周出土十三到十五字銘文中,貞作寶盤其萬年子子孫孫永寶用、屯鼄作寶殷其萬年子子孫孫永寶、晨作寶盤其萬年子子孫孫永寶用、家父作寶盉其萬年子子孫永寶、癸作寶殷其萬年孫孫子子永寶用屬於私名或字＋作＋器物名稱＋套語。前兩者時代屬西周早期,後兩者屬西周中期,末者屬西周晚期。

2 諸侯國名＋爵稱＋作＋器物名稱＋套語

西周出土十三到十五字銘文中,芮公作鑄鬲子子孫孫永寶用亯、芮太子作鑄鬲子子孫孫永寶用亯、芮太子白作鑄鬲子子孫孫永寶用亯、己侯作鑄壺事小臣以汲永寶用屬於諸侯國名＋爵稱＋作＋器物名稱＋套語。己侯作鑄壺事小臣以汲永寶用中的事或隸定為「使」,此銘文的特殊之處,是表明該銅壺鑄造目的是讓小臣汲水盥洗之用。[599]小臣或為張亞初、劉雨所言下屬、下級官吏。[600]前三者時代在兩周之際,末者為西周晚期。

3 諸侯國名＋女子的姓＋作＋器物名稱＋套語

西周出土十三到十五字銘文中,宓姬作旅簠其子子孫孫永寶用、眘娟作寶鼎其萬年子子孫永寶用享屬於諸侯國名＋女子的姓＋作＋器物名稱＋套語。宓姬作旅簠的宓或隸定為「密」,密亦見於丹鳳縣西河鄉山溝村所出土的簋蓋蓋內,銘文為「……密叔入右虎即立……」。[601]密為密須國,姞姓。[602]作器者宓姬乃姬

598 王世民:〈西周時代諸侯方國青銅器概述〉,《商周銅器與考古學史論集》,頁71,藝文印書館,台北,2008。

599 吳十洲:《兩周禮器制度研究》,頁221,五南圖書出版公司,台北,2004。

600 張亞初、劉雨:《西周金文官制研究》,頁44,中華書局,北京,2004。

601 本論文編號879。

602 王翰章、陳良和、李保林:〈虎簋蓋銘簡釋〉,《考古與文物》1997:3,頁79-80。

姓，因嫁至密須國，故稱宓姬。宓娟作寶鼎的宓或隸定為「會」、「鄫」，娟或作
妘，為古姓。羅西章根據扶風縣上康村同出「函皇父作琱娟……」之銅鼎、銅
簋、銅盤銘文[603]判定，宓娟乃鄫國女子嫁於琱（周）人。[604]此兩件皆為婦人自作
器，時代都是西周晚期。

4 族徽或諸侯國名＋私名＋作或作用＋器物名稱＋套語

西周出土十三到十五字銘文中，犀作旅齍子子孫孫永寶用豐井、周郱騂作用
寶鼎其萬年永寶用屬於族徽或諸侯國名＋私名＋作或作用＋器物名稱＋套語。徐
良高認為井（丼）指姬姓邢國，豐井叔和奠井叔分別食采於關中京畿一帶的豐、
鄭兩地，故稱豐井叔和奠井叔。[605]尹盛平也以為井（丼）為姬姓邢國，但鄭井是
第一代邢侯長子井伯家族，鄭是地名，井是氏名，鄭地應在今陝西寶雞、鳳翔一
帶；而豐井是第一代邢侯之子井叔後裔，原在邢國，之後入朝為官，居住在豐
京。[606]如此可理解為作器者犀出自豐地之邢國。此兩件銘文時代皆屬西周晚期。

5 諸侯國名＋爵稱＋私名或字＋作＋器物名稱＋套語

西周出土十三到十五字銘文中，晉侯穌作寶隩鼎其萬年永寶用、望白逗作寶
齍鬲其萬年□孫寶用、豐白叔父作簋其子子孫孫永寶用屬於諸侯國名＋爵稱＋私
名或字＋作＋器物名稱＋套語。此類3種3件銘文時代均為西周晚期。

6 諸侯國名＋官職＋排行＋私名＋肇作＋器物名稱＋套語

西周出土十三到十五字銘文中，「魯銅徒中齊肇作盤其萬年永寶用言」屬於
諸侯國名＋官職＋排行＋私名＋肇作＋器物名稱＋套語。時代為西周晚期。

7 爵稱或排行＋字＋父＋作＋器物名稱＋套語

西周出土十三到十五字銘文中，白幾父作奉餿子子孫孫其永寶用、白公父作

---

603 本論文編號243-244、246、252。

604 羅西章、羅紅俠：《周原尋寶記》，頁7-13，三秦出版社，西安，2005。

605 徐良高：〈邢、鄭井、豐井急議〉，《三代文明研究（一）——1998年河北邢台中國商周文明國際
　　學術研討會論文集》，頁118-125，科學出版社，北京，1999。

606 尹盛平：〈邢國改封的原因及其與鄭邢、豐邢的關係〉，《三代文明研究（一）——1998年河北邢
　　台中國商周文明國際學術研討會論文集》，頁126-132，科學出版社，北京，1999。

旅盨子子孫孫永寶用、白鵃父作饒簋□其邁年永寶用、叔五父作旅匜其萬年子孫永寶用屬於爵稱或排行＋字＋父＋作＋器物名稱＋套語。白幾父作奉段銘文一式兩件時代為西周中期，最後三者為西周晚期。

8 族徽＋字＋父＋作＋器物名稱＋套語

西周出土十三到十五字銘文中，中友父作寶段子子孫孫永寶用、中友父作盤其萬年子子孫孫永寶用、中友父作匜其萬年子子孫孫永寶用屬於族徽＋字＋父＋作＋器物名稱＋套語。中友父的中為氏族之名，並非排行之意。[607]中友父作寶段、盤、匜4件時代為西周晚期。

9 官職＋字＋父＋作＋器物名稱＋套語

西周出土十三到十五字銘文中，「善夫吉父作旅罈其子子孫孫永寶用」屬於官職＋字＋父＋作＋器物名稱＋套語。銘文一式4件，時代為西周晚期。

10 諸侯國名＋排行＋女子的姓＋作＋器物名稱＋套語

西周出土十三到十五字銘文中，「許季姜作障段其萬年子子孫永寶用」屬於諸侯國名＋排行＋女子的姓＋作＋器物名稱＋套語。許國姜姓，地望在今河南許昌市。[608]許季姜作障段時代為西周晚期。

11 諸侯國名＋爵稱＋字＋母＋稱謂＋私名＋作＋器物名稱＋套語

西周出土十三到十五字銘文中，「釐白鬶母子刺作寶鬲子孫永寶用」屬於諸侯國名＋爵稱＋字＋母＋稱謂＋私名＋作＋器物名稱＋套語。陳夢家以為釐白即是萊伯，萊國當在黃縣萊陰。[609]作器者刺為萊伯、鬶母夫婦之子。銘文一式4件，時代為西周晚期。

---

607 朱鳳瀚：《商周家族形態研究》，頁357，天津古籍出版社，天津，2004。
608 蔡運章：〈洛陽北窯西周墓青銅器銘文簡介〉，《文物》1996：7，頁59。王世民：〈西周時代諸侯方國青銅器概述〉，《商周銅器與考古學史論集》，頁74，藝文印書館，台北，2008。
609 陳夢家：《西周銅器斷代》上冊，頁119，中華書局，北京，2004。

12 受賞地點＋賞賜者＋賜＋受賞賜者＋貝＋用作＋器物名稱

　　西周出土十三到十五字銘文中，「王夆于成周王賜圉貝用作寶障彝」屬於受賞地點＋賞賜者＋賜＋受賞賜者＋貝＋用作＋器物名稱。夆字裘錫圭釋為「求」。[610]在商代傳世十一到二十字銘文中，約有三分之一開始出現受賞賜的地點或地名，但多出現在句中，[611]此銘文則將受賞賜的地點置於句首，或以表示在成周受周王賞賜之榮耀。作器者圉因受周王賞賜故而製作此器群。[612]銘文一式 4 件，時代為西周早期。

13 對揚之詞＋賞賜者＋賜＋受賞賜者＋貝＋用作＋器物名稱

　　西周出土十三到十五字銘文中，「休朕公君匽侯賜圉貝用作寶障彝」屬於對揚之詞＋賞賜者＋賜＋受賞賜者＋貝＋用作＋器物名稱。休朕公君匽侯賜圉貝用作寶障彝見於琉璃河 I M253 所出土的銅鼎上，任偉根據唐蘭、張亞初等說法，以為琉璃河 I M253 同出堇鼎之堇為殷遺民，堇鼎和圉器同出一墓，堇和圉當是父子關係，堇、圉受匽侯之賜，可見這一支殷遺民在殷商滅亡後，成了匽侯的近臣。[613]林澐、張亞初認為「對揚」是臣下受到上級賞賜之後所說的感激話，表示答受稱揚之意。[614]陳漢平探討對揚王休、敢對王休之休為休命的意思，是受命者當廷面對天子或周王而頌揚其冊命。[615]但在此銘文中，休置於賓語之前，應為動詞，表示感謝、稱揚。時代為西周早期。

14 干支＋賞賜者＋賜＋受賞賜者＋貝（和數量）＋用作＋器物名稱

　　西周出土十三到十五字銘文中，「乙丑公中賜庶貝十朋庶用作寶障彝」屬於干支＋賞賜者＋賜＋受賞賜者＋貝（和數量）＋用作＋器物名稱。時代為西周早期。

610 裘錫圭：〈說求〉，《古文字論集》，頁59-69，中華書局，北京，1992。

611 李珮瑜：《商代出土銅器銘文研究》，頁277，淡江大學中國文學研究所碩士論文，1993。

612 「王夆于成周王賜圉貝用作寶障彝」見於琉璃河 I M253所出土的銅甗腹內壁、銅盉蓋內、銅卣器底和蓋內，以及喀左縣小波汰溝所出土的銅盉上。本論文編號1371、1372、1377、1634。

613 任偉：〈從考古發現看西周燕國殷遺民之社會狀況〉，《中原文物》2001：2，頁57。

614 林澐、張亞初：〈《對揚補釋》質疑〉，《考古》1964：5，頁246-248。

615 陳漢平：《西周冊命制度研究》，頁310-311，學林出版社，上海，1986。

15 干支＋受賞賜者＋賜＋貝＋于＋賞賜者＋用作＋器物名稱

西周出土十三到十五字銘文中，「乙丑𢆃賜貝于公中用作寶障彝」屬於干支＋受賞賜者＋賜＋貝＋于＋賞賜者＋用作＋器物名稱。時代亦為西周早期。

（六）其他

西周出土十三到十五字銘文中，應姚作叔鼎父障鬲其永寶用言、中太師小子□為其旅□永寶用、做勹白赤鳥茲戈厥璧龖季秉晋、白梁父作彝姑障段子子孫孫永寶用、侯母作侯父戎壺用征行用求福無疆、叔向父為備寶段兩寶鼎二宿孫子寶歸入其他一類。應姚作叔鼎父障鬲的應姚為平頂山北滍村 M95 所出 4 件銅鬲銘文「疾氏作姚氏障鬲其萬年永寶」中的姚氏，為姚姓之女嫁與應侯者。朱鳳瀚推測叔鼎父是生人，很可能是應姚之子。[616]

有關中國古代名和字的使用，一般來說，對尊長、或表敬稱通常稱「字」，反之稱「名」。「應姚作叔鼎父障鬲」是以「字」──鼎父表示男子身分，若以上述觀念理解，似乎不合常理。但筆者認為朱鳳瀚的推論不無道理。如十二字銘文「榮又（有）嗣再作齍鼎用朕（媵）嬴龢母」、「榮又（有）嗣再作齍鬲用朕（媵）嬴龢母」和十六字銘文「王白姜作季姬福母障鼎季姬其永寶用」，都是家長為出嫁的女兒鑄作媵器，當中亦是以女兒的「字」──龢母、福母表示身分。若叔鼎父是生人，該組銅鬲或為應姚於其子成年或成婚時所製作之器。楊寬指出：「……當時（西周、春秋）貴族男子成年時，舉行『冠禮』而命『字』，無非表示授予統治人民的特權，參與祭祀和典禮的權利等，同時也授予……傳宗接代的責任等」。[617]由上述可知，應姚以「字」稱呼兒子，或在於強調其成年或成婚之特殊意義。應姚作叔鼎父障鬲一式兩件，時代為西周晚期。

中太師小子□為其旅□永寶用有缺字，張亞初、劉雨根據伯太師、仲太師之銘文，推測西周時期太師之職可能設有正、副二人，性質是為武官。而小子為其部屬、屬官之意。[618]第一個缺字推測或為私名或為作字，第二個缺字應為器物名稱。時代為西周晚期。

---

616 朱鳳瀚：《中國青銅器綜論》中，頁1354，上海古籍出版社，上海，2009。

617 楊寬：《西周史》，頁437，上海人民出版社，上海，2004。

618 張亞初、劉雨：《西周金文官制研究》，頁3-4，中華書局，北京，2004。

　　白梁父作龏娸隌段子子孫孫永寶用一式 4 件，郭沫若推論當是伯梁父為亡妻或亡母龏娸所作之祭器。[619]時代為西周晚期。

　　侯母作侯父戎壺用征行用求福無疆的侯父當是生人，其妻為其鑄造軍旅行役所用之銅壺。時代亦為西周晚期。

　　而叔向父為備寶段兩寶鼎二宿孫子寶的宿字，學者以為表肅敬之意，而備指備用，內容表示叔向父為了祭祀而備用禮器，以進獻祖先及神明。[620]但潘玉坤將宿隸定為「酏」字，並提出在世旁加上百，有加強世代延續之意，但不是百世兩字的合文現象，「酏孫子寶」即世孫子寶。[621]依照長安花園村 M17 所出土的銅鼎銘文「……天子萬年酏孫孫子子受厥屯魯……」，可知「酏」字應為合文，與萬年相對。[622]

　　至於做勺白赤鳥茲戈厥璧酘季秉旹出現於濬縣辛村所出土的銅戈內，銘文內容尚且無法通讀。時代屬西周早期。

小結

　　西周出土十三到十五字銘文 62 種 89 件，除了做勺白赤鳥茲戈厥璧酘季秉旹、中畐父令色以旁壺□□在□三朋、叔向父為備寶段兩寶鼎二宿孫子寶 3 件外，其餘 59 種 86 件都具備「作器者＋「作」字＋器物名稱」格式。而具有祝嘏辭式之套語的銘文共有 78 件，約占十三到十五字銘文總數 88%，不具有套語的銘文多為自「作器者＋「作」字＋器物名稱」基本句型，發展出的以下兩種延伸句型：

一、干支＋賞賜者＋「賞」或「賜」＋受賞賜者＋貝＋用作＋器物名稱

二、受賞地點或對揚之詞＋賞賜者＋「賜」＋受賞賜者＋貝＋用作＋器物名稱

---

619 郭沫若：〈長安縣張家坡銅器群銘文匯釋〉，《長安張家坡西周銅器群》，頁6，文物出版社，北京，1965。

620 戴尊德：〈芮城柴村銅器銘文考釋〉，《古文字研究》第9輯，頁321-324，中華書局，北京，1984。

621 潘玉坤：〈「宿孫子寶」還是「酏孫子寶」〉，《中國文字研究》第3輯，頁204-206，廣西教育出版社，南寧，2002。

622 本論文編號595。

由於出現賞賜時間、人物、地點，因此壓縮了使用套語的空間。而 11 件未使用套語的銘文時代均為西周早期，78 件使用套語的銘文，其時代分布，有 4 件屬西周早期、9 件西周中期、62 件西周晚期、3 件屬兩周之際。

西周出土十三到十五字銘文屬第一類標明為祭祀父祖之作器目的有 6 件，其中時代為西周早期的有 4 件、中期的 2 件；屬第二類標明為自作自用之作器目的有 5 件，時代為西周中期的 3 件、晚期的 2 件；屬第三類標明為妻子之作器目的有 19 件，全屬西周晚期；屬第四類標明為嫁女之作器目的有 5 件，時代亦皆屬西周晚期；若含括中太師小子□為其旅□永寶用，屬第五類標明器物名稱有 43 件，當中為西周早期的 9 件、中期的 4 件、晚期有 27 件、兩周之際有 3 件。

七　十六到二十二字銘文

西周出土銅器的十六字銘文有：

銘文字形	銘文編號	銘文字形	銘文編號
桒禽人方辥白兕首乇 用作父乙隮彝史	1508	隹十月盂嬰作文考寶毀其子 孫永寶用	703—704
楚公冢自作寶大亩龢鐘 孫子子其永寶	233	散車父作𨟻姞餴毀 其萬年孫子子永寶	222-2
成白孫父作浸嬴隮鬲 子子孫孫永寶用	369	鄦男作成姜𧻚母朕隮鼎子孫 孫永寶用	692
王白姜作季姬宿母隮鼎 季姬其永寶用	401	白䑣亯京亯□□作厥文考父 辛寶隮彝	1525-2
己侯作□姜□□□ 子子孫孫永寶用之	1482	史重作寶毀 重其萬年子子孫孫永寶用	708
虢季作寶鬲 其萬年子子孫孫永寶用亯	973—980	吉父作旅鼎 其萬年子子孫孫永寶用享	267
筍侯稽作寶匜 其萬壽子子孫孫永寶用	1316	中南父作隮壺 其萬年子子孫孫永寶用	384—385

（續）

銘文字形	銘文編號	銘文字形	銘文編號
中禹父作寶鼎 其萬年子子孫永用言孝	1179	白考父作寶毁 其萬年子子孫孫永寶用	841—842
白壴父作寶盉 其萬年子子孫孫永寶用	635	晉侯邦父作障鼎 其萬年子子孫永寶用	1264—1265
善夫吉父作鼎 其萬年子子孫孫永寶用	266	善夫吉父作盂 其萬年子子孫孫永寶用	299、399
虢季氏子㲋作寶鬲 子子孫孫永寶用言	965	𢼸駿叔史遘馬弗左用作父 戊寶障彝	254

西周出土銅器的十七字銘文有：

銘文字形	銘文編號	銘文字形	銘文編號
臬作日辛障寶毁 其萬年子子孫永用幸旅	690	單五父作朕皇考障壺 其萬年子孫永寶用	440-2、 441-2
匽侯賞復冂衣臣妾貝 用作父乙寶障彝𡚸	1334	侯賞攸貝三朋攸用作父戊寶 障彝啟作綨	1339
昶白庸自作寶監 其萬年疆無子孫永用言	1177	虢中作丑姜寶簠 其萬年子子孫孫永寶用	1013
單叔作孟嬭障器 其萬年子子孫永寶用	432—437	矢王作奠姜障毁 子子孫孫其萬年永寶用	545
散車父作㜈姞餴毁 其萬年子子孫永寶	221、222-1、 223 — 225 、 232	善夫吉父作京姬障鬲 其子子孫孫永寶用	270—278
鄭白作宋孟姬媵匜 其子子孫孫永寶用之	1146	函皇父作琱娟障彐鼎 子子孫孫其永寶用	243
白公父作叔姬醴壺 萬年子子孫孫永寶用	92	藝其作寶毁其萬年壽考 子子孫孫永寶用	544
芮太子白作為萬寶鬲 子子孫孫永保用言	863—864	白尚肇其作寶鼎 尚其萬年子子孫孫永寶	351

（續）

銘文字形	銘文編號	銘文字形	銘文編號
蘇𩵋作壺𩵋其萬年 子子孫孫永寶用言幸	1604	姑中衍作寶鐘姑中其萬年 子子孫孫永寶	314
邢姜大宰它鑄其寶段 子子孫孫永寶用言	1608	虢碩父作旅簠 其萬年子子孫孫永寶用言	1018
中旫父作障鼎其萬年 子子孫孫永寶用言	364	旅中作戕寶段其萬年 子子孫孫永用言孝	375
白碩夐作鼄姬饗盤 其邁年子子孫孫永用	1655	師湯父作旅鼎 子子孫孫其萬年□□□用	62
隹正月初吉庚午白鮮作旅甗 孫子永寶用	245		

西周出土銅器的十八字銘文有：

銘文字形	銘文編號	銘文字形	銘文編號
叔戠父作朕文母烈考障段 子子孫孫永寶用	356	睽士父作蓼改障鬲其萬年 子子孫孫永寶用	1447—1448
豐井叔作白姬障段其萬年 子子孫孫永寶用	235	虢季作寶鼎季氏其萬年 子子孫孫永寶用言	966—972
隹白帋作寶匜其萬年無疆 子子孫孫永用之	1178	魯中齊作旅甗其萬年眉壽 子子孫孫永寶用	1460
晉叔家父作障壺其萬年 子子孫孫永寶用言	1277—1278	善夫白辛父作障鼎其萬年 子子孫孫永寶用	366
隹王二月貯子己父作寶匜 其子子孫孫永用	1315	白宵父曰休父賜余馬 對揚父休用作寶障彝	581
唯九月㕹叔從王員征楚荊 在成周誨作寶段	598—599	師賸父作虢姬寶鼎 其萬年子子孫孫永寶用	1646
曾白陭鑄戚戉用為民㦻 非歷段井用為民政	1571		

西周出土銅器的十九字銘文有：

銘文字形	銘文編號	銘文字形	銘文編號
單五父作朕皇考隣壺 其萬年子子孫孫永寶用	440-1、441-1	散氏車父作齏姜隣壺 其萬年子子孫孫永寶用	231
中生父作井孟姬寶鬲 其萬年子子孫孫永寶用	1563	白夏父作畢姬隣鼎 其萬年子子孫孫永寶用宣	346
郘中媵孟嬀寶簠其萬年眉寶 子子孫孫永寶用	1443—1444	應姚作叔戛父寶盤其萬年 子子孫孫永寶用宣	1076
屯右永令述其萬年眉壽 畯臣天子子子孫孫永寶	418		

西周出土銅器的二十字銘文有：

銘文字形	銘文編號	銘文字形	銘文編號
廖作北柞段用遺厥祖父日乙 其萬年子子孫孫寶	1651	作文考日己寶隣宗彝 其子子孫孫萬年永寶用天	36—38
述作朕皇高祖單公剌考隣盂 其萬年子孫永寶用	445	善夫旅白作毛中姬隣鼎 其萬年子孫永寶用宣	365
吳王姬作南宮史叔飤鼎 其萬年子子孫孫永寶用	745	鄬甘臺肇作隣鼎其萬年眉壽 子子孫孫永寶用宣	1441
孟戈父休于孟員賜貝十朋孟 員剝用作厥寶旅彝	669、671		

西周出土銅器的二十一字銘文有：

銘文字形	銘文編號	銘文字形	銘文編號
啟從王南征延山谷在洀水上 啟作祖丁旅寶彝戈簇	1477	衛作文考小中姜氏孟鼎 衛其萬年子子孫孫永寶用	697
矗白厥弟自作旅匜其萬年無 疆子子孫孫永寶用宣	1188	陽飤生自作隣段用賜眉壽萬 年子子孫孫永寶用宣	1568—1569

西周出土銅器的二十二字銘文有：

銘文字形	銘文編號	銘文字形	銘文編號
魯中齊肇作皇考饊鼎其萬年眉壽子子孫孫永寶用言	1458—1459	白喜作朕文考剌公隘殷喜其萬年子子孫孫其永寶用	629—632
中獸作厥文考宮叔寶饊彝用勾永福子子孫孫其永寶	887	隹九月初吉庚寅晉侯對作鑄隘鼎其萬年眉壽永寶用	1273
內叔墬父作寶殷用言用孝用賜眉壽子子孫孫永寶用	784—786	翏作北子柞殷用遺厥祖父日乙其萬年子子孫孫永寶	1650
量侯賜弟叟蘜烖弟叟作寶鼎其萬年子子孫孫永寶用	1488	盩公大正叔良父作淳匜其眉壽萬年子子孫孫永寶用	1078

西周出土十六到二十二字銘文共有 139 件，剔除重複的件數，以及銘文不全 2 件，歸納出有 83 種不同的內容，按照作器的目的，先分成六大類，再依照作器者或器物所有者、時間詞、套語、作器原因等條件分成若干類型：

（一）標明為祭祀父祖之作器目的

　　1. 作器者＋作或肇作＋受享者稱謂或日名＋器物名稱＋套語，如
　　　　單五父作朕皇考隘壺其萬年子子孫孫永寶用；

　　2. 作器者＋作＋受享者稱謂和追稱＋器物名稱＋套語，如
　　　　述作朕皇高祖單公剌考隘盉其萬年子子孫永寶用；

　　3. 作器者＋作器者功績＋用作＋受享者稱謂和日名＋器物名稱，如
　　　　來禽人方鼾白兔首毛用作父乙隘彝史；

　　4. 作器者功績＋作器者＋作＋受享者稱謂和日名＋器物名稱，如
　　　　啟從王南征泌山谷在洀水上啟作祖丁旅寶彝戈籐；

　　5. 時間＋作器者＋作＋受享者稱謂＋器物名稱＋套語，如
　　　　隹十月孟嬰作文考寶殷其子孫永寶用；

　　6. 賞賜者＋賞＋受賞賜者＋賞賜品物＋用作＋受享者稱謂和日名＋器物名稱，如匽侯賞復絅衣臣妾貝用作父乙寶隘彝箕。

（二）標明為自作自用之作器目的

　　1. 諸侯國名＋爵稱＋私名＋自作＋器物名稱＋套語，如

　　楚公豪自作寶大向龢鐘孫子子其永寶；

　　2. 諸侯國名＋私名＋稱謂＋自作＋器物名稱＋套語，如

　　陽飤生自作隨毀用賜眉壽萬年子子孫孫永寶用亯。

（三）標明為妻子之作器目的

　　1. 諸侯國名＋爵稱或排行＋作＋為妻子作器目的＋器物名稱＋套語，如

　　虢中作丑姜寶簠其萬年子子孫孫永寶用；

　　2. 族徽或諸侯國名＋字＋父＋作＋為妻子作器目的＋器物名稱＋套語，如

　　散車父作鼀姞餗毀其萬年孫子子永寶；

　　3. 爵稱或排行＋字＋父＋作＋為妻子作器目的＋器物名稱＋套語，如

　　中生父作井孟姬寶鬲其萬年子子孫孫永寶用；

　　4. 官職＋族徽＋爵稱＋作＋為妻子作器目的＋器物名稱＋套語，如

　　善夫旅白作毛中姬隨鼎其萬年子子孫孫永寶用亯；

　　5. 官職＋字＋父＋作＋為妻子作器目的＋器物名稱＋套語，如

　　善夫吉父作京姬隨鬲其子子孫孫永寶用；

　　6. 諸侯國名＋爵稱或排行＋字＋父＋作＋為妻子作器目的＋器物名稱＋套語，如成白孫父作浸嬴隨鬲子子孫孫永寶用。

（四）標明為嫁女之作器目的

　　1. 諸侯國名＋爵稱或排行＋作＋為嫁女作器目的＋器物名稱＋套語，如

　　鄆男作成姜趄母朕隨鼎子孫孫永寶用；

　　2. 王＋排行＋女子的姓＋作＋為嫁女作器目的＋器物名稱＋套語，如

　　王白姜作季姬富母隨鼎季姬其永寶用；

　　3、族徽＋字＋父＋作＋為嫁女作器目的＋器物名稱＋套語，如

　　函皇父作琱娟隨𠭯鼎子子孫孫其永寶用。

（五）標明器物名稱

　　1. 私名＋作＋器物名稱＋套語，如藝其作寶毀其萬年壽考子子孫孫永寶用；

　　2. 官職＋私名＋作＋器物名稱＋套語，如

　　史車作寶毀重其萬年子子孫孫永寶用；

　　3. 諸侯國名＋爵稱或排行＋作或作為＋器物名稱＋套語，如

　　虢季作寶鬲其萬年子子孫孫永寶用亯；

4. 字＋父＋作＋器物名稱＋套語，如吉父作旅鼎其萬年子子孫孫永寶用享；

5. 族徽或諸侯國名＋私名＋作或肇作＋器物名稱＋套語，如
　　蘇匋作壺匋其萬年子子孫孫永寶用言幸；

6. 爵稱＋私名＋作或肇其作＋器物名稱＋套語，如
　　白尚肇其作寶鼎尚其萬年子子孫孫永寶；

7. 諸侯國名＋爵稱或排行＋私名＋作＋器物名稱＋套語，如
　　筍侯稽作寶匜其萬壽子子孫孫永寶用；

8. 諸侯國名＋女子的姓＋官職＋私名＋鑄＋器物名稱＋套語，如
　　邢姜大宰它鑄其寶殷子子孫孫永寶用言；

9. 諸侯國名＋字＋父＋作＋器物名稱＋套語，如
　　虢碩父作旅簠其萬年子子孫孫永寶用言；

10. 爵稱或排行＋字＋父＋作＋器物名稱＋套語，如
　　中南父作障壺其萬年子子孫孫永寶用；

11. 官職＋字＋父＋作＋器物名稱＋套語，如
　　善夫吉父作鼎其萬年子子孫孫永寶用；

12. 諸侯國名＋爵稱或排行＋字＋父＋作＋器物名稱＋套語，如
　　晉侯邦父作障鼎其萬年子子孫永寶用；

13. 諸侯國名＋排行＋稱謂＋私名＋作＋器物名稱＋套語，如
　　虢季氏子𠼦作寶鬲子子孫永寶用言；

14. 官職＋爵稱或排行＋字＋父＋作＋器物名稱＋套語，如
　　善夫白辛父作障鼎其萬年子子孫孫永寶用；

15. 諸侯國名＋爵稱＋官職＋排行＋字＋父＋作＋器物名稱＋套語，如
　　瘋公大正叔良父作淳匜其眉壽萬年子子孫孫永寶用；

16. 時間＋作器者＋作或作鑄＋器物名稱＋套語，如
　　隹正月初吉庚午白鮮作旅甗孫子永寶用；

17. 作器者＋作器原因＋用作＋器物名稱，如
　　白甫父曰休父賜余馬對揚父休用作寶障彝；

18. 作器原因＋作器者＋作或用作＋器物名稱，如
　　唯九月瘞叔從王員征楚荊在成周誨作寶殷。

（六）其他

（一）標明為祭祀父祖之作器目的

1 作器者＋作或肇作＋受享者稱謂或日名＋器物名稱＋套語

西周出土十六到二十二字銘文中，臭作日辛𤭯寶毁其萬年子子孫永用幸旅、作文考日己寶𤭯宗彝其子子孫孫萬年永寶用天、叔㸉父作朕文母烈考𤭯毁子子孫孫永寶用、單五父作朕皇考𤭯壺其萬年子子孫永寶用、單五父作朕皇考𤭯壺其萬年子子孫孫永寶用、魯中齊肇作皇考𩵋鼎其萬年眉壽子子孫孫永寶用亯是為作器者＋作或肇作＋受享者稱謂或日名＋器物名稱＋套語一類。

臭　作　日辛　𤭯寶毁　其萬年子子孫永用　幸旅，作器者臭之氏族徽號為幸旅。時代屬西周早期。作　文考日己　寶𤭯宗彝　其子子孫孫萬年永寶用　天一式 3 件，天為作器者之族徽。時代屬西周中期。叔㸉父　作　朕文母烈考　𤭯毁　子子孫孫永寶用，作器者叔㸉父製作祭祀先父和先母的禮器，即父母並祀之祭器。時代亦屬中期。單五父　作　朕皇考　𤭯壺　其萬年子子孫永寶用、單五父作　朕皇考　𤭯壺　其萬年子子孫孫永寶用出自眉縣楊家村西周銅器窖藏所出土的銅壺壺口內側和蓋內，共兩件。五父即單叔之字。時代屬西周晚期。魯中齊　肇作　皇考　𩵋鼎　其萬年眉壽子子孫孫永寶用亯一式兩件，作器者為魯仲齊，仲為排行，齊為私名。時代亦屬西周晚期。

2 作器者＋作＋受享者稱謂和追稱＋器物名稱＋套語

西周出土十六到二十二字銘文中，散氏車父作嗇姜𤭯壺其萬年子子孫孫永寶用、逑作朕皇高祖單公剌考𤭯盉其萬年子子孫永寶用、衛作文考小中姜氏孟鼎衛其萬年子子孫孫永寶用、白喜作朕文考剌公𤭯毁喜其萬年子子孫孫其永寶用、中㪍作厥文考宮叔寶𩵋彝用匄永福子子孫孫其永寶是為作器者＋作＋受享者稱謂和追稱＋器物名稱＋套語一類。

衛　作　文考小中姜氏　孟鼎　衛其萬年子子孫孫永寶用，文考小仲、姜氏當是作器者衛的先父先母，衛鑄造父母並祀之禮器。銘文時代屬西周中期。白喜作　朕文考剌公　𤭯毁　喜其萬年子子孫孫其永寶用一式 4 件，作器者喜為長子。時代亦屬中期。中㪍　作　厥文考宮叔　寶𩵋彝　用匄永福子子孫孫其永寶，作器者仲㪍的㪍，蔡運章疑為「播」的異體字，作器者為宮叔的次子，宮為

國族之名，宮伯、宮仲屢見於西周早期到春秋初期的銘文中。[623]時代亦屬中期。<u>散氏車父　作　齋姜　隣壺　其萬年子子孫孫永寶用</u>，見於扶風縣召陳村所出土的銅壺蓋上，共出另一銅壺蓋上有「皇母齋姜」之內容，可知齋姜為散車父之先母，其母名齋、姜姓。時代屬西周晚期。<u>述　作　朕皇高祖單公剌考　隣盂　其萬年子孫永寶用</u>，述為上述單叔之私名，皇高祖單公為單氏家族之祖，自單公以下有單伯、單仲、單叔三個支系，述為單公之後第八代。[624]時代亦屬西周晚期。

3 作器者＋作器者功績＋用作＋受享者稱謂和日名＋器物名稱

西周出土十六到二十二字銘文中，萊禽人方斟白夗首毛用作父乙隣彝史、![字]戠驗叔史遣馬弗左用作父戊寶隣彝是為作器者＋作器者功績＋用作＋受享者稱謂和日名＋器物名稱一類。

馮時考釋萊禽人方斟白夗首毛用作父乙隣彝史，認為史是氏族之名，作器者名萊。禽人方斟白夗首毛意指擒獲人（夷）方灘伯的首領毛，灘伯為夷方之一支，是以地為名，毛為被擒獲之首領的私名。[625]周文考釋![字]戠驗叔史遣馬弗左用作父戊寶隣彝，並依據傳世〈戠驗殷〉銘文「戠驗從王南征伐楚荊又得用作父戊寶隣彝![字]」，[626]主張![字]為國族名，作器者名字為戠驗叔。史通事，指擔任之意，遣馬即遣馬、趣馬，為負責養馬之職官。弗左通輔佐。作器者負責遣馬之職，輔佐昭王南征有功，因此製作祭祀父戊之禮器。[627]上述兩件銘文時代均屬西周早期。

4 作器者功績＋作器者＋作＋受享者稱謂和日名＋器物名稱

西周出土十六到二十二字銘文中，「啟從王南征逐山谷在洀水上啟作祖丁旅寶彝戈箙」是為作器者功績＋作器者＋作＋受享者稱謂和日名＋器物名稱一類。啟從王南征逐山谷在洀水上啟作祖丁旅寶彝戈箙見於黃縣歸城小劉莊所出土的銅

623 蔡運章：〈洛陽北窯西周墓青銅器銘文簡論〉，《文物》1996：7，頁61-63。

624 陝西省考古研究所、寶雞市考古工作隊、眉縣文化館聯合考古隊：〈陝西眉縣楊家村西周青銅器窖藏〉，《考古與文物》2003：3，頁3-12。董珊：〈略論西周單氏家族窖藏青銅器銘文〉，《中國歷史文物》2003：4，頁40-50。

625 馮時：〈前掌大墓地出土銅器銘文匯釋〉，《滕州前掌大墓地》下冊，頁583-588，文物出版社，北京，2005。

626 中國社會科學院考古研究所：《殷周金文集成》修訂增補本第三冊，頁2159、2558，編號3976，中華書局，北京，2007。

627 周文：〈新出土的幾件西周銅器〉，《文物》1972：7，頁10。

尊上，共出另有銅卣銘文「王出獸南山寇彬山谷至于上侯滰川上啟從征蕫不
擾……」[628]。戊箙為作器者啟的氏族徽號，董珊考釋彬或可讀為蹕，為古代君王
在王宮以外地點止宿時的武裝警備，銘文內容記載啟跟隨周王南征，王在滽水岸
邊駐蹕，啟擔任警蹕守衛，因而有功，鑄造祭祀祖丁的禮器。[629]銘文時代屬西周
早期。

5 時間＋作器者＋作＋受享者稱謂＋器物名稱＋套語

西周出土十六到二十二字銘文中，「隹十月孟嬰作文考寶殷其子孫永寶用」
是為時間＋作器者＋作＋受享者稱謂＋器物名稱＋套語一類。孟嬰為作器者之私
名。該銘文一式兩件，時代屬西周中期。

6 賞賜者＋賞＋受賞賜者＋賞賜品物＋用作＋受享者稱謂和日名＋器物名稱

西周出土十六到二十二字銘文中，匽侯賞復冂衣臣妾貝用作父乙寶障彝冀、
侯賞攸貝三朋攸用作父戊寶障彝啟作緕是為賞賜者＋賞＋受賞賜者＋賞賜品物＋
用作＋受享者稱謂和日名＋器物名稱一類。

<u>匽侯　賞　復　冂衣臣妾貝　用作　父乙　寶障彝　冀</u>，作器者名復，冀為
復的氏族徽號。冂衣臣妾和貝是匽侯賞賜給復的品物，陳漢平指出冂為戴於頭上
的冠冕頭飾。[630]<u>侯　賞　攸　貝三朋　攸用作　父戊　寶障彝　啟作緕</u>，作器者
名攸，啟作應與肇作意同，緕通其，表示自作器者攸開始鑄作祭祀父祖之禮器的
意思。上述兩件銘文時代均屬西周早期。

（二）標明為自作自用之作器目的

1 諸侯國名＋爵稱＋私名＋自作＋器物名稱＋套語

西周出土十六到二十二字銘文中，楚公豪自作寶大亯龢鐘孫子子其永寶、昶
白庸自作寶監其萬年疆無子孫永用亯、噩白厥弟自作旅匜其萬年無疆子子孫孫永
寶用亯是為諸侯國名＋爵稱＋私名＋自作＋器物名稱＋套語一類。

---

628 本論文編號1476。

629 董珊：〈啟尊啟卣新考〉，《文博》2012：5，頁49-53。

630 陳漢平：《西周冊命制度研究》，頁223-224，學林出版社，上海，1986。

羅西章引證郭沫若的說法，以為楚公豪即熊鄂之子熊儀，豪是為的異體字，熊儀字若敖。大宖即大林，所謂林鐘指一次鑄造數量眾多的編鐘性質，至於寶、龢等形容詞是用以表達銅鐘寶貴、樂音和諧之意。[631]董全生和張曉軍指出卻就是養國，最晚於西周時就已立國。[632]卻白庸自作寶匜意指養國國君名庸，鑄作自用寶盤。囂白厭弟自作旅匜的囂即秦漢以後文獻典籍所載隞地，囂伯是以地名為氏名，厭弟則為囂伯的私名。[633]前兩件銘文時代屬西周晚期，末者屬兩周之際。

2 諸侯國名＋私名＋稱謂＋自作＋器物名稱＋套語

西周出土十六到二十二字銘文中，「陽飤生（甥）自作隨段用賜眉壽萬年子子孫孫永寶用亯」是為諸侯國名＋私名＋稱謂＋自作＋器物名稱＋套語一類。張亞初認為兩周金文中某生之生為甥，某則是母舅家的氏族之名。[634]作器者飤的母舅屬陽國，陽國即文獻典籍所載唐國。[635]地望在今隨州西北唐縣鎮一帶。[636]該銘文一式 2 件，時代為西周晚期。

（三）標明為妻子之作器目的

1 諸侯國名＋爵稱或排行＋作＋為妻子作器目的＋器物名稱＋套語

西周出土十六到二十二字銘文中，虢中作丑姜寶簋其萬年子子孫孫永寶用、單叔作孟媯隨器其萬年子子孫孫永寶用、矢王作奠姜隨段子子孫孫其萬年永寶用是為諸侯國名＋爵稱或排行＋作＋為妻子作器目的＋器物名稱＋套語一類。

虢中作丑姜寶簋是虢仲為其妻丑（醜）姜所作之銅簋，醜姜為嫁至虢國的姜姓女子，醜為商代國名，在今山東境內，因姜姓齊國封於山東，或因此醜地後為姜姓所有。醜姜和 2008 年三門峽市虢國博物館徵集到的 14 件銅器銘文中之「虢姜」應為同一人。[637]一式 6 件的單叔作孟媯隨器，是單叔為其妻孟媯（祁）所鑄

---

631 羅西章：〈陝西周原新出土的青銅器〉，《考古》1999：4，頁20-21。

632 董全生、張曉軍：〈從金文羕、卻看古代的養國〉，《中原文物》1996：3，頁70-72。

633 夏麥陵：〈囂伯匜斷代與隞之地望〉，《考古》1993：1，頁73-80。

634 張亞初：〈兩周銘文所見某生考〉，《考古與文物》1983：5，頁83-85。

635 朱鳳瀚：〈覘公簋與唐伯侯于晉〉，《考古》2007：3，頁64-69。孫亞冰：〈易國考〉，《古文字研究》第二十七輯，頁42-48，中華書局，北京，2008。

636 楊寶成、黃錫全：《湖北考古發現與研究》，頁113-114，武漢大學出版社，武昌，2000。

637 李清麗、楊峰濤：〈三門峽市虢國博物館館藏「虢姜」組器〉，《文博》2009：1，頁14-18。

造的。[638]矢國是西周時的諸侯國，李仲操提出矢國姬姓，矢王作奠姜障段是矢國國君為其鄭國姜姓之妻所作器物。[639]前兩種 7 件銘文時代屬西周晚期，末者屬西周中期。

2 族徽或諸侯國名＋字＋父＋作＋為妻子作器目的＋器物名稱＋套語

西周出土十六到二十二字銘文中，散車父作甂姞饒段其萬年孫子子永寶、散車父作甂姞饒段其萬年子子孫孫永寶、暌士父作蓼改障鬲其萬年子子孫孫永寶用是為族徽或諸侯國名＋字＋父＋作＋為妻子作器目的＋器物名稱＋套語一類。

散為諸侯國名，曹定雲指出散國可能是商末周初輔佐周文王的散宜生之後。[640]曹瑋探論出自扶風縣召陳村的散車父作甂姞饒段之銅簋銘文，[641]和同出銅鼎銘文「……散白車父作邧姞障鼎……」中的甂姞、邧姞非同一人，邧姞 4 件銅鼎是散車父為亡妻所作祭器，甂姞銅簋是散車父為繼室所作盛飯之器。[642]暌士父作蓼改障鬲，暌為氏族之名，蓼改之蓼為國名，改（從己從女）姓，蓼國或在今河南固始、安徽霍邱一帶。[643]上述此類 3 種 9 件銘文時代均屬西周晚期。

3 爵稱或排行＋字＋父＋作＋為妻子作器目的＋器物名稱＋套語

西周出土十六到二十二字銘文中，白夏父作畢姬障鼎其萬年子子孫孫永寶用言、中生父作井孟姬寶鬲其萬年子子孫孫永寶用、白公父作叔姬醴壺萬年子子孫孫永寶用是為爵稱或排行＋字＋父＋作＋為妻子作器目的＋器物名稱＋套語一類。

根據曹定雲的研究，若是父親作器給女兒，多是在女子的姓前冠以夫國之名或氏名；若是丈夫作器給妻子，是在女子的姓前冠以母國之名。[644]陳昭容引用陳

---

638 陝西省考古研究所、寶雞市考古工作隊、眉縣文化館聯合考古隊：〈陝西眉縣楊家村西周青銅器窖藏〉，《考古與文物》2003：3，頁9。

639 李仲操：〈兩周金文中的婦女稱謂〉，《古文字研究》第十八輯，頁404-405，中華書局，北京，1992。

640 曹定雲：〈周代金文中女子稱謂類型研究〉，《考古》1999：6，頁85。

641 本論文編號221—225、232，包括銅簋5件、簋蓋1件，5件銅簋器底、蓋內皆有銘文。

642 曹瑋：〈散伯車父器與西周婚姻制度〉，《文物》2000：3，頁63-65、74。

643 齊文濤：〈概述近年來山東出土的商周青銅器〉，《文物》1972：5，頁9-10。

644 曹定雲：〈周代金文中女子稱謂類型研究〉，《考古》1999：6，頁79-80。

槃之說論證畢國乃姬姓，[645]徐良高和尹盛平皆主張井是姬姓邢國。[646]又基於同姓不婚的原則，因此判定畢姬為伯夏父之妻，邢孟姬是仲生父之妻。白公父作叔姬醴壺是伯公父為妻子叔姬所作之器，因為白公父作叔姬醴壺見於扶風縣雲塘村之銅器窖藏，若為替女兒所作之媵器，應當不會置於父家。[647]3 件銘文時代皆屬西周晚期。

4 官職＋族徽＋爵稱＋作＋為妻子作器目的＋器物名稱＋套語

西周出土十六到二十二字銘文中，「善夫旅白作毛中姬隨鼎其萬年子子孫永寶用言」是為官職＋族徽＋爵稱＋作＋為妻子作器目的＋器物名稱＋套語一類。龐懷靖等指出善夫旅白作毛中姬隨鼎是膳夫旅伯為亡妻所作祭器，膳夫為職官之名，旅為氏族之名，毛仲姬是毛國某代的次女嫁與旅伯者，而毛國是周文王第八子鄭的封國。[648]銘文時代屬西周晚期。

5 官職＋字＋父＋作＋為妻子作器目的＋器物名稱＋套語

西周出土十六到二十二字銘文中，「善夫吉父作京姬隨鬲其子子孫孫永寶用」是為官職＋字＋父＋作＋為妻子作器目的＋器物名稱＋套語一類。朱鳳瀚認為京姬為伯吉父之妻。[649]該銘文一式 9 件，時代屬西周晚期。

6 諸侯國名＋爵稱或排行＋字＋父＋作＋為妻子作器目的＋器物名稱＋套語

西周出土十六到二十二字銘文中，「成白孫父作浸嬴隨鬲子子孫孫永寶用」是為諸侯國名＋爵稱或排行＋字＋父＋作＋為妻子作器目的＋器物名稱＋套語一

645 陳昭容：〈周代婦女在祭祀中的地位──青銅器銘文中的性別、身分與角色研究（之一）〉，《清華學報》第31卷第4期，頁399-400。

646 徐良高：〈邢、鄭井、豐井急議〉，《三代文明研究（一）──1998年河北邢台中國商周文明國際學術研討會論文集》，頁118-125。尹盛平：〈邢國改封的原因及其與鄭邢、豐邢的關係〉，《三代文明研究（一）──1998年河北邢台中國商周文明國際學術研討會論文集》，頁126-132，科學出版社，北京，1999。

647 陳昭容：〈周代婦女在祭祀中的地位──青銅器銘文中的性別、身分與角色研究（之一）〉，《清華學報》第31卷第4期，頁400-401。

648 龐懷靖、吳鎮烽、雒忠如、尚志儒：〈陝西省岐山縣董家村西周銅器窖穴發掘簡報〉，《文物》1976：5，頁30。

649 朱鳳瀚：《商周家族形態研究》，頁341，天津古籍出版社，天津，2004。

類。成為封國之名，文獻作郕，為周武王弟叔武的封國。浸嬴為成伯孫父之亡妻，嬴姓。[650]銘文時代屬西周晚期。

（四）標明為嫁女之作器目的

1 諸侯國名＋爵稱或排行＋作＋為嫁女作器目的＋器物名稱＋套語

西周出土十六到二十二字銘文中，鄦男作成姜趄母朕隴鼎子孫孫永寶用、鄭白作宋孟姬媵匜其子子孫孫永寶用之、豐丼叔作白姬隴段其萬年子子孫孫永寶用、郘中媵孟嬀寶簠其萬年眉寶子子孫孫永寶用是為諸侯國名＋爵稱或排行＋作＋為嫁女作器目的＋器物名稱＋套語一類。

鄦男作成姜趄母朕隴鼎，鄦即許，男為爵稱。[651]該銅鼎為許國諸侯為其女出嫁所作之媵器。許國姜姓，其故地在今河南許昌。[652]成姜趄母是對其嫁至成國之女的稱呼，趄母為其女之字。鄭白作宋孟姬媵匜，該銅匜是鄭國國君為其長女出嫁至宋國所作媵器。[653]豐丼叔作白姬隴段，丼叔即邢叔，豐為地名或指豐京，該銅簋為居住豐地或豐京之邢叔為其女出嫁所作之媵器。[654]郘中媵孟嬀寶簠，作器者為郘仲，孟嬀為郘仲長女，郘國嬀姓。[655]該銘文是以「媵」字代替作字。上述4種5件銘文時代皆屬西周晚期。

2 王＋排行＋女子的姓＋作＋為嫁女作器目的＋器物名稱＋套語

西周出土十六到二十二字銘文中，「王白姜作季姬宿母隴鼎季姬其永寶用」是為王＋排行＋女子的姓＋作＋為嫁女作器目的＋器物名稱＋套語一類。王伯姜

650 龐懷靖、吳鎮烽、雒忠如、尚志儒：〈陝西省岐山縣董家村西周銅器窖穴發掘簡報〉，《文物》1976：5，頁31。

651 珠葆：〈長安灃西馬王村出土「鄦男」銅鼎〉，《考古與文物》1984：1，頁66-68。

652 蔡運章：〈洛陽北窯西周墓青銅器銘文簡介〉，《文物》1996：7，頁59。王世民：〈西周時代諸侯方國青銅器概述〉，《商周銅器與考古學史論集》，頁74，藝文印書館，台北，2008。

653 李俊山：〈永城出土西周宋國銅匜〉，《中原文物》1990：1，頁104。

654 徐良高：〈邢、鄭丼、豐丼芻議〉，《三代文明研究（一）——1998年河北邢台中國商周文明國際學術研討會論文集》，頁118-125。尹盛平：〈邢國改封的原因及其與鄭邢、豐邢的關係〉，《三代文明研究（一）——1998年河北邢台中國商周文明國際學術研討會論文集》，頁126-132，科學出版社，北京，1999。

655 任相宏：〈郘中簠及郘國姓氏略考〉，《文物》2003：4，頁40-43。

為姜姓長女嫁與周王為妃，劉啟益考證王伯姜應是懿王王妃。[656]銘文顯示該銅鼎是母親為出嫁女兒（字福母）所鑄作之器。[657]時代屬西周晚期。

3 族徽＋字＋父＋作＋為嫁女作器目的＋器物名稱＋套語

西周出土十六到二十二字銘文中，「函皇父作琱娟障𠁁鼎子子孫孫其永寶用」是為族徽＋字＋父＋作＋為嫁女作器目的＋器物名稱＋套語一類。李學勤考證琱娟是函皇父嫁與琱氏的女兒，[658]函氏出自妘姓鄶國，函氏家族當時居住在扶風上康村和莊白村之間。[659]時代屬西周晚期。

（五）標明器物名稱

1 私名＋作＋器物名稱＋套語

西周出土十六到二十二字銘文中，「藝其作寶段其萬年壽考子子孫孫永寶用」是為私名＋作＋器物名稱＋套語一類。時代屬西周中期。

2 官職＋私名＋作＋器物名稱＋套語

西周出土十六到二十二字銘文中，「史重作寶段重其萬年子子孫孫永寶用」是為官職＋私名＋作＋器物名稱＋套語一類。時代屬西周中期。

3 諸侯國名＋爵稱或排行＋作或作為＋器物名稱＋套語

西周出土十六到二十二字銘文中，虢季作寶鬲其萬年子子孫孫永寶用亯、虢季作寶鼎季氏其萬年子子孫孫永寶用亯、芮太子白作為萬寶鬲子子孫孫永保用亯是為諸侯國名＋爵稱或排行＋作或作為＋器物名稱＋套語一類。虢季作寶鬲一式8 件、虢季作寶鼎一式 7 件，時代皆屬西周晚期，芮太子伯作為萬寶鬲一式兩件，時代在兩周之際。

---

656 劉啟益：〈西周金文中所見的周王后妃〉，《考古與文物》1980：4，頁87-88。

657 曹定雲：〈周代金文中女子稱謂類型研究〉，《考古》1999：6，頁80。

658 李學勤：〈青銅器與周原遺址〉，《新出青銅器研究》，頁229-230，文物出版社，北京，1990。

659 尹盛平：《周原文化與西周文明》，頁214、255，江蘇教育出版社，南京，2005。

4 字＋父＋作＋器物名稱＋套語

西周出土十六到二十二字銘文中，「吉父作旅鼎其萬年子子孫孫永寶用享」是為字＋父＋作＋器物名稱＋套語一類。時代屬西周晚期。

5 族徽或諸侯國名＋私名＋作或肇作＋器物名稱＋套語

西周出土十六到二十二字銘文中，蘇匔作壺匔其萬年子子孫孫永寶用亯幸、鄑甘臺肇作障鼎其萬年眉壽子子孫孫永寶用亯是為族徽或諸侯國名＋私名＋作或肇作＋器物名稱＋套語一類。幸為作器者蘇匔的氏族之名，該銘文時代屬西周中期。鄑應為氏族或國族之名，或與文獻所載過國或郭國有關，[660]作器者為甘臺。銘文時代屬西周早期。

6 爵稱＋私名＋作或肇其作＋器物名稱＋套語

西周出土十六到二十二字銘文中，白尚肇其作寶鼎尚其萬年子子孫孫永寶、隹白宋作寶匜其萬年無疆子子孫孫永用之是為爵稱＋私名＋作或肇其作＋器物名稱＋套語一類。白尚肇其作寶鼎的肇其，張懋鎔曾援用楊樹達的看法，認為肇其是為助詞的用法。[661]肇其作或可減省為肇作，表示始作之意。[662]隹白宋作寶匜的隹通唯，是句首語氣詞。上述 2 件銘文時代均為西周晚期。

7 諸侯國名＋爵稱或排行＋私名＋作＋器物名稱＋套語

西周出土十六到二十二字銘文中，筍侯稽作寶匜其萬壽子子孫孫永寶用、妵中衍作寶鐘妵中其萬年子子孫孫永寶、魯中齊作旅甗其萬年眉壽子子孫孫永寶用是為諸侯國名＋爵稱或排行＋私名＋作＋器物名稱＋套語一類。筍國姬姓，或以為地處晉南，[663]或以為是齊魯周邊小國。[664]妵中衍作寶鐘的妵為國族名，衍為作

---

660 常興照、寧蔭堂：〈山東章丘出土青銅器述要兼談相關問題〉，《文物》1989：6，頁70-72。

661 張懋鎔：〈對「肇祺」解釋的再商榷〉，《考古》1985：6，頁557-558。

662 河南省文物考古研究所、平頂山市文物管理委員會：〈平頂山應國墓地八十四號墓發掘簡報〉，《文物》1998：9，頁11-13。

663 王世民：〈西周時代諸侯方國青銅器概述〉，《商周銅器與考古學史論集》，頁69，藝文印書館，台北，2008。

664 吳十洲：《兩周禮器制度研究》，頁177，五南圖書出版公司，台北，2004。

器者私名，王輝探論<ruby>姑</ruby>或為猷字異體，[665]盧連成、羅英杰推測猷戎一族於西周晚期已定居在關中地區。[666]上述 3 件銘文時代均為西周晚期。

8 諸侯國名＋女子的姓＋官職＋私名＋鑄＋器物名稱＋套語

西周出土十六到二十二字銘文中，「邢姜大宰它鑄其寶殷子子孫孫永寶用亯」是為諸侯國名＋女子的姓＋官職＋私名＋鑄＋器物名稱＋套語一類。作器者它擔任邢姜大宰，即身任嫁至邢國姜姓夫人的家臣，[667]張亞初、劉雨指出西周「宰」主要管理王家宮內事務，[668]邢姜大宰或負責邢國貴族內部事務。該銘文時代為西周晚期。

9 諸侯國名＋字＋父＋作＋器物名稱＋套語

西周出土十六到二十二字銘文中，「虢碩父作旅簠其萬年子子孫孫永寶用亯」是為諸侯國名＋字＋父＋作＋器物名稱＋套語一類。該銘文時代為西周晚期。

10 爵稱或排行＋字＋父＋作＋器物名稱＋套語

西周出土十六到二十二字銘文中，白臺父作寶盉其萬年子子孫孫永寶用、白考父作寶殷其萬年子子孫孫永寶用、中南父作障壺其萬年子子孫孫永寶用、中禺父作寶鼎其萬年子子孫永用亯孝、中旽父作障鼎其萬年子子孫孫永寶用亯是為爵稱或排行＋字＋父＋作＋器物名稱＋套語一類。白考父作寶殷和中南父作障壺都是一式兩件。前 3 種 5 件銘文時代屬西周中期，後 2 種 2 件為西周晚期。

11 官職＋字＋父＋作＋器物名稱＋套語

西周出土十六到二十二字銘文中，師湯父作旅鼎子子孫孫其萬年□□□用、善夫吉父作鼎其萬年子子孫孫永寶用、善夫吉父作盉其萬年子子孫孫永寶用是為官職＋字＋父＋作＋器物名稱＋套語一類。師湯父作旅鼎時代屬西周中期，善夫吉父作鼎（盉）為西周晚期。

---

665 王輝：〈讀扶風縣五郡村窖藏銅器銘文小記〉，《考古與文物》2007：4，頁14。

666 盧連成、羅英杰：〈陝西武功縣出土楚殷諸器〉，《考古》1981：2，頁132。

667 王世民：〈西周時代諸侯方國青銅器概述〉，《商周銅器與考古學史論集》，頁66，藝文印書館，台北，2008。

668 張亞初、劉雨：《西周金文官制研究》，頁40-42，中華書局，北京，2004。

12 諸侯國名＋爵稱或排行＋字＋父＋作＋器物名稱＋套語

　　西周出土十六到二十二字銘文中，晉侯邦父作障鼎其萬年子子孫永寶用、晉叔家父作障壺其萬年子子孫孫永寶用言、內叔鑾父作寶殷用言用孝用賜眉壽子子孫孫永寶用是為諸侯國名＋爵稱或排行＋字＋父＋作＋器物名稱＋套語一類。晉侯邦父作障鼎和晉叔家父作障壺皆一式兩件。內叔鑾父作寶殷一式 3 件，內即芮國。[669]早期芮國可能位於汧河流域，[670]或處於崇信于家灣墓地為代表的芮河上游地區。[671]晉侯邦父作障鼎、內叔鑾父作寶殷兩種 5 件時代屬西周晚期，晉叔家父作障壺時代在兩周之際。

13 諸侯國名＋排行＋稱謂＋私名＋作＋器物名稱＋套語

　　西周出土十六到二十二字銘文中，「虢季氏子䏙作寶鬲子子孫孫永寶用言」是為諸侯國名＋排行＋稱謂＋私名＋作＋器物名稱＋套語一類。有關虢國的問題，蔡運章考證東虢為周文王弟虢仲的封國，故城約在今河南滎陽縣一帶。西虢則是周文王弟虢叔的封國，至西周晚期又稱鄭虢或城虢，地望在今陝西寶雞、岐山、扶風、鳳翔一帶。[672]而三門峽虢國墓地所發掘之 M2001 號大墓所出土約 40 件銅器銘文「虢季」[673]，應是周宣王時執政大臣虢文公，M2009 號大墓的「虢仲」[674]，為周厲王時輔政卿士，兩人為父子關係。[675]虢季氏子䏙作寶鬲，作器者䏙當是虢文公虢季之子，和傳世銘文「虢文公子䏙作叔妃鼎其萬年無疆子孫永寶用享」、「虢文公子䏙作叔妃鬲其萬年子孫永寶用享」[676]中的虢文公子䏙為同一人。[677]

669 盧連成、羅英杰：〈陝西武功縣出土楚殷諸器〉，《考古》1981：2，頁132。
670 陳昭容：〈談西周早期虞芮兩國位於汧河流域的可能性〉，《近二十年新出土中國古代青銅器國際學術研討會》，頁13，芝加哥藝術博物館與芝加哥大學顧立雅中國古文字學中心主辦，2010。
671 楊磊：《梁帶村芮國墓地青銅器文化因素及相關問題研究》，頁43，西北大學考古學及博物館學碩士論文，2012。
672 蔡運章：〈虢國的分封與五個虢國的歷史糾葛──三門峽虢國墓地研究之三〉，《中原文物》1996：2，頁69-76。
673 本論文編號966─980、982─1006。
674 M2009之考古報告尚未發表。
675 蔡運章：〈虢文公墓考──三門峽虢國墓地研究之二〉，《中原文物》1994：3，頁42-45。
676 中國社會科學院考古研究所：《殷周金文集成》修訂增補本第一、二冊，頁681、823、1334-1336、1661，編號736、2634-2636，中華書局，北京，2007。
677 蔡運章：〈虢文公墓考──三門峽虢國墓地研究之二〉，《中原文物》1994：3，頁42-45。

14 官職＋爵稱或排行＋字＋父＋作＋器物名稱＋套語

西周出土十六到二十二字銘文中，「善夫白辛父作障鼎其萬年子子孫孫永寶用」是為官職＋爵稱或排行＋字＋父＋作＋器物名稱＋套語一類。時代屬西周晚期。

15 諸侯國名＋爵稱＋官職＋排行＋字＋父＋作＋器物名稱＋套語

西周出土十六到二十二字銘文中，「盩公大正叔良父作淳匜其眉壽萬年子子孫孫永寶用」是為諸侯國名＋爵稱＋官職＋排行＋字＋父＋作＋器物名稱＋套語一類。吳鎮烽指出盩公之盩即鑄，為國族名。[678]楊伯峻認為鑄在文獻典籍或作祝，鑄國為周武王所封黃帝之後，妊姓。[679]陳英傑指出扶風縣任家村所出土的〈梁其鐘銘〉「……梁其身邦君大正……」的邦君大正是主管諸邦君之正長。[680]根據任偉的研究，邦君在初期是對所有邦國首領的統稱，周王分封之後，在原邦國範圍內重新被冊命之眾邦的國君，或王畿內的封君，都可稱為邦君。[681]張亞初、劉雨認為西周金文的「正」是長帥、正長、領導的統稱。[682]盩公大正叔良父作淳匜意謂作器者叔良父擔任鑄國國君相關僚屬之長。時代屬西周晚期。

16 時間＋作器者＋作或作鑄＋器物名稱＋套語

西周出土十六到二十二字銘文中，隹正月初吉庚午白鮮作旅瓶孫子永寶用、隹王二月貯子己父作寶匜其子子孫孫永用、隹九月初吉庚寅晉侯對作鑄障鼎其萬年眉壽永寶用是為時間＋作器者＋作或作鑄＋器物名稱＋套語一類。隹正月初吉庚午　白鮮　作　旅瓶　孫子永寶用，伯鮮為作器者。隹王二月　貯子己父　作寶匜　其子子孫孫永用，貯子己父的貯李學勤釋為賈，以為國名。[683]高明釋為貯，並提出該字於商代甲骨文、西周金文中若當名詞，是為氏族名或國名。[684]隹

678 吳鎮烽：《金文人名彙編》，頁434，中華書局，北京，2006。

679 楊伯峻：《春秋左傳注・襄公二十三年》，頁1082，漢京文化事業有限公司，台北，1987。

680 陳英傑：〈金文中「君」字之意義及其相關問題探析〉，發表於 http://www.gwz.fudan.edu.cn/SrcShow.asp?Src.ID=389 復旦大學出土文獻與古文字研究中心。

681 任偉：〈西周金文與文獻中的「邦君」及相關問題〉，《中原文物》1999：4，54-59。

682 張亞初、劉雨：《西周金文官制研究》，頁58，中華書局，北京，2004。

683 李學勤：〈重新估價中國古代文明〉，《新出青銅器研究》，頁9，文物出版社，北京，1990。

684 高明：〈西周金文「貯」字資料整理和研究〉，《考古學研究（一）》，頁301-303，文物出版社，北京，1992。

九月初吉庚寅 晉侯對 作鑄 障鼎 其萬年眉壽永寶用，晉侯對根據比對，為《史記‧晉世家》中的晉釐侯。[685]上述 3 件銘文時代均屬西周晚期。

17 作器者＋作器原因＋用作＋器物名稱

西周出土十六到二十二字銘文中，「白宵父曰休父賜余馬對揚父休用作寶障彝」是為作器者＋作器原因＋用作＋器物名稱一類。白宵父曰休 父賜余馬 對揚父休 用作寶障彝，作器者為伯宵父，根據吳十洲的歸納，認為此銘文反映了高級貴族對所屬貴族的賞賜與分配關係，[686]此銘文於動詞用作和器物名稱前說明作器原因是因為受到長上的賞賜，並對答稱揚長上。銘文時代屬西周早期。

18 作器原因＋作器者＋作或用作＋器物名稱

西周出土十六到二十二字銘文中，唯九月唯叔從王員征楚荊在成周誨作寶設、孟狀父休于孟員賜貝十朋孟員剝用作厥寶旅彝、曩侯賜弟叟卹威弟叟作寶鼎其萬年子子孫孫永寶用是為作器原因＋作器者＋作或用作＋器物名稱一類。

一式兩件的唯九月唯叔從王員征楚荊在成周誨作寶設，依照黃盛璋的考釋，以為唯叔應為鴻叔，鴻為其封地，誨是其名，王員之員有當作虛詞、人名或王之后妃三種可能性。[687]該銘文時代屬西周早期。一式兩件的孟狀父休于孟員賜貝十朋孟員剝用作厥寶旅彝，學者提出孟是氏族之名，孟狀父為該族之長，孟員為其子弟，[688]休于多表示上對下的賞賜，[689]此銘文於作器者孟員前，說明作器原因是因為受到長上孟狀父的賞賜。剝字初見，尚且無法釋讀。銘文時代屬早中期。曩侯賜弟叟卹威弟叟作寶鼎，作器者為曩侯弟名叟，馮時將卹威之威隸定為鐵，並根據同墓共出的銅器銘文「己華父作寶鼎子子孫永用」，判定曩、己為同一國，而文獻典籍所載之紀國本作「其」字，後增聲符成曩字。[690]崔樂泉曾推論曩、紀

---

685 北京大學考古學系、山西省考古研究所：〈天馬——曲村遺址北趙晉侯墓地第五次發掘〉，《文物》1995：7，頁37-38。

686 吳十洲：《兩周禮器制度研究》，頁156-157，五南圖書出版公司，台北，2004。

687 黃盛璋：〈長安鎬京地區西周墓新出銅器群初探〉，《文物》1986：1，頁38-40。

688 中國社會科學院考古研究所灃西發掘隊：〈長安張家坡M183西周洞室墓發掘簡報〉，《考古》1989：6，頁528。

689 張政烺：〈伯唐父鼎、孟員鼎、甗銘文釋文〉，《考古》1989：6，頁551-552。

690 馮時：《古文字與古史新論》，頁284，台灣書房出版有限公司，台北，2007。

當為不同兩國，所稱紀國之紀，在金文中均作己，紀國是至西周才被封為侯爵，
異則是自商代以來就是一個封侯之國，存在時間可達春秋中期以後。[691]該銘文時
代屬西周晚期。

（六）其他

西周出土十六到二十二字銘文中，旅中作䢅寶𣪘其萬年子子孫孫永用言孝、
白碩𢾺作釐姬饔盤其邁年子子孫孫永用、師賸父作𡕫姬寶鼎其萬年子子孫孫永寶
用、應姚作叔𦥑父寶盤其萬年子子孫孫永寶用言、吳王姬作南宮史叔飤鼎其萬年
子子孫孫永寶用、屯右永令述其萬年眉壽畯臣天子子子孫孫永寶、翏作北柞𣪘用遺
厥祖父日乙其萬年子子孫孫寶、翏作北子柞𣪘用遺厥祖父日乙其萬年子子孫孫永
寶、曾白陭鑄戚戉用為民�非歷𣪘并用為民政歸入其他一類。

旅中作䢅寶𣪘，旅為作器者氏族徽號，和上述善夫旅伯為同一家族，䢅為人
名，[692]但作器者旅仲和䢅是何關係，無法得知。白碩𢾺作釐姬饔盤，碩𢾺為作器
者之名，饔盤指盛裝熟食之盤，作器者和釐姬的關係亦無法確定。[693]兩件銘文時
代為西周晚期。

師賸父作𡕫姬寶鼎，𡕫疑為豳字，孫作雲以為𤞤即豳，𤞤從豩、從火、從
攴，有時省去攴作𤞤，有時又省去火作豩，或將所從火寫成山作𡕫。徐中舒也認
為𡕫從山從豕，山應當為火形之訛，[694]孫作雲更論證豳地在今陝西中部偏北邠縣
（今改稱彬縣）、旬邑縣涇水上下游交會之處，豳地是西周時期北方重要的軍事
重鎮。[695]陳英傑探論𤞤、𤞤、豩、𤜾……等相關字，似將𤞤、𤞤和𡕫釋為豳，
𢾺、豩和𤜾為從晉之字組，並提出豳是靠近王畿的諸侯國，𤞤公或在王朝任職，
而豩、𤜾可能為同一族分支。[696]承接上述觀點，豳國若為姬姓，則師賸父作𡕫姬
寶鼎是作器者師賸父為其妻所作之器。時代屬西周中期。

---

691 崔樂泉：〈紀國銅器及其相關問題〉，《文博》1990：3，頁19-27。

692 龐懷靖、吳鎮烽、雒忠如、尚志儒：〈陝西省岐山縣董家村西周銅器窖穴發掘簡報〉，《文物》
1976：5，頁34。

693 楊寶成、黃錫全：《湖北考古發現與研究》，頁102，武漢大學出版社，武昌，2000。

694 徐中舒：《先秦史論稿》，頁116，巴蜀書社，成都，1992。

695 孫作雲：〈說豳在西周時代為北方軍事重鎮——兼論軍監〉，《河南師大學報》（社會科學版）
1983：1，頁35-37。

696 陳英傑：〈𤞤公盨銘文再考（中）〉，發表於http://www.gwz.fudan.edu.cn/SrcShow.asp?Src.ID=419
復旦大學出土文獻與古文字研究中心。

應姚作叔鼻父寶盤之應姚為姚姓之女嫁與應侯者，朱鳳瀚推測叔鼻父是生人，很可能是應姚之子。[697]時代屬西周晚期。

吳王姬作南宮史叔飲鼎，曹定雲以為吳國本姬姓，應是作器者表明自己為吳王之女，如此則南宮史叔為其夫，出自南宮一氏。[698]時代亦屬西周晚期。

廖作北柞殷用遺厥祖父日乙其萬年子子孫孫寶、廖作北子柞殷用遺厥祖父日乙其萬年子子孫孫永寶見於江陵縣萬城村所出土的兩件銅簋上，共出的銅鼎、銅甗上亦有「北子冈」、「█北子冈」之銘文，上述三字銘文處已論及北當為北國，即文獻所記之邶，[699]而冈亦為氏族徽號。廖作北柞殷、廖作北子柞殷，表明作器者廖為北子柞之子，用遺厥祖父之遺當釋為饋，意指廖為其父柞鑄造祭器，用來祭饗祖父日乙。[700]兩件銘文時代屬西周早期。

屯右永令述其萬年眉壽畯臣天子子孫孫永寶見於眉縣楊家村所出土的銅鐘上，同出另 3 件大鐘銘文自成起訖，各一百三十字，這件具十九字銘文的小鐘應為一套編鐘的其中 1 件。[701]屯右即純佑、厚佑，永令即長命，眉壽指長壽，畯臣天子應是天子畯臣的倒裝句，畯臣為賢臣之意。[702]時代為西周晚期。

曾白陭鑄戚戉用為民䰙非歷毆并用為民政，是十六到二十二字銘文中最特別的 1 件，作器者是曾國國君陭，戚戉為該銅鉞自銘，用為民䰙表示該銅鉞是用來懲罰罪民，非歷毆并為非歷伊刑，意謂不是用來殺伐刑戮，用為民政指樹立威信、以刑律治理人民。[703]如此此件銘文格式為作器者＋鑄＋器物名稱＋用為＋作器目的。銘文時代為西周晚期。

小結

西周出土十六到二十二字銘文 139 件，除一式 2 件的「郹中媵孟媯寶簠其萬

697 朱鳳瀚：《中國青銅器綜論》中，頁1354，上海古籍出版社，上海，2009。

698 曹定雲：〈周代金文中女子稱謂類型研究〉，《考古》1999：6，頁80。

699 曹淑琴：〈北國銅器初論〉，《西周文明論集》，頁147-153，朝華出版社，北京，2004。

700 楊寶成、黃錫全：《湖北考古發現與研究》，頁116-117，武漢大學出版社，武昌，2000。

701 劉懷君：〈眉縣出土一批西周窖藏青銅樂器〉，《文博》1987：2，頁23。

702 劉懷君、辛怡華、劉棟：〈四十二年、四十三年逨鼎銘文試釋〉，《文物》2003：6，頁87。

703 黃錫全：〈棗陽郭家廟曾國墓地出土銅器銘文考釋〉，《棗陽郭家廟曾國墓地》，頁371-377，科學出版社，北京，2005。

年眉寶子子孫孫永寶用」，以「媵」代替動詞「作」字，和編鐘之一的「屯右永令述其萬年眉壽畯臣天子子孫孫永寶」外，其餘 136 件皆具備「作器者＋「作」字＋器物名稱」之格式，只是動詞可能出現作、鑄、作為、用作、肇作、自作。又具有祝嘏辭式之套語的銘文共有 127 件，約占十六到二十二字西周出土銅器銘文總數 91%，不具有套語的銘文，除銘文不全 1 件外，其句型發展出以下四種延伸句型：

一-1、作器者＋作器者功績＋用作＋受享者稱謂和日名＋器物名稱
　-2、作器者功績＋作器者＋作＋受享者稱謂和日名＋器物名稱
二-1、作器者＋作器原因＋用作＋器物名稱
　-2、作器原因＋作器者＋作或用作＋器物名稱
三、賞賜者＋賞＋受賞賜者＋賞賜品物＋用作＋受享者稱謂和日名＋器物名稱
四、作器者＋鑄＋器物名稱＋作器目的

由於敘述多種賞賜品物，或表明作器者功績、作器原因和作器目的，因此壓縮了使用套語的空間。而 12 件未使用套語的銘文時代，為 9 件西周早期、2 件西周早中期、1 件西周晚期。

　　西周出土八字銘文出現祝嘏辭式之套語的比例為 33%，九至十一字銘文比例為 53%，自十二字銘文開始，祝嘏辭式之套語的使用成為普遍現象，比例提升為 68%，十三至十五字銘文更提高至 88%。因此，作器者＋「作」字＋為祭祀先父祖、妻子、嫁女作器目的＋器物名稱＋套語或作器者＋「作」或「自作」＋器物名稱＋套語之句型大抵形成。若不具有祝嘏辭式之套語，大致會在作器者前後敘述作器者的功績或作器原因、在器物名稱前後出現為祭祀、嫁女、樹立威信等作器目的，還有就是使用賞賜者＋「賞」或「賜」＋受賞賜者＋賞賜品物＋用作＋器物名稱之句型，以受賞賜者取代作器者，受賞賜者具有兼語性質，在句子結構中作為前一個動詞的賓語，又兼作後一個動詞的主語。

　　西周出土十六到二十二字銘文中，若涵蓋竂作北柞段用遺厥祖父日乙其萬年子子孫孫寶、竂作北子柞段用遺厥祖父日乙其萬年子子孫孫永寶，屬第一類標明為祭祀父祖之作器目的有 28 件，其中時代為西周早期的有 8 件、中期的 12 件、晚期的 8 件；屬第二類標明為自作自用之作器目的有 5 件，時代為西周晚期的 4

件、時代在兩周之際的 1 件；若涵蓋師膡父作瀘姬寶鼎其萬年子子孫孫永寶用，屬第三類標明為妻子之作器目的有 32 件，時代為西周中期的 2 件、晚期的 30 件；屬第四類標明為嫁女之作器目的有 7 件，時代皆屬西周晚期；屬第五類標明器物名稱有 59 件，當中為西周早期的 4 件、早中期的 2 件、中期的 9 件、晚期有 40 件、兩周之際有 4 件。

第四節　西周出土銅器二十三到三百八十字銘文的組成與類型

一　二十三到三十字銘文

西周出土銅器的二十三字銘文有：

銘文字形	銘文編號
乙亥王鼻畢公迺賜史話貝十朋話古予彝其予之朝夕監	338
乘父士杉其肇作其皇考白明父寶餿其萬年眉壽永寶用	1445
兮吉父作中姜寶隓餿其萬萬年無疆子子孫孫永寶用享	288
郜召作為其旅簠用實稻粱用飤諸母諸兄事爰寶母又疆	1442

西周出土銅器的二十四字銘文有：

銘文字形	銘文編號
隹十又二月初吉白吉父作毅尊鼎其萬年子子孫孫永寶用	238
隹十又二月初吉白吉父作毅尊餿其萬年子子孫孫永寶用	239
隹五月初吉偁白肇作寶鼎其用享孝于朕文考其萬年永用	1310
唯四月乙卯公賜臣衛宋嗣貝三朋在新京用作父辛寶隓彝	1599
隹公邐于宗周隩從公亥囶洛于官商隩貝用作父乙寶隓彝	1156
虢中之孫國子碩父作季嬴羞鬲其萬年子子孫孫永寶用言	1015—1016
孟姬涫自作餯餿其用追考于其辟君武公孟姬其子孫永寶	1566—1567

西周出土銅器的二十五字銘文有：

銘文字形	銘文編號
隹正月初吉庚午白鮮作旅鼎用享孝于文祖子子孫孫永寶用	241─242
隹九月初吉庚午晉侯䚄作障壺用亯于文祖皇考萬億永寶用	1260─1261
隹正月初吉鬻休作朕文考叔氏障殷休其萬年子子孫永寶用	1266
珊我父作交障殷用享于皇祖文考用賜眉壽子子孫孫永寶用	33─35、50─52
對作文考日癸寶障罍子子孫孫其萬年永寶用勾眉壽敬冬冈	452
獣叔獣姬作白媿媵殷用亯孝于其姑公子子孫其萬年永寶用	788─789、791─792
畢白克肇作朕丕顯皇祖受命畢公鬻彝用追亯于子孫永寶用	872
唯曾白文自作寶殷用賜眉壽黃耇其萬年子子孫孫永寶用亯	1577─1580
丼姬晡亦偈祖考夋公宗室又孝价孝䢖保彊白作丼姬用鼏殷	529─530

西周出土銅器的二十六字銘文有：

銘文字形	銘文編號
匽侯令董饎太保于宗周庚申太保賞董貝用作太子癸寶障餗▨	1367
隹十又一月既死霸乙酉叔頹父作寶鼎子子孫孫萬年永寶用▨	739
隹九月初吉庚午晉侯䚄作齒殷用亯于文祖皇考其萬億永寶用	1257─1258
獣叔獣姬作白媿媵殷用亯孝于其姑公子子孫孫其萬年永寶用	787、790
散車父作皇母龏姜寶壺用逆姞氏白車父其萬年子子孫孫永寶	230

西周出土銅器的二十七字銘文有：

銘文字形	銘文編號
曶白令生史事于楚白錫賞用作寶殷用事厥戲日丁用事厥考日戊	111─112
隹王四年八月初吉丁亥散白車父作邟姞障鼎其萬年子子孫永寶	217─220
隹卅又三年八月既死辛卯王在成周白寬父作寶盨子子孫孫永用	352─353

（續）

銘文字形	銘文編號
史重作寶鼎重其日邊月匠祸化誣麌寺屯魯令重其子子孫孫永寶	707
隹八月初吉丁丑公作敢障鼎敢用賜眉壽永命子子孫孫永寶用亯	1053－1055
隹八月初吉丁丑公作敢障毁敢用賜眉壽永命子子孫孫永寶用亯	1060－1063
隹五月初吉庚寅晉侯喜父作朕文考剌侯寶鑑子子孫孫其永寶用	1272
隹五月初吉庚寅晉侯喜父作朕文考剌侯寶盤子子孫孫其永寶用	1276
魯宰徒中齊肇作皇考白走父餻盨毁其萬年眉壽子子孫永寶用亯	1462
魯宰徒中齊肇作皇考白走父寶匜其萬年眉壽子子孫永寶用亯	1465

西周出土銅器的二十八字銘文有：

銘文字形	銘文編號
隹正月初吉庚寅辛公禹父宮賜奭白矢束素絲束對揚王休用作歊壺	679、717
唯八月初吉王姜賜旂田三于待劇師樐酤兄用對王休子子孫其永寶	414
應侯禹肇作厥丕顯文考釐公障彝用妥佩友用寧多福禹其萬年永寶	1048
魯宰徒中齊肇作皇考白走父餻盨毁其萬年眉壽子子孫孫永寶用亯	1461
白公父作金爵用獻用酌用享用孝于朕皇考用祈眉壽子孫永寶用耆	93－94

西周出土銅器的二十九字銘文有：

銘文字形	銘文編號
癸卯王來奠新邑二旬又四日丁卯□自新邑于東王□貝十朋用作寶彝	268

西周出土銅器的三十字銘文有：

銘文字形	銘文編號
隹五月辰在丁亥帝嗣賞庚姬貝卅朋述絲廿鋝商用作文辟日丁寶障彝巽	171－172

　　西周出土二十三到三十字銘文共有 72 件，剔除重複的件數，歸納出有 42 種不同的內容，按照上述十二到二十二字銘文所歸納出的句型，先分成三大類——作器者＋作＋器物名稱＋套語、作器者＋作＋作器目的＋器物名稱＋套語、……賞或賜……，再依據是否出現時間、作器目的、受賞原因、對揚之詞……等條件分成若干類型：

（一）作器者＋作＋器物名稱＋套語

　　1. 作器者＋作或自作＋器物名稱＋套語，如
　　　　唯曾白文自作寶毀用賜眉壽黃者其萬年子子孫孫永寶用亯；

　　2. 時間＋作器者＋作＋器物名稱＋套語，如
　　　　隹十又一月既死霸乙酉叔頠父作寶鼎子子孫孫萬年永寶用🔲。

（二）作器者＋作＋作器目的＋器物名稱＋套語

　　1. 作器者＋作或自作或作為＋器物名稱＋用＋為祭祀、宴飲作器目的＋套語，
　　　　如白公父作金爵用獻用酌用享用孝于朕皇考用祈眉壽子孫永寶用者；

　　2. 時間＋作器者＋作或肇作＋器物名稱＋用＋為祭祀作器目的＋套語，如
　　　　隹九月初吉庚午晉侯斷作盧毀用亯于文祖皇考其萬億永寶用；

　　3. 作器者＋作或肇作＋為祭祀、妻子、嫁女作器目的＋器物名稱＋套語，如
　　　　魯嗣徒中齊肇作皇考白走父饎盨毀其萬年眉壽子子孫孫永寶用亯；

　　4. 時間＋作器者＋作＋為祭祀、妻子作器目的＋器物名稱＋套語，如
　　　　隹正月初吉𩰫休作朕文考叔氏隓毀休其萬年子子孫永寶用；

　　5. 作器者＋作或肇作＋為祭祀、嫁女作器目的＋器物名稱＋用＋為祭祀、迎娶、宴飲作器目的＋套語，如
　　　　馱叔馱姬作白媿朕毀用亯孝于其姑公子子孫其萬年永寶用；

　　6. 為祭祀作器目的＋作器者＋作＋為妻子作器目的＋器物名稱，如
　　　　井姬睗亦倗祖考麦公宗室又孝价孝艀保強白作井姬用鼎毀；

　　7. 時間＋作器者＋作＋人名＋器物名稱＋套語，如
　　　　隹八月初吉丁丑公作敢隓鼎敢用賜眉壽永命子子孫孫永寶用亯。

（三）……賞或賜……

　　1. 時間和受賞原因＋賞賜者＋賞或賜＋貝（和數量）＋用作＋器物名稱，如
　　　　癸卯王來奠新邑二旬又四日丁卯🔲自新邑于東王🔲貝十朋用作寶彝；

2. 受賞原因＋賜賞＋用作＋器物名稱＋用＋為祭祀作器目的，如
　　譻白令生史事于楚白錫賞用作寶殷用事厥叡日丁用事厥考日戊；

3. 受賞原因＋賞＋受賞賜者＋貝＋用作＋器物名稱，如
　　隹公逡于宗周隞從公師癹洛于官商隞貝用作父乙寶障彝；

4. 時間＋賞賜者＋賜＋受賞賜者＋賞賜品物＋對揚之詞＋套語，如
　　唯八月初吉王姜賜旟田三于待劃師櫨酏兄用對王休子子孫其永寶；

5. 時間＋賞賜者＋賜＋受賞賜者＋賞賜品物＋對揚之詞＋用作＋器物名稱，
　　如隹正月初吉庚寅辛公禹父宮賜爽白矢束素絲束對揚王休用作歒壺；

6. 時間＋賞賜者＋賞或賜＋受賞賜者＋賞賜品物＋用作或古于＋器物名稱，
　　如乙亥王鼻畢公廼賜史舔貝十朋舔古芧彝其芧之朝夕盥；

7. 時間＋賞賜者＋賜＋受賞賜者＋貝（和數量）＋地點＋用作＋為祭祀作器目的
　　＋器物名稱，如
　　唯四月乙卯公賜臣衛宋嗣貝三朋在新京用作父辛寶障彝；

8. 受賞原因和時間＋賞賜者＋賞＋受賞賜者＋貝＋用作＋稱謂和人名＋器物
　　名稱，如
　　匽侯令堇饎太保于宗周庚申太保賞堇貝用作太子癸寶障餗▨。

（一）作器者＋作＋器物名稱＋套語

1 作器者＋作或自作＋器物名稱＋套語

西周出土二十三到三十字銘文中，唯曾白文自作寶殷用賜眉壽黃耈其萬年子
子孫孫永寶用言、史重作寶鼎重其日邍月匿褐化誣虧寺屯魯令重其子子孫孫永寶
屬於作器者＋作或自作＋器物名稱＋套語之類型。

「唯曾白文自作寶殷，用賜眉壽黃耈」一式 4 件，當中眉壽、黃耈都是長壽
的意思，作器者為曾國國君名文。時代為西周晚期。「史重作寶鼎，重其日邍月
匿，褐化誣虧，寺屯魯令」，日邍月匿即日就月將，指日積月累之意，[704]李學勤
考釋褐化誣虧，將褐化訓為知教、誣虧讀為惡臧，意指作器者史重知察善惡、進
行教化，寺屯魯令意謂得到休美的賜命。[705]如此，「日邍月匿，褐化誣虧，寺屯

---

704 陳穎：〈長安縣新旺村出土的兩件青銅器〉，《文博》1985：3，頁89。
705 李學勤：〈史惠鼎與史學淵源〉，《文博》1985：6，頁14-16。

魯令」應是勉勵之詞,「重其子子孫孫永寶」才是套語。時代為西周中期。

2 時間＋作器者＋作＋器物名稱＋套語

西周出土二十三到三十字銘文中,隹十又一月既死霸乙酉叔頫父作寶鼎子子孫孫萬年永寶用■、隹卅又三年八月既死辛卯王在成周白寬父作寶盨子子孫孫永用屬於時間＋作器者＋作＋器物名稱＋套語之類型。

劉啟益指出伯寬父盨銘記有年、月、月相和日的干支四項,為屬王時器。[706]「隹十又一月既死霸乙酉,叔頫父作寶鼎」,■為作器者叔頫父的氏族徽號。上述兩種 3 件銘文時代均為西周晚期。

（二）作器者＋作＋作器目的＋器物名稱＋套語

1 作器者＋作或自作或作為＋器物名稱＋用＋為祭祀、宴飲作器目的＋套語

西周出土二十三到三十字銘文中,郜召作為其旅簠用實稻梁用飤諸母諸兄事爰寶母又彊、孟姬沿自作饒殷其用追考于其辟君武公孟姬其子孫永寶、白公父作金爵用獻用酌用享用孝于朕皇考用祈眉壽子孫永寶用者屬於作器者＋作或自作或作為＋器物名稱＋用＋為祭祀、宴飲作器目的＋套語之類型。

「郜召作為其旅簠」,作器者名召,郜為諸侯國名,媯姓,地望在今山東長清縣境內南大沙河上游一帶,事爰寶即使永寶,此銅簠是郜召為其母所作。[707]「孟姬沿自作饒殷,其用追考于其辟君武公」,辟君武公是作器者孟姬對已亡丈夫的稱呼,學者指出「陽飤生自作𡭫殷」之簋蓋可和「孟姬沿自作饒殷」之銅簋合為一器,武公或為陽飤生的諡號,孟姬和陽飤生兩人可能是夫妻關係。[708]可知該銅簋是妻子鑄作用來祭祀先夫之祭器。「白公父作金爵,用獻用酌,用享用孝」,「于朕皇考,用祈眉壽,子孫永寶用者」見於扶風縣雲塘村所出土的兩件銅匕上,黃盛璋探論因為刻意用韻的關係,所以自銘為爵,又以者字作結,否則金文多以黃者與眉壽連用,並以子孫永寶用作為尾聲。[709]上述此類 3 種 4 件銘文時代皆為西周晚期。

---

706 劉啟益:〈伯寬父盨銘與屬王在位年數〉,《文物》1979:11,頁17。
707 任相宏:〈山東長清縣仙人台周代墓地及相關問題初探〉,《考古》1998:9,頁26-35。
708 楊寶成、黃錫全:《湖北考古發現與研究》,頁113-114,武漢大學出版社,武昌,2000。
709 黃盛璋:〈新出伯公父伯多父銅器群及其相關問題〉,《人文雜誌》1986:1,頁73。

2 時間＋作器者＋作或肇作＋器物名稱＋用＋為祭祀作器目的＋套語

西周出土二十三到三十字銘文中，隹五月初吉佣白肇作寶鼎其用享孝于朕文考其萬年永用、隹正月初吉庚午白鮮作旅鼎用享孝于文祖子子孫孫永寶用、隹九月初吉庚午晉侯斷作障壺用盲于文祖皇考萬億永寶用、隹九月初吉庚午晉侯斷作盉殷用盲于文祖皇考其萬億永寶用屬於時間＋作器者＋作或肇作＋器物名稱＋用＋為祭祀作器目的＋套語之類型。佣白肇作寶鼎時代屬西周中期，其餘銘文各一式兩件，時代皆屬西周晚期。

3 作器者＋作或肇作＋為祭祀、妻子、嫁女作器目的＋器物名稱＋套語

西周出土二十三到三十字銘文中，乘父士杉其肇作其皇考白明父寶殷其萬年眉壽永寶用、對作文考日癸寶障嚚子子孫孫其萬年永寶用匃眉壽敬冬冈、兮吉父作中姜寶障殷其萬萬年無疆子子孫孫永寶用享、虢中之嗣國子碩父作季嬴羞鬲其萬年子子孫孫永寶用盲、魯嗣徒中齊肇作皇考白走父饒盨殷其萬年眉壽子子孫永寶用盲、魯嗣徒中齊肇作皇考白走父寶匝其萬年眉壽子子孫孫永寶用盲、魯嗣徒中齊肇作皇考白走父饒盨殷其萬年眉壽子子孫孫永寶用盲屬於作器者＋作或肇作＋為祭祀、妻子、嫁女作器目的＋器物名稱＋套語之類型。

「乘父士杉其肇作其皇考白明父寶殷」，作器者乘父杉，士或為官職，於西周與司士有一定從屬關係，[710]其銅盨為乘父杉所製作用以祭祀先父之禮器。時代為西周。「對作文考日癸寶障嚚」，作器者名對，冈為其氏族徽號。該銅嚚亦為用以祭祀先父之祭器，套語最後「匃眉壽敬冬」是祈求長壽多福、敬善敬終之意。[711]時代為西周中期。

「兮吉父作中姜寶障殷」，兮吉父即善夫吉父，兮是吉父的氏族名。該銅簋是吉父為其次女所作媵器。「虢中之嗣國子碩父作季嬴羞鬲」一式兩件，意謂虢仲之嗣庶子為其妻季嬴製作銅鬲，[712]虢碩父或為文獻所載周幽王之卿士——虢石父。[713]兮吉父作中姜寶障殷、虢中之嗣國子碩父作季嬴羞鬲和魯嗣徒中齊 3 件銘文時代均為西周晚期。

---

710 張亞初、劉雨：《西周金文官制研究》，頁38-39，中華書局，北京，2004。

711 曹明檀、尚志儒：〈陝西鳳翔出土的西周青銅器〉，《考古與文物》1984：1，頁59。

712 河南省文物考古研究所、三門峽市文物工作隊：《三門峽虢國墓（第一卷）》，頁522，文物出版社，北京，1999。

713 成楠、馬偉峰、胡小平：〈虢石父銅鬲與銅簋賞析〉，《文博》2007：6，頁62-64。

4 時間＋作器者＋作＋為祭祀、妻子作器目的＋器物名稱＋套語

西周出土二十三到三十字銘文中，隹正月初吉𩁹休作朕文考叔氏障𣪘休其萬年子子孫永寶用、隹王四年八月初吉丁亥散白車父作邡姞障鼎其萬年子子孫永寶、隹五月初吉庚寅晉侯喜父作朕文考剌侯寶鑑子子孫孫其永寶用、隹五月初吉庚寅晉侯喜父作朕文考剌侯寶盤子子孫孫其永寶用屬於時間＋作器者＋作＋為祭祀、妻子作器目的＋器物名稱＋套語之類型。

「𩁹休作朕文考叔氏障𣪘」，作器者為𩁹休。「散白車父作邡姞障鼎」一式 4 件，上述十六到二十二字銘文處已論及是散伯車父為亡妻邡姞所作之祭器。「晉侯喜父作朕文考剌侯寶鑑（盤）」，根據學者們的討論及比對，喜父為文獻典籍所載之晉靖侯，名宜臼；喜父之父剌侯為晉厲侯，名福（即天馬曲村 M33 墓主㷠馬）；喜父之子就是「晉侯𩵋作障壺（𩵋𣪘）」之𩵋，為晉釐侯，名司徒。[714]至於自銘為「鑑」的銅器，因破碎尚未修復，所以無法判定其為何種銅器。此類 4 種 7 件銘文時代皆為西周晚期。

5 作器者＋作或肇作＋為祭祀、嫁女作器目的＋器物名稱＋用＋為祭祀、迎娶、宴飲作器目的＋套語

西周出土二十三到三十字銘文中，應侯見肇作厥丕顯文考釐公障彝用妥倗友用寧多福見其萬年永寶、瑪我父作交障𣪘用享于皇祖文考用賜眉壽子子孫孫永寶用、𫗧叔𫗧姬作白媿勝𣪘用言孝于其姑公子子孫其萬年永寶用、𫗧叔𫗧姬作白媿勝𣪘用言孝于其姑公子子孫孫其萬年永寶用、畢白克肇作朕丕顯皇祖受命畢公𩁹彝用追言于子孫永寶用、散車父作皇母㿬姜寶壺用逆姞氏白車父其萬年子子孫孫永寶屬於作器者＋作或肇作＋為祭祀、嫁女作器目的＋器物名稱＋用＋為祭祀、迎娶、宴飲作器目的＋套語之類型。

「應侯見肇作厥丕顯文考釐公障彝」，作器者見或作𣪘，釐公是應侯見先父的諡號。「用妥倗友、用寧多福」意指此銅盨可用以宴饗同宗族兄弟、用來延長福分。[715]該銘文時代為西周中期。

714 北京大學考古學系、山西省考古研究所：〈天馬——曲村遺址北趙晉侯墓地第五次發掘〉，《文物》1995：7，頁37。孫華：〈晉侯穌／𩵋組墓的幾個問題〉，《文物》1997：8，頁30-31。

715 河南省文物考古研究所、平頂山市文物管理委員會：〈平頂山應國墓地八十四號墓發掘簡報〉，《文物》1998：9，頁11-12。

「瑂我父作交障𣪕」一式 6 件，李學勤認為瑂我父作交障𣪕的交就是上文八字銘文處「函交中作旅簠寶用」的函交仲，[716]因為瑂我父的妻子為瑂娟，瑂娟之父為函皇父，而函交仲和函皇父是兄弟關係，因此「瑂我父作交障𣪕，用享于皇祖文考」當是瑂我父替函交仲作器。[717]「𩰬叔𩰬姬作白媿媵𣪕」之銘文共 6 件，𩰬為戎狄一支，媿姓，此為家長替長女出嫁所作媵器，「用言孝于其姑公」表示該媵器是用來祭祀伯媿的公婆。[718]「畢白克肇作朕丕顯皇祖受命畢公鼒彝」，畢為國族名，作器者名克，器主口中的皇祖畢公應是指其族始祖畢公高，「受命畢公」意謂畢公高曾接受過重要冊命。[719]「散車父作皇母馥姜寶壺，用逆姞氏」，曹瑋提出此件銘文是散車父將再娶之事在宗廟裡告訴已故母親，以求得她的福佑，「用逆姞氏」指迎娶姞氏（鄳姞）。[720]上述 5 種 14 件銘文時代皆屬西周晚期。

6 為祭祀作器目的＋作器者＋作＋為妻子作器目的＋器物名稱

西周出土二十三到三十字銘文中，井姬晞亦倛祖考夌公宗室又孝价孝觪保強白作井姬用鼒𣪕屬於為祭祀作器目的＋作器者＋作＋為妻子作器目的＋器物名稱之類型。陳昭容以為此銘文內容表示強伯作器給妻子井姬去祭拜夌公宗室，夌伯、夌姬可能是強家族的共同祖先。[721]該銘文一式兩件，時代為西周中期。

7 時間＋作器者＋作＋人名＋器物名稱＋套語

西周出土二十三到三十字銘文中，隹十又二月初吉白吉父作毅尊鼎其萬年子子孫孫永寶用、隹十又二月初吉白吉父作毅障𣪕其萬年子子孫孫永寶用、隹八月初吉丁丑公作敔障鼎敔用賜眉壽永命子子孫孫永寶用言、隹八月初吉丁丑公作敔障𣪕敔用賜眉壽永命子子孫孫永寶用言屬於時間＋作器者＋作＋人名＋器物名稱＋套語之類型。

---

716 李學勤：〈青銅器與周原遺址〉，《新出青銅器研究》，頁229-231，文物出版社，北京，1990。

717 尹盛平：《周原文化與西周文明》，頁255，江蘇教育出版社，南京，2005。

718 盧連成、羅英杰：〈陝西武功縣出土楚𣪕諸器〉，《考古》1981：2，頁132。

719 陝西省考古研究所、渭南市文物保護考古研究所、韓城市景區管理委員會：《梁帶村芮國墓地──二○○七年度發掘報告》，頁227，文物出版社，北京，2010。

720 曹瑋：〈散伯車父器與西周婚姻制度〉，《文物》2000：3，頁63-65、74。

721 陳昭容：〈周代婦女在祭祀中的地位──青銅器銘文中的性別、身分與角色研究（之一）〉，《清華學報》第31卷第4期，頁401。

　　「白吉父作毅尊鼎」和「白吉父作毅障段」，由於銘文條件的限制，作器者伯吉父和毅之間的關係，無法得知。「公作敃障鼎」和「公作敃障段」見於平頂山北滍村應國墓地 M95 所出土的 3 件銅鼎和 4 件銅簋上，王龍正推論公當為應公，敃為應伯之名，應伯是敃未繼位前的稱謂，即位後稱應侯。[722]此類 4 種 9 件銘文時代都是西周晚期。

（三）……賞或賜……

1 時間和受賞原因＋賞賜者＋賞或賜＋貝（和數量）＋用作＋器物名稱

　　西周出土二十三到三十字銘文中，「癸卯王來奠新邑二旬又四日丁卯□自新邑于柬王□貝十朋用作寶彝」屬於時間和受賞原因＋賞賜者＋賞或賜＋貝（和數量）＋用作＋器物名稱之類型。蔡運章推論該銘文中的缺字，為「王自新邑于柬，王賜貝十朋，用作寶彝」，[723]「王來奠新邑」，根據裘錫圭的意見，認為是王在新邑駐紮的意思，與殷墟卜辭中「奠王次」的奠用法相似。[724]陳邦懷則以為奠即祭祀之意。[725]此銘文內容未出現受賞賜者，而時代應為西周早期，尹盛平指出西周初年金文稱洛邑為新邑，之後只見成周不見新邑一詞。[726]

2 受賞原因＋賜賞＋用作＋器物名稱＋用＋為祭祀作器目的

　　西周出土二十三到三十字銘文中，「𥏻（召）白令生史事于楚白錫賞用作寶段用事厥戲日丁用事厥考日戊」屬於受賞原因＋賜賞＋用作＋器物名稱＋用＋為祭祀作器目的之類型。「𥏻（召）伯令生史事于楚伯」為描述受賞原因，雖僅出現賜賞之動詞，而未明確出現賞賜者和受賞賜者，但從中可判斷賞賜者為召伯，受賞賜者或作器者為生史，該銅簋是生史製作用以祭祀先祖日丁和先父日戊。銘文一式兩件，時代為西周中期。

---

722 王龍正：〈平頂山應國墓地九十五號墓年代、墓主及相關問題〉，《華夏考古》1995：4，頁68-72。

723 蔡運章：〈《禽師》新解〉，《中原文物》1988：4，頁56。

724 裘錫圭：〈說殷墟卜辭的「奠」——試論商人處置服屬者的一種方法〉，《中央研究院歷史語言研究所集刊》1993：64：3，頁659-686。

725 陳邦懷：〈金文叢考三則〉，《文物》1964：1，頁48。

726 尹盛平：《周原文化與西周文明》，頁238，江蘇教育出版社，南京，2005。

3 受賞原因＋賞＋受賞賜者＋貝＋用作＋器物名稱

西周出土二十三到三十字銘文中，「隹公邋于宗周隱從公亥𡉚洛于官商（賞）隱貝用作父乙寶障彝」屬於受賞原因＋賞＋受賞賜者＋貝＋用作＋器物名稱之類型。該銘文見於濬縣辛村所出土的銅尊上，濬縣辛村為衛國墓地，因此銘文中的公當為衛公，作器者隱是衛公屬官，因為陪同衛公至宗周因此受到衛公賞賜，鑄造祭祀父乙的禮器。「洛于官」或同〈競卣〉「各于官」[727]，周法高以為官指官舍，[728]或為朝廷治事官署。銘文時代為西周早期。

4 時間＋賞賜者＋賜＋受賞賜者＋賞賜品物＋對揚之詞＋套語

西周出土二十三到三十字銘文中，「唯八月初吉王姜賜旟田三于待劃師櫨酤兄用對王休子子孫其永寶」屬於時間＋賞賜者＋賜＋受賞賜者＋賞賜品物＋對揚之詞＋套語之類型。賞賜者王姜，劉啟益認為是康王王妃，[729]受賞賜者名旟，郭沫若考釋，提出「賜旟田三于待劃」指賜給旟田三個單位與有待收成的稻禾，「酤兄」即闊既，猶言厚饋之意，也就是旟受到王姜賜田和師櫨饋贈，因此鑄作此鼎。[730]史言認為「待劃」為地名，「酤兄」即酤既，意謂甘心樂意贈送，因為王姜所賜三田原為師櫨所有，而後轉贈旟。[731]時代為西周早期。

5 時間＋賞賜者＋賜＋受賞賜者＋賞賜品物＋對揚之詞＋用作＋器物名稱

西周出土二十三到三十字銘文中，「隹正月初吉庚寅辛公再父宮賜奭白矢束素絲束對揚王休用作歔壺」屬於時間＋賞賜者＋賜＋受賞賜者＋賞賜品物＋對揚之詞＋用作＋器物名稱之類型。該銘文一式兩件，時代為西周晚期。

6 時間＋賞賜者＋賞或賜＋受賞賜者＋賞賜品物＋用作或古于＋器物名稱

西周出土二十三到三十字銘文中，乙亥王虽畢公迺賜史話貝十朋話古予彝其

---

727 中國社會科學院考古研究所：《殷周金文集成》修訂增補本第四冊，頁3401、3509，編號5425，中華書局，北京，2007。

728 周法高：《金文詁林》第14冊，頁7790，香港中文大學出版社，香港，1975。

729 劉啟益：〈西周金文中所見的周王后妃〉，《考古與文物》1980：4，頁86。

730 郭沫若：〈關于眉縣大鼎銘辭考釋〉，《文物》1972：7，頁2。

731 史言：〈眉縣楊家村大鼎〉，《文物》1972：7，頁3-4。

𤔲之朝夕監、隹五月辰在丁亥帝嗣賞庚姬貝卅朋迖絲廿鋝商用作文辟日丁寶障彝
䵼屬於時間＋賞賜者＋賞或賜＋受賞賜者＋賞賜品物＋用作或古于＋器物名稱之
類型。

　　依照唐蘭的考釋，王亯畢公的亯為誥的異體字，即誥命，「古𤔲」即故于，
同動詞作為的用法，銘文大意是乙亥這天，周王誥命畢公，賞賜史䚄貝十朋，史
䚄用貝鑄作銅簋，並將冊命、賞賜之事記載於器，以便早晚看到。[732]如此，賞賜
者應為周王，非畢公。「帝嗣賞庚姬貝卅朋迖絲廿鋝」一式兩件，學者認為「迖
絲」指黑色的絲，「鋝」為金量單位。[733]如此，表示賞賜的品物有貝、弋絲和黃
金。李學勤隸定為「帝后賞庚姬貝卅朋代茲廿鋝」，賞賜者帝后為王姜，受賞賜
者為庚姬商，文辟日丁指庚姬已故丈夫。[734]或有研究者指出西周金文中的「鋝」
是銅鑄貝的計量單位。[735]上述兩種３件銘文時代皆為西周早期。

7 時間＋賞賜者＋賜＋受賞賜者＋貝（和數量）＋地點＋用作＋為祭祀作器目的＋器物名稱

　　西周出土二十三到三十字銘文中，「唯四月乙卯公賜臣衛宋嗣貝三朋在新京
用作父辛寶障彝」屬於時間＋賞賜者＋賜＋受賞賜者＋貝（和數量）＋地點＋用作
＋為祭祀作器目的＋器物名稱之類型。作器者衛宋為某公僚屬，因受賞賜而製作
祭祀父辛之禮器。銘文時代為西周早期。

8 受賞原因和時間＋賞賜者＋賞＋受賞賜者＋貝＋用作＋稱謂和人名＋器物名稱

　　西周出土二十三到三十字銘文中，「匽侯令堇饁太保于宗周庚申太保賞堇貝
用作太子癸寶障餗䨼」屬於受賞原因和時間＋賞賜者＋賞＋受賞賜者＋貝＋用作
＋稱謂和人名＋器物名稱之類型。䨼為作器者堇之氏族徽號，堇奉匽侯命令向太
保奉獻食物，因此受到太保召公賞賜。[736]銘文時代為西周早期。

732 唐蘭：〈史䚄簋銘考釋〉，《考古》1972：5，頁46-48。

733 劉士莪、尹盛平：〈微氏家族青銅器群研究〉，《西周微氏家族青銅器群研究》，頁10，文物出版
　　社，北京，1992。

734 李學勤：《青銅器與古代史》，頁293、295，聯經出版事業有限公司，台北，2005。

735 邱光明：〈中國最古老的重量單位「寽」〉，《考古與文物》1997：4，頁46-49。

736 北京市文物研究所：《琉璃河西周燕國墓地1973—1977》，頁251，文物出版社，北京，1995。

小結

西周出土二十三到三十字銘文有 72 件，具體依據「作器者＋作＋器物名稱＋套語」、「作器者＋作＋作器目的＋器物名稱＋套語」、「……賞或賜……」三種句型進行細分，當中出現祝嘏辭式之套語的銘文共有 59 件，約占二十三到三十字銘文總數 82%。

不具有套語的銘文有 13 件，除了一式兩件「丼姬晞亦僑祖考奚公宗室又孝价孝嫺保強白作丼姬用鼎毀」屬於為祭祀作器目的＋作器者＋作＋為妻子作器目的＋器物名稱外，其他 11 件皆屬「……賞或賜……」之句型。觀察 11 件屬「……賞或賜……」句型但不具有套語之銘文的時代特色，有 7 件為西周早期、2 件西周中期、2 件西周晚期。綜合來說，西周早期十三到三十字並未發展出套語形式的銘文，多以「……賞或賜……」句型呈現。

西周出土二十三到三十字銘文 72 件中僅 8 件時代屬西周早期，約占該間距銘文總數 11%，西周出土十三到十五字銘文 89 件中有 15 件時代屬西周早期，約占該間距銘文總數 17%，西周出土十六到二十二字 139 件中有 12 件時代屬西周早期，約占該間距銘文總數 9%，整體來說，隨著字數增加至三十字，銘文時代為西周早期的比例是隨之下降。

西周出土二十三到三十字銘文 72 件中，屬於「作器者＋作＋器物名稱＋套語」句型的有 8 件，時代為西周中期的 1 件、晚期的 7 件；屬於「作器者＋作＋作器目的＋器物名稱＋套語」句型的 52 件，時代為西周時期的 1 件、中期 5 件、晚期 46 件；屬於「……賞或賜……」句型的 12 件，時代為西周早期 8 件、中期和晚期各 2 件。另外，72 件西周出土二十三到三十字銘文中有 35 件出現時間詞組，時代屬西周早期的 8 件當中，有 7 件都出現時間詞組，因此長篇銘文中出現時間詞組是從早期開始就有的現象。

二 三十一到四十字銘文

西周出土銅器的三十一到三十五字銘文有：

銘文字形	銘文編號
隹八月辰在乙亥王在莽京王賜龗娍進金絑龥對揚王休 用作父辛寶齋亞𠂤	587—588、596
隹七月丁亥應姚作叔㝬父障𣪘叔㝬父其用□眉壽永命子子孫孫 永寶用亯	1073—1075
隹正月初吉壬申蔡大善夫魋作其餴簠其萬年眉壽無疆子子孫孫 永寶用之	1572
白梁其作旅盨用享用孝用匄眉壽多福畯臣天子萬年唯甌 子子孫孫永寶用	289—291
珷征商隹甲子朝歲鼎克聞夙又商辛未王在𣎴師賜又事利金 用作𣪇公寶障彞	748
隹六月既生霸乙卯王在成周令豐㝬大矩大矩賜豐金貝 用作父辛寶障彞木羊冊	170、173
大師小子柔作朕皇考寶障𣪘柔用匄眉壽康毚屯右柔其萬年子子孫孫 永寶用亯	740—742
嘼叔奐父作孟姞旅盨用盙稻饎糯粱加賓用鄉有飤則萬年無疆 子子孫孫永寶用	1010—1011
隹八月既望戊辰王在上侯应奉祼丕告賜貝十朋丕告拜稽首 敢揚王休用作寶饙彞	72—73
隹王正月初吉夷伯夷于西宮𪉷貝十朋敢對揚王休用作尹姞寶𣪘 子子孫孫永寶用	81-2
身皇剌侯洒閉朕毛父用辛祀陞作為寶用亯于其皇文祖考 其萬年永寶子子孫孫用	873

西周出土銅器的三十六到四十字銘文有：

銘文字形	銘文編號
函皇父作琱娟盤盉隩器段具自豕鼎降十又段八兩罍兩壺 琱娟其萬年子子孫孫永寶用	246
函皇父作琱娟盤盉隩器鼎段具自豕鼎降十又段八兩罍兩壺 琱娟其萬年子子孫孫永寶用	244
函皇父作琱娟盤盉隩器鼎段一具自豕鼎降十又一段八兩罍兩壺 琱娟其萬年子子孫孫永寶用	252
就覿作旅甗用夙夜追孝于朕文祖日己朕文考日庚用祈眉壽 休就其萬年寶用子孫永寶用	673
丼叔采作朕文祖穆公大鐘用喜樂文神人用旛福霝壽每魯 其子孫永日鼓樂茲鐘其永寶用	666
丼叔叔采作朕文祖穆公大鐘用喜樂文神人用旛福霝壽每魯 其子孫孫永日鼓樂茲鐘其永寶用	665
魯白悆用公覿其肇作其皇考皇母旅盨段念夙䐭用追孝用旛多福 悆其萬年釁壽永寶用亯	1457
隹王正月初吉辰在壬寅夷伯夷于西宮貝貝十朋敢對揚王休 用作尹姞寶段子子孫孫永寶用	80、81-1
隹六月初吉師湯父有嗣中枏父作寶鬲用敢鄉考于皇祖考 用旛眉壽其萬年子孫孫其永寶用	831—833
隹六月初吉師湯父有嗣中枏父作寶段用敢鄉考于皇祖考 用旛眉壽其萬年孫孫孫其永寶用	830
隹六月初吉師湯父有嗣中枏父作寶鬲用敢鄉考于皇祖考 用旛眉壽其萬年子子孫孫其永寶用	838—840
隹正二月既死霸壬戌黽乎作寶段用聽夙夜用亯孝皇祖文考 用匄眉壽永令乎其萬人永用	1585—1586
善夫梁其作朕皇考惠中皇母惠妎隩段用追享孝用匄眉壽壽無疆 百字千孫子子孫孫永寶享	283
善夫梁其作朕皇考惠中皇母惠妎隩段用追享孝用匄眉壽眉壽無疆 百字千孫子子孫永寶用享	282

（續）

銘文字形	銘文編號
善夫梁其作朕皇考惠中皇母惠妃隣毁用追享孝用匄眉壽壽無疆百字千孫孫子子孫孫永寶用享	279
隹王元年王才成周六月初吉丁亥叔專父作奠季寶鐘六金隣盨四鼎七奠季其子子孫孫永寶用	640－643
王出獸南山寇泇山谷至于上侯浧川上啟從征堇不擾作祖丁寶旅隣彝用匄魯福用夙夜事戉簇	1476

西周出土三十一到四十字銘文共有 48 件，剔除重複的件數，歸納出有 28 種不同的內容，先分成三大類——作器者＋作＋器物名稱＋套語、作器者＋作＋作器目的＋器物名稱＋套語、……賞或賜……，再依據是否出現時間、作器目的、作器者功績、套語等條件分成若干類型：

（一）作器者＋作＋器物名稱＋套語
　　1. 時間＋作器者＋作＋器物名稱＋套語，如
　　　隹正月初吉壬申蔡大善夫趩作其饙簠其萬年眉壽無疆子子孫孫永寶用之。
（二）作器者＋作＋作器目的＋器物名稱＋套語
　　1. 作器者＋作＋器物名稱＋用＋為祭祀作器目的＋套語，如
　　　就親作旅甗用夙夜追孝于朕文祖日己朕文考日庚用祈眉壽休就其萬年寶用子孫永寶用；
　　2. 時間＋作器者＋作＋器物名稱＋用＋為祭祀作器目的＋套語，如
　　　隹六月初吉師湯父有嗣中枏父作寶毁用敢鄉考于皇祖考用旛眉壽其萬年孫孫孫其永寶用；
　　3. 為祭祀作器目的＋時間＋作器者＋作為＋器物名稱＋用＋為祭祀作器目的＋套語，如
　　　身皇剌侯酒閉朕手又用辛祀陞作為寶用亯于其皇文祖考其萬年永寶子子孫孫用；
　　4. 作器者功績＋作＋為祭祀作器目的＋器物名稱＋套語，如
　　　王出獸南山叟泇山谷至于上侯浧川上啟從征堇不擾作祖丁寶旅隣彝用匄魯福用夙夜事戉簇；

5. 作器者＋作或自作＋為祭祀、嫁女作器目的＋器物名稱＋套語，如

　　大師小子𣄰作朕皇考寶障段𣄰用勾眉壽康𦣞屯右𣄰其萬年子子孫孫永寶
　　用亯；

6. 作器者＋作或肇作＋為祭祀、嫁女作器目的＋器物名稱＋用＋為祭祀、宴飲作
　器目的＋套語，如

　　𨰥叔奂父作孟姞旅盨用盛稻𪌭糯粱加賓用鄉有𩰯則萬年無疆子子孫孫永
　　寶用；

7. 時間＋作器者＋作＋人名＋器物名稱＋套語，如

　　隹七月丁亥應姚作叔㝬父障段叔㝬父其用□眉壽永命子子孫孫永寶用亯

（三）……賞或賜……

1. 時間＋地點＋賞賜者＋賜或𢓊＋賞賜品物＋用作＋器物名稱，如

　　隹六月既生霸乙卯王在成周令豐𡩜大矩大矩賜豐金貝用作父辛寶障彝木
　　羊冊。

（一）作器者＋作＋器物名稱＋套語

1 時間＋作器者＋作＋器物名稱＋套語

　　西周出土三十一到四十字銘文中，「隹正月初吉壬申蔡大善夫𧈶作其饎簠其
萬年眉壽無疆子子孫孫永寶用之」屬時間＋作器者＋作＋器物名稱＋套語一類。
作器者為蔡大膳夫𧈶，大膳夫或為膳夫之長。[737]銘文時代為西周晚期。

（二）作器者＋作＋作器目的＋器物名稱＋套語

1 作器者＋作＋器物名稱＋用＋為祭祀作器目的＋套語

　　西周出土三十一到四十字銘文中，就覷作旅甂用夙夜追孝于朕文祖日己朕文
考日庚用祈眉壽休就其萬年寶用子孫永寶用、白梁其作旅盨用享用孝用勾眉壽多
福畯臣天子萬年唯亞子子孫孫永寶用屬作器者＋作＋器物名稱＋用＋為祭祀作器
目的＋套語一類。

　　「就覷作旅甂，用夙夜追孝于朕文祖日己、朕文考日庚」，作器者名就覷，

737 楊寶成、黃錫全：《湖北考古發現與研究》，頁110，武漢大學出版社，武昌，2000。

其鑄造祭祀父祖日己、日庚之禮器。時代為西周中期。「白梁其作旅盨，用享用孝」一式 3 件，見於扶風縣任家村所出土的 3 件銅盨上，伯梁其即膳夫梁其，字吉父。[738]時代為西周晚期。

2 時間＋作器者＋作＋器物名稱＋用＋為祭祀作器目的＋套語

西周出土三十一到四十字銘文中，隹六月初吉師湯父有䤔中枏父作寶殷用敢鄉考于皇祖考用旛眉壽其萬年孫孫孫其永寶用、隹六月初吉師湯父有䤔中枏父作寶鬲用敢鄉考于皇祖考用旛眉壽其萬年子孫孫其永寶用、隹六月初吉師湯父有䤔中枏父作寶鬲用敢鄉考于皇祖考用旛眉壽其萬年子子孫孫其永寶用、隹正二月既死霸壬戌黿乎作寶殷用聽夙夜用言孝皇祖文考用匄眉壽永令乎其萬人永用✥屬時間＋作器者＋作＋器物名稱＋用＋為祭祀作器目的＋套語一類。

「師湯父有䤔中枏父作寶殷（鬲）」，作器者為中枏父，為師湯父的管事人員。[739]中枏父諸器共 7 件，時代為西周中期。「黿乎作寶殷」一式兩件，作器者為黿乎，黿可能是以地為氏的氏族名，✥是商代即有的族氏徽號，黿乎或為殷遺民後裔。[740]「萬人永用」為萬年永用之誤。時代為西周晚期。

3 為祭祀作器目的＋時間＋作器者＋作為＋器物名稱＋用＋為祭祀作器目的＋套語

西周出土三十一到四十字銘文中，「身皇剌侯遒閉朕毛父用辛祀陞作為寶用言于其皇文祖考其萬年永寶子子孫孫用」屬為祭祀作器目的＋時間＋作器者＋作為＋器物名稱＋用＋為祭祀作器目的＋套語一類。「陞作為寶」，表示作器者名陞，「辛祀」為辛巳，是記時的干支。「身皇剌侯」意謂我偉大顯赫的先祖列侯，「毛父」或指作器者父親。閉通閟，有安定之意。[741]銘文時代為西周晚期。

4 作器者功績＋作＋為祭祀作器目的＋器物名稱＋套語

西周出土三十一到四十字銘文中，「王出獸南山寇泗山谷至于上侯㴞川上啟

---

738 李學勤：〈青銅器與周原遺址〉，《新出青銅器研究》，頁231，文物出版社，北京，1990。

739 張亞初、劉雨：《西周金文官制研究》，頁57-58，中華書局，北京，2004。

740 楊寶成、黃錫全：《湖北考古發現與研究》，頁115，武漢大學出版社，武昌，2000。

741 陝西省考古研究所、渭南市文物保護考古研究所、韓城市景區管理委員會：《梁帶村芮國墓地——二〇〇七年度發掘報告》，頁229，文物出版社，北京，2010。

從征董不擾作祖丁寶旅障彝用匄魯福用夙夜事戎箙」屬作器者功績＋作＋為祭祀
作器目的＋器物名稱＋套語一類。「啟從征，董不擾，作祖丁寶旅障彝」見於黃
縣歸城小劉莊所出土的銅卣上，共出銅尊銘文「啟從王南征，迣山谷在洀水上，
啟作祖丁旅寶彝，戎箙」，作器者為啟，董珊考證卌、迣可釋為蹕，為古代君王
在王宮外止宿時的武裝警備，銘文記載啟跟隨周王兩次南征，銅卣銘文所記為第
二次南征，王出終南山，在山谷駐蹕後，到達今藍田縣和渭南縣交界的上侯、均
水一帶，啟擔任警蹕，謹慎有功，鑄造祭祀祖丁的禮器。[742]銘文時代為西周早期。

5 作器者＋作或自作＋為祭祀、嫁女作器目的＋器物名稱＋套語

　　西周出土三十一到四十字銘文中，大師小子柔作朕皇考寶障毀柔用匄眉壽康
巤屯右柔其萬年子子孫孫永寶用言、函皇父作琱娟盤盉障器毀具自柔鼎降十又毀
八兩罍兩壺琱娟其萬年子子孫孫永寶用、函皇父作琱娟盤盉障器鼎毀具自柔鼎降
十又毀八兩罍兩壺琱娟其萬年子子孫孫永寶用、函皇父作琱娟盤盉障器鼎毀一具
自柔鼎降十又一毀八兩罍兩壺琱娟其萬年子子孫孫永寶用屬作器者＋作或自作＋
為祭祀、嫁女作器目的＋器物名稱＋套語一類。

　　「大師小子柔作朕皇考寶障毀」一式 3 件，朱鳳瀚探論小子一詞，以為小子
非官職名稱，而是表示某家族中的小宗家族成員。[743]「函皇父作琱娟盤盉障器」
共 3 件，銘文內容記載一次鑄造的器物種類和數量。上述此類 4 種 6 件銘文時代
皆為西周晚期。

6 作器者＋作或肇作＋為祭祀、嫁女作器目的＋器物名稱＋用＋為祭祀、宴飲
作器目的＋套語

　　西周出土三十一到四十字銘文中，井叔采作朕文祖穆公大鐘用喜樂文神人用
旛福霝壽每魯其子孫永日鼓樂茲鐘其永寶用、井叔叔采作朕文祖穆公大鐘用喜樂
文神人用旛福霝壽每魯其子孫孫永日鼓樂茲鐘其永寶用、嚳叔奐父作孟姞旅盨用
盨稻穛糯梁加賓用鄉有飤則萬年無疆子子孫孫永寶用、魯白悆用公觀其肇作其皇
考皇母旅盨毀悆夙夙用追孝用旛多福悆其萬年釁壽永寶用言、善夫梁其作朕皇考
惠中皇母惠妘障毀用追享孝用匄眉壽壽無疆百字千孫子子孫孫永寶享、善夫梁其

---

742 董珊：〈啟尊啟卣新考〉，《文博》2012：5，頁49-53。

743 朱鳳瀚：《商周家族形態研究》，頁310-313，天津古籍出版社，天津，2004。

作朕皇考惠中皇母惠𡚬障𣪘用追享孝用匄眉壽眉壽無疆百字千孫子子孫永寶用享、善夫梁其作朕皇考惠中皇母惠𡚬障𣪘用追享孝用匄眉壽壽無疆百字千孫孫子子孫孫永寶用享屬作器者＋作或肇作＋為祭祀、嫁女作器目的＋器物名稱＋用＋為祭祀、宴飲作器目的＋套語一類。

「丼叔采（丼叔叔采）作朕文祖穆公大鐘」，作器者為邢叔采，「用喜樂文神人」的文神人猶言文神、前文人，是指有文德的神靈和已故先人。[744]兩件銘文時代為西周中期。「䣄叔奐父作孟姞旅盨」一式兩件，為䣄叔為長女嫁與虢國所作之媵器。[745]時代為西周晚期。「魯白悆用公觀其肇作其皇考皇母旅盨𣪘」，是魯伯悆為祭祀父母所鑄造之祭器。時代亦為西周晚期。「善夫梁其作朕皇考惠中皇母惠𡚬障𣪘」，為膳夫梁其所製作父母並祀的禮器，「惠」是其先父先母的謚號。3件銘文時代為西周晚期。

7 時間＋作器者＋作＋人名＋器物名稱＋套語

西周出土三十一到四十字銘文中，隹七月丁亥應姚作叔𢍰父障𣪘叔𢍰父其用□眉壽永命子子孫孫永寶用亯、隹王元年王才成周六月初吉丁亥叔專父作奠季寶鐘六金障盨四鼎七奠季其子子孫孫永寶用屬時間＋作器者＋作＋人名＋器物名稱＋套語一類。

「應姚作叔𢍰父障𣪘」一式 3 件，應姚為姚姓之女嫁與應侯者，朱鳳瀚認為叔𢍰父是生人，或是應姚之子。[746]一式 4 件的「叔專父作奠季寶鐘六、金障盨四、鼎七」，表示作器者叔專父一次為鄭季鑄造了銅鐘 6 件、銅盨 4 件和銅鼎 7 件。此類兩種 7 件銘文時代皆為西周晚期。

（三）……賞或賜……

1 時間＋地點＋賞賜者＋賜或𠳋＋賞賜品物＋用作＋器物名稱

西周出土三十一到四十字銘文中，珷征商隹甲子朝歲鼎克聞夙又商辛未王在𨚕師賜又事利金用作旜公寶障彝、隹八月辰在乙亥王在𦵯京王賜歸㚸進金肄𢐗對

---

744 吳振武：〈新見西周爯簋銘文釋讀〉，《史學集刊》2006：2，頁85。

745 河南省文物考古研究所、三門峽市文物工作隊：〈上村嶺虢國墓地M2006的清理〉，《文物》1995：1，頁29-30。

746 朱鳳瀚：《中國青銅器綜論》中，頁1354，上海古籍出版社，上海，2009。

揚王休用作父辛寶齋亞✦、隹六月既生霸乙卯王在成周令豐寢大矩大矩賜豐金貝
用作父辛寶陣彝木羊冊、隹八月既望戊辰王在上侯应奉祼丕甾賜貝十朋丕甾拜稽
首敢揚王休用作寶齍彝、隹王正月初吉夷伯夷于西宮𠂤貝十朋敢對揚王休用作尹
姞寶𣪘子子孫孫永寶用、隹王正月初吉辰在壬寅夷伯夷于西宮𠂤貝十朋敢對揚王
休用作尹姞寶𣪘子子孫孫永寶用屬時間＋地點＋賞賜者＋賜或𠂤＋賞賜品物＋用
作＋器物名稱一類。

「珷征商隹甲子朝，歲鼎克，聞夙又商。辛未，王在䈞師，賜又事利金，用
作𣄴公寶陣彝」，作器者是又事利，又事為右史，[747]𣄴公之𣄴唐蘭隸定為檀，作
器者名利，是檀公後人。[748]「珷征商隹甲子朝」指武王征伐商紂，在甲子這一天
早上。「歲鼎克，聞夙又商」，各家解釋不一，或將歲以為歲星，或理解為歲祭，
前者意謂歲星正當其位，表示吉兆，[749]後者認為歲祭時進行貞卜，[750]克為克敵制
勝之意。「聞夙又商」或指昏夙有商，一夜就占領商；[751]或指上聞於武王、[752]聞
於四方，[753]夙有商為很快就攻下商。

「王賜𣴎妘進金𩰩鬶」一式 3 件，李學勤指出𣴎是封邑，妘、進是作器者
名、字，王賞賜他金和𩰩鬶，𩰩鬶是提供祭祀或宴席上陳放的鬶。[754]銘文時代為
西周早期。

「王在成周，令豐寢大矩，大矩賜豐金、貝，用作父辛寶陣彝」一式兩件，
矩或為氏族名，[755]大矩或為該族之長，寢通殷，是一年中所舉行的聘問禮。[756]如
此，賞賜者是大矩，受賞賜者為豐。

「王在上侯应，奉祼，丕甾賜貝十朋」一式兩件，賞賜者為周王，受賞賜者
是丕甾。祼為祼祭，指祭祀時酌酒灌地，祼也可指祭畢酌酒敬賓客。[757]根據黃然

747 趙誠、黃盛璋：〈關於利𣪘銘文考釋的討論〉，《文物》1978：6，頁81-82。

748 唐蘭：〈西周時代最早的一件銅器銘文利𣪘銘文解釋〉，《文物》1977：8，頁8。

749 張政烺：〈《利𣪘》釋文〉，《文物》1978：1，頁58-59。

750 趙誠、黃盛璋：〈關於利𣪘銘文考釋的討論〉，《文物》1978：6，頁80、82。

751 張政烺：〈《利𣪘》釋文〉，《文物》1978：1，頁58-59。

752 徐中舒：〈關於利𣪘銘文考釋的討論〉，《文物》1978：6，頁79。

753 趙誠：〈關於利𣪘銘文考釋的討論〉，《文物》1978：6，頁81。

754 李學勤：〈論長安花園村兩墓青銅器〉，《文物》1986：1，頁32-33。

755 吳鎮烽：〈金文人名研究〉，《周秦文化研究》，頁426，陝西人民出版社，西安，1998。

756 劉士莪、尹盛平：〈微氏家族青銅器群研究〉，《西周微氏家族青銅器群研究》，頁16，文物出版
社，北京，1992。

757 王輝：《商周金文》，頁30，文物出版社，北京，2006。

偉研究，西周賞賜金文有因於祭典參與祭祀而受賞。[758]丕告或因參與祭祀而受周
王賞賜。

　　「夷伯夷于西宮，𪗴貝十朋，敢對揚王休，用作尹姞寶𣪘」見於扶風縣強家
村 M1 所出土的兩件銅𣪘上，銘文記載夷伯夷在西宮受到周王賞賜，於是為妻子
尹姞鑄作銅𣪘。銘文𪗴似為嗌，嗌通易，以表示賞賜之意。[759]上述 5 類 7 件銘文
時代均屬西周中期。

小結

　　西周出土三十一到四十字銘文有 48 件，當中出現祝嘏辭式之套語的銘文共
有 40 件，約占三十一到四十字銘文總數 82%，不具有套語的銘文有 8 件，都是
屬於「……賞或賜……」之句型，有 4 件時代為西周早期、4 件西周中期。

　　西周出土三十一到四十字銘文 48 件，屬於「作器者＋作＋器物名稱＋套
語」之句型的有 1 件，時代為西周晚期；屬於「作器者＋作＋作器目的＋器物名
稱＋套語」之句型的 36 件，時代為西周早期的 1 件、中期 10 件、晚期 25 件；屬
於「……賞或賜……」之句型的 11 件，時代為西周早期 4 件、中期 7 件。另外，
48 件西周出土三十一到四十字銘文中，有 29 件出現時間詞組，而 19 件未出現時
間詞組的銘文都是屬於「作器者＋作＋作器目的＋器物名稱＋套語」之句型。

三　四十一到五十字銘文

　　西周出土銅器的四十一到四十五字銘文有：

銘文字形	銘文編號
善夫梁其作朕皇考惠中皇母惠妣隣𣪘用追享孝用匄眉壽 眉壽無疆百字千孫孫子子孫孫永寶用享	280—281
隹正月初吉晉侯僰馬既為寶盉則作障壺用障于宗室用享用考 用旛壽考子子孫孫其萬年永是寶用	1270—1271

758　黃然偉：《殷周史料論集》，頁141，香港三聯書店有限公司，香港，1995。

759　周原扶風文管所：〈陝西扶風強家一號西周墓〉，《文博》1987：4，頁9、18。

（續）

銘文字形	銘文編號
隹正二月初吉王歸自成周膺侯䘏工遺王于周辛未王各于康 𤔲白內右膺侯䘏工賜彤弓一彤矢百馬	766
隹五月王在𠂤戊巳令作冊旂𥄂望土于相侯賜金賜臣揚王休 隹王十又九祀用作父乙隩其永寶木羊冊	155、169、174
孟曰朕文考罙毛公遣中征無需毛公賜朕文考臣自厥工對揚朕考 賜休用宫茲彝作厥子子孫孫其永寶	615—617
隹王三年四月初吉甲寅仲太師右柞柞賜載朱衡鑾司五邑佃人事 柞拜手對揚仲太師休其子子孫孫永寶	22—24
虢中令公臣𤔲朕百工賜女馬乘鐘五金用事公臣撲稽首敢揚天尹丕顯休 用作隩𣪘公臣其萬年用寶茲休	371—373
虢中令公臣𤔲朕百工賜女馬乘鐘五金用事公臣撲稽首敢揚天君丕顯休 用作隩𣪘公臣其萬年用寶茲休	374
王曰太保隹乃明乃鬯亯于乃辟余大對乃亯令克侯于匽旃羌馬叡雩馭微 克宷匽入土眔厥𤔲用作寶隩彝	1392—1393
隹四月既生霸戊申甸即于氏青公事𤔲史兒曾甸于柬麀素韋兩赤金一勻 甸敢對揚公休用作寶隩彝其永用	1045
癲曰顯皇祖考司威儀用辟先王不敢弗帥用夙夕王對癲㮰賜佩 作祖考𣪘其豑祀大神大神綏多福癲萬年寶	142—149
中禹父大宰南虢厥辭作其皇祖考遲王監白隩𣪘用亯用孝 用賜眉壽屯右康勋萬年無疆子子孫孫永寶用亯	1180、1181-2
隹五月初吉壬申梁其作隩壺用享孝于皇祖考用祈多福眉壽永令無疆 其百子千孫永寶用其子子孫孫永寶用	294—295
隹廿又三年初吉戊戌益公蔑𫟒白禹曆右告令金車旂禹拜手稽首 對揚公休用作朕考寶隩禹其萬年永寶用亯	1306
南虢白大宰中禹父厥辭作其皇祖考遲王監白隩𣪘用亯用孝 用賜眉壽屯右康勋萬年無疆子子孫孫永寶用亯	1181-1

西周出土銅器的四十六到五十字銘文有：

銘文字形	銘文編號
隹三月初吉螨來遘于妊氏妊氏令螨事保厥家因付厥祖僕二家螨拜稽首曰休朕皇君弗忘厥寶臣對揚用作寶隮	1299
隹王正月初吉乙丑䟫叔信姬作寶鼎其用亯于文祖考䟫叔眔信姬其賜壽耇多宗永令䟫叔信姬其萬年子子孫永寶	758
隹王三年四月初吉甲寅仲太師右柞柞賜载朱衡鑾司五邑佃人事柞拜手對揚仲太師休用作大鐈鐘其子子孫孫永寶	18—21
隹五月初吉壬申梁其作隮鼎用享孝于皇祖考用祈多福眉壽無疆畯臣[illegible]其百子千孫其萬年無疆其子子孫孫永寶用	263—265
隹十又四月王彭大禰桒在成周咸桒王乎殷厥士齊叔夨以冂衣車馬貝卅貝敢對王休用作寶隮彝其萬年揚王光厥士	1283
師臾肇作朕烈祖虢季宄公幽叔朕皇考德叔大嗇鐘用喜侃前文人用祈純魯永令用匄眉壽無疆師臾其萬年永寶用享	79
處宗室肄妟作龢父大[illegible]鐘用追孝孝侃前文人前文人其嚴在上數數[illegible][illegible]降余厚多福無彊妟其萬年子子孫孫永寶用享	69
隹正月初吉君在潦既宮命逋事于述土隮諆各㚸司寮女寮奚微華天君事逋事㞋逋敢封揚用作文祖己公隮盂其永寶用	706
隹八年十又二月初吉丁亥齊生魯肇貯休多贏隹朕文考乙公永啟余魯用作朕文考乙公寶隮彝魯其萬年子子孫孫永寶用	406
唯王十又一月王在限王子至于方辛䙴□賓叔□啟戒辛陸作用休辛䙴日□叔□射金辛□□喪□于躬宮□子子孫其□寶	1473

西周出土四十一到五十字銘文共有 48 件，剔除重複的件數，以及銘文不全 1 件，歸納出有 24 種不同的內容，先分成三大類──作器原因＋用作＋器物名稱、作器者＋作＋作器目的＋器物名稱＋套語、……賞、賜或其他動詞……，再依據是否出現時間、作器目的、作器原因等條件分成若干類型：

（一）作器原因＋用作＋器物名稱

1. 作器原因＋用作＋器物名稱，如

王曰太保隹乃明乃鬯享于乃辟余大對乃享令克侯于匽旂羌馬戲雩馭微克宷匽入土眔厥司用作寶障彝。

（二）作器者＋作＋作器目的＋器物名稱＋套語

1. 時間＋作器者＋作或為＋器物名稱＋用＋為祭祀作器目的＋套語，如
   隹五月初吉壬申梁其作障壺用享孝于皇祖考用祈多福眉壽永令無疆其百子千孫永寶用其子子孫孫永寶用；

2. 作器者＋作或肇作＋為祭祀作器目的＋器物名稱＋用＋為祭祀作器目的＋套語，如
   南宮白大宰中禹父厥辭作其皇祖考遲王監白障殷用享用孝用賜眉壽屯右康勵萬年無疆子子孫孫永寶用享；

3. 作器者＋作＋人名＋器物名稱＋用＋為祭祀作器目的＋套語，如
   處宗室韓妄作穌父大蠿鐘用追孝孝侃前文人前文人其嚴在上數數彙彙降余厚多福無疆妄其萬年子子孫孫永寶用享；

4. 時間＋作器原因＋用作＋為祭祀作器目的＋器物名稱＋套語，如
   隹八年十又二月初吉丁亥齊生魯肇貯休多嬴隹朕文考乙公永啟余魯用作朕文考乙公寶障彝魯其萬年子子孫孫永寶用。

（三）……賞、賜或其他動詞……

1. 冊命者＋令＋受冊命者＋冊命內容＋賜＋賞賜品物＋對揚之詞＋用作＋器物名稱＋套語，如
   虢中令公臣嗣朕百工賜女馬乘鐘五金用事公臣拜稽首敢揚天尹丕顯休用作障殷公臣其萬年用寶茲休；

2. 時間＋王＋在＋地點＋令＋受賞賜者＋賜＋賞賜品物＋對揚之詞＋用作＋為祭祀作器目的＋器物名稱＋套語，如
   隹五月王在斤戊巳令作冊旂眔望土于相侯賜金賜臣揚王休隹王十又九祀用作父乙障其永寶木羊冊；

3. 作器者＋曰＋受賞原因＋賞賜者＋賜＋作或用亯＋器物名稱＋套語，如
   孟曰朕文考眔毛公遣中征無需毛公賜朕文考臣自厥工對揚朕考賜休用亯茲彝作厥子子孫孫其永寶；

4. 時間＋代理冊命者＋右＋受冊命者＋賜＋賞賜品物和冊命內容＋對揚之詞＋套語，如

隹王三年四月初吉甲寅仲太師右柞柞賜載朱衡鑾司五邑佃人事柞拜手對揚
仲太師休其子子孫孫永寶；

5. 時間＋代理冊命者＋右受冊命者或蔑受冊命者曆＋賜或 令 ＋賞賜品物（和
冊命內容）＋對揚之詞＋用作＋器物名稱＋套語，如
隹廿又三年初吉戊戌益公蔑倗白再曆右告令金車旂再拜手稽首對揚公休用
作朕考寶簋再其萬年永寶用言；

6. 時間＋受賞原因＋王＋于＋地點＋儐者＋右＋受賞賜者＋賜＋賞賜品
物，如
隹正二月初吉王歸自成周膺侯視工遣王于周辛未王各于康焚白內右膺侯視
工賜彤弓一彤矢百馬；

7. 時間＋地點＋賞賜者＋ 曾或齊 ＋受賞賜者＋賞賜品物＋對揚之詞＋用作＋
器物名稱＋套語，如
隹四月既生霸戊申匍即于氏青公事嗣史兒曾匍于柬麀秦韋兩赤金一勻匍敢
對揚公休用作寶簋彝其永用；

8. 時間＋受賞原因＋ 付 ＋賞賜品物＋對揚之詞＋用作＋器物名稱，如
隹三月初吉蟎來遘于妊氏妊氏令蟎事保厥家因付厥祖僕二家蟎拜稽首曰休
朕皇君弗忘厥寶臣對揚用作寶簋。

（一）作器原因＋用作＋器物名稱

1 作器原因＋用作＋器物名稱

西周出土四十一到五十字銘文中，「王曰太保隹乃明乃鬯言于乃辟余大對乃
言令克侯于匽旃羌馬戲雩馭微克宧匽入土眔厥嗣用作寶簋彝」屬作器原因＋用作
＋器物名稱。此件銘文見於琉璃河 M1193 所出土的銅盉、銅罍器、蓋內，各家對
於銘文內容意見分歧，[760] 爭議點主要在「乃明乃鬯」或釋作乃明乃心，或釋作乃
盟乃鬯，以及「克」為助詞，抑或人名。王為成王，太保為召公奭，自「王曰」
之後到「克宧匽入土眔厥嗣」的文字，是成王冊命太保為匽（燕）侯的冊命之
辭，「乃明乃鬯」指你祭祀用的犧牲、玉帛和香酒，「言于乃辟」指敬獻給你的國

---

760 周寶宏：《近出西周金文集釋》，頁1-102，天津古籍出版社，天津，2005。

君（即周成王），「余大對乃言」意謂我（即周成王）大大地回應你所敬獻的品物，[761]「令克侯于匽」意思是命令你的長子克封侯于匽。「旆」，李學勤讀為事，意指任使，[762]王世民指出羌馬戲雩馭微為部族名稱，是與克同去匽進行戍守和墾殖的部族。[763]「克宧匽」為克受命就封而至匽，[764]「入土眔厥嗣」指接納土地與其職事（侯）。[765]銘文一式兩件，時代為西周早期。

（二）作器者＋作＋作器目的＋器物名稱＋套語

1 時間＋作器者＋作或為＋器物名稱＋用＋為祭祀作器目的＋套語

西周出土四十一到五十字銘文中，隹正月初吉晉侯僰馬既為寶盂則作隞壺用隞于宗室用享用考用攡壽考子子孫孫其萬年永是寶用、隹五月初吉壬申梁其作隞壺用享孝于皇祖考用祈多福眉壽永令無疆其百子千孫永寶用其子子孫孫永寶用、隹五月初吉壬申梁其作隞鼎用享孝于皇祖考用祈多福眉壽無疆畯臣𤔲其百子千孫其萬年無疆其子子孫孫永寶用、隹王正月初吉乙丑猷叔信姬作寶鼎其用言于文祖考猷叔眔信姬其賜壽耇多宗永令猷叔信姬其萬年子子孫永寶屬時間＋作器者＋作或為＋器物名稱＋用＋為祭祀作器目的＋套語。「晉侯僰馬既為寶盂，則作隞壺」一式兩件，時代為西周中期，其餘 3 種 6 件銘文時代為西周晚期。

2 作器者＋作或肇作＋為祭祀作器目的＋器物名稱＋用＋為祭祀作器目的＋套語

西周出土四十一到五十字銘文中，師㲎肇作朕烈祖虢季宂公幽叔朕皇考德叔大誉鐘用喜侃前文人用祈純魯永令用匄眉壽無疆師㲎其萬年永寶用享、善夫梁其作朕皇考惠中皇母惠妣隞毁用追享孝用匄眉壽眉壽無疆百字千孫孫子子孫孫永寶用享、中再父大宰南龢厥辭作其皇祖考遲王監白隞毁用言用孝用賜眉壽屯右康勴萬年無疆子子孫孫永寶用言、南龢白大宰中再父厥辭作其皇祖考遲王監白隞毁用

---

761 孫華：〈匽侯克器銘文淺見——兼談召公建燕及其相關問題〉，《近出西周金文集釋》，頁34-35，
  天津古籍出版社，天津，2005。

762 李學勤：〈北京琉璃河出土西周有銘銅器座談紀要〉，《近出西周金文集釋》，頁75。

763 王世民：〈北京琉璃河出土西周有銘銅器座談紀要〉，《近出西周金文集釋》，頁75。

764 陳平：〈克罍、克盉銘文及其有關問題〉，《近出西周金文集釋》，頁79。

765 朱鳳瀚：〈房山琉璃河出土之克器與西周早期的召公家族〉，《近出西周金文集釋》，頁94。

亯用孝用賜眉壽屯右康勵萬年無疆子子孫孫永寶用亯屬作器者＋作或肇作＋為祭祀作器目的＋器物名稱＋用＋為祭祀作器目的＋套語。

「師臾肇作朕烈祖虢季、宄公、幽叔，朕皇考德叔大 鐘」時代為西周中期，「善夫梁其作朕皇考惠中皇母惠㚤障毁」一式兩件，時代為西周晚期。

「中爯父大宰南𨟻厥辭」和「南𨟻白大宰中爯父厥辭」見於南陽市郊委磚瓦廠所出土的兩件銅簋器、蓋內，作器者為南申伯的大宰，名厥辭、字爯父，南申伯的大宰是申國之相。李學勤提出之所以名「南申」，是為了和西方的「申戎」有所區別。南申伯是周宣王之舅，周宣王為經營南土，命申伯徙封於謝邑。如此，「作其皇祖考遟王監白障毁」中的遟（夷）王和監伯，當是周夷王和夷王之子、厲王之兄弟，是仲爯父的祖、考兩代。[766]銘文時代為西周晚期。

3 作器者＋作＋人名＋器物名稱＋用＋為祭祀作器目的＋套語

西周出土四十一到五十字銘文中，「處宗室𩁹妘作龢父大 鐘用追孝孝侃前文人前文人其嚴在上數數 降余厚多福無彊妘其萬年子子孫孫永寶用享」屬作器者＋作＋人名＋器物名稱＋用＋為祭祀作器目的＋套語。作器者𩁹妘同於傳世器〈邢人妘鐘銘〉「井人人妘曰覭盄文祖皇考……」、「宗室𩁹妘作龢父大 鐘……」[767]中的邢人妘和𩁹妘，「處宗室」意思指該編鐘放置於宗室，用以祭祀先祖。銘文時代為西周中期。

4 時間＋作器原因＋用作＋為祭祀作器目的＋器物名稱＋套語

西周出土四十一到五十字銘文中，隹正月初吉君在濬既宮命𨖼事于述土㗊諆各㚸司寮女寮奚微華天君事𨖼事𡰥𨖼敢封揚用作文祖己公障盂其永寶用、隹八年十又二月初吉丁亥齊生魯肇賈休多贏隹朕文考乙公永啟余魯用作朕文考乙公寶障彝魯其萬年子子孫孫永寶用屬時間＋作器原因＋用作＋為祭祀作器目的＋器物名稱＋套語。

「𨖼敢封揚，用作文祖己公障盂」，作器者名𨖼，銘文中的「君」、「天君」

766 李學勤：〈論仲爯父簋與申國〉，《中原文物》1984：4，頁31-32。

767 中國社會科學院考古研究所：《殷周金文集成》修訂增補本第一冊，頁103-106、772-773，編號109-111，中華書局，北京，2007。

似指太后，張亞初認為西周金文的㚸（姒）是對王或諸侯方伯之配偶的稱謂，[768]「各姒司」或指王的諸位后妃。「命䞣事于述（遂）土隮諆」意思是太后命令䞣至隮、諆兩地遂土，引來為王妃服役的寮女寮奚，「寮女寮奚」即內宮的女官、宮人或奴婢。「㬅」即沫，指梳洗。[769]至於遂土，楊寬引述《周禮》記載，王畿分國和野兩大地區，郊是其中交界，在王城外和郊以內分設六鄉，在郊以外和野地區內分設六遂，[770]因此「遂」應是行政劃分的區域。由上述可知，䞣因完成太后交代的差事，可能受到賞賜，因此製作祭祀先祖的禮器。

「齊生（甥）魯肇貯休多贏，隹朕文考乙公永啟余，魯用作朕文考乙公寶隮彝」，作器者魯之母舅家為齊，高明以為「貯休多贏」是指買賣作得好、經商多贏利的意思，[771]「隹朕文考乙公永啟余」意謂想到先父長久的教導、教誨，因此鑄造祭祀先父的禮器。[772]上述兩件銘文時代皆為西周中期。

（三）……賞、賜或其他動詞……

1 冊命者＋令＋受冊命者＋冊命內容＋賜＋賞賜品物＋對揚之詞＋用作＋器物名稱＋套語

西周出土四十一到五十字銘文中，虢中令公臣𤔲朕百工賜女馬乘鐘五金用事公臣𢫦稽首敢揚天尹丕顯休用作隮𣪘公臣其萬年用寶茲休、虢中令公臣𤔲朕百工賜女馬乘鐘五金用事公臣𢫦稽首敢揚天君丕顯休用作隮𣪘公臣其萬年用寶茲休屬冊命者＋令＋受冊命者＋冊命內容＋賜＋賞賜品物＋對揚之詞＋用作＋器物名稱＋套語。當中的「天君」、「天尹」或為家臣對主上——虢仲的尊稱。[773]此類 4 件銘文時代為西周中期。

---

768 張亞初：〈對婦好之好與稱謂之司的剖析〉，《考古》1985：12，頁1120-1123。

769 陝西省博物館：〈陝西長安灃西出土的䞣盂〉，《考古》1977：1，頁71-72。

770 楊寬：〈論西周金文中「六自」「八自」和鄉遂制度的關係〉，《考古》1964：8，頁414。

771 高明：〈西周金文「貯」字資料整理和研究〉，《考古學研究（一）》，頁308，文物出版社，北京，1992。

772 祁健業：〈岐山縣博物館近幾年來徵集的商周青銅器〉，《考古與文物》1984：5，頁11。

773 陳英傑：〈金文中「君」字之意義及其相關問題探析〉，發表於 http://www.gwz.fudan.edu.cn/SrcShow.asp?Src.ID=389 復旦大學出土文獻與古文字研究中心。

2 時間＋王＋在＋地點＋令＋受賞賜者＋賜＋賞賜品物＋對揚之詞＋用作＋為祭祀作器目的＋器物名稱＋套語

西周出土四十一到五十字銘文中，「隹五月王在斤戌巳令作冊旂兓望土于相侯賜金賜臣揚王休隹王十又九祀用作父乙障其永寶木羊冊」屬時間＋王＋在＋地點＋令＋受賞賜者＋賜＋賞賜品物＋對揚之詞＋用作＋為祭祀作器目的＋器物名稱＋套語。受賞賜者為作冊旂，因替周王賞賜望土給陳侯，因此受到周王賞賜金和奴隸。[774]該銘文一式 3 件，時代為西周早期。

3 作器者＋曰＋受賞原因＋賞賜者＋賜＋作或用宝＋器物名稱＋套語

西周出土四十一到五十字銘文中，孟曰朕文考罙毛公遣中征無需毛公賜朕文考臣自厥工對揚朕考賜休用宝茲彝作厥子子孫孫其永寶、瘋曰顯皇祖考司威儀用辟先王不敢弗帥用夙夕王對瘋楙賜佩作祖考毁其𤔲祀大神大神綏多福瘋萬年寶屬作器者＋曰＋受賞原因＋賞賜者＋賜＋作或用宝＋器物名稱＋套語。

「孟曰：朕文考罙毛公遣中征無需，毛公賜朕文考臣自厥工，對揚朕考賜休，用宝茲彝」，作器者名孟，依照郭沫若考釋，孟的先父是毛公遣仲的屬下，與毛公征討無需，戰後毛公賞賜自工之官職以下的臣僕，但孟之父親於該役陣亡，所受賞賜轉與孟，因此孟對揚先父之休命。[775]孟簋銘一式 3 件，時代為西周早期。

「瘋曰：顯皇祖考司威儀，用辟先王，不敢弗帥用夙夕，王對瘋楙，賜佩，作祖考毁」，根據伍仕謙解釋，「顯皇祖考司威儀」猶言顯赫偉大的祖考繼世有威儀，「用辟先王」是說以先王為君以臣事之，「王對瘋楙」的楙為懋，指勉勵。[776]「不敢弗帥用夙夕」指日日夜夜不敢不依循。瘋簋銘一式 8 件，時代為西周中期。

774 劉士莪、尹盛平：〈微氏家族青銅器群研究〉，《西周微氏家族青銅器群研究》，頁12、14，文物出版社，北京，1992。

775 郭沫若：〈長安縣張家坡銅器群銘文匯釋〉，《長安張家坡西周銅器群》，頁2，文物出版社，北京，1965。

776 伍仕謙：〈微氏家族銅器群年代初探〉，《西周微氏家族青銅器群研究》，頁205，文物出版社，北京，1992。

4 時間＋代理冊命者＋右＋受冊命者＋賜＋賞賜品物和冊命內容＋對揚之詞 ＋套語

西周出土四十一到五十字銘文中，「隹王三年四月初吉甲寅仲太師右柞柞賜
載朱衡鑾司五邑佃人事柞拜手對揚仲太師休其子子孫孫永寶」屬時間＋代理冊命
者＋右＋受冊命者＋賜＋賞賜品物和冊命內容＋對揚之詞＋套語。此銘文分刻在
3 件銅鐘鉦間，內容可前後連讀。陳漢平指出西周冊命金文中，受命者會由一位
儐者導引入門，準備受命，「右」即導引、幫助之意。[777]仲太師賞賜給柞的品物
有載市、朱衡、鑾鈴，「司五邑佃人事」之佃人即甸人，為職官之名，意指以柞
為甸人，負責掌管五邑。[778]一般周王冊命的金文，冊命者與儐者是有所區別的，
該銘文由仲太師右柞，仲太師應為儐者角色，又若是由周王賞賜，對揚之詞應當
對揚王休，該銘文卻對揚仲太師休，筆者以為或此次冊命周王未親自頒布、參
與，由仲太師代理，因此出現上述銘文記載之情形。銘文時代為西周晚期。

5 時間＋代理冊命者＋右受冊命者或蔑受冊命者曆＋賜或令＋賞賜品物（和 冊命內容）＋對揚之詞＋用作＋器物名稱＋套語

西周出土四十一到五十字銘文中，隹王三年四月初吉甲寅仲太師右柞柞賜載
朱衡鑾司五邑佃人事柞拜手對揚仲太師休用作大鑄鐘其子子孫孫永寶、隹廿又三
年初吉戊戌益公蔑偁白冊曆右告令金車旂冊拜手稽首對揚公休用作朕考寶障冊其
萬年永寶用亯屬時間＋代理冊命者＋右受冊命者或蔑受冊命者曆＋賜或令＋賞賜
品物（和冊命內容）＋對揚之詞＋用作＋器物名稱＋套語。

前者銘文一式 4 件，時代為西周晚期。後者「益公蔑偁白冊曆，右告，令金、
車、旂」，「益公蔑偁伯冊曆」意指益公勉勵偁伯冊，「右告」為益公右冊告王的
省略，[779]此銘文由益公告王以及對揚之詞為「對揚公休」，可見益公亦為代理冊
命者的身分，實際冊命和賞賜者應當還是周王。又此銘文以令字代替賞或賜，但
令字之後又接續賞賜品物，應是省略記錄冊命內容的結果。時代為西周中期。

777 陳漢平：《西周冊命制度研究》，頁104-107，學林出版社，上海，1986。

778 陳公柔：〈記幾父壺、柞鐘及其同出的銅器〉，《考古》1962：2，頁89。

779 晁福林：〈金文「蔑曆」與西周勉勵制度〉，《歷史研究》2008：1，頁35、39-40。

6 時間＋受賞原因＋王＋于＋地點＋儐者＋右＋受賞賜者＋賜＋賞賜品物

　　西周出土四十一到五十字銘文中，「隹正二月初吉王歸自成周䏣侯視工遣王于周辛未王各于康宮㸧白內右䏣侯視工賜彤弓一彤矢百馬」屬時間＋受賞原因＋王＋于＋地點＋儐者＋右＋受賞賜者＋賜＋賞賜品物。視工為應侯之名，「遣王于周」意謂應侯視工護送周王至宗周，辛未那天周王到康宮，㸧伯入門導引視工受賞，周王賞賜彤弓一、彤矢百、馬。靭松補述此件出自藍田縣紅星村的銅鐘是一套編鐘的其一，中村不折所藏〈應侯鐘銘〉與之銜接，內容為「四匹，視工敢對揚天子休，用作朕皇祖䏣侯大龤鐘。用賜眉壽永令，子子孫孫永寶用」。[780]銘文時代為西周晚期。

7 時間＋地點＋賞賜者＋ 曾或齊 ＋受賞賜者＋賞賜品物＋對揚之詞＋用作＋器物名稱＋套語

　　西周出土四十一到五十字銘文中，隹四月既生霸戊申匋即于氐青公事䐩史兒曾匋于東麃棄韋兩赤金一勻匋敢對揚公休用作寶障彝其永用、隹十又四月王彭大禰棄在成周咸棄王乎殷厥士齊叔矢以介衣車馬貝卅貝敢對王休用作寶障彝其萬年揚王光厥土屬時間＋地點＋賞賜者＋ 曾或齊 ＋受賞賜者＋賞賜品物＋對揚之詞＋用作＋器物名稱＋套語。

　　「匋即于氐，青公事䐩史兒曾匋于東麃棄、韋兩、赤金一勻」，作器者名匋，「即于氐」指前往、到達氐地，青公的青假為井，或為邢公。「事䐩史」指讓邢國接待他國來使的官吏，「兒曾匋于東麃棄、韋兩、赤金一勻」的兒曾為懋贈，即厚贈，「東麃棄、韋兩、赤金一勻」為致贈的品物，包括牝鹿鹿皮披肩一束、獸皮兩張和一鈞的銅。[781]銘文時代為西周中期。

　　「王彭大禰棄在成周，咸棄，王乎殷厥士，齊叔矢以介、衣、車、馬、貝卅貝」，李伯謙指出彭、禰、棄俱為祭祀之名，「王乎殷厥士」意謂王殷見、會見諸位臣下貴族，「齊」與賞賜意通，賞賜品物有介、衣、車馬、貝卅貝，其中介或為冂之異構，受賞賜者為晉國第一代封君叔虞。[782]時代為西周早期。

780 靭松：〈《記陝西藍田縣新出土的應侯鐘》一文補正〉，《文物》1977：8，頁27-28。

781 王龍正、姜濤、婁金山：〈匋鴨銅盉與覜聘禮〉，《文物》1998：4，頁88-91、95。王龍正：〈匋盉銘文補釋並再論覜聘禮〉，《考古學報》2007：4，頁405-422。

782 李伯謙：〈叔矢方鼎銘文考釋〉，《文物》2001：8，頁39-42。

8 時間＋受賞原因＋付＋賞賜品物＋對揚之詞＋用作＋器物名稱

西周出土四十一到五十字銘文中，「隹三月初吉蟎來遘于妊氏妊氏令蟎事保厥家因付厥祖僕二家蟎拜稽首曰休朕皇君弗忘厥寶臣對揚用作寶障」屬時間＋受賞原因＋付＋賞賜品物＋對揚之詞＋用作＋器物名稱。「蟎來遘于妊氏，妊氏令蟎事保厥家，因付厥祖僕二家」，當中妊氏為嫁至蟎所服事之主家的妊姓女子，身分是該宗氏之宗婦，「遘」為會見之意，「事保厥家」指擔負保護家族之職責，妊氏給予、交付其祖之僕二家作為賞賜。[783]銘文時代為西周中期。

小結

西周出土四十一到五十字銘文有 48 件，若將藍田縣紅星村的〈應侯視工鐘銘〉與中村不折所藏的〈應侯鐘銘〉連綴為一完整內容，當中出現祝嘏辭式之套語的銘文，包含〈應侯視工鐘銘〉在內，共有 45 件，約占四十一到五十字銘文總數 94%，比例更高於西周出土三十一到四十字銘文的 82%，不具有套語的銘文有 3 件，當中 2 件屬「作器原因＋用作＋器物名稱」之句型，1 件屬「……賞賜或其他動詞……」之句型，前者時代為西周早期、後者為西周中期。

西周出土四十一到五十字銘文 48 件，扣除銘文不全 1 件，屬於「作器原因＋用作＋器物名稱」之句型的有 2 件，時代為西周早期；屬於「作器者＋作＋作器目的＋器物名稱＋套語」之句型的 17 件，時代為西周中期 6 件、晚期 11 件；屬於「……賞賜或其他動詞……」之句型的 28 件，時代為西周早期 7 件、中期 15 件、晚期 6 件。另外，48 件西周出土四十一到五十字銘文中，有 24 件出現時間詞組，24 件未出現，未出現時間詞組的銘文，三種句型均有分布，第一種句型的 2 件皆未具備時間詞組，第二種句型有 7 件未具備時間詞組，第三種句型則有 15 件。

四　五十一到六十字銘文

西周出土銅器的五十一到六十字銘文有：

---

783 韋心瀅：〈季姬方尊再探〉，《中原文物》2010：3，頁58。

銘文字形	銘文編號
王曰恆令汝更𠷎克司直鄙賜汝鑾旂用事夙夕勿廢朕令恆拜稽敢對揚天子休用作文考公叔寶𣪘其萬年世子子孫孫虞寶用	77—78
隹十又一月既生霸甲申王在魯鄉即邦君者矦正有嗣大射義蔑曆眔于王逨義賜貝十朋對揚王休用作寶隩盉子子孫其永寶	680、718
隹十月初吉丁亥虢季作為𩰫鐘其音𪓐雝用義其家用與其邦虢季作寶用亯追孝于其皇考用旟萬壽用樂用亯季氏受福無疆	999—1002
唯正月初吉丁亥追夷不敢忝先人之顯對揚厥顯祖之遺寶用作朕皇祖寬中隩𣪘追夷用旟賜眉壽永命子子孫孫其萬年永寶用	1021—1022
唯五月既生霸庚申曾中大父𧊒迺用吉攸𢼄乃𩀁金用自作寶𣪘𧊒其用追孝于其皇考用賜眉壽黃耇霝冬其萬年子子孫孫永寶用亯	1581—1582
𢦏畀其井師同從折首執訊俘車馬五乘大車廿羊百𢦚用造王群于挖俘戎金𦥑卅戎鼎廿鋪五十鐱廿用鑄茲隩鼎子子孫孫其永寶用	108
隹□月初吉□寅王在成周嗣土淲宮王賜鮮吉金鮮拜手稽首敢對揚天子休用作朕皇考𩁹鐘用侃喜上下用樂好賓用祈多福孫子永賓	253
隹十又三年九月初吉戊寅王在成周司徒淲宮格大室即位犀父右㾓王乎作冊尹冊賜㾓畫靳牙㯱赤舄㾓拜稽首對揚王休㾓其萬年永寶	177—178
隹十又二月王令南宮伐虎方之年〔隹〕正月既死霸庚申王在宗周王□□𣪕使于繁賜貝五□𣪕揚對王休用作□□□彝子子孫孫永□□□	1284
隹五月初吉庚午同仲𡨦西宮賜幾父示𦍋六僕四家金十鈞幾父拜稽首對揚朕皇君休用作朕烈考隩壺幾父用追孝其萬年子子孫孫永寶用	14—15
隹三月初吉丁亥穆王在下淢应穆王鄉豐即井白大祝射穆穆王蔑長甶以逨即井白井白氏彊不姦長甶蔑曆敢對揚天子丕秠休用肇作隩彝	583
隹八月初吉丁亥王客于康宮𤼈白右衛內即立王曾令衛賜赤市攸勒衛敢對揚天子丕顯休用作朕文祖考寶隩𣪘衛其萬年子子孫孫永寶用	699—702
隹王五年九月既生霸壬午王曰師旋命女羞追于齊儕女十五昜登盾生皇畫內戈琱䤵𠨘必彤沙敬毋敗速旋敢揚王休用作寶𣪘子子孫孫永寶用	622—624
隹三年九月丁巳王在鄭饗醴乎虢叔召㾓賜羔俎己丑王在句陵饗逆酒乎師壽召㾓賜彘俎拜稽首敢對揚天子休用作皇祖文考尊壺㾓其萬年永寶	179—180

（續）

銘文字形	銘文編號
隹八月既生霸庚申辛□□胄**[字形]****[字形]**□**[字形]**繇白方□邑印夀山**[字形]**三國□內吳□□□亞**[字形]**西**[字形]**鼎立□邑百□攸金自作朕盤其萬年眉壽黃耇子子孫孫寶用于新邑	1656

　　西周出土五十一到六十字銘文共有 30 件，剔除重複的，以及銘文不全的 1 件，歸納出有 14 種不同的內容，先分成三大類——作器原因＋用鑄或用肇作＋器物名稱、時間＋作器者＋作＋作器目的＋器物名稱＋套語、……賞、賜或其他動詞……，再依據是否出現時間、作器目的、受賞原因等條件分成若干類型：

（一）作器原因＋用鑄或用肇作＋器物名稱
　　1. 作器者＋作器原因＋用鑄＋器物名稱＋套語，如
　　　　羋畀其井師同從折首執訊俘車馬五乘大車廿羊百䩞用造王群于拕俘戎金𠭁卅戎鼎廿鋪五十鋝廿用鑄茲隥鼎子子孫孫其永寶用；
　　2. 時間＋作器原因＋作器者＋對揚之詞＋用肇作＋器物名稱，如
　　　　隹三月初吉丁亥穆王在下減应穆王鄉豐即井白大祝射穆穆王蔑長甶以述即井白井白氏強不姦長甶蔑曆敢對揚天子丕㔻休用肇作障彝。

（二）時間＋作器者＋作＋作器目的＋器物名稱＋套語
　　1. 時間＋作器者＋作器原因＋用作＋為祭祀作器目的＋器物名稱＋套語，如
　　　　唯正月初吉丁亥追夷不敢忎先人之顯對揚厥顯祖之遺寶用作朕皇祖亮中障毁追夷用攎賜眉壽永命子子孫孫其萬年永寶用；
　　2. 時間＋作器者＋作為＋器物名稱＋用＋為祭祀作器目的＋套語，如
　　　　隹十月初吉丁亥虢季作為鑅鐘其音鎗雝用義其家用與其邦虢季作寶用喜追孝于其皇考用攎萬壽用樂用喜季氏受福無疆；
　　3. 時間＋作器者＋用自作＋器物名稱＋用＋為祭祀作器目的＋套語，如
　　　　唯五月既生霸庚申曾中大父螶迺用吉攸敀乃鐽金用自作寶毁螶其用追孝于其皇考用賜眉壽黃耇霝冬其萬年子子孫孫永寶用喜。

（三）……賞、賜或其他動詞……
　　1. 王＋曰＋受冊命者＋令＋冊命內容＋賜＋賞賜品物＋對揚之詞＋用作＋為祭祀作器目的＋器物名稱＋套語，如
　　　　王曰恆令汝更亲克司直鄙賜汝鑾旂用事夙夕勿廢朕令恆拜稽敢對揚天子休

用作文考公叔寶𣪘其萬年世子子孫孫虞寶用；

2. 時間＋王＋曰＋受賞賜者＋賞賜原因＋僪＋賞賜品物＋對揚之詞＋用作＋器物名稱＋套語，如

隹王五年九月既生霸壬午王曰師旋命女羞追于齊僪女十五易登盾生皇畫內戈琱葳𢎥必彤沙敬毋敗速旋敢揚王休用作寶𣪘子子孫孫永寶用；

3. 時間＋王＋在＋地點＋儐者＋右＋受冊命者＋王＋乎＋宣讀冊命史官＋冊＋賜＋受冊命者＋賞賜品物＋對揚之詞＋套語，如

隹十又三年九月初吉戊寅王在成周司徒淲宮格大室即位犀父右瘭王乎作冊尹冊賜瘭畫靳牙𣝔赤舄瘭拜稽首對揚王休瘭其萬年永寶；

4. 時間＋王＋于＋地點＋儐者＋右＋受冊命者＋王＋曾令＋賜＋賞賜品物＋對揚之詞＋用作＋為祭祀作器目的＋器物名稱＋套語，如

隹八月初吉丁亥王客于康宮焚白右衛內即立王曾令衛賜赤市攸勒衛敢對揚天子丕顯休用作朕文祖考寶隩𣪘衛其萬年子子孫孫永寶用；

5. 時間＋王＋在＋地點＋賞賜原因＋賜＋貝（和數量）＋對揚之詞＋用作＋器物名稱＋套語，如

隹十又一月既生霸甲申王在魯鄉即邦君者矦正有𤔲大射義蔑曆冞于王述義賜貝十朋對揚王休用作寶隩盉子子孫其永寶；

6. 時間＋賞賜者＋在或𡧧＋地點＋賜＋賞賜品物＋對揚之詞＋用作＋為祭祀、宴飲作器目的＋器物名稱＋套語，如

隹五月初吉庚午同仲𡧧西宮賜幾父示𤓾六僕四家金十鈞幾父拜稽首對揚朕皇君休用作朕烈考隩壺幾父用追孝其萬年子子孫孫永寶用。

（一）作器原因＋用鑄或用肇作＋器物名稱

1 作器者＋作器原因＋用鑄＋器物名稱＋套語

西周出土五十一到六十字銘文中，「犅界其井師同從折首執訊俘車馬五乘大車廿羊百韧用造王群于扡俘戎金𠦝卅戎鼎廿鋪五十鎰廿用鑄茲隩鼎子子孫孫其永寶用」是為作器者＋作器原因＋用鑄＋器物名稱＋套語一類。「犅界其井師同」的井假為型，指效法、以……為榜樣，作器者犅界當是師同的下級軍官。「韧用造王群于扡」即挈用造王君于阤，是指將俘獲的車馬五乘、大車二十輛、羊一百

隻帶到阤,進獻給王君。並用俘獲的金胄卌、鼎廿……等器物鑄造這件銅鼎。[784]
由上述可知,夨昊因作戰有功,因此鑄造銅鼎以資紀念。銘文時代屬西周晚期。

2 時間＋作器原因＋作器者＋對揚之詞＋用肇作＋器物名稱

西周出土五十一到六十字銘文中,「隹三月初吉丁亥穆王在下淢庭穆王鄉豊
即井白大祝射穆穆王蔑長甶以逑即井白井白氏強不姦長甶蔑曆敢對揚天子丕杯休
用肇作障彞」是為時間＋作器原因＋作器者＋對揚之詞＋用肇作＋器物名稱一
類。「穆王在下淢庭」的下淢為地名,或在今鳳翔縣南,[785]「庭」為居,「鄉豊」
為饗醴之意。[786]「即井白、大祝射」的即,以及「穆王蔑長甶,以逑即井白」的
即,陳劍以為應當讀為依,後者訓為助。[787]整段銘文意思是穆王先饗醴,其次、
接著和邢伯、大祝行射禮。穆王因長甶輔助邢伯而勉勵他。「井白氏強不姦」或
指邢伯為人恭敬誠信。[788]由上述可知,長甶製作銅盉是因為受到穆王的勉勵。銘
文時代屬西周中期。

(二)時間＋作器者＋作＋作器目的＋器物名稱＋套語

1 時間＋作器者＋作器原因＋用作＋為祭祀作器目的＋器物名稱＋套語

西周出土五十一到六十字銘文中,「唯正月初吉丁亥追夷不敢忎先人之顯對
揚厥顯祖之遺寶用作朕皇祖亮中障殷追夷用𢑡賜眉壽永命子子孫孫其萬年永寶
用」是為時間＋作器者＋作器原因＋用作＋為祭祀作器目的＋器物名稱＋套語一
類。作器者名追夷,有研究人員推論追夷之追為焦,是姜姓焦國的後裔。[789]「不
敢忎先人之顯」的忎為昧。[790]如此,追夷鑄造祭祀先祖亮仲之銅簋的目的,是希
望繼承、彰顯先祖之功。該銘文一式兩件,時代屬西周晚期。

---

784 王輝:〈夨昊鼎通讀及其相關問題〉,《考古與文物》1983:6,頁64-68。

785 王輝:〈西周畿內地名小記〉,《考古與文物》1985:3,頁27。

786 李亞農:〈「長甶盉銘釋文」注解〉,《考古學報》1955:9,頁177。

787 陳劍:〈據郭店簡釋讀西周金文一例〉,《北京大學古文獻研究中心集刊》2,頁378-396,北京燕山出版社,北京,2001。

788 王輝:《商周金文》,頁108,文物出版社,北京,2006。

789 侯霞、劉潔、姜淑華:〈追夷簋賞析〉,《收藏家》2007:10,頁114-115。

790 三門峽市文物工作隊:〈三門峽市李家窯四十四號墓的發掘〉,《華夏考古》2000:3,頁18。

2 時間＋作器者＋作為＋器物名稱＋用＋為祭祀作器目的＋套語

西周出土五十一到六十字銘文中，「隹十月初吉丁亥虢季作為龢鐘其音鎗鎗用義其家用與其邦虢季作寶用亯追孝于其皇考用匄萬壽用樂用亯季氏受福無疆」是為時間＋作器者＋作為＋器物名稱＋用＋為祭祀作器目的＋套語一類。「虢季作為龢（協）鐘」[791]和「虢季作寶」表明作器者為虢季，「其音鎗鎗」之鎗鎗讀為肅雝，是形容鐘聲和美，[792]該銘文為韻文，中間換韻兩次。「用義其家，用與其邦」是指用編鐘來祭祀祖先和神靈，祈求季氏一族諸事吉宜，保家興邦。[793]銘文一式4件，時代屬西周晚期。

3 時間＋作器者＋用自作＋器物名稱＋用＋為祭祀作器目的＋套語

西周出土五十一到六十字銘文中，「唯五月既生霸庚申曾中大父螽迺用吉攸啟乃離金用自作寶𣪃螽其用追孝于其皇考用賜眉壽黃耈霝冬其萬年子子孫孫永寶用亯」是為時間＋作器者＋用自作＋器物名稱＋用＋為祭祀作器目的＋套語一類。「曾中大父螽迺用吉攸，啟乃離金，用自作寶𣪃」，作器者名螽、字大父，「吉攸」是吉金鐈鋚的簡省，「啟乃離金」猶言擇其吉金，離或為鑄。[794]銘文一式兩件，時代屬西周晚期。

（三）……賞、賜或其他動詞……

1 王＋曰＋受冊命者＋令＋冊命內容＋賜＋賞賜品物＋對揚之詞＋用作＋為祭祀作器目的＋器物名稱＋套語

西周出土五十一到六十字銘文中，「王曰恆令汝更崇克司直鄙賜汝鑾旂用事夙夕勿廢朕令恆拜稽敢對揚天子休用作文考公叔寶𣪃其萬年世子子孫孫虞寶用」是為王＋曰＋受冊命者＋令＋冊命內容＋賜＋賞賜品物＋對揚之詞＋用作＋為祭祀作器目的＋器物名稱＋套語一類。王為冊命者，受冊命者名恆，王命令恆兼管直

791 陳雙新：〈青銅樂器自名研究〉，《華夏考古》2001：3，頁98。

792 唐蘭：〈周王𪿉鐘考〉，《唐蘭先生金文論集》，頁38，紫禁城出版社，北京，1995。

793 河南省文物考古研究所、三門峽市文物工作隊：《三門峽虢國墓（第一卷）》，頁520-521，文物出版社，北京，1999。

794 湖北省文物考古研究所：《曾國青銅器》，頁168，文物出版社，北京，2007。

地之行政區域，[795]並勉勵他努力於職事，「勿廢朕令」意謂不要背棄命令。銘文
一式兩件，時代屬西周中期。

2 時間＋王＋曰＋受賞賜者＋賞賜原因＋僎＋賞賜品物＋對揚之詞＋用作＋器物名稱＋套語

　　西周出土五十一到六十字銘文中，「隹王五年九月既生霸壬午王曰師旋命女
羞追于齊僎女十五易登盾生皇畫內戈琱咸冘必彤沙敬毋敗速旋敢揚王休用作寶殷
子子孫孫永寶用」是為時間＋王＋曰＋受賞賜者＋賞賜原因＋僎＋賞賜品物＋對
揚之詞＋用作＋器物名稱＋套語一類。「王曰：師旋命女羞追于齊」，根據郭沫若
的考釋，「羞追」的羞是進之意，「敬毋敗速」是指小心謹慎、不要失敗。「僎
女」的僎假為齎，為賞賜之意。[796]「十五易登盾，生皇畫內，戈琱咸冘必彤沙」
為賞賜品物，包括盾和戈。于省吾以為易登的易假為錫，登指高大，也就是以錫
金為飾的大型盾牌，「生皇畫內」指盾牌內雕繪有生動活潑之鳳凰，[797]「戈琱咸冘
必彤沙」的咸即戈身，琱咸指戈身雕飾花紋；冘為猴，冘必為纏絲秘柄；彤沙是
紅纓，指戈內末端繫以紅纓。[798]由上述可知，周王命令師旋于齊追擊敵人，並賞
賜武器，事後師旋鑄作銅殷，將此事記載其上。銘文一式 3 件，時代屬西周晚期。

3 時間＋王＋在＋地點＋儐者＋右＋受冊命者＋王＋乎＋宣讀冊命史官＋冊＋賜＋受冊命者＋賞賜品物＋對揚之詞＋套語

　　西周出土五十一到六十字銘文中，「隹十又三年九月初吉戊寅王在成周司徒
淲宮格大室即位犀父右癭王乎作冊尹冊賜癭畫靳牙襪赤舃癭拜稽首對揚王休癭其
萬年永寶」是為時間＋王＋在＋地點＋儐者＋右＋受冊命者＋王＋乎＋宣讀冊命
史官＋冊＋賜＋受冊命者＋賞賜品物＋對揚之詞＋套語一類。此件銘文描述周王
至大室，即位之後，由犀父擔任儐者，王呼喚負責宣讀冊命的史官[799]——作冊尹

---

795 賈海生：〈吳虎鼎銘文反映的土地制度〉，《農業考古》2013：4，頁181。

796 郭沫若：〈長安縣張家坡銅器群銘文匯釋〉，《長安張家坡西周銅器群》，頁4-5，文物出版社，北京，1965。

797 于省吾：〈釋盾〉，《古文字研究》第三輯，頁4-6，中華書局，北京，1980。

798 陳漢平：《西周冊命制度研究》，頁257-258，學林出版社，上海，1986。

799 同上，頁117。

宣讀冊命，並賞賜癲畫靳、牙襟和赤舄，畫靳或為畫帟，指有紋飾的披肩，[800]或指施有繪飾的衣帶，[801]牙襟和赤舄分別為鑲有牙飾的衣領和紅色的鞋子。銘文一式兩件，時代屬西周中期。

4 時間＋王＋于＋地點＋儐者＋右＋受冊命者＋王＋曾令＋賜＋賞賜品物＋對揚之詞＋用作＋為祭祀作器目的＋器物名稱＋套語

西周出土五十一到六十字銘文中，「隹八月初吉丁亥王客于康宮炎白右衛內即立王曾令衛賜赤市攸勒衛敢對揚天子丕顯休用作朕文祖考寶障殷衛其萬年子子孫孫永寶用」是為時間＋王＋于＋地點＋儐者＋右＋受冊命者＋王＋曾令＋賜＋賞賜品物＋對揚之詞＋用作＋為祭祀作器目的＋器物名稱＋套語一類。銘文一式 4 件，時代屬西周中期。

5 時間＋王＋在＋地點＋賞賜原因＋賜＋貝（和數量）＋對揚之詞＋用作＋器物名稱＋套語

西周出土五十一到六十字銘文中，隹十又一月既生霸甲申王在魯鄉即邦君者矦正有嗣大射義蔑曆眔于王述義賜貝十朋對揚王休用作寶障盉子子孫其永寶、隹十又二月王令南宮伐虎方之年〔隹〕正月既死霸庚申王在宗周王□□戫使于繁賜貝五□戫揚對王休用作□□□彝子子孫孫永□□□是為時間＋王＋在＋地點＋賞賜原因＋賜＋貝（和數量）＋對揚之詞＋用作＋器物名稱＋套語一類。

「王在魯，鄉，即邦君、者矦、正、有嗣大射，義蔑曆眔于王述，義賜貝十朋，對揚王休，用作寶障盉」的鄉為饗，如同上述〈長由盉銘〉「……穆王鄉豐即井白大祝射……」，周王先饗醴，接著和邦君、諸侯、正、有嗣行大射禮，「義蔑曆眔于王述」，董珊認為意思是作器者義參加周王的那一支隊伍，受到王的勉勵。[802]銘文一式兩件，時代屬西周中期。

「王在宗周，王□□戫使于繁，賜貝五□，戫揚對王休，用作□□□彝」，雖銘文不全，卻不影響判讀，孫慶偉認為戫就是晉侯燮父，而「王□□戫使于

---

800 劉士莪、尹盛平：〈微氏家族青銅器群研究〉，《西周微氏家族青銅器群研究》，頁27，文物出版社，北京，1992。

801 陳漢平：《西周冊命制度研究》，頁234-236，學林出版社，上海，1986。

802 董珊：〈略論西周單氏家族窖藏青銅器銘文〉，《中國歷史文物》2003：4，頁42。

繁」，當是昭王命釐出使至繁地。[803]銘文時代為西周早中期。

6 時間＋賞賜者＋在或𡧛＋地點＋賜＋賞賜品物＋對揚之詞＋用作＋為祭祀、宴飲作器目的＋器物名稱＋套語

西周出土五十一到六十字銘文中，隹五月初吉庚午同仲𡧛西宮賜幾父示𤳈六僕四家金十鈞幾父拜稽首對揚朕皇君休用作朕烈考障壺幾父用追孝其萬年子子孫孫永寶用、隹三年九月丁巳王在鄭饗醴乎虢叔召瘐賜胙俎己丑王在句陵饗逆酒乎師壽召瘐賜犧俎拜稽首敢對揚天子休用作皇祖文考尊壺瘐其萬年永寶、隹□月初吉□寅王在成周䶕土淲宮王賜鮮吉金鮮拜手稽首敢對揚天子休用作朕皇考龏鐘用侃喜上下用樂好賓用祈多福孫子永賓是為時間＋賞賜者＋在或𡧛＋地點＋賜＋賞賜品物＋對揚之詞＋用作＋為祭祀、宴飲作器目的＋器物名稱＋套語一類。

一式兩件的「同仲𡧛西宮，賜幾父示𤳈六、僕四家、金十鈞，幾父拜稽首對揚朕皇君休，用作朕烈考障壺」，賞賜者為同仲，受賞賜者是幾父，陳公柔探論「𡧛西宮」的𡧛，在金文中或當氏族名或宮室名，但在此銘文中當是動詞，表示至、到達，[804]而賞賜品物有示𤳈六、僕四家和金十鈞，示𤳈為何，尚不可知。

一式兩件的「隹三年九月丁巳，王在鄭，饗醴，乎虢叔召瘐，賜胙俎。己丑，王在句陵，饗逆酒，乎師壽召瘐，賜犧俎。拜稽首敢對揚天子休，用作皇祖文考尊壺」，該銘文記錄周王兩次賞賜的時間、地點，品物則為盛有胙肉的小俎和盛裝全牲的大俎。[805]此類前2種4件銘文時代屬西周中期，末者1件屬西周晚期。

小結

西周出土五十一到六十字銘文 30 件，扣除銘文不全 1 件，屬於「作器原因＋用鑄或用肇作＋器物名稱」之句型的銘文有 2 件，1 件時代屬西周中期、1 件晚期；屬於「時間＋作器者＋作＋作器目的＋器物名稱＋套語」之句型的銘文 8 件，時代皆屬西周晚期；屬於「……賞賜或其他動詞……」之句型的銘文 19 件，時代屬西周早中期 1 件、中期 14 件、晚期 4 件。

---

803 孫慶偉：〈從新出戱甗看昭王南征與晉侯燮父〉，《文物》2007：1，頁64-67。

804 陳公柔：〈記幾父壺、柞鐘及其同出的銅器〉，《考古》1962：2，頁88。

805 伍仕謙：〈微氏家族銅器群年代初探〉，《微氏家族青銅器群研究》，頁201-203，文物出版社，北京，1992。

30 件西周出土五十一到六十字銘文，出現祝嘏辭式之套語的共有 29 件，約占五十一到六十字銘文總數 97%，不具有套語的銘文 1 件，屬「作器原因＋用鑄或用肇作＋器物名稱」之句型。又出現時間詞組的銘文共有 27 件，3 件未出現，未出現時間詞組的銘文有 1 件屬「作器原因＋用鑄或用肇作＋器物名稱」之句型、2 件屬「……賞賜或其他動詞……」之句型，前者時代為西周晚期、後者為西周中期。可知隨著字數增加，銘文使用套語和時間詞組的比例亦隨之升高。

西周出土銘文自十六字起，十六到二十二字西周出土銘文 139 件中僅 2 件為「……賞或賜……」之句型，二十三到三十字西周出土銘文 72 件中有 12 件，三十一到四十字西周出土銘文 48 件中有 11 件，四十一到五十字西周出土銘文 48 件中有 28 件，可知「……賞或賜……」之句型，隨著字數增加，出現的比例也相對提高，若是該類型的句子又表明作器目的，通常出現在器物名稱前後的作器目的大都是為了祭祀，如西周出土十六到二十二字為「……賞或賜……」之句型的 2 件銘文，皆是用以祭祀目的，二十三到三十字為「……賞或賜……」之句型的 12 件銘文，有 6 件表明祭祀之作器目的；三十一到四十字為「……賞或賜……」之句型的 11 件銘文，有 6 件如此；四十一到五十字為「……賞或賜……」之句型的 28 件銘文，有 12 件如此，五十一到六十字為「……賞或賜……」之句型的 19 件銘文，則有 11 件顯示祭祀之作器目的。

五 六十一到八十字銘文

西周出土銅器的六十一到七十字銘文有：

銘文字形	銘文編號
白大師小子白公父作簠擇之金隹鐈隹鑪其金孔吉亦玄亦黃用盛糠稻糯粱我用召饗事辟王用召諸考諸兄用祈眉壽多福無疆其子子孫孫永寶用享	107
叔趯父曰余考不克御事唯女倢㬎敬辪乃身毋尚為小子余蚣為女茲小鬱彝女㬎用鄉乃辟軝侯逆溹出內事人烏虖倢敬戋茲小彝妹吹見余唯用諆酩女	1325—1326
隹四年二月既生霸戊戌王在周師彔宮格大室即位司馬共右瘣王乎史年冊賜般靳虢巿鑾勒敢對揚天子休用作文考寶毁瘣其萬年子子孫孫其永寶木羊冊	150—151

（續）

銘文字形	銘文編號
隹九月既望乙丑在䆁自王𡚬姜使內史友員賜戜玄衣朱襮裣戜拜稽首對揚王𡚬姜休用作寶鬻障鼎其用夙夜享孝于厥文祖乙公于文妣日戊其子子孫孫永寶	115
隹正二月初吉甲寅備中內右呂服余王曰服余令女更乃祖考事疋備中嗣六自服賜女赤市幽黃鋚勒旂呂服余敢對揚天丕顯休令用作寶盤盉其子子孫孫永寶用	822
乙卯王饗葊京〔王〕桒辟舟臨舟龍咸桒白唐父告備王各䨞辟舟臨桒白旂〔用〕射兕犛虎貉白鹿白狐于辟池咸桒唐父蔑曆賜秬鬯一卣貝五朋對揚王休用作安公寶障彝	668
隹正月既生霸庚申王在葊京濕宮天子淢宮白姜賜貝百朋白姜對揚天子休用作寶障彝用夙夜明亯于邵白日庚天子萬年𠦪孫孫子子受厥屯魯白姜日受天子魯休	595
隹八月甲午楚公逆祀厥先高祖考夫壬四方首楚公逆出求厥用祀四方首休多禽鎮鹽內饗赤金九萬鈞楚公逆用自作和燮錫鐘百□楚公逆其萬年□用保□大邦永寶□	1267
嗣土南宮乎作大鑄林鐘茲鐘名曰無斁鐘先祖南宮亞祖公中必父之家天子其萬年眉壽畯永保四方配皇天乎拜手稽首敢對揚天子丕顯魯休用作朕皇祖南公亞祖公中	324
正月既望甲午王在周師量宮旦王各大室即位王乎師晨召大師虘入門立中廷王乎宰曶賜大師虘虎裘虘拜稽首敢對揚天子丕顯休用作寶毀虘其萬年永寶用隹十又二年	284—287
正月既望甲午王在周師量宮旦王各大室即位王乎師晨召大師虘入門立中廷王乎宰曶賜大師虘虎裘虘拜稽首敢對揚天子丕顯休用作寶盨虘其萬年永寶用隹十又二年	292

西周出土銅器的七十一到八十字銘文有：

銘文字形	銘文編號
隹正月初吉丁亥王各于康宮中倗父內又楚立中廷內史尹氏冊命楚赤◎市鑾旂取遄五鋝嗣𠅞啚官內師舟楚敢拜手稽首疐揚天子丕顯休用作障毀其子子孫孫萬年永寶用	780—783

（續）

銘文字形	銘文編號
隹王三月初吉庚申王在康宮格大室定白入右即王乎命汝赤市朱衡玄衣黹純鑾旂曰司琱宮人虎旆用事即敢對揚天子丕顯休用作朕文考幽叔寶毁即其萬年子子孫孫永寶用	76
隹五月初吉甲戌王在莽各于大室即立中廷井叔內右師察王乎尹氏冊命師察賜女赤舃攸勒用楚弭白師察拜稽首敢對揚天子休用作朕文祖寶毁弭叔其萬年子子孫孫永寶用	762－763
隹戎大出于軝井侯搏戎延令臣諫以□□亞旅處于軝從王□□臣諫曰拜手稽首臣諫□亡母弟引臺又長子□余孝皇辟侯令緯歑作朕皇文考寶隆隹用妥康令于皇辟侯勹□□	1324
隹廿又七年三月既生霸戊戌王在周各大室即位南伯入右亥衛入門立中廷北鄉王乎內史賜衛載市朱黃絲衛捧稽首敢對揚天子丕顯休用作朕文祖考寶毁衛其子子孫孫永寶用	370
隹八月初吉戊寅王各于大室桬白內右師耤即立中廷王乎內史尹氏冊命師耤賜女玄衣黹屯銯市金鈧赤舃戈琱威彤沙攸勒鑾旂五日用事弭白用作隆毁其萬年子子孫孫永寶用	753
隹八月辰在庚申王大射在周王令南宮逮王多士師魯父逮小臣王偁赤金十反王曰小子小臣敬又夫隻剈取柞白十禹弓無廛矢王剈畀柞白赤金十反徣賜稅見柞白用作周公寶尊彝	1069
隹八月初吉庚辰啟命宰叔賜市季姬卑臣丰空木厥師夫曰丁以厥友廿又五眾折賜厥田以生馬十又四匹牛六十又九叔羊二百又卅又五叔禾二薔其敢揚王母休用作寶隆彝其萬年永寶用	938
隹王五月初吉甲寅王才周廟武公有南宮柳即立中廷北鄉王乎作冊尹冊令柳䚇六自牧陽大□䚇義夷陽佃史賜女赤市幽黃攸勒柳拜稽首對揚天子休用作朕剌考隆鼎其萬年子子孫孫永寶用	549

西周出土六十一到八十字銘文共有 29 件，剔除重複的，歸納出有 20 種不同的內容，先分成三大類——時間＋作器原因＋作器者＋用自作＋器物名稱＋套語、作器者＋作＋器物名稱＋用或用作＋作器目的、……賜或其他動詞……，再依據是否出現時間、地點、作器原因、賞賜品物、對揚之詞等條件分成若干類型：

（一）時間＋作器原因＋作器者＋用自作＋器物名稱＋套語

1. 時間＋作器原因＋作器者＋用自作＋器物名稱＋套語，如

佳八月甲午楚公逆祀厥先高祖考夫壬四方首楚公逆出求厥用祀四方首休多禽鎮鹽內饗赤金九萬鈞楚公逆用自作和爕錫鐘百□楚公逆其萬年□用保□大邦永寶□。

（二）作器者＋作＋器物名稱＋用或用作＋作器目的

1. 作器者＋作＋器物名稱＋用＋為宴飲作器目的＋套語，如

白大師小子白公父作簠擇之金佳鐈佳鑪其金孔吉亦玄亦黃用盛糕稻糯粱我用召饗事辟王用召諸考諸兄用祈眉壽多福無疆其子子孫孫永寶用享；

2. 作器者＋作＋器物名稱＋套語＋對揚之詞＋用作＋為祭祀作器目的，如

嗣土南宮乎作大鏳𧼫鐘茲鐘名曰無斁鐘先祖南宮亞祖公中必父之家天子其萬年眉壽畯永保四方配皇天乎拜手稽首敢對揚天子丕顯魯休用作朕皇祖南公亞祖公中；

3. 作器者＋曰＋作器原因＋器物名稱＋用＋為宴飲作器目的＋勉勵之詞，如

叔趯父曰余考不克御事唯女倏𢭎敬辥乃身毋尚為小子余貺為女茲小鬱彝女𢭎用鄉乃辟軝侯逆𣶒出內事人烏虖倏敬戋茲小彝妹吹見余唯用諆䣛女；

4. 作器者＋曰＋作器原因＋作＋為祭祀作器目＋器物名稱＋套語，如

佳戎大出于軝井侯搏戎延令臣諫以□□亞旅處于軝從王□□臣諫曰拜手稽首臣諫□亡母弟引𦎧又長子□余𢍏皇辟侯令肄𦨶作朕皇文考寶隩隹用妥康令于皇辟侯匄□□。

（三）……賜或其他動詞……

1. 時間＋地點＋賞賜原因＋賜＋賞賜品物＋對揚之詞＋用作＋為祭祀作器目的＋器物名稱，如

乙卯王䆒葊京〔王〕桒辟舟臨舟龍咸桒白唐父告備王各盉桒辟舟臨桒白旂〔用〕射兕𤈦虎貉白鹿白狐于辟池咸桒唐父蔑曆賜矩鬯一卣貝五朋對揚王休用作安公寶隩彝；

2. 時間＋地點＋賞賜原因＋王＋畀＋受賞賜者＋賞賜品物＋賜＋賞賜品物＋用作＋為祭祀作器目的＋器物名稱，如

佳八月辰在庚申王大射在周王令南宮逹王多士師𩵦父逹小臣王徲赤金十反王曰小子小臣敬又夬隻𠛬取柞白十爯弓無灋矢王𠛬畀柞白赤金十反𢓊賜柷

見柞白用作周公寶尊彞；

3. 時間＋地點＋賞賜者＋賜＋受賞賜者＋賞賜品物＋對揚之詞＋用作＋器物
名稱＋用＋為祭祀作器目的＋套語，如

隹九月既望乙丑在靊自王剮姜使內史友員賜戠玄衣朱襮裣戠拜稽首對揚王
剮姜休用作寶鬹障鼎其用夙夜享孝于厥文祖乙公于文妣日戊其子子孫孫永
寶；

4. 時間＋王＋在＋地點＋賜＋貝（和數量）＋對揚之詞＋用作＋器物名稱＋用
＋為祭祀作器目的＋套語，如

隹正月既生霸庚申王在菶京濕宮天子㴱宮白姜賜貝百朋白姜對揚天子休用
作寶障彞用夙夜明亯于邵白日庚天子萬年詛孫孫子子受厥屯魯白姜日受天
子魯休；

5. 時間＋發布賞賜命令官吏＋賜＋受賞賜者＋賞賜臣屬和品物＋對揚之詞＋
用作＋器物名稱＋套語，如

隹八月初吉庚辰啟命宰叔賜市季姬卑臣丰空木厥師夫曰丁以厥友廿又五眾
折賜厥田以生馬十又四匹牛六十又九叙羊二百又卅又五叙禾二蕃其敢揚王
母休用作寶障彞其萬年永寶用；

6. 時間＋王＋在＋地點＋儐者＋右＋受冊命者＋王＋乎＋宣讀冊命史官＋冊
或冊命＋賜＋賞賜品物＋對揚之詞＋用作＋為祭祀作器目的＋器物名稱＋
套語，如

隹四年二月既生霸戊戌王在周師彔宮格大室即位司馬共右瘨王乎史年冊賜
般靳虢市鎜勒敢對揚天子休用作文考寶段瘨其萬年子子孫孫其永寶木羊
冊；

7. 時間＋王＋于＋地點＋儐者＋右＋受冊命者＋王＋乎＋宣讀冊命史官＋冊
命＋賜＋賞賜品物＋用作＋器物名稱＋套語，如

隹八月初吉戊寅王各于大室癶白內右師耤即立中廷王乎內史尹氏冊命師耤
賜女玄衣黹屯銾市金鈗赤舄戈珊戚彤沙攸勒鑾旂五日用事弨白用作障段其
萬年子子孫孫永寶用；

8. 時間＋王＋在＋地點＋儐者＋右＋受冊命者＋王＋乎＋宣讀冊命史官＋冊
令＋冊命內容＋賜＋賞賜品物＋對揚之詞＋用作＋為祭祀作器目的＋器物
名稱＋套語，如

隹王五月初吉甲寅王才周廟武公有南宮柳即立中廷北鄉王乎作冊尹冊令柳
嗣六自牧陽大□嗣義夷陽佃史賜女赤市幽黃攸勒柳拜稽首對揚天子休用作
朕剌考隣鼎其萬年子子孫孫永寶用；

9. 時間＋王＋于＋地點＋儐者＋右＋受冊命者＋宣讀冊命史官＋冊＋命＋
賞賜品物和冊命內容＋對揚之詞＋用作＋器物名稱＋套語，如

隹正月初吉丁亥王各于康宮中佣父內又楚立中廷內史尹氏冊命楚赤◎市鑾
旂取遄五鋅嗣龠昌官內師舟楚敢拜手稽首虔揚天子丕顯休用作隣設其子子
孫孫萬年永寶用；

10. 時間＋王＋在＋地點＋王＋乎＋儐者＋召＋受賞賜者＋王＋乎＋發布賞
賜命令官吏＋賜＋受賞賜者＋賞賜品物＋對揚之詞＋用作＋器物名稱＋
套語，如

正月既望甲午王在周師量宮旦王各大室即位王乎師晨召大師盧入門立中
廷王乎宰旨賜大師盧虎裘盧拜稽首敢對揚天子丕顯休用作寶設盧其萬年永
寶用隹十又二年；

11. 時間＋儐者＋右＋受冊命者＋王＋曰＋冊命內容＋賜＋賞賜品物＋對揚
之詞＋用作＋器物名稱＋套語，如

隹正二月初吉甲寅備中內右呂服余王曰服余令女更乃祖考事疋備中嗣六
自服賜女赤市幽黃鋚勒旂呂服余敢對揚天丕顯休令用作寶盤盉其子子孫
孫永寶用；

12. 時間＋王＋在＋地點＋儐者＋右＋受冊命者＋王＋乎＋命＋賞賜品物＋
曰＋冊命內容＋對揚之詞＋用作＋為祭祀作器目的＋器物名稱＋套語，如

隹王三月初吉庚申王在康宮格大室定白入右即王乎命汝赤市朱衡玄衣黹
純鑾旂曰司瑂宮人虎旃用事即敢對揚天子丕顯休用作朕文考幽叔寶設即
其萬年子子孫孫永寶用；

13. 時間＋王＋在＋地點＋儐者＋右＋受賞賜者＋王＋乎＋發布賞賜命令官
吏＋賜＋受賞賜者＋賞賜品物＋對揚之詞＋用作＋為祭祀作器目的＋器物
名稱＋套語，如

隹廿又七年三月既生霸戊戌王在周各大室即位南伯入右衮衛入門立中廷
北鄉王乎內史賜衛載市朱黃絲衛揲稽首敢對揚天子丕顯休用作朕文祖考
寶設衛其子子孫孫永寶用。

（一）時間＋作器原因＋作器者＋用自作＋器物名稱＋套語

1 時間＋作器原因＋作器者＋用自作＋器物名稱＋套語

　　西周出土六十一到八十字銘文中，「隹八月甲午楚公逆祀厥先高祖考夫壬四方首楚公逆出求厥用祀四方首休多禽鎮䲹內饗赤金九萬鈞楚公逆用自作和巒錫鐘百□楚公逆其萬年□用保□大邦永寶□」屬時間＋作器原因＋作器者＋用自作＋器物名稱＋套語一類。作器者楚公逆即楚君熊鄂，根據黃錫全、于炳文的考釋，「祀厥先高祖考」指祭祀高祖父熊渠，「夫壬四方首」的夫壬讀為敷任，意思是祭祀所需由四方首領分擔，「楚公逆出求厥用祀，四方首休多禽鎮䲹」的休為動詞，表讚美之意，「多禽」的禽借為勤，「鎮䲹」的䲹或為融之異體，「鎮䲹」當指欽明，整段話是指楚公逆親自出行、尋求祭祀的品物，四方首領稱讚楚公逆辛勤、敬事的態度，於是納貢、進獻赤金九萬鈞。「錫鐘百□」，缺字或為「飤」，讀為肆，是編鐘一套的單位。[806]銘文時代為西周晚期。

（二）作器者＋作＋器物名稱＋用或用作＋作器目的

1 作器者＋作＋器物名稱＋用＋為宴飲作器目的＋套語

　　西周出土六十一到八十字銘文中，「白大師小子白公父作簠擇之金隹鐈隹鑪其金孔吉亦玄亦黃用盛糕稻糯粱我用召饗事辟王用召諸考諸兄用祈眉壽多福無疆其子子孫孫永寶用享」屬作器者＋作＋器物名稱＋用＋為宴飲作器目的＋套語一類。「白大師小子白公父作簠，擇之金，隹鐈隹鑪，其金孔吉，亦玄亦黃。用盛糕稻、糯粱，我用召饗事辟王，用召諸考諸兄，用祈眉壽多福無疆，其子子孫孫永寶用享」，作器者伯公父為伯太師的屬官，小子或表示該家族中小宗家族成員的身分。[807]「擇之金，隹鐈隹鑪，其金孔吉，亦玄亦黃」，表示鑄造此器選用的金屬原料、成色。「用盛糕稻、糯粱」意謂此器可用來盛裝新米、精米。[808]「用召饗事辟王，用召諸考諸兄」意指用此器來招待君王和父兄。銘文時代為西周晚期。

---

806 黃錫全、于炳文：〈山西晉侯墓地所出楚公逆鐘銘文初釋〉，《考古》1995：2，頁170-178。

807 朱鳳瀚：《商周家族形態研究》，頁310-313，天津古籍出版社，天津，2004。

808 黃盛璋：〈新出伯公父伯多父銅器群及其相關問題〉，《人文雜誌》1986：1，頁74-76。

2 作器者＋作＋器物名稱＋套語＋對揚之詞＋用作＋為祭祀作器目的

　　西周出土六十一到八十字銘文中,「𤔲土南宮乎作大鐈龢鐘茲鐘名曰無斁鐘先祖南宮亞祖公中必父之家天子其萬年眉壽畯永保四方配皇天乎拜手稽首敢對揚天子丕顯魯休用作朕皇祖南公亞祖公中」屬作器者＋作＋器物名稱＋套語＋對揚之詞＋用作＋為祭祀作器目的一類。「𤔲土南宮乎作大鐈龢鐘,茲鐘名曰:無斁鐘」、「先祖南宮、亞祖公中必父之家,天子其萬年眉壽畯」和「永保四方配皇天,乎拜手稽首,敢對揚天子丕顯魯休,用作朕皇祖南公、亞祖公中」三段銘文出現在銅鐘甬部、鉦間和左鼓。作器者為司土南宮乎,「無斁」是十二律中的無射,音階是現代的 bB,和標準音差半音,[809]可知「無斁」是樂律之名。[810]按照西周出土銘文的組成規律,器物名稱之後,應該接著「用作＋為祭祀作器目的＋對揚之詞」,最終才是套語。可是該銘文卻將「用作＋為祭祀作器目的」置於文末。銘文時代為西周晚期。

3 作器者＋曰＋作器原因＋器物名稱＋用＋為宴飲作器目的＋勉勵之詞

　　西周出土六十一到八十字銘文中,「叔趯父曰余考不克御事唯女倏甹敬辥乃身毋尚為小子余觩為女茲小鬱彝女甹用鄉乃辟軝侯逆𣴎出內事人烏虖倏敬哉茲小彝妹吹見余唯用諆酤女」屬作器者＋曰＋作器原因＋器物名稱＋用＋為宴飲作器目的＋勉勵之詞一類。作器者為叔趯父,銘文所記為叔趯父對其弟——倏的叮囑。「余考,不克御事,唯女倏甹敬辥乃身,毋尚為小子。余觩為女茲小鬱彝,女甹用鄉乃辟軝侯,逆𣴎出內事人」,當中「敬辥」的辥借為乂,指修養,「逆𣴎」有迎接、招待之意,「出內事人」即往來使者。[811]整段意思是我(叔趯父)已年老,不能處理政事,希望倏你謹慎修養,不要以為自己還年輕。兄長我為你製作這件小鬱彝(酒器),讓你用來宴饗國君軝侯,並招待使者。「茲小彝妹吹,見余,唯用諆酤女」的妹吹意謂不要毀棄,酤讀為唓,表示品嘗之意。[812]該銘文一式兩件,時代為西周早期。

809 羅西章:〈扶風出土的商周青銅器〉,《考古與文物》1980:4,頁19-20。
810 陳雙新:《西周青銅樂器銘辭研究》,頁102-103,河北大學出版社,保定,2002。
811 楊文山:〈青銅器叔趯父卣與邢、軝關係——兩周邢國歷史綜合研究之六〉,《文物春秋》2007:5,頁26-27。
812 李學勤、唐雲明:〈元氏銅器與西周的邢國〉,《考古》1979:1,頁57。

4 作器者＋曰＋作器原因＋作＋為祭祀作器目＋器物名稱＋套語

西周出土六十一到八十字銘文中，「隹戎大出于軝井侯搏戎延令臣諫以□□亞旅處于軝從王□□臣諫曰拜手稽首臣諫□亡母弟引臺又長子□余羋皇辟侯令韐歑作朕皇文考寶障隹用妥康令于皇辟侯勺□□」屬作器者＋曰＋作器原因＋作＋為祭祀作器目＋器物名稱＋套語一類。作器者諫就是上述叔趯父，其名諫、字趯父。「隹戎大出于軝，井侯搏戎，延令臣諫以□□亞旅處于軝」的搏戎是指與戎人搏鬥，延假為誕，系助詞。[813]「從王□□」謝明文釋從為徜，意指聚合，並提出缺字或為自。[814]「臣諫□亡，母弟引臺又長子□，余羋皇辟侯，令韐歑，作朕皇文考寶障」的臺為庸，意指乃，羋讀為媵，表請託之意，韐歑似作肆服，指學習處理政事。第一個缺字或指子亡，意謂沒有子息，第二個缺字為諫胞弟長子之名。[815]綜合以上所述，本篇銘文是諫受邢侯命令，帶領亞旅並會合王師，居於軝。因諫沒有子嗣，因此將胞弟（名引）的長子託付予邢侯，以繼承自己的官職。銘文時代為西周早期。

（三）……賜或其他動詞……

1 時間＋地點＋賞賜原因＋賜＋賞賜品物＋對揚之詞＋用作＋為祭祀作器目的＋器物名稱

西周出土六十一到八十字銘文中，「乙卯王窨莽京〔王〕夆辟舟臨舟龍咸夆白唐父告備王各盉辟舟臨夆白旅〔用〕射兒粹虎貉白鹿白狐于辟池咸夆唐父蔑曆賜矩鬯一卣貝五朋對揚王休用作安公寶障彝」屬時間＋地點＋賞賜原因＋賜＋賞賜品物＋對揚之詞＋用作＋為祭祀作器目的＋器物名稱一類。「〔王〕夆，辟舟臨舟龍，咸夆，白唐父告備，王各，盉辟舟，臨夆白旅」，記載王於辟雍舉行夆祭，辟舟停靠舟壅，伯唐父向周王報告準備就緒，周王到達後，乘坐辟舟，於白旗下親臨夆祭。[816]夆祭舉行後，伯唐父受周王賞賜，鑄造祭祀先人安公的禮器。銘文時代在昭穆之際。

813 李學勤、唐雲明：〈元氏銅器與西周的邢國〉，《考古》1979：1，頁56。
814 謝明文：〈臣諫簋銘文補釋〉，《中國國家博物館館刊》2014：3，頁49。
815 李學勤、唐雲明：〈元氏銅器與西周的邢國〉，《考古》1979：1，頁56。
816 劉雨：〈伯唐父鼎的銘文與時代〉，《考古》1990：8，頁741-742。

2 時間＋地點＋賞賜原因＋王＋畀＋受賞賜者＋賞賜品物＋賜＋賞賜品物 ＋用作＋為祭祀作器目的＋器物名稱

西周出土六十一到八十字銘文中，「隹八月辰在庚申王大射在周王令南宮達 王多士師魯父達小臣王徲赤金十反王曰小子小臣敬又夬隻劖取柞白十禹弓無瀍矢 王劖畀柞白赤金十反徣賜祝見柞白用作周公寶尊彝」屬時間＋地點＋賞賜原因＋ 王＋畀＋受賞賜者＋賞賜品物＋賜＋賞賜品物＋用作＋為祭祀作器目的＋器物名 稱一類。「王令南宮達王多士，師魯父達小臣，王徲赤金十反」，依照李學勤的研 究，南宮在此非氏族名，而為周王之子，多士泛指王官眾臣，率領小臣的師魯父 當為《周禮》或《儀禮》所載之「射人」或「大僕」，而小臣在此指司射的執事 人員。「徲」即遲，為待、懸賞之意。「反」為鈑，是指餅金。「王曰：小子，小 臣敬又夬，隻劖取」的夬為射箭用來鈎弦的扳指。「柞白十禹弓，無瀍矢，王劖畀 柞白赤金十反，徣賜祝見」的瀍通廢，「祝見」或為枕虎，為《呂氏春秋》所載 之樂器「枕敔」。[817]此銘文記載柞伯得到周王給與的十塊餅金，因為他十次舉 弓，沒有射壞的箭，周王還將大射禮用以奏樂的樂器賜給他。銘文時代為西周 早期。

3 時間＋地點＋賞賜者＋賜＋受賞賜者＋賞賜品物＋對揚之詞＋用作＋器物 名稱＋用＋為祭祀作器目的＋套語

西周出土六十一到八十字銘文中，「隹九月既望乙丑在靈自王姒姜使內史友 員賜彧玄衣朱襮袟彧拜稽首對揚王姒姜休用作寶齋障鼎其用夙夜享孝于厥文祖乙 公于文妣日戊其子子孫孫永寶」屬時間＋地點＋賞賜者＋賜＋受賞賜者＋賞賜品 物＋對揚之詞＋用作＋器物名稱＋用＋為祭祀作器目的＋套語一類。賞賜者王姒姜 是周王后妃，「使內史友員賜彧玄衣朱襮袟」的內史為宮內史官，內史友指內史 僚屬，[818]即王姒姜派遣內史屬官（名員）賞賜彧一件黑色而衣領至衣襟滾著紅邊 的上衣。[819]銘文時代為西周中期。

---

817 李學勤：〈柞伯簋銘考釋〉，《文物》1998：11，頁67-70。

818 張亞初、劉雨：《西周金文官制研究》，頁29-30，中華書局，北京，2004。

819 黃盛璋：〈彖伯彧銅器及其相關問題〉，《考古與文物》1983：5，頁44。

4 時間＋王＋在＋地點＋賜＋貝（和數量）＋對揚之詞＋用作＋器物名稱＋用＋為祭祀作器目的＋套語

西周出土六十一到八十字銘文中，「隹正月既生霸庚申王在菶京濕宮天子泧宮白姜賜貝百朋白姜對揚天子休用作寶障彝用夙夜明亯于邵白日庚天子萬年齟孫孫子子受厥屯魯白姜日受天子魯休」屬時間＋王＋在＋地點＋賜＋貝（和數量）＋對揚之詞＋用作＋器物名稱＋用＋為祭祀作器目的＋套語一類。「天子泧宮白姜，賜貝百朋」表示賞賜者是周王，受賞賜者為伯姜，「泧宮」讀為恤寧，意指憫恤、賜予。[820]「用夙夜明亯于邵白日庚」意謂伯姜以周王賞賜，鑄造祭祀邵伯日庚之祭器，伯姜疑為上述嗍姜的姐姐，邵伯或為伯姜的丈夫。[821]銘文時代為西周中期。

5 時間＋發布賞賜命令官吏＋賜＋受賞賜者＋賞賜臣屬和品物＋對揚之詞＋用作＋器物名稱＋套語

西周出土六十一到八十字銘文中，「隹八月初吉庚辰啟命宰叔賜市季姬卑臣丰空木厥師夫曰丁以厥友廿又五眾折賜厥田以生馬十又四匹牛六十又九叔羊二百又卅又五叔禾二鄯其敢揚王母休用作寶障彝其萬年永寶用」屬時間＋發布賞賜命令官吏＋賜＋受賞賜者＋賞賜臣屬和品物＋對揚之詞＋用作＋器物名稱＋套語一類。作器者為季姬，透過對揚之詞「其敢揚王母休」，判斷賞賜者為王母，蔡運章、張應橋考證，此王母應為昭王后妃，季姬為穆王幼女。至於「啟命宰叔賜市季姬」的啟是直接發布賞賜命令的官員，其授命宰叔進行賞賜。「賜厥田，以生馬十又四匹、牛六十又九、叔羊二百又卅又五，叔禾二鄯」敘述賞賜包括田、牲馬、牛、用於叔祭的羊、兩座用於叔祭的穀倉，以及負責管理田地的相關人員，有「卑臣丰空木，厥師夫曰丁，以厥友廿又五眾折」，即小臣、副手和相關屬官二十五人。[822]銘文時代為西周中期。

---

820 李學勤：〈論長安花園村兩墓青銅器〉，《文物》1986：1，頁33。

821 尹盛平：《周原文化與西周文明》，頁233，江蘇教育出版社，南京，2005。

822 蔡運章、張應橋：〈季姬方尊銘文及其重要價值〉，《文物》2003：9，頁87-90。

6 時間＋王＋在＋地點＋儐者＋右＋受冊命者＋王＋乎＋宣讀冊命史官＋冊 或冊命＋賜＋賞賜品物＋對揚之詞＋用作＋為祭祀作器目的＋器物名稱＋ 套語

西周出土六十一到八十字銘文中，隹四年二月既生霸戊戌王在周師彔宮格大室即位司馬共右瘨王乎史年冊賜般靳虢市鍵勒敢對揚天子休用作文考寶毁瘨其萬年子子孫孫其永寶木羊冊、隹五月初吉甲戌王在菶各于大室即立中廷井叔內右師察王乎尹氏冊命師察賜女赤烏攸勒用楚弭白師察拜稽首敢對揚天子休用作朕文祖寶毁弭叔其萬年子子孫孫永寶用屬時間＋王＋在＋地點＋儐者＋右＋受冊命者＋王＋乎＋宣讀冊命史官＋冊或冊命＋賜＋賞賜品物＋對揚之詞＋用作＋為祭祀作器目的＋器物名稱＋套語一類。

依據陳漢平的探論，西周冊命金文所呈顯的冊命儀式，在周王即位之後，會有儐者輔佐受冊命者入門、就定位，接著書寫冊命的史官將命書呈予周王，周王呼喚宣讀冊命的史官，宣達冊命並進行賞賜。[823] 分別一式兩件的「王在周師彔宮，格大室，即位。司馬共右瘨。王乎史年，冊賜般靳、虢市、鍵勒」以及「王在菶，各于大室，即立中廷。井叔內右師察。王乎尹氏，冊命師察，賜女赤烏、攸勒，用楚弭白」，都記載了上述冊命儀式的過程，陳漢平以為「即立中廷」者非周王，而為師察，此件銘文出現次序顛倒的情況。[824] 前者，周王賞賜與瘨的畫靳或為畫幕，指有紋飾的披肩，[825] 或指施有繪飾的衣帶，[826] 而虢市指以皮革製成的蔽膝，[827] 或指繪飾以虎紋的蔽膝。[828] 後者，受冊命者為弭叔師察，「用楚弭伯」的楚假為胥，[829] 指輔佐之意。[830] 前者時代為西周中期，後者為西周晚期。

823　陳漢平：《西周冊命制度研究》，頁101-119，學林出版社，上海，1986。

824　同上，頁103。

825　劉士莪、尹盛平：〈微氏家族青銅器群研究〉，《西周微氏家族青銅器群研究》，頁27，文物出版社，北京，1992。

826　陳漢平：《西周冊命制度研究》，頁234-236。

827　劉士莪、尹盛平：〈微氏家族青銅器群研究〉，《西周微氏家族青銅器群研究》，頁25。

828　陳漢平：《西周冊命制度研究》，頁231。

829　郭沫若：〈弭叔簋及訇簋考釋〉，《文物》1960：2，頁5。

830　容庚：〈弭叔簋及訇簋考釋的商榷〉，《文物》1960：2，頁78。

7 時間＋王＋于＋地點＋儐者＋右＋受冊命者＋王＋乎＋宣讀冊命史官＋冊命＋賜＋賞賜品物＋用作＋器物名稱＋套語

西周出土六十一到八十字銘文中，「隹八月初吉戊寅王各于大室焚白內右師耤即立中廷王乎內史尹氏冊命師耤賜女玄衣黹屯鋚市金鈧赤舄戈琱㦰彤沙攸勒鑾旂五日用事弭白用作 䲨 毀其萬年子子孫孫永寶用」屬時間＋王＋于＋地點＋儐者＋右＋受冊命者＋王＋乎＋宣讀冊命史官＋冊命＋賜＋賞賜品物＋用作＋器物名稱＋套語一類。「王各于大室，焚白內右師耤，即立中廷。王乎內史尹氏，冊命師耤，賜女玄衣黹屯、鋚市、金鈧、赤舄、戈琱㦰彤沙、攸勒、鑾旂五日，用事弭白」，所記冊命儀式為焚伯擔任儐者，引導師耤入門、立中廷，接著周王令內史宣讀冊命，賞賜品物有玄衣黼純、叔市、金亢、鑾旂五日……等。玄衣黼純為滾邊繡有紋飾的黑衣、叔市即素市、亢為繫帶之類服飾、鑾旂五日是繪有五日圖形並懸有鑾鈴之旂。[831]時代為西周晚期。

8 時間＋王＋在＋地點＋儐者＋右＋受冊命者＋王＋乎＋宣讀冊命史官＋冊令＋冊命內容＋賜＋賞賜品物＋對揚之詞＋用作＋為祭祀作器目的＋器物名稱＋套語

西周出土六十一到八十字銘文中，「隹王五月初吉甲寅王才周廟武公有南宮柳即立中廷北鄉王乎作冊尹冊令柳𤔲六自牧陽大□𤔲義夷陽佃史賜女赤市幽黃攸勒柳拜稽首對揚天子休用作朕剌考䲨鼎其萬年子子孫孫永寶用」屬時間＋王＋在＋地點＋儐者＋右＋受冊命者＋王＋乎＋宣讀冊命史官＋冊令＋冊命內容＋賜＋賞賜品物＋對揚之詞＋用作＋為祭祀作器目的＋器物名稱＋套語一類。「武公有（右）南宮柳，即立中廷，北鄉。王乎作冊尹，冊令柳𤔲六自牧陽大□，𤔲義夷陽佃史，賜女赤市、幽黃、攸勒」，銘文所記冊命儀式，是受冊命者在儐者幫助下行至中廷後，須面北而立，準備受命。有關「𤔲六自牧陽大□，𤔲義夷陽佃史」，于省吾以為「牧」、「佃史」為所掌管職事，陽、大□、義、夷則為地名。[832]時代為西周中期。

---

831 陳漢平：《西周冊命制度研究》，頁225、228、232-233、253，學林出版社，上海，1986。

832 于省吾：〈略論西周金文中的「六自」和「八自」及其屯田制〉，《考古》1964：3，頁155。

9 時間＋王＋于＋地點＋儐者＋右＋受冊命者＋宣讀冊命史官＋冊＋命＋賞賜品物和冊命內容＋對揚之詞＋用作＋器物名稱＋套語

西周出土六十一到八十字銘文中，隹正月初吉丁亥王各于康宮中佣父內又楚立中廷內史尹氏冊命楚赤ⓐ市鑾旂取遄五鋝銅弅昌官內師舟楚敢拜手稽首憲揚天子不顯休用作障毁其子子孫孫萬年永寶用屬時間＋王＋于＋地點＋儐者＋右＋受冊命者＋宣讀冊命史官＋冊＋命＋賞賜品物和冊命內容＋對揚之詞＋用作＋器物名稱＋套語一類。「內史尹氏冊命楚赤ⓐ市、鑾旂，取遄五鋝，銅弅昌官內師舟」，將冊命內容置於賞賜品物之後，「取遄五鋝」之取遄即取徵，當為俸祿之意，[833]「銅弅昌官內師舟」意謂受冊命者楚受命掌管莽京四鄙相關政務，並擔任莽京內宰，負責辟雍舟船建造及管理事宜。[834]銘文一式四件，時代為西周晚期。

10 時間＋王＋在＋地點＋王＋乎＋儐者＋召＋受賞賜者＋王＋乎＋發布賞賜命令官吏＋賜＋受賞賜者＋賞賜品物＋對揚之詞＋用作＋器物名稱＋套語

西周出土六十一到八十字銘文中，正月既望甲午王在周師量宮旦王各大室即位王乎師晨召大師盧入門立中廷王乎宰啟賜大師盧虎裘盧拜稽首敢對揚天子不顯休用作寶毁盧其萬年永寶用隹十又二年、正月既望甲午王在周師量宮旦王各大室即位王乎師晨召大師盧入門立中廷王乎宰啟賜大師盧虎裘盧拜稽首敢對揚天子不顯休用作寶盨盧其萬年永寶用隹十又二年屬時間＋王＋在＋地點＋王＋乎＋儐者＋召＋受賞賜者＋王＋乎＋發布賞賜命令官吏＋賜＋受賞賜者＋賞賜品物＋對揚之詞＋用作＋器物名稱＋套語一類。「王在周師量宮，旦，王各大室，即位。王乎師晨召大師盧入門，立中廷，王乎宰啟賜大師盧虎裘」出現在扶風任家村所出土的4件銅毁和1件銅盨上，時代皆為西周中期。

11 時間＋儐者＋右＋受冊命者＋王＋曰＋冊命內容＋賜＋賞賜品物＋對揚之詞＋用作＋器物名稱＋套語

西周出土六十一到八十字銘文中，「隹正二月初吉甲寅備中內右呂服余王曰

833 陳漢平：《西周冊命制度研究》，頁261，學林出版社，上海，1986。

834 盧連成、羅英杰：〈陝西武功縣出土楚毁諸器〉，《考古》1981：2，頁131。

服余令女更乃祖考事疋備中𤔲六𠂤服賜女赤市幽黃鋚勒旂呂服余敢對揚天丕顯休令用作寶盤盉其子子孫孫永寶用」屬時間＋儐者＋右＋受冊命者＋王＋曰＋冊命內容＋賜＋賞賜品物＋對揚之詞＋用作＋器物名稱＋套語一類。「備中內右呂服余，王曰：服余，令女更乃祖考事，疋備中𤔲六𠂤服，賜女赤市、幽黃、鋚勒、旂」，此銘文的儐者備仲與受冊命者呂服余，為上下級關係，「更乃祖考事」的更讀為賡，指繼承、延續，「疋備中𤔲六𠂤服」的疋即胥，有輔助、輔佐之意，服則指職事。[835]時代為西周中期。

12 時間＋王＋在＋地點＋儐者＋右＋受冊命者＋王＋乎＋命＋賞賜品物＋曰＋冊命內容＋對揚之詞＋用作＋為祭祀作器目的＋器物名稱＋套語

西周出土六十一到八十字銘文中，「隹王三月初吉庚申王在康宮格大室定白入右即王乎命汝赤市朱衡玄衣黹純鑾旂曰司㺴宮人虎㫃用事即敢對揚天子丕顯休用作朕文考幽叔寶殷即其萬年子子孫孫永寶用」屬時間＋王＋在＋地點＋儐者＋右＋受冊命者＋王＋乎＋命＋賞賜品物＋曰＋冊命內容＋對揚之詞＋用作＋為祭祀作器目的＋器物名稱＋套語一類。「王在康宮，格大室，定白入右即。王乎：命汝赤市、朱衡、玄衣黹純、鑾旂，曰：司㺴宮人虎㫃用事」，李學勤以為虎、㫃為族名，而周王任命受冊命者——即，負責管理守衛岐周王宮的奴隸——虎、㫃兩族。[836]時代為西周中期。

13 時間＋王＋在＋地點＋儐者＋右＋受賞賜者＋王＋乎＋發布賞賜命令官吏＋賜＋受賞賜者＋賞賜品物＋對揚之詞＋用作＋為祭祀作器目的＋器物名稱＋套語

西周出土六十一到八十字銘文中，隹廿又七年三月既生霸戊戌王在周各大室即位南伯入右袁衛入門立中廷北鄉王乎內史賜衛載市朱黃縊衛拜稽首敢對揚天子丕顯休用作朕文祖考寶殷衛其子子孫孫永寶用屬時間＋王＋在＋地點＋儐者＋右＋受賞賜者＋王＋乎＋發布賞賜命令官吏＋賜＋受賞賜者＋賞賜品物＋對揚之詞＋用作＋為祭祀作器目的＋器物名稱＋套語一類。「南伯入右袁衛入門，立中廷，

---

835 王慎行：〈呂服余盤銘考釋及其相關問題〉，《文物》1986：4，頁1-7。

836 李學勤：〈西周中期青銅器的重要標尺——周原莊白、強家兩處青銅器窖藏的綜合研究〉，《新出青銅器研究》，頁86，文物出版社，北京，1990。

北鄉。王乎內史賜衛載巿、朱黃、䜌」，根據扶風董家村同出銅盉銘文，可知作器者為裘衛，或作衺衛。時代為西周中期。

小結

西周出土六十一到八十字銘文 29 件，屬於「時間＋作器原因＋作器者＋用自作＋器物名稱＋套語」之句型的銘文僅 1 件，時代為西周晚期；屬於「作器者＋作＋器物名稱＋用或用作＋作器目的」之句型的銘文 5 件，時代為西周早期 3 件、晚期 2 件；屬於「……賜或其他動詞……」之句型的銘文 23 件，時代為西周早期 1 件、早中期 1 件、中期 14 件、晚期 7 件。

29 件西周出土六十一到八十字銘文，出現祝嘏辭式之套語的共有 25 件，約占西周出土六十一到八十字銘文總數 86%，不具有套語的銘文 4 件，分別屬於「作器者＋作＋器物名稱＋用或用作＋作器目的」以及「……賜或其他動詞……」之句型，4 件銘文皆因詳細敘述作器原因或賞賜原因，因而壓縮到使用套語的空間。又出現時間詞組的銘文共有 24 件，5 件未出現，未出現時間詞組的銘文均屬「作器者＋作＋器物名稱＋用或用作＋作器目的」之句型，換言之「時間＋作器原因＋作器者＋用自作＋器物名稱＋套語」和「……賜或其他動詞……」之句型全部都具有時間詞組。

歸屬「……賜或其他動詞……」之句型的銘文，發展至六十一到八十字，不但比例高達 79%，內容出現冊命之詞或有關冊命內容及儀式的冊命銘文也呈顯出增加的趨勢，在西周出土六十一到八十字中，23 件句型為「……賜或其他動詞……」的銘文有 12 件或出現冊、冊命之詞，或記載冊命內容、儀式，其他 11 件的賞賜者除了 1 件為周王后妃——王婥姜外，其餘 10 件皆為周王。

反觀二十三到三十字西周出土銘文 72 件中有 12 件屬「……賞或賜……」句型，其中 2 件賞賜者為周王、1 件為周王后妃——王姜，其他 9 件為諸侯公卿，性質均是賞賜銘文。三十一到四十字西周出土銘文 48 件中有 11 件屬「……賞或賜……」句型，其中 2 件賞賜者為氏族之長——大矩，其他 9 件為周王，性質亦均為賞賜銘文。

至於四十一到五十字西周出土銘文 48 件中有 28 件屬「……賞賜或其他動詞……」句型，其中 10 件或出現令字或冊命內容、儀式，10 件當中有 4 件冊命

者為諸侯、6 件為代理周王冊命者——仲太師、益公；18 件性質為賞賜銘文，其
中 4 件賞賜者為諸侯公卿、1 件為宗婦——妊氏、13 件為周王。五十一到六十字
西周出土銘文 30 件中有 19 件屬「……賞或賜……」句型，其中 8 件或出現令、
冊字或冊命內容、儀式，8 件冊命者都是周王；11 件性質為賞賜銘文，其中 2 件
賞賜者為公卿、9 件為周王。由上述可知，冊命銘文自四十一字開始出現隨著字
數增加亦隨之升高的趨勢，並自六十一字開始出現冊命銘文多於賞賜銘文的發展
情況。

六　八十一到一百字銘文

西周出土銅器的八十一到九十字銘文有：

銘文字形	銘文編號
唯王十又八年正月南中邦父命駒父盨南者侯達高父見南淮夷厥取厥服董夷俗象不敢不敬畏王命逆見我厥獻厥服我乃至于淮小大邦亡敢不割具逆王命四月還至于蔡作旅盨駒父其萬年永用多休	779
隹王二月既生霸丁丑王在周新宮王各大室即立士戌右殷立中廷北鄉王乎內史音令殷賜市朱黃王若曰殷令女更乃祖考友嗣東啚五邑殷拜稽首敢對揚天子休用作寶簋其萬年寶用孫孫子子其永寶	854—855
隹王元年三月既生霸庚申叔氏在太廟叔氏令史憙召逆叔氏若曰逆乃祖考許政于公室今余賜女盾五錫戈彤尾用雝于公室僕庸臣姜小子室家毋又不聞智敬乃夙夜用卑朕身勿灋朕命毋象乃政逆敢拜手稽	834—837
隹二年三月初吉庚寅王各于大室益公入右王臣即立中廷北鄉乎內史敔冊命王臣賜女朱黃夆親玄衣黹屯綜旂五日戈畫戟厚必彤沙用事王臣手稽首丕敢顯天子對揚休用作朕文考賜中隓殷王臣其永寶用	858
天子天子肩事梁其身邦君大正用天子寵蔑梁其曆梁其敢對天子丕顯休揚用作朕皇祖考穌鐘梁其曰丕顯皇祖考穆穆異異克慎厥德農臣先王得屯亡愍梁其肇帥井皇祖考秉明德虔夙夕鎗鎗鎗鎗鐀鐀鏉鏉用卲	305—306
明韶文乃膺受大命匍右四方余小子肇嗣先王配上下作厥王大寶用喜侃前文人臺厚多福用釐圅先王受皇天大魯令文人陟降余黃朲受余屯魯用蘁不廷方馼其萬年永畯尹四方保大令作蠠在下御大福其各隹王五祀	203

西周出土銅器的九十一到一百字銘文有：

銘文字形	銘文編號
隹十又二月王命師俗史密曰東征敆南夷盧虎會杞夷舟夷觀不阼廣伐東國齊師族徒遂人乃執鄙寬亞師俗率齊師遂人左□伐長必史密右率族人釐白僰屑周伐長必獲百人對揚天子休用作朕文考乙白障段子子孫孫其永寶用	1647
唯二月初吉丁亥王在康宮各于大室益公內右師道即位中廷王乎尹冊命師道賜女秦朱黃玄衣黹純戈琱咸歕柲彤屭旂五日彎道拜稽首對揚天子丕顯休命用作朕文考寶障段余其邁年寶用言于朕文考辛公用匄得屯盉恒命靈冬	1607
隹王十又二月辰在甲申王初執駒于庶王乎師虢召盉駒王親旨盉駒賜兩樸稽首曰王弗望厥舊宗小子埜皇盉身盉曰王佣下丕其則萬年保我萬宗盉曰余其敢對揚天子之休余用作朕文考大中寶障彝盉曰其萬年世子子孫永寶之	412-1
隹王元年四月既生霸王才減庶甲寅王各廟即立徲公入右師旋即立中廷王乎作冊尹冊令師旋曰備于大左官嗣豐還左右師氏賜女赤市冋黃麗般敬夙夕用事旋拜稽首敢對揚天子丕顯魯休令用作朕文祖益中障段其萬年子子孫孫永寶用	618-1、619-1、620-1、621-1
隹王元年四月既生霸王才減庶甲寅王各廟即立徲公入右師旋即立中廷王乎作冊尹克冊令師旋曰備于大左官嗣豐還左右師氏賜女赤市冋黃麗般敬夙夕用事旋拜稽首敢對揚天子丕顯魯休令用作朕文祖益中障段其萬年子子孫孫永寶用	618-2、619-2、620-2、621-2

西周出土八十一到一百字銘文共有 18 件，剔除重複的，以及銘文不全的 1 件，歸納出有 10 種不同的內容，先分成四大類──作器原因＋作＋器物名稱＋套語、作器原因＋對揚之詞＋用作＋作器目的＋器物名稱＋套語、作器原因＋作＋王＋器物名稱＋用＋作器目的＋套語、……賜……，再依據是否出現儐者、宣讀冊命史官、冊命之詞、作器目的……等條件分成若干類型：

（一）作器原因＋作＋器物名稱＋套語

　　1. 作器原因＋作＋器物名稱＋套語，如

唯王十又八年正月南中邦父命駒父毆南者侯達高父見南淮夷厥取厥服菫夷俗豕不敢不敬畏王命逆見我厥獻厥服我乃至于淮小大邦亡敢不剢具逆王命四月還至于蔡作旅盨駒父其萬年永用多休。

（二）作器原因＋對揚之詞＋用作＋作器目的＋器物名稱＋套語

1. 作器原因＋對揚之詞＋用作＋為祭祀作器目的＋器物名稱＋套語，如
唯十又二月王命師俗史密曰東征敆南夷盧虎會杞夷舟夷觀不阸廣伐東國齊師族徒遂人乃執鄙寬亞師俗率齊師遂人左□伐長必史密右率族人釐白樊眉周伐長必獲百人對揚天子休用作朕文考乙白隫設子子孫孫其永寶用。

（三）作器原因＋作＋王＋器物名稱＋用＋作器目的＋套語

1. 作器原因＋作＋王＋器物名稱＋用＋為祭祀作器目的＋套語＋時間，如
明韔文乃膺受大命匍右四方余小子肇嗣先王配上下作厥王大寶用喜侃前文人臺厚多福用禴韹先王受皇天大魯令文人陟降余黃氼受余屯魯用盄不廷方敔其萬年永畯尹四方保大令作憲在下御大福其各唯王五祀。

（四）⋯⋯賜⋯⋯

1. 時間＋冊命者＋在＋地點＋冊命者＋令＋儐者＋召＋受冊命者＋冊命者＋曰＋賜＋賞賜品物＋冊命內容＋勉勵之詞＋對揚之詞，如
唯王元年三月既生霸庚申叔氏在太廟叔氏令史盧召逆叔氏若曰逆乃祖考許政于公室今余賜女盾五錫戈彤尾用禘于公室僕庸臣妾小子室家毋又不聞智敬乃夙夜用雫朕身勿灋朕命毋豕乃政逆敢拜手稽；

2. 時間＋王＋于或在＋地點＋儐者＋右＋受冊命者＋乎＋宣讀冊命史官＋冊命＋受冊命者＋賜＋賞賜品物＋對揚之詞＋用作＋為祭祀作器目的＋器物名稱＋套語，如
唯二年三月初吉庚寅王各于大室益公入右王臣即立中廷北鄉乎內史敿冊命王臣賜女朱黃䊶親玄衣黹屯縊旂五日戈畫戠厚必彤沙用事王臣手稽首丕敢顯天子對揚休用作朕文考賜中隫設王臣其永寶用；

3. 時間＋王＋在＋地點＋儐者＋右＋受冊命者＋王＋乎＋宣讀冊命史官＋令＋受冊命者＋賜＋賞賜品物＋王曰＋冊命內容＋對揚之詞＋用作＋器物名稱＋套語，如
唯王二月既生霸丁丑王在周新宮王各大室即立士戍右設立中廷北鄉王乎內史音令設賜市朱黃王若曰設令女更乃祖考友嗣東啚五邑設拜稽首敢對揚天子休用作寶簋其萬年寶用孫孫子子其永寶；

4. 時間＋王＋在＋地點＋儐者＋右＋受冊命者＋王＋乎＋宣讀冊命史官＋冊
令＋受冊命者＋曰＋冊命內容＋賜＋賞賜品物＋對揚之詞＋用作＋為祭祀
作器目的＋器物名稱＋套語，如
隹王元年四月既生霸王才減庭甲寅王各廟即立徟公入右師旋即立中廷王乎
作冊尹冊令師旋曰備于大左官嗣豐還左右師氏賜女赤巿同黃麗般敬夙夕用
事旋拜稽首敢對揚天子丕顯魯休令用作朕文祖益中𦥑段其萬年子子孫孫永
寶用；

5. 時間＋王＋于＋地點＋賜＋賞賜品物＋受賞賜者＋曰＋對揚之詞＋用作＋
為祭祀作器目的＋器物名稱＋套語，如
隹王十又二月辰在甲申王初執駒于庌王乎師麥召盠王親旨盠駒賜兩樸稽首
曰王弗望厥舊宗小子盠皇盠身盠曰王倗下丕其則萬年保我萬宗盠曰余其敢
對揚天子之休余用作朕文考大中寶障彝盠曰其萬年世子子孫孫永寶之。

（一）作器原因＋作＋器物名稱＋套語

1 作器原因＋作＋器物名稱＋套語

西周出土八十一到一百字銘文中，「唯王十又八年正月南中邦父命駒父殷南
者侯逹高父見南淮夷厥取厥服堇夷俗豖不敢不敬畏王命逆見我厥獻厥服我乃至于
淮小大邦亡敢不劀具逆王命四月還至于蔡作旅盨駒父其萬年永用多休」屬於作器
原因＋作＋器物名稱＋套語一類。

「南中邦父命駒父殷南者（諸）侯逹高父，見南淮夷，厥取厥服。堇夷俗，
豖（遂）不敢不敬畏王命，逆見我，厥獻厥服。我乃至于淮，小大邦亡敢不劀具
逆王命。四月還至于蔡，作旅盨」，作器者駒父為南仲下屬，「殷南者（諸）侯逹
高父，見南淮夷，厥取厥服」，黃盛璋以為殷假為就，逹即是帥，服是貢賦一
種，整段意思是駒父受南仲之命，前往南國諸侯的統帥——高父處，與之一同會
見南淮夷，並向南淮夷徵取服貢。「堇夷俗」的堇為覲之初文，意謂巡視、視
察。「小大邦亡敢不劀具逆王命」的劀借為貯。[837] 由上述可知，該銘文的前半記
載作器原因，是因為駒父完成長官交辦至南淮夷徵取服貢的任務，因此歸來後鑄
造此銅盨作為紀念。銘文時代為西周晚期。

---

837 黃盛璋：〈駒父盨蓋銘文研究〉，《考古與文物》1983：4，頁52-54。

（二）作器原因＋對揚之詞＋用作＋作器目的＋器物名稱＋套語

1 作器原因＋對揚之詞＋用作＋為祭祀作器目的＋器物名稱＋套語

西周出土八十一到一百字銘文中，「隹十又二月王命師俗史密曰東征敆南夷盧虎會杞夷舟夷觀不阠廣伐東國齊師族徒遂人乃執鄙寬亞師俗率齊師遂人左□伐長必史密右率族人釐白僰眉周伐長必獲百人對揚天子休用作朕文考乙白�設子子孫孫其永寶用」屬於作器原因＋對揚之詞＋用作＋為祭祀作器目的＋器物名稱＋套語一類。

「王命師俗、史密曰：東征。敆南夷盧、虎會杞夷、舟夷，觀不阠，廣伐東國。齊師、族徒、遂人乃執鄙寬亞。師俗率齊師、遂人左，□伐長必；史密右率族人，釐白、僰眉，周伐長必，獲百人」，該篇銘文各家說法頗為分歧，[838]作器者為史密，奉周王之命與上司師俗一同東征。依照李學勤的看法，「敆南夷盧、虎會杞夷、舟夷，觀不阠，廣伐東國」的敆是會之異體，前者「敆」作為適逢、正值之用，後者「會」指聯合，「觀不阠」讀為讙不惎，由於所屬南夷的盧、虎和杞國、舟國聯合，作亂不敬，侵擾周王室東土，因此都是此次征伐的對象。

「齊師、族徒、遂人乃執鄙寬亞」中的齊師、族徒、遂人是指齊國三種不同來源組成的軍隊，包括齊國鄉里所出、由齊君宗族組成、遠郊之行政區域所出之兵卒，[839]「乃執鄙寬亞」歧義最多，張懋鎔提出執鄙、寬亞對文，「執鄙」是指加強防衛邊鄙，亞相對指齊國都以外、邊鄙以內的地域，「寬亞」表示減少內地兵力。[840]「史密右率族人，釐白、僰眉，周伐長必」，劉釗指出「眉」應釋為屍，讀為殿，意指後軍，[841]吳鎮烽以為「師俗率齊師、遂人左，□伐長必」當中漫漶的字應為周，具圍攻之意，而釐白即萊伯、僰為國名。[842]筆者的斷句不同其他各家說法，認為師俗率領齊師、遂人之師為左翼、史密率領族人為右翼、釐（萊）伯和僰國軍隊殿後，共同圍攻長必。由上可知，該銘文的前半交代作器原因，是因為史密完成周王之命，與師俗各率齊師，與萊國、僰國軍隊於長必圍攻南夷盧、虎和杞國、舟國聯軍，史密捕獲、俘擄百人。銘文時代為西周中期。

---

838 周寶宏：《近出西周金文集釋》，頁105-176，天津古籍出版社，天津，2005。

839 李學勤：《青銅器與古代史》，頁317-326，聯經出版事業有限公司，台北，2005。

840 張懋鎔：〈史密簋與西周鄉遂制度——附論「周禮在齊」〉，《文物》1991：1，頁28-29。

841 劉釗：〈談史密簋銘文中的「眉」字〉，《考古》1995：5，頁434-435。

842 吳鎮烽：〈史密簋銘文考釋〉，《考古與文物》1989：3，頁58。

（三）作器原因＋作＋王＋器物名稱＋用＋作器目的＋套語

1 作器原因＋作＋王＋器物名稱＋用＋為祭祀作器目的＋套語＋時間

西周出土八十一到一百字銘文中，「明𨐨文乃膺受大命匍右四方余小子肇嗣先王配上下作厥王大寶用喜侃前文人稟厚多福用䌌圝先王受皇天大魯令文人陟降余黃烝受余屯魯用𩁹不廷方𣪕其萬年永畯尹四方保大令作疐在下御大福其各隹王五祀」屬於作器原因＋作＋王＋器物名稱＋用＋為祭祀作器目的＋套語＋時間一類。

「明𨐨文，乃膺受大命，匍右四方。余小子肇嗣先王，配上下，作厥王大寶。用喜侃前文人，稟厚多福。用䌌圝先王，受皇天大魯令。文人陟降，余黃烝，受余屯魯。用𩁹不廷方。𣪕其萬年永畯尹四方，保大令。作疐在下，御大福，其各。隹王五祀」，作器者為周厲王，周厲王名𣪕，[843]根據穆海亭、朱捷元的考釋，該銘文開端缺乏主語，可能上接另一鐘銘，前三句盛讚文王、武王之德昭明、良善，因而承受天命、擁有天下。[844]「用䌌圝先王」的䌌圝，王輝以為䌌讀為申、圝讀為紹，意思是重繼。[845]「余黃烝」意謂余德美善。「用𩁹不廷方」的𩁹即雍，指和協，不廷方即不來朝見的邦國。「作疐在下，御大福」的疐讀為柢，整句意思是永存人世間。[846]「其各」在另一件扶風縣齊村出土的「𣪕簋」作「其各前文人」，[847]各為格，即感通之意。[848]從「作厥王大寶」後，所表明的作器目的是重繼先王之德業，協和萬邦，用此寶器祭祀先王先祖，以得到上天與先王先祖賜福。銘文時代為西周晚期。

（四）……賜……

1 時間＋冊命者＋在＋地點＋冊命者＋令＋儐者＋召＋受冊命者＋冊命者＋曰＋賜＋賞賜品物＋冊命內容＋勉勵之詞＋對揚之詞

西周出土八十一到一百字銘文中，「隹王元年三月既生霸庚申叔氏在太廟叔

---

843 唐蘭：〈周王𣪕鐘考〉，《唐蘭先生金文論集》，頁41-42，紫禁城出版社，北京，1995。

844 穆海亭、朱捷元：〈新發現的西周王室重器五祀𣪕鐘考〉，《人文雜誌》1983：2，頁119。

845 王輝：《商周金文》，頁150、209，文物出版社，北京，2006。

846 穆海亭、朱捷元：〈新發現的西周王室重器五祀𣪕鐘考〉，《人文雜誌》1983：2，頁120。

847 本論文編號234。

848 王輝：《商周金文》，頁209，文物出版社，北京，2006。

氏令史𡨄召逆叔氏若曰逆乃祖考許政于公室今余賜女盾五錫戈彤尾用𩁹于公室僕庸臣妾小子室家毋又不聞智敬乃夙夜用粤朕身勿灋朕命毋㒸乃政逆敢拜手稽」屬於時間＋冊命者＋在＋地點＋冊命者＋令＋儐者＋召＋受冊命者＋冊命者＋曰＋賜＋賞賜品物＋冊命內容＋勉勵之詞＋對揚之詞一類。

「叔氏在太廟，叔氏令史𡨄召逆，叔氏若曰：逆，乃祖考許政于公室。今余賜女盾五錫、戈彤尾，用𩁹于公室、僕庸、臣妾、小子室家，毋又不聞智，敬乃夙夜，用粤朕身，勿灋朕命，毋㒸乃政」，該銘文是西周出土八十一到一百字之冊命銘文中，唯一冊命者非周王的例子。整篇銘文出現在 4 件甬鐘的鉦間，與其他西周出土八十一到一百字之冊命銘文相比，在對揚之詞後，少了用作＋器物名稱＋套語的部分，考古人員懷疑這套編鐘應六件以上，[849]為銘文不全的一套編鐘。「用𩁹于公室、僕庸、臣妾、小子室家」的𩁹，王輝透過金文詞例的排比，提出該字表兼任之意，[850]叔氏不但命令逆繼承先父之職，管理宗子室家，還包括僕庸、臣妾和諸小宗室家在內。[851]「毋又不聞智，敬乃夙夜，用粤朕身，勿灋朕命，毋㒸乃政」是叔氏對逆的叮嚀與勉勵，要他謹慎行事、不怠忽職守，其中「毋又不聞智」，有研究者指出為一雙重否定句，意思是不得不有事不上聞。[852]銘文時代為西周晚期。

2 時間＋王＋于或在＋地點＋儐者＋右＋受冊命者＋乎＋宣讀冊命史官＋冊命＋受冊命者＋賜＋賞賜品物＋對揚之詞＋用作＋為祭祀作器目的＋器物名稱＋套語

西周出土八十一到一百字銘文中，隹二年三月初吉庚寅王各于大室益公入右王臣即立中廷北鄉乎內史敖冊命王臣賜女朱黃𠦪親玄衣黹屯䜌旂五日戈畫㦰厚必彤沙用事王臣手稽首丕敢顯天子對揚休用作朕文考賜中隩𣪘王臣其永寶用、唯二月初吉丁亥王在康宮各于大室益公內右師道即位中廷王乎尹冊命師道賜女𠦪朱黃玄衣黹純戈琱㦰歆柲彤𠧢旂五日轡道拜稽首對揚天子丕顯休命用作朕文考寶隩𣪘

849 曹發展、陳國英：〈咸陽地區出土西周青銅器〉，《考古與文物》1981：1，頁9、11。

850 王輝：《商周金文》，頁188，文物出版社，北京，2006。

851 吳十洲：《兩周禮器制度研究》，頁165-166，五南圖書出版公司，台北，2004。

852 楊明明：〈釋毛公鼎「庸有聞」及相關問題〉，發表於 http://www.gwz.fudan.edu.cn/SrcShow.asp?Src.ID=1257 復旦大學出土文獻與古文字研究中心。

余其邁年寶用亯于朕文考辛公用匄得屯盂恒命靈冬屬於時間＋王＋于或在＋地點
＋儐者＋右＋受冊命者＋乎＋宣讀冊命史官＋冊命＋受冊命者＋賜＋賞賜品物＋
對揚之詞＋用作＋為祭祀作器目的＋器物名稱＋套語一類。

「王各于大室，益公入右王臣，即立中廷，北鄉，乎內史𡝫冊命王臣，賜女
朱黃、桼親、玄衣黹屯、䜌旂五日、戈畫戚厚必彤沙」，所賜品物中有「桼親」
一項，是為有紋飾之襯衣。[853]銘文時代為西周中期。

「王在康宮，各于大室，益公內右師道，即位中廷，王乎尹冊命師道，賜女
桼朱黃、玄衣黹純、戈琱戚歔柲彤㫍、旂五日、鸞」，與上述「王臣簋」相同，
受冊命者皆由益公擔任儐者，引導入門、立中廷，可知「師道簋」的時代與之相
近，亦屬西周中期。「用匄得屯盂，恒命靈冬」的盂讀為和，即為和諧之意。

3 時間＋王＋在＋地點＋儐者＋右＋受冊命者＋王＋乎＋宣讀冊命史官＋令＋受冊命者＋賜＋賞賜品物＋王曰＋冊命內容＋對揚之詞＋用作＋器物名稱＋套語

西周出土八十一到一百字銘文中，「隹王二月既生霸丁丑王在周新宮王各大
室即立士戌右殷立中廷北鄉王乎內史音令殷賜市朱黃王若曰殷令女更乃祖考友𤔲
東啚五邑殷拜稽首敢對揚天子休用作寶簋其萬年寶用孫孫子子其永寶」屬於時間
＋王＋在＋地點＋儐者＋右＋受冊命者＋王＋乎＋宣讀冊命史官＋令＋受冊命者
＋賜＋賞賜品物＋王曰＋冊命內容＋對揚之詞＋用作＋器物名稱＋套語一類。

「士戌右殷，立中廷，北鄉，王乎內史音令殷，賜市、朱黃，王若曰：殷，
令女更乃祖考，友𤔲東啚五邑」一式兩件，周王命令殷繼承父祖之職事，管理東
鄙五邑。銘文時代為西周中期。

4 時間＋王＋在＋地點＋儐者＋右＋受冊命者＋王＋乎＋宣讀冊命史官＋冊令＋受冊命者＋曰＋冊命內容＋賜＋賞賜品物＋對揚之詞＋用作＋為祭祀作器目的＋器物名稱＋套語

西周出土八十一到一百字銘文中，隹王元年四月既生霸王才減应甲寅王各廟
即立徲公入右師旋即立中廷王乎作冊尹冊令師旋曰備于大左官𤔲豐還左右師氏賜

---

853 陳漢平：《西周冊命制度研究》，頁228，學林出版社，上海，1986。

女赤市同黃麗般敬夙夕用事旅拜稽首敢對揚天子丕顯魯休令用作朕文祖益中隣設
其萬年子子孫孫永寶用、隹王元年四月既生霸王才減应甲寅王各廟即立徲公入右
師旅即立中廷王乎作冊尹克冊令師旅曰備于大左官嗣豐還左右師氏賜女赤市同黃
麗般敬夙夕用事旅拜稽首敢對揚天子丕顯魯休令用作朕文祖益中隣設其萬年子子
孫孫永寶用屬於時間＋王＋在＋地點＋儐者＋右＋受冊命者＋王＋乎＋宣讀冊命
史官＋冊令＋受冊命者＋曰＋冊命內容＋賜＋賞賜品物＋對揚之詞＋用作＋為祭祀
作器目的＋器物名稱＋套語一類。

　　此類銘文是出自長安張家坡 4 件銅簋的蓋內和器內，器內銘文較蓋內銘文多
一字克，為宣讀冊命的史官之名，「徲公入右師旅，即立中廷，王乎作冊尹克冊
令師旅曰：備于大左，官嗣豐還左右師氏，賜女赤市、同、黃、麗般，敬夙夕用
事」，郭沫若以為「備于大左」意思指就任大左、左師之職，「官嗣豐還左右師
氏」意謂周王命之管理豐京左右師氏。[854]楊寬認為師旅的師為大師的簡稱，大左
是大師之在左者，[855]即指在王朝中所站立的位置。[856]而「官嗣豐還左右師氏」的
還，李家浩考證是「縣」字最早寫法，指王畿以內、國都以外的地區或是國都、
城邑四周的區域，[857]因此「豐還」指涉豐京周圍的地區。銘文時代為西周晚期。

5 時間＋王＋于＋地點＋賜＋賞賜品物＋受賞賜者＋曰＋對揚之詞＋用作＋ 為祭祀作器目的＋器物名稱＋套語

　　西周出土八十一到一百字銘文中，「隹王十又二月辰在甲申王初執駒于庇王
乎師豦召盠王親旨盠駒賜兩樸稽首曰王弗望厥舊宗小子虘皇盠身盠曰王倗下丕其
則萬年保我萬宗盠曰余其敢對揚天子之休余用作朕文考大中寶隣彝盠曰其萬年世
子子孫孫永寶之」屬於時間＋王＋于＋地點＋賜＋賞賜品物＋受賞賜者＋曰＋對
揚之詞＋用作＋為祭祀作器目的＋器物名稱＋套語一類。

　　「王初執駒于庇，王乎師豦召盠，王親旨盠駒，賜兩樸，稽首曰：王弗望厥
舊宗小子，虘皇盠身，盠曰：王倗下丕其，則萬年保我萬宗，盠曰：余其敢對揚

854 郭沫若：〈長安縣張家坡銅器群銘文匯釋〉，《長安張家坡西周銅器群》，頁3-4，文物出版社，北京，1965。

855 楊寬：〈再論西周金文中「六自」和「八自」的性質〉，《考古》1965：10，頁527。

856 張亞初、劉雨：《西周金文官制研究》，頁19-20，中華書局，北京，2004。

857 李家浩：〈先秦文字中的「縣」〉，《文史》第28輯，頁49-51，中華書局，北京，1987。

天子之休」，郭沫若提出斷句為「王親旨盠，駒賜兩，拜稽首曰……」，但觀察西周出土銘文，未有賞賜品物出現在賞或賜字之前，郭沫若以為旨讀為詣，是指周王於庡參與執駒典禮時，親自到盠處，賜給他駒兩匹，「楚皇」猶輝煌之意，並與眉縣楊家村同出之〈盠方彝銘〉對勘，〈盠方彝銘〉有「盠曰天子丕叚丕其萬年保我萬邦」之銘辭，因此推論「倗下丕其」同於「丕叚丕其」，意謂奠下盛大之基業。[858]而李學勤雖從楊樹達之見，將旨釋為載，但將「王親旨盠駒」斷為一句，以為周王親身駕著盠之駒馬所拉的車。[859]辛怡華主張周王賞賜品物為兩樸，樸指樸馬，即未經調教之馬。[860]此銘文特殊處是將盠的對揚之詞詳細記錄，從「王弗望（忘）厥舊宗小子」到「余其敢對揚天子之休」。銘文時代為西周中期。

小結

西周出土八十一到一百字銘文有 18 件，扣除銘文不全 1 件，屬於「作器原因＋作＋器物名稱＋套語」之句型的銘文 1 件，時代為西周晚期；屬於「作器原因＋對揚之詞＋用作＋作器目的＋器物名稱＋套語」之句型的銘文 1 件，時代為西周中期；屬於「作器原因＋作＋王＋器物名稱＋用＋作器目的＋套語」之句型的銘文 1 件，時代為西周晚期；屬於「……賜……」之句型的銘文有 14 件，時代為西周中期的 5 件、晚期的 9 件。

西周出土銘文字數發展至八十一到一百字，銘文所屬時代為西周中期或晚期，沒有出土銘文時代為西周早期的，或與時代相關，西周出土八十一到一百字銘文全數都出現祝嘏辭式之套語，扣除銘文不全1件，全數都使用時間詞組。

西周出土銘文自十一字開始出現賞賜銘文，如十一字 2 件「王鐀駒昜賜盠駒勇雷駱子」、「王鐀駒庡賜盠駒勇雷驩子」，十二字 1 件「叔銫賜貝于王妁用作寶障彝」，十三字 1 件「乙丑扩賜貝于公中用作寶障彝」，十四字 5 件「王㝬于成周王賜圍貝用作寶障彝」[861]、「休朕公君匽侯賜圍貝用作寶障彝」，十五字 3 件「侯

---

858 郭沫若：〈盠器銘考釋〉，《考古學報》1957：2，頁2-4。

859 李學勤：〈郿縣李家村銅器考〉，《文物》1957：7，頁58。

860 辛怡華：〈「庡」──周王朝的良馬繁殖基地──眉縣東李村盠尊（駒尊）組器再研究〉，《文博》2003：2，頁39。

861 該銘文一式4件。

賞復貝三朋復用作父乙寶障彝娸」、「在戊辰匽侯賜白矩貝用作父戊障彝」、「乙丑
公中賜庶貝十朋庶用作寶障彝」，十七字 2 件「匽侯賞復冂衣臣妾貝用作父乙寶
障彝娸」、「侯賞攸貝三朋攸用作父戊寶障彝啟作禩」，十八字 1 件「白宵父曰休
父賜余馬對揚父休用作寶障彝」，二十字 1 件「孟戠父休于孟員賜貝十朋孟員剌
用作厥寶旅彝」，二十二字 1 件「昜侯賜弟叟𡧛烖弟叟作寶鼎其萬年子子孫孫永
寶用」，以及二十三到四十字屬「……賞或賜……」之句型，四十一到八十字屬
「……賞賜或其他動詞……」之句型的銘文。西周賞賜銘文八十一到一百字除
〈盠犧尊器銘〉外，其餘皆為冊命後的賞賜，並發展出完整的格式組成：

時間＋王或其他冊命者＋在或于＋地點＋賜＋賞賜品物＋對揚之詞＋用作＋
器物名稱＋套語

七　一百零一到一百二十字銘文

西周出土銅器的一百零一到一百一十字銘文有：

銘文字形	銘文編號
隹二月初吉戊寅王在周師𢀸馬宮各大室即立𢀸馬井白親右師瘨入門立中廷王乎內史吳冊令師瘨曰先王既令女今余唯𩁹先王令女官𢀸邑人師氏賜女金勒瘨拜稽首敢對揚天子不顯休用作朕文考外季尊𣪕瘨其萬年孫孫子子其永寶用享于宗室	777－778
瘨趄趄夙夕聖趩追孝于高祖辛公文祖乙公皇考丁公龢鏽鐘用邵各喜侃樂前文人用祈壽匃永令綽窮猎彔屯魯弋皇祖考高對爾烈嚴在上豐豐𥫃𥫃龔妥厚多福廣啟瘨身勘于永令襄受余爾𩁹福瘨其萬年櫅角鼓光義文神無疆顯福用寓光瘨身永余寶	184
瘨曰不顯高祖亞祖文考克明厥心正尹龠厥威義用辟先王瘨不敢弗帥祖考秉明德圉夙夕左尹氏皇王對瘨身楙賜佩敢作文人大寶龢鏽鐘用追孝𦰩祀邵各樂大神大神其陟降嚴祜龏妥厚多福其豐豐𥫃𥫃受余屯魯通彔永令眉壽靈冬瘨其萬年永寶日鼓	185－188
唯八月初吉王各于周廟穆公右盠立于中廷北鄉王冊令尹賜盠赤市幽亢攸勒曰用𢀸六自王行參有𢀸𢀸土𢀸馬𢀸工王令盠曰甋𢀸六自罖八自埶盠拜稽首	409－411

（續）

銘文字形	銘文編號
敢對揚王休用作朕文祖益公寶隟彝盠曰天子丕叚丕其萬年保我萬邦盠敢拜稽首曰烈朕身迺朕先寶事	
曰古文王初鰲龢于政上帝降懿德大甹匍有四方匂受萬邦雩武王既戈殷微史烈祖來見武王武王剆令周公舍宇以五十頌處今瘨夙夕虔敬卹厥死事肇作龢鑴鐘用龏妥厚多福廣啟瘨身勦于永令襄受余爾體福靈冬瘨其萬年羋角義文神無彊顯福用宇光瘨身永余寶	189－194
隹十又七年十又二月既生霸乙卯王在周康宮徲宮旦王各大室即位嗣土毛叔右此入門立中廷王乎史翏冊令此曰旅邑人善夫賜女玄衣黹屯赤市朱黃綸旂此敢對揚天子丕顯休令用作朕皇考癸公隟敃用孝于文申勾眉壽此萬年無彊畍臣天子霝冬子子孫孫永寶用	383

西周出土銅器的一百一十一到一百二十字銘文有：

銘文字形	銘文編號
隹十又七年十又二月既生霸乙卯王在周康宮徲宮旦王各大室即位嗣土毛叔右此入門立中廷王乎史翏冊令此曰旅邑人善夫賜女玄衣黹屯赤市朱黃綸旂此敢對揚天子丕顯休令用作朕皇考癸公隟鼎用宮孝于文申用勾眉壽此其萬年無彊畍臣天子霝冬子子孫永寶用	361－362
隹十又七年十又二月既生霸乙卯王在周康宮徲宮旦王各大室即位嗣土毛叔右此入門立中廷王乎史翏冊令此曰旅邑人善夫賜女玄衣黹屯赤市朱黃綸旂此敢對揚天子丕顯休令用作朕皇考癸公隟鼎用宮孝于文申用勾眉壽此其萬年無彊畍臣天子霝冬子子孫孫永寶用	363
隹十又七年十又二月既生霸乙卯王在周康宮徲宮旦王各大室即位嗣土毛叔右此入門立中廷王乎史翏冊令此曰旅邑人善夫賜女玄衣黹屯赤市朱黃綸旂此敢對揚天子丕顯休令用作朕皇考癸公隟敃用宮孝于文申用勾眉壽此其萬年無彊畍臣天子霝冬子子孫孫永寶用	376－378、381－382
隹十又七年十又二月既生霸乙卯王在周康宮徲宮旦王各大室即位嗣土毛叔右此入門立中廷王乎史翏冊令此曰旅邑人善夫賜女玄衣黹屯赤市朱黃綸旂此敢對揚天子丕顯休令用作朕皇考朱癸隟敃用宮孝于文申用勾眉壽此其萬年無彊畍臣天子霝冬子子孫孫永寶用	379－380

（續）

銘文字形	銘文編號
隹五年九月初吉召姜以珵生戝五尋壺兩以君氏命曰余老止我僕臺土田多柔弋許勿吏散亡余宕其三汝宕其二其兄公其弟乃余蠹大璋報婦氏帛束璜一有司逯薔兩屖珵生對揚朕宗君休用作召公障鋚用祈通彔得屯霝冬子孫永寶用之享其又敢亂茲命曰汝事召人公則明亟	312—313
戝曰烏虖王唯念戝辟烈考甲公王用肇使乃子戝率虎臣御淮戎戝曰烏虖朕文考甲公文母日庚弋休則長安永宕乃子戝心安永襲戝身厥復享于天子唯厥使乃子戝萬年辟事天子毌又戠于厥身戝拜稽首對揚王令用作文母日庚寶障龢彝用穆穆夙夜障享孝綏福其子子孫孫永寶茲烈	116

　　西周出土一百零一到一百二十字銘文共有 25 件，剔除重複的，歸納出有 12 種不同的內容，先分成兩大類——「作器原因＋器物名稱＋用＋為祭祀作器目的＋套語」、「……賜……」，其中「……賜……」再分成兩小類——「作器者＋曰＋受賞原因＋賞賜者＋賜＋賞賜品物＋作＋器物名稱＋用＋為祭祀作器目的＋套語」、「時間＋王＋在或于＋地點＋儐者＋右＋受冊命者＋王＋冊命＋賜＋賞賜品物＋對揚之詞＋用作＋為祭祀作器目的＋器物名稱」，最後依據是否出現宣讀冊命史官、對揚之詞、套語……等條件分成若干類型：

（一）作器原因＋器物名稱＋用＋為祭祀作器目的＋套語
　　1. 作器原因＋自贊之詞＋肇作＋器物名稱＋用＋為祭祀作器目的＋套語，如曰古文王初鼄龢于政上帝降懿德大甹匍有四方匌受萬邦雩武王既戈殷微史烈祖來見武王武王劓令周公舍寓以五十頌處今癲夙夕虔敬卹厥死事肇作龢鑄鐘用龠妥厚多福廣啟癲身勱于永令襲受余爾髓福霝冬癲其萬年屮角義文神無彊顯福用寓光癲身永余寶；
　　2. 作器原因＋器物名稱＋用＋為祭祀作器目的＋套語，如癲趄趄夙夕聖越追孝于高祖辛公文祖乙公皇考丁公龢鑄鐘用邵各喜侃樂前文人用祿壽匄永令綽綰猎彔屯魯弋皇祖考高對爾烈嚴在上豐豐夑夑龢妥厚多福廣啟癲身勱于永令襲受余爾髓福癲其萬年檔角龢光義文神無彊顯福用寓光癲身永余寶；
　　3. 時間＋作器原因＋對揚之詞＋用作＋為祭祀作器目的＋器物名稱＋用＋為祭祀作器目的＋套語＋詛祝之詞，如

隹五年九月初吉召姜以琱生戠五尋壺兩以君氏命曰余老止我僕臺土田多柔
弋許勿吏散亡余宕其三汝宕其二其兄公其弟乃余蟲大璋報婦氏帛束璜一有
司逯荓兩屖琱生對揚朕宗君休用作召公障鋘用祈通彔得屯靁冬子孫永寶用
之享其又敢亂茲命曰汝事召人公則明殛；

4. 作器者＋曰＋作器原因＋對揚之詞＋用作＋為祭祀作器目的＋器物名稱＋
用＋為祭祀作器目的＋套語，如

戜曰烏虖王唯念戜辟烈考甲公王用肇使乃子戜率虎臣御淮戎戜曰烏虖朕文
考甲公文母日庚弋休則長安永宕乃子戜心安永襲戜身厥復享于天子唯厥使
乃子戜萬年辟事天子毌又戜于厥身戜拜稽首對揚王令用作文母日庚寶障鬤
彝用穆穆夙夜障享孝綏福其子子孫孫永寶茲烈。

（二）……賜……

1. 作器者＋曰＋受賞原因＋賞賜者＋賜＋賞賜品物＋作＋器物名稱＋用＋為
祭祀作器目的＋套語，如

瘨曰丕顯高祖亞祖文考克明厥心正尹龡厥威義用辟先王瘨不敢弗帥祖考秉
明德圝夙夕左尹氏皇王對瘨身椘賜佩敢作文人大寶懿龢鐘用追孝鄭祀卲各
樂大神大神其陟降嚴祜鐯妥厚多福其豐豐彙彙受余屯魯通彔永令眉壽靈冬
瘨其萬年永寶日鼓；

2. 時間＋王＋在或于＋地點＋儐者＋右＋受冊命者＋王＋冊命＋賜＋賞賜品
物＋對揚之詞＋用作＋為祭祀作器目的＋器物名稱

（1）時間＋王＋于＋地點＋儐者＋右＋受冊命者＋王＋冊命＋賜＋賞賜品
物＋曰＋冊命內容＋對揚之詞＋用作＋為祭祀作器目的＋器物名稱＋
受冊命者＋曰＋對揚之詞＋自勉之詞，如

唯八月初吉王各于周廟穆公右盠立于中廷北鄉王冊令尹賜盠赤市幽亢
攸勒曰用嗣六自王行參有嗣嗣土嗣馬嗣工王令盠曰䶜嗣六自眔八自埶
盠拜稽首敢對揚王休用作朕文祖益公寶障彝盠曰天子丕叚丕其萬年保
我萬邦盠敢拜稽首曰烈朕身遇朕先寶事；

（2）時間＋王＋在＋地點＋儐者＋右＋受冊命者＋王＋乎＋宣讀冊命史官
＋冊命＋受冊命者＋曰＋冊命內容＋賜＋賞賜品物＋對揚之詞＋用作
＋為祭祀作器目的＋器物名稱＋套語，如

隹二月初吉戊寅王在周師嗣馬宮各大室即立嗣馬井白親右師痹入門立

中廷王乎內史吳冊令師瘨曰先王既令女今余唯龐先王令女官嗣邑人師氏賜女金勒瘨拜稽首敢對揚天子丕顯休用作朕文考外季尊段瘨其萬年孫孫子子其永寶用享于宗室。

（一）作器原因＋器物名稱＋用＋為祭祀作器目的＋套語

1 作器原因＋自贊之詞＋肇作＋器物名稱＋用＋為祭祀作器目的＋套語

西周出土一百零一到一百二十字銘文中，「曰古文王初𢾕龢于政上帝降懿德大甹匍有四方匐受萬邦雩武王既𢦏殷微史烈祖來見武王武王則令周公舍寓以五十頌處今瘨夙夕虔敬卹厥死事肇作龢鐘鐘用𣪊妥厚多福廣啟瘨身勖于永令襄受余爾黼福靈冬瘨其萬年屮角義文神無疆顯福用寓光瘨身永余寶」屬作器原因＋自贊之詞＋肇作＋器物名稱＋用＋為祭祀作器目的＋套語。

這篇銘文是出現在扶風縣莊白村所出土的 6 件甬鐘鉦間，研究人員從內容研判，「肇作龢鐘鐘用」和「𣪊妥厚多福」之間無法連讀，參照同出另一件〈瘨鐘銘〉，或少「邵各喜侃樂前文人，用祿壽，匄永令，綽寱猎彔屯魯。弋皇祖考高，對爾烈嚴在上，豐豐彙彙」三十五字，整套編鐘推測應為 8 件。[862]

「曰：古文王，初𢾕龢于政，上帝降懿德，大甹，匍有四方，匐受萬邦。雩武王既𢦏殷，微史烈祖來見武王，武王則令周公舍寓以五十頌處。今瘨夙夕虔敬，卹厥死事，肇作龢鐘鐘。用……𣪊妥厚多福，廣啟瘨身，勖于永令，襄受余爾黼福，靈冬，瘨其萬年屮角，義文神無疆顯福，用寓光瘨身，永余寶」，作器者為瘨，依照西周出土銘文的慣例，曰字前應出現作器者之名。裘錫圭認為「古文王，初𢾕龢于政」的𢾕龢應讀為戾和，指安定和協，「大甹」的甹讀為屏，即輔佐之意，[863] 該銘文一開始是對文王的稱頌。「雩武王既𢦏殷」的𢦏，李學勤釋為捷，捷殷就是克商，「武王則令周公舍寓以五十頌處」的舍寓指給予居處之地，[864] 唐蘭將「五十頌處」理解為給予五百個方里的住處，[865] 尹盛平則將此句斷

---

862 劉士莪、尹盛平：〈微氏家族青銅器群研究〉，《西周微氏家族青銅器群研究》，頁39，文物出版社，北京，1992。

863 裘錫圭：〈史牆盤銘解釋〉，《西周微氏家族青銅器群研究》，頁266。

864 李學勤：〈論史牆盤及其意義〉，《西周微氏家族青銅器群研究》，頁240-241。

865 唐蘭：〈略論西周微史家族窖藏銅器群的重要意義——陝西扶風新出墻盤銘文解釋〉，《西周微氏家族青銅器群研究》，頁114、125。

為「武王剛令周公舍寓以五十，頌處」，「舍寓以五十」表示給予相當於五十田的宅基地作為居所，「頌處」指以禮儀顧問的賓客身分居住。[866]「今癲夙夕虔敬，卹厥死事」意謂癲對於所掌管之職事早晚都恭敬、謹慎地處理，為作器者自贊的話語。由上可知，作器者癲作器之原因及目的，是透過對周初文王武王及烈祖所建功業的稱頌，帶出自贊之詞，並追孝祈福。銘文時代為西周中期。

2 作器原因＋器物名稱＋用＋為祭祀作器目的＋套語

西周出土一百零一到一百二十字銘文中，「癲趕趕夙夕聖趡追孝于高祖辛公文祖乙公皇考丁公龢鐘鐘用邵各喜侃樂前文人用祿壽匄永令緽窬猶彔屯魯弋皇祖考高對爾烈嚴在上豐豐彙彙龏妥厚多福廣啟癲身勖于永令襄受余爾髭福癲其萬年檮角龏光義文神無疆顯福用寓光癲身永余寶」屬作器原因＋器物名稱＋用＋為祭祀作器目的＋套語。

該篇銘文的開頭不同於其他西周出土長篇銘文，「癲趕趕夙夕聖趡追孝于高祖辛公、文祖乙公、皇考丁公龢鐘鐘，用邵各喜侃樂前文人，用祿壽，匄永令，緽窬猶彔屯魯。弋皇祖考高，對爾烈嚴在上，豐豐彙彙，龏妥厚多福，廣啟癲身，勖于永令，襄受余爾髭福，癲其萬年檮角龏光，義文神無疆顯福，用寓光癲身，永余寶」，伍仕謙認為「趕趕」表示威武的樣子，並以「追孝于高祖辛公、文祖乙公、皇考丁公」以及「弋皇祖考高」之祭祀對象，提出作器者癲僅僅追述所出之小宗，[867]也就是癲之皇考牆、文祖豐、高祖作冊旂。[868]裘錫圭以為「聖趡」讀為聖爽，即聖明之意。[869]癲鑄造該鐘用以追孝先祖先考，並祈求降下長壽福祿。金信周以「緽窬（綰）」常出現在永令等詞前後，當屬形容詞，表達寬裕、連綿不絕的意思。[870]陳英傑指出「猶彔」、「屯魯」、「髭福」、「厚多福」、「無疆顯福」都是指福祿的福祉類語詞，這類語詞在鐘銘中占的比重很大，並於西周中晚期有增加的趨勢。[871]「癲其萬年檮角龏光」的檮角，李學勤讀為齊慤，指肅

---

866 尹盛平：《周原文化與西周文明》，頁207，江蘇教育出版社，南京，2005。

867 伍仕謙：〈微氏家族銅器群年代初探〉，《微氏家族青銅器群研究》，頁206，文物出版社，北京，1992。

868 劉士莪、尹盛平：〈微氏家族青銅器群研究〉，《西周微氏家族青銅器群研究》，頁72。

869 裘錫圭：〈史牆盤銘解釋〉，《西周微氏家族青銅器群研究》，頁275。

870 金信周：《兩周祝嘏銘文研究》，頁163，國立台灣師範大學國文研究所碩士論文，2002。

871 陳英傑：《西周金文作器用途銘辭研究》上編，頁404-409，綫裝書局，北京，2008。

敬之意，虩光讀為熾光，同古籍所謂顯光、耿光。[872]銘文時代為西周中期。

3 時間＋作器原因＋對揚之詞＋用作＋為祭祀作器目的＋器物名稱＋用＋為祭祀作器目的＋套語＋詛祝之詞

西周出土一百零一到一百二十字銘文中，「隹五年九月初吉召姜以琱生戕五尋壺兩以君氏命曰余老止我僕臺土田多柔弋許勿吏散亡余宕其三汝宕其二其兄公其弟乃余蠇大璋報婦氏帛束璜一有司遂瞽兩屖琱生對揚朕宗君休用作召公障𣪘用祈通彔得屯靁冬子孫永寶用之享其又敢亂茲命曰汝事召人公則明亟」屬時間＋作器原因＋對揚之詞＋用作＋為祭祀作器目的＋器物名稱＋用＋為祭祀作器目的＋套語＋詛祝之詞。

「召姜以琱生戕五尋、壺兩，以君氏命曰：余老止，我僕臺土田多柔，弋許勿吏散亡。余宕其三，汝宕其二。其兄公，其弟乃。余蠇大璋，報婦氏帛束、璜一，有司遂瞽兩屖。琱生對揚朕宗君休，用作召公障𣪘，用祈通彔得屯靁冬，子孫永寶用之享。其又敢亂茲命，曰汝事召人，公則明亟」出現於扶風縣五郡西村所出土的兩件銅尊上。對於「召姜以琱生戕五尋、壺兩」的解釋，有兩種意見，一是琱生進獻戕五尋、壺兩給召姜，[873]另一是召姜贈送琱生戕五尋、壺兩，[874]「戕五尋」是指用以贈答行禮的幣帛四十尺，[875]學者或將「尋」隸定為帥，帥即帨，為佩巾、披巾之屬。[876]召姜為婦氏，替君氏轉達命令，「余老止」的余為君氏自稱，止當句末助詞。[877]「我僕臺土田多柔」的僕臺（庸）指附庸於西周貴族屬地、進行實際勞役者，柔讀為擾，指煩亂、擾亂，「弋許勿吏（使）散亡」的

872 李學勤：〈論史牆盤及其意義〉，《西周微氏家族青銅器群研究》，頁242，文物出版社，北京，1992。

873 吳鎮烽：〈琱生尊銘文的幾點考釋〉，《考古與文物》2007：5，頁103。王輝：〈琱生三器考釋〉，《考古學報》2008：1，頁53。劉桓：〈關于《五年琱生尊》的釋讀問題〉，《考古與文物》2008：3，頁100。

874 李學勤：〈琱生諸器銘文聯讀研究〉，《文物》2007：8，頁72。朱鳳瀚：〈琱生𣪘與琱生尊的綜合考釋〉，《新出金文與西周歷史》，頁78，上海古籍出版社，上海，2011。

875 吳鎮烽：〈琱生尊銘文的幾點考釋〉，《考古與文物》2007：5，頁103。李學勤：〈琱生諸器銘文聯讀研究〉，《文物》2007：8，頁72-73。

876 王輝：〈琱生三器考釋〉，《考古學報》2008：1，頁53。朱鳳瀚：〈琱生𣪘與琱生尊的綜合考釋〉，《新出金文與西周歷史》，頁78。

877 吳鎮烽：〈琱生尊銘文的幾點考釋〉，《考古與文物》2007：5，頁104。

弋許讀為式訴，意思指應當陳訴、訴訟。[878]「余宕其三，汝宕其二」，李學勤以為宕讀為度，整句話指公室得到所度量之僕庸土田三份、琱生二份；[879]朱鳳瀚主張讀為當，指承擔，整句話指訴訟費用公家承擔五分之三、琱生五分之二。[880]「其兄公，其弟乃」，兄指大宗嫡長子召伯虎，弟為小宗琱生，公指公正，其弟乃的乃為聽從、服從之意。[881]「余蠁大璋，報婦氏帛束、璜一，有司遝羞兩犀」指琱生進獻大璋與君氏，用束帛和玉璜答謝婦氏，並用兩件玉璧送給在場官員。[882]由上可知，作器者身為召氏小宗的琱生因僕庸土田的糾紛，經大宗宗君的裁議終獲解決，因而鑄造此器，一來用作事件處理的憑證，又可作為堅定、團結宗族情誼之祭器。[883]最終「其又敢亂茲命，曰汝事召人，公則明亟」為詛祝之詞。該銘文一式 2 件，時代為西周晚期。

4 作器者＋曰＋作器原因＋對揚之詞＋用作＋為祭祀作器目的＋器物名稱＋用＋為祭祀作器目的＋套語

　　西周出土一百零一到一百二十字銘文中，「敔曰烏虖王唯念敔辟烈考甲公王用肇使乃子敔率虎臣御淮戎敔曰烏虖朕文考甲公文母日庚弋休則長安永宕乃子敔心安永襲敔身厥复享于天子唯厥使乃子敔萬年辟事天子毋又斁于厥身敔拜稽首對揚王令用作文母日庚寶障𩰫彝用穆穆夙夜障享孝綏福其子子孫孫永寶茲烈」屬作器者＋曰＋作器原因＋對揚之詞＋用作＋為祭祀作器目的＋器物名稱＋用＋為祭祀作器目的＋套語。

　　「敔曰：烏虖！王唯念敔辟烈考甲公，王用肇使乃子敔率虎臣御淮戎。敔曰：烏虖！朕文考甲公、文母日庚弋休，則長安永宕乃子敔心，安永襲敔身，厥复享于天子，唯厥使乃子敔萬年辟事天子，毋又斁于厥身。敔拜稽首，對揚王令，用作文母日庚寶障𩰫彝，用穆穆夙夜障享孝綏福，其子子孫孫永寶茲烈」，

878 朱鳳瀚：〈琱生簋與琱生尊的綜合考釋〉，《新出金文與西周歷史》，頁73-74、77，上海古籍出版社，上海，2011。

879 李學勤：〈琱生諸器銘文聯讀研究〉，《文物》2007：8，頁72。

880 朱鳳瀚：〈琱生簋與琱生尊的綜合考釋〉，《新出金文與西周歷史》，頁74-75。

881 吳鎮烽：〈琱生尊銘文的幾點考釋〉，《考古與文物》2007：5，頁104、111。

882 李學勤：〈琱生諸器銘文聯讀研究〉，《文物》2007：8，頁72-73。

883 朱鳳瀚：〈琱生簋與琱生尊的綜合考釋〉，《新出金文與西周歷史》，頁72。

黃盛璋以為「弋休」的弋借為翼，表示保護、保佑之意，[884]「永宕乃子戮心」的宕讀為拓，指開拓，[885]「毌又戠于厥身」與同出於扶風縣莊白村的另一件〈戮簋〉「无戠于戮身」，銘辭意義相同，意謂祈求先人能長久不厭地保佑、庇蔭己身。作器者戮因受命抵禦淮戎，因而鑄造此器，以感恩王命復追孝祈福。銘文時代為西周中期。

（二）……賜……

1 作器者＋曰＋受賞原因＋賞賜者＋賜＋賞賜品物＋作＋器物名稱＋用＋為祭祀作器目的＋套語

西周出土一百零一到一百二十字銘文中，「癲曰不顯高祖亞祖文考克明厥心正尹龕厥威義用辟先王癲不敢弗帥祖考秉明德圖夙夕左尹氏皇王對癲身楙賜佩敢作文人大寶龔龢鐘用追孝盩祀卲各樂大神大神其陟降嚴祜龏妥厚多福其豐豐彙彙受余屯魯通彔永令眉壽靈冬癲其萬年永寶日鼓」屬作器者＋曰＋受賞原因＋賞賜者＋賜＋賞賜品物＋作＋器物名稱＋用＋為祭祀作器目的＋套語。

「癲曰：不顯高祖、亞祖、文考克明厥心，正尹龕厥威義，用辟先王。癲不敢弗帥祖考，秉明德，圖夙夕，左尹氏。皇王對癲身楙，賜佩，敢作文人大寶龔龢鐘，用追孝盩祀，卲各樂大神，大神其陟降嚴祜，龏妥厚多福。其豐豐彙彙，受余屯魯通彔，永令眉壽靈冬」，銘文中「正尹龕（典）厥威義」指自高祖以來擔任作冊之職，掌管禮儀，事奉先王。「圖夙夕」的圖讀為紹，指重繼之意。[886]「皇王對癲身楙」的楙即懋，指勉勵、鼓勵。[887]「用追孝盩祀」的盩祀，裘錫圭釋為敦祀，意指厚祀。[888]陳英傑將「大神其陟降嚴祜」的陟降，理解為偏用降義的偏義複詞，嚴祜之嚴表示大的意思，[889]如此，嚴祜即大福。此件銘文與上述另外兩件〈癲鐘銘〉所傳達之作器原因與目的相似，透過稱頌先祖考而自贊自勉，並追孝祈福。銘文一式4件，時代為西周中期。

---

884 黃盛璋：〈彔伯戓銅器及其相關問題〉，《考古與文物》1983：5，頁43。
885 王輝：《商周金文》，頁112，文物出版社，北京，2006。
886 王輝：《商周金文》，頁150、209，文物出版社，北京，2006。
887 伍仕謙：〈微氏家族銅器群年代初探〉，《微氏家族青銅器群研究》，頁205，文物出版社，北京，1992。
888 裘錫圭：〈獄簋銘補釋〉，《安徽大學學報》（哲學社會科學版）2008年第32卷第4期，頁2。
889 陳英傑：《西周金文作器用途銘辭研究》上編，頁367，綫裝書局，北京，2008。

2 時間＋王＋在或于＋地點＋儐者＋右＋受冊命者＋王＋冊命＋賜＋賞賜品物＋對揚之詞＋用作＋為祭祀作器目的＋器物名稱

（1）時間＋王＋于＋地點＋儐者＋右＋受冊命者＋王＋冊命＋賜＋賞賜品物＋曰＋冊命內容＋對揚之詞＋用作＋為祭祀作器目的＋器物名稱＋受冊命者＋曰＋對揚之詞＋自勉之詞

　　西周出土一百零一到一百二十字銘文中，「唯八月初吉王各于周廟穆公右盨立于中廷北鄉王冊令尹賜盨赤市幽亢攸勒曰用嗣六自王行參有嗣嗣土嗣馬嗣工王令盨曰毃嗣六自眔八自埶盨拜稽首敢對揚王休用作朕文祖益公寶障彝盨曰天子丕叚丕其萬年保我萬邦盨敢拜稽首曰烈朕身遹朕先寶事」屬時間＋王＋于＋地點＋儐者＋右＋受冊命者＋王＋冊命＋賜＋賞賜品物＋曰＋冊命內容＋對揚之詞＋用作＋為祭祀作器目的＋器物名稱＋受冊命者＋曰＋對揚之詞＋自勉之詞。

　　「王各于周廟，穆公右盨，立于中廷，北鄉，王冊令（命）尹賜盨赤市、幽亢、攸勒，曰：用嗣六自王行、參有嗣：嗣土、嗣馬、嗣工。王令盨曰：毃嗣六自眔八自埶。盨拜稽首，敢對揚王休，用作朕文祖益公寶障彝。盨曰：天子丕叚丕其，萬年保我萬邦。盨敢拜稽首曰：烈朕身，遹朕先寶事」，這篇銘文將負責宣讀冊命的史官「尹」放置於冊命一詞之後，並將盨接受冊命後對揚王休和自勉之詞追述、補記於文末。冊命內容為「嗣六自王行、參有嗣」和「毃嗣六自眔八自埶」，李學勤以為王行、參有嗣是管理六師（六鄉所組成的軍隊）的官吏，王行或指職司六鄉庶子之數的官員，周王並命盨兼管六師和八師有關種植的事務，如此，盨應是掌管司徒一系的職務。[890]張亞初、劉雨則提出王行或為掌管王族所組成之軍隊的職官。[891]「天子丕叚丕其」的丕叚丕其應釋為丕嘏丕基。「遹朕先寶事」的遹為更字異文，指繼承。[892]銘文一式 3 件，時代為西周中期。

（2）時間＋王＋在＋地點＋儐者＋右＋受冊命者＋王＋乎＋宣讀冊命史官＋冊命＋受冊命者＋曰＋冊命內容＋賜＋賞賜品物＋對揚之詞＋用作＋為祭祀作器目的＋器物名稱＋套語

　　西周出土一百零一到一百二十字銘文中，隹二月初吉戊寅王在周師嗣馬宮各

890　李學勤：《青銅器與古代史》，頁348-349，聯經出版事業有限公司，台北，2005。

891　張亞初、劉雨：《西周金文官制研究》，頁19，中華書局，北京，2004。

892　郭沫若：〈盨器銘考釋〉，《考古學報》1957：2，頁6。

大室即立嗣馬井白親右師瘨入門立中廷王乎內史吳冊令師瘨曰先王既令女今余唯
鼄先王令女官嗣邑人師氏賜女金勒瘨拜稽首敢對揚天子丕顯休用作朕文考外季尊
殷瘨其萬年孫孫子子其永寶用享于宗室、隹十又七年十又二月既生霸乙卯王在周
康宮徲宮旦王各大室即位嗣土毛叔右此入門立中廷王乎史翏冊令此曰旅邑人善夫
賜女玄衣黹屯赤市朱黃鑾旂此敢對揚天子丕顯休令用作朕皇考癸公障殷用孝于文
申匃眉壽此萬年無疆畍臣天子霝冬子子孫孫永寶用、隹十又七年十又二月既生霸
乙卯王在周康宮徲宮旦王各大室即位嗣土毛叔右此入門立中廷王乎史翏冊令此曰
旅邑人善夫賜女玄衣黹屯赤市朱黃鑾旂此敢對揚天子丕顯休令用作朕皇考癸公障
鼎用亯孝于文申用匃眉壽此其萬年無疆畍臣天子霝冬子子孫永寶用、隹十又七年
十又二月既生霸乙卯王在周康宮徲宮旦王各大室即位嗣土毛叔右此入門立中廷王
乎史翏冊令此曰旅邑人善夫賜女玄衣黹屯赤市朱黃鑾旂此敢對揚天子丕顯休令用
作朕皇考癸公障鼎（殷）用亯孝于文申用匃眉壽此其萬年無疆畍臣天子霝冬子子
孫孫永寶用、隹十又七年十又二月既生霸乙卯王在周康宮徲宮旦王各大室即位嗣
土毛叔右此入門立中廷王乎史翏冊令此曰旅邑人善夫賜女玄衣黹屯赤市朱黃鑾旂
此敢對揚天子丕顯休令用作朕皇考朱癸障殷用亯孝于文申用匃眉壽此其萬年無疆
畍臣天子霝冬子子孫孫永寶用屬時間＋王＋在＋地點＋儐者＋右＋受冊命者＋王
＋乎＋宣讀冊命史官＋冊命＋受冊命者＋曰＋冊命內容＋賜＋賞賜品物＋對揚之
詞＋用作＋為祭祀作器目的＋器物名稱＋套語。

　　「王在周師嗣馬宮，各大室，即立，嗣馬井白親右師瘨入門，立中廷，王乎
內史吳冊令師瘨曰：先王既令女，今余唯鼄先王，令女官嗣邑人，師氏賜女金
勒。瘨拜稽首，敢對揚天子丕顯休，用作朕文考外季尊殷」，王輝以為鼄讀為
申，[893]師瘨受命職司既為鄉邑之長，亦是軍旅之長的邑人。[894]銘文一式兩件，時
代為西周中期。

　　1975 年岐山縣董家村出土 11 件作器者名「此」的銅器群，包括 3 件銅鼎和
8 件銅簋，銘文有五種但內容大同小異，以其中具 112 字的〈此鼎銘〉為例，「隹
十又七年十又二月既生霸乙卯，王在周康宮徲宮，旦，王各大室，即位。嗣土毛
叔右此入門，立中廷。王乎史翏冊令此曰：旅邑人善夫，賜女玄衣、黹屯、赤

893 王輝：《商周金文》，頁150、209，文物出版社，北京，2006。
894 楊寬：〈論西周金文中「六自」「八自」和鄉遂制度的關係〉，《考古》1964：8，頁416-417。張亞
　　初、劉雨：《西周金文官制研究》，頁52，中華書局，北京，2004。

市、朱黃、絲旂。此敢對揚天子丕顯休令，用作朕皇考癸公陲鼎，用亯孝于文申（神），用匄眉壽。此其萬年無疆，畎臣天子，霝冬，子子孫孫永寶用」，有兩件鼎銘的孫字未重文，5 件簋銘作「用作朕皇考癸公陲段」，兩件簋銘作「用作朕皇考朱癸陲段」，有 1 件簋銘缺亯、用、其三字，為「用孝于文申（神），匄眉壽。此萬年無疆」。唐蘭以為「旅邑人善夫」的旅為排列順序之意，[895] 則「旅邑人善夫」是指周王賦予此之職務。朱鳳瀚將「旅邑人善夫」解讀為周王對此的稱呼，旅邑是此的采邑，善夫為此的官職。[896] 11 件此器銘時代均為西周晚期。

小結

　　西周出土一百零一到一百二十字銘文有 25 件，屬於「作器原因＋器物名稱＋用＋為祭祀作器目的＋套語」之句型的銘文 5 件，3 件時代為西周中期、2 件晚期。屬於「……賜……」之句型的銘文有 20 件，其中歸於「作器者＋曰＋受賞原因＋賞賜者＋賜＋賞賜品物＋作＋器物名稱＋用＋為祭祀作器目的＋套語」之小類有 4 件，時代均為西周中期；歸於「時間＋王＋在或于＋地點＋儐者＋右＋受冊命者＋王＋冊命＋賜＋賞賜品物＋對揚之詞＋用作＋為祭祀作器目的＋器物名稱」之小類有 16 件，5 件時代為西周中期、11 件晚期。

　　西周出土一百零一到一百二十字銘文並未出現時代屬於西周早期的，除了〈盠方彝銘〉和〈盠尊銘〉外，其餘 22 件銘文都出現祝嘏辭式之套語。橫跨兩大類的 6 件〈癲鐘銘〉和屬於第一大類的 1 件〈戜鼎銘〉不具有時間詞組，其餘 18 件銘文於銘辭開端皆標示有時間詞組。

　　就銘文內容綜合來看，西周出土一百零一到一百二十字銘文仍以賞賜或冊命銘文為大宗，其他或為追孝祈福之作器目的，或為因土地糾紛之記事性質。就銘文組成的情況來看，賞賜或冊命銘文的組成具有一定的格式，也就是說賞賜或冊命銘文的組成成分重疊性高，且有其組成之規律性。而作器目的為追孝祈福的鐘銘，在某些福祉類詞語的使用上具有重複性，也呈顯出器物專為銅鐘才出現這些詞語的特色，但一般說來，追孝祈福或記事性質之銘文的組成，在銘辭的前半段

---

895 唐蘭：〈陝西省岐山縣董家村新出西周重要銅器銘辭的譯文和注釋〉，《文物》1976：5，頁63。
896 朱鳳瀚：《商周家族形態研究》，頁365，天津古籍出版社，天津，2004。

通常不具有趨同性，因此出現難以再進一步因組成成分相同、重疊，而歸納出其細部組成格式的情形。

八　一百二十一到一百九十字銘文

西周出土銅器的一百二十一到一百三十字銘文有：

銘文字形	銘文編號
佳王初鄰宅于成周復亶珷王豐福自天才四月丙戌王鼏宗小子于京室曰昔才爾考公氏克逨玟王緯玟王受茲大命佳珷王既克大邑商剛廷告于天曰余其宅茲中或自之辪民烏虖爾有唯小子亡戠覒于公氏有爵于天叡令苟享戈唯王龏德谷天順我不敏王咸鼏何賜貝卅朋用作□公寶障彝佳王五祀	547
佳十又二年初吉丁卯益公內即命于天子公迺出厥命賜卑師永厥田陰易洛彊眔師俗父田厥眔公出厥命井白焚白尹氏師俗父趞中公迺命酉嗣徒奌父周人嗣工眉畝史師氏邑人奎父畢人師同付永厥田厥率增厥疆宋句永拜稽首對揚天子休命永用作朕文考乙白障盂永其萬年孫孫子子永其率寶用	767
王曰有余佳小子余亡康晝夜坙襲先王用配皇天簧黹朕心墜于四方緐余以餝士獻民再盨先王宗室臷作鬱彝簋殷用康惠朕皇文烈祖考其各前文人其瀕在帝廷陟降魋鬪皇帝大魯令用綏保我家朕立臷身阤阤降余多福憲尃宇慕遠猷臷其萬年鬱實朕多御用妻壽匃永令畍在位作憲在下佳王十又二祀	234
佳四月辰在丁未王省武王成王伐商圖延省東國圖王立于宜入土南鄉王令虞侯矢曰𨝏侯于宜賜鬯卣一卣商瓚一□彤弓一彤矢百旅弓十旅矢千賜土厥川三百□厥□百又廿厥宅邑卅又五厥□百又卅賜在宜王人十又七生賜奠七伯厥盧□又五十夫賜宜庶人六百又□六夫宜侯矢揚王休作虞公父丁障彝	1679
佳六年二月初吉甲戌王在周師彔宮旦王各大室即位嗣土榮伯右宰曶內門立中廷北鄉王乎內史尹中冊命宰曶曰昔先王既命女今余唯或釐豪乃命更乃祖考事歔嗣康宮王家臣妾復臺外入毋敢無聞智賜女赤市幽亢攸勒用事曶拜稽首敢對揚天子丕顯魯休命用作朕烈祖幽中益姜寶匜殷曶其萬年子子孫孫寶用	329—332
述曰丕顯朕皇考克奮明厥心帥用厥先祖考政德言辟先王述御于厥辟不敢豕虔夙夕敬厥死事天子坙朕先祖服多賜述休令歔嗣四方吳譱述敢對天子丕顯魯休揚用作朕皇考龏叔穌鐘鎗鎗恩恩雝雝鏘鏘用追孝卲各喜侃前文人前文人嚴在上豐豐彙彙降余多福康虔屯右永令述其萬年眉壽畯臣天子子子孫孫永寶	415—417

西周出土銅器的一百三十一到一百五十字銘文有：

銘文字形	銘文編號
隹三年三月既生霸壬寅王禹旂于豐氒伯庶人取堇章于裘衛才八十朋厥貯其舍田十田氒或取赤虎兩麋菐兩菐鞶一才廿朋其舍田三田裘衛迺羼告于伯邑父榮伯定伯琼伯單伯伯邑父榮伯定伯琼伯單伯迺令參有嗣嗣土微邑嗣馬單旟嗣工邑人服眾受田燹趞衛小子攜逆者其鄉衛用作朕文考惠孟寶般衛其萬年永寶用	387
王若曰旬丕顯文武受令劓厥祖奠周邦今余令女啻官嗣邑人先虎臣後庸西門尸秦尸京尸𦅒尸師㝅側新□華尸弁夛尸匜人成周走亞成秦人降人服尸賜女玄衣黹屯載巿同黃戈琱戚𢆉必彤沙鑾旂攸勒用事旬稽首對揚天子休令用作文祖乙白同姬障殷旬萬年子子孫孫永寶用唯王十又七祀王在射日宮旦王各益公入右旬	764
隹六月初吉乙酉在𢯱自戎伐𩁹𢧜率有司師氏𢓊追禦戎于域林搏戎馘朕文母競敏竃行休宕厥心永襲厥身俾克厥啻獲馘百執訊二夫俘戎兵盾矛戈弓箙矢裨胄凡百又卅又五叔将戎俘人百又十又四人衣搏无斁于𢧜身乃子𢧜拜稽首對揚文母福烈用作文母日庚寶障殷俾乃子𢧜萬年用夙夜障享孝于厥文母其子子孫孫永寶	119
梁其曰丕顯皇祖考穆穆異異克慎厥德農臣先王得屯亡愍梁其肇帥井皇祖考秉明德虔夙夕辟天子天子肩事梁其身邦君大正用天子寵蔑梁其曆梁其敢對天子丕顯休揚用作朕皇祖考穌鐘鎗鎗鎗鎗鐄鐄鏞鏞用卲各喜侃前文人用祈匄康龢屯右綽綰通彔皇祖考其嚴在下𤔲𤔲彙彙降余大魯福亡斁用祓光梁其身勛于永令其其萬年無疆龕臣皇王眉壽永寶	303—304
梁其曰丕顯皇祖考穆穆異異克慎厥德農臣先王得屯亡愍梁其肇帥井皇祖考秉明德虔夙夕辟天子天子肩事梁其身邦君大正用天子寵蔑梁其曆梁其敢對天子丕顯休揚用作朕皇祖考穌鐘鎗鎗鎗鎗鐄鐄鏞鏞用卲各喜侃前文人用祈匄康龢屯右綽綰通彔皇祖考其嚴在上𤔲𤔲彙彙降余大魯福亡斁用祓光梁其身勛于永令梁其其萬年無疆龕臣皇王眉壽永寶	301—302

西周出土銅器的一百五十一到一百七十字銘文有：

銘文字形	銘文編號
唯九月初吉戊申白氏曰不娶馭方嚴允廣伐西䑥王令我羞追于西余來歸獻禽余命女御追于䂀女以我車宕伐嚴允于高陶女多折首執訊戎大同從追女女彶戎大臺女休弗以我車圅于艱女多禽折首執訊白氏曰不娶女小子女肇誨于戎工賜女弓一矢束臣五家田十田用從乃事不娶拜稽手休用作朕皇祖公白孟姬䵼殷用匄多福眉壽無疆川屯霝冬子子孫孫其永寶用亯	1531
隹三月既死霸甲申王在荸上宮白揚父迺成𧶞曰牧牛䖒乃可湛女敢吕乃師訟女上卲先誓今女亦既又卪誓專趞嗇親儥宿亦茲五夫亦既卪乃誓女亦既從辭從誓弌可我義俊女千䥝䥝女今我赦女義俊女千黮䥝女今大赦女俊女五百罰女三百孚白揚父迺或吏牧牛誓曰自今余敢夒乃小大史乃師或吕女告劕到乃俊千䥝䥝牧牛劕誓厥吕告吏𨚣吏習于會牧牛辭誓成罰金䭒用作旅盉	386
隹卅年四月初吉甲戌王才周新宮各于大室密叔入右虎即立王乎內史曰冊令虎曰飪乃祖考事先王䐊虎臣今令女曰更厥祖考胥師戲䐊走馬馭人眔五邑走馬馭人女毋敢不善于乃政賜女載市幽黃玄衣滰屯絲旂五日用事虎敢拜稽首對揚天子丕不魯休虎曰丕顯朕烈祖考龡明克事先王䵼天子弗望厥孫子付厥尚官天子其萬年䵼茲命虎用作文考曰庚䵼殷子孫其永寶用夙夕亯于宗	879
隹十又八年十又三月既生霸丙戌王才周康宮䛗宮導入右吳虎王令善夫豐生䐊工雍毅䵼剌王令取吳盍舊疆付吳虎厥北疆涵人眔疆厥東疆官人眔疆厥南疆畢人眔疆厥西疆荸姜眔疆厥昷履弄豐生雍毅白導內䐊土寺𣏪吳虎捧稽首天子休賓善夫豐生章馬匹賓䐊工雍毅章馬匹賓內䐊土寺𣏪璧爰書尹友守史白賓史𣏪韋兩虎捧手稽首敢對揚天子丕顯魯休用作朕皇祖考庚孟䵼鼎其子子孫孫永寶	743

西周出土銅器的一百七十一到一百九十字銘文：無。

　　西周出土一百二十一到一百九十字銘文共有 20 件，剔除重複的，歸納出有15 種不同的內容，先分成三大類──時間＋作器原因＋作器者＋用作＋器物名稱、作器原因＋用或用作＋為祭祀作器目的＋器物名稱＋套語、……賜或其他動詞……，再依據是否出現時間、對揚之詞、作器目的、套語、儐者、宣讀冊命史官、傳達王命者……等條件分成若干類型：

（一）時間＋作器原因＋作器者＋用作＋器物名稱

　　1. 時間＋作器原因＋作器者＋用作＋器物名稱，如

　　　隹三月既死霸甲申王在荦上宮白揚父迺成贅曰牧牛虩乃可湛女敢吕乃師訟
　　　女上卽先誓今女亦既又卪誓專趙齒覤儅箾亦茲五夫亦既卪乃誓女亦既從辭
　　　從誓弋可我義俊女千戮簸女今我赦女義俊女千黮簸女今大赦女俊女五百罰
　　　女三百寽白揚父迺或吏牧牛誓曰自今余敢夒乃小大史乃師或吕女告劓劅乃
　　　俊千戮簸牧牛劓誓厥吕告吏虩吏智于會牧牛辭誓成罰金儅用作旅盉。

（二）作器原因＋用或用作＋為祭祀作器目的＋器物名稱＋套語

　　1. 時間＋作器原因＋用作＋為祭祀作器目的＋器物名稱＋套語，如

　　　隹三年三月既生霸壬寅王禹旅于豐䘓伯庶人取堇章于裘衛才八十朋厥貯其
　　　舍田十田䘓或取赤虎兩麀韋兩韋鞈一才廿朋其舍田三田裘衛迺虣告于伯邑
　　　父榮伯定伯琼伯單伯伯邑父榮伯定伯琼伯單伯迺令參有䚷䚷土微邑䚷馬單
　　　旟䚷工邑人服眔受田燹遣衛小子蘓逆者其鄉衛用作朕文考惠孟寶般衛其萬
　　　年永寶用；

　　2. 時間＋作器原因＋對揚之詞＋用作＋為祭祀作器目的＋器物名稱＋用＋為祭
　　　祀作器目的＋套語，如

　　　隹六月初吉乙酉在堂自戎伐䰜䢦率有司師氏奔追禦戎于域林搏戎鈇朕文母
　　　競敏竈行休宕厥心永襲厥身俾克厥啻獲馘百執訊二夫俘戎兵盾矛戈弓箙矢
　　　裨胄凡百又卅又五叔将戎俘人百又十又四人衣搏无斁于䢦身乃子䢦拜稽首
　　　對揚文母福烈用作文母日庚寶陴殷俾乃子䢦萬年用尚夙夜陴享孝于厥文母其
　　　子子孫孫永寶；

　　3. 作器者＋曰＋作器原因＋對揚之詞＋用作＋為祭祀作器目的＋器物名稱＋
　　　用＋為祭祀作器目的＋套語，如

　　　梁其曰丕顯皇祖考穆穆異異克慎厥德農臣先王得屯亡愍梁其肇帥井皇祖考
　　　秉明德虔夙夕辟天子天子肩事梁其身邦君大正用天子寵蔑梁其曆梁其敢對
　　　天子丕顯休揚用作朕皇祖考蘓鐘鎗鎗鎗鎗鐣鐣鏇鏇用邵各喜侃前文人用祈
　　　匄康娑屯右綽綰通彔皇祖考其嚴在下黻黻㝡㝡降余大魯福亡斁用遂光梁其
　　　身勛于永令其其萬年無疆龕臣皇王眉壽永寶；

　　4. 時間＋王＋曰＋作器原因＋王名＋作＋器物名稱＋用＋為祭祀作器目的＋套
　　　語，如

王曰有余隹小子余亡康晝夜巠襲先王用配皇天簧뿲朕心墜于四方緐余以饎士獻民再蠢先王宗室鈇作鼚彝寶盨用康惠朕皇文烈祖考其各前文人其瀕在帝廷阤降豔鬴皇帝大魯令用綏保我家朕立鈇身阤阤降余多福耈耇宇慕遠猷鈇其萬年鼚實朕多御用秦壽匄永令眊在位作𥳑在下隹王十又二祀；

（三）……賜或其他動詞……

1. 作器者＋曰＋自勉之詞＋賜＋作器者＋令＋冊令內容＋對揚之詞＋用作＋為祭祀作器目的＋器物名稱＋用＋為祭祀作器目的＋套語，如

   逑曰丕顯朕皇考克𠦪明厥心帥用厥先祖考政德亯辟先王逑御于厥辟不敢彖虔夙夕敬厥死事天子巠朕先祖服多賜逑休令㦰鬴四方吳誉逑敢對天子丕顯魯休揚用作朕皇考龏叔龢鐘鎗鎗恩恩雝雝鏘鏘用追孝卲各喜侃前文人前文人嚴在上豐豐彔彔降余多福康虞屯右永令逑其萬年眉壽畯臣天子子子孫孫永寶；

2. 時間＋王＋于＋地點＋王＋令＋受冊命者＋曰＋冊命內容＋賜＋賞賜品物＋對揚之詞＋作＋為祭祀作器目的＋器物名稱，如

   隹四月辰在丁未王省武王成王伐商圖征省東國圖王立于宜入土南鄉王令虞侯夨曰鄷侯于宜賜鬯𩰪一卣商瓚一□彤弓一彤矢百旅弓十旅矢千賜土厥川三百□厥□百又廿厥宅邑卅又五厥□百又卌賜在宜王人十又七生賜奠七伯厥盧□又五十夫賜宜庶人六百又□六夫宜侯夨揚王休作虞公父丁隩彝；

3. 時間＋王＋在＋地點＋儐者＋右＋受冊命者＋王＋乎＋宣讀冊命史官＋冊命＋受冊命者＋曰＋冊命內容＋賜＋賞賜品物＋對揚之詞＋用作＋為祭祀作器目的＋器物名稱＋套語，如

   隹六年二月初吉甲戌王在周師彔宮旦王各大室即位繘土榮伯右宰譻內門立中廷北鄉王乎內史尹中冊命宰譻曰昔先王既命女今余唯或龔槀乃命更乃祖考事歉繘康宮王家臣妾復臺外入毌敢無聞智賜女赤巿幽亢攸勒用事譻拜稽首敢對揚天子丕顯魯休命用作朕烈祖幽中益姜寶匜盨譻其萬年子子孫孫寶用；

4. 時間＋王＋在＋地點＋儐者＋右＋受冊命者＋王＋曰＋冊命內容＋賜＋賞賜品物＋對揚之詞＋用作＋為祭祀作器目的＋器物名稱＋套語，如

   王若曰訇丕顯文武受令剔厥祖奠周邦今余令女啻官繘邑人先虎臣後庸西門尸秦尸京尸彔尸師等側新□華尸弁豸尸匽人成周走亞戍秦人降人服尸賜女

玄衣黹屯載巿同黃戈琱戚冔必彤沙鑾旂攸勒用事旬稽首對揚天子休令用作
文祖乙白同姬障段旬萬年子子孫孫永寶用唯王十又七祀王在射日宮旦王各
益公入右旬；

5. 時間＋王＋在＋地點＋儐者＋右＋受土者＋王＋令＋ 付 ＋所受土地＋對
揚之詞＋用作＋為祭祀作器目的＋器物名稱＋套語，如

隹十又八年十又三月既生霸丙戌王才周康宮徲宮導入右吳虎王令善夫豐生
龢工雍毅龘剌王令取吳盉舊疆付吳虎厥北疆涵人眔疆厥東疆官人眔疆厥南
疆畢人眔疆厥西疆荂姜眔疆厥盅履弄豐生雍毅白導內龢土寺夆吳虎捧稽首
天子休賓善夫豐生章馬匹賓龢工雍毅章馬匹賓內龢土寺夆璧爰書尹友守史
由賓史夆韋兩虎捧手稽首敢對揚天子丕顯魯休用作朕皇祖考庚孟障鼎其子
子孫孫永寶；

6. 時間＋傳達王命者＋ 賜卑 ＋受土者＋所受土地＋對揚之詞＋用作＋為祭祀
作器目的＋器物名稱＋套語，如

隹十又二年初吉丁卯益公內即命于天子公迺出厥命賜卑師永厥田滷易洛疆
眔師俗父田厥眔公出厥命井白笈白尹氏師俗父趨中公迺命酉龢徒宦父周人
龢工屌戲史師氏邑人奎父畢人師同付永厥田厥率墇厥疆宋旬永拜稽首對揚
天子休命永用作朕文考乙白障盂永其萬年孫孫子子永其率寶用；

7. 時間＋受賞原因＋賜＋賞賜品物＋對揚之詞＋用作＋為祭祀作器目的＋器
物名稱＋套語，如

唯九月初吉戊申白氏曰不嬰馭方嚴允廣伐西俞王令我羞追于西余來歸獻禽
余命女御追于罍女以我車宕伐嚴允于高陶女多折首執訊戎大同從追女女彶
戎大臺女休弗以我車圅于艱女多禽折首執訊白氏曰不嬰女小子女肈誨于戎
工賜女弓一矢束臣五家田十田用從乃事不嬰拜稽手休用作朕皇祖公白孟姬
障段用旬多福眉壽無疆凷屯霝冬子子孫孫其永寶用亯；

8. 時間＋王＋于＋地點＋曰＋誥訓之詞＋賜＋貝（和數量）＋用作＋為祭祀作
器目的＋器物名稱，如

隹王初鄉宅于成周復亯珷王豐福自天才四月丙戌王誥宗小子于京室曰昔才
爾考公氏克逨玟王肄玟王受茲大命隹珷王既克大邑商劓廷告于天曰余其宅
茲中或自之辥民烏虖爾有唯小子亡戠視于公氏有爵于天敱令苟享戋唯王龏
德谷天順我不敏王咸亯何賜貝卅朋用作□公寶障彝隹王五祀。

（一）時間＋作器原因＋作器者＋用作＋器物名稱

1 時間＋作器原因＋作器者＋用作＋器物名稱

西周出土一百二十一到一百九十字銘文中，「隹三月既死霸甲申王在荦上宮白揚父迺成贅曰牧牛貳乃可湛女敢呂乃師訟女上𠱾先誓今女亦既又𠃬誓專趞嗇覲儓𡩺亦茲五夫亦既𠃬乃誓女亦既從辭從誓弋可我義俊女千𩫓𩫓女今我赦女義俊女千黜𩫓女今大赦女俊女五百罰女三百乎白揚父迺或吏牧牛誓曰自今余敢夒乃小大史乃師或呂女告剭到乃俊千𩫓𩫓牧牛剭誓厥呂告吏䙷吏匋于會牧牛辭誓成罰金儓用作旅盉」是為時間＋作器原因＋作器者＋用作＋器物名稱一類。

「王在荦上宮，白揚父迺成贅，曰：牧牛，貳乃可湛，女敢呂乃師訟。女上𠱾先誓，今女亦既又𠃬誓，專、趞、嗇、覲、儓𡩺，亦茲五夫亦既𠃬乃誓，女亦既從辭從誓，弋可。我義俊女千、𩫓𩫓女，今我赦女。義俊女千、黜𩫓女，今大赦女，俊女五百、罰女三百乎。白揚父迺或吏牧牛誓曰：自今余敢夒乃小大史，乃師或呂女告，剭到乃俊千、𩫓𩫓。牧牛剭誓。厥呂告吏䙷、吏匋于會。牧牛辭誓成，罰金」，「白揚父迺成贅」的贅，李學勤認為讀為讞，指判決，並指出牧牛為此宗訴訟的被告，牧牛是被告之官職。[897]

「貳乃可湛，女敢呂乃師訟」，唐蘭將可湛讀為苛扰，苛為譴責、扰指誣告，[898]李學勤補釋貳讀為徂，表示過去。「女上𠱾先誓，今女亦既又𠃬誓，專、趞、嗇、覲、儓𡩺，亦茲五夫亦既𠃬乃誓」的𠱾讀為忒，意指違背，𠃬通節，𠃬誓為信誓，專、趞、嗇、覲、儓為銘文所言「五夫」，當為證人身分。[899]唐蘭主張銘文所提及本來的責罰有——俊、𩫓、𩫓，俊即鞭之初文，𩫓𩫓隸定為黥𩫓，𩫓即於顴骨填墨之墨刑，黥假為幪，或指蒙上黑巾。而後伯揚父減刑為——俊、黜、𩫓，黜當黜，指免官之意。最後又大赦為鞭打五百下和罰銅三百乎。[900]「厥呂告吏䙷、吏匋于會」的會，李學勤推論是記錄訴訟最終判決結果的計簿，[901]負責執筆的是掌管司法的䙷、匋。如此可知作器者師儓鑄作此器，是因為贏得訴訟。銘文時代屬西周中期。

---

897 李學勤：《青銅器與古代史》，頁391，聯經出版事業有限公司，台北，2005。
898 唐蘭：〈陝西省岐山縣董家村新出西周重要銅器銘辭的譯文和注釋〉，《文物》1976：5，頁58。
899 李學勤：《青銅器與古代史》，頁391-392。
900 唐蘭：〈陝西省岐山縣董家村新出西周重要銅器銘辭的譯文和注釋〉，《文物》1976：5，頁58-59。
901 李學勤：《青銅器與古代史》，頁394。

（二）作器原因＋用或用作＋為祭祀作器目的＋器物名稱＋套語

1 時間＋作器原因＋用作＋為祭祀作器目的＋器物名稱＋套語

　　西周出土一百二十一到一百九十字銘文中，「隹三年三月既生霸壬寅王爯旂于豐𣄼伯庶人取堇章于裘衛才八十朋厥貯其舍田十田𣄼或取赤虎兩麋荤兩荤韐一才廿朋其舍田三田裘衛迺彘告于伯邑父榮伯定伯㻛伯單伯伯邑父榮伯定伯㻛伯單伯迺令參有嗣嗣土微邑嗣馬單旟嗣工邑人服眔受田燹趞衛小子䞶逆者其鄉衛用作朕文考惠孟寶般衛其萬年永寶用」是為時間＋作器原因＋用作＋為祭祀作器目的＋器物名稱＋套語一類。

　　「王爯旂于豐。𣄼伯庶人取堇章于裘衛，才八十朋，厥貯其舍田十田。𣄼或取赤虎兩、麋荤兩、荤韐一，才廿朋，其舍田三田。裘衛迺彘告于伯邑父、榮伯、定伯、㻛伯、單伯。伯邑父、榮伯、定伯、㻛伯、單伯迺令參有嗣：嗣土微邑、嗣馬單旟、嗣工邑人服，眔受田。燹趞、衛小子䞶逆者其鄉」，「王爯旂于豐」出現在時間詞組之後，表示當時周王在豐京舉行建大常旗的典禮。「𣄼伯庶人取堇章于裘衛，才八十朋」的才或讀為財，指價值，[902]意謂裘衛給與𣄼伯以換取十田的瑾璋價值八十朋；或讀為戴，表示除了瑾璋，得再增加八十朋的補價。[903]高明以為「厥貯其舍田十田」的貯是交易、作買賣的意思。[904]「裘衛迺彘告于伯邑父」的彘讀為矢，即陳述之意。[905]當中的伯邑父、榮伯、定伯、㻛伯、單伯都是土地交易的見證人，而嗣土微邑、嗣馬單旟、嗣工邑人服是進行土地交割的執事官員。交易完成後，由裘衛的下屬燹趞、䞶迎接相關人員並加以宴饗。[906]銘文時代屬西周中期。

902 龐懷靖、吳鎮烽、雒忠如、尚志儒：〈陝西省岐山縣董家村西周銅器窖穴發掘簡報〉，《文物》1976：5，頁33。

903 王輝：《商周金文》，頁136，文物出版社，北京，2006。

904 高明：〈西周金文「貯」字資料整理和研究〉，《考古學研究（一）》，頁309，文物出版社，北京，1992。

905 龐懷靖、吳鎮烽、雒忠如、尚志儒：〈陝西省岐山縣董家村西周銅器窖穴發掘簡報〉，《文物》1976：5，頁34。

906 王輝：《商周金文》，頁137-138。

2 時間＋作器原因＋對揚之詞＋用作＋為祭祀作器目的＋器物名稱＋用＋為祭祀作器目的＋套語

西周出土一百二十一到一百九十字銘文中，「隹六月初吉乙酉在薑自戎伐軝戜率有司師氏徲追禦戎于域林搏戎戜朕文母競敏竟行休宕厥心永襲厥身俾克厥啻獲馘百執訊二夫俘戎兵盾矛戈弓箙矢裨胄凡百又卅又五叔捋戎俘人百又十又四人衣搏无斁于戜身乃子戜拜稽首對揚文母福烈用作文母日庚寶隩段俾乃子戜萬年用夙夜隩享孝于厥文母其子子孫孫永寶」是為時間＋作器原因＋對揚之詞＋用作＋為祭祀作器目的＋器物名稱＋用＋為祭祀作器目的＋套語一類。

「在薑自，戎伐軝，戜率有司師氏徲追禦戎于域林，搏戎戜。朕文母競敏竟行，休宕厥心，永襲厥身，俾克厥啻。獲馘百，執訊二夫，俘戎兵：盾矛戈弓箙矢裨胄凡百又卅又五叔，捋戎俘人百又十又四人。衣搏，无斁于戜身。乃子戜拜稽首，對揚文母福烈」，該銘文的開頭說明戜在域林一地追擊淮戎，「朕文母競敏竟行」，黃盛璋以為竟是啓字繁文，竟行表示在前開路，[907] 由於先母的保佑，使得戜克敵制勝，且戰功輝煌，獲得上百個死敵首領、捕獲兩個俘虜，還得到兵器一百三十五件，並奪回被淮戎俘獲的一百一十四人。至於「衣搏」的衣則是卒字的訛誤，表示戰鬥結束之意。[908] 由於感恩先母冥冥中的庇佑，因此伯戜鑄造此器對揚先母之休。銘文時代屬西周中期。

3 作器者＋曰＋作器原因＋對揚之詞＋用作＋為祭祀作器目的＋器物名稱＋用＋為祭祀作器目的＋套語

西周出土一百二十一到一百九十字銘文中，梁其曰丕顯皇祖考穆穆異異克慎厥德農臣先王得屯亡愍梁其肇帥井皇祖考秉明德虔夙夕辟天子天子肩事梁其身邦君大正用天子寵蔑梁其曆梁其敢對天子丕顯休揚用作朕皇祖考龢鐘鎗鎗鍚鍚鍺鍺鏻鏻用邵各喜侃前文人用祈匄康龞屯右綽綰通彔皇祖考其嚴在下數數彙彙降余大魯福亡斁用祙光梁其身勳于永令其其萬年無疆龥臣皇王眉壽永寶、梁其曰丕顯皇祖考穆穆異異克慎厥德農臣先王得屯亡愍梁其肇帥井皇祖考秉明德虔夙夕辟天子天子肩事梁其身邦君大正用天子寵蔑梁其曆梁其敢對天子丕顯休揚用作朕皇祖考

---

907 黃盛璋：〈彔伯戜銅器及其相關問題〉，《考古與文物》1983：5，頁44。

908 王輝：《商周金文》，頁112-113，文物出版社，北京，2006。

龢鐘鎗鎗鏓鏓鍺鍺鏚鏚用卲各喜侃前文人用祈匄康嗣屯右綽綰通彔皇祖考其嚴在上豐豐彙彙降余大魯福亡斁用獻光梁其身勴于永令梁其其萬年無疆龕臣皇王眉壽永寶是為作器者＋曰＋作器原因＋對揚之詞＋用作＋為祭祀作器目的＋器物名稱＋用＋為祭祀作器目的＋套語一類。

「梁其曰：丕顯皇祖考穆穆異異，克慎厥德，農臣先王，得屯亡愍。梁其肇帥井皇祖考，秉明德，虔夙夕，辟天子，天子肩事梁其身邦君大正，用天子寵，蔑梁其曆，梁其敢對天子丕顯休揚，用作朕皇祖考龢鐘，鎗鎗鏓鏓，鍺鍺鏚鏚，用卲各喜侃前文人，用祈匄康嗣屯右，綽綰通彔，皇祖考其嚴在下，豐豐彙彙，降余大魯福亡斁，用獻光梁其身，勴于永令。梁其其萬年無疆，龕臣皇王，眉壽永寶」出現於扶風縣任家村出土的銅鐘鉦間，因散失的關係，推論〈梁其鐘〉應有三組 7 器以上，[909]完整的兩組各為兩件一組，銘文分別為一百四十八和一百四十七字，差別在後面的套語「梁其其萬年無疆」，其中一組漏刻為「其其萬年無疆」。「穆穆異異」指恭敬，[910]「鎗鎗鏓鏓，鍺鍺鏚鏚」都是形容銅鐘樂音和諧，「用祈匄康嗣屯右」的康嗣讀為康娛，有安樂、康樂的意思，「龕臣皇王」即堪臣皇王，表示能夠為天子之臣。[911]鐘銘開頭是作器者稱頌先祖考之功業，因而期勉、自贊己身能效法、遵循先祖考之德行，因受到周王寵信和勉勵，故而鑄作祭祀先祖考之禮器，以追孝祈福。銘文時代屬西周晚期。

4 時間＋王＋曰＋作器原因＋王名＋作＋器物名稱＋用＋為祭祀作器目的＋套語

西周出土一百二十一到一百九十字銘文中，「王曰有余佳小子余亡康晝夜巠襲先王用配皇天簀朕朕心墜于四方緐余以餯士獻民雩盩先王宗室猷作霝彝寶毁用康惠朕皇文烈祖考其各前文人其瀕在帝廷陟降靈圉皇帝大魯令用綏保我家朕立猷身阤阤降余多福害蠶宇慕遠猷猷其萬年霝霝朕多御用祈壽匄永令眪在位作疐在下佳王十又二祀」是為時間＋王＋曰＋作器原因＋王名＋作＋器物名稱＋用＋為祭祀作器目的＋套語一類。

909 陳佩芬：〈繁卣、趩鼎及梁其鐘銘文詮釋〉，《上海博物館集刊》，頁22，上海古籍出版社，上海，1982。

910 王輝：〈逨盤銘文考釋〉，《考古與文物》2003：3，頁83-84。

911 陳佩芬：〈繁卣、趩鼎及梁其鐘銘文詮釋〉，《上海博物館集刊》，頁21-22。

「王曰：有余佳小子，余亡康晝夜，巠雝先王，用配皇天，簧猒朕心，墜于四方。緐余以餕士獻民，丏盩先王宗室。馭作龏彝寶毁，用康惠朕皇文烈祖考，其各前文人，其瀕在帝廷陟降，靈圂皇帝大魯令，用鰲保我家、朕立、馭身，阤阤降余多福，嗇叠宇慕遠猷。馭其萬年，龏實朕多御，用柰壽，匂永令，眈在位，作彊在下。佳王十又二祀」，該銘文同〈馭鐘〉，作器者皆為周厲王。

「余亡康晝夜」的亡康是指不敢康樂、閑逸，[912]「巠雝先王，用配皇天，簧猒朕心，墜于四方」的巠雝讀為經擁，簧猒讀為橫至，墜讀為施，意謂遵循、擁護先王政令，以合天命，並將王恩廣布四方、德政施行於民。[913]王輝提出「餕士獻民」應指周之世族。[914]「嗇叠宇慕遠猷」的嗇叠讀為宣導，宇慕讀為訏謨，訏謨和遠猷意思相近，皆表示遠大的謀略。[915]如此，該銘文的前半乃周厲王自贊之詞，後半說明鑄作該器以追孝前人並祈求福祉之作器目的。銘文時代屬西周晚期。

（三）……賜或其他動詞……

1 作器者＋曰＋自勉之詞＋賜＋作器者＋令＋冊令內容＋對揚之詞＋用作＋為祭祀作器目的＋器物名稱＋用＋為祭祀作器目的＋套語

西周出土一百二十一到一百九十字銘文中，「逨曰丕顯朕皇考克𤤁明厥心帥用厥先祖考政德亯辟先王逨御于厥辟不敢冢虔夙夕敬厥死事天子巠朕先祖服多賜逨休令龡嗣四方吳嚭逨敢對天子丕顯魯休揚用作朕皇考龏叔龢鐘鎗鎗恩恩雝雝鎱鎱用追孝邵各喜侃前文人前文人嚴在上豐豐彙彙降余多福康虔屯右永令逨其萬年眉壽畯臣天子子子孫孫永寶」是為作器者＋曰＋自勉之詞＋賜＋作器者＋令＋冊令內容＋對揚之詞＋用作＋為祭祀作器目的＋器物名稱＋用＋為祭祀作器目的＋套語一類。

「逨曰：丕顯朕皇考克𤤁明厥心，帥用厥先祖考政德，亯辟先王。逨御于厥辟，不敢冢，虔夙夕敬厥死事，天子巠朕先祖服，多賜逨休，令龡嗣四方吳嚭。逨敢對天子丕顯魯休揚，用作朕皇考龏叔龢鐘」，該銘文開端先稱揚先父，「𤤁明厥心」的𤤁明即靈明，指精明之意，再者為自贊之詞，「虔夙夕敬厥死事」的死

912 王輝：《商周金文》，頁208，文物出版社，北京，2006。

913 張政烺：〈周厲王胡簋釋文〉，《古文字研究》第三輯，頁106-107，中華書局，北京，1980。

914 王輝：《商周金文》，頁209，文物出版社，北京，2006。

915 張政烺：〈周厲王胡簋釋文〉，《古文字研究》第三輯，頁113-114，中華書局，北京，1980。

讀為尸，尸事表示主管之職，接著言及周王的任命，「天子巠朕先祖服」的巠讀
為經，即延續，服意指職事也，「令龢龢四方吳醬」的吳醬讀為虞林，虞林指林
木和山澤相關產物。[916]此篇冊命銘文的格式，與一式 4 件〈瘣鐘銘〉相似，開端
都是透過作器者的自述，頌揚先祖考之德，與其他西周出土性質亦為冊命的長篇
銘文稍有不同，沒有時間詞組，也沒有記載冊命儀式經過。銘文一式 3 件，時代
屬西周晚期。

2 時間＋王＋于＋地點＋王＋令＋受冊命者＋曰＋冊命內容＋賜＋賞賜品物 ＋對揚之詞＋作＋為祭祀作器目的＋器物名稱

西周出土一百二十一到一百九十字銘文中，「隹四月辰在丁未王省武王成王
伐商圖祉省東國圖王立于宜入土南鄉王令虞侯矢曰䢼侯于宜賜鬯鬱一卣商瓚一□
彤弓一彤矢百旅弓十旅矢千賜土厥川三百□厥□百又廿厥宅邑卅又五厥□百又冊
賜在宜王人十又七生賜奠七伯厥盧□又五十夫賜宜庶人六百又□六夫宜侯矢揚王
休作虞公父丁陴彝」是為時間＋王＋于＋地點＋王＋令＋受冊命者＋曰＋冊命內
容＋賜＋賞賜品物＋對揚之詞＋作＋為祭祀作器目的＋器物名稱一類。

「隹四月辰在丁未，王省武王、成王伐商圖，祉省東國圖。王立于宜入土南
鄉。王令虞侯矢曰：䢼侯于宜，賜鬯鬱一卣、商瓚一，□彤弓一、彤矢百、旅弓
十、旅矢千。賜土厥川三百□，厥□百又廿，厥宅邑卅又五，厥□百又冊。賜在
宜王人十又七生，賜奠七伯，厥盧□又五十夫，賜宜庶人六百又□六夫。宜侯矢
揚王休，作虞公父丁陴彝」，黃盛璋解讀「王省武王、成王伐商圖，祉省東國
圖」，以為省是省察，祉即遂，圖為地圖。[917]

「王立于宜入土南鄉」此句爭議多，或指周王於宜（宜陽）即位後南向，舉
行納土、冊封虞侯矢的典禮；[918]李學勤將此句隸定為「王卜于宜□土南鄉」，表
示周王占卜的宜在南方。而「䢼侯于宜」的䢼讀為遷，指徙封。所賜王人為周
人、奠為甸人、盧為旅，所謂甸七伯意指掌理郊外的七位官長，旅指眾人、民
眾。[919]銘文時代屬西周早期。

---

916 王輝：〈達盤銘文考釋〉，《考古與文物》2003：3，頁85-88。

917 黃盛璋：〈銅器銘文宜、虞、矢的地望及其與吳國的關係〉，《考古學報》1983：3，頁296。

918 同上，頁296-297。

919 李學勤：《青銅器與古代史》，頁256、258-261，聯經出版事業有限公司，台北，2005。

3 時間＋王＋在＋地點＋儐者＋右＋受冊命者＋王＋乎＋宣讀冊命史官＋冊命＋受冊命者＋曰＋冊命內容＋賜＋賞賜品物＋對揚之詞＋用作＋為祭祀作器目的＋器物名稱＋套語

西周出土一百二十一到一百九十字銘文中，隹六年二月初吉甲戌王在周師彔宮旦王各大室即位嗣土榮伯右宰嘼內門立中廷北鄉王乎內史尹中冊命宰嘼曰昔先王既命女今余唯或䌛𩫖乃命更乃祖考事𢿟嗣康宮王家臣妾复𩫏外入毋敢無聞智賜女赤市幽亢攸勒用事嘼拜稽首敢對揚天子丕顯魯休命用作朕烈祖幽中益姜寶匳設嘼其萬年子子孫孫寶用、隹卅年四月初吉甲戌王才周新宮各于大室密叔入右虎即立王乎內史曰冊令虎曰𩛥乃祖考事先王嗣虎臣今令女曰更厥祖考胥師戲嗣走馬馭人眔五邑走馬馭人女毋敢不善于乃政賜女載市幽黃玄衣滰屯䜌旂五日用事虎敢拜稽首對揚天子丕吥魯休虎曰丕顯朕烈祖考𢍰明克事先王肄天子弗望厥孫子付厥尚官天子其萬年䌛茲命虎用作文考日庚隮設子孫其永寶用夙夕亯于宗是為時間＋王＋在＋地點＋儐者＋右＋受冊命者＋王＋乎＋宣讀冊命史官＋冊命＋受冊命者＋曰＋冊命內容＋賜＋賞賜品物＋對揚之詞＋用作＋為祭祀作器目的＋器物名稱＋套語一類。

「王在周師彔宮，旦，王各大室，即位。嗣土榮伯右宰嘼內門，立中廷，北鄉。王乎內史尹中冊命宰嘼曰：昔先王既命女，今余唯或䌛𩫖乃命，更乃祖考事，𢿟嗣康宮王家臣妾复𩫏，外入毋敢無聞智，賜女赤市、幽亢、攸勒，用事。嘼拜稽首敢對揚天子丕顯魯休命，用作朕烈祖幽中、益姜寶匳設」，「今余唯或䌛𩫖乃命」的「或䌛𩫖乃命」意謂再次重申任命，「𢿟嗣康宮王家臣妾复𩫏」表示兼管在康宮中服役的臣妾、附庸，[920]「外入毋敢無聞智」指裡裡外外不得不有事不上聞。[921]銘文一式4件，銘文時代屬西周中期。

「王才周新宮，各于大室。密叔入右虎即立，王乎內史曰：冊令虎。曰：𩛥乃祖考事先王，嗣虎臣，今令女曰：更厥祖考胥師戲，嗣走馬馭人眔五邑走馬馭人，女毋敢不善于乃政。賜女載市、幽黃、玄衣、滰屯、䜌旂五日，用事。虎敢拜稽首對揚天子丕吥魯休。虎曰：丕顯朕烈祖考𢍰明，克事先王，肄天子弗望厥

920 羅西章：〈宰嘼簋銘略考〉，《文物》1998：8，頁86。

921 楊明明：〈釋毛公鼎「庸有聞」及相關問題〉，發表於 http://www.gwz.fudan.edu.cn/SrcShow.asp?Src.ID=1257 復旦大學出土文獻與古文字研究中心。

孫子，付厥尚官，天子其萬年鬴茲命」，「訊乃祖考事先王」的訊是語助詞，[922]彭裕商指出「更厥祖考胥師戲」的胥為輔助之意，[923]「嗣走馬馭人」的走馬、馭人是負責掌管馬政、駕車的官員。[924]該銘文特殊所在，是在對揚之詞後、用作器物之前，補述作器者虎對先祖考的稱頌，及期望周王能賜予後代子孫世襲常守之官職。銘文時代屬西周中期。

4 時間＋王＋在＋地點＋儐者＋右＋受冊命者＋王＋曰＋冊命內容＋賜＋賞賜品物＋對揚之詞＋用作＋為祭祀作器目的＋器物名稱＋套語

　　西周出土一百二十一到一百九十字銘文中，「王若曰匐丕顯文武受令剾厥祖奠周邦今余令女嗇官嗣邑人先虎臣後庸西門尸秦尸京尸龏尸師笭側新□華尸弁夛尸匧人成周走亞戍秦人降人服尸賜女玄衣黹屯載市同黃戈琱威彔必彤沙鑾旂攸勒用事匐稽首對揚天子休令用作文祖乙白同姬隣敦匐萬年子子孫孫永寶用唯王十又七祀王在射日宮旦王各益公入右匐」是為時間＋王＋在＋地點＋儐者＋右＋受冊命者＋王＋曰＋冊命內容＋賜＋賞賜品物＋對揚之詞＋用作＋為祭祀作器目的＋器物名稱＋套語一類。

　　「王若曰：匐，丕顯文武受令，剾厥祖奠周邦。今余令女嗇官嗣邑人，先虎臣後庸：西門尸、秦尸、京尸、龏尸、師笭側新、□華尸、弁夛尸、匧人、成周走亞、戍秦人、降人、服尸。賜女玄衣、黹屯、載市、同、黃、戈琱威彔必彤沙、鑾旂、攸勒、用事。匐稽首對揚天子休令，用作文祖乙白、同姬隣敦。匐萬年子子孫孫永寶用。唯王十又七祀，王在射日宮，旦，王各。益公入右匐」，該冊命銘文將時間詞組、王所在地點、儐者引導等記載置於文末，黃盛璋以為「先虎臣後庸」的虎臣為管轄周王近身侍衛的職官，庸即西周金文常見之僕庸。[925]銘文時代屬西周晚期。

5 時間＋王＋在＋地點＋儐者＋右＋受土者＋王＋令＋付＋所受土地＋對揚之詞＋用作＋為祭祀作器目的＋器物名稱＋套語

　　西周出土一百二十一到一百九十字銘文中，「隹十又八年十又三月既生霸丙

922 王輝：《商周金文》，頁124，文物出版社，北京，2006。

923 彭裕商：〈也論新出虎簋蓋的年代〉，《文物》1999：6，頁57。

924 王翰章、陳良和、李保林：〈虎簋蓋銘簡釋〉，《考古與文物》1997：3，頁80。

925 黃盛璋：〈關于詢敦的制作年代與虎臣的身分問題〉，《考古》1961：6，頁332-333。

戌王才周康宮徲宮導入右吳虎王令善夫豐生嗣工雍毅釐剌王令取吳薆舊疆付吳虎厥北疆涵人眔疆厥東疆官人眔疆厥南疆畢人眔疆厥西疆荠姜眔疆厥蠱履弄豐生雍毅白導內嗣土寺棗吳虎捧稽首天子休賓善夫豐生章馬匹賓嗣工雍毅章馬匹賓內嗣土寺棗璧爰書尹友守史由賓史棗韋兩虎捧手稽首敢對揚天子丕顯魯休用作朕皇祖考庚孟障鼎其子子孫孫永寶」是為時間＋王＋在＋地點＋儐者＋右＋受土者＋王＋令＋ 付 ＋所受土地＋對揚之詞＋用作＋為祭祀作器目的＋器物名稱＋套語一類。

「王才周康宮徲宮，導入右吳虎，王令善夫豐生、嗣工雍毅釐剌王令，取吳薆舊疆，付吳虎。厥北疆涵人眔疆，厥東疆官人眔疆，厥南疆畢人眔疆，厥西疆荠姜眔疆。厥蠱履弄：豐生、雍毅、白導內嗣土寺棗。吳虎捧稽首天子休，賓善夫豐生章、馬匹，賓嗣工雍毅章、馬匹，賓內嗣土寺棗璧、爰。書——尹友守史由，賓史棗韋兩」，李學勤主張作器者吳虎是為庚氏，吳當讀為虞，表示其官職，「王令善夫豐生、嗣工雍毅釐剌王令」為時王（宣王）重申先王（厲王）所頒下的命令，並交代由膳夫豐生、司空雍毅傳令，而「取吳薆舊疆」之吳薆應為吳虎之先世。「厥蠱履弄」的蠱讀為俱，弄讀為封。[926]銘文交代所給予土地之四界，並由豐生、雍毅、伯導內司土寺棗一同踏勘。「賓善夫豐生章、馬匹……內嗣土寺棗璧、爰」的賓意指贈送，璋、馬匹、璧、瑗等都是致贈的禮品。[927]銘文時代屬西周晚期。

6 時間＋傳達王命者＋ 賜畁 ＋受土者＋所受土地＋對揚之詞＋用作＋為祭祀作器目的＋器物名稱＋套語

西周出土一百二十一到一百九十字銘文中，「隹十又二年初吉丁卯益公內即命于天子公迺出厥命賜畁師永厥田滄易洛疆眔師俗父田厥眔公出厥命井白焂白尹氏師俗父趞中公迺命酉嗣徒圅父周人嗣工启敢史師氏邑人奎父畢人師同付永厥田厥率墙厥疆宋句永拜稽首對揚天子休命永用作朕文考乙白障盂永其萬年孫孫子子永其率寶用」是為時間＋傳達王命者＋ 賜畁 ＋受土者＋所受土地＋對揚之詞＋用作＋為祭祀作器目的＋器物名稱＋套語一類。

「益公內即命于天子。公迺出厥命，賜畁師永厥田滄易洛，疆眔師俗父田。厥眔公出厥命：井白、焂白、尹氏、師俗父、趞中。公迺命酉嗣徒圅父、周人嗣

---

926 李學勤：〈吳虎鼎考釋——夏商周斷代工程考古學筆記〉，《考古與文物》1998：3，頁29-30。
927 王輝：《商周金文》，頁257-258，文物出版社，北京，2006。

工屑、敔史、師氏、邑人奎父、畢人師同，付永厥田。厥率堳，厥疆宋句」，該銘文開頭交代師永此次所受土地，是由益公遵從周王之命，代為傳達的。「賜畀師永厥田淪昜洛，疆眾師俗父田」的畀讀為昇，指賜予，而所賜土地在陰陽洛，並與師俗父之田為疆界。[928]「厥率堳，厥疆宋句」的率堳，戚桂宴隸定為率履，並指出率履一詞或作帥履，表示勘定田地面積，宋句則是地名。[929]銘文時代屬西周中期。

7 時間＋受賞原因＋賜＋賞賜品物＋對揚之詞＋用作＋為祭祀作器目的＋器物名稱＋套語

西周出土一百二十一到一百九十字銘文中，「唯九月初吉戊申白氏曰不嬰馭方嚴允廣伐西俞王令我羞追于西余來歸獻禽余命女御追于畧女以我車宕伐嚴允于高陶女多折首執訊戎大同從追女女彶戎大臺女休弗以我車函于艱女多禽折首執訊白氏曰不嬰女小子女肇誨于戎工賜女弓一矢束臣五家田十田用從乃事不嬰拜稽手休用作朕皇祖公白孟姬障段用匃多福眉壽無疆川屯霝冬子子孫孫其永寶用盲」是為時間＋受賞原因＋賜＋賞賜品物＋對揚之詞＋用作＋為祭祀作器目的＋器物名稱＋套語一類。

「白氏曰：不嬰，馭方嚴允廣伐西俞，王令我羞追于西。余來歸獻禽，余命女御追于畧，女以我車宕伐嚴允于高陶，女多折首執訊。戎大同從追女，女彶戎大臺，女休，弗以我車函于艱，女多禽，折首執訊。白氏曰：不嬰，女小子，女肇誨于戎工，賜女弓一矢束、臣五家、田十田，用從乃事」，李學勤提出作器者不嬰應是《史記‧秦世家》所載秦莊公。「馭方嚴允（玁狁）廣伐西俞」的西俞讀為西隅，意指西部地區，[930]「余命女御追于畧」的御追指駕著兵車追擊。「戎大同從追女」的大同表示西戎會集兵力。[931]根據傳世〈不嬰簋蓋〉其銘文多一字，作「女彶戎大臺戟」，[932]意謂不嬰與西戎搏鬥、戰鬥的意思。「女肇誨于戎工」是伯氏稱讚不嬰的話語，王輝認為誨即敏，肇敏指敏捷，戎工讀為戎功，是

928 王輝：《商周金文》，頁163，文物出版社，北京，2006。

929 戚桂宴：〈永盂銘殘字考釋〉，《考古》1981：5，頁448。

930 李學勤：〈秦國文物的新認識〉，《新出青銅器研究》，頁272，文物出版社，北京，1990。

931 王輝：《商周金文》，頁247-248，文物出版社，北京，2006。

932 中國社會科學院考古研究所：《殷周金文集成》修訂增補本第四冊，頁2714-2715、3422，編號4329，中華書局，北京，2007。

為軍事行動。[933]銘文時代屬西周晚期。

8 時間＋王＋于＋地點＋曰＋誥訓之詞＋賜＋貝（和數量）＋用作＋為祭祀作器目的＋器物名稱

西周出土一百二十一到一百九十字銘文中,「隹王初䢭宅于成周復向斌王豐福自天才四月丙戌王鬽宗小子于京室曰昔才爾考公氏克逨玟王肄玟王受茲大命隹斌王既克大邑商劓廷告于天曰余其宅茲中或自之辥民烏虖爾有唯小子亡戠㫃于公氏有爵于天叀令苟享戈唯王龏德谷天順我不敏王咸鬽何賜貝卅朋用作□公寶障彝隹王五祀」是為時間＋王＋于＋地點＋曰＋誥訓之詞＋賜＋貝（和數量）＋用作＋為祭祀作器目的＋器物名稱一類。

「隹王初䢭宅于成周,復向斌王豐,福自天,才四月丙戌,王鬽（誥）宗小子于京室曰:昔才爾考公氏,克逨玟王,肄玟王受茲大命。隹斌王既克大邑商,劓廷告于天曰:余其宅茲中或（國）,自之辥民。烏虖!爾有唯小子亡戠（識）,㫃于公氏,有爵于天,叀令苟享戈!唯王龏德谷天,順我不敏。王咸鬽,何賜貝卅朋」,首句銘文「隹王初䢭宅于成周」多歧義,唐蘭考釋指成王開始遷都成周,[934]馬承源以為指堆土營建洛邑,[935]李學勤斷句為「隹王初䢭,宅于成周」,表示周王剛舉行禋祭,居于成周,並主張成王時沒有遷都,成周是為陪都,[936]李仲操理解銘文出現兩次的宅為度也,䢭宅指遷而治之,主要表達成王遷徙殷頑民至成周,並加以管理與安撫的意思。[937]

「復向斌王豐,福自天」,唐蘭解釋豐為禮,福指舉行灌祭,天具體指出是從天室開始進行祭禮,[938]李學勤斷句為「復向斌王豐福,自天」,意思指斌王其靈在天,向意謂領受,斌王豐福為祭祀斌王之醴酒、胙肉。[939]「自之辥民」的辥或作辤,通作乂,指治理。[940]「有爵于天,叀令苟享戈」,唐蘭將爵讀作勞,叀

---

933 王輝:《商周金文》,頁248,、文物出版社,北京,2006。

934 唐蘭:〈何尊銘文解釋〉,《文物》1976:1,頁60。

935 馬承源:〈何尊銘文初釋〉,《文物》1976:1,頁65。

936 李學勤:〈何尊新釋〉,《新出青銅器研究》,頁40-41,文物出版社,北京,1990。

937 李仲操:〈何尊銘文釋補〉,《考古與文物》1987:4,頁70-71。

938 唐蘭:〈何尊銘文解釋〉,《文物》1976:1,頁60、63。

939 李學勤:〈何尊新釋〉,《新出青銅器研究》,頁40。

940 王輝:《商周金文》,頁43,文物出版社,北京,2006。

令即徹令，整句話意思是有功勞在天，完成使命，敬受祭祀。[941]銘文時代屬西周早期。

小結

西周出土一百二十一到一百九十字銘文有 20 件，屬於「時間＋作器原因＋作器者＋用作＋器物名稱」之句型的銘文僅 1 件，時代為西周中期。屬於「作器原因＋用或用作＋為祭祀作器目的＋器物名稱＋套語」之句型的銘文有 5 件，時代為西周中期 2 件、晚期 3 件。屬於「……賜或其他動詞……」之句型的銘文有 14 件，時代為西周早期的 2 件、中期的 6 件、晚期的 6 件。

西周出土八十一到一百二十字並未出現時代屬於西周早期的，而西周出土一百二十一到一百九十字銘文有兩件時代為西周早期，但這兩件——〈何尊銘〉、〈宜侯夨簋銘〉——時代為西周早期的西周出土銘文，字數分別為一百二十二字和一百二十六字，均未超過一百三十字，又同屬「……賜或其他動詞……」之句型，且皆未出現祝嘏辭式之套語。西周出土一百二十一到一百九十字銘文未出現祝嘏辭式之套語，除了上述，還有 1 件記事銘文——〈𤼈匜銘〉，因詳細記載贏得訴訟最終的判決與結果，因此銘文末尾僅以「用作旅盉」作結。

另外，西周出土一百二十一到一百九十字銘文有 5 件不具時間詞組，各為屬於第二類「作器原因＋用或用作＋為祭祀作器目的＋器物名稱＋套語」之句型的〈梁其鐘銘〉2 件和屬於第三類「……賜或其他動詞……」之句型的〈述鐘銘〉一式 3 件。這 5 件不具時間詞組的銘文皆為鐘銘，銘文內容在用作器物名稱後，仍以大篇幅文字說明器物用以追孝祈福之用。而 15 件具時間詞組之銘文，有 3 件出現置於銘文末尾的情形。

經由銘文內容來觀察，西周出土一百二十一到一百九十字銘文仍以賞賜或冊命銘文為主，其他或為追孝祈福之作器目的，或因土地交易、敘述戰功、記錄訴訟之記事性質。

941　唐蘭：〈何尊銘文解釋〉，《文物》1976：1，頁60、63。

九　一百九十一到二百八十字銘文

西周出土銅器的一百九十一到二百一十字銘文有：

銘文字形	銘文編號
隹九年正月既死霸庚辰王在周駒宮各廟眉敖者膚為吏見于王王大蒯飲取替車軹蒹鹵虎旲觽衛畫轉貄金鹿鍚舍飲姜帛三兩酒舍裘衛林眢里戲厥隹醋林我舍醋陳大馬兩舍醋姐虜吝舍醋有銄壽商圝裘盉旲飲酒粟澧舜令壽商粟意曰顆澦付裘衛林眢里剔乃成夆四夆醋小子具斝夆壽商圉舍盉冒梯羝皮二㐬皮二鸞鳥涌皮二胐帛金一反厥吳喜皮二舍澧虜旲爙盉饙䣼東臣羔裘醋下皮二粟受衛小子家逆者其姻衛臣齂胐衛用作朕文考寶鼎衛其萬年永寶用	359
隹王八祀正月辰在丁卯王曰師飲汝克艦乃身臣朕皇考穆穆王用乃孔德遜純乃用心引正乃辟安德唯余小子肇淑先王德賜汝玄袞齹純赤市朱衡鑾旂大師金膺鋚勒乃聖祖考隣明令辟前王事余一人飲拜稽首休伯大師肩鉬飲臣皇辟天子亦弗忘公上父飲德飲蔑曆伯大師丕自作小子夙夕溥古先祖烈德用臣皇辟伯克叙古先祖叠孫子一嗣皇辟懿德用保王身飲敢釐王俾天子萬年 ▨ ▨ 伯大師武臣保天子用厥烈祖介德飲敢對王休用綏作公上父障于朕考庸季賜父敦宗	75
禹曰丕顯起超皇祖穆公克夾紹先王奠四方肆武公亦弗假塁朕聖祖考幽大叔懿叔命禹肖朕祖考政于井邦肆禹亦弗敢憃惕共朕辟之命烏虖哀哉用天降大喪于下國亦唯噩侯馭方率南淮夷東夷廣伐南國東國至于歷內王迺命西六自殷八自曰撲伐噩侯馭方勿遺壽幼肆自彌宷匒匡弗克伐噩肆武公迺遣禹率公戎車百乘斯馭二百徒千曰于匡朕肅慕重西六自殷八自伐噩侯馭方勿遺壽幼雩禹以武公徒馭至于噩臺伐噩休獲厥君馭方肆禹又成敢對揚武公丕顯耿光用作大寶鼎禹其萬年子子孫孫寶用	269
隹正月初吉庚戌衛以邦君厲告于井伯伯邑父定伯琼伯伯俗父曰厲曰余執龏王卹工于邵大室東逆榮二川曰余舍女田五田正迺嘅厲曰女貯田不厲迺許曰余審貯田五田井伯伯邑父定伯琼伯伯俗父迺顆吏厲誓迺令參有銄銄土邑人趞銄馬頴人邦銄工陸旲內史友寺弼帥履裘衛厲田四田迺舍寓于厥邑厥逆疆粟厲田厥東疆粟散田厥南疆粟散田粟政父田厥西疆粟厲田邦君厲粟付裘衛田厲叔子夙厲有銄艥季慶癸燹禠荊人敢井人倡屖衛小子者其鄉䐁衛用作朕文考寶鼎衛其萬年永寶用隹王五祀	358

西周出土銅器的二百一十一到二百八十字銘文：無。

西周出土一百九十一到二百八十字銘文共有 4 件，分別是 4 種不同的內容，可分成以下三大類──作器者＋曰＋作器原因＋對揚之詞＋用作＋器物名稱＋套語、時間＋作器原因＋用作＋為祭祀作器目的＋器物名稱＋套語、時間＋王＋曰＋勉勵之詞＋賜＋賞賜品物＋對揚之詞＋用綏作＋為祭祀作器目的＋器物名稱：

（一）作器者＋曰＋作器原因＋對揚之詞＋用作＋器物名稱＋套語，如

　　禹曰丕顯趄趄皇祖穆公克夾紹先王奠四方肆武公亦弗假望朕聖祖考幽大叔懿叔命禹肖朕祖考政于井邦肆禹亦弗敢憂惕共朕辟之命烏虖哀哉用天降大喪于下國亦唯噩侯馭方率南淮夷東夷廣伐南國東國至于歷內王迺命西六自殷八自曰撲伐噩侯馭方勿遺壽幼肆自彌宷匄匡弗克伐噩肆武公迺遣禹率公戎車百乘斯馭二百徒千曰于匡朕肅慕重西六自殷八自伐噩侯馭方勿遺壽幼雩禹以武公徒馭至于噩臺伐噩休獲厥君馭方肆禹又成敢對揚武公丕顯耿光用作大寶鼎禹其萬年子子孫孫寶用。

（二）時間＋作器原因＋用作＋為祭祀作器目的＋器物名稱＋套語，如

　　隹九年正月既死霸庚辰王在周駒宮各廟眉敖者膚為吏見于王王大僳肤取眚車轪秦商虎冟希衛畫轉夋帀韐帛轡乘金麃鋂舍肤姜帛三兩迺舍裘衛林眘里虜厥隹齎林我舍齎陳大馬兩舍齎姐虜吝舍齎有齎壽商齹裘盉冟肤迺眔涾舜令壽商眔意曰顝濾付裘衛林眘里剰乃成夆四夆齎小子具重夆壽商闐舍盉冒梯衹皮二伀皮二蠻烏禞皮二胐帛金一反厥吳喜皮二舍涾虜冟燹秦韘商東臣羔裘齎下皮二眔受衛小子家逆者其鼩衛臣虩胐衛用作朕文考寶鼎衛其萬年永寶用。

（三）時間＋王＋曰＋勉勵之詞＋賜＋賞賜品物＋對揚之詞＋用綏作＋為祭祀作器目的＋器物名稱，如

　　隹王八祀正月辰在丁卯王曰師訇汝克鬵乃身臣朕皇考穆穆王用乃孔德遜純乃用心引正乃辟安德唯余小子肇淑先王德賜汝玄袞齱純赤市朱衡鑾旂大師金膺鋚勒用型乃聖祖考隣明令辟前王事余一人訇拜稽首休伯大師肩鼬訇臣皇辟天子亦弗忘公上父憨德訇蔑曆伯大師丕自作小子夙夕溥古先祖烈德用臣皇辟伯亦克叔古先祖疊孫子一嗣皇辟懿德用保王身訇敢鼇王

俾天子萬年◆◆伯大師武臣保天子用厥烈祖介德龕敢對王休用綏作公上
父障于朕考庸季賜父敦宗。

（一）作器者＋曰＋作器原因＋對揚之詞＋用作＋器物名稱＋套語

西周出土一百九十一到二百八十字銘文中，「禹曰丕顯趄趄皇祖穆公克夾紹
先王奠四方肆武公亦弗假望朕聖祖考幽大叔懿叔命禹肖朕祖考政于井邦肆禹亦弗
敢憃惕共朕辟之命烏虖哀哉用天降大喪于下國亦唯噩侯馭方率南淮夷東夷廣伐南
國東國至于歷內王迺命西六自殷八自曰撲伐噩侯馭方勿遺壽幼肆自彌宄匄匡弗克
伐噩肆武公迺遣禹率公戎車百乘斯馭二百徒千曰于匡朕肅慕叀西六自殷八自伐噩
侯馭方勿遺壽幼雩禹以武公徒馭至于噩臺伐噩休獲厥君馭方肆禹又成敢對揚武公
丕顯耿光用作大寶鼎禹其萬年子子孫孫寶用」屬於作器者＋曰＋作器原因＋對揚
之詞＋用作＋器物名稱＋套語一類。

「禹曰：丕顯趄趄皇祖穆公，克夾紹先王，奠四方。肆武公亦弗假（遐）望
（忘）朕聖祖考幽大叔、懿叔，命禹肖朕祖考，政于井邦。肆禹亦弗敢憃，惕共
朕辟之命。烏虖哀哉！用天降大喪于下國。亦唯噩侯馭方率南淮夷、東夷，廣伐
南國、東國，至于歷內。王迺命西六自、殷八自曰：撲伐噩侯馭方，勿遺壽幼。
肆自彌宄匄匡，弗克伐噩。肆武公迺遣禹率公戎車百乘，斯馭二百、徒千，曰：
于匡朕肅慕叀西六自、殷八自，伐噩侯馭方，勿遺壽幼。雩禹以武公徒馭至于
噩。臺伐噩，休獲厥君馭方。肆禹又成，敢對揚武公丕顯耿光」，王輝認為「肆
禹亦弗敢憃」的憃指愚昧，「惕共朕辟之命」的惕共表示恭敬之意。[942]

「肆自彌宄匄匡」，徐中舒考釋以為宄讀為怵，匡讀為恇，兩字皆指恐懼，
彌、匄為狀語，表示長久、普遍的意思。「于匡朕肅慕叀西六自、殷八自」的匡
讀為將，肅為整飭，[943]慕叀即是慕惠，兩字皆為仁愛之意。[944]由上可知，作器者
禹為武公下屬，禹率領武公親軍，討伐侵擾南國和東國的鄂侯馭方，因作戰有
功，俘擄了鄂侯馭方，因而將己身繼承先祖考之德，樹立戰功之事鑄刻器上。銘
文時代為西周晚期。

---

942 王輝：《商周金文》，頁218，文物出版社，北京，2006。
943 徐中舒：〈禹鼎的年代及其相關問題〉，《考古學報》1959：3，頁54-55。
944 王輝：《商周金文》，頁220，文物出版社，北京，2006。

（二）時間＋作器原因＋用作＋為祭祀作器目的＋器物名稱＋套語

西周出土一百九十一到二百八十字銘文中，隹正月初吉庚戌衛以邦君厲告于井伯伯邑父定伯琼伯伯俗父曰厲曰余執龏王卹工于卲大室東逆榮二川曰余舍女田五田正迺𠴨厲曰女貯田不厲迺許曰余審貯田五田井伯伯邑父定伯琼伯伯俗父迺顜吏厲誓迺令參有𤔲𤔲土邑人趞𤔲馬頞人邦𤔲工隆矨內史友寺芻帥履裘衛厲田四田迺舍寓于厥邑厥逆疆眔厲田厥東疆眔散田厥南疆眔散田眔政父田厥西疆眔厲田邦君厲眔付裘衛田厲叔子夙厲有𤔲𩰫季慶癸豩𧝓荊人敢井人倡屖衛小子者其鄉僟衛用作朕文考寶鼎衛其萬年永寶用隹王五祀、隹九年正月既死霸庚辰王在周駒宮各廟眉敖者膚為吏見于王王大黹矨取眚車𨊻𠦪𠭯虎冟𢃄衛畫轉㚇㔹鞣帛轡乘金麃鋞舍矨姜帛三兩迺舍裘衛林𦣞里𠭯厥隹顏林我舍顏陳大馬兩舍顏姒虡𧊒舍顏有𤔲壽商𦥑裘盠冟矨迺眔濂𦼹令壽商眔意曰顜瀪付裘衛林𦣞里𠟭乃成夆四夆顏小子具叀夆壽商𨶬舍盠冒梯羝皮二㲋皮二䜌舄俑皮二朏帛金一反厥吳喜皮二舍濂虡冟㦡𠦪韈𠭯東臣羔裘顏下皮二眔受衛小子家逆者其㑗衛臣虣朏衛用作朕文考寶鼎衛其萬年永寶用屬於時間＋作器原因＋用作＋為祭祀作器目的＋器物名稱＋套語一類。

「隹正月初吉庚戌，衛以邦君厲告于井伯、伯邑父、定伯、琼伯、伯俗父曰：厲曰：余執龏王卹工，于卲大室東逆榮二川，曰：余舍女田五田。正迺𠴨厲曰：女貯田不？厲迺許曰：余審貯田五田。井伯、伯邑父、定伯、琼伯、伯俗父迺顜，吏厲誓。迺令參有𤔲：𤔲土邑人趞、𤔲馬頞人邦、𤔲工隆矨、內史友寺芻帥履裘衛厲田四田，迺舍寓于厥邑。厥逆疆眔厲田，厥東疆眔散田，厥南疆眔散田、眔政父田，厥西疆眔厲田。邦君厲眔付裘衛田。厲叔子夙、厲有𤔲𩰫季、慶癸、豩𧝓、荊人敢、井人倡屖，衛小子者其鄉、僟。衛用作朕文考寶鼎，衛其萬年永寶用。隹王五祀」。

唐蘭以為邦君是指王畿之內的小國國君。「余執龏王卹工」之卹工即恤功，整句意思指我替恭王辦理政事，「于卲大室東逆榮二川」的榮指祭祀，並主張周王賞賜厲五田，厲將此五田租給裘衛。[945]王輝考釋榮或通營，指治理，並解讀為厲提出以五田交換因治理河道所需部分裘衛的田。[946]李學勤斷句為「余執龏王，卹工于卲大室東逆，榮二川，曰：余舍女田五田」，當中的榮指匝居，並推論裘衛相中厲位於昭太室東北的田地，想要在那環繞著兩條河水的地方居住，因此以

945 唐蘭：〈陝西省岐山縣董家村新出西周重要銅器銘辭的譯文和注釋〉，《文物》1976：5，頁56。
946 王輝：《商周金文》，頁141，文物出版社，北京，2006。

五田交換屬四田。[947]「井伯、伯邑父、定伯、琼伯、伯俗父酒顜」的顜或通作構，指促成；[948]或讀為講，指商議。[949]「酒舍寓于厥邑」或指在此邑定下四界，[950]或指屬連同邑中的房屋都交付給裘衛。[951]「衛小子者其鄉、倏」的鄉、倏即饗、膡，表示舉行宴會後又致贈禮物。[952]銘文時代為西周中期。

「隹九年正月既死霸庚辰，王在周駒宮，各廟。眉敖者膚為吏，見于王，王大朴。矢取䒥車、軜、㯤卤、虎冟、帠衛、畫轉、爻、帀、鞃、帛蠻乘、金麀鋝。舍矢姜帛三兩。酒舍裘衛林𣏾里。戲厥隹顔林，我舍顔陳大馬兩，舍顔姐麂𠭯，舍顔有𤔲壽商𥎑裘、盠冟。矢酒眔遝舜令壽商眔意曰：顜。濾付裘衛林𣏾里。剮乃成峯四峯，顔小子具虫峯，壽商𧆑。舍盠冟梯𦍛皮二，㲋皮二，鑾鳥甬皮二，舳帛金一反，厥吳喜皮二。舍遝麂冟，燮枼䡅卤，東臣羔裘、顔下皮二。眔受：衛小子家，逆者其𩢲：衛臣虢朏」。

當中「眉敖者膚為吏，見于王，王大朴」，唐蘭以為眉敖派使者膚來朝見周王，大朴即大致，是接待使者的致館禮。[953]「矢取䒥車、軜、㯤卤、虎冟、帠衛、畫轉、爻、帀、鞃、帛蠻乘、金麀鋝。舍矢姜帛三兩。酒舍裘衛林𣏾里」，李學勤主張矢伯為了自裘衛那兒，取得一套車馬用的皮革製品，包括圍帳、覆蓋、皮鞭……等，以林和𣏾里（狐狸）作為報酬，裘衛還又贈送矢姜帛十二丈。[954]趙光賢則提出林𣏾里是里名，該里有林，故名。里可能是低級貴族封地的名稱，每一里有一負責管轄的里君。銘文中的顔陳疑為該里的里君，也因此裘衛還得向顔陳、其妻顔姐、其下屬壽商致贈禮品。[955]「乃成峯四峯」的峯即封，是將土堆起形成疆界。「壽商𧆑」的𧆑假為糾，指視察、察看。[956]銘文最終記載裘衛一方對於參加成封之相關人等的贈與，以及裘衛一方主要負責受田、贈禮的人。銘文時代為西周中期。

---

947 李學勤：〈試論董家村青銅器群〉，《新出青銅器研究》，頁102，文物出版社，北京，1990。

948 唐蘭：〈陝西省岐山縣董家村新出西周重要銅器銘辭的譯文和注釋〉，《文物》1976：5，頁56。

949 王輝：《商周金文》，頁142，文物出版社，北京，2006。

950 唐蘭：〈陝西省岐山縣董家村新出西周重要銅器銘辭的譯文和注釋〉，《文物》1976：5，頁56。

951 王輝：《商周金文》，頁142，文物出版社，北京，2006。

952 唐蘭：〈陝西省岐山縣董家村新出西周重要銅器銘辭的譯文和注釋〉，《文物》1976：5，頁56。

953 唐蘭：〈陝西省岐山縣董家村新出西周重要銅器銘辭的譯文和注釋〉，《文物》1976：5，頁57。

954 李學勤：〈試論董家村青銅器群〉，《新出青銅器研究》，頁103，文物出版社，北京，1990。

955 趙光賢：〈從裘衛諸器銘看西周的土地交易〉，《北京師範大學學報》（社會科學版）1979年第6期，頁20-21。

956 唐蘭：〈陝西省岐山縣董家村新出西周重要銅器銘辭的譯文和注釋〉，《文物》1976：5，頁57。

（三）時間＋王＋曰＋勉勵之詞＋賜＋賞賜品物＋對揚之詞＋用綏作＋為祭祀作器目的＋器物名稱

西周出土一百九十一到二百八十字銘文中，「隹王八祀正月辰在丁卯王曰師訇汝克勵乃身臣朕皇考穆穆王用乃孔德遜純乃用心引正乃辟安德唯余小子肇淑先王德賜汝玄袞襮純赤市朱衡鑾旂大師金膺鋚勒用型乃聖祖考隣明令辟前王事余一人訇拜稽首休伯大師肩艀訇臣皇辟天子亦弗忘公上父戲德訇蔑曆伯大師丕自作小子夙夕溥古先祖烈德用臣皇辟伯亦克叔古先祖疐孫子一嗣皇辟懿德用保王身訇敢鼇王俾天子萬年㴱㴱伯大師武臣保天子用厥烈祖介德訇敢對王休用綏作公上父障于朕考庸季賜父敢宗」屬於時間＋王＋曰＋勉勵之詞＋賜＋賞賜品物＋對揚之詞＋用綏作＋為祭祀作器目的＋器物名稱一類。

「隹王八祀正月，辰在丁卯。王曰：師訇，汝克勵乃身，臣朕皇考穆穆王，用乃孔德遜純，乃用心引正乃辟安德。唯余小子肇淑先王德，賜汝玄袞、襮純、赤市、朱衡、鑾旂，大師金膺、鋚勒。用型乃聖祖考，隣明令辟前王，事余一人。訇拜稽首，休伯大師肩艀訇臣皇辟，天子亦弗忘公上父戲德，訇蔑曆伯大師，丕自作。小子夙夕溥古先祖烈德，用臣皇辟。伯亦克叔古先祖疐，孫子一嗣皇辟懿德，用保王身。訇敢鼇王，俾天子萬年，㴱㴱伯大師武，臣保天子，用厥烈祖介德。訇敢對王休，用綏作公上父障，于朕考庸季賜父敢宗」。

「汝克勵乃身」的勵讀為蓋，意謂師訇能夠自我勉勵，「臣朕皇考穆穆王，用乃孔德遜純，乃用心引正乃辟安德」，表示師訇用謙恭、純善的美德為先王之臣，並用心引導君王秉持安和之德。[957]李學勤則斷句為「用乃孔德，遜純乃用心，引正乃辟安德」。[958]「隣明令辟前王，事余一人」，當中令辟的令為狀語，辟讀為弼，意思指輔佐。「休伯大師肩艀訇臣皇辟」的休是謂稱美，肩或假為俔，指歡樂之意，[959]艀裘錫圭讀為任，即師訇感謝伯太師的推薦，讓他能為周穆王之臣。[960]「小子夙夕溥古先祖烈德」的溥古有宣揚、效法之意。[961]「伯亦克叔古先

---

957 王輝：《商周金文》，頁158-159，文物出版社，北京，2006。

958 李學勤：《青銅器與古代史》，頁291，聯經出版事業有限公司，台北，2005。

959 王慎行：〈師訇鼎銘文通釋譯論〉，《求是學刊》1982：4，頁56。

960 裘錫圭：〈說「㴱㴱白大師武」〉，《考古》1978：5，頁318。

961 王慎行：〈師訇鼎銘文通釋譯論〉，《求是學刊》1982：4，頁56。

祖曩」的叔指祭祀，曩即蠱，意指祭祀先祖之事。[962]「██伯大師武」的██或讀為範圍，意思是以伯大師的所作所為為法則。[963]「用綏作公上父障，于朕考庸季賜父敦宗」，李學勤繫聯〈師訇鼎銘〉、〈師望鼎銘〉、〈即簋銘〉、〈師丞鐘銘〉，以為庸季賜父即〈師丞鐘銘〉所載列祖之第一世虢季，師訇即所載第二世究公。[964]王慎行進一步指出公上父或為師訇之從祖父。[965]師訇鑄造祭祀公上父的禮器，將之置於虢季賜父的宗廟裡。[966]該銘文不同於一般長篇賞賜銘文，在對揚之詞的部分，除了對揚王休，還感謝伯大師的不居功與提攜。銘文時代為西周中期。

小結

西周出土一百九十一到二百八十字銘文僅有 4 件，屬於「作器者＋曰＋作器原因＋對揚之詞＋用作＋器物名稱＋套語」1 件，時代為西周晚期；屬於「時間＋作器原因＋用作＋為祭祀作器目的＋器物名稱＋套語」2 件，時代為西周中期；屬於「時間＋王＋曰＋勉勵之詞＋賜＋賞賜品物＋對揚之詞＋用綏作＋為祭祀作器目的＋器物名稱」1 件，時代為西周中期。就內容觀察，前兩類性質為記事，包括禹受武公命，討伐鄂侯馭方有功的記功銘文，以及裘衛和邦君厲、馘伯有關土地交易的過程，第三類則是賞賜銘文。

十　二百八十一到三百七十字銘文

西周出土銅器的二百八十一到三百字銘文有：

銘文字形	銘文編號
隹卅又二年五月既生霸乙卯王在周康穆宮旦王各大室即位嗣工散右吳逑入門立中廷北鄉尹氏受王釐書王乎史減冊釐逑王若曰逑丕顯文武膺受大令匍有四方則繇隹乃先聖祖考夾鹽先王爵董大令奠周邦余弗叚望聖人孫子余隹	419—420

962 王輝：《商周金文》，頁160，文物出版社，北京，2006。

963 裘錫圭：〈說「██白大師武」〉，《考古》1978：5，頁318、305。

964 李學勤：《青銅器與古代史》，頁289，聯經出版事業有限公司，台北，2005。

965 王慎行：〈師訇鼎銘文通釋譯論〉，《求是學刊》1982：4，頁59。

966 王輝：《商周金文》，頁161。

（續）

銘文字形	銘文編號
闡乃先祖考有爵于周邦緯余作彤沙詢余肇建長父俟于楊余令女奠長父休女克奠于厥師女隹克井乃先祖考闢獵犹出戲于井阿于曆厰女不戰戎女[⿱]長父以追搏戎乃即宕伐于弓谷女執訊獲馘俘器車馬女敏于戎工弗逆朕親令赘女矩嚳一卣田于寚卅田于徫廿田迷拜稽首受冊赘以出迷敢對天子丕顯魯休揚用作鹭彝用言孝于前文人其嚴在上廙在下穆秉明德豐豐彔彔降余康龢屯又通泉永令眉壽綽綰畯臣天子迷其萬年無疆子子孫孫永寶用言	
曰古文王初戮龢于政上帝降懿德大雩匍有上下逪受萬邦㪎圉武王遹征四方達殷畯民永不巩狄虘扡伐尸童憲聖成王左右毅綏剛鯀用肇叡周邦淵哲康王分尹意彊宏魯邵王廣敝楚荊隹奂南行祇景穆王井帥宇誨鼸盈天子天子囿厈文武長烈天子齻無匀齻卹上下亟獄逗慕昊卲亡斁上帝后稷亢保受天子綰命厚福豐年方緣亡䛐見青幽高祖在微靈處雾武王既戈殷微史烈祖遆來見武王武王則令周公舍圉于周卑處甬重乙祖逨匹厥辟遠猷復心子㢱眷明亞祖祖辛歔毓子孫繁猶多犛楷角鼐光義其禋祀歔犀文考乙公遆越得屯無諫農嗇戉曆隹辟孝客史牆夙夜不豕其日蔑曆牆弗敢取對揚天子丕顯休令用作寶障彝烈祖文考弋寶受牆爾繼福襃猶彔黃耇彌生龕事厥辟其萬年永寶用	183

西周出土銅器的三百零一到三百二十字銘文有：

銘文字形	銘文編號
隹卅又三年六月既生霸丁亥王在周康宮穆宮旦王各周廟即位嗣馬壽右吳迷入門立中廷北鄉史減受王令書王乎尹氏冊令迷王若曰迷丕顯文武膺受大令匍有四方則緐隹乃先聖祖考夾鹽先王爵董大令奠周邦肆余弗望聖人孫子昔余既令女疋榮兌齛嗣四方吳嚳用宮御今余隹坙乃先祖考又爵于周邦齬棄乃令女官嗣歷人毋敢妄寧虔夙夕重襲我邦小大猷雩乃專政事毋敢不畫不井雩乃訊庶又眷毋敢不中不井毋韓棄韓棄隹又宥從酒叔鰥寡用作我一人宛不小隹死王曰迷賜女矩嚳一卣玄袞衣赤舄駒車秦較朱虢靣靳虎㔈熏裹畫轉畫輔金甬馬四匹攸勒敬夙夕勿灋朕令迷拜稽首受冊佩以出反入堇圭迷敢對天子丕顯魯休揚用作朕皇考襲叔豐豐彔彔降余康龢屯又通泉永令眉壽綽綰畯臣天子迷萬年無疆子子孫孫永寶用言	429—430
隹卅又三年六月既亥王在周康宮穆宮周廟即位嗣馬壽入門立中廷北鄉史減受王令書王乎尹氏冊令迷王若曰迷丕顯文武膺受大令匍有四方則緐隹乃先聖祖考夾鹽先王爵董大令奠周邦肆余弗望聖人孫子昔余既令女疋榮兌齛嗣四方吳嚳用宮御今余隹坙乃先祖考又爵于周邦齬棄乃令令女官嗣歷人毋敢妄寧虔夙夕重襲我邦小大猷雩乃專政事毋敢不畫不井雩乃訊庶又眷毋敢不	427

（續）

銘文字形	銘文編號
中不井毋龏彙龏彙隹又宥從迺敄鰥寡用作余我一人宛不小隹死王曰逑賜女矩鬯一卣玄袞衣赤舄駒車奉較朱虢㪋靳虎冟熏裏畫轉畫轀金甬馬四匹攸勒敬夙夕勿灋朕令逑拜稽首受冊佩以出反入菫圭逑敢對天子丕顯魯休揚用作朕皇考龏叔鸞彝皇考其嚴在上廙在下穆秉明德豐豐鬱鬱降余康龢屯又通彔永令眉壽綽綰畯臣天子逑萬年無疆子子孫孫永寶用亯	
隹卅又三年六月既生霸丁亥王在周康宮穆宮旦王各周廟即位嗣馬壽右吳逑入門立中廷北鄉史減受王令書王乎尹氏冊令逑王若曰逑丕顯文武膺受大令匍有四方則縣隹乃先聖祖考夾鹽先王爵董大令奠周邦肆余弗望聖人孫子昔余既令女疋榮兌劃嗣四方吳醬用宮御今余隹至乃先祖考又爵于周邦鼉臺乃令令女官嗣歷人毋敢妄寧虔夙夕重襲我邦小大猷雩乃專政事毋敢不畫不井雩乃訊庶又譱毋敢不中不井毋龏彙龏彙隹又宥從迺敄鰥寡用作余一人宛不小隹死王曰逑賜女矩鬯一卣玄袞衣赤舄駒車奉較朱虢㪋靳虎冟熏裏畫轉畫轀金甬馬四匹攸勒夙夕勿灋朕令逑拜稽首受冊佩以出反入菫圭逑敢對天子丕顯魯休揚用作朕皇考龏叔鸞彝皇考其嚴在上廙在下穆秉明德豐豐鬱鬱降余康龢屯又通彔永令眉壽綽綰畯臣天子逑萬年無疆子子孫孫永寶用亯	426
隹卅又三年六月既生霸丁亥王在周康宮穆宮旦王各周廟即位嗣馬壽右吳逑入門立中廷北鄉史減受王令書王乎尹氏冊令逑王若曰逑丕顯文武膺受大令匍有四方則縣隹乃先聖考夾鹽先王爵董大令奠周邦肆余弗望聖人孫子昔余既令女疋榮兌劃嗣四方吳醬用宮御今余隹至乃先祖考又爵于周邦鼉臺乃令令女官嗣歷人毋敢妄寧虔夙夕重襲我邦小大猷雩乃專政事毋敢不畫不井雩乃訊庶又譱毋敢不中不井毋龏彙龏彙隹又宥從迺敄鰥寡用作余我一人宛不小隹死王曰逑賜女矩鬯一卣玄袞衣赤舄駒車奉較朱虢㪋靳虎冟熏裏畫轉畫轀金甬馬四匹攸勒敬夙夕勿灋朕令逑拜稽首受冊佩以出反入菫圭逑敢對天子丕顯魯休揚用作朕皇考龏叔鸞彝皇考其嚴在上廙在下穆秉明德豐豐鬱鬱降余康龢屯又通彔永令眉壽綽畯臣天子逑萬年無疆子子孫孫永寶用亯	428
隹卅又三年六月既生霸丁亥王在周康宮穆宮旦王各周廟即位嗣馬壽右吳逑入門立中廷北鄉史減受王令書王乎尹氏冊令逑王若曰逑丕顯文武膺受大令匍有四方則縣隹乃先聖祖考夾鹽先王爵董大令奠周邦肆余弗望聖人孫子昔余既令女疋榮兌劃嗣四方吳醬用宮御今余隹至乃先祖考又爵于周邦鼉臺乃令令女官嗣歷人毋敢妄寧虔夙夕重襲我邦小大猷雩乃專政事毋敢不畫不井雩乃訊庶又譱毋敢不中不井毋龏彙龏彙隹又宥從迺敄鰥寡用作余我一人宛不小隹死王曰逑賜女矩鬯一卣玄袞衣赤舄駒車奉較朱虢㪋靳虎冟熏裏畫轉畫轀金甬馬四匹攸勒敬夙夕勿灋朕令逑拜稽首受冊佩以出反入菫圭逑敢對	425

（續）

銘文字形	銘文編號
天子丕顯魯休揚用作朕皇考龔叔𤱿彝皇考其嚴在上廙在下穆秉明德豐豐𤔲𤔲降余康龢屯又通彔永令眉綽綰畯臣天子逑萬年無疆子子孫孫永寶用亯	
隹卅又三年六月既生霸丁亥王在周康宮穆宮旦王各周廟即位𤔲馬壽右吳逑入門立中廷北鄉史減受王令書王乎尹氏冊令逑王若曰逑丕顯文武膺受大令匍有四方則緐隹乃先聖祖考夾𧄼先王爵董大令奠周邦肆余弗望聖人孫子昔余既令女疋榮兌𩁹𤔲四方吳𩁹用宮御今余隹𦥑乃先祖考又爵于周邦龗壽乃令令女官𤔲歷人毋敢妄虔凤夕重襲我邦小大猷雩乃尃政事毋敢不畫不井雩乃訊庶又𤔲毋敢不中不井毋龏橐龏橐隹又宥從迺敕鰥寡用作余我一人夗不小隹死王曰逑賜女秬鬯一卣玄袞衣赤舃駒車𣂪較朱虢𩒨靳虎冟熏裏畫轉畫輴金甬馬四匹攸勒敬凤夕勿灋朕令逑拜稽首受冊佩以出反入堇圭逑敢對天子丕顯魯休揚用作朕皇考龔叔𤱿彝皇考其嚴在上廙在下穆秉明德豐豐𤔲𤔲降余康龢屯又通彔永令眉壽綽綰畯臣天子逑萬年無疆子子孫孫永寶用亯	421－423
虢𩒨靳虎冟熏裏畫轉畫輴金甬馬四匹攸勒敬凤夕勿灋朕令逑拜稽首受冊佩以出反入堇圭逑敢對天子丕顯魯休揚用作朕皇考龔叔𤱿彝皇考其嚴在上廙在下穆秉明德豐豐𤔲𤔲降余康龢屯又通彔永令眉壽綽綰畯臣天子逑萬年無疆子子孫孫永寶用亯四方吳𩁹用宮御今余隹𦥑乃先祖考又爵于周邦龗壽乃令令女官𤔲歷人毋敢妄虔凤夕重襲我邦小大猷雩乃尃政事毋敢不畫不井雩乃訊庶又𤔲毋敢不中不井毋龏橐龏橐隹又宥從迺敕鰥寡用作余我一人夗不小隹死王曰逑賜女秬鬯一卣玄袞衣赤舃駒車𣂪較朱隹卅又三年六月既生霸丁亥王在周康宮穆宮旦王各周廟即位𤔲馬壽右吳逑入門立中廷北鄉史減受王令書王乎尹氏冊令逑王若曰逑丕顯文武膺受大令匍有四方則緐隹乃先聖祖考夾𧄼先王爵董大令奠周邦肆余弗望聖人孫子昔余既令女疋榮兌𩁹𤔲（鑄范錯置）	424

　　西周出土銅器的三百二十一到三百七十字銘文：無。

　　西周出土二百八十一到三百七十字銘文共有 12 件，有 9 種不同的內容，但其中 9 件 7 種──〈四十三年逑鼎銘〉──銘文大同而小異，12 件銘文大致可分成以下兩大類──曰＋作器原因＋對揚之詞＋用作＋器物名稱＋套語、時間＋王＋在＋地點＋儐者＋右＋受冊命者＋書寫冊命史官＋受王𢓨書或受王令書＋王＋乎＋宣讀冊命史官＋冊𢓨或冊命＋受冊命者＋王若曰＋冊命內容＋𢓨或賜＋賞賜品物＋對揚之詞＋用作＋器物名稱＋套語：

（一）曰＋作器原因＋對揚之詞＋用作＋器物名稱＋套語，如

曰古文王初𢼸龢于政上帝降懿德大甹匍有上下迨受萬邦𩰿圉武王遹征四方達殷畯民永不巩狄虘㧬伐尸童憲聖成王左右綬剛鯀用肇徹周邦淵哲康王分尹𢆶彊宏魯卲王廣敝楚荊隹奧南行祇景穆王井帥宇誨𤅥𥁋天子天子𩱩厚文武長烈天子䰾無匄𤯍巾上下亟獄逗慕昊𢌿亡斁上帝后稷九保受天子綰命厚福豐年方䜌亡不𢦏見青幽高祖在微靈處𩁹武王既𢦏殷微史烈祖迺來見武王武王則令周公舍圉于周卑處甬重乙祖徠匹厥辟遠猷𣫭心子癋𣪘明亞祖祖辛簸毓子孫繁猶多犛㭭角𩰍光義其禋祀𩱧犀文考乙公遘趨得屯無諫農嗇戉曆隹辟孝吝史牆夙夜不𧰼其日蔑曆牆弗敢𣪓對揚天子丕顯休令用作寶𨤲彝烈祖文考弋竂受牆爾𩓣福褱猶彔黃耉彌生龢事厥辟其萬年永寶用。

（二）時間＋王＋在＋地點＋儐者＋右＋受冊命者＋書寫冊命史官＋受王釐書或受王令書＋王＋乎＋宣讀冊命史官＋冊釐或冊命＋受冊命者＋王若曰＋冊命內容＋釐或賜＋賞賜品物＋對揚之詞＋用作＋器物名稱＋套語，如

隹卅又三年六月既生霸丁亥王在周康宮穆宮旦王各周廟即位𩰤馬壽右吳逨入門立中廷北鄉史減受王令書王乎尹氏冊令逨王若曰逨丕顯文武膺受大令匍有四方則䌛隹乃先聖祖考夾𪒠先王爵堇大令奠周邦肆余弗望聖人孫子昔余既令女疋榮兌𩰤𤔲四方吳䵼用宮御今余隹𤔲乃先祖考又爵于周邦𪒠橐乃令令女官𤔲歷人毋敢妄寧虔夙夕重𩟾我邦小大猷雩乃專政事毋敢不𢦏不井雩乃訊庶又𣪊毋敢不中不井毋䵼橐䵼橐隹又宥從迺敄鰥寡用作余我一人夗不小隹死王曰逨賜女秬鬯一卣玄袞衣赤舄駒車桒較朱虢靣靳虎冟熏裏畫轉畫輴金甬馬四匹攸勒敬夙夕勿灋朕令逨拜稽首受冊佩以出反入堇圭逨敢對天子丕顯魯休揚用作朕皇考龔叔龢彝皇考其嚴在上廙在下穆秉明德豐豐𤔲彔彔降余康鯀屯又通彔永令眉壽綽綰畯臣天子逨萬年無疆子子孫孫永寶用言。

（一）曰＋作器原因＋對揚之詞＋用作＋器物名稱＋套語

西周出土二百八十一到三百七十字銘文中，「曰古文王初𢼸龢于政上帝降懿德大甹匍有上下迨受萬邦𩰿圉武王遹征四方達殷畯民永不巩狄虘㧬伐尸童憲聖成

王左右毅綬剛鯀用肇畝周邦淵哲康王分尹意彊宏魯卲王廣能楚荊隹寏南行祇景穆王井帥宇誨醽盜天子天子𦫵䖒文武長烈天子覺無匄䙷祁上下亟獄逗慕昊紹亡斁上帝后稷亢保受天子綰命厚福豐年方緣亡不䢅見青幽高祖在微靈處雩武王既𢦏殷微史烈祖迺來見武王武王則令周公舍㝢于周卑處甬叀乙祖𠻰匹厥辟遠猷𦣻心子𢓊𧶠明亞祖祖辛𩁹毓子孫繁猶多孷櫅角龔光義其禋祀𦉢屖文考乙公遽趩得屯無誎農嗇戉曆隹辟孝𢼸史牆夙夜不㒸其日蔑曆牆弗敢取對揚天子丕顯休令用作寶䵼彝烈祖文考弋窗受牆爾䵼福褱猶彔黃耇彌生龕事厥辟其萬年永寶用」屬於曰＋作器原因＋對揚之詞＋用作＋器物名稱＋套語一類。

「曰：古文王，初𢾶龢于政，上帝降懿德，大甹，匍有上下，迨受萬邦。𩵦圉武王，遹征四方，達殷畯民，永不巩狄虘，𢦔伐尸童。憲聖成王，左右毅綬剛鯀，用肇畝周邦。淵哲康王，分尹意彊。宏魯卲王，廣能楚荊，隹寏南行。祇景穆王，井帥宇誨，醽盜天子。天子𦫵䖒文武長烈，天子覺無匄，䙷祁上下，亟獄逗慕，昊紹亡斁，上帝后稷亢保，受天子綰命厚福豐年，方緣亡不䢅見。青幽高祖，在微靈處。雩武王既𢦏殷，微史烈祖迺來見武王，武王則令周公舍㝢，于周卑處。甬叀乙祖𠻰匹厥辟，遠猷𦣻心子𢓊。𧶠明亞祖祖辛，𩁹毓子孫，繁猶多孷，櫅角龔光，義其禋祀。𦉢屖文考乙公遽趩，得屯無誎，農嗇戉曆隹辟。孝𢼸史牆，夙夜不㒸，其日蔑曆。牆弗敢取，對揚天子丕顯休令，用作寶䵼彝。烈祖文考弋窗受牆爾䵼福，褱猶彔，黃耇彌生，龕事厥辟，其萬年永寶用」，該篇銘文內容分前後兩段，前者頌揚自文王至恭王等七位周王的功業，後者由史牆自述先世五代事蹟，最終再以自贊及祈福之語作結。[967]

裘錫圭認為「古文王，初盭龢于政，大甹」的盭龢應讀為戾和，指安定和協，大甹的甹讀為屏，即輔佐。[968]「𩵦圉武王，遹征四方，達殷畯民，永不巩狄虘，𢦔伐尸童」一段多歧義。其中「𩵦圉武王」，徐中舒以為𩵦圉原指丈量疆界，在此表示武王奠定周之疆域，[969]裘錫圭隸定為訊圉，指迅猛剛強之意。「達殷畯民」為撻伐殷王朝、畯正殷頑民。[970]「永不巩狄虘，𢦔伐尸童」的巩假為

967 劉士莪、尹盛平：〈微氏家族青銅器群研究〉，《西周微氏家族青銅器群研究》，頁41，文物出版社，北京，1992。裘錫圭：〈史牆盤銘解釋〉，《西周微氏家族青銅器群研究》，頁265。

968 裘錫圭：〈史牆盤銘解釋〉，《西周微氏家族青銅器群研究》，頁266。

969 徐中舒：〈西周牆盤銘文箋釋〉，《西周微氏家族青銅器群研究》，頁249。

970 裘錫圭：〈史牆盤銘解釋〉，《西周微氏家族青銅器群研究》，頁267。

恐，狄虘指鬼方，托為麾之初文，尸童即東夷戰俘。[971]「憲聖成王，左右綮綮剛鯀」的左右指輔佐大臣，綮綮剛鯀或讀為受任剛謹，[972]或讀為糾會剛御，指成王群臣團結威武。[973]「淵哲康王，分尹意彊」的分尹意彊為分尹億彊，指康王將廣大疆土分封諸侯加以治理。「天子罱扅文武長烈，天子譹無匄，趯卬上下」的罱扅讀為紹纘，指繼承，譹無匄是眉壽無有害的意思，趯卬讀為虔祈，表示敬事鬼神。[974]「亞獄逗慕，昊玿亡斁」是指不懈怠地發揚先王偉大的治國謀略。[975]

「武王則令周公舍𡧩，于周卑處」意謂武王命令周公在岐周近郊給予微史烈祖居住之地。[976]「甬重乙祖祣匹厥辟，遠猷𠩵心子厰」的厰讀為側，指史牆乙祖長久以腹心之臣的身分，於周王之側輔佐國君。「鼓毓子孫，繁猎多𠭥，櫅角鼙光」，繁猎多𠭥李學勤讀為繁祉多釐，皆指多福之意，並將櫅角讀為齊憝，意謂肅敬，鼙光讀為熾光，同古籍顯光、耿光。「農嗇戊曆隹辟」即農穡歲苗惟辟，整句意思是開墾農田。「牆弗敢取」的取讀為沮，表示敗壞之意。[977]銘文時代為西周中期。

（二）時間＋王＋在＋地點＋儐者＋右＋受冊命者＋書寫冊命史官＋受王釐書或受王令書＋王＋乎＋宣讀冊命史官＋冊釐或冊命＋受冊命者＋王若曰＋冊命內容＋釐或賜＋賞賜品物＋對揚之詞＋用作＋器物名稱＋套語

西周出土二百八十一到三百七十字銘文中，隹卅又二年五月既生霸乙卯王在周康穆宮旦王各大室即位𠕢工散右吳述入門立中廷北鄉尹氏受王釐書王乎史減冊釐述王若曰述丕顯文武膺受大令匍有四方則綤隹乃先聖祖考夾𪉠先王爵董大令奠周邦余弗叚望聖人孫子余隹𨶾乃先祖考有爵于周邦緯余作肜沙詢余肇建長父矦于楊余令女奠長父休女克奠于厥師女隹克井乃先祖考𨷻獵猶出戲于井阿于曆𨻳女不

971 劉士莪、尹盛平：〈微氏家族青銅器群研究〉，《西周微氏家族青銅器群研究》，頁43-46，文物出版社，北京，1992。

972 裘錫圭：〈史牆盤銘解釋〉，《西周微氏家族青銅器群研究》，頁268。

973 李學勤：〈論史牆盤及其意義〉，《西周微氏家族青銅器群研究》，頁236。

974 王輝：《商周金文》，頁151，文物出版社，北京，2006。

975 裘錫圭：〈史牆盤銘解釋〉，《西周微氏家族青銅器群研究》，頁271。

976 劉士莪、尹盛平：〈微氏家族青銅器群研究〉，《西周微氏家族青銅器群研究》，頁53-54。

977 李學勤：〈論史牆盤及其意義〉，《西周微氏家族青銅器群研究》，頁241-244，文物出版社，北京，1992。

戰戎女□長父以追搏戎乃即宕伐于弓谷女執訊獲馘俘器車馬女敏于戎工弗逆朕親令鬖女矩鬯一卣田于壃卅田于徲廿田逑拜稽首受冊鬖以出逑敢對天子不顯魯休揚用作鬻彝用言孝于前文人其嚴在上廙在下穆秉明德豐豐鬢鬢降余康龢屯又通桼永令眉壽綽綰畯臣天子逑其萬年無疆子子孫孫永寶用言、隹卅又三年六月既生霸丁亥王在周康宮穆宮旦王各周廟即位䢔馬壽右吳逑入門立中廷北鄉史減受王令書王乎尹氏冊令逑王若曰逑不顯文武膺受大令匍有四方則緐隹乃先聖祖考夾𧸇先王爵堇大令奠周邦肆余弗望聖人孫子昔余既令女疋榮兌䚦䢔四方吳鐕用宮御今余隹巠乃先祖考又爵于周邦繇橐乃令令女官䢔歷人毋敢妄寧虔夙夕重襲我邦小大猷雺乃專政事毋敢不畫不井雺乃訊庶又拳毋敢不中不井毋龏橐龏橐隹又宥從酒妝鰥寡用作余我一人夗不小隹死王曰逑賜女矩鬯一卣玄袞衣赤舄駒車奉較朱虢靣靳虎冟熏裏畫轉畫輯金甬馬四匹攸勒敬夙夕勿灋朕令逑拜稽首受冊佩以出反入堇圭逑敢對天子不顯魯休揚用作朕皇考龏叔鬻彝皇考其嚴在上廙在下穆秉明德豐豐鬢鬢降余康龢屯又通桼永令眉壽綽綰畯臣天子逑萬年無疆子子孫孫永寶用言……等屬於時間＋王＋在＋地點＋儐者＋右＋受冊命者＋書寫冊命史官＋受王鬖書或受王令書＋王＋乎＋宣讀冊命史官＋冊鬖或冊命＋受冊命者＋王若曰＋冊命內容＋鬖或賜＋賞賜品物＋對揚之詞＋用作＋器物名稱＋套語一類。

　　眉縣楊家村於 2003 年出土銅鼎 12 件，12 件銅鼎皆具銘文，其中〈四十二年逑鼎〉一式 2 件，〈四十三年逑鼎〉實為 9 件，因為其中編號 2003MYJ：8 和 2003MYJ：4 兩件鼎銘，合為一篇完整的內容。〈四十三年逑鼎〉有 320 字、319 字、318 字、311 字和 304 字之不同，內容大同小異。[978]以下具體分析銘文格式，是以完整且無錯范的 320 字為代表。

　　「隹卅又二年五月既生霸乙卯，王在周康穆宮。旦，王各大室，即位。䢔工散右吳逑入門，立中廷，北鄉。尹氏受王鬖書，王乎史減冊鬖逑，王若曰：逑，

978 編號2003MYJ：3之320字〈四十三年逑鼎〉鑄范錯置；編號2003MYJ：12之319字〈四十三年逑鼎〉少「眉壽綽綰」的壽字；編號2003MYJ：5之318字〈四十三年逑鼎〉少「用作余我一人」的我字以及「敬夙夕」的敬字；編號2003MYJ：2之318字〈四十三年逑鼎〉少「則緐隹乃先聖祖考」的祖字和「眉壽綽綰」的綰字；編號2003MYJ：16之311字〈四十三年逑鼎〉因殘泐，少「既生霸丁亥王在周康宮穆宮旦王各周廟即位䢔馬壽右吳逑入門」的生霸丁旦王各右吳逑等字；編號2003MYJ：8和2003MYJ：4之304字〈四十三年逑鼎〉少「繇橐乃令令女官䢔歷人」的令字與「用作朕皇考龏叔鬻彝皇考其嚴在上廙在下穆秉明德」的鬻彝皇考其嚴在上廙在下穆秉明德等字。

丕顯文武，膺受大令，匍有四方，則繇隹乃先聖祖考，夾䚈先王，爵董大令，奠周邦。余弗叚望聖人孫子，余隹闌乃先祖考，有爵于周邦，緯余作彤沙。詢余肇建長父㑴于楊，余令女奠長父休，女克奠于厥師。女隹克井乃先祖考，關玁狁，出戝于井阿、于曆厰，女不嬰戎，女𤰔長父，以追搏戎，乃即宕伐于弓谷，女執訊獲馘，俘器、車馬，女敏于戎工，弗逆。朕親令譱女矩鬯一卣，田于𤞤卅田、于徲廿田。逑拜稽首，受冊譱以出。逑敢對天子丕顯魯休揚，用作鼎彝，用亯孝于前文人。其嚴在上，廙在下，穆秉明德，豐豐鼗鼗，降余康龢屯又，通彔永令，眉壽綽綰，畯臣天子。逑其萬年無疆，子子孫孫永寶用亯」。

　　作器者吳逑，吳假為虞，是負責管理山澤的職官之名。[979]此篇銘文呈現出完整的冊命儀式，在儐者協助受冊命者即位後，王呼喚宣讀冊命的史官前，會由書寫冊命的史官將命書授與王。[980]「尹氏受王譱書，王乎史減冊譱逑」的譱即賚，指賜與，[981]或讀為釐，亦指賞賜。[982]「則繇隹乃先聖祖考，夾䚈先王，爵董大令，奠周邦。余弗叚望（遐忘）聖人孫子，余隹闌乃先祖考，有爵于周邦」，其中則繇隹是加強語氣的助詞，爵董讀為恭勤，闌乃先祖考於〈四十三年逑鼎〉中作「亟乃先祖考」，闌和亟字意思相同，或讀為念，[983]亟或讀為經，指延續。[984]「出戝于井阿、于曆厰，女不嬰戎，女𤰔長父，以追搏戎」，戝是捷字，𤰔疑從俞聲，讀為蔽，[985]或從上下文句推敲似為輔佐之意。井阿、曆厰是地名，不嬰戎是表示不懈怠於戰事。[986]銘文時代為西周晚期。

　　「隹卅又三年六月既生霸丁亥，王在周康宮穆宮。旦，王各周廟，即位。嗣馬壽右吳逑入門，立中廷，北鄉。史減受王令書，王乎尹氏冊令逑，王若曰：逑，丕顯文武，膺受大令，匍有四方，則繇隹乃先聖祖考，夾䚈先王，爵董大令，奠周邦。肆余弗望聖人孫子，昔余既令女疋榮兌，𩁁嗣四方吳嗇，用宮御，今余隹亟乃先祖考，又爵于周邦，釐敹乃令，令女官嗣歷人，毋敢妄寧，虔夙夕

---

979 董珊：〈略論西周單氏家族窖藏青銅器銘文〉，《中國歷史文物》2003：4，頁46。
980 陳漢平：《西周冊命制度研究》，頁116-117，學林出版社，上海，1986。
981 劉懷君、辛怡華、劉棟：〈四十二年、四十三年逑鼎銘文試釋〉，《文物》2003：6，頁86。
982 李學勤：〈眉縣楊家村新出青銅器研究〉，《文物》2003：6，頁68。
983 董珊：〈略論西周單氏家族窖藏青銅器銘文〉，《中國歷史文物》2003：4，頁44。
984 王輝：〈逑盤銘文考釋〉，《考古與文物》2003：3，頁85-88。
985 李學勤：〈眉縣楊家村新出青銅器研究〉，《文物》2003：6，頁68。
986 劉懷君、辛怡華、劉棟：〈四十二年、四十三年逑鼎銘文試釋〉，《文物》2003：6，頁86。

叀嬰我邦小大猷。雩乃專政事，毋敢不畫不井；雩乃訊庶又𤔲，毋敢不中不井。毋敢臺，臺隹又宥從，迺敄鰥寡，用作余我一人㤅，不小隹死。王曰：逑，賜女秬鬯一卣、玄袞衣、赤舄、駒車、㭔較、朱虢㒸靳、虎𠁁熏裏、畫轉、畫𨍮、金甬、馬四匹、攸勒，敬夙夕勿灋朕令。逑拜稽首，受冊佩以出，反入堇圭。逑敢對天子丕顯魯休揚，用作朕皇考龔叔龢彝。皇考其嚴在上，廙在下，穆秉明德，豐豐䣫䣫，降余康龢屯又，通彔永令，眉壽綽綰，畯臣天子。逑萬年無疆，子子孫孫永寶用言」。

「昔余既令女疋榮兌，訊嗣四方吳䣤，用宮御」，其中疋讀為胥，意指輔助，吳䣤讀為虞林，指林木和山澤相關產物，用宮御表示用以供應宮廷所需。[987] 「令女官嗣歷人」的歷人，或指對於有過罪行的官吏加以甄選，[988] 或指因訴訟刑獄之事淪為奴僕的平民。[989] 「虔夙夕叀嬰我邦小大猷」的叀嬰讀為惠雍，猷指謀略、謀劃。「雩乃專政事，毋敢不畫不井；雩乃訊庶又𤔲，毋敢不中不井。毋敢臺，臺隹又宥從，迺敄鰥寡，用作余我一人㤅，不小隹死」，是周王告誡逑的話語。當中不畫、不井、不中的畫、井、中分別指法度、刑罰、公正，意思是依刑罰法度施政，且審訊要公道。臺臺指貪汙得利，宥從為寬赦、放任之意，敄指欺侮。[990] 不小隹死，裘錫圭以為不小讀為不肖，即為不善、不賢。[991] 銘文時代為西周晚期。

小結

西周出土二百八十一到三百七十字銘文有 12 件，屬於「曰＋作器原因＋對揚之詞＋用作＋器物名稱＋套語」1 件，時代為西周中期；屬於「時間＋王＋在＋地點＋儐者＋右＋受冊命者＋書寫冊命史官＋受王釐書或受王令書＋王＋乎＋宣讀冊命史官＋冊釐或冊命＋受冊命者＋王若曰＋冊命內容＋釐或賜＋賞賜品物＋對揚之詞＋用作＋器物名稱＋套語」有 11 件，時代均為西周晚期。就內容觀

987 王輝：〈逑盤銘文考釋〉，《考古與文物》2003：3，頁87-88。

988 李學勤：〈眉縣楊家村新出青銅器研究〉，《文物》2003：6，頁69。

989 董珊：〈略論西周單氏家族窖藏青銅器銘文〉，《中國歷史文物》2003：4，頁47。

990 劉懷君、辛怡華、劉棟：〈四十二年、四十三年逑鼎銘文試釋〉，《文物》2003：6，頁88。

991 裘錫圭：〈讀逑器銘文札記三則〉，《文物》2003：6，頁76。

察，前一類性質為頌揚周王與先世之功蹟，終以自贊及祈福祝願作結；後一類為冊命銘文。

十一　三百七十一到三百八十字銘文

西周出土銅器的三百七十一到三百八十字銘文有：

銘文字形	銘文編號
逑曰丕顯朕皇高祖單公超趄克明慎厥德夾鹽文王武王達殷膺受天魯令匍有四方竝宅厥堇疆土用配上帝雩朕皇高祖公叔克逑匹成王成受大命方狄不亯用奠四或萬邦雩朕皇高祖新室仲克幽明厥心顋遠能犾會鹽康王方襄不廷雩朕皇高祖惠中盠父盭龢于政又成于犾用會邵王穆王溢政四方斯伐楚荆雩朕皇高祖零伯巻明厥心不彖□服用辟龏王懿王雩朕皇亞祖懿中龏諫諫克匍保厥辟考王𢓥王又成于周邦雩皇考龏叔穆穆趩趩龢旬于政明陵于德亯佐剌王逑肇帀朕皇祖考服虔夙夕敬朕死事肆天子多賜逑休天子其萬年無疆耆黃耇保奠周邦諫辟四方王若曰逑丕顯文武膺受大令匍有四方則繇隹乃先聖祖考夾鹽先王爵堇大令今余隹巠乃先聖祖考𤔲豪乃令女疋榮兌䚹𩊚四方吳鬌用宮御賜女赤市幽黃攸勒逑敢對天子丕顯魯休揚用作朕皇祖考寶隣盤用追亯孝于前文人前文人嚴在上廙在下豐豐彙彙降逑魯多福眉壽綽綰受余康龢屯又通彔永令霝冬逑畯臣天子子孫孫永寶用亯	442

西周出土三百七十一到三百八十字銘文僅 1 件，其銘文格式為——作器者＋曰＋作器原因＋王若曰＋冊命內容＋賜＋賞賜品物＋對揚之詞＋用作＋為祭祀作器目的＋器物名稱＋用＋為祭祀作器目的＋套語。

「逑曰：丕顯朕皇高祖單公，超趄克明慎厥德，夾鹽文王、武王，達殷，膺受天魯令，匍有四方，竝宅厥堇疆土，用配上帝。雩朕皇高祖公叔，克逑匹成王，成受大命，方狄不亯，用奠四或萬邦。雩朕皇高祖新室仲，克幽明厥心，顋遠能犾，會鹽康王，方襄不廷。雩朕皇高祖惠中盠父，盭龢于政，又成于犾，用會邵王、穆王，溢政四方，斯伐楚荆。雩朕皇高祖零伯，巻明厥心，不彖□服，用辟龏王、懿王。雩朕皇亞祖懿中，龏諫諫，克匍保厥辟考王、𢓥王，又成于周邦。雩皇考龏叔，穆穆趩趩，龢旬于政，明陵于德，亯佐剌王。逑肇帀朕皇祖考服，虔夙夕敬朕死事，肆天子多賜逑休。天子其萬年無疆，耆黃耇，保奠周邦，諫辟四方。王若曰：逑，丕顯文武，膺受大令，匍有四方，則繇隹乃先聖祖考，

夾鹽先王，爵董大令。今余隹巠乃先聖祖考，飜髳乃令，令女疋榮兌，齛齭四方
吳薈，用宮御。賜女赤市、幽黃、攸勒。逑敢對天子丕顯魯休揚，用作朕皇祖考
寶障盤，用追言孝于前文人。前文人嚴在上，廙在下，豐豐亹亹，降逑魯多福，
眉壽綽綰，受余康龢，屯又通彔，永令霝冬。逑畯臣天子，子孫孫永寶用言」，
該篇銘文內容分前後兩段，前者頌揚歷經文王至厲王九位周王之七世先代的功
蹟，後者以王若曰明載周宣王對作器者逑之冊命與賞賜，有關內容亦見於上文
〈四十三年逑鼎〉。

　　「丕顯朕皇高祖單公，趙趙（桓）克明慎厥德，夾鹽（紹）文王、武王，達
（撻）殷，膺受天魯令，匍有四方，竝宅厥董（勤）疆土，用配上帝」，首言單
氏家族的始祖單公，輔佐文王、武王滅殷，治理因勤勞所得的廣大疆土。[992]「雩
朕皇高祖公叔，克逑匹成王，成受大命，方狄不言，用奠四或萬邦。雩朕皇高祖
新室仲，克幽明厥心，氈遠能埶，會鹽康王，方裏（懷）不廷」，再者歷述遠祖
單叔、新室仲分別輔助成王、康王，方狄不言的狄讀為逖，言訓為獻，表示將不
獻貢、不臣服的國族加以驅趕，[993]氈遠能埶的氈通作柔，埶即邇，意謂安撫遠近
諸邦，不廷指不朝見天子的國族。[994]「雩朕皇高祖惠中盠父，謷龢于政，又成于
猷，用會邵王、穆王，盜政四方，剿伐楚荊。雩朕皇高祖零伯，卷明厥心，不彖
□服，用辟龏王、懿王」，接著續寫遠祖惠仲盠父、零伯分別侍奉昭王、穆王、
恭王、懿王，盜政四方的盜，或讀為延，意思是將德政普及四方，[995]或讀為剿
征。[996]「雩朕皇亞祖懿中，毃諫諫，克匍保厥辟考王、㝒王，又成于周邦。雩皇
考龏叔，穆穆趠趠，龢匐于政，明陵于德，言佐剌王」，說明作器者逑之祖父懿
仲、先父龏叔擁護孝王、夷王、厲王，毃諫諫讀為廣簡簡，表示心胸廣大，[997]李
學勤隸定為毃諫言，提出諫言兩字是合文現象，毃則讀為匡。[998]「逑肇帚朕皇祖
考服」的帚讀為纂，指承繼之意。[999]銘文時代為西周晚期。

992 王輝：〈逑盤銘文考釋〉，《考古與文物》2003：3，頁82-83。
993 李學勤：〈眉縣楊家村新出青銅器研究〉，《文物》2003：6，頁67。
994 王輝：〈逑盤銘文考釋〉，《考古與文物》2003：3，頁83-84。
995 李學勤：〈眉縣楊家村新出青銅器研究〉，《文物》2003：6，頁67。
996 王輝：〈逑盤銘文考釋〉，《考古與文物》2003：3，頁84-85。
997 同上，頁86。
998 李學勤：〈眉縣楊家村新出青銅器研究〉，《文物》2003：6，頁67。
999 裘錫圭：〈讀逑器銘文札記三則〉，《文物》2003：6，頁74-75。

小結

　　西周出土一百零一到一百二十字屬於「……賜……」之句型的銘文，其一是「作器者＋曰＋受賞原因＋賞賜者＋賜＋賞賜品物＋作＋器物名稱＋用＋為祭祀作器目的＋套語」，而西周出土一百二十一到一百九十字屬於「……賜或其他動詞……」之句型的銘文，其一是「作器者＋曰＋自勉之詞＋賜＋作器者＋令＋冊令內容＋對揚之詞＋用作＋為祭祀作器目的＋器物名稱＋用＋為祭祀作器目的＋套語」，至上述西周出土最長篇之銘文〈逑盤〉的格式──「作器者＋曰＋作器原因＋王若曰＋冊命內容＋賜＋賞賜品物＋對揚之詞＋用作＋為祭祀作器目的＋器物名稱＋用＋為祭祀作器目的＋套語」，可觀察出以作器者所言作為開端，交代受賞原因、作器原因的賞賜或冊命銘文，與詳細記錄時間、王所在地點、儐者、書寫冊命史官……等組成的賞賜或冊命銘文，兩種不同格式由中期至晚期的發展軌跡。

第五章
結論

第一節　研究材料的統整

　　根據中國大陸「夏商周斷代工程」的研究報告，西周自武王克商之後，歷經成、康、昭、穆、恭、懿、孝、夷、厲、宣、幽等十一世十二位王。[1]有關西周銅器的分期，本文主要依循王世民、陳公柔、張長壽將西周銅器分為早中晚三期的畫分，早中晚三期的王世如下：一、西周早期，相當於武、成、康、昭四個王世；二、西周中期，相當於穆、恭、懿、孝、夷五個王世；三、西周晚期，為厲（包括共和）、宣、幽時期。[2]三期之外，還包括時代定於晚商至西周早期（商末周初）、西周晚期至春秋早期（兩周之際）兩者。另外，有些銅器形制或銘文內容在昭穆之際，時代則定為西周早中期。[3]

　　中國青銅文化的區域，參考李伯謙、孫華、趙賓福和鄭小爐等學者的意見與研究，分成中原青銅文化區、北方青銅文化區、東北青銅文化區、甘青青銅文化區、新疆青銅文化區、巴蜀青銅文化區、長江中游青銅文化區、長江下游青銅文化區、東南與華南青銅文化區。[4]在第三章，以上述九個青銅文化區為架構，統籌中國各地所有西周出土銅器，系統且簡要性地陳述西周出土銅器的出土情形，在附錄八，彙整所有西周有銘銅器的出土地、出土時間、字數、隸定的銘文內容、

1　夏商周斷代工程專家組：《夏商周斷代工程1996—2000年階段成果報告‧簡本》，頁12，世界圖書出版公司北京公司，北京，2000。

2　王世民、陳公柔、張長壽：《西周青銅器分期斷代研究》，頁251-255，文物出版社，北京，1999。

3　中國社會科學院考古研究所灃西發掘隊：〈長安張家坡M183西周洞室墓發掘簡報〉，《考古》1989：6，頁528。北京大學考古文博院、山西省考古研究所：〈天馬——曲村遺址北趙晉侯墓地第六次發掘〉，《文物》2001：8，頁21。孫慶偉：〈從新出戎甗看昭王南征與晉侯燮父〉，《文物》2007：1，頁64。

4　李伯謙：〈中國青銅文化的發展階段與分區系統〉，《中國青銅文化結構體系研究》，頁6-11，科學出版社，北京，1998。孫華：〈中國青銅文化體系的幾個問題〉，《考古學研究》（五），頁938-948。科學出版社，北京，2003。趙賓福：《中國東北地區夏至戰國時期的考古學文化研究》，吉林大學考古學及博物館學博士論文，2005。鄭小爐：《吳越和百越地區周代青銅器研究》，科學出版社，北京，2007。

銘文出現的銅器部位、本文所採用之分期的意見等。而銘文編號是按照第三章西周出土銅器之出土地的先後順序，加以排列。

　　本文所有收集到的西周出土有銘銅器共 1679 件，歸於中原文化區的有 1597 件、北方文化區有 36 件、甘青文化區有 7 件、巴蜀文化區有 5 件、長江中游文化區有 26 件、長江下游文化區有 7 件、東南與華南文化區為 1 件。可知 95%的西周出土有銘銅器是出現在「中原文化區」，其他 5%分散在中原以外其他八個青銅文化區。北至內蒙古通遼市扎魯特旗巴雅爾吐胡碩鎮，南至廣西省南寧市武鳴縣馬頭鎮，西至甘肅省禮縣趙坪村，東至山東省威海市榮成市埠柳鎮學福村，是西周出土有銘銅器的概括範圍。

第二節　本文研究的成果

一　西周出土有銘銅器的銅器種類與件數

　　依據朱鳳瀚的銅器分類，食器包含烹煮器與盛食器——銅鼎、銅鬲、銅甗、銅簋、銅盨、銅簠、銅豆和挹取器——銅匕等；酒器囊括溫酒器——銅爵、銅角、銅斝，盛酒器——銅尊、銅觥、方彝、銅卣、銅罍、銅纍、銅瓿、銅壺，飲酒器——銅觚、銅觶、銅杯和挹注器——銅斗、銅勺等；水器有銅盤、銅匜、銅盂、銅盉……等；樂器有銅鐘、銅鈴、銅鐃……等；兵器有銅戈、銅戟、銅鉞、銅劍、銅鏃……等；車馬器有車軎、車轄、鑾鈴、馬銜、馬鑣、當盧……等；工具則有銅斧、銅錛、銅鑿……等。[5]

　　本文所有收集到的西周出土有銘銅器共 1679 件，下文按照朱鳳瀚的銅器分類以及各類之下所臚列之銅器順序，將西周具有銘文的出土銅器，有關器物種類、統計件數和時代性作一簡要的呈現。當中銅鼎 317 件、銅鬲 122 件、銅甗 56 件、銅簋 348 件、銅盨 46 件、銅簠 23 件、銅豆 8 件、銅釜 2 件[6]、銅罐 1 件[7]、銅匕 3

5　朱鳳瀚：《中國青銅器綜論》上，頁83-533，上海古籍出版社，上海，2009。

6　朱鳳瀚《中國青銅器綜論》的銅釜列於量器，徐師富昌先生認為依據形制來看，這兩件出自扶風縣莊白村一號窖藏的銅釜應為食器。

7　朱鳳瀚《中國青銅器綜論》未列銅罐，由於該銅罐之銘文「梁姬作桒匜」，桒匜為貯存稻、粱之同類作物的用器（河南省文物考古研究所、三門峽市文物工作隊：《三門峽虢國墓（第一卷）》，頁311-312，文物出版社，北京，1999。），因此視為食器。

件，以上食器共有 926 件，約占所有西周出土有銘銅器的 55%。

銅爵 109 件、銅角 6 件、銅斝 10 件、銅尊 84 件、方尊 3 件、犧尊 5 件、銅觥 6 件、方彝 8 件、銅卣 98 件、銅罍 20 件、方罍 1 件、銅罐 4 件、銅瓿 1 件、銅壺 58 件、方壺 2 件、銅瓠 13 件、銅觶 51 件、銅杯 1 件、銅斗 1 件、銅勺 2 件，以上酒器共有 483 件，約占所有西周出土有銘銅器的 29%。

銅盤 37 件、銅匜 18 件、銅盉 29 件、銅鋻 2 件[8]、銅盂 9 件，以上水器共有 95 件，約占所有西周出土有銘銅器的 6%。

西周出土有銘樂器僅銅鐘一類，有 70 件，約占所有西周出土有銘銅器的 4%。

銅戈 30 件、銅戟 20 件、銅鉞 3 件、銅劍 2 件、銅鼻 1 件[9]、銅泡 25 件[10]，以上武器共有 81 件，約占所有西周出土有銘銅器的 5%。

車轄 1 件、干首 1 件[11]、鑾鈴 1 件、當盧 12 件，以上車馬器共有 15 件。西周出土有銘工具僅銅斧一類，有 3 件。車馬器和工具兩者約占所有西周出土有銘銅器 1%。其餘還有 6 件為銅器殘片和器蓋。

就器物種類觀察，出土數量超過 100 件的有銅鼎、銅鬲、銅簋和銅爵，銅鼎約占所有西周出土有銘銅器的 19%、銅鬲占 7%、銅簋占 21%、銅爵占 6%，另外銅卣 98 件占 6%。銅簋、銅鼎、銅鬲、銅爵和銅卣，是西周出土有銘銅器中出現最多的前五種器物。

和商代出土有銘銅器 1121 件相比，[12]商代出土有銘食器占所有商代出土有銘銅器 20%，[13]酒器占 59%，[14]水器占 1.5%，[15]樂器占 1.5%，[16]兵器和工具占 16%，[17]

8　朱鳳瀚《中國青銅器綜論》附於銅盉之下。

9　朱鳳瀚《中國青銅器綜論》未列銅鼻，考古人員從器形判斷，以為是劍鞘末端的飾物（羅西章：〈扶風溝原發現叔趙父鼻〉，《考古與文物》1982：4，頁106-107。），因此視為武器。

10　銅泡即盾飾，《琉璃河西周燕國墓地1973—1977》將盾飾列於兵器，《殷周金文集成》將盾飾、銅泡列於雜兵器之下。

11　朱鳳瀚《中國青銅器綜論》未列干首，《洛陽北窰西周墓》將干首列於車器之後。

12　李珮瑜：《商代出土銅器銘文研究》，頁314，淡江大學中國文學研究所碩士論文，1993。

13　包括銅鼎155件、銅鬲6件、銅瓿15件、銅甗1件、銅簋49件、銅豆1件。

14　包括銅爵263件、方爵2件、銅角14件、銅斝20件、方斝5件、銅尊41件、方尊5件、鴞尊2件、銅觥10件、方彝8件、偶方彝1件、銅卣55件、銅罍13件、方罍2件、銅瓿5件、銅壺5件、方壺2件、銅瓠158件、銅觶46件、銅斗和銅勺9件。

15　包括銅盤3件、銅盉11件、銅盂2件。

16　為銅鏡17件。

17　包括銅戈113件、銅鉞6件、銅鏃47件、銅矛9件、銅刀2件、銅錛4件、銅泡2件。

其餘不確定用途或無法歸類的銅器占 1%。[18]

　　由以上比例可知，商代出土有銘銅器以酒器為大宗，食器次之；西周出土有銘銅器卻以食器為大宗，酒器次之，大體而言，西周出土有銘水器和樂器有增長的趨勢，而兵器和工具則是下降的。因此，商文化重酒，周文化重食，是正確的推論。另外，食器中的銅盨、銅簠，水器中的銅匜，樂器中的銅鐘，以及車馬器都是商代出土有銘銅器未見的器類。至於西周出土有銘銅器各器類所出土的件數與時代分布如下表一：

表一　西周出土有銘銅器各器類件數和時代之統計表

器物種類	商末周初	西周	早期	早中	中期	晚期	兩周之際	總共
銅鼎	28	1	139	4	53	90	2	317
銅鬲			19		23	75	5	122
銅甗	2		32	3	12	5	2	56
銅簋	3	2	117	1	99	123	3	348
銅盨		1			4	41		46
銅簠						23		23
銅豆			1		4	3		8
銅釜					2			2
銅罐						1		1
銅匕					3			3
銅爵	7	4	77	1	20			109
銅角	2		4					6
銅斝	5		5					10
銅尊	9		58		15	2		84
方尊					3			3
犧尊			2	2	1			5
銅觥	3		1		1	1		6
方彝			3		5			8
銅卣	11		76	1	10			98

---

18 包括銅罐2件、方形高圈足器1件、鍑形器1件、箕形器3件、器蓋3件、銅片2件。

（續）

器物種類	商末周初	西周	早期	早中	中期	晚期	兩周之際	總共
銅罍	4	1	11		3	1		20
方罍			1					1
銅鑰		1				3		4
銅瓿			1					1
銅壺			10		19	25	4	58
方壺						2		2
銅瓠	2		9		2			13
銅觶	7		43		1			51
銅杯						1		1
銅斗			1					1
銅勺						2		2
銅盤		2	8		11	16		37
銅匜					1	16	1	18
銅盉	2		15		9	3		29
銅鑒					2			2
銅盂			2		3	4		9
銅鐘					23	47		70
銅戈		2	23		2	3		30
銅戟		1	18		1			20
銅鉞		1	1			1		3
銅劍		1	1					2
銅禺					1			1
銅泡		2	23					25
車轄			1					1
干首			1					1
鑾鈴			1					1
當盧		8	4					12
銅斧			1		1	1		3
殘片			2			4		6
小計	85	27	711	12	334	493	17	1679

由以上西周出土有銘銅器各器類件數與時代分布的概況，可得知幾個訊息：第一，像是有銘酒器中的銅角、銅斝，武器中的銅泡和車馬器都只出現在西周早期，西周中、晚期後就銷聲匿跡；又像是有銘酒器中的銅爵、方彝、銅卣、銅觚、銅觶，武器中的銅戟從西周早期延續到西周中期，但至西周晚期卻不再出現。第二，像是有銘食器中的銅盨，水器中的銅匜和樂器銅鐘，西周早期不見，自西周中期開始出現，至西周晚期呈現倍數式的增加；又像是有銘食器中的銅簠、銅罐，酒器中的銅罍都是只出現在西周晚期，不見於西周早、中期。

有銘酒器如銅角、銅斝、銅爵、銅觚、銅觶等消退，一方面與西周文化重食並刻意節制酒有關，[19]另一方面與西周中、晚期後銘文字數增加有關，上述銅角、銅斝、銅爵等出現銘文的部位如鋬內、與鋬相對另一側柱下、與鋬同一側柱上柱下、與鋬相對的流口沿、流口外側、尾部、內底、腹內壁、蓋內等，面積較為狹小，隨著銘文內容不只呈顯作器者之族氏名、私名或受享者的稱謂和日名……等字數較少的銘文類型以後，其他可以記載長篇銘文的器物相對被選擇的可能性較大。另外，器物種類的此消彼長與時代的發展、流行性，器物形制的演變亦是息息相關。

在西周出土 1679 件有銘銅器中，有 29 件因鏽蝕、人為刮除、器物為殘片使得銘文內容無法辨識，或者相關考古報告未著錄使得銘文內容不能得知，因此無法作為分析的對象。又有 24 件銅器在器蓋和器身分別出現不同字數、內容各有起迄的銘文，[20]因此予以分別計算，還有六套編鐘，[21]和兩件銅鼎，[22]以及兩件銅勺，[23]前後銘文經歸併為一完整內容，因而本論文最終所得西周出土銅器銘文的總數為 1659 件。

西周出土銘文不同於商代出土銘文，商代出土銘文是以一字、二字、三字、四字為多，各占所有商代出土銘文的 42%、30%、18%、5%，五字以上到字數最

---

19 杜迺松：《中國青銅器發展史》，頁40，紫禁城出版社，北京，1995。
20 分別為編號81、222、412、440、441、567、618、619、620、621、724、916、1029、1091、1181、1184、1202、1230、1240、1291、1372、1516、1525、1552。
21 編號22—24為一組編鐘；編號189—194為一組；編號301—302為一組，編號303—304為一組，編號305—306為一組，但內容不全；編號834—837為一組。
22 編號429和430。
23 編號93和94。

多三十七字共占所有商代出土銘文的 5%。[24]若以單一字數為間距，西周出土銘文超過百件以上的集中於一字到六字，有 862 件，共占所有西周出土銘文的 52%。七字到十字有 203 件，占總數的 12%，十一到二十字有 268 件，占總數的 16%，二十一到三十字有 91 件，占總數的 5.5%，三十一到四十字、四十一到五十字各有 48 件，分別各占 3%，五十一到六十字的銘文有 30 件，占所有西周出土銘文的 1.8%。

　　至於六十一字以上的銘文，每十字一單位的件數大多不到 15 件，都不超過所有西周出土銘文的 1%，六十一到一百字有 47 件、一百零一到一百五十字有 41 件、一百五十一到兩百字有 6 件、兩百零一到兩百五十字有 2 件、兩百五十一到三百字有 3 件、三百零一到三百五十字有 9 件，三百五十一字以上字數最多三百七十二字 1 件。由以上可知，一百五十字以上銘文字數分布落差大。

　　銘文字數增多，內容與格式組成逐漸趨於多樣與複雜，以三十一到四十字、四十一到五十字來說，各有 48 件樣本，前者共有 9 類、後者 13 類，當中只有 2 類重疊。而所謂同一類，是指具有相同格式組成。

二　西周出土銅器銘文的組成與類型

（一）西周出土一字銘文

　　西周出土一字銘文有 140 件，剔除重複的件數，共出現 71 種不同的字形，按照銘文的作用與目的，可分成六種類型，六種類型又可歸納成作器者、地名、器物名稱和其他等四個部分。

　　　1. 作器者：（1）族徽或諸侯國名，（2）官職或爵稱，（3）親屬稱謂；

　　　2. 地名；

　　　3. 器物名稱；

　　　4. 其他。

其中作器者的部分共 127 件，地名和器物名稱的部分各 1 件，其他的部分有 11 件，作器者占全部一字銘文的 91%，其餘占 9%。可知西周出土一字銘文大多是用以表示作器者或器物所有者的身分，這個特色與商代出土一字銘文相近，但商

---

24 李珮瑜：《商代出土銅器銘文研究》，頁315，淡江大學中國文學研究所碩士論文，1993。

代出土一字銘文 99%為作器者之外的 1%是受享者稱謂或日名，但西周出土一字銘文並沒有此種類型。

（二）西周出土二字銘文

西周出土二字銘文有 112 件，剔除重複的件數，以及銘文不全的樣本，共有 66 種不同的內容，可分成十六種類型，十六種類型又可歸納成作器者、受享者、作器者加上受享者、器物名稱、作器者加上器物名稱、器物用途、地名和其他等八個部分。

　　1. 作器者：（1）複合族徽，

　　　　　（2）官職，

　　　　　（3）族徽或諸侯國名＋官職或爵稱，

　　　　　（4）族徽＋私名，

　　　　　（5）官職或爵稱＋私名，

　　　　　（6）諸侯國名＋排行，

　　　　　（7）爵稱或排行＋「作」；

　　2. 受享者：（1）受享者的稱謂＋日名；

　　3. 作器者加上受享者：（1）族徽＋受享者的稱謂，

　　　　　（2）族徽＋受享者的日名；

　　4. 器物名稱：（1）器物名稱，

　　　　　（2）「作」或「用」＋器物名稱；

　　5. 作器者加上器物名稱：（1）族徽＋器物名稱；

　　6. 器物用途；

　　7. 地名；

　　8. 其他。

西周出土二字銘文 112 件，扣除銘文不全的 5 件，其中作器者的部分有 41 件，受享者的部分有 40 件，分別占二字銘文總數的 38%、37%；作器者加上受享者有 9 件，約占總數的 8%；器物名稱的部分有 7 件，約占總數的 7%；作器者加上器物名稱有 3 件，約占總數的 3%；器物用途的部分 2 件，約占 2%；地名的部分有 5 件，約占 5%。

　　與商代出土二字銘文相比，西周出土二字銘文中的作器者部分由商代 82%下

降至 38%，受享者部分由商代 8%上升至 37%，另又增加器物用途、器物名稱和地名三部分。

（三）西周出土三字銘文

　　西周出土三字銘文有 250 件，剔除重複的件數，以及銘文不全的樣本，共有 143 種不同的內容，可分成十九種類型，[25]十九種類型又可歸納成作器者、受享者、作器者加上受享者、器物名稱、作器者加上器物名稱、筮數易卦等六個部分。

　　1. 作器者：（1）複合族徽，

　　　　　　　（2）複合族徽＋官職或爵稱，

　　　　　　　（3）官職＋私名，

　　　　　　　（4）族徽或諸侯國名＋官職或爵稱＋私名，

　　　　　　　（5）族徽或諸侯國名＋排行或爵稱＋「作」，

　　　　　　　（6）族徽＋私名＋「作」，

　　　　　　　（7）官職＋「用」（宗人用）；

　　2. 受享者：（1）受享者的稱謂和日名，

　　　　　　　（2）「作」＋受享者的稱謂和日名；

　　3. 作器者加上受享者：（1）族徽＋受享者的稱謂和日名，

　　　　　　　（2）官職或爵稱＋受享者的稱謂和日名；

　　4. 器物名稱：（1）器物名稱，

　　　　　　　（2）「作」＋器物名稱，

　　　　　　　（3）諸侯國名＋軍隊＋器物名稱（衛師易）；

　　5. 作器者加上器物名稱：

　　　　　　　（1）諸侯國名＋爵稱＋器物名稱，

　　　　　　　（2）族徽＋「作」＋器物名稱，

　　　　　　　（3）爵稱或排行＋「作」＋器物名稱，

　　　　　　　（4）私名＋「作」＋器物名稱；

　　6. 筮數易卦。

---

25 本論文三字銘文處原先分成十八種類型，第十八種「其他」類型中的「宗人用」、「衛師易（錫）」，經分析，可將其組成分別理解為「官職＋用」、「諸侯國名＋軍隊＋器物名稱」，因此總計為十九種類型。

西周出土三字銘文 250 件，扣除銘文不全的 9 件，其中作器者的部分有 53 件，約占三字銘文總數的 22%；受享者的部分僅 2 件，不到總數的 1%；作器者加上受享者有 119 件，約占總數的 49%；器物名稱的部分有 33 件，約占總數 14%；作器者加上器物名稱有 31 件，約占總數 13%；以筮數易卦標明器物用途的部分有 3 件，約占總數 1%。

同商代出土三字銘文相比，商代僅有作器者部分以及作器者加上受享者，西周出土三字銘文明顯多了「作」字或「用」字，還新增器物名稱、作器者加上器物名稱、筮數易卦等部分。

（四）西周出土四字銘文

西周出土四字銘文有 145 件，剔除重複的件數，以及銘文不全的樣本，共有 82 種不同的內容，可分成二十二種類型，二十二種類型又可歸納成作器者、受享者、作器者加上受享者、器物名稱、作器者加上器物名稱、套語、受享者加上套語等七個部分。

1. 作器者：（1）複合族徽＋爵稱，（2）族徽＋爵稱＋私名；
2. 受享者：（1）受享者的稱謂和日名；
3. 作器者加上受享者：（1）複合族徽＋受享者的稱謂和日名，
　　（2）族徽＋官職或爵稱或稱謂＋受享者的稱謂和日名，
　　（3）族徽＋「作」＋受享者的稱謂和日名，
　　（4）私名＋「作」＋受享者的稱謂和日名；
4. 器物名稱：（1）「作」＋器物名稱；
5. 作器者加上器物名稱：（1）作器者身分＋器物名稱，
　　（2）複合族徽＋「作」＋器物名稱，
　　（3）諸侯國名＋官職或爵稱或排行＋「作」＋器物名稱，
　　（4）諸侯國名＋私名＋「作」＋器物名稱，
　　（5）排行＋官職＋「作」＋器物名稱，
　　（6）排行＋私名＋「作」＋器物名稱，
　　（7）王＋女子的姓＋「作」＋器物名稱，
　　（8）諸侯國名＋女子的姓＋「作」＋器物名稱，
　　（9）族徽或諸侯國名＋「作」＋器物名稱，

（10）爵稱或排行＋「作」＋器物名稱，

（11）私名＋「作」＋器物名稱，

（12）王＋「作」＋器物名稱；

6. 套語；

7. 受享者加上套語：（1）受享者的稱謂和日名＋套語（父庚子孫）。

西周出土四字銘文有 145 件，銘文不全的 7 件當中，唯獨 1 件因條件不足，無法判別與歸類，其中作器者的部分有 3 件，約占四字銘文總數的 2%；受享者、套語以及受享者加上套語的部分分別僅有 1 件，各自不到總數的 1%；作器者加上受享者有 37 件，約占總數的 26%；器物名稱的部分有 25 件，約占總數 17%；若加上「僕戈◇晜」，作器者加上器物名稱有 76 件，約占總數 53%。

與商代出土四字銘文相比，商代出現作器者部分和作器者加上受享者的比例各為 20%、57%，另外出現不完全的基本句型（也就是基本句型——作器者＋作＋作器目的＋器物名稱——四個條件少了其中一項）的比例為 23%，可知作器者的部分至西周出土四字銘文有大幅下降的情形。而商代出土四字銘文中，具備作器者＋作＋器物名稱之格式的僅有 1 件，約占總數 2%，[26]但西周出土四字銘文具備上述格式的有 50 件，約占總數 35%，可知作器者＋作＋器物名稱之組成格式至西周時期有大幅躍升的傾向。

（五）西周出土五字銘文

西周出土五字銘文有 102 件，剔除重複的件數，以及銘文不全、且無法歸類的 4 件，共有 74 種不同的內容，可分成十八種類型，十八種類型又可歸納成作器者加上受享者、作器者加上「作」加上器物名稱、「作」加上祭祀目的加上器物名稱、受賞賜品物加上受享者等四個部分。

1. 作器者加上受享者：

（1）複合族徽＋官職或爵稱＋受享者的稱謂和日名，

（2）族徽＋官職＋受享者的稱謂和日名，

（3）族徽＋「作」＋受享者的稱謂和日名，

---

26 碩論編號1115出自衡陽杏花村的銅卣銘文「戈作寶彝」，斷代原先以為是殷墟三四期，改為西周早期。所以商代出土四字銘文第十一類作器者＋「作」字＋器物名僅存「䖊父作彝」1件。

（4）族徽＋私名＋「作」＋受享者的稱謂；

2. 作器者加上「作」加上器物名稱：

（1）複合族徽＋官職＋「作」＋器物名稱，

（2）族徽或諸侯國名＋「作」＋器物名稱，

（3）官職或爵稱或排行＋「作」＋器物名稱，

（4）私名＋「作」＋器物名稱，

（5）族徽或諸侯國名＋官職或爵稱或排行＋「作」＋器物名稱，

（6）族徽＋私名＋「作」＋器物名稱，

（7）官職或爵稱或排行＋私名＋「作」＋器物名稱，

（8）字＋父＋「作」＋器物名稱，

（9）王＋稱謂＋「作」＋器物名稱，

（10）諸侯國名＋女子的姓＋「作」＋器物名稱，

（11）諸侯國名＋爵稱或排行＋私名＋「作」＋器物名稱，

（12）排行＋字＋父＋「作」＋器物名稱；

3.「作」加上祭祀目的加上器物名稱：

（1）「作」＋受享者的稱謂和日名＋器物名稱；

4. 受賞賜品物加上受享者：（1）受賞賜品物＋受享者的稱謂和日名（朋五夆父庚）

西周出土五字銘文有 102 件，銘文不全的 4 件當中，唯獨 1 件因條件具足，能夠予以歸類，又「𪓐作妣癸𧈢」暫且存疑，其中作器者加上受享者有 10 件，[27]約占五字銘文總數的 10%；作器者加上「作」加上器物名稱有 86 件，[28]約占五字銘文總數的 88%；「作」加上祭祀目的加上器物名稱以及受賞賜品物加上受享者分別僅有 1 件，各占總數的 1%。

和商代出土五字銘文相比，商代所有出土五字銘文或出現受享者的稱謂和日名，或出現受享者的稱謂，但西周出土五字銘文具有此一條件的銘文為 18 件，約占五字銘文總數 18%，未出現受享者的稱謂和日名，至西周時期的改變，原因

27 包括「戊尸正父己」。

28 包括「能強白作鼎」、「王季作鼎彝」、「新𡨦作𩞁𣪘」、「能奚作寶壺」、「妊作殺𣪕彝」、「白作□障彝」。

之一是以「寶障彝」、「寶彝」、「障彝」、「旅彝」、「彝」等器物名稱表示祭器的性質，其二是除祭器外，一些自作用器也開始出現。

（六）西周出土六字銘文

西周出土六字銘文有 113 件，剔除重複的件數，以及銘文不全的樣本 4 件，共有 80 種不同的內容。由於西周出土銘文自六字起，大都屬於作器者加上「作」加上器物名稱，以六字銘文而言，僅 5 件[29]非作器者加上「作」加上器物名稱，另有 1 件[30]是少「作」字、6 件[31]少作器者、3 件[32]少器物名稱，其餘 98 件皆屬作器者加上「作」加上器物名稱。因此，從六字銘文開始，是按照作器的目的，先分成標明為祭祀父祖、為自作自用、為妻子、為嫁女之作器目的、標明地點、標明器物名稱、其他等七大類，再依照作器者細分類型。七大類的銘文件數和時代分布如下表二：

表二　西周出土六字銘文七大類的銘文件數和時代分布之統計表

類別	作器目的	件數	商末周初	西周	早	早中	中	晚	兩周之際
一	標明為祭祀父祖	22[33]		1	18		3		
二	標明為自作自用	5					3	2	
三	標明為妻子	9					2	7	
四	標明為嫁女	2					1	1	
五	標明地點	4			2		2		
六	標明器物名稱	68[34]	1		44	1	7	13	2
七	其他[35]	3			2			1	

29 為「𩠖保羽鳥母丁」、「□疛父癸父丁」、「長社親曰寶鬲」、「茲戈友十又二」、「六六一六六一」。

30 為「𠔿母隮彝亞矣」。

31 為「肇作祖寶隮彝」2件、「用作父乙隮彝」、「作予叔嬴賸鬲」、「作詈宮彝永寶」2件。

32 為「作父辛木羊冊」、「徙遽㠩作父己」、「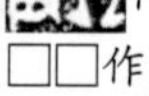作父戊ᗐ」。

33 包括銘文不全的3件：「□罜作父彝癸」、「□□作父丁彝」、「□疛父癸父丁」。

34 包括銘文不全的1件：「丼□叔作飲□」。

35 包括「長社親曰寶鬲」、「茲戈友十又二」、「六六一六六一」。

（七）西周出土七字銘文

西周出土七字銘文有 63 件，剔除重複的件數，共有 42 種不同的內容，按照作器的目的，先分成標明為祭祀父祖、為自作自用、為妻子、為嫁女之作器目的、標明器物名稱、其他等六大類，再依照作器者細分類型。六大類的銘文件數和時代分布如下表三：

表三　西周出土七字銘文六大類的銘文件數和時代分布之統計表

類別	作器目的	件數	商末周初	早	中	晚
一	標明為祭祀父祖	34[36]	3	24	7	
二	標明為自作自用	3			3	
三	標明為妻子	6			3	3
四	標明為嫁女	1				1
五	標明器物名稱	13		6		7
六	其他[37]	6		1	4	1

（八）西周出土八字銘文

西周出土八字銘文有 70 件，剔除重複的件數，共有 53 種不同的內容，按照作器的目的，先分成標明為祭祀父祖、為妻子、為嫁女之作器目的、標明地點、標明器物名稱、其他等六大類，再依照作器者細分類型。六大類的銘文件數和時代分布如下表四：

---

36 包括「吾作滕公寶隣彝」。

37 包括「王作康季寶隣蕭」、「咸作豐大母隣彝」2件、「強白作旅用鼎殷」2件、「年無疆子子孫孫」。

表四　西周出土八字銘文六大類的銘文件數和時代分布之統計表

類別	作器目的	件數	早	早中	中	晚	兩周之際
一	標明為祭祀父祖	23[38]	17		5	1	
二	標明為妻子	7[39]	1	1	4	1	
三	標明為嫁女	6	1		2	3	
四	標明地點	3	3				
五	標明器物名稱	25	1		7	17	
六	其他[40]	6	2			1	4

西周出土八字銘文中最特別的類型除了「六一七六一六◇者」之筮數易卦外，就是祝嘏辭式的套語開始在標明器物名稱一類中頻繁出現，若加上「朋友朕其萬年臣天」一例，西周出土八字銘文具有祝嘏辭式之套語的共有 23 件，約占八字銘文總數 33%，出現時代為西周中期和晚期。

（九）西周出土九到十一字銘文

　　西周出土九到十一字銘文共有 85 件，剔除重複的件數，以及銘文不全 2 件，共有 51 種不同的內容，按照作器的目的，先分成標明為祭祀夫兄父祖、為自作自用、為妻子、為嫁女之作器目的、標明地點、標明器物名稱、其他等七大類，再依照作器者、時間詞、套語細分類型。七大類的銘文件數和時代分布如下表五：

---

38 包括「盂鑄文帝母日辛𤳉」2件、「王商小臣𧤚宣祖乙」。

39 包括「白雄倗宿小妻鼎㗊」。

40 包括「中姜作為趞公𤳉鼎」2件、「中姜作為趞公𤳉甗」、「中姜作為趞公尊𣪘」、「朋友朕其萬年臣天」、「六一七六一六◇者」。

表五　西周出土九到十一字銘文七大類的銘文件數和時代分布之統計表

類別	作器目的	件數	西周	早	早中	中	晚	兩周之際
一	標明為祭祀父祖	18		11		5		2
二	標明為自作自用	4				1	3	
三	標明為妻子	12		3		9		
四	標明為嫁女	3		2			1	
五	標明地點	1			1			
六	標明器物名稱	39		2		4	33	
七	其他[41]	6	1	2		3		

與商代出土六到十字銘文相比，商代出土六到十字銘文有 61%已具備作器者加上「作」加上作器目的加上器物名稱的格式，而西周出土九到十一字銘文屬於作器者加上「作」加上器物名稱的件數有 81 件，約占九到十一字銘文總數 95%。

另外，西周出土九到十一字銘文中有 45 件具有套語，約占總數 53%，除了出現在標明器物名稱一類，另外在標明為妻子、為嫁女之作器目的中亦有之，但仍以標明器物名稱一類為大宗。在標明器物名稱一類中未具有套語者僅 1 件，但該件出現記時詞組。

（十）西周出土十二字銘文

西周出土十二字銘文有 44 件，剔除重複的件數，共有 31 種不同的內容，按照作器的目的，先分成標明為祭祀父祖、為妻子、為嫁女之作器目的、標明器物名稱等四大類，再依照作器者細分類型。四大類的銘文件數和時代分布如下表六：

---

41 包括「𪉸父作𣪊是從宗彝𤳰」2件、「於取子矤鼓鑄鑊元喬」、「在上彙彙數數降余多福福」、「王觲駒昌賜盉駒勇雷駱子」、「王觲駒庶賜盉駒勇雷雖子」。

表六　西周出土十二字銘文四大類的銘文件數和時代分布之統計表

類別	作器目的	件數	早	中	晚
一	標明為祭祀父祖	11	8	2	1
二	標明為妻子	6		1	5
三	標明為嫁女	5			5
四	標明器物名稱	22	2	5	15

西周出土十二字銘文 31 種 44 件全都屬於作器者加上「作」字加上器物名稱，當中有 30 件具有祝嘏辭式之套語，約占總數 68%。自五字銘文開始至十二字銘文，若是為了祭祀先父祖、母妣、先夫之作器目的，受享者的稱謂或日名，包括對父祖母妣等之追稱，除「叔造作召公宗寶隮彝父乙」此一銘文例子外，其餘都是出現在器物名稱之前，並發展出以下三種可能出現的句型：一、作器者＋「作」＋為祭祀先父祖、妻子、嫁女作器目的＋器物名稱＋套語，二、作器者＋「作」＋器物名稱＋「用」＋為祭祀、嫁女作器目的，三、作器者＋受賞、戰勝原因＋用作＋器物名稱。

（十一）西周出土十三到十五字銘文

西周出土十三到十五字銘文有 89 件，剔除重複的件數，以及銘文不全 2 件，共有 60 種不同的內容，按照作器的目的，先分成標明為祭祀父祖、為自作自用、為妻子、為嫁女之作器目的、標明器物名稱、其他等六大類，再依照作器者、賞賜者細分類型。六大類的銘文件數和時代分布如下表七：

表七　西周出土十三到十五字銘文六大類的銘文件數和時代分布之統計表

類別	作器目的	件數	早	中	晚	兩周之際
一	標明為祭祀父祖	6	4	2		
二	標明為自作自用	5		3	2	
三	標明為妻子	19			19	
四	標明為嫁女	5			5	

（續）

類別	作器目的	件數	早	中	晚	兩周之際
五	標明器物名稱	43[42]	9	4	27	3
六	其他[43]	9	1		8	

西周出土十三到十五字銘文屬於作器者加上「作」加上器物名稱的件數有 86 件，約占總數 97%，當中有 78 件具有祝嘏辭式之套語，約占總數 88%，不具有套語的銘文多為以下兩種延伸句型：一、干支＋賞賜者＋「賞」或「賜」＋受賞賜者＋貝＋用作＋器物名稱，二、受賞地點或對揚之詞＋賞賜者＋「賜」＋受賞賜者＋貝＋用作＋器物名稱。

（十二）西周出土十六到二十二字銘文

西周出土十六到二十二字銘文有 139 件，剔除重複的，以及銘文不全 2 件，共有 83 種不同的內容，按照作器的目的，先分成標明為祭祀父祖、為自作自用、為妻子、為嫁女之作器目的、標明器物名稱、其他六大類，再依照作器者、時間詞、套語、作器原因等細分類型。六大類的銘文件數和時代分布如下表八：

表八　西周出土十六到二十二字銘文六大類的銘文件數和時代分布之統計表

類別	作器目的	件數	早	早中	中	晚	兩周之際
一	標明為祭祀父祖	28[44]	8		12	8	
二	標明為自作自用	5				4	1
三	標明為妻子	32[45]			2	30	
四	標明為嫁女	7				7	
五	標明器物名稱	59	4	2	9	40	4

---

42 包括「中太師小子□為其旅□永寶用」。

43 包括「應姚作叔奡父䵼鬲其永寶用言」2件、「傲勹白赤鳥茲戈厥璧盱季秉䵼」、「白梁父作䔪姞䵼殷子子孫孫永寶用」4件、「侯母作侯父戎壺用征行用求福無疆」、「叔向父為備寶殷兩寶鼎二宿孫子寶」。

44 包括「翏作北柞殷用遺厥祖父日乙其萬年子子孫孫寶」、「翏作北子柞殷用遺厥祖父日乙其萬年子子孫孫永寶」。

45 包括「師賸父作齒姬寶鼎其萬年子子孫孫永寶用」。

（續）

類別	作器目的	件數	早	早中	中	晚	兩周之際
六	其他[46]	6				6	

與商代出土十一到二十字銘文相比，商代已具備「干支＋賞賜者＋賜或賞＋受賞賜者＋貝（和數量）＋在（地點或地名）＋用作＋作器的目的＋器物名稱」之延伸句型。西周出土十六到二十二字銘文屬於作器者加上「作」加上器物名稱的件數有 136 件，約占總數 98%，但動詞有作、鑄、作為、用作、肇作、自作等。

又當中有 127 件具有套語，約占總數 91%，不具有套語的銘文多為以下四種延伸句型：一、-1 作器者＋作器者功績＋用作＋受享者稱謂和日名＋器物名稱，-2 作器者功績＋作器者＋作＋受享者稱謂和日名＋器物名稱；二、-1 作器者＋作器原因＋用作＋器物名稱，-2、作器原因＋作器者＋作或用作＋器物名稱；三、賞賜者＋賞＋受賞賜者＋賞賜品物＋用作＋受享者稱謂和日名＋器物名稱；四、作器者＋鑄＋器物名稱＋作器目的。

（十三）西周出土二十三到三十字銘文

西周出土二十三到三十字銘文有 72 件，剔除重複的，共有 42 種不同的內容，按照十二到二十二字銘文所歸納出的句型，先分成三大類──作器者＋作＋器物名稱＋套語、作器者＋作＋作器目的＋器物名稱＋套語、⋯⋯賞或賜⋯⋯，再依據時間、作器目的、受賞原因、對揚之詞等細分類型。三大類的銘文件數和時代分布如下表九：

表九　西周出土二十三到三十字銘文三大類的銘文件數和時代分布之統計表

類別	句型種類	件數	西周	早	中	晚
一	作器者＋作＋器物名稱＋套語	8			1	7
二	作器者＋作＋作器目的＋器物名稱＋套語	52	1		5	46
三	⋯⋯賞或賜⋯⋯	12		8	2	2

---

46 包括「旅中作馘寶𣪘其萬年子子孫孫永用言孝」、「白碩奮作釐姬饗盤其邁年子子孫孫永用」、「應姚作叔𪒠父寶盤其萬年子子孫孫永寶用言」、「吳王姬作南宮史叔飤鼎其萬年子子孫孫永寶用」、「屯右永令述其萬年眉壽畯臣天子子孫孫永寶」、「曾白陭鑄戚戉用為民𨤙非歷𣪘井用為民政」。

西周出土二十三到三十字銘文有 72 件，當中有 59 件出現祝嘏辭式之套語，約占總數 82%，相較於十六到二十二字銘文出現套語高達 91%，又反倒呈現下降的趨勢。觀察不具有套語的 13 件銘文，除一式 2 件的「丼姬晞亦偁祖考夌公宗室又孝价孝辥保強白作丼姬用鼎毁」屬於「為祭祀作器目的＋作器者＋作＋為妻子作器目的＋器物名稱」外，其他 11 件都屬於「……賞或賜……」之句型，其中 7 件為西周早期、2 件中期、2 件晚期。綜合來說，西周早期十三到三十字銘文並未發展出套語的形式，並多以「……賞或賜……」句型記載內容。另外，西周出土二十三到三十字銘文中有 35 件出現時間詞組，時代屬西周早期的 8 件中有 7 件都出現時間詞組，因此長篇銘文出現時間詞組是從早期開始就有的現象。

（十四）西周出土三十一到四十字銘文

西周出土三十一到四十字銘文有 48 件，剔除重複的，共有 28 種不同的內容，先分成三大類──作器者＋作＋器物名稱＋套語、作器者＋作＋作器目的＋器物名稱＋套語、……賞或賜……，再依據時間、作器目的、作器者功績、套語等細分類型。三大類的銘文件數和時代分布如下表十：

表十　西周出土三十一到四十字銘文三大類的銘文件數和時代分布之統計表

類別	句型種類	件數	早	中	晚
一	作器者＋作＋器物名稱＋套語	1			1
二	作器者＋作＋作器目的＋器物名稱＋套語	36	1	10	25
三	……賞或賜……	11	4	7	

西周出土三十一到四十字銘文有 48 件，當中有 40 件出現祝嘏辭式之套語，約占總數 82%，不具有套語的 8 件銘文，都是屬於「……賞或賜……」之句型，時代為西周早期的 4 件、西周中期 4 件。另外，西周出土三十一到四十字銘文中有 29 件出現時間詞組，19 件未出現時間詞組的銘文都是屬於「作器者＋作＋作器目的＋器物名稱＋套語」之句型。

（十五）西周出土四十一到五十字銘文

西周出土四十一到五十字銘文有 48 件，剔除重複的，以及銘文不全 1 件，共有 24 種不同的內容，先分成三大類——作器原因＋用作＋器物名稱、作器者＋作＋作器目的＋器物名稱＋套語、……賞、賜或其他動詞……，再依據時間、作器目的、作器原因等細分類型。三大類的銘文件數和時代分布如下表十一：

表十一　西周出土四十一到五十字銘文三大類的銘文件數和時代分布之統計表

類別	句型種類	件數	早	中	晚
一	作器原因＋用作＋器物名稱	2	2		
二	作器者＋作＋作器目的＋器物名稱＋套語	17		6	11
三	……賞、賜或其他動詞……	28	7	15	6

西周出土四十一到五十字銘文有 48 件，包含〈應侯視工鐘〉在內，當中有 45 件出現祝嘏辭式之套語，約占總數 94%，不具有套語的 3 件銘文，當中 2 件屬「作器原因＋用作＋器物名稱」，1 件屬「……賞賜或其他動詞……」之句型，前者時代為西周早期，後者為西周中期。另外，西周出土四十一到五十字銘文中有 24 件出現時間詞組，24 件未出現，未出現時間詞組的銘文分布於三種句型，第一種句型的 2 件皆未具備時間詞組，第二種句型有 7 件未具備，第三種句型則有 15 件。

（十六）西周出土五十一到六十字銘文

西周出土五十一到六十字銘文有 30 件，剔除重複的，以及銘文不全 1 件，共有 14 種不同的內容，先分成三大類——作器原因＋用鑄或用肇作＋器物名稱、時間＋作器者＋作＋作器目的＋器物名稱＋套語、……賞、賜或其他動詞……，再依據時間、作器目的、受賞原因等細分類型。三大類的銘文件數和時代分布如下表十二：

表十二　西周出土五十一到六十字銘文三大類的銘文件數和時代分布之統計表

類別	句型種類	件數	早中	中	晚
一	作器原因＋用鑄或用肇作＋器物名稱	2		1	1
二	時間＋作器者＋作＋作器目的＋器物名稱＋套語	8			8
三	……賞、賜或其他動詞……	19	1	14	4

西周出土五十一到六十字銘文有 30 件，當中有 29 件出現祝嘏辭式之套語，約占總數 97%，不具有套語的 1 件銘文，為「作器原因＋用鑄或用肇作＋器物名稱」之句型，時代為西周中期。另外，西周出土五十一到六十字銘文中有 27 件出現時間詞組，3 件未出現，未出現時間詞組的銘文 1 件屬「作器原因＋用鑄或用肇作＋器物名稱」、2 件屬「……賞賜或其他動詞……」之句型，前者時代為西周晚期、後者為西周中期。隨著字數增加至五十一到六十字，出現套語、時間詞組以及使用「……賞賜或其他動詞……」之句型的比例亦隨之升高。

（十七）西周出土六十一到八十字銘文

西周出土六十一到八十字銘文有 29 件，剔除重複的，共有 20 種不同的內容，先分成三大類——時間＋作器原因＋作器者＋用自作＋器物名稱＋套語、作器者＋作＋器物名稱＋用或用作＋作器目的、……賜或其他動詞……，再依據時間、地點、作器原因、賞賜品物、對揚之詞等細分類型。三大類的銘文件數和時代分布如下表十三：

表十三　西周出土六十一到八十字銘文三大類的銘文件數和時代分布之統計表

類別	句型種類	件數	早	早中	中	晚
一	時間＋作器原因＋作器者＋用自作＋器物名稱＋套語	1				1
二	作器者＋作＋器物名稱＋用或用作＋作器目的	5	3			2
三	……賜或其他動詞……	23	1	1	14	7

西周出土六十一到八十字銘文 29 件中，出現祝嘏辭式之套語的有 25 件，約占總數 86%，不具有套語的銘文 4 件，分別屬於「作者者＋作＋器物名稱＋用或用作＋作器目的」以及「……賜或其他動詞……」之句型，4 件銘文或詳細敘述作器原因及賞賜原因，時代為西周早期 3 件、早中期 1 件。又出現時間詞組的銘文共有 24 件，5 件未出現，未出現時間詞組的銘文均屬「作器者＋作＋器物名稱＋用或用作＋作器目的」之句型。

　　西周出土二十三到四十字屬於「……賞或賜……」之句型的銘文性質皆為賞賜銘文；四十一到五十字屬於「……賞、賜或其他動詞……」之句型的 28 件銘文，當中 18 件性質為賞賜銘文、10 件為冊命銘文；五十一到六十字屬於「……賞、賜或其他動詞……」之句型的 19 件銘文，當中 11 件為賞賜銘文、8 件為冊命銘文；六十一到八十字屬於「……賜或其他動詞……」之句型的 23 件銘文，當中 11 件為賞賜銘文、12 件為冊命銘文。

（十八）西周出土八十一到一百字銘文

　　西周出土八十一到一百字銘文有 18 件，剔除重複的，以及銘文不全的 1 件，共有 10 種不同的內容，先分成四大類——作器原因＋作＋器物名稱＋套語、作器原因＋對揚之詞＋用作＋作器目的＋器物名稱＋套語、作器原因＋作＋王＋器物名稱＋用＋作器目的＋套語、……賜……，再依據儐者、宣讀冊命史官、冊命之詞、作器目的等細分類型。四大類的銘文件數和時代分布如下表十四：

表十四　西周出土八十一到一百字銘文四大類的銘文件數和時代分布之統計表

類別	句型種類	件數	中	晚
一	作器原因＋作＋器物名稱＋套語	1		1
二	作器原因＋對揚之詞＋用作＋作器目的＋器物名稱＋套語	1	1	
三	作器原因＋作＋王＋器物名稱＋用＋作器目的＋套語	1		1
四	……賜……	14	5	9

西周出土二十三到一百字銘文僅 1 件〈㝬鐘〉，作器者為周王，因此將該鐘銘獨立於三大類之外。18 件西周出土八十一到一百字銘文都使用祝嘏辭式之套語，扣

除銘文不全 1 件外，其餘均出現時間詞組。在時代特色方面，西周出土八十一到一百字銘文沒有時代屬於西周早期的。而其中屬於「……賜……」之句型的 14 件銘文，除〈盠犧尊〉為賞賜銘文外，其餘皆為冊命銘文，並發展出以下共通的格式組成：時間＋王或其他冊命者＋在或于＋地點＋賜＋賞賜品物＋對揚之詞＋用作＋器物名稱＋套語。

（十九）西周出土一百零一到一百二十字銘文

西周出土一百零一到一百二十字銘文有 25 件，剔除重複的，共有 12 種不同的內容，先分成兩大類──作器原因＋器物名稱＋用＋為祭祀作器目的＋套語、……賜……，其中「……賜……」再分成兩小類──「作器者＋曰＋受賞原因＋賞賜者＋賜＋賞賜品物＋作＋器物名稱＋用＋為祭祀作器目的＋套語」、「時間＋王＋在或于＋地點＋儐者＋右＋受冊命者＋王＋冊命＋賜＋賞賜品物＋對揚之詞＋用作＋為祭祀作器目的＋器物名稱」，再依據宣讀冊命史官、對揚之詞、套語等細分類型。三大類的銘文件數和時代分布如下表十五：

表十五　西周出土一百零一到一百二十字銘文三大類的銘文件數和時代分布之統計表

類別	句型種類	件數	中	晚
一	作器原因＋器物名稱＋用＋為祭祀作器目的＋套語	5	3	2
二	作器者＋曰＋受賞原因＋賞賜者＋賜＋賞賜品物＋作＋器物名稱＋用＋為祭祀作器目的＋套語	4	4	
	時間＋王＋在或于＋地點＋儐者＋右＋受冊命者＋王＋冊命＋賜＋賞賜品物＋對揚之詞＋用作＋為祭祀作器目的＋器物名稱	16	5	11

25 件西周出土一百零一到一百二十字銘文，除了〈盠方彝〉和〈盠尊〉外，其餘 22 件銘文都出現祝嘏辭式之套語。橫跨兩大類的 6 件〈癲鐘〉和屬於第一大類的 1 件〈 𢼸鼎〉不具有時間詞組，其餘 18 件銘文於銘辭開端皆標示有時間詞組。在時代特色方面，西周出土一百零一到一百二十字銘文也沒有時代屬於西周早期的。就銘文內容綜合來看，西周出土一百零一到一百二十字銘文仍以賞賜或冊命

銘文為大宗，其他銘文或表達追孝祈福之作器目的，或基於土地糾紛之記事性質。

（二十）西周出土一百二十一到一百九十字銘文

西周出土一百二十一到一百九十字銘文有 20 件，剔除重複的，共有 15 種不同的內容，先分成三大類——時間＋作器原因＋作器者＋用作＋器物名稱、作器原因＋作或用作＋為祭祀作器目的＋器物名稱＋套語、……賜或其他動詞……，再依據時間、對揚之詞、作器目的、套語、儐者、宣讀冊命史官、傳達王命者等細分類型。三大類的銘文件數和時代分布如下表十六：

表十六　西周出土一百二十一到一百九十字銘文三大類的銘文件數和時代分布之統計表

類別	句型種類	件數	早	中	晚
一	時間＋作器原因＋作器者＋用作＋器物名稱	1		1	
二	作器原因＋作或用作＋為祭祀作器目的＋器物名稱＋套語	5		2	3
三	……賜或其他動詞……	14	2	6	6

20 件西周出土一百二十一到一百九十字銘文有 3 件未使用祝嘏辭式之套語，包括屬於「時間＋作器原因＋作器者＋用作＋器物名稱」之句型、時代為西周中期的〈儔匜〉，和屬於「……賜或其他動詞……」之句型、時代皆為西周早期的〈何尊〉、〈宜侯夨簋〉。另外，西周出土一百二十一到一百九十字銘文有 5 件不具時間詞組，各為屬於第二類句型的〈梁其鐘〉2 件以及屬於第三類句型的〈逨鐘〉一式 3 件。而 15 件具時間詞組之銘文，其中有 3 件出現置於銘文末尾的情形。以銘文內容來看，西周出土一百二十一到一百九十字銘文仍以賞賜或冊命銘文為主，其他或為追孝祈福之作器目的，或因土地交易、敘述戰功、記錄訴訟之記事性質。

（二十一）西周出土一百九十一到二百八十字銘文

西周出土一百九十一到二百八十字銘文有 4 件，分別是 4 種不同的內容，可

分成以下三大類——作器者＋曰＋作器原因＋對揚之詞＋用作＋器物名稱＋套語、時間＋作器原因＋用作＋為祭祀作器目的＋器物名稱＋套語、時間＋王＋曰＋勉勵之詞＋賜＋賞賜品物＋對揚之詞＋用綏作＋為祭祀作器目的＋器物名稱。三大類的銘文件數和時代分布如下表十七：

表十七　西周出土一百九十一到二百八十字銘文三大類的銘文件數和時代分布之統計表

類別	句型種類	件數	中	晚
一	作器者＋曰＋作器原因＋對揚之詞＋用作＋器物名稱＋套語	1		1
二	時間＋作器原因＋用作＋為祭祀作器目的＋器物名稱＋套語	2	2	
三	時間＋王＋曰＋勉勵之詞＋賜＋賞賜品物＋對揚之詞＋用綏作＋為祭祀作器目的＋器物名稱	1	1	

4 件西周出土一百九十一到二百八十字銘文，有 1 件屬於第三類句型、時代為西周中期的〈師訊鼎〉未使用祝嘏辭式之套語，有 1 件屬於第一類句型、時代為西周晚期的〈禹鼎〉不具時間詞組。第三類銘文性質為賞賜銘文，第一、二類則屬記功銘文，以及有關土地交易的記事銘文。

（二十二）西周出土二百八十一到三百七十字銘文

西周出土二百八十一到三百七十字銘文有 12 件，分別為 9 種不同的內容，但其中 9 件 7 種——〈四十三年逑鼎〉——銘文大同小異，12 件銘文可分成以下兩大類——曰＋作器原因＋對揚之詞＋用作＋器物名稱＋套語、時間＋王＋在＋地點＋儐者＋右＋受冊命者＋書寫冊命史官＋受王釐書或受王令書＋王＋乎＋宣讀冊命史官＋冊釐或冊命＋受冊命者＋王若曰＋冊命內容＋釐或賜＋賞賜品物＋對揚之詞＋用作＋器物名稱＋套語。前一類銘文 1 件，時代為西周中期；後一類銘文 11 件，時代均為西周晚期。前一類銘文性質為頌揚周王與先世之功蹟，終以自贊及祈福祝願作結；後一類則屬冊命銘文。

（二十三）西周出土三百七十一到三百八十字銘文

西周出土三百七十一到三百八十字銘文僅 1 件，其銘文格式為——作器者＋曰＋作器原因＋王若曰＋冊命內容＋賜＋賞賜品物＋對揚之詞＋用作＋為祭祀作器目的＋器物名稱＋用＋為祭祀作器目的＋套語。

西周出土一百零一到一百二十字的「……賜……」之句型又可分成兩小類，其一是「作器者＋曰＋受賞原因＋賞賜者＋賜＋賞賜品物＋作＋器物名稱＋用＋為祭祀作器目的＋套語」，而一百二十一到一百九十字銘文屬於「……賜或其他動詞……」之句型，當中有一類型是「作器者＋曰＋自勉之詞＋賜＋作器者＋令＋冊令內容＋對揚之詞＋用作＋為祭祀作器目的＋器物名稱＋用＋為祭祀作器目的＋套語」，至上述西周出土最長篇之銘文〈逑盤〉，可觀察出以作器者所言作為開端，交代受賞原因、作器原因的賞賜或冊命銘文，與詳細記錄時間、王所在地點、儐者、書寫冊命史官……等組成的賞賜或冊命銘文，兩種不同格式的發展脈絡。

第三節　本文限制與展望

在收集所有經發掘或出土的西周青銅器時，由於個人學力有限，不免有所疏忽與遺漏，有些發掘簡報或正式發掘報告，並未附上所有有銘銅器的銘文拓片、摹本或照片，或詳細記錄所發掘或出土之有銘銅器的件數，針對上述情況，本論文也就無法進行全面性的掌握，間接也會影響到統計的精準度。

此外，本論文企圖將所有收集到的西周青銅器劃歸一定的時、空分界，但實際遇到的難題是，有些銘文的斷代分期並未獲得一致性的共識，而青銅區域之間也存在著交錯或模糊的地帶。針對一件銅器或一個出土地，由於個人對於考古學文化的不熟悉，以及銅器銘文斷代知識的不足，可能會發生判別錯誤，劃歸分期、青銅區域不盡正確或理想的情況。

又西周出土銘文牽涉銘文考釋，有些銘文不能辨識，或銘文內容無法通讀，因此在實際操作區分類型與切割格式組成時，可能導致一些缺失的產生。而西周銘文人名的複雜性，有些銘文內容太過簡要，使得我們在判斷作器目的時，陷入兩難的處境。

　　以本論文為起點，可接續探論長篇傳世銘文的共通性與組成，架構出西周長篇銘文的書寫形式，或就西周出土銘文擴大聯繫有關方國、禮制、文化現象等主題的研究，甚至進一步跨越至春秋出土銘文的討論。凡此，都是可以繼續開展與深耕的研究主題。

參考書目

一　古籍類

（漢）司馬遷：《史記》，鼎文書局，台北，1997。

（漢）班　固：《漢書》，二十五史編刊館，台北，1956。

（漢）許慎撰、（清）段玉裁注：《說文解字注》，黎明文化事業有限公司，台北，
　　　　1993。

（宋）呂大臨等：《考古圖、續考古圖、考古圖釋文》，中華書局，北京，1987。

（宋）陳彭年等：《校正宋本廣韻》，藝文印書館，台北，1998。

（宋）薛尚功：《歷代鐘鼎彝器款識法帖》，中華書局，北京，1986。

（宋）王　黼：《宣和博古圖》，新興書局，台北，1969。

（清）阮　元：《積古齋鐘鼎彝器款識》（文選樓叢書二），藝文印書館，台北，
　　　　1976。

（清）錢　坫：《十六長樂堂古器款識考》，開明書局，台北，1933。

（清）方濬益：《綴遺齋彝器款識考釋》，台聯國風出版社，台北，1976。

二　近人專書

三代文明研究編輯委員會：《三代文明研究（一）——1998年河北邢台中國商周
　　　　文明國際學術研討會論文集》，科學出版社，北京，1999。

三秦瑰寶——陝西新發現文物精華編輯委員會：《三秦瑰寶——陝西新發現文物
　　　　精華》，陝西人民出版社，西安，2001。

山西省博物館：《山西省博物館館藏文物精華》，山西人民出版社，太原，1999。

山東省文物考古研究所、山東省博物館、濟寧地區文物組、曲阜縣文管會：《曲
　　　　阜魯國故城》，齊魯書社，濟南，1982。

山東省博物館：《山東金文集成》〔上〕〔下〕，齊魯書社，濟南，2007。

上海博物館:《上海博物館藏青銅器》,上海人民美術出版社,上海,1964。

　　　　　《草原瑰寶——內蒙古文物考古精品》,上海書畫出版社,上海,2000。

　　　　　《晉國奇珍——山西晉侯墓群出土文物精品》,上海人民美術出版社,上海,2002。

　　　　　《晉侯墓地出土青銅器國際學術研討會論文集》,上海書畫出版社,上海,2002。

王世民:《商周銅器與考古學史論集》,藝文印書館,台北,2008。

王世民、陳公柔、張長壽:《西周青銅器分期斷代研究》,文物出版社,北京,1999。

王宇信:《西周甲骨探論》,中國社會科學出版社,北京,1984。

王　青:《海岱地區周代墓葬研究》,山東大學出版社,濟南,2002。

王貴民:《商周制度考信》,明文書局,台北,1989。

王　健:《西周政治地理結構研究》,中州古籍出版社,鄭州,2004。

王　斌:《虢國墓地的發現與研究》,社會科學文獻出版社,北京,2000。

王　暉:《商周文化比較研究》,人民出版社,北京,2000。

　　　　《古文字與商周史新證》,中華書局,北京,2003。

王　輝:《商周金文》,文物出版社,北京,2006。

方　輝:《海岱地區青銅時代考古》,山東大學出版社,濟南,2007。

尹盛平:《西周史徵》,陝西師範大學出版社,西安,2004。

　　　　《周原文化與西周文明》,江蘇教育出版社,南京,2005。

中國青銅器全集編輯委員會:《中國青銅器全集》第五、六、十三、十五卷,文物出版社,北京,1994－1997。

中國科學院考古研究所:《上村嶺虢國墓地》,科學出版社,北京,1959。

　　　　　《洛陽中州路(西工段)》,科學出版社,北京,1959。

　　　　　《灃西發掘報告》,文物出版社,北京,1963。

　　　　　《長安張家坡西周銅器群》,文物出版社,北京,1965。

中國社會科學院考古研究所:《新出金文分域簡目》,中華書局,北京,1983。

　　　　　《新中國的考古發現和研究》,文物出版社,北京,1984。

　　　　　《洛陽發掘報告1955－1960年洛陽澗濱考古發掘資料》,燕山出版社,北京,1989。

《雙砣子與崗上——遼東史前文化的發現和研究》，科學出版社，北京，1996。

《張家坡西周墓地》，中國大百科全書出版社，北京，1999。

《殷周金文集成釋文》第一至四卷，香港中文大學中國文化研究所，香港，2001。

《中國考古學‧兩周卷》，中國社會科學出版社，北京，2004。

《滕州前掌大墓地》，文物出版社，北京，2005。

《南邠州‧碾子坡》，世界圖書出版公司，北京，2007。

《殷周金文集成》修訂增補本第一至八冊，中華書局，北京，2007。

內蒙古自治區文物考古研究所、寧城縣遼中京博物館：《小黑石溝——夏家店上層文化遺址發掘報告》，科學出版社，北京，2009。

四川省博物館：《巴蜀青銅器》，成都出版社，成都，1993。

北京大學考古文博學院、北京大學古代文明研究中心：《吉金鑄國史——周原出土西周青銅器精粹》，文物出版社，北京，2002。

北京大學考古學系商周組、山西省考古研究所：《天馬——曲村1980－1989》第一至四冊，科學出版社，北京，2000。

北京文物精粹大系編委會、北京市文物局：《北京文物精粹大系‧青銅器卷》，北京出版社，北京，2002。

北京市文物研究所：《琉璃河西周燕國墓地1973－1977》，文物出版社，北京，1995。

《鎮江營與塔照——拒馬河流域先秦考古文化的類型與譜系》，中國大百科全書出版社，北京，1999。

甘肅省文物局：《甘肅文物菁華》，文物出版社，北京，2006。

甘肅省文物考古研究所：《崇信于家灣周墓》，文物出版社，北京，2009。

任　偉：《西周封國考疑》，社會科學文獻出版社，北京，2004。

朱鳳瀚：《古代中國青銅器》，南開大學出版社，天津，1995。

《商周家族型態研究》，天津古籍出版社，天津，2004。

《中國青銅器綜論》，上海古籍出版社，上海，2009。

朱鳳瀚、張榮明：《西周諸王年代研究》，貴州人民出版社，貴陽，1998。

西安市文物保護考古所：《西安文物精華‧青銅器》，世界圖書出版公司，西安，2005。

安徽大學、安徽省文物考古研究所：《皖南商周青銅器》，文物出版社，北京，
　　　2006。

安徽省博物館：《安徽省博物館藏青銅器》，上海人民美術出版社，上海，1987。

吳十洲：《兩周禮器制度研究》，五南圖書出版公司，台北，2004。

吳鎮烽：《西周金文擷英》，三秦出版社，西安，1986。
　　　《陝西金文彙編》，三秦出版社，西安，1989。

李先登：《商周青銅文化》，商務印書館，北京，1997。

李西興：《陝西青銅器》，陝西人民美術出版社，西安，1994。

李伯謙：《中國青銅文化結構體系研究》，科學出版社，北京，1998。

李海榮：《北方地區出土夏商周時期青銅器研究》，文物出版社，北京，2003。

李學勤：《新出青銅器研究》，文物出版社，北京，1990。
　　　《青銅器與古代史》，聯經出版事業公司，台北，2005。

李龍章：《嶺南地區出土青銅器研究》，文物出版社，北京，2006。

李懷順、馬軍霞：《西北邊疆考古教程》，甘肅人民出版社，蘭州，2011。

宋玲平：《晉系墓葬制度研究》，科學出版社，北京，2007。

杜　勇、沈長雲：《金文斷代方法探微》，人民出版社，北京，2002。

杜迺松：《中國青銅器發展史》，紫禁城出版社，北京，1995。
　　　《吉金文字與青銅文化論集》，紫禁城出版社，北京，2003。

何景成：《商周青銅器族氏銘文研究》，齊魯書社，濟南，2009。

何樹環：《青銅器與西周史論集》，文津出版社，台北，2013。

周寶宏：《近出西周金文集釋》，天津古籍出版社，天津，2005。

河南省文物考古研究所、三門峽市文物工作隊：《三門峽虢國墓（第一卷）》，文
　　　物出版社，北京，1999。

河南省文物考古研究所、周口市文化局：《鹿邑太清宮長子口墓》，中州古籍出版
　　　社，鄭州，2000。

河南省文物考古研究所：《啟封中原文明——20世紀河南考古大發現》，河南人民
　　　出版社，鄭州，2002。

河南省博物館：《河南文博考古文獻敘錄1913－1985》，《中原文物》編輯部，鄭
　　　州，1987。

河南博物院：《河南文博考古文獻敘錄1986－1995》，中州古籍出版社，鄭州，
　　　　1997。

　　　　《群雄逐鹿──兩周中原列國文物瑰寶》，大象出版社，鄭州，2003。

施勁松：《長江流域青銅器研究》，文物出版社，北京，2003。

故宮博物院：《故宮青銅器》，紫禁城出版社，北京，1999。

洛陽市文物工作隊：《洛陽北窯西周墓》，文物出版社，北京，1999。

　　　　《洛陽瞿家屯發掘報告》，文物出版社，北京，2010。

洛陽師範學院河洛文化國際研究中心：《洛陽考古集成‧夏商周卷》，北京圖書館
　　　　出版社，北京，2005。

洛陽師範學院、洛陽市文物局：《洛陽出土青銅器》，紫禁城出版社，北京，
　　　　2006。

高　明：《高明論著選集》，科學出版社，北京，2001。

高至喜：《商周青銅器與楚文化研究》，岳麓書社，長沙，2000。

高崇文、安田喜憲：《長江流域青銅文化研究》，科學出版社，北京，2002。

容　庚：《商周彝器通考》，文史哲出版社，台北，1985。

容　庚、張維持：《殷周青銅器通論》，康橋出版社，台北，1986。

馬承源：《商周青銅器銘文選》（一）至（四），文物出版社，北京，1986－
　　　　1990。

　　　　《中國青銅器》，上海古籍出版社，上海，1997。

徐富昌先生：《睡虎地秦簡研究》，文史哲出版社，台北，1993。

　　　　《簡帛典籍異文側探》，國家出版社，台北，2006。

晁福林：《夏商西周社會史》，北京師範大學出版社，北京，2010。

唐　蘭：《西周青銅器銘文分代史徵》，中華書局，北京，1986。

　　　　《唐蘭先生金文論集》，紫禁城出版社，北京，1995。

孫秉君、蔡慶良：《芮國金玉選粹──陝西韓城春秋寶藏》，三秦出版社，西安，
　　　　2007。

孫　華：《四川盆地的青銅時代》，科學出版社，北京，2000。

陝西周原考古隊：《西周微氏家族青銅器群研究》，文物出版社，北京，1992。

陝西省文物局、中華世紀壇藝術館：《盛世吉金──陝西寶雞眉縣青銅器窖藏》，
　　　　北京出版社，北京，2003。

陝西省考古研究所、陝西省文物管理委員會、陝西省博物館:《陝西出土商周青
　　　銅器》(一)至(四),文物出版社,北京,1979－1984。

陝西省考古研究院、渭南市文物保護考古研究所、韓城市景區管理委員會:《梁
　　　帶村芮國墓地——2007年度發掘報告》,文物出版社,北京,2010。

夏商周斷代工程專家組:《夏商周斷代工程1996——2000年階段成果報告・簡
　　　本》,世界圖書出版公司北京公司,北京,2000。

張之恆、周裕興:《夏商周考古》,南京大學出版社,南京,1998。

張吉煥、李潤乾:《楊家村西周遺址》,陝西人民出版社,西安,2008。

張亞初:《殷周金文集成引得》,中華書局,北京,2001。

張亞初、劉雨:《西周金文官制研究》,中華書局,北京,2004。

張再興:《西周金文文字系統論》,華東師範大學出版社,上海,2004。

張希舜:《山西文物館藏珍品・青銅器》,山西人民出版社,太原,1992。

張長壽:《商周考古論集》,文物出版社,北京,2007。

張懋鎔:《古文字與青銅器論集》第二、三輯,科學出版社,北京,2006、
　　　2010。

崔永東:《兩周金文虛詞集釋》,中華書局,北京,1994。

郭　物:《新疆史前晚期社會的考古學研究》,上海古籍出版社,上海,2012。

郭沫若:《兩周金文辭大系圖錄考釋》,上海書店,上海,1999。

郭寶鈞:《濬縣辛村》,科學出版社,北京,1964。

　　　　《商周銅器群綜合研究》,文物出版社,北京,1981。

陳　平:《北方幽燕文化研究》,群言出版社,北京,2006。

陳公柔:《先秦兩漢考古學論叢》,文物出版社,北京,2005。

陳佩芬:《夏商周青銅器研究》,上海古籍出版社,上海,2004。

陳漢平:《西周冊命制度研究》,學林出版社,上海,1986。

陳夢家:《西周銅器斷代》,中華書局,北京,2004。

陳雙新:《兩周青銅樂器銘辭研究》,河北大學出版社,保定,2002。

許倬雲:《西周史》,聯經出版事業公司,台北,1998。

許進雄先生:《古文諧聲字根》,台灣商務印書館,台北,1995。

　　　　《中國古代社會——文字與人類學的透視》,台灣商務印書館,台北,
　　　1995。

　　　《簡明中國文字學》，學海出版社，台北，2002。

　　　《中華古文物導覽》，國家出版社，台北，2006。

曹　瑋：《周原甲骨文》，世界圖書出版公司，北京，2002。

　　　《周原遺址與西周銅器研究》，科學出版社，北京，2004。

　　　《周原出土青銅器》第一至十卷，巴蜀書社，成都，2005。

程平山：《夏商周歷史與考古》，人民出版社，北京，2005。

黃然偉：《殷周史料論集》，三聯書店有限公司，香港，1995。

彭裕商：《西周青銅器年代綜合研究》，巴蜀書社，成都，2003。

湖北省文物考古研究所：《曾國青銅器》，文物出版社，北京，2007。

湖北省潛江博物館、湖北省荊州博物館：《潛江龍灣——1987－2001年龍灣遺址
　　　發掘報告》，文物出版社，北京，2005。

湖南省博物館：《湖南出土殷商西周青銅器》，岳麓書社，長沙，2007。

黑龍江省文物考古研究所、吉林大學考古學系：《肇源白金寶——嫩江下游一處
　　　青銅時代遺址的揭示》，科學出版社，北京，2009。

鄒厚本：《江蘇考古五十年》，南京出版社，南京，2000。

楊　寬：《西周史》，上海人民出版社，上海，2004。

楊建華、蔣剛：《公元前2千紀的晉陝高原與燕山南北》，科學出版社，北京，
　　　2008。

楊懷源：《西周金文詞彙研究》，巴蜀書社，成都，2007。

楊寶成、黃錫全：《湖北考古發現與研究》，武漢大學出版社，武漢，2000。

雷興山：《先周文化探索》，科學出版社，北京，2010。

裘錫圭：《古文字論集》，中華書局，北京，1992。

　　　《中國出土古文獻十講》，復旦大學出版社，上海，2004。

寧夏固原博物館：《固原歷史文物》，科學出版社，北京，2007。

管燮初：《西周金文語法研究》，商務印務館，北京，1981。

趙叢蒼：《城洋青銅器》，科學出版社，北京，2006。

趙叢蒼、郭妍利：《兩周考古》，文物出版社，北京，2004。

劉　正：《金文氏族研究——殷周時代社會、歷史和禮制視野中的氏族問題》，中
　　　華書局，北京，2002。

　　　《金文廟制研究》，中國社會科學出版社，北京，2004。

劉　雨、盧岩：《近出殷周金文集錄》一至四冊，中華書局，北京，2002。

劉　翔等：《商周古文字讀本》，語文出版社，北京，1991。

劉軍社：《先周文化研究》，三秦出版社，西安，2003。

劉啟益：《西周紀年》，廣東教育出版社，廣州，2002。

劉慶柱、段志洪、馮時：《金文文獻集成》第二十一至二十二冊，香港明石文化
　　　　國際出版公司，香港，2006。

潘玉坤：《西周金文語序研究》，華東師範大學出版社，上海，2005。

潘慧如：《晉國青銅器銘文探研》，青文書屋，香港，1999。

鄭小爐：《吳越和百越地區周代青銅器研究》，科學出版社，北京，2007。

儀徵市博物館：《儀徵出土文物集粹》，文物出版社，北京，2008。

滕銘予：《秦文化：從封國到帝國的考古學觀察》，學苑出版社，北京，2003。

廣東省文物考古研究所：《博羅橫嶺山——商周時期墓地2000年發掘報告》，科學
　　　　出版社，北京，2005。

盧連成、胡智生：《寶雞強國墓地》，文物出版社，北京，1988。

霍彥儒、辛怡華：《商周金文編——寶雞出土青銅器銘文集》，三秦出版社，西
　　　　安，2009。

鍾柏生、陳昭容、黃銘崇、袁國華：《新收青銅器銘文暨器影彙編》，藝文印書
　　　　館，台北，2006。

韓建業：《新疆的青銅時代和早期鐵器時代文化》，文物出版社，北京，2007。

蕭夢龍、劉偉：《吳國青銅器綜合研究》，科學出版社，北京，2004。

謝端琚：《甘青地區史前考古》，文物出版社，北京，2002。

謝維揚：《周代家庭型態》，中國社會科學出版社，北京，1990。

戴應新：《高家堡戈國墓》，三秦出版社，西安，1994。

襄樊市考古隊、湖北省文物考古研究所、湖北孝襄高速公路考古隊：《棗陽郭家
　　　　廟曾國墓地》，科學出版社，北京，2005。

羅西章：《北呂周人墓地》，西北大學出版社，西安，1995。

嚴志斌：《商代青銅器銘文研究》，上海古籍出版社，上海，2013。

蘇秉琦：《蘇秉琦考古學論述選集》，文物出版社，北京，1984。

三　期刊論文

丁　乙：〈周原的建築遺存和銅器窖藏〉，《考古》1982年第4期，頁398-401、
　　　424。

刁淑琴：〈北方出土的西周青銅甬鐘〉，《華夏考古》1998年第3期，頁74-76、
　　　95。

大渡河中游考古隊：〈四川漢源縣2001年度的調查與試掘〉，《成都考古發現
　　　（2001）》（北京：科學出版社，2003年10月），頁306-383。

于　薇：〈西周宗盟考論〉，《史學集刊》2008年第2期，頁102-105、114。

于省吾：〈利簋銘文考釋〉，《文物》1977年第8期，頁10-12。
　　　〈略論西周金文中的「六自」和「八自」及其屯田制〉，《考古》1964年
　　　第3期，頁152-155。
　　　〈關於《論西周金文中六自八自和鄉遂制度的關係》一文的意見〉，《考
　　　古》1965年第3期，頁131-133。
　　　〈讀金文札記五則〉，《考古》1966年第2期，頁100-104。
　　　〈關於商周時代對於「禾」「積」或土地有限度的賞賜〉，《中國考古學會
　　　第一次年會論文集》（北京：文物出版社，1980年12月），頁149-152。
　　　〈釋盾〉，《古文字研究》第三輯（北京：中華書局，1980年11月），頁1-
　　　6。

于省吾、姚孝遂：〈「楚公豪戈」辨偽〉，《文物》1960年第3期，頁85。

三宅俊彥：〈卡約文化青銅器初步研究〉，《考古》2005年第5期，頁73-88。

三門峽市文物工作隊：〈三門峽市花園北街發現一座西周墓葬〉，《文物》1999年
　　　第11期，頁17-22。
　　　〈三門峽市李家窯四十四號墓的發掘〉，《華夏考古》2000年第3期，頁
　　　17-20、44。

山西省文物管理委員會：〈山西洪趙縣坊堆村古遺址墓群清理簡報〉，《文物》
　　　1955年第4期，頁46-54。
　　　〈山西長子的殷周文化遺存〉，《文物》1959年第2期，頁36。

山西省文物管理委員會保管組：〈山西石樓縣二郎坡出土商周銅器〉，《文物》
　　　1958年第1期，頁36-37。

山西省文物工作委員會、洪洞縣文化館：〈山西洪洞永凝堡西周墓葬〉，《文物》
　　　　1987年第2期，頁1-16。

山西省考古研究所：〈山西侯馬上馬墓地發掘簡報（1963－1986年）〉，《文物》
　　　　1989年第6期，頁1-21、50。

　　　　〈1994年山西省曲沃縣曲村兩周墓葬發掘簡報〉，《文物》2003年第5期，
　　　　頁24-34。

　　　　〈靈石旌介發現商周及漢代遺跡〉，《文物》2004年第8期，頁29-37。

山西省考古研究所、北京大學考古學系：〈天馬──曲村遺址北趙晉侯墓地第四
　　　　次發掘〉，《文物》1994年第8期，頁4-21。

　　　　〈天馬──曲村遺址北趙晉侯墓地第三次發掘〉，《文物》1994年第8期，
　　　　頁22-33、68。

山西省考古研究所、運城市文物工作站、絳縣文化局：〈山西絳縣橫水西周墓
　　　　地〉，《考古》2006年第7期，頁16-21。

　　　　〈山西絳縣橫水西周墓發掘簡報〉，《文物》2006年第8期，頁4-18。

山東大學考古系：〈山東長清縣仙人台遺址發掘簡報〉，《考古》1998年第9期，頁
　　　　1-10。

　　　　〈山東長清縣仙人台周代墓地〉，《考古》1998年第9期，頁11-25。

山東大學考古系、淄博市文物局、沂源縣文管所：〈山東沂源縣姑子坪周代墓
　　　　葬〉，《考古》2003年第1期，頁33-43。

山東大學東方考古研究中心、壽光市博物館：〈山東壽光市大荒北央西周遺址的
　　　　發掘〉，《考古》2005年第12期，頁41-47。

山東省文物考古研究所：〈山東濟陽劉台子西周六號墓清理報告〉，《文物》1996
　　　　年第12期，頁4-25。

　　　　〈山東章丘市王推官莊遺址發掘報告〉，《華夏考古》1996年第4期，頁
　　　　27-51。

　　　　〈山東考古的世紀回顧與展望〉，《考古》2000年第10期，頁1-14。

　　　　〈山東章丘市孫家東南遺址的發掘〉，《華夏考古》2005年第4期，頁18-
　　　　42。

山東省文物考古研究所、鄒平縣文管所：〈山東省鄒平縣古文化遺址調查簡報〉，
　　　　《華夏考古》1994年第3期，頁1-14。

山東省文物考古研究所、滕州市博物館：〈山東滕州市東小宮周代、兩漢墓地〉，
　　　　《考古》2000年第10期，頁66-80。

山東省昌濰地區文物管理組：〈膠縣西菴遺址調查試掘簡報〉，《文物》1977年第4
　　　　期，頁63-71。

山東省煙台地區文物管理委員會：〈煙台市上夼村出土曩國銅器〉，《考古》1983
　　　　年第4期，頁289-292。

山東省濰坊市博物館、山東省昌樂縣文管所：〈山東昌樂岳家河周墓〉，《考古學
　　　　報》1990年第1期，頁69-102。

山東省博物館：〈山東長清出土的青銅器〉，《文物》1964年第4期，頁41-47。

上海市文物保管委員會：〈上海市金山縣戚家墩遺址發掘簡報〉，《考古》1973年
　　　　第1期，頁16-24、29。

仇士華、張長壽：〈晉侯墓地M8的碳十四年代測定和晉侯穌鐘〉，《考古》1999年
　　　　第5期，頁90-92。

仇士華、蔡蓮珍：〈夏商周斷代工程中的碳十四年代框架〉，《考古》2001年第1
　　　　期，頁90-100。

王　英：〈咸陽市渭城區出土西周銅鼎〉，《考古與文物》1989年第2期，頁53。

王　宏：〈論江漢流域西周時期的文化分區〉，《湖北省考古學會論文選集（二）》
　　　　（武漢：《江漢考古》編輯部出版，1991年7月），頁60-72。
　　　　〈試論長江中游地區夏商周時期的文化與族屬〉，《湖北省考古學會論文
　　　　選集（三）》（武漢：《江漢考古》編輯部出版，1998年11月），頁30-
　　　　38。
　　　　〈論長江中游地區夏商周時期的文化與文化變遷〉，《考古學研究》（五）
　　　　（北京：科學出版社，2003年7月），頁278-294。

王　成：〈內蒙古伊敏河煤礦出土曲刃青銅短劍〉，《考古》1996年第9期，頁94。

王　成、沙寶帥：〈內蒙古呼倫貝爾草原發現青銅器〉，《考古》2004年第4期，頁
　　　　93-96。

王　軒：〈山東鄒縣七家峪村出土的西周銅器〉，《考古》1965年第11期，頁541-
　　　　547。

王　偉：〈蘭州市博物館收藏的幾件西周青銅器〉，《文物》1997年第10期，頁87-
　　　　88。
　　　　〈從彭伯壺看古代彭國〉，《華夏考古》2007年第2期，頁98-101。

王　輝：〈駒父盨蓋銘文試釋〉,《考古與文物》1982年第5期,頁56-59。

〈𤺴畀鼎通讀及其相關問題〉,《考古與文物》1983年第6期,頁64-68。

〈西周畿內地名小記〉,《考古與文物》1985年第3期,頁26-31。

〈研究古文字通假的必要性與應遵循的原則〉,《考古學研究》(西安：三秦出版社,1993年10月),頁517-529。

〈也談禮縣大堡子山秦公墓地及其銅器〉,《考古與文物》1998年第5期,頁88-93。

〈逨盤銘文箋釋〉,《考古與文物》2003年第3期,頁81-91。

〈20世紀甘肅考古的回顧與展望〉,《考古》2003年第6期,頁7-18。

〈讀扶風縣五郡村窖藏銅器銘文小記〉,《考古與文物》2007年第4期,頁13-15。

〈瑂生三器考釋〉,《考古學報》2008年第1期,頁39-64。

王　暉：〈從㝬簋銘看西周井田形式及宗法關係下的分封制〉,《考古與文物》2000年第6期,頁46-51、59。

〈岐山考古新發現與西周史研究新認識〉,《文博》2004年第5期,頁13-14、20。

〈出土文字資料與五帝新證〉,《考古學報》2007年第1期,頁1-28。

王　暉、謝偉峰：〈韓城芮國考——從梁帶村發現談起〉,《文博》2007年第3期,頁4-9。

王　勁：〈從楚式鬲鼎等器的淵源看楚文化與土著文化的關係〉,《中國考古學會第七次年會論文集》(北京：文物出版社,1992年9月),頁140-149。

王　峰：〈河北興隆縣發現商周青銅器窖藏〉,《文物》1990年第11期,頁57-58。

王　巍：〈夏商周時期遼東半島和朝鮮半島西北部的考古學文化序列及其相互關係〉,《中國考古學論叢》(北京：科學出版社,1993年5月),頁196-223。

〈夏商周考古學五十年〉,《考古》1999年第9期,頁23-34。

王　巍、徐良高：〈先周文化的考古學探索〉,《考古學報》2000年第3期,頁285-310。

王　健：〈從「寰」與「奠」的性質變化看西周王土的「諸侯國化」〉,《文博》2002年第5期,頁31-37。

王　鷹、王鳳英：〈陝西永壽縣發現的先周文化遺存〉，《考古與文物》2005年第6
　　　期，頁5-7。

王人聰：〈何尊銘文解釋與成王遷都問題〉，《考古與文物》1990年第3期，頁47-
　　　51。

　　　〈琱生簋銘「僕墉土田」辨析〉，《考古》1994年第5期，頁443-446。

　　　〈楊姞壺銘釋讀與北趙63號墓主問題〉，《文物》1996年第5期，頁31-
　　　32、30。

　　　〈令彝銘文釋讀與王城問題〉，《文物》1997年第6期，頁39-42。

　　　〈西周金文「嚴在上」解──並述周人的祖先神觀念〉，《考古》1998年
　　　第1期，頁72-74、81。

王士倫：〈記浙江發現的銅鐃、釉陶鐘和越王石矛〉，《考古》1965年第5期，頁
　　　256-257。

王文昶：〈「楚王孫鐘」辨析〉，《考古與文物》1989年第4期，頁89-90。

王文強：〈鶴壁市辛村出土四件西周青銅器〉，《中原文物》1986年第1期，頁
　　　126。

王文學、高次若、李新泰：〈寶雞靈隴出土西周早期青銅器〉，《文博》1990年第2
　　　期，頁77-78、81。

王文耀：〈岐山縣博物館收藏的西周銅鋤〉，《文物》2008年第12期，頁69-70。

王玉清：〈岐山發現西周時代大鼎〉，《文物》1959年第10期，頁84-85。

王立新：〈關於天馬──曲村遺址性質的幾個問題〉，《中原文物》2003年第1期，
　　　頁23-27。

　　　〈遼西區夏至戰國時期文化格局與經濟形態的演進〉，《考古學報》2004
　　　年第3期，頁243-270。

王占奎：〈論鄭家坡遺存與劉家遺存〉，《考古學研究》（西安：三秦出版社，1993
　　　年10月），頁321-331。

　　　〈金文初吉等四個記時術語的闡釋與西周年代問題初探〉，《考古與文
　　　物》1996年第5期，頁32-46。

　　　〈關於靜方鼎的幾點看法〉，《文物》1998年第5期，頁89-90。

　　　〈《古本竹書紀年》與西周年代〉，《考古與文物》1999年第4期，頁66-
　　　70、49。

〈西周列王紀年擬測〉,《考古與文物》2003年第3期,頁17-30。

〈成周、成自、王城雜談 —— 兼談宗周之得名〉,《考古學研究》(五)(北京:科學出版社,2003年7月),頁572-580。

〈瑪生三器銘文考釋〉,《考古與文物》2007年第5期,頁105-108。

王永波:〈宜侯夨簋及其相關的歷史問題〉,《中原文物》1999年第4期,頁45-53。

〈西周早期銅器王年及相關歷史問題〉,《文史哲》2000年第2期,頁91-99。

〈關於西周早期銅器分期的一點意見 —— 讀《西周青銅器分期斷代研究》〉,《中原文物》2003年第1期,頁28-35。

王世民:〈略說殷周時代的異類同銘銅器〉,《中國考古學論叢》(北京:科學出版社,1993年5月),頁311-314。

〈王作姜氏簋〉,《文物》1999年第9期,頁85-86。

王世民等:〈晉侯蘇鐘筆談〉,《文物》1997年第3期,頁54-66。

王世民等:〈保利藝術博物館收藏的兩件銅方鼎筆談〉,《文物》2005年第10期,頁68-74。

王世民、陳公柔、張長壽:〈關於夏商周斷代工程中的西周青銅器分期斷代研究〉,《文物》1999年第6期,頁48-53。

王宇信:〈周原出土廟祭甲骨商王考〉,《考古與文物》1988年第2期,頁65-72。

〈周原廟祭甲骨「咠周方伯」辨析〉,《文物》1988年第6期,頁67-71、85。

〈說邢台西周甲骨「其事」〉,《中原文物》1994年第4期,頁40-43、51。

〈周原甲骨卜辭行款的再認識和邢台西周卜辭的行款走向〉,《華夏考古》1995年第2期,頁98-104。

王光永:〈陝西省寶雞市峪泉生產隊發現西周早期墓葬〉,《文物》1975年第3期,頁72-75。

〈寶雞市茹家莊發現西周早期銅器〉,《考古與文物》1980年第1期,頁13-15。

〈寶雞縣賈村塬發現夨王簋蓋等青銅器〉,《文物》1984年第6期,頁18-20。

〈陝西寶雞戴家灣出土商周青銅器調查報告〉,《考古與文物》1991年第1期,頁3-22。

王光永、曹明檀：〈寶雞市郊區和鳳翔發現西周早期銅鏡等文物〉，《文物》1979
　　年第12期，頁90-91。

王克林：〈山西考古工作的回顧與展望〉，《山西省考古學會論文集》（一）（太原：
　　山西人民出版社，1992年10月），頁1-16。

　　〈從唐叔虞之封論周族的起源〉，《華夏考古》1994年第3期，頁87-94、
　　48。

　　〈姬周戎狄說〉，《考古與文物》1994年第4期，頁62-74。

王志敏、韓益之：〈介紹江蘇儀徵過去發現的幾件西周青銅器〉，《文物》1956年
　　第12期，頁31-32。

王長啟：〈西安市文物中心收藏的商周青銅器〉，《考古與文物》1990年第5期，頁
　　25-43。

　　〈西安市文管會藏鄂爾多斯式青銅器及其特徵〉，《考古與文物》1991年
　　第4期，頁6-11。

　　〈西安豐鎬遺址發現的車馬坑及青銅器〉，《文物》2002年第12期，頁4-
　　14。

王長啟等：〈介紹西安市藏珍貴文物〉，《考古與文物》1989年第5期，頁79-86。

王長豐：〈《周公方鼎》銘文的時代及其銘文書寫者〉，《中原文物》2003年第5
　　期，頁48-50。

　　〈《靜方鼎》的時代、銘文書寫者及其相關聯的地理、歷史〉，《華夏考
　　古》2006年第1期，頁56-61、72。

　　〈竝方國族氏考〉，《中原文物》2006年第1期，頁65-68、92。

　　〈「息」方國族氏考〉，《中原文物》2007年第2期，頁59-65。

　　〈略論殷周金文族徽研究〉，《中原文物》2008年第2期，頁92-95。

王紅光：〈貴州考古的新發現和新認識〉，《考古》2006年第8期，頁3-10。

王建新：〈東北亞系青銅劍分系研究〉，《考古學報》2002年第2期，頁175-202。

王炳華：〈新疆東部發現的幾批銅器〉，《考古》1986年第10期，頁887-890。

王恩田：〈岐山鳳雛村西周建築群基址的有關問題〉，《文物》1981年第1期，頁
　　75-80。

　　〈曲阜魯國故城的年代及其有關問題〉，《考古與文物》1988年第2期，頁
　　48-55。

〈湖南出土商周銅器與殷人南遷〉,《中國考古學會第七次年會論文集》
（北京：文物出版社,1992年9月）,頁112-126。

〈鹿邑太清宮西周大墓與微子封宋〉,《中原文物》2002年第4期,頁41-
45。

〈灃西發掘與武王克商〉,《考古學研究》（五）（北京：科學出版社,
2003年7月）,頁550-556。

〈《金文編・附錄》中所見的複合族徽〉,《古代文明（第3卷）》（北京：
文物出版社,2004年12月）,頁257-302。

〈鹿邑微子墓補證——兼譯相侯與子口尋（腊）〉,《中原文物》2006年第
6期,頁53-60。

王桂枝：〈寶雞下馬營旭光西周墓清理簡報〉,《文博》1985年第2期,頁1-3。

〈寶雞西周墓出土的幾件玉器〉,《文博》1987年第6期,頁92。

〈眉縣車圈村出土西周青銅器〉,《文博》1991年第2期,頁75、78。

〈寶雞市郊出土的部分西周時期青銅器〉,《文物》1997年第9期,頁73-
75。

王桂枝、高次若：〈寶雞地區發現幾批商周青銅器〉,《考古與文物》1981年第1
期,頁5-7。

〈陝西寶雞上王公社出土三件西周銅器〉,《文物》1981年第12期,頁88。

〈寶雞新出土及館藏的幾件青銅器〉,《考古與文物》1983年第6期,頁6-
8。

王家祐：〈記四川彭縣竹瓦街出土的銅器〉,《文物》1961年第11期,頁28-31。

王根富：〈蘇南土墩墓的初步研究〉,《華夏考古》2001年第1期,頁50-62。

王振鏞：〈福建建甌縣出土西周銅鐘〉,《文物》1980年第11期,頁95。

王敏之：〈河北唐縣出土西周歸父敦〉,《文物》1985年第6期,頁15。

王清雷：〈山東地區兩周編鐘的初步研究〉,《文物》2006年第12期,頁73-78、91。

王進先：〈山西長子縣發現西周銅器〉,《文物》1979年第9期,頁90。

〈山西屯留縣城郊出土西周早期青銅器〉,《考古》1982年第6期,頁
665。

王善才：〈湖北蒲圻市赤壁山遺址調查〉,《考古》1995年第2期,頁114-117、
113。

王善才、費世華：〈湖北陽新發現一處青銅器窖藏〉，《文物》1993年第8期，頁75-79。

王貽梁：〈「師氏」、「虎臣」考〉，《考古與文物》1989年第3期，頁61-65、76。

王斌偉、彭景元：〈淺論先周文化〉，《考古與文物》1991年第6期，頁57-62、101。

王雷生：〈也談師同鼎斷代及其相關問題〉，《考古與文物》1990年第2期，頁26-31。

〈由史密簋銘看姜姓萊、嵒族的東遷〉，《考古與文物》1997年第6期，頁77-82。

王慎行：〈呂服余盤銘考釋及其相關問題〉，《文物》1986年第4期，頁1-7。

王毓彤：〈荊門出土的一件銅戈〉，《文物》1963年第1期，頁64-65。

〈江陵發現西周銅器〉，《文物》1963年第2期，頁53-55。

王煒林、孫秉君：〈漢水上游巴蜀文化的踪跡〉，《中國考古學會第七次年會論文集》（北京：文物出版社，1992年9月），頁236-248。

王嗣洲：〈試論遼東半島石棚墓與大石蓋墓的關係〉，《考古》1996年第2期，頁73-77、51。

王愛武：〈安徽宣城出土的青銅器〉，《文物》2007年第2期，頁39-40。

王衛平：〈半個世紀以來圍繞「俎侯夨簋」的論爭〉，《文博》2001年第5期，頁51-53。

王儒林：〈河南桐柏發現周代銅器〉，《考古》1965年第7期，頁371-372。

王翰章、陳良和、李保林：〈虎簋蓋銘簡釋〉，《考古與文物》1997年第3期，頁78-80、75。

王錫平、唐祿庭：〈山東黃縣莊頭西周墓清理簡報〉，《文物》1986年第8期，頁69-72。

王龍正：〈平頂山應國墓地九十五號墓年代、墓主及相關問題〉，《華夏考古》1995年第4期，頁68-72、6。

〈匍盉銘文補釋並再論覜聘禮〉，《考古學報》2007年第4期，頁405-422。

王龍正、姜濤、婁金山：〈匍鴨銅盉與覜聘禮〉，《文物》1998年第4期，頁88-91、95。

王龍正、姜濤、袁俊杰:〈新發現的柞伯簋及其銘文考釋〉,《文物》1998年第9期,頁53-58。

王龍正、袁俊杰、廖佳行:〈柞伯簋與大射禮及西周教育制度〉,《文物》1998年第9期,頁59-61。

王龍正、倪愛武、張方濤:〈周代喪葬禮器銅翣考〉,《考古》2006年第9期,頁61-71。

王獻唐:〈岐山出土康季鼒銘讀記〉,《考古》1964年第9期,頁472-474。

王鵬輝:〈新疆史前時期考古學研究現狀〉,《華夏考古》2005年第2期,頁51-61、78。

尤仁德:〈古文字研究札記四則〉,《考古與文物》1984年第1期,頁107-108、68。

井中偉:〈西周墓中「毀兵」葬俗的考古學觀察〉,《考古與文物》2006年第4期,頁47-59。

文必貴:〈商周時期楚文化踪跡探索〉,《湖北省考古學會論文選集(二)》(武漢:《江漢考古》編輯部出版,1991年7月),頁121-125。

文物工作報導:〈旅順博物館在廢銅中發現周代銅器「小臣宅殷」〉,《文物》1955年第3期,頁145-146。

文物工作報導:〈山西洪趙縣坊堆村在古代遺址下部發現了很多銅器〉,《文物》1955年第3期,頁156-157。

文物工作報導:〈甘肅天水縣居民捐贈珍貴銅器〉,《文物》1955年第6期,頁117-118。

文術發:〈從媵器銘文看兩周女權〉,《中原文物》2000年第1期,頁25-29。

方酉生:〈談地層學與形制學在考古學中的作用及相互關係〉,《華夏考古》2003年第3期,頁109-112。

方建軍:〈西周早期甬鐘及甬鐘起源探討〉,《考古與文物》1992年第1期,頁33-39。

方述鑫:〈太保罍、盉銘文考釋〉,《考古與文物》1992年第6期,頁51-54。
　　　　〈召伯虎簋銘文新釋〉,《考古與文物》1997年第1期,頁61-69。

方國祥:〈安徽樅陽出土一件青銅方彝〉,《文物》1991年第6期,頁94。

牛世山:〈秦文化淵源與秦人起源探索〉,《考古》1996年第3期,頁41-50。

〈關於劉家墓地的幾個問題〉,《中原文物》1997年第4期,頁79-86。

〈論先周文化的淵源〉,《考古與文物》2000年第2期,頁48-55。

牛濟普:〈格國、俹國考〉,《中原文物》2003年第4期,頁63-64。

尹俊敏、劉富亭:〈南陽市博物館藏兩周銘文銅器介紹〉,《中原文物》1992年第2期,頁87-90。

尹盛平:〈周原西周宮室制度初探〉,《文物》1981年第9期,頁13-17。

〈略論巴文化與巴族的遷徙〉,《文博》1992年第5期,頁25-36。

尹盛平、任周芳:〈先周文化的初步研究〉,《文物》1984年第7期,頁42-49。

尹煥章:〈儀徵破山口探掘出土銅器記略〉,《文物》1960年第4期,頁85-86。

尹煥章、趙青芳:〈淮陰地區考古調查〉,《考古》1963年第1期,頁1-8。

尹稚寧:〈由親簋銘文窺探西周冊命禮儀的變化〉,《中原文物》2007年第6期,頁79-82。

天津市文化局文物組:〈天津市新收集的商周青銅器〉,《文物》1964年第9期,頁33-36、40。

天津市文化局考古發掘隊:〈河北大廠回族自治縣大坨頭遺址試掘簡報〉,《考古》1966年第1期,頁8-13。

天津市文物管理處:〈西周夔紋銅禁〉,《文物》1975年第3期,頁47、48。

〈天津市發現西周癹殷蓋〉,《文物》1979年第2期,頁93。

天津市文物管理處考古隊:〈天津薊縣圍坊遺址發掘報告〉,《考古》1983年第10期,頁877-893。

天津市歷史博物館考古部:〈天津薊縣張家園遺址第三次發掘〉,《考古》1993年第4期,頁311-323。

內蒙古自治區文物工作隊:〈1957年以來內蒙古自治區古代文化遺址及墓葬的發現情況簡報〉,《文物》1961年第9期,頁5-9、61。

〈內蒙古寧城縣小榆樹林子遺址試掘簡報〉,《考古》1965年第12期,頁619-621。

內蒙古自治區文物考古研究所、克什克騰旗博物館:〈內蒙古克什克騰旗龍頭山遺址第一、二次發掘簡報〉,《考古》1991年第8期,頁704-712。

中國社會科學院考古研究所、北京市文物工作隊琉璃河考古隊:〈1981－1983年琉璃河西周燕國墓地發掘簡報〉,《考古》1984年第5期,頁405-416、404。

中國社會科學院考古研究所、北京市文物研究所琉璃河考古隊：〈北京琉璃河1193號大墓發掘簡報〉,《考古》1990年第1期,頁20-31。

中國社會科學院考古研究所山東隊：〈山東滕縣古遺址調查簡報〉,《考古》1980年第1期,頁32-44。

中國社會科學院考古研究所山東工作隊：〈山東滕州市前掌大商周墓地1998年發掘簡報〉,《考古》2000年第7期,頁13-28。

中國社會科學院考古研究所山東工作隊、鄒縣文物保管所：〈山東鄒縣古代遺址調查〉,《考古學集刊》第3集（北京：中國社會科學出版社,1983年11月）,頁98-108。

中國社會科學院考古研究所內蒙古工作隊：〈內蒙古敖漢旗周家地墓地發掘簡報〉,《考古》1984年第5期,頁417-426。

〈赤峰藥王廟、夏家店遺址試掘報告〉,《考古學報》1974年第1期,頁111-144。

〈寧城南山根遺址發掘報告〉,《考古學報》1975年第1期,頁117-140。

中國社會科學院考古研究所安陽工作隊：〈河南安陽殷墟劉家莊北地殷墓與西周墓〉,《考古》2005年第1期,頁7-23。

中國社會科學院考古研究所安陽隊：〈安陽大寒村南崗遺址〉,《考古學報》1990年第1期,頁43-68。

中國社會科學院考古研究所扶風考古隊：〈一九六二年陝西扶風齊家村發掘簡報〉,《考古》1980年第1期,頁45-51。

中國社會科學院考古研究所東北工作隊：〈內蒙古寧城縣南山根102號石椁墓〉,《考古》1981年第4期,頁304-308。

中國社會科學院考古研究所武功發掘隊：〈1982—1983年陝西武功黃家河遺址發掘簡報〉,《考古》1988年第7期,頁601-615、649。

中國社會科學院考古研究所洛陽唐城隊：〈洛陽老城發現四座西周車馬坑〉,《考古》1988年第1期,頁15-23。

中國社會科學院考古所長江工作隊：〈湖北均縣朱家台遺址〉,《考古學報》1989年第1期,頁25-56。

中國社會科學院考古研究所陝西武功發掘隊：〈陝西武功縣新石器時代及西周遺址調查〉,《考古》1983年第5期,頁389-397。

中國社會科學院考古研究所陝西六隊：〈陝西藍田泄湖遺址〉，《考古學報》1991
年第4期，頁415-448。

中國社會科學院考古研究所涇渭工作隊：〈陝西彬縣斷涇遺址發掘報告〉，《考古
學報》1999年第1期，頁73-96。

〈陝西長武碾子坡先周文化遺址發掘記略〉，《考古學集刊》第6集（北
京：中國社會科學出版社，1989年3月），頁123-142。

中國社會科學院考古研究所渭水流域考古調查發掘隊：〈陝西渭水流域西周文化
遺址調查〉，《考古》1996年第7期，頁17-26。

中國社會科學院考古研究所新疆隊、新疆巴音郭楞蒙古自治州文管所：〈新疆輪
台群巴克古墓葬第一次發掘簡報〉，《考古》1987年第11期，頁987-
996。

〈新疆和靜縣察吾乎溝口一號墓地〉，《考古學報》1988年第1期，頁75-
99。

〈新疆和靜縣察吾乎溝口二號墓地發掘簡報〉，《考古》1990年第6期，頁
511-518。

〈新疆輪臺縣巴克墓葬第二、三次發掘簡報〉，《考古》1991年第8期，頁
684-703、736。

中國社會科學院考古研究所新疆隊：〈新疆于田縣流水青銅時代墓地〉，《考古》
2006年第7期，頁31-38。

中國社會科學院考古研究所夏商周考古研究室：〈考古研究所夏商周考古二十
年〉，《考古》1997年第8期，頁20-29。

中國社會科學院考古研究所豐鎬發掘隊：〈長安灃西早周墓葬發掘記略〉，《考
古》1984年第9期，頁779-783。

〈陝西長安縣灃西大原村西周墓葬〉，《考古》2004年第9期，頁39-44。

中國社會科學院考古研究所豐鎬工作隊：〈1984─85年灃西西周遺址、墓葬發掘
報告〉，《考古》1987年第1期，頁15-32。

〈陝西長安縣灃西新旺村西周制骨作坊遺址〉，《考古》1992年第11期，
頁997-1002。

〈1992年灃西發掘簡報〉，《考古》1994年第11期，頁974-985、964。

〈1997年灃西發掘報告〉，《考古學報》2000年第2期，頁199-256。

中國社會科學院考古研究所灃西發掘隊：〈1967年長安張家坡西周墓葬的發掘〉，
　　《考古學報》1980年第4期，頁457-502。

　　〈1976－1978年長安灃西發掘簡報〉，《考古》1981年第1期，頁13-18、
　　76。

　　〈陝西長安縣新旺村新出西周銅鼎〉，《考古》1983年第3期，頁217-219。

　　〈長安張家坡西周井叔墓發掘簡報〉，《考古》1986年第1期，頁22-27、
　　11。

　　〈1979－1981年長安灃西、灃東發掘簡報〉，《考古》1986年第3期，頁
　　197-209。

　　〈1984年灃西大原村西周墓地發掘簡報〉，《考古》1986年第11期，頁
　　977-981。

　　〈陝西長安灃西客省莊西周夯土基址發掘報告〉，《考古》1987年第8期，
　　頁692-700。

　　〈1984年長安普渡村西周墓葬發掘簡報〉，《考古》1988年第9期，頁769-
　　777、799。

　　〈長安張家坡M183西周洞室墓發掘簡報〉，《考古》1989年第6期，頁
　　524-529。

　　〈陝西長安張家坡M170號井叔墓發掘簡報〉，《考古》1990年第6期，頁
　　504-510。

　　〈1987、1991年陝西長安張家坡的發掘〉，《考古》1994年第10期，頁
　　895-909、947。

中國科學院考古研究所、北京市文物管理處、房山縣文教局琉璃河考古工作隊：
　　〈北京附近發現的西周奴隸殉葬墓〉，《考古》1974年第5期，頁309-
　　321。

中國科學院考古研究所山東工作隊：〈山東鄒縣滕縣古城址調查〉，《考古》1965
　　年第12期，頁622-635。

中國科學院考古研究所內蒙古發掘隊：〈內蒙古赤峰藥王廟、夏家店遺址試掘簡
　　報〉，《考古》1961年第2期，頁77-81。

中國科學院考古研究所洛陽發掘隊：〈一九五四年秋季洛陽西郊發掘簡報〉，《考
　　古》1955年第5期，頁25-33。

中國科學院考古研究所洛陽發掘隊：〈河南偃師商代和西周遺址調查簡報〉，《考古》1963年第12期，頁649-653。

中國科學院考古研究所湖北發掘隊：〈湖北黃岡螺獅山遺址的探掘〉，《考古》1962年第7期，頁339-344。

中國科學院考古研究所豐鎬考古隊：〈1961－62年陝西長安灃東試掘簡報〉，《考古》1963年第8期，頁403-412、415。

中國科學院考古研究所灃西考古隊：〈1955－57年陝西長安灃西發掘簡報〉，《考古》1959年第10期，頁516-530。

　　　　〈1960年秋陝西長安張家坡發掘簡報〉，《考古》1962年第1期，頁20-22。

　　　　〈陝西長安鄠縣調查與試掘簡報〉，《考古》1962年第6期，頁305-311。

　　　　〈陝西長安張家坡西周墓清理簡報〉，《考古》1965年第9期，頁447-450。

付仲楊：〈西周都城考古的回顧與思考〉，《三代考古（二）》（北京：科學出版社，2006年5月），頁513-530。

史　言：〈扶風莊白大隊出土的一批西周銅器〉，《文物》1972年第6期，頁30-35。

　　　　〈眉縣楊家村大鼎〉，《文物》1972年第7期，頁3-4。

史可暉：〈甘肅靈台縣又發現一座西周墓葬〉，《考古與文物》1987年第5期，頁100-101。

史廣峰、郭文佳：〈從西周邶器之散失看周初對邶族之處置〉，《文物春秋》2000年第2期，頁26-29。

史樹青：〈西周蔡侯鼎銘釋文〉，《考古》1966年第2期，頁105-106。

史樹青等：〈盠尊、盠彝及騾駒尊釋文〉，《文物》1957年第6期，頁69。

史黨社、田靜：〈梁帶村的考古新發現與古芮國——一個基於文獻的考察〉，《文博》2007年第5期，頁29-33。

石　岩：〈長身異形鏃考辨〉，《考古與文物》2007年第2期，頁38-41。

石　湍：〈記成都交通巷出土的一件「蠶紋」銅戈〉，《考古與文物》1980年第2期，頁28-30。

石　龍、李成瑞：〈甘肅臨夏蓮花台發現辛店文化遺物〉，《文物》1984年第9期，頁94-95。

石從枝、李軍：〈河北邢台市南小汪發現西周墓〉，《考古》2003年第12期，頁89-90。

石興邦：〈從周公廟西周墓葬的發現和發掘所想到的〉,《文博》2004年第5期,頁
　　　7-9。

巨萬倉：〈陝西岐山王家嘴、衙里西周墓葬發掘簡報〉,《文博》1985年第5期,頁
　　　1-7。
　　　〈周原岐山出土的青銅兵器〉,《文博》1988年第5期,頁6-9。

白光琦：〈秦公壺應為東周初期器〉,《考古與文物》1995年第4期,頁71。
　　　〈利簋的歲字不釋歲星〉,《文博》1996年第5期,頁45、53。
　　　〈四分月說辯證〉,《考古與文物》1999年第3期,頁53-54、38。

白榮金：〈西周銅甲組合復原〉,《考古》1988年第9期,頁849-851、857。
　　　〈長安張家坡M170號西周墓出土一組半月形銅件的組合復原〉,《考古》
　　　1990年第6期,頁559-562、568。

白雲翔：〈香港古代社會的考古學考察〉,《考古學集刊》第12集（北京：中國大
　　　百科全書出版社,1999年5月）,頁194-222。

田　岸：〈曲阜魯城勘探〉,《文物》1982年第12期,頁1-12。

田　率：〈陝西眉縣青銅器窖藏與西周單逨家族〉,《中國歷史文物》2008年第4
　　　期,頁82-88。

田仁孝、張天恩、雷興山：〈碾子坡類型芻論〉,《文博》1993年第6期,頁4-8。

田仁孝、劉棟、張天恩：〈西周強氏遺存幾個問題的探討〉,《文博》1994年第5
　　　期,頁15-25。

田立振：〈山東省濟寧市出土一批西周青銅器〉,《文物》1994年第3期,頁42-43。

田名利：〈考古學文化的傳播與遷徙〉,《中原文物》2001年第3期,頁58-62。

田昌五：〈周原出土甲骨中反映的商周關係〉,《文物》1989年第10期,頁37-45。

田建文：〈侯馬上馬墓地M13、M2008出土的北方式青銅器〉,《考古》1993年第2
　　　期,頁167-168。

田廣林：〈夏家店下層文化時期西遼河地區的社會發展型態〉,《考古》2006年第3
　　　期,頁45-52。

田廣金、郭素新：〈鄂爾多斯式青銅器的淵源〉,《考古學報》1988年第3期,頁
　　　257-275。

田學祥、張振華：〈陝西長武縣文化大革命以來出土的幾件西周銅器〉,《文物》
　　　1975年第5期,頁89。

申　憲：〈食與禮——淺談商周禮制中心飲食因素〉，《華夏考古》2001年第1期，
　　　　頁80-85。

冉素茹：〈藍田縣出土一件西周青銅簋〉，《文博》1988年第6期，頁87。

北京大學、河北省文化局邯鄲考古發掘隊：〈1957年邯鄲發掘簡報〉，《考古》
　　　　1959年第10期，頁531-536。

北京大學考古系、山西省考古研究所：〈1992年春天馬——曲村遺址墓葬發掘報
　　　　告〉，《文物》1993年第3期，頁11-30。

北京大學考古系、煙台市文管會、乳山縣文管所：〈山東乳山縣南黃莊西周石板
　　　　墓發掘簡報〉，《考古》1991年第4期，頁332-336。

北京大學考古系商周實習組、陝西省考古所商周研究室：〈陝西米脂張坪墓地試
　　　　掘簡報〉，《考古與文物》1989年第1期，頁14-20、23。

北京大學考古實習隊：〈洛陽王灣遺址發掘簡報〉，《考古》1961年第4期，頁175-
　　　　178。

北京大學考古學系、山西省考古研究所：〈天馬——曲村遺址北趙晉侯墓地第二
　　　　次發掘〉，《文物》1994年第1期，頁4-28。

　　　　〈天馬——曲村遺址北趙晉侯墓地第五次發掘〉，《文物》1995年第7期，
　　　　頁4-39。

　　　　〈天馬——曲村遺址J6、J7區周代居址發掘簡報〉，《文物》1998年第11
　　　　期，頁29-36。

北京大學考古學系、北京市文物研究所：〈1995年琉璃河周代居址發掘簡報〉，
　　　　《文物》1996年第6期，頁4-15。

　　　　〈1995年琉璃河遺址墓葬區發掘簡報〉，《文物》1996年第6期，頁16-27。

北京大學考古文博院、山西省考古研究所：〈天馬——曲村遺址北趙晉侯墓地第
　　　　六次發掘〉，《文物》2001年第8期，頁4-21、55。

北京大學歷史系考古專業山西實習組、山西省文物工作委員會：〈翼城曲沃考古
　　　　勘查記〉，《考古學研究》（一）（北京：文物出版社，1992年10月），頁
　　　　124-228。

北京市文物研究所：〈北京市考古工作的回顧與展望〉，《考古》2004年第2期，頁
　　　　7-17。

北京市文物研究所、北京大學考古文博院、中國社會科學院考古研究所：〈1997
　　　　琉璃河遺址墓葬發掘簡報〉，《文物》2000年第11期，頁32-38。

北京市文物管理處：〈北京地區的又一重要考古收穫——昌平白浮西周木椁墓的新啟示〉，《考古》1976年第4期，頁246-258、228。

〈北京市新徵集的商周青銅器〉，《文物資料叢刊》2（北京：文物出版社，1978年12月），頁14-21。

〈北京市延慶縣西拔子村窖藏銅器〉，《考古》1979年第3期，頁227-230。

北京科技大學冶金與材料史研究所、新疆文物考古研究所、哈密地區文物管理所：〈新疆哈密天山北路墓地出土銅器的初步研究〉，《文物》2001年第6期，頁79-89。

甘肅省文物工作隊：〈甘肅崇信于家灣周墓發掘簡報〉，《考古與文物》1986年第1期，頁1-7。

甘肅省文物工作隊、北京大學考古學系：〈甘肅甘谷毛家坪遺址發掘報告〉，《考古學報》1987年第3期，頁359-395。

甘肅省文物工作隊、北京大學考古學系、西和縣文化館：〈甘肅西和欄橋寺洼文化墓葬〉，《考古》1987年第8期，頁678-691。

甘肅省文物工作隊、北京大學考古系甘肅實習組：〈甘肅臨夏蓮花台辛店文化墓葬發掘報告〉，《文物》1988年第3期，頁7-19。

甘肅省文物考古研究所：〈永昌三角城與蛤蟆墩沙井文化遺存〉，《考古學報》1990年第2期，頁205-237。

甘肅省博物館文物組：〈靈台白草坡西周墓〉，《文物》1972年第12期，頁2-8。

甘肅省博物館文物工作隊：〈甘肅靈台白草坡西周墓〉，《考古學報》1977年第2期，頁99-130。

〈甘肅東鄉崖頭辛店文化墓葬清理記〉，《文物》1981年第4期，頁16-20。

甘肅省博物館文物隊、靈台縣文化館：〈甘肅靈台縣兩周墓葬〉，《考古》1976年第1期，頁39-48、38。

四川大學歷史系考古學教研組：〈廣漢中興公社古遺址調查簡報〉，《文物》1961年第11期，頁22-27。

四川省博物館：〈四川新繁縣水觀音遺址試掘簡報〉，《考古》1959年第8期，頁404-410。

四川省博物館、彭縣文化館：〈四川彭縣西周窖藏銅器〉，《考古》1981年第6期，頁496-499、555。

平頂山市文管會：〈河南平頂山市發現西周銅段〉，《考古》1981年第4期，頁370、314。

〈平頂山市新出土西周青銅器〉，《中原文物》1988年第1期，頁21-22。

平頂山市文物管理局：〈河南平頂山市出土的應國青銅器〉，《考古》2003年第3期，頁92-93。

台州市文管會、玉環縣文管會：〈浙江玉環島發現的古文化遺存〉，《考古》1996年第5期，頁14-20。

台州地區文管會、溫嶺縣文化局：〈浙江溫嶺出土西周銅盤〉，《考古》1991年第3期，頁251。

朱心持：〈江西餘干黃金埠出土銅甗〉，《考古》1960年第2期，頁44。

朱永剛：〈試論我國北方地區銎柄式柱脊短劍〉，《文物》1992年第12期，頁65-72。

〈論高台山文化及其與遼西青銅文化的關係〉，《中國考古學會第八次年會論文集》（北京：文物出版社，1996年8月），頁139-156。

〈東北青銅文化的發展階段與文化區系〉，《考古學報》1998年第2期，頁133-152。

〈中國北方的管銎斧〉，《中原文物》2003年第2期，頁30-44、50。

朱柳郁：〈從媵妾烝報制度看周代政治婚姻〉，《天津師大學報》2000年第4期，頁42-45。

朱章義、劉駿：〈成都市黃忠村遺址1999年度發掘的主要收穫〉，《成都考古發現（1999）》（北京：科學出版社，2001年7月），頁164-181。

朱鳳瀚：〈論周金文中「肇」字的字義〉，《北京師範大學學報（人文社會科學版）》2000年第2期，頁18-25。

〈試論中國早期文明諸社會因素的物化表現〉，《文物》2001年第2期，頁70-79。

〈柞伯鼎與周公南征〉，《文物》2006年第5期，頁67-73、96。

〈𪒠公簋與唐伯侯于晉〉，《考古》2007年第3期，頁64-69。

〈衛簋與伯狱諸器〉，《南開學報（哲學社會科學版）》2008年第6期，頁1-7。

向桃初：〈炭河里城址的發現與寧鄉銅器群再研究〉，《文物》2006年第8期，頁35-44。

向緒成：〈關於「考古學文化」概念及相關問題〉，《江漢考古》1998年第1期，頁82-89。

伍仕謙：〈楚簋銘文考釋〉，《考古與文物》1987年第6期，頁87-90、110。

任　偉：〈西周金文與文獻中的「邦君」及相關問題〉，《中原文物》1999年第4期，頁54-59。

〈從考古發現看西周燕國殷遺民之社會狀況〉，《中原文物》2001年第2期，頁55-59。

〈「應史」諸器與周代異姓史官〉，《華夏考古》2002年第3期，頁57-59、77。

〈西周金文與齊國始封問題〉，《中原文物》2002年第4期，頁51-54。

〈西周燕國銅器與召公封燕問題〉，《考古與文物》2008年第2期，頁58-63。

任相宏：〈山東長清縣仙人台周代墓地及相關問題初探〉，《考古》1998年第9期，頁26-35。

〈山東沂源縣姑子坪周代遺存相關問題探討〉，《考古》2003年第1期，頁61-69。

〈郰中簋及郰國姓氏略考〉，《文物》2003年第4期，頁40-43。

任喜來、呼林貴：〈韓城市博物館收藏的幾件青銅器〉，《文博》1991年第2期，頁71-74。

伊藤道治：〈周原出土金文和西周王朝的歷史意義〉，《考古學研究》（西安：三秦出版社，1993年10月），頁369-375。

伊藤道治著、蔡鳳書譯：〈西周王朝與雒邑〉，《華夏考古》1994年第3期，頁106-112。

江林昌：〈夏商周斷代工程金文歷譜研討會紀要〉，《文物》1999年第6期，頁94-96、62。

〈古公亶父「至於岐下」與渭水流域先周考古文化〉，《考古與文物》2000年第2期，頁56-63。

〈由姜與夏的關係看姜嫄族的起源與遷移〉，《華夏考古》2000年第3期，頁48-54。

〈來自夏商周斷代工程的報告〉，《中原文物》2001年第1期，頁4-15。

江章華：〈巴蜀柳葉形劍研究〉，《考古》1996年第9期，頁74-80。

〈試論鄂西地區商周時期考古學文化的變遷——兼談早期巴文化〉，《考古》2004年第11期，頁77-83。

〈渝東地區商周時期考古學文化研究〉，《考古學報》2007年第4期，頁379-404。

江章華、王毅、張擎：〈成都平原先秦文化初論〉，《考古學報》2002年第1期，頁1-22。

江西省文物工作隊、湖口縣石鐘山文管所：〈江西湖口下石鐘山發現商周時代遺址〉，《考古》1987年第12期，頁1136-1139。

江西省文物考古研究所：〈江西考古的世紀回顧與思考〉，《考古》2000年第12期，頁24-34。

江西省文物考古研究所、萍鄉市博物館：〈江西萍鄉市禁山下遺址的發掘〉，《考古》2000年第12期，頁35-49。

江西省文物考古研究所、贛州地區博物館、贛州市博物館：〈江西贛州市竹園下遺址商周遺存的發掘〉，《考古》2000年第12期，頁60-72。

江西省新餘市博物館：〈江西省新餘市渝水區古文化遺址調查〉，《考古與文物》1989年第4期，頁16-25、6。

江西省博物館、清江縣博物館、廈門大學歷史系考古專業：〈江西清江築衛城遺址第二次發掘〉，《考古》1982年第2期，頁130-138。

江蘇省文物工作隊太崗寺工作組：〈南京西善橋太崗寺遺址的發掘〉，《考古》1962年第3期，頁117-124。

江蘇省文物管理委員會：〈江蘇丹徒縣煙墩山出土的古代青銅器〉，《文物》1955年第5期，頁58-62。

〈江蘇丹徒煙墩山西周墓及附葬坑出土的小器物補充材料〉，《文物》1956年第1期，頁45-46。

江蘇省丹徒考古隊：〈江蘇丹徒大港土墩墓發掘報告〉，《文物》1987年第5期，頁25-35。

安金槐：〈河南省文物研究所四十年來發展歷程的回顧〉，《華夏考古》1992年第3期，頁1-33、44。

安亞偉：〈河南洛陽市王城大道發現西周墓〉，《考古》2006年第6期，頁84-86。

〈河南洛陽市唐城花園西周墓葬的清理〉,《考古》2007年第2期,頁94-96。

安丘縣博物館:〈山東安丘發現兩件青銅器〉,《文物》1989年第1期,頁96。

安徽省文化局文物工作隊:〈安徽屯溪西周墓葬發掘報告〉,《考古學報》1959年第4期,頁59-90。

安徽省文物考古研究所:〈安徽含山大城墩遺址發掘報告〉,《考古學集刊》第6集(北京:中國社會科學出版社,1989年3月),頁83-99。

〈安徽南陵千峰山土墩墓〉,《考古》1989年第3期,頁219-230。

〈安徽寧國市官山西周遺址的發掘〉,《考古》2000年第11期,頁14-23。

〈安徽考古的世紀回顧與思索〉,《考古》2002年第2期,頁3-13。

安徽省文物考古研究所、六安市文物管理所:〈安徽六安市堰墩西周遺址發掘簡報〉,《考古》2002年第2期,頁30-44。

印　群:〈西周墓地制度之管窺〉,《遼寧大學學報(哲學社會科學版)》2000年第28卷第4期,頁70-72。

〈論虢國墓地新出夫人及太子墓的年代及其相關族氏的來源〉,《三代考古(二)》(北京:科學出版社,2006年5月),頁531-539。

曲英杰:〈說匼〉,《考古與文物》2000年第6期,頁52-59。

成　東:〈先秦時期的盾〉,《考古》1989年第1期,頁71-80。

成　楠、馬偉峰、胡小平:〈虢石父銅鬲與銅簠賞析〉,《文博》2007年第6期,頁62-64。

成家徹郎著、呂靜譯:〈「利簋」銘文中「歲」字表示木星〉,《文博》1997年第4期,頁25-27、24。

成家徹郎著、趙叢蒼譯:〈中國上古史的絕對年代〉,《文博》1998年第5期,頁20-32。

成都市文物考古研究所:〈成都金沙遺址的發現與試掘〉,《考古》2002年第7期,頁9-11。

〈成都市金沙遺址「蘭苑」地點發掘簡報〉,《成都考古發現(2001)》(北京:科學出版社,2003年10月),頁1-32。

〈金沙遺址蜀風花園城二期地點試掘簡報〉,《成都考古發現(2001)》(北京:科學出版社,2003年10月),頁33-53。

〈成都金沙遺址Ⅰ區「梅苑」地點發掘一期簡報〉，《文物》2004年第4期，頁4-65。

〈成都金沙遺址2001年黃忠村幹道規劃道路B線地點試掘簡報〉，《成都考古發現（2002）》（北京：科學出版社，2004年6月），頁42-61。

〈成都金沙遺址萬博地點考古勘探與發掘收穫〉，《成都考古發現（2002）》（北京：科學出版社，2004年6月），頁62-95。

〈成都金沙遺址Ⅰ區「梅苑」東北部地點發掘一期簡報〉，《成都考古發現（2002）》（北京：科學出版社，2004年6月），頁96-171。

〈成都十二橋遺址新一村發掘簡報〉，《成都考古發現（2002）》（北京：科學出版社，2004年6月），頁172-208。

〈金沙村遺址芙蓉苑南地點發掘簡報〉，《成都考古發現（2003）》（北京：科學出版社，2005年5月），頁1-43。

〈2001年金沙遺址幹道黃忠A線地點發掘簡報〉，《成都考古發現（2003）》（北京：科學出版社，2005年5月），頁44-88。

〈金沙村遺址人防地點發掘簡報〉，《成都考古發現（2003）》（北京：科學出版社，2005年5月），頁89-119。

〈成都市高新西區國騰二期商周遺址試掘簡報〉，《成都考古發現（2003）》（北京：科學出版社，2005年5月），頁137-144。

〈成都市高新西區「大唐電信二期」商周遺址試掘簡報〉，《成都考古發現（2003）》（北京：科學出版社，2005年5月），頁145-164。

〈成都市高新西區「萬安藥業包裝廠」商周遺址試掘簡報〉，《成都考古發現（2003）》（北京：科學出版社，2005年5月），頁186-217。

〈成都高新西區摩甫生物科技地點古遺址發掘簡報〉，《成都考古發現（2004）》（北京：科學出版社，2006年4月），頁82-97。

〈成都新錦犀包裝廠地點古遺址發掘簡報〉，《成都考古發現（2004）》（北京：科學出版社，2006年4月），頁98-110。

〈金沙遺址「國際花園」地點發掘簡報〉，《成都考古發現（2004）》（北京：科學出版社，2006年4月），頁118-175。

〈成都市中海國際社區商周遺址發掘簡報〉，《成都考古發現（2005）》（北京：科學出版社，2007年12月），頁114-140。

〈成都市中海國際社區古遺址發掘簡報〉,《成都考古發現（2005）》（北京：科學出版社，2007年12月），頁141-207。

〈成都市高新西區順江小區二期商周遺址發掘簡報〉,《成都考古發現（2005）》（北京：科學出版社，2007年12月），頁222-232。

成都市文物考古研究所、新都區文物管理所：〈成都市新都區正因村商周時期遺址發掘收穫〉,《成都考古發現（2001）》（北京：科學出版社，2003年10月），頁54-79。

〈成都市新都區正因小區工地考古勘探發掘收穫〉,《成都考古發現（2003）》（北京：科學出版社，2005年5月），頁120-136。

〈成都市新都區商周遺址發掘簡報〉,《文物》2008年第5期，頁50-58、74。

成都文物考古研究所、郫縣博物館考古隊：〈西華大學新校區六號教學樓地點古遺址發掘簡報〉,《成都考古發現（2004）》（北京：科學出版社，2006年4月），頁69-81。

〈成都市郫縣西華大學網絡技術學院商周遺址發掘簡報〉,《成都考古發現（2005）》（北京：科學出版社，2007年12月），頁208-221。

艾延丁：〈申國之謎之我見〉,《中原文物》1987年第3期，頁107-111。

西北大學文博學院考古專業：〈陝西扶風案板遺址第五次發掘〉,《文物》1992年第11期，頁1-10。

〈陝西扶風縣案板遺址西周墓的發掘〉,《考古與文物》1998年第6期，頁6-16、56。

西北大學歷史系考古專業77、82級實習隊：〈陝西華縣、扶風和寶雞古遺址調查簡報〉,《文博》1987年第2期，頁3-16、25。

西安市文物管理處：〈陝西長安新旺村、馬王村出土的西周銅器〉,《考古》1974年第1期，頁1-5。

西昌市文物管理所、四川省文物考古研究所、涼山彝族自治州博物館：〈四川西昌市經久大洋堆遺址的發掘〉,《考古》2004年第10期，頁23-35。

吉林大學邊疆考古研究中心、國家文物局湖北省三峽考古工作站：〈湖北巴東縣雷家坪遺址第二次發掘簡報〉,《考古》2005年第8期，頁10-26。

吉林市博物館:〈吉林永吉楊屯大海猛遺址〉,《考古學集刊》第5集（北京:中國
　　社會科學出版社,1987年3月）,頁120-151。

吉林市博物館、永吉縣文化館:〈吉林永吉星星哨石棺墓第三次發掘〉,《考古學
　　集刊》第3集（北京:中國社會科學出版社,1983年11月）,頁109-125。

吉林省文物工作隊:〈吉林磐石吉昌小西山石棺墓〉,《考古》1984年第1期,頁
　　51-58。

吉林省文物工作隊、吉林市博物館、永吉縣文化局:〈吉林永吉楊屯遺址第三次
　　發掘〉,《考古學集刊》第7集（北京:科學出版社,1991年8月）,頁23-
　　50。

吉林省文物考古研究所:〈吉林省文物考古的世紀回顧與展望〉,《考古》2003年
　　第8期,頁3-11。

吉林省文物考古研究所、吉林市博物館:〈吉林市猴石山遺址第二次發掘〉,《考
　　古學報》1993年第3期,頁311-349。

吉琨璋、宋建忠、田建文:〈山西橫水西周墓地研究三題〉,《文物》2006年第8
　　期,頁45-49。

吐魯番地區文物保管所:〈新疆托克遜縣喀格恰克古墓群〉,《考古》1987年第7
　　期,頁597-603。

早期秦文化聯合考古隊:〈西漢水上游周代遺址考古調查簡報〉,《考古與文物》
　　2004年第6期,頁13-20。

邢力謙、鄭宗惠:〈先秦青銅鑄造技術發展概況〉,《考古與文物》1989年第1期,
　　頁96-102。

李　民、張國碩:〈吳文化與中原文化關係探索〉,《中原文物》1992年第2期,頁
　　81-86。

李　宏、鄭志:〈河南出土西周青銅禮器的研究〉,《中原文物》1993年第2期,頁
　　85-94。

李　勇:〈《授時歷》對天再旦、天大曀的年代問題研究〉,《文博》2001年第2
　　期,頁46-49、76。

李　峰:〈強家一號墓的時代特點〉,《文博》1989年第3期,頁46-48、35。
　　〈先周文化的內涵及其淵源探討〉,《考古學報》1991年第3期,頁265-
　　284。
　　〈西周金文中的鄭地和鄭國東遷〉,《文物》2006年第9期,頁70-78。

李　健：〈湖北江陵萬城出土西周銅器〉,《考古》1963年第4期,頁224-225。

李　凱：〈試論作冊般黿與晚商射禮〉,《中原文物》2007年第3期,頁46-50。

李　晶：〈濟南市博物館收藏的一件郜國銅簋〉,《文物》2002年第10期,頁96。

李　零：〈「車馬」與「大車」(跋師同鼎)〉,《考古與文物》1992年第2期,頁72-74、106。

〈西周金文中的土地制度——《金文制度考》之一〉,《考古學研究》(西安:三秦出版社,1993年10月),頁658-678。

李　憣：〈西周金文所見動作系及貨幣系貝類交易辭例〉,《北方文物》2008年第3期,頁18-21。

李　豐：〈虢國墓地銅器群的分期及其相關問題〉,《考古》1988年第11期,頁1035-1043。

〈黃河流域西周墓葬出土青銅禮器的分期與年代〉,《考古學報》1988年第4期,頁383-419。

李久昌：〈虢國墓地墓葬制度述論〉,《考古與文物》2003年第6期,頁50-55。

〈虢國墓地車馬坑出土的車及其相關問題〉,《中原文物》2005年第4期,頁35-42。

李水城：〈西北與中原早期冶銅業的區域特徵及交互作用〉,《考古學報》2005年第3期,頁239-278。

李玉潔：〈中國古代的禮器組合制度〉,《華夏考古》2006年第4期,頁45-52、60。

李全立：〈河南周口市出土兩周銅器初識〉,《華夏考古》2006年第3期,頁81-84、102。

李自智：〈建國以來陝西商周考古述要〉,《考古與文物》1988年第5—6期,頁60-70。

〈殷商兩周的車馬祭祀〉,《考古學研究》(西安:三秦出版社,1993年10月),頁236-242。

李先登：〈西周夔紋銅禁出土情況與流傳經歷〉,《考古與文物》1982年第6期,頁1-5、15。

李西興：〈從岐山鳳雛村房基遺址看西周的家族公社〉,《考古與文物》1984年第5期,頁70-75。

〈淳化縣出土西周陶罐上易卦數符管見〉,《文博》1990年第6期,頁33-38。

〈說大師──西周官制雜考之一〉,《考古學研究》(西安:三秦出版社,1993年10月),頁428-436。

李仲操:〈史墙盤銘文試釋〉,《文物》1978年第3期,頁33-34。

〈何尊銘文釋補〉,《考古與文物》1987年第4期,頁70-73、85。

〈釋利𣪕銘文兼談西周月相〉,《考古與文物》1992年第2期,頁75-77、12。

〈西周共和前諸侯年紀追溯〉,《文博》1995年第4期,頁26-30。

〈周厲王年數釋疑〉,《文博》1996年第5期,頁36-38。

〈對武王克商年份的更正──兼論夏商周年代〉,《中原文物》1997年第1期,頁1-14。

〈燕侯克罍盉銘文簡釋〉,《考古與文物》1997年第1期,頁70-72。

〈再論西周月相和部分王年──兼與王占奎同志商榷〉,《文博》1997年第2期,頁74-79。

〈西周月相定點說的又一憑證──釋《晉侯蘇鐘》曆日〉,《文博》1998年第1期,頁78-80。

〈王作歸盉銘文簡釋──再談葊京為西周宮室之名〉,《考古與文物》1998年第1期,頁82-83。

〈再談西周月相定點日期──與王占奎同志再商榷〉,《文博》1998年第2期,頁69-71。

〈西周月相曆日間的對應關係〉,《文博》1998年第6期,頁72-75。

〈西周厲王在位之年的原始憑證──再釋晉侯蘇鐘曆日〉,《文博》1999年第3期,頁17-19。

〈也談靜方鼎銘文〉,《文博》2000年第5期,頁15-16。

〈談晉侯蘇鐘所記地望及其年代〉,《考古與文物》2000年第5期,頁28-31。

〈虎簋曆日與周穆王年代〉,《考古與文物》2002年第3期,頁65。

〈再論周厲王在位之年〉,《考古與文物》2003年第1期,頁38。

李伯謙:〈吳文化及其淵源初探〉,《考古與文物》1982年第3期,頁89-96。

〈城固銅器群與早期蜀文化〉,《考古與文物》1983年第2期,頁66-70。

〈張家園上層類型若干問題研究〉,《考古學研究》(二)(北京:北京大

學出版社，1994年11月），頁131-143。

〈從晉侯墓地看西周公墓墓地制度的幾個問題〉，《考古》1997年第11期，頁51-60。

〈也談楊姞壺銘文的釋讀〉，《文物》1998年第2期，頁31-34。

〈以夏商周斷代工程成果為起點深入探討中原古文明〉，《中原文物》2001年第6期，頁7-10。

〈叔夨方鼎銘文考釋〉，《文物》2001年第8期，頁39-42。

〈眉縣楊家村出土青銅器與晉侯墓地若干問題的研究〉，《古代文明（第3卷）》（北京：文物出版社，2004年12月），頁303-319。

〈考古學文化的族屬問題〉，《考古學研究》（七）（北京：科學出版社，2008年1月），頁452-459。

李步青：〈山東萊陽縣出土己國銅器〉，《文物》1983年第12期，頁7-8、17。

李步青、林仙庭：〈山東省龍口市出土西周銅鼎〉，《文物》1991年第5期，頁84-85。

〈山東黃縣歸城遺址的調查與發掘〉，《考古》1991年第10期，頁910-918。

李步青等：〈山東招遠出土西周青銅器〉，《考古》1994年第4期，頁377-378。

李長慶：〈陝西長安斗門鎮縣發現周代文物簡報〉，《文物》1955年第2期，頁129-130。

李長慶、田野：〈祖國歷史文物的又一次重要發現——陝西郿縣發掘出四件周代銅器〉，《文物》1957年第4期，頁5-9。

李京華：〈十年來河南冶金考古的新進展〉，《華夏考古》1989年第3期，頁68-81。

李明斌：〈廣漢月亮灣遺存試析〉，《華夏考古》1999年第1期，頁26-35、59。

〈羊子山土台再考〉，《古代文明（第2卷）》（北京：文物出版社，2003年6月），頁241-251。

李明斌、王方：〈岷江小區遺址1999年第一期發掘〉，《成都考古發現（1999）》（北京：科學出版社，2001年7月），頁182-192。

李俊山：〈永城出土西周宋國銅匜〉，《中原文物》1990年第1期，頁104。

李香平：〈重釋「余一人」〉，《考古與文物》2003年第1期，頁83-84。

李家浩：〈應國再簋銘文考釋〉，《文物》1999年第9期，頁83-84、95。

李浪林：〈從考古視角看碳十四測定的年代〉,《廣東省文物考古研究所建所十周年文集》（廣州：嶺南美術出版社,2001年11月）,頁189-193。

李書謙：〈虢季墓出土的玉柄鐵劍和銅內鐵援戈〉,《中原文物》2006年第6期,頁92-93。

李國梁：〈安徽宿縣謝蘆村出土之周代青銅器〉,《文物》1991年第11期,頁92-93。

李清麗：〈虢國博物館收藏的一件銅盨〉,《文物》2004年第4期,頁90。

李啟良：〈陝西安康市出土西周史密簋〉,《考古與文物》1989年第3期,頁7-9。

李健民：〈論四川出土的青銅矛〉,《考古》1996年第2期,頁78-87。

〈西周時期的青銅矛〉,《考古》1997年第3期,頁70-76、79。

李健民、吳家安：〈中國古代青銅戈〉,《考古學集刊》第7集（北京：科學出版社,1991年8月）,頁104-146。

李常松：〈平邑蔡莊出土一批青銅器〉,《考古》1986年第4期,頁366-367。

李發旺：〈翼城縣發現殷周銅器〉,《文物》1963年第4期,頁51-52。

李無未、董潤麗：〈略談西周盟會制度〉,《延邊大學學報（社會科學版）》2002年第33卷第1期,頁27-30。

李朝遠：〈青銅器上所見西周中期的社會變遷〉,《學術月刊》1994年第11期,頁59-64。

〈青銅器上所見西周文化在南方影響的遞衰〉,《中原文物》1997年第2期,頁60-67。

〈新出秦公器銘文與籀文〉,《考古與文物》1997年第5期,頁82-86。

〈西周金文中的「王」與「王器」〉,《文物》2006年第5期,頁74-79。

李經漢：〈試論夏家店下層文化的分期和類型〉,《中國考古學會第一次年會論文集》（北京：文物出版社,1980年12月）,頁163-170。

李蔚然：〈南京發現周代銅器〉,《考古》1960年第6期,頁41。

李學勤：〈郿縣李家村銅器考〉,《文物》1957年第7期,頁58。

〈論史墻盤及其意義〉,《考古學報》1978年第2期,頁149-158。

〈岐山董家村訓匜考釋〉,《古文字研究》第一輯（北京：中華書局,1979年8月）,頁149-156。

〈從新出青銅器看長江下游文化的發展〉,《文物》1980年第8期,頁35-40、84。

〈秦國文物的新認識〉,《文物》1980年第9期,頁25-31。

〈何尊新釋〉,《中原文物》1981年第1期,頁35-39、45。

〈師同鼎試探〉,《文物》1983年第6期,頁58-61。

〈試論山東新出青銅器的意義〉,《文物》1983年第12期,頁18-22。

〈穆公簋蓋在青銅器分期上的意義〉,《文博》1984年第2期,頁6-8。

〈論仲爯父簋與申國〉,《中原文物》1984年第4期,頁31-32、39。

〈史惠鼎與史學淵源〉,《文博》1985年第6期,頁14-16。

〈宜侯夨簋與吳國〉,《文物》1985年第7期,頁13-16、25。

〈論長安花園村兩墓青銅器〉,《文物》1986年第1期,頁32-36。

〈灃西發現的乙卯尊及其意義〉,《文物》1986年第7期,頁62。

〈論西周金文的六師、八師〉,《華夏考古》1987年第2期,頁207-210、206。

〈考古發現與古代姓氏制度〉,《考古》1987年第3期,頁253-257、241。

〈試論楚公逆編鐘〉,《文物》1995年第2期,頁69-72。

〈令方尊、方彝與成周的歷史地位〉,《洛陽考古四十年——1992年洛陽考古學術研討會論文集》(北京:科學出版社,1996年3月),頁207-212。

〈談盂方鼎及其他〉,《文物》1997年第12期,頁55-57。

〈吳虎鼎考釋——夏商周斷代工程考古學筆記〉,《考古與文物》1998年第3期,頁29-31。

〈寢孳方鼎和肆簋〉,《中原文物》1998年第4期,頁46-48。

〈柞伯簋銘考釋〉,《文物》1998年第11期,頁67-70。

〈膳夫山鼎年世的確定〉,《文物》1999年第6期,頁54-56。

〈戎生編鐘論釋〉,《文物》1999年第9期,頁75-82。

〈談叔夨方鼎及其他〉,《文物》2001年第10期,頁67-70。

〈「秦子」新釋〉,《文博》2003年第5期,頁37-40。

〈眉縣楊家村新出青銅器研究〉,《文物》2003年第6期,頁66-73。

〈周公廟遺址性質推想〉,《文博》2004年第5期,頁5-6、18。

〈琱生諸器銘文聯讀研究〉,《文物》2007年第8期,頁71-75。

〈文盨與周宣王中興〉,《文博》2008年第2期,頁4-5。

〈論周初的鄂國〉,《中華文史論叢》2008年第4期,頁1-8。

李學勤、唐雲明：〈元氏銅器與西周的邢國〉，《考古》1979年第1期，頁56-59、88。

李隨森、張玉芳：〈洛陽博物館徵集到的古代文物〉，《中原文物》1996年第4期，頁101-106。

李曉峰：〈西周金文語言研究的歷史與現狀〉，《古籍整理研究季刊》2008年第6期，頁83-86。

吳　樸：〈廢銅中發現兩件西周銅器〉，《文物》1959年第5期，頁73。

吳　蘭、宗宇：〈陝北發現商周青銅器〉，《考古》1988年第10期，頁955-957。

吳十洲：〈西周墓葬青銅容器隨葬組合定量分析〉，《考古》2001年第8期，頁71-80。

吳大焱、羅英杰：〈陝西武功縣出土駒父盨蓋〉，《文物》1976年第5期，頁94。

吳永章：〈論江漢之濮〉，《湖北省考古學會論文選集（二）》（武漢：《江漢考古》編輯部出版，1991年7月），頁143-147。

吳春明：〈閩江流域先秦兩漢文化的初步研究〉，《考古學報》1995年第2期，頁147-172。

〈華南沿海的先秦文化與早期文明〉，《中原文物》1997年第2期，頁9-17。

吳紅松：〈西周金文車飾二考〉，《中原文物》2008年第1期，頁84-86、90。

〈西周金文農產品賞賜〉，《農業考古》2008年第3期，頁13-17。

吳振武：〈試釋西周獄簋銘文中的「馨」字〉，《文物》2006年第11期，頁61-62。

吳晉生：〈「武王伐紂」年代實證一例〉，《華夏考古》1999年第1期，頁58-59。

吳梓林：〈乾縣鳳翔發現古銅器〉，《文物》1960年第10期，頁74。

吳曉松、洪剛：〈湖北蘄春達城新屋灣窖藏青銅器及相關問題的研究〉，《文物》1997年第12期，頁52-54。

吳曉筠：〈商至春秋時期中原地區青銅車馬器形式研究〉，《古代文明（第1卷）》（北京：文物出版社，2002年4月），頁180-277。

吳鎮烽：〈陝西商周青銅器的出土與研究〉，《考古與文物》1988年第5─6期，頁71-89。

〈史密簋銘文考釋〉，《考古與文物》1989年第3期，頁55-60。

〈用金文資料來研究西周政治法律制度〉，《考古學研究》（西安：三秦出

版社，1993年10月），頁437-450。

〈讀金文札記三則〉，《考古與文物》2001年第2期，頁82-86。

〈近年所見所拓西周秦漢青銅器銘文〉，《文博》2006年第3期，頁4-9。

〈高祖、亞祖、王父考〉，《考古》2006年第12期，頁73-77。

〈瑁生尊銘文的幾點考釋〉，《考古與文物》2007年第5期，頁103-104、111。

〈近年新出現的銅器銘文〉，《文博》2008年第2期，頁6-9。

吳鎮烽、雒忠如：〈陝西省扶風縣強家村出土的西周銅器〉，《文物》1975年第8期，頁57-62。

吳鎮烽、朱捷元、尚志儒：〈陝西永壽、藍田出土西周青銅器〉，《考古》1979年第2期，頁119-121、148。

吳鎮烽、王東海：〈王臣簋的出土與相關銅器的時代〉，《文物》1980年第5期，頁63-66。

呂智榮：〈試論李家崖文化的幾個問題〉，《考古與文物》1989年第4期，頁75-79。

〈朱開溝古文化遺存與李家崖文化〉，《考古與文物》1991年第6期，頁47-52、112。

〈李家崖文化的社會經濟形態及發展〉，《考古學研究》（西安：三秦出版社，1993年10月），頁356-359、117。

呂榮芳：〈對福建南安大盈出土青銅器的幾點看法〉，《考古》1978年第5期，頁319-320、337。

沈　融：〈中國古代的殳〉，《文物》1990年第2期，頁70-73。

〈試論三角援青銅戈〉，《文物》1993年第3期，頁78-84。

〈商與西周青銅矛研究〉，《考古學報》1998年第4期，頁447-464。

〈吳越系統青銅矛研究〉，《華夏考古》2007年第1期，頁120-130。

沈文倬：〈「執駒」補釋〉，《考古》1961年第6期，頁325-329。

〈對揚補釋〉，《考古》1963年第4期，頁182-187。

沈長雲：〈談銅器銘文中的「夨王」及相關歷史問題〉，《考古與文物》1989年第6期，頁62-67。

〈論成康時代和成康時代的銅器銘刻〉，《中原文物》1997年第2期，頁68-75。

沈長雲、杜勇：〈關於弧壁方彝的分期斷代問題〉，《文物》2002年第8期，頁61-62。

沈建華：〈釋甲骨文中所見西周幾個重要地名〉，《考古與文物》1997年第4期，頁61-64。

辛　立：〈周代的「賜姓」制度〉，《文博》1988年第5期，頁34-38。

辛怡華：〈扶風莊白戔墓族屬考〉，《考古與文物》2001年第4期，頁55-57。
〈「庌」——周王朝的良馬繁殖基地——眉縣東李村盠尊（駒尊）組器再研究〉，《文博》2003年第2期，頁39-40、64。

辛怡華、劉宏岐：〈周原——西周時期異姓貴族的聚居地〉，《文博》2002年第5期，頁22-30。

辛怡華、劉棟：〈五年琱生尊銘文考釋〉，《文物》2007年第8期，頁76-80。

余家棟：〈江西新餘連續發現西周甬鐘〉，《文物》1982年第9期，頁88。

佟　達、張正岩：〈遼寧撫順大伙房水庫石棺墓〉，《考古》1989年第2期，頁139-148。

佟佩華：〈銅卷鼻象足方鼎〉，《文物》1994年第3期，頁75。

佟柱臣：〈東北原始文化的分布與分期〉，《考古》1961年第10期，頁557-566。
〈中國東北地區、內蒙古地區和朝鮮北部青銅短劍的研究〉，《文物》2001年第8期，頁46-51。

何　駑：〈湖北江陵江北農場出土商周青銅器〉，《文物》1994年第9期，頁86-91。
〈「兒」族為鹿族考〉，《湖北省考古學會論文選集（三）》（武漢：《江漢考古》編輯部出版，1998年11月），頁68-75。
〈文獻考古方法論急議〉，《華夏考古》2002年第1期，頁106-111。

何　駑、羅明：〈兩周大武舞道具考略〉，《考古與文物》2005年第5期，頁44-52。

何　露：〈廣東韶關地區青銅時代文化初探〉，《江漢考古》1999年第3期，頁43-48、38。

何介鈞：〈湖南考古的世紀回眸〉，《考古》2001年第4期，頁3-12。

何幼琦：〈關於《何尊》的年代問題〉，《中原文物》1983年第4期，頁59-61、16。

何清谷：〈嬴秦族西遷考〉，《考古與文物》1991年第5期，頁70-77、102。

何景成：〈論師詢簋的史實和年代〉，《南方文物》2008年第4期，頁104-107、114。
　　　　〈論西周王朝政府的僚友組織〉，《南開學報（哲學社會科學版）》2008年
　　　　第6期，頁18-25。

何德亮：〈海岱地區與中原文明起源新探〉，《中原文物》2007年第6期，頁22-
　　　　27、38。

杜金鵬：〈商周銅爵研究〉，《考古學報》1994年第3期，頁263-298。
　　　　〈說皇〉，《文物》1994年第7期，頁55-63。

杜迺松：〈青銅鉞的初步研究〉，《考古與文物》1983年第5期，頁66-70、65。
　　　　〈談江蘇地區商周青銅器的風格與特徵〉，《考古》1987年第2期，頁169-
　　　　174。
　　　　〈金文中的鼎名簡釋——兼釋尊彝、宗彝、寶彝〉，《考古與文物》1988
　　　　年第4期，頁44-89。
　　　　〈青銅匕、勺、斗考辨〉，《文物》1991年第1期，頁61-67。
　　　　〈商周青銅器銘文研究〉，《考古與文物》1993年第5期，頁66-73。
　　　　〈全國銅器鑒定所見金文考察〉，《中原文物》2001年第6期，頁62-69。

宋　建：〈關於西周時期的用鼎問題〉，《考古與文物》1983年第1期，頁72-79。

宋永祥：〈安徽郎溪縣發現的西周銅鼎〉，《文物》1987年第10期，頁33。

宋治民：〈關於蜀文化的幾個問題〉，《考古與文物》1983年第2期，頁71-80。
　　　　〈三叉格銅柄鐵劍及相關問題的探討〉，《考古》1997年第12期，頁50-
　　　　58。
　　　　〈試論蜀文化和巴文化〉，《考古學報》1999年第2期，頁123-140。

宋玲平：〈關於晉文化的概念問題〉，《考古與文物》2004年第5期，頁38-40。
　　　　〈關於文化因素分析方法在青銅文化研究實踐中的思考〉，《中原文物》
　　　　2006年第6期，頁50-52。

汪　勃、尹夏清：〈嬴秦族西遷對秦文化形成的作用〉，《文博》1993年第5期，頁
　　　　110-112、108。

汪保全：〈甘肅天水市出土西周青銅器〉，《考古與文物》1998年第3期，頁82-83。

汪寧生：〈「小臣」之稱謂由來及身份〉，《華夏考古》2002年第1期，頁56-60。

扶風縣博物館：〈扶風北呂周人墓地發掘簡報〉，《文物》1984年第7期，頁30-41。
　　　　〈扶風縣官務窯出土西周銅器〉，《文博》1986年第5期，頁67-68。

〈陝西扶風縣新發現一批商周青銅器〉,《考古與文物》2007年第3期,頁3-10。

林　向:〈周原卜辭中的「蜀」──兼論「早期蜀文化」與泯江上游石棺墓的族屬之二〉,《考古與文物》1985年第6期,頁66-74。

林　宏:〈山東泰安市黃花嶺村出土青銅器〉,《考古與文物》2000年第4期,頁13-16。

林　澐:〈中國東北系銅劍初論〉,《考古學報》1980年第2期,頁139-161。

〈瑚生設新釋〉,《古文字研究》第三輯(北京:中華書局,1980年11月),頁120-135。

〈對早期銅器銘文的幾點看法〉,《古文字研究》第五輯(北京:中華書局,1981年1月),頁35-48。

林　澐、張亞初:〈「對揚補釋」質疑〉,《考古》1964年第5期,頁246-248。

林　歡:〈試論太清宮長子口墓與商周「長」族〉,《華夏考古》2003年第2期,頁64-67、104。

林甘泉:〈對西周土地關係的幾點新認識──讀岐山董家村出土銅器銘文〉,《文物》1976年第5期,頁45-49。

邵　英:〈宗周、鎬京與莽京〉,《考古與文物》2006年第2期,頁41-45。

邵陽市文物管理處、新寧鄉文管所:〈湖南省新寧鄉發現商至周初青銅器〉,《文物》1997年第10期,頁86。

周　文:〈新出土的幾件西周銅器〉,《文物》1972年第7期,頁9-12。

周　言:〈釋「小臣」〉,《華夏考古》2000年第3期,頁103-106。

〈也談強家村西周青銅器群世系問題〉,《考古與文物》2005年第4期,頁54-57、80。

周　亞:〈晉韋父盤與盤盉組合的相關問題〉,《文物》2004年第2期,頁61-69。

周　媛:〈矩伯、裘衛兩家族的消長與周禮的崩壞──試論董家青銅器群〉,《文物》1976年第6期,頁45-50。

周九宜:〈湖南寧遠縣出土青銅兵器〉,《考古》1990年第2期,頁156。

周永珍:〈曾國與曾國銅器〉,《考古》1980年第5期,頁436-443。

〈西周時代的溫器〉,《考古與文物》1981年第4期,頁28-33。

〈兩周時期的應國、鄧國銅器及地理位置〉,《考古》1982年第1期,頁48-53。

〈關於洛陽周城〉，《洛陽考古四十年──1992年洛陽考古學術研討會論文集》（北京：科學出版社，1996年3月），頁227-229。

周書燦：〈叔牝方彝斷代新論〉，《中原文物》1996年第4期，頁58-60。

〈由員卣銘文論及西周王朝對南土經營的年代〉，《考古與文物》1999年第3期，頁55-60。

〈關於鄭州市洼劉村西周早期墓葬（ZGW99M1）的兩點認識〉，《考古與文物》2004年第4期，頁29-32。

周原扶風文管所：〈扶風齊家村七、八號西周銅器窖藏清理簡報〉，《考古與文物》1985年第1期，頁12-18。

〈陝西扶風強家一號西周墓〉，《文博》1987年第4期，頁5-20。

周原考古隊：〈周原出土伯公父簠〉，《文物》1982年第6期，頁87-88。

〈陝西扶風縣雲塘、齊鎮西周建築基址1999─2000年度發掘簡報〉，《考古》2002年第9期，頁3-26。

〈2001年度周原遺址調查報告〉，《古代文明（第2卷）》（北京：文物出版社，2003年6月），頁395-431。

〈2001年度周原遺址（王家嘴、賀家地點）發掘簡報〉，《古代文明（第2卷）》（北京：文物出版社，2003年6月），頁432-490。

〈1999年度周原遺址ⅠA1區及ⅣA1區發掘簡報〉，《古代文明（第2卷）》（北京：文物出版社，2003年6月），頁491-538。

〈2002年周原遺址（齊家村）發掘簡報〉，《考古與文物》2003年第4期，頁3-9。

〈陝西周原遺址發現西周墓葬與鑄銅遺址〉，《考古》2004年第1期，頁3-6。

〈周原遺址（王家嘴地點）嘗試性浮選的結果及初步分析〉，《文物》2004年第10期，頁89-96。

〈2003年秋周原遺址（ⅣB2區與ⅣB3區）的發掘〉，《古代文明（第3卷）》（北京：文物出版社，2004年12月），頁436-490。

周原博物館：〈1995年扶風黃堆老堡子西周墓清理簡報〉，《文物》2005年第4期，頁4-25。

〈1996年扶風黃堆老堡子西周墓清理簡報〉，《文物》2005年第4期，頁26-42。

〈周原遺址劉家墓地西周墓葬的清理〉，《文博》2007年第4期，頁4-8、10。

周新民：〈湖南衡陽出土兩件西周甬鐘〉，《文物》1985年第6期，頁83。

周萼生：〈郿縣周代銅器銘文初釋〉，《文物》1957年第8期，頁52-53。

周意群：〈安吉發現一件西周時期銅鐃〉，《文物》2005年第1期，頁85。

周曉陸：〈西周中殷盨蓋、有司簠簋蓋跋〉，《文物》2004年第3期，頁94-96。

周曉陸、劉次沅：〈武王伐紂相關文獻再檢討〉，《南京大學學報（哲學人文社會科學）》2000年第3期，頁120-127。

周興華：〈寧夏中衛縣狼窩子坑的青銅短劍墓群〉，《考古》1989年第11期，頁971-980。

周慶喜：〈山東青州市發現「魚伯己」銅觚〉，《考古》1999年第12期，頁53。

尚友德、薛東星：〈陝西銅川市清理一座西周墓〉，《考古》1986年第5期，頁470-471。

尚志儒：〈秦人青銅文化初探——由四宗西周青銅器的族屬談起〉，《文博》1984年第1期，頁13-18。

〈西周金文中的豐國〉，《文博》1991年第4期，頁28-33。

〈西周金文中的井國〉，《文博》1993年第3期，頁60-68。

尚志儒、樊維岳、吳梓林：〈陝西藍田縣出土馭叔鼎〉，《文物》1976年第1期，頁94。

尚志儒、吳鎮烽、朱捷元：〈陝西省近年收集的部分商周青銅器〉，《文物資料叢刊》2（北京：文物出版社，1978年12月），頁22-25。

武　健：〈山東濟寧揀選出一批古代青銅兵器〉，《文物》1992年第11期，頁87-92。

武振玉：〈兩周金文中的祈求義動詞〉，《瀋陽師範大學學報（社會科學版）》2008年第4期，頁131-133。

武漢大學歷史系考古教研室、湖北省宜城市博物館：〈湖北宜城郭家崗遺址發掘〉，《考古學報》1997年第4期，頁515-551。

昌　芳：〈山東長清石都莊出土周代銅器〉，《文物》2003年第4期，頁85-91。

岳連建：〈西周王陵位置初探〉，《文博》1998年第2期，頁42-45。

〈周公廟西周大墓性質管見——兼談西周王陵問題〉，《文博》2004年第5期，頁19-20。

岳連建、王龍正：〈金文「城虢」為東虢考〉，《文博》2003年第6期，頁33-36。

岳潤烈：〈四川漢源出土商周青銅器〉，《文物》1983年第11期，頁91。

岳陽市文物工作隊：〈湖南省岳陽市郊毛家壋——閻家山周代遺址發掘簡報〉，《文物》1993年第1期，頁17-28。

邱立誠：〈廣東青銅文化的土著特色〉，《考古與文物》1999年第2期，頁43-51、22。

〈論廣東地區兩周時期的考古文化〉，《廣東省文物考古研究所建所十周年文集》（廣州：嶺南美術出版社，2001年11月），頁144-157。

邱立誠、吳道躍：〈廣東揭陽華美沙丘遺址調查〉，《考古》1985年第8期，頁760-761。

邱光明：〈中國最古老的重量單位「孚」〉，《考古與文物》1997年第4期，頁46-49。

呼林貴、薛東星：〈耀縣丁家溝出土西周窖藏青銅器〉，《考古與文物》1986年第4期，頁4-5。

河北省文化局文物工作隊：〈河北青龍縣抄道溝發現一批青銅器〉，《考古》1962年第12期，頁644-645。

河北省文物管理處：〈河北元氏縣西張村的西周遺址和墓葬〉，《考古》1979年第1期，頁23-26。

〈磁縣下潘汪遺址發掘報告〉，《考古學報》1975年第1期，頁73-116。

河北省博物館、文物管理處：〈河北平泉東南溝夏家店上層文化墓葬〉，《考古》1977年第1期，頁51-55。

河南省文化局文物工作隊：〈河南孟縣澗溪遺址發掘〉，《考古》1961年第1期，頁33-39。

河南省文化局文物工作隊第二隊：〈洛陽的兩個西周墓〉，《考古》1956年第1期，頁27-28。

河南省文物考古研究所：〈河南考古的世紀回顧與前瞻〉，《考古》2000年第2期，頁1-15。

〈河南新鄭市鄭韓故城鄭國祭祀遺址發掘簡報〉，《考古》2000年第2期，頁61-77。

〈河南鹿邑縣太清宮西周墓的發掘〉，《考古》2000年第9期，頁9-23。

〈安陽市西高平遺址商周遺存發掘報告〉，《華夏考古》2006年第4期，頁3-38、44。

〈河南溫縣陳家溝遺址發現的西周墓〉,《華夏考古》2007年第2期,頁
18-29。

河南省文物考古研究所、三門峽市文物工作隊:〈三門峽上村嶺虢國墓地M2001
發掘簡報〉,《華夏考古》1992年第3期,頁104-113。

〈上村嶺虢國墓地M2006的清理〉,《文物》1995年第1期,頁4-31。

〈三門峽虢國墓地M2010的清理〉,《文物》2000年第12期,頁4-22。

〈三門峽虢國墓地M2013的發掘清理〉,《文物》2000年第12期,頁23-34。

河南省文物考古研究所、三門峽市文物考古研究所:〈河南三門峽市李家窯遺址
西周墓的清理〉,《華夏考古》2008年第4期,頁8-15。

河南省文物研究所、平頂山市文管會:〈平頂山市北滍村兩周墓地一號墓發掘簡
報〉,《華夏考古》1988年第1期,頁30-44。

〈平頂山應國墓地九十五號墓的發掘〉,《華夏考古》1992年第3期,頁
92-103。

河南省文物考古研究所、平頂山市文物管理委員會:〈平頂山應國墓地八十四號
墓發掘簡報〉,《文物》1998年第9期,頁4-17。

河南省文物考古研究所、平頂山市文物管理局:〈河南平頂山應國墓地八號墓發
掘簡報〉,《華夏考古》2007年第1期,頁20-49。

〈平頂山應國墓地十號墓發掘簡報〉,《中原文物》2007年第4期,頁4-
19、86。

河南省文物考古研究所、信陽市文物管理委員會:〈河南羅山縣擂台子遺址發掘
簡報〉,《華夏考古》2003年第2期,頁11-27。

河南省文物考古研究所、重慶市文化局、重慶市萬州區文物管理所:〈重慶市萬
周鋪堖遺址發掘報告〉,《華夏考古》2008年第2期,頁3-38。

河南省文物研究所:〈信陽孫砦遺址發掘報告〉,《華夏考古》1989年第2期,頁1-
68。

河南省文物研究所、信陽地區文物管理委員會、羅山縣文物管理委員會:〈1988
年河南羅山考古主要收穫〉,《華夏考古》1992年第3期,頁45-61。

河南省文物研究所、禹縣文管會:〈禹縣吳灣西周晚期墓葬清理簡報〉,《中原文
物》1988年第3期,頁5-7。

河南省周口市博物館:〈周口市博物館藏有銘青銅器〉,《考古》1988年第8期,頁
766-768。

河南省信陽地區文管會、河南省羅山縣文化館：〈羅山天湖商周墓地〉，《考古學報》1986年第2期，頁153-197。

河南省博物館：〈河南省襄縣西周墓發掘簡報〉，《文物》1977年第8期，頁13-16。

河南省博物館、新野縣文化館：〈河南新野古墓葬清理簡報〉，《文物資料叢刊》2（北京：文物出版社，1978年12月），頁70-74。

祁健業：〈岐山縣北郭公社出土的西周青銅器〉，《考古與文物》1982年第2期，頁7-9。

　　　　〈岐山縣博物館近年來徵集的商周青銅器〉，《考古與文物》1984年第5期，頁10-13、9。

花　　原：〈信陽出土商周青銅器銘文介紹〉，《中原文物》1991年第2期，頁94-104。

拓　　古、熊燕：〈湖北隨州市黃土坡周代墓的發掘〉，《考古》2007年第8期，頁90-92。

長　　水：〈岐山賀家村出土的西周銅器〉，《文物》1972年第6期，頁25-29。

長興縣文化館：〈浙江長興縣的兩件青銅器〉，《文物》1973年第1期，頁62。

長興縣革委會報導組：〈浙江長興縣發現西周銅鼎〉，《文物》1977年第9期，頁92。

金正耀等：〈成都金沙遺址銅器研究〉，《文物》2004年第7期，頁76-88。

金華地區文管會：〈浙江衢州西山西周土墩墓〉，《考古》1984年第7期，頁591-593。

　　　　〈浙江義烏縣平疇西周墓——兼論原始青瓷器的製作工藝〉，《考古》1985年第7期，頁608-613、622。

青海省文物考古研究所：〈青海湟中下西河潘家梁卡約文化墓地〉，《考古學集刊》第8集（北京：科學出版社，1994年12月），頁28-86。

　　　　〈青海化隆縣上半主洼卡約文化墓地第二次發掘〉，《考古》1998年第1期，頁51-64。

　　　　〈青海省貴德縣考古調查〉，《考古學集刊》第12集（北京：中國大百科全書出版社，1999年5月），頁1-19。

青海省文物考古研究所、吉林大學考古學系：〈青海大通縣黃家寨墓地發掘報告〉，《考古》1994年第3期，頁193-206。

青海省文物考古研究所、西北大學歷史系考古專業、化隆縣文管所：〈青海化隆縣半主洼卡約文化墓葬發掘簡報〉，《考古》1996年第8期，頁27-44。

青海省文物考古隊、海南藏族自治州群眾藝術館：〈青海貴德山坪台卡約文化墓地〉，《考古學報》1987年第2期，頁255-274。

青海省文物考古隊、湟源縣博物館：〈青海湟源縣境內的卡約文化遺跡〉，《考古》1986年第10期，頁882-886。

青海省文物管理處：〈青海民和核桃莊山家頭墓地清理簡報〉，《文物》1992年第11期，頁26-31。

青海省湟源縣博物館、青海省文物考古隊、青海省社會科學院歷史研究室：〈青海湟源縣大華中莊卡約文化墓地發掘簡報〉，《考古與文物》1985年第5期，頁11-34。

固原縣文物工作站：〈寧夏固原縣西周墓清理簡報〉，《考古》1983年第11期，頁982-984。

宜昌地區博物館：〈湖北宜昌姚家港高山廟楚墓發掘簡報〉，《考古》1991年第11期，頁983-986。

拒馬河考古隊：〈河北易縣淶水古遺址試掘報告〉，《考古學報》1988年第4期，頁421-454。

范　勇：〈我國西南地區的青銅斧鉞〉，《考古學報》1989年第2期，頁161-185。

范汝森：〈太保鼎〉，《文物》1959年第11期，頁59。

苟保平：〈城固縣文化館收藏的青銅器〉，《文博》1996年第6期，頁80-81。

段　渝：〈巴蜀青銅文化的演進〉，《文物》1996年第3期，頁36-47。

段宏振：〈河北考古的世紀回顧與思考〉，《考古》2001年第2期，頁1-12。

〈中國古代早期城市化進程與最初的文明〉，《華夏考古》2004年第1期，頁77-89。

段紹嘉：〈陝西藍田縣出土弭叔等彝器簡介〉，《文物》1960年第2期，頁9-10。

〈介紹陝西省博物館的幾件青銅器〉，《文物》1963年第3期，頁43-45。

胡　文：〈安徽屯溪奕棋又出土大批西周珍貴文物〉，《文物》1965年第6期，頁52。

胡永慶、宋國定：〈近十年來河南兩周考古的新收穫〉，《華夏考古》1989年第3期，頁17-29。

胡百川：〈隴縣梁甫出土西周早期青銅器〉，《文博》1987年第3期，頁82-83。

胡厚宣：〈關於「西周夔紋銅禁」問題〉，《華夏考古》1987年第1期，頁188-193。

胡留元、馮卓慧：〈從陝西金文看西周民法規範及民事訴訟制度〉，《考古與文物》1983年第6期，頁72-78、63。

胡智生、劉寶愛、李永澤：〈寶雞紙坊頭西周墓〉，《文物》1988年第3期，頁20-27。

胡進駐：〈矢國、虞國與吳國史跡略考〉，《華夏考古》2003年第3期，頁60-69。

胡謙盈：〈豐鎬地區諸水道的踏察──兼論周都豐鎬位置〉，《考古》1963年第4期，頁188-197。

〈太王以前的周史管窺〉，《考古與文物》1987年第1期，頁70-81。

〈南邠碾子坡先周墓葬和西周墓葬──周人早期葬俗探討之一〉，《中國考古學論叢》（北京：科學出版社，1993年5月），頁243-255。

〈論碾子坡與岐邑、豐邑先周文化遺址（墓葬）的年代分期〉，《考古學研究》（西安：三秦出版社，1993年10月），頁332-355。

〈南邠碾子坡先周文化遺存的性質分析〉，《考古》2005年第6期，頁74-86。

姚生民：〈陝西淳化縣出土的商周青銅器〉，《考古與文物》1986年第5期，頁12-22。

〈陝西淳化縣新發現的商周青銅器〉，《考古與文物》1990年第1期，頁53-57。

〈淳化縣發現西周易卦符號文字陶罐〉，《文博》1990年第3期，頁55-57。

姚軍英：〈襄城縣出土兩件西周青銅器〉，《華夏考古》1994年第1期，頁21。

侯　毅：〈首都師範大學收藏的兩件西周青銅器〉，《文物》2006年第12期，頁68-72。

侯若冰：〈扶風出土的青銅兵器與生產工具〉，《文博》1988年第6期，頁20-21。

〈扶風新出土的銅鼎銅戈〉，《考古與文物》1989年第2期，頁99。

侯鴻鈞：〈洛陽市在文物普查中收集到西周珍貴銅器〉，《文物》1962年第1期，頁56-57。

施勁松：〈關於四川牟托一號石棺墓及器物坑的兩個問題〉，《考古》1996年第5期，頁77-82。

〈我國南方出土銅鐃及甬鐘研究〉,《考古》1997年第10期,頁73-80、86。

〈論帶虎食人母題的商周青銅器〉,《考古》1998年第3期,頁56-63。

〈我國南方出土的帶銘文青銅禮器及其認識〉,《考古與文物》1999年第2期,頁36-42、29。

〈關於南方青銅器斷代研究的幾點思考〉,《四川大學考古專業創建四十周年暨馮漢驥教授百年誕辰紀念文集》(成都:四川大學出版社,2001年3月),頁257-266。

〈對湖南望城高砂脊出土青銅器的再認識〉,《考古》2002年第12期,頁58-63。

施謝捷:〈宰兽簋銘補釋〉,《文物》1999年第11期,頁78-79。

俞天舒:〈浙江瑞安鳳凰山周墓清理簡報〉,《考古》1987年第8期,頁707-710。

俞越人:〈福建南安發現的青銅器和福建的青銅器文化〉,《考古》1978年第5期,頁321-323。

信陽地區文管會、信陽縣文管會:〈河南信陽縣溮河港出土西周早期銅器群〉,《考古》1989年第1期,頁10-19。

信陽地區文管會、羅山縣文化館:〈羅山縣蟒張後李商周墓地第二次發掘簡報〉,《中原文物》1981年第4期,頁4-13。

信陽地區文管會、羅山縣文管會:〈羅山蟒張後李商周墓地第三次發掘簡報〉,《中原文物》1988年第1期,頁14-20。

祝中熹:〈禮縣大堡子山秦陵墓主再探〉,《文物》2004年第8期,頁65-72。

祝培章等:〈陝西省城固、寶雞、藍田出土和收集的青銅器〉,《文物》1966年第1期,頁1-6。

洛陽市文物工作隊:〈1975—1979年洛陽北窯西周鑄銅遺址的發掘〉,《考古》1983年第5期,頁430-441、388。

〈洛陽東關五座西周墓的清理〉,《中原文物》1984年第3期,頁25-28。

〈洛陽近幾年來搜集的珍貴歷史文物〉,《中原文物》1984年第3期,頁76-80。

〈1984年洛陽出土卜骨的特徵與時代〉,《考古與文物》1989年第4期,頁11-15。

〈洛陽市東郊發現的兩座西周墓〉,《文物》1992年第3期,頁19-22、91。

〈洛陽東郊C5M906號西周墓〉,《考古》1995年第9期,頁788-791、801。

〈洛陽林校西周車馬坑〉,《文物》1999年第3期,頁4-18。

〈洛陽東郊西周墓〉,《文物》1999年第9期,頁19-28。

〈洛陽東車站兩周墓發掘簡報〉,《文物》2003年第12期,頁4-11。

〈洛陽市唐城花園C3M417西周墓發掘簡報〉,《文物》2004年第7期,頁4-11。

〈洛陽瀍河東岸西周墓的發掘〉,《文物》2006年第3期,頁7-19、71。

〈洛陽澗河東岸西周晚期墓〉,《文物》2007年第9期,頁38-42、62。

洛陽市第一文物工作隊:〈洛陽瀍水東岸西周窯址清理簡報〉,《中原文物》1988年第2期,頁9-10。

洛陽市第二文物工作隊:〈洛陽五女冢西周墓發掘簡報〉,《文物》1997年第9期,頁23-25、40。

〈洛陽五女冢西周早期墓葬發掘簡報〉,《文物》2000年第10期,頁4-11。

洛陽博物館:〈洛陽龐家溝五座西周墓的清理〉,《文物》1972年第10期,頁20-31。

〈洛陽北窯西周墓清理記〉,《考古》1972年第2期,頁35-36。

〈洛陽西高崖遺址試掘簡報〉,《文物》1981年第7期,頁39-51。

〈洛陽北窯村西周遺址1974年度發掘簡報〉,《文物》1981年第7期,頁52-64。

南　波:〈江蘇省東海縣焦莊古遺址〉,《文物》1975年第8期,頁45-56、60。

〈介紹一件青銅鐃〉,《文物》1975年第8期,頁87、88。

南京市文物保管委員會:〈南京浦口出土一批青銅器〉,《文物》1980年第8期,頁10-12、34。

南京博物院:〈江蘇新沂縣三里墩古文化遺址第二次發掘簡介〉,《考古》1960年第7期,頁20-22。

〈江蘇儀六地區湖熟文化遺址調查〉,《考古》1962年第3期,頁125-128、133。

〈江蘇句容縣浮山果園西周墓〉,《考古》1977年第5期,頁292-297、340。

〈江蘇句容寨花頭土墩墓D2、D6發掘簡報〉,《文物》2007年第7期,頁20-38。

南京博物院、丹徒縣文管會：〈江蘇丹徒磨盤墩周墓發掘簡報〉,《考古》1985年
　　　　第11期,頁985-989。

南京博物院、用直保聖寺文物保管所：〈江蘇吳縣張陵山東山遺址〉,《文物》
　　　　1986年第10期,頁26-35。

南京博物院、東海縣圖書館：〈江蘇東海廟墩遺址和墓葬〉,《考古》1986年第12
　　　　期,頁1073-1078。

南京博物院、常州市博物館、金壇縣文物管理委員會：〈江蘇金壇連山土墩墓發
　　　　掘報告〉,《考古學集刊》第10集（北京：地質出版社,1996年12月）,
　　　　頁161-194。

南京博物院、鎮江博物館：〈江蘇丹徒鎮四腳墩土墩墓第二次發掘簡報〉,《考
　　　　古》2007年第10期,頁14-19。

南京博物院、鎮江博物館、丹徒縣文教局：〈江蘇丹徒橫山、華山土墩墓發掘報
　　　　告〉,《文物》2000年第9期,頁42-54。

南陽市文物考古研究所：〈河南南陽市萬家園M202發掘簡報〉,《中原文物》2007
　　　　年第5期,頁8-13、33。

　　　　〈江蘇金壇縣薛埠鎮上水土墩墓群二號墩發掘簡報〉,《考古》2008年第2
　　　　期,頁23-36。

南京博物院考古研究所、鎮江市博物館、常州市博物館：〈江蘇句容及金壇市周
　　　　代土墩墓〉,《考古》2006年第7期,頁22-30。

茂縣羌族博物館、阿壩藏族羌族自治州文物管理所：〈四川茂縣牟托一號石棺墓
　　　　及陪葬坑清理簡報〉,《文物》1994年第3期,頁4-40。

咸陽市文物考古研究所、旬邑縣博物館：〈陝西旬邑下魏洛西周早期墓發掘簡
　　　　報〉,《文物》2006年第8期,頁19-34。

建平縣文化館、朝陽地區博物館：〈遼寧建平縣的青銅時代墓葬及相關遺物〉,
　　　　《考古》1983年第8期,頁679-694、713。

唐　蘭：〈郟縣出土的銅器群〉,《文物》1954年第5期,頁38-40。

　　　　〈宜侯夨𣪊考釋〉,《考古學報》1956年第2期,頁79-84。

　　　　〈西周銅器斷代中的「康宮」問題〉,《考古學報》1962年第1期,頁15-
　　　　48。

　　　　〈永盂銘文解釋〉,《文物》1972年第1期,頁58-62。

〈史話簋銘考釋〉,《考古》1972年第5期,頁46-48。

〈砢尊銘文解釋〉,《文物》1976年第1期,頁60-63。

〈陝西省岐山縣董家村新出西周重要銅器銘辭的譯文和注釋〉,《文物》1976年第5期,頁55-59、63。

〈西周時代最早的一件銅器利簋銘文解釋〉,《文物》1977年第8期,頁8-9。

〈略論西周微史家族窖藏銅器群的重要意義——陝西扶風新出墻盤銘文解釋〉,《文物》1978年第3期,頁19-24、42。

〈論周昭王時代的青銅器銘刻〉,《古文字研究》第二輯（北京:中華書局,1981年1月）,頁12-17。

唐山市文物管理處、遷安縣文物管理所:〈河北遷安縣小山東莊西周時期墓葬〉,《考古》1997年第4期,頁58-62。

唐光榮:〈西周金文「曰」字句型二題〉,《殷都學刊》2000年第1期,頁92-93。

唐金裕:〈漢水上游巴文化的探討〉,《文博》1984年第1期,頁2-4。

〈漢水上游巴文化與殷周關係的探討〉,《文博》1988年第1期,頁37-39。

唐愛華:〈新鄉館藏殷周銅器銘文選〉,《中原文物》1985年第1期,頁26-31。

〈新鄉博物館藏西周矢伯甗〉,《文物》1986年第3期,頁93。

唐錦瓊:〈鹿邑太清宮「長子口」墓國屬問題的一點思考〉,《三代考古（二）》（北京:科學出版社,2006年5月）,頁472-482。

秦安縣文化館:〈秦安縣歷年出土的北方系青銅器〉,《文物》1986年第2期,頁40-43。

柴福有:〈浙江江山出土青銅編鐘〉,《文物》1996年第6期,頁85-86、73。

陝西周原考古隊:〈陝西扶風莊白一號西周青銅器窖藏發掘簡報〉,《文物》1978年第3期,頁1-18。

〈陝西扶風縣雲塘、莊白二號西周銅器窖藏〉,《文物》1978年第11期,頁6-10。

〈陝西岐山鳳雛村西周建築基址發掘簡報〉,《文物》1979年第10期,頁27-37。

〈陝西岐山鳳雛村發現周初甲骨文〉,《文物》1979年第10期,頁38-43。

〈陝西扶風齊家十九號西周墓〉,《文物》1979年第11期,頁1-11。

〈陝西岐山鳳雛村西周青銅器窖藏簡報〉,《文物》1979年第11期,頁12-15。

〈扶風雲塘西周墓〉,《文物》1980年第4期,頁39-55。

〈扶風召陳西周建築群基址發掘簡報〉,《文物》1981年第3期,頁10-22。

〈扶風縣齊家村西周甲骨發掘簡報〉,《文物》1981年第9期,頁1-6。

〈陝西岐山賀家村西周墓發掘報告〉,《文物資料叢刊》8(北京:文物出版社,1983年12月),頁77-94。

〈扶風劉家姜戎墓葬發掘簡報〉,《文物》1984年第7期,頁16-29。

〈扶風黃堆西周墓地鑽探清理簡報〉,《文物》1986年第8期,頁56-68。

陝西周原考古隊、周原岐山文管所:〈岐山鳳雛村兩次發現周初甲骨文〉,《考古與文物》1982年第3期,頁10-22。

陝西周原扶風文管所:〈周原西周遺址扶風地區出土幾批青銅器〉,《考古與文物》1982年第2期,頁10-13。

〈周原發現師同鼎〉,《文物》1982年第12期,頁43-46。

陝西省文物管理委員會:〈長安張家坡村西周遺址的重要發現〉,《文物》1956年第3期,頁58。

〈長安普渡村西周墓的發掘〉,《考古學報》1957年第1期,頁75-86。

〈陝西岐山、扶風周墓清理記〉,《考古》1960年第8期,頁8-11。

〈陝西興平、鳳翔發現銅器〉,《文物》1961年第7期,頁59-60。

〈陝西扶風、岐山周代遺址和墓葬調查發掘報告〉,《考古》1963年第12期,頁654-658、682。

〈陝西長安灃西張家坡西周遺址的發掘〉,《考古》1964年第9期,頁441-447、474。

〈陝西省永壽縣、武功縣出土西周銅器〉,《文物》1964年第7期,頁20-25。

〈西周鎬京附近部分墓葬發掘簡報〉,《文物》1986年第1期,頁1-31。

陝西省考古研究所:〈陝西武功岸底先周遺址發掘簡報〉,《考古與文物》1993年第3期,頁1-28。

〈陝西扶風雲塘、齊鎮建築基址2002年度發掘簡報〉,《考古與文物》2007年第3期,頁23-32。

陝西省考古研究所、北京大學考古實習隊：〈銅川市王家河墓地發掘簡報〉，《考古與文物》1987年第2期，頁1-9。

陝西省考古研究所、延安地區文管會、甘泉縣文管所：〈陝西甘泉縣史家灣遺址〉，《文物》1992年第11期，頁11-25。

陝西省考古研究所、商洛地區文管會：〈陝西丹鳳縣鞏家灣遺址發掘簡報〉，《考古與文物》2001年第6期，頁3-12。

陝西省考古研究所、渭南市文物保護考古研究所、韓城市文物旅遊局：〈陝西韓城梁帶村遺址M19發掘簡報〉，《考古與文物》2007年第2期，頁3-14。

〈陝西韓城梁帶村遺址M27發掘簡報〉，《考古與文物》2007年第6期，頁3-22。

〈陝西韓城梁帶村遺址M26發掘簡報〉，《文物》2008年第1期，頁4-21。

陝西省考古研究所、寶雞市考古隊：〈陝西省寶雞市峪泉周墓〉，《考古與文物》2000年第5期，頁13-20、38。

〈陝西寶雞市關桃園遺址發掘簡報〉，《考古與文物》2006年第3期，頁3-14。

陝西省考古研究所、寶雞市考古工作隊、眉縣文化館：〈陝西眉縣楊家村西周青銅器窖藏發掘簡報〉，《文物》2003年第6期，頁4-42。

陝西省考古研究所、寶雞市考古工作隊、眉縣文化館聯合考古隊：〈陝西眉縣楊家村西周青銅器窖藏〉，《考古與文物》2003年第3期，頁3-12。

陝西省考古研究所、寶雞市考古工作隊、鳳翔縣博物館：〈鳳翔縣孫家南頭周墓發掘簡報〉，《考古與文物》2007年第1期，頁24-33。

陝西省考古研究所科研規劃室：〈陝西省考古研究所三十年來研究工作的主要收穫〉，《考古與文物》1988年第5－6期，頁5-23。

陝西省考古研究所寶中鐵路考古隊：〈陝西隴縣店子村四座周墓發掘簡報〉，《考古與文物》1995年第1期，頁8-11、43。

陝西省博物館：〈陝西省博物館新近徵集的幾件西周銅器〉，《文物》1965年第7期，頁17-22。

〈陝西長安灃西出土的遹盂〉，《考古》1977年第1期，頁71-72。

陝西省博物館、陝西省文物管理委員會：〈陝西岐山賀家村西周墓葬〉，《考古》1976年第1期，頁31-38。

陝西省博物館、陝西省文管會岐山工作隊：〈陝西岐山禮村附近周遺址的調查和試掘〉，《文物資料叢刊》2（北京：文物出版社，1978年12月），頁38-44。

孫　華：〈關於晉侯鞞組墓的幾個問題〉，《文物》1995年第9期，頁50-57。

〈晉侯樈／斷組墓的幾個問題〉，《文物》1997年第8期，頁27-36。

孫　機：〈從胸式繫駕法到鞍套式繫駕法——我國古代車制略說〉，《考古》1980年第5期，頁448-460。

孫力楠：〈介紹一件青銅鐃〉，《文物》1998年第11期，頁92-93。

孫思賢、邵福玉：〈遼寧義縣發現商周銅器窖藏〉，《文物》1982年第2期，頁87-88。

孫清遠、廖佳行：〈河南平頂山發現西周甬鐘〉，《考古》1988年第5期，頁466。

孫善德：〈青島市文物管理委員會收集的幾件青銅器〉，《文物》1964年第4期，頁51、50。

孫新民：〈河南省文物考古研究所建所五十周年回眸〉，《華夏考古》2002年第2期，頁83-92。

孫敬明、何琳儀、黃錫全：〈山東臨朐新出銅器銘文考釋及有關問題〉，《文物》1983年第12期，頁13-17。

孫稚雛：〈天亡簋銘文匯釋〉，《古文字研究》第三輯（北京：中華書局，1980年11月），頁166-180。

孫廣清、楊育彬：〈從考古發現談晉文化在河南的傳播〉，《中原文物》2004年第6期，頁47-52。

孫慶偉：〈試論楊國與楊姞〉，《考古與文物》1997年第5期，頁63-65。

〈晉侯墓地M63墓主再探〉，《中原文物》2006年第3期，頁60-67。

〈從新出戱盨看昭王南征與晉侯燮父〉，《文物》2007年第1期，頁64-67。

高　明：〈略論周原甲骨文的族屬〉，《考古與文物》1984年第5期，頁76-85。

高至喜：〈「楚公豪」戈〉，《文物》1959年第12期，頁60。

〈談談劍飾名稱問題〉，《考古與文物》1987年第5期，頁75-78。

〈西周士父鐘的再發現〉，《文物》1991年第5期，頁86-87。

〈兩周銅鉦研究〉，《考古學報》2006年第3期，頁313-332。

高次若：〈寶雞賈村再次發現夨國銅器〉，《考古與文物》1984年第4期，頁107、94。

〈寶雞市博物館藏青銅器介紹〉,《考古與文物》1991年第5期,頁11-16、112。

〈寶雞石嘴頭發現西周早期墓葬〉,《文物》1993年第7期,頁39-42。

高次若、劉明科:〈寶雞茹家莊新發現銅器窖藏〉,《考古與文物》1990年第4期,頁11-16。

高西省:〈扶風近年徵集的商周青銅器〉,《文博》1988年第6期,頁10-15。

〈扶風唐西塬出土青銅器〉,《考古與文物》1989年第1期,頁21-23。

〈古殳研究〉,《文博》1991年第1期,頁53-57、89。

〈扶風出土的幾組商周青銅兵器〉,《考古與文物》1993年第3期,頁29-34。

〈扶風出土的西周巨型青銅爬蟲及研究〉,《文博》1993年第6期,頁84-89。

〈論周原地區出土的幾種異形青銅兵器 ―― 兼論新干大墓的年代〉,《文博》1994年第1期,頁28-37。

〈扶風巨良海家出土大型爬龍等青銅器〉,《文物》1994年第2期,頁92-96、91。

〈西周早期甬鐘比較研究〉,《文博》1995年第1期,頁12-19。

〈關於商周鐘一些問題的探討〉,《文物》1996年第1期,頁41-46。

〈西周扁莖人面紋銅短劍初論〉,《文博》1997年第2期,頁19-23。

〈論西周時期人獸母題青銅器〉,《中原文物》2002年第1期,頁47-55。

〈商周長體刀及相關問題〉,《中原文物》2003年第6期,頁34-41、48。

〈簡論扶風五郡西周窖藏出土的青銅器〉,《中國歷史文物》2008年第6期,頁4-13。

高西省、侯若斌:〈扶風發現一銅器窖藏〉,《文博》1985年第1期,頁93-94。

高西省、秦懷戈:〈劉台子六號墓的年代及墓主問題〉,《文博》1998年第6期,頁40-44。

馬世之:〈應國銅器及相關問題〉,《中原文物》1986年第1期,頁58-62。

〈河南楚文化的考古發現和研究〉,《中原文物》1989年第4期,頁38-45。

〈中原楚文化的發展階段與特徵〉,《中原文物》1992年第2期,頁22-26、31。

馬志敏：〈山東省龍口市出土西周銅簋〉，《文物》2004年第8期，頁79-80。

馬承源：〈德方鼎銘文管見〉，《文物》1963年第11期，頁56-57。

〈記上海博物館新收集的青銅器〉，《文物》1964年第7期，頁10-19。

〈何尊銘文初釋〉，《文物》1976年第1期，頁64-65、93。

〈關於㠱生盨和者減鐘的幾點意見〉，《考古》1979年第1期，頁60-65。

〈商周青銅雙音鐘〉，《考古學報》1981年第1期，頁131-146。

馬承源等：〈陝西眉縣出土窖藏青銅器筆談〉，《文物》2003年第6期，頁43-65。

馬保春：〈早期鄂豫陝間文化交流通道的初步研究〉，《中原文物》2006年第5期，頁31-38。

〈山西絳縣橫水西周倗國大墓的相關歷史地理問題〉，《考古與文物》2007年第6期，頁37-43。

馬國權：〈西周銅器銘文數量詞初探〉，《古文字研究》第一輯（北京：中華書局，1979年8月），頁126-136。

馬琴莉：〈三原縣博物館收藏的商周銅器和陶器〉，《文博》1996年第4期，頁86-89、91。

馬璽倫：〈山東沂水發現一座西周墓葬〉，《考古》1986年第8期，頁756-758。

徐之田：〈安徽宣州市孫埠出土周代青銅器〉，《文物》1991年第8期，頁96。

徐中舒：〈西周墻盤銘文箋釋〉，《考古學報》1978年第2期，頁139-148。

徐天進：〈日本出光美術館收藏的靜方鼎〉，《文物》1998年第5期，頁85-87。

〈西周王朝的發祥之地 —— 周原 —— 周原考古綜述〉，《考古學研究》（五）（北京：科學出版社，2003年7月），頁799-808。

〈周公廟遺址的考古所獲及所思〉，《文物》2006年第8期，頁55-62。

徐少華：〈鄂國銅器及其歷史地理綜考〉，《考古與文物》1994年第2期，頁87-93。

〈鄧國銅器及其歷史地理與文化〉，《華夏考古》1996年第1期，頁58-63、41。

〈呂國銅器及其歷史地理探疑〉，《中原文物》1996年第4期，頁66-71、75。

徐正國：〈湖北棗陽市博物館收藏的幾件青銅器〉，《文物》1994年第4期，頁77-79。

徐志樂：〈湖北麻城吳益山出土青銅器〉，《文物》1992年第5期，頁94。

徐良高：〈周文化演進模式的考古學考察〉，《三代考古（一）》（北京：科學出版
　　　社，2004年9月），頁245-260。
　　　〈豐鎬遺址內先周文化遺存的發現與研究〉，《三代考古（二）》（北京：
　　　科學出版社，2006年5月），頁504-512。

徐良高、王巍：〈陝西扶風雲塘西周建築基址的初步認識〉，《考古》2002年第9
　　　期，頁27-35。

徐恆彬：〈廣東信宜出土西周銅盉〉，《文物》1975年第11期，頁94。
　　　〈論嶺南出土的「王」字形符號青銅器 —— 兼談蒼梧及西甌國地望問
　　　題〉，《廣東省文物考古研究所建所十周年文集》（廣州：嶺南美術出版
　　　社，2001年11月），頁131-143。

徐昭峰：〈成周與王城考略〉，《考古》2007年第11期，頁62-70。

徐錫台：〈周原出土的甲骨文所見人名、官名、方國、地名淺釋〉，《古文字研
　　　究》第一輯（北京：中華書局，1979年8月），頁184-202。
　　　〈探討周原甲骨文中有關周初的曆法問題〉，《古文字研究》第一輯（北
　　　京：中華書局，1979年8月），頁203-207。
　　　〈早周文化的特點及其淵源的探索〉，《文物》1979年第10期，頁50-59。
　　　〈岐山賀家村周墓發掘簡報〉，《考古與文物》1980年第1期，頁7-12。
　　　〈周原出土甲骨的字型與孔型〉，《考古與文物》1980年第2期，頁30-31。
　　　〈周原出土卜辭選釋〉，《考古與文物》1982年第3期，頁59-64。
　　　〈周原考古工作的主要收穫〉，《考古與文物》1988年第5－6期，頁99-
　　　110。
　　　〈早周文化的特徵及其淵源的再探索 —— 兼論文、武時期青銅器的特
　　　徵〉，《考古學研究》（西安：三秦出版社，1993年10月），頁280-320。
　　　〈淳化出土西周陶罐刻劃奇偶數圖形畫研討〉，《考古與文物》1994年第1
　　　期，頁52-56。

徐錫台、樓宇棟：〈西周卦畫探原 —— 周原出土卜甲上卦畫初探〉，《中國考古學
　　　會第一次年會論文集》（北京：文物出版社，1980年12月），頁159-162。

徐寶貴：〈商周青銅器銘文避複研究〉，《考古學報》2002年第3期，頁261-276。
　　　〈金文考釋兩篇〉，《考古與文物》2003年第5期，頁78-81。

徐寶貴、孫臣：〈古文字考釋四則〉，《考古與文物》2001年第1期，頁79-82、
　　　95。

烏　恩：〈關於我國北方的青銅短劍〉,《考古》1978年第5期,頁324-333、360。

　　　　〈殷至周初的北方青銅器〉,《考古學報》1985年第2期,頁135-156。

袁俊杰：〈作冊般銅黿所記史事的性質〉,《華夏考古》2006年第4期,頁39-44。

　　　　〈柞伯鼎銘補論〉,《中原文物》2008年第1期,頁87-90。

　　　　〈小邾國媵器隨葬於本國貴族墓地原因探析〉,《華夏考古》2008年第2期,頁98-102、140。

殷瑋璋：〈新出土的太保銅器及其相關問題〉,《考古》1990年第1期,頁66-77。

　　　　〈三代年代學研究的新突破〉,《考古》2001年第1期,頁84-89。

殷瑋璋、曹淑琴：〈靈石商墓與丙國銅器〉,《考古》1990年第7期,頁621-631、637。

　　　　〈周初太保器綜合研究〉,《考古學報》1991年第1期,頁1-21。

殷滌非：〈安徽屯溪周墓第二次發掘〉,《考古》1990年第3期,頁210-213、288。

晏　琬：〈北京、遼寧出土銅器與周初的燕〉,《考古》1975年第5期,頁274-279、270。

晏昌貴：〈淮汝潁地區是先秦時期文化交流的中心〉,《華夏考古》1992年第2期,頁89-93、112。

師玉梅：〈西周金文形聲字的形成及構形特點考察〉,《華夏考古》2007年第2期,頁128-134。

郝導華：〈杞國史地考略〉,《中原文物》2006年第1期,頁52-57。

郜向平：〈略論商周青銅弓形器的形制演變〉,《華夏考古》2007年第1期,頁94-101。

晁福林：〈《墻盤》斷代再議〉,《中原文物》1989年第1期,頁78-81。

珠　葆：〈長安灃西馬王村出土「鄁男」銅鼎〉,《考古與文物》1984年第1期,頁66-68。

耿鐵華：〈關於西周監國制度的幾件銅器〉,《考古與文物》1985年第4期,頁57-60。

姬乃軍、陳明德：〈陝西延長出土一批西周青銅器〉,《考古與文物》1993年第5期,頁8-12。

涂白奎：〈對《曶鼎》銘文第二段的考釋〉,《考古學研究》(六)(北京:科學出版社,2006年12月),頁416-419。

宮長為、孫力楠：〈論西周初年的商周關係〉，《東北師大學報（哲學社會科學版）》2000年第6期，頁40-44。

夏之民：〈西周銅器分期研究中的曆像方法〉，《中原文物》1992年第2期，頁78-80、86。

夏含夷：〈測定多友鼎的年代〉，《考古與文物》1985年第6期，頁58-60。

〈從《駒父盨蓋》銘文談商王朝與南淮夷的關係〉，《考古與文物》1988年第1期，頁95-98。

〈上博新獲大祝追鼎對西周斷代研究的意義〉，《文物》2003年第5期，頁53-55。

夏星南：〈浙江長興出土五件商周銅器〉，《文物》1979年第11期，頁93-94。

夏麥陵：〈鼒伯匜斷代與隙之地望〉，《考古》1993年第1期，頁73-80。

〈鼒伯匜非楚器說〉，《中原文物》1997年第1期，頁76-80。

夏商周斷代工程專家組：〈夏商周斷代工程1996—2000年階段成果概要〉，《文物》2000年第12期，頁49-62。

荊州地區博物館、北京大學考古系：〈湖北江陵荊南寺遺址第一、二次發掘簡報〉，《考古》1989年第8期，頁679-692、698。

浙江省文物考古研究所：〈浙江淳安左口土墩墓〉，《文物》1987年第5期，頁36-40、51。

浙江省文物考古研究所、溫州市文物保護考古所、甌海區文博館：〈浙江甌海楊府山西周土墩墓發掘簡報〉，《文物》2007年第11期，頁25-36。

浙江省文物考古研究所、德清縣博物館：〈浙江德清縣獨倉山及南王山土墩墓發掘簡報〉，《考古》2001年第10期，頁46-58。

浙江省文物管理委員會：〈浙江長興縣出土的兩件銅器〉，《文物》1960年第7期，頁48-49。

浙江省磐安縣文管會：〈浙江東陽六石西周土墩墓〉，《考古》1986年第9期，頁856、855。

旅順博物館：〈遼寧大連新金縣碧流河大石蓋墓〉，《考古》1984年第8期，頁709-711。

旅順博物館、遼寧省博物館：〈大連于家村砣頭積石墓地〉，《文物》1983年第9期，頁39-50。

郭大順：〈西遼河流域青銅文化研究的新進展〉，《中國考古學會第四次年會論文集》（北京：文物出版社，1985年12月），頁185-195。

郭沫若：〈長甶盉銘釋文〉，《文物》1955年第2期，頁128。
〈保卣銘釋文〉，《考古學報》1958年第1期，頁1-2。
〈釋應監甗〉，《考古學報》1960年第1期，頁7-8。
〈弭叔簋及訇簋考釋〉，《文物》1960年第2期，頁5-8。
〈長安縣張家坡銅器群銘文彙釋〉，《考古學報》1962年第1期，頁1-14。
〈師克盨銘考釋〉，《文物》1962年第6期，頁8-14。

郭偉民：〈關於早期楚文化和楚人入湘問題的再探討〉，《中原文物》1996年第2期，頁62-68、76。

郭遠謂：〈江西近兩年出土的青銅器〉，《考古》1965年第7期，頁372-373。

梓　溪：〈陝西永壽縣出土青銅器的離合〉，《文物》1965年第11期，頁46、48。

陳　文：〈香港的青銅時代及其分段〉，《華夏考古》2002年第3期，頁73-77。

陳　平：〈克罍、克盉銘文及其有關問題〉，《考古》1991年第9期，頁843-854。
〈再論克罍、克盉銘文及其有關問題——兼答張亞初同志〉，《考古與文物》1995年第1期，頁49-63。
〈略論「山戎文化」的族屬及相關問題〉，《華夏考古》1995年第3期，頁63-76。
〈淺談禮縣秦公墓地遺存與相關問題〉，《考古與文物》1998年第5期，頁78-87、77。

陳　旭、楊新平：〈商周青銅鉞〉，《中原文物》1984年第4期，頁71-75、30。

陳　亮：〈周原遺址出土的青銅削刀及其相關問題〉，《中原文物》2003年第6期，頁42-48。
〈扶風五郡西村西周青銅器窖藏編鐘及相關問題〉，《文物》2007年第8期，頁81-84。

陳　絜：〈應公鼎銘與周代宗法〉，《南開學報（哲學社會科學版）》2008年第6期，頁8-17。

陳　新、王獻本：〈洛陽北窯M120墓主人的身份及相關問題〉，《中原文物》1995年第2期，頁61-65。

陳　暢：〈試論考古類型學的邏輯與原則〉，《華夏考古》2006年第1期，頁88-101。

陳　壽：〈大保簋的復出和大保諸器〉,《考古與文物》1980年第4期,頁23-30。

陳　穎：〈長安縣新旺村出土的兩件青銅器〉,《文博》1985年第3期,頁89-90。

陳小波：〈廣西南寧邕江發現青銅兵器〉,《考古》2006年第1期,頁93。

陳公柔：〈記幾父壺、柞鐘及其同出的銅器〉,《考古》1962年第2期,頁88-91。

陳公柔、張長壽：〈殷周青銅容器上鳥紋的斷代研究〉,《考古學報》1984年第3
　　　期,頁265-286。

　　　〈殷周青銅容器上獸面紋的斷代研究〉,《考古學報》1990年第2期,頁
　　　137-168。

陳元甫：〈二十年來浙江商周時期考古工作的主要收穫〉,《紀念浙江省文物考古
　　　研究所建所二十周年論文集》（杭州：西泠印社,1999年1月）,頁116-
　　　122。

　　　〈論浙江地區土墩墓分期〉,《紀念浙江省文物考古研究所建所二十周年
　　　論文集》（杭州：西泠印社,1999年1月）,頁123-136。

陳世輝：〈墻盤銘文解說〉,《考古》1980年第5期,頁433-435。

陳全方：〈早周都城岐邑初探〉,《文物》1979年第10期,頁44-50。

　　　〈周原西周建築基址概述（上）〉,《文博》1984年第1期,頁5-12。

　　　〈周原西周建築基址概述（下）〉,《文博》1984年第2期,頁9-14、43。

　　　〈周原出土陶文研究〉,《文物》1985年第3期,頁63-75、96。

　　　〈陝西青銅文化概說〉,《文博》1987年第2期,頁30-36。

　　　〈周原的來歷與我國最早的京城〉,《文博》1991年第4期,頁19-27。

　　　〈從周原新出文物談西周文、武王和周公的業績〉,《文博》1992年第4
　　　期,頁3-16。

陳全方、尚志儒：〈冎族之銅器及其分化遷徙的初步考察〉,《考古學研究》（西
　　　安：三秦出版社,1993年10月）,頁451-465。

　　　〈史密簋銘文的幾個問題〉,《考古與文物》1993年第3期,頁78-85。

陳安利、馬驥：〈長安引鎮出土兩件銅器〉,《考古與文物》1989年第2期,頁100-
　　　101。

陳存洗、楊琮：〈福建青銅文化初探〉,《考古學報》1990年第4期,頁391-407。

陳邦懷：〈金文叢考三則〉,《文物》1964年第1期,頁48-50。

　　　〈克鎛簡介〉,《文物》1972年第6期,頁14-16。

〈永盂考略〉,《文物》1972年第11期,頁57-59。

陳奇猷:〈郮中籩當作止(郮)子中籩〉,《文物》2004年第12期,頁86。

陳昌遠:〈有關何尊的幾個問題〉,《中原文物》1982年第2期,頁52-57。

陳佩芬:〈上海博物館新收集的西周青銅器〉,《文物》1981年第9期,頁30-36。

陳昭容:〈談新出秦公壺的時代〉,《考古與文物》1995年第4期,頁64-70。

〈周代婦女在祭祀中的地位——青銅器銘文中的性別、身分與角色研究(之一)〉,《清華學報》2001年第31卷第4期,頁395-440。

陳英杰:〈新出琱生尊補釋〉,《考古與文物》2007年第5期,頁109-111。

陳建國:〈安徽天長縣出土西周青銅匜〉,《考古》1986年第6期,頁576。

陳俊峰:〈甘肅漳縣發現的蟠蛇紋銅鏡〉,《文物》1994年第11期,頁91。

陳振裕:〈湖北考古的世紀回顧與展望〉,《考古》2000年第8期,頁1-12。

陳國安:〈湖南桃江縣出土四馬方座銅簋〉,《考古》1983年第9期,頁842-843。

陳國安、傅聚良:〈湖南安仁縣豪山發現西周銅鐃〉,《考古》1995年第5期,頁471、470。

陳國英、孫鐵山:〈陝西省飼料加工廠周、漢墓發掘簡報〉,《考古與文物》1989年第5期,頁14-26。

陳國梁:〈區域系統調查法在我國考古學中的初步實踐〉,《三代考古(二)》(北京:科學出版社,2006年5月),頁540-545。

陳勝前:〈考古推理的結構〉,《考古》2007年第10期,頁42-51。

陳運璋:〈廣西考古的世紀回顧與展望〉,《考古》2003年第10期,頁7-21。

陳福林、任桂芝:〈何尊銘考釋補訂〉,《考古與文物》1992年第6期,頁72-76。

陳龍山:〈江蘇灌雲縣出土周代青銅器〉,《考古》1993年第10期,頁953。

陳雙新:〈青銅樂器自名研究〉,《華夏考古》2001年第3期,頁96-104。

〈青銅樂器銘文的排列形式及其時代意義初探〉,《古代文明(第2卷)》(北京:文物出版社,2003年6月),頁198-212。

陶　榮:〈甘肅崇信香山寺先周墓清理簡報〉,《考古與文物》2008年第2期,頁25-28。

陶宗冶:〈銎柄直刃式青銅短劍及相關遺存的初步分析〉,《華夏考古》1994年第1期,頁78-84。

許　宏:〈曲阜魯國故城之再研究〉,《三代考古(一)》(北京:科學出版社,2004年9月),頁276-290。

許志國：〈遼寧開原市建材村發現刻銘青銅刀〉，《考古》2000年第5期，頁56。

許明綱、許玉林：〈遼寧新金縣雙房石蓋石棺墓〉，《考古》1983年第4期，頁293-295。

許俊臣：〈甘肅慶陽地區出土的商周青銅器〉，《考古與文物》1983年第3期，頁8-11。

許俊臣、劉得禎：〈甘肅寧縣宇村出土西周青銅器〉，《考古》1985年第4期，頁349-352。

許智范：〈江西青山湖臺山嘴遺址調查〉，《考古》1985年第8期，頁757-759。

〈從考古發現看贛鄱地區先秦文化〉，《考古與文物》1993年第5期，頁74-79、73。

許新國：〈青海考古的回顧與展望〉，《考古》2002年第12期，頁3-11。

康　京：〈高淳發現一件西周時期銅簋形器〉，《文物》1998年第6期，頁93。

康　樂：〈陝西武功縣徵集到三件西周青銅器〉，《考古與文物》1985年第4期，頁1-2。

〈武功縣出土商周青銅器〉，《文博》1986年第1期，頁95。

張　翔：〈浙江蕭山杜家村出土西周甬鐘〉，《文物》1985年第4期，頁90-91。

張　維：〈介紹廣東省博物館收藏的四件青銅器〉，《考古與文物》1984年第3期，頁5-7。

張　辛：〈鄭州地區的周秦墓研究〉，《考古學研究》（二）（北京：北京大學出版社，1994年11月），頁166-188。

張　頜：〈晉侯斷簋銘文初識〉，《文物》1994年第1期，頁33-34。

張　家：〈福建建甌縣發現一件西周甬鐘〉，《文物》1996年第2期，頁90。

張　真、王志文：〈山東海陽市上尚都出土西周青銅器〉，《考古》2001年第9期，頁91-93。

張　勇：〈明器起源及相關問題探討〉，《華夏考古》2002年第3期，頁24-30。

張　劍：〈河南洛陽西周墓葬陶器初探〉，《中原文物》1993年第1期，頁37-46。

〈叔牝方彝考釋〉，《中原文物》1983年特刊，頁194-196。

張　劍、蔡運章：〈洛陽白馬寺三座西周晚期墓〉，《文物》1998年第10期，頁33-37、66。

〈洛陽東郊13號西周墓的發掘〉，《文物》1998年第10期，頁38-41。

張　經：〈賢簋新釋〉,《中原文物》2002年第3期,頁38-40。

張天恩：〈高領袋足鬲的研究〉,《文物》1989年第6期,頁33-43、50。

〈陝西商周考古發現和研究概述〉,《考古與文物》1998年第5期,頁21-31。

〈巴蜀文化與中原文化的關係試探〉,《考古與文物》1998年第5期,頁68-77。

〈禮縣等地所見早期秦文化遺存有關問題急論〉,《文博》2001年第3期,頁67-74。

〈中原地區西周青銅短劍簡論〉,《文物》2001年第4期,頁77-83。

〈從逨盤銘文談西周單氏家族的譜系及相關銅器〉,《文物》2003年第7期,頁62-65。

〈周公廟遺址發掘涉及的主要問題〉,《文博》2004年第5期,頁17-18。

〈甘肅禮縣秦文化調查的一些認識〉,《考古與文物》2004年第6期,頁76-80。

〈論西周采邑制度的有關問題〉,《考古與文物》2008年第2期,頁51-57、63。

張天祥：〈寶雞強國墓地淵源的初步探討 —— 兼論蜀文化與城固銅器群的關係〉,《考古與文物》1996年第2期,頁44-49。

張文立、林澐：〈黑豆嘴類型青銅器中的西來因素〉,《考古》2004年第5期,頁65-73。

張玉忠：〈新疆考古述略〉,《考古》2002年第6期,頁3-13。

張正明：〈淮漢之間 —— 周代的一個文化交錯地段〉,《中原文物》1992年第2期,頁1-4。

張永山：〈金文所見成周的戰略地位〉,《洛陽考古四十年 —— 1992年洛陽考古學術研討會論文集》（北京：科學出版社,1996年3月）,頁213-226。

〈試論金文所見宗周的軍事防禦體系〉,《考古學研究》（六）（北京：科學出版社,2006年12月）,頁375-383。

張永年：〈關於「湖熟文化」的若干問題〉,《考古》1962年第1期,頁32-37。

張北進：〈安徽省東至縣發現一件青銅罍〉,《文物》1990年第11期,頁90。

張光明：〈山東淄博南陽村發現一座周墓〉,《考古》1986年第4期,頁368-369。

張光裕：〈新見保鼏殷銘試釋〉,《考古》1991年第7期,頁649-652。

〈新見智簋銘文對金文研究的意義〉,《文物》2000年第6期,頁86-89。

張合榮、羅二虎：〈試論雞公山文化〉,《考古》2006年第8期,頁57-66。

張長壽：〈論寶雞茹家莊發現的西周銅器〉,《考古》1980年第6期,頁526-529。

〈記陝西長安灃西新發現的兩件銅鼎〉,《考古》1983年第3期,頁244-248、259。

〈論井叔銅器──1983-1986年灃西發掘資料之二〉,《文物》1990年第7期,頁32-35。

〈說「王君穴」──1983-1986年灃西發掘資料之四〉,《文物》1991年第12期,頁87-89、75。

〈墻柳與荒帷──1983-1986年灃西發掘資料之五〉,《文物》1992年第4期,頁49-52。

〈關於井叔家族墓地──1983年-1986年灃西發掘資料之一〉,《考古學研究》(西安：三秦出版社,1993年10月),頁398-401。

〈關於晉侯墓地的幾個問題〉,《文物》1998年第1期,頁41-44。

〈灃西的先周文化遺存〉,《考古與文物》2000年第2期,頁22-27、34。

〈金文歷譜和西周王年〉,《考古》2002年第9期,頁80-85。

張長壽、梁星彭：〈關中先周青銅文化的類型與周文化的淵源〉,《考古學報》1989年第1期,頁1-23。

張長壽、張孝光：〈西周時期的銅漆木器具──1983-86年灃西發掘資料之六〉,《考古》1992年第6期,頁550-558。

〈井叔墓地所見西周輪輿〉,《考古學報》1994年第2期,頁155-172。

張昌平：〈噩國與噩國銅器〉,《華夏考古》1995年第1期,頁86-90。

〈論湖北襄樊地區兩周甲骨〉,《考古與文物》1996年第5期,頁12-17、11。

〈襄─宜區西周、春秋文化序列初探〉,《湖北省考古學會論文選集(三)》(武漢：《江漢考古》編輯部出版,1998年11月),頁76-83。

〈「擇其吉金」金文辭例與楚文化因素的形成與傳播〉,《中原文物》2006年第4期,頁43-47、59。

〈曾國青銅器簡論〉,《考古》2008年第1期,頁81-89。

〈曾國銅器的發現與曾國地域〉，《文物》2008年第2期，頁59-66。

張亞初：〈談多友鼎銘文的幾個問題〉，《考古與文物》1982年第3期，頁64-68。

〈兩周銘文所見某生考〉，《考古與文物》1983年第5期，頁83-89。

〈論商周王朝與古蜀國的關係〉，《文博》1988年第4期，頁30-38。

〈太保罍、盉銘文的再探討〉，《考古》1993年第1期，頁60-67。

張彥修：〈河南三門峽市虢國墓地M2001墓主考〉，《考古》2004年第2期，頁76-78。

張政烺：〈「利簋」釋文〉，《考古》1978年第1期，頁58-59。

〈試釋周初青銅器銘文中的易卦〉，《考古學報》1980年第4期，頁403-415。

〈伯唐父鼎、孟員鼎、甗銘文釋文〉，《考古》1989年第6期，頁551-552。

〈武王克殷之年〉，《洛陽考古四十年──1992年洛陽考古學術研討會論文集》（北京：科學出版社，1996年3月），頁204-206。

張思賢、魏興興：〈周原遺址出土「丹叔番」盉〉，《考古與文物》2001年第5期，頁89-90。

張春生：〈周先公世系補遺〉，《文博》2003年第2期，頁36-38。

張映文、呂智榮：〈陝西清澗縣李家崖古城址發掘簡報〉，《考古與文物》1988年第1期，頁47-56。

張家芳：〈湖北襄樊揀選的商周青銅器〉，《文物》1982年第9期，頁84-86。

張培瑜：〈西周年代曆法與金文月相紀日〉，《中原文物》1997年第1期，頁15-28、90。

〈逨鼎的月相紀日和西周年代〉，《文物》2003年第6期，頁78-84。

張培瑜、周曉陸：〈吳虎鼎銘紀時討論〉，《考古與文物》1998年第3期，頁72。

張國碩：〈論考古學文化的命名方法〉，《中原文物》1995年第2期，頁102-107。

張雪蓮、仇士華：〈關於夏商周碳十四年代框架〉，《華夏考古》2001年第3期，頁59-72。

張新斌：〈周初「三監」與邶、鄘、衛地望研究〉，《中原文物》1998年第2期，頁55-60。

〈武王伐紂與牧野大戰的歷史地理問題〉，《中原文物》2000年第4期，頁15-20。

張渭蓮、段宏振：〈河北邢台南小汪遺址西周刻辭卜骨淺識〉，《文物》2008年第5
　　期，頁59-66。

張聞玉：〈關於成王的紀年〉，《中原文物》1997年第3期，頁116-120、115。

　　　　〈西周金文「初吉」之研究〉，《考古與文物》1999年第3期，頁49-52、
　　　　42。

　　　　〈虎簋蓋與穆王紀年〉，《考古與文物》2000年第5期，頁25-27。

張翠敏：〈大嘴子第三期文化聚落遺址研究〉，《華夏考古》2006年第3期，頁61-
　　　　73。

張翠蓮：〈扶風劉家墓地試析〉，《考古與文物》1993年第3期，頁57-65。

張學海：〈淺談曲阜魯城的年代和基本格局〉，《文物》1982年第12期，頁13-16。

　　　　〈試論魯城兩周墓葬的類型、族屬及其反映的問題〉，《中國考古學會第
　　　　四次年會論文集》（北京：文物出版社，1985年12月），頁81-97。

張曉軍、尹俊敏：〈談與「申」有關的幾個問題〉，《中原文物》1992年第2期，頁
　　　　43-46。

張應橋：〈關於山東滕州前掌大M3、M4的年代問題〉，《中原文物》2006年第2
　　　　期，頁59-63、68。

　　　　〈西周衛國國君康伯懋事跡考〉，《文博》2006年第6期，頁92-96。

張應橋、蔡運章：〈奠登伯盨跋〉，《文物》2009年第1期，頁45-47。

張德光：〈試談山西省博物館揀選的幾件珍貴銅器〉，《考古》1988年第7期，頁
　　　　616-620。

　　　　〈亦從楊姞壺銘試探楊國的變化〉，《山西省考古學會論文集（三）》（太
　　　　原：山西古籍出版社，2000年11月），頁295-299。

張錫瑛：〈試論東北地區先秦銅鏡〉，《考古》1986年第2期，頁163-172。

張懋鎔：〈殷周青銅器埋葬意義考述〉，《文博》1985年第5期，頁43-47。

　　　　〈對「肇諆」解釋的再商榷〉，《考古》1985年第6期，頁557-558。

　　　　〈史密簋與西周鄉遂制度——附論「周禮在齊」〉，《文物》1991年第1
　　　　期，頁26-31。

　　　　〈盧方、虎方考〉，《文博》1992年第2期，頁19-22。

　　　　〈「夷伯尸於西宮」解〉，《考古與文物》1992年第4期，頁84-85、112。

　　　　〈周人不用族徽說〉，《考古》1995年第9期，頁835-840。

〈高家堡出土青銅器研究〉,《考古與文物》1997年第4期,頁38-41、49。

〈靜方鼎小考〉,《文物》1998年第5期,頁88、90。

〈西周方座簋研究〉,《考古》1999年第12期,頁69-76。

〈試論商周青銅器族徽文字〉,《文物》2000年第2期,頁46-51、96。

〈兩周青銅盨研究〉,《考古學報》2003年第1期,頁1-28。

〈關於周公廟墓地性質的另類思考〉,《文博》2004年第5期,頁11-12。

〈幽王銅器新探〉,《文博》2005年第1期,頁4-9。

〈芮國銅器初探——附論陝西韓城梁帶村墓地的國別〉,《中原文物》
2008年第2期,頁47-49。

張懋鎔、趙榮、鄒東濤:〈安康出土的史密簋及其意義〉,《文物》1989年第7期,
頁64-71、42。

張懋鎔、張靜、梁彥民:〈商周青銅容器底部刻畫初探〉,《中原文物》2002年第2
期,頁42-45。

張肇武:〈河南平頂山市又出土一件鄧公簋〉,《考古與文物》1983年第1期,頁
109、79。

〈河南平頂山市出土西周應國青銅器〉,《文物》1984年第12期,頁29-32。

〈平頂山市出土周代青銅器〉,《考古》1985年第3期,頁284-286。

張慶捷:〈山西考古的世紀回顧與展望〉,《考古》2002年第4期,頁3-14。

〈近年山西考古新發現與研究〉,《山西省考古學會論文集(四)》(太
原:山西人民出版社,2006年9月),頁5-16。

戚桂宴:〈永盂銘殘字考釋〉,《考古》1981年第5期,頁448。

〈厲王銅器斷代問題〉,《文物》1981年第11期,頁77-82。

曹 瑋:〈太王都邑與周公封邑〉,《考古與文物》1993年第3期,頁66-72。

〈周原西周銅器的分期〉,《考古學研究》(二)(北京:北京大學出版
社,1994年11月),頁144-165。

〈散伯車父器與西周婚姻制度〉,《文物》2000年第3期,頁63-65、74。

〈試論茹家莊西周墓地的器用制度——兼論西周後期器用制度的源流〉,
《中國考古學跨世紀的回顧與前瞻(1999年西陵國際學術研討會文集)》
(北京:科學出版社,2000年10月),頁274-280。

〈陶拍上的數字卦研究〉,《文物》2002年第11期,頁65-71。

〈也論金文中的「周」〉,《考古學研究》（五）（北京：科學出版社,2003年7月）,頁581-603。

〈周原新出土西周甲骨文研究〉,《考古與文物》2003年第4期,頁43-49。

〈「高祖」考〉,《文物》2003年第9期,頁32-34、59。

〈西周時期的禘祭與祫祭〉,《考古學研究》（六）（北京：科學出版社,2006年12月）,頁404-415。

曹　瑋、魏京武:〈西周編鐘的禮制意義〉,《南方文物》1994年第2期,頁14-17、7。

曹永斌、樊維岳:〈藍田泄湖鎮發現西周車馬坑〉,《文博》1986年第5期,頁1-3。

曹兆蘭:〈金文女性稱謂中的古姓〉,《考古與文物》2002年第2期,頁51-60。

曹定雲:〈新發現的殷周「易卦」及其意義〉,《考古與文物》1994年第1期,頁46-51。

〈《尚書·牧誓》所載盧、彭地望考〉,《中原文物》1995年第1期,頁23-33、15。

〈周代金文中女子稱謂類型研究〉,《考古》1999年第6期,頁78-87。

〈周原甲骨「重三月」不是「閏三月」——兼說《周書·武成》「來三月」〉,《考古》2000年第8期,頁65-79。

〈河北邢台市出土西周卜辭與邢國受封選址——召公奭參政占卜考〉,《考古》2003年第1期,頁49-60。

〈北京琉璃河出土的西周卜甲與召公卜「成周」——召公曾來燕都考〉,《考古》2008年第6期,頁80-84。

曹明檀、尚志儒:〈陝西鳳翔出土的西周青銅器〉,《考古與文物》1984年第1期,頁53-65。

曹桂岑:〈淮陰的考古發現與研究〉,《中原文物》1989年第4期,頁64-70。

曹淑琴:〈記我們看到的一批傳世商周銅器〉,《考古》1986年第9期,頁834-840、848。

〈庚國（族）銅器初探〉,《中原文物》1994年第3期,頁29-41。

〈臣辰諸器及其相關問題〉,《考古學報》1995年第1期,頁19-38。

曹淑琴、殷瑋璋:〈光國（族）銅器群初探〉,《考古》1990年第5期,頁452-458。

〈天黽銅器群初探〉,《中國考古學論叢》（北京：科學出版社,1993年5月）,頁298-310。

曹發展、陳國英:〈咸陽地區出土西周青銅器〉,《考古與文物》1981年第1期,頁8-11。

曹發展、景凡:〈陝西旬邑縣崔家河遺址調查記〉,《考古與文物》1984年第4期,頁3-8。

崔樂泉:〈紀國銅器及其相關問題〉,《文博》1990年第3期,頁19-27。

〈山東地區東周考古學文化的序列〉,《華夏考古》1992年第4期,頁72-97。

崔慶明:〈南陽市北郊出土一批申國青銅器〉,《中原文物》1984年第4期,頁13-16。

梁　雲:〈成周與王城考辨〉,《考古與文物》2002年第5期,頁51-55。

〈周代用鼎制度的東西差別〉,《考古與文物》2005年第3期,頁49-59。

梁彥民:〈隴縣新發現的鳥紋方座簋〉,《文博》2001年第5期,頁34-35。

〈殷周青銅器雙身龍紋及相關問題〉,《考古與文物》2006年第6期,頁78-82、87。

〈周初筒形卣研究〉,《考古與文物》2007年第2期,頁33-37。

〈長頸圓體卣與提梁壺——談青銅器形制演進、名稱與功能的變化〉,《中原文物》2007年第5期,頁47-50。

梁星彭:〈壹家堡商周遺存若干問題商榷〉,《考古》1996年第1期,頁82-92。

〈張家坡西周洞室墓淵源與族屬探討〉,《考古》1996年第5期,頁68-76。

〈岐周、豐鎬周文化遺跡、墓葬分期研究〉,《考古學報》2002年第4期,頁381-420。

梁星彭、馮孝堂:〈陝西長安、扶風出土西周銅器〉,《考古》1963年第8期,頁413-415。

梁景津:〈廣西出土的青銅器〉,《文物》1978年第10期,頁93-96。

梁寧森:〈從青銅銘文看虢國貴族姓氏名字結構〉,《中原文物》2007年第4期,頁98-101。

梁曉景:〈明公封邑考——兼談周公後裔封國的若干問題〉,《中原文物》1987年第3期,頁98-101。

〈鄶國史跡探索〉,《中原文物》1987年第3期,頁102-106。

梁曉景、馬三鴻:〈論弦、矢兩國的族屬與太伯奔吳〉,《中原文物》1998年第3期,頁42-47。

〈洛陽澗濱AM21西周墓〉,《文物》1999年第9期,頁16-18、33。

寇玉海、薛紅:〈西周時期的鄶國故城在哪裡〉,《中原文物》2001年第2期,頁86。

麻愛民:〈墻盤補釋〉,《考古與文物》2003年第6期,頁80-83。

婁金山、王龍正:〈應國墓地考古發掘綜述〉,《平頂山師專學報》2000年第15卷第1期,頁61-63。

連劭名:〈汝丁尊銘文補釋〉,《文物》1986年第7期,頁65、66。

〈金文所見西周初期的政治思想〉,《文物》1992年第3期,頁55-60。

〈《史墻盤》銘文與西周時代的正統史觀〉,《文博》1997年第4期,頁20-24。

〈周生簋銘文所見史實考述〉,《考古與文物》2000年第6期,頁42-45。

〈金文所見西周時代的刑典〉,《華夏考古》2003年第1期,頁77-81。

〈《㝬公盨》銘文考述〉,《中國歷史文物》2003年第4期,頁51-56。

〈眉縣楊家村窖藏青銅器銘文考述〉,《中原文物》2004年第6期,頁42-46。

莊錦清、林華東:〈福建南安大盈出土青銅器〉,《考古》1977年第3期,頁169-172。

常力軍:〈河北遵化縣出土周、漢遺物〉,《考古》1989年第3期,頁277。

常金倉:〈西周青銅器斷代研究的兩個問題〉,《考古與文物》2006年第2期,頁36-40、45。

常興照、寧蔭堂:〈山東章丘出土青銅器述要兼談相關問題〉,《文物》1989年第6期,頁66-72。

琉璃河考古隊:〈琉璃河遺址1996年度發掘簡報〉,《文物》1997年第6期,頁4-13。

國家文物局田野考古領隊培訓班:〈泗水天齊廟遺址發掘的主要收穫〉,《文物》1994年第12期,頁34-41、72。

莒縣博物館:〈山東莒縣西大莊西周墓葬〉,《考古》1999年第7期,頁38-45。

淳化縣文化館：〈陝西淳化史家塬出土西周大鼎〉，《考古與文物》1980年第2期，
　　　　頁17-20。

淮陽縣太昊陵文物保管所：〈淮陽縣發現兩件西周銅器〉，《中原文物》1981年第2
　　　　期，頁59。

清原縣文化局、撫順市博物館：〈遼寧清原縣近年發現一批石棺墓〉，《考古》
　　　　1982年第2期，頁211-212。

黃　月：〈西周金文諸侯稱「王」現象辨析〉，《史學集刊》2000年第4期，頁1-4。

黃川田修著、許宏譯：〈西周王朝周邊文化年代的再認識──以魯西南地區諸遺
　　　　址為中心〉，《華夏考古》2004年第1期，頁69-76、89。

黃展岳：〈論兩廣出土的先秦青銅器〉，《考古學報》1986年第4期，頁409-434。

黃盛璋：〈保卣銘的時代與史實〉，《考古學報》1957年第3期，頁51-59。
　　　　〈班簋的年代、地理與歷史問題〉，《考古與文物》1981年第1期，頁75-
　　　　83。
　　　　〈衛盉、鼎中「貯」與「貯田」及其牽涉的西周田制問題〉，《文物》
　　　　1981年第9期，頁79-82。
　　　　〈銅器銘文宜、虞、矢的地望及其與吳國的關係〉，《考古學報》1983年
　　　　第3期，頁295-305。
　　　　〈駒父盨蓋銘文研究〉，《考古與文物》1983年第4期，頁52-56。
　　　　〈長安鎬京地區西周墓新出銅器群初探〉，《文物》1986年第1期，頁37-
　　　　43。
　　　　〈新出伯公父伯多父銅器群及其相關問題〉，《人文雜誌》1986年第1期，
　　　　頁73-76。
　　　　〈山東諸小國銅器研究──《兩周金文大系續編》分國考釋之一章〉，
　　　　《華夏考古》1989年第1期，頁73-102。
　　　　〈西周銅器中冊命制度及其關鍵問題新考〉，《考古學研究》（西安：三秦
　　　　出版社，1993年10月），頁402-427。
　　　　〈晉侯蘇鐘重大價值與難拔丁子指迷與解難〉，《文博》1998年第4期，頁
　　　　38-43、61。

黃錫全、于炳文：〈山西晉侯墓地所出楚公逆鐘銘文初釋〉，《考古》1995年第2
　　　　期，頁170-178。

黃懷信：〈周人月相紀日法探實〉，《文博》1999年第5期，頁19-27。

黃河水庫考古工作隊：〈一九五六年秋河南陝縣發掘簡報〉，《考古》1957年第4
　　　期，頁1-9。

　　　〈1957年河南陝縣發掘簡報〉，《考古》1958年第11期，頁67-79。

賀　　剛：〈先秦百越地區出土銅劍初論〉，《考古》1991年第3期，頁252-262。

賀　　新：〈新疆巴里坤縣南灣M95號墓〉，《考古與文物》1987年第5期，頁6-8。

賀州市博物館：〈廣西賀州市馬東村周代墓葬〉，《考古》2001年第11期，頁15-
　　　18。

賀官保：〈洛陽市北窯龐家溝出土西周銅器〉，《文物》1964年第9期，頁54-55。

賀官保、陳長安、蔡運章、張劍：〈洛陽北窯西周墓發掘的重要收穫〉，《中原文
　　　物》1985年特刊，頁38-44。

賀梓城：〈耀縣發現一批周代銅器〉，《文物》1956年第11期，頁72。

斐　　琪：〈魯山縣發現一批重要銅器〉，《文物》1958年第5期，頁73-74。

程　　明：〈山東鄒城市出土銅甬鐘〉，《考古》1996年第11期，頁52。

程永建：〈試論有鋬銅戈〉，《華夏考古》2001年第2期，頁53-61。

程平山：〈蘄春毛家嘴和新屋灣西周遺存性質略析〉，《江漢考古》2000年第4期，
　　　頁77-80、46。

程平山、周軍：〈商周管邑地望考略〉，《中原文物》2000年第4期，頁21-24。

程先通：〈黃山鳥石鄉出土一件西周甬鐘〉，《考古》1988年第5期，頁465。

程有為：〈先秦時期吳楚地區與中原的經濟文化交流〉，《鄂州大學學報》2008年
　　　第3期，頁33-37。

程長新：〈北京市順義縣牛欄山出土一組周初帶銘青銅器〉，《文物》1983年第11
　　　期，頁64-67。

　　　〈北京市揀選古代青銅器續志〉，《文物》1984年第12期，頁35-39。

程長新、張先得：〈伯梡盧簋之再發現〉，《文物》1980年第5期，頁61-62。

程學華：〈寶雞扶風發現西周銅器〉，《文物》1959年第11期，頁72-73。

程繼林、呂繼祥：〈泰安城前村出土魯侯銘文銅器〉，《文物》1986年第4期，頁
　　　12-14。

馮　　時：〈略論晉侯邦父及其名、字問題〉，《文物》1998年第5期，頁31-34。

　　　〈中國古文字學研究五十年〉，《考古》1999年第9期，頁69-75。

〈坂方鼎、榮仲方鼎及相關問題〉,《考古》2006年第8期,頁67-73。

〈西周金文月相與宣王紀年〉,《考古學研究》(六)(北京:科學出版社,2006年12月),頁384-403。

馮　蒸:〈關於西周初期太保氏的一件青銅兵器〉,《文物》1977年第6期,頁50-54。

馮　濤:〈陝西周公廟發現大型墓葬群〉,《文博》2004年第2期,頁38-39。

馮卓慧:〈爾從盨所反映的西周契約關係〉,《考古與文物》1985年第6期,頁75-79。

馮卓慧、胡留元:〈西周金文中的司寇及其官司機構〉,《考古與文物》1988年第2期,頁32-39、89。

馮建科:〈試論周公廟遺址的文化內涵及性質〉,《文博》2004年第6期,頁39-43。

馮普仁:〈吳國青銅兵器初探〉,《中國考古學會第四次年會論文集》(北京:文物出版社,1985年12月),頁136-145。

馮漢驥:〈關於「楚公豪」戈的真偽並略論四川「巴蜀」時期的兵器〉,《文物》1961年第11期,頁32-34。

〈四川彭縣出土的銅器〉,《文物》1980年第12期,頁38-47。

傅永魁:〈洛陽東郊西周墓發掘簡報〉,《考古》1959年第4期,頁187-188。

傅聚良:〈湘江流域西周時期的銅器窖藏〉,《華夏考古》2007年第3期,頁97-102、113。

傅熹年:〈陝西岐山鳳雛西周建築遺址初探——周原西周建築遺址研究之一〉,《文物》1981年第1期,頁65-74。

〈陝西扶風召陳西周建築遺址初探——周原西周建築遺址研究之二〉,《文物》1981年第3期,頁34-45。

曾昭燏、尹煥章:〈試論湖熟文化〉,《考古學報》1959年第4期,頁47-58。

鄂　兵:〈湖北隨縣發現曾國銅器〉,《文物》1973年第5期,頁21-25。

鄂　博、崇文:〈湖北崇陽出土一件銅鼓〉,《文物》1978年第4期,頁94。

靭　松:〈《記陝西藍田縣新出土的應侯鐘》一文補正〉,《文物》1977年第8期,頁27-28。

靭　松、樊維岳:〈記陝西藍田縣新出土的應侯鐘〉,《文物》1975年第10期,頁68、69。

項春松、李義：〈寧城小黑石溝石椁墓調查清理報告〉，《文物》1995年第5期，頁4-22。

彭　林：〈關於師兌二器的排序問題〉，《考古》2002年第4期，頁81-84。

彭　曦：〈西周甲骨「作菫」版初釋〉，《文博》2007年第2期，頁20-21、93。

彭　曦、許俊成：〈穆公簋蓋銘文簡釋〉，《考古與文物》1981年第4期，頁27-28。

彭裕商：〈保卣新解〉，《考古與文物》1998年第4期，頁68-72。

〈也論新出虎簋蓋的年代〉，《文物》1999年第6期，頁57-62。

〈西周銅簋年代研究〉，《考古學報》2001年第1期，頁1-42。

〈伯懋父考〉，《四川大學考古專業創建四十周年暨馮漢驥教授百年誕辰紀念文集》（成都：四川大學出版社，2001年3月），頁224-227。

〈西周青銅器竊曲紋研究〉，《考古學報》2002年第4期，頁421-436。

〈西周金文中的「賈」〉，《考古》2003年第2期，頁57-61。

彭適凡：〈江西地區出土商周青銅器的分析與分期〉，《中國考古學會第一次年會論文集》（北京：文物出版社，1980年12月），頁181-194。

〈贛鄱地區西周時期古文化的探討〉，《文物》1990年第9期，頁56-63。

彭適凡、李玉林：〈江西新干縣的西周墓葬〉，《文物》1983年第6期，頁93。

彭萬廷、王家德：〈試論三峽、宜昌地域的巴楚文化〉，《考古學集刊》第11集（北京：中國大百科全書出版社，1997年12月），頁242-250。

彭州市博物館：〈四川彭州市青龍村遺址發掘簡報〉，《考古》2007年第8期，頁3-10。

湯淑君：〈平頂山應國墓地出土青銅器鑒賞〉，《中原文物》2001年第3期，頁63-65。

〈河南商周青銅器蟬紋及其相關問題〉，《中原文物》2004年第6期，頁34-41。

湖北省文物考古研究所、黃岡地區博物館、羅田縣文物管理所：〈湖北羅田廟山崗遺址發掘報告〉，《考古》1994年第9期，頁779-800。

湖北省文物考古研究所、襄樊市博物館：〈湖北襄樊真武山周代遺址〉，《考古學集刊》第9集（北京：科學出版社，1995年12月），頁138-161。

湖北省文物考古研究所：〈湖北宜昌縣上磨壠周代遺址的發掘〉，《考古》2000年第8期，頁23-35。

湖北省文物管理處:〈湖北紅安金盆遺址的探掘〉,《考古》1960年第4期,頁38-40。

湖北省清江隔河岩考古隊:〈湖北清江香爐石遺址的發掘〉,《文物》1995年第9期,頁4-28。

湖北省孝感地區博物館:〈1980年湖北廣水市考古調查報告〉,《考古》1995年第2期,頁103-113。

湖北省博物館:〈湖北京山發現曾國銅器〉,《文物》1972年第2期,頁47-53。

湖北省博物館:〈湖北棗陽縣發現曾國墓葬〉,《考古》1975年第4期,頁222-225。

湖北黃岡市博物館、湖北蘄春縣博物館:〈湖北蘄春達城新屋灣西周銅器窖藏〉,《文物》1997年第12期,頁29-33。

湖南省文物考古研究所、長沙市考古研究所、寧鄉縣文物管理所:〈湖南寧鄉炭河里西周城址與墓葬發掘簡報〉,《文物》2006年第6期,頁4-35。

湖南省文物考古研究所、長沙市博物館、長沙市考古研究所、望城縣文物管理所:〈湖南望城縣高砂脊商周遺址的發掘〉,《考古》2001年第4期,頁27-44。

湖南省博物館:〈介紹幾件館藏周代銅器〉,《考古》1963年第12期,頁679-682。
〈湖南省博物館新發現的幾件銅器〉,《文物》1966年第4期,頁1-6。

港下古銅礦遺址發掘小組:〈湖北陽新港下古礦井遺址發掘簡報〉,《考古》1988年第1期,頁30-42。

喀左縣文化館、朝陽地區博物館、遼寧省博物館北洞文物發掘小組:〈遼寧喀左縣北洞村出土的殷周青銅器〉,《考古》1974年第6期,頁364-372。

喀左縣文化館、朝陽地區博物館、遼寧省博物館:〈遼寧省喀左縣山灣子出土殷周青銅器〉,《文物》1977年第12期,頁23-33、43。

貴州省文物考古研究所、四川大學歷史文化學院考古系、威寧縣文物保護管理所:〈貴州威寧縣雞公山遺址2004年發掘簡報〉,《考古》2006年第8期,頁11-27。
〈貴州威寧縣吳家大坪商周遺址〉,《考古》2006年第8期,頁28-39。

貴州省博物館:〈貴州畢節瓦窯遺址發掘簡報〉,《考古》1987年第4期,頁303-310。

雲南省文物工作隊:〈楚雄萬家壩古墓群發掘報告〉,《考古學報》1983年第3期,頁347-382。

雲南省文物考古研究所:〈雲南中甸縣的石棺墓〉,《考古》2005年第4期,頁28-39。

雲南省博物館:〈雲南劍川海門口青銅時代早期遺址〉,《考古》1995年第9期,頁775-787。

雲南省博物館文物工作隊:〈雲南德欽縣納古石棺墓〉,《考古》1983年第3期,頁220-225。

覃光榮:〈廣西賀縣發現青銅鎛鐘〉,《考古與文物》1982年第4期,頁62。

棲霞縣文物管理所:〈山東棲霞縣松山鄉呂家埠西周墓〉,《考古》1988年第9期,頁778-783。

飯島武次著、徐天進、蘇哲譯:〈先周文化陶器研究 —— 試論周原出土陶器的性質〉,《考古學研究》(一)(北京:文物出版社,1992年10月),頁229-255。

飯島武次:〈洛陽西周時代的遺址與成周、王城〉,《考古學研究》(五)(北京:科學出版社,2003年7月),頁557-571。

開封地區文管會、新鄭縣文管會、鄭州大學歷史系考古專業:〈河南省新鄭縣唐戶兩周墓葬發掘簡報〉,《文物資料叢刊》2(北京:文物出版社,1978年12月),頁45-65。

解希恭:〈山西洪趙縣永凝東堡出土的銅器〉,《文物》1957年第8期,頁42-44。

裘錫圭:〈史墻盤銘解釋〉,《文物》1978年第3期,頁25-32。

〈釋祕〉,《古文字研究》第三輯(北京:中華書局,1980年11月),頁7-31。

〈應侯視工簋補釋〉,《文物》2002年第7期,頁72-74。

〈讀逨器銘文札記三則〉,《文物》2003年第6期,頁74-77。

萬樹瀛:〈滕縣後荊溝出土不娶簋等青銅器群〉,《文物》1981年第9期,頁25-29。

萬樹瀛、楊孝義:〈山東滕縣出土西周滕國銅器〉,《文物》1979年第4期,頁88-89。

靳楓毅:〈論中國東北地區含曲刃青銅短劍的文化遺存(上)〉,《考古學報》1982年第4期,頁387-426。

〈論中國東北地區含曲刃青銅短劍的文化遺存（下）〉，《考古學報》1983年第1期，頁39-54。

〈朝陽地區發現的銅柄端加重器及其相關遺物〉，《考古》1983年第2期，頁133-145。

〈夏家店上層文化及其族屬問題〉，《考古學報》1987年第2期，頁177-208。

〈大凌河流域出土的青銅時代遺物〉，《文物》1988年第11期，頁24-35。

靳楓毅、王繼紅：〈山戎文化所含燕與中原文化因素之分析〉，《考古學報》2001年第1期，頁43-72。

楊　平：〈洛陽出土的中胡二穿戈與戰國銅鎣〉，《中原文物》1994年第3期，頁119。

〈對西周銅器分期方法的幾點認識〉，《文博》1996年第5期，頁17-23。

楊　楠：〈商周時期江南地區土墩遺存的分區研究〉，《考古學報》1999年第1期，頁23-71。

楊　寬：〈論西周金文中「六自」「八自」和鄉遂制度的關係〉，《考古》1964年第8期，頁414-419。

〈再論西周金文中「六自」和「八自」的性質〉，《考古》1965年第10期，頁525-528。

〈釋何尊銘文兼論周開國年代〉，《文物》1983年第6期，頁53-57。

楊　華：〈巴族崇「虎」考〉，《華夏考古》1997年第4期，頁71-79。

楊　澍：〈河南臨汝出土西周早期青銅器〉，《考古》1985年第12期，頁1141、1113。

楊升南：〈甲骨文中的「男」為爵稱說〉，《中原文物》1999年第2期，頁4-8。

〈商代的長族——兼說鹿邑「長子口」大墓的墓主〉，《中原文物》2006年第5期，頁50-54。

楊巨中：〈周豐邑鎬京城址考〉，《文博》2000年第4期，頁27-30、32。

楊育彬：〈河南考古五十年回眸〉，《華夏考古》1999年第3期，頁1-9。

〈碳十四年代框架與三代考古學文化分期——夏商周斷代工程課題研究札記〉，《中原文物》2001年第1期，頁16-21。

〈夏商周斷代工程與夏商考古學文化研究〉，《華夏考古》2002年第2期，頁101-106、112。

〈夏商周斷代工程與夏商考古學的發展〉,《中原文物》2007年第6期,頁39-45。

楊育彬、孫廣清:〈從考古發現談中原文明在中國古代文明中的地位〉,《中原文物》2002年第6期,頁33-42。

楊林中:〈晉東南地區先秦時期考古學文化的基本認識〉,《山西省考古學會論文集(四)》(太原:山西人民出版社,2006年9月),頁69-73。

楊亞長:〈青銅器銘文所見西周時期的對外戰爭〉,《文博》1993年第6期,頁21-28。
〈金文所見之益公、穆公與武公考〉,《考古與文物》2004年第6期,頁71-75。
〈夨國與散國族姓問題之辨說〉,《中原文物》2007年第5期,頁38-41。

楊東晨:〈周代東夷嬴姓族的西遷和嬴姓國的業跡〉,《文博》1993年第6期,頁53-59。

楊軍昌:〈周原出土西周陽燧的技術研究〉,《文物》1997年第7期,頁85-87。

楊軍昌、孫秉君、王占奎、韓汝玢:〈陝西岐山王家嘴先周墓M19出土銅器的實驗研究〉,《考古與文物》2003年第5期,頁84-90。

楊純淵:〈考古學與歷史地理學之關係〉,《山西省考古學會論文集(二)》(太原:山西人民出版社,1994年4月),頁36-44。

楊建華:〈冀北周代青銅文化初探〉,《中原文物》2000年第5期,頁22-30。
〈燕山南北商周之際青銅器遺存的分群研究〉,《考古學報》2002年第2期,頁157-174。

楊清秀、傅山泉:〈河南省新鄉市博物館收藏的銅鼎〉,《文博》1988年第3期,頁3-4。

楊清秀、賈擁軍:〈新鄉市博物館館藏古代兵器選介〉,《中原文物》1991年第1期,頁100、86。

楊深富:〈山東日照崮河崖出土一批青銅器〉,《考古》1984年第7期,頁594-597、606。

楊深富、胡膺、徐淑彬:〈山東日照市周代文化遺存〉,《文物》1990年第6期,頁72-79。

楊善群:〈西周銘文中的「師」與「師氏」〉,《考古與文物》1990年第2期,頁35-39。

楊貴金、張立東:〈焦作市府城古城遺址調查報告〉,《華夏考古》1994年第1期,頁1-11。

楊富斗:〈山西的考古發現與研究〉,《山西省考古學會論文集(二)》(太原:山西人民出版社,1994年4月),頁1-19。

楊菊華:〈中國青銅文化的發展軌跡〉,《華夏考古》1999年第1期,頁42-57。

楊鳩霞:〈安徽省繁昌縣平鋪土墩墓〉,《考古》1990年第2期,頁169-170。

楊雲鴻:〈陝西乾陵博物館收藏的一件西周銅盉〉,《文物》1996年第3期,頁80。

楊德標:〈安徽省含山縣出土的商周青銅器〉,《文物》1992年第5期,頁92-93。

楊德標、楊立新:〈安徽江淮地區的商周文化〉,《中國考古學會第四次年會論文集》(北京:文物出版社,1985年12月),頁65-71。

楊曉能:〈商周青銅器紋飾和圖形文字的含義及功能〉,《文物》2005年第6期,頁72-81。

楊鴻勳:〈西周岐邑建築遺址初步考察〉,《文物》1981年第3期,頁23-33。
〈論古文字宮、墉、囱、井的形和義〉,《考古》1994年第7期,頁635-641。

楊耀林:〈深圳及鄰近地區先秦青銅器鑄造技術的考察〉,《考古》1997年第6期,頁87-96。

楊寶成:〈試論曾國銅器的分期〉,《中原文物》1991年第4期,頁14-20。
〈試論隨棗地區的兩周銅器〉,《中國考古學會第七次年會論文集》(北京:文物出版社,1992年9月),頁127-139。

楊寶成、劉森淼:〈商周方鼎初論〉,《考古》1991年第6期,頁533-545。

楊寶順:〈新鄭出土西周銅方壺〉,《文物》1972年第10期,頁66。

楊肇清:〈二十年來河南考古發現與研究〉,《華夏考古》1999年第3期,頁10-18。
〈長國考〉,《中原文物》2002年第4期,頁46-50。

楊權喜:〈江漢地區發現的商周青銅器——兼述楚文化與中原文化的關係〉,《中國考古學會第三次年會論文集》(北京:文物出版社,1984年4月),頁207-219。
〈楚文化與中原文化關係的探討〉,《江漢考古》1989年第4期,頁64-71。
〈楚向鄂東的發展與鄂東的楚文化〉,《考古與文物》1989年第4期,頁97-102。

〈西陵峽商周文化的初步討論〉,《中國考古學會第七次年會論文集》(北京:文物出版社,1992年9月),頁102-111。

溧水縣圖書館:〈江蘇溧水出土的幾批青銅器〉,《考古》1986年第3期,頁281-282。

董　珊:〈略論西周單氏家族窖藏青銅器銘文〉,《中國歷史文物》2003年第4期,頁40-50。

〈啟尊啟卣新考〉,《文博》2012年第5期,頁49-53。

董全生、張曉軍:〈從金文羕、邟看古代的養國〉,《中原文物》1996年第3期,頁70-72。

董新林:〈高台山文化研究〉,《考古》1996年第6期,頁52-66。

〈魏營子文化初步研究〉,《考古學報》2000年第1期,頁1-30。

董學增:〈試論西團山文化的裝飾品〉,《考古》1991年第9期,頁835-842。

葉玉奇:〈江蘇吳縣出土一批周代青銅劍〉,《考古》1986年第4期,頁372-374。

葉正渤:〈略論西周銘文的記時方式〉,《徐州師範大學學報(哲學社會科學版)》2000年第26卷第3期,頁44-48。

〈月相和西周金文月相詞語研究〉,《考古與文物》2002年第3期,頁77-84。

〈西周金文月相詞語與靜簋銘文的釋讀研究〉,《文博》2002年第4期,頁17-23、44。

葉萬松:〈我國西周前期青銅鑄造工藝之研究〉,《考古》1984年第7期,頁656-663。

葉萬松、張劍、李德方:〈西周洛邑城址考〉,《華夏考古》1991年第2期,頁70-76。

賈富春、姚軼、李偉、李慧:〈河南省文物交流中心新徵集的四件青銅器〉,《中原文物》2000年第5期,頁63。

賈鴻恩:〈翁牛特旗大泡子青銅短劍墓〉,《文物》1984年第2期,頁50-54。

葛　今:〈涇陽高家堡早周墓葬發掘記〉,《文物》1972年第7期,頁5-8。

鄒　衡:〈論先周文化〉,《中國考古學會第一次年會論文集》(北京:文物出版社,1980年12月),頁153-158。

〈關於考古學理論和方法上的幾個問題──與梁星彭同志討論〉,《考古與文物》1982年第6期,頁46-52。

　　　〈論早期晉都〉,《文物》1994年第1期,頁29-32、34。

鄒厚本:〈寧鎮區出土周代青銅容器的初步認識〉,《中國考古學會第四次年會論文集》(北京:文物出版社,1985年12月),頁123-135。

　　　〈江蘇考古的回顧與思考〉,《考古》2000年第4期,頁1-11。

鄒城市文物管理局:〈山東鄒城市商周遺址調查簡報〉,《考古》1998年第2期,頁10-17。

新　來、周到:〈河南省博物館所藏幾件青銅器〉,《考古》1966年第4期,頁219-220。

新疆文物考古研究所:〈新疆拜城縣克孜爾吐爾墓地第一次發掘〉,《考古》2002年第6期,頁14-29。

新疆文物考古研究所、哈密地區文物管理所:〈新疆哈密市艾斯克霞爾墓地的發掘〉,《考古》2002年第6期,頁30-41。

新疆文物考古研究所、吐魯番地區文物局:〈新疆鄯善縣洋海墓地的考古新收穫〉,《考古》2004年第5期,頁3-7。

新疆維吾爾自治區文管會:〈新疆木壘縣四道溝遺址〉,《考古》1982年第2期,頁113-120。

新疆維吾爾自治區文化廳文物處、新疆大學歷史系文博幹部專修班:〈新疆哈密焉不拉克墓地〉,《考古學報》1989年第3期,頁325-362。

煙台市文物管理委員會:〈山東蓬萊縣柳格莊墓群發掘簡報〉,《考古》1990年第9期,頁803-810。

雷興山:〈蔡家河、園子坪等遺址的發掘與碾子坡類遺存分析〉,《考古學研究》(四)(北京:科學出版社,2000年10月),頁210-237。

　　　〈先周文化的探索歷程〉,《考古學研究》(五)(北京:科學出版社,2003年7月),頁787-798。

　　　〈西安袁家崖墓葬年代為西周說〉,《華夏考古》2008年第1期,頁104-109。

　　　〈周原遺址劉家墓地分析〉,《考古學研究》(七)(北京:科學出版社,2008年1月),頁460-473。

雍城考古隊:〈陝西鳳翔縣大辛村遺址發掘簡報〉,《考古與文物》1985年第1期,頁1-11。

〈陝西鳳翔水溝周墓清理記〉,《考古與文物》1987年第4期,頁17-18。

趙　輝:〈以中原為中心的歷史趨勢的形成〉,《文物》2000年第1期,頁41-47。

趙一新:〈浙江磐安深澤出土一件雲紋鏡〉,《考古》1987年第8期,頁727。

趙化成:〈從商周「集中公墓制」到秦漢「獨立陵園制」的演化軌跡〉,《文物》
　　　　2006年第7期,頁41-48。

趙永福:〈1961－62年灃西發掘簡報〉,《考古》1984年第9期,頁784-789。

趙平安:〈釋易與匜──兼釋史喪尊〉,《考古與文物》1991年第3期,頁71-73。

趙振生、紀蘭:〈遼寧阜新近年來出土一批青銅短劍及短劍加重器〉,《考古》
　　　　1994年第11期,頁1047-1049。

趙振華:〈洛陽兩周卜用甲骨的初步考察〉,《考古》1985年第4期,頁371-379。

趙康民:〈臨潼南羅西周墓出土青銅器〉,《文物》1982年第1期,頁87-91。
　　　　〈臨潼零口再次發現西周銅器〉,《考古與文物》1983年第3期,頁111。

趙新來等:〈河南、陝西等地發現的古代青銅器〉,《文物》1965年第5期,頁1-
　　　　5、17。

趙殿增:〈巴蜀文化幾個問題的探討〉,《文物》1987年第10期,頁18-21。
　　　　〈四川考古的世紀回顧與展望〉,《考古》2004年第10期,頁3-13。

趙賓福:〈以陶器為視角的雙房文化分期研究〉,《考古與文物》2008年第1期,頁
　　　　18-28。
　　　　〈圖們江流域的青銅時代文化研究〉,《考古》2008年第6期,頁69-79。

趙學謙:〈記岐山發現的三件青銅器〉,《考古》1959年第11期,頁634-635。
　　　　〈陝西寶雞、扶風出土的幾件青銅器〉,《考古》1963年第10期,頁574-
　　　　576。

寧會振:〈上村嶺虢國墓地時代急議〉,《華夏考古》2000年第3期,頁55-57、93。

熊卜發:〈湖北孝感地區商周古文化調查〉,《考古》1988年第4期,頁300-306、
　　　　313。
　　　　〈鄂東北地區西周文化初探〉,《考古與文物》1991年第1期,頁61-66、
　　　　60。

熊建平:〈劉台子西周墓地出土卜骨初探〉,《文物》1990年第5期,頁54-55。

熊建華:〈湖南邵東出土一件西周四虎鎛〉,《考古與文物》1991年第3期,頁111-
　　　　112。

熊傳新：〈湖南寧鄉新發現一批商周青銅器〉，《文物》1983年第10期，頁72-74。

种建榮：〈周原遺址齊家北墓葬分析〉，《考古與文物》2007年第6期，頁31-36。

种建榮、雷興山：〈周公廟遺址甲骨坑H1發掘記〉，《文博》2005年第1期，頁90-95。

〈周公廟遺址西周大墓與夯土圍牆發現記〉，《文博》2005年第3期，頁68-73。

齊文濤：〈概述近年來山東出土的商周青銅器〉，《文物》1972年第5期，頁3-18。

齊國故城遺址博物館、臨淄區文物管理所：〈山東臨淄齊國故城西周墓〉，《考古》1988年第1期，頁24-26。

雒有倉：〈論西周的盟誓制度〉，《考古與文物》2007年第2期，頁42-47。

雒忠如：〈扶風縣又出土了周代銅器〉，《文物》1963年第9期，頁65-66。

雒長安：〈20世紀陝西考古發現述略〉，《文博》2001年第1期，頁3-9、37。

福建省博物館：〈福建閩侯黃土崙遺址發掘簡報〉，《文物》1984年第4期，頁23-37。

〈福建考古的回顧與思考〉，《考古》2003年第12期，頁7-18。

福建博物院、福建閩越王城博物館：〈福建浦城縣管九村土墩墓群〉，《考古》2007年第7期，頁28-37。

銅川市文化館：〈陝西銅川發現商周青銅器〉，《考古》1982年第1期，頁107、102。

綿竹縣文管所：〈四川綿竹縣發現西周小臣伯鼎〉，《考古》1988年第6期，頁571。

蔣　剛：〈山西、陝北及內蒙古中南部夏商西周時期青銅文化的演進〉，《中國歷史文物》2008年第5期，頁51-66。

蔣志龍：〈再論石寨山文化〉，《文物》1998年第6期，頁31-41。

蔣廷瑜：〈廣西考古四十年概述〉，《考古》1998年第11期，頁1-10。

蔣廷瑜、藍日勇：〈廣西先秦青銅文化初論〉，《中國考古學會第四次年會論文集》（北京：文物出版社，1985年12月），頁252-263。

蔣定穗：〈試論陝西出土的西周鐘〉，《考古與文物》1984年第5期，頁86-100。

蔣祖棣：〈論豐鎬周文化遺址陶器分期〉，《考古學研究》（一）（北京：文物出版社，1992年10月），頁256-286。

〈20世紀夏商周研究的進展〉,《考古學研究》（五）（北京：科學出版社，2003年7月），頁13-24。

魯作文：〈關於夏家店上層和下層文化的幾個問題〉,《文物》1973年第11期，頁44-45、77。

衛　斯：〈山西平陸棗園村出土一批西周車馬器〉,《考古與文物》1988年第3期，頁106-107。

劉　雨：〈金文荼京考〉,《考古與文物》1982年第3期，頁69-75。

〈金文「初吉」辨析〉,《文物》1982年第11期，頁76-84。

〈多友鼎銘的時代與地名考訂〉,《考古》1983年第2期，頁152-157。

〈西周金文中的射禮〉,《考古》1986年第12期，頁1112-1120。

〈西周金文中的祭祖禮〉,《考古學報》1989年第4期，頁495-522。

〈伯唐父鼎的銘文與時代〉,《考古》1990年第8期，頁741-742。

〈西周金文中的大封小封和賜田里〉,《中國考古學論叢》（北京：科學出版社，1993年5月），頁315-322。

〈兩周曹國銅器考〉,《中原文物》2008年第2期，頁42-46。

劉　軍：〈浙江考古的世紀回顧與展望〉,《考古》2001年第10期，頁3-13。

劉　桓：〈金文五則〉,《文博》1992年第3期，頁16-19。

〈也談伯唐父鼎銘文的釋讀——兼談殷代祭祀的一個問題〉,《文博》1996年第6期，頁27-29。

〈關於匍盉「柬」字考釋〉,《考古》2001年第6期，頁60-62。

〈金文偶札（四則）〉,《考古與文物》2003年第5期，頁82-83、90。

〈關於《五年琱生尊》的釋讀問題〉,《考古與文物》2008年第3期，頁100-101。

劉　釗：〈談史密簋銘文中的「𡰥」字〉,《考古》1995年第5期，頁434-435。

劉　莉：〈銅鍑考〉,《考古與文物》1987年第3期，頁60-65。

劉　瑞：〈陝西扶風雲塘、齊鎮發現的周代建築基址研究〉,《考古與文物》2007年第3期，頁39-53。

劉　慧：〈山東萊蕪西上崮出土青銅器及雙鳳牙梳〉,《文物》1990年第11期，頁59-64。

劉　興：〈申簋蓋銘考釋〉,《考古與文物》1983年第2期，頁18-19。

〈東南地區青銅器分期〉，《考古與文物》1985年第5期，頁90-101。

劉　興、吳大林：〈江蘇溧水發現西周墓〉，《考古》1976年第4期，頁274。

劉　緒、趙福生：〈琉璃河遺址西周燕文化的新認識〉，《文物》1997年第4期，頁34-41。

劉士莪：〈周原遺址考古的成就和思考（1949—1999）〉，《考古學研究》（五）（北京：科學出版社，2003年7月），頁537-549。

　　　〈從西周王陵和大貴族墓談起〉，《文博》2004年第5期，頁10。

　　　〈牆盤、逨盤之對比研究 —— 兼談西周微氏、單公家族窖藏銅器群的歷史意義〉，《文博》2004年第5期，頁21-27、49。

劉友恆、樊子林：〈河北正定出土商周青銅器〉，《文物》1982年第2期，頁89-90。

劉少敏、龐文龍：〈陝西岐山新出土周初青銅器等文物〉，《文物》1992年第6期，頁76-78。

劉玉堂、李安清：〈西周時期湖北地區的封國和方國〉，《襄樊學院學報》2000年第21卷第4期，頁81-86。

劉合心：〈陝西省周至縣發現西周王器一件〉，《文物》1975年第7期，頁91。

　　　〈陝西周至縣出土西周太師簋〉，《考古與文物》1981年第1期，頁128。

　　　〈陝西省周至縣近年徵集的幾件西周青銅器〉，《文物》1983年第7期，頁93。

劉自讀、路毓賢：〈周至敔簋器蓋銘文考釋〉，《考古與文物》1991年第6期，頁63-69。

劉社剛：〈梁姬罐相關問題的思考〉，《中原文物》2002年第6期，頁60-62。

劉延常：〈珍珠門文化初探〉，《華夏考古》2001年第4期，頁94-105。

劉東亞：〈河南淮陽出土的西周銅器和陶器〉，《考古》1964年第3期，頁163-164。

　　　〈介紹新發現的幾件商周青銅器〉，《中原文物》1982年第4期，頁64-65。

劉長蓀、陳恆樹：〈湖北浠水發現兩件銅器〉，《考古》1965年第7期，頁369-370。

劉長源：〈勉縣出土西周師膌父鼎〉，《考古與文物》1982年第1期，頁108。

劉俊琪：〈北京發現又一件伯嘉父簋〉，《考古》1984年第7期，頁590。

劉柱慶：〈中國古代都城遺址佈局形制的考古發現所反映的社會形態變化研究〉，《考古學報》2006年第3期，頁281-312。

劉建國：〈江蘇宜興石室墓試掘簡報〉，《考古與文物》1983年第4期，頁9-13。

〈淺論寧鎮地區古代文化的幾個問題〉，《考古》1986年第8期，頁738-748。

〈論楚鬲文化特徵的兩重性——兼及楚文化與中原文化的關係〉，《中原文物》1989年第4期，頁4-13。

劉建國、吳大林：〈江蘇溧水寬廠墩墓出土器物〉，《文物》1985年第12期，頁23-25。

劉建國、劉興：〈江蘇句容白蟒台遺址試掘〉，《考古與文物》1985年第3期，頁1-11。

劉軍社：〈鳳翔西村先周墓葬分析〉，《文博》1993年第6期，頁17-20。

〈鄭家坡文化與劉家文化的分期及其性質〉，《考古學報》1994年第1期，頁25-62。

〈試論先周文化與相鄰諸文化的關係〉，《考古與文物》1994年第4期，頁48-59、28。

〈先周文化與光社文化的關係〉，《文博》1995年第1期，頁3-11。

〈陝晉蒙鄰境地區商代青銅器的分期、分區及相關問題的探討〉，《中國考古學會第八次年會論文集》（北京：文物出版社，1996年8月），頁127-138。

〈從考古遺存看早期周秦文化的關係〉，《考古與文物》2000年第5期，頁32-38。

〈穆王在位年數〉，《考古與文物》2003年第3期，頁31-34。

劉昭瑞：〈爵、尊、卣、斚的定名和用途雜議〉，《文物》1991年第1期，頁68-70。

〈「安州六器」辨〉，《文物》1992年第10期，頁76-77。

〈說錫〉，《考古》1993年第1期，頁68-72、80。

劉啟益：〈微氏家族銅器與西周銅器斷代〉，《考古》1978年第5期，頁314-317。

〈西周厲王時期銅器與《十月之交》的時代〉，《考古與文物》1980年第1期，頁80-85。

〈西周金文中所見的周王后妃〉，《考古與文物》1980年第4期，頁85-90。

〈西周夨國銅器的新發現與有關的歷史地理問題〉,《考古與文物》1982年第2期,頁42-46。

〈文王遷豐至武王滅商前後銅器例證——早周文化探索之一〉,《考古學研究》(西安:三秦出版社,1993年10月),頁376-397、218。

劉得禎:〈甘肅靈台兩座西周墓〉,《考古》1981年第6期,頁557-558。

劉國祥:〈夏家店上層文化青銅器研究〉,《考古學報》2000年第4期,頁451-500。

劉彬徽:〈江漢洞庭地區商周青銅工具與相關問題的探索〉,《中原文物》2000年第6期,頁32-35。

〈長江中游地區西周時期考古研究〉,《考古學研究》(五)(北京:科學出版社,2003年7月),頁613-631。

劉景文:〈試論西團山文化中的青銅器〉,《文物》1984年第4期,頁38-44。

劉華夏、劉克甫:〈「伯」、「仲」、「叔」、「季」與西周晉侯世系〉,《考古》2008年第4期,頁72-77。

劉富良:〈洛陽西周陶器墓研究〉,《考古與文物》1998年第3期,頁44-68。

劉詩中、高寧桂:〈江西進賢縣寨子峽遺址〉,《考古》1986年第2期,頁182-184。

劉詩中、盧本珊:〈江西銅嶺銅礦遺址的發掘與研究〉,《考古學報》1998年第4期,頁465-496。

劉曉梅:〈「長」字新釋〉,《考古與文物》2000年第4期,頁90-91。

劉曉燕、孫承晉:〈山東榮成市學福村商周墓葬的清理〉,《考古》2004年第9期,頁93-94。

劉曉東:〈天亡簋與武王東土度邑〉,《考古與文物》1987年第1期,頁92-96。

劉隨群:〈涇陽縣博物館收藏的青銅器〉,《考古與文物》1994年第4期,頁102-103。

劉懷君:〈眉縣出土一批西周窖藏青銅樂器〉,《文博》1987年第2期,頁17-25。

〈眉縣楊家村西周窖藏青銅器的初步認識〉,《考古與文物》2003年第3期,頁35-38。

劉懷君、任周芳:〈眉縣出土「王作仲姜」寶鼎〉,《考古與文物》1982年第2期,頁5-6、13。

劉懷君、辛怡華、劉棟：〈四十二年、四十三年逨鼎銘文試釋〉,《文物》2003年
　　第6期,頁85-89。

　　〈逨盤銘文試釋〉,《文物》2003年第6期,頁90-93、95。

劉觀民：〈內蒙古東南部地區青銅時代的幾個問題〉,《中國考古學會第四次年會
　　論文集》（北京：文物出版社,1985年12月）,頁167-172。

樊維岳：〈藍田縣出土一組西周早期青銅器〉,《文博》1985年第3期,頁88。

　　〈藍田出土一組西周早期銅器陶器〉,《考古與文物》1987年第5期,頁
　　12-13。

翟所淦：〈泰安市發現古代文物〉,《文物》1961年第1期,頁74-75。

翟德芳：〈中國北方地區青銅短劍分群研究〉,《考古學報》1988年第3期,頁277-
　　299。

蔡運章：〈釋「聯」〉,《中原文物（特刊）》（鄭州：《中原文物》編輯部,1981
　　年）,頁105-107。

　　〈太保菁戈跋〉,《考古與文物》1982年第1期,頁80-81。

　　〈談偃師南寨村出土的西周銅鑾〉,《中原文物》1984年第3期,頁86-88。

　　〈論商周時期的金屬稱量貨幣〉,《中原文物》1987年第3期,頁64-76。

　　〈周初金文與武王定都洛邑──兼論武王伐紂的往返日程問題〉,《中原
　　文物》1987年第3期,頁88-97。

　　〈《鬲師》新解〉,《中原文物》1988年第4期,頁56-58、100。

　　〈宗人斧與西周官制〉,《文物》1992年第12期,頁62-64。

　　〈論虢仲其人──三門峽虢國墓地研究之一〉,《中原文物》1994年第2
　　期,頁86-89、100。

　　〈虢文公墓考──三門峽虢國墓地研究之二〉,《中原文物》1994年第3
　　期,頁42-45、94。

　　〈洛陽北窯西周墓墨書文字略論〉,《文物》1994年第7期,頁64-69、79。

　　〈康伯壺蓋跋〉,《文物》1995年第11期,頁72-74。

　　〈虢國的分封與五個虢國的歷史糾葛──三門峽虢國墓地研究之三〉,
　　《中原文物》1996年第2期,頁69-76。

　　〈洛陽北窯西周墓青銅器銘文簡論〉,《文物》1996年第7期,頁54-69。

　　〈西虢史跡及相關問題──三門峽虢國墓地研究之四〉,《洛陽考古發掘

與研究》（鄭州：《中原文物》編輯部，1996年），頁344-356。

〈洛陽北窯西周墓墨書文字略論〉，《洛陽考古發掘與研究》（鄭州：《中原文物》編輯部，1996年），頁357-363。

〈遠古刻畫符號與中國文字的起源〉，《中原文物》2001年第4期，頁30-42。

〈商周筮數易卦釋例〉，《考古學報》2004年第2期，頁131-156。

蔡運章、陳長安：〈豐國銅器及相關問題〉，《考古與文物》1983年第6期，頁69-71、25。

蔡運章、張應橋：〈季姬方尊銘文及其重要價值〉，《文物》2003年第9期，頁87-90、93。

蔡運章、安亞偉：〈西周陶簋所見圖畫、筮數和文字簡論〉，《考古》2007年第2期，頁61-66。

蔡德初：〈湖南耒陽縣出土西周甬鐘〉，《文物》1984年第7期，頁49。

鞏　文、姜寶蓮：〈扶風縣海家村發現西周時期遺址〉，《考古與文物》1995年第6期，頁90-91。

鄭小爐：〈南方青銅器斷代的理論與實踐〉，《考古》2007年第9期，頁67-77。

鄭同修、隋裕仁：〈山東威海市發現周代墓葬〉，《考古》1995年第1期，頁23-27。

鄭杰祥：〈河南新野發現的曾國銅器〉，《文物》1973年第5期，頁14-20。

鄭紅利：〈與西周王陵相關的幾個問題〉，《文博》2000年第6期，頁30-34。

鄭洪春：〈試析吳文化與商周文化的關係〉，《文博》1995年第3期，頁46-48。

鄭洪春、蔣祖棣：〈長安灃東西周遺存的考古調查〉，《考古與文物》1986年第2期，頁1-6、17。

鄭洪春、穆海亭：〈長安縣花園村西周墓葬清理簡報〉，《文博》1988年第1期，頁3-5。

〈鎬京西周五號大型宮室建築基址發掘簡報〉，《文博》1992年第4期，頁76-80、83。

鄭紹宗：〈中國北方青銅短劍的分期及形制研究〉，《文物》1984年第2期，頁37-49。

鄭州市文物考古研究所：〈鄭州洼劉西周貴族墓出土青銅器〉，《中原文物》2001年第2期，頁4-9。

〈鄭州市洼劉村西周早期墓葬（ZGW99M1）發掘簡報〉，《文物》2001年第6期，頁28-44。

〈鄭州市董寨遺址發掘簡報〉，《華夏考古》2002年第3期，頁7-12、30。

熱河省博物館籌備組：〈熱河凌源縣海島營子村發現的古代青銅器〉，《文物》1955年第8期，頁16-27。

廣西壯族自治區文物工作隊、南寧市文物管理委員會、武鳴縣文物管理所：〈廣西武鳴馬頭元龍坡墓葬發掘簡報〉，《文物》1988年第12期，頁1-13。

廣西壯族自治區博物館：〈近年來廣西出土的先秦青銅器〉，《考古》1984年第9期，頁798-806。

廣東省文物考古研究所：〈廣東考古世紀回顧〉，《考古》2000年第6期，頁1-10。

廣東省文物管理委員會：〈廣東清遠發現周代青銅器〉，《考古》1963年第2期，頁57-61。

廣東省博物館：〈廣東平遠縣西周陶窯清理簡報〉，《考古》1983年第7期，頁588-596。

德州行署文化局文物組、濟陽縣圖書館：〈山東濟陽劉台子西周早期墓發掘簡報〉，《文物》1981年第9期，頁18-24。

〈山東濟陽劉台子西周墓地第二次發掘〉，《文物》1985年第12期，頁15-20。

撫順市博物館考古隊：〈撫順地區早晚兩類青銅文化遺存〉，《文物》1983年第9期，頁58-65。

滕銘予：〈秦文化起源及相關問題再探討〉，《中國考古學跨世紀的回顧與前瞻（1999年西陵國際學術研討會文集）》（北京：科學出版社，2000年10月），頁281-296。

滕縣博物館：〈山東滕縣發現滕侯銅器墓〉，《考古》1984年第4期，頁333-337。

潁上縣文化局文物工作組：〈安徽潁上縣出土一批商周青銅器〉，《考古》1984年第12期，頁1132-1133、1113。

慶陽地區博物館：〈甘肅慶陽韓家灘廟嘴發現一座西周墓〉，《考古》1985年第9期，頁853-854、809。

〈甘肅寧縣焦村西溝出土的一座西周墓〉，《考古與文物》1989年第6期，頁24-27。

確山縣文物管理所：〈河南確山出土西周晚期銅器〉，《考古》1993年第1期，頁85。

閻宏斌：〈寶雞林家村出土西周青銅器和陶器〉，《文物》1988年第6期，頁92-93。

穆海亭：〈周代金文中的婦名〉，《文博》2007年第5期，頁54-55、15。

穆曉軍：〈陝西長安縣出土西周吳虎鼎〉，《考古與文物》1998年第3期，頁69-71。

盧茂村：〈淺議皖南土墩墓及其族屬〉，《考古與文物》1991年第6期，頁94-101。

盧建國：〈銅川市城關出土西周青銅器〉，《文物》1986年第5期，頁94-95。

盧建國、賈靖：〈寶雞市在打擊盜掘、走私文物鬥爭中保護的部份青銅器和鐵器〉，《考古與文物》1990年第4期，頁17-21。

盧連成：〈扶風劉家先周墓地剖析——論先周文化〉，《考古與文物》1985年第2期，頁37-48、56。

〈先周文化與周邊地區的青銅器文化〉，《考古學研究》（西安：三秦出版社，1993年10月），頁243-279。

盧連成、羅英杰：〈陝西武功縣出土楚設諸器〉，《考古》1981年第2期，頁128-133。

盧連成、胡智生：〈寶雞茹家莊、竹園溝墓地有關問題的探討〉，《文物》1983年第2期，頁12-20。

〈寶雞茹家莊、竹園溝墓地出土兵器的初步研究——兼論蜀式兵器的淵源和發展〉，《考古與文物》1983年第5期，頁50-65。

隨州市博物館：〈湖北隨縣新發現古代青銅器〉，《考古》1982年第2期，頁139-141、138。

〈湖北隨縣安居出土青銅器〉，《文物》1982年第12期，頁51-57。

〈湖北隨縣發現商周青銅器〉，《考古》1984年第6期，頁510-514。

〈湖北隨州出土西周青銅鎛〉，《文物》1998年第10期，頁76-77。

遲雷：〈關於曲刃青銅短劍的若干問題〉，《考古》1982年第1期，頁54-59。

遼寧省文物考古研究所：〈遼寧喀左縣高家洞商周墓〉，《考古》1998年第4期，頁39-41、86。

〈遼寧義縣向陽嶺青銅時代遺址發掘報告〉，《考古學集刊》第13集（北京：中國大百科全書出版社，2000年12月），頁41-82。

遼寧省西豐縣文物管理所：〈遼寧西豐縣新發現的幾座石棺墓〉，《考古》1995年第2期，頁118-123。

遼寧省昭烏達盟文物工作站、中國科學院考古研究所東北工作隊：〈寧城縣南山根的石椁墓〉，《考古學報》1973年第2期，頁27-39。

遼寧省博物館文物工作隊：〈遼寧朝陽魏營子西周墓和古遺址〉，《考古》1977年第5期，頁306-309。

蕭　琦：〈隴縣韋家莊又出土西周銅器〉，《考古與文物》1983年第2期，頁107。
　　　　〈陝西隴縣出土周代青銅器〉，《考古與文物》1991年第5期，頁1-10。

蕭明華：〈雲南考古述略〉，《考古》2001年第12期，頁3-15。

蕭夢龍：〈母子墩墓青銅器及有關問題探索〉，《文物》1984年第5期，頁11-15。
　　　　〈初論吳文化〉，《考古與文物》1985年第4期，頁61-71。
　　　　〈吳國青銅器分期、類型與特點探析〉，《考古與文物》1990年第3期，頁52-60、34。
　　　　〈吳國青銅兵器研究〉，《考古學報》1991年第2期，頁141-165。
　　　　〈試論吳越青銅兵器〉，《考古與文物》1996年第6期，頁15-27、14。

謝青山、楊紹舜：〈山西呂梁縣石樓鎮又發現銅器〉，《文物》1960年第7期，頁50-52。

謝道華：〈福建建陽山林仔西周遺址調查〉，《東南文化》1994年第5期，頁95-99。

謝瑞琚：〈試論我國早期土洞墓〉，《考古》1987年第12期，頁1097-1104。

韓　偉、吳鎮烽：〈鳳翔南指揮西村周墓的發掘〉，《考古與文物》1982年第4期，頁15-38。

韓　巍：〈眉縣盠器群的族姓、年代及相關問題〉，《考古與文物》2007年第4期，頁16-21。
　　　　〈單逑諸器銘文習語的時代特點和斷代意義〉，《南開學報（哲學社會科學版）》2008年第6期，頁26-33。
　　　　〈冊命銘文的變化與西周厲、宣銅器分界〉，《文物》2009年第1期，頁80-85。

韓汝玢：〈張家坡M152出土西周戈的鑒定〉，《考古》1995年第7期，頁640-642。

韓炳華：〈從晉侯蘇鐘的斷代看西周金文月相詞語〉，《山西大學學報（哲學社會科學版）》2008年第31卷第1期，頁18-22。

韓嘉谷：〈京津地區商周時期古文化發現的一點線索〉,《中國考古學會第三次年會論文集》（北京：文物出版社，1984年4月），頁220-229。

〈長城地帶青銅短劍的考古學文化和族屬〉,《中國考古學會第八次年會論文集》（北京：文物出版社，1996年8月），頁157-174。

韓嘉谷、紀烈敏：〈薊縣張家園遺址青銅文化遺存綜述〉,《考古》1993年第4期，頁355-364、294。

韓維龍、張志清：〈鹿邑太清宮長子口墓出土青銅器〉,《中原文物》2000年第1期，頁4-7。

〈長子口墓的時代特徵及墓主〉,《考古》2000年第9期，頁24-29。

鍾少異：〈試論扁莖劍〉,《考古學報》1992年第2期，頁129-145。

〈略論人面紋扁莖銅短劍〉,《考古與文物》1994年第1期，頁61-63。

〈試論戟的幾個問題〉,《文物》1995年第11期，頁54-60。

薛　堯：〈江西出土的幾件青銅器〉,《考古》1963年第8期，頁416-418、422。

戴忠賢：〈記陜西華縣一處西周遺址〉,《考古》1965年第3期，頁152。

戴春陽：〈禮縣大堡子山秦公墓地及有關問題〉,《文物》2000年第5期，頁74-80。

戴尊德、劉岱瑜：〈山西芮城柴村出土的西周銅器〉,《考古》1989年第10期，頁906-909。

襄樊市博物館：〈湖北谷城、棗陽出土周代青銅器〉,《考古》1987年第5期，頁410-413、433。

〈湖北宜城出土蔡國青銅器〉,《考古》1989年第11期，頁1041-1044。

襄樊市博物館、谷城縣文化館：〈襄樊市、谷城縣館藏青銅器〉,《文物》1986年第4期，頁15-20。

濟青公路文物工作隊：〈山東臨淄後李遺址第三、四次發掘簡報〉,《考古》1994年第2期，頁97-112。

濟寧市博物館：〈山東微山縣古遺址調查〉,《考古》1995年第4期，頁312-318。

濟寧地區行署文化局文物普查隊：〈山東濟寧縣古遺址〉,《考古》1983年第6期，頁489-495。

濰坊市博物館：〈濰坊市古文化遺址調查〉,《考古》1989年第9期，頁769-774、833。

〈山東濰坊地區商周遺址調查〉，《考古》1993年第9期，頁781-799。
藍　蔚：〈杞伯簋〉，《文物》1962年第10期，頁58。
魏　國：〈山東新泰出土商周青銅器〉，《文物》1992年第3期，頁93-95。
魏興興、李亞龍：〈陝西扶風齊鎮發現西周煉爐〉，《考古與文物》2007年第1期，頁22-23、61。
鎮江市博物館：〈江蘇丹徒縣石家墩西周墓〉，《考古》1984年第8期，頁706-708。
〈江蘇句容城頭山遺址試掘簡報〉，《考古》1985年第4期，頁289-302、335。
〈江蘇溧水、丹陽西周墓發掘簡報〉，《考古》1985年第8期，頁690-693、768。
鎮江市博物館、丹陽縣文物管理委員會：〈江蘇丹陽出土的西周青銅器〉，《文物》1980年第8期，頁3-9。
〈江蘇丹徒大港母子墩西周銅器墓發掘簡報〉，《文物》1984年第5期，頁1-10。
鎮江市博物館、金壇縣文化館：〈江蘇金壇鱉墩西周墓〉，《考古》1978年第3期，頁151-154。
鎮江市博物館、溧水縣文化館：〈江蘇溧水烏山西周二號墓清理簡報〉，《文物資料叢刊》2（北京：文物出版社，1978年12月），頁66-69。
鎮江市博物館浮山果園古墓發掘組：〈江蘇句容浮山果園土墩墓〉，《考古》1979年第2期，頁107-118。
臨汝縣文化館：〈河南臨汝縣出土西周銅匜〉，《考古》1984年第2期，頁156。
臨沂市博物館：〈山東臨沂中洽溝發現三座周墓〉，《考古》1987年第8期，頁701-706、762。
臨朐縣文化館、濰坊地區文物管理委員會：〈山東臨朐發現齊、鄩、曾諸國銅器〉，《文物》1983年第12期，頁1-6。
臨潼縣文化館：〈陝西臨潼發現武王征商簋〉，《文物》1977年第8期，頁1-7。
瀋陽市文物工作組：〈瀋陽地區出土的青銅短劍資料〉，《考古》1964年第1期，頁44-45。
關玉翠、趙新來：〈泌陽縣出土的兩件西周銅壺〉，《文物》1966年第1期，頁56-57。

羅　平：〈岳城水庫英烈村西周遺址試掘〉，《文物》1960年第3期，頁90。

羅　泰：〈西周銅器銘文的性質〉，《考古學研究》（六）（北京：科學出版社，2006年12月），頁343-374。

羅　豐：〈20世紀寧夏考古的回顧與思考〉，《考古》2002年第8期，頁3-13。

羅二虎：〈成都地區卜甲的初步研究〉，《考古》1988年第12期，頁1122-1129。

羅西章：〈扶風新徵集了一批西周青銅器〉，《文物》1973年第11期，頁78-79。

〈陝西扶風縣北橋出土一批西周青銅器〉，《文物》1974年第11期，頁85-89。

〈扶風白家窯水庫出土的商周文物〉，《文物》1977年第12期，頁84-86。

〈扶風白龍大隊發現西周早期墓葬〉，《文物》1978年第2期，頁94-95。

〈陝西扶風發現西周厲王㝬殷〉，《文物》1979年第4期，頁89-91。

〈陝西扶風楊家堡西周墓清理簡報〉，《考古與文物》1980年第2期，頁21-27。

〈扶風出土的商周青銅器〉，《考古與文物》1980年第4期，頁6-22、53。

〈扶風溝原發現叔趙父爯〉，《考古與文物》1982年第4期，頁106-107。

〈扶風出土西周兵器淺識〉，《考古與文物》1985年第1期，頁92-100。

〈周原青銅器窖藏及有關問題的探討〉，《考古與文物》1988年第2期，頁40-47。

〈扶風齊家村西周墓清理簡報〉，《文博》1990年第3期，頁3-11。

〈西周王陵何處覓〉，《文博》1997年第2期，頁68-73。

〈西周王盂考──兼論菶京地望〉，《考古與文物》1998年第1期，頁76-81。

〈宰兽簋銘略考〉，《文物》1998年第8期，頁83-87。

〈陝西周原新出土的青銅器〉，《考古》1999年第4期，頁18-21。

羅西章、王均顯：〈周原扶風地區出土西周甲骨的初步認識〉，《文物》1987年第2期，頁17-26。

羅西章、吳鎮烽、雒忠如：〈陝西扶風出土西周伯㦬諸器〉，《文物》1976年第6期，頁51-60。

羅西章、吳鎮烽、尚志儒：〈陝西扶風縣召李村一號周墓清理簡報〉，《文物》1976年第6期，頁61-65。

羅紅俠：〈扶風黃堆老堡三座西周殘墓清理簡報〉，《考古與文物》1994年第3期，
　　　頁16-27、15。
　　　〈扶風黃堆老堡西周殘墓清理簡報〉，《文博》1994年第5期，頁78-86、
　　　25。

羅福頤：〈郿縣銅器銘文試釋〉，《文物》1957年第5期，頁70。
　　　〈克盨〉，《文物》1959年第3期，頁64。

龐文龍：〈岐山縣博物館藏古代甬鐘、鎛鐘〉，《文博》1992年第2期，頁80。
　　　〈岐山縣博物館藏商周青銅器錄遺〉，《考古與文物》1994年第3期，頁
　　　28-40、56。

龐文龍、崔玫英：〈陝西岐山近年出土的青銅器〉，《考古與文物》1990年第1期，
　　　頁50-52、57。

龐文龍、劉少敏：〈岐山縣北郭鄉樊村新出土青銅器等文物〉，《文物》1992年第6
　　　期，頁72。

龐懷靖、吳鎮烽、雒忠如、尚志儒：〈陝西省岐山縣董家村西周銅器窖穴發掘簡
　　　報〉，《文物》1976年第5期，頁26-44。

龐懷靖：〈西周月相解釋「定點說」芻議〉，《文物》1981年第12期，頁74-78。
　　　〈跋太保玉戈──兼論召公奭的有關問題〉，《考古與文物》1986年第1
　　　期，頁70-73。
　　　〈周原甲骨文〉，《文博》1993年第6期，頁9-16。
　　　〈岐邑（周城）之發現及鳳雛建築基址年代探討〉，《文博》2001年第1
　　　期，頁19-22。
　　　〈鳳雛甲組宮室年代問題再探討〉，《考古與文物》2001年第4期，頁58-
　　　59、74。
　　　〈對西周銅器梁其鼎及㝬匜王年的推斷〉，《考古與文物》2002年第5期，
　　　頁49-50、55。

譚英杰、趙善桐：〈松嫩平原青銅文化芻議〉，《中國考古學會第四次年會論文集》
　　　（北京：文物出版社，1985年12月），頁196-202。

嚴志斌：〈複合氏名層級說之思考〉，《中原文物》2002年第3期，頁34-37、44。
　　　〈關於商周「小子」的幾點看法〉，《三代考古（一）》（北京：科學出版
　　　社，2004年9月），頁383-390。

〈複合氏名層級說之思考〉,《三代考古(一)》(北京:科學出版社,2004年9月),頁391-396。

嚴霞峰:〈江西靖安出土西周甬鐘〉,《考古》1984年第4期,頁375。

饒宗頤等:〈曲沃北趙晉侯墓地M114出土叔夨方鼎及相關問題研究筆談〉,《文物》2002年第5期,頁69-77。

饒澤民:〈湖南株洲發現二件商周青銅器〉,《考古》1993年第10期,頁952。

寶雞市考古隊:〈寶雞市紙坊頭遺址試掘簡報〉,《文物》1989年第5期,頁47-55。

寶雞市考古隊、扶風縣博物館:〈扶風縣飛鳳山西周墓發掘簡報〉,《考古與文物》1996年第3期,頁13-18、25。

〈陝西扶風縣新發現一批西周青銅器〉,《考古與文物》2007年第4期,頁3-12。

寶雞市考古工作隊:〈陝西武功鄭家坡先周遺址發掘簡報〉,《文物》1984年第7期,頁1-15、66。

〈關中漆水下游先周遺址調查報告〉,《考古與文物》1989年第6期,頁8-23。

〈陝西岐山趙家台遺址試掘簡報〉,《考古與文物》1994年第2期,頁29-38。

〈寶雞縣陽平鎮高廟村西周墓群〉,《考古與文物》1996年第3期,頁1-12。

〈陝西寶雞紙坊頭西周早期墓葬清理簡報〉,《文物》2007年第8期,頁28-47。

寶雞市考古研究所、扶風縣博物館:〈陝西扶風五郡西村西周青銅器窖藏發掘簡報〉,《文物》2007年第8期,頁4-27。

寶雞市博物館:〈寶雞竹園溝西周墓地發掘簡報〉,《文物》1983年第2期,頁1-11、90。

寶雞市博物館、渭濱區文化館:〈寶雞竹園溝等地西周墓〉,《考古》1978年第5期,頁289-296、300。

寶雞茹家莊西周墓發掘隊:〈陝西省寶雞市茹家莊西周墓發掘簡報〉,《文物》1976年第4期,頁34-56。

蘇伏濤:〈雲南石屏發現一件西周青銅鼎〉,《文物》1989年第12期,頁92。

蘇州博物館、常熟博物館:〈江蘇常熟市虞山西嶺石室土墩的發掘〉,《考古》
　　　2001年第9期,頁22-34。

蘇州博物館考古部:〈江蘇蘇州上方山六號墩的發掘〉,《考古》1987年第6期,頁
　　　525-532。

顧鐵符:〈周原甲骨文「楚子來告」引證〉,《考古與文物》1981年第1期,頁72-
　　　75。

龔　軍:〈《師旂鼎》所反映西周的軍法制度〉,《華夏考古》2008年第1期,頁
　　　110-112、152。

龔國強:〈新疆地區早期銅器略論〉,《考古》1997年第9期,頁7-20。

麟游縣博物館:〈陝西省麟游縣出土商周青銅器〉,《考古》1990年第10期,頁
　　　879-881、942。

四　學位論文

王志友:《早期秦文化》,西北大學考古學與博物館學博士論文,2007。

方麗娜:《西周金文虛詞研究》,國立台灣師範大學國文學系碩士論文,1984。

全廣鎮:《兩周金文通假字研究》,國立台灣師範大學中國文學研究所碩士論文,
　　　1987。

呂　軍:《中國東北系青銅短劍研究》,吉林大學考古學及博物館學博士論文,
　　　2006。

李珮瑜:《商代出土銅器銘文研究》,淡江大學中國文學研究所碩士論文,1993。

宋江寧:《試論寺洼文化》,中國社會科學院研究生院商周考古碩士論文,2001。

宋鵬飛:《殷周金文形聲字研究》,國立成功大學中國文學系碩士論文,2002。

吳豔娜:《金文常見雙音詞釋義》,華南師範大學漢語言文字學碩士論文,2007。

金河鐘:《殷周金文詞匯研究》,山東大學漢語言文字學博士論文,2008。

林清源:《兩周青銅句兵銘文彙考》,東海大學中國文學研究所碩士論文,1986。

洪　猛:《雙灣墓葬及沙井文化相關問題研究》,吉林大學考古學及博物館學碩士
　　　論文,2008。

唐　寧:《安徽江淮地區西周考古學文化研究》,山東大學考古學及博物館學碩士
　　　論文,2011。

郭　　光：《皖南商周青銅器紋飾研究》，安徽大學考古學及博物館學碩士論文，2008。

張文立：《青海地區青銅時代文化研究》，吉林大學考古學及博物館學博士論文，2003。

寇占民：《西周金文動詞研究》，首都師範大學漢語言文字學博士論文，2009。

陳美琪：《西周金文字體常用詞語及文例研究》，中國文化大學中國文學研究所博士論文，2000。

陳美蘭：《西周金文複詞研究》，國立台灣師範大學國文研究所博士論文，2003。

陳高志：《西周金文所見東夷探究》，台灣大學中國文學研究所碩士論文，1993。

陳高志：《西周金文所見軍禮探微》，台灣大學中國文學研究所博士論文，2001。

梁華榮：《西周金文虛詞研究》，四川大學歷史文獻學博士論文，2005。

楊　　磊：《梁帶村芮國墓地青銅器文化因素及相關問題研究》，西北大學考古學及博物館學碩士論文，2012。

葉舒然：《安徽江淮地區春秋青銅器發現與研究略論》，安徽大學考古學及博物館學碩士論文，2012。

鄧章應：《西周金文句法研究》，西南師範大學漢語言文字學碩士論文，2004。

趙賓福：《中國東北地區夏至戰國時期的考古學文化研究》，吉林大學考古學及博物館學博士論文，2005。

潘玉坤：《西周金文語序研究》，華東師範大學漢語言文字學博士論文，2003。

劉　　牧：《早期秦文化青銅禮器分期及相關問題研究》，西北大學考古學及博物館學碩士論文，2009。

蔣　　剛：《太行山兩翼北方青銅文化的演進及其與夏商西周文化的互動》，吉林大學考古學及博物館學博士論文，2006。

鄭大寧：《中國東北地區青銅時代石棺墓遺存的考古學研究》，中國社會科學院研究生院考古學及博物館學博士論文，2002。

鄭憲仁：《周穆王時代銅器研究》，國立台灣師範大學國文研究所碩士論文，1999。

鄭憲仁：《西周銅器銘文所載賞賜物之研究——器物與身分的詮釋》，國立台灣師範大學國文研究所博士論文，2004。

謝美鈺：《莊白一號窖藏青銅器暨銘文研究》，國立高雄師範大學國文學系碩士論文，2000。

羅仕宏：《西周金文假借字研究》，國立中正大學中國文學所碩士論文，2007。

附錄篇

附錄一

1992、1995和1996年扶風黃堆墓葬編號與出土器物一覽表

墓葬編號	銅器種類與數量	其他器物種類與數量
92FHM25[1]	銅鈴1、銅魚6	原始瓷豆8、瓷碗1、瓷罍2、陶鬲1、陶燈1、玉佩飾19、玉魚8、玉玦9、玉人1、玉管6、玉刀2、玉戈3、玉瑁1、玉璜2、漢白玉石獸面2、蚌飾47、石泡13、石魚6、玉貝8、貝38、金箔1、瑪瑙珠1、蛤蜊1
92FHM26[2]		玉佩飾1、長方形玉管1、石魚36、蚌飾23、蚌泡15、蛤蜊78
92FHM31[3]	銅鈴2	陶罐1、玉塊2、玉管1、殘玉璧1、魚形玉飾1、長條形玉飾1、玉戈1、珠管串飾1、石魚11、石貝22、石泡28、大小蚌泡26、蚌飾15、貝30
92FHM34[4]		陶罐1、陶豆2、陶鬲1、陶簋1、玉璧1、玉玦4、玉圭殘片、玉片、貝27
92FHM37[5]	銅鼎1、銅魚14、銅環2、馬銜2[6]	陶罐1、玉鑣1、殘玉器4、蚌泡1
92FHM39[7]	車軎1、車轄2	陶罐1、玉圭2、玉鉞1、石魚4、玉片、玉貝2、石貝271、貝13、蚌泡14
92FHM40[8]		陶罐1、陶豆2、骨笄1、玉玦1、玉圭1、石貝50、貝2

1　羅紅霞：〈扶風黃堆老堡三座西周殘墓清理簡報〉，《考古與文物》1994：3，頁16-23。
2　羅紅霞：〈扶風黃堆老堡西周殘墓清理簡報〉，《文博》1994：5，頁86。
3　同上，頁81-84。
4　同上，頁84-85。
5　同上，頁79-80。曹瑋：《周原出土青銅器》第九卷，頁1926-1939，巴蜀書社，成都，2005。
6　92FHM37出土馬銜兩套。
7　羅紅霞：〈扶風黃堆老堡西周殘墓清理簡報〉，《文博》1994：5，頁85-86。
8　同上，頁85。

（續）

墓葬編號	銅器種類與數量	其他器物種類與數量
92FHM42[9]	銅魚3、節約11、鑾鈴2、軏飾5、銅泡4、銅鑣4、馬銜3[10]、銅管8	陶罐1、蚌飾3、玉圭殘片、石磬殘片、貝15
92FHM45[11]	銅鼎1	陶鬲1、玉飾1、海貝4
92FHM49[12]	銅泡6（牛首形5、圓形1）	
92FHM52[13]	銅魚13	玉圭10、玉戈1、蚌泡18、蚌飾32、貝38、蛤蜊25
95FHM32[14]	銅鈴、節約、銅魚	骨片、漆皮、蚌片、玉掏耳勺、瓷尊殘片、玉圭、石魚、石泡、石飾、石器、蚌泡、蚌飾、骨節約、玉飾、貝[15]
95FHM41	節約、銅鑣、銅泡、銅魚、銅戈、銅管	玉管、玉璜、玉珠、玉圭、蚌片、各式蚌泡、貝、料管
95FHM44	銅魚、銅鈴、殘銅器、車軎、車轄、銅泡	玉虎、玉管、殘玉器、蚌泡、貝、殘陶器
95FHM48		玉玦、小玉飾、小玉片、殘玉器、蚌飾、蚌魚、蚌泡、貝
95FHM50		陶罐、陶鬲、玉虎、殘玉器、殘玉圭、殘玉片
95FHM56		玉貝、玉飾、玉鏟、蚌片
95FHM57		殘玉環、貝

9 羅紅霞：〈扶風黃堆老堡三座西周殘墓清理簡報〉，《考古與文物》1994：3，頁25-26。

10 92FHM42出土馬銜3件，兩件套在一起，另一件與之相配者已丟失。

11 羅紅霞：〈扶風黃堆老堡西周殘墓清理簡報〉，《文博》1994：5，頁80-81。曹瑋：《周原出土青銅器》第九卷，頁1940-1945，巴蜀書社，成都，2005。

12 羅紅霞：〈扶風黃堆老堡西周殘墓清理簡報〉，《文博》1994：5，頁78-79。

13 羅紅霞：〈扶風黃堆老堡三座西周殘墓清理簡報〉，《考古與文物》1994：3，頁23-25。

14 周原博物館：〈1995年扶風黃堆老堡子西周墓清理簡報〉，《文物》2005：4，頁4-25。該發掘簡報對於所報導之各墓葬，僅簡單說明其墓葬位置、形制、遭盜擾情形……等，相關的出土器物僅列舉於各墓葬的平面圖旁，但各器物的出土數量並未著錄清楚。因此編號32、41、44、48、50、56、57、63之墓葬，在此僅能登錄出土之品物，出土之數量未能一一掌握。

15 骨片、漆皮、蚌片、玉掏耳勺、刻花瓷尊殘片等是出現在盜洞內，其餘則發現自棺槨中。

（續）

墓葬編號	銅器種類與數量	其他器物種類與數量
95FHM63	大小銅泡	玉圭、玉殘片、小石泡、蚌泡、骨節約、蛤蜊、貝、蚌魚[16]
95FHM55[17]	銅鼎1、銅簋1、銅盉1、銅盤1、銅魚25	瓷豆1、玉覆面飾1[18]、玉龍2、玉飾8、玉玦2、玉珠3、玉貝63、玉管15、石佩1、玉魚2、殘玉器8、石魚14、殘石器21
95FHM58[19]	銅鼎1、銅簋1*（1）、銅魚	石泡2、殘玉器、料珠、貝、殘陶片、殘陶鬲[20]
95FHM60[21]	陽燧1、銅鈴1、銅泡3	玉璧1、玉柄形器1、殘玉片、蚌殼、蚌泡、蚌魚
96FHM65[22]	殘銅魚	陶罐、陶鬲、玉鏟、玉管、玉柄形器、殘玉片、石飾、石墜、料珠、貝[23]
96FHM68	銅泡、銅環、銅管、節約	玉璜、蚌泡、殘蚌魚、殘蚌片、貝、殘玉圭、殘玉璜、殘玉片、玉管[24]
96FHM69	銅魚、銅泡、銅環、銅管、節約、鑾鈴、銅鈴舌	陶鬲、陶罐、條形小玉片、玉蚌、殘玉片、蚌泡、蚌片、殘蚌魚、石泡、蛤蜊、

---

16 蚌魚出現在盜洞內，其餘則發現自棺槨中。

17 周原博物館：〈1995年扶風黃堆老堡子西周墓清理簡報〉，《文物》2005：4，頁8、10。曹瑋：《周原出土青銅器》第九卷，頁1946-1979，巴蜀書社，成都，2005。該墓出土器物與數量參見《周原出土青銅器》一書所載。

18 95FHM55出土玉覆面飾1組，由不同形狀的玉器組成，現殘存10件。

19 周原博物館：〈1995年扶風黃堆老堡子西周墓清理簡報〉，《文物》2005：4，頁9、12。曹瑋：《周原出土青銅器》第九卷，頁1980-1989，巴蜀書社，成都，2005。銅鼎1、銅簋1和石泡3是參見《周原出土青銅器》一書所載，發掘簡報僅著錄出土器物，未載明數量。

20 殘陶片、殘陶鬲出現在盜洞內，其餘則發現自棺槨中。

21 周原博物館：〈1995年扶風黃堆老堡子西周墓清理簡報〉，《文物》2005：4，頁9-10、12。曹瑋：《周原出土青銅器》第九卷，頁1990-1997，巴蜀書社，成都，2005。陽燧1、銅鈴1、銅泡3、玉璧1、玉柄形器1是參見《周原出土青銅器》一書所載，發掘簡報僅著錄出土器物，未載明數量。

22 周原博物館：〈1996年扶風黃堆老堡子西周墓清理簡報〉，《文物》2005：4，頁26-42。該發掘簡報對於所報導之各墓葬，僅簡單說明其墓葬位置、形制、遭盜擾情形……等，相關的出土器物僅列舉於各墓葬的平面圖旁，但各器物的出土數量並未著錄清楚。因此編號65、68—70、72之墓葬，在此僅能登錄出土之品物，至於出土之數量則未能一一掌握。

23 除了殘銅魚和陶罐、陶鬲發現自棺槨中，其餘器物均出現在盜洞內。

24 殘玉圭、殘玉璜、殘玉片和玉管出現在盜洞內，其餘器物則發現自棺槨中。

（續）

墓葬編號	銅器種類與數量	其他器物種類與數量
		貝、玉圭、玉柄形器、玉片、石鏟、石管、殘石魚[25]
96FHM70	銅魚、銅環、管狀節約、鑾鈴、銅鈴舌、車軎、銅鏃、銅節約	玉鏟、玉貝、骨鑢[26]、礪石、貝、石泡、石魚、蚌魚、蚌泡、石貝[27]
96FHM71[28]	銅鼎1	陶罐1、玉圭1、貝1
96FHM72	銅泡、車軎、車轄	陶鬲
96FHK38[29]	銅軛足飾、軛首飾、獸形飾、銅衡中飾、衡末飾、銅軹首飾、車軎、車軏、車轄、轙飾	殘石磬

---

25 玉圭、玉柄形器、玉片、石鏟、石管、殘石魚等出現在盜洞內，其餘器物則發現自棺椁中。

26 「骨鑢」一物，據考古簡報的著錄，是將動物股骨的小頭削去一面形成鑢刃。

27 銅鏃、銅節約和蚌泡、石魚、石泡、石貝、貝等出現在盜洞內，其餘器物則發現自棺椁中。

28 周原博物館：〈1996年扶風黃堆老堡子西周墓清理簡報〉，《文物》2005：4，頁27、30。曹瑋：《周原出土青銅器》第九卷，頁1998-2001，巴蜀書社，成都，2005。

29 96FHK38是一座大型的車馬坑，車具全部被拆卸成殘件投入坑底的填土中，由於此坑多次被盜，具體殉車數量不詳，共清理出馬頭96個。

附錄二

扶風北呂出土銅器之周墓的墓葬編號與隨葬器物一覽表

編號	銅器種類與數量	其他器物種類與數量	備註
Ⅰ M1	銅戈1	陶鬲1、陶罐1	陶器成碎片 分期：三
Ⅰ M4	銅戈1	陶鬲2、陶罐1、陶尊1、蛤蜊44[30]	分期：二
Ⅰ M7	銅戈1	陶鬲2、陶罐1	分期：三
Ⅰ M9	銅泡1	陶鬲1、陶罐1、串飾1、貝13[31]	分期：二
Ⅱ M1	銅鼎1、銅簋1	陶罐1、青瓷豆盤殘片1、陶瓶1、玉龍1、玉戈2、玉璜1、玉紡輪1、玉片1、石斧1、石紡輪1、白玉片2、砂石片1、蚌殼3、獠牙1[32]	分期：三
Ⅱ M2	銅鈴2	陶鬲1、陶罐1、陶簋1、貝30[33]、綠松石串飾1	分期：二
Ⅱ M3	銅戈1、銅鏡1		分期：三
Ⅱ M4	銅戈1、銅泡1	陶鬲1、蛤蜊2	分期：三
Ⅱ M14	銅戈1[34]	陶鬲1	分期：二
Ⅲ M11	銅戈1	陶鬲1、玉圭1[35]、蛤蜊23、貝5	分期：四

30　羅西章：《北呂周人墓地》，頁35-36，西北大學出版社，西安，1995。考古報告內文並未提到蛤蜊44件，但附表二〈北呂周人墓葬一覽表〉卻記錄蛤蜊44件。

31　同上，頁33。考古報告內文著錄銅泡1件且並未提到出土貝，但附表二〈北呂周人墓葬一覽表〉卻著錄銅泡2件、貝13件。

32　同上，頁51。考古報告內文並未著錄骨管和磨石，但附表二〈北呂周人墓葬一覽表〉卻有之。

33　同上，頁49。考古報告內文著錄貝30枚，但附表二〈北呂周人墓葬一覽表〉卻著錄300枚。

34　同上，頁44。考古報告內文著錄銅戈1件，但附表二〈北呂周人墓葬一覽表〉卻闕如。

35　同上，頁57。考古報告內文著錄玉圭1件，但附表二〈北呂周人墓葬一覽表〉著錄玉戈1件。

（續）

編號	銅器種類與數量	其他器物種類與數量	備註
IVM52	銅弓形器1	貝2	分期：四
IVM57	殘銅戈1	蛤蜊5、蚌泡2	分期：？[36]
IVM65	銅戈1	陶鬲1	分期：二
IVM67	銅戈1		分期：？
IVM69	銅戈1	陶鬲1	分期：四
IVM85	銅戈1、銅泡1		分期：四
IVM87	銅戈1	陶鬲1、陶壺1	分期：一
IVM92	銅鑣4、銅泡2、鏤孔鈴形器1	陶鬲殘片、骨質和角質鎧甲片21[37]、貝2、蚌泡1	分期：四
IVM93	銅戈1	陶盆1	分期：一
IVM116	銅泡99		分期：？
IVM132	銅戈1		分期：五
IVM144	銅戈2、銅戟1	磨石	分期：四
IVM145	鑾鈴3、銅鑿1、當盧1、銅泡22		分期：四
IVM172	銅泡1[38]	陶鬲2、蛤蜊1	分期：二
IVM206	銅戈2	陶鬲1	分期：五
IVM210	銅戈1	陶鬲1	分期：四
IVM213	銅戈1		分期：五
IVM242	銅戈1	陶鬲1	分期：四
IVM243	銅戈1	蛤蜊2	分期：五

36 ？表示無法斷定期別。

37 羅西章：《北呂周人墓地》，頁73-74，西北大學出版社，西安，1995。考古報告內文著錄骨質和角質鎧甲片21塊，但附表二〈北呂周人墓葬一覽表〉卻著錄100。

38 同上，頁70。考古報告內文著錄銅泡1枚，但附表二〈北呂周人墓葬一覽表〉卻著錄銅泡3枚。

（續）

編號	銅器種類與數量	其他器物種類與數量	備註
IVM251	銅鼎1	陶鬲1、陶罐1、漆器3、蚌泡30、蚌棒4、玉璜1、玉魚2	漆器均已腐朽 分期：四
IVM259	銅戈1	陶鬲1	分期：二
VM1	銅鈴2	玉戈1、貝2	分期：？
VM3	銅泡8、銅環2	玉柄形器1、貝8、蛤蜊24、蚌泡5	分期：？
VM25	銅書2、銅魚2	陶鬲1、陶罐1、貝10、玉鞢1、殘柄形玉器1[39]	分期：七
VM27	銅戈1	陶鼎1、陶鬲1、陶簋1、玉圭1、玉璧1、蛤蜊17[40]	分期：五
VM31	銅鈴1	玉璜1、柄形器1	分期：？
VM32	銅泡2	器蓋1	分期：六
VM33	銅戈1	蛤蜊1、蚌泡3	分期：？
VM38	銅鈴4	陶鬲1、陶罐1、玉戈1	分期：七
VM148	銅鼎2*（1）、銅簋1*（1）	陶鬲1、陶罐4、漆器6、玉璧1、玉魚2、玉和瑪瑙串飾1、料珠料管串飾1、貝12、蛤蜊7	漆器均已腐朽 分期：七
VM152	銅戈內1	白石子8	分期：？
VM160	銅泡2[41]	陶鬲1、玉圭1、串飾25枚、蚌魚25、貝6、膽結石1	分期：六
VM165	銅泡1		分期：？
VM299	銅泡1	貝6、蚌魚14、蛤蜊270	分期：？

---

39 羅西章：《北呂周人墓地》，頁83，西北大學出版社，西安，1995。考古報告內文著錄銅書1件、貝10枚，但附表二〈北呂周人墓葬一覽表〉著錄銅書2件、貝2枚。

40 同上，頁79。考古報告內文著錄玉圭、玉璧各1件，但附表二〈北呂周人墓葬一覽表〉卻著錄玉戈2件。

41 同上，頁81-82。考古報告內文未著錄銅泡，但附表二〈北呂周人墓葬一覽表〉著錄銅泡2枚。

附錄三

1983－1986年長安張家坡出土銅器（容器以外）之墓葬編號與隨葬器物一覽表[42]

編號	銅器種類	其他器物種類	備註
M1	銅鑣、銅泡	陶罐、陶盂、蚌飾、牙器、玉飾、蛤殼	分期：三
M2	銅戈1、車馬器	玉飾、骨器、龜甲、蚌飾、蛤殼、車輪2	分期：？
M7	銅戈1	陶鬲、蛤殼	分期：四
M8	銅戈1	陶鬲、玉飾、蚌飾	分期：一
M12	銅鑣		分期：？
M14	銅飾、車馬器	玉飾、骨飾、蚌飾、貝	分期：？
M15	銅環、車馬器	玉飾、蚌飾、貝	分期：？
M17	銅泡、車馬器	陶鬲、玉飾、蛤殼、貝	分期：四
M21	銅鑣	陶鬲、陶簋、陶罐、貝	分期：一
M22	銅戈1、車馬器	玉飾、骨飾、蚌飾、貝	分期：？
M23	銅戈1	蚌飾	分期：？
M28	銅戈	石飾、貝	分期：？
M32	銅刀1、銅泡	陶器蓋、釉陶蓋、漆器、玉飾、玉琮3、骨飾、骨鑣、蛤殼、貝	分期：三
M33	銅斧1、車馬器、殘銅片	陶鬲2、陶簋、陶瓿、陶尊、陶甕、陶器蓋、釉陶豆2、漆器、金箔、玉飾、料飾、蚌飾、貝	分期：二

---

42 中國社會科學院考古研究所：〈1983年－1986年張家坡西周墓地墓葬登記表〉，《張家坡西周墓地》，中國大百科全書出版社，北京，1999。〈登記表〉大多僅著錄隨葬器物的種類，而未載明詳細數量，有些器物以寬泛的器類籠統概括，未再細分，凡此情形皆依循〈登記表〉所載，若考古報告內文在墓葬舉例和銅器介紹的部分，著錄有詳細數量，經比對後則補充之。

（續）

編號	銅器種類	其他器物種類	備註
M35	銅戈1	陶鬲、陶簋、貝	分期：一
M36	銅戈2、銅環、銅飾	車馬玉飾	分期：？
M37	簋耳、銅戈2	陶鬲、陶豆、玉飾、蚌飾、角飾、蛤殼	分期：二
M43	銅泡	玉飾、蛤殼、貝、車輪	分期：？
M47	銅戈3、銅矛1、車馬器	玉飾、蚌飾、角飾	分期：？
M48	銅飾、車馬器	蚌飾、蚌殼	分期：？
M50	銅環、車馬器	玉飾、蚌飾、骨飾、蛤殼、貝	分期：？
M52	銅匕1、車馬器	玉飾、蚌飾、骨飾、料飾、蛤殼、貝	分期：？
M54	銅戈、銅環、車馬器	玉飾、蚌飾、料飾、貝	分期：？
M55	銅環、銅泡、銅管	玉飾、蛤殼、貝	分期：？
M57	銅戈、車馬器	陶鬲、玉飾、骨飾、貝、車輪6	分期：三
M66	銅戈、銅錘1、銅環、銅泡、車馬器	骨飾、蚌飾、蛤殼、貝	分期：？
M67	車馬器	陶鬲、蚌飾、蛤殼、貝	分期：四
M68	銅戈	貝	分期：？
M72	銅戈	陶鬲、玉飾、蚌飾、蛤殼	分期：二
M95	車馬器	陶鬲、陶豆、玉飾、蚌飾、蛤殼、貝	分期：三
M96	車馬器	玉飾、蚌飾、蛤殼、貝	分期：？
M104	車馬器	蛤殼、車輿、車衡1、車轅1	車馬坑 有概述墓葬情況
M110	銅戈4、車馬器	玉飾、蛤殼	分期：？
M117	銅戈4、銅泡	玉飾、蛤殼、貝	分期：一

（續）

編號	銅器種類	其他器物種類	備註
M121	銅鈴、車馬器	陶盤、陶器蓋、釉陶豆、玉飾、蚌飾、殘石飾、蛤殼、貝280、龜甲[43]	分期：三
M124	銅刀1、銅錐1、銅鑿1	石飾、骨飾、骨鏃、貝	分期：？
M125	銅戈2、銅泡、車馬器	玉飾、蛤殼	分期：？
M129	銅環、銅泡、車馬器	陶鬲、釉陶尊、漆器、玉飾、牙飾、骨飾、蚌飾、蛤殼、貝、龜甲	分期：四
M130	銅戈、車馬器	蛤殼	分期：？
M131	銅戈、車馬器	玉飾、玉琮、骨飾、骨牌、蛤殼	分期：二
M132	銅戈	蚌飾、蛤殼	分期：？
M137	銅泡	陶鬲、陶簋、陶罐、陶豆、陶壺、硬陶罍、釉陶豆、玉飾、蚌飾、料飾、蛤殼、貝	分期：二
M139	銅飾、銅環	陶鬲、貝	分期：三
M144	銅泡	陶器蓋、玉飾、蛤殼、貝	分期：三
M148	車馬器	陶鬲、玉飾、角鑣、蛤殼、貝	分期：三
M150	銅魚	陶罐、石飾、貝	分期：三
M155	盾飾、車馬器	蚌飾、車輿2、車輪4、車轅2、車衡1	車馬坑 有概述墓葬情況
M156	銅戈1	陶鬲、陶簋、陶罐、陶豆、玉飾、貝	分期：二
M161	銅魚、銅鈴	陶鬲、玉飾、蚌飾	分期：四

---

43 中國社會科學院考古研究所：《張家坡西周墓地》，頁39-41，中國大百科全書出版社，北京，1999。考古報告內文敘述棺椁之間發現銅鈴1件和殘石飾1件，但未提及M121隨葬有陶盤、陶器蓋、釉陶豆等器物，附錄一〈1983年—1986年張家坡西周墓地墓葬登記表〉則登錄有陶盤……等器物。

編號	銅器種類	其他器物種類	備註　（續）
M169	車馬器	陶簋、玉飾、蛤殼、貝	分期：二
M171	銅戈、銅泡	陶鬲	分期：二
M176	銅鏃、鑲銅漆盒1	陶鬲、釉陶豆、玉飾、角鑣、蚌飾、蛤殼、貝	分期：四
M184	銅戈1、大銅泡、車馬器	蚌飾、蛤殼	分期：？
M185	銅戈、車馬器	玉飾、蚌飾、蛤殼	分期：？
M190	銅戈1	陶鬲	分期：二
M191	銅戈	金箔、蚌飾、貝	分期：？
M192	車馬器	殘石飾	馬坑 有概述墓葬情況
M193	銅簋殘片、銅鈴、銅環、車馬器	陶鬲7、陶豆、陶盂、陶尊2、陶筒、陶器蓋、玉飾、蚌飾、貝	分期：四
M196	銅銼1、銅環、車馬器	玉飾、骨飾、骨鑣、蚌飾、貝、龜甲、車輪12、車輿4、車轅1、車衡2	分期：？ 有概述墓葬情況
M199	銅戈2*（1）、銅矛1、銅鉞1、大銅泡4、銅鑾1、銅環、車馬器	玉飾、骨飾、貝	分期：？ 有概述墓葬情況
M200	車馬器、殘銅片	陶簋、陶罐、陶豆、陶鼎、陶器蓋、釉陶蓋、玉飾、蚌飾、角器、料飾、蛤殼、貝	分期：二
M204	銅環、銅鈴、車馬器、殘銅片	陶鬲、玉飾、骨飾、角飾、蚌飾、蛤殼、貝、龜甲、車輪6	分期：四
M206	銅戈2、車馬器	陶鬲、玉飾、蚌飾、貝	分期：四
M208	銅鏃1		馬坑 有概述墓葬情況

編號	銅器種類	其他器物種類	備註
M209	銅戈2、銅錛1、銅環、車馬器	玉飾、蚌飾、蛤殼	分期：？ （續）
M210	銅戈1、銅劍1、銅環、銅鈴、車馬器	玉飾、蚌飾、蛤殼、貝	分期：？
M213	車馬器	玉飾、蚌飾、貝	分期：？
M216	銅戈1、車馬器	陶鬲1、漆豆2、漆器、玉飾、骨飾、蚌飾、蛤殼、貝39、車輪、車輿	分期：四 有概述墓葬情況
M220	銅泡、車馬器	玉飾、蚌飾、蛤殼、貝、車輪4、車輿	分期：？
M221	銅泡	蚌飾、蛤殼、貝	分期：？
M229	銅飾、車馬器	蚌飾、貝	分期：？
M231	銅泡		分期：？
M244	銅戈2、銅鏃、銅環、銅鈴、車馬器	玉飾、角鑣、骨飾、蚌飾、蛤殼、貝、車輪12	分期：？
M248	鼎足、車馬器	陶罐、蛤殼、貝、車輪、車輿	分期：四
M272	銅戈1		分期：？
M273	銅戈2、銅鐏1、銅泡、車馬器	玉飾、象牙器、蛤殼、貝	分期：？
M286	銅泡、車馬器	玉飾、蚌飾、蛤殼、貝	分期：？
M289	銅錐、銅鈴、車馬器	蛤殼、貝	分期：？
M290	銅刀1、車馬器	陶鬲、陶罐、玉飾、車輿、車衡	分期：五
M302	圈足	玉飾、蚌飾、貝	分期：？
M303	圈足、銅斧1、銅鏡1、銅魚、銅鈴、棺飾	玉飾、蚌飾、貝	分期：？
M307	銅泡	陶鬲、陶盂、陶器蓋、釉陶豆、玉飾、蚌飾	分期：四

編號	銅器種類	其他器物種類	備註
M308	銅環、銅泡	玉飾、蚌飾、蛤殼、貝	分期：？　　（續）
M309	銅戈、車馬器	玉飾、牙飾、蚌飾、蛤殼、貝	分期：？
M313	車器	車子2	車馬坑 有概述墓葬情況
M318	銅鏃	陶鬲、陶簋、陶罐、玉飾、石餅、骨飾、貝	分期：一
M324	銅鏃、車馬器	玉飾、貝、車輪	分期：？
M336	銅泡、車馬器	蚌飾、車輪2	分期：？
M337	銅戈1	玉飾、貝	分期：？
M343	車馬器	陶鬲、玉飾、蚌飾、貝	分期：五
M351	車馬器	玉飾、石飾、蛤殼、車輪4	分期：？
M368	銅戈1	玉飾	分期：？
M377	銅魚	玉飾、蛤殼	分期：？
M379	銅環	陶鬲、玉飾、骨飾、貝	分期：四
M383	銅錛1	蛤殼、貝	分期：？
M392	銅魚	陶簋、蚌飾、貝	分期：二
M394	銅鏃、車馬器	玉飾、角鑣、蛤殼	分期：？

附錄四

2004—2005年東楊萬村少陵原西周墓葬出土銅器之墓葬編號與隨葬器物一覽表[44]

墓葬編號	銅器種類與數量	其他器物種類與數量	備註
M21	銅戈1		南區；？期
M26	銅魚形飾1	貝12、蛤蜊38、串飾6	南區；？期
M27	銅夔龍飾1	陶罐1、貝34、蛤蜊52、串飾22	南區；一期
M43	銅戈1、殘銅片3	蛤蜊7、蚌飾殘片1	南區；？期
M44	銅戈4、銅泡1	陶鬲1、貝5、蛤蜊38	南區；二期
M47	銅戈3、銅泡1	陶鬲1、貝12、蛤蜊234	南區；三期
M49	銅戈1	陶鬲1、石飾1、蛤蜊83	南區；二期
M56	銅戈2、銅泡1	蚌飾50、角飾1、蛤蜊28	南區；？期
M57	銅戈1、銅泡1	貝7、蛤蜊2	南區；？期
M60	銅戈3、銅鏃3	蚌飾1、蛤蜊7	南區；？期
M62	銅戈3	蛤蜊1	南區；？期
M63	銅戈2、銅泡1	陶鬲1、蛤蜊7	南區；二期
M67	銅戈1	貝3	南區；？期
M68	銅戈1		南區；？期
M72	銅環1	陶鬲1、陶壺1、貝16、蚌飾9	北區；四期
M73	銅戈2	陶鬲1、貝22、蚌泡6、蚌飾1	北區；三期
M75	銅戈3、銅泡2	陶鬲1、蛤蜊9	北區；三期
M78	銅戈1	陶鬲1、貝4	北區；三期
M79	銅戈1	陶鬲1、貝8	北區；二期
M82	銅戈1	陶鬲1、貝27	北區；二期

---

44 陝西省考古研究所：《少陵原西周墓地》，科學出版社，北京，2009。

（續）

墓葬編號	銅器種類與數量	其他器物種類與數量	備註
M83	銅戈1、銅環1	陶鬲1、陶壺1、貝7	北區；二期
M91	銅戈1	陶鬲1、陶簋1、貝12	北區；三期
M96	殘銅戈3、殘銅戟2、車馬器13、銅環1、方形鏤空銅飾1	陶鬲1、陶罐1、蚌泡6、蚌鎧甲片13、蛤蜊1、玉飾2、卜骨8	中區；？期
M99	銅飾殘片3	陶鬲1、陶罐1、海螺1、貝9、蛤蜊217	中區；？期
M100	銅戈1	陶鬲1、蚌飾1	中區；？期
M105	銅戈1	陶鬲1、貝2	中區；一期
M113	銅戈2、銅泡1	陶鬲1	中區；一期
M118	銅戈1、銅泡1	陶鬲1	中區；一期
M125	銅戈2、銅泡1	陶鬲1、貝4、蛤蜊2	中區；二期
M127	銅泡1	貝3	中區；？期
M130	銅泡1	陶鬲1、蛤蜊90	中區；一期
M131	銅戈1	陶鬲1、貝10、蛤蜊1	中區；一期
M133	銅戈3	貝2、蛤蜊120	中區；三期
M134	銅戈1、銅泡1	陶鬲1	中區；四期
M136	銅戈2		中區；？期
M137	銅戈1、銅泡2	蛤蜊9	中區；？期
M141	銅戟1、銅鎧甲片28、銅泡1、弓形器1	蛤蜊1	中區；？期
M145	銅戈1、銅泡1	陶鬲1、陶罐1、殘陶簋蓋1、蛤蜊2、貝8	中區；一期
M156	銅泡1	蛤蜊11	中區；？期
M169	銅戈2	陶鬲1、蛤蜊1	中區；一期
M174	銅戈1、銅鏃2		西區；？期

（續）

墓葬編號	銅器種類與數量	其他器物種類與數量	備註
M181	銅戈2	陶鬲1、貝4	中區；？期
M183	銅戈1、銅泡2	陶鬲1、貝1	北區；三期
M185	銅戈1	陶鬲1、陶簋1、陶壺1、貝26	南區；四期
M190	銅泡1	蛤蜊8	中區；？期
M192	銅泡1	陶鬲1、貝3	中區；二期
M193	銅戈5、銅泡5、銅環2	石斧1、礪石1、蛤蜊2	中區；四期
M194	銅鼎1	角飾1、貝8、蛤蜊35	中區；二期
M204	銅戈1、銅泡1	陶鬲1	西區；二期
M218	銅戈1	貝2	中區；？期
M220	銅戈1	陶鬲1	中區；三期
M221	銅泡18	貝11、蛤蜊20	中區；？期
M223	銅戈3、銅泡1	陶鬲1、蛤蜊15	中區；二期
M224	銅戈1	陶鬲1、陶壺1、蚌飾1	中區；三期
M225	銅戈2、銅泡1	陶鬲1	中區；二期
M228	銅戈3、銅泡1	陶鬲1、貝22、蛤蜊90	中區；？期
M233	殘銅戈1、銅環4、車馬器66	貝5、蛤蜊56、蚌飾22	中區；？期
M234	銅戈4、銅泡9	陶鬲1、貝7、蛤蜊11	中區；一期
M237	銅戈1	陶鬲1、貝8、蛤蜊2	中區；二期
M239	銅戈1	陶鬲1、貝1、蛤蜊3	中區；一期
M241	銅戈1	陶鬲1、貝10	中區；二期
M246	銅泡1	陶鬲1、陶罐1、貝10、蛤蜊100、串飾數10	中區；二期
M248	銅戈1	陶鬲1、貝2、鉛戈2	中區；三期

（續）

墓葬編號	銅器種類與數量	其他器物種類與數量	備註
M254	銅戈1	陶鬲1、陶壺1	中區；二期
M255	銅泡5	陶鬲1、貝2、殘礪石1	中區；三期
M256	銅戈1	陶鬲1、貝44、鉛戈2	中區；四期
M271	銅戈1	貝2	中區；？期
M280	銅鼎1、銅劍1、劍鞘1、銅戈2、車馬器14	鉛戈1、角鑣4、蚌泡4、貝12、蛤蜊34、骨鏃1	中區；三期
M281	銅泡3	陶鬲1、陶罐1、貝70、蛤蜊44	中區；二期
M286	殘銅戈1	貝12、蛤蜊58	東區；？期
M289	銅戈1	陶鬲1、陶壺1、貝2	中區；二期
M298	銅戈1	陶鬲1	中區；三期
M310	銅戈1	陶鬲1、陶簋1、陶壺1、蚌飾1、貝1	中區；二期
M341	銅戈2	陶鬲1、貝16、蛤蜊24	東區；二期
M342	殘銅飾1	陶鬲1、陶罐1、殘鉛器1、貝2、蛤蜊6	東區；四期
M352	銅鼎1、銅環1	陶鬲1、角鑣4、蛤蜊6	東區；三期
M367	銅戈2、銅泡2	陶鬲1、蚌飾2、石器1	東區；四期
M369	殘銅戈1	陶鬲1、貝10、蚌圭1、蛤蜊25	東區；四期
M370	殘銅戈1	陶鬲1、貝8	東區；三期
M373	銅戈1	陶鬲1、蚌飾15、蛤蜊2、鉛戈1	東區；三期
M393	銅戈3	陶鬲1、陶簋1、蚌泡5、貝27	東區；二期
M401	殘銅戈1	陶鬲1、貝13	東區；二期
M404	銅戈3、銅泡2	陶鬲1、蚌飾7、貝1	東區；二期
M413	銅戈2	陶鬲1、貝6	東區；二期
M419	銅戈1	陶鬲1、貝4、鉛戈1	東區；二期
M423	銅戈2	陶鬲1	東區；二期

（續）

墓葬編號	銅器種類與數量	其他器物種類與數量	備註
M426	銅戈1		東區；？期
M432	銅戈1	陶鬲1、蚌飾1	東區；四期
M436	銅戈1、當盧1	陶鬲1、蛤蜊5	東區；？期
M440	銅泡1	蚌圭1、蛤蜊15、貝2	東區；？期
M445	銅戈2、銅泡1	貝20	東區；？期
M449	銅戈1	貝31	東區；？期
M452	銅劍1	陶鬲1、陶罐1、陶豆2	東區；三期
M454	銅戈1		東區；？期
M456	銅戈2	陶鬲1、蛤蜊2	東區；三期
M459	銅戈1	貝5	東區；？期
M466	銅戈1	陶鬲1、蛤蜊6、貝18	東區；二期
K3（殉馬坑）	銅鏃1		東區

附錄五

1963—1973年洛陽北窯村西周墓葬出土銅器之墓葬編號與隨葬銅器一覽表[45]

墓葬編號	銅器種類與數量	備註
M1	銅鼎2、銅甗1、銅簋1、銅觶1*（1）	早期；中型墓
M2	銅斧1	?期；中型墓
M5	銅戈5*（3）、殘銅戈10、銅戟1、殘銅戟2、銅鉞1、銅鐏1、車軎1、銅泡16、方形銅泡4	早期；中型墓
M6	銅罍1*（1）、壺蓋1*（1）、銅匕2	早期；中型墓
M9	車軎1	早期；中型墓
M13	銅泡3、節約1	?期；中型墓
M14	銅戈4、銅斧1*（1）、銅錛1、銅泡1	中期；中型墓
M17	銅戈2*（1）、銅斧1、銅錛1、車軎4、車轄2、銅泡227、方形銅泡67、節約3、銅鑣3、當盧2*（2）、銅管1	早期；大型墓
M20	銅戈4、殘銅戈3、銅斧1、銅泡66、方形銅泡1、尖頂銅泡39、當盧4、銅銜1、銅鑣7	早期；中型墓
M28	銅鉞1、車軎1、銅泡20、方形銅泡12、節約1	早期；中型墓
M29	踵飾1、銅泡15、方形銅泡5	?期；中型墓
M32	銅片1	中期；中型墓
M36	殘銅戈2、方形銅泡3、殘節約1	?期；中型墓
M37	銅簋2*（2）[46]、銅罍1	早期；中型墓
M39	銅戈1、方形銅泡1	早期；中型墓
M40	殘銅戈4、車軎1、銅輨2、輨踏1、鑾鈴3、衡末飾1、銅泡6、方形銅泡7、節約2	早期；大型墓

---

45 洛陽市文物工作隊：《洛陽北窯西周墓》，文物出版社，北京，1999。

46 編號M37：2的銅簋，在器內底有墨書三字。

（續）

墓葬編號	銅器種類與數量	備註
M41	銅刀5	中期；大型墓
M43	銅泡1	早期；中型墓
M44	銅戈3、殘銅戈2、銅錛1、車軎1、銅泡3	中期；中型墓
M45	殘銅戈1、車軎1、銅泡1	中期；中型墓
M48	殘銅戈1、銅泡1	？期；中型墓
M49	銅泡1、方形銅泡1	早期；中型墓
M50	銅泡1、方形銅泡1	早期；中型墓
M51	銅戈3、殘銅戈2、車軎1、方形銅泡19	早期；中型墓
M52	銅戈2、殘銅戈4、車軎3、銅軜1、銅軌1、軛箍4、軛足12、銅泡4、銅管2、銅環4、輈飾4	中期；中型墓
M57	方形銅泡19	？期；？
M59	銅環1	？期；中型墓
M60	銅鏃1、鑾鈴1	晚期；大型墓
M66	銅戈1、銅軥1、銅泡1	早期；大型墓
M68	簋蓋2、車軎1、銅泡1、方形銅泡1、馬冠1	晚期；中型墓
M69	車軎2、銅魚1	晚期；大型墓
M77	鑾鈴1、銅泡8、方形銅泡3	早期；中型墓
M78	銅戈1、車軎2、銅泡2、方形銅泡25、節約1	早期；中型墓
M87	銅鼎足1	晚期；中型墓
M101	節約1、銅管4	晚期；中型墓
M103	銅戈4、銅鈴1、銅泡1	早期；小型墓
M104	節約2、銅泡3	晚期；中型墓
M110	殘銅戈2、車軎1、馬冠1	早期；中型墓
M112	銅鼎1*（1）、銅戈6、殘銅戈6、銅鑴1、車軎1、銅泡1	中期；中型墓
M115	銅戈9、殘銅戈5、車軎2、車轄1、軥踏2、銅泡4	早期；中型墓

（續）

墓葬編號	銅器種類與數量	備註
M118	殘銅匕1、車軎13、車轄1、銅軜6、銅軸6、銅軝5、銅軛4、衡內飾2、衡端3、衡末飾2、銅軛6、軛足16、轅飾1、銅細腰1、銅管8、銅泡5、方形銅泡5、節約3	晚期；大型墓
M121	銅戈6、銅泡14、方形銅泡2	早期；中型墓
M122	銅斧1、車軎1、銅泡1、銅銜1	早期；中型墓
M123	銅泡2	中期；中型墓
M124	銅泡1	?期；中型墓
M125	銅劍莖1、銅泡4、方形銅泡24	早期；中型墓
M127	銅盤1、銅泡1	早期；中型墓
M128	當盧2、銅泡2	早期；中型墓
M129	銅戈1	早期；中型墓
M130	殘銅戈1、車軎2、車轄1、銅泡18、方形銅泡8	早期；中型墓
M131	銅戈1、殘銅戈1、銅斫1、車軎1、銅軛1、衡末飾1、銅泡40、方形銅泡1、節約1	中期；中型墓
M132	殘銅戈2、銅泡3、球形飾2、軛飾1	?期；中型墓
M133	殘銅戈2、車軎2、節約1、銅泡15、方形銅泡7	早期；中型墓
M134	銅泡2	?期；中型墓
M137	軛飾1	?期；中型墓
M138	銅戈1	中期；中型墓
M139	銅戈10*（1）[47]、殘銅戈23、銅戟2*（1）、銅斫2、衡末飾1、鑾鈴1、銅泡6、方形銅泡1	中期；大型墓
M141	銅戈8、殘銅戈6、銅戟1、銅矛1、車軎2、衡末飾1、銅泡46、方形銅泡1、節約1	早期；大型墓
M144	銅戈1、殘銅戈3、銅鐏1、車軎3、軛踏1、銅軛5、銅軸3、衡末飾1、當盧1、銅鑣1、銅泡6、銅飾1	中期；中型墓

47 編號M139：4-1的銅戈，在援的背面有墨書四字。

（續）

墓葬編號	銅器種類與數量	備註
M147	車軎2、銅軸1、銅軛1、輻間齒6、衡末飾3	早期；中型墓
M148	車軎2、銅鑣1、銅泡2	早期；中型墓
M152	殘銅戈2、銅錛1、銅泡3	早期；中型墓
M153	殘銅戈1、銅泡2	？期；中型墓
M155	銅鼎耳1、銅斗1、銅戈7*（1）、殘銅戈5、銅矛1、車軎4、車轄2、鑾鈴4、銅泡8、方形銅泡25、節約1	早期；中型墓
M161	銅戈5*（1）、殘銅戈8、銅矛1、銅鏃2、車轄1、銅軛1、銅泡1、方形銅泡5	早期；中型墓
M163	銅戈6、殘銅戈4、殘銅戟1*（1）、銅飾1、方形銅泡1、節約1	早期；大型墓
M170	車軎2、銅泡1	早期；中型墓
M172	銅戈5*（3）[48]、銅戟4	早期；中型墓
M173	銅軛1、衡末飾4	早期；大型墓
M174	殘銅戈3、車轄3、軛踏1、銅軛6、銅軸2、銅軝2、衡末飾2、鑾鈴12、當盧1、銅泡13、方形銅泡36、節約1、馬飾1、銅刀柄1	早期；大型墓
M188	銅戈1、殘銅戈1、車軎2、車轄1、銅泡50、節約2	早期；中型墓
M192	銅戈1、殘銅戈6、車軎1、鑾鈴2、馬冠飾1、銅泡3	早期；中型墓
M193	銅戈1、銅泡1	早期；小型墓
M194	銅泡2	？期；中型墓
M197	節約4	晚期；中型墓
M200	銅戈1、殘銅戈7、銅矛1、銅錛1、當盧2、銅鑣4、銅泡19、方形銅泡45、銅飾1	早期；大型墓
M203	銅戈6*（1）、殘銅戈4、銅劍莖1、銅斧1、車軎2、軛踏2、銅泡13、方形銅泡9	早期；中型墓

48 編號M172：2、4、9的銅戈3件，在援的背面皆有墨書。另外M172還出土鉛戈2件，援上亦有墨書。

（續）

墓葬編號	銅器種類與數量	備註
M205	殘銅戈1	晚期；中型墓
M210	銅戈7*（2）、殘銅戈6、殘銅矛1、銅斧1、銅錛1、車軎1、轂飾2、衡末飾、殘衡末飾2、銅泡1、方形銅泡2	早期；大型墓
M212	銅泡3	？期；中型墓
M214	殘簋片、銅戈3、殘銅戈1、輢飾1、馬冠飾6、節約1、銅泡19、尖頂銅泡2	早期；中型墓
M215	銅器足1、銅戈1*（1）、銅劍3*（1）、銅鏃2、銅鏟1、銅斧1、銅錐1、車軎1、銅軛3、銅軏3、銅軷1、輻間齒5、衡末飾2、鑾鈴4、節約6、銅泡130、方形銅泡43、銅環2、馬飾1、較飾2	早期；大型墓
M216	銅戈4、殘銅戈13、銅矛1、銅鐏2、銅斧1、銅錛1、車軎1、衡末飾1、鑾鈴2、銅鑣3、銅泡17、方形銅泡11	早期；大型墓
M218	銅泡18	？期；？
M219	銅戈4、殘銅戈4、車軎1、銅泡8、方形銅泡9	中期；大型墓
M220	節約1、銅鈴6	？期；中型墓
M223	殘銅戈2、殘銅戟1、銅泡3	早期；中型墓
M228	車軎3、銅軛1、鑾鈴1、銅泡1、方形銅泡11	早期；中型墓
M230	殘銅戈1、車軎2、銅軛1、鑾鈴1、軏足1、銅泡3、銅飾1	早期；中型墓
M234	殘銅戈1、車軎1、銅軛1、衡末飾1、銅飾2、銅泡13、方形銅泡2	早期；中型墓
M235	方形銅泡1	？期；中型墓
M236	銅戈4、殘銅戈7、車軛2、銅泡7、當盧1、銅鑣2	早期；中型墓
M238	殘銅戈2、銅斧1、車軎2、銅泡41、節約2、銅鈴2	早期；中型墓
M239	殘銅戈2、車軎2、銅軛2、銅泡25、方形銅泡4、節約1	早期；中型墓
M241	銅戈1、殘銅戈2、銅鐏1、車軎1、車軛1、鑾鈴1、馬冠2、銅泡34、方形銅泡10、節約1	中期；大型墓
M247	銅泡9	？期；中型墓

（續）

墓葬編號	銅器種類與數量	備註
M250	銅管1	中期；大型墓
M254	銅戈1、殘銅戈1、車軎2、銅泡12	早期；中型墓
M258	銅泡4、方形銅泡1、鑾鈴1	早期；中型墓
M260	車軎2、銅泡3	中期；中型墓
M262	銅戈3、殘銅戈3、銅泡1	早期；中型墓
M267	軏首1、方形銅泡2	？期；大型墓
M273	銅戈2、殘銅戈2、銅鐏1、銅矛1、車軎1、車轄3、軑踏1、鑾鈴1	早期；大型墓
M277	車軎2	早期；？
M278	銅鉞1、銅泡16、節約2、銅鑣2、銅環3、銅飾1	早期；中型墓
M280	銅泡3	早期；中型墓
M281	銅戈1	？期；中型墓
M286	殘銅戈6、銅矛1、銅斧1、銅錛2、車軎2、銅泡8、節約3	中期；中型墓
M291	殘銅戈1、車軎2	中期；中型墓
M298	銅輨1、軑踏1、衡內飾1、銅軜2、衡臂2、銅軏2、銅鈴1、銅鑣1	晚期；大型墓
M299	銅爵1*（1）、銅觶1、銅戈2、車軎1、銅泡16、節約1	中期；中型墓
M306	銅戈2、殘銅戈2、車軎4、銅泡4、三角銅泡1	中期；中型墓
M307	銅戈6、殘銅戈1、車軎6、銅輨3、銅泡2	中期；中型墓
M308	銅戈4、殘銅戈1、銅鏟1、車軎6、銅泡2、轅飾1、衡末飾1	早期；中型墓
M310	殘銅戈1、車軎2、車轄1、鑾鈴1、當盧1、銅鑣3、銅泡26、方形銅泡2	早期；中型墓
M311	車軎1、車轄2、軑踏2、銅輨1、銅銜1、當盧1、銅泡46、節約2	早期；中型墓
M312	銅泡1	？期；中型墓

（續）

墓葬編號	銅器種類與數量	備註
M317	車軎2、節約1、銅泡37	早期；中型墓
M318	銅泡1	早期；中型墓
M320	銅泡1	？期；？
M321	銅戈3、殘銅戈1、車軎1、銅軛2、銅泡3	早期；中型墓
M322	銅戈1	早期；中型墓
M323	鑾鈴1	晚期；中型墓
M329	殘銅戈1、車軎1、銅泡3、節約1	中期；中型墓
M331	車軎2、銅泡4	中期；中型墓
M332	銅鐏1、車軎4、軛踏1、銅軛1、銅軸1、軛足2、銅泡1、節約2	中期；中型墓
M333	銅戈7*（1）	中期；中型墓
M337	殘銅戈1、車軎2、銅泡5、方形銅泡1、節約10、銅鈴1、銅環1	晚期；中型墓
M340	銅鏃1	？期；中型墓
M341	銅鼎足1、銅戈1、車轄1	？期；中型墓
M342	銅鏃1、馬冠飾1、銅泡39	？期；大型墓
M346	銅戈5、殘銅戈3、銅斧1、車軎1、銅泡3、馬冠飾1	早期；中型墓
M347	銅尊1*（1）、銅斗1、銅戈3*（1）[49]、殘銅戈2、車轄2、鑾鈴2、當盧1、銅鏃4、銅泡143、鶴形旄首1	早期；中型墓
M350	車軎5	中期；中型墓
M352	銅簋殘片*（1）、銅銜1、銅鏃1、銅泡24、節約1	中期；中型墓
M355	銅軛2、銅軸1、銅軝1	早期；中型墓
M359	銅豆1*（1）	中期；大型墓
M360	車軎1、銅軛4、銅軸4、衡末飾2、銅泡2	中期；中型墓

---

49 蔡運章：〈洛陽北窯西周墓青銅器銘文簡論〉，《文物》1996：7，頁66-67。

（續）

墓葬編號	銅器種類與數量	備註
M361	銅泡1	？期；小型墓
M365	車書1、銅軛4、銅軎4	中期；中型墓
M366	銅盃1、銅鈴2	中期；中型墓
M367	銅銜1	早期；中型墓
M368	銅鼎耳1、銅尊1*（1）、卣蓋1*（1）、銅爵1*（1）	中期；中型墓
M370	銅戈2、銅泡5、透空球飾1	早期；中型墓
M371	銅泡2	中期；中型墓
M372	殘銅戈3、銅泡3	早期；中型墓
M373	銅戈3、銅戟1、銅泡1	中期；中型墓
M374	銅泡2	早期；中型墓
M375	當盧1、銅泡2	中期；中型墓
M377	車書3、當盧1、銅泡2	中期；中型墓
M383	殘銅戈5、銅軛2、銅泡1	早期；中型墓
M384	銅泡1	？期；中型墓
M385	銅盃1、銅盤1、車書4、銅泡1	中期；中型墓
M388	車書1、銅軛1	中期；中型墓
M389	銅鬲1	中期；小型墓
M390	銅鼎足1、銅軎1	？期；中型墓
M393	銅泡6	中期；中型墓
M395	銅鼎足1、殘銅戈1、車書2、銅泡2	中期；中型墓
M399	殘銅戈1	？期；中型墓
M400	殘銅戈1	晚期；中型墓
M406	銅泡1	？期；中型墓
M408	車書1、銅軛2、銅軎1、銅軧1、衡末飾2	早期；中型墓
M409	銅戈7、殘銅戈1、車書3、銅泡2	中期；中型墓

（續）

墓葬編號	銅器種類與數量	備註
M410	銅鼎1*（1）、銅鬲1*（1）、銅簋1*（1）、銅壺1*（1）、銅罍1*（1）、銅觶1	中期；中型墓
M413	簋蓋1、銅鈴1、銅管2	晚期；大型墓
M417	銅戈2、殘銅戈1	中期；中型墓
M418	銅爵2*（2）、銅觶2*（2）、銅戈3、殘銅戈4、銅錛1、車轄4、當盧4、銅鑣16、銅環4、銅管4、節約30、銅泡149、尖頂銅泡4	早期；中型墓
M419	銅鋸1、當盧1、銅泡5、方形銅泡27、節約4	早期；中型墓
M420	殘銅戈1、車轄2、鑾鈴1、銅銜2、銅泡30	早期；中型墓
M421	銅戈2	中期；中型墓
M440	銅戈4、殘銅戈10、銅斧1、銅錛1、車軎2、車轄2、衡末飾1、銅泡13	早期；中型墓
M445	銅軜3、銅軜3、銅軝2、衡臂2、銅軜1、衡末飾1、軛箍1、軛足2、銅管1	？期；大型墓
M446	銅戈1、車軎2、軡踏2、銅軜13、銅軜12、銅軝12、輻間齒26、衡末飾6	早期；具有南北兩墓道
M448	殘銅戈1、車軎1、銅泡5、節約1	早期；中型墓
M451	車軎2、車轄6、銅軜2、銅軜2、銅軝2、輻間齒72、踵飾1、衡末飾7、鑾鈴2、銅泡39、銅器殘片1	早期；具有南北兩墓道
M452	銅鼎1、銅簋1*（1）、車轄2、軛箍1	中期；小型墓
M453	銅軜1、銅軜1、銅軝1、輻間齒16、銅軛1、軛足2、叉形器1、銅泡2、干首1*（1）、銅飾1	早期；大型墓
M501	銅盤1、銅鈴1、銅管16、節約6、銅泡1	晚期；中型墓
M503	衡末飾1、銅管15、節約2、銅泡4、方形銅泡2	晚期；中型墓
M513	殘銅戈1、車軎3、車轄1、鑾鈴2、銅軜1、銅管2、合頁4、銅鑣2、節約2、銅泡1、三角銅泡1、方形銅泡5、尖頂銅泡2、銅環1	晚期；中型墓

（續）

墓葬編號	銅器種類與數量	備註
M519	車書1、衡端1	晚期；中型墓
M534	銅斧1、銅錐1、衡末飾1、銅魚27、鈴舌1	晚期；大型墓
M535	銅軛3、銅軥2、銅軝2、衡端2、軛首1、軛足1、節約3、銅泡4、方形銅泡1	晚期；大型墓
M568	殘銅戈2、車書4、銅軛2、銅軥4、馬冠1、銅管3、銅環4、節約3、銅泡2、方形銅泡18	晚期；中型墓
M652	殘銅戈1、車書2、銅軛1、銅鑣1、銅泡12、方形銅泡2	早期；大型墓
M656	銅泡1	晚期；中型墓
M658	衡端2、銅軜2、衡末飾1	晚期；中型墓
M661	銅管1、套管飾1、銅環1、合頁1	？期；中型墓
M662	車書2、軝踏1、轅飾1、衡末飾2	晚期；大型墓
M663	銅泡1	？期；大型墓
M668	衡末飾1、銅鈴1、銅泡2、方形銅泡2、五角銅泡1	早期；中型墓
M675	銅戈1、殘銅戈1、車書2、車轄1、當盧1、銅泡3	早期；中型墓
M676	銅戈1、殘銅戈1	早期；中型墓
M686	銅鼎1、銅簋1*（1）	早期；中型墓
M691	銅管3、節約2、銅泡2	晚期；中型墓
M701	銅鼎足1、壺蓋1*（1）、軛箍1、銅管1、節約1	早期；大型墓
M704	鑾鈴1、銅管30、節約5、銅泡1	晚期；中型墓
M723	車書2、車轄3、銅軛3、銅泡2、方形銅泡1	早期；大型墓

附錄六

1956—1957年三門峽上村嶺出土銅器之墓葬編號與隨葬器物一覽表[50]

墓葬編號	銅器種類與數量	其他器物種類與數量	備註
M1052	銅鼎7、銅鬲6、銅甗1、銅簋6、銅豆1、銅壺2、銅罐1、銅盉1、銅盤1、銅戈4*（2）、銅矛6、銅劍2、銅鏃41、銅鐘10、銅軸飾2、銅轄13、鑾鈴4、軛首2、軛足4、銅環2、銅銜17、銅鑣10、節約38、銅泡102、二枝形器4、銅飾4、轡飾328、銅鈴25、銅雙環1、合頁15、弧面形器1、甲泡3、細腰5、銅擺形器4	金泡1、石戈36、骨鑣4、骨節約1、骨管7、骨細腰3、骨片23、串飾1、石璧1、玉石片5、蚌泡1、貝214	分期：第二期[51]
M1601	銅盤1*（1）、銅匜1*（1）	石戈13、串飾1、玉玦2	分期：第一期
M1602	銅鼎3、銅鬲2、銅簋4、銅盤1、銅匜1、銅戈2、銅矛2、銅鏃22、銅斧1、銅轄2、銅銜4、合頁3、甲泡18	石戈6、骨鑣3、骨節約3、骨管8、骨細腰4、玉玦1、石貝63、貝3	分期：第一期
M1605	銅戈1	石戈1、玉玦2	
M1612	銅鼎2、銅鏡1	石戈21、石珠1、石貝1	
M1617	銅戈1、銅矛1、銅鏃10、銅軸飾2、銅轄2、銅環3、銅銜4、銅鑣4、節約3、銅泡99、銅飾8、轡飾58、銅魚165、銅鈴2、雙管飾5、合頁3、甲泡6	陶珠642、石戈1、石貝183、石魚4、石冒2、骨鑣5	
M1620	銅鼎1	石戈12、串飾1、玉玦2、貝1	

50　中國科學院考古研究所：《上村嶺虢國墓地》，科學出版社，北京，1959。

51　此處的分期是依據李豐：〈虢國墓地銅器群的分期及其相關問題〉，《考古》1988：11，頁1035-1043。

（續）

墓葬編號	銅器種類與數量	其他器物種類與數量	備註
M1624	銅魚2	陶珠294、石戈8、石貝144、串飾1、玉玦2	
M1631	銅鬲1*（1）	石戈4、石璜1、玉玦2	分期：第一期
M1634	銅鼎1、銅鏃1、銅魚31	陶豆4、陶盆1、陶罐1、陶器蓋1、石戈15、石璧2、石貝10、串飾1、玉玦2	
M1640	銅鼎1、銅簋2		分期：第二期
M1646	銅鏃8	串飾1	
M1647	銅錛1	石戈2、石貝5、串飾3、玉玦2	
M1650	銅鏡2	陶鬲1、陶豆2、陶盆1、陶罐1、陶器4、石戈3	
M1651	銅鼎1	陶豆1、陶壺2、陶器蓋2、陶器1、漆器1、石戈2、石璜2、石珠1、玉玦2、貝1	分期：第三期
M1657	銅鼎1	石戈7、石貝1、玉石片6、石飾1、串飾2、玉玦2	分期：第三期
M1659	銅輪1	石戈10、石飾2、骨戈1、骨片2、串飾3、玉玦2	
M1661	銅鼎1	骨戈1、玉玦2	分期：第二期
M1665	銅刀柄1	陶鬲1、陶豆2、陶盆1、陶罐1、石貝1、玉玦2	

（續）

墓葬編號	銅器種類與數量	其他器物種類 與數量	備註
M1671	銅鼎1	陶豆2、陶盆1、陶罐1、石戈1、石珠1、骨戈1、玉玦3	
M1689	銅鼎4、銅簋5、銅盉1、銅盤2、銅匜1、銅魚174、銅鈴2	陶珠306、石貝220、石飾30、石冒1	分期：第二期
M1691	銅鼎2	陶珠1、串飾3	分期：第一期
M1692	銅鼎1	陶豆1、陶盆1、陶罐1、石戈4、石貝9、骨戈1、玉玦2	分期：第一期
M1701	銅鼎1、銅盤1、銅匜1、銅鈴10	石戈7、石珠1、石貝8、玉玦2	分期：第二期
M1702	銅鼎1、銅盤1、銅匜1	漆豆2、漆盤2、石戈29、石飾4、玉玦2、串飾1、骨節約2	分期：第三期
M1703	銅鏃17	石戈1	
M1704	銅鼎1、銅鬲1、銅豆1	石戈10、石璧1、石璜1、石飾2、玉玦2、玉飾1、玉石片若干	
M1705	銅鼎3、銅簋4、銅壺2、銅罐1、銅盤1、銅匜1、銅戈2*（2）、銅矛1、銅劍1、銅鏃15、銅距1、銅刀1、銅軸飾2、銅轄2、銅飾1、銅環1、銅泡1、合頁3、甲泡66	石戈8、骨鏃10、骨鑣3、骨管4、串飾2	分期：第三期
M1706	銅鼎5、銅鬲4、銅簋4、銅豆1、銅壺2、銅盤1、銅匜1、銅戈2、銅矛2、銅鏃52、銅轄6、銅環2、銅銜9、銅鈴18、合頁4、甲泡12	石戈39、石璜1、石貝4、石飾1、玉玦2、玉飾1、腰帶蚌飾6、腰帶石飾1、貝3、骨細腰1	分期：第二期
M1707	銅鼎1	陶豆2、陶罐1、漆盤2、石貝2、玉玦2、貝4	

（續）

墓葬編號	銅器種類與數量	其他器物種類與數量	備註
M1708	銅鼎1	石戈1、串飾1、玉玦2	
M1711	銅鼎2、銅盤1、銅匜1、銅戈2、銅矛1*（1）、銅鏃1、銅銜3、銅鑣4、甲泡9	漆器1、石戈15、骨轄2、石貝12、石飾4、玉玦2	
M1714	銅鼎1、銅盤1、銅匜1	石戈5、石璜1、串飾2、玉玦2、玉石片3	
M1715	銅鼎2、銅戈2、銅鏃14、銅轄2、銅銜4、銅鑣3、腰帶銅飾8、雙管形器8、甲泡8、細腰1	石戈4、石璧2、石飾3、蛤殼1、骨管5、骨鏃4、骨細腰2、串飾1	分期：第一期
M1720	銅鼎1、銅豆1	陶罐1、石戈8、石飾3、石冒1、串飾1、玉玦2、玉飾1、玉石片8、蚌泡11	
M1721	銅鼎3、銅盤1、銅匜1、銅戈1*（1）、銅矛1、銅劍1、銅鏃20、銅銜5、合頁3、甲泡18	石戈6、石璜1、石貝3、骨鑣1、骨管1、骨細腰1、串飾1、玉玦1	分期：第三期
M1743	銅鼎1	陶壺2、陶盤1、陶器蓋2、石戈9、玉玦2	
M1744	銅鼎1、銅盤1	石戈1、石貝1、石飾3、石冒2、串飾2、玉玦1	分期：第三期
M1747	銅戈2*（1）、銅矛1、銅鏃75、銅轄4、銅銜3、銅鑣4、銅魚110、合頁2、甲泡6	石戈4、石貝4、骨鑣1、骨U形器2	
M1753	銅鼎1*（1）	石戈8、玉石片若干	
M1761	銅鼎1、銅盤1、銅匜1	石戈21、串飾1、玉玦2	分期：第二期
M1762	銅鼎1	陶鬲1、串飾1	分期：第三期
M1765	銅鼎1、銅壺1、銅軸飾2	串飾1、蚌泡9	分期：第一期

（續）

墓葬編號	銅器種類與數量	其他器物種類與數量	備註
M1767	銅盤1、銅匜1、銅戈2、銅鏃44、銅轄1、銅銜3、銅鑣6、長方形器1	石戈4、串飾2、蚌泡1、骨U形器2、骨冊32	分期：第一期
M1777	銅鼎1、銅鬲2、銅甗1	串飾1	
M1779	銅鑽1	石戈1、石片28	
M1785	銅魚18、四叉形器1	陶珠406、陶貝216、石戈1、骨鑣2、玉石片4、蛤殼27	
M1796	銅鏃1	陶鬲1、陶豆3、陶盆1、陶罐1、蚌戈2	
M1803	銅鏃1	陶豆2、陶盆1、陶罐2、石片11	
M1810	銅鼎5、銅鬲4、銅甗1、銅簋4、銅豆1、銅壺2、銅盉1、銅盤1、銅戈2、銅矛1、銅軸飾2、銅轄4、銅銜10、銅鑣8、節約20、轡飾3180、甲泡2、鏤空球形器1	石戈18、石璧2、石環2、石璜3、石飾2、腰帶石飾6、蚌泡1、骨細腰3	分期：第一期
M1819	銅鼎2*（1）	陶器蓋1、石戈1、石貝1、玉玦2	分期：第一期
M1820	銅鼎3、銅鬲2、銅甗1、銅簋4、銅簠2、銅豆1*（1）、銅壺2、銅罐2、銅盤1*（1）、銅匜1	石戈8、石璧2、石飾3、串飾5、玉玦2、玉石片5	分期：第一期
M1838	銅鏃1	玉玦2、石貝4	
M1850	銅鏃1	石珠1	
M1051	銅軎、銅軨、銅軏、銅軹、銅軛首飾、銅軛足飾、銅圈		車馬坑
M1716	銅鏃1、銅鈴1		馬坑

附錄七

1932—1933年濬縣辛村（今屬鶴壁市淇濱區龐村鎮）出土青銅禮器或兵器之墓葬編號與隨葬器物一覽表[52]

墓葬編號	銅器種類與數量	備註
M1	銅矛2、刻刀1件[53]、平斵1件[54]、干盾2、鑾鈴4、車軎2、車轄2、車軛18、車軜10、車軝8、衡末飾2、當盧4、銅鑣8、銅泡4、節約16、獸面銅飾5、圓泡綸組飾120、銅鈴12、甲泡19、銅片若干	中期；大型墓
M2	銅戟11*（10）、銅鑿1[55]、甲泡23、甲飾6、車軛3、車軜1、車軎1、衡末飾1、馬籠嘴2、馬冠2、銅鈴1	中期；大型墓
M3	銅鏃1、軏飾1、鑾鈴2、軶首16、軶足29、軶肢8、衡內飾7、衡末飾6、衡外飾4、幔鉤4、銅管3、銅環9、節約3、車軛40、車軜36、車軝34、轂飾8、枒飾44、軎飾2、銅箍3、獸面銅飾26、犬項飾銅鈴6、犬項飾銅環鍔27	晚期；大型車馬坑
M4	銅戈9、車軎1、車軛2、車軜2、枒飾6、軶首5、銅鑣6、當盧2、馬冠2、銅環4、軏飾1、銅泡若干	中期；中型墓
M5	銅方奩1、車軛、車軜、車軝等10餘件、衡飾、軶飾、銅環、銅銜、銅鑣、獸面銅飾、綸組節約等數10件、薄銅片槨飾、銅泡、銅環等若干	晚期；大型墓
M8	銅戈9、銅戟1*（1）、銅斧2、車軎2、車軛3、軸飾2、踵飾1、輢管2、軶飾1、馬冠8、銅鑣12、節約6、甲泡8、銅泡35、長方形銅鉣102	中期；中期墓
M10	銅戈1、甲泡1	早期；小型墓

52 郭寶鈞：《濬縣辛村》，科學出版社，北京，1964。

53 考古報告「墓葬述略」的部分未登錄M1出土銅刻刀1件，依文後「遺物說明」頁46，編號M1：79甲補入。

54 考古報告「墓葬述略」的部分未登錄M1出土銅平斵1件，依頁46，編號M1：79乙補入。

55 考古報告「墓葬述略」的部分未登錄M2出土銅鑿1件，依頁46，編號M2：97補入。

（續）

墓葬編號	銅器種類與數量	備註
M17	銅戈1、銅鏃2、銅削1[56]、犬項飾銅鈴、銅環鍉等153件	晚期；大型墓
M18	銅矛柄1、銅鏃3、銅魚20、銅小腰5、銅環鍉20、繪組節約6、銅泡2	早期；小型墓
M19	銅斧1、車轄2、車軎2、銅鑣8、銅泡196、節約31、馬冠4、當盧4、甲泡4	中期；中型墓
M21	銅戈3、車軎1、馬冠殘片3、馬籠嘴2、銅魚68、銅鈴2、衡末飾1、銅小腰2、銅管1、欘飾2	早期；大型墓
M24	銅鏃、銅泡、獸面銅飾、金泡3	晚期；大型墓
M25	軛首7、軛足14、衡末飾5、軏飾1、轛飾2、軝飾1、車轄18、車軜12、車軹12、枒飾4、軎飾1、較飾2、獸面銅飾4、幔鉤2、銅環1、銅鈴7、犬項飾銅鈴2	中期；大型車馬坑
M28	銅戈2、銅鏃2、馬冠殘片5	早期；小型墓
M29	銅鼎1、銅甗1*（1）、銅簋2、銅戈9、鉤戟1、甲泡7、車轄2、當盧4、銅泡數10件	早期；中型墓
M35	銅戈1、車軎1	早期；小型墓
M38	當盧2[57]、銅鑣8、車轄2、甲泡2、銅泡64、節約2	早期；小型墓
M42	銅戈12*（2）、銅戟3、鉤戟20、銅斧2、甲泡30、干盾2、車軜4、車軹1、轛飾2、衡飾11、衡末飾4、車軎2、車轄8、車軹4、幅間齒1	中期；大型墓
M44	銅矛柄1、銅圈1	早期；小型墓
M48	銅矛1	早期；小型墓
M50	銅鼎足1	早期；小型墓
M51	銅盉1	早期；小型墓
M54	銅戈1、銅鏃1	早期；小型墓

---

56 考古報告「墓葬述略」的部分未登錄M17出土銅削1件，依文後「遺物說明」頁47，編號M17：115補入。

57 發掘者認為此墓出土的當盧2件背面各有一字銘文，在此存疑。

（續）

墓葬編號	銅器種類與數量	備註
M55	銅鼎1、銅戈3、銅削1、當盧2、甲泡3	早期；小型墓
M57	銅戈3、甲泡3	早期；小型墓
M60	銅鼎1*（1）、銅甗1*（1）、銅簋1、銅尊1件*（1）、銅爵1件*（1）、銅卣1*（1）、銅戈9、銅斧1、甲泡6、車軎2、當盧4、銅泡105	早期；中型墓
M61	銅戈4、當盧1、銅泡22、鑾鈴4	早期；小型墓
M62	甲泡1、綸組飾4、衡末飾2、銅衡3、銅鑣3、鑾鈴2、銅鈴2	早期；小型馬坑
M67	銅戈3、當盧8、銅鑣16、銅泡109、節約2	早期；小型墓
M68	銅戈1、當盧2、甲泡1*（1）	早期；小型墓
M71	銅戈1	早期；小型墓
M72	甲泡2*（1）	早期；小型墓
M76	銅鼎1、銅簋1、銅戈5、甲泡2、當盧2、銅泡2、長方綸組飾24	早期；小型墓
M80	銅戈2、甲泡2、車軎2、車軎2	早期；小型墓

附錄八

西周出土有銘銅器之銘文統計表

號碼	出土地點	出土時間	銘文字數	銘文隸定	銘文所在器物部位	斷代參考
1	扶風縣齊家村	1958	1	它	銅鬲口沿	晚期[58]
2	扶風縣齊家村	1958	1	它	銅鬲口沿	〞
3	扶風縣齊家村齊家M8	1960	2	父丁	銅爵鋬內	早期[59]
4	扶風縣齊家村齊家M8	1960	2	父己	銅觶圈足內	〞
5	扶風縣齊家村	1960	11	叔幾父作鼎其萬年永寶用	銅鼎內壁	晚期[60]
6	扶風縣齊家村	1960	6	白邦父作䵼鬲	銅鬲口沿	〞[61]
7	扶風縣齊家村	1960	12	中伐父作姬尚母旅甗其永用	銅甗內壁	中期
8	扶風縣齊家村	1960	13	犀作旅甗子子孫孫永寶用豐丼	銅甗內壁	晚期
9	扶風縣齊家村	1960	13	中友父作寶殷子子孫孫永寶用	銅簋蓋內	〞
10	扶風縣齊家村	1960	13	中友父作寶殷子子孫孫永寶用	銅簋蓋內	〞

---

58 陝西省考古研究所、陝西省文物管理委員會、陝西省博物館：《陝西出土商周青銅器》（二），頁17-18，編號126-127，文物出版社，北京，1979。

59 曹瑋：《周原出土青銅器》第六卷，頁1072-1079，巴蜀書社，成都，2005。

60 陝西省考古研究所、陝西省文物管理委員會、陝西省博物館：《陝西出土商周青銅器》（二），頁18-22，編號130-168，文物出版社，北京，1979。

61 中國社會科學院考古研究所：《殷周金文集成》修訂增補本第一、二、三、七冊，頁18-23、765、142-146、775、571、809、1990、2540、5423、6163、5504、6174，編號23-30、133-139、560、3755-3756、10102、10224，中華書局，北京，2007。

（續）

號碼	出土地點	出土時間	銘文字數	銘文隸定	銘文所在器物部位	斷代參考
11	扶風縣齊家村	1960	12	友父作寶段子子孫孫永寶用	銅簋蓋內	晚期
12	扶風縣齊家村	1960	12	友父作寶段子子孫孫永寶用	銅簋蓋內	〃
13	扶風縣齊家村	1960	12	冶遺作寶筐子子孫孫永寶用	銅簋內底	〃
14	扶風縣齊家村	1960	57	隹五月初吉庚午同仲宮西宮賜幾父示𤔲六僕四家金十鈞幾父拜稽首對揚朕皇君休用作朕烈考障壺幾父用追孝其萬年子子孫孫永寶用	銅壺口內	中期
15	扶風縣齊家村	1960	57	〃	銅壺口內	〃
16	扶風縣齊家村	1960	15	中友父作盤其萬年子子孫孫永寶用	銅盤內底	晚期
17	扶風縣齊家村	1960	15	中友父作匜其萬年子子孫孫永寶用	銅匜內底	〃
18	扶風縣齊家村	1960	31	隹王三年四月初吉甲寅仲太師右柞柞賜載朱衡鑾司五邑佃人事柞拜手對	銅鐘鉦間鼓左	〃
			17	揚仲太師休用作大鑄鐘其子子孫孫永寶		
19	扶風縣齊家村	1960	31 17	〃	銅鐘鉦間鼓左	〃
20	扶風縣齊家村	1960	31 17	〃	銅鐘鉦間鼓左	〃
21	扶風縣齊家村	1960	31 17	〃	銅鐘鉦間鼓左	〃

（續）

號碼	出土地點	出土時間	銘文字數	銘文隸定	銘文所在器物部位	斷代參考
22	扶風縣齊家村	1960	21	隹王三年四月初吉甲寅仲太師右柞柞賜載朱衡鑾	銅鐘鉦間	晚期
23	扶風縣齊家村	1960	15	司五邑佣人事柞拜手對揚仲太師休	銅鐘鉦間	〃
24	扶風縣齊家村	1960	7	其子子孫孫永寶	銅鐘鉦間	〃
25	扶風縣齊家村	1960	10	中義作龢鐘其萬年永寶	銅鐘鉦間	〃
26	扶風縣齊家村	1960	10	中義作龢鐘其萬年永寶	銅鐘鉦間	〃
27	扶風縣齊家村	1960	10	中義作龢鐘其萬年永寶	銅鐘鉦間	〃
28	扶風縣齊家村	1960	10	中義作龢鐘其萬年永寶	銅鐘鉦間	〃
29	扶風縣齊家村	1960	10	中義作龢鐘其萬年永寶	銅鐘鉦間	〃
30	扶風縣齊家村	1960	10	中義作龢鐘其萬年永寶	銅鐘鉦間	〃
31	扶風縣齊家村	1960	10	中義作龢鐘其萬年永寶	銅鐘鉦間鼓左	〃
32	扶風縣齊家村	1960	10	中義作龢鐘其萬年永寶	銅鐘鉦間鼓左	〃
33	扶風縣齊家村	1961	25	瑪我父作交障殷用享于皇祖文考用賜眉壽子子孫孫永寶用	銅簋腹內底	晚期[62]
34	扶風縣齊家村	1961	25	〃	銅簋腹內底	〃
35	扶風縣齊家村	1961	25	〃	銅簋腹內底	〃
36	扶風縣齊家村	1963	20	作文考日己寶障宗彝其子	方彝蓋內	中期[63]

---

62 陝西省考古研究所、陝西省文物管理委員會、陝西省博物館：《陝西出土商周青銅器》（二），頁22，編號169，文物出版社，北京，1979。

63 陝西省考古研究所、陝西省文物管理委員會、陝西省博物館：《陝西出土商周青銅器》（二），頁

（續）

號碼	出土地點	出土時間	銘文字數	銘文隸定	銘文所在器物部位	斷代參考
				子孫孫萬年永寶用天	器內底	
			20	〃	器蓋同銘	
37	扶風縣齊家村	1963	20	作文考日己寶障宗彝其子子孫孫萬年永寶用天	方尊內底	〃
38	扶風縣齊家村	1963	20	作文考日己寶障宗彝其子子孫孫萬年永寶用天	銅觥蓋內器內底	〃
			20	〃	器蓋同銘	
39	扶風縣齊家村	1963	1	它	銅盤內底	晚期
40	扶風縣齊家村	1963	1	它	銅盉蓋內	〃
41	扶風縣齊家村77FQM1	1977	4	興作寶鼎	銅鼎內壁	早期[64]
42	扶風縣齊家村78FQM19	1978	3	作旅鼎	銅鼎腹內壁	中期[65]
43	扶風縣齊家村78FQM19	1978	3	作旅鼎	銅鼎腹內壁	〃
44	扶風縣齊家村78FQM19	1978	3	𠂤父乙	銅甗腹內壁	早期
45	扶風縣齊家村78FQM19	1978	3	作旅段	銅簋內底	中期
46	扶風縣齊家村78FQM19	1978	3	作旅段	銅簋內底	〃
47	扶風縣齊家村78FQM19	1978	4	作寶障彝	銅尊內底	〃

16-17，編號120-125，文物出版社，北京，1979。

64 同上，頁16，編號119。

65 陝西省考古研究所、陝西省文物管理委員會、陝西省博物館：《陝西出土商周青銅器》（三），頁3-5，編號15-26，文物出版社，北京，1979。

（續）

號碼	出土地點	出土時間	銘文字數	銘文隸定	銘文所在器物部位	斷代參考
48	扶風縣齊家村 78FQM19	1978	4 4	作寶障彝 作寶障彝	銅卣蓋內 器底 器蓋同銘	中期
49	扶風縣齊家村	1982	6	□□□□□□ （內容被刮除）	銅鼎內壁	中期[66]
50	扶風縣齊家村	1984	25	琱我父作交障𣪘用享于皇祖文考用賜眉壽子子孫孫永寶用	𣪘蓋蓋內	晚期[67]
51	扶風縣齊家村	1984	25	〃	𣪘蓋蓋內	〃
52	扶風縣齊家村	1984	25	〃	𣪘蓋蓋內	〃
53	扶風縣齊家村 91FQM5	1991	4	父乙眯亞	銅鬲口沿	中期[68]
54	扶風縣齊家村 91FQM5	1991	9	鄀作父乙寶障𣪘亞牧	銅𣪘內底	〃
55	扶風縣齊家村 91FQM5	1991	9	鄀作父乙寶障𣪘亞牧	銅𣪘內底	〃
56	扶風縣齊家村 91FQM5	1991	4	父乙亞牧	銅瓢圈足內	〃
57	扶風縣齊家村 91FQM5	1991	4	父乙亞牧	銅瓢圈足內	〃
58	扶風縣齊家村 91FQM5	1991	2	父庚	銅爵鋬內	早期
59	扶風縣齊家村 91FQM5	1991	3	牧父乙	銅爵鋬內	中期

66 周原扶風文管所：〈扶風齊家村七、八號西周銅器窖藏清理簡報〉，《考古與文物》1985：1，頁12。

67 同上，頁17。

68 曹瑋：《周原出土青銅器》第九卷，頁1876-1919，巴蜀書社，成都，2005。

（續）

號碼	出土地點	出土時間	銘文字數	銘文隸定	銘文所在器物部位	斷代參考
60	扶風縣齊家村91FQM5	1991	9	鄁作父乙寶障彝亞牧	銅尊內底	中期
61	扶風縣齊家村91FQM5	1991	9	符作父乙寶障彝亞牧	銅卣蓋內器內底器蓋同銘	〃
			9	〃		
62	扶風縣齊家村齊家91M1	1991	17	師湯父作旅鼎子子孫孫其萬年□□□用	銅鼎腹內壁	中期[69]
63	扶風縣齊家村	1995	3	戈父己	銅鼎內壁	早期[70]
64	扶風縣齊家村ⅣA1M19	1999	3	寶障彝	銅爵與鋬相對另一側柱下	中期[71]
65	扶風縣齊家村02ZQⅡA3M4	2002	5	白作□障彝	銅簋器內底	早期[72]
66	扶風縣齊家村02ZQⅡA3M4	2002	3	白作彝	銅卣蓋內器底器蓋同銘	〃
			3	〃		
67	扶風縣齊鎮村	1948	4	作寶障彝	銅卣器內底	早期[73]
68	扶風縣齊鎮村	1955	8	朋友朕其萬年臣天	銅鐘鉦間	晚期[74]

69 羅西章：〈陝西周原新出土的青銅器〉，《考古》1999：4，頁18-21。曹瑋：《周原出土青銅器》第十卷，頁2075-2077，巴蜀書社，成都，2005。

70 曹瑋：《周原出土青銅器》第十卷，頁2063-2064，巴蜀書社，成都，2005。

71 周原考古隊：〈1999年度周原遺址ⅠA1區及 ⅣA1區發掘簡報〉，《古代文明（第2卷）》，頁521-526，文物出版社，北京，2003。

72 陝西省考古研究院、北京大學考古文博學院、中國社會科學院考古研究所周原考古隊：《周原——2002年度齊家制玦作坊和禮村遺址考古發掘報告》，頁450，科學出版社，北京，2010。

73 陝西省考古研究所、陝西省文物管理委員會、陝西省博物館：《陝西出土商周青銅器》（三），頁9，編號53，文物出版社，北京，1982。

74 霍彥儒、辛怡華：《商周金文編——寶雞出土青銅器銘文集成》，編號42，頁39，三秦出版社，西安，2009。

（續）

號碼	出土地點	出土時間	銘文字數	銘文隸定	銘文所在器物部位	斷代參考
69	扶風縣齊鎮村	1966	35 14	處宗室緯妾作穌父大鑾鐘用追孝孝侃前文人前文人其嚴在上戲戲彙彙降余厚多福 無彊妾其萬年子子孫孫永寶用享	銅鐘鉦間鼓左	中期[75]
70	扶風縣齊鎮村	1966	2	用喜	銅鐘鼓右	〃
71	扶風縣齊鎮村	1971	6	曩母障彝亞矣	銅鼎內壁	中期[76]
72	扶風縣齊鎮村	1971	34	隹八月既望戊辰王在上侯彥秦祼丕舍賜貝十朋丕舍拜稽首敢揚王休用作寶鱎彝	銅鼎內壁	中期[77]
73	扶風縣齊鎮村	1971	34	〃	銅鼎內壁	〃
74	扶風縣齊鎮村	1981	13	白嚅父作饎簋□其邁年永寶用	銅簋內底	晚期[78]
75	扶風縣強家村	1974	197	隹王八祀正月辰在丁卯王曰師訊汝克膚乃身臣朕皇考穆穆王用乃孔德遜純乃用叀引正乃辟安德唯余小子肇淑先王德賜汝玄袞黼純赤市朱衡鑾旂大師金膺鋚勒用型乃聖祖考隣明命辟前王事余一人訊拜稽首休伯大師璲嗣訊臣皇辟天	銅鼎內壁	中期[79]

---

75 曹瑋：《周原出土青銅器》第二卷，頁266-279，巴蜀書社，成都，2005。

76 曹瑋：《周原出土青銅器》第六卷，頁1118-1125，巴蜀書社，成都，2005。

77 陝西省考古研究所、陝西省文物管理委員會、陝西省博物館：《陝西出土商周青銅器》（三），頁10，編號58-59，文物出版社，北京，1982。

78 曹瑋：《周原出土青銅器》第十卷，頁2165-2167，巴蜀書社，成都，2005。

79 陝西省考古研究所、陝西省文物管理委員會、陝西省博物館：《陝西出土商周青銅器》（三），頁17-18，編號105-111，文物出版社，北京，1982。

（續）

號碼	出土地點	出土時間	銘文字數	銘文隸定	銘文所在器物部位	斷代參考
				子亦弗忘公上父獣德飤茂曆伯大師丕自作小子夙夕溥迪先祖烈德用臣皇辟伯亦克緐迪先祖璺孫子一嗣皇辟懿德用保王身飤敢釐王俾天子萬年永淶裸禕伯大師武臣保天子用厥烈祖介德飤敢對王休用綏作公上父障于朕考庸季賜父敨宗		
76	扶風縣強家村	1974	72	隹王三月初吉庚申王在康宮格大室定白入右即王乎命汝赤市朱衡玄衣黹純鑾旂曰司琱宮人虎旂用事即敢對揚天子丕顯休用作朕文考幽叔寶段即其萬年子子孫孫永寶用	銅段內底	中期
77	扶風縣強家村	1974	51	王曰恆令汝更崇克司直鄙賜汝鑾旂用事夙夕勿廢朕令恆拜稽敢對揚天子休用作文考公叔寶段其萬年世子子孫孫虞寶用	段蓋蓋內	〃
78	扶風縣強家村	1974	51	〃	段蓋蓋內	〃
79	扶風縣強家村	1974	40	師與肇作朕烈祖虢季宄公幽叔朕皇考德叔大嗇鐘用喜侃前文人用祈純魯永令用匃眉壽無疆師	銅鐘鉦間鼓左	〃
			8	與其萬年永寶用享		

（續）

號碼	出土地點	出土時間	銘文字數	銘文隸定	銘文所在器物部位	斷代參考
80	扶風縣強家村 81FQM1	1981	38	隹王正月初吉辰在壬寅夷伯夷于西宮䢼貝十朋敢對揚王休用作尹姞寶殷子子孫孫永寶用	銅簋蓋內器內底器蓋同銘	中期[80]
			38	〃		
81	扶風縣強家村 81FQM1	1981	38 34	隹王正月初吉辰在壬寅夷伯夷于西宮䢼貝十朋敢對揚王休用作尹姞寶殷子子孫孫永寶用 隹王正月初吉夷伯夷于西宮䢼貝十朋敢對揚王休用作尹姞寶殷子子孫孫永寶用	銅簋蓋內器內底器蓋同銘	〃
82	扶風縣強家村 81FQM1	1981	14	白幾父作奉殷子子孫孫其永寶用	銅簋蓋內器內底器蓋同銘	〃
			14	〃		
83	扶風縣強家村 81FQM1	1981	14 14	〃	銅簋蓋內器內底器蓋同銘	〃
84	扶風縣雲塘村	1950	3	爻父乙	銅鼎內壁	早期[81]
85	扶風縣雲塘村	1950	2	父丙	銅尊圈足內	〃
86	扶風縣雲塘村	1958	2	單甲	銅盉蓋內	中期[82]
87	扶風縣雲塘村	1976	10	白多父作旅盨其永寶用	銅盨蓋內器內底器蓋同銘	晚期[83]
			10	〃		

80 曹瑋：《周原出土青銅器》第八、九卷，頁1730-1777、1790-1875，巴蜀書社，成都，2005。
81 陝西省考古研究所、陝西省文物管理委員會、陝西省博物館：《陝西出土商周青銅器》（三），頁11，編號65-66，文物出版社，北京，1982。
82 同上，頁14，編號85。
83 同上，頁14-15，編號86-93。

（續）

號碼	出土地點	出土時間	銘文字數	銘文隸定	銘文所在器物部位	斷代參考
88	扶風縣雲塘村	1976	10 10	白多父作旅匜其永寶用 〃	銅匜蓋內 器內底 器蓋同銘	晚期
89	扶風縣雲塘村	1976	10 10	〃	銅匜蓋內 器內底 器蓋同銘	〃
90	扶風縣雲塘村	1976	10 10	〃	銅匜蓋內 器內底 器蓋同銘	〃
91	扶風縣雲塘村	1976	13	白公父作旅匜子子孫孫永寶用	匜蓋蓋內	〃
92	扶風縣雲塘村	1976	17	白公父作叔姬醴壺萬年子子孫孫永寶用	壺蓋口沿	〃
93	扶風縣雲塘村	1976	14	白公父作金爵用獻用酌用享用孝	銅勺曲柄正面處	〃
94	扶風縣雲塘村	1976	14	于朕皇考用祈眉壽子孫永寶用者	銅勺曲柄正面處	〃
95	扶風縣雲塘村	1976	5	旅鼎妣父作	銅鼎內底	中期[84]
96	扶風縣雲塘村	1976	12	史喪作丁公寶彝孫子其永丼	銅尊內底	〃
97	扶風縣雲塘村	1976	3	則作寶	銅爵鋬內	早期
98	扶風縣雲塘村	1976	6	茍作父丁障齋	銅鬲口沿內	早期[85]
99	扶風縣雲塘村	1976	8	關作坒易日辛障彝	銅卣內底	〃
100	扶風縣雲塘村	1976	9	舀作文考日庚寶障器	銅尊內底	〃
101	扶風縣雲塘村	1976	7	效作祖戊寶障彝	銅爵鋬內	中期

84 陝西省考古研究所、陝西省文物管理委員會、陝西省博物館：《陝西出土商周青銅器》（三），頁13-14，編號82-84，文物出版社，北京，1982。

85 同上，頁12-13，編號75-78。

（續）

號碼	出土地點	出土時間	銘文字數	銘文隸定	銘文所在器物部位	斷代參考
102	扶風縣雲塘村	1976	3	作寶彝	銅簋內底	早期[86]
103	扶風縣雲塘村	1976	6	用作父乙隮彝	銅簋內底	〃
104	扶風縣雲塘村	1976	3	作旅彝	銅卣蓋內 器底 器蓋同銘	〃
			3	作旅彝		
105	扶風縣雲塘村	1976	3	㆑祖丁	銅尊腹底	〃
106	扶風縣雲塘村	1976	1	目	銅爵鋬內	〃
107	扶風縣雲塘村	1977	61	白大師小子白公父作簠擇之金隹鐈隹鑪其金孔吉亦玄亦黃用盛糕稻糯粱我用召饗事辟王用召諸考諸兄用祈眉壽多福無疆其子子孫孫永寶用享	銅簠蓋內 器內底 器蓋同銘	晚期[87]
			61	〃		
108	扶風縣下務子村	1981	54	犅界其井師同從折首執訊俘車馬五乘大車廿羊百剌用造王群于挓俘戎金冐卅戎鼎廿鋪五十鐱廿用鑄茲隮鼎子子孫孫其永寶用	銅鼎腹內壁	晚期[88]
109	扶風縣姚家村許家組	2000	6	丼叔番作寶盂	銅盂腹內壁	晚期[89]
110	扶風縣黃堆鄉	？	14	䢅作寶盤其萬年子子孫孫永寶用	銅盤內底	中期[90]

86 陝西省考古研究所、陝西省文物管理委員會、陝西省博物館：《陝西出土商周青銅器》（三），頁11-12，編號67-74，文物出版社，北京，1982。

87 同上，頁15，編號94。

88 中國社會科學院考古研究所：《殷周金文集成》修訂增補本第二冊，頁1446、1675，編號2779，中華書局，北京，2007。

89 張恩賢、魏興興：〈周原遺址出土「丹叔番」盂〉，《考古與文物》2001：5，頁89-90。

90 曹瑋：《周原出土青銅器》第十卷，頁2221-2223，巴蜀書社，成都，2005。

（續）

號碼	出土地點	出土時間	銘文字數	銘文隸定	銘文所在器物部位	斷代參考
111	扶風縣黃堆村80FHM4	1980	27	譻白令生史事于楚白錫賞用作寶毁用事厥戲日丁用事厥考日戊	銅簋內底	中期[91]
112	扶風縣黃堆村80FHM4	1980	27	〃	銅簋內底	〃
113	扶風縣黃堆村80FHM16	1980	4	彧作旅毁	銅簋蓋內器內底器蓋同銘	中期[92]
			4	〃		
114	扶風縣黃堆村老堡子	1995	4	作寶隣彝	銅簋內底	中期[93]
115	扶風縣莊白村	1975	65	隹九月既望乙丑在寶自王姻姜使內史友員賜彧玄衣朱襮袧彧拜稽首對揚王姻姜休用作寶齍隣鼎其用夙夜享孝于厥文祖乙公于文姙日戊其子子孫孫永寶	銅鼎蓋內腹內壁器蓋同銘	中期[94]
			65	〃		
116	扶風縣莊白村	1975	116	彧曰烏虖王唯念彧辟烈考甲公王用肇使乃子彧率虎臣御淮戎彧曰烏虖朕文考甲公文母日庚弌休則長安永宕乃子彧心安永襲彧身厥復享于天子唯厥使乃子彧萬年辟事天子冊又嚳于厥身彧拜稽首對揚王令用作文母日庚寶隣齍彝用穆穆夙夜隣享孝綏福其子子孫孫永寶茲烈	銅鼎腹內壁	〃

---

91 曹瑋：《周原出土青銅器》第八卷，頁1664-1697，巴蜀書社，成都，2005。

92 曹瑋：《周原出土青銅器》第八卷，頁1698-1713，巴蜀書社，成都，2005。

93 周原博物館：〈1995年扶風黃堆老堡子西周墓清理簡報〉，《文物》2005：4，頁4-25。

94 羅西章、吳鎮烽、雒忠如：〈陝西扶風出土西周伯彧諸器〉，《文物》1976：6，頁55。

（續）

號碼	出土地點	出土時間	銘文字數	銘文隸定	銘文所在器物部位	斷代參考
117	扶風縣莊白村	1975	5	㦰作厥障鼎	銅鼎腹內壁	中期
118	扶風縣莊白村	1975	3	㦰作旅	銅甋甀內壁	〃
119	扶風縣莊白村	1975	134	隹六月初吉乙酉在靅自戎伐虢㦰率有司師氏饗追禦戎于域林搏戎馘朕文母競敏竈行休宕厥心永襲厥身俾克厥啇獲馘百執訊二夫俘戎兵盾矛戈弓箙矢裨冑凡百又卅又五叔将戎俘人百又十又四人衣搏无斁于㦰身乃子㦰拜稽首對揚文母福烈用作文母日庚寶障殷俾乃子㦰萬年用夙夜障享孝于厥文母其子子孫孫永寶	銅簋蓋內器內器蓋同銘	〃
			134	〃		
120	扶風縣莊白村	1975	5	白㦰作旅殷	銅簋腹內底	〃
121	扶風縣莊白村	1975	5	白㦰作畣壺	銅壺腹內底	〃
122	扶風縣莊白村	1975	5	白㦰作旅彝	銅壺腹內底	〃
123	扶風縣莊白村	1975	3	子父乙	銅爵近鋬一側柱上	〃
124	扶風縣莊白村	1975	5	矞父作寶彝	銅盉蓋內器內壁器蓋同銘	〃
			5	矞父作寶彝		
125	扶風縣莊白村	1975	7	白雒父自作用器	銅盤腹內底	〃

（續）

號碼	出土地點	出土時間	銘文字數	銘文隸定	銘文所在器物部位	斷代參考
126	扶風縣莊白村	1975	3[95]	収父乙	銅觶器內底	早期[96]
127	扶風縣莊白村	1976	5	微白作籩鬲	銅鬲口沿	中期[97]
128	扶風縣莊白村	1976	5	〃	銅鬲口沿	〃
129	扶風縣莊白村	1976	5	〃	銅鬲口沿	〃
130	扶風縣莊白村	1976	5	〃	銅鬲口沿	〃
131	扶風縣莊白村	1976	5	〃	銅鬲口沿	〃
132	扶風縣莊白村	1976	15	白先父作妦障鬲其子子孫孫永寶用	銅鬲口沿內	晚期
133	扶風縣莊白村	1976	15	〃	銅鬲口沿內	〃
134	扶風縣莊白村	1976	15	〃	銅鬲口沿內	〃
135	扶風縣莊白村	1976	15	〃	銅鬲口沿內	〃
136	扶風縣莊白村	1976	15	〃	銅鬲口沿內	〃
137	扶風縣莊白村	1976	15	〃	銅鬲口沿內	〃
138	扶風縣莊白村	1976	14	白先父作妦障其子子孫孫永寶用	銅鬲口沿內	〃
139	扶風縣莊白村	1976	14	〃	銅鬲口沿內	〃
140	扶風縣莊白村	1976	14	白先父作妦鬲其子子孫孫永寶用	銅鬲口沿內	〃
141	扶風縣莊白村	1976	14	白先作妦障鬲其子子孫孫永寶用	銅鬲口沿內	〃

---

95 曹瑋：《周原出土青銅器》第十卷，頁2192-2193，收錄一銅觶並登錄有「Ⅱ又父乙」四字銘文。天津市歷史博物館考古部：〈天津薊縣張家園遺址第三次發掘〉，《考古》1993：4，頁322，記錄1987年於薊縣張家園M2出土的一件銅鼎器內壁有「収」之一字銘文，因而判斷《周原》所載1975年出土於莊白村之銅觶，其上「Ⅱ又」應為一個字，只是將部件析分成上下排列。

96 曹瑋：《周原出土青銅器》第十卷，頁2192-2193，巴蜀書社，成都，2005。

97 尹盛平：《西周微氏家族青銅器群研究》，頁8-9，文物出版社，北京，1992。曹瑋：《周原出土青銅器》第三、四、五卷，頁524-602、608-827、836-965，巴蜀書社，成都，2005。

（續）

號碼	出土地點	出土時間	銘文字數	銘文隸定	銘文所在器物部位	斷代參考
142	扶風縣莊白村	1976	44	癲曰顯皇祖考司威儀用辟先王不敢弗帥用夙夕王對癲梜賜佩作祖考殷其豔祀大神大神綏多福癲萬年寶	銅簋蓋內器內底器蓋同銘	中期
			44	〃		
143	扶風縣莊白村	1976	44 44	〃	銅簋蓋內器內底器蓋同銘	〃
144	扶風縣莊白村	1976	44 44	〃	銅簋蓋內器內底器蓋同銘	〃
145	扶風縣莊白村	1976	44 44	〃	銅簋蓋內器內底器蓋同銘	〃
146	扶風縣莊白村	1976	44 44	〃	銅簋蓋內器內底器蓋同銘	〃
147	扶風縣莊白村	1976	44 44	〃	銅簋蓋內器內底器蓋同銘	〃
148	扶風縣莊白村	1976	44 44	〃	銅簋蓋內器內底器蓋同銘	〃
149	扶風縣莊白村	1976	44 44	〃	銅簋蓋內器內底器蓋同銘	〃

（續）

號碼	出土地點	出土時間	銘文字數	銘文隸定	銘文所在器物部位	斷代參考
150	扶風縣莊白村	1976	64	隹四年二月既生霸戊戌王在周師汞宮格大室即位司馬共右瘋王乎史年冊賜般靳虢市鋚勒敢對揚天子休用作文考寶𣪕瘋其萬年子子孫孫其永寶木羊冊	銅盨內底	中期
151	扶風縣莊白村	1976	64	〃	銅盨內底	〃
152	扶風縣莊白村	1976	10	微白瘋作簋其萬年永寶	銅豆內底	〃
153	扶風縣莊白村	1976	4	微瘋作寶	銅釜腹內壁	〃
154	扶風縣莊白村	1976	4	微瘋作寶	銅釜腹內壁	〃
155	扶風縣莊白村	1976	42	隹五月王在斥戊巳令作冊旂貺望土于相侯賜金賜臣揚王休隹王十又九祀用作父乙障其永寶木羊冊	銅觥蓋內器內底器蓋同銘	早期
			42	〃		
156	扶風縣莊白村	1976	3	旂父乙	銅觚圈足內	〃
157	扶風縣莊白村	1976	2	羊冊	銅觶圈足內	中期
158	扶風縣莊白村	1976	8	豐作父辛寶木羊冊	銅爵與鋬相對的流口沿	〃
159	扶風縣莊白村	1976	8	豐作父辛寶木羊冊	銅爵與鋬相對的流口沿	〃
160	扶風縣莊白村	1976	8	豐作父辛寶木羊冊	銅爵與鋬相對的流口沿	〃
161	扶風縣莊白村	1976	6	作父辛木羊冊	銅爵鋬側柱上外側	〃
162	扶風縣莊白村	1976	7	牆作父乙寶障彝	銅爵流口外側	〃

（續）

號碼	出土地點	出土時間	銘文字數	銘文隸定	銘文所在器物部位	斷代參考
163	扶風縣莊白村	1976	7	牆作父乙寶隥彝	銅爵流口外側	中期
164	扶風縣莊白村	1976	4	癲作父丁	銅爵流口靠鋬一側	〃
165	扶風縣莊白村	1976	4	癲作父丁	銅爵流口靠鋬一側	〃
166	扶風縣莊白村	1976	7	作隥彝癲作父丁	銅爵流口外側	〃
167	扶風縣莊白村	1976	1	⋈	銅爵鋬內	早期
168	扶風縣莊白村	1976	3	孟作旅	銅爵尾上部	中期
169	扶風縣莊白村	1976	42	隹五月王在斥戊巳令作冊旟睍望土于相侯賜金賜臣揚王休隹王十又九祀用作父乙隥其永寶木羊冊	銅尊腹內底	早期
170	扶風縣莊白村	1976	33	隹六月既生霸乙卯王在成周令豐寂大矩大矩賜豐金貝用作父辛寶隥彝木羊冊	銅尊腹內底	中期
171	扶風縣莊白村	1976	30	隹五月辰在丁亥帝嗣賞庚姬貝卅朋述絲廿鋅商用作文辟日丁寶隥彝巽	銅尊腹內底	早期
172	扶風縣莊白村	1976	30	隹五月辰在丁亥帝嗣賞庚姬貝卅朋述絲廿鋅商用作文辟日丁寶隥彝巽	銅卣蓋內器內底器蓋同銘	〃
			30	〃		
173	扶風縣莊白村	1976	33	隹六月既生霸乙卯王在成周令豐寂大矩大矩賜豐金貝用作父辛寶隥彝木羊冊	銅卣蓋內器內底器蓋同銘	中期
			33	〃		

（續）

號碼	出土地點	出土時間	銘文字數	銘文隸定	銘文所在器物部位	斷代參考
174	扶風縣莊白村	1976	42	隹五月王在斥戊巳令作冊旅既望土于相侯賜金賜臣揚王休隹王十又九祀用作父乙障其永寶木羊冊	方彝蓋內器內器蓋同銘	早期
			42	〃		
175	扶風縣莊白村	1976	10	旅作父乙寶障彝木羊冊	銅罍蓋內鋬內器蓋同銘	〃
			10	□作父乙寶障彝木羊冊		
176	扶風縣莊白村	1976	9	陵作父日乙寶罍單◇	方罍口內壁	〃
177	扶風縣莊白村	1976	56	隹十又三年九月初吉戊寅王在成周司徒淲宮格大室即位屋父右癭王乎作冊尹冊賜癭畫靳牙襪赤舄癭拜稽首對揚王休癭其萬年永寶	銅壺口沿外壁蓋樺外壁器蓋同銘	中期
			56	〃		
178	扶風縣莊白村	1976	56 56	〃	〃	〃
179	扶風縣莊白村	1976	60	隹三年九月丁巳王在鄭饗醴乎虢叔召癭賜祚祖己丑王在句陵饗逆酒乎師壽召癭賜彘祖拜稽首敢對揚天子休用作皇祖文考尊壺癭其萬年永寶	銅壺蓋樺	〃
180	扶風縣莊白村	1976	60	〃	〃	〃
181	扶風縣莊白村	1976	5	微白癭作匕	銅匕匕內	〃
182	扶風縣莊白村	1976	5	〃	銅匕匕內	〃
183	扶風縣莊白村	1976	284	曰古文王初戮龢于政上帝降懿德大甹匐有上下迨受	銅盤器內底	〃

（續）

號碼	出土地點	出土時間	銘文字數	銘文隸定	銘文所在器物部位	斷代參考
				萬邦繛圉武王遹征四方達殷畯民永不巩狄虘扗伐尸童憲聖成王左右觳緶剛鰊用肇徹周邦淵哲康王分尹意彊宏魯卲王廣敝楚荊隹奐南行祗景穆王井帥宇誨齾盄天子天子鼪脣文武長烈天子䖻無匄䰫卬上下亟獄逗慕昊紹亡斁上帝后稷亢保受天子綰命厚福豐年方戀亡不釱見青幽高祖在微靈處雯武王既戈殷微史烈祖迺來見武王武王則令周公舍圉于周卑處甬重乙祖徕匹厥辟遠猷復心子厤眷明亞祖祖辛毓毓子孫繁猶多犛檜角騰光義其禋祀訧犀文考乙公遽越得屯無諌農嗇戉曆隹辟孝各史牆夙夜不象其日蔑曆牆弗敢取對揚天子丕顯休令用作寶隌彝烈祖文考弋寷受牆爾髓福襃猶彔黃耇彌生齵事厥辟其萬年永寶用		
184	扶風縣莊白村	1976	31 42 30 共 103	癏趉趉夙夕聖趩追孝于高祖辛公文祖乙公皇考丁公龢鑰鐘用卲各喜侃樂前文人用祿壽匄永令繛齷猶彔屯魯弋皇祖考高對爾烈嚴在上豐豐彙彙譶妥厚多福廣啟癏身勖于永令襃受余爾髓福癏其萬年檜角騰光義文神無彊顯福用寓光癏身永余寶	銅鐘鼓右鉦間鼓左	中期

（續）

號碼	出土地點	出土時間	銘文字數	銘文隸定	銘文所在器物部位	斷代參考
185	扶風縣莊白村	1976	34 33 37 共 104	㾪曰丕顯高祖亞祖文考克明厥心正尹龕厥威義用辟先王㾪不敢弗帥祖考秉明德𤔲夙夕左尹氏皇王對㾪身楙賜佩敢作文人大寶𩁹龢鐘用追孝𩁹祀卲各樂大神大神其陟降嚴祜𩁹妥厚多福其豐豐𩁹𩁹受余屯魯通彔永令眉壽靈冬㾪其萬年永寶日鼓	銅鐘鼓右 鉦間 鼓左	中期
186	扶風縣莊白村	1976	共104	〃	銅鐘鼓右 鉦間 鼓左	〃
187	扶風縣莊白村	1976	共104	〃	銅鐘鼓右 鉦間 鼓左	〃
188	扶風縣莊白村	1976	共104	〃	銅鐘鼓右 鉦間 鼓左	〃
189	扶風縣莊白村	1976	33	曰古文王初盭龢于政上帝降懿德大甹匍有四方匌受萬邦雩武王既𢦏殷微史烈	銅鐘鉦間	〃
190	扶風縣莊白村	1976	34	祖來見武王武王𠟭令周公舍寓以五十頌處今㾪夙夕虔敬卹厥死事肇作龢鐳鐘用	銅鐘鉦間	〃
191	扶風縣莊白村	1976	12	𩁹妥厚多福廣啟㾪身勵于永	銅鐘鉦間	〃
192	扶風縣莊白村	1976	12	令褱受余爾𩁹福靈冬㾪其萬	銅鐘鉦間	〃

（續）

號碼	出土地點	出土時間	銘文字數	銘文隸定	銘文所在器物部位	斷代參考
193	扶風縣莊白村	1976	10	年羋角義文神無彊顯福	銅鐘鉦間	中期
194	扶風縣莊白村	1976	8	用寓光瘥身永余寶	銅鐘鉦間	〃
195	扶風縣莊白村	1976	8	瘥作龢鐘萬年日鼓	銅鐘鉦間	〃
196	扶風縣莊白村	1976	8	〃	銅鐘鉦間	〃
197	扶風縣莊白村	1976	8	〃	銅鐘鉦間	〃
198	扶風縣莊白村	1976	2	🔲 🔲	銅鐘鉦間	〃
199	扶風縣莊白村	1976	2	〃	銅鐘鉦間	〃
200	扶風縣莊白村	1976	7	與中雴父作旅甗	銅甗腹內壁	晚期[98]
201	扶風縣莊白村	1976	13	中太師小子□為其旅□永寶用	銅盨內底	〃
202	扶風縣莊白村	1976	13	㝬姬作旅簠其子子孫孫永寶用	銅簠內底	〃
203	扶風縣莊白村	1981	89	明龘文乃膺受大命匍右四方余小子肇嗣先王配上下作厥王大寶用喜侃前文人壹厚多福用龗龘先王受皇天大魯令文人陟降余黃烝受余屯魯用蘁不廷方献其萬年永畯尹四方保大令作壴在下御大福其各隹王五祀	銅鐘鉦間、鐘體兩側邊緣、篆部上緣、鼓部左右	晚期[99]
204	扶風縣劉家村	1972	3	白作寶	銅鼎腹內壁	早期[100]
205	扶風縣劉家村	1972	6	虘作父辛隥彝	銅簋內底	〃

98 陝西周原考古隊：〈陝西扶風縣雲塘、莊白二號西周銅器窖藏〉，《文物》1978：11，頁6-10。曹瑋：《周原出土青銅器》第五卷，頁974-984，巴蜀書社，成都，2005。

99 曹瑋：《周原出土青銅器》第十卷，頁2027-2031，巴蜀書社，成都，2005。霍彥儒、辛怡華：《商周金文編——寶雞出土青銅器銘文集成》，編號155，頁145-146，三秦出版社，西安，2009。

100 曹瑋：《周原出土青銅器》第六卷，頁1146-1197，巴蜀書社，成都，2005。

（續）

號碼	出土地點	出土時間	銘文字數	銘文隸定	銘文所在器物部位	斷代參考
206	扶風縣劉家村	1972	10	懂季遽父作豐姬寶障彝	銅尊內底	早期
207	扶風縣劉家村	1972	9	季朁作寶障彝用奉畐	銅尊內底	〃
208	扶風縣劉家村	1972	10	懂季遽父作豐姬寶障彝	銅卣蓋內器內底器蓋同銘	〃
			10	〃		
209	扶風縣劉家村	1972	10	〃	銅卣蓋內器內底器蓋同銘	〃
			10			
210	扶風縣劉家村	1972	1	虘	銅爵靠鋬一側柱上、鋬內	〃
			3	作父辛		
211	扶風縣劉家村	1972	2	作中	銅觶內底	〃
212	扶風縣劉家村	1973	4	白作旅𣪕	銅簋器內底	中期[101]
213	扶風縣劉家村80FLM2	1980	2	◇🔲	銅鼎器內底	中期[102]
214	扶風縣劉家村	1994	8	王作菁京中帚歸盂	銅盂器內底	早期[103]
215	扶風縣召李村	1975	4	白作障彝	銅卣蓋內器內底器蓋同銘	早期[104]
			4	〃		
216	扶風縣召李村	1975	5	冊𧒭竹父丁	銅壺蓋內	早期[105]
217	扶風縣召陳村	1960	27	隹王四年八月初吉丁亥散白車父作邢姞障鼎其萬年子子孫永寶	銅鼎腹內壁	晚期[106]

101 曹瑋：《周原出土青銅器》第六卷，頁1210-1223，頁1714-1721，巴蜀書社，成都，2005。

102 曹瑋：《周原出土青銅器》第八卷，頁1714-1721，巴蜀書社，成都，2005。

103 曹瑋：《周原出土青銅器》第十卷，頁2218-2220，巴蜀書社，成都，2005。

104 曹瑋：《周原出土青銅器》第七卷，頁1320-1347，巴蜀書社，成都，2005。

105 中國社會科學院考古研究所：《殷周金文集成》修訂增補本第六冊，頁5000、5352，編號9546，中華書局，北京，2007。

106 同上，第二冊，頁1378-1381、1666-1667，編號2697-2700。

（續）

號碼	出土地點	出土時間	銘文字數	銘文隸定	銘文所在器物部位	斷代參考
218	扶風縣召陳村	1960	27	〃	銅鼎腹內壁	晚期
219	扶風縣召陳村	1960	27	〃	銅鼎腹內壁	〃
220	扶風縣召陳村	1960	27	〃	銅鼎腹內壁	〃
221	扶風縣召陳村	1960	17	散車父作甗姞鱶段其萬年子子孫孫永寶	銅簋器底蓋內 器蓋同銘	晚期[107]
			17	〃		
222	扶風縣召陳村	1960	17	散車父作甗姞鱶段其萬年子子孫孫永寶	銅簋器底蓋內	〃
			16	散車父作甗姞鱶段其萬年孫子子永寶		
223	扶風縣召陳村	1960	17	散車父作甗姞鱶段其萬年子子孫孫永寶	銅簋器底蓋內銘文鏽蝕嚴重	〃
224	扶風縣召陳村	1960	17	散車父作甗姞鱶段其萬年子子孫孫永寶	銅簋器底蓋內 器蓋同銘	〃
			17	〃		
225	扶風縣召陳村	1960	17	散車父作甗姞鱶段其萬年子子孫孫永寶	銅簋器底此簋失蓋	〃
226	扶風縣召陳村	1960	13	虢叔山父作疊姬障段其永寶用	銅簋器底蓋內 器蓋同銘	晚期[108]
			13	〃		
227	扶風縣召陳村	1960	13 13	〃	銅簋器底蓋內 器蓋同銘	〃

107 中國社會科學院考古研究所：《殷周金文集成》修訂增補本第三冊，頁2079-2085、2550，編號 3881-3885，中華書局，北京，2007。

108 同上，第三冊，頁2021-2023、2543-2544，編號3797-3801。

（續）

號碼	出土地點	出土時間	銘文字數	銘文隸定	銘文所在器物部位	斷代參考
228	扶風縣召陳村	1960	13	歸叔山父作疊姬障段其永寶用	銅簋蓋內至於器銘鏽蝕嚴重	晚期
229	扶風縣召陳村	1960	13	歸叔山父作疊姬障段其永寶用	銅簋蓋內僅有器蓋缺器身	〃
230	扶風縣召陳村	1960	26	散車父作皇母馘姜寶壺用逆姞氏白車父其萬年子子孫孫永寶	銅壺蓋榫	晚期[109]
231	扶風縣召陳村	1960	19	散氏車父作嗇姜障壺其萬年子子孫孫永寶用	銅壺蓋榫	〃
232	扶風縣召陳村	1982	17	散車父作甄姞餝段其萬年子子孫孫永寶	簋蓋蓋內	晚期[110]
233	扶風縣召陳村	1998	16	楚公豪自作寶大峊龢鐘孫子子其永寶	銅鐘鉦間	晚期[111]
234	扶風縣齊村	1978	124	王曰有余隹小子余亡康晝夜至龏先王用配皇天簧辮朕心墜于四方絲余以餯士獻民再盩先王宗室猷作鸞彝寶段用康惠朕皇文烈祖考其各前文人其瀕在帝廷陟降鼉圐皇帝大魯令用鈴保我家朕立猷身阤阤降余多福憲耊宇慕遠猷猷其萬年鸞寶朕多御用蠶壽匄永令毗在位作宦在下隹王十又二祀	銅簋腹內	晚期[112]

---

109 中國社會科學院考古研究所：《殷周金文集成》修訂增補本第六冊，頁5081、5364，編號9697，中華書局，北京，2007。

110 同上，第三冊，頁2085、2550，編號3886。

111 曹瑋：《周原出土青銅器》第十卷，頁2036-2040，巴蜀書社，成都，2005。

112 同上，頁2140-2146。

（續）

號碼	出土地點	出土時間	銘文字數	銘文隸定	銘文所在器物部位	斷代參考
235	扶風縣齊村	1978	18	豐丼叔作白姬障殷其萬年子子孫孫永寶用	銅簋腹底	晚期[113]
236	扶風縣官務村窯院組M1	1985	4	白作旅鼎	銅鼎腹內壁	中期[114]
237	扶風縣馬家村七里橋組	1949	6	白夸父作寶盨	銅盨蓋內	晚期[115]
238	扶風縣東橋村北橋組	1972	24	隹十又二月初吉白吉父作毅尊鼎其萬年子子孫孫永寶用	銅鼎腹內壁	晚期[116]
239	扶風縣東橋村北橋組	1972	24	隹十又二月初吉白吉父作毅障殷其萬年子子孫孫永寶用	銅簋蓋內內底器蓋同銘	〃
			24	〃		
240	扶風縣東橋村北橋組	1972	1	丕	銅罍器底	早期
241	扶風縣上康村	1933	25	隹正月初吉庚午白鮮作旅鼎用享孝于文祖子子孫孫永寶用	銅鼎腹口內	晚期[117]
242	扶風縣上康村	1933	25	〃	銅鼎腹口內	〃
243	扶風縣上康村	1933	17	函皇父作琱娟障㲀鼎子子孫孫其永寶用	銅鼎腹口內	〃

---

113 霍彥儒、辛怡華：《商周金文編——寶雞出土青銅器銘文集成》，編號266，頁242-243，三秦出版社，西安，2009。

114 同上，編號298，頁265。

115 中國社會科學院考古研究所：《殷周金文集成》修訂增補本第四冊，頁2750、3424，編號4345，中華書局，北京，2007。

116 霍彥儒、辛怡華：《商周金文編——寶雞出土青銅器銘文集成》，編號302-304，頁268-270，三秦出版社，西安，2009。

117 同上，編號228、230-239、243-244，頁214-228。

（續）

號碼	出土地點	出土時間	銘文字數	銘文隸定	銘文所在器物部位	斷代參考
244	扶風縣上康村	1933	37	函皇父作琱娟盤盉隨器鼎毁具自豕鼎降十又毁八兩罍兩壺琱娟其萬年子子孫孫永寶用	銅鼎腹口內	晚期
245	扶風縣上康村	1933	17	隹正月初吉庚午白鮮作旅甗孫子永寶用	銅甗腹口內	〃
246	扶風縣上康村	1933	36	函皇父作琱娟盤盉隨器毁具自豕鼎降十又毁八兩罍兩壺琱娟其萬年子子孫孫永寶用	銅簋蓋內	〃
247	扶風縣上康村	1933	8	函交中作旅簠寶用	銅簠腹內底	〃
248	扶風縣上康村	1933	9	白鮮作旅毁其永寶用	銅盨蓋內器底器蓋同銘	〃
			9	白鮮作旅毁其永寶用		
249	扶風縣上康村	1933	9	〃	銅盨蓋內器底器蓋同銘	〃
			9			
250	扶風縣上康村	1933	9	〃	銅盨蓋內器底器蓋同銘	〃
			9			
251	扶風縣上康村	1933	9	〃	銅盨蓋內器底器蓋同銘	〃
			9			
252	扶風縣上康村	1933	39	函皇父作琱娟盤盉隨器鼎毁一具自豕鼎降十又一毁八兩罍兩壺琱娟其萬年子子孫孫永寶用	銅盤腹內底	〃
253	扶風縣上康村	1933	55	隹□月初吉□寅王在成周龥土澅宮王賜鮮吉金鮮拜	銅鐘鉦間	〃

（續）

號碼	出土地點	出土時間	銘文字數	銘文隸定	銘文所在器物部位	斷代參考
				手稽首敢對揚天子休用作朕皇考嚳鐘用侃喜上下用樂好賓用祈多福孫子永賓		
254	扶風縣上康村	1966	16	𤖕欪驗叔史遲馬弗左用作父戊寶障彝	銅觥蓋蓋內	早期[118]
255	扶風縣上康村	1972	15	沓娟作寶鼎其萬年子子孫永寶用享	銅鼎腹內	晚期[119]
256	扶風縣莊李村	1963	60餘	□□□□□□□□□□□（內容被刮除）	銅鼎腹內壁	晚期[120]
257	扶風縣莊李村	1963	〃	□□□□□□□□□□（鑄銘不清）	銅簋蓋內	〃
258	扶風縣莊李村	1980	1	㠱	銅爵靠鋬柱上、鋬內	早期[121]
			2	父己		
259	扶風縣莊李村	2003	2	父辛	銅爵鋬內	早期[122]
260	扶風縣莊李村	2003	1	屮	銅斝鋬下	〃
261	扶風縣莊李村	2003	4	人作寶彝	銅卣器底蓋內器蓋同銘	〃
			4	〃		
262	扶風縣莊李村	2003	4	作寶障彝	銅盉鋬下蓋內器蓋同銘	〃
			4	〃		

---

118 曹瑋：《周原出土青銅器》第十卷，頁2197-2201，巴蜀書社，成都，2005。

119 中國社會科學院考古研究所：《殷周金文集成》修訂增補本第二冊，頁1267、1651，編號2516，中華書局，北京，2007。

120 曹瑋：《周原出土青銅器》第十卷，頁2078-2081、2137-2139，巴蜀書社，成都，2005。

121 同上，頁2185-2187。

122 周原考古隊：〈陝西扶風縣周原遺址莊李西周墓發掘簡報〉，《考古》2008：12，頁3-22。

（續）

號碼	出土地點	出土時間	銘文字數	銘文隸定	銘文所在器物部位	斷代參考
263	扶風縣任家村	1940	48	隹五月初吉壬申梁其作隩鼎用享孝于皇祖考用祈多福眉壽無疆畯臣𣥹其百子千孫其萬年無疆其子子孫孫永寶用	銅鼎內壁	晚期[123]
264	扶風縣任家村	1940	48	〃	銅鼎內壁	〃
265	扶風縣任家村	1940	48	〃	銅鼎內壁	〃
266	扶風縣任家村	1940	16	善夫吉父作鼎其萬年子子孫孫永寶用	銅鼎內壁	晚期[124]
267	扶風縣任家村	1940	16	吉父作旅鼎其萬年子子孫孫永寶用享	銅鼎內壁	晚期[125]
268	扶風縣任家村	1940	29	癸卯王來奠新邑二旬又四日丁卯□自新邑于東王□貝十朋用作寶彝	銅鼎內壁	早期
269	扶風縣任家村	1940	207	禹曰丕顯趕趕皇祖穆公克夾紹先王奠四方肆武公亦弗假望朕聖祖考幽大叔懿叔命禹肖朕祖考政于井邦肆禹亦弗敢憂惕共朕辟之命烏虖哀哉用天降大喪于下國亦唯噩侯馭方率南淮夷東夷廣伐南國東國至于歷內王迺命西六自殷八自曰撲伐噩侯馭方勿遺壽幼肆自彌戎卣匡弗克伐噩肆	銅鼎內壁	晚期

---

123 霍彥儒、辛怡華：《商周金文編——寶雞出土青銅器銘文集成》，編號197-199，頁190-192，三秦出版社，西安，2009。

124 王長啟：〈西安市文物中心收藏的商周青銅器〉，《考古與文物》1990：5，頁39。

125 霍彥儒、辛怡華：《商周金文編——寶雞出土青銅器銘文集成》，編號213、215-216，頁204-208，三秦出版社，西安，2009。

（續）

號碼	出土地點	出土時間	銘文字數	銘文隸定	銘文所在器物部位	斷代參考
				武公迺遣禹率公戎車百乘斯馭二百徒千曰于匡朕肅慕重西六自殷八自伐噩侯馭方勿遣壽幼雩禹以武公徒馭至于噩臺伐噩休獲厥君馭方肆禹又成敢對揚武公丕顯耿光用作大寶鼎禹其萬年子子孫孫寶用		
270	扶風縣任家村	1940	17	善夫吉父作京姬鬲鬲其子子孫孫永寶用	銅鬲口沿	晚期[126]
271	扶風縣任家村	1940	17	〃	銅鬲口沿	〃
272	扶風縣任家村	1940	17	〃	銅鬲口沿	〃
273	扶風縣任家村	1940	17	〃	銅鬲口沿	〃
274	扶風縣任家村	1940	17	〃	銅鬲口沿	〃
275	扶風縣任家村	1940	17	〃	銅鬲口沿	〃
276	扶風縣任家村	1940	17	〃	銅鬲口沿	〃
277	扶風縣任家村	1940	17	〃	銅鬲口沿	〃
278	扶風縣任家村	1940	17	〃	銅鬲口沿	〃
279	扶風縣任家村	1940	40	善夫梁其作朕皇考惠中皇母惠妃隫殷用追享孝用匄眉壽壽無疆百字千孫孫子子孫孫永寶用享	銅簋器底蓋內器蓋同銘	晚期[127]
			40	〃		

126　霍彥儒、辛怡華：《商周金文編──寶雞出土青銅器銘文集成》，編號208-211，頁202-203，三秦出版社，西安，2009。

127　中國社會科學院考古研究所：《殷周金文集成》修訂增補本第三冊，頁2323-2331、2572-2573，編號4147-4151，中華書局，北京，2007。

（續）

號碼	出土地點	出土時間	銘文字數	銘文隸定	銘文所在器物部位	斷代參考
280	扶風縣任家村	1940	41	善夫梁其作朕皇考惠中皇母惠㚤𨻰𣪘用追享孝用匄眉壽眉壽無疆百字千孫孫子子孫孫永寶用享	銅簋器底蓋內 器蓋同銘	晚期
			41	〃		
281	扶風縣任家村	1940	41 41	〃	銅簋器底蓋內 器蓋同銘	〃
282	扶風縣任家村	1940	39	善夫梁其作朕皇考惠中皇母惠㚤𨻰𣪘用追享孝用匄眉壽眉壽無疆百字千孫子子孫永寶用享	銅簋器底蓋內 器蓋同銘	〃
			39	〃		
283	扶風縣任家村	1940	38	善夫梁其作朕皇考惠中皇母惠㚤𨻰𣪘用追享孝用匄眉壽壽無疆百字千孫子子孫孫永寶享	銅簋？	〃
284	扶風縣任家村	1940	70	正月既望甲午王在周師量宮旦王各大室即位王乎師晨召大師虘入門立中廷王乎宰曶賜大師虘虎裘虘拜稽首敢對揚天子丕顯休用作寶𣪘虘其萬年永寶用隹十又二年	銅簋器底蓋內 器蓋同銘	中期[128]
			70	〃		
285	扶風縣任家村	1940	70 70	〃	銅簋器底蓋內 器蓋同銘	〃

128 中國社會科學院考古研究所：《殷周金文集成》修訂增補本第三冊，頁2471-2474、2582，編號4251-4252，中華書局，北京，2007。

（續）

號碼	出土地點	出土時間	銘文字數	銘文隸定	銘文所在器物部位	斷代參考
286	扶風縣任家村	1940	70 70	〃	銅簋器底 蓋內 器蓋同銘	中期[129]
287	扶風縣任家村	1940	70 70	〃	銅簋器底 蓋內 器蓋同銘	〃
288	扶風縣任家村	1940	23	兮吉父作中姜寶隘設其萬萬年無疆子子孫孫永寶用享	銅簋？	晚期[130]
289	扶風縣任家村	1940	31	白梁其作旅盨用享用孝用匃眉壽多福畯臣天子萬年唯叵子子孫孫永寶用	銅盨器底 蓋內 器蓋同銘	晚期[131]
			31	〃		
290	扶風縣任家村	1940	31 31	〃	銅盨器底 蓋內 器蓋同銘	〃
291	扶風縣任家村	1940	31 31	〃	銅盨器底 蓋內 器蓋同銘	〃
292	扶風縣任家村	1940	70	正月既望甲午王在周師量宮旦王各大室即位王乎師晨召大師盧入門立中廷王乎宰曶賜大師盧虎裘盧拜稽首敢對揚天子丕顯休用	銅盨器底 蓋內 器蓋同銘	中期[132]

129 吳鎮烽：〈扶風任家村西周遺寶離合記〉，《文博》2010：1，頁29。

130 中國社會科學院考古研究所：《殷周金文集成》修訂增補本第三冊，頁2185、2560，編號4008，中華書局，北京，2007。

131 霍彥儒、辛怡華：《商周金文編——寶雞出土青銅器銘文集成》，編號206-207，頁200-201，三秦出版社，西安，2009。

132 吳鎮烽：〈扶風任家村西周遺寶離合記〉，《文博》2010：1，頁29。

（續）

號碼	出土地點	出土時間	銘文字數	銘文隸定	銘文所在器物部位	斷代參考
				作寶𣪘盧其萬年永寶用隹十又二年		
			70	〃		
293	扶風縣任家村	1940	12	善夫吉父作旅𣪘其萬年永寶	銅𣪘？	晚期[133]
294	扶風縣任家村	1940	45	隹五月初吉壬申梁其作隡壺用享孝于皇祖考用祈多福眉壽永令無疆其百子千孫永寶用其子子孫孫永寶用	銅壺器口外、蓋外緣	〃
295	扶風縣任家村	1940	45	〃	銅壺器口外、蓋外緣	〃
296	扶風縣任家村	1940	15	善夫吉父作旅𤭯其子子孫孫永寶用	銅𤭯器底蓋內器蓋同銘	晚期[134]
			15	〃		
297	扶風縣任家村	1940	15 15	〃	銅𤭯器底蓋內器蓋同銘	〃
298	扶風縣任家村	1940	15 15	〃	銅𤭯器底蓋內器蓋同銘	〃
299	扶風縣任家村	1940	16	善夫吉父作盂其萬年子子孫孫永寶用	銅盂？	晚期[135]

133 霍彥儒、辛怡華：《商周金文編——寶雞出土青銅器銘文集成》，編號212、200-201，頁204、193-195，三秦出版社，西安，2009。

134 中國社會科學院考古研究所：《殷周金文集成》修訂增補本第六冊，頁5235、5384，編號9962，中華書局，北京，2007。

135 同上，第七冊，頁5559、6181、5505、6174，編號10315、10226。

（續）

號碼	出土地點	出土時間	銘文字數	銘文隸定	銘文所在器物部位	斷代參考
300	扶風縣任家村	1940	15	白吉父作京姬匜其子子孫孫永寶用	銅匜？	晚期
301	扶風縣任家村	1940	44 30 共74	梁其曰不顯皇祖考穆穆異異克慎厥德農臣先王得屯亡愍梁其肇帥井皇祖考秉明德虔夙夕辟天子天子肩事梁其身邦君大正用天子寵蔑梁其曆梁其敢對天子不顯休揚用作朕皇	銅鐘鉦間鼓部	晚期[136]
302	扶風縣任家村	1940	48 26 共74	祖考龢鐘鎗鎗鐙鐙鎗鎗鏞鏞用邵各喜侃前文人用祈匄康㝎屯右綽綰通彔皇祖考其嚴在上豐豐彙彙降余大魯福亡斁用鎭光梁其身勵于永令梁其其萬年無疆龕臣皇王眉壽永寶	銅鐘鉦間鼓部	〃
303	扶風縣任家村	1940	44 34 共78	梁其曰不顯皇祖考穆穆異異克慎厥德農臣先王得屯亡愍梁其肇帥井皇祖考秉明德虔夙夕辟天子天子肩事梁其身邦君大正用天子寵蔑梁其曆梁其敢對天子不顯休揚用作朕皇祖考龢鐘	銅鐘鉦間鼓部	〃
304	扶風縣任家村	1940	47 22 共69	鎗鎗鐙鐙鎗鎗鏞鏞用邵各喜侃前文人用祈匄康㝎屯右綽綰通彔皇祖考其嚴在下豐豐彙彙降余大魯福亡斁用鎭光梁其身勵于永令	銅鐘鉦間鼓部	〃

---

136 中國社會科學院考古研究所：《殷周金文集成》修訂增補本第一冊，頁200-207、780-781，編號187-192，中華書局，北京，2007。

（續）

號碼	出土地點	出土時間	銘文字數	銘文隸定	銘文所在器物部位	斷代參考
				其其萬年無疆龕臣皇王眉壽永寶		
305	扶風縣任家村	1940	22 19 共41	天子天子肩事梁其身邦君大正用天子寵蔑梁其曆梁其敢對天子丕顯休揚用作朕皇祖考龢鐘梁其	銅鐘鉦間鼓部	晚期
306	扶風縣任家村	1940	16 30 共46	曰丕顯皇祖考穆穆異異克慎厥德農臣先王得屯亡愍梁其肇帥井皇祖考秉明德虔夙夕鎗鎗鏓鏓鍺鍺鑼鑼用卲	銅鐘鉦間鼓部	〃
307	扶風縣任家村	？	1	⋈	銅戈	中期[137]
308	扶風縣五郡西村	1973	12	中彤作旅盨子子孫孫永寶用	銅盨器底蓋內器蓋同銘	晚期[138]
			12	〃		
309	扶風縣五郡西村	1973	12 12	〃	銅盨器底蓋內器蓋同銘	〃
310	扶風縣五郡西村	2006	4	作父辛戈	銅簋內底	中期[139]
311	扶風縣五郡西村	2006	6	白盠父作寶毀	銅簋內底	晚期
312	扶風縣五郡西村	2006	113	隹五年九月初吉召姜以琱生戒五尋壺兩以君氏命曰	銅尊腹內壁	〃

137 霍彥儒、辛怡華：《商周金文編——寶雞出土青銅器銘文集成》，編號217，頁208，三秦出版社，西安，2009。

138 中國社會科學院考古研究所：《殷周金文集成》修訂增補本第四冊，頁2767、2768、3426，編號4372、4373，中華書局，北京，2007。

139 寶雞市考古研究所、扶風縣博物館：〈陝西扶風五郡西村西周青銅器窖藏發掘簡報〉，《文物》2007：8，頁17、26。

（續）

號碼	出土地點	出土時間	銘文字數	銘文隸定	銘文所在器物部位	斷代參考
				余老止我僕臺土田多柔弋許勿吏散亡余宕其三汝宕其二其兄公其弟乃余蟓大璋報婦氏帛束璜一有司遝登兩犀琱生對揚朕宗君休用作召公障鎅用祈通彔得屯靈冬子孫永寶用之享其又敢亂茲命曰汝事召人公則明亟		
313	扶風縣五郡西村	2006	113	〃	銅尊腹內壁	晚期
314	扶風縣五郡西村	2006	17	怙中衍作寶鐘怙中其萬年子子孫孫永寶	銅鐘甬部	〃
315	扶風縣唐家河西塬村	1984	3	旅祖丁	銅簋內底	早期[140]
316	扶風縣柳東村	1964	1	單	銅鼎腹內壁	中期[141]
317	扶風縣飛鳳山	1993	1	仝	銅斧鋬部	早期[142]
			1	昊	斧身	
318	扶風縣北呂村	1977	1	𡙉	銅殘戈內	西周
319	扶風縣北呂村	1982	5	閼白作旅鼎	銅鼎腹內壁	早期[143]
320	扶風縣北呂村	1982	5	閼白作旅殷	銅簋腹內底	〃
321	扶風縣曹衛村	1991	1	車	銅戈援近弧處	晚期[144]

---

140 高西省：〈扶風唐西塬出土青銅器〉，《考古與文物》1989：1，頁21。

141 霍彥儒、辛怡華：《商周金文編——寶雞出土青銅器銘文集成》，編號318，頁283，三秦出版社，西安，2009。

142 同上，編號319，頁284。

143 同上，編號322-323，頁288。

144 同上，編號326，頁290。

（續）

號碼	出土地點	出土時間	銘文字數	銘文隸定	銘文所在器物部位	斷代參考
322	扶風縣魯馬村溝原組	1981	4	王作鼎彝	銅簋蓋蓋內	中期[145]
323	扶風縣魯馬村溝原組	1981	9	叔趙父作旅禹其寶用	銅禹正面	〃
			2	榮監	背面	
324	扶風縣五嶺村豹子溝	1979	17 20 32 共69	翩土南宮乎作大鑄㲈鐘茲鐘名曰無斁鐘先祖南宮亞祖公中必父之家天子其萬年眉壽畯永保四方配皇天乎拜手稽首敢對揚天子丕顯魯休用作朕皇祖南公亞祖公中	銅鐘甬部、鉦間、鼓部	晚期[146]
325	扶風縣巨良海家村	1992	35	師𡵨自作朕皇祖大公鼉公訊公魯中奮伯孝公朕烈考……龢鐘用喜侃前……綽永命義孫子……	銅鐘鉦間及上部	晚期[147]
326	扶風縣巨良海家村	1992	11	在上彙彙豐豐降余多福福	銅鐘鉦間	中期
327	扶風縣召公鎮	1961	4	◨俱父乙	銅罍口內	早期[148]
328	扶風縣長命寺早楊村	1973	12	□霸□翩工□冊微鬹□女楚□女茲□旅□天	殘銅鼎腹內	晚期[149]
329	扶風縣大同村	1997	129	隹六年二月初吉甲戌王在周師录宮旦王各大室即位	銅簋蓋內	中期[150]

145 霍彥儒、辛怡華：《商周金文編──寶雞出土青銅器銘文集成》，編號299-300，頁265-266，三秦出版社，西安，2009。

146 同上，編號301，頁267。

147 同上，編號305-306，頁270-271。

148 同上，編號307，頁271。

149 同上，編號308，頁272。

150 同上，編號320-321，頁284-286。

（續）

號碼	出土地點	出土時間	銘文字數	銘文隸定	銘文所在器物部位	斷代參考
				嗣土榮伯右宰畢內門立中廷北鄉王乎內史尹中冊命宰畢曰昔先王既命女今余唯或鬱毫乃命更乃祖考事歎嗣康宮王家臣妾复毫外入毋敢無聞智賜女赤市幽亢攸勒用事畢拜稽首敢對揚天子丕顯魯休命用作朕烈祖幽中益姜寶匜設畢其萬年子子孫孫寶用		
330	扶風縣大同村	1997	129	〃	銅簋蓋內	中期
331	扶風縣大同村	1997	129	佳六年二月初吉甲戌王在周師彔宮旦王各大室即位嗣土榮伯右宰畢內門立中廷北鄉王乎內史尹中冊命宰畢曰昔先王既命女今余唯或鬱毫乃命更乃祖考事歎嗣康宮王家臣妾复毫外入毋敢無聞智賜女赤市幽亢攸勒用事畢拜稽首敢對揚天子丕顯魯休命用作朕烈祖幽中益姜寶匜設畢其萬年子子孫孫寶用	銅簋蓋內	〃
332	扶風縣大同村	1997	129	〃	銅簋蓋內	〃
333	扶風縣白龍村	1975	2	婀康	銅鼎腹內壁	商末周初[151]
334	岐山縣賀家村	1966	6	史遘作寶旂鼎	銅鼎腹內壁	早期[152]

151 李海榮：〈關中地區出土商時期青銅器文化因素分析〉，《考古與文物》2000：2，頁35。

152 霍彥儒、辛怡華：《商周金文編——寶雞出土青銅器銘文集成》，編號398-403，頁365-368，三秦出版社，西安，2009。

（續）

號碼	出土地點	出土時間	銘文字數	銘文隸定	銘文所在器物部位	斷代參考
335	岐山縣賀家村	1966	6	史遉作寶旃鼎	銅鼎腹內壁	早期
336	岐山縣賀家村	1966	4	尹奂□□	銅鼎腹內壁	〃
337	岐山縣賀家村	1966	2	尹奂	銅鼎腹內壁	〃
338	岐山縣賀家村	1966	23	乙亥王壹畢公迺賜史龀貝十朋龀古弃彝其弃之朝夕監	銅簋內底	〃
339	岐山縣賀家村	1966	6	史遉作寶障彝	銅角蓋內	〃
			6	〃	鋬內 器蓋同銘	
340	岐山縣賀家村 M3	1973	12	榮又蓺冉作齏鼎用朕贏籠母	銅鼎腹內壁	晚期[153]
341	岐山縣賀家村 M3	1973	11	白車父作旅盨其萬年永寶	銅盨內底	〃
342	岐山縣賀家村 M3	1973	12	白車父作旅盨其萬年永寶用	銅盨內底	〃
343	岐山縣賀家村 M5	1973	12	羊庚茲作厥文考尸叔寶障彝	銅鼎腹內壁	早期[154]
344	岐山縣賀家村 M5	1973	7	衛作父庚寶障彝	銅簋內底	〃
345	岐山縣賀家村	1974	2	作彝	銅爵柱上	早期[155]
346	岐山縣賀家村	1974	19	白夏父作畢姬障鼎其萬年子子孫孫永寶用亯	銅鼎腹內壁	晚期[156]
347	岐山縣賀家村	1976	4	作寶障段	銅簋內底	早期[157]

---

153 曹瑋：《周原出土青銅器》第六卷，頁1286-1295，巴蜀書社，成都，2005。
154 曹瑋：《周原出土青銅器》第七卷，頁1304-1319，巴蜀書社，成都，2005。
155 陝西省考古研究所、陝西省文物管理委員會、陝西省博物館：《陝西出土商周青銅器》（三），頁1，編號4，文物出版社，北京，1982。
156 同上，頁1-2，編號5。
157 曹瑋：《周原出土青銅器》第十卷，頁2111-2114，巴蜀書社，成都，2005。

（續）

號碼	出土地點	出土時間	銘文字數	銘文隸定	銘文所在器物部位	斷代參考
348	岐山縣賀家村76QHM112	1976	4	作寶用毀	銅簋內底蓋內器蓋同銘	早期[158]
			4	〃		
349	岐山縣賀家村76QHM113	1976	6	六六一六六一	銅甗腹內壁	早期[159]
350	岐山縣賀家村	1991	3	亞父戊	銅簋內底	早期[160]
351	岐山縣鳳雛村	1978	17	白尚肇其作寶鼎尚其萬年子子孫孫永寶	銅鼎腹內壁	晚期[161]
352	岐山縣鳳雛村	1978	27	隹卅又三年八月既死辛卯王在成周白寬父作寶盨子子孫孫永用	銅盨內底蓋內器蓋同銘	〃
			27	〃		
353	岐山縣鳳雛村	1978	27	〃	銅盨內底蓋內器蓋同銘	
			27			
354	岐山縣鳳雛村	1991	8	六一七六一六◊者	銅鼎腹內壁	早期[162]
355	岐山縣鳳雛村	1991	5	師隻作障彝	銅簋內底	〃
356	岐山縣劉家村	1981	18	叔尃父作朕文母烈考障毀子子孫孫永寶用	銅簋內底	中期[163]
357	岐山縣劉家村	1981	9	白好父自鑄作為旅毀	簋蓋蓋內	〃

158　曹瑋：《周原出土青銅器》第七卷，頁1490-1499，巴蜀書社，成都，2005。

159　曹瑋：《周原出土青銅器》第七卷，頁1506-1510，巴蜀書社，成都，2005。

160　曹瑋：《周原出土青銅器》第十卷，頁2118-2122，巴蜀書社，成都，2005。

161　曹瑋：《周原出土青銅器》第五卷，頁988-1007，巴蜀書社，成都，2005。

162　劉少敏、龐文龍：〈陝西岐山新出土周初青銅器等文物〉，《文物》1992：6，頁76-78。

163　霍彥儒、辛怡華：《商周金文編——寶雞出土青銅器銘文集成》，編號410-411，頁371-372，三秦出版社，西安，2009。

（續）

號碼	出土地點	出土時間	銘文字數	銘文隸定	銘文所在器物部位	斷代參考
358	岐山縣董家村	1975	207	隹正月初吉庚戌衛以邦君厲告于井伯伯邑父定伯琼伯伯俗父曰厲曰余執龔王卹工于邵大室東逆榮二川曰余舍女田五田正迺嗌厲曰女貯田不厲迺許曰余審貯田五田井伯伯邑父定伯琼伯伯俗父迺顥吏厲誓迺令參有嗣嗣土邑人趙嗣馬頸人邦嗣工陸夨内史友寺努帥履裘衛厲田四田迺舍寓于厥邑厥逆疆眔厲田厥東疆眔散田厥南疆眔散田眔政父田厥西疆眔厲田邦君厲眔付裘衛田厲叔子夙厲有嗣嚻季慶癸燹禩荊人敢井人倡犀衛小子者其鄉睽衛用作朕文考寶鼎衛其萬年永寶用隹王五祀	銅鼎腹內壁	中期[164]
359	岐山縣董家村	1975	195	隹九年正月既死霸庚辰王在周駒宮各廟眉敖者膚為吏見于王王大黹夨取眚車軜桒裛虎冟柔衛畫轉夆師蘳帛轡乘金麀鍀舍夨姜帛三兩迺舍裘衛林晉里劇厥隹顄林我舍顄陳大馬兩舍顄姐虔吝舍顄有嗣壽商圇裘盞冟夨迺眔瀽舜令壽商眔意曰顥瀍付裘衛林晉里劇乃成夆四夆顄小子具虫夆壽商闌舍盞冒梯瓹皮二	銅鼎腹內壁	〃

---

164 曹瑋：《周原出土青銅器》第二—三卷，頁322-475，巴蜀書社，成都，2005。

（續）

號碼	出土地點	出土時間	銘文字數	銘文隸定	銘文所在器物部位	斷代參考
				从皮二鬘鳥甬皮二朏帛金一反厥吳喜皮二舍澧鷹苜爧萊韓匋東臣羔裘齎下皮二罘受衛小子家逆者其䀇衛臣虢朏衛用作朕文考寶鼎衛其萬年永寶用		
360	岐山縣董家村	1975	1	✚	銅鼎腹內壁	中期
361	岐山縣董家村	1975	111	隹十又七年十又二月既生霸乙卯王在周康宮徲宮旦王各大室即位嗣土毛叔右此入門立中廷王乎史翏冊令此曰旅邑人善夫賜女玄衣黹屯赤市朱黃縊旂此敢對揚天子丕顯休令用作朕皇考癸公𨼪鼎用亯孝于文申用匄眉壽此其萬年無疆畍臣天子霝冬子子孫永寶用	銅鼎腹內壁	晚期
362	岐山縣董家村	1975	111	〃	銅鼎腹內壁	〃
363	岐山縣董家村	1975	112	隹十又七年十又二月既生霸乙卯王在周康宮徲宮旦王各大室即位嗣土毛叔右此入門立中廷王乎史翏冊令此曰旅邑人善夫賜女玄衣黹屯赤市朱黃縊旂此敢對揚天子丕顯休令用作朕皇考癸公𨼪鼎用亯孝于文申用匄眉壽此其萬年無疆畍臣天子霝冬子子孫孫永寶用	銅鼎腹內壁	〃

（續）

號碼	出土地點	出土時間	銘文字數	銘文隸定	銘文所在器物部位	斷代參考
364	岐山縣董家村	1975	17	中旯父作�鼎其萬年子子孫孫永寶用亯	銅鼎腹內壁	晚期
365	岐山縣董家村	1975	20	善夫旅白作毛中姬隤鼎其萬年子子孫永寶用亯	銅鼎腹內壁	〃
366	岐山縣董家村	1975	18	善夫白辛父作隤鼎其萬年子子孫孫永寶用	銅鼎腹內壁	〃
367	岐山縣董家村	1975	12	廟孱作鼎其子子孫孫永寶用	銅鼎腹內壁	〃
368	岐山縣董家村	1975	12	榮又嗣再作齋鬲用朕嬴攏母	銅鬲口沿內	〃
369	岐山縣董家村	1975	16	成白孫父作浸嬴隤鬲子子孫孫永寶用	銅鬲口沿上	〃
370	岐山縣董家村	1975	73	隹廿又七年三月既生霸戊戌王在周各大室即位南伯入右衮衛入門立中廷北鄉王乎內史賜衛載市朱黃絲衛摔稽首敢對揚天子丕顯休用作朕文祖考寶段衛其子子孫孫永寶用	銅簋器內蓋內器蓋同銘	中期
			73	〃		
371	岐山縣董家村	1975	43	虢中令公臣嗣朕百工賜女馬乘鐘五金用事公臣摔稽首敢揚天尹丕顯休用作隤段公臣其萬年用寶茲休	銅簋內底	〃
372	岐山縣董家村	1975	43	〃	銅簋內底	〃
373	岐山縣董家村	1975	43	〃	銅簋內底	〃
374	岐山縣董家村	1975	43	虢中令公臣嗣朕百工賜女馬乘鐘五金用事公臣摔稽首敢揚天君丕顯休用作隤段公臣其萬年用寶茲休	銅簋內底	〃

（續）

號碼	出土地點	出土時間	銘文字數	銘文隸定	銘文所在器物部位	斷代參考
375	岐山縣董家村	1975	17	旅中作𡨦寶𣪘其萬年子子孫孫永用亯孝	銅簋內底	晚期
376	岐山縣董家村	1975	112	隹十又七年十又二月既生霸乙卯王在周康宮徲宮旦王各大室即位𤔲土毛叔右此入門立中廷王乎史翏冊令此曰旅邑人善夫賜女玄衣黹屯赤市朱黃䜌旂此敢對揚天子丕顯休令用作朕皇考癸公𦅫𣪘用亯孝于文申用匄眉壽此其萬年無疆畯臣天子霝冬子子孫孫永寶用	銅簋內底 蓋內 器蓋同銘	〃
			112	〃		
377	岐山縣董家村	1975	112 112	〃	銅簋內底 蓋內 器蓋同銘	〃
378	岐山縣董家村	1975	112	隹十又七年十又二月既生霸乙卯王在周康宮徲宮旦王各大室即位𤔲土毛叔右此入門立中廷王乎史翏冊令此曰旅邑人善夫賜女玄衣黹屯赤市朱黃䜌旂此敢對揚天子丕顯休令用作朕皇考癸公𦅫𣪘用亯孝于文申用匄眉壽此其萬年無疆畯臣天子霝冬子子孫孫永寶用	銅簋內底	〃
379	岐山縣董家村	1975	112	隹十又七年十又二月既生霸乙卯王在周康宮徲宮旦王各大室即位𤔲土毛叔右此入門立中廷王乎史翏冊	銅簋內底	〃

（續）

號碼	出土地點	出土時間	銘文字數	銘文隸定	銘文所在器物部位	斷代參考
				令此曰旅邑人善夫賜女玄衣黹屯赤市朱黃絲斾此敢對揚天子丕顯休令用作朕皇考朱癸隩毁用言孝于文申用匄眉壽此其萬年無疆畍臣天子霝冬子子孫孫永寶用		
380	岐山縣董家村	1975	112	〃	銅簋內底	晚期
381	岐山縣董家村	1975	112	隹十又七年十又二月既生霸乙卯王在周康宮徲宮旦王各大室即位嗣土毛叔右此入門立中廷王乎史翏冊令此曰旅邑人善夫賜女玄衣黹屯赤市朱黃絲斾此敢對揚天子丕顯休令用作朕皇考癸公隩毁用言孝于文申用匄眉壽此其萬年無疆畍臣天子霝冬子子孫孫永寶用	銅簋內底	〃
382	岐山縣董家村	1975	112	〃	銅簋內底	〃
383	岐山縣董家村	1975	109	隹十又七年十又二月既生霸乙卯王在周康宮徲宮旦王各大室即位嗣土毛叔右此入門立中廷王乎史翏冊令此曰旅邑人善夫賜女玄衣黹屯赤市朱黃絲斾此敢對揚天子丕顯休令用作朕皇考癸公隩毁用孝于文申匄眉壽此萬年無疆畍臣天子霝冬子子孫孫永寶用	銅簋內底	〃
384	岐山縣董家村	1975	16	中南父作隩壺其萬年子子孫孫永寶用	銅壺蓋內	中期

（續）

號碼	出土地點	出土時間	銘文字數	銘文隸定	銘文所在器物部位	斷代參考
385	岐山縣董家村	1975	16	中南父作障壺其萬年子子孫孫永寶用	銅壺內壁 蓋內 器蓋同銘	中期
			16	〃		
386	岐山縣董家村	1975	90 67 共157	隹三月既死霸甲申王在荎上宮白揚父迺成貿曰牧牛戲乃可湛女敢吕乃師訟女上訊先誓今女亦既又卩誓專趙嗇覯儥蓾亦茲五夫亦既卩乃誓女亦既從辭從誓弋可我義俊女千齡戴女今我赦女義俊女千黜戴女今大赦女俊女五百罰女三百孚白揚父迺或吏牧牛誓曰自今余敢夒乃小大史乃師或吕女告剷到乃俊千齡戴牧牛剷誓厥吕告吏帜吏叾于會牧牛辭誓成罰金儥用作旅盉	銅匜內底 蓋內 器蓋連文	〃
387	岐山縣董家村	1975	132	隹三年三月既生霸壬寅王旂于豐矩伯庶人取堇章于裘衛才八十朋厥貯其舍田十田戫或取赤虎兩麠牶兩牶韐一才廿朋其舍田三田裘衛迺廅告于伯邑父榮伯定伯琼伯單伯伯邑父榮伯定伯琼伯單伯迺令參有嗣嗣土微邑嗣馬單旟嗣工邑人服罪受田燹趩衛小子𧻚逆者其鄉衛用作朕文考惠孟寶般衛其萬年永寶用	銅盉蓋內	〃

（續）

號碼	出土地點	出土時間	銘文字數	銘文隸定	銘文所在器物部位	斷代參考
388	岐山縣王家嘴WM1	1980	3	息父丁	銅鼎腹內壁	早期[165]
389	岐山禮村	1947	6	王作中姬寶彝	銅鼎腹內壁	早期[166]
390	岐山禮村	1949前	1	凡	銅尊圈足內	早期[167]
391	岐山禮村	1957	1	弓	銅鼎腹內	中期[168]
392	岐山禮村	1957	1	弓	銅鼎腹內	〃
393	岐山禮村	1960－62	1	田	當盧背面	西周[169]
394	岐山禮村	1964	6	鳥壬俏作尊彝	銅鼎腹內壁	早期[170]
395	岐山縣丁童村	1952	6	外叔作寶障彝	銅鼎腹內壁	早期[171]
396	岐山縣丁童村	1984	5	矢叔作旅殷	銅簋內底	中期[172]
397	岐山縣周家橋程家村	1944	7	王作康季寶障鼎	銅鼎口腹間殘片	早期[173]
398	岐山縣京當鄉	1958	6	虢中作姞障鬲	銅鬲口沿內	晚期[174]
399	岐山縣青化鎮	1949前	16	善夫吉父作盉其萬年子子孫孫永寶用	銅盉？	晚期[175]

165 曹瑋：《周原出土青銅器》第八卷，頁1722-1728，巴蜀書社，成都，2005。
166 曹瑋：《周原出土青銅器》第十卷，頁2042-2044，巴蜀書社，成都，2005。
167 同上，頁2171-2173。
168 同上，頁2070-2074。
169 陝西省博物館、文管會岐山工作隊：〈陝西岐山禮村附近周遺址的調查與試掘〉，《文物資料叢刊》2，頁39，文物出版社，北京，1978。
170 霍彥儒、辛怡華：《商周金文編——寶雞出土青銅器銘文集成》，編號420，頁376，三秦出版社，西安，2009。
171 曹瑋：《周原出土青銅器》第十卷，頁2052-2056，巴蜀書社，成都，2005。
172 霍彥儒、辛怡華：《商周金文編——寶雞出土青銅器銘文集成》，編號429，頁390，三秦出版社，西安，2009。
173 同上，編號424，頁387。
174 王光永：〈介紹新出土的兩件虢器〉，《古文字研究》第七輯，頁185-186，中華書局，北京，1982。
175 中國社會科學院考古研究所：《殷周金文集成》修訂增補本第七冊，頁5559、6181，編號10315，中華書局，北京，2007。

（續）

號碼	出土地點	出土時間	銘文字數	銘文隸定	銘文所在器物部位	斷代參考
400	岐山縣青化鎮	1949前	15	善夫吉父作旅罐其子子孫孫永寶用	銅罐蓋內	晚期
401	岐山縣北楊村吳家莊	1978	16	王白姜作季姬福母障鼎季姬其永寶用	銅鼎腹內壁	晚期[176]
402	岐山縣祝家巷村	1981	2	新邑	銅戈內	早期[177]
403	岐山縣張家場	1974	2	父乙	銅爵鋬下	早期[178]
404	岐山縣樊村	1981	3	亞邲其	銅斝鋬下	商末周初[179]
405	岐山縣祝家莊曹家溝	1981	13	周郇駃作用寶鼎其萬年永寶用	銅鼎腹內壁	晚期[180]
406	岐山縣宮里村流龍嘴	1981	50	隹八年十又二月初吉丁亥齊生魯肇貯休多贏隹朕文考乙公永啟余魯用作朕文考乙公寶障彝魯其萬年子子孫孫永寶用	方彝蓋蓋內	中期[181]
407	岐山縣小營原村	1976	8	旅作寶段其萬年用	銅簋內底	中期[182]
408	岐山縣高店鄉	1962	5	鼄作旅障鼎	銅鼎腹內壁	中期[183]

---

176 中國社會科學院考古研究所：《殷周金文集成》修訂增補本第二冊，頁1290、1654，編號2560，中華書局，北京，2007。

177 同上，第七冊，頁5793、6215，編號10885。

178 同上，第五冊，頁4257、4541，編號7899。

179 龐文龍、劉少敏：〈岐山縣北郭鄉樊村新出土青銅器等文物〉，《文物》1992：6，頁75。

180 祁健業：〈岐山縣北郭公社出土的西周青銅器〉，《考古與文物》1982：2，頁7-8。

181 霍彥儒、辛怡華：《商周金文編——寶雞出土青銅器銘文集成》，編號427，頁388-389，三秦出版社，西安，2009。

182 同上，編號438，頁394。

183 同上，編號439，頁395。

（續）

號碼	出土地點	出土時間	銘文字數	銘文隸定	銘文所在器物部位	斷代參考
409	眉縣楊家村	1955	107	唯八月初吉王各于周廟穆公右盨立于中廷北鄉王冊令尹賜盨赤市幽亢攸勒曰用嗣六自王行參有嗣嗣土嗣馬嗣工王令盨曰龏嗣六自眾八自埶盨拜稽首敢對揚王休用作朕文祖益公寶障彝盨曰天子丕叚丕其萬年保我萬邦盨敢拜稽首曰烈朕身遟朕先寶事	方彝內壁蓋內器蓋同銘	中期[184]
			107	〃		
410	眉縣楊家村	1955	107 107	〃	方彝內壁蓋內器蓋同銘	〃
411	眉縣楊家村	1955	107	唯八月初吉王各于周廟穆公右盨立于中廷北鄉王冊令尹賜盨赤市幽亢攸勒曰用嗣六自王行參有嗣嗣土嗣馬嗣工王令盨曰龏嗣六自眾八自埶盨拜稽首敢對揚王休用作朕文祖益公寶障彝盨曰天子丕叚丕其萬年保我萬邦盨敢拜稽首曰烈朕身遟朕先寶事	方尊內底	〃
412	眉縣楊家村	1955	94	隹王十又二月辰在甲申王初執駒于庡王乎師豦召盨王親旨盨駒賜兩樸稽首曰王弗望厥舊宗小子埜皇盨身盨曰王倗下丕其則萬年	犧尊器上蓋上	〃

184 霍彥儒、辛怡華：《商周金文編──寶雞出土青銅器銘文集成》，編號596-600，頁535-544，三秦出版社，西安，2009。

（續）

號碼	出土地點	出土時間	銘文字數	銘文隸定	銘文所在器物部位	斷代參考
				保我萬宗盞曰余其敢對揚天子之休余用作朕文考大中寶隣彝盞曰其萬年世子子孫孫永寶之		
			11	王臧駒庶賜盞駒勇雷駓子		
413	眉縣楊家村	1955	11	王臧駒㫄賜盞駒勇雷駱子	方尊器蓋蓋上	中期
414	眉縣楊家村	1972	28	唯八月初吉王姜賜旟田三于待劃師櫨酤兄用對王休子子孫其永寶	銅鼎口沿內	早期[185]
415	眉縣楊家村	1985	130	逑曰丕顯朕皇考克齍明厥心帥用厥先祖考政德言辟先王逑御于厥辟不敢豩虔夙夕敬厥死事天子巠朕先祖服多賜逑休令騏巤四方吳蠶逑敢對天子丕顯魯休揚用 作朕皇考龔叔穌鐘鎗鎗恩恩雖雜鏲鏲用追孝卲各喜侃前文人前文人嚴在上豐豐奐奐降余多福康虞屯右永令逑其萬年眉壽畯臣天子子子孫孫永寶	銅鐘右鼓鉦間左鼓	晚期[186]
416	眉縣楊家村	1985	130	逑曰丕顯朕皇考克齍明厥心帥用厥先祖考政德言辟先王逑御于厥辟不敢豩虔夙夕敬厥死事天子巠朕先	銅鐘鉦間左鼓	〃

185 霍彥儒、辛怡華：《商周金文編——寶雞出土青銅器銘文集成》，編號601，頁544-545，三秦出版社，西安，2009。
186 同上，編號602-605，頁545-553。

（續）

號碼	出土地點	出土時間	銘文字數	銘文隸定	銘文所在器物部位	斷代參考
				祖服多賜逑休令歖飌四方吳嚳逑敢對天子丕顯魯休揚用作朕皇考龏叔龢鐘鎗鎗恩恩雝雝鏽鏽用追孝卲各喜侃前文人前文人嚴在上豐豐覂覂降余多福康虞屯右永令逑其萬年眉壽畯臣天子子子孫孫永寶		
417	眉縣楊家村	1985	130	逑曰丕顯朕皇考克龏明厥心帥用厥先祖考政德言辟先王逑御 于厥辟不敢豸虘夙夕敬厥死事天子巠朕先祖服多賜逑休令歖飌四方吳嚳逑敢對天子丕顯魯休揚用作朕皇考龏 叔龢鐘鎗鎗恩恩雝雝鏽鏽用追孝卲各喜侃前文人前文人嚴在上豐豐覂覂降余多福康虞屯右永令逑其萬年眉壽畯臣天子子子孫孫永寶	銅鐘右鼓鉦間左鼓	晚期
418	眉縣楊家村	1985	19	屯右永令逑其萬年眉壽畯臣天子子孫孫永寶	銅鐘鉦間	〃
419	眉縣楊家村	2003	282	佳鷬又二年五月既生霸乙卯王在周康穆宮旦王各大室即位喩工散右吳逑入門立中廷北鄉尹氏受王尌書王乎史減冊尌逑王若曰逑	銅鼎腹內壁	晚期[187]

---

187 霍彥儒、辛怡華：《商周金文編──寶雞出土青銅器銘文集成》，編號621-632，頁572-607，三秦出版社，西安，2009。

（續）

號碼	出土地點	出土時間	銘文字數	銘文隸定	銘文所在器物部位	斷代參考
				丕顯文武膺受大令匍有四方則繇佳乃先聖祖考夾尔先王爵董大令奠周邦余弗叚望聖人孫子余佳闍乃先祖考有爵于周邦汕余作彤沙詢余肇建長父矦于楊余令女奠長父休女克奠于厥師女佳克井乃先祖考鬬獵犾出琜于井阿于曆尔女不斁戎女🀀長父以追搏戎乃即宕伐于弓谷女執訊獲馘俘器車馬女敏于戎工弗逆朕親令赾女矩晑一卣田于𢦏卅田于𡠋廿田述拜稽首受冊赾以出述敢對天子丕顯魯休揚用作噂彝用亯孝于前文人其嚴在上廙在下穆秉明德豐豐𢶀𢶀降余康穌屯又通彔永令眉壽綽綰劒臣天子述其萬年無疆子子孫孫永寶用亯		
420	眉縣楊家村	2003	282	〃	銅鼎腹內壁	晚期
421	眉縣楊家村	2003	320	佳卅又三年六月既生霸丁亥王在周康宮穆宮旦王各周廟即位嗣馬壽右吳逑入門立中廷北鄉史減受王令書王乎尹氏冊令逑王若曰逑丕顯文武膺受大令匍有四方則繇佳乃先聖祖考夾𨤲先王爵董大令奠周邦肆余弗望聖人孫子昔余既令女疋榮兌嗣四方吳醤用	銅鼎腹內壁	〃

（續）

號碼	出土地點	出土時間	銘文字數	銘文隸定	銘文所在器物部位	斷代參考
				宮御今余隹至乃先祖考又爵于周邦䵼彙乃令令女官䵼歷人毋敢妄寧虔夙夕重龏我邦小大猷雩乃專政事毋敢不盡不井雩乃訊庶又眷毋敢不中不井毋龏橐龏橐隹又宥從洒敕鰥寡用作余我一人夗不小隹死王曰逑賜女秬鬯一卣玄袞衣赤舄駒車桒較朱虢亯靳虎冟熏裏畫轉畫輯金甬馬四匹攸勒敬夙夕勿灋朕令逑拜稽首受冊佩以出反入菫圭逑敢對天子丕顯魯休揚用作朕皇考龏叔龢彞皇考其嚴在上廣在下穆秉明德豐豐彙彙降余康龢屯又通彔永令眉壽綽綰畯臣天子逑萬年無疆子子孫孫永寶用亯		
422	眉縣楊家村	2003	320	〃	銅鼎腹內壁	晚期
423	眉縣楊家村	2003	320	〃	銅鼎腹內壁	〃
424	眉縣楊家村	2003	320	虢亯靳虎冟熏裏畫轉畫輯金甬馬四匹攸勒敬夙夕勿灋朕令逑拜稽首受冊佩以出反入菫圭逑敢對天子丕顯魯休揚用作朕皇考龏叔龢彞皇考其嚴在上廣在下穆秉明德豐豐彙彙降余康龢屯又通彔永令眉壽綽綰畯臣天子逑萬年無疆子子孫孫永寶用亯	銅鼎腹內壁	〃

（續）

號碼	出土地點	出土時間	銘文字數	銘文隸定	銘文所在器物部位	斷代參考
				四方吳𣝔用宮御今余隹巠 乃先祖考又爵于周邦𤕌𩫏 乃令令女官𤔲歷人毋敢妄 寧虔夙夕叀䕶我邦小大猷 雩乃尃政事毋敢不𦘡不井 雩乃訊庶又眷毋敢不中不 井毋龏橐龏橐隹又宥從迺 敄鰥寡用作余我一人死不 小隹死王曰逑賜女秬鬯一 卣玄衮衣赤舄駒車桒較朱 隹卌又三年六月既生霸丁 亥王在周康宮穆宮旦王各 周廟即位𤔲馬壽右吳逑入 門立中廷北鄉史淢受王令 書王乎尹氏冊令逑王若曰 逑丕顯文武膺受大令匍有 四方則繇隹乃先聖祖考夾 鹽先王爵堇大令奠周邦肆 余弗望聖人孫子昔余既令 女疋榮兌䟒𤔲 （鑄范錯置）		
425	眉縣楊家村	2003	319	隹卌又三年六月既生霸丁 亥王在周康宮穆宮旦王各 周廟即位𤔲馬壽右吳逑入 門立中廷北鄉史淢受王令 書王乎尹氏冊令逑王若曰 逑丕顯文武膺受大令匍有 四方則繇隹乃先聖祖考夾 鹽先王爵堇大令奠周邦肆 余弗望聖人孫子昔余既令 女疋榮兌䟒𤔲四方吳𣝔用 宮御今余隹巠乃先祖考又	銅鼎腹內壁	晚期

（續）

號碼	出土地點	出土時間	銘文字數	銘文隸定	銘文所在器物部位	斷代參考
				爵于周邦醽豪乃令令女官 嗣歷人毋敢妄寧虔夙夕重 襲我邦小大猷雩乃專政事 毋敢不盡不井雩乃訊庶又 眷毋敢不中不井毋龏橐龏 橐隹又宥從酒敄鰥寡用作 余我一人夗不小隹死王曰 述賜女秬鬯一卣玄袞衣赤 舄駒車奉較朱虢圅靳虎冟 熏裏畫轉畫輯金甬馬四匹 攸勒敬夙夕勿灋朕令述拜 稽首受冊佩以出反入堇圭 述敢對天子丕顯魯休揚用 作朕皇考龏叔鬻彝皇考其 嚴在上廙在下穆秉明德豐 豐顨顨降余康龢屯又通彔 永令眉綽縮唆臣天子述萬 年無疆子子孫孫永寶用亯		
426	眉縣楊家村	2003	318	隹卅又三年六月既生霸丁 亥王在周康宮穆宮旦王各 周廟即位嗣馬壽右吳述入 門立中廷北鄉史減受王令 書王乎尹氏冊令述王若曰 述丕顯文武膺受大令匍有 四方則緐隹乃先聖祖考夾 鹽先王爵堇大令奠周邦肆 余弗望聖人孫子昔余既令 女疋榮兌觀嗣四方吳薔用 宮御今余隹巠乃先祖考又 爵于周邦醽豪乃令令女官 嗣歷人毋敢妄寧虔夙夕重 襲我邦小大猷雩乃專政事	銅鼎腹內壁	晚期

（續）

號碼	出土地點	出土時間	銘文字數	銘文隸定	銘文所在器物部位	斷代參考
				母敢不畫不井雩乃訊庶又譱母敢不中不井母龏橐龏橐隹又宥從迺敕繇寡用作余一人夗不小隹死王曰逑賜女秬鬯一卣玄袞衣赤舄駒車奉較朱虢𩰬靳虎𠧼熏裏畫轉畫輯金甬馬四匹攸勒夙夕勿廢朕令逑拜稽首受冊佩以出反入堇圭逑敢對天子丕顯魯休揚用作朕皇考襲叔龢彝皇考其嚴在上廙在下穆秉明德豐豐𤎩𤎩降余康𤱿屯又通彔永令眉壽綽縮畯臣天子逑萬年無疆子子孫孫永寶用亯		
427	眉縣楊家村	2003	311	隹卅又三年六月既亥王在周康宮穆宮周廟即位𤷈馬壽入門立中廷北鄉史減受王令書王乎尹氏冊令逑王若曰逑丕顯文武膺受大令匍有四方則緐隹乃先聖祖考夾𤔲先王爵堇大令奠周邦肆余弗望聖人孫子昔余既令女疋榮兌𤔲𤷈四方吳䚇用宮御今余隹𩁹乃先祖考又爵于周邦𤔲橐乃令令女官𤷈歷人母敢妄寧虔夙夕叀雝我邦小大猷雩乃專政事母敢不畫不井雩乃訊庶又譱母敢不中不井母龏橐龏橐隹又宥從迺敕繇寡用作余我一人夗不小隹死王曰逑賜女秬鬯一卣玄袞	銅鼎腹內壁	晚期

（續）

號碼	出土地點	出土時間	銘文字數	銘文隸定	銘文所在器物部位	斷代參考
				衣赤舄駒車桒較朱虢盲靳虎冟熏裏畫轉畫輯金甬馬四匹攸勒敬夙夕勿灋朕令逑拜稽首受冊佩以出反入董圭逑敢對天子丕顯魯休揚用作朕皇考龔叔齎彝皇考其嚴在上廙在下穆秉明德豐豐曐曐降余康龢屯又通彔永令眉壽綽綰畯臣天子逑萬年無疆子子孫孫永寶用宣		
428	眉縣楊家村	2003	318	隹卅又三年六月既生霸丁亥王在周康宮穆宮旦王各周廟即位嗣馬壽右吳逑入門立中廷北鄉史減受王令書王乎尹氏冊令逑王若曰逑丕顯文武膺受大令匍有四方則緐隹乃先聖考夾盥先王爵董大令奠周邦肆余弗望聖人孫子昔余既令女疋榮兌嗣四方吳薔用宮御今余隹巠乃先祖考又爵于周邦齎臺乃令令女官嗣歷人毋敢妄寧虔夙夕叀襲我邦小大猷雩乃專政事毋敢不畫不井雩乃訊庶又雝毋敢不中不井毋轊橐轊橐隹又宥從迺敉救鰥寡用作余我一人夗不小隹死王曰逑賜女秬鬯一卣玄衮衣赤舄駒車桒較朱虢盲靳虎冟熏裏畫轉畫輯金甬馬四匹攸勒敬夙夕勿灋朕令逑拜稽	銅鼎腹內壁	晚期

（續）

號碼	出土地點	出土時間	銘文字數	銘文隸定	銘文所在器物部位	斷代參考
				首受冊佩以出反入董圭逑敢對天子丕顯魯休揚用作朕皇考龔叔𪔂彝皇考其嚴在上廙在下穆秉明德豐豐龒龒降余康龢屯又通泉永令眉壽綽綰臣天子逑萬年無疆子子孫孫永寶用言		
429	眉縣楊家村	2003	131	隹卅又三年六月既生霸丁亥王在周康宮穆宮旦王各周廟即位嗣馬壽右逑入門立中廷北鄉史淢受王令書王乎尹氏冊令逑王若曰逑丕顯文武膺受大令匍有四方則緐隹乃先聖祖考夾𤔲先王爵董大令奠周邦肆余弗望聖人孫子昔余既令女疋榮兌䚄嗣四方吳嗇用宮御今余隹𢆶乃先祖考又爵于周邦䚄𩁸乃令女官	銅鼎腹內壁	晚期
430	眉縣楊家村	2003	173	嗣歷人毋敢妄寧虔夙夕叀襲我邦小大猷雩乃專政事毋敢不盡不井雩乃訊庶又眷毋敢不中不井毋𡥈橐𡥈橐隹又宥從迺敄鰥寡用作余我一人夗不小隹死王曰逑賜女秬鬯一卣玄衮衣赤舃駒車桒較朱虢䖒斬虎冟熏裏畫轉畫輯金甬馬四匹攸勒敬夙夕勿灋朕令逑拜稽首受冊佩以出反入董圭逑敢對天子丕顯魯休揚用作朕皇考龔叔豐豐龒龒降	銅鼎腹內壁	〃

（續）

號碼	出土地點	出土時間	銘文字數	銘文隸定	銘文所在器物部位	斷代參考
				余康龢屯又通彔永令眉壽綽綰畯臣天子逑萬年無疆子子孫孫永寶用亯		
431	眉縣楊家村	2003	15	單叔作孟媾隮器其萬年孫孫永寶用	銅鬲口沿內側	晚期[188]
432	眉縣楊家村	2003	17	單叔作孟媾隮器其萬年子子孫孫永寶用	銅鬲口沿內側	〃
433	眉縣楊家村	2003	17	〃	銅鬲口沿內側	〃
434	眉縣楊家村	2003	17	〃	銅鬲口沿內側	〃
435	眉縣楊家村	2003	17	〃	銅鬲口沿內側	〃
436	眉縣楊家村	2003	17	〃	銅鬲口沿內側	〃
437	眉縣楊家村	2003	17	〃	銅鬲口沿內側	〃
438	眉縣楊家村	2003	13	單叔作孟媾隮器其萬年永寶用	銅鬲口沿內側	〃
439	眉縣楊家村	2003	13	〃	銅鬲口沿內側	〃
440	眉縣楊家村	2003	19	單五父作朕皇考隮壺其萬年子子孫孫永寶用	方壺器口內側	晚期[189]
			17	單五父作朕皇考隮壺其萬年子孫永寶用	蓋內	

188 霍彥儒、辛怡華：《商周金文編——寶雞出土青銅器銘文集成》，編號609-617，頁557-567，三秦出版社，西安，2009。

189 同上，編號607-608，頁555-557，三秦出版社，西安，2009。

（續）

號碼	出土地點	出土時間	銘文字數	銘文隸定	銘文所在器物部位	斷代參考
441	眉縣楊家村	2003	19	單五父作朕皇考隮壺其萬年子子孫孫永寶用	方壺器口內側	晚期
			17	單五父作朕皇考隮壺其萬年子孫永寶用	蓋內	
442	眉縣楊家村	2003	372	逑曰丕顯朕皇高祖單公趠趠克明慎厥德夾𨐨文王武王達殷膺受天魯令匍有四方竝宅厥堇疆土用配上帝雩朕皇高祖公叔克逑匹成王成受大命方狄不亯用奠四或萬邦雩朕皇高祖新室仲克幽明厥心𡣈遠能㺸會𨐨康王方褱不廷雩朕皇高祖惠中盠父盩龢于政又成于猷用會邵王穆王盜政四方厮伐楚荊雩朕皇高祖零伯粦明厥心不豕□服用辟龔王懿王雩朕皇亞祖懿中𡔷諫諫克匍保厥辟考王徲王又成于周邦雩皇考龔叔穆穆趩趩龢訇于政明陵于德亯佐剌王逑肇𠂤朕皇祖考服虔夙夕敬朕死事肆天子多賜逑休天子其萬年無疆耆黃耇保奠周邦諫辟四方王若曰逑丕顯文武膺受大令匍有四方則繇隹乃先聖祖考夾𨐨先王爵堇大令今余隹巠乃先聖祖考𤔲𩫖乃令令女疋榮兌𩐋𤔲四方	銅盤內底	晚期[190]

---

190 霍彥儒、辛怡華：《商周金文編——寶雞出土青銅器銘文集成》，編號618-620、606，頁567-572、554-555，三秦出版社，西安，2009。

（續）

號碼	出土地點	出土時間	銘文字數	銘文隸定	銘文所在器物部位	斷代參考
				吳蠶用宮御賜女赤市幽黃攸勒述敢對天子丕顯魯休揚用作朕皇祖考寶隨盤用追言孝于前文人前文人嚴在上廙在下豐豐鼻鼻降述魯多福眉壽綽綰受余康龢屯又通彔永令霝冬述畯臣天子子孫孫永寶用言		
443	眉縣楊家村	2003	14	叔五父作旅匜其萬年子孫永寶用	銅匜內底	晚期
444	眉縣楊家村	2003	12	作寶盂其子子孫孫永寶用天	銅盂內底	〃
445	眉縣楊家村	2003	20	述作朕皇高祖單公刺考隨盉其萬年子孫永寶用	銅盉蓋內	〃
446	眉縣油房堡	1981	6	王作中姜寶鼎	銅鼎腹內壁	中期[191]
447	眉縣鳳池村	1975	2	父辛	銅鼎腹內壁	早期[192]
448	眉縣	1978	6	孌王作姜氏鬲	銅鬲口沿	晚期[193]
449	眉縣	1978	6	孌王作姜氏鬲	銅鬲口沿	〃
450	麟游縣蔡家河村	1974	4	作寶隨彝	銅簋內底	早期[194]
451	鳳翔縣河北村	1973	2	亞□	銅簋內底	早期[195]

191 霍彥儒、辛怡華：《商周金文編——寶雞出土青銅器銘文集成》，編號633，頁608，三秦出版社，西安，2009。

192 同上，編號634，頁608。

193 王長啟：〈西安市文物中心收藏的商周青銅器〉，《考古與文物》1990：6，頁42。

194 霍彥儒、辛怡華：《商周金文編——寶雞出土青銅器銘文集成》，編號677，頁638，三秦出版社，西安，2009。

195 陝西省考古研究所、陝西省文物管理委員會、陝西省博物館：《陝西出土商周青銅器》（三），頁29，編號183，文物出版社，北京，1982。

（續）

號碼	出土地點	出土時間	銘文字數	銘文隸定	銘文所在器物部位	斷代參考
452	鳳翔縣勸讀村	1973	25	對作文考日癸寶障罍子子孫孫其萬年永寶用匃眉壽敬冬冈	銅罍口內	中期[196]
453	鳳翔縣化原村	1972	2	日毛	當盧背面	西周
454	鳳翔縣化原村	1972	2	日毛	當盧背面	西周
455	鳳翔縣化原村	1972	2	日毛	當盧背面	西周
456	鳳翔縣化原村	1972	2	日毛	銅泡背面	西周
457	鳳翔縣化原村	1978	3	羍父乙	銅甗腹內壁	早期[197]
458	鳳翔縣化原村	1978	2	干冈	銅爵鋬下	〃
459	鳳翔縣	1970	2	斿作	銅爵一柱外、內側	早期[198]
			3	姒癸蚰		
460	寶雞市五里廟	1958	4	白作旅甗	銅甗甑內壁	早期[199]
461	寶雞市五里廟	1958	6	□里作父彝癸	銅鬲口內壁	〃
462	寶雞市五里廟	1972	5	叔作寶障彝	銅鼎腹內壁	早期[200]
463	寶雞市紙坊頭村M1	1981	3	白作寶	銅鼎腹內壁	早期[201]
464	寶雞市紙坊頭村M1	1981	5	矢白作旅鼎	銅鬲內壁	〃
465	寶雞市紙坊頭村M1	1981	5	矢白作旅鼎	銅鬲內壁	〃

196 陝西省考古研究所、陝西省文物管理委員會、陝西省博物館：《陝西出土商周青銅器》（三），頁30，編號189，文物出版社，北京，1982。

197 同上，頁29，編號184-185。

198 同上，頁28，編號180。

199 霍彥儒、辛怡華：《商周金文編──寶雞出土青銅器銘文集成》，編號535、534，頁482，三秦出版社，西安，2009。

200 同上，編號533，頁481。

201 胡智生、劉寶愛、李永澤：〈寶雞紙坊頭西周墓〉，《文物》1988：3，頁27。

（續）

號碼	出土地點	出土時間	銘文字數	銘文隸定	銘文所在器物部位	斷代參考
466	寶雞市紙坊頭村M1	1981	6	強白作寶隌段	銅簋器蓋內壁	早期
467	寶雞市紙坊頭村M1	1981	6	強白作寶隌段	銅簋內底	〃
468	寶雞市紙坊頭村M1	1981	3	冂父乙	銅觶內底	〃
469	寶雞市竹園溝村M1	1976	3	茀父丁	銅爵鋬內	早期[202]
470	寶雞市竹園溝村M1	1976	1	黃	銅泡背面壁、平折沿	〃
			1	黃		
471	寶雞市竹園溝村M4	1980—81	3	白作彝	銅鼎腹內壁	早期[203]
472	寶雞市竹園溝村M4	1980—81	4	白作寶彝	銅瓵甎內壁	〃
473	寶雞市竹園溝村M4	1980—81	2	□鼎	銅鬲腹內壁	〃
474	寶雞市竹園溝村M4	1980—81	5	微中作車尊	銅鬲腹內壁	〃
475	寶雞市竹園溝村M4	1980—81	5	夌白作寶彝	銅觶蓋內內底器蓋同銘	〃
			5	〃		
476	寶雞市竹園溝村M4	1980—81	3	冂父己	銅觶內底	〃
477	寶雞市竹園溝村M4	1980—81	4	禾子父癸	銅爵鋬內	〃

202 盧連成、胡智生：《寶雞強國墓地》，頁133、138，文物出版社，北京，1988。
203 同上，頁151-158。

（續）

號碼	出土地點	出土時間	銘文字數	銘文隸定	銘文所在器物部位	斷代參考
478	寶雞市竹園溝村M4	1980—81	6	強季作寶旅彝	銅尊內底	早期
479	寶雞市竹園溝村M4	1980—81	6	強季作寶旅彝	銅卣蓋內器內器蓋同銘	〃
			6	〃		
480	寶雞市竹園溝村M4	1980—81	3	季作寶	銅盤內底	〃
481	寶雞市竹園溝村M4	1980—81	3	⿰父乙	銅壺蓋內器內器蓋同銘	〃
			3	⿰父乙		
482	寶雞市竹園溝村M7	1980—81	3	目父癸	銅鼎腹內壁	早期[204]
483	寶雞市竹園溝村M7	1980—81	6	豐公⿰作障彝	銅鼎腹內壁	〃
484	寶雞市竹園溝村M7	1980—81	3	作寶彝	銅簋內底	〃
485	寶雞市竹園溝村M7	1980—81	3	作寶彝	銅簋內底	〃
486	寶雞市竹園溝村M7	1980—81	7	輤作父己彝夐冊	銅觶內底	〃
487	寶雞市竹園溝村M7	1980—81	6	白各作寶障彝	銅尊內底	〃
488	寶雞市竹園溝村M7	1980—81	6	白各作寶障彝	銅卣蓋內器內器蓋同銘	〃
			6	〃		
489	寶雞市竹園溝村M7	1980—81	6 6	〃	銅卣蓋內器內器蓋同銘	〃

204　盧連成、胡智生：《寶雞強國墓地》，頁99-110，文物出版社，北京，1988。

（續）

號碼	出土地點	出土時間	銘文字數	銘文隸定	銘文所在器物部位	斷代參考
490	寶雞市竹園溝村M7	1980—81	1	婦	銅罍蓋內	早期
491	寶雞市竹園溝村M8	1980—81	1	冎	銅爵鋬內	早期[205]
492	寶雞市竹園溝村M8	1980—81	4	作寶障彝	銅尊內底	〃
493	寶雞市竹園溝村M8	1980—81	4 4	作寶障彝 〃	銅卣蓋內 器內 器蓋同銘	〃
494	寶雞市竹園溝村M8	1980—81	4 4	〃 〃	銅卣蓋內 器內 器蓋同銘	〃
495	寶雞市竹園溝M13	1980—81	7	啡束冊作父辛寶	銅鼎腹內壁	早期[206]
496	寶雞市竹園溝M13	1980—81	4	秉□父辛	銅鼎腹內壁	〃
497	寶雞市竹園溝M13	1980—81	1	戈	銅鼎腹內壁	〃
498	寶雞市竹園溝M13	1980—81	2	子豪	銅鼎腹內壁	〃
499	寶雞市竹園溝M13	1980—81	3	史父乙	銅豆盤底部	〃
500	寶雞市竹園溝M13	1980—81	2	冎冊	銅觶圈足內壁	〃
501	寶雞市竹園溝M13	1980—81	3	覃父癸	銅爵鋬內	〃

---

205 盧連成、胡智生：《寶雞強國墓地》，頁175-181，文物出版社，北京，1988。

206 同上，頁50-69。

（續）

號碼	出土地點	出土時間	銘文字數	銘文隸定	銘文所在器物部位	斷代參考
502	寶雞市竹園溝M13	1980—81	2	父己	銅壺內底	早期
503	寶雞市竹園溝M13	1980—81	4	秉□父辛	銅盤器內	〃
504	寶雞市竹園溝M20	1980—81	1	⊠	銅簋蓋內內底器蓋同銘	早期[207]
			1	⊠		
505	寶雞市茹家莊	1970	1	周	銅罍口沿	早期[208]
506	寶雞市茹家莊	1971	3	白作鼎	銅鼎腹內壁	早期[209]
507	寶雞市茹家莊	1971	5	白作寶隩彝	銅簋內底	〃
508	寶雞市茹家莊	1971	3	公作彝	銅卣蓋內器內器蓋同銘	〃
			3	公作彝		
509	寶雞市茹家莊M1	1974—77	1	兒	銅鼎口沿內	中期[210]
510	寶雞市茹家莊M1	1974—77	1	兒	銅鼎口沿內	〃
511	寶雞市茹家莊M1	1974—77	1	兒	銅鼎口沿內	〃
512	寶雞市茹家莊M1	1974—77	6	白智作旅隩鼎	銅鼎腹內底	〃

207 盧連成、胡智生：《寶雞強國墓地》，頁192，文物出版社，北京，1988。

208 陝西省考古研究所、陝西省文物管理委員會、陝西省博物館：《陝西出土商周青銅器》（四），頁6，編號39，文物出版社，北京，1984。

209 同上，頁4-5，編號30、33-34。

210 中國社會科學院考古研究所：《殷周金文集成》修訂增補本第一-二冊，頁556、731、805、834、852、1023、1136、1171、1548、1598、1625、1632，編號507、895、1037-1039、1791、2185、2276，中華書局，北京，2007。

（續）

號碼	出土地點	出土時間	銘文字數	銘文隸定	銘文所在器物部位	斷代參考
513	寶雞市茹家莊M1	1974—77	3	作寶彝	銅鼎腹內壁	早期
514	寶雞市茹家莊M1	1974—77	7	強白作自為鼐段	銅鼎腹內壁	中期
515	寶雞市茹家莊M1	1974—77	6	強白自為用𤭜	銅𤭜甋內壁	〃
516	寶雞市茹家莊M1	1974—77	5	仳強白作鼎	銅鬲腹內壁	〃
517	寶雞市茹家莊M1	1974—77	1	兒	銅簋口沿內	中期[211]
518	寶雞市茹家莊M1	1974—77	1	兒	銅簋口沿內	〃
519	寶雞市茹家莊M1	1974—77	1	兒	銅簋口沿內	〃
520	寶雞市茹家莊M1	1974—77	7	強白作自為鼐段	銅簋內底	〃
521	寶雞市茹家莊M1	1974—77	7	強白作旅用鼎段	銅簋內底	〃
522	寶雞市茹家莊M1	1974—77	3	白作彝	銅簋內底	早期
523	寶雞市茹家莊M1	1974—77	6	陵作父乙旅彝	銅尊器底	中期[212]
524	寶雞市茹家莊M1	1974—77	7	遹作祖乙寶障彝	銅卣蓋內器底器蓋同銘	〃
			7	〃		

---

211 中國社會科學院考古研究所：《殷周金文集成》修訂增補本第三冊，頁1691、1797、1917-1918、2483、2507、2530，編號2938-2940、3288、3616、3618，中華書局，北京，2007。

212 同上，第四、五、六、七冊，頁3293、3494、3617、4410、4946、5343、5407、6160，編號5261、5823、9409、10063-10064。

（續）

號碼	出土地點	出土時間	銘文字數	銘文隸定	銘文所在器物部位	斷代參考
525	寶雞市茹家莊M1	1974—77	6	弽白自作盤鋬	銅鋬蓋內器腹器蓋同銘	中期
			6	〃		
526	寶雞市茹家莊M1	1974—77	6	弽白自作盤鋬	銅盤內底	〃
527	寶雞市茹家莊M1	1974—77	5	弽白作用盤	銅盤內底	〃
528	寶雞市茹家莊M2	1974—77	7	弽白作丼姬用鼎	銅鼎腹內壁	中期[213]
529	寶雞市茹家莊M2	1974—77	25	丼姬晭亦侢祖考夌公宗室又孝价孝辭保弽白作丼姬用鼑殷	銅鼎腹內壁	〃
530	寶雞市茹家莊M2	1974—77	25	〃	銅鼎腹內壁	〃
531	寶雞市茹家莊M2	1974—77	6	弽作丼姬用鼎	銅鼎腹內壁	〃
532	寶雞市茹家莊M2	1974—77	7	弽白作丼姬㝵鼎	銅鼎腹內壁	〃
533	寶雞市茹家莊M2	1974—77	7	弽白作丼姬用甒	銅甒甑內壁	〃
534	寶雞市茹家莊M2	1974—77	5	夌姬作寶鬲	銅鬲口沿內	早期
535	寶雞市茹家莊M2	1974—77	7	弽白作旅用鼎殷	銅簋內底	中期[214]

[213] 中國社會科學院考古研究所：《殷周金文集成》修訂增補本第一、二、五冊，頁561、735、807、835、1138、1171、1364、1626、1632、1664-1665、3646、4416，編號527、908、2192、2277-2278、2676-2677、5913，中華書局，北京，2007。

[214] 同上，第三、五冊，頁1867、1918、2521、2530、3646、4416，編號3499、3617、5913。

（續）

號碼	出土地點	出土時間	銘文字數	銘文隸定	銘文所在器物部位	斷代參考
536	寶雞市茹家莊M2	1974—77	5	白作南宮毀	銅簋內底	早期
537	寶雞市茹家莊M2	1974—77	8	強白作丼姬用盂鑵	銅尊(盂鑵)蓋內	中期
538	寶雞市峪泉村	1970	2	𣄰鳥	銅簋內底	商末周初215
539	寶雞市峪泉村	1970	3	枏父辛	銅卣蓋內器底器蓋同銘	＂
			3	＂		
540	寶雞市桑園堡	1958	3	父癸𤠔	銅簋內底	早期216
541	寶雞市姜城堡	1968	2	寧母	銅鬲口沿內	早期217
542	寶雞市石嘴頭村	1983	3	戶□□	當盧背面	西周
543	寶雞市石嘴頭村	1983	1	戶	當盧背面	西周
544	寶雞市上官村	1974	17	藝其作寶毀其萬年壽考子子孫孫永寶用	銅簋蓋內	中期218
545	寶雞市上官村	1974	17	矢王作奠姜隩毀子子孫孫其萬年永寶用	簋蓋蓋內	＂
546	寶雞市扶托村	1983	8	矢艦作寶旅盨永用	銅盨內底	中期219

215 李海榮：〈關中地區出土商時期青銅器文化因素分析〉，《考古與文物》2000：2，頁35。

216 陝西省考古研究所、陝西省文物管理委員會、陝西省博物館：《陝西出土商周青銅器》（四），頁1，編號5，文物出版社，北京，1984。

217 陝西省考古研究所、陝西省文物管理委員會、陝西省博物館：《陝西出土商周青銅器》（四），頁5，編號38，文物出版社，北京，1984。

218 王光永：〈寶雞縣賈村塬發現矢王簋蓋等青銅器〉，《文物》1984：6，頁20。

219 霍彥儒、辛怡華：《商周金文編——寶雞出土青銅器銘文集成》，編號570，頁504，三秦出版社，西安，2009。。

（續）

號碼	出土地點	出土時間	銘文字數	銘文隸定	銘文所在器物部位	斷代參考
547	寶雞市賈村	1964	122	隹王初鄉宅于成周復㽙珷王豐福自天才四月丙戌王誥宗小子于京室曰昔才爾考公氏克遶玟王緯玟王受茲大命隹珷王既克大邑商則廷告于天曰余其宅茲中或自之辥民烏虖爾有唯小子亡戠眡于公氏有爵于天敔令苟享戈唯王龏德谷天順我不敏王咸誥何賜貝卅朋用作□公寶隩彝隹王五祀	銅尊內底	早期[220]
548	寶雞市西高泉村	1978	10	周生作尊豆用亯于宗室	銅豆內底	中期[221]
549	寶雞市虢鎮	1949後	79	隹王五月初吉甲寅王才周廟武公有南宮柳即立中廷北鄉王乎作冊尹冊令柳䣾六自牧陽大□䣾義夷陽佃史賜女赤市幽黃攸勒柳拜稽首對揚天子休用作朕剌考隩鼎其萬年子子孫孫永寶用	銅鼎腹內壁	中期[222]
550	寶雞市虢鎮	1955	5	己作寶隩彝	銅鼎腹內壁	早期[223]
551	寶雞市虢鎮	1955	12	晉人事寓作寶啟其孫子永寶	銅簋內底	中期

---

220 霍彥儒、辛怡華：《商周金文編——寶雞出土青銅器銘文集成》，編號571，頁505-506，三秦出版社，西安，2009。。

221 同上，編號581，頁520。

222 同上，編號582，頁521。

223 霍彥儒、辛怡華：《商周金文編——寶雞出土青銅器銘文集成》，編號583-584，頁522，三秦出版社，西安，2009。

（續）

號碼	出土地點	出土時間	銘文字數	銘文隸定	銘文所在器物部位	斷代參考
552	寶雞市	1949後	1		銅鼎腹內壁	早期[224]
553	寶雞市	〃	2	作鼎	銅鼎腹內壁	〃
554	寶雞市	〃	3	父辛	銅鼎腹內壁	〃
555	寶雞市	〃	1	皿	銅簋內底	〃
556	千陽縣崔家頭鎮	1982	12	成周邦父作汼中姜寶壺永用	銅壺蓋內	晚期[225]
557	千陽縣	1949後	3	父辛昷	銅爵？	早期
558	隴縣韋家莊	1977	1	宀	銅鼎腹內壁	早期[226]
559	隴縣韋家莊	1977	5	辟作尊彝	銅簋內底	〃
560	隴縣韋家莊	1977	3	榭父辛	銅觶內底	〃
561	隴縣韋家莊	1977	2	牧正	銅尊圈足	〃
562	隴縣韋家莊	1977	4	祖丁父己	銅卣蓋內器內	〃
			4	祖丁父己	器蓋同銘	
563	隴縣韋家莊	1977	3	父己	銅盉鋬內	〃
564	隴縣南坡村	1973	2	矢中	銅戈內	早期[227]
565	隴縣梁甫村	1979	2	矢人	銅泡背面	早期[228]
566	隴縣梁甫村	1786	3	束己父	銅爵鋬內	早期[229]
567	隴縣梁甫村	1786	4	□疒父癸	銅卣蓋內器內底	〃
			6	□疒父癸父丁		

---

224 霍彥儒、辛怡華：《商周金文編──寶雞出土青銅器銘文集成》，編號589-592，頁525-526，三秦出版社，西安，2009。

225 同上，編號692-693，頁644。

226 陝西省考古研究所、陝西省文物管理委員會、陝西省博物館：《陝西出土商周青銅器》（三），頁24-25，編號156-162，文物出版社，北京，1982。

227 同上，頁24，編號151，文物出版社，北京，1982。

228 同上，頁24，編號154。

229 胡百川：〈隴縣梁甫出土西周早期青銅器〉，《文博》1987：3，頁82-83。

（續）

號碼	出土地點	出土時間	銘文字數	銘文隸定	銘文所在器物部位	斷代參考
568	隴縣黃花峪	1973	3	𬊈祖壬	銅爵鋬內	早期[230]
569	隴縣低溝村	1984	1	隹	銅戈內	早期[231]
570	隴縣南村	1963	1	中	銅鼎腹內壁	早期[232]
571	隴縣南村	1963	3	亣祖丙	銅爵鋬內	〃
572	長安縣普渡村	1953	4	叔作旅鼎	銅鼎腹內壁	中期[233]
573	長安縣普渡村	1953	3	狀父辛	銅簋內底	早期
574	長安縣普渡村	1953	3	萊祖辛	銅爵柱上	〃
575	長安縣普渡村	1953	3	萊祖辛	銅爵柱上	〃
576	長安縣普渡村	1954	3	作寶鼎	銅鼎腹內壁	早期[234]
577	長安縣普渡村	1954	2	寶𤿌	銅𤿌口內	〃
578	長安縣普渡村	1954	6	長由作寶障殷	銅簋蓋內內底器蓋同銘	中期
			6	〃		
579	長安縣普渡村	1954	6	長由作寶障殷	銅簋蓋內(器身殘破)	〃
580	長安縣普渡村	1954	4	母辛亞□	銅瓠圈足內	早期[235]
581	長安縣普渡村	1954	18	白宵父曰休父賜余馬對揚父休用作寶障彝	銅卣內底	〃

230 陝西省考古研究所、陝西省文物管理委員會、陝西省博物館：《陝西出土商周青銅器》（三），頁26，編號168，文物出版社，北京，1982。

231 蕭琦：〈陝西隴縣出土周代青銅器〉，《考古與文物》1991：5，頁3。

232 陝西省考古研究所、陝西省文物管理委員會、陝西省博物館：《陝西出土商周青銅器》（三），頁26，編號166-167，文物出版社，北京，1982。

233 中國社會科學院考古研究所：《殷周金文集成》修訂增補本第二、三、六冊，頁1062、1607、1770、2501、4578、5271，編號1928、3207、8346-8347，中華書局，北京，2007。

234 同上，第一、二、三冊，頁708、827、1022、1597、1899、2527，編號805、1786、3581-3582。

235 中國社會科學院考古研究所：《殷周金文集成》修訂增補本第四、五、六冊，頁3362、3504、4066、4503、4972、5346、5173、5374，編號5390、7252、9455、9822，中華書局，北京，2007。

（續）

號碼	出土地點	出土時間	銘文字數	銘文隸定	銘文所在器物部位	斷代參考
582	長安縣普渡村	1954	14	繁作祖己障彝其子子孫孫永寶戈	銅罍口內	早期
583	長安縣普渡村	1954	57	隹三月初吉丁亥穆王在下減应穆王鄉豐即井白大祝射穆穆王蔑長由以述即井白井白氏彊不姦長由蔑曆敢對揚天子丕杯休用肇作障彝	銅盉蓋內	中期
584	長安縣普渡村	1954	？	由（內容僅由字存）	銅盤內底	西周
585	長安縣花園村 M15	1980－81	15	禽作文考寶爐鼎子子孫孫永寶亞✚	銅鼎腹內壁	早期[236]
586	長安縣花園村 M15	1980－81	10	禽作文考父辛寶鼎亞✚	銅鼎腹內壁	〃
587	長安縣花園村 M15	1980－81	31	隹八月辰在乙亥王在菅京王賜鬲妘進金鞞龏對揚王休用作父辛寶齋亞✚	銅鼎腹內壁	〃
588	長安縣花園村 M15	1980－81	31	〃	銅鼎腹內壁	〃
589	長安縣花園村 M15	1980－81	5	鬲作父辛彝	銅爵鋬側柱帽下	〃
590	長安縣花園村 M15	1980－81	8	戎帆玉人父宗彝牆	銅卣蓋內	〃
591	長安縣花園村 M15	1980－81	9 / 9	麀父作妘是從宗彝牆 / 〃	銅卣蓋內器底 器蓋同銘	〃
592	長安縣花園村 M15	1980－81	8	戎帆玉人父宗彝牆	銅尊內底	〃

---

236 陝西省文物管理委員會：〈西周鎬京附近部分墓葬發掘簡報〉，《文物》1986：1，頁1-31。

（續）

號碼	出土地點	出土時間	銘文字數	銘文隸定	銘文所在器物部位	斷代參考
593	長安縣花園村M15	1980—81	9	麀父作妞是從宗彝膰	銅尊內底	早期
594	長安縣花園村M17	1980—81	3	白作鼎	銅鼎腹內壁	〃
595	長安縣花園村M17	1980—81	67	隹正月既生霸庚申王在荅京濕宮天子減宧白姜賜貝百朋白姜對揚天子休用作寶隣彝用夙夜明亯于邵白日庚天子萬年毗孫孫子子受厥屯魯白姜日受天子魯休	銅鼎腹內壁	中期[237]
596	長安縣花園村M17	1980—81	31	隹八月辰在乙亥王在荅京王賜鰥妞進金緯彘對揚王休用作父辛寶鼐亞⛨	銅鼎腹內壁	早期
597	長安縣花園村M17	1980—81	10	鰥妞作父辛寶隣彝亞⛨	銅甗甑內壁	〃
598	長安縣花園村M17	1980—81	18	唯九月隹叔從王員征楚荊在成周誨作寶殷	銅簋內底	〃
599	長安縣花園村M17	1980—81	18	〃	銅簋內底	〃
600	長安縣花園村M17	1980—81	3	作隣彝	銅尊內底	〃
601	長安縣花園村M17	1980—81	3 / 3	作隣彝 / 〃	銅卣器底蓋內器蓋同銘	〃
602	長安縣花園村M17	1980—81	10 / 10	鰥妞作父辛寶隣彝亞⛨ / 〃	銅壺蓋內器頸器蓋同銘	〃

---

237 李學勤：〈論長安花園村兩墓青銅器〉，《文物》1986：1，頁34。

（續）

號碼	出土地點	出土時間	銘文字數	銘文隸定	銘文所在器物部位	斷代參考
603	長安縣花園村M17	1980—81	9	嬀姖進作父辛歆亞屮	銅壺蓋內器底器蓋同銘	早期
			9	〃		
604	長安縣花園村M17	1980—81	5	公作寶尊彝	銅盉鋬內	〃
605	長安縣花園村M17	1980—81	5	公作寶尊彝	銅盤器底	〃
606	長安縣花園村M14	1980—81	4	更作旅鼎	銅鼎腹內壁	〃
607	長安縣張家坡	1961	10	白臺父作叔姬鬲永寶用	銅鬲口沿內	中期[238]
608	長安縣張家坡	1961	10	白臺父作叔姬鬲永寶用	銅鬲口沿內	〃
609	長安縣張家坡	1961	10	白臺父作叔姬鬲永寶用	銅鬲口沿內	〃
610	長安縣張家坡	1961	10	白臺父作叔姬鬲永寶用	銅鬲口沿內	〃
611	長安縣張家坡	1961	10	白臺父作叔姬鬲永寶用	銅鬲口沿內	〃
612	長安縣張家坡	1961	10	白臺父作叔姬鬲永寶用	銅鬲口沿內	〃
613	長安縣張家坡	1961	10	白臺父作叔姬鬲永寶用	銅鬲口沿內	〃
614	長安縣張家坡	1961	10	白臺父作叔姬鬲永寶用	銅鬲口沿內	〃
615	長安縣張家坡	1961	42	孟曰朕文考眔毛公遺中征無需毛公賜朕文考臣自厥工對揚朕考賜休用宣茲彝作厥子子孫孫其永寶	銅簋？	早期[239]
616	長安縣張家坡	1961	42	〃	銅簋？	〃
617	長安縣張家坡	1961	42	〃	銅簋？	〃

238 中國社會科學院考古研究所：《殷周金文集成》修訂增補本第一冊，頁597-600、813-814，編號616-623，中華書局，北京，2007。

239 同上，第三冊，頁2345-2347、2574，編號4162-4164。

（續）

號碼	出土地點	出土時間	銘文字數	銘文隸定	銘文所在器物部位	斷代參考
618	長安縣張家坡	1961	98	隹王元年四月既生霸王才減应甲寅王各廟即立徟公入右師旟即立中廷王乎作冊尹冊令師旟曰備于大左官嗣豐還左右師氏賜女赤市同黃麗般敬夙夕用事旟拜稽首敢對揚天子丕顯魯休令用作朕文祖益中隫段其萬年子子孫孫永寶用	銅簋蓋內器內	晚期[240]
			99	隹王元年四月既生霸王才減应甲寅王各廟即立徟公入右師旟即立中廷王乎作冊尹克冊令師旟曰備于大左官嗣豐還左右師氏賜女赤市同黃麗般敬夙夕用事旟拜稽首敢對揚天子丕顯魯休令用作朕文祖益中隫段其萬年子子孫孫永寶用		
619	長安縣張家坡	1961	98 99	〃	銅簋蓋內器內	〃
620	長安縣張家坡	1961	98 99	〃	銅簋蓋內器內	〃
621	長安縣張家坡	1961	98 99	〃	銅簋蓋內器內	〃
622	長安縣張家坡	1961	59	隹王五年九月既生霸壬午王曰師旟命女羞追于齊僑女十五易登盾生皇畫內戈	銅簋蓋內器內器蓋同銘	晚期[241]

240 中國社會科學院考古研究所：《殷周金文集成》修訂增補本第四冊，頁2612-2621、3417，編號4279-4282，中華書局，北京，2007。

241 中國社會科學院考古研究所：《殷周金文集成》修訂增補本第三冊，頁2419-2423、2578-2579，編號4216-4218，中華書局，北京，2007。

（續）

號碼	出土地點	出土時間	銘文字數	銘文隸定	銘文所在器物部位	斷代參考
				琱戜圅必彤沙敬毋敗速旟敢揚王休用作寶殷子子孫孫永寶用		
			59	〃		
623	長安縣張家坡	1961	59 59	〃	銅簋蓋內器內器蓋同銘	晚期
624	長安縣張家坡	1961	59	佳王五年九月既生霸壬午王曰師旟命女羞追于齊僖女十五易登盾生皇畫內戈琱戜圅必彤沙敬毋敗速旟敢揚王休用作寶殷子子孫孫永寶用	銅簋器內	〃
625	長安縣張家坡	1961	15	白梁父作靁姞隌殷子子孫孫永寶用	銅簋蓋內器內器蓋同銘	晚期[242]
			15	〃		
626	長安縣張家坡	1961	15 15	〃	銅簋蓋內器內器蓋同銘	〃
627	長安縣張家坡	1961	15 15	〃	銅簋蓋內器內器蓋同銘	〃
628	長安縣張家坡	1961	15 15	〃	銅簋蓋內器內器蓋同銘	〃

---

242 中國社會科學院考古研究所：《殷周金文集成》修訂增補本第三冊，頁2419-2423、2543，編號3793-3796，中華書局，北京，2007。

（續）

號碼	出土地點	出土時間	銘文字數	銘文隸定	銘文所在器物部位	斷代參考
629	長安縣張家坡	1961	22	白喜作朕文考剌公障敃喜其萬年子子孫孫其永寶用	銅簋蓋內器內器蓋同銘	中期[243]
			22	〃		
630	長安縣張家坡	1961	22 22	〃	銅簋蓋內器內器蓋同銘	〃
631	長安縣張家坡	1961	22 22	〃	銅簋蓋內器內器蓋同銘	〃
632	長安縣張家坡	1961	22 22	〃	銅簋蓋內器內器蓋同銘	〃
633	長安縣張家坡	1961	4	白作寶壺	銅壺蓋內器內器蓋同銘	中期[244]
			4	白作寶壺		
634	長安縣張家坡	1961	4 4	〃	銅壺蓋內器內器蓋同銘	〃
635	長安縣張家坡	1961	16	白𦰩父作寶盉其萬年子子孫孫永寶用	銅盉蓋內	〃
636	長安縣張家坡	1961	8	白百父作孟姬朕盨	銅盨蓋內	〃
637	長安縣張家坡	1961	8	白百父作孟姬朕盤	銅盤內底	中期[245]
638	長安縣張家坡	1961	12	筍侯作叔姬媵盤其永寶用鄉	銅盤內底	晚期

243　中國社會科學院考古研究所:《殷周金文集成》修訂增補本第三冊，頁2174-2177、2560，編號3997-4000，中華書局，北京，2007。

244　同上，第六冊，頁4993-4994、5351、4958、5345、4952、5344，編號9528-9529、9437、9425。

245　同上，第七冊，頁5412、6161、5419、6163，編號10079、10096。

（續）

號碼	出土地點	出土時間	銘文字數	銘文隸定	銘文所在器物部位	斷代參考
639	長安縣張家坡	1964	12	鈚侯隻巢孚厥金胄用作筆鼎	銅鼎？	早期[246]
640	長安縣張家坡	1964	39	隹王元年王才成周六月初吉丁亥叔專父作奠季寶鐘六金障盨四鼎七奠季其子子孫孫永寶用	銅盨蓋內器內器蓋同銘	晚期
			39	〃		
641	長安縣張家坡	1964	39 39	〃	銅盨蓋內器內器蓋同銘	〃
642	長安縣張家坡	1964	39 39	〃	銅盨蓋內器內器蓋同銘	〃
643	長安縣張家坡	1964	39 39	〃	銅盨蓋內器內器蓋同銘	〃
644	長安縣張家坡 M16	1967	1	天	銅爵鋬內	早期[247]
645	長安縣張家坡 M28	1967	1	馬	銅觶圈足內壁	〃
646	長安縣張家坡 M54	1967	1	孯	銅鼎腹內壁	早期[248]
647	長安縣張家坡 M80	1967	1	廾	銅爵鋬內	早期[249]

---

246 中國科學院考古研究所灃西考古隊：〈陝西長安張家坡西周墓清理簡報〉，《考古》1965：9，頁450。

247 中國社會科學院考古研究所：《殷周金文集成》修訂增補本第五冊，頁4087、4509、3721、4429，編號7327、6068，中華書局，北京，2007。

248 同上，第二冊，頁854、1549，編號1049。

249 同上，第五冊，頁4188、4264、4528、4543，編號7667、7920。

（續）

號碼	出土地點	出土時間	銘文字數	銘文隸定	銘文所在器物部位	斷代參考
648	長安縣張家坡M85	1967	2	父丁	銅爵鋬內	早期
649	長安縣張家坡M87	1967	3	作寶彝	銅鼎腹內壁	早期[250]
650	長安縣張家坡M87	1967	1	山	銅爵鋬內	早期[251]
651	長安縣張家坡M87	1967	1	山	銅爵鋬內	〃
652	長安縣張家坡M87	1967	3	冈父辛	銅尊圈足內壁	早期[252]
653	長安縣張家坡M87	1967	4	冈𤔲父丁	銅卣蓋內器底器蓋同銘	〃
			4	〃		
654	長安縣張家坡M1	1978	4	賴作旅彝	銅瓿甑內壁	中期[253]
655	長安縣張家坡M2	1979	3	𠁥父丁	銅觶器底	早期[254]
656	長安縣張家坡M2	1979	2	父辛	銅爵鋬內	〃
657	長安縣張家坡M152	1983—86	3	丼叔作	銅鼎內底	中期[255]
658	長安縣張家坡M152	1983—86	1	丼	銅鼎腹內壁	〃

---

250 中國社會科學院考古研究所：《殷周金文集成》修訂增補本第二冊，頁1023、1598，編號1792，中華書局，北京，2007。

251 同上，第五冊，頁4184-4185、4527，編號7653-7654。

252 同上，第四、五冊，頁3206、3480、3573、4398，編號5072、5659。

253 同上，第一冊，頁724、832，編號865。

254 同上，第五冊，頁3778、4442、4277、4546，編號6265、7969。

255 張長壽：〈論丼叔銅器──1983─1986灃西發掘資料之二〉，《文物》1990：7，頁34-35。

（續）

號碼	出土地點	出土時間	銘文字數	銘文隸定	銘文所在器物部位	斷代參考
659	長安縣張家坡M170	1983—86	5	丼叔作旅彝	方彝蓋內器內底器蓋同銘	中期
			5	丼叔作旅彝		
660	長安縣張家坡M51	1983—86	6	齊姜作寶𨡺鼎	銅鼎腹內壁	早期[256]
661	長安縣張家坡M163	1983—86	4	父丁言戉	銅尊底部內壁	早期[257]
662	長安縣張家坡M163	1983—86	6	鄧中作寶𨡺彝	犧尊蓋內腹內底器蓋同銘	〃
			6	鄧中作寶𨡺彝		
663	長安縣張家坡M163	1983—86	6	鄧中作寶𨡺彝	犧尊蓋內	〃
664	長安縣張家坡M163	1983—86	3	皈父辛	卣蓋蓋內	〃
665	長安縣張家坡M163	1983—86	39	丼叔叔采作朕文祖穆公大鐘用喜樂文神人用旛福霝壽每魯其子孫孫永日鼓樂茲鐘其永寶用	銅鐘右鸞鼓右鉦間左鸞鼓左	中期[258]
666	長安縣張家坡M163	1983—86	37	丼叔采作朕文祖穆公大鐘用喜樂文神人用旛福霝壽每魯其子孫永日鼓樂茲鐘其永寶用	銅鐘右鸞鼓右鉦間左鸞鼓左	〃

256 中國社會科學院考古研究所：《殷周金文集成》修訂增補本第二冊，頁1126、1622，編號2148，中華書局，北京，2007。

257 同上，第五、四冊，頁3594、4403、3627、4412、3170、3473，編號5738、5853、4984。

258 同上，第一冊，頁497-498、795，編號356-357。

（續）

號碼	出土地點	出土時間	銘文字數	銘文隸定	銘文所在器物部位	斷代參考
667	長安縣張家坡 M165	1983—86	6	井□叔作飲□	銅杯內底	晚期[259]
668	長安縣張家坡 M183	1983—86	67	乙卯王饔荓京〔王〕秦辟舟臨舟龍咸秦白唐父告備王各盨辟舟臨秦白旂〔用〕射兕犎虎貉白鹿白狐于辟池咸秦唐父蔑曆賜矩鬯一卣貝五朋對揚王休用作安公寶隥彝	銅鼎腹內壁	早中期[260]
669	長安縣張家坡 M183	1983—86	20	孟猷父休于孟員賜貝十朋孟員剢用作厥寶旅彝	銅鼎腹內壁	〃
670	長安縣張家坡 M183	1983—86	6	孟猷父作旅殷	銅簋內底	〃
671	長安縣張家坡 M183	1983—86	20	孟猷父休于孟員賜貝十朋孟員剢用作厥寶旅彝	銅甗甑內壁	〃
672	長安縣張家坡 M183	1983—86	2	父己	銅爵一柱上	〃
673	長安縣張家坡 M253	1983—86	37	就覞作旅甗用夙夜追孝于朕文祖日己朕文考日庚用祈眉壽休就其萬年寶用子孫永寶用	銅甗甑內壁	中期[261]
674	長安縣張家坡 M257	1983—86	3	白作彝	銅鼎腹內壁	早期[262]

259　中國社會科學院考古研究所：《張家坡西周墓地》，頁367，中國大百科全書出版社，北京，1999。

260　中國社會科學院考古研究所澧西發掘隊：〈長安張家坡M183西周洞室墓發掘簡報〉，《考古》1989：6，頁528。

261　中國社會科學院考古研究所：《張家坡西周墓地》，頁365，中國大百科全書出版社，北京，1999。

262　同上，頁362。

（續）

號碼	出土地點	出土時間	銘文字數	銘文隸定	銘文所在器物部位	斷代參考
675	長安縣張家坡M284	1983—86	7	咸作豐大母障彝	銅鼎腹內壁	中期
676	長安縣張家坡M284	1983—86	7	咸作豐大母障彝	銅簋內底	中期[263]
677	長安縣張家坡M285	1983—86	6	嫀中作寶障彝	銅簋內底	早期[264]
678	長安縣張家坡M304	1983—86	6	師眢父作鬶彝	銅鼎腹內壁	中期[265]
679	長安縣張家坡M304	1983—86	28	隹正月初吉庚寅辛公禹父宮賜爽白矢束素絲束對揚王休用作歔壺	壺蓋內壁	晚期[266]
680	長安縣張家坡M304	1983—86	51	隹十又一月既生霸甲申王在魯鄉即邦君者矦正有嗣大射義蔑曆罘于王迷義賜貝十朋對揚王休用作寶障盉子子孫其永寶	盉蓋內壁	中期[267]
681	長安縣張家坡M315	1983—86	4	作寶障彝	銅簋內底	早期[268]
682	長安縣張家坡M319	1983—86	5	唐中作旅鼎	銅鼎腹內壁	晚期[269]
683	長安縣張家坡M390	1983—86	3	白作寶	銅簋內底	中期[270]

---

263 中國社會科學院考古研究所：《張家坡西周墓地》，頁364，中國大百科全書出版社，北京，1999。
264 同上，頁363。
265 同上，頁361。
266 同上，頁366。
267 同上，頁366。
268 同上，頁363。
269 同上，頁362。
270 同上，頁364。

（續）

號碼	出土地點	出土時間	銘文字數	銘文隸定	銘文所在器物部位	斷代參考
684	長安縣張家坡M15	1984—85	2	父乙	銅爵鋬內	早期[271]
685	長安縣張家坡灃河毛紡廠M1	1987	6	𣊪 𩰲作父戊∀	銅爵靠鋬側一柱下	早期[272]
686	灃河毛紡廠東97SCMM4	1997	3	耒父己	銅爵靠鋬側一柱下	早期[273]
687	灃河毛紡廠	？	3	白作彝	銅簋內底	早期[274]
688	灃河毛紡廠	1982	2	父乙	銅尊圈足內	〃
689	長安縣張家坡	？	3	父丙狀	銅壺器底	晚期
690	長安縣馬王村	1961	17	臭作日辛障寶毀其萬年子子孫永用幸旅	銅簋內底	早期[275]
691	長安縣馬王村	1963	1	𠂤	銅鼎腹內壁	早期[276]
692	長安縣馬王村	1967	16	鄲男作成姜趄母朕障鼎子孫孫永寶用	銅鼎口沿內壁	晚期[277]
693	長安縣馬王村	1967	1	耒	銅罍口沿內壁	中期[278]
694	長安縣馬王村	1967	1	耒	銅壺口沿內壁	〃

271 中國社會科學院考古研究所灃鎬工作隊：〈1984—85年灃西西周遺址、墓葬發掘報告〉，《考古》1987：1，頁29。

272 中國社會科學院考古研究所：《殷周金文集成》修訂增補本第六冊，頁4822、5317，編號9061，中華書局，北京，2007。

273 中國社會科學院考古研究所灃鎬工作隊：〈1997年灃西發掘報告〉，《考古學報》2000：2，頁241。

274 王長啟：〈西安市文物中心收藏的商周青銅器〉，《考古與文物》1990：6，頁28、42。

275 中國社會科學院考古研究所：《殷周金文集成》修訂增補本第三冊，頁2107、2552，編號3909，中華書局，北京，2007。

276 王長啟：〈西安市文物中心收藏的商周青銅器〉，《考古與文物》1990：6，頁27。

277 珠葆：〈長安灃西馬王村出土「鄲男」銅鼎〉，《考古與文物》1984：1，頁66-68。

278 中國社會科學院考古研究所：《殷周金文集成》修訂增補本第六冊，頁4977、5347、5152、5369，編號9469、9470、9758，中華書局，北京，2007。

（續）

號碼	出土地點	出土時間	銘文字數	銘文隸定	銘文所在器物部位	斷代參考
695	長安縣馬王村	1967	1	赫	銅壺口沿內壁	中期
696	長安縣馬王村	1973	8	戜作寶鼎子孫永用	銅鼎腹內壁	中期[279]
697	長安縣馬王村	1973	21	衛作文考小中姜氏盂鼎衛其萬年子子孫孫永寶用	銅鼎腹內壁	〃
698	長安縣馬王村	1973	存4	師中即□	銅甗口沿內	中期[280]
699	長安縣馬王村	1973	57	隹八月初吉丁亥王客于康宮焚白右衛內即立王曾令衛賜赤市攸勒衛敢對揚天子丕顯休用作朕文祖考寶隓殷衛其萬年子子孫孫永寶用	銅簋蓋內器內器蓋同銘	中期[281]
			57	〃		
700	長安縣馬王村	1973	57	〃	銅簋蓋內器內器蓋同銘	〃
			57			
701	長安縣馬王村	1973	57	〃	銅簋蓋內器內器蓋同銘	〃
			57			
702	長安縣馬王村	1973	57	〃	銅簋蓋內器內器蓋同銘	〃
			57			
703	長安縣馬王村	1973	16	隹十月孟變作文考寶殷其子孫永寶用	銅簋蓋內內底器蓋同銘	〃
			16	〃		

279 中國社會科學院考古研究所：《殷周金文集成》修訂增補本第二冊，頁1199、1638、1322、1659，編號2349、2616，中華書局，北京，2007。

280 同上，第一冊，頁723、832，編號864。

281 西安市文物管理處：〈陝西長安新旺村、馬王村出土的西周銅器〉，《考古》1974：1，頁4。

（續）

號碼	出土地點	出土時間	銘文字數	銘文隸定	銘文所在器物部位	斷代參考
704	長安縣馬王村	1973	16	隹十月孟嬰作文考寶殷其子孫永寶用	銅簋蓋內內底器蓋同銘	中期
			16	〃		
705	長安縣馬王村	1973	6	姑🔳母作旅匜	銅匜腹內壁	晚期[282]
706	長安縣新旺村	1967	49	隹正月初吉君在潦既宮命遹事于述土𨺔諆各姒司寮女寮奚微華天君事遹事㦰遹敢封揚用作文祖己公障盂其永寶用	銅盂腹內壁	中期[283]
707	長安縣新旺村	1980	27	史重作寶鼎重其日邊月匠褟化諲𪊣寺屯魯令重其子子孫孫永寶	銅鼎腹內壁	中期[284]
708	長安縣新旺村	1980	16	史重作寶殷重其萬年子子孫孫永寶用	銅簋蓋內內底器蓋同銘	〃
			16	〃		
709	長安縣新旺村	1982	7	🔳冏作父乙寶鼏	銅鼎腹內壁	早期[285]
710	長安縣新旺村	1982	3	冊🔳戈	銅鼎腹內壁	晚期
711	長安縣新旺村	?	3	戈父辛	銅尊圈足內	早期[286]
712	長安縣新旺村	?	3	🔳戈冊	銅鼎腹內壁	晚期
713	長安縣新旺村	?	3	🔳戈冊	銅鼎腹內壁	〃
714	長安縣新旺村	?	3	🔳戈冊	銅鼎腹內壁	〃

282 中國社會科學院考古研究所：《殷周金文集成》修訂增補本第七冊，頁5490、6170，編號10183，中華書局，北京，2007。

283 陝西省博物館：〈陝西長安灃西出土的遹盂〉，《考古》1977：1，頁71。

284 陳穎：〈長安縣新旺村出土的兩件青銅器〉，《文博》1985：3，頁90。

285 中國社會科學院考古研究所灃西發掘隊：〈陝西長安縣新旺村新出西周銅鼎〉，《考古》1983：3，頁219。

286 王長啟：〈西安市文物中心收藏的商周青銅器〉，《考古與文物》1990：6，頁27、42。

（續）

號碼	出土地點	出土時間	銘文字數	銘文隸定	銘文所在器物部位	斷代參考
715	長安縣新旺村	？	2	𠁁戈	銅壺蓋內器口沿下器蓋同銘	晚期
			2	𠁁戈		
716	長安縣大原村	1965	1	史	銅卣蓋內器底	早期[287]
			3	𥃝父丁		
717	長安縣大原村M304	1984	28	隹正月初吉庚寅辛公禹父宮賜爽白矢束素絲束對揚王休用作歆壺	壺蓋蓋內	中期[288]
718	長安縣大原村M304	1984	51	隹十又一月既生霸甲申王在魯鄉即邦君者戻正有嗣大射義蔑曆罙于王迷義賜貝十朋對揚王休用作寶隣盉子子孫其永寶	盉蓋蓋內	〃
719	長安縣大原村M304	1984	6	師旨父作鸞彝	銅鼎腹內壁	晚期[289]
720	長安縣大原村M315	1984	4	作寶隣彝	銅簋內底	早期
721	長安縣大原村	？	4	作寶隣彝	銅尊內底	早期[290]
722	長安縣馬王鎮銅網廠	1972—75	2	豐師	當盧背面	西周
723	長安縣馬王鎮銅網廠	1972—75	2	豐師	當盧背面	西周

---

287 王長啟：〈西安市文物中心收藏的商周青銅器〉，《考古與文物》1990：6，頁27。

288 中國社會科學院考古研究所：《殷周金文集成》修訂增補本第六冊，頁5085、5364、4970、5346，編號9702、9453，中華書局，北京，2007。

289 中國社會科學院考古研究所灃西發掘隊：〈1984年灃西大原村西周墓地發掘簡報〉，《考古》1986：11，頁981。

290 王長啟：〈西安市文物中心收藏的商周青銅器〉，《考古與文物》1990：6，頁28。

（續）

號碼	出土地點	出土時間	銘文字數	銘文隸定	銘文所在器物部位	斷代參考
724	長安縣馬王鎮	?	3	丙父丁	銅卣蓋內內底	商末周初[291]
			3	冊父辛		
725	長安縣馬王鎮	?	8	辟作父癸寶障彝兀	銅卣蓋內內底器蓋同銘	早期[292]
			8	〃		
726	長安縣馬王鎮	?	1	奴	銅爵	早期[293]
727	長安縣灃西鄉	1975	3	🐟父庚	銅卣蓋內內底器蓋同銘	早期[294]
			3	〃		
728	長安縣灃西鄉	1976	3	冈父乙	銅簋內底	〃
729	長安縣灃西鄉	1976	3	冈父乙	銅卣蓋內內底器蓋同銘	〃
			3	〃		
730	長安縣灃西鄉	?	2	祖丁	銅爵鋬內	〃
731	長安縣灃西鄉	?	3	🔺父丁	銅爵鋬內	〃
732	長安縣馬王鎮銅網廠	1976	3	白作鼎	銅鼎腹內壁	早期[295]
733	長安縣馬王鎮銅網廠	1976	3	丙父癸	銅簋內底	〃
734	長安縣馬王鎮銅網廠	1976	12	㦰雉作文考寶障彝其萬年用	銅尊內底	〃
735	長安縣馬王鎮銅網廠	1976	12	㦰雉作文考寶障彝其萬年用	銅卣蓋內內底器蓋同銘	〃
			12	〃		

---

291 王長啟：〈西安豐鎬遺址發現的車馬坑及青銅器〉，《文物》2002：12，頁12。

292 王長啟：〈西安市文物中心收藏的商周青銅器〉，《考古與文物》1990：6，頁29。

293 王長啟：〈西安豐鎬遺址發現的車馬坑及青銅器〉，《文物》2002：12，頁14。

294 王長啟：〈西安市文物中心收藏的商周青銅器〉，《考古與文物》1990：6，頁27-29。

295 同上，頁41。

（續）

號碼	出土地點	出土時間	銘文字數	銘文隸定	銘文所在器物部位	斷代參考
736	長安縣灃西工程配件廠	？	3	丙父丁	銅卣蓋內內底器蓋同銘	早期[296]
			3	丙父丁		
737	長安縣灃西工程配件廠	？	2	父戊	銅卣蓋內內底器蓋同銘	〃
			2	父戊		
738	長安縣馬王鎮	1980	1	𡆥	銅爵鋬內	中期[297]
739	長安縣豐鎬遺址	？	26	隹十又一月既死霸乙酉叔頗父作寶鼎子子孫孫萬年永寶用🔲	銅鼎腹內壁	晚期[298]
740	長安縣豐鎬遺址	？	33	大師小子柔作朕皇考寶隩𣪘柔用匄眉壽康𣪕屯右柔其萬年子子孫孫永寶用言	銅𣪘蓋內器內器蓋同銘	〃
			33	〃		
741	長安縣豐鎬遺址	？	33	〃	銅𣪘蓋內器內器蓋同銘	〃
			33			
742	長安縣豐鎬遺址	？	33	〃	銅𣪘蓋內器內器蓋同銘	〃
			33			
743	長安縣徐家寨村	1992	165	隹十又八年十又三月既生霸丙戌王才周康宮徲宮導入右吳虎王令善夫豐生嗣工雍毅䰧剌王令取吳茲舊疆付吳虎厥北疆涵人眔疆厥東疆官人眔疆厥南疆畢	銅鼎腹內壁	晚期[299]

---

296 王長啟：〈西安市文物中心收藏的商周青銅器〉，《考古與文物》1990：6，頁27。

297 同上，頁41。

298 王長啟：〈西安市文物中心收藏的商周青銅器〉，《考古與文物》1990：6，頁42-43。

299 穆曉軍：〈陝西長安縣出土西周吳虎鼎〉，《考古與文物》1998：3，頁69-71。

（續）

號碼	出土地點	出土時間	銘文字數	銘文隸定	銘文所在器物部位	斷代參考
				人眔疆厥西疆荅姜眔疆厥盅履弄豐生雍毅白導內齏土寺奉吳虎捧稽首天子休賓善夫豐生章馬匹賓齏工雍毅章馬匹賓內齏土寺奉璧爰書尹友守史白賓史奉韋兩虎捧手稽首敢對揚天子丕顯魯休用作朕皇祖考庚孟隨鼎其子子孫孫永寶		
744	長安縣孫岩村	1986	2	父癸	銅觶圈足內壁	商末周初[300]
745	西安市雁塔區	？	20	吳王姬作南宮史叔飤鼎其萬年子子孫孫永寶用	銅鼎腹內壁	晚期[301]
746	臨潼縣南羅村	1975	4	中作旅瓩	銅瓩甑內壁	中期[302]
747	臨潼縣南羅村	1975	14	貞作寶盤其萬年子子孫孫永寶用	銅盤內底	早期[303]
748	臨潼縣南羅村	1976	32	珷征商隹甲子朝歲鼎克聞夙又商辛未王在闌師賜又事利金用作檀公寶隨彝	銅簋內底	早期[304]
749	臨潼縣南羅村	1976	13	陳侯作王嬀媵殷其萬年永寶用	銅簋內底	晚期[305]

300 陳安利、馬驥：〈長安引鎮出土兩件銅器〉，《考古與文物》1989：2，頁100-101。

301 中國社會科學院考古研究所：《殷周金文集成》修訂增補本第二冊，頁1311、1657，編號2600，中華書局，北京，2007。

302 同上，第一冊，頁722、831，編號860。

303 同上，第七冊，頁5417、6162，編號10091。

304 臨潼縣文化館：〈陝西臨潼發現武王征商簋〉，《文物》1977：8，頁4。

305 中國社會科學院考古研究所：《殷周金文集成》修訂增補本第三冊，頁2033、2545，編號3815，中華書局，北京，2007。

（續）

號碼	出土地點	出土時間	銘文字數	銘文隸定	銘文所在器物部位	斷代參考
750	臨潼縣南羅村	1976	9	宅車父作寶壺永用享	銅壺蓋外壁、口內壁器蓋同銘	晚期[306]
			9	〃		
751	臨潼縣南羅村	1976	9	〃	銅壺蓋外壁、口內壁器蓋同銘	〃
			9			
752	臨潼縣南羅村	1976	14	王作豐妊單寶盤盉其萬年永寶用	銅盉蓋內	〃
753	藍田縣輞川新村	1963	73	佳八月初吉戊寅王各于大室焚白內右師籍即立中廷王乎內史尹氏冊命師籍賜女玄衣黹屯錄市金鈗赤舄戈琱鳶彤沙攸勒鑾旂五日用事弨白用作障殷其萬年子子孫孫永寶用	銅簋內底	晚期[307]
754	藍田縣輞川指甲灣	1974	6	中其父作旅簠	銅簠內底	晚期[308]
755	藍田縣輞川指甲灣	1974	6	中其父作旅簠	銅簠內底	〃
756	藍田縣輞川指甲灣	1974	6	宗中作尹姞盤	銅盤內底	晚期[309]
757	藍田縣輞川指甲灣	1974	6	宗中作尹姞匜	銅匜內底	〃

306 臨潼縣文化館：〈陝西臨潼發現武王征商簋〉，《文物》1977：8，頁4。

307 藍田縣文化館：〈記陝西藍田縣出土的西周銅簋〉，《文物》1966：1，頁6。

308 中國社會科學院考古研究所：《殷周金文集成》修訂增補本第四冊，頁2884、3436，編號4482-4483，中華書局，北京，2007。

309 同上，第七冊，頁5409、5490、6161、6170，編號10071、10182。

（續）

號碼	出土地點	出土時間	銘文字數	銘文隸定	銘文所在器物部位	斷代參考
758	藍田縣草坪村	1973	47	隹王正月初吉乙丑獣叔信姬作寶鼎其用亯于文祖考獣叔眔信姬其賜壽耇多宗永令獣叔信姬其萬年子子孫永寶	銅鼎腹內壁	晚期[310]
759	藍田縣寺坡村	1959	7	弭叔作犀妊鬲	銅鬲口緣	晚期[311]
760	藍田縣寺坡村	1959	7	弭叔作犀妊鬲	銅鬲口緣	〃
761	藍田縣寺坡村	1959	7	弭叔作犀妊鬲	銅鬲口緣	〃
762	藍田縣寺坡村	1959	72	隹五月初吉甲戌王在莽各于大室即立中廷井叔內右師察王乎尹氏冊命師察賜女赤舃攸勒用楚弭白師察拜稽首敢對揚天子休用作朕文祖寶毁弭叔其萬年子子孫孫永寶用	銅簋蓋內	晚期[312]
763	藍田縣寺坡村	1959	72	〃	銅簋蓋內	〃
764	藍田縣寺坡村	1959	133	王若曰訇丕顯文武受令剛厥祖奠周邦今余令女啻官嗣邑人先虎臣後庸西門尸秦尸京尸𧮫尸師等側新□華尸弁戔尸𠤳人成周走亞戍秦人降人服尸賜女玄衣黹屯戠市冋黃戈琱威彤必彤沙鑾旂攸勒用事訇稽首對揚天子休令用作文祖乙白同姬隩毁訇萬年子子孫	銅簋內底	〃

310 尚志儒、樊維岳、吳梓林：〈陝西藍田縣出土獣叔鼎〉，《文物》1976：1，頁94。

311 中國社會科學院考古研究所：《殷周金文集成》修訂增補本第一冊，頁575、810，編號572-574，中華書局，北京，2007。

312 段紹嘉：〈陝西藍田縣出土弭叔等彝器簡介〉，《文物》1960：2，頁10。

（續）

號碼	出土地點	出土時間	銘文字數	銘文隸定	銘文所在器物部位	斷代參考
				孫永寶用唯王十又七祀王在射日宮旦王各益公入右旬		
765	藍田縣寺坡村	1959	11	弭叔作旅盨其萬年永寶用	銅盨內底	晚期
766	藍田縣紅星村	1974	41	隹正二月初吉王歸自成周膺侯視工遺王于周辛未王各于康焚白內右膺侯視工賜肜弓一肜矢百馬	銅鐘兩銑鉦間	晚期[313]
767	藍田縣兀家崖村	1969	123	隹十又二年初吉丁卯益公內即命于天子公迺出厥命賜卑師永厥田滰易洛疆罙師俗父田厥罙公出厥命井白焚白尹氏師俗父趣中公迺命酉䚔徒亘父周人𢦏工㞕敔史師氏邑人奎父畢人師同付永厥田厥率眉厥疆宋句永拜稽首對揚天子休命永用作朕文考乙白障盂永其萬年孫孫子子永其率寶用	銅盂腹內壁	中期[314]
768	藍田縣洩湖鎮	1985	1	共	銅鬲口沿內	早期[315]
769	戶縣孫家礄	1969	2	父丁	銅簋內底	早期[316]
770	周至縣竹峪村	1972	7	太師作孟姜饙段	銅簋內底	晚期[317]

313 李學勤：〈論應侯視工諸器的時代〉，《文物中的古文明》，頁252-257，商務印書館，北京，2013。

314 中國社會科學院考古研究所：《殷周金文集成》修訂增補本第七冊，頁5564-5565、6182，編號10322，中華書局，北京，2007。

315 曹永斌、樊維岳：〈藍田洩湖鎮發現西周車馬坑〉，《文博》1986：5，頁3。

316 陝西省考古研究所、陝西省文物管理委員會、陝西省博物館：《陝西出土商周青銅器》（四），頁23，編號162，文物出版社，北京，1984。

317 中國社會科學院考古研究所：《殷周金文集成》修訂增補本第三冊，頁1924、2531，編號3633，中華書局，北京，2007。

（續）

號碼	出土地點	出土時間	銘文字數	銘文隸定	銘文所在器物部位	斷代參考
771	周至縣竹峪村	1972	4	弔父丁冰	銅爵鋬內	早期[318]
772	周至縣竹峪村	1972	1	母	銅觶內底	〃
			1	此	外底	
773	周至縣城關鎮八一村	1974	6	王作姜氏隩段	銅簋蓋內內底	晚期[319]
			6	王作姜氏隩段	器蓋同銘	
774	周至縣終南鎮豆村	1974	3	𣄰父癸	銅簋內底	早期[320]
775	周至縣	1949後	3	作寶段	銅簋蓋內腹內	中期[321]
			3	作寶段	器蓋同銘	
776	周至縣	1949後	3	亞父丁	銅簋腹內	早期[322]
777	武功縣北坡村	1963	102	隹二月初吉戊寅王在周師嗣馬宮各大室即立嗣馬井白親右師瘨入門立中廷王乎內史吳冊令師瘨曰先王既令女今余唯䵼先王令女官嗣邑人師氏賜女金勒瘨拜稽首敢對揚天子丕顯休用作朕文考外季尊段瘨其萬年孫孫子子其永寶用享于宗室	簋蓋蓋內	中期[323]

318 陝西省考古研究所、陝西省文物管理委員會、陝西省博物館：《陝西出土商周青銅器》（四），頁24，編號164-165，文物出版社，北京，1984。

319 中國社會科學院考古研究所：《殷周金文集成》修訂增補本第三冊，頁1894、2526，編號3570，中華書局，北京，2007。

320 同上，頁1776、2502，編號3219。

321 同上，頁1788、2505，編號3258。

322 同上，頁1760、2500，編號3182。

323 同上，第四冊，頁2622-2623、3418，編號4283-4284。

（續）

號碼	出土地點	出土時間	銘文字數	銘文隸定	銘文所在器物部位	斷代參考
778	武功縣北坡村	1963	102	〃	簋蓋蓋內	中期
779	武功縣回龍村	1974	82	唯王十又八年正月南中邦父命駒父猒南者侯逵高父見南淮夷厥取厥服堇夷俗豖不敢不敬畏王命逆見我厥獻厥服我乃至于淮小大邦亡敢不割具逆王命四月還至于蔡作旅盨駒父其萬年永用多休	盨蓋蓋內	晚期[324]
780	武功縣任曲村	1978	71	隹正月初吉丁亥王各于康宮中佣父內又楚立中廷內史尹氏冊命楚赤ⓦ市鑾旂取遺五鍚銅弇昌官內師舟楚敢拜手稽首寍揚天子丕顯休用作障毀其子子孫孫萬年永寶用	銅簋蓋內內底器蓋同銘	晚期[325]
			71	〃		
781	武功縣任曲村	1978	71 71	〃	銅簋蓋內內底器蓋同銘	〃
782	武功縣任曲村	1978	71 71	〃	銅簋蓋內內底器蓋同銘	〃
783	武功縣任曲村	1978	71 71	〃	銅簋蓋內內底器蓋同銘	〃

---

324 吳大焱、羅英杰：〈陝西武功縣出土駒父盨蓋〉，《文物》1976：5，頁94。

325 中國社會科學院考古研究所：《殷周金文集成》修訂增補本第三冊，頁2463-2469、2581-2582，編號4246-4249，中華書局，北京，2007。

（續）

號碼	出土地點	出土時間	銘文字數	銘文隸定	銘文所在器物部位	斷代參考
784	武功縣任曲村	1978	22	內叔䶃父作寶敦用言用孝用賜眉壽子子孫孫永寶用	銅簋內底	晚期[326]
785	武功縣任曲村	1978	22	〃	銅簋內底	〃
786	武功縣任曲村	1978	22	〃	銅簋內底	〃
787	武功縣任曲村	1978	26	㠱叔㠱姬作白媿媵敦用言孝于其姑公子子孫孫其萬年永寶用	銅簋蓋內內底器蓋同銘	晚期[327]
			26	〃		
788	武功縣任曲村	1978	25	㠱叔㠱姬作白媿媵敦用言孝于其姑公子子孫其萬年永寶用	銅簋蓋內內底器蓋同銘	〃
			25	〃		
789	武功縣任曲村	1978	25 25	〃	銅簋蓋內內底器蓋同銘	〃
790	武功縣任曲村	1978	26	㠱叔㠱姬作白媿媵敦用言孝于其姑公子子孫孫其萬年永寶用	簋蓋蓋內	〃
791	武功縣任曲村	1978	25	㠱叔㠱姬作白媿媵敦用言孝于其姑公子子孫其萬年永寶用	簋蓋蓋內	〃
792	武功縣任曲村	1978	25	〃	簋蓋蓋內	〃

---

326 陝西省考古研究所、陝西省文物管理委員會、陝西省博物館：《陝西出土商周青銅器》（四），頁18，編號124-126，文物出版社，北京，1984。

327 中國社會科學院考古研究所：《殷周金文集成》修訂增補本第三冊，頁2233-2241、2565-2566，編號4062-4067，中華書局，北京，2007。

（續）

號碼	出土地點	出土時間	銘文字數	銘文隸定	銘文所在器物部位	斷代參考
793	武功縣渠子村	1976	2	父乙	銅甗腹內壁	早期[328]
794	武功縣渠子村	1976	3	氐父己	銅簋內底	〃
795	武功縣渠子村	1976	4	亞▨父辛	銅簋內底	〃
796	武功縣柴家嘴	1959	3	戈母丁	銅簋器壁近兩耳處	早期[329]
797	武功縣徐家灣	1976	3	戈祖己	銅尊內底	早期[330]
798	咸陽縣白家嘴村	1971	3	白作鼎	銅鼎腹內壁	中期[331]
799	涇陽縣高家堡 M2	1991	5	亞夫父辛冊	銅鼎腹內壁	早期[332]
800	涇陽縣高家堡 M2	1991	3	覃父丁	銅甗腹內壁	〃
801	涇陽縣高家堡 M3	1991	7	亞尹莧作父丁彝	銅鼎腹內壁	〃
802	涇陽縣高家堡 M3	1991	3	戈父癸	銅甗腹內壁	〃
803	涇陽縣高家堡 M3	1991	3 / 3	戈父癸 / 〃	銅卣蓋內器底器蓋同銘	〃
804	涇陽縣高家堡 M4	1991	3	□□彝	銅鼎腹內壁	早期[333]

---

328 陝西省考古研究所、陝西省文物管理委員會、陝西省博物館：《陝西出土商周青銅器》（四），頁16，編號110-112，文物出版社，北京，1984。

329 同上，頁16，編號108。

330 同上，頁17，編號114。

331 王英：〈咸陽市渭城區出土西周銅鼎〉，《考古與文物》1989：2，頁53。

332 劉雨、盧岩：《近出殷周金文集錄》第一、二、三冊，編號153、154、286、303、574，頁333、334、129、151、34，中華書局，北京，2002。

333 同上，第一、二冊，編號156、204、260、302、395，頁337、42、103、150、271。

（續）

號碼	出土地點	出土時間	銘文字數	銘文隸定	銘文所在器物部位	斷代參考
805	涇陽縣高家堡 M4	1991	2	祖癸	銅鼎腹內壁	早期
806	涇陽縣高家堡 M4	1991	7	亞尹莧作父丁彝	銅鼎腹內壁	〃
807	涇陽縣高家堡 M4	1991	5	戊尸正父己	銅甗甑內壁	〃
808	涇陽縣高家堡 M4	1991	3	戈父己	銅簋內底	〃
809	涇陽縣高家堡 M4	1991	2	父癸	銅尊圈足內壁	早期[334]
810	涇陽縣高家堡 M4	1991	5	子弓作障彝	銅盉蓋內鋬內器蓋同銘	〃
			5	〃		
811	涇陽縣高家堡 M4	1991	1	八	銅卣蓋內	〃
812	涇陽縣高家堡 M4	1991	1	八	銅卣蓋內內底器蓋同銘	〃
			1	八		
813	涇陽縣高家堡 M4	1991	2	父癸	銅觚圈足內壁	〃
814	涇陽縣高家堡 M4	1991	2	乙天	銅爵鋬內	〃
815	涇陽縣高家堡 M4	1991	2	父己	銅爵鋬內	〃

---

334 劉雨、盧岩：《近出殷周金文集錄》第三、四冊，編號555、556、612、659、660、715、810、
821、938、984、1028、1248，頁14、15、75、122、123、181、278、289、411、462、42、
289，中華書局，北京，2002。

（續）

號碼	出土地點	出土時間	銘文字數	銘文隸定	銘文所在器物部位	斷代參考
816	涇陽縣高家堡M4	1991	3	戈父己	銅觶蓋內內底 器蓋同銘	早期
			3	戈父己		
817	涇陽縣高家堡M4	1991	3	保父丁	銅觶內底	〃
818	涇陽縣高家堡M4	1991	4	木𤔲父戊	銅罍口沿內壁	〃
819	涇陽縣高家堡M4	1991	1	又	銅瓿內底	〃
820	涇陽縣高家堡M4	1991	1	令	銅鉞內部兩面	〃
			1	𢽺		
821	涇陽高家堡	1949後	1	‖‖	銅甗腹內壁	早期[335]
822	三原縣魯橋鎮	?	66	隹正二月初吉甲寅備中內右呂服余王曰服余令女更乃祖考事疋備中嗣六自服賜女赤市幽黃鋚勒旂呂服余敢對揚天丕顯休令用作寶盤盉其子子孫孫永寶用	銅盤內底	中期[336]
823	三原縣馮村	1976	14	望白亘作寶齋鬲其萬年□孫寶用	銅鬲口內	晚期[337]
824	三原縣	?	3	作□□	銅爵腹內壁	早期[338]
825	禮泉縣黃平村	1959	10	亘作寶鼎子子孫永寶用	銅鼎腹內壁	晚期[339]

335 陝西省考古研究所、陝西省文物管理委員會、陝西省博物館：《陝西出土商周青銅器》（四），頁21，編號147，文物出版社，北京，1984。

336 王慎行：〈呂服余盤銘考釋及其相關問題〉，《文物》1986：4，頁7。

337 陝西省考古研究所、陝西省文物管理委員會、陝西省博物館：《陝西出土商周青銅器》（四），頁28，編號192，文物出版社，北京，1984。

338 馬琴莉：〈三原縣博物館收藏的商周銅器和陶器〉，《文博》1996：4，頁86。

339 陝西省考古研究所、陝西省文物管理委員會、陝西省博物館：《陝西出土商周青銅器》（四），頁22，編號153，文物出版社，北京，1984。

（續）

號碼	出土地點	出土時間	銘文字數	銘文隸定	銘文所在器物部位	斷代參考
826	乾縣薛祿鎮	1970	1	車	銅鼎腹內壁	晚期[340]
827	淳化縣紅崖村	1985	6	窑事正作寶彝	銅鬲口內壁	早期[341]
828	永壽縣好畤河	1962	1	□（僅剩殘劃）	銅盂口內	中期[342]
829	永壽縣好畤河	1962	8	中枏父作匕永寶用	銅匕勺部內	〃
830	永壽縣好畤河	1967	38	隹六月初吉師湯父有竊中枏父作寶𣪕用敢鄉考于皇祖考用旛眉壽其萬年孫孫孫其永寶用	銅簋蓋內內底器蓋同銘	中期[343]
			38	〃		
831	永壽縣好畤河	1967	38	隹六月初吉師湯父有竊中枏父作寶鬲用敢鄉考于皇祖考用旛眉壽其萬年子孫孫其永寶用	銅鬲口沿內壁	〃
832	永壽縣好畤河	1967	38	〃	銅鬲口沿內壁	〃
833	永壽縣好畤河	1967	38	〃	銅鬲口沿內壁	〃
834	永壽縣好畤河	1974	21	隹王元年三月既生霸庚申叔氏在太廟叔氏令史譶	銅鐘鉦間	晚期[344]
835	永壽縣好畤河	1974	21	召逆叔氏若曰逆乃祖考許政于公室今余賜女盾五	銅鐘鉦間	〃

---

340 陝西省考古研究所、陝西省文物管理委員會、陝西省博物館：《陝西出土商周青銅器》（四），頁26，編號178，文物出版社，北京，1984。

341 姚生民：〈陝西淳化縣新發現的商周青銅器〉，《考古與文物》1990：1，頁57。

342 陝西省考古研究所、陝西省文物管理委員會、陝西省博物館：《陝西出土商周青銅器》（四），頁27，編號184，文物出版社，北京，1984。

343 同上，頁26、27，編號180-183。

344 中國社會科學院考古研究所：《殷周金文集成》修訂增補本第一冊，頁49-52、768，編號60-63，中華書局，北京，2007。

（續）

號碼	出土地點	出土時間	銘文字數	銘文隸定	銘文所在器物部位	斷代參考
836	永壽縣好時河	1974	22	錫戈彤尾用觀于公室僕庸臣姜小子室家母又不聞智	銅鐘鉦間	晚期
837	永壽縣好時河	1974	21	敬乃夙夜用奪朕身勿遝朕命母豕乃政逆敢拜手稽	銅鐘鉦間	〃
838	永壽縣好時河	？	39	隹六月初吉師湯父有賜中枏父作寶鬲用敢鄉考于皇祖考用旛眉壽其萬年子子孫孫其永寶用	銅鬲口沿腹內壁	中期[345]
839	永壽縣好時河	1962	39	〃	銅鬲口沿腹內壁	〃
840	永壽縣好時河	1962	39	〃	銅鬲口沿腹內壁	〃
841	永壽縣好時河	1962	16	白考父作寶段其萬年子子孫孫永寶用	簋蓋蓋內	中期[346]
842	永壽縣好時河	1973	16	白考父作寶段其萬年子子孫孫永寶用	銅簋內底	中期[347]
843	旬邑縣下魏洛村	2003	3	其父辛	銅爵鋬內	早期[348]
844	旬邑縣下魏洛村	2003	3	✝父丁	銅爵鋬內	〃
845	旬邑縣下魏洛村	2003	2	父乙	銅觶圈足內壁	〃

---

345 中國社會科學院考古研究所：《殷周金文集成》修訂增補本第一冊，頁687、692-693、824，編號746、751-752，中華書局，北京，2007。

346 康樂：〈陝西武功縣徵集到三件西周青銅器〉，《考古與文物》1985：4，頁1-2。

347 王長啟：〈西安市文物中心收藏的商周青銅器〉，《考古與文物》1990：6，頁43。

348 咸陽市文物考古研究所、旬邑縣博物館：〈陝西旬邑下魏洛西周早期墓發掘簡報〉，《文物》2006：8，頁31。

（續）

號碼	出土地點	出土時間	銘文字數	銘文隸定	銘文所在器物部位	斷代參考
846	旬邑縣下魏洛村	2003	3	魚父丙	銅尊圈足內壁	商末周初
847	旬邑縣崔家河東村	1978	1	Ƽ	當盧背面	早期[349]
848	旬邑縣崔家河東村	1978	1	Ƽ	當盧背面	〃
849	長武縣張家溝	1972	4	亞□父乙	銅簋內底	早期[350]
850	長武縣棗園村	1972	8	彈作父辛隣彝亞重	銅鼎腹內壁	早期[351]
851	長武縣方莊	1975	8	叔皇父作中姜隣鬲	銅鬲口沿內	晚期[352]
852	長武縣	1969	6	櫓中作寶隣彝	銅簋內底	中期[353]
853	銅川市十里鋪	1975	3	母日庚	銅鼎腹內壁	早期[354]
854	耀縣丁家溝村	1984	82	隹王二月既生霸丁丑王在周新宮王各大室即立士戌右殷立中廷北鄉王乎內史音令殷賜市朱黃王若曰殷令女更乃祖考友嗣東畕五邑殷拜稽首敢對揚天子休用作寶簋其萬年寶用孫孫子子其永寶	銅簋蓋內內底器蓋同銘	中期[355]
			82	〃		

---

349 曹發展、景凡：〈陝西旬邑縣崔家河遺址調查記〉，《考古與文物》1984：4，頁5-8。

350 陝西省考古研究所、陝西省文物管理委員會、陝西省博物館：《陝西出土商周青銅器》（四），頁23，編號158，文物出版社，北京，1984。

351 同上，頁23，編號160。

352 中國社會科學院考古研究所：《殷周金文集成》修訂增補本第一冊，頁581、811，編號588，中華書局，北京，2007。

353 陝西省考古研究所、陝西省文物管理委員會、陝西省博物館：《陝西出土商周青銅器》（四），頁23，編號161，文物出版社，北京，1984。

354 同上，頁28-29，編號193。

355 呼林貴、薛東星：〈耀縣丁家溝出土西周窖藏青銅器〉，《考古與文物》1986：4，頁4-5。

（續）

號碼	出土地點	出土時間	銘文字數	銘文隸定	銘文所在器物部位	斷代參考
855	耀縣丁家溝村	1984	82	隹王二月既生霸丁丑王在周新宮王各大室即立士戍右殷立中廷北鄉王乎內史音令殷賜市朱黃王若曰殷令女更乃祖考友嗣東啚五邑殷拜稽首敢對揚天子休用作寶簋其萬年寶用孫孫子子其永寶	銅簋蓋內內底器蓋同銘	中期
			82	〃		
856	白水縣	1971	5	白作寶尊彝	銅簋內底	早期[356]
857	白水縣	1971	3	白作彝	銅簋內底	〃
858	澄城縣南串業村	1977	85	隹二年三月初吉庚寅王各于大室益公入右王臣即立中廷北鄉平內史敖冊命王臣賜女朱黃奉親玄衣黹屯緣旂五日戈畫戚厚必彤沙用事王臣手稽首丕敢顯天子對揚休用作朕文考賜中陞殷王臣其永寶用	銅簋蓋內內底器蓋同銘	中期[357]
			85	〃		
859	韓城市梁帶村 M19：260	2005	14	芮太子作鑄鬲子子孫孫永寶用盲	銅鬲口沿內	晚期～春秋早[358]
860	韓城市梁帶村 M19：261	2005	13	芮公作鑄鬲子子孫孫永寶用盲	銅鬲口沿內	〃

356 尚志儒、吳鎮烽、朱捷元：〈陝西省近年收集的部分商周青銅器〉，《文物資料叢刊》2，頁22-23，文物出版社，北京，1978。

357 中國社會科學院考古研究所：《殷周金文集成》修訂增補本第四冊，頁2598-2599、3416，編號4268，中華書局，北京，2007。

358 孫秉君、蔡慶良：《芮國金玉選粹——陝西韓城春秋寶藏》，頁210-252，三秦出版社，西安，2007。

（續）

號碼	出土地點	出土時間	銘文字數	銘文隸定	銘文所在器物部位	斷代參考
861	韓城市梁帶村 M26：142	2005	8	中姜作為趄公障鼎	銅鼎腹內壁	晚期~春秋早
862	韓城市梁帶村 M26：143	2005	8	中姜作為趄公障鼎	銅鼎腹內壁	〃
863	韓城市梁帶村 M26：148	2005	17	芮太子白作為萬寶鬲子子孫孫永保用盲	銅鬲口沿內	〃
864	韓城市梁帶村 M26：150	2005	17	芮太子白作為萬寶鬲子子孫孫永保用盲	銅鬲口沿內	〃
865	韓城市梁帶村 M26：147	2005	15	芮太子白作鑄鬲子子孫孫永寶用盲	銅鬲口沿內	〃
866	韓城市梁帶村 M26：156	2005	8	中姜作為趄公障甗	銅甗甑腹內壁	〃
867	韓城市梁帶村 M26：154	2005	8	中姜作為趄公尊殷	銅簋蓋內 內底 器蓋同銘	〃
			8	〃		
868	韓城市梁帶村 M26：140	2005	9	中姜作為趄公尊壺用	銅壺蓋內壁	〃
869	韓城市梁帶村 M26：141	2005	9	中姜作為趄公尊壺用	銅壺蓋內壁	〃
870	韓城市梁帶村 M27：1007	2005	6	芮公作為旅殷	銅簋蓋內	晚期~春秋早[359]
871	韓城市梁帶村 M27：1023	2005	6	芮公作為旅殷	銅簋蓋內 內底 器蓋同銘	〃
			6	〃		

359 陝西省考古研究所、渭南市文物保護考古研究所、韓城市文物旅遊局：〈陝西韓城梁帶村遺址 M27發掘簡報〉，《考古與文物》2007：6，頁5-7、21。

（續）

號碼	出土地點	出土時間	銘文字數	銘文隸定	銘文所在器物部位	斷代參考
872	韓城市梁帶村M502	2007	25	畢白克肇作朕丕顯皇祖受命畢公鱟彝用追亯于子孫永寶用	銅鼎腹內壁	晚期[360]
873	韓城市梁帶村M586	2007	34	身皇剌侯遁閉朕毛父用辛祀陞作為寶用亯于其皇文祖考其萬年永寶子子孫孫用	銅簋蓋內	〃
874	韓城市梁帶村M586	2007	14	癸作寶餿其萬年孫孫子子永寶用	銅簋蓋內	〃
875	韓城市	？	3	裝作白	銅鼎腹內壁	中期[361]
876	韓城市	1966前	9	叔元父作障盨永寶用	盨蓋蓋內	晚期
877	韓城市	？	8	邵作父乙□寶尊彝	銅尊內底	早期
878	韓城市	？	3	⼻祖己	銅爵鋬內	〃
879	丹鳳縣山溝村	1996	158	隹卅年四月初吉甲戌王才周新宮各于大室密叔入右虎即立王乎內史曰冊令虎曰訊乃祖考事先王毼虎臣今令女曰更厥祖考胥師戲毼走馬馭人眔五邑走馬馭人女毌敢不善于乃政賜女載市幽黃玄衣滰屯綅旂五日用事虎敢拜稽首對揚天子丕丕魯休虎曰丕顯朕烈祖考叅明克事先王韓天子弗望厥孫子付厥尚官天子	簋蓋蓋內	中期[362]

---

360 陝西省考古研究所、渭南市文物保護考古研究所、韓城市景區管理委員會：《梁帶村芮國墓地──二○○七年度發掘報告》，頁17-18、59-60、212-213，文物出版社，北京，2010。

361 劉雨、盧岩：《近出殷周金文集錄》第二、三冊，編號248、498、633、868，頁89、394、96、337，中華書局，北京，2002。

362 王翰章、陳良和、李保林：〈虎簋蓋銘簡釋〉，《考古與文物》1997：3，頁78-80。

（續）

號碼	出土地點	出土時間	銘文字數	銘文隸定	銘文所在器物部位	斷代參考
				其萬年霝茲命虎用作文考日庚障毁子孫其永寶用夙夕亯于宗		
880	洛陽北窯村M112	1965	4	黿作寶彝	銅鼎腹內壁	中期[363]
881	洛陽北窯村M410	1964	5	史嘼作旅鼎	銅鼎腹內壁	〃
882	洛陽北窯村採：5	1962	3	旨作齍	銅鼎腹內壁	〃
883	洛陽北窯村M410	1964	3	作聯医	銅鬲內壁近口沿處	〃
884	洛陽北窯村M410	1964	5	考母作聯医	銅簋內底	〃
885	洛陽北窯村M452	1967	7	邦作祖庚寶障毁	銅簋內底	〃
886	洛陽北窯村M352	1965	10	肇作王母……用亯考友……朋友	銅簋殘片	〃
887	洛陽北窯村採：9	1963	22	中嫯作厥文考宮叔寶鷺彝用匃永福子子孫孫其永寶	銅簋內底	〃
888	洛陽北窯村M686	1963—1966	3	作寶彝	銅簋內底	早期
889	洛陽北窯村M37	1963—1966	4	王妊作毁	銅簋內底	〃
890	洛陽北窯村M359	1965	2	作豉	銅豆蓋頂握手	中期
891	洛陽北窯村M299	1965	2	榮中	銅爵尾的下部	〃

363 洛陽市文物工作隊：《洛陽北窯西周墓》，頁79-138、206-229、280，文物出版社，北京，1999。

（續）

號碼	出土地點	出土時間	銘文字數	銘文隸定	銘文所在器物部位	斷代參考
892	洛陽北窯村M368	1965	4	白豐作彝	銅爵腹內近口處	中期
893	洛陽北窯村M418	1966	2	父癸	銅爵一柱的側面	早期
894	洛陽北窯村M418	1966	2	父癸	銅爵一柱的側面	〃
895	洛陽北窯村採：14A	1978	8	史㝅作父庚寶障彝	銅爵腹內壁近口沿	中期
896	洛陽北窯村採：14B	1978	8	史㝅作父庚寶障彝	銅爵腹內壁近口沿	〃
897	洛陽北窯村採：16	1978	3	亞父乙	銅爵鋬內	〃
898	洛陽北窯村M418	1966	6	萚𣈨作父己寶	銅觶內底	早期
899	洛陽北窯村M418	1966	6	萚𣈨作父己寶	銅觶內底	〃
900	洛陽北窯村M1	1963—1966	5	邑作寶障彝	銅觶內底	〃
901	洛陽北窯村M368	1965	4	作寶障彝	銅尊內底	中期
902	洛陽北窯村M347	1965	11	叔造作召公宗寶障彝父乙	銅尊內底	早期
903	洛陽北窯村採：13	1978	11	史𣈨𡔷作兄日癸旅寶障彝	銅尊內底	中期
904	洛陽北窯村M368	1965	12	異作厥考白效父寶宗彝用旅	卣蓋蓋內	〃
905	洛陽北窯村M410	1964	5	考母作聯医	銅壺蓋內腹內壁器蓋同銘	〃
			5	考母作聯医		

（續）

號碼	出土地點	出土時間	銘文字數	銘文隸定	銘文所在器物部位	斷代參考
906	洛陽北窯村 M701	1963—1966	5	康白作郁壺	壺蓋蓋內	早期
907	洛陽北窯村 M6	1963—1966	5	師隻作障彝	壺蓋蓋內	〃
908	洛陽北窯村 M410	1964	5	考母作聯医	銅罍腹內壁	中期
909	洛陽北窯村 M6	1963—1966	2	母鼓	銅罍蓋內頸部內壁器蓋同銘	早期
			2	母鼓		
910	洛陽北窯村 採：19	1966	8	中遳父作鄋姜寶匜	銅匜內底	晚期
911	洛陽北窯村 M17	1964	4	白作戈方	銅戈內	早期
912	洛陽北窯村 M210	1964	3	一六一	銅戈內	〃
913	洛陽北窯村 M210	1964	3	一六一	銅戈內	〃
914	洛陽北窯村 M203	1964	3	一六一	銅戈內	〃
915	洛陽北窯村 M5	1964	1	屮	銅戈內	〃
916	洛陽北窯村 M5	1964	1	屮	銅戈內援上	〃
			6	茲戈友十又二		
917	洛陽北窯村 M5	1964	1	冂	銅戈內	〃
918	洛陽北窯村 M161	1963—1966	1	𤔲	銅戈內兩側	〃
			2	太保		

（續）

號碼	出土地點	出土時間	銘文字數	銘文隸定	銘文所在器物部位	斷代參考
919	洛陽北窯村M155	1963—1966	3	豐白戈	銅戈內	早期
920	洛陽北窯村M215	1963—1966	4	豐白作戈	銅戈內	〃
921	洛陽北窯村M347	1965	2	□公	銅戈內	〃
922	洛陽北窯村M333	1965	3	毛白戈	銅戈內	中期
923	洛陽北窯村M163	1964	2		銅戟內	早期
924	洛陽北窯村M139	1963—1966	1	畏	銅戟內	中期
925	洛陽北窯村M14	1963—1966	3	宗人用	銅斧	〃
926	洛陽北窯村M215	1963—1966	2	豐白	銅劍	早期
927	洛陽北窯村採：22	1972	2	太保	車轄鼻上	〃
928	洛陽北窯村M453	1963—1966	1	南	干首矛頭正面	〃
929	洛陽北窯村M17	1964	1	畕	當盧背面	〃
930	洛陽北窯村M17	1964	1	畕	當盧背面	〃
931	洛陽北窯村	1971	4	登作障彝	銅卣蓋內器內	早期[364]
			4	登作障彝	器蓋同銘	

364 中國社會科學院考古研究所：《殷周金文集成》修訂增補本第四、五冊，頁3226、3483、3602、4405，編號5115、5768，中華書局，北京，2007。

（續）

號碼	出土地點	出土時間	銘文字數	銘文隸定	銘文所在器物部位	斷代參考
932	洛陽北窰村	1971	4	登作障彝	銅尊圈足內	早期
933	洛陽北窰村	1971	4	登作尊彝	銅罘鋬內	早期[365]
934	洛陽北窰村	1971	4	登作障彝	銅觚圈足內	〃
935	洛陽北窰村	1971	1	戈	銅觶腹內壁	〃
936	洛陽北窰村	1971	3	戈父己	銅爵鋬內	〃
937	洛陽北窰村	1971	4	登作障彝	銅爵尾部	早期[366]
938	洛陽北窰村	1946	77	隹八月初吉庚辰啟命宰叔賜市季姬卑臣丰空木厥師夫曰丁以厥友廿又五眾折賜厥田以生馬十又四匹牛六十又九叔羊二百又卅又五叔禾二嗇其敢揚王母休用作寶障彝其萬年永寶用	銅尊內底	中期[367]
939	洛陽中窰村M575	2003	3	🔲父丙	銅爵鋬內	早期[368]
940	洛陽中窰村M575	2003	2	父戊	銅觶內底	〃
941	洛陽東關林業學校	1980	3	◊父癸	銅鼎腹內壁	早期[369]
942	洛陽馬坡村欄駕溝	1948	6	師趞作旅甗障	銅甗甑內壁	早期[370]

365 中國社會科學院考古研究所：《殷周金文集成》修訂增補本第五、六冊，頁3720、4428、4067、4504、4649、5284、4878、5330，編號6064、7258、8560、9236，中華書局，北京，2007。

366 洛陽博物館：〈洛陽北窰西周墓清理記〉，《考古》1972：2，頁35-36。

367 蔡運章、張應橋：〈季姬方尊銘文及其重要價值〉，《文物》2003：9，頁90。

368 洛陽市文物工作隊：〈洛陽瀍河東岸西周墓的發掘〉，《文物》2006：3，頁17-19、71。

369 洛陽市文物工作隊：〈洛陽近幾年來搜集的珍貴歷史文物〉，《中原文物》1984：3，頁76。

370 中國社會科學院考古研究所：《殷周金文集成》修訂增補本第一冊，頁729、833，編號884，中華書局，北京，2007。

（續）

號碼	出土地點	出土時間	銘文字數	銘文隸定	銘文所在器物部位	斷代參考
943	洛陽馬坡村	1960	12	叔訄賜貝于王姁用作寶隣彝	方彝蓋內內底器蓋同銘	早期[371]
			12	〃		
944	洛陽邙山南麓C5M906	1993	8	召白虎用作朕文考	銅盨蓋內內底器蓋同銘	晚期[372]
			8	召白虎用作朕文考		
945	洛陽楊文鎮C5M1135	1997	7	叔皆父作旅鼎□	銅鼎腹內壁	晚期[373]
946	洛陽東郊塔西	1970	3	木祖辛	銅爵鋬內	早期[374]
947	洛陽東郊塔西	1970	3	作寶彝	銅尊內底	〃
948	洛陽東郊墓葬	?	4	夕射作隣	銅甗腹內壁	早期[375]
949	洛陽東郊墓葬	?	3	作父乙	銅瓠？	早期[376]
950	洛陽東郊墓葬	?	2	（未著錄）	銅觶圈足內	〃
951	洛陽東郊墓葬	?	2	夕射	銅爵鋬內	〃
952	洛陽東郊墓葬	?	3	8父辛	銅爵鋬內	〃
953	洛陽東郊墓葬	?	2	夕射	銅尊圈足內	〃
954	洛陽機車工廠	1964	3	申父乙	銅壺蓋內	早期[377]
955	洛陽鐵二中	1971	1	戈	銅觶內底	早期[378]

371 中國社會科學院考古研究所：《殷周金文集成》修訂增補本第六冊，頁5197、5378，編號9888，中華書局，北京，2007。

372 劉雨、盧岩：《近出殷周金文集錄》第二冊，編號497，頁392、393，中華書局，北京，2002。

373 同上，編號305，頁153。

374 中國社會科學院考古研究所：《殷周金文集成》修訂增補本第五、六冊，頁3586、4401、4580、5271，編號5710、8350，中華書局，北京，2007。

375 同上，第一冊，頁719、830，編號848。

376 同上，第五、六冊，頁3550、4392、4023、4494、4361、4563、4671、5289，編號5574、7101、8246、8624。

377 洛陽師範學院、洛陽市文物局：《洛陽出土青銅器》，頁127，紫禁城出版社，北京，2006。

378 同上，頁105。

（續）

號碼	出土地點	出土時間	銘文字數	銘文隸定	銘文所在器物部位	斷代參考
956	洛陽機車工廠M13	1972	3	冈祖丁	銅甒瓿內壁	早期[379]
957	洛陽機車工廠M13	1972	3	冈祖丁	銅簋內底	〃
958	洛陽機車工廠M13	1972	3	冈父丁	銅尊內底	〃
959	伊川縣寺後村	1957	4	子申父己	銅鼎口緣內壁	早期[380]
960	汝陽縣	?	2	祖庚	銅爵鋬內	西周[381]
961	洛寧縣	1993	4	嬒之造戈	銅戈內	春秋[382]
962	洛陽東郊	1956	4	毌作障彝	銅卣腹內壁	早期[383]
963	洛陽市	1976	6	▨父作寶食彝	銅鼎腹內壁	中期[384]
964	洛陽市	1983	7	書作父癸寶障彝	銅卣蓋內內底器蓋同銘	早期[385]
			7	書作父癸寶障彝		
965	三門峽上村嶺M1631	1956	16	虢季氏子馂作寶鬲子子孫孫永寶用亯	銅鬲腹內壁	晚期[386]

---

379 張劍、蔡運章：〈洛陽東郊13號西周墓的發掘〉，《文物》1998：10，頁38-41。

380 中國社會科學院考古研究所：《殷周金文集成》修訂增補本第二冊，頁1047、1603，編號1873，中華書局，北京，2007。

381 洛陽師範學院、洛陽市文物局：《洛陽出土青銅器》，頁98，紫禁城出版社，北京，2006。

382 范毓周：〈關於「嬒之造戈」的幾個問題〉，《華夏考古》1996：1，頁55-57。

383 中國社會科學院考古研究所：《殷周金文集成》修訂增補本第四冊，頁3226、3483，編號5113，中華書局，北京，2007。

384 同上，第二冊，頁1139、1626，編號2194。

385 同上，第四冊，頁3308、3496，編號5290。

386 中國社會科學院考古研究所：《殷周金文集成》修訂增補本第一冊，頁639、818，編號683，中華書局，北京，2007。

（續）

號碼	出土地點	出土時間	銘文字數	銘文隸定	銘文所在器物部位	斷代參考
966	三門峽上村嶺M2001	1990	18	虢季作寶鼎季氏其萬年子子孫孫永寶用言	銅鼎腹內壁	晚期[387]
967	三門峽上村嶺M2001	1990	18	虢季作寶鼎季氏其萬年子子孫孫永寶用言	銅鼎腹內壁	〃
968	三門峽上村嶺M2001	1990	18	虢季作寶鼎季氏其萬年子子孫孫永寶用言	銅鼎腹內壁	〃
969	三門峽上村嶺M2001	1990	18	虢季作寶鼎季氏其萬年子子孫孫永寶用言	銅鼎腹內壁	〃
970	三門峽上村嶺M2001	1990	18	虢季作寶鼎季氏其萬年子子孫孫永寶用言	銅鼎腹內壁	〃
971	三門峽上村嶺M2001	1990	18	虢季作寶鼎季氏其萬年子子孫孫永寶用言	銅鼎腹內壁	〃
972	三門峽上村嶺M2001	1990	18	虢季作寶鼎季氏其萬年子子孫孫永寶用言	銅鼎腹內壁	〃
973	三門峽上村嶺M2001	1990	16	虢季作寶鬲其萬年子子孫孫永寶用言	銅鬲頸部內側	〃
974	三門峽上村嶺M2001	1990	16	虢季作寶鬲其萬年子子孫孫永寶用言	銅鬲頸部內側	〃
975	三門峽上村嶺M2001	1990	16	虢季作寶鬲其萬年子子孫孫永寶用言	銅鬲頸部內側	〃
976	三門峽上村嶺M2001	1990	16	虢季作寶鬲其萬年子子孫孫永寶用言	銅鬲頸部內側	〃
977	三門峽上村嶺M2001	1990	16	虢季作寶鬲其萬年子子孫孫永寶用言	銅鬲頸部內側	〃
978	三門峽上村嶺M2001	1990	16	虢季作寶鬲其萬年子子孫孫永寶用言	銅鬲頸部內側	〃

---

387 河南省文物考古研究所、三門峽市文物工作隊：《三門峽虢國墓（第一卷）》，頁525-528，文物出版社，北京，1999。

（續）

號碼	出土地點	出土時間	銘文字數	銘文隸定	銘文所在器物部位	斷代參考
979	三門峽上村嶺M2001	1990	16	虢季作寶鬲其萬年子子孫孫永寶用亯	銅鬲頸部內側	晚期
980	三門峽上村嶺M2001	1990	16	虢季作寶鬲其萬年子子孫孫永寶用亯	銅鬲頸部內側	〃
981	三門峽上村嶺M2001	1990	15	……大……小子吉父……作……寶甗其萬年永寶用亯（內容被磨毀）	銅甗甑內壁	〃
982	三門峽上村嶺M2001	1990	8 8	虢季作旅段永寶用 〃	銅簋蓋內內底器蓋同銘	〃
983	三門峽上村嶺M2001	1990	8 8	虢季作旅段永寶用 〃	銅簋蓋內內底器蓋同銘	〃
984	三門峽上村嶺M2001	1990	8 8	虢季作旅段永寶用 〃	銅簋蓋內內底器蓋同銘	〃
985	三門峽上村嶺M2001	1990	7 7	虢季作旅段永用 〃	銅簋蓋內內底器蓋同銘	〃
986	三門峽上村嶺M2001	1990	7 7	虢季作旅段永用 〃	銅簋蓋內內底器蓋同銘	〃
987	三門峽上村嶺M2001	1990	7 7	虢季作旅段永用 〃	銅簋蓋內內底器蓋同銘	〃
988	三門峽上村嶺M2001	1990	8 8	虢季作旅盨永寶用 〃	銅簋蓋內器內器蓋同銘	〃

（續）

號碼	出土地點	出土時間	銘文字數	銘文隸定	銘文所在器物部位	斷代參考
989	三門峽上村嶺M2001	1990	8	虢季作旅盨永寶用	銅簋蓋內器內器蓋同銘	晚期
			8	〃		
990	三門峽上村嶺M2001	1990	8	虢季作旅盨永寶用	銅簋蓋內器內器蓋同銘	〃
			8	〃		
991	三門峽上村嶺M2001	1990	8	虢季作旅盨永寶用	銅簋蓋內器內器蓋同銘	〃
			8	〃		
992	三門峽上村嶺M2001	1990	8	虢季作寶簠永寶用	銅簋蓋內器內器蓋同銘	〃
			8	〃		
993	三門峽上村嶺M2001	1990	8	虢季作寶簠永寶用	銅簋蓋內器內器蓋同銘	〃
			8	〃		
994	三門峽上村嶺M2001	1990	10	虢季作甫子子孫孫用亯	銅豆內底	〃
995	三門峽上村嶺M2001	1990	10	虢季作甫子子孫孫用亯	銅豆內底	〃
996	三門峽上村嶺M2001	1990	8	虢季作寶壺永寶用	銅壺頸部內壁	〃
997	三門峽上村嶺M2001	1990	8	虢季作寶壺永寶用	銅壺頸部內壁	〃
998	三門峽上村嶺M2001	1990	8	虢季作寶盤永寶用	銅盤內底	〃
999	三門峽上村嶺M2001	1990	51	隹十月初吉丁亥虢季作為憨鐘其音鍸鑊用義其家用與其邦虢季作寶用亯追孝于其皇考用旛萬壽用樂用亯季氏受福無疆	銅鐘鉦部鼓部	〃

（續）

號碼	出土地點	出土時間	銘文字數	銘文隸定	銘文所在器物部位	斷代參考
1000	三門峽上村嶺M2001	1990	51	〃	銅鐘鉦部鼓部	晚期
1001	三門峽上村嶺M2001	1990	51	〃	銅鐘鉦部鼓部	〃
1002	三門峽上村嶺M2001	1990	51	〃	銅鐘鉦部鼓部	〃
1003	三門峽上村嶺M2001	1990	8	虢季作寶用喜追孝	銅鐘鉦部	〃
1004	三門峽上村嶺M2001	1990	8	虢季作寶用喜追孝	銅鐘鉦部	〃
1005	三門峽上村嶺M2001	1990	4	虢季作寶	銅鐘鉦部	〃
1006	三門峽上村嶺M2001	1990	4	虢季作寶	銅鐘鉦部	〃
1007	三門峽上村嶺M2011	1990	9	白作……寶匜其萬……寶用喜	銅匜內底	〃
1008	三門峽上村嶺M2011	1990	4	太子車斧	銅斧斧身	〃
1009	三門峽上村嶺M2012	1990	5	梁姬作桼匜	銅罐蓋內	〃
1010	三門峽上村嶺M2006	1990	33	畢叔奐父作孟姞旅盨用盬稻饍糯粱加賓用鄉有飤則萬年無疆子子孫孫永寶用	銅盨蓋內器內器蓋同銘	晚期[388]
			33	〃		

388 河南省文物考古研究所、三門峽市文物工作隊：〈上村嶺虢國墓地M2006的清理〉，《文物》1995：1，頁30。田雙印：〈千年塵封迷霧重重一朝面世石破天驚——《虢寶擷英——虢國墓地出土文物精華展》側記〉，《中原文物》2003：2，頁77。

（續）

號碼	出土地點	出土時間	銘文字數	銘文隸定	銘文所在器物部位	斷代參考
1011	三門峽上村嶺 M2006	1990	33	曾叔奐父作孟姞旅盨用盛稻穛糯粱加寶用鄉有飤則萬年無疆子子孫孫永寶用	銅盨蓋內器內器蓋同銘	晚期
			33	〃		
1012	三門峽上村嶺 M2006	1990	14	豐白叔父作簠其子子孫孫永寶用	銅簠蓋內器內器蓋同銘	〃
			14	〃		
1013	三門峽上村嶺 M2013	1992	17	虢中作丑姜寶簠其萬年子子孫孫永寶用	銅簠內底	〃
1014	三門峽上村嶺 M2013	1992	12	季陝父作匜子子孫孫永寶用	銅匜內底	〃
1015	三門峽上村嶺	1989	24	虢中之嗣國子碩父作季嬴羞鬲其萬年子子孫孫永寶用盲	銅鬲頸部內側	晚期[389]
1016	三門峽上村嶺	1989	24	〃	銅鬲頸部內側	〃
1017	三門峽上村嶺	1989	9	虢宮父作鬲用從永征	銅鬲頸部內側	〃
1018	三門峽上村嶺	1989	17	虢碩父作旅簠其萬禾子子孫孫永寶用盲	銅簠蓋內內底	〃
			17	虢碩父作旅簠其萬年子子孫孫永寶用盲		
1019	三門峽上村嶺	1989	20餘	……子子孫孫永寶用盲（內容被刮除）	銅豆盤的底部	〃
1020	三門峽上村嶺	1989	9	虢宮父作盤用從永征	銅盤內底	〃

---

389 河南省文物考古研究所、三門峽市文物工作隊：《三門峽虢國墓（第一卷）》，頁467-486、514，文物出版社，北京，1999。

（續）

號碼	出土地點	出土時間	銘文字數	銘文隸定	銘文所在器物部位	斷代參考
1021	三門峽市李家窯	1995	52	唯正月初吉丁亥追夷不敢忘先人之顯對揚厥顯祖之遺寶用作朕皇祖亮中障殷追夷用旛賜眉壽永命子子孫孫其萬年永寶用	銅簋蓋內內底器蓋同銘	晚期[390]
			52	〃		
1022	三門峽市李家窯	1995	52 52	〃	銅簋蓋內內底器蓋同銘	〃
1023	鄭州市窪劉村99M1	1999	3	冀父丁	銅鼎腹內壁	商末周初[391]
1024	鄭州市窪劉村99M1	1999	4	亞其父乙	銅鼎腹內壁	〃
1025	鄭州市窪劉村99M1	1999	3	史父辛	銅鼎腹內壁	〃
1026	鄭州市窪劉村99M1	1999	3	ꋬ殳耒	銅簋內底	〃
1027	鄭州市窪劉村99M1	1999	1	車	銅罍肩部耳下	〃
1028	鄭州市窪劉村99M1	1999	7	陟作父丁寶障彝	銅卣蓋內內底器蓋同銘	〃
			7	〃		
1029	鄭州市窪劉村99M1	1999	7	陟作父丁寶障彝	銅卣蓋內內底	〃
			4	作寶障彝		

390　三門峽市文物工作隊：〈三門峽市李家窯四十四號墓的發掘〉，《華夏考古》2000：3，頁20。

391　鄭州市文物考古研究所：〈鄭州市窪劉村西周早期墓葬（ZGW99M1）發掘簡報〉，《文物》2001：6，頁42-43。

（續）

號碼	出土地點	出土時間	銘文字數	銘文隸定	銘文所在器物部位	斷代參考
1030	鄭州市窪劉村99M1	1999	6	𢆶父作寶尊彝	銅卣蓋內內底器蓋同銘	商末周初
			6	〃		
1031	鄭州市窪劉村99M1	1999	7	陆作父丁寶障彝	銅尊內底	〃
1032	鄭州市窪劉村99M1	1999	3	其父辛	銅盉鋬內	〃
1033	新鄭市唐戶村M3	1976	8	王作親王姬采薵彝	銅鬲腹內壁	晚期[392]
1034	新鄭市唐戶村M3	1976	8	王作親王姬采薵彝	銅鬲腹內壁	〃
1035	平頂山市北滍村	1982	5	應事作旅鼎	銅鼎腹內壁	早期
1036	平頂山市北滍村	1982	5	應事作旅段	銅簋蓋內內底器蓋同銘	早期[393]
			5	〃		
1037	平頂山市北滍村	1982	6	應事作父乙寶	銅觶內底	〃
1038	平頂山市北滍村	1982	5	事作父乙寶	銅爵器內壁	〃
1039	平頂山市北滍村	1984	11	夌虎作飤鼎其萬年永寶用	銅鼎器內壁	晚期[394]

---

392 開封地區文管會、新鄭縣文管會、鄭州大學歷史系考古專業：〈河南省新鄭縣唐戶兩周墓葬發掘簡報〉，《文物資料叢刊》2，頁48，文物出版社，北京，1978。

393 中國社會科學院考古研究所：《殷周金文集成》修訂增補本第三、五、六冊，頁1845、2517、3843、4456、4817、5316，編號3442、6469、9048，中華書局，北京，2007。

394 同上，第二冊，頁1230、1644，編號2437。

（續）

號碼	出土地點	出土時間	銘文字數	銘文隸定	銘文所在器物部位	斷代參考
1040	平頂山市北滍村	1984	12	鄧公作應嫚毗滕毁其永寶用	銅簋蓋內內底器蓋同銘	晚期[395]
			12	〃		
1041	平頂山市北滍村	1984	12 12	〃	銅簋蓋內內底器蓋同銘	〃
1042	平頂山市北滍村	1985	4	白作寶彝	銅鼎腹內壁	早期[396]
1043	平頂山市北滍村	1985	6	白□□□□用	銅簋內底	〃
1044	平頂山市北滍村	1985	4	▓作用壺	銅卣蓋內	〃
1045	平頂山北滍村M50	1988	44	隹四月既生霸戊申匍即于氐青公事鯛史兒曾匍于柬麅桼韋兩赤金一勻匍敢對揚公休用作寶隣彝其永用	銅盉蓋內	中期[397]
1046	平頂山北滍村M84	1988	4	應侯作旅	銅鼎腹內壁	中期[398]
1047	平頂山北滍村M84	1988	5	應侯作旅彝	銅甗甑內壁	〃
1048	平頂山北滍村M84	1988	28	應侯再肇作厥丕顯文考釐公隣彝用妥佣友用寧多福再其萬年永寶	銅盨蓋內內底器蓋同銘	〃
			28	〃		

395 劉雨、盧岩：《近出殷周金文集錄》第二冊，編號457、458，頁336、337，中華書局，北京，2002。

396 平頂山市文管會：〈平頂山市新出土西周青銅器〉，《中原文物》1988：1，頁21-22。

397 王龍正、姜濤、婁金山：〈匍鴨銅盉與頫聘禮〉，《文物》1998：4，頁88。

398 河南省文物考古研究所、平頂山市文物管理委員會：〈平頂山應國墓地八十四號墓發掘簡報〉，《文物》1998：9，頁15。

（續）

號碼	出土地點	出土時間	銘文字數	銘文隸定	銘文所在器物部位	斷代參考
1049	平頂山北滍村M84	1988	12	雟肇諆作寶隤彝用夙夕盲考	銅尊器底	中期
1050	平頂山北滍村M84	1988	12	雟肇諆作寶隤彝用夙夕盲考	銅卣蓋內器底器蓋同銘	〃
			12	〃		
1051	平頂山北滍村M84	1988	6	作譻宮彝永寶	銅盤內底	〃
1052	平頂山北滍村M84	1988	6	作譻宮彝永寶	銅盉蓋內	〃
1053	平頂山北滍村M95	1988	27	隹八月初吉丁丑公作敄隤鼎敄用賜眉壽永命子子孫孫永寶用盲	銅鼎腹內壁	晚期[399]
1054	平頂山北滍村M95	1988	27	〃	銅鼎腹內壁	〃
1055	平頂山北滍村M95	1988	27	〃	銅鼎腹內壁	〃
1056	平頂山北滍村M95	1988	12	矦氏作姚氏隤鬲其萬年永寶	銅鬲口沿上	〃
1057	平頂山北滍村M95	1988	12	〃	銅鬲口沿上	〃
1058	平頂山北滍村M95	1988	12	〃	銅鬲口沿上	〃
1059	平頂山北滍村M95	1988	12	〃	銅鬲口沿上	〃
1060	平頂山北滍村M95	1988	27	隹八月初吉丁丑公作敄隤殷敄用賜眉壽永命子子孫孫永寶用盲	銅簋蓋內內底器蓋同銘	〃
			27	〃		

399 王龍正：〈平頂山應國墓地九十五號墓年代、墓主及相關問題〉，《華夏考古》1995：4，頁68。

（續）

號碼	出土地點	出土時間	銘文字數	銘文隸定	銘文所在器物部位	斷代參考
1061	平頂山北滍村M95	1988	27	隹八月初吉丁丑公作敃隌餿敃用賜眉壽永命子子孫孫永寶用亯	銅簋蓋內內底器蓋同銘	晚期
			27	〃		
1062	平頂山北滍村M95	1988	27 27	〃	銅簋蓋內內底器蓋同銘	〃
1063	平頂山北滍村M95	1988	27 27	〃	銅簋蓋內內底器蓋同銘	〃
1064	平頂山北滍村M95	1988	5	應白作旅盨	銅盨蓋內內底器蓋同銘	〃
			5	應白作旅盨		
1065	平頂山北滍村M95	1988	5 5	〃	銅盨蓋內內底器蓋同銘	〃
1066	平頂山北滍村M95	1988	5	應白作隌壺	銅壺蓋內	〃
1067	平頂山北滍村M95	1988	5	〃	銅壺蓋內	〃
1068	平頂山北滍村M95	1988	10	應白作寶盤其萬年永寶	銅盤底部	〃
1069	平頂山北滍村M242	1993	74	隹八月辰在庚申王大射在周王令南宮遉王多士師魯父遉小臣王徥赤金十反王曰小子小臣敬又夬隻劅取柞白十冉弓無灃矢王劅畀柞白赤金十反徟賜祝見柞白用作周公寶尊彝	銅簋內底	早期[400]

---

400 王龍正、姜濤、袁俊杰：〈新發現的柞伯簋及其銘文考釋〉，《文物》1998：9，頁54。

（續）

號碼	出土地點	出土時間	銘文字數	銘文隸定	銘文所在器物部位	斷代參考
1070	平頂山市北滍村	1988	10	隹□月丁亥應侯作障鼎	銅鼎？	晚期[401]
1071	平頂山市北滍村	1988	13	應姚作叔羋父障鬲其永寶用亯	銅鬲口沿上	〃
1072	平頂山市北滍村	1988	13	應姚作叔羋父障鬲其永寶用亯	銅鬲口沿上	〃
1073	平頂山市北滍村	1988	31	隹七月丁亥應姚作叔羋父障段叔羋父其用□眉壽永命子子孫孫永寶用亯	銅簋蓋內器底器蓋同銘	〃
			31	〃		
1074	平頂山市北滍村	1988	31 31	〃	銅簋蓋內器底器蓋同銘	〃
1075	平頂山市北滍村	1988	31 31	〃	銅簋蓋內器底器蓋同銘	〃
1076	平頂山市北滍村	1988	19	應姚作叔羋父寶盤其萬年子子孫孫永寶用亯	銅盤內底	〃
1077	平頂山市北滍村	1988	12	應侯作匜子子孫孫其永寶用	銅匜內底	〃
1078	臨汝縣朝川村	1980	22	蠱公大正叔良父作淳匜其眉壽萬年子子孫孫永寶用	銅匜內底	晚期[402]
1079	臨汝縣大張村	1983	3	光父辛	銅簋內底	早期[403]
1080	魯山縣倉頭村	1951	3	人祖辛	銅爵鋬內	商末周初[404]

401 婁金山：〈河南平頂山市出土的應國青銅器〉，《考古》2003：3，頁93。
402 臨汝縣文化館：〈河南臨汝縣出土西周銅匜〉，《考古》1984：2，頁156。
403 楊澍：〈河南臨汝出土西周早期青銅器〉，《考古》1985：12，頁1141、1113。
404 裴琪：〈魯山縣發現一批重要銅器〉，《文物》1958：5，頁73-74。

（續）

號碼	出土地點	出土時間	銘文字數	銘文隸定	銘文所在器物部位	斷代參考
1081	魯山縣倉頭村	1951	1	（未著錄）	銅爵鋬內	商末周初
1082	魯山縣倉頭村	1951	1	文	銅觶圈足內壁	商末周初[405]
1083	魯山縣倉頭村	1951	4	父庚子孫	銅尊圈足內壁	〃
1084	魯山縣倉頭村	1951	7	貪作父乙障彝▉	銅卣內底	早期[406]
1085	襄城縣霍莊村	1975	4	父辛▉ ▉	銅鼎腹內壁	早期[407]
1086	襄城縣霍莊村	1975	7	▉矢作父辛寶彝	銅尊內底	〃
1087	襄城縣霍莊村	1975	7	▉矢作父辛寶彝	銅卣蓋內內底器蓋同銘	〃
			7	〃		
1088	襄城縣霍莊村	1975	3	矢父辛	銅爵鋬內	〃
1089	禹縣吳灣村M1	1979	8	諫作旅𣪘其永寶用	銅盨蓋內	晚期[408]
1090	禹縣吳灣村M2	1979	8	諫作寶𣪘用日飤賓	銅簋內壁	〃
1091	許昌市	1976	5	正父作寶彝	銅卣蓋內內底	早期[409]
			6	正父作寶障彝		

405 中國社會科學院考古研究所：《殷周金文集成》修訂增補本第五冊，頁3708、4426，編號6027，中華書局，北京，2007。

406 同上，第四冊，頁3297、3495，編號5270。

407 同上，第二、四、五、六冊，頁1051、1605、3314、3497、3637、4414、4664、5287，編號1890、5304、5884、8606。

408 河南省文物研究所、禹縣文管會：〈禹縣吳灣西周晚期墓葬清理簡報〉，《中原文物》1988：3，頁7。

409 中國社會科學院考古研究所：《殷周金文集成》修訂增補本第四冊，頁3286、3493，編號5244，中華書局，北京，2007。

（續）

號碼	出土地點	出土時間	銘文字數	銘文隸定	銘文所在器物部位	斷代參考
1092	鹿邑縣太清宮遺址	1997	3	長子口	銅鼎器蓋口沿內壁	商末周初[410]
1093	鹿邑縣太清宮遺址	1997	7	子口□作□□□	銅鼎腹內壁	〃
1094	鹿邑縣太清宮遺址	1997	3	長子口	銅鼎腹內壁	〃
1095	鹿邑縣太清宮遺址	1997	3	長子口	銅鼎腹內壁	〃
1096	鹿邑縣太清宮遺址	1997	3	長子口	銅鼎腹內壁	〃
1097	鹿邑縣太清宮遺址	1997	2	長子	銅鼎腹內壁	〃
1098	鹿邑縣太清宮遺址	1997	3	長子口	銅鼎腹內壁	〃
1099	鹿邑縣太清宮遺址	1997	3	長子口	銅鼎腹內壁	〃
1100	鹿邑縣太清宮遺址	1997	3	長子口	銅鼎腹內壁	〃
1101	鹿邑縣太清宮遺址	1997	3	長子口	銅鼎腹內壁	〃
1102	鹿邑縣太清宮遺址	1997	3	長子口	銅鼎腹內壁	〃
1103	鹿邑縣太清宮遺址	1997	3	長子口	銅鼎腹內壁	〃
1104	鹿邑縣太清宮遺址	1997	3	爨父□	銅鼎口沿內壁	〃

---

410 河南省文物考古研究所、周口市文化局：《鹿邑太清宮長子口墓》，頁56-149，中州古籍出版社，鄭州，2000。

（續）

號碼	出土地點	出土時間	銘文字數	銘文隸定	銘文所在器物部位	斷代參考
1105	鹿邑縣太清宮遺址	1997	3	冀父□	銅鼎口沿內壁	商末周初
1106	鹿邑縣太清宮遺址	1997	1	子	銅鼎腹內壁	〃
1107	鹿邑縣太清宮遺址	1997	1	子	銅鼎腹內壁	〃
1108	鹿邑縣太清宮遺址	1997	3	長子口	銅鼎腹內壁	〃
1109	鹿邑縣太清宮遺址	1997	3	長子口	銅鼎腹內壁	〃
1110	鹿邑縣太清宮遺址	1997	3	長子口	銅鼎腹內壁	〃
1111	鹿邑縣太清宮遺址	1997	3	長子口	銅鼎腹內壁	〃
1112	鹿邑縣太清宮遺址	1997	3	長子口	銅鼎腹內壁	〃
1113	鹿邑縣太清宮遺址	1997	3	長子口	銅甗甑內壁	〃
1114	鹿邑縣太清宮遺址	1997	3	長子口	銅甗甑內壁	〃
1115	鹿邑縣太清宮遺址	1997	3	長子口	銅簋內底	〃
1116	鹿邑縣太清宮遺址	1997	1	子	銅簋內底	西周早期
1117	鹿邑縣太清宮遺址	1997	1	子	銅簋內底	〃
1118	鹿邑縣太清宮遺址	1997	2	戈丁	銅斝鋬內	商末周初

（續）

號碼	出土地點	出土時間	銘文字數	銘文隸定	銘文所在器物部位	斷代參考
1119	鹿邑縣太清宮遺址	1997	3	長子口	銅罍內底	商末周初
1120	鹿邑縣太清宮遺址	1997	3	長子口	銅罍內底	〃
1121	鹿邑縣太清宮遺址	1997	3	□父辛	銅觚圈足內壁	〃
1122	鹿邑縣太清宮遺址	1997	3	□父辛	銅觚圈足內壁	〃
1123	鹿邑縣太清宮遺址	1997	4	長口子口	銅爵鋬內	〃
1124	鹿邑縣太清宮遺址	1997	4	長口子口	銅爵鋬內	〃
1125	鹿邑縣太清宮遺址	1997	3	長子口	銅爵鋬內	〃
1126	鹿邑縣太清宮遺址	1997	3	長子口	銅爵鋬內	〃
1127	鹿邑縣太清宮遺址	1997	2	尹舟	銅觶內底	〃
1128	鹿邑縣太清宮遺址	1997	1	長	銅觶內底	〃
1129	鹿邑縣太清宮遺址	1997	3	長子口	銅尊內底	〃
1130	鹿邑縣太清宮遺址	1997	3	長子口	銅尊內底	〃
1131	鹿邑縣太清宮遺址	1997	3	長子口	銅尊內底	〃
1132	鹿邑縣太清宮遺址	1997	3	長子口	銅尊內底	〃

（續）

號碼	出土地點	出土時間	銘文字數	銘文隸定	銘文所在器物部位	斷代參考
1133	鹿邑縣太清宮遺址	1997	7	長子口作旅宗䵼	銅尊內底	西周早期
1134	鹿邑縣太清宮遺址	1997	7	長子口作旅宗䵼	銅卣內底	〃
1135	鹿邑縣太清宮遺址	1997	7	長子口作旅宗䵼	銅卣內底	〃
1136	鹿邑縣太清宮遺址	1997	3 / 3	長子口 / 長子口	銅卣蓋內 內底 器蓋同銘	商末周初
1137	鹿邑縣太清宮遺址	1997	3 / 3	長子口 / 長子口	銅卣蓋內 內底 器蓋同銘	〃
1138	鹿邑縣太清宮遺址	1997	3	長子口	銅卣內底	〃
1139	鹿邑縣太清宮遺址	1997	3	長子口	銅觥內底	〃
1140	鹿邑縣太清宮遺址	1997	3	長子口	銅觥內底	〃
1141	鹿邑縣太清宮遺址	1997	3 / 3	長子口 / 長子口	銅觥蓋內 內底 器蓋同銘	〃
1142	鹿邑縣太清宮遺址	1997	3 / 3	長子口 / 長子口	銅角蓋內 內底 器蓋同銘	〃
1143	鹿邑縣太清宮遺址	1997	3 / 3	長子口 / 長子口	銅角蓋內 內底 器蓋同銘	〃
1144	鹿邑縣太清宮遺址	1997	3 / 3	長子口 / 長子口	銅罍蓋內 器口內壁 器蓋同銘	〃

（續）

號碼	出土地點	出土時間	銘文字數	銘文隸定	銘文所在器物部位	斷代參考
1145	鹿邑縣太清宮遺址	1997	2	子口	銅盉蓋內鋬內器蓋同銘	商末周初
			2	子口		
1146	永城縣陳集鄉	1985	17	鄭白作宋孟姬媵匜其子子孫孫永寶用之	銅匜內底	晚期[411]
1147	鶴壁市龐村	1961	1	屮	銅甒甗內壁	早期[412]
1148	鶴壁市龐村	1961	4	白作寶彝	銅簋內底	〃
1149	鶴壁市龐村	1961	2	鄉父	銅爵鋬內	〃
1150	鶴壁市龐村	1961	3	☒父己	銅觶內底	〃
1151	鶴壁市龐村	1961	1	夕	銅尊圈足內	〃
1152	鶴壁市龐村	1961	5	亞雀魚父己	銅卣蓋內器內器蓋同銘	〃
			5	〃		
1153	濬縣辛村	1932	3	束父辛	銅鼎腹內壁	早期[413]
1154	濬縣辛村	1932	1	☒	銅甒甗內壁	〃
1155	濬縣辛村	1932	3	白作彝	銅甒甗內壁	〃
1156	濬縣辛村	1932	24	隹公遝于宗周闞從公亥匦洛于官商闞貝用作父乙寶隮彝	銅尊內底	〃
1157	濬縣辛村	1932	2	父癸	銅爵鋬內	〃
1158	濬縣辛村	1932	6	羣作車彝亞矣	銅卣內底	〃

---

411 李俊山：〈永城出土西周宋國銅匜〉，《中原文物》1990：1，頁104。
412 中國社會科學院考古研究所：《殷周金文集成》修訂增補本第一、三、四、五冊，頁702、826、
　　1819、2512、3486、3782、4442，編號787、3360、5162、6276，中華書局，北京，2007。
413 郭寶鈞：《濬縣辛村》，頁72、73，科學出版社，北京，1964。

號碼	出土地點	出土時間	銘文字數	銘文隸定	銘文所在器物部位	斷代參考
1159	濬縣辛村	1932	13	做勺白赤鳥茲戈厥璧詓季秉卣	銅戈內	早期[414]
1160	濬縣辛村	1932	2	成周	銅戈內	〃
1161	濬縣辛村	1932	1	侯	銅戟內	〃
1162	濬縣辛村	1932	1	侯	銅戟內	〃
1163	濬縣辛村	1932	1	侯	銅戟內	〃
1164	濬縣辛村	1932	1	侯	銅戟內	〃
1165	濬縣辛村	1932	1	侯	銅戟內	〃
1166	濬縣辛村	1932	1	侯	銅戟內	〃
1167	濬縣辛村	1932	1	侯	銅戟內	〃
1168	濬縣辛村	1932	1	🔲	銅戟內	〃
1169	濬縣辛村	1932	1	〃	銅戟內	〃
1170	濬縣辛村	1932	1	〃	銅戟內	〃
1171	濬縣辛村	1932	2	矢白	銅戟內	〃
1172	濬縣辛村	1932	3	衛師易	銅泡背面	早期[415]
1173	濬縣辛村	1932	3	非師易	銅泡背面	〃
1174	鶴壁市辛村	1984	3	舌父乙	銅尊內底	商末周初[416]
1175	鶴壁市辛村	1984	3	舌父乙	銅觶蓋內內底	早期[417]
			3	舌父乙	器蓋同銘	

---

414 中國社會科學院考古研究所：《殷周金文集成》修訂增補本第七冊，頁6102、6244、5792、6215、5748、6210、5750、6210、5793、6215，編號11333、10882、10800、10803、10886，中華書局，北京，2007。

415 同上，第八冊，頁6514-6515、6636，編號11858、11859。

416 同上，第五冊，頁3562、4394，編號5616。

417 王文強：〈鶴壁市辛村出土四件西周青銅器〉，《中原文物》1986：1，頁126。

號碼	出土地點	出土時間	銘文字數	銘文隸定	銘文所在器物部位	斷代參考
1176	桐柏縣左莊村	1964	3	𨻍白庸	銅罍口沿上	晚期[418]
1177	桐柏縣左莊村	1964	17	𨻍白庸自作寶監其萬年疆無子孫永用言	銅盤內底	〃
1178	桐柏縣左莊村	1964	18	隹白㣆作寶匜其萬年無疆子子孫孫永用之	銅匜器內	〃
1179	南陽市郊委磚瓦廠	1981	16	中爯父作寶鼎其萬年子子孫永用言孝	銅鼎腹內壁	晚期[419]
1180	南陽市郊委磚瓦廠	1981	44	中爯父大宰南䜌厥辭作其皇祖考遟王監白䧹殷用言用孝用賜眉壽屯右康勳萬年無疆子子孫孫永寶用言	銅簋蓋內器內器蓋同銘	〃
			44	〃		
1181	南陽市郊委磚瓦廠	1981	45	南䜌白大宰中爯父厥辭作其皇祖考遟王監白䧹殷用言用孝用賜眉壽屯右康勳萬年無疆子子孫孫永寶用言	銅簋蓋內器內	〃
			44	中爯父大宰南䜌厥辭作其皇祖考遟王監白䧹殷用言用孝用賜眉壽屯右康勳萬年無疆子子孫孫永寶用言		
1182	南陽市萬家園	2005	5	輔白作兵戈	銅戈援、胡部	晚期[420]
1183	南陽市	?	14	叔商妣作□母寶鼎子□永保用饗	銅鼎內壁	晚期[421]

418 中國社會科學院考古研究所:《殷周金文集成》修訂增補本第六、七冊,頁5233、5384、5439、6166、5518、6176,編號9960、10130、10250,中華書局,北京,2007。

419 同上,第二、三冊,頁1274、1652、2380-2383、2576,編號2529、4188、4189。

420 南陽市文物考古研究所:〈河南南陽市萬家園M202發掘簡報〉,《中原文物》2007:5,頁13。

421 尹俊敏、劉富亭:〈南陽市博物館藏兩周銘文銅器介紹〉,《中原文物》1992:2,頁87。

號碼	出土地點	出土時間	銘文字數	銘文隸定	銘文所在器物部位	斷代參考
1184	泌陽縣梁河村	1955	14	尚自作鑄壺其萬年子子孫孫永用醴	銅壺子母口對合處	中期[422]
			13	尚自作鑄壺其萬年子孫孫永用		
1185	泌陽縣梁河村	1955	14	尚自作鑄壺其萬年子子孫孫永用	銅壺子母口對合處	〃
			14	〃		
1186	確山縣竹溝鎮	1983	6	長社親曰寶鬲	銅鬲口沿	晚期[423]
1187	確山縣竹溝鎮	1983	2	鼄白（已磨損，僅存兩字）	銅盤內底	〃
1188	確山縣竹溝鎮	1983	21	鼄白厥弟自作旅匜其萬年無疆子子孫孫永寶用亯	銅匜內底	晚期～春秋早[424]
1189	信陽市溮河港	1986	12	即冊晨肇貯用作父乙寶障彝	銅簋器底	早期[425]
1190	信陽市溮河港	1986	7	作父丁寶障彝襄	銅簋器底	〃
1191	信陽市溮河港	1986	7	作父丁寶障彝襄	銅簋器底	〃
1192	信陽市溮河港	1986	3	瘂父乙	銅卣器底	〃
1193	信陽市溮河港	1986	3	冈父丁	銅卣器底	〃
1194	信陽市溮河港	1986	12	晨肇貯用作父乙寶障彝即冊	銅觚圈足內	〃
1195	信陽市溮河港	1986	3	子父□	銅觶？	〃

422 中國社會科學院考古研究所：《殷周金文集成》修訂增補本第六冊，頁5030-5031、5357-5358，編號9618甲、乙，中華書局，北京，2007。

423 劉雨、盧岩：《近出殷周金文集錄》第一冊，編號124，頁301，中華書局，北京，2002。

424 夏麥陵：〈鼄伯匜斷代與敝之地望〉，《考古》1993：1，頁76。

425 信陽地區文管會、信陽縣文管會：〈河南信陽縣溮河港出土西周早期銅器群〉，《考古》1989：1，頁19。

號碼	出土地點	出土時間	銘文字數	銘文隸定	銘文所在器物部位	斷代參考
1196	信陽市溮河港	1986	6	……作父乙……彝即冊	銅尊器底	早期
1197	信陽市溮河港	1986	12	晨肇貯用作父乙寶隩彝即冊	銅角蓋內腹內壁器蓋同銘	〃
			12	〃		
1198	信陽市溮河港	1986	12	〃	銅角蓋內腹內壁器蓋同銘	〃
			12			
1199	信陽市溮河港	1986	12	即冊企肇貯用作父乙寶隩彝	彝蓋蓋內壁	〃
1200	天馬村曲村M6069	1980—89	4	克作盥甂	銅甂甗內壁	早期[426]
1201	天馬村曲村M6069	1980—89	3	作寶彝	銅簋腹內壁	〃
1202	天馬村曲村M6069	1980—89	7	繖作厥父寶隩彝	銅卣蓋內器底	〃
			3	子父壬		
1203	天馬村曲村M6080	1980—89	3	作寶鼎	銅鼎腹內壁	〃
1204	天馬村曲村M6080	1980—89	3	作寶鼎	銅鼎腹內壁	〃
1205	天馬村曲村M6080	1980—89	3	白作彝	銅簋底內	〃
1206	天馬村曲村M6080	1980—89	3	白作彝	銅簋底內	〃

---

426 北京大學考古學系商周組、山西省考古研究所：《天馬——曲村1980—1989》第二冊，頁334，科學出版社，北京，2000。

號碼	出土地點	出土時間	銘文字數	銘文隸定	銘文所在器物部位	斷代參考
1207	天馬村曲村 M6081	1980—89	27	甲子王賜帝㝮商用作父辛隮彝在十月又二遘祖甲㿝日隹王廿祀	銅鼎腹內壁	殷墟三期[427]
			2	▣偁		
1208	天馬村曲村 M6081	1980—89	8	亞弜作父癸寶隮彝	銅鼎腹內壁	早期
1209	天馬村曲村 M6081	1980—89	7	南宮姬作寶隮鼎	銅鼎底內	〃
1210	天馬村曲村 M6081	1980—89	7	南宮姬作寶尊鼎	銅鼎底內	〃
1211	天馬村曲村 M6081	1980—89	5	白作寶隮彝	銅尊底內	〃
1212	天馬村曲村 M6081	1980—89	5	白作寶隮彝	銅卣蓋內	〃
			5	白作寶隮彝	器底 器蓋同銘	
1213	天馬村曲村 M6081	1980—89	3	戈父辛	銅盤底內	〃
1214	天馬村曲村 M6105	1980—89	6	作父庚隮彝子	銅鼎腹內壁	〃
1215	天馬村曲村 M6127	1980—89	1	……彝（磨損不清）	銅簋底內	〃
1216	天馬村曲村 M6130	1980—89	5	光作父丁戊	銅鼎腹內壁	〃
1217	天馬村曲村 M6130	1980—89	4	作凵隮段	銅簋底內	〃

---

427 張領：〈帝華方鼎銘文考釋〉，《文物季刊》1990：1，頁4。常玉芝：《殷商曆法研究》，頁108，吉林文史出版社，長春，1998。

號碼	出土地點	出土時間	銘文字數	銘文隸定	銘文所在器物部位	斷代參考
1218	天馬村曲村M6131	1980—89	1	⊠	銅鼎腹內壁	早期
1219	天馬村曲村M6131	1980—89	6	同作父壬障彝	銅簋蓋內器內器蓋同銘	〃
			6	同作父壬障彝		
1220	天馬村曲村M6195	1980—89	2	成周	銅鼎腹內壁	〃
1221	天馬村曲村M6195	1980—89	8	白雝倗宿小妻鼎⊠	銅鼎腹內壁	〃
1222	天馬村曲村M6197	1980—89	2	父乙	銅鼎底內	〃
1223	天馬村曲村M6197	1980—89	4	作父辛鼎	銅鬲口緣內	〃
1224	天馬村曲村M6197	1980—89	6	霸白作寶障彝	銅簋底內	〃
1225	天馬村曲村M6210	1980—89	3	作寶彝	銅鼎腹內壁	〃
1226	天馬村曲村M6210	1980—89	6	白🈳作寶障彝	銅簋底內	〃
1227	天馬村曲村M6210	1980—89	3	作寶彝	銅簋底內	〃
1228	天馬村曲村M6210	1980—89	2	丙🈳	銅爵鋬內	〃
1229	天馬村曲村M6210	1980—89	7	轍作厥父寶障彝	銅尊底內	〃
1230	天馬村曲村M6210	1980—89	7	轍作厥父寶障彝	銅卣蓋內器底	〃
			5	轍作寶障彝		

號碼	出土地點	出土時間	銘文字數	銘文隸定	銘文所在器物部位	斷代參考
1231	天馬村曲村 M6214	1980－89	5	作□□障鼎	銅鼎腹內壁	早期
1232	天馬村曲村 M6214	1980－89	2	……作寶……（鏽蝕不清）	銅鼎底內	〃
1233	天馬村曲村 M6214	1980－89	6	叔作新邑旅彝	銅觶蓋內	〃
1234	天馬村曲村 M6214	1980－89	3	作旅彝	銅尊底內	〃
1235	天馬村曲村 M6214	1980－89	3	作旅彝	銅卣器底蓋內器蓋同銘	〃
			3	作旅彝		
1236	天馬村曲村 M6231	1980－89	5	舌□作□□（鏽蝕不清）	銅鼎腹內壁	〃
1237	天馬村曲村 M6231	1980－89	3	作寶彝	銅簋底內	〃
1238	天馬村曲村 M6231	1980－89	4	白作簋彝	銅尊底內	〃
1239	天馬村曲村 M6231	1980－89	4	白作簋彝	銅卣器底蓋內器蓋同銘	〃
			4	白作簋彝		
1240	天馬村曲村 M6231	1980－89	14	中畐父令色以旁壺□□在□三朋	銅壺器底蓋內	〃
			11	中畐父令色以旁壺□□□		
1241	天馬村曲村 M6242	1980－89	4	申作太鼎	銅鼎腹內壁	〃
1242	天馬村曲村 M6243	1980－89	3	作寶鼎	銅鼎腹內壁	〃
1243	天馬村曲村 M6243	1980－89	5	王妻作寶毁	銅簋底內	〃

號碼	出土地點	出土時間	銘文字數	銘文隸定	銘文所在器物部位	斷代參考
1244	天馬村曲村 M6308	1980—89	6	□□作父丁彞	銅鼎腹內壁	早期
1245	天馬村曲村 M6384	1980—89	2	父丁	銅甗腹內壁	中期
1246	天馬村曲村 M6384	1980—89	8	王商小臣𧓲𥩺祖乙	銅簋底內	〃
1247	天馬村曲村 M6384	1980—89	12	晉中韋父作肇盉其萬年永寶	銅盉蓋內 器口內 器蓋同銘	〃
			12	〃		
1248	天馬村曲村 M6384	1980—89	15	𩵦作父丁寶隣彞𩵦其子子孫其永用	銅尊底內	〃
1249	天馬村曲村 M6384	1980—89	15	𩵦作父丁寶隣彞𩵦其子子孫其永用	銅卣器底 蓋內 器蓋同銘	〃
			15	〃		
1250	天馬村曲村 M6384	1980—89	14	家父作寶盉其萬年子子孫孫永寶	銅盤底內	〃
1251	天馬村曲村 M6434	1980—89	3	作寶彞	銅簋底內	〃
1252	天馬村曲村 M7014	1980—89	3	禹作鬲	銅鬲口沿上	〃
1253	天馬村曲村 M7070	1980—89	7	孟得作寶段永用	銅簋器底 蓋內 器蓋同銘	晚期
			7	孟得作寶段永用		
1254	天馬村曲村 M7113	1980—89	3	白作段	銅簋蓋內 底內 器蓋同銘	中期
			3	白作段		

號碼	出土地點	出土時間	銘文字數	銘文隸定	銘文所在器物部位	斷代參考
1255	天馬村曲村 I12M1	1992	13	……月初吉……作寶隟……年子子孫孫永寶……	銅容器腹片內	晚期[428]
1256	天馬村曲村 I11M8	1992	13	晉侯穌作寶隟鼎其萬年永寶用	銅鼎腹內壁	晚期[429]
1257	天馬村曲村 I11M8	1992	26	隹九月初吉庚午晉侯斷作盧殷用亯于文祖皇考其萬億永寶用	銅簋蓋內器內器蓋同銘	〃
			26	〃		
1258	天馬村曲村 I11M8	1992	26 26	〃	銅簋蓋內器內器蓋同銘	〃
1259	天馬村曲村 I11M8	1992	5	疇侯作旅彝	銅爵？	早期
1260	天馬村曲村 I11M8	1992	25	隹九月初吉庚午晉侯斷作隟壺用亯于文祖皇考萬億永寶用	銅壺蓋內	晚期
1261	天馬村曲村 I11M8	1992	25	〃	銅壺蓋內	〃
1262	天馬村曲村 I11M8	1992	7	年無疆子子孫孫	銅鐘鉦部	〃
1263	天馬村曲村 I11M8	1992	4	永寶茲鐘	銅鐘鉦部	〃

---

428 北京大學考古系、山西省考古研究所：〈1992年春天馬──曲村遺址墓葬發掘報告〉,《文物》1993：3,頁30。

429 北京大學考古學系、山西省考古研究所：〈天馬──曲村遺址北趙晉侯墓地第二次發掘〉,《文物》1994：1,頁23、16。

（續）

號碼	出土地點	出土時間	銘文字數	銘文隸定	銘文所在器物部位	斷代參考
1264	天馬村曲村 I11M64	1993	16	晉侯邦父作障鼎其萬年子子孫永寶用	銅鼎腹內壁	晚期[430]
1265	天馬村曲村 I11M64	1993	16	〃	銅鼎腹內壁	〃
1266	天馬村曲村 I11M64	1993	25	隹正月初吉鬶休作朕文考叔氏障毀休其萬年子子孫永寶用	銅毀蓋內	〃
1267	天馬村曲村 I11M64	1993	69	隹八月甲午楚公逆祀厥先高祖考夫壬四方首楚公逆出求厥用祀四方首休多禽鈺鹽內饗赤金九萬鈞楚公逆用自作和爕錫鐘百□楚公逆其萬年□用保□大邦永寶□	銅鐘鉦間左鼓	〃
1268	天馬村曲村 I11M63	1993	9	楊姞作羞醴壺永寶用	銅壺蓋口外壁、頸內壁器蓋同銘	〃
			9	〃		
1269	天馬村曲村 I11M63	1993	9	〃	銅壺蓋口外壁、頸內壁器蓋同銘	〃
			9			
1270	天馬村曲村 M33	1994	41	隹正月初吉晉侯僰馬既為寶盉則作障壺用障于宗室用享用考用旛壽考子子孫其萬年永是寶用	銅壺蓋內器底器蓋同銘	中期[431]
			41	〃		

---

430 山西省考古研究所、北京大學考古學系：〈天馬──曲村遺址北趙晉侯墓地第四次發掘〉，《文物》1994：8，頁19。

431 北京大學考古學系、山西省考古研究所：〈天馬──曲村遺址北趙晉侯墓地第五次發掘〉，《文物》1995：7，頁36-37。

（續）

號碼	出土地點	出土時間	銘文字數	銘文隸定	銘文所在器物部位	斷代參考
1271	天馬村曲村 M91	1994	41	隹正月初吉晉侯僰馬既為寶盂則作障壺用障于宗室用享用考用旛壽考子子孫孫其萬年永是寶用	銅壺蓋內	中期
1272	天馬村曲村 M91	1994	27	隹五月初吉庚寅晉侯喜父作朕文考剌侯寶鑑子子孫孫其永寶用	？內底	晚期
1273	天馬村曲村 M92	1994	22	隹九月初吉庚寅晉侯對作鑄障鼎其萬年眉壽永寶用	銅鼎腹內壁	〃
1274	天馬村曲村 M92	1994	12	晉侯僰馬作寶障壺其永寶用	銅壺蓋頂	〃
1275	天馬村曲村 M92	1994	12	〃	銅壺蓋頂	〃
1276	天馬村曲村 M92	1994	27	隹五月初吉庚寅晉侯喜父作朕文考剌侯寶盤子子孫孫其永寶用	銅盤底	〃
1277	天馬村曲村 M93	1994	18	晉叔家父作障壺其萬年子子孫孫永寶用亯	銅壺蓋內底部 器蓋同銘	晚期~春秋早
			18	〃		
1278	天馬村曲村 M93	1994	18	〃	銅壺蓋內底部 器蓋同銘	〃
			18			
1279	天馬村曲村 M113	2000—01	4	叔作旅鼎	銅鼎腹內壁	早中期[432]
1280	天馬村曲村 M113	2000—01	5	白作寶障彝	銅甗甑內壁	〃
1281	天馬村曲村 M113	2000—01	6	□作□□障彝	銅卣器底蓋內	〃
			？	（蓋內銘文未附）		

432 北京大學考古文博院、山西省考古研究所：〈天馬——曲村遺址北趙晉侯墓地第六次發掘〉，《文物》2001：8，頁21。

（續）

號碼	出土地點	出土時間	銘文字數	銘文隸定	銘文所在器物部位	斷代參考
1282	天馬村曲村M113	2000—01	5	晉侯作旅飤	豬尊蓋內器底器蓋同銘	早中期
			5	〃		
1283	天馬村曲村M114	2000—01	48	隹十又四月王酓大襧蒸在成周咸蒸王乎殷厥士齊叔矢以𧝓衣車馬貝卅貝敢對王休用作寶隣彝其萬年揚王光厥士	銅鼎腹內壁	早期[433]
1284	天馬村曲村M114	2000—01	56	隹十又二月王令南宮伐虎方之年〔隹〕正月既死霸庚申王在宗周王□□敦使于繁賜貝五□敦揚對王休用作□□□彝子子孫孫永□□□	銅甗腹內壁	早中期[434]
1285	天馬村曲村M114	2000—01	9	晉侯作向太室寶尊彝	鳥形尊蓋內	〃
1286	翼城縣鳳家坡	1962	1	〣	銅甗？	早期[435]
1287	翼城縣鳳家坡	1962	4	殷作寶彝	銅簋底	〃
1288	翼城縣鳳家坡	1962	3	萬父己	銅卣蓋內腹內器蓋同銘	〃
			3	萬父己		
1289	洪洞縣永凝堡	1957	8	串作父丁寶鼎戊箙	銅鼎腹內壁	早期[436]
1290	洪洞縣永凝堡	1957	5	作羋商彝段	銅簋內底	〃

433 李伯謙：〈叔矢方鼎銘文考釋〉，《文物》2001：8，頁39。

434 孫慶偉：〈從新出敦甗看昭王南征與晉侯燮父〉，《文物》2007：1，頁64。

435 中國社會科學院考古研究所：《殷周金文集成》修訂增補本第一、三、四冊，頁699、825、1825、2513、3162、3472，編號772、3379、4964，中華書局，北京，2007。

436 同上，第二、三冊，頁1191、1635、1849、2518，編號2319、3453。

（續）

號碼	出土地點	出土時間	銘文字數	銘文隸定	銘文所在器物部位	斷代參考
1291	洪洞縣永凝堡 NM9	1980	4	作寶隞彝	銅簋蓋內底內	早期[437]
			5	恆父作簠段		
1292	洪洞縣永凝堡 NDM14	1980	3	弔作鼎	銅鬲甗內壁	〃
1293	洪洞縣永凝堡 NDM14	1980	5	恆父作寶彝	銅簋底內	早期[438]
1294	洪洞縣永凝堡 M12	1980	2	辛又	銅鼎口沿內壁	早期[439]
1295	洪洞縣永凝堡 M12	1980	14	屯疊作寶段其萬年子子孫孫永寶	銅簋內底	〃
1296	洪洞縣坊堆村	1954	3	給父乙	銅鼎腹內壁	早期[440]
1297	長子縣西旺村	1958	2	子翌	銅鼎腹內壁	商末周初[441]
1298	長子縣西旺村	1958	2	亞□	銅簋內底	早期[442]
1299	長子縣晉義村	1975	46	隹三月初吉蟎來遘于妊氏妊氏令蟎事保厥家因付厥祖僕二家蟎拜稽首曰休朕皇君弗忘厥寶臣對揚用作寶隞	銅鼎腹內壁	中期[443]

437 山西省文物工作委員會、洪洞縣文化館：〈山西洪洞永凝堡西周墓葬〉，《文物》1987：2，頁15。

438 劉雨、盧岩：《近出殷周金文集錄》第二冊，編號418，頁294，中華書局，北京，2002。

439 臨汾地區文化局：〈洪洞永凝堡西周墓葬發掘報告〉，《三晉考古》第一輯，頁91，山西人民出版社，太原，1994。

440 中國社會科學院考古研究所：《殷周金文集成》修訂增補本第二冊，頁954、1580，編號1538，中華書局，北京，2007。

441 同上，頁906、1566，編號1318。

442 山西省博物館：《山西省博物館館藏文物精華》，編號67，頁128，山西人民出版社，太原，1999。

443 中國社會科學院考古研究所：《殷周金文集成》修訂增補本第二、一、三冊，頁1432、1673、720、830、1862、2520，編號2765、849、3484，中華書局，北京，2007。

（續）

號碼	出土地點	出土時間	銘文字數	銘文隸定	銘文所在器物部位	斷代參考
1300	長子縣晉義村	1975	4	䳒作寶彝	銅甗甑內壁	早期
1301	長子縣晉義村	1975	5	□白作寶段	銅簋內壁	中期
1302	屯留縣城郊	1976	1	☼	銅鼎腹內壁	早期[444]
1303	絳縣橫北村M1	2004—05	8	倗白作畢姬寶旅鼎	銅鼎腹內壁	早中期[445]
1304	絳縣橫北村M1	2004—05	8	倗白作畢姬寶旅甗	銅甗？	中期
1305	絳縣橫北村M1	2004—05	8	倗白作畢姬寶旅段	銅簋內底	〃
1306	絳縣橫北村M1	2004—05	45	隹廿又三年初吉戊戌益公蔑倗白爯曆右告令金車旂爯拜手稽首對揚公休用作朕考寶隮爯其萬年永寶用亯	銅簋蓋內 內底 器蓋同銘	〃
			45	〃		
1307	絳縣橫北村M1	2004—05	8	倗白作畢姬寶旅盤	銅盤？	〃
1308	絳縣橫北村M2	2004—05	11	倗白作畢姬隮鼎其萬年寶	銅鼎腹內壁	〃
1309	絳縣橫北村M2	2004—05	12	倗白肈作隮鼎其萬年寶用亯	銅鼎腹內壁	〃
1310	絳縣橫北村M2	2004—05	24	隹五月初吉倗白肈作寶鼎其用享孝于朕文考其萬年永用	銅鼎腹內壁	〃

444 中國社會科學院考古研究所：《殷周金文集成》修訂增補本第二冊，頁891、1561，編號1243，中華書局，北京，2007。

445 山西省考古研究所、運城市文物工作站、絳縣文化局：〈山西絳縣橫水西周墓發掘簡報〉，《文物》2006：8，頁17。

（續）

號碼	出土地點	出土時間	銘文字數	銘文隸定	銘文所在器物部位	斷代參考
1311	絳縣橫北村M2	2004—05	2	伇𤮻	銅簋內底	中期
1312	絳縣橫北村M2	2004—05	10	□□作寶盤其萬年永用	銅盤內底	〃
1313	芮城縣柴村	1979	5	叔伐父作鼎	銅鼎腹內壁	晚期[446]
1314	芮城縣柴村	1979	15	叔向父為備寶敆兩寶鼎二宿孫子寶	銅簋內底	〃
1315	聞喜縣上郭村M51	1974	18	隹王二月貯子己父作寶匜其子子孫孫永用	銅匜內底	晚期[447]
1316	聞喜縣上郭村M55	1974	16	筍侯稽作寶匜其萬壽子子孫孫永寶用	銅匜內底	〃
1317	聞喜縣上郭村M55	1974	2	用戈	銅戈殘胡	〃
1318	聞喜縣上郭村M375	1974	5	□大叔□季	銅器殘片	〃
1319	聞喜縣上郭村M375	1974	3	□□眉	銅器殘片	〃
1320	邢台市葛家莊M73	1993—97	1	戈	銅鼎？	西周
1321	邢台市葛家莊M73	1993—97	6	並作父寶障彝	銅簋？	西周
1322	邢台市葛家莊M116	1993—97	2	省命	銅劍劍身	西周
1323	元氏縣西張村	1978	4	攸作簋鼎	銅鼎腹內壁	早期[448]

446 戴尊德、劉岱瑜：〈山西芮城柴村出土的西周銅器〉，《考古》1989：10，頁909。
447 朱華：〈聞喜上郭村古墓群試掘〉，《三晉考古》第一輯，頁122，山西人民出版社，太原，1994。
448 河北省文物管理處：〈河北元氏縣西張村的西周遺址和墓葬〉，《考古》1979：1，頁23。

（續）

號碼	出土地點	出土時間	銘文字數	銘文隸定	銘文所在器物部位	斷代參考
1324	元氏縣西張村	1978	72	隹戎大出于軝井侯搏戎延令臣諫以□□亞旅處于軝從王□□臣諫曰拜手稽首臣諫□亡母弟引臺又長子□余羋皇辟侯令鞾斿作朕皇文考寶障隹用妥康令于皇辟侯匄□□	銅簋內底	早期[449]
1325	元氏縣西張村	1978	62	叔趞父曰余考不克御事唯女倏勮敬辥乃身毋尚為小子余銤為女茲小鬱彝女勮用鄉乃辟軝侯逆箾出內事人烏虖倏敬弋茲小彝妹吹見余唯用諆酓女	銅卣蓋內腹底器蓋同銘	早期[450]
			62	〃		
1326	元氏縣西張村	1978	62 62	〃	銅卣蓋內腹底器蓋同銘	〃
1327	元氏縣西張村	1978	18	（銘文內容同於銅卣，因鏽蝕僅存18字）	銅尊內底	〃
1328	琉璃河黃土坡村	1962	5	叔作寶障彝	銅鼎腹內壁	早期[451]
1329	琉璃河黃土坡村	1962	2	父癸	銅爵鋬內	〃
1330	琉璃河 I M50	1973—77	3	丙父己	銅爵鋬內	早期[452]

449 李學勤：《青銅器與古代史》，頁222-223，聯經出版事業有限公司，台北，2005。

450 中國社會科學院考古研究所：《殷周金文集成》修訂增補本第四冊，頁3405-3408、3509，編號5428、5429，中華書局，北京，2007。

451 同上，第二冊，頁1097、1616，編號2053。

452 北京市文物研究所：《琉璃河西周燕國墓地1973—1977》，頁249，文物出版社，北京，1995。

（續）

號碼	出土地點	出土時間	銘文字數	銘文隸定	銘文所在器物部位	斷代參考
1331	琉璃河 I M50	1973—77	2	父乙	銅觶內底	早期
1332	琉璃河 I M50	1973—77	3	爵祖丙	銅尊內底	〃
1333	琉璃河 I M52	1973—77	15	侯賞復貝三朋復用作父乙寶隮彝𣪊	銅鼎腹內壁	〃
1334	琉璃河 I M52	1973—77	17	匽侯賞復冂衣臣妾貝用作父乙寶隮彝𣪊	銅尊內底	〃
1335	琉璃河 I M52	1973—77	2	父乙	銅爵鋬內	〃
1336	琉璃河 I M52	1973—77	2	父乙	銅觶內底	〃
1337	琉璃河 I M52	1973—77	2	匽侯	銅盾飾背面	〃
1338	琉璃河 I M52	1973—77	2	匽侯	銅戟內	〃
1339	琉璃河 I M53	1973—77	17	侯賞攸貝三朋攸用作父戊寶隮彝啟作緝	銅簋蓋內器底器蓋同銘	〃
			17	〃		
1340	琉璃河 I M54	1973—77	6	叡史作考隮鼎	銅鼎腹內壁	〃
1341	琉璃河 I M54	1973—77	3	亞吴妃	銅盤內底	〃
1342	琉璃河 I M65	1973—77	2	母己	銅爵鋬內	〃
1343	琉璃河 I M105	1973—77	2	僕戈	銅戈內部兩面	〃
			2	◇晁		

（續）

號碼	出土地點	出土時間	銘文字數	銘文隸定	銘文所在器物部位	斷代參考
1344	琉璃河 I M209	1973－77	7	揚作父辛寶隫彝	銅鼎內底	早期
1345	琉璃河 I M209	1973－77	6	白作乙公隫殷	銅簋蓋內器底器蓋同銘	〃
			6	〃		
1346	琉璃河 I M251	1973－77	7	亞盉作父乙隫彝	銅鼎腹內壁	〃
1347	琉璃河 I M251	1973－77	2	父癸	銅鼎內底	〃
1348	琉璃河 I M251	1973－77	5	□作寶隫彝	銅鼎腹內壁	〃
1349	琉璃河 I M251	1973－77	15	在戊辰匽侯賜白矩貝用作父戊隫彝	銅鬲蓋內頸內壁器蓋同銘	〃
			15	〃		
1350	琉璃河 I M251	1973－77	3	麥作彝	銅鬲頸內壁	〃
1351	琉璃河 I M251	1973－77	3	戈父甲	銅甗瓹內壁	〃
1352	琉璃河 I M251	1973－77	7	纖作文祖寶隫彝	銅簋內底	〃
1353	琉璃河 I M251	1973－77	7	〃	銅簋內底	〃
1354	琉璃河 I M251	1973－77	6	白冂▨作寶彝	銅簋內底	〃
1355	琉璃河 I M251	1973－77	6	〃	銅簋內底	〃
1356	琉璃河 I M251	1973－77	2	父辛	銅爵鋬內	〃

（續）

號碼	出土地點	出土時間	銘文字數	銘文隸定	銘文所在器物部位	斷代參考
1357	琉璃河 I M251	1973—77	1	🔲	銅爵鋬內	早期
1358	琉璃河 I M251	1973—77	15	乙丑公中賜庶貝十朋庶用作寶障彝	銅觶蓋內 器底 器蓋同銘	〃
			15	〃		
1359	琉璃河 I M251	1973—77	13	乙丑𢨊賜貝于公中用作寶障彝	銅觶蓋內 器底 器蓋同銘	〃
			13	〃		
1360	琉璃河 I M251	1973—77	5	單子戈父戊	銅尊內底	〃
1361	琉璃河 I M251	1973—77	5	單子戈父戊	銅卣蓋內 器底 器蓋同銘	〃
			5	〃		
1362	琉璃河 I M251	1973—77	7	🔲白矩作寶障彝	銅盤內底	〃
1363	琉璃河 I M251	1973—77	4	亞盉父乙	銅盉蓋內 鋬內 器蓋同銘	〃
			4	〃		
1364	琉璃河 I M251	1973—77	2	父辛	銅戈內	〃
1365	琉璃河 I M252	1973—77	4	匽侯舞易	銅盾飾背面	〃
1366	琉璃河 I M252	1973—77	4	匽侯舞易	銅盾飾背面	〃
1367	琉璃河 I M253	1973—77	26	匽侯令堇饎太保于宗周庚申太保賞堇貝用作太子癸寶障餗🔲	銅鼎腹內壁	〃

（續）

號碼	出土地點	出土時間	銘文字數	銘文隸定	銘文所在器物部位	斷代參考
1368	琉璃河 I M253	1973—77	14	休朕公君匽侯賜圉貝用作寶隣彝	銅鼎蓋內器底器蓋同銘	早期
			14	〃		
1369	琉璃河 I M253	1973—77	5	亞睘矣作彝	銅鼎腹內壁	〃
1370	琉璃河 I M253	1973—77	4	屮▽父丙	銅鼎腹內壁	〃
1371	琉璃河 I M253	1973—77	14	王桼于成周王賜圉貝用作寶隣彝	銅甗腹內壁	〃
1372	琉璃河 I M253	1973—77	14	王桼于成周王賜圉貝用作寶隣彝	銅簋蓋內器底	〃
			6	白魚作寶隣彝		
1373	琉璃河 I M253	1973—77	1	未	銅爵鋬內	〃
1374	琉璃河 I M253	1973—77	1	未	銅爵鋬內	〃
1375	琉璃河 I M253	1973—77	8	其史作祖己寶隣彝	銅觶器底	〃
1376	琉璃河 I M253	1973—77	3	作寶彝	銅尊器底	〃
1377	琉璃河 I M253	1973—77	14	王桼于成周王賜圉貝用作寶隣彝	銅卣蓋內器底器蓋同銘	〃
			14	〃		
1378	琉璃河 I M253	1973—77	3	作寶彝	銅卣蓋內器底器蓋同銘	〃
			3	〃		

（續）

號碼	出土地點	出土時間	銘文字數	銘文隸定	銘文所在器物部位	斷代參考
1379	琉璃河ⅠM253	1973—77	3	重父辛	銅盉蓋內鋬內器蓋同銘	早期
			3	〃		
1380	琉璃河ⅠM253	1973—77	2	諆易	銅盾飾背面	〃
1381	琉璃河M1029	1981—83	1	匽	銅戈內部兩面	早期[453]
			1	侯		
1382	琉璃河M1029	1981—83	4	匽侯舞戈	銅戟內	〃
1383	琉璃河M1029	1981—83	4	匽侯舞易	銅泡背面	〃
1384	琉璃河M1026	1981—83	4	員作寶彝	銅鼎腹內壁	早期[454]
1385	琉璃河M1043	1981—83	2	父癸	銅爵鋬內、一柱外側	早期[455]
			2	🔲 🔲		
1386	琉璃河M1043	1981—83	4	戉史父己	銅罍口部內壁	早期[456]
1387	琉璃河立教東M1	1981	3	🔲作彝	銅鼎腹內壁	早期[457]
1388	琉璃河立教東M2	1981	5	遘作寶障彝	銅鼎內底	〃
1389	琉璃河立教東M2	1981	5	遘作寶障彝	銅簋內底	〃

453 中國社會科學院考古研究所：《殷周金文集成》修訂增補本第七、八冊，頁5794、6215、5861、6223、6516、6636，編號10887、11011、11861，中華書局，北京，2007。

454 劉雨、盧岩：《近出殷周金文集錄》第二冊，編號270，頁113，中華書局，北京，2002。

455 中國社會科學院考古研究所：《殷周金文集成》修訂增補本第七冊，頁4787、5311，編號8971，中華書局，北京，2007。

456 劉雨、盧岩：《近出殷周金文集錄》第三冊，編號985，頁463，中華書局，北京，2002。

457 北京文物精粹大系編委會、北京市文物局：《北京文物精粹大系・青銅器卷》，編號49、60、86、68、95，頁5、6、9、7、10，北京出版社，北京，2002。

（續）

號碼	出土地點	出土時間	銘文字數	銘文隸定	銘文所在器物部位	斷代參考
1390	琉璃河M1149	1983	3	戈父壬	銅鬲腹內壁	早期
1391	琉璃河M1149	1983	1	子	銅罍口內壁	〃
1392	琉璃河M1193	1986	43	王曰太保隹乃明乃鬯亯于乃辟余大對乃亯令克侯于匽旂羌馬叡雩馭微克宷匽入土眔厥司用作寶隣彝	銅盉蓋內器沿內側器蓋同銘	早期[458]
			43	〃		
1393	琉璃河M1193	1986	43	〃	銅罍蓋內器沿內壁器蓋同銘	〃
			43			
1394	琉璃河M1193	1986	1	▨	銅戈內	〃
1395	琉璃河M1193	1986	2	成周	銅戈內	〃
1396	琉璃河M1193	1986	2	成周	銅戈內	〃
1397	琉璃河M1193	1986	4	匽侯舞戈	銅戟內	〃
1398	琉璃河M1193	1986	4	匽侯舞戈	銅戟內	〃
1399	琉璃河M1193	1986	4	匽侯舞戈	銅戟內	〃
1400	琉璃河M1193	1986	4	匽侯舞戈	銅戟內	〃
1401	琉璃河M1193	1986	4	匽侯舞易	銅泡背面	〃
1402	琉璃河M1193	1986	4	匽侯舞易	銅泡背面	〃
1403	琉璃河M1193	1986	4	匽侯舞易	銅泡背面	〃
1404	琉璃河M1193	1986	4	匽侯舞易	銅泡背面	〃
1405	琉璃河M1193	1986	4	匽侯舞易	銅泡背面	〃
1406	琉璃河M1193	1986	4	匽侯舞易	銅泡背面	〃
1407	琉璃河M1193	1986	4	匽侯舞易	銅泡背面	〃

---

458 中國社會科學院考古研究所、北京市文物研究所琉璃河考古隊：〈北京琉璃河1193號大墓發掘簡報〉，《考古》1990：1，頁31。

（續）

號碼	出土地點	出土時間	銘文字數	銘文隸定	銘文所在器物部位	斷代參考
1408	琉璃河M1193	1986	4	匽侯舞易	銅泡背面	早期
1409	琉璃河M1193	1986	4	匽侯舞易	銅泡背面	〃
1410	琉璃河M1193	1986	4	匽侯舞易	銅泡背面	〃
1411	琉璃河M1193	1986	4	匽侯舞易	銅泡背面	〃
1412	琉璃河M1193	1986	4	匽侯舞易	銅泡背面	〃
1413	琉璃河M1193	1986	4	匽侯舞易	銅泡背面	〃
1414	琉璃河M1193	1986	4	匽侯舞易	銅泡背面	〃
1415	琉璃河M1193	1986	4	匽侯舞易	銅泡背面	〃
1416	琉璃河M1190	1986	6	肇作祖寶隣彝〃	銅卣蓋內器內器蓋同銘	〃
1417	琉璃河M1190	1986	6	肇作祖寶隣彝	銅尊內底	〃
1418	順義縣金牛村	1982	9	晕作妣辛隣彝亞曩癸	銅鼎腹內壁	早期[459]
1419	順義縣金牛村	1982	4 / 4	亞曩父己 / 亞曩父己	銅卣蓋內內底器蓋同銘	〃
1420	順義縣金牛村	1982	4	亞曩父己	銅尊內底	〃
1421	順義縣金牛村	1982	4	亞曩父己	銅觶內底	〃
1422	順義縣金牛村	1982	3	亞父己	銅觚圈足內壁	〃
1423	順義縣金牛村	1982	3	亞父己	銅觚圈足內壁	〃
1424	順義縣金牛村	1982	3	亞父己	銅爵鋬內	〃
1425	順義縣金牛村	1982	3	亞父己	銅爵鋬內	〃

459 程長新：〈北京市順義縣牛欄山出土一組周初帶銘青銅器〉，《文物》1983：11，頁67。

（續）

號碼	出土地點	出土時間	銘文字數	銘文隸定	銘文所在器物部位	斷代參考
1426	昌平縣白浮村M2	1975	1	兀	銅戈內	早期[460]
1427	昌平縣白浮村M2	1975	1	丌	銅戟內	〃
1428	濟陽縣劉台子村M2	1979	4	季作寶彝	銅鼎腹內壁	早期[461]
1429	濟陽縣劉台子村M2	1979	2	夆彝	銅簋內底	〃
1430	濟陽縣劉台子村M2	1979	2	夆彝	銅簋內底	〃
1431	濟陽縣劉台子村M2	1979	1	京	銅觶內底	〃
1432	濟陽縣劉台子村M3	1982	5	王季作鼎彝	銅鼎腹內壁	早期[462]
1433	濟陽縣劉台子村M3	1982	2	夆彝	銅簋內底	〃
1434	濟陽縣劉台子村M6	1985	8	王姜作鞶姒寶隣彝	銅鼎腹內壁	早期[463]
1435	濟陽縣劉台子村M6	1985	4	夆寶隣鼎	銅鼎腹內壁	〃
1436	濟陽縣劉台子村M6	1985	1	夆	銅鼎腹內壁	〃

460 中國社會科學院考古研究所：《殷周金文集成》修訂增補本第七冊，頁5739、5751、6209、6211，編號10786、10806，中華書局，北京，2007。

461 德州行署文化局文物組、濟陽縣圖書館：〈山東濟陽劉台子西周早期墓發掘簡報〉，《文物》1981：9，頁24。

462 德州地區文化局文物組、濟陽縣圖書館：〈山東濟陽劉台子西周墓地第二次發掘〉，《文物》1985：12，頁19。

463 山東省文物考古研究所：〈山東濟陽劉台子西周六號墓清理報告〉，《文物》1996：12，頁22。

（續）

號碼	出土地點	出土時間	銘文字數	銘文隸定	銘文所在器物部位	斷代參考
1437	濟陽縣劉台子村M6	1985	1	夆	銅鼎腹內壁	早期
1438	濟陽縣劉台子村M6	1985	1	夆	銅觶內底	〃
1439	濟陽縣劉台子村M6	1985	1	夆	銅盉蓋內	〃
1440	濟陽縣劉台子村M6	1985	1	夆	銅盤內底	〃
1441	章丘縣垓莊摩天嶺	？	20	鄦甘臺肇作障鼎其萬年眉壽子子孫孫永寶用亯	銅鼎腹內壁	早期[464]
1442	長清縣北黃崖村仙人台M3	1995	23	郜召作為其旅簠用實稻粱用飤諸母諸兄使爰寶母又疆	銅簠蓋內內底器蓋同銘	晚期[465]
1443	長清縣石都莊村	1986	19	郜中媵孟嬀寶簠其萬年眉寶子子孫孫永寶用	銅簠蓋內內底器蓋同銘	晚期[466]
			19	〃		
1444	長清縣石都莊村	1986	19	郜中媵孟嬀寶簠其萬年眉寶子子孫孫永寶用	銅簠蓋內	〃
				〃		
1445	泰安市黃花嶺村	1956	23	乘父士杉其肇作其皇考白明父寶殷其萬年眉壽永寶用	銅盨內底	晚期[467]

464　劉雨、盧岩：《近出殷周金文集錄》第二冊，編號336，頁190，中華書局，北京，2002。

465　山東大學考古系：〈山東長清縣仙人台周代墓地〉，《考古》1998：9，頁24。

466　昌芳：〈山東長清石都莊出土周代銅器〉，《文物》2003：4，頁91。

467　中國社會科學院考古研究所：《殷周金文集成》修訂增補本第四冊，頁2822、3432，編號4437，中華書局，北京，2007。

（續）

號碼	出土地點	出土時間	銘文字數	銘文隸定	銘文所在器物部位	斷代參考
1446	泰安市黃花嶺村	1956	3	旅父己	銅爵鋬內	早期[468]
1447	肥城縣小王莊	1963	18	睽士父作蓼改障鬲其萬年子子孫孫永寶用	銅鬲口內	晚期[469]
1448	肥城縣小王莊	1963	18	睽士父作蓼改障鬲其萬年子子孫孫永寶用	銅鬲口內	〃
1449	泰安市城前村	1982	15	魯侯作姬蓼滕鼎其萬年眉壽永寶用	銅鼎腹內壁	晚期[470]
1450	泰安市城前村	1982	15	魯侯作姬蓼滕簋其萬年眉壽永寶用	銅簋蓋內內底器蓋同銘	〃
			15	〃		
1451	鄒縣七家峪村	1965	6	射南自作其簋	銅簋內底	晚期[471]
1452	鄒縣七家峪村	1965	6	射南自作其簋	銅簋內底	〃
1453	鄒縣七家峪村	1965	14	胄自作饙簋其子子孫孫永寶用亯	銅簋內底	〃
1454	鄒縣七家峪村	1965	15	白駟父作姬淪滕盤子子孫孫永寶用	銅盤內底	〃
1455	鄒縣灰城子村	1974	12	伊譒作簋用事于考永寶用之	銅簋內底	晚期[472]
1456	鄒縣小彥村	1980	9	於取子敄鼓鑄鐘元喬	銅鈸鋬部	西周[473]

---

468 林宏：〈山東泰安市黃花嶺村出土青銅器〉，《考古與文物》2000：4，頁16。

469 中國社會科學院考古研究所：《殷周金文集成》修訂增補本第一冊，頁668、821，編號715、716，中華書局，北京，2007。

470 程繼林、呂繼祥：〈泰安城前村出土魯侯銘文銅器〉，《文物》1986：4，頁13-14。

471 王軒：〈山東鄒縣七家峪村出土的西周銅器〉，《考古》1965：11，頁547。

472 中國社會科學院考古研究所山東工作隊、鄒縣文物保管所：〈山東鄒縣古代遺址調查〉，《考古學集刊》第3集，頁104，中國社會科學出版社，北京，1983。

473 中國社會科學院考古研究所：《殷周金文集成》修訂增補本第八冊，頁6468、6630，編號11757，中華書局，北京，2007。

（續）

號碼	出土地點	出土時間	銘文字數	銘文隸定	銘文所在器物部位	斷代參考
1457	曲阜魯國遺址M30	1977—78	37	魯白悆用公觀其肇作其皇考皇母旅盨設悆夙厲用追孝用旛多福悆其萬年釁壽永寶用亯	銅盨蓋內內底器蓋同銘	晚期[474]
			37	〃		
1458	曲阜魯國遺址M48	1977—78	22	魯中齊肇作皇考鬻鼎其萬年眉壽子子孫孫永寶用亯	銅鼎腹內壁	〃
1459	曲阜魯國遺址M48	1977—78	22	〃	銅鼎腹內壁	〃
1460	曲阜魯國遺址M48	1977—78	18	魯中齊作旅甗其萬年眉壽子子孫孫永寶用	銅甗腹內壁	〃
1461	曲阜魯國遺址M48	1977—78	28	魯嗣徒中齊肇作皇考白走父饎盨設其萬年眉壽子子孫孫永寶用亯	銅盨蓋內器底器蓋同銘	〃
			28	〃		
1462	曲阜魯國遺址M48	1977—78	27	魯嗣徒中齊肇作皇考白走父饎盨設其萬年眉壽子子孫孫永寶用亯	銅盨蓋內器底器蓋同銘	〃
			27	〃		
1463	曲阜魯國遺址M48	1977—78	14	妦中作甫妖媵簠子子孫孫永寶用	銅簠蓋內	〃
1464	曲阜魯國遺址M48	1977—78	15	魯嗣徒中齊肇作盤其萬年永寶用亯	銅盤內底	〃
1465	曲阜魯國遺址M48	1977—78	27	魯嗣徒中齊肇作皇考白走父寶匜其萬年眉壽子子孫孫永寶用亯	銅匜內底	〃

474 許宏：〈曲阜魯國故城之再研究〉,《三代文明（一）》,頁283,科學出版社,北京,2004。

（續）

號碼	出土地點	出土時間	銘文字數	銘文隸定	銘文所在器物部位	斷代參考
1466	曲阜魯國遺址M48	1977—78	15	侯母作侯父戎壺用征行用求福無疆	銅壺蓋沿頸部 器蓋同銘	晚期
			15	〃		
1467	青州市滻窪村	1973	3	魚祖己	銅觚圈足內	早期[475]
1468	黃縣莊頭村	1980	8	芮公叔作膚宮寶段	銅簋內底 蓋內 器蓋同銘	早期[476]
			8	〃		
1469	黃縣莊頭村	1980	8	芮公叔作膚宮寶段	銅簋內底 蓋內 器蓋同銘	〃
			8	〃		
1470	黃縣莊頭村	1980	8	小夫作父丁寶旅彝	銅卣蓋內 內底 器蓋同銘	〃
			8	〃		
1471	黃縣莊頭村	1980	5	能奚作寶壺	銅壺蓋內	〃
1472	黃縣韓欒村中村河東岸	1964	6	庿監作寶隣彝	銅鼎口內	早期[477]
1473	黃縣徐家村	1983	50	唯王十又一月王在限王子至于方辛鬵□寶叔□啟戒辛陸作用休辛鬵日□叔□射金辛□□喪□于躬宮□子子孫其□寶	銅簋內底	中期[478]
1474	黃縣歸城姜家村	1965	4	作父辛寶……（以下字跡為銅鏽所掩蓋）	銅尊？	中期[479]

475 周慶喜：〈山東青州市發現「魚伯己」銅觚〉，《考古》1999：12，頁53。

476 王錫平、唐祿庭：〈山東黃縣莊頭西周墓清理簡報〉，《文物》1986：8，頁72。

477 李步青、林仙庭：〈山東省龍口市出土西周銅鼎〉，《文物》1991：5，頁84-85。

478 馬志敏：〈山東省龍口市出土西周銅簋〉，《文物》2004：8，頁79-80。

479 齊文濤：〈概述近年來山東出土的商周青銅器〉，《文物》1972：5，頁7-8。

（續）

號碼	出土地點	出土時間	銘文字數	銘文隸定	銘文所在器物部位	斷代參考
1475	黃縣歸城姜家村	1965	4	作寶隣彝	銅卣蓋內器內器蓋同銘	中期
			4	〃		
1476	黃縣歸城小劉莊	1969	39	王出獸南山叟巛山谷至于上侯滰川上啟從征董不擾作祖丁寶旅隣彝用匃魯福用夙夜事戎篕	銅卣器內蓋內器蓋同銘	早期[480]
			39	〃		
1477	黃縣歸城小劉莊	1969	21	啟從王南征泌山谷在泮水上啟作祖丁旅寶彝戎篕	銅尊內底	〃
1478	黃縣歸城小劉莊	1969	3	冈父辛	銅卣蓋蓋內	〃
1479	黃縣歸城曹家村	1965	5	作父辛寶彝	銅尊內底	中期[481]
1480	黃縣歸城曹家村	1965	4	作寶隣彝	銅卣蓋內內底器蓋同銘	〃
			4	〃		
1481	黃縣東營周家村	1985—86	11	作朕寶𣪘其萬年永寶用單	銅𣪘內底	晚期[482]
1482	黃縣	1963	16	己侯作□姜□□□子子孫孫永寶用之	銅鬲口沿	晚期[483]

---

480 齊文濤：〈概述近年來山東出土的商周青銅器〉，《文物》1972：5，頁5-6。

481 李步青、林仙庭：〈山東黃縣歸城遺址的調查與發掘〉，《考古》1991：10，頁917。

482 唐祿庭、姜國鈞：〈山東黃縣東營周家村西周殘墓清理簡報〉，《海岱考古》第一輯，頁314-320，山東大學出版社，濟南，1989。劉雨、盧岩：《近出殷周金文集錄》第二冊，編號452，頁331，中華書局，北京，2002。

483 中國社會科學院考古研究所：《殷周金文集成》修訂增補本第一冊，頁589、812，編號600，中華書局，北京，2007。

（續）

號碼	出土地點	出土時間	銘文字數	銘文隸定	銘文所在器物部位	斷代參考
1483	萊陽縣前河前村	1974	4	……作旅尊彝	銅甌口沿內部	中期[484]
1484	萊陽縣前河前村	1974	13	己侯作鑄壺事小臣以汲永寶用	銅壺	晚期[485]
1485	招遠縣東曲城村	1958	5	齊中作寶段	銅簋內底	中期[486]
1486	招遠縣東曲城村	1958	5	齊中作寶段	銅簋內底	〃
1487	煙台市南郊上夼村	1969	11	己華父作寶鼎子子孫永用	銅鼎腹內壁	晚期[487]
1488	煙台市南郊上夼村	1969	22	曩侯賜弟叟鬭烖弟叟作寶鼎其萬年子子孫孫永寶用	銅鼎腹內壁	〃
1489	煙台市毓璜頂東坡	1994	1	己	銅爵？	西周[488]
1490	榮成市學福村	1990	4	作寶□彝	銅尊器底內	中期[489]
1491	日照縣崮河崖村	1976	14	鼇白魯母子刺作寶鬲子孫永寶用	銅鬲口沿	晚期[490]
1492	日照縣崮河崖村	1976	14	〃	銅鬲口沿	〃

484 李步青：〈山東萊陽縣出土己國銅器〉，《文物》1983：12，頁8。

485 中國社會科學院考古研究所：《殷周金文集成》修訂增補本第六冊，頁5039、5359，編號9632，中華書局，北京，2007。

486 李步青、林仙庭、楊文玉：〈山東招遠出土西周青銅器〉，《考古》1994：4，頁377-378。

487 中國社會科學院考古研究所：《殷周金文集成》修訂增補本第二冊，頁1223、1643、1338、1661，編號2418、2638，中華書局，北京，2007。

488 山東省博物館：〈山東地區商周時期出土銅器墓葬器物一覽表〉，《山東金文集成》下，頁575、932，齊魯書社，濟南，2007。

489 同上，頁496、941。

490 中國社會科學院考古研究所：《殷周金文集成》修訂增補本第一冊，頁623-625、817，編號663-665，中華書局，北京，2007。

（續）

號碼	出土地點	出土時間	銘文字數	銘文隸定	銘文所在器物部位	斷代參考
1493	日照縣崮河崖村	1976	14	〃	銅鬲口沿	晚期
1494	日照縣崮河崖村	1976	14	〃	銅鬲口沿	〃
1495	莒縣西大莊	1996	11	齊侯作寶……子子孫孫永寶用	銅甗口沿上	晚期~春秋早[491]
1496	滕州前掌大 M11：80	1981—98	1	史	銅鼎腹內壁	早期[492]
1497	滕州前掌大 M11：85	1981—98	1	史	銅鼎腹內壁	〃
1498	滕州前掌大 M11：78	1981—98	1	史	銅甗甑口內壁	〃
1499	滕州前掌大 M11：95	1981—98	1	史	銅斝鋬上	〃
1500	滕州前掌大 M11：58	1981—98	1 1	史 史	銅觶蓋內 腹內壁 器蓋同銘	商末周初
1501	滕州前掌大 M11：111	1981—98	1 1	史 史	銅卣蓋內 器底內壁 器蓋同銘	早期
1502	滕州前掌大 M11：112	1981—98	1 1	史 史	銅卣蓋內 器底內壁 器蓋同銘	〃
1503	滕州前掌大 M11：99	1981—98	1	史	銅罍蓋內	商末周初

---

491 山東省博物館：〈山東地區商周時期出土銅器墓葬器物一覽表〉，《山東金文集成》上，頁259、941，齊魯書社，濟南，2007。
492 中國社會科學院考古研究所：《滕州前掌大墓地》上冊，頁495-509，文物出版社，北京，2005。

（續）

號碼	出土地點	出土時間	銘文字數	銘文隸定	銘文所在器物部位	斷代參考
1504	滕州前掌大 M11：76	1981—98	1	史	銅尊圈足內側	商末周初
1505	滕州前掌大 M11：101	1981—98	1	史	銅盉蓋內腹內壁器蓋同銘	早期
			1	史		
1506	滕州前掌大 M13：13	1981—98	4	鬳婦兄癸	銅尊底部	〃
1507	滕州前掌大 M18：43	1981—98	1	史	銅甗甑內壁	〃
1508	滕州前掌大 M18：46	1981—98	16	萊禽人方辥白夗首毛用作父乙隌彝史	銅盉蓋內腹內壁	〃
			?	（腹銘文鏽蝕不清）		
1509	滕州前掌大 M21：35	1981—98	1	戈	銅鼎腹內壁	〃
1510	滕州前掌大 M21：40	1981—98	2	父乙	銅卣蓋內	商末周初
1511	滕州前掌大 M38：48	1981—98	1	史	銅鼎腹內壁	早期
1512	滕州前掌大 M38：53	1981—98	1	史	銅鼎腹內壁	商末周初
1513	滕州前掌大 M38：54	1981—98	1	史	銅鬲器口內側	早期
1514	滕州前掌大 M38：51	1981—98	2	王□	銅鬲器口內側	〃
1515	滕州前掌大 M38：52	1981—98	1	未	銅罕鋬上	商末周初
1516	滕州前掌大 M38：60	1981—98	3	爕保鬳	銅觶蓋內器底	早期
			6	爕保羽鳥母丁		

（續）

號碼	出土地點	出土時間	銘文字數	銘文隸定	銘文所在器物部位	斷代參考
1517	滕州前掌大 M119：37	1981—98	3	冀父丁	銅卣蓋內器底內壁器蓋同銘	早期
			3	冀父丁		
1518	滕州前掌大 M120：7	1981—98	1	史	銅甗甑口內壁	〃
1519	滕州前掌大 M120：12	1981—98	1	娕	銅盉腹內壁	〃
1520	滕州前掌大 M121：3	1981—98	3	史父乙	銅尊底部	〃
1521	滕州莊裡西村	1978	7	吾作滕公寶障彝	銅鬲內壁	早期[493]
1522	滕州莊裡西村	1978	5	新鄆作餗段	銅簋內底	〃
1523	滕州莊裡西村	1978	5	新鄆作餗段	銅簋內底	〃
1524	滕州莊裡西村	1980	5	叔京作旅彝	銅簋？	早期[494]
1525	滕州莊裡西村	1980	3	作寶彝	銅卣蓋內器內	〃
			16	白涅言京言□□作厥文考父辛寶障彝		
1526	滕州莊裡西村	1981	5	妊作𣪘嬴彝	銅爵？	〃
1527	滕州莊裡西村	1981	5	妊作𣪘嬴彝	銅爵？	〃
1528	滕州莊裡西村	1982	6	滕侯作寶障彝	銅鼎蓋內內底器蓋同銘	早期[495]
			6	滕侯作寶障彝		
1529	滕州莊裡西村	1982	11	寰作寶障鼎其萬年用鄉各	銅鬲口沿內壁	〃

493 萬樹瀛、楊孝義：〈山東滕縣出土西周滕國銅器〉，《文物》1979：4，頁88。

494 中國社會科學院考古研究所：《殷周金文集成》修訂增補本第三、四、六冊，頁1862、2520、3364、3505、4810、5315，編號3486、5393、9027、9028，中華書局，北京，2007。

495 滕縣博物館：〈山東滕縣發現滕侯銅器墓〉，《考古》1984：4，頁337。

（續）

號碼	出土地點	出土時間	銘文字數	銘文隸定	銘文所在器物部位	斷代參考
1530	滕州莊裡西村	1982	8	滕侯作滕公寶隮彝	銅簋內底	早期
1531	滕州後荊溝村	1980	151	唯九月初吉戊申白氏曰不嬰馭方嚴允廣伐西艅王令我羞追于西余來歸獻禽余命女御追于畧女以我車宕伐嚴允于高陶女多折首執訊戎大同從追女女彶戎大臺女休弗以我車圅于艱女多禽折首執訊白氏曰不嬰女小子女肇誨于戎工賜女弓一矢束臣五家田十田用從乃事不嬰拜稽手休用作朕皇祖公白孟姬隮𣪘用匄多福眉壽無疆川屯霝冬子子孫孫其永寶用亯	銅簋內底	晚期[496]
1532	滕州辛緒村	？	1		銅鼎？	早期[497]
1533	靈台縣白草坡M1	1967	3	作尊	銅鼎腹內壁	早期[498]
1534	靈台縣白草坡M1	1967	1		銅甗甑內壁	〃
1535	靈台縣白草坡M1	1967	3	黿父丁	銅爵鋬內	〃
1536	靈台縣白草坡M1	1967	3	犾父癸	銅觶內底	〃
1537	靈台縣白草坡M1	1967	4	冊𣎆父丁	銅角鋬內	〃

496 萬樹瀛：〈滕縣後荊溝出土不嬰簋等青銅器群〉，《文物》1981：9，頁29。

497 中國社會科學院考古研究所：《殷周金文集成》修訂增補本第二冊，頁866、1553，編號1111，中華書局，北京，2007。

498 甘肅省博物館文物隊：〈甘肅靈台白草坡西周墓〉，《考古學報》1977：2，頁124。

（續）

號碼	出土地點	出土時間	銘文字數	銘文隸定	銘文所在器物部位	斷代參考
1538	靈台縣白草坡M1	1967	3	𢍉父辛	銅斝鋬內	早期
1539	靈台縣白草坡M1	1967	8	子夌作母辛隮彝冀	銅尊腹內底	〃
1540	靈台縣白草坡M1	1967	6	潶白作寶彝隮	銅尊腹內底	〃
1541	靈台縣白草坡M1	1967	6	徙遽廙作父己	銅盉蓋內	〃
1542	靈台縣白草坡M1	1967	3	廌父乙	銅卣蓋內	〃
1543	靈台縣白草坡M1	1967	6	潶白作寶隮彝	銅卣蓋內 腹內底	〃
			6	潶白作寶彝隮		
1544	靈台縣白草坡M1	1967	6	潶白作寶隮彝	銅卣蓋內 腹內底 器蓋同銘	〃
			6	〃		
1545	靈台縣白草坡M2	1972	6	陖白作寶隮彝	銅鼎腹內壁	〃
1546	靈台縣白草坡M2	1972	6	陖白作寶隮彝	銅鼎腹內壁	〃
1547	靈台縣白草坡M2	1972	6	陖白作寶隮彝	銅簋腹內壁	〃
1548	靈台縣白草坡M2	1972	6	陖白作寶隮彝	銅簋腹內壁	〃
1549	靈台縣白草坡M2	1972	2	白作	銅爵鋬內	〃
1550	靈台縣白草坡M2	1972	3	白作彝	銅觶內底	〃

（續）

號碼	出土地點	出土時間	銘文字數	銘文隸定	銘文所在器物部位	斷代參考
1551	靈台縣白草坡M2	1972	6	㝬白作寶隫彝	銅尊腹內底	早期
1552	靈台縣白草坡M2	1972	3	㝬白作	銅盉鋬內蓋內	〃
			6	㝬白作寶尊彝		
1553	靈台縣白草坡M2	1972	6	㝬白作寶隫彝	銅卣蓋內腹內底器蓋同銘	〃
			6	〃		
1554	靈台縣白草坡M2	1972	6	〃	銅卣蓋內腹內底器蓋同銘	〃
			6			
1555	靈台縣崖灣村	1983	5	并白作寶彝	銅甗腹內壁	早期[499]
1556	靈台縣新集鄉	？	5	□□祖癸乙	銅盉？	早期[500]
1557	靈台縣鄭家洼	1976	5	光作父戊𤿵	銅鼎腹內壁	早期[501]
1558	靈台縣姚家河	1972	3	𥝣叔作	銅鼎腹內壁	早期[502]
1559	靈台縣古城村洞山	1972	2	畀壬	銅鼎腹內壁	〃
1560	靈台縣西嶺村	1972	4	呂姜作殷	銅簋內底	中期[503]
1561	崇信縣于家灣	1982	1	冀	銅戈內	早期[504]
1562	崇信縣于家灣	1986	1	𤔲	鑾鈴頸部	〃
1563	寧縣宇村	1981	19	中生父作井孟姬寶鬲其萬年子子孫孫永寶用	銅鬲頸部內壁	晚期[505]

499 史可暉：〈甘肅靈台縣又發現一座西周墓葬〉，《考古與文物》1987：5，頁100-101。

500 甘肅省文物局：《甘肅文物菁華》，頁89-90，文物出版社，北京，2006。

501 劉得禎：〈甘肅靈台兩座西周墓〉，《考古》1981：6，頁558。

502 甘肅省博物館文物隊、靈台縣文化館：〈甘肅靈台縣兩周墓葬〉，《考古》1976：1，頁39-43。

503 甘肅省博物館文物隊、靈台縣文化館：〈甘肅靈台縣兩周墓葬〉，《考古》1976：1，頁39-43。

504 甘肅省文物考古研究所：《崇信于家灣周墓》，頁141，文物出版社，北京，2009。

505 許俊臣、劉得禎：〈甘肅寧縣宇村出土西周青銅器〉，《考古》1985：4，頁351。

（續）

號碼	出土地點	出土時間	銘文字數	銘文隸定	銘文所在器物部位	斷代參考
1564	寧縣宇村	1981	6	盩白作中姞障	銅盨內底	晚期
1565	慶陽市	？	1	戈	銅簋內底	早期[506]
1566	棗陽王城村	1977	24	孟姬沽自作饊殷其用追考于其辟君武公孟姬其子孫永寶	銅簋內底	晚期[507]
1567	棗陽王城村	1977	24	〃	銅簋內底	〃
1568	棗陽王城村	1977	21	陽飤生自作障殷用賜眉壽萬年子子孫孫永寶用亯	簋蓋蓋內	〃
1569	棗陽王城村	1977	21	〃	簋蓋蓋內	〃
1570	棗陽王城村	1977	13	陽飤生自作寶匜用賜眉壽用亯	銅匜內底	〃
1571	棗陽東趙湖村郭家廟GM21	2002—03	9	曾白陭鑄戚戉用為民	銅鉞刃部兩面	晚期[508]
			9	翩非歷叞井用為民政		
1572	宜城朱市鄉磚瓦廠	1987	31	隹正月初吉壬申蔡大善夫趫作其饊簠其萬年眉壽無疆子子孫孫永寶用之	銅簠蓋內內底器蓋同銘	晚期[509]
			31	〃		
1573	隨州羊子山	1975	3	魚父乙	銅爵鋬內	商末周初[510]
1574	隨州羊子山	1975	8	噩侯弟曆季作旅彝	銅尊內底	早期[511]

506 王長啟：〈西安市文物中心收藏的商周青銅器〉，《考古與文物》1990：6，頁29。

507 中國社會科學院考古研究所：《殷周金文集成》修訂增補本第三、七冊，頁2246-2247、2566、2165、2559、5506、6174，編號4071-4072、3984-3985、10227，中華書局，北京，2007。

508 襄樊市考古隊、湖北省文物考古研究所、湖北孝襄高速公路考古隊：《棗陽郭家廟曾國墓地》，頁19、27，科學出版社，北京，2005。

509 劉雨、盧岩：《近出殷周金文集錄》第二冊，編號529，頁435，中華書局，北京，2002。

510 中國社會科學院考古研究所：《殷周金文集成》修訂增補本第六冊，頁4597、5274，編號8403，中華書局，北京，2007。

511 隨州市博物館：〈湖北隨縣發現商周青銅器〉，《考古》1984：6，頁513。

（續）

號碼	出土地點	出土時間	銘文字數	銘文隸定	銘文所在器物部位	斷代參考
1575	隨州羊子山	1980	3	戈父辛	銅爵鋬內	早期[512]
1576	隨州羊子山	1980	3	子父癸	銅觶圈足內壁	商末周初
1577	隨州熊家老灣	1970	25	唯曾白文自作寶殷用賜眉壽黃耆其萬年子子孫孫永寶用言	銅簋蓋內腹內器蓋同銘	晚期[513]
			25	〃		
1578	隨州熊家老灣	1970	25 25	〃	銅簋蓋內腹內器蓋同銘	〃
1579	隨州熊家老灣	1970	25 25	〃	銅簋蓋內腹內器蓋同銘	〃
1580	隨州熊家老灣	1970	25 25	〃	銅簋蓋內腹內器蓋同銘	〃
1581	隨州熊家老灣	1972	54	唯五月既生霸庚申曾中大父螽迺用吉攸敢乃羅金用自作寶殷螽其用追孝于其皇考用賜眉壽黃耆需冬其萬年子子孫孫永寶用言	銅簋蓋內腹內器蓋同銘	晚期[514]
			54	〃		
1582	隨州熊家老灣	1972	54 54	〃	銅簋蓋內腹內器蓋同銘	〃

512 中國社會科學院考古研究所：《殷周金文集成》修訂增補本第六、五冊，頁4682、5291、3795、4445，編號8656、6323，中華書局，北京，2007。
513 同上，第三冊，頁2224-2226、2564，編號4051-4053。
514 同上，第三冊，頁2400-2402、2577，編號4203-4204。

（續）

號碼	出土地點	出土時間	銘文字數	銘文隸定	銘文所在器物部位	斷代參考
1583	荊門京山縣蘇家壟	1966	9	隹黃肀柁用吉金作鬲	銅鬲口沿上	晚期[515]
1584	荊門京山縣蘇家壟	1966	9	〃	銅鬲口沿上	〃
1585	荊門京山縣蘇家壟	1966	38	隹正二月既死霸壬戌鼀乎作寶段用聽夙夜用言孝皇祖文考用匃眉壽永令乎其萬人永用☖	銅簋器底蓋內器蓋同銘	〃
			38	〃		
1586	荊門京山縣蘇家壟	1966	38　38	〃	銅簋器底蓋內器蓋同銘	〃
1587	荊門京山縣河晏店、團山村	1975	1	尊	銅爵？	早期[516]
1588	荊門京山欅梨樹崗	1973	7	曾太師 ▨ 作鼎	銅鼎腹內壁	晚期[517]
1589	荊門京山欅梨樹崗	1973	10	曾子單用吉金自作寶鬲	銅鬲口沿上	〃
1590	武漢黃陂魯台山M28	1977—78	3	父乙 ◆	銅觶圈足壁內	早期[518]
1591	武漢黃陂魯台山M30	1977—78	5	□作寶障彝	銅鼎腹內底	〃

515 中國社會科學院考古研究所：《殷周金文集成》修訂增補本第一、三冊，頁593、813、2338-2341、2573，編號609-610、4157-4158，中華書局，北京，2007。

516 楊權喜：〈江漢地區發現的商周青銅器——兼述楚文化與中原文化的關係〉，《中國考古學會第三次年會論文集》，頁208，文物出版社，北京，1984。

517 湖北省文物考古研究所：《曾國青銅器》，頁4，文物出版社，北京，2007。

518 黃陂縣文化館、孝感地區博物館、湖北省博物館：〈湖北黃陂魯台山兩周遺址與墓葬〉，《江漢考古》1982：2，頁57。

（續）

號碼	出土地點	出土時間	銘文字數	銘文隸定	銘文所在器物部位	斷代參考
1592	武漢黃陂魯台山M30	1977—78	8	公大史作姬奪隝彝	銅鼎腹內壁	早期
1593	武漢黃陂魯台山M30	1977—78	9	公大史作姬奪寶隝彝	銅鼎腹內壁	〃
1594	武漢黃陂魯台山M30	1977—78	9	公大史作姬奪寶隝彝	銅鼎腹內壁	〃
1595	武漢黃陂魯台山M30	1977—78	9	長子狗作文父乙隝彝	銅鼎腹內壁	〃
1596	武漢黃陂魯台山M30	1977—78	9	公大史作母庚寶隝彝	銅簋腹底	〃
1597	武漢黃陂魯台山M30	1977—78	7	□□作父乙隝□	與殘圈足相接腹底	〃
1598	武漢黃陂魯台山	1977—78	2	父丁	銅爵鋬內	〃
1599	武漢市	1974	24	唯四月乙卯公賜臣衛宋嗣貝三朋在新京用作父辛寶隝彝	銅尊內底	早期[519]
1600	延長縣岔口村	1988	2	旅鬲	銅鬲口沿上	晚期[520]
1601	延長縣岔口村	1988	12	叔各父作隝殷其萬年永寶用	銅簋內底	〃
1602	延長縣岔口村	1988	12	叔各父作隝殷其萬年永寶用	銅簋內底	〃
1603	延長縣岔口村	1988	3	父丁盉	銅盉鋬內	早期
1604	延長縣岔口村	1988	17	蘇萺作壺萺其萬年子子孫孫永寶用亯幸	銅壺蓋內	中期

---

519 徐鑑梅：〈西周衛尊〉，《江漢考古》1985：1，頁103。

520 劉雨、盧岩：《近出殷周金文集錄》第一、二、三冊，編號119、456、935、967，頁296、335、408、445，中華書局，北京，2002。

（續）

號碼	出土地點	出土時間	銘文字數	銘文隸定	銘文所在器物部位	斷代參考
1605	寧城縣小黑石溝	1985	15	許季姜作障餿其萬年子子孫永寶用	銅餿底部	晚期[521]
1606	寧城縣小黑石溝	1985	4	亞稧父丁	銅尊腹內底	早期
1607	寧城縣小黑石溝	1996	94	唯二月初吉丁亥王在康宮各于大室益公內右師道即位中廷王乎尹冊命師道賜女秦朱黃玄衣黹純戈瑪戚歔柲彤屍旂五日彎道拜稽首對揚天子不顯休命用作朕文考寶障餿余其邁年寶用亯于朕文考辛公用匄得屯盂恆命靈冬	銅餿內底	中期[522]
1608	扎魯特旗巴雅爾吐胡碩鎮	1975	17	邢姜大宰它鑄其寶餿子子孫孫永寶用亯	銅餿內底	晚期[523]
1609	興隆縣小河南村	1984	3	氷祖乙	器蓋內	早期[524]
1610	薊縣邦均鎮	1985	4	十作氏鼎	銅鼎腹內	中期[525]
1611	薊縣邦均鎮	1985	3	戈父丁	銅餿內底	〃
1612	遷安市小山東莊	1983	3	作障彝	銅鼎蓋內	早期[526]

521 劉雨、盧岩：《近出殷周金文集錄》第二、三冊，編號462、622，頁341、85，中華書局，北京，2002。

522 上海博物館：《草原瑰寶——內蒙古文物考古精品》，頁115，上海書畫出版社，上海，2000。

523 中國社會科學院考古研究所：《殷周金文集成》修訂增補本第三冊，頁2093、2551，編號3896，中華書局，北京，2007。

524 劉雨、盧岩：《近出殷周金文集錄》第四冊，編號1058，頁81，中華書局，北京，2002。

525 引自 http://www.tjwh.gov.cn/whysz/03dsjl/dsjl.html 天津市地方志編修委員會辦公室、天津市文化局編著「天津文化信息網——文化藝術志」。

526 劉雨、盧岩：《近出殷周金文集錄》第二冊，編號258、425，頁99、100、301，中華書局，北京，2002。

（續）

號碼	出土地點	出土時間	銘文字數	銘文隸定	銘文所在器物部位	斷代參考
1613	遷安市小山東莊	1983	6	矩爵作寶隣彝	銅簋內底	早期
1614	喀左縣海島營子村	1955	3	魚父癸	銅簋內底	早期[527]
1615	喀左縣海島營子村	1955	1	大	銅簋內底	〃
1616	喀左縣海島營子村	1955	7	聑義作父庚尊彝	銅卣內底	〃
1617	喀左縣海島營子村	1955	7	史成作父壬隣彝	銅卣蓋內器內器蓋同銘	〃
			7	〃		
1618	喀左縣海島營子村	1955	5	匽侯作餷盂	銅盂內底	〃
1619	喀左縣北洞村	1973	4	作寶隣彝	銅簋內底	早期[528]
1620	喀左縣山灣子村	1974	4	叔尹作旅	銅鼎內底	早期[529]
1621	喀左縣山灣子村	1974	6	何嫊妟作寶彝	銅甗甑內壁	〃
1622	喀左縣山灣子村	1974	6	白矩作寶隣彝	銅甗甑內壁	〃
1623	喀左縣山灣子村	1974	3	凢父甲	銅簋內底	〃
1624	喀左縣山灣子村	1974	3	虜父戊	銅簋內底	〃

527 朱鳳瀚：《古代中國青銅器》，頁794，南開大學出版社，天津，1995。

528 喀左縣文化館、朝陽地區博物館、遼寧省博物館北洞文物發掘小組：〈遼寧喀左縣北洞村出土的殷周青銅器〉，《考古》1974：6，頁369。

529 喀左縣文化館、朝陽地區博物館、遼寧省博物館：〈遼寧省喀左縣山灣子出土殷周青銅器〉，《文物》1977：12，頁24-26。

（續）

號碼	出土地點	出土時間	銘文字數	銘文隸定	銘文所在器物部位	斷代參考
1625	喀左縣山灣子村	1974	1	尹	銅簋內底	早期
1626	喀左縣山灣子村	1974	4	作寶障彝	銅簋內底	〃
1627	喀左縣山灣子村	1974	8	佣丏作義妣寶障彝	銅簋內底	〃
1628	喀左縣山灣子村	1974	6	亶白作寶障彝	銅簋內底	〃
1629	喀左縣山灣子村	1974	3	父丁□	銅簋內底	〃
1630	喀左縣山灣子村	1974	4	亞█父乙	銅簋內底	〃
1631	喀左縣山灣子村	1974	3	亞□□	銅簋內底	〃
1632	喀左縣山灣子村	1974	4	串隻父丁	銅卣蓋內器內底	殷；商末周初 530
			3	舟父甲		
1633	喀左縣山灣子村	1974	1	史	銅罍頸內壁	早期
1634	喀左縣小波汰溝	1978	14	王奉于成周王賜圉貝用作寶障彝	銅簋？	早期[531]
1635	喀左縣小波汰溝	1978	5	朋五爯父庚	銅罍？	商末周初 532

530 中國社會科學院考古研究所：《殷周金文集成》修訂增補本第四冊，頁3205、3479、3139、
　　3468，編號5069、4907，中華書局，北京，2007。

531 同上，第三冊，頁2038、2545 -2546，編號3824。

532 同上，第六冊，頁5168、5373，編號9808。

（續）

號碼	出土地點	出土時間	銘文字數	銘文隸定	銘文所在器物部位	斷代參考
1636	禮縣趙坪大堡子山	1994	6	秦公作寶用鼎	銅鼎？	晚期[533]
1637	禮縣趙坪大堡子山	1994	6	秦公作寶用鼎	銅鼎？	〃
1638	禮縣趙坪大堡子山	1994	6	秦公作寶用鼎	銅鼎？	〃
1639	禮縣趙坪大堡子山	1994	6	秦公作寶用鼎	銅鼎？	〃
1640	禮縣趙坪大堡子山	1994	6	秦公作寶用鼎	銅鼎？	〃
1641	禮縣趙坪大堡子山	1994	5	秦公作寶段	銅簋？	〃
1642	禮縣趙坪大堡子山	1994	5	秦公作寶段	銅簋？	〃
1643	彭州市濛陽鎮	1959	3	覃父癸	銅觶內底	商末周初[534]
1644	彭州市濛陽鎮	1959	4	牧正父己	銅觶內底	早期
1645	洋縣張鋪	1976	6	作予叔嬴媵鬲	銅鬲？	晚期[535]
1646	勉縣老道寺村	1976	18	師朕父作虢姬寶鼎其萬年子子孫孫永寶用	銅鼎腹內壁	中期[536]
1647	安康市金星村	1986	93	隹十又二月王命師俗史密曰東征敆南夷盧虎會杞夷舟夷觀不阼廣伐東國齊師	銅簋內底	中期[537]

533 李峰：〈禮縣出土秦國早期銅器及祭祀遺址論綱〉，《文物》2011：5，頁56-58。

534 中國社會科學院考古研究所：《殷周金文集成》修訂增補本第五冊，頁3801、4447、3821、4451，編號6342、6406，中華書局，北京，2007。

535 同上，第一冊，頁572、809，編號563。

536 同上，第二冊，頁1289、1654，編號2558。

537 劉雨、盧岩：《近出殷周金文集錄》第二冊，編號489，頁375-376，中華書局，北京，2002。

（續）

號碼	出土地點	出土時間	銘文字數	銘文隸定	銘文所在器物部位	斷代參考
				族徒遂人乃執鄙寬亞師俗率齊師遂人左□伐長必史密右率族人釐白棘眉周伐長必獲百人對揚天子休用作朕文考乙白障毀子子孫孫其永寶用		
1648	江陵縣萬城村	1961	3	北子冈	銅鼎口沿內	中期[538]
1649	江陵縣萬城村	1961	4	亞北子冈	銅甋瓺口沿內	早期
1650	江陵縣萬城村	1961	22	翏作北子柞毀用遺厥祖父日乙其萬年子子孫孫永寶	銅簋內底	〃
1651	江陵縣萬城村	1961	20	翏作北柞毀用遺厥祖父日乙其萬年子子孫孫寶	銅簋內底	〃
1652	江陵縣萬城村	1961	7	小臣作父乙寶彝	銅卣蓋內腹底器蓋同銘	〃
			7	〃		
1653	江陵縣萬城村	1961	7	小臣作父乙寶彝	銅尊腹底	中期
1654	江陵縣萬城村	1961	7	小臣作父乙寶彝	銅觶蓋內腹內器蓋同銘	早期
			7	〃		
1655	黃岡浠水縣	1975	17	白碩矦作釐姬饙盤其邁年子子孫孫永用	銅盤內底	晚期[539]
1656	黃岡浠水縣	1975	56	隹八月既生霸庚申辛□□冐●●□●戀白方□邑印壽山	銅盤內底	〃

---

538 中國社會科學院考古研究所：《殷周金文集成》修訂增補本第二、一、三、四、五冊，頁1003、1593、719、830、2172、2559、3297、3494、3632、4413、3842、4456，編號1719、847、3993-3994、5268、5870、6468，中華書局，北京，2007。

539 同上，第七冊，頁5427、6164、5471、6169，編號10112、10167。

（續）

號碼	出土地點	出土時間	銘文字數	銘文隸定	銘文所在器物部位	斷代參考
				三國□內吳□□□亟西鼎立□邑百□攸金自作朕盤其萬年眉壽黃耇子子孫孫寶用于新邑		
1657	黃岡蘄春縣毛家嘴	1957	1	酉	銅爵鋬內	早期[540]
1658	黃岡蘄春縣新屋壪	1996	8	盂鸞文帝母日辛障	銅鼎腹內壁	早期[541]
1659	黃岡蘄春縣新屋壪	1996	8	盂鸞文帝母日辛障	銅鼎腹內壁	〃
1660	黃岡蘄春縣新屋壪	1996	1	酉	銅鼎腹內壁	〃
1661	黃岡蘄春縣新屋壪	1996	1	寵	銅鼎腹內壁	〃
1662	黃岡蘄春縣新屋壪	1996	1	寵	銅鼎腹內壁	〃
1663	黃岡蘄春縣新屋壪	1996	1	王	銅斗內底	〃
1664	寧鄉縣黃材鎮	1989	3	冈父乙	銅罍口沿內壁	早期[542]
1665	湘潭縣高屯村	1981	4	幸旅父甲	銅尊內底	早期[543]

540 中國社會科學院考古研究所：《殷周金文集成》修訂增補本第五冊，頁4167、4524，編號7592，中華書局，北京，2007。

541 湖北黃岡市博物館、湖北蘄春縣博物館：〈湖北蘄春達城新屋壪西周銅器窖藏〉，《文物》1997：12，頁33。吳曉松、洪剛：〈湖北蘄春達城新屋壪窖藏青銅器及相關問題的研究〉，《文物》1997：12，頁53。

542 陳峻：〈寧鄉黃材出土周初青銅罍〉，《湖南博物館文集》，頁141，岳麓書社，長沙，1991。

543 中國社會科學院考古研究所：《殷周金文集成》修訂增補本第五、六冊，頁3590、4402、3720、4429、3724、4430、4572、5270、4603、5276，編號5720、6065、6081、8325、8426，中華書局，北京，2007。

（續）

號碼	出土地點	出土時間	銘文字數	銘文隸定	銘文所在器物部位	斷代參考
1666	湘潭縣高屯村	1981	1	戈	銅觶圈足內壁	早期
1667	湘潭縣高屯村	1981	1	冈	銅觶圈足內壁	〃
1668	湘潭縣高屯村	1981	3	祖丁	銅爵兩柱	〃
1669	湘潭縣高屯村	1981	1	冈	銅爵柱上鋬內	〃
			2	父乙		
1670	湘潭縣高屯村	1981	1	兄	銅爵鋬內	〃
1671	株洲縣鐵西村	1976	4	作寶障彝	銅簋內壁	早期[544]
1672	衡陽市郊杏花村	1985	4	戈作寶彝	銅卣內底	早期[545]
1673	新寧縣飛仙橋村	1990	1	鼎	銅鼎？	商末周初[546]
1674	餘干縣黃金埠鎮	1958	6	應監作寶障彝	銅瓾甗口沿內壁	早期[547]
1675	廣豐縣八都村	1987	6	公作宗寶障彝	銅卣內底	早期[548]
1676	屯溪市弈棋村M1	1959	4	子翌父乙	銅尊內底	早期[549]

---

544 饒澤民：〈湖南株洲發現二件商周青銅器〉，《考古》1993：10，頁52。

545 熊傳新：〈湖南商周青銅器的發現與研究〉，《湖南出土殷商西周青銅器》，頁414，岳麓書社，長沙，2007。

546 邵陽市文物管理處、新寧縣文管所：〈湖南省新寧縣發現商至周初青銅器〉，《文物》1997：10，頁86。

547 中國社會科學院考古研究所：《殷周金文集成》修訂增補本第一冊，頁728、833，編號883，中華書局，北京，2007。

548 羅小安：〈廣豐發現西周青銅提梁卣〉，《江西文物》1989：1，頁66。

549 中國社會科學院考古研究所：《殷周金文集成》修訂增補本第五冊，頁3591、4402，編號5725，中華書局，北京，2007。

（續）

號碼	出土地點	出土時間	銘文字數	銘文隸定	銘文所在器物部位	斷代參考
1677	屯溪市弈棋村M3	1965	10	公作寶𣪘彝其孫子永用	銅卣蓋內器底器蓋同銘	中期
			10	〃		
1678	儀徵市新城破山口	1949後	5	子作父寶𣪘	銅鼎殘片	西周
1679	丹徒市大港煙墩山	1954	126	隹四月辰在丁未王省武王成王伐商圖𧿼省東國圖王立于宜入土南鄉王令虞侯矢曰䢃侯于宜賜𤔲鬯一卣商瓚一□彤弓一彤矢百旅弓十旅矢千賜土厥川三百□厥□百又廿厥宅邑卅又五厥□百又卌賜在宜王人十又七生賜奠七伯厥盧□又五十夫賜宜庶人六百又□六夫宜侯矢揚王休作虞公父丁𣪘彝	銅𣪘內底	早期[550]
1680	丹徒市大港母子墩	1982	5	白作寶𣪘彝	銅𣪘內底	早期[551]
1681	武鳴縣全蘇村	1974	1	天	銅卣蓋內	商末周初[552]

550 中國社會科學院考古研究所：《殷周金文集成》修訂增補本第四冊，頁2695、3421，編號4320，中華書局，北京，2007。

551 同上，第三冊，頁1865、2521，編號3494。

552 梁景津：〈廣西出土的青銅器〉，《文物》1978：10，頁93。

附圖

NO：1

NO：2

NO：3

NO：4

NO：5

NO：6

NO：7

NO：8

NO：9

NO：10

NO：11

NO：12

NO：13

NO：14

NO：15

NO：16

NO：17

NO：18

NO：19

NO：20

NO：21

NO：22

NO：23

NO：24

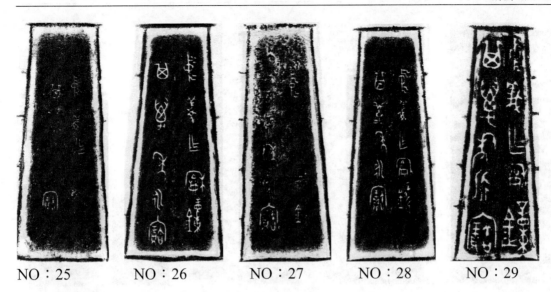

NO：25　　NO：26　　NO：27　　NO：28　　NO：29

NO：30　　NO：31　　　　NO：32

NO：33　　NO：34　　NO：35　　NO：36

NO：37　　　　NO：38　　　　　　　　　　NO：39　　NO：40

NO：41　　　　NO：42　　　NO：43　　　NO：44　　NO：45　　NO：46

NO：47　　NO：48　　　　　　NO：50　　　　　NO：51

NO：52

NO：53

NO：54

NO：55

NO：56

NO：57

NO：58

NO：59

NO：60

NO：61

NO：62

NO：63

NO：67

NO：68

NO：69

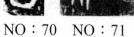

NO：70　　NO：71　　　NO：72　　　　　　NO：73　　　　　　NO：74

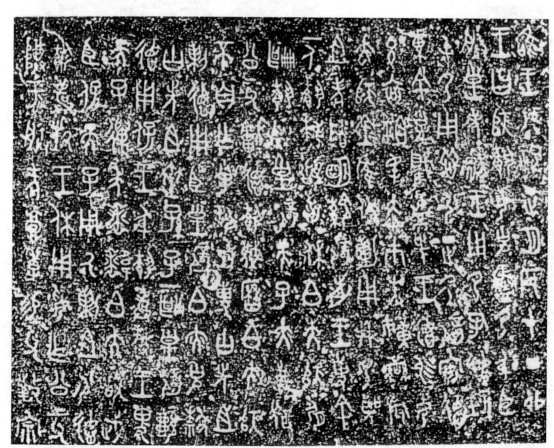

NO：75

NO：76

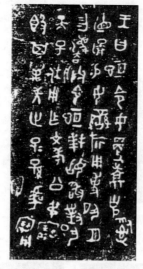

NO：77

NO：78

NO：79

NO：80

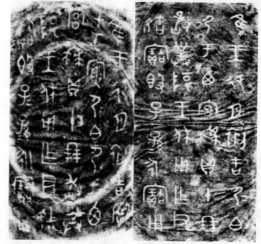

NO：81

NO：82

NO：83-1

NO：83-2　　　　NO：84　　　　NO：85　　　　NO：86　　　　NO：87

NO：88　　　　　NO：89　　　　　NO：90　　　　　NO：91

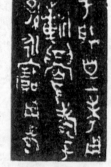

NO：92　　　　　　　NO：93　　　　　NO：94　　　　　NO：95

NO：96　　　　NO：97　　　NO：98　　　　　NO：99　　　　NO：100

NO：101

NO：102

NO：103

NO：104

NO：105

NO：106

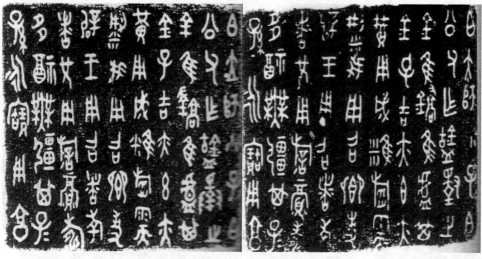

NO：107

NO：108

NO：109

NO：110

NO：111

NO：112

NO：113

NO：114

NO：115-1

NO：115-2

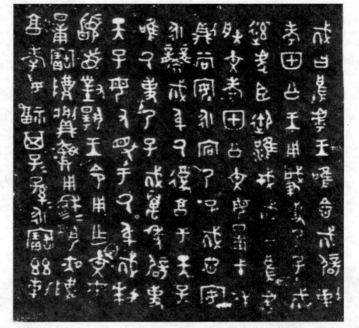

NO：116

NO：117

NO：118

NO：119

NO：120　NO：121　NO：122 NO：123　NO：124　　　　　　NO：125

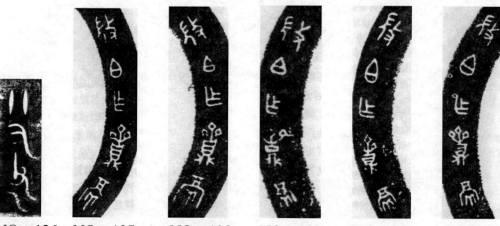

NO：126　NO：127　　　NO：128　　　NO：129　　　NO：130　　　NO：131

NO：132

NO：133

NO：134

NO：135

NO：136

NO：137

NO：138

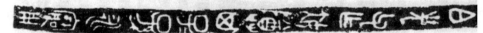

NO：139

NO：140

NO：141

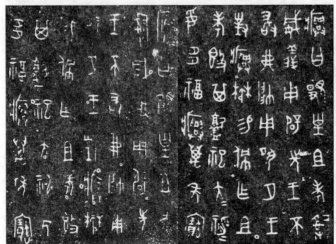

NO：142

NO：143-1

NO：143-2

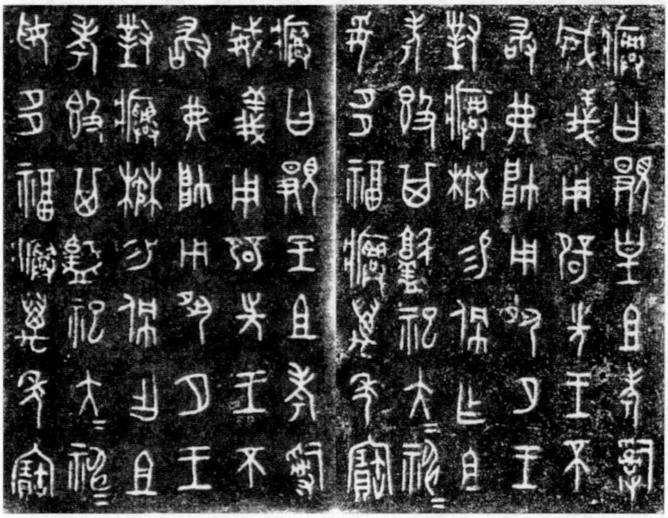

NO：144

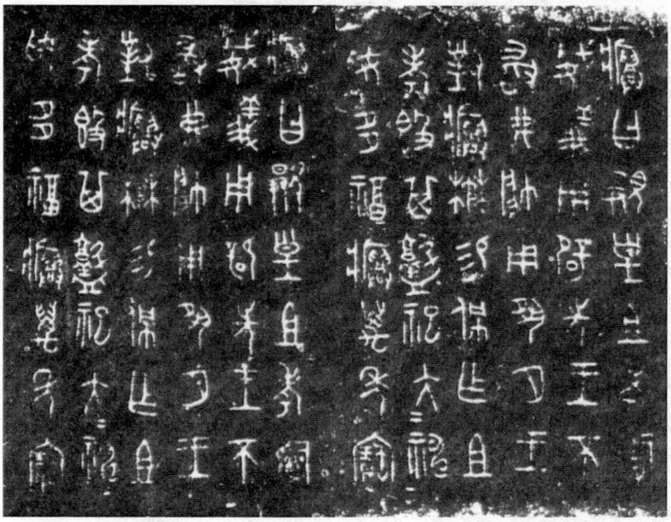

NO：145

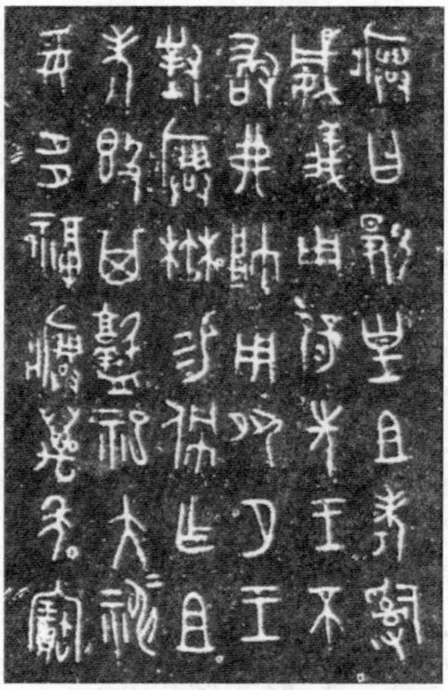

NO：146-1

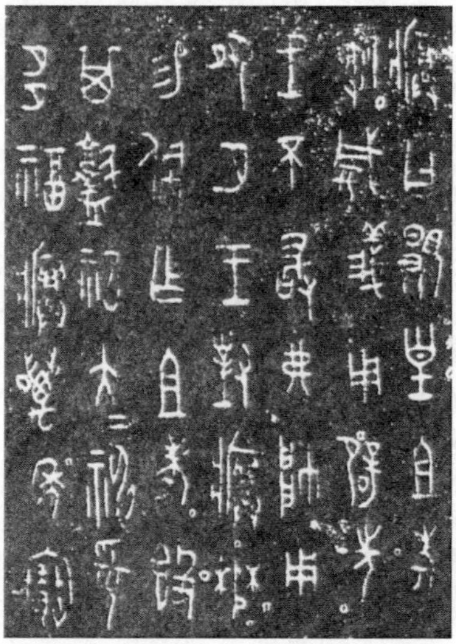

NO：146-2

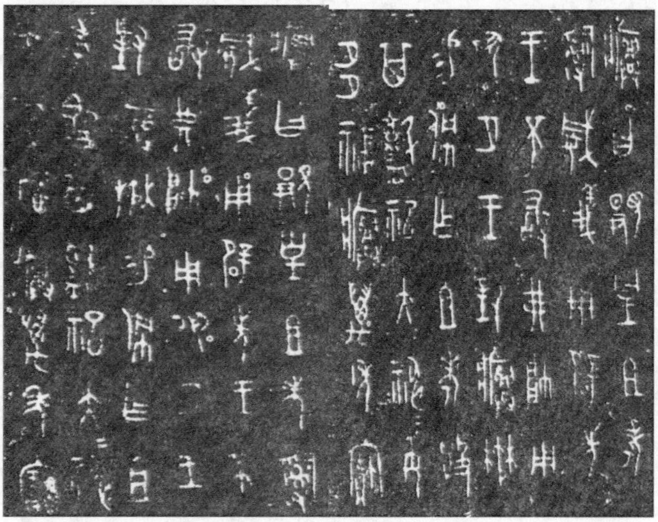

NO：147

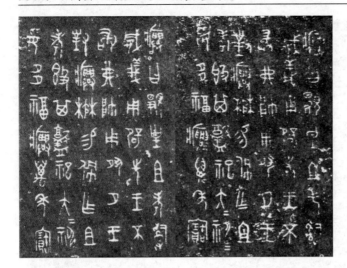

NO：148

NO：149-1

NO：149-2

NO：150

NO：151

NO：152

NO：153

NO：154

NO：155-1

NO：155-2

NO：156

NO：157

NO：158

NO：159

NO：160

NO：161

NO：162

NO：163

NO：164

NO：165

NO：166

NO：167

NO：168

NO：169

NO：170

NO：171

NO：172

NO：173-1

NO：173-2

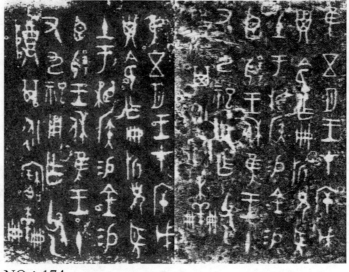

NO：174

NO：175　　　　NO：176

NO：177-1

NO：177-2

NO：178-1

NO：178-2

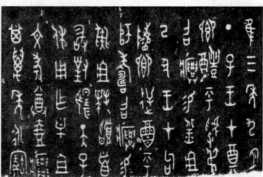

NO：179

NO：180

NO：181　NO：182

NO：183

NO：184

NO：185

NO：186

NO：187

NO：188

NO：189　　　　　NO：190

NO：191　　　NO：192　　　NO：193　　　NO：194　　　NO：195

NO：196　　　NO：197　　　NO：198　　　NO：199　　　NO：200

NO：201　　　NO：202

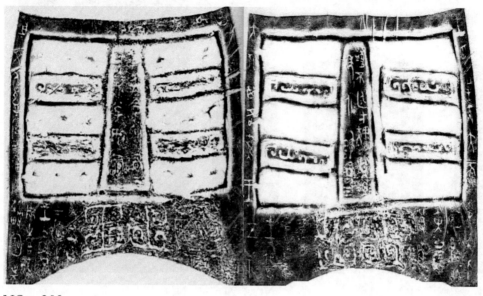

NO：203

NO：204

NO：205

NO：206

NO：207

NO：208

NO：209

NO：210

NO：211

NO：212

NO：213

NO：214

NO：215

NO：216

NO：217

NO：218

NO：219

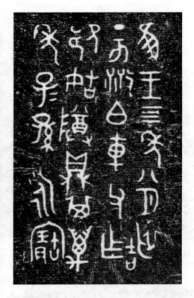

NO：220

NO：221

NO：222

NO：223

NO：224

NO：225

NO：226

NO：227

NO：228

NO：229

NO：230

NO：231

NO：232

NO：233

NO：234

NO：235

NO：236

NO：237

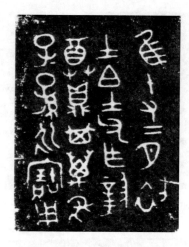

NO：238

NO：239

NO：240

NO：241

NO：242

NO：243

NO：244

NO：245

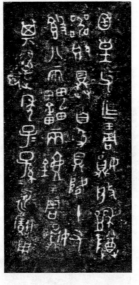

NO：246

NO：247

NO：248

NO：249

NO：250

NO：251

NO：252

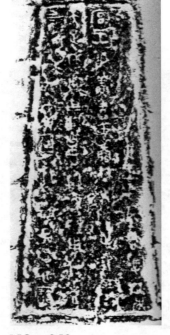

NO：253

NO：254

NO：255

NO：258

NO：259

NO：260

NO：261

NO：262

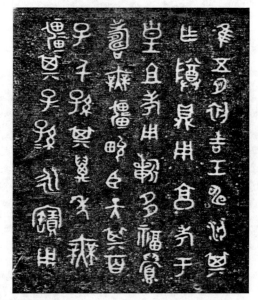

NO：263

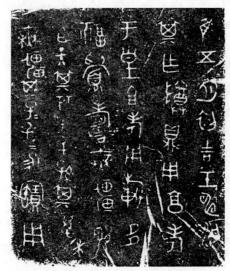

NO：264

NO：265

NO：266

NO：267

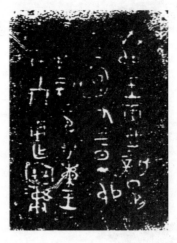

NO：268

NO：269

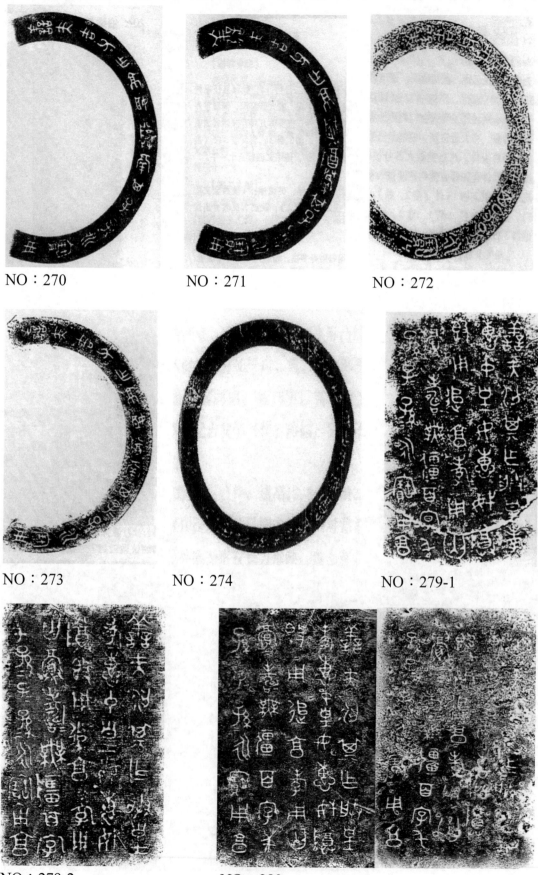

NO：270

NO：271

NO：272

NO：273

NO：274

NO：279-1

NO：279-2

NO：280

NO：281

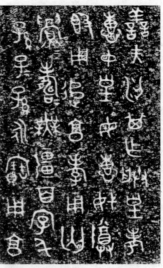

NO：282-1

NO：282-2

NO：283

NO：284-1

NO：284-2

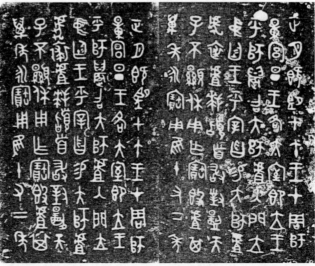

NO：285

NO：286

NO：287

NO：288

NO：289

NO：290

NO：291

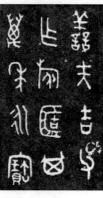

NO：293

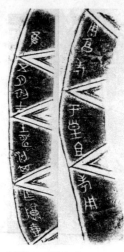

NO：294-1

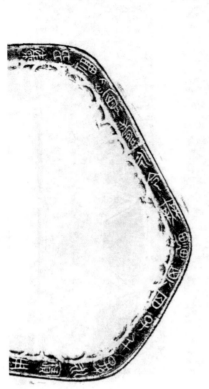

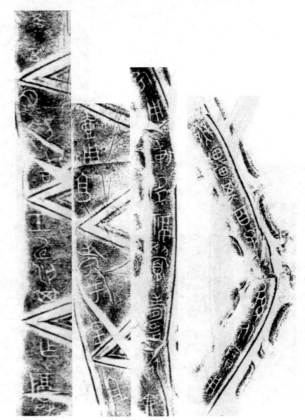

NO：294-2

NO：295-1

NO：295-2

NO：296

NO：297-1

NO：297-2

NO：298

NO：299

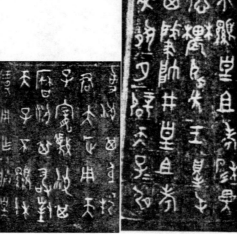

NO：300   NO：301   NO：302-1

NO：302-2   NO：303   NO：304-1

NO：304-2　　　NO：305　　　　　　NO：306

NO：307　NO：308　　　　　　NO：309　　　　　NO：310　NO：311

NO：312

NO：313

NO：314

NO：315

NO：316

NO：317

NO：319

NO：320

NO：321

NO：322

NO：323

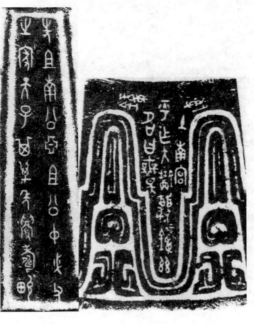

NO：324

NO：325

NO：326　　　NO：327　　　NO：328

NO：329

NO：330

NO：333

NO：334

NO：335

NO：336

NO：337

NO：338

NO：339

NO：340

NO：341

NO：342

NO：343

NO：344

NO：345　NO：346　　　　NO：347　　NO：348　　　　NO：349　NO：350

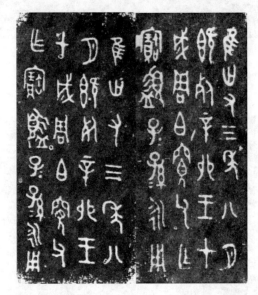

NO：351　　　　NO：352　　　　　　　NO：353-1

NO：353-2　　　　NO：354　　NO：355　　　NO：356　　　　NO：357

NO：358

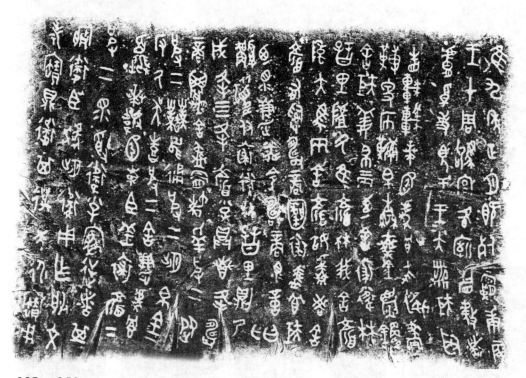

NO：359

NO：360

NO：361

NO：362

NO：363

NO：364

NO：365

NO：366　　　　　NO：367　　　　NO：368　　NO：369

NO：370　　　　　　　　　　　　NO：371

NO：372

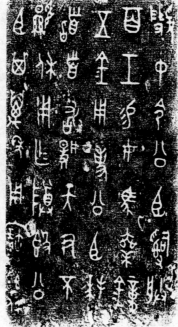

NO：373

NO：374

NO：375

NO：376-1

NO：376-2

NO：377-1

NO：377-2

NO：378

NO：379

NO：380

NO：381

NO：382

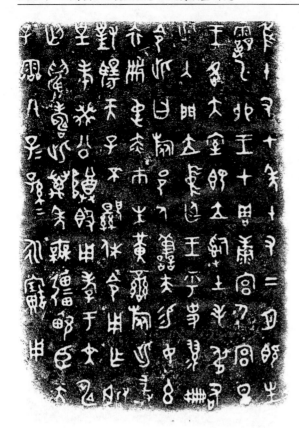

NO：383

NO：384

NO：385-1

NO：385-2　　　　NO：386

NO：387

NO：388

NO：389

NO：390

NO：391

NO：394

NO：395

NO：396

NO：397

NO：398

NO：399

NO：401

NO：402

NO：403　　NO：404　　NO：405　　NO：406　　　　　　NO：407

NO：408　　　　　　NO：409-1

NO：409-2

NO：410-1

NO：410-2

NO：411

NO：412

NO：413

NO：414

NO：415

NO：416

NO：417

NO：418

NO：419

NO：420

NO：421-1

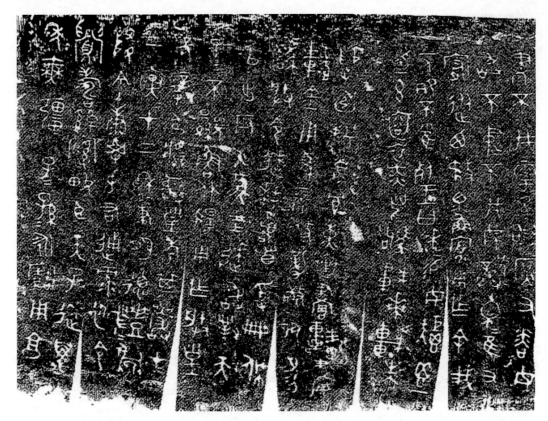

NO：421-2

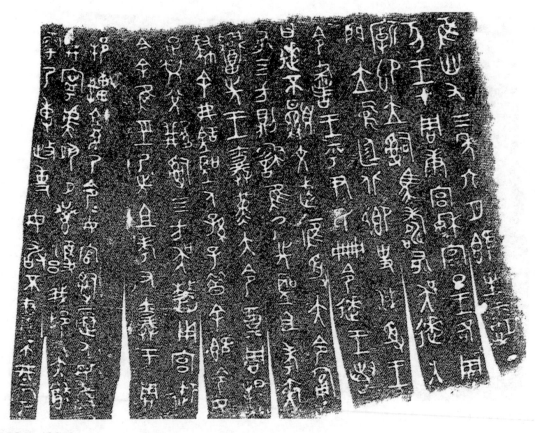

NO：422-1

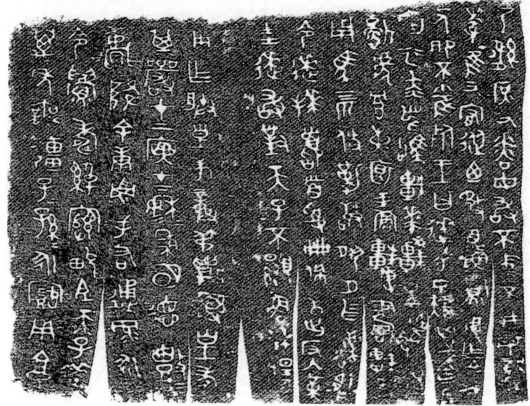

NO：422-2

NO：423-1

NO：423-2

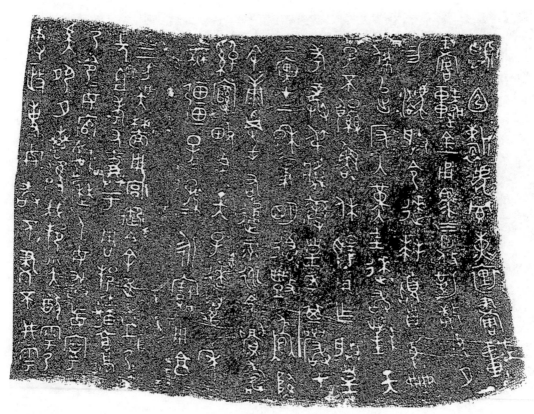

NO：424-1

NO：424-2

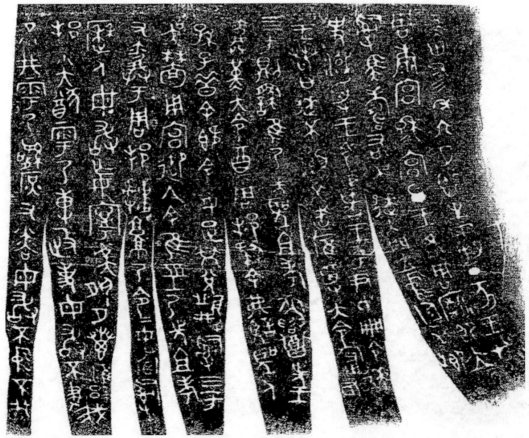

NO：425-1

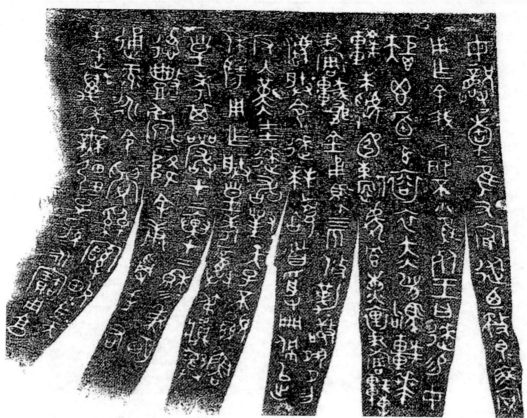

NO：425-2

NO：426-1

NO：426-2

NO：427-1

NO：427-2

NO：428-1

NO：428-2

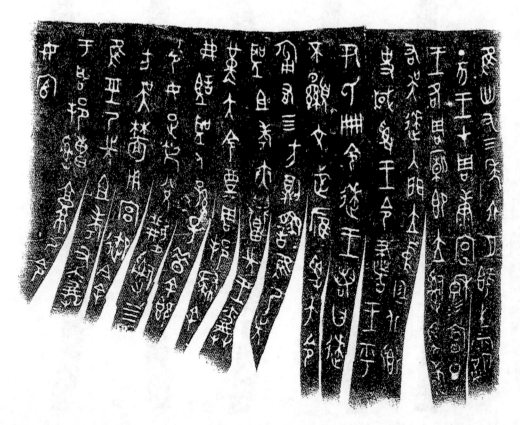

NO：429

NO：430

NO：431　　NO：432　　NO：433　　　NO：434　　　NO：435　　　NO：436

NO：437　　　　NO：438　　　NO：439　NO：440

NO：441

NO：442

NO：443　　　NO：444　　　NO：445　　　NO：446　　　NO：447

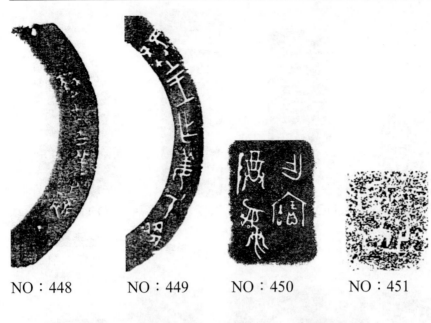

NO：448　　NO：449　　NO：450　　NO：451

NO：452　　　　　　　NO：457　　NO：458　　NO：459-1

NO：459-2　NO：460　　NO：461　　　NO：462　　NO：463

NO：464　　　NO：465　　　NO：466　　　NO：467　　NO：468

NO：469

NO：470

NO：471

NO：472

NO：473

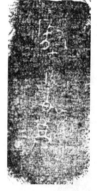
NO：474

NO：475

NO：476

NO：477

NO：478

NO：479

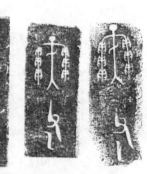
NO：480　　NO：481

NO：482

NO：483

NO：484

NO：485

NO：486

NO：487

NO：488　　　　　　　　NO：489　　　　　　　　NO：490

NO：491　　NO：492　　NO：493　　　　　NO：494

NO：495　　　　NO：496　　NO：497　　NO：498　　NO：499　　NO：500

NO：501　　　NO：502　　NO：503　　NO：504　　　　　NO：505

NO：506　　NO：507　　NO：508　　NO：509　　NO：510　　NO：511

NO：512　　NO：513　　NO：514　　NO：515　　NO：516

NO：517　　NO：518　　NO：519　　NO：520　　NO：521

NO：522　　NO：523　　NO：524

NO：525

NO：526

NO：527

NO：528

NO：529

NO：530

NO：531

NO：532

NO：533

NO：534

NO：535

NO：536

NO：537

NO：538

NO：539

NO：540

NO：541

NO：544　　　　　　NO：545　　　　　　NO：546

NO：547　　　　　　　　　　　　　　　　NO：548

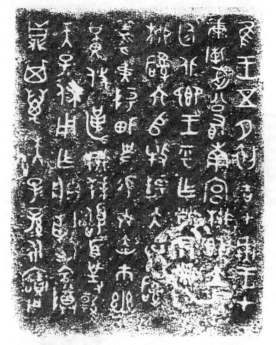

NO：549

NO：550

NO：551

NO：552

NO：553

NO：554

NO：555

NO：556

NO：557

NO：558

NO：559

NO：560

NO：561

NO：562

NO：563

NO：564

NO：565

NO：567　　　　NO：568　　　　NO：569　　　　NO：570　　　　NO：571　　　　NO：572

NO：573　　　　NO：574　　　　NO：575　　NO：576　　　　NO：577　　　　NO：578

NO：579　　　NO：580　　　　NO：581　　　　NO：582

NO：583

NO：585

NO：586

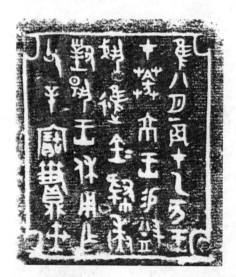

NO：587

NO：589

NO：590

NO：591-1

NO：591-2

NO：592

NO：593

NO：594

NO：595

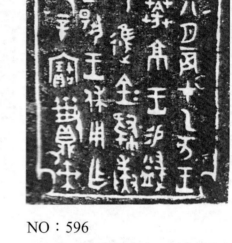

NO：596

NO：597

NO：598

NO：599

NO：600

NO：601

NO：602

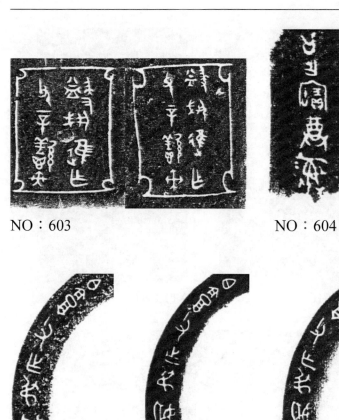

NO：603

NO：604

NO：605

NO：606

NO：607

NO：608

NO：609

NO：610

NO：611

NO：612

NO：613

NO：614

NO：615

NO：616

NO：617

NO：618

NO：619

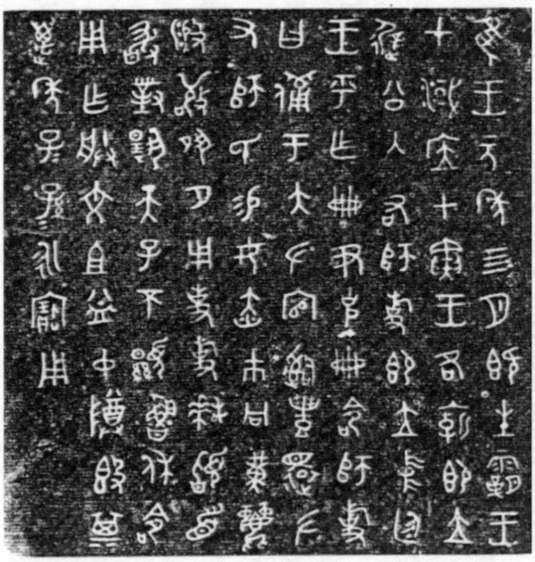

NO：620

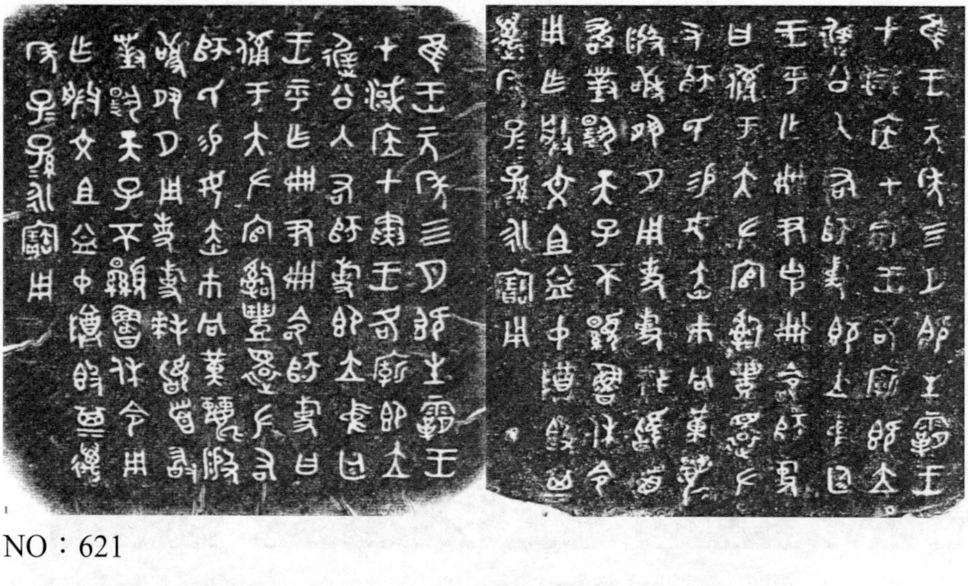

NO：621

NO：622

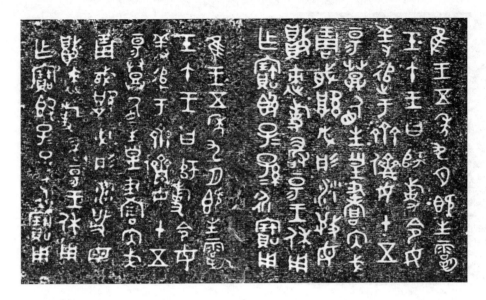

NO：623

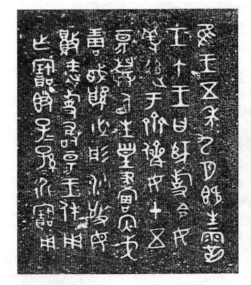

NO：624

NO：625

NO：626-1

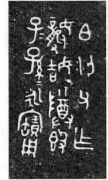

NO：626-2

NO：627

NO：628

NO：629

NO：630-1

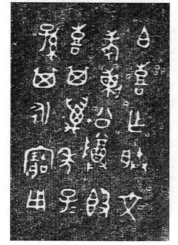

NO：630-2

NO：631

NO：632

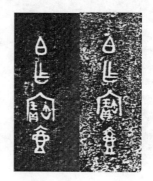

NO：633

NO：634

NO：635

NO：636

NO：637

NO：638

NO：639

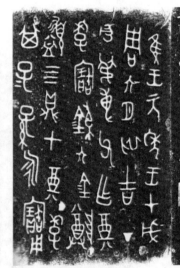

NO：640

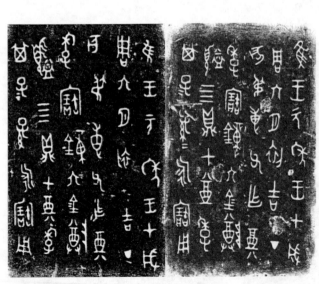

NO：641

NO：642-1

NO：642-2

NO：643

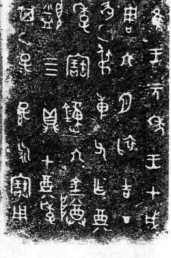

NO：644

NO：645

NO：646

NO：647

NO：648

NO：649

NO：650

NO：651

NO：652

NO：653

NO：654

NO：655

NO：656

NO：657

NO：658

NO：659

NO：660

NO：661 　　　　 NO：662 　　　　　　 NO：663 　　　　 NO：664

NO：665

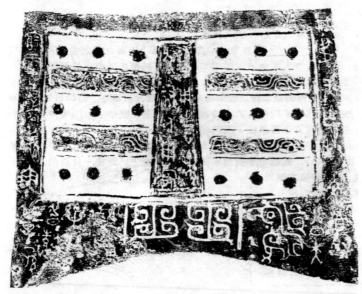

NO：666

NO：667

NO：668

NO：669

NO：670

NO：671

NO：672　　NO：673

NO：674

NO：675

NO：676

NO：677

NO：678

NO：679

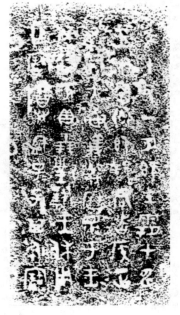

NO：680

NO：681

NO：682

NO：683

NO：684

NO：685

NO：686

NO：687

NO：688

NO：689

NO：690

NO：691

NO：692

NO：693

NO：694　　　　NO：695　　　　NO：696　　　　NO：697

NO：699

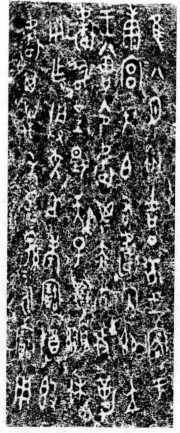

NO：700-1

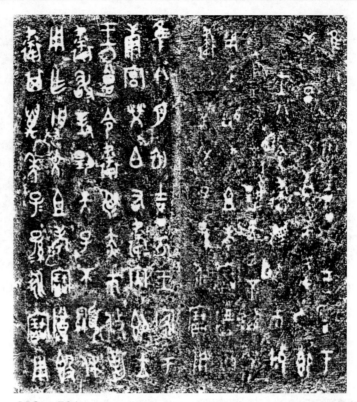

NO：700-2　　　　　　　　　NO：701

NO：702　　　　　　　　　　　　　　　　　NO：703-1

NO：703-2

NO：704

NO：705

NO：706

NO：707

NO：708-1

NO：708-2

NO：709

NO：710

NO：711

NO：712

NO：713　　　　　NO：714　　　　　NO：715　　　　　　NO：716

NO：717　　　　　　　NO：718　　　　　　　　NO：719

NO：720　　　　　NO：721　　　　　NO：722　　　NO：723　　　NO：724

NO：725

NO：726

NO：727

NO：728

NO：729

NO：730

NO：731

NO：732

NO：733

NO：734

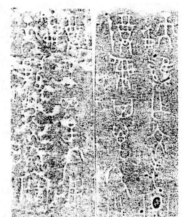

NO：735

NO：736

NO：737-1

NO：737-2

NO：738

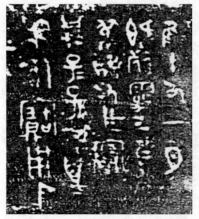

NO：739

NO：740

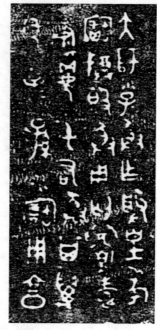

NO：741

NO：742

NO：743

NO：744

NO：745

NO：746

NO：747

NO：748

NO：749

NO：750

NO：751

NO：752

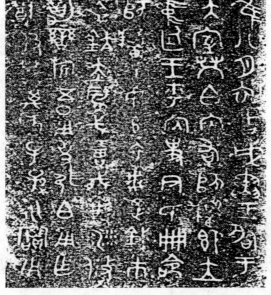

NO：753

NO：754

NO：755　　　NO：756　　　NO：757　　　NO：758

NO：759　　　NO：760　　　NO：761　　　NO：762

NO：763

NO：764

NO：765

NO：766

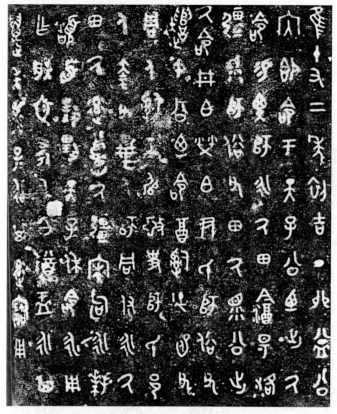

NO：767

NO：768

NO：769

NO：770

NO：771

NO：772

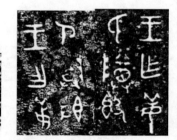

NO：773

NO：774

NO：775

NO：776

NO：777

NO：778

NO：779

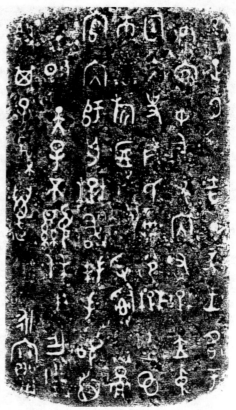

NO：780-1

NO：780-2

NO：781-1

NO：781-2

NO：782-1

NO：782-2

NO：783

NO：784

NO：785

NO：786

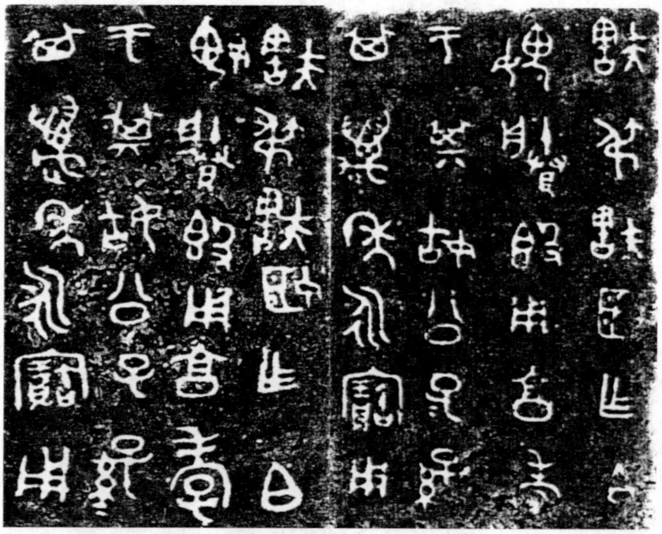

NO：787

NO：788-1

NO：788-2

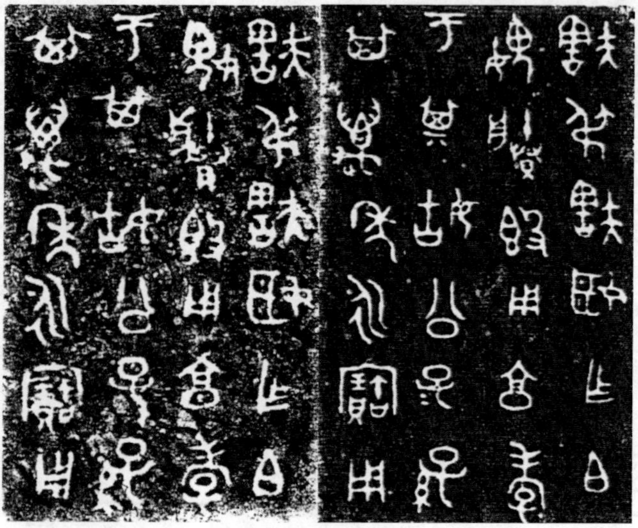

NO：789

NO：790

NO：791

NO：792

NO：793

NO：794

NO：795

NO：796

NO：797

NO：798

NO：799

NO：800

NO：801

NO：802

NO：803

NO：804

NO：806

NO：807

NO：808

NO：809

NO：810

NO：811

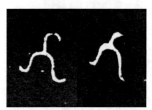
NO：812

NO：813

NO：814

NO：815

NO：816-1

NO：816-2

NO：817

NO：818

NO：819

NO：820-1

NO：820-2

NO：821

NO：822

NO：823

NO：825

NO：826

NO：827

NO：829

NO：830

NO：831

NO：832

NO：833

NO：834

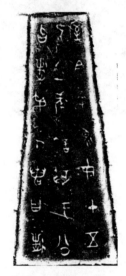

NO：835

NO：836

NO：837

NO：838

NO：839

NO：840

NO：841

NO：842

NO：843

NO：844

NO：845

NO：846

NO：849

NO：850

NO：851

NO：852

NO：853

NO：854

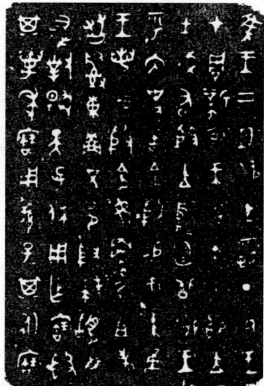

NO：855

NO：856　　　　NO：857　　　NO：858-1

NO：858-2

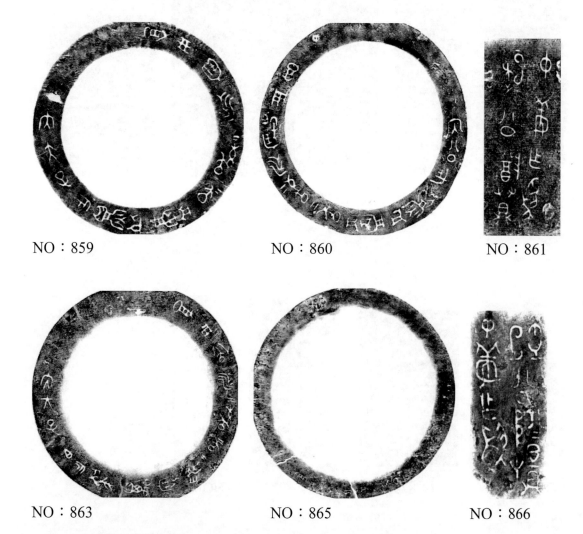

NO：859　　　　　NO：860　　　　　NO：861

NO：863　　　　　NO：865　　　　　NO：866

NO：867　　　NO：868　　　NO：870　　　NO：871

NO：872　　　　　NO：873　　　　　NO：874

NO：875　　　NO：876　　　NO：877　　　NO：878

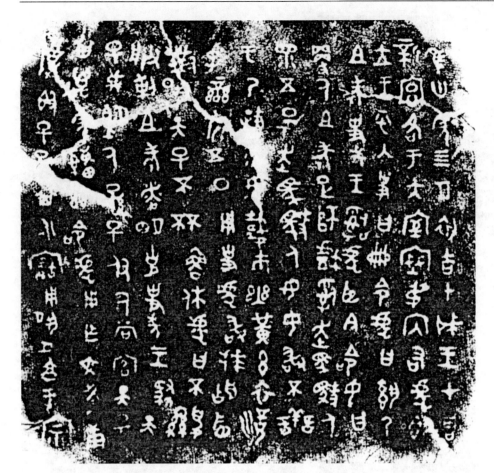

NO：879

NO：880　　NO：881　NO：882　NO：883　　NO：884　　　NO：885

NO：886

NO：887

NO：888

NO：889

NO：890

NO：891

NO：892

NO：893

NO：894

NO：895　　　　NO：897

NO：898

NO：899

NO：900

NO：901

NO：902

NO：903

NO：904

NO：905

NO：906

NO：907

NO：908

NO：909

NO：910

NO：911

NO：912

NO：913

NO：914

NO：915

NO：916

NO：917

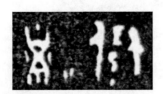

NO：918

NO：919

NO：920

NO：921

NO：922

NO：923

NO：924

NO：925

NO：926　NO：927

NO：928

NO：929

NO：931

NO：932

NO：933

NO：934

NO：935

NO：936

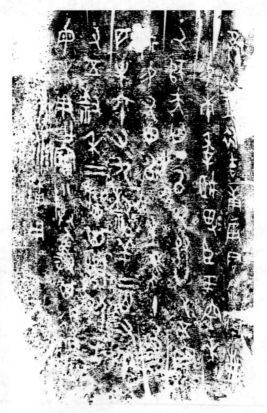

NO：938

NO：939

NO：940

NO：942

NO：943

NO：944

NO：945

NO：946

NO：947

NO：948　NO：949

NO：951

NO：952

NO：953

NO：955

NO：956

NO：957

NO：958

NO：959

NO：960

NO：961

NO：962

NO：963

NO：964

NO：965

NO：966

NO：967

NO：968

NO：969

NO：970

NO：971

NO：972

NO：973 NO：974　　NO：975 NO：976　　NO：977 NO：978　　NO：979 NO：980

NO：981

NO：982

NO：983

NO：984

NO：985

NO：986-1

NO：986-2

NO：987

NO：988

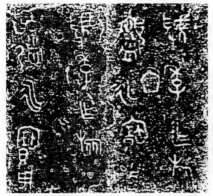

NO：989

NO：990

NO：991-1

NO：991-2

NO：992

NO：994

NO：995

NO：996

NO：997

NO：998

NO：999-1

NO：999-2　　　　NO：1000　　　　　　NO：1001-1

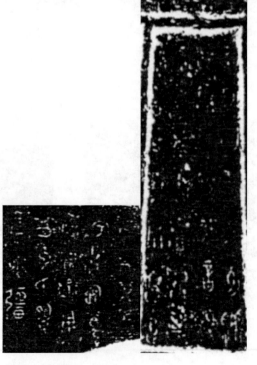

NO：1001-2　　NO：1002　　　　　　　　NO：1003　NO：1004

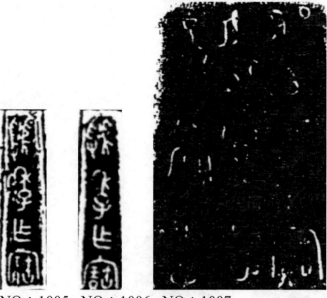

NO：1005　NO：1006　NO：1007　　　　　NO：1008　NO：1009

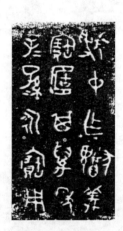

NO：1010　　　　　NO：1013　　　　NO：1014

NO：1015

NO：1016

NO：1017　NO：1018　　　　　　　NO：1020

NO：1021

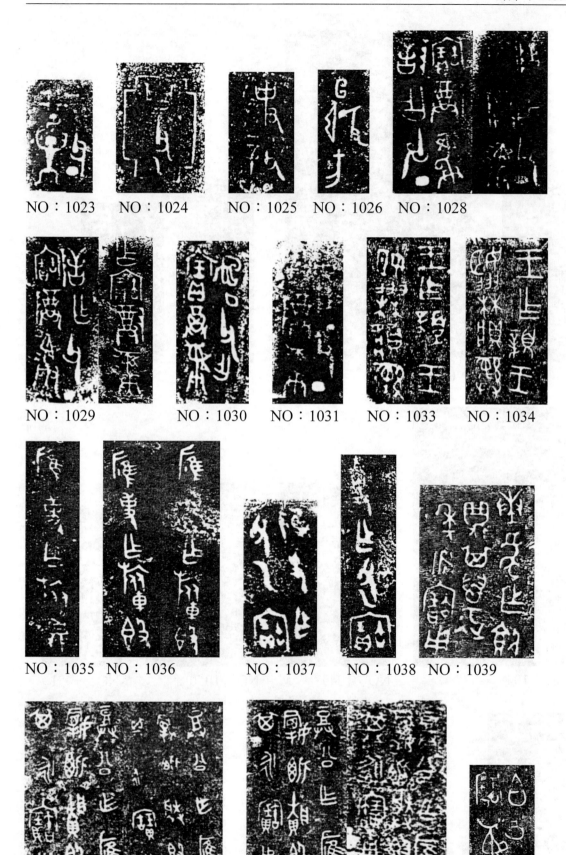

NO：1023　NO：1024　NO：1025　NO：1026　NO：1028

NO：1029　NO：1030　NO：1031　NO：1033　NO：1034

NO：1035　NO：1036　NO：1037　NO：1038　NO：1039

NO：1040　NO：1041　NO：1042

NO：1044　　NO：1045　　　　　　NO：1046　NO：1047

NO：1048　　　　NO：1049　　　NO：1050　　　NO：1051

NO：1052

NO：1069

NO：1070

NO：1071

NO：1073

NO：1076

NO：1077

NO：1078

NO：1079

NO：1082　　NO：1084

NO：1085　NO：1086　　NO：1087

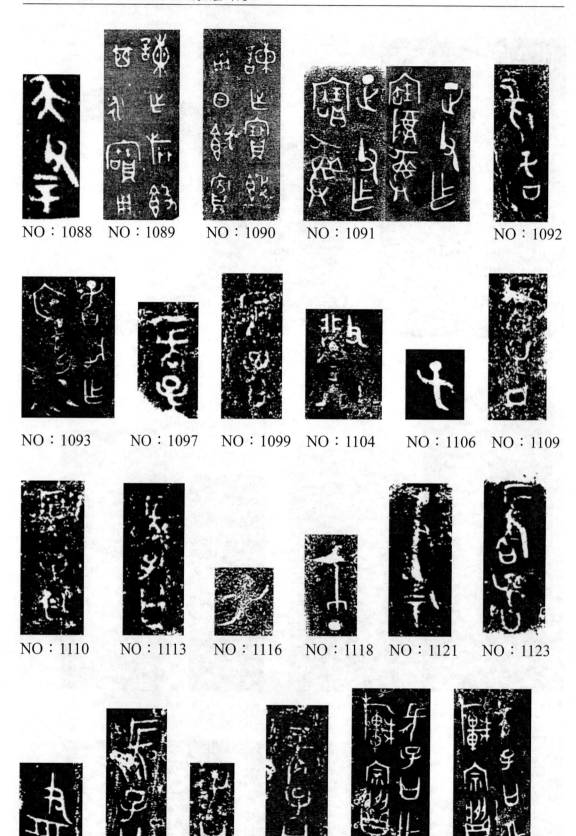

NO：1088　NO：1089　NO：1090　NO：1091　　　　NO：1092

NO：1093　　NO：1097　　NO：1099　NO：1104　　NO：1106　NO：1109

NO：1110　　NO：1113　　NO：1116　NO：1118　NO：1121　　NO：1123

NO：1127　NO：1129　　NO：1130　NO：1131　NO：1133　　NO：1134

NO：1138　NO：1139　NO：1141　　NO：1144　　NO：1145

NO：1146　　　NO：1147　NO：1148　NO：1149　NO：1150　NO：1152-1

NO：1152-2　NO：1153　NO：1154　NO：1155　NO：1156

NO：1157

NO：1158

NO：1159

NO：1160

NO：1161

NO：1168

NO：1171

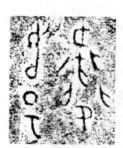

NO：1172

NO：1173

NO：1174

NO：1176 NO：1177

NO：1178

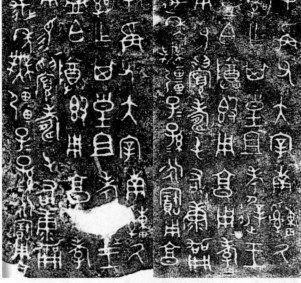

NO：1179　　　　NO：1180

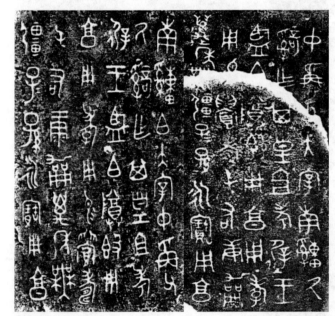

NO：1181　　　　　　　　　　NO：1182　NO：1183

NO：1184

NO：1185

NO：1186

NO：1188　　　　NO：1189　　　　NO：1190　　　　NO：1191

NO：1192 NO：1193　　NO：1194　　　　　NO：1195　　　NO：1196

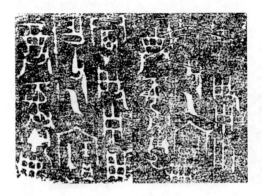

NO：1197

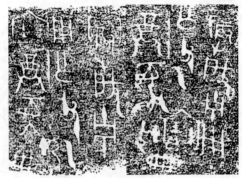

NO：1198

NO：1199

NO：1200

NO：1201

NO：1202

NO：1203

NO：1204

NO：1205

NO：1206

NO：1207

NO：1208

NO：1209

NO：1210

NO：1211

NO：1212-1

NO：1212-2

NO：1213

NO：1214

NO：1216

NO：1217

NO：1218

NO：1219

NO：1220

NO：1221

NO：1222

NO：1223

NO：1224

NO：1225

NO：1226

NO：1227

NO：1228　NO：1230　　　　NO：1231　NO：1233　　NO：1234

NO：1235　　　　NO：1237　NO：1238　NO：1239　　NO：1240-1

NO：1240-2　　NO：1241　　　NO：1242　NO：1243　　NO：1244

NO：1245　　　NO：1246　　NO：1247

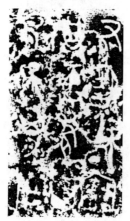

NO：1248　　　　NO：1249　　　　　　NO：1250

NO：1252　　NO：1253　　　　　NO：1254　　　　NO：1255

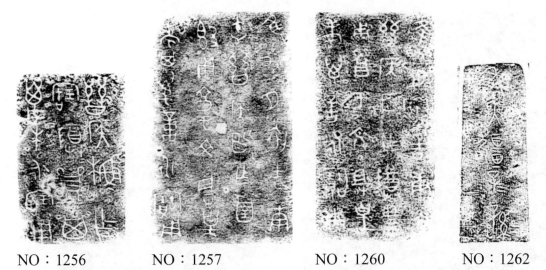

NO：1256　　　　NO：1257　　　　NO：1260　　　　NO：1262

NO：1263　　NO：1264　　　　NO：1266　　　　NO：1267

NO：1268

NO：1270

NO：1271

NO：1272

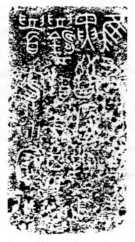

NO：1273

NO：1274

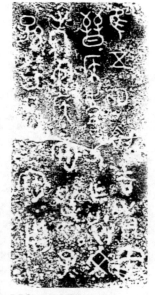

NO：1276

NO：1277

NO：1281

NO：1282

NO：1283

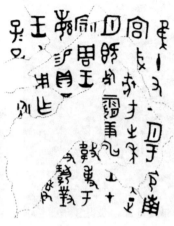

NO：1284

NO：1286

NO：1287　NO：1288

NO：1289

NO：1290

NO：1291

NO：1292

NO：1293

NO：1294

NO：1295

NO：1296

NO：1297　NO：1299　　　　NO：1300　　NO：1301　NO：1302

NO：1303　　　NO：1305　　　NO：1306　　　　NO：1309

NO：1310　　　　　NO：1311　　NO：1313　　NO：1314

NO：1315

NO：1316

NO：1317

NO：1318　　NO：1319

NO：1323

NO：1324

NO：1325-1

NO：1325-2

NO：1326-1

NO：1326-2

NO：1328

NO：1330

NO：1331

NO：1332

NO：1333

NO：1334

NO：1335

NO：1337

NO：1338

NO：1339

NO：1340

NO：1341

NO：1342

NO：1343　　NO：1344　　NO：1345

NO：1346　　NO：1347　　NO：1349

NO：1350　　NO：1351　　NO：1352　　NO：1353　　NO：1354

NO：1355　　NO：1356　　NO：1357　　NO：1358

NO：1359

NO：1360

NO：1361

NO：1362

NO：1363

NO：1364

NO：1365

NO：1366

NO：1367

NO：1368

NO：1369　　NO：1370　　NO：1371　　　NO：1372

NO：1373　　NO：1374　　NO：1375　　　NO：1376　NO：1377-1

NO：1377-2　　　NO：1378　　　　NO：1379　　NO：1380　NO：1381-1

NO：1381-2　　NO：1382　　　NO：1383　　　　NO：1384

NO：1385　　　　NO：1386　　NO：1390　　　NO：1391

NO：1392　　　　　　NO：1393　　　　　　NO：1394

NO：1395　　NO：1397　　NO：1401　　NO：1416　　NO：1418

NO：1419

NO：1420

NO：1421

NO：1422

NO：1424

NO：1426

NO：1427

NO：1428

NO：1429

NO：1431

NO：1432

NO：1433

NO：1434

NO：1435

NO：1436

NO：1438

NO：1439

NO：1440

NO：1441

NO：1442

NO：1443   NO：1444

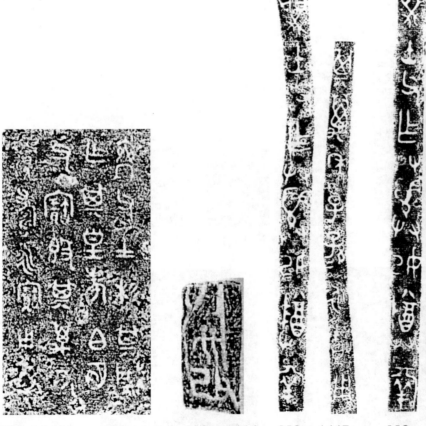

NO：1445   NO：1446   NO：1447   NO：1448

NO：1449

NO：1450

NO：1451

NO：1452

NO：1453

NO：1454

NO：1455

NO：1456

NO：1457

NO：1458

NO：1460

NO：1461

NO：1462-1

NO：1462-2

NO：1463

NO：1464

NO：1465

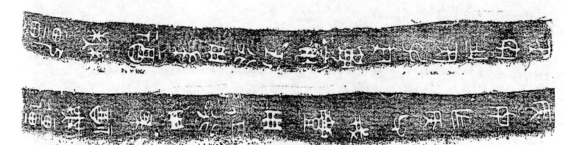

NO：1466

NO：1467

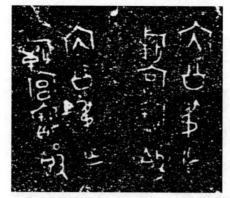

NO：1468

NO：1470

NO：1471

NO：1472

NO：1473

NO：1476-1

NO：1476-2

NO：1477

NO：1478

NO：1479

NO：1480

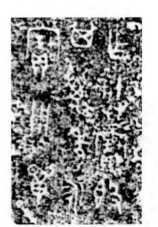

NO：1481

NO：1482

NO：1484

NO：1485

NO：1487

NO：1488

NO：1489

NO：1490

NO：1491

NO：1492

NO：1493

NO：1496

NO：1497

NO：1498

NO：1499

NO：1500

NO：1501

NO：1502

NO：1503

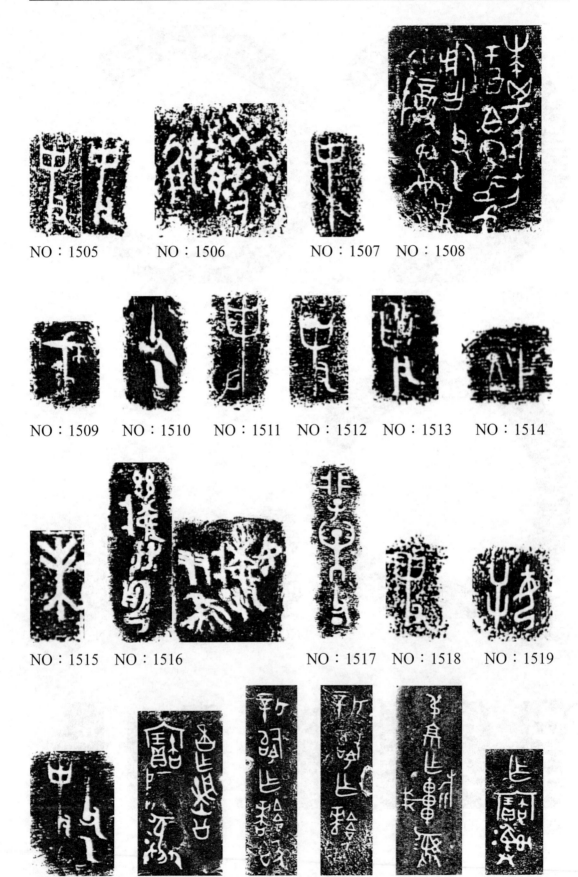

NO：1505　　NO：1506　　　　NO：1507　NO：1508

NO：1509　　NO：1510　　NO：1511　NO：1512　NO：1513　NO：1514

NO：1515　NO：1516　　　　　　NO：1517　NO：1518　NO：1519

NO：1520　　　NO：1521　　　NO：1522 NO：1523 NO：1524　NO：1525-1

NO：1525-2

NO：1526

NO：1527

NO：1528

NO：1529

NO：1530

NO：1531

NO：1532　　　NO：1533　　　NO：1534　　　NO：1535　　　NO：1536　　　NO：1537

NO：1538　　　NO：1539　　　NO：1540　　　NO：1541　　　NO：1542

NO：1543　　　　　　NO：1544　　　NO：1545　　　NO：1547

NO：1549　　NO：1550　　　NO：1551　　　NO：1552　　　　　NO：1553

NO：1555　　　NO：1557　　　NO：1558　NO：1559　　　NO：1560

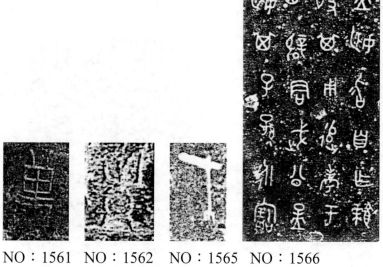

NO：1561　NO：1562　NO：1565　NO：1566　　　NO：1567

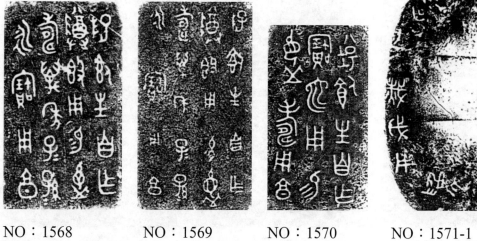

NO：1568　　　　NO：1569　　　　NO：1570　　　NO：1571-1

NO：1571-2

NO：1572

NO：1573

NO：1574　　NO：1575　　NO：1576

NO：1577-1

NO：1577-2

NO：1578

NO：1579

NO：1581

NO：1582

NO：1583　　　　　NO：1584　　　　NO：1585-1

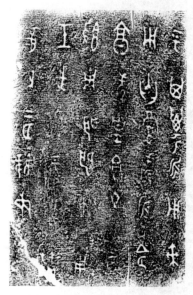

NO：1585-2　　　　NO：1586

NO：1588　　　　　NO：1589　　　　NO：1590　　　　NO：1591

NO：1592　　　　NO：1593　　　　NO：1594　　　　NO：1595

NO：1596　　　NO：1598　　　NO：1599　　　　　NO：1600

NO：1601

NO：1603

NO：1604

NO：1605

NO：1606

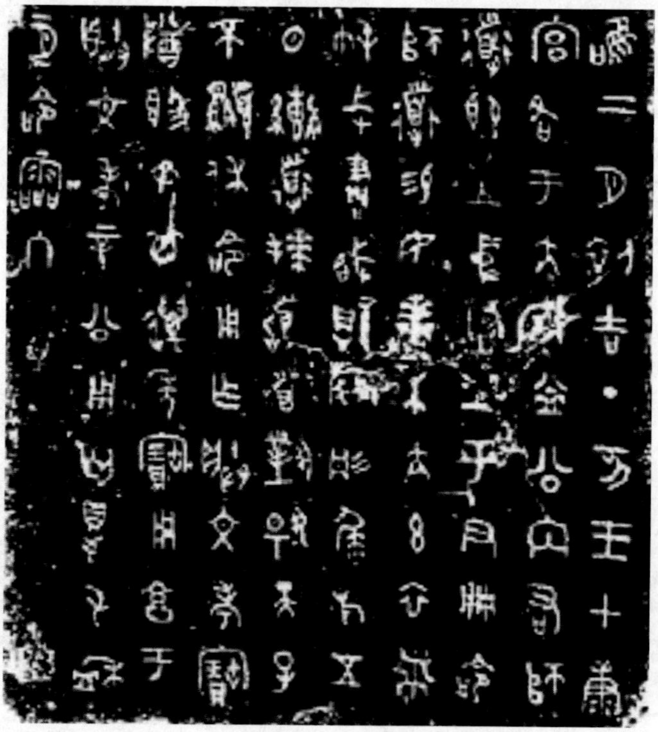

NO：1607

NO：1608

NO：1609

NO：1612

NO：1613

NO：1614

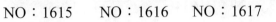

NO：1615　　NO：1616　　NO：1617　　　　NO：1618　　NO：1619

NO：1620　　NO：1621　　NO：1622　　NO：1623　　NO：1624　　NO：1625

NO：1626　　　　NO：1627　　　　NO：1628　　　　NO：1629　　　NO：1630

NO：1631

NO：1632

NO：1633

NO：1634

NO：1635

NO：1636

NO：1637

NO：1641

NO：1642

NO：1643

NO：1644

NO：1645

NO：1646

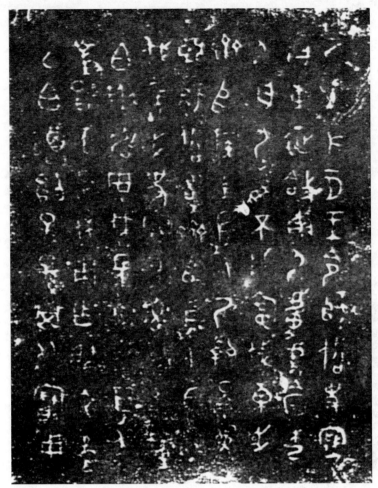

NO：1647

NO：1648

NO：1649　　NO：1650　　　　NO：1651　　　NO：1652

NO：1653　　NO：1654　　NO：1655　　NO：1656

NO：1657 NO：1658　　NO：1659　　NO：1660　NO：1661　NO：1662

NO：1663　　NO：1664　　NO：1665　　NO：1666　　NO：1667

NO：1668　　　NO：1669　　　NO：1671　　NO：1672

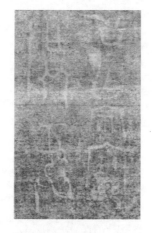

NO：1674　　　NO：1675　　　NO：1676　　NO：1677-1

NO：1677-2

NO：1679

NO：1680

NO：1681

後記

　　我出身在一個大家庭，在家中排行第八，上有三位哥哥、四位姊姊，在我之後還有一位妹妹。父親於五十三歲那年老來得女，又有了我這個第八個孩子，所以對我寵愛有加，異於其他兄姊。父親一肩扛著家中重擔，經營小本布行生意，但因家庭成員實在龐大，所以家中經濟總是拮据。每到開學期間，是父親最為頭疼之時，常常要跟朋友們調頭寸，為我們繳交學費。所以一考上大學，我就開始半工半讀的生活。

　　大學時期，國貿與中文兩系雙主修，畢業後順利考上淡江中文研究所。就讀碩士班時，因旁聽許進雄老師在臺大所開設的甲骨學，因而一頭栽進了古文字學的領域。當時許老師指導的幾位博士班、碩士班學長、同學們，學位論文的撰寫皆以甲骨為題，而私校出身的我，總覺個人程度不夠，但在幾番掙扎後，仍毅然決然請求許進雄老師與淡江中文所左松超老師，擔任我的指導教授。在摸索研究主題的過程中，是許老師和左老師打開了我的學術之窗，但自覺微小的我，仍想走出屬於自己的研究之路，因此向老師們提出了想以商代出土銅器銘文作為研究主軸，進行全面性的整理和探論。

　　就讀碩士班是一生最開心的時候，日子過得很充實，除了淡江中文所的碩士課程，還旁聽許進雄老師的甲骨學、中國古文字學，還有師大許錟輝教授的金文研究、臺大葉國良教授的金石學，另外還修習了中等教育學程。但因打工賺取生活費的時間太長，又商代出土銅器銘文的考古報告分見於各種期刊，需一一至架上翻閱加以統整、掃描，因而碩士論文有一陣子一直沒有向許進雄老師報告進度。一回上課，許老師當著所有臺大研究生的面，斥責我不用功，我很難過、也覺得很丟人，但自責之餘，人生的車輪還是得前進，自己還是得振作，必須等待資料收集完全再向老師報告，並進一步確定論文架構。如此又過了一個月，終於將個人所收集到的一千兩百多件商代出土銅器銘文匯整完畢，攜至臺大第十研究室跟老師討論，許老師一看到商代出土銅器銘文居然出乎他意料之外的多，且種類龐雜，當下肯定我的付出，並鼓勵我再接再厲。許進雄老師是我一生中最重要

的一位嚴師，因為老師的期望和教導，讓我在碩士班的學習生涯，收穫滿滿。而最終我的碩士論文也得到了口試委員給予高分的肯定，並在淡江中文系系主任兼所長──崔成宗老師的勉勵下，繼續攻讀博士學位。

應屆考上博士班後，仍是懇請恩師許進雄先生擔任我的指導教授，當時左松超老師因為健康因素退休，我因而請求韓耀隆教授雙指導我的博士論文。但人生的考驗才真正開始。修完了兩年博士班課程，當時和外子交往了十二年，也到了攜手共組家庭的時候，外子當時也在攻讀博士班，在必須有人支拄家中經濟的情況下，與外子商議，由我暫時休學，到私立中學任教，然而幾經輾轉，又回到淡江中文系兼任，於時系上與華視教育頻道合作，在系主任崔成宗老師的要求下，由我擔任執行祕書及編纂委員，與張炳煌老師、高柏園老師等，協助華視製作「新每日一字」九十一集節目。爾後又與時報文化出版公司合作，擔任「新每日二字」出版小組的執行祕書暨撰稿委員。這兩項合作案歷時約三年多，業務繁重。記憶中，我連懷孕到超市買菜，都隨身攜帶手機，以便華視節目組錄影時遇到問題，當下就得及時解決。還有我連生完第二胎女兒，在月子中心做月子時，都還在寫稿。但因為這兩項產學合作案，讓我將所學從學術殿堂推擴至社會教育的領域，也是很難得的經歷。

我的博士論文繼續是將研究觸角延伸至西周出土銅器銘文上，收集資料花了一年多，曾經有一段時間到臺大圖書館和傅斯年圖書館收集資料時，為縮短中間用餐時間，事先買好一顆茶葉蛋，中午躲在臺大圖書館的女廁和坐在傅斯年圖書館前的台階上吃茶葉蛋。（對不起臺大，違反了不能在圖書館內飲食的規定。是錯誤的示範。）在女兒出生那個月，外子進入大學專任，逮淡江中文系的產學合作案告一段落，我也著手撰寫了博士論文前兩章，但就在那時，家父失智症的病情越發惡化。家中三位兄長都在上海工作，無人照顧雙親，家母當時請求我能否買一間有電梯的房子，接兩老同住，以便幫忙照顧年邁的父親。與外子討論後，我又中斷學業和博士論文撰寫的進度，至私立中學任教，一教就是三年。

這本博士論文對我意義重大，回首過往，博士班整整十二年，它是我在家庭、經濟、事業、課業多重壓力下所完成的一本著作。其間，許進雄老師因師母的關係，必須回到加拿大，所以將我託付給臺大徐富昌教授。韓耀隆老師也屆齡退休，至美國定居。剩下學籍最後兩年，本想放棄，卻因崔成宗老師一通電話，罵醒了我。在徹夜痛哭後，我捨下了最最親愛的信班學生，向學校遞了辭呈，重

新拾筆，走向我自己與夢想拼搏的最終一戰。

　　我是個幸運且幸福的人，因為師長們——許進雄教授、左松超教授、韓耀隆教授、徐富昌教授、崔成宗教授的厚愛與鼓勵，因為先父——李竹甫先生、家母——張清票女士的栽培，因為外子——曾昱夫的扶持與體諒，因為一雙兒女的愛，讓我經過十二年的努力，看著自己的夢想從種下種子、澆水、施肥，到開花結果的一天。感謝徐富昌老師的包容，在成為逃兵的那段歲月，從沒苛求我，只是時時耳提面命要我多加油；更感謝徐富昌老師的敦促，在老師大力推薦下，促成了這本博士論文的出版。最後，誠摯地將這本書獻給這一生讓我任性乘風翱翔的所有翼下之風。

李珮瑜　107.10.22

文獻研究叢書・出土文獻譯注研析叢刊 0902014

西周出土銅器銘文之組成類型研究

作　　者　李珮瑜
責任編輯　楊家瑜

發 行 人　林慶彰
總 經 理　梁錦興
總 編 輯　張晏瑞
編 輯 所　萬卷樓圖書股份有限公司
　　　　　臺北市羅斯福路二段 41 號 6 樓之 3
　　　　　電話 (02)23216565
　　　　　傳真 (02)23218698

發　　行　萬卷樓圖書股份有限公司
　　　　　臺北市羅斯福路二段 41 號 6 樓之 3
　　　　　電話 (02)23216565
　　　　　傳真 (02)23218698
　　　　　電郵 SERVICE@WANJUAN.COM.TW
香港經銷　香港聯合書刊物流有限公司
　　　　　電話 (852)21502100
　　　　　傳真 (852)23560735

ISBN 978-986-478-233-8
2018 年 11 月初版
定價：新臺幣 2000 元

如何購買本書：

1. 劃撥購書，請透過以下郵政劃撥帳號：
　　帳號：15624015
　　戶名：萬卷樓圖書股份有限公司
2. 轉帳購書，請透過以下帳戶
　　合作金庫銀行　古亭分行
　　戶名：萬卷樓圖書股份有限公司
　　帳號：0877717092596
3. 網路購書，請透過萬卷樓網站
　　網址 WWW.WANJUAN.COM.TW

大量購書，請直接聯繫我們，將有專人為
您服務。客服：(02)23216565 分機 610

如有缺頁、破損或裝訂錯誤，請寄回更換

國家圖書館出版品預行編目資料

西周出土銅器銘文之組成類型研究 / 李珮瑜
著. -- 初版. -- 臺北市：萬卷樓, 2018.11 印刷
　　面；　　公分. -- (文獻研究叢書. 出土文獻譯
注研析叢刊；0902014)
ISBN 978-986-478-233-8(平裝)

1.青銅器　2.金文　3.西周

793.2　　　　　　　　　　　　　107019846